3ds Max 2009
Modelagem, Render, Efeitos e Animação

Seja Nosso Parceiro no Combate à Cópia Ilegal

A cópia ilegal é crime. Ao efetuá-la, o infrator estará cometendo um grave erro, que é inibir a produção de obras literárias, prejudicando profissionais que serão atingidos pelo crime praticado.

Junte-se a nós nesta corrente contra a pirataria. Diga não à cópia ilegal.

Seu Cadastro É Muito Importante para Nós

Ao preencher e remeter a ficha de cadastro constante no final desta publicação, você passará a receber informações sobre nossos lançamentos em sua área de preferência.

Conhecendo melhor nossos leitores e suas preferências, vamos produzir títulos que atendam suas necessidades.

Obrigado pela sua escolha.

Fale Conosco!

Eventuais problemas referentes ao conteúdo deste livro serão encaminhados ao(s) respectivo(s) autor(es) para esclarecimento, excetuando-se as dúvidas que dizem respeito a pacotes de softwares, as quais sugerimos que sejam encaminhadas aos distribuidores e revendedores desses produtos, que estão habilitados a prestar todos os esclarecimentos.

Os problemas só podem ser enviados por:

1. E-mail: producao@erica.com.br

2. Fax: (11) 2097.4060

3. Carta: Rua São Gil, 159 - Tatuapé - CEP 03401-030 - São Paulo - SP

Fabio Calciolari Aguiar

3ds Max 2009
Modelagem, Render, Efeitos e Animação

1ª Edição

2ª Reimpressão

São Paulo

2010 - Editora Érica Ltda.

Dados Internacionais de Catalogação na Publicação (CIP)
(Câmara Brasileira do Livro, SP, Brasil)

Aguiar, Fabio Calciolari
3ds Max 2009: modelagem, render, efeitos e animação / Fabio Calciolari Aguiar. -- 1. ed. -- São Paulo: Érica, 2009.

Bibliografia.
ISBN 978-85-365-0224-3

1. Computação gráfica - Programas de computador 2. Modelagem 3. 3ds Max (Programa de computador) I. Título

09-00801 CDD-006.68

Índices para catálogo sistemático

1. 3ds Max 2009: Computação gráfica : Programas: Processamento de dados 006.68

Editora Érica Ltda.
Rua São Gil, 159 - Tatuapé
CEP: 03401-030 - São Paulo - SP
Fone: (11) 2295-3066 - Fax: (11) 2097-4060
www.editoraerica.com.br

Fabricante

Produto: **3ds Max 2009**

Fabricante: Autodesk

Site: www.autodesk.com

Endereço no Brasil: Autodesk Brasil

Rua James Joule, 65 - 4º andar - cj. 41

CEP: 04576-080 - São Paulo - SP

Fone: (11) 5501-2500

Requisitos de Hardware e de Software

Hardware

- Intel® Pentium® 4 ou AMD Athlon® XP ou superior
- 512 MB RAM (2 GB recomendado)
- 500 MB de espaço livre (2 GB recomendado)
- Placa gráfica com resolução 1024x768x16 de milhões de cores em Windows Vista ou XP com suporte à aceleração OpenGL ou Direct3D
- DVD-ROM
- Monitor de 17 polegadas
- Opcionais: placa de som e alto-falantes, mouse de dois ou três botões, instrumentos MIDI, software e cabeamento para redes TCP/IP, aceleração de 3D por hardware, entrada e saída de vídeo

Software

- Microsoft Windows Vista ou XP
- 3ds Max 2009
- Adobe Photoshop CS3
- Acesso à Internet para download dos arquivos utilizados em alguns exercícios do livro, preferencialmente com banda larga

Sobre o Material Disponível na Internet

O material disponível no site da Editora Érica contém algumas imagens dos exercícios do livro.

Para utilizar os arquivos, é necessário que você possua o 3ds Max 2009 instalado em sua máquina.

Exercicios_1.exe - 2.84 MB

Exercicios_2.exe - 4.34 MB

Procedimento para Download

Acesse o site da Editora Érica Ltda.: www.editoraerica.com.br. A transferência dos arquivos disponíveis pode ser feita de duas formas:

- Por meio do módulo pesquisa. Localize o livro desejado, digitando palavras-chave (nome do livro ou do autor). Aparecem os dados do livro e os arquivos para download. Com um clique os arquivos executáveis são transferidos.
- Por meio do botão "Download". Na página principal do site, clique no item "Download". É exibido um campo no qual devem ser digitadas palavras-chave (nome do livro ou do autor). Aparecem o nome do livro e os arquivos para download. Com um clique os arquivos executáveis são transferidos.

Procedimento para Descompactação

Primeiro passo: após ter transferido os arquivos, verifique o diretório em que se encontram e dê um duplo clique neles. Aparece uma tela do programa WINZIP SELF-EXTRACTOR que conduz ao processo de descompactação. Abaixo do Unzip To Folder há um campo que indica o destino dos arquivos que serão copiados para o disco rígido do seu computador.

C:\3ds MAX 2009

Segundo passo: prossiga a instalação, clicando no botão Unzip, o qual se encarrega de descompactar os arquivos. Logo abaixo dessa tela aparece a barra de status que monitora o processo para que você acompanhe. Após o término, outra tela de informação surge, indicando que os arquivos foram descompactados com sucesso e estão no diretório criado. Para sair dessa tela, clique no botão OK. Para finalizar o programa WINZIP SELF-EXTRACTOR, clique no botão Close.

Dedicatória

À Luciana, minha esposa, que sempre esteve ao meu lado com todo amor e carinho;

Aos meus pais que sempre se esforçaram para que eu tivesse uma vida melhor;

À minha avó que sempre realizou as minhas vontades na infância;

À minha tia Virginia que me aconselhou e ajudou em vários momentos difíceis da vida;

Ao Cícero e ao Gerson que me incentivaram a cultivar meus sonhos;

Aos verdadeiros amigos Leandro Garcia, Anderson Liba, Kleber e Caio pela amizade que demonstraram todos esses anos;

Ao grande amigo e companheiro João Carlos da Silva;

À incrível equipe de 3D composta por Clovis Valle Junior, Caetano Ianetta, Rafael, Esli Stopato, Gustavo Schiapim, Itsuo Nakashima, Regisclei, João Batista, Marcio Nicolosi, Emerson Frota, Gabriel Prezoto e Christopher Nomi.

"Amarás o Senhor teu Deus, com todo teu coração,
com toda tua alma e com toda tua mente."

Mateus - 22, 37

Agradecimentos

Especialmente a Leandro Garcia Lopes, Christopher Nomi e André Luiz B. Viera, que colaborou com o material e divulgou o livro em seu site: www.3d1.com.br.

A Janaina Calciolari Aguiar, Renata Calciolari Aguiar, Karina Calciolari Aguiar, Marcel Trevisan, Osmar Arroyo, Pedro Adão da Silva, José Batista, Diego Batista, Maria Batista, Marcio Fabiano Diniz, Nayara Joana, Marcelo Zacarias, Israel Batista, Milena Batista, Jaqueline Batista, Felipe Oliveira Nascimento, Fabio Henrique Nascimento, Renan Oliveira Nascimento, Cristiane dos Santos, Isabela Correia, Samuel Aparecido, João Batista, Walquiria Ré e Giovanna Pires Silva.

Sumário

Prefácio

O livro **3ds Max 2009 - Modelagem, Render, Efeitos e Animação** oferece amplos conhecimentos aos que buscam aperfeiçoamento na área da computação gráfica 3D. Apresenta diversos exercícios, explicados passo a passo, ricamente ilustrados, com conteúdo teórico e linguagem simples e objetiva, o que facilita o aprendizado.

É recomendável que os exercícios propostos sejam feitos mais de uma vez, pois pela prática obtém-se mais habilidade no trabalho com o 3ds Max e, conseqüentemente, oportunidades podem surgir.

Introduz as premissas básicas, como salvar, abrir, importar e exportar arquivos, selecionar, mover, rotacionar e viewports. Destaca shapes, suas formas básicas e alterações em subníveis com a utilização do Editable Spline.

Explica as ferramentas do Compound Objects por meio de exercícios simples, práticos e objetivos. Aprofunda-se no estudo de alguns materiais, como Cellular, Checker, Composite, além de Ink Paint, material arquitetônico e Advanced Lighting Override.

Aborda mapeamento de materiais aplicados a objetos e modificador Unwrap UVW, bem como iluminação básica, Standard, e complexa, Photometric, câmeras e realiza um passeio virtual com o Walkthrough Assistant.

Abrange modelagem orgânica e as principais funções do Editable Poly, que possibilita qualquer tipo de modelagem, e descreve vários modificadores, como o Sweep, com exercícios práticos.

Trata do uso de partículas e Space Warps, como Deflectors, Gravity, Wind, Wave, Displace, além do Particle Flow.

Mental Ray, um dos melhores renderizadores do mercado, e renderização Scanline são temas estudados com clareza, assim como a composição dos elementos renderizados, Caustics and Global Illumination, Shader, Ambient Occlusion, SSS, Car Paint, ProMaterial, entre outros.

Assuntos como bones (estrutura de ossos), bone tools, hierarquias e cinemáticas, definição e edição de bones, envelopamento com modificador Skin e aplicação de Skin em um personagem enriquecem o conteúdo.

Destaca o Character Studio, as ferramentas Motion Flow, Workbench, Motion Mixer, o sistema Crowd e ainda o Reactor para criação de cenas com simulação de sistemas dinâmicos e físicos.

Ao final faz a análise das ferramentas Hair and Fur (para simular cabelo e pêlo) e Cloth (animação com tecidos).

Ótima leitura!

O autor

Sobre o Autor

Fabio Calciolari Aguiar atua na área de computação gráfica há oito anos. Foi instrutor na escola Santos Dummont, onde forneceu treinamentos de Desenho Técnico Mecânico com AutoCAD R14 e Inventor 7.

Foi instrutor na escola Data Company, onde ministrou treinamentos de Desenho Técnico Mecânico, AutoCAD 2000, Inventor 7 e 3ds Max. Foi supervisor 3D no projeto Heróis da Natureza em 2008.

Atualmente leciona treinamentos na área de computação gráfica. Realiza trabalhos freelance para diversas empresas, como IdealStandard, Incepa, Coorplastik, Jacklinks, Celplay, DMGA etc. É instrutor na Impacta Tecnologia (ATC - Autodesk Training Center e DTC - Discreet Training Center), onde oferece os seguintes treinamentos:

- 3ds Max módulo I
- 3ds Max módulo II
- 3ds Max módulo III
- 3ds Max módulo IV
- Combustion
- Modelagem Orgânica
- Modelagem de Personagens para Games
- Maquete Eletrônica

Autor dos livros Modelagem de Personagem para Games com 3ds Max 8 e 3ds Max 9 - Prático e Ilustrado.

Capítulo

1

Introdução à Área de Trabalho do 3ds Max 2009

O 3ds Max para Windows é o software profissional de modelagem, animação e rendering mais vendido no mundo para criação de efeitos visuais, animação de personagens e desenvolvimento de jogos de última geração. É completamente customizável e a sua arquitetura concede liberdade artística absoluta. O 3ds Max suporta a maior comunidade de desenvolvimento de aplicações 3D de terceiros.

Área de Trabalho

Menus Superiores

- **Menu Pulldown:** acessa a maioria dos comandos, incluindo Arquivos, Edição, Render e Help.

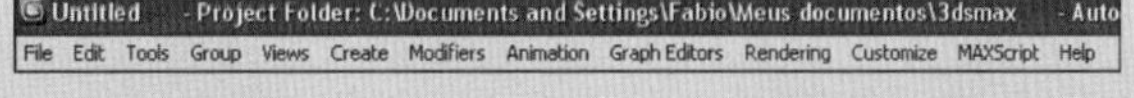

- **Barra de rolagem:** pode movimentar-se da direita para a esquerda e vice-versa e contém os seguintes comandos:

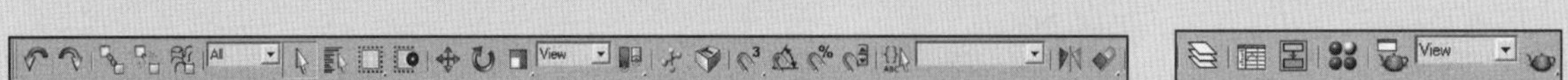

Undo/Redo: permite um número ilimitado de Undos e Redos (definido em File/Preferences pelo usuário).

Controles de Seleção: são botões que definem vários tipos e opções de seleção de objetos.

Axis: facilitando os comandos de transformação, restringe os planos de trabalho.

Mirror/Align: comandos básicos de transformação (Espelhar/Alinhar).

Material Editor/Curve Editor: permitem acessar os quadros de Edição de Materiais e de Track View (usado para controlar todos e quaisquer parâmetros de animação).

Controles de Render: configuram as opções de renderização.

Painel de Comandos ou Painel de Pastas

Painel de comandos é o coração do 3ds Max, no qual se encontra a maioria dos comandos.

Ele possui seis diferentes pastas:

- **Create:** para a criação de objetos.
- **Modify:** permite a edição deles.
- **Hierarchy:** define controles de hierarquia e IK.
- **Motion:** define parâmetros de movimento e animação.
- **Display:** determina visibilidade de objetos na tela.
- **Utility:** para alguns utilitários do 3ds Max.

Veja as figuras apresentadas em seguida.

Pasta Create.

Pasta Modify.

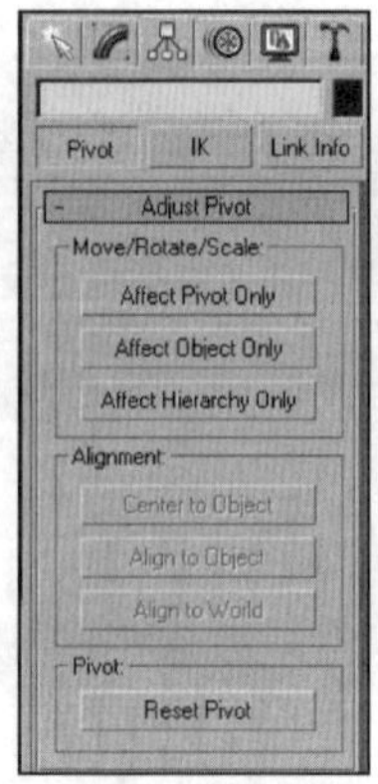

Pasta Hierarchy.

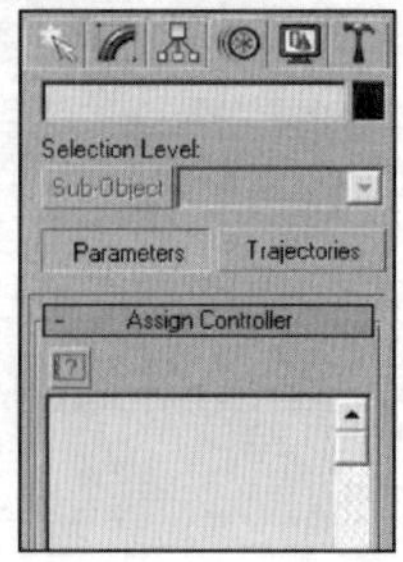

Pasta Motion.

Relacionam-se comandos com essas pastas, como:

- **Roll-out de comandos:** muitas das áreas de comando são maiores do que a tela, as quais podem ser fechadas ou ampliadas.

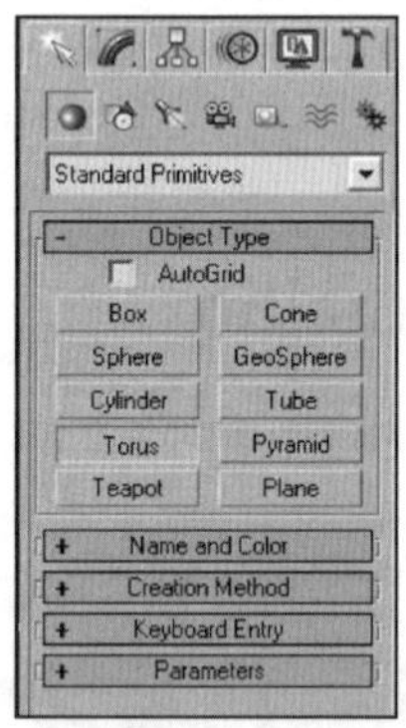

Roll-outs fechadas.

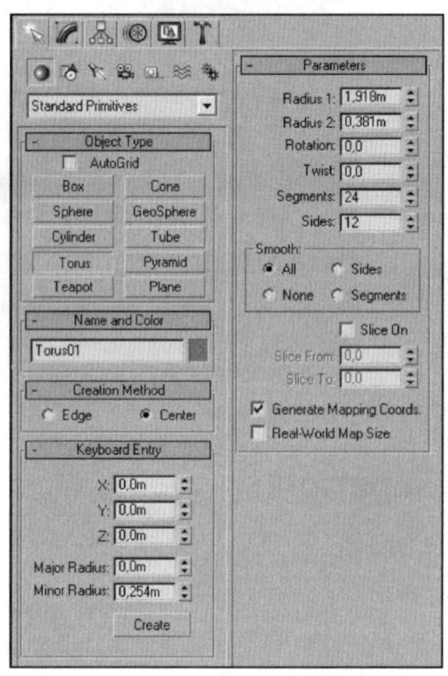

Roll-outs abertas.

- **Painéis de visualização:** fornecem todos os controles necessários para alterar e manipular um dos quatro painéis de visualização (viewports).

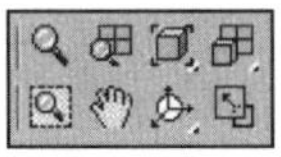

- **Reprodução de animações:** permite controlar o sistema de apresentação de animações.

- **Botão Auto Key:** controla a criação de chaves de animação desde que esteja acionado.

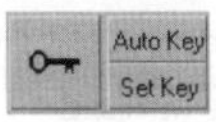

Não está acionado.

Está acionado.

Menu File

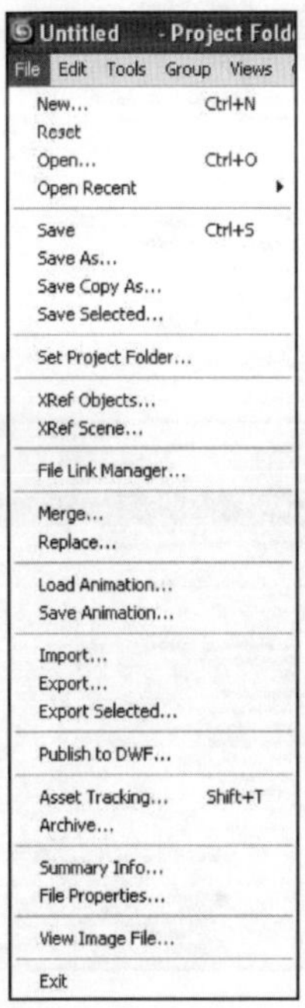

- **Open:** esse comando abre apenas arquivos com extensão *.MAX. Com as teclas Ctrl+O também é possível.

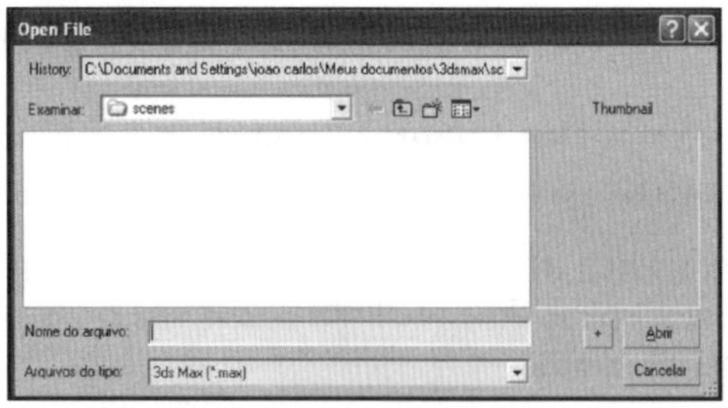

- **New e Reset:** comandos interessantes, pois são parecidos:
  - **New:** cria um arquivo, mas se tiver feito qualquer trabalho antes, ele permanece com as configurações deixadas anteriormente no desenho criado.

    Ao clicarmos no comando New, surge uma mensagem que pergunta se queremos salvar. Neste caso, clique em No. Aparece outra mensagem, como apresenta a figura seguinte:

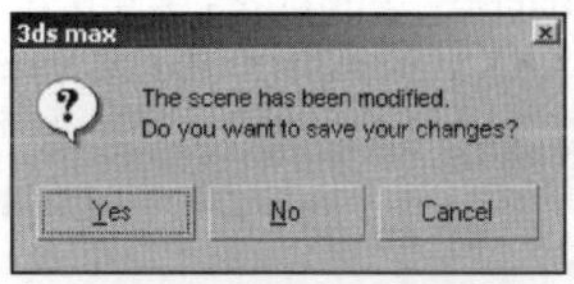

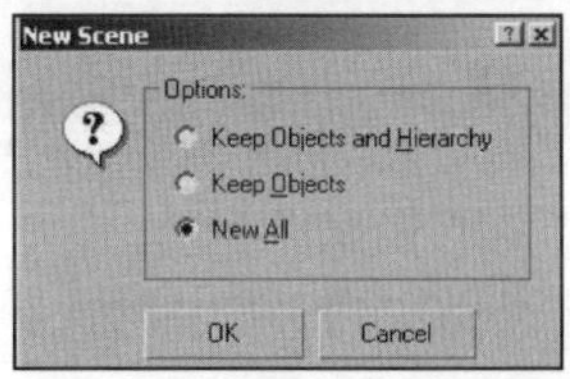

Keep Objects and Hierarchy: pergunta se quer manter todos os objetos, luzes e câmeras, assim como qualquer relação hierárquica estabelecida.

Keep Objetcts: pergunta se quer manter todos os objetos, luzes e câmeras.

New All: pergunta se quer apagar todos os dados (aqui entra o **Reset**, pois ele realmente faz isso). Sendo assim, é só clicar no botão OK.

Reset: ele "zera" configurações deixadas por qualquer desenho feito anteriormente, permitindo que se faça um novo trabalho.

- **Merge:** semelhante ao comando Insert do AutoCAD, permite a inserção de arquivos *.MAX em outro arquivo *.MAX.

Ao abrir o arquivo para inseri-lo, aparece outro quadro.

Importação e Exportação de Arquivos

Use os comandos **Import** e **Export** do 3ds Max para fazer interface com outros softwares.

É possível importar arquivos diretamente do AutoCAD e arquivos spline do CorelDRAW com a extensão *.AI (Adobe Illustrator).

Arquivos com extensão *.STL (StereoLitho) são de máquinas de prototipagem (protótipos de plástico ou metal).

Na exportação podemos criar cenas 3D para VRML (Realidade Virtual) a fim de melhorar páginas da Internet com essa fantástica ferramenta (geralmente esse tipo de arquivo é trabalhado com Applet JAVA).

Podemos também exportar arquivos com extensão *.ASE ou código ASCII referente a banco de dados.

- **Summary Info:** com esse comando temos todas as informações referentes a um determinado arquivo *.MAX que mostra dados como:
  - número de vértices;
  - número de faces;
  - material que está sendo usado;
  - número de luzes;
  - número de câmeras;
  - número de space warps;
  - material que está sendo usado no background etc.

Com o botão **Plug-In Info** também é possível ver os plug-ins usados nesse arquivo e o nome do fornecedor.

- **View Image File:** serve para ver uma imagem e/ou animação.

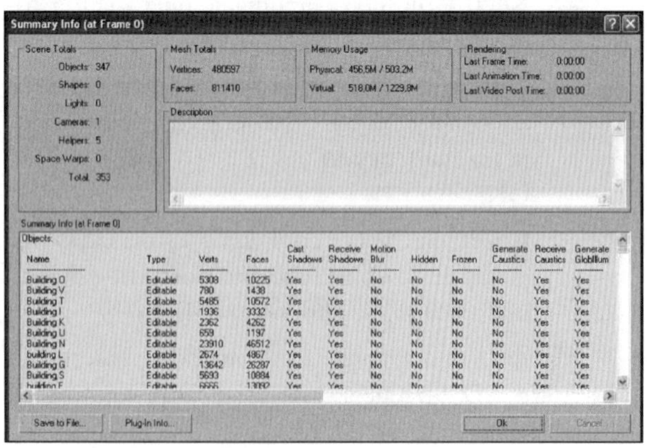

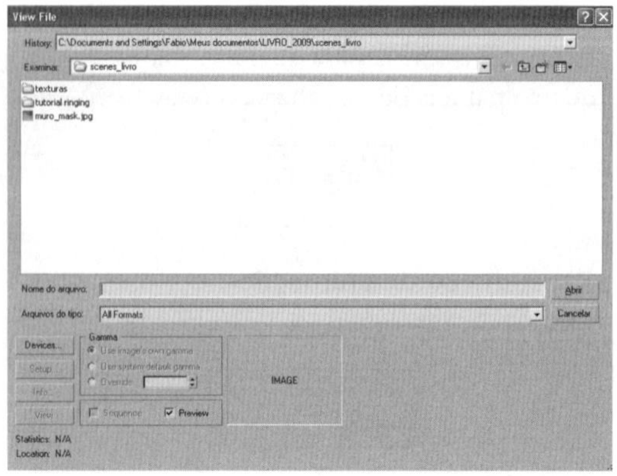

- **Configure User Paths:** são os locais em que se obtêm as informações de imagens, scenes, meshes, fonts. Quando necessitar buscar alguma informação, o 3ds Max já se encontra direcionado a esses caminhos, obtendo assim a informação desejada. Além disso, é possível mandar algum diretório para onde queremos armazenar as informações.

Se clicarmos na pasta **External Files**, ao clicar no botão **Add**, é possível selecionar o diretório ao qual podemos direcionar, escolhendo-o e clicando no botão **Use Path**.

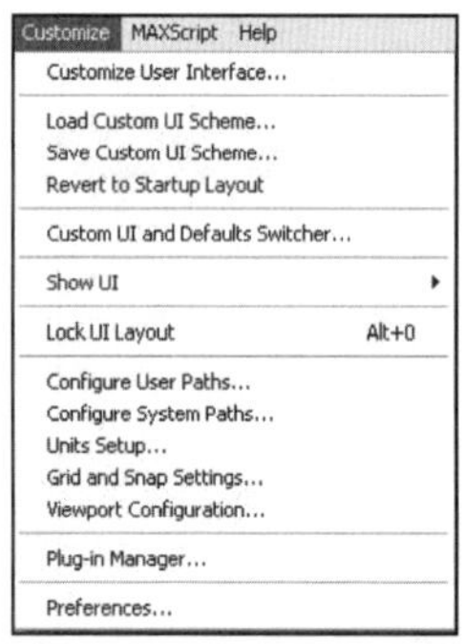

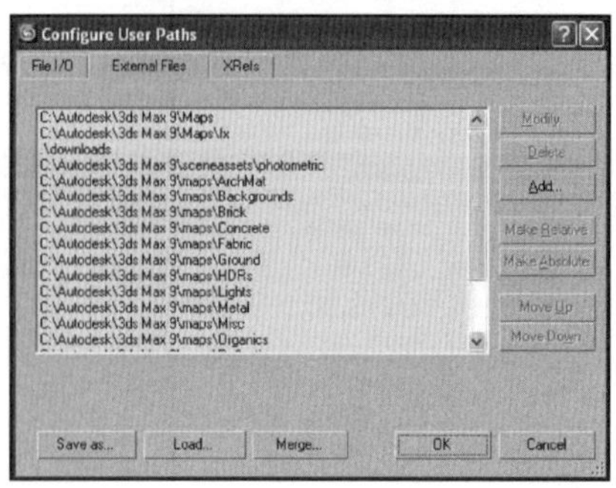

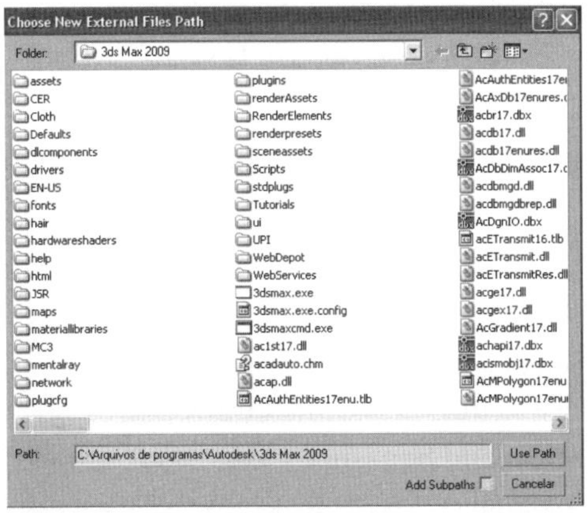

Customize - Customize User Interface

- **Keyboard:** as chamadas teclas rápidas podem ser definidas da seguinte forma:
  - Selecione um comando na área **Command**.
  - Na área **Current Shortcut** verifique se já existe uma tecla rápida.
  - Se não existir na área **Shortcut,** digite uma letra. Caso essa letra esteja sendo usada, aparece no **Shortcut**.

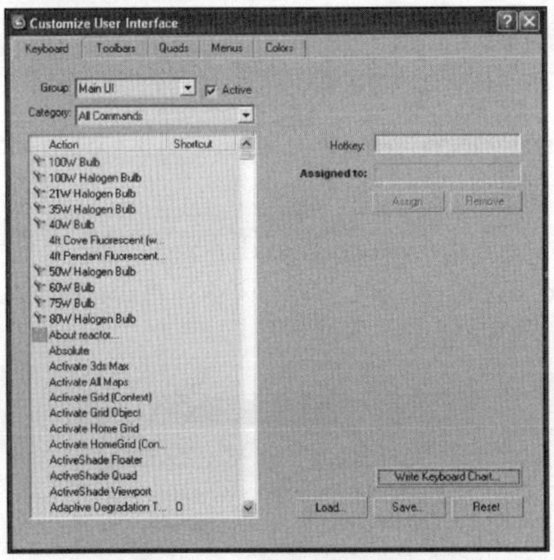

- **Current Assigned To:** nome do comando que está relacionado.

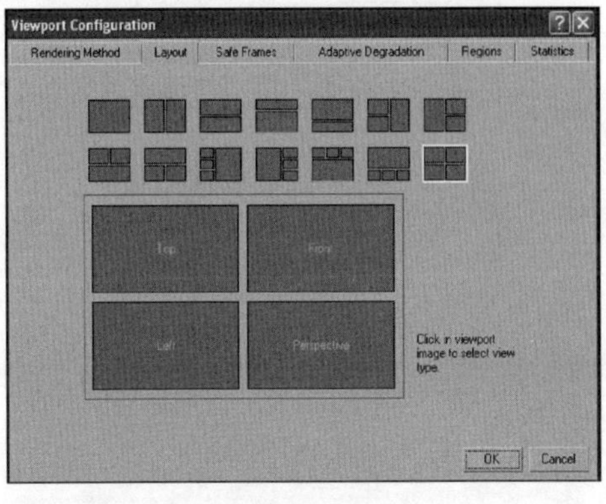

  - Se não estiver relacionado com qualquer outro comando, dê um clique no botão **Assign**, configurando-o.
  - Pode usar ainda composições com teclas como Ctrl, Alt e Shift.

Podemos também mudar cada viewport digitando teclas rápidas, ou seja, no lugar da vista Front é possível colocar a vista Back:

- **F:** muda para a vista de frente.
- **L:** muda para a vista esquerda.
- **T:** muda para a vista de cima (topo).
- **B:** muda para a vista de baixo.
- **P:** muda para a vista de perspectiva.
- **U:** muda para a vista de usuário.
- **C:** muda para a vista da câmera desde que ela tenha sido criada.

Se optar pelo método demorado, é preciso pressionar o botão direito do mouse com o ponteiro sobre qualquer um dos nomes das viewports, dar um clique e na opção Views escolher as mesmas opções descritas anteriormente.

Seleção com o 3ds Max

O primeiro botão (em forma de seta) pode selecionar em conjunto com duas opções de seleção denominadas Crossing e Window e ainda selecionar por meio do artifício do Windows XP ou 2000 com a tecla Ctrl.

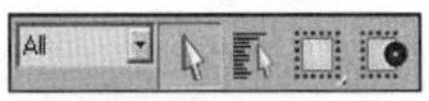

Crossing

Window

- **Selection Marquis:** são três tipos:
  - **Retangular:** abre uma janela pontilhada retangular.
  - **Circular:** abre uma janela pontilhada circular.
  - **Fence:** cria linhas pontilhadas e seleciona por onde passa.

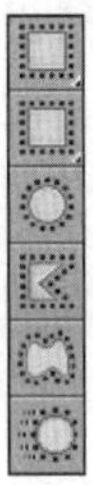

- **Lasso:** seleciona vários objetos de uma região irregular ou complexa com um simples clique do mouse.
- **Paint:** seleciona múltiplos objetos ou subobjetos arrastando o mouse sobre eles, como um pincel.
- **Selection Filter:** permite a seleção de tudo, até Combos (Groups). Tome muito cuidado, pois às vezes pode esquecer que deixou, por exemplo, câmeras acionadas, e ao tentar selecionar um Geometry (objeto sólido 3D), não conseguirá.

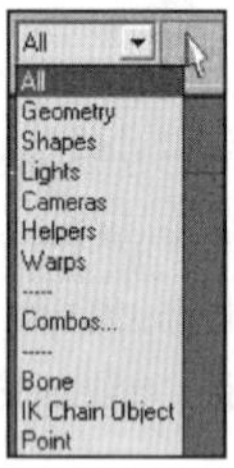

- **Select By Name:** pode também selecionar pelo nome, neste caso com o botão All abaixo desses nomes ou com a tecla Ctrl pressionada selecionar os objetos necessários .

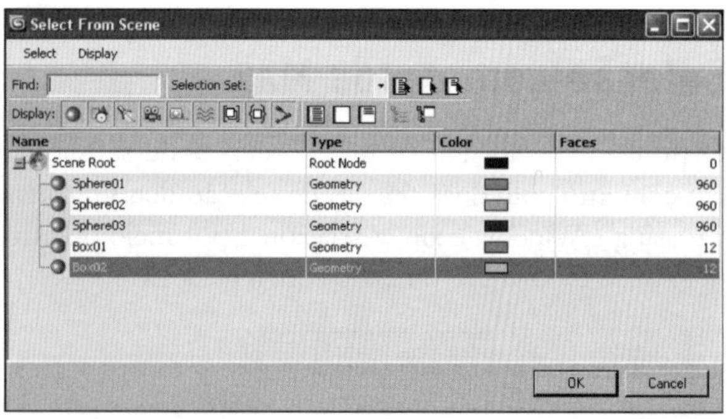

- **Lock Selection Set:** é possível bloquear o objeto depois de selecionado. Esse item não pode ser modificado .

Move, Rotate e Scale

Mover, rotacionar e aplicar fatores de escala são ações diretamente ligadas aos eixos de constrições (Axis Constraints), ou seja, para mover pode usar livremente o eixo XY ou apenas o eixo X.

- **Select and Move:** com esse botão acionado é possível mover qualquer objeto.
- **Select and Rotate:** com esse botão acionado pode rotacionar qualquer objeto.
- **Select and Uniform Scale:** com esse botão pressionado pode escalonar (aplicar fator de escala) nos três eixos de constrição.

Temos outras funções de escala ao clicar no botão Select and Uniform Scale.

- **Select and Non-Uniform Scale:** aplica fatores de escala em cada eixo de constrição.
- **Select and Squash:** com esse botão ativado é possível mudar o tamanho de um objeto, alongando-o em um dos eixos e encurtando-o nos outros dois.

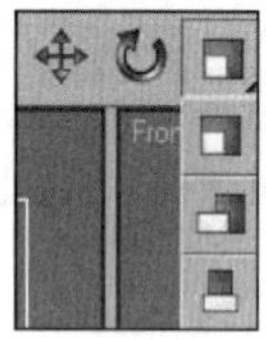

Precisão com Move, Rotate e Scale

Para obter precisão:

1. Selecione o objeto que vai transformar.
2. Dê um clique em um dos botões que vai usar (Move, Rotate, Scale).
3. Posicione o cursor e clique no botão direito do mouse.
4. Aparece um quadro de diálogo (Transform). Agora é só escolher em quais dos eixos de construção vai trabalhar.

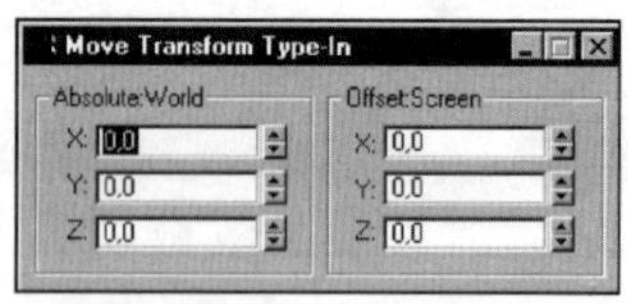

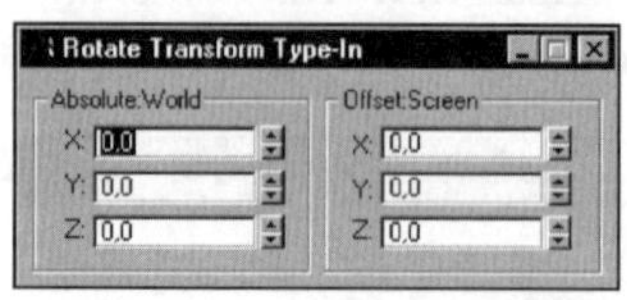

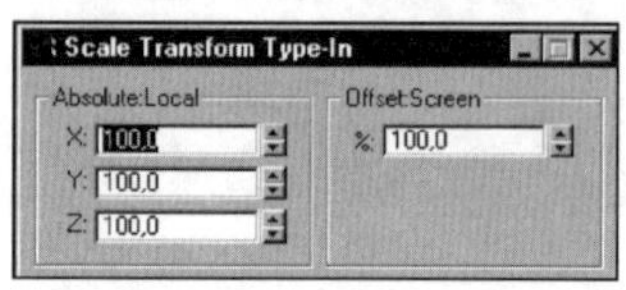

Clonagem (Cópias)

Fazer cópias simples é muito fácil. Escolha uma das ferramentas de transformação (Move, Rotate, Scale), acione um desses botões, pressione o Shift do teclado, então proceda à ação. Aparece um quadro de diálogo.

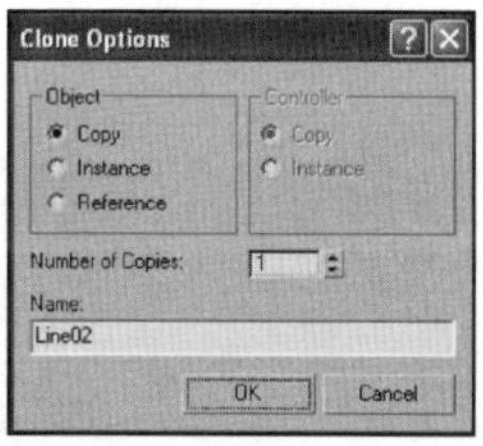

- **Copy:** é a duplicata de um objeto.
- **Instance:** é a cópia de um objeto com uma única propriedade; não é uma cópia completa do objeto.
- **Reference:** parecida com a instância. Depois da cópia, se o objeto original for alterado, todas as cópias serão afetadas.
- **Number of copies:** define a quantidade de cópias.

Outras Formas de Precisão no 3ds Max

O 3ds Max tem muitas ferramentas para a execução de desenhos com precisão. Veja como é possível usar essas ferramentas trabalhando com:

- Unidades de medida;
- Grid e Snap;
- Entrada de dados por teclado;
- Objetos Grid;
- Objetos Tape.

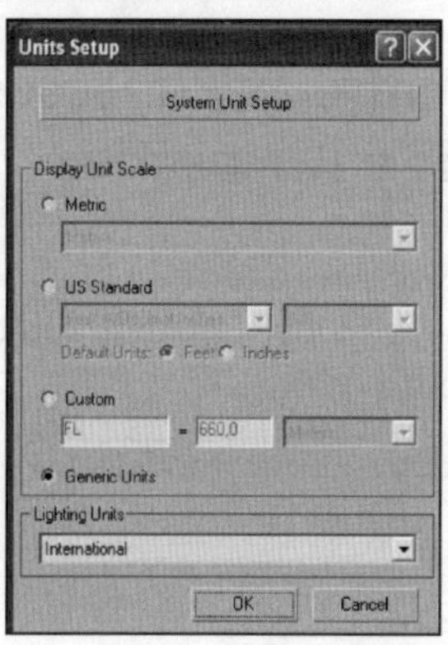

Podemos definir como unidades de medida metro, milímetro etc. pelo menu Customize, selecionando a opção Units Setup.

Generic Units são unidades decimais que apresentam três casas decimais de precisão. É possível definir três outros tipos de unidade como Metric, US Standard e Custom.

Grid e Snap

Em cada viewport há uma coordenada de trabalho, por exemplo: na viewport Top o plano de trabalho é X, Y; na viewport Front o plano de trabalho é X, Z.

Podemos ver linhas mais escuras no eixo de cada viewport.

O espaçamento padrão do grid é de dez unidades, e o valor da unidade depende da configuração escolhida (metro, milímetro etc.).

Podemos definir o tamanho do grid pelo menu Views, opção Grid and Snap Settings, ou colocando o cursor sobre o botão 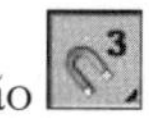 Snap Toggle e dando um clique.

ViewCube

Novidade da versão 2009

A ferramenta **ViewCube** permite alternar entre as vistas ortogonais e a isométrica de forma prática e intuitiva.

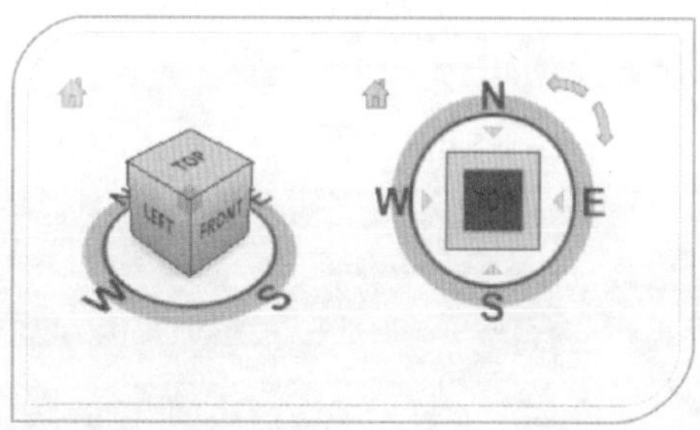

Também temos a possibilidade de alterar a visão espacial 3D usando o **compass**, no qual **N** representa norte, **E** leste, **S** sul e **W** oeste. Ainda podemos usar as setas que aparecem logo acima do **compass** para girar toda a vista em ângulos de 90° tanto em sentido horário como anti-horário.

Por padrão do software, essa ferramenta aparece no canto superior direito da tela. Quando você aproxima o cursor do **ViewCube**, ele se torna ativo, permitindo alternar rapidamente as vistas pré-setadas. Basta clicar em um dos lados do cubo (top, front, left) ou clicar na quina do cubo para ir direto à vista isométrica.

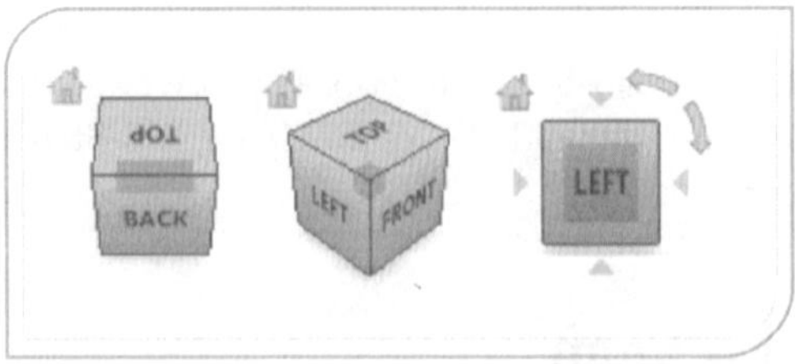

Clicando com o lado direito do mouse no ViewCube, existem os seguintes submenus:

- **Home:** volta à posição padrão da vista salva.
- **Ortographics:** alterna para a projeção ortográfica.
- **Perspective:** alterna para a projeção perspectiva ou ponto de fuga.
- **Set current view as home:** define a vista atual como padrão home.
- **Set current view as front:** define a vista atual como padrão front.
- **Reset front resets:** retorna o ViewCube para a posição padrão original.
- **Configure:** abre a caixa de diálogo do ViewCube, na qual você pode alterar e ajustar a aparência do ViewCube.

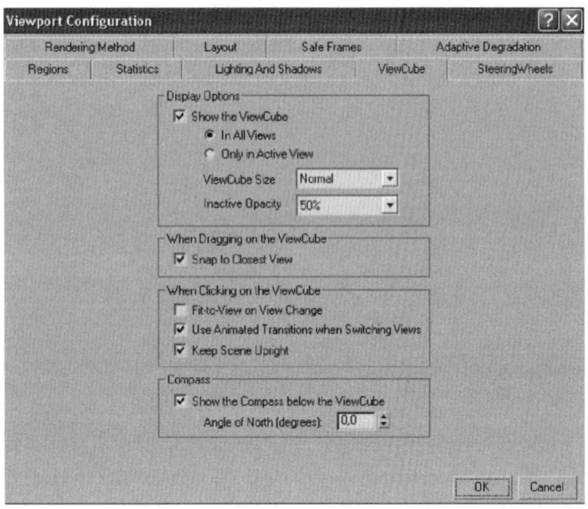

Procedimentos

Para mostrar ou esconder o ViewCube:

1. Pressione no teclado as teclas Alt+Ctrl+V.

Para controlar o tamanho ou opacidade:

1. Clique com o botão direto do mouse sobre o ViewCube e escolha Configure.
2. Altere a opção **ViewCube Size** (tamanho) para **Large** (grande), **Normal** ou **Small** (pequeno).

3. Altere as opções de **Inactive Opacity** (opacidade) para 0% (invisível) ou 100% (completamente visível).

25% 50% 100%

4. Clique em OK para finalizar.

Vistas Predefinidas

No **ViewCube** existem seis vistas ortogonais predefinidas. São elas: **Top**, **Bottom**, **Front**, **Left**, **Right** e **Back**. Para obter cada uma delas, basta um clique na face do **ViewCube**.

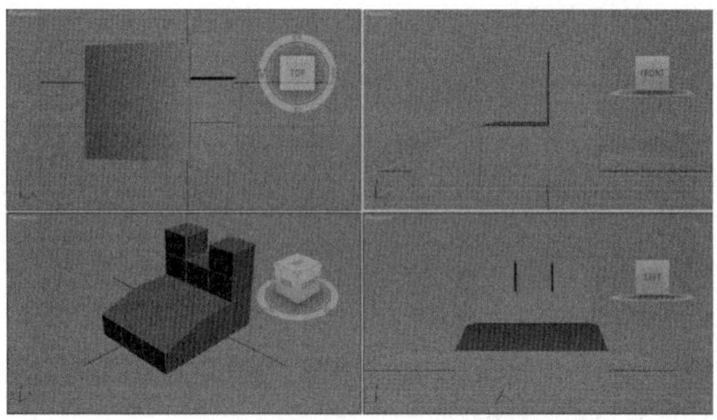

Diferença entre as Projeções Ortographic e Perspective

Perspective representa o modelo com base na distância entre a câmera e o modelo, criando um efeito visual semelhante ao ponto de fuga.

Ortographic representa o modelo no espaço 3D com base nas linhas paralelas.

Desenhos artísticos, como personagens ou ambientes, são geralmente representados com ponto de fuga (Perspective), enquanto desenhos na área industrial, como prédios e peças mecânicas, são representados através de linhas paralelas (Ortographic).

Clique com o lado direito do mouse no **ViewCube** e escolha **Ortographic** ou **Perspective**.

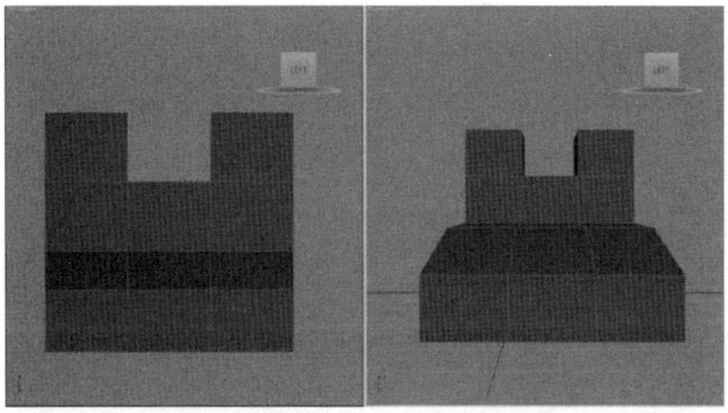

Ortographic **Perspective**

SteeringWheels

Novidade da versão 2009

SteeringWheels são menus divididos em diferentes seções. Cada seção representa um tipo específico de navegação, em que você pode, de forma simples e rápida, alternar entre as ferramentas de **Pan**, **Zoom**, **Orbit** e assim por diante. A vantagem de usar esse novo recurso é que você pode diminuir o tempo de trabalho combinando as diferentes formas de navegação que essa ferramenta oferece.

Por padrão do softwarc, o **Wheel** aparece no canto esquerdo da **viewport**. Quando se posiciona o cursor sobre o **Wheel** pela primeira vez, ele abre um balão com as seguintes características: **Full Nav**, **View Object** e **Tour Building**.

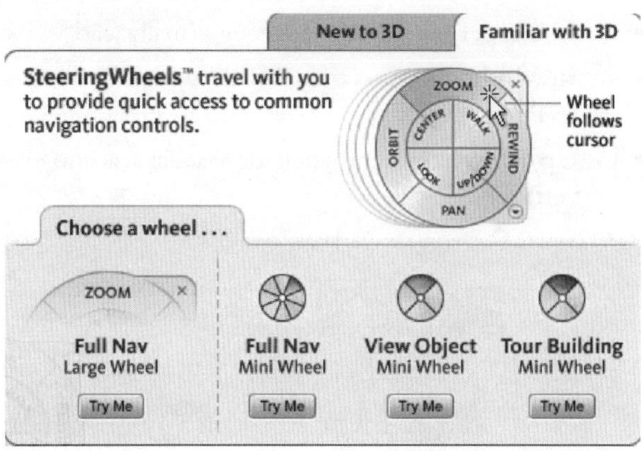

Procedimentos

Para mostrar ou ocultar o **Wheel**:

1. Pressione a tecla Esc.
2. Pressione as teclas Shift + W.

Para mudar o tamanho do **Wheel**:

1. Verifique se o **Wheel** está visível; caso seja necessário, pressione **Shift + W**.
2. Clique na seta inferior direita e clique no menu configure.
3. No quadro Display Options altere o slider **Size** (small, normal, large).
4. Para finalizar, clique em **OK**.

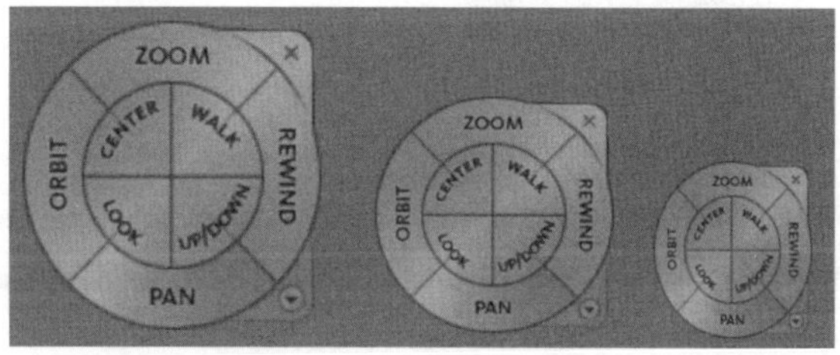

Para mudar a opacidade do **Wheel**:

1. Verifique se o **Wheel** está visível; caso seja necessário, pressione **Shift + W**.
2. Clique na seta inferior direita e também no menu Configure.
3. No quadro Display Options altere o slider **Opacity** (0%, 25%, 50%, 100%).
4. Para finalizar, clique em **OK**.

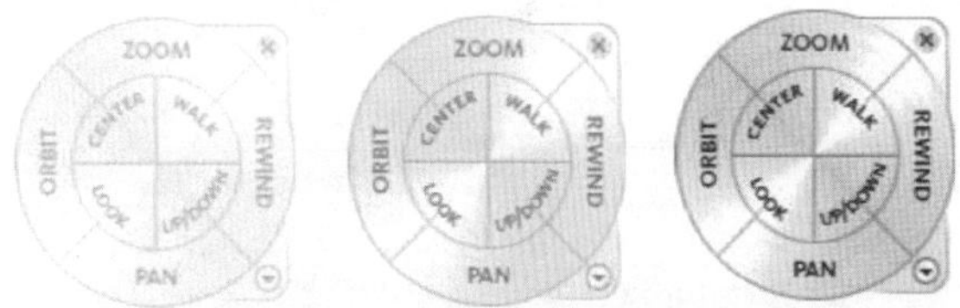

O Menu Wheel

Para ter acesso ao menu, clique no canto inferior direito do **Wheel**.

- **Mini View Object:** mostra a miniversão do **View Object Wheel**.
- **Mini Tour Building:** exibe a miniversão do **Building Wheel**.
- **Mini Full Navigation:** mostra a miniversão do **Full Navigation**.
- **Full Navigation:** apresenta a versão grande do **Full Navigation**.
- **Basic Wheels:** mostra a versão grande do **View Object** ou do **Tour Building**.
- **Go Home:** retorna à vista padrão que foi salva.

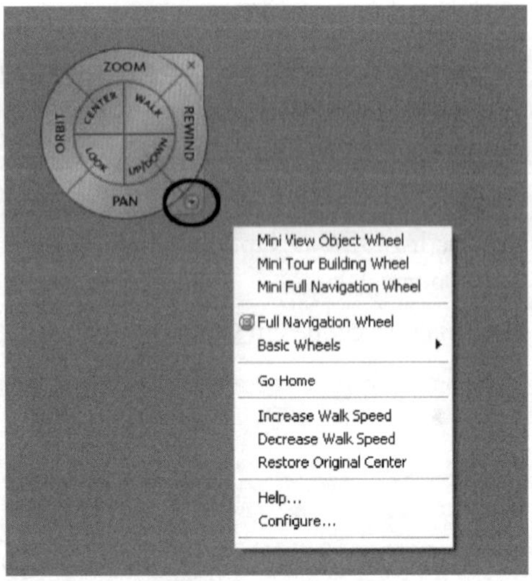

- **Restore Original Center:** retorna à vista world (0,0,0).
- **Increase Walk Speed:** aumenta a velocidade durante a caminhada.
- **Decrease Walk Speed:** reduz a velocidade durante a caminhada.
- **Configure:** abre a janela de diálogo na qual você pode ajustar e alterar as propriedades do **Wheel**.

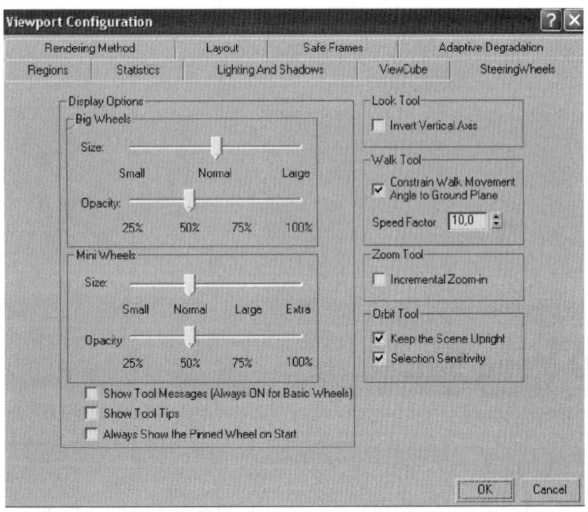

View Object Wheel

O **View Object Wheel** é geralmente usado para visualizar objetos 3D, com o uso da opção orbit.

O **View Object Wheel** divide-se nas seguintes seções:

- **Center:** especifique um ponto no modelo para ajustar o centro da janela.
- **Zoom:** permite ajustar a aproximação do modelo em relação à janela de visualização.
- **Rewind:** retorna as janelas de visualização mais recentes.
- **Orbit:** rotaciona a janela de visualização em volta do ponto pivot (Center).

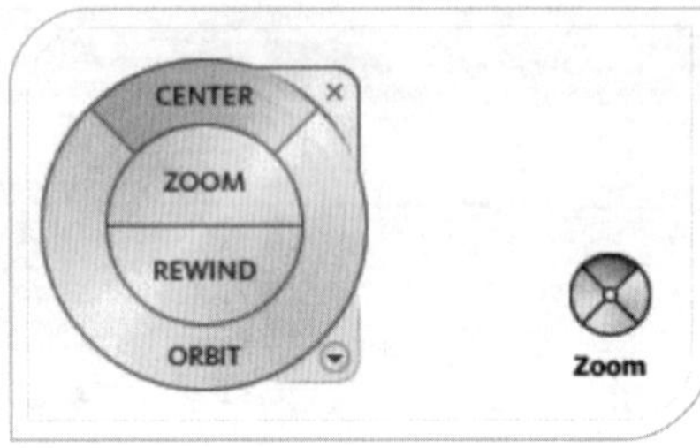

O **Mini View Object Wheel** é dividido nas seguintes seções:

- **Zoom:** permite ajustar a aproximação do modelo em relação à janela de visualização.
- **Rewind:** retorna as janelas de visualização mais recentes.
- **Pan:** desloca a janela de visualização.
- **Orbit:** rotaciona a janela de visualização em volta do ponto pivot (Center).

Tour Building

O **Tour Building Wheel** foi criado para navegação 3D no interior do modelo.

Apresenta as seguintes seções:

- **Forward:** ajusta a distância entre a janela de visualização e o modelo (semelhante ao comando zoom).
- **Look:** permite girar a janela de visualização.
- **Rewind:** retorna as janelas de visualização mais recentes.
- **Up/Down:** move a janela de visualização no eixo vertical.

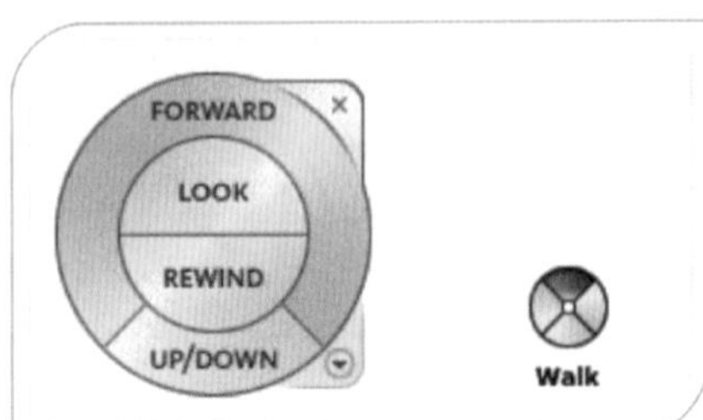

O **Mini Tour Building Wheel** é dividido nas seguintes seções:

- **Walk:** simula uma caminhada através do modelo.

- **Look:** permite girar a janela de visualização.
- **Rewind:** retorna as janelas de visualização mais recentes.
- **Up/Down:** move a janela de visualização no eixo vertical.

Full Navigation

O **Full Navigation Wheel** combina as ferramentas de navegação encontradas no **View Object** e no **Tour Building**.

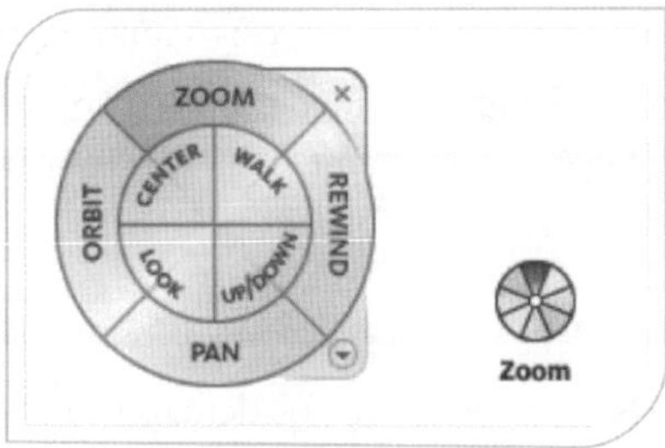

O **Full Navigation Wheel** apresenta as seguintes seções:

- **Zoom:** ajusta a aproximação do modelo em relação à janela de visualização.
- **Rewind:** retorna as janelas de visualização mais recentes.
- **Pan:** permite deslocar a janela de visualização.
- **Orbit:** rotaciona a janela de visualização em volta do ponto pivot (Center).
- **Center:** especifique um ponto no modelo para ajustar o centro da janela.
- **Walk:** simula uma caminhada através do modelo.
- **Look:** permite girar a janela de visualização.
- **Up/down:** move a janela de visualização no eixo vertical.

O **Mini Full Navigation** divide-se nas seguintes seções:

- **Zoom:** permite ajustar a aproximação do modelo em relação à janela de visualização.
- **Walk:** simula uma caminhada através do modelo.
- **Rewind:** retorna as janelas de visualização mais recentes.
- **Up/Down:** move a janela de visualização no eixo vertical.
- **Look:** permite girar a janela de visualização.
- **Orbit:** rotaciona a janela de visualização em volta do ponto pivot (Center).
- **Center:** especifique um ponto no modelo para ajustar o centro da janela.

No quadro de diálogo Grid and Snap Settings há opções de trabalho como Tangent, Midpoint, Endpoint (semelhantes ao AutoCAD), forçando o 3ds Max a encaixar-se em pontos de intersecção do grid, ou em vértices de outros objetos para desenhar precisamente.

Cada vez que precisar usar os comandos de visualização, como Zoom, ao aumentar uma visualização, o grid desaparece. Para que não mais aconteça, desative a opção Inhibit Grid Subdivision Below Grid Spacing.

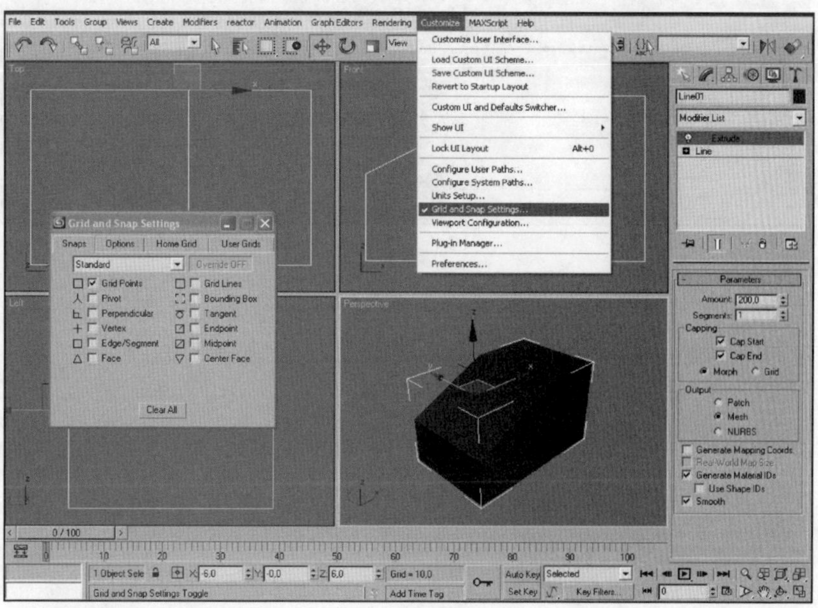

Definidas as opções desejadas, devemos fazê-las funcionar, ligando ou desligando os vários tipos de Snaps, como nas opções descritas a seguir:

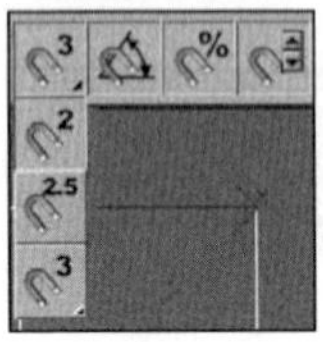

Cada um desses botões possui outros suspensos que permitem o acesso aos botões de controle dos Snap Spatial 2D, 2.5D e 3D.

- **2D Snap:** liga o Snap somente no plano do grid corrente (plano X,Y - Top).
- **2.5D Snap:** permite desenhar no plano do grid corrente e encaixa os vértices dos objetos que estiverem acima ou abaixo do plano do grid.
- **3D Snap:** funciona em todas as dimensões e permite o encaixe preciso de todos os vértices, linhas do grid, intersecções do grid e cantos.
- **Angle Snap:** restringe a rotação dos incrementos do objeto para ângulos definidos no Grid and Snap Settings.
- **Percent Snap:** restringe todas as operações que usam porcentagem a um certo incremento.
- **Spinner Snap:** restringe todos os spinners no 3ds Max a certos incrementos.

Group

É um conjunto de objetos que se comporta como um só. Ao selecionar um objeto do grupo, os demais são selecionados (semelhante ao do AutoCAD).

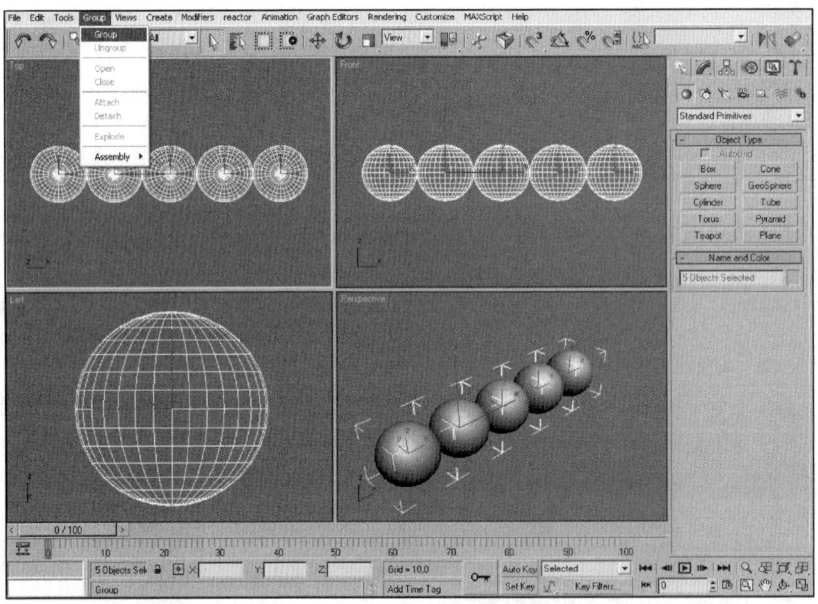

Para selecionar os grupos, primeiramente escolha os objetos desejados e depois vá ao menu Group e clique na opção Group. Digite o nome para o grupo e terá criado um grupo de objetos.

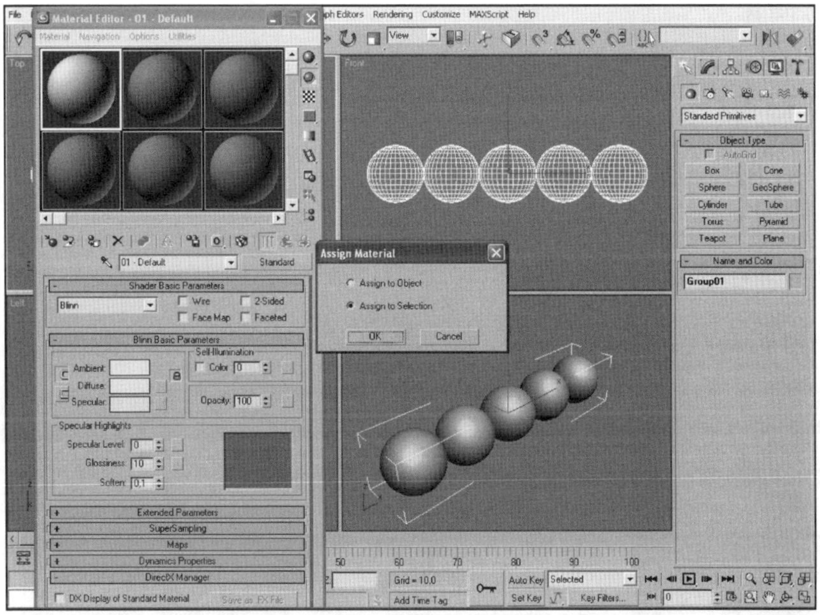

Ao aplicar um material, todo objeto agrupado recebe o mesmo material, a não ser que clique na textura que deseja aplicar a um determinado objeto do grupo. Neste caso segure o clique, arraste e solte sobre esse objeto. Aparece um quadro no qual deve especificar o que vai fazer. Ative a opção Assign to Object e dê OK. Veja a seqüência de imagens.

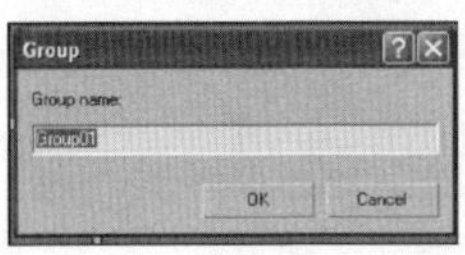

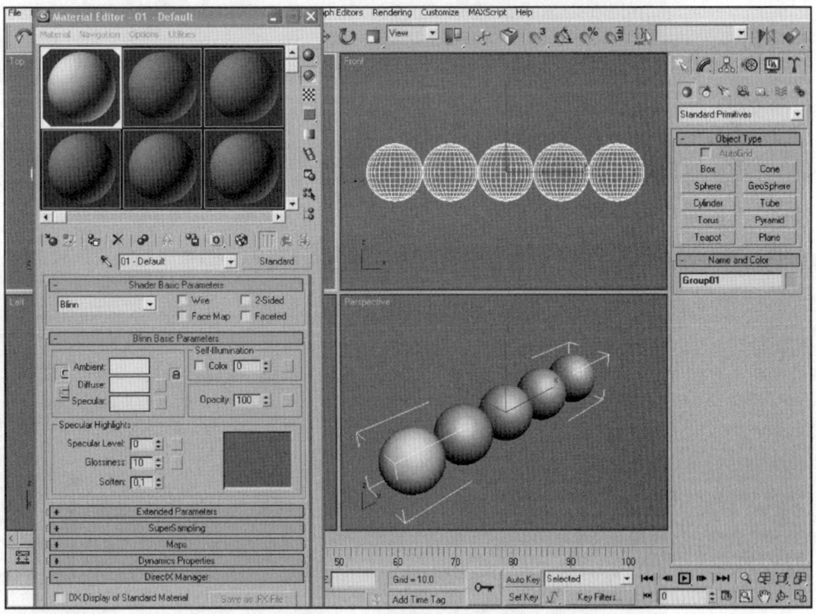

Vínculos Hierárquicos

É possível unir ou associar objetos, luzes, partículas, câmeras etc. de tal forma que um deles controle um ou mais componentes. Essa união é unidirecional, ou seja, primeiro objeto controla o segundo e não o contrário.

O primeiro objeto recebe o nome de pai ou ascendente e o segundo, o nome de filho ou descendente. A tudo isso denominamos ramificação.

O objeto pai pode ter muitos objetos filho, dividindo suas ramificações muitas vezes.

Estes botões denominam-se:

- **Link:** vínculo.
- **Unlink:** desvincular.

Criação de Vínculos

Para criar um vínculo (Link), proceda da seguinte forma:

- Selecione o objeto desejado.
- Dê um clique no botão Link.
- Dê um clique no botão Select by Name.
- Abre-se o quadro de diálogo Select Parent (em vez de usar o Select Objects, usamos o comando Link).
- Dê um clique no outro objeto.
- Para vincular definitivamente, dê um clique no botão Link (dentro do quadro de diálogo).

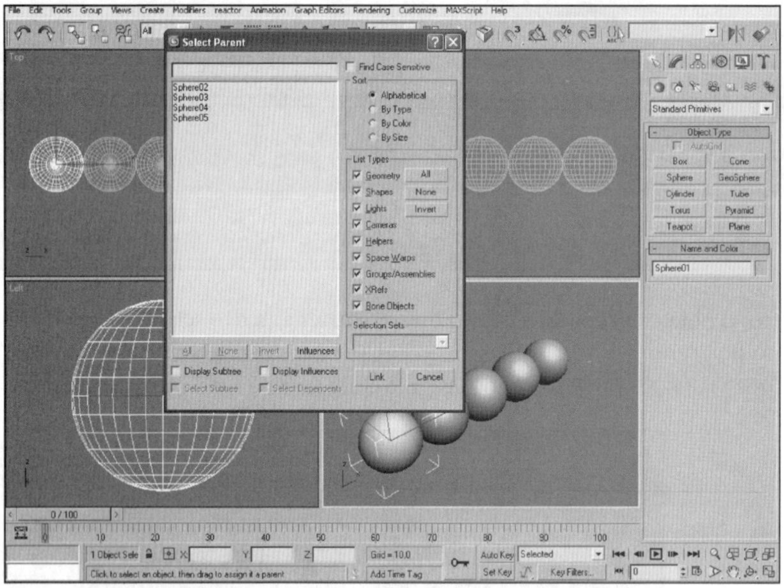

Botão Geometry - Standard Primitives

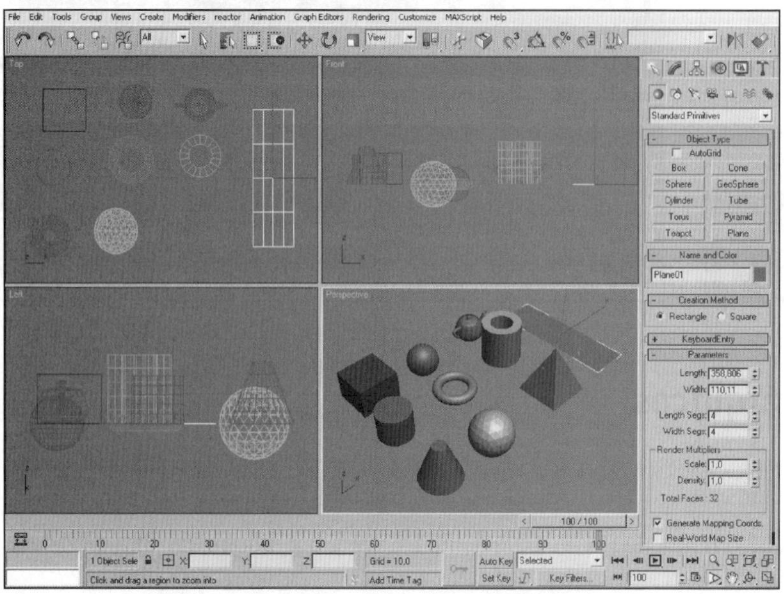

A regra para criar os objetos geométricos (na maioria dos casos) é:

- Clicar, segurar o clique, arrastar e soltar o clique.

No caso de um box ou cylinder seria:

- Clicar, segurar o clique, arrastar, soltar o clique, movimentar o mouse e clicar.

Box

Temos como parâmetros do box:

- **Cube:** cria um cubo.
- **Box:** cria uma caixa na qual se definem valores para altura, largura e comprimento.
- **Length:** muda o comprimento da caixa.
- **Width:** muda a largura da caixa.
- **Height:** muda a altura da caixa.

Há ainda a área para aumentar o número de segmentos, como Length Segs, Width Segs e Height Segs, figura a.

Sphere

São parâmetros de um sphere, figura b:

- **Center:** cria uma esfera a partir do seu centro.
- **Edge:** cria uma esfera através de dois pontos que definem o seu diâmetro.

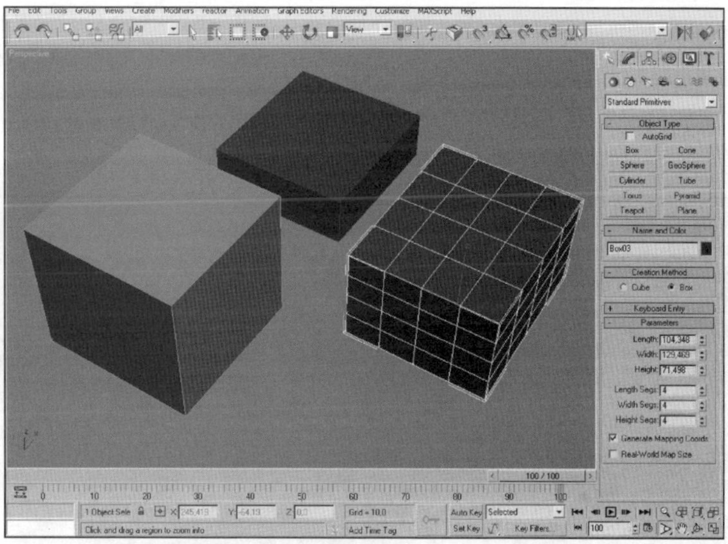

Figura a

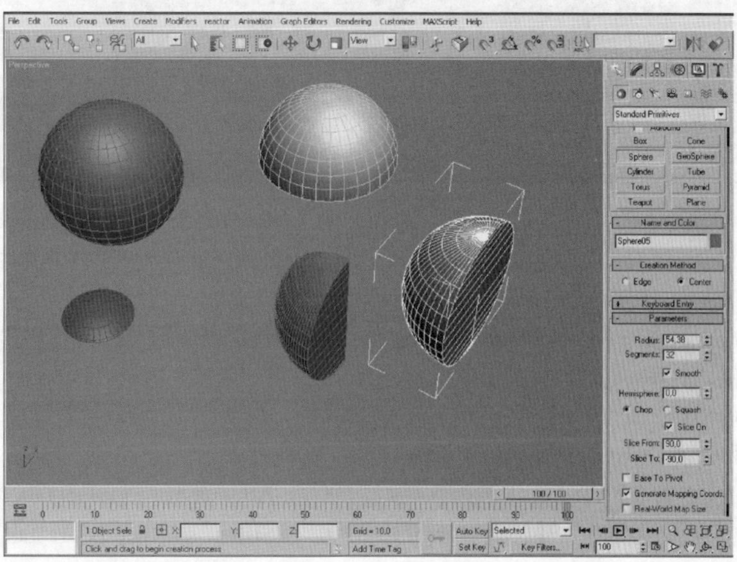

Figura b

- **Radius:** define o raio da esfera.
- **Segments:** aumenta o número de segmentos de um objeto.
- **Smooth:** ativando-o, permite suavizar a junção das faces que formam as curvas da esfera.
- **Hemisphere:** permite criar hemisférios e calotas esféricas, alterando os valores de 0 a 1.
- **Chop:** pode reduzir o número de faces e vértices dos hemisférios.
- **Squash:** mantém o número de faces e vértices da esfera mesmo que você altere os valores do Hemisphere, em que as faces e vértices vão se juntando ao topo da esfera.
- **Slice On:** ativando-o, permite fazer um corte em sua primitiva, alterando os valores de Slice From e Slice To que determinam o início e o fim do corte.

Cylinder

Temos como parâmetros de um cylinder:

- **Center:** cria um cilindro a partir do seu centro.
- **Edge:** cria um cilindro através de dois pontos que definem o seu diâmetro.
- **Radius:** define o raio do cilindro.
- **Height:** define a altura do cilindro.
- **Height Segments:** aumenta o número de segmentos ao longo da altura.
- **Cap Segments:** aumenta o número de segmentos concêntricos no topo e na base do cilindro.
- **Sides:** define o número de lados do cilindro.
- **Smooth:** ativando-o, suaviza a junção das faces que formam as curvas do cilindro.
- **Slice On:** ativando-o, permite fazer um corte em sua primitva, alterando os valores de Slice From e Slice To que determinam o início e o fim do corte.

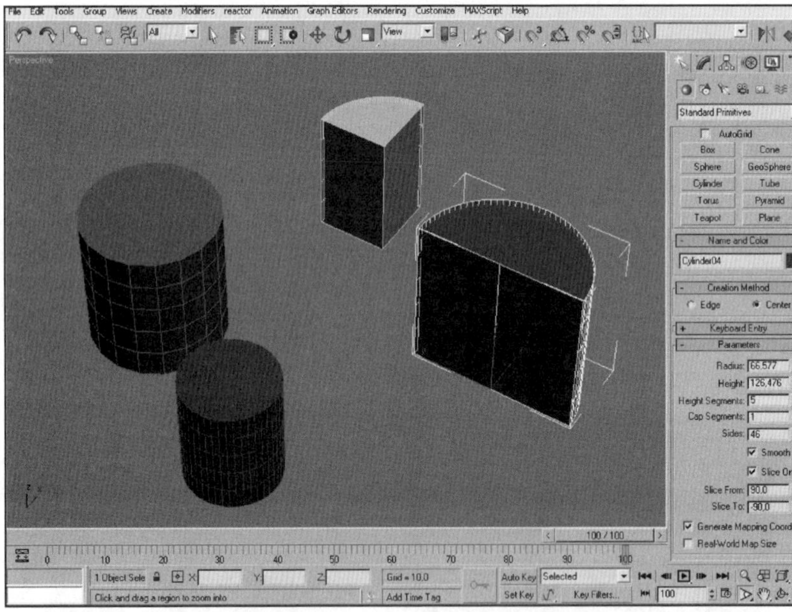

Torus

São parâmetros de um torus:

- **Center:** cria um torus a partir do seu centro.
- **Edge:** cria um torus através de dois pontos que definem o seu diâmetro.
- **Radius1:** define a distância entre o centro do torus e o centro do tubo que forma o torus.
- **Radius2:** define o raio do tubo que forma o torus.
- **Rotation:** define o grau de rotação com o qual são rotacionados uniformemente os vértices em torno do eixo do tubo do torus.
- **Segments:** aumenta o número de segmentos de um objeto.
- **Sides:** altera o número de lados do tubo do torus.

Na área Smooth temos:

- **All:** suaviza todas as faces do torus.
- **Sides:** suaviza as arestas entre os segmentos (ao longo do torus).

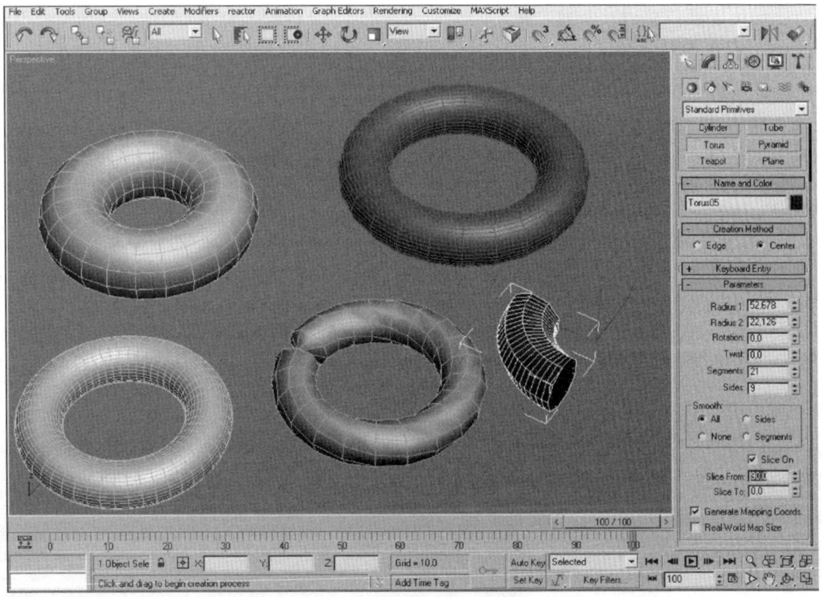

- **None:** não suaviza.
- **Segments:** suaviza as arestas de cada segmento (ao redor do torus).
- **Slice On:** ativando-o, permite fazer um corte em sua primitva, alterando os valores de Slice From e Slice To que determinam o início e o término do corte.

Teapot

Por que o bule de chá está entre os objetos geométricos do 3ds Max?

Porque Martin Newell criou uma tela de arame de um bule de chá e James Blinn experimentou diferentes métodos de acabamento da superfície, portanto virou moda, na década de 1970, fazer artes voltadas ao bule de chá.

Também se conhece como "bule de chá de Utah", pelo fato de os experimentos terem sido feitos na Universidade de Utah. Assim ficou imortalizado como um objeto 3D.

Temos como parâmetros de um teapot:

- **Center:** cria um teapot a partir do seu centro.

Bule de chá.

- **Edge:** cria um teapot através de dois pontos que definem o seu diâmetro.
- **Radius:** define o raio da esfera.
- **Segments:** aumenta o número de segmentos de um objeto.
- **Smooth:** ativando-o, permite suavizar a junção das faces que formam as curvas da esfera.

Na área Teapot Parts temos:

- **Body:** corpo.
- **Handle:** alça.
- **Spout:** bico.
- **Lid:** tampa.

Cone

Temos como parâmetros de um cone, figura c:

- **Center:** cria um cone a partir do seu centro.
- **Edge:** cria um cone através de dois pontos que definem o seu diâmetro.
- **Radius1:** define o raio 1 do cone.
- **Radius2:** define o raio 2 do cone.
- **Height:** define a altura do cilindro.
- **Height Segments:** aumenta o número de segmentos ao longo da altura.
- **Cap Segments:** aumenta o número de segmentos concêntricos no topo e na base do cilindro.
- **Sides:** define o número de lados do cilindro.
- **Smooth:** ativando-o, suaviza a junção das faces que formam as curvas do cilindro.
- **Slice On:** ativando-o, permite fazer um corte em sua primitiva, alterando os valores de Slice From e Slice To que determinam o início e o término do corte.

Geosphere

São parâmetros de uma geosfera, figura d:

- **Center:** cria uma geosfera a partir do seu centro.
- **Edge:** cria uma geosfera através de dois pontos que definem o seu diâmetro.
- **Radius:** define o raio da geosfera.
- **Segments:** aumenta o número de segmentos de um objeto.
- **Smooth:** ativando-o, permite suavizar a junção das faces que formam as curvas da esfera.
- **Hemisphere:** permite criar hemisférios e calotas esféricas, alterando os valores de 0 a 1.

Na área Geodesic Base Type é possível alterar o tipo de construção da geosfera.

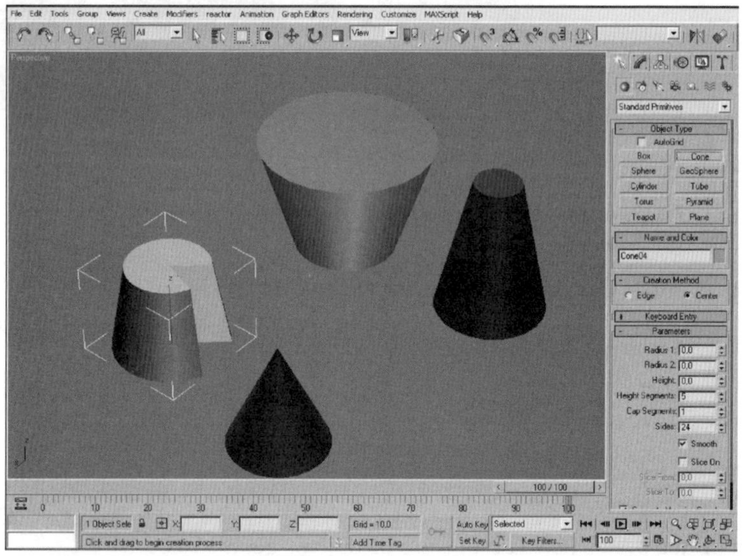

Figura c

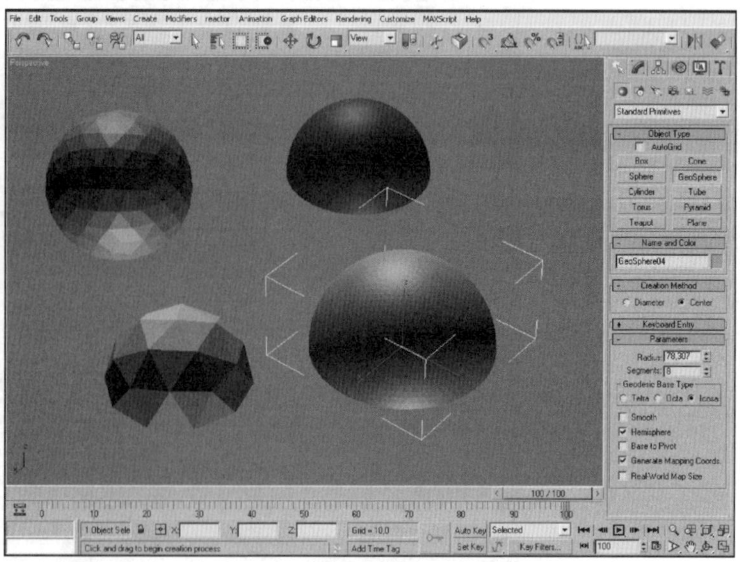

Figura d

Tube

Temos como parâmetros de um tube, figura e:

- **Center:** cria um tube a partir do seu centro.
- **Edge:** cria um tube através de dois pontos que definem o seu diâmetro.
- **Radius1:** define o raio interno ou externo.
- **Radius2:** define o raio externo ou interno.
- **Height:** define a altura do cilindro.
- **Height Segments:** aumenta o número de segmentos ao longo da altura.
- **Cap Segments:** aumenta o número de segmentos concêntricos no topo e na base do cilindro.
- **Sides:** define o número de lados do cilindro.
- **Smooth:** ativando-o, suaviza a junção das faces que formam as curvas do cilindro.
- **Slice On:** ativando-o, permite fazer um corte em sua primitiva, alterando os valores de Slice From e Slice To que determinam o início e o fim do corte.

Pyramid

Temos como parâmetros de uma pirâmide, figura f:

- **Base/Apex:** define os cantos opostos da base e em seguida, a altura.

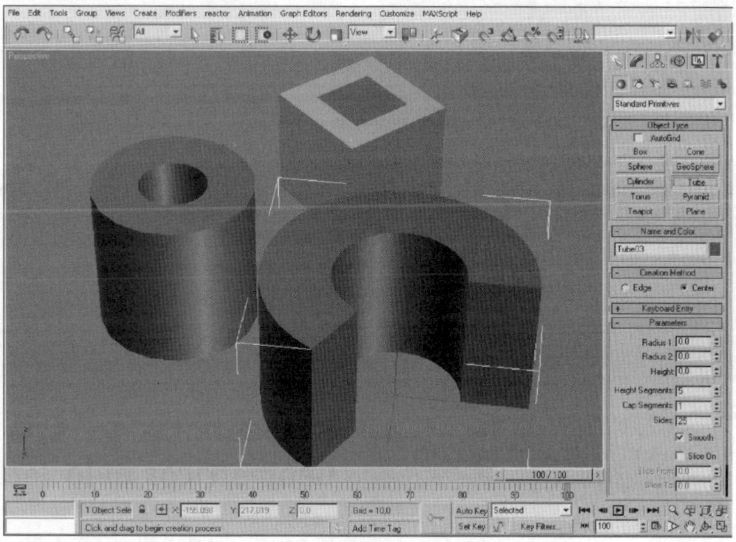

Figura e

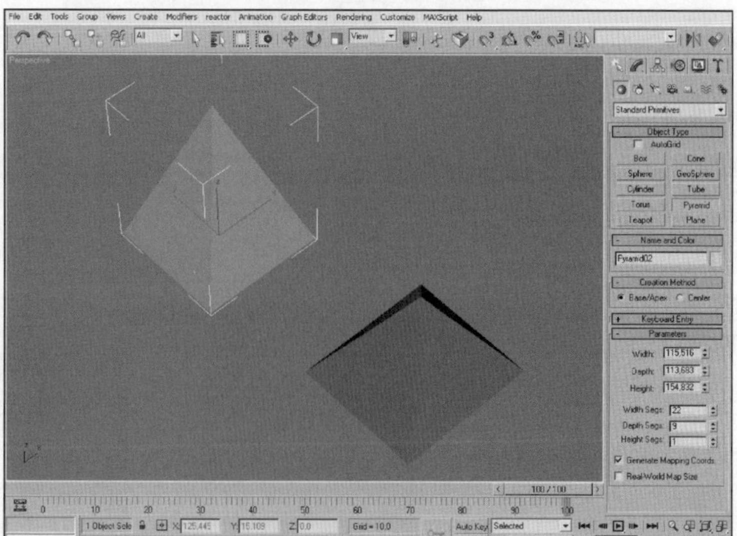

Figura f

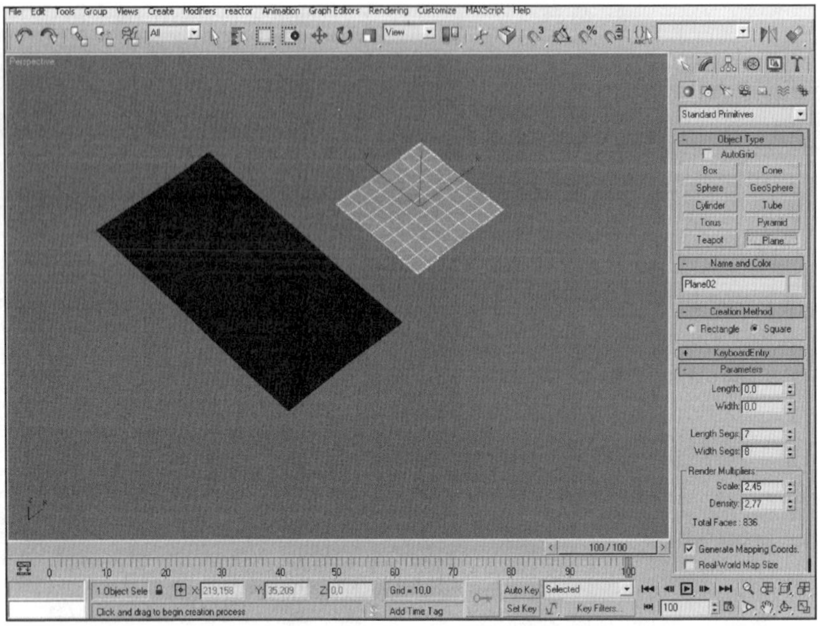

Figura g

- **Center:** define o centro da base da pirâmide e a posição de um canto da base. Com a tecla Ctrl pressionada define a base como quadrada em vez de retangular.
- **Width:** define a largura.
- **Depth:** indica a profundidade.
- **Height:** define a altura.
- **Width Segs:** aumenta o número de segmentos na largura.
- **Depth Segs:** aumenta o número de segmentos na profundidade.
- **Height Segs:** aumenta o número de segmentos na altura.

Plane

São parâmetros de um plane, figura g:

- **Rectangle:** cria planos retangulares.
- **Square:** cria planos quadrados.
- **Length:** define o comprimento.
- **Width:** define a largura.
- **Length Segs:** aumenta o número de segmentos no comprimento.
- **Width Segs:** aumenta o número de segmentos na largura.

Na área Render Multipliers temos:

- **Scale:** altera a escala do plano durante a renderização.
- **Density:** altera a densidade da malha do plano na renderização.

Keyboard Entry - Criação de Objetos Geométricos pelo Teclado

É possível criar objetos geométricos a partir do teclado alterando os valores do Keyboard Entry, no qual se definem o tamanho do objeto e o seu posicionamento, desenhando-o.

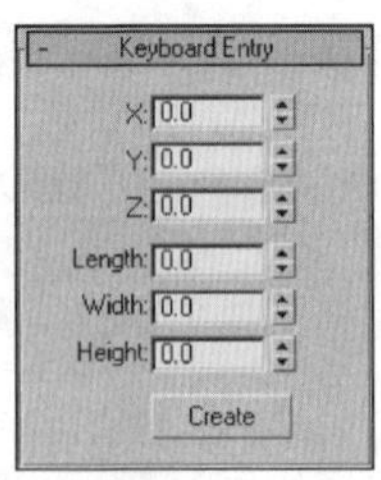

Keyboard Box.

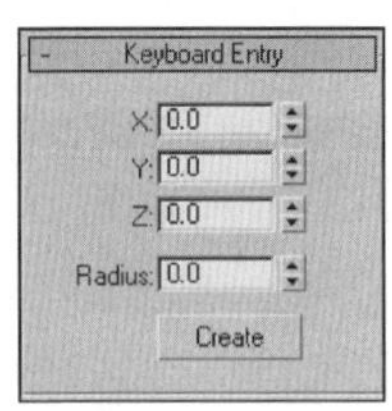

Keyboard Esfera.

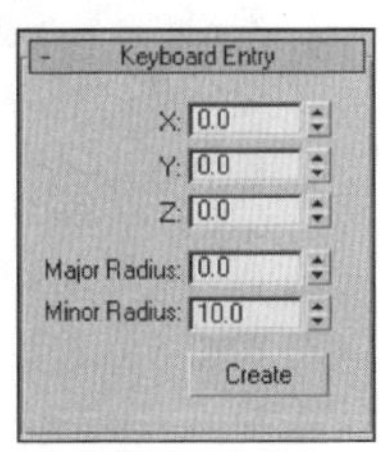

Keyboard Torus.

Com esses simples comandos geométricos podemos criar uma bandeja de chá. Os comandos utilizados para essa execução são Cylinder, Torus, Teapot, Scale Non-uniform, Move e Clone.

Vamos ao primeiro exercício.

Exercício

Antes de criar uma bandeja de chá, crie cada um dos objetos geométricos que se encontram na pasta Create, botão Geometry, opção Standard Primitives. Procure usar a seguinte regra adotada nos principais comandos do 3ds Max: "clique no comando (ou botão), a seguir clique na viewport (ou no objeto), segure o clique, arraste e solte o clique". Assim sendo, crie a bandeja que se encontra na figura seguinte.

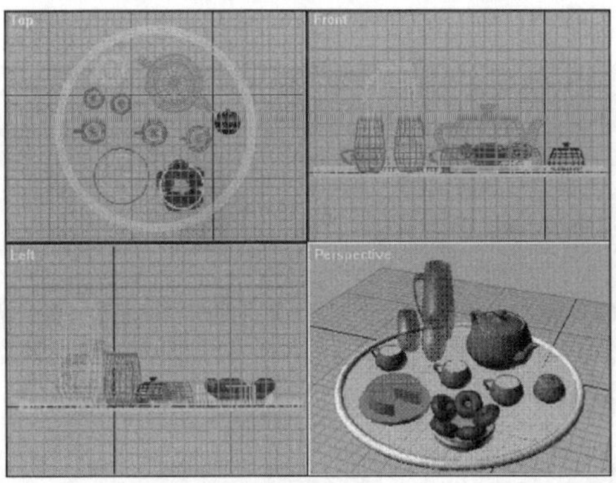

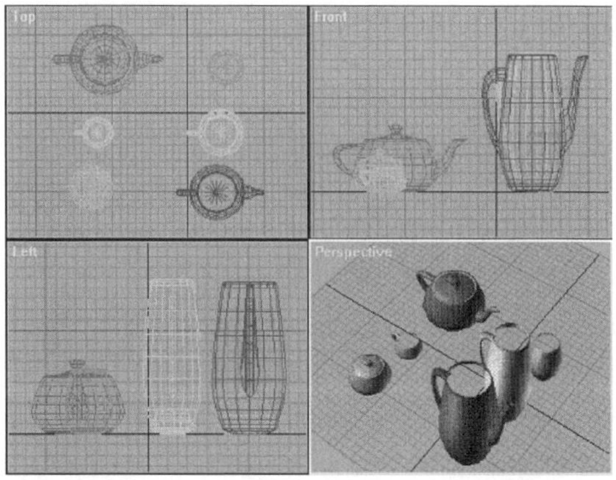

Esta imagem compõe-se dos itens bule, três xícaras, açucareiro, prato com queijo, dois copos, jarra, rosquinhas, bandeja etc. Você poderia imaginar que de um teapot (bule) sairiam diversos objetos?

Foi possível simplesmente alterando (tirando):

- handle (asa);
- spout (bico);
- lid (tampa).

Aplicando o comando Scale Non-Uniform, são feitos o copo e a jarra.

Botão Geometry - Extended Primitives

As primitivas estendidas são formas mais complexas e estão localizadas abaixo das Standard Primitives.

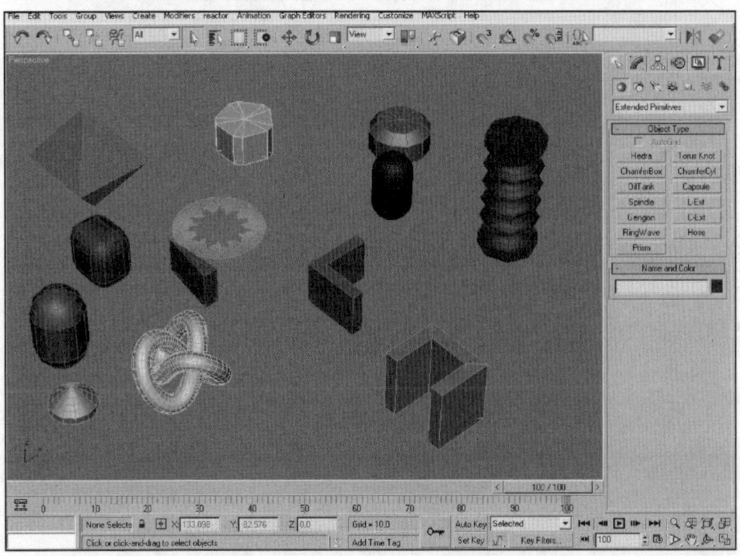

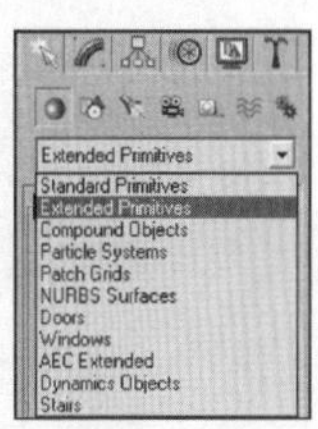

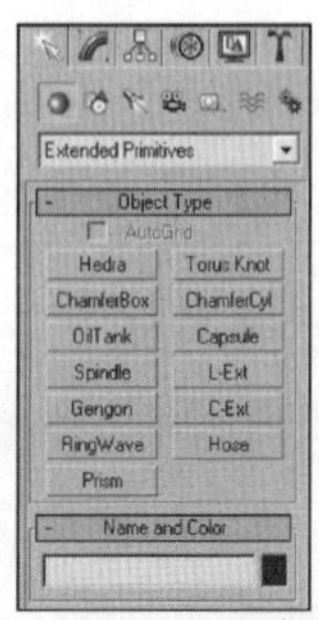

Hedra (Poliedros)

São objetos geométricos baseados em esferas facetadas (faces formadas por três a seis lados), figura h.

Note que um dos objetos tem as facetas semelhantes às de uma bola de futebol, pois foi apenas alterado na área Family Parameters o valor do P:0.35.

Temos como parâmetros de um hedra:

- **P e Q:** alteram a geometria de faces e vértices do hedra, em que os valores podem variar de 0 a 1.
- **Radius:** define o raio do hedra.

Chamfer Box

Cria caixas e cubos semelhantes ao box com a possibilidade de arredondar os cantos com as ferramentas Fillet e Fillet Segs, figura i.

Com o chamfer box é possível criar um sofá.

São parâmetros de um chamfer box:

- **Cube:** cria um cubo.
- **Box:** cria uma caixa na qual é preciso definir valores para altura, largura e comprimento.
- **Length:** muda o comprimento da caixa.
- **Witdth:** muda a largura da caixa.
- **Height:** muda a altura da caixa.

Temos ainda a área para aumentar o número de segmentos como Lenght Segs, Width Segs e Height Segs.

- **Fillet:** define o valor do chanfro a ser feito no box.
- **Fillet Segs:** determina o número de segmentos que arredonda o chanfro feito pelo Fillet.
- **Smooth:** ativando-o, suaviza a junção das faces que formam as curvas do chanfro do box.

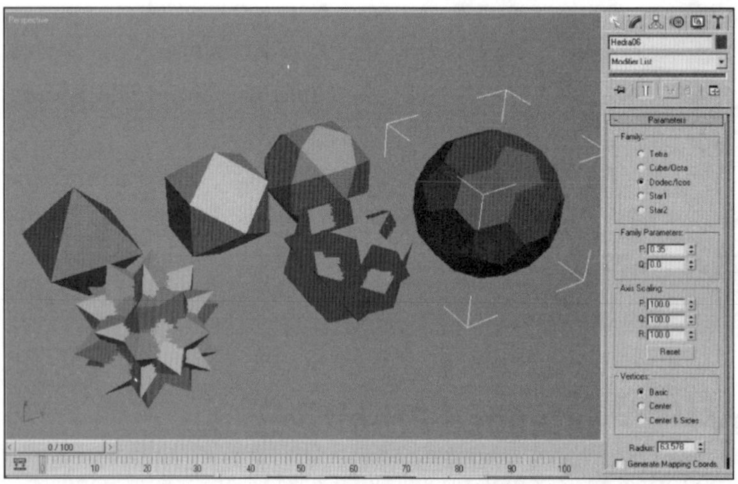

Figura h

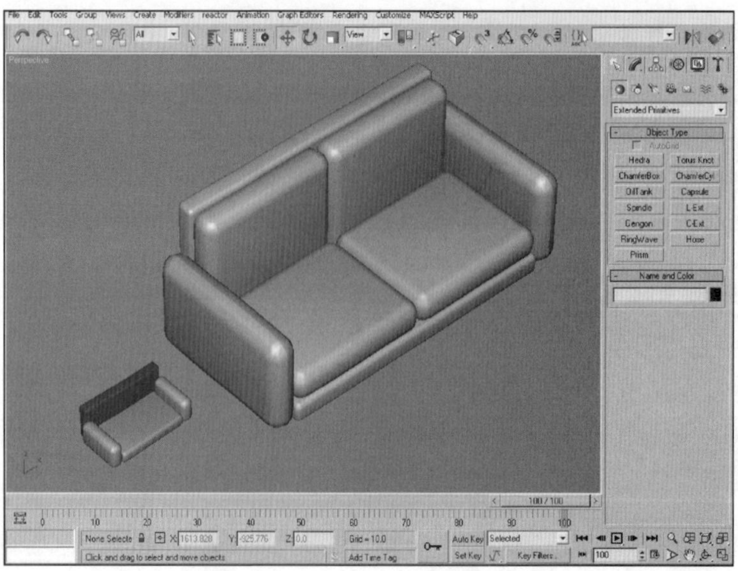

Figura i

Oil Tank

Temos como parâmetros de um oil tank, figura j:

- **Center:** cria um oil tank a partir do seu centro.
- **Edge:** cria um oil tank por dois pontos que definem o seu diâmetro.
- **Height:** define a altura do oil tank.
- **Cap** Height: altura da tampa convexa. Valor 0 não cria a tampa.
- **Overall:** a altura definida no campo Height será a altura total do objeto.
- **Centers:** a altura definida no campo Height será a altura do corpo do oil tank (tampa convexa).
- **Blend:** cria uma curva de suavização na aresta entre o cilindro e as tampas superior e inferior.
- **Height Segs:** aumenta o número de segmentos ao longo da altura.
- **Sides:** define o número de lados do oil tank.
- **Smooth:** ativando-o, suaviza a junção das faces que formam as curvas do oil tank.
- **Slice On:** ativando-o, permite fazer um corte em sua primitiva, alterando os valores de Slice From e Slice To que determinam o início e o término do corte.

Spindle

São parâmetros de um spindle, figura k:

- **Center:** cria um spindle a partir do seu centro.
- **Edge:** cria um spindle através de dois pontos que definem o seu diâmetro.
- **Height:** define a altura do spindle.
- **Cap Height:** altura da tampa convexa. Valor 0 não cria a tampa.
- **Overall:** a altura definida no campo Height será a altura total do objeto.
- **Centers:** a altura definida no campo Height será a altura do corpo do spindle (tampa convexa).
- **Blend:** cria uma curva de suavização na aresta entre o cilindro e as tampas superior e inferior.
- **Height Segs:** aumenta o número de segmentos ao longo da altura.
- **Sides:** define o número de lados do spindle.
- **Smooth:** ativando-o, suaviza a junção das faces que formam as curvas do spindle.
- **Slice On:** ativando-o, permite fazer um corte em sua primitiva, alterando os valores de Slice From e Slice To que determinam o início e o término do corte.

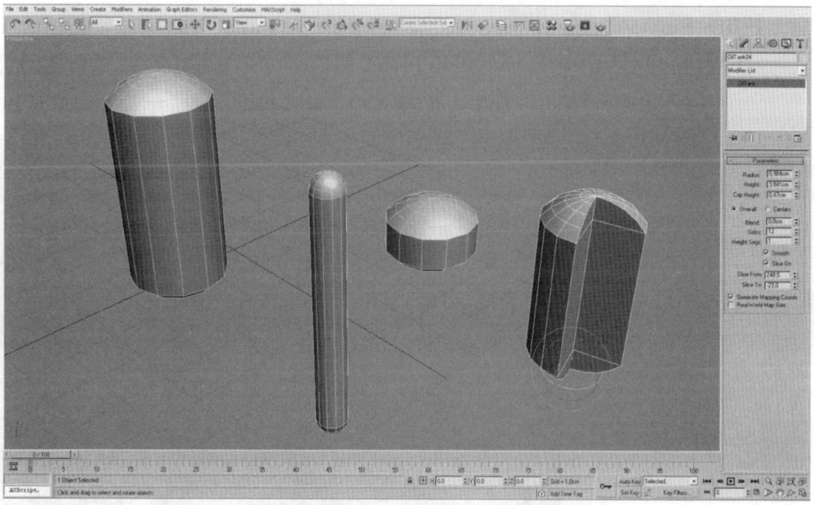

Figura j

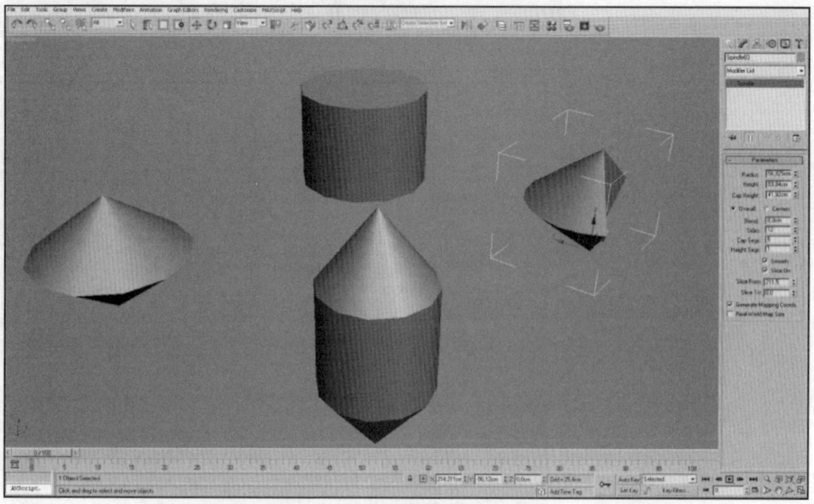

Figura k

Gengon

Temos como parâmetros de um gengon, figura l:

- **Center:** cria um gengon a partir do seu centro.
- **Edge:** cria um gengon através de dois pontos que definem o seu diâmetro.
- **Sides:** define o número de lados do gengon.
- **Radius:** define o raio do gengon.
- **Fillet:** define o valor do chanfro a ser feito no gengon.
- **Height:** define a altura do gengon.
- **Side Segs:** aumenta o número de segmentos nos lados.
- **Height Segs:** aumenta o número de segmentos ao longo da altura.
- **Fillet Segs:** define o número de segmentos que arredonda o chanfro feito pelo Fillet.
- **Smooth:** ativando-o, suaviza a junção das faces que formam as curvas do gengon.

Ring Wave

Temos como parâmetros de um ring wave, figura m:

- **Radius:** define o raio externo.
- **Radial Segs:** define a segmentação entre as partes interna e externa.
- **Sides:** indica o número de lados.
- **Ring Width:** determina o raio da parte interna.
- **Side Segs:** aumenta o número de segmentos nos lados.
- **Height:** indica a altura do ring wave.
- **Height Segs:** aumenta o número de segmentos ao longo da altura.
- **No Growth:** define um ring wave estático.
- **Grow and Stay:** estabelece um único ciclo de crescimento.
- **Cyclic Growth:** recomeça seu crescimento sempre que passa o quadro definido pelo End Time.
- **Start Time:** começa o crescimento.

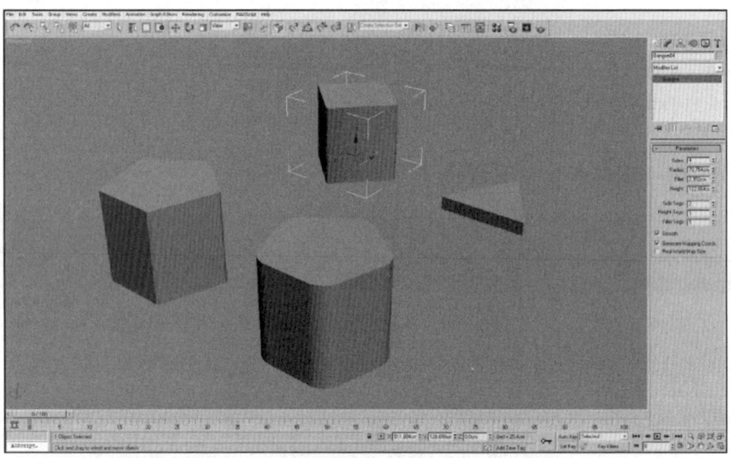

Figura l

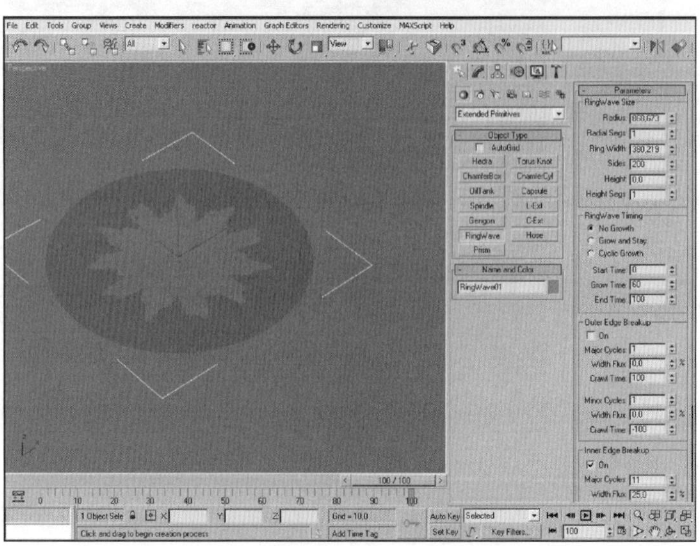

Figura m

- **Grow Time:** atinge seu tamanho máximo.
- **End Time:** final da animação.
- **Smooth:** ativando-o, suaviza a junção das faces que formam as curvas do gengon.

Adaptive Degradation

Novidade da versão 2009

Adaptive Degradation fornece ganho de desempenho na viewport, ou seja, quando se muda a vista atual ou utiliza o **playback** da animação. Por exemplo, quando temos uma cena extremamente carregada de objetos e a placa de vídeo não é suficiente para calcular todos os polígonos, há então um **slowdown** na cena. O botão **Adaptive** acionado verifica de forma automática a necessidade de a geometria mudar para uma forma mais simples de visualização, capacitando a placa de vídeo a trabalhar em tempo real sem **slowdown** na **viewport**.

Com o botão Adaptive Degradation desligado

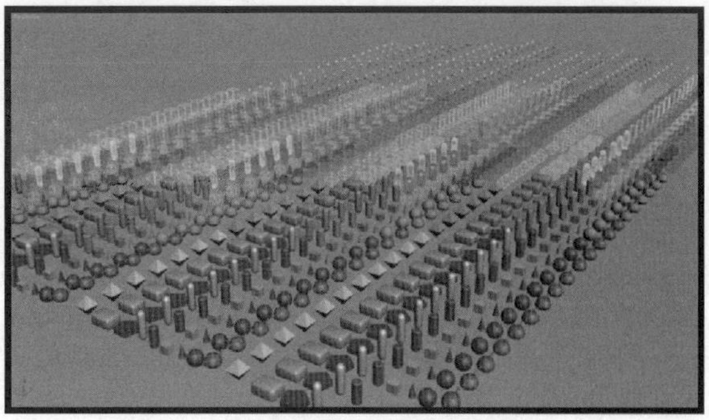

Com o botão Adaptive Degradation ligado

Procedimentos

Existem três possibilidades para ativar o **Adaptive Degradation**:

- Vá até o menu View e clique na opção **Adaptive Degradation**.
- Pelo atalho (pressione a tecla O).
- Clique no botão Adaptive .

Propriedades

Para mudar as propriedades do **Adaptive Degradation** na viewport, clique com o lado direito do mouse no botão **Adaptive**.

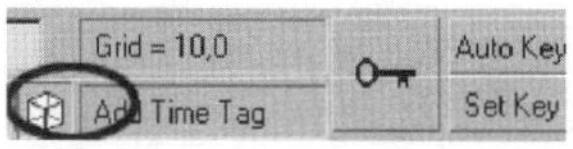

- **Maintain Frames Per Second:** permite ajustar a taxa de frames por segundo. Se a taxa estiver abaixo de 10 frames por segundo, o programa vai aumentar a taxa de degradação conforme a setagem do painel de controle.
- **Draw Backfaces during Degrade:** quando ligado, força o programa a desenhar as faces dos polígonos que estão em direção ao ponto de vista durante a degradação.
- **Never Degrade Selected:** quando ativado, os objetos que estão selecionados não sofrem degradação.
- **Degrade to Default Lighting:** quando ligado, desativa as luzes de todas as viewports.
- **Never Redraw After Degrade:** quando ligado, os objetos que sofreram degradação não retornam mais à visualização real; permanecem sempre com a forma reduzida.

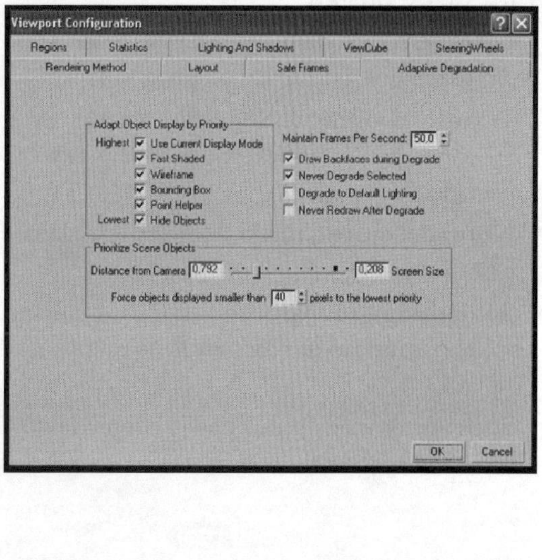

Wavefront (OBJ, MTL)

Novidade da versão 2009

No Autodesk 3ds Max 2009 o sistema de importação e exportação no formato **OBJ** da **wavefront** foi trocado pelo software da **Guru Ware**. Esse módulo oferece mais funcionalidade e desempenho melhorado. Como conseqüência, separar a exportação do **MTL** não está mais disponível. A importação e a exportação do **MTL** estão vinculadas ao arquivo **OBJ**.

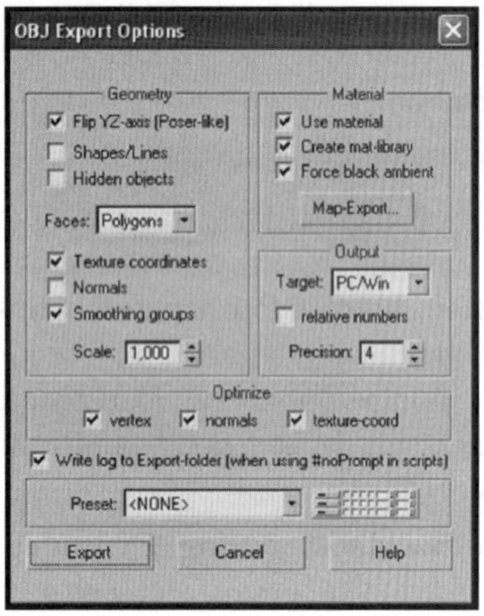

Geometry group

- **Flip YZ-eixo:** quando ligado, transfere todos os valores do eixo Y para o eixo Z e vice-versa. Use essa opção quando exportar para outros programas que usam o eixo vertical Y no lugar do Z como eixo profundidade.
- **Shapes/Lines:** quando ativado, permite exportar objetos 2D como splines e nurbs curves.
- **Hidden objects:** quando ligado, os objetos ocultos são exportados.
- **Faces:** escolha como a face da mesh será exportada (triângulos, quadrados ou polígonos).
- **Texture coordinates:** quando ligado, textura e coordenadas são armazenadas com o arquivo exportado.
- **Normals:** quando ligado, a informação da normal é armazenada.
- **Smoothing groups:** quando ligado, a informação sobre a transição de cores entre os grupos é armazenada.
- **Scale:** determina a escala para o conteúdo do OBJ. O valor-padrão é 1.

Material group

- **Use material:** determina se o material associado ao objeto também é exportado.
- **Create mat-library:** define se o exportador cria um arquivo separado para armazenar informações sobre os materiais, o que cria um arquivo MTL no mesmo diretório que o arquivo OBJ.
- **Force black ambient:** seta o componente ambiente para exportar o material como preto.
- **Map-Export:** clique para abrir o Map-Export dialog.
- **Target:** define o objetivo do sistema operacional do computador no qual os dados são exportados para serem usados. Tecnicamente, essa configuração determina o line-end de caracteres ASCII OBJ para o arquivo.
- **Relative numbers:** quando ativado, pode causar problemas de compatibilidade, ao importar com certos programas. Se não conseguir importar um arquivo OBJ, certifique-se de que essa opção esteja desligada e exporte novamente.
- **Precision:** a precisão de exportar vértices dados (confuso), conforme o número de casas decimais.

Optimize group

- **Optimize:** remove elementos duplicados: face, normals e texturas.
- **Write log to Export-folder:** salva um arquivo log na mesma pasta que o objeto, quando exportado via script.
- **Preset:** permite armazenar informações predefinidas, incluindo geometria e materiais.
- **Export:** salva o arquivo exportado como OBJ.
- **Cancel:** cancela o arquivo a ser salvo.

A partir da versão 2009 houve uma grande mudança na exportação de arquivos no formato **OBJ**. Lembre-se de que esse formato atualmente é o mais utilizado em todos os softwares 3D de animação. A conversão errada ou simplesmente com limitações impede completamente o uso de arquivos por esses softwares.

Diferença entre as Versões 2008 e 2009 para Exportar em OBJ

A Autodesk lançou a versão 3ds Max 2008 encerrando a ordem de 3ds Max 1, 2, 3, 4, 5, 6, 7, 8, 9. Após seis meses lançaram a versão 2009.

Uma caixa que servia tanto para o 3ds Max 2008 quanto para o 2009 sofreu uma subdivisão. Foram criadas faces poligonais de cinco lados, como mostra a figura seguinte.

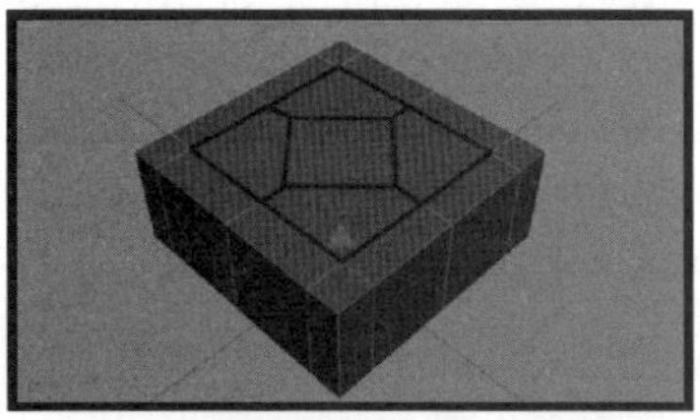

Versão do 3ds Max 2008 ou anterior

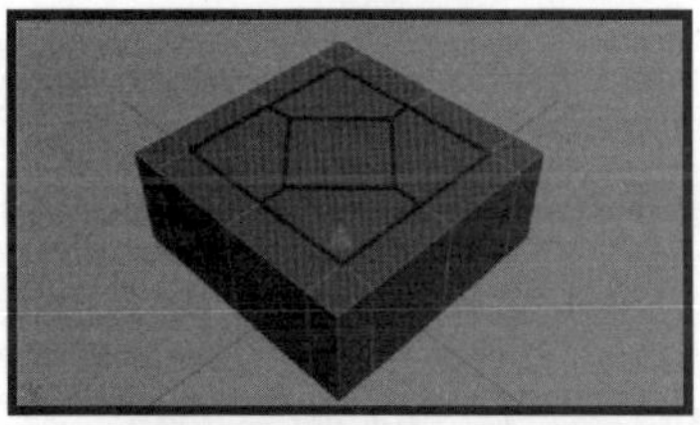

Versão do 3ds Max 2009

As geometrias foram exportadas como **OBJ**.

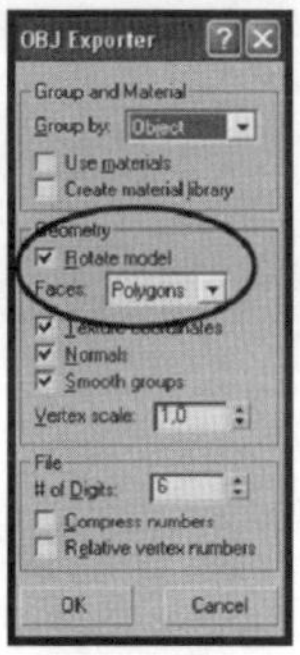

Versão 2008

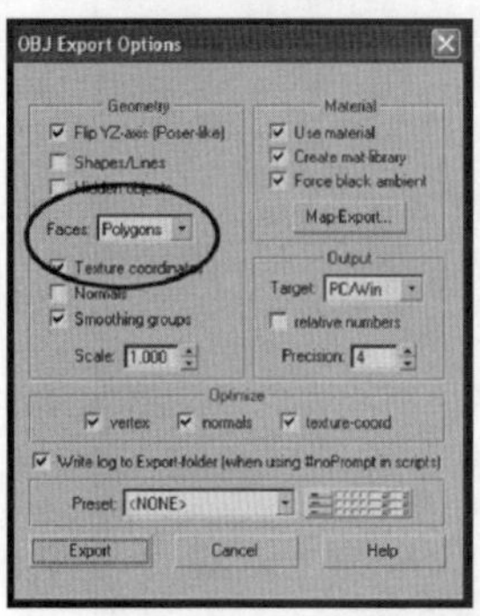

Versão 2009

Até o momento não existe diferença entre uma versão e outra. Nas duas as malhas foram exportadas com a opção **Polygons** selecionada. Logo abaixo as malhas são importadas novamente para os seus respectivos programas.

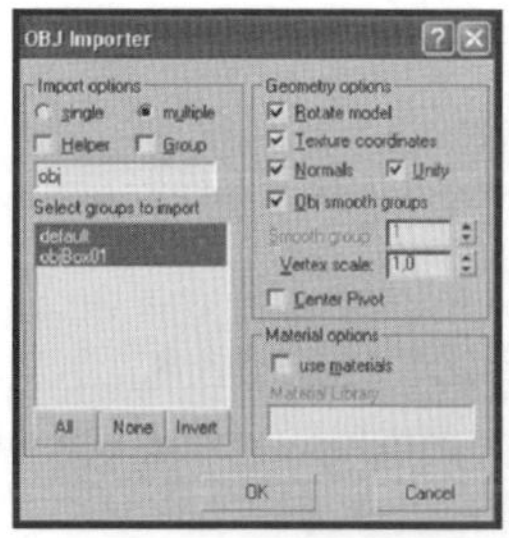

Versão 2008 **Versão 2009**

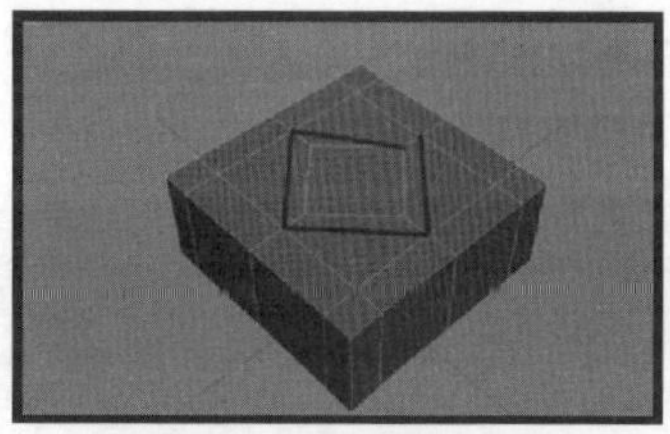

Versão 2008

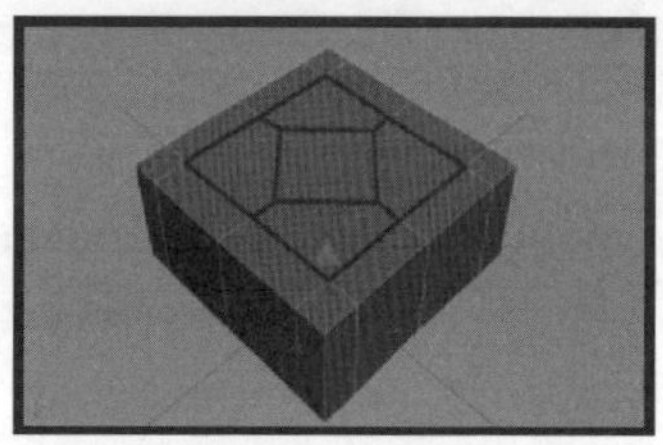

Versão 2009

A malha que foi exportada e importada na versão 2008 retornou de forma diferente e foram criados **edges** para suprir as faces poligonais, no entanto a malha exportada e importada na versão 2009 voltou exatamente à mesma posição e com o mesmo número de **edges**. Isso é extremamente importante, pois apenas desta forma é possível criar os **Morph target** no 3ds Max.

AEC Extended

- Pasta Create → Botão Geometry → AEC Extended

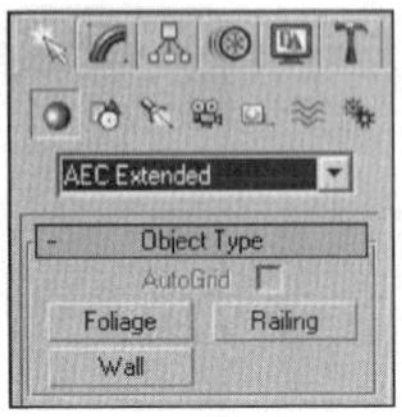

Os objetos do AEC foram desenhados para fins de arquitetura, engenharia e construção. Utilize Foliage para criar árvores, Railing para criar corrimãos e cercas e Wall para criar paredes.

Foliage - Criação da Folhagem de uma Árvore

Esse comando permite criar vários tipos de planta, como espécies de árvores. O 3ds Max gera malhas para criar árvores com um aspecto bonito de forma rápida e eficaz.

É possível controlar altura, densidade, poda e semente. Com a opção **Seed** se controla a criação de representações diferentes da mesma espécie. Pode criar milhões de variações da mesma espécie de forma que cada objeto seja único. Com a opção Viewport Canopy Mode é possível controlar a quantidade de detalhes da planta mediante redução do número de vértices e faces que o programa utiliza para mostrar a planta.

Veja algumas das plantas criadas com a biblioteca-padrão:

Dicas: 1) Utilize o Spacing tool para localizar plantas ao longo de um percurso. **2)** Use o vertex ou face snapping (veja Snaps Settings) para localizar plantas em uma superfície.

Procedimento

Para acrescentar plantas a uma cena:

1. Clique no botão Foliage, a seguir clique na planta desejada e na viewport Top.

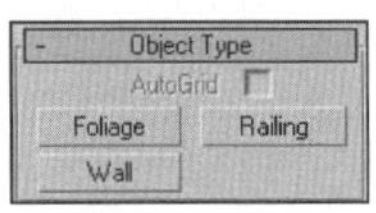

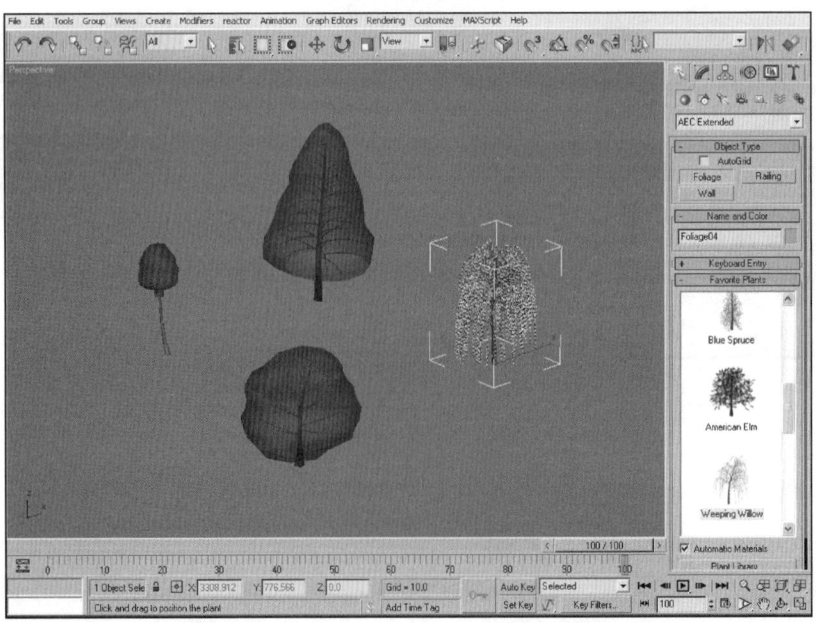

2. Analise os parâmetros na pasta Modify.

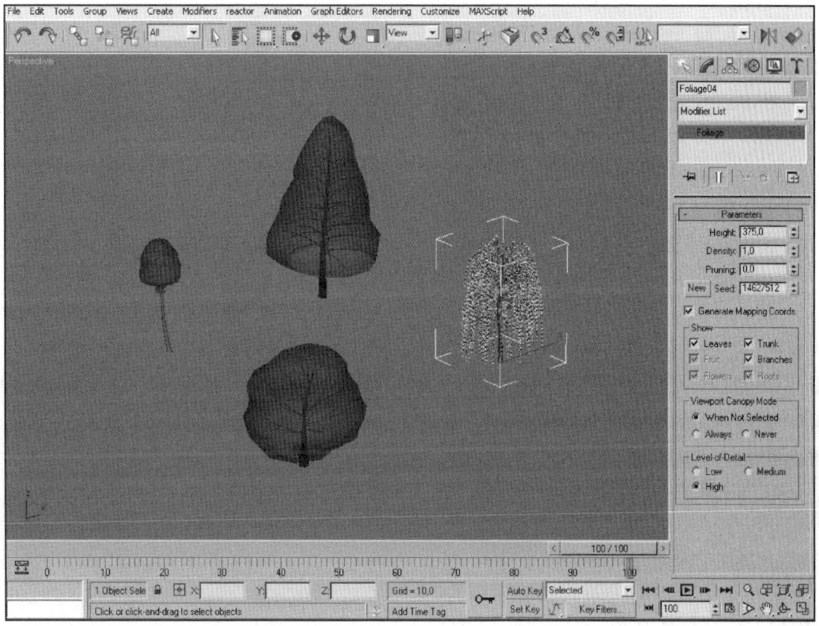

Roll-Out Plantas Favoritas (Favorite Plants)

Na paleta aparecem as plantas atualmente carregadas. Há três formas de acrescentar uma planta à cena:

1. Utilize entradas de teclado.
2. Pressione o Favorite Plants Library para abrir um quadro em que estão carregadas todas as plantas-padrão do 3ds Max.

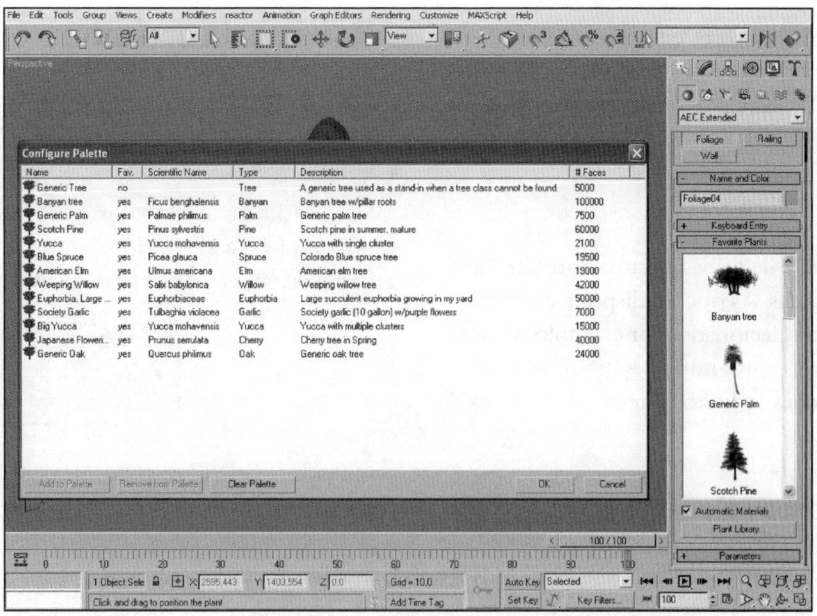

Roll-Out Parâmetros

- **Height:** especifica a altura aproximada da planta. O programa aplica um fator de irregularidade aleatório da altura de todas as plantas. Por conseguinte, a altura real de uma planta medida nas viewports não precisa coincidir necessariamente com o valor definido no parâmetro Height.
- **Density:** controla a quantidade de folhas, flores, ou ambas, que a planta tem. O valor 1 mostra uma planta com todas as folhas e flores, 0,5 reduz a quantidade de folhas e flores à metade e 0 (zero) apresenta uma planta sem folhas nem flores.
- **Pruning (Poda):** só se aplica à planta com ramos. Suprime os ramos situados por baixo de um plano invisível, paralelo ao plano de construção. Com o valor 0 (zero) não se aplica poda nenhuma, com 0,5 se poda a planta segundo um plano situado à meia-altura de seu plano de construção e com 1 se poda tanto quanto possível. A poda aplicada pelo programa depende do tipo de planta. O tronco nunca se poda.
- **New:** mostra uma variação aleatória da planta atual. O programa exibe o valor da semente no campo numérico situado perto do botão.

Sugestão: Pressione o botão New várias vezes até que encontre a variedade que deseja. É mais fácil que tentar ajustar a árvore com modificadores.

- **Seed (Semente):** os valores compreendidos entre 0 e 16.777.215 representam possíveis variações quanto à colocação de ramos e folhas da planta, assim como à forma e ao ângulo em que está o tronco.

Área Show

Controla a apresentação de folhas, frutos, flores, tronco, ramos e raízes das plantas. As opções disponíveis dependem do tipo de planta selecionado. Por exemplo, se uma planta não tiver frutos, o programa desativa essa opção. A desativação de opções reduz o número de vértices e faces que se mostram.

Área Viewport Canopy Mode

No 3ds Max o canopy de uma planta é uma concha que cobre as suas partes mais externas, como as folhas ou os extremos dos ramos e o tronco.

Como essa configuração só se aplica à representação da planta nas viewports, não afeta a forma como o programa a renderiza.

- **When Not Selected:** mostra a planta no modo de dossel se não for selecionado.
- **Always:** a planta sempre se mostra no modo de dossel.
- **Never:** a planta nunca se apresenta no modo de dossel. O 3ds Max mostra todas as características da planta.

Área Level-of-Detail

Controla a forma como o 3ds Max renderiza a planta. Útil para obter informação sobre a forma como o programa mostra a planta nas viewports.

- **Low:** renderiza o dossel da planta e oferece o mínimo nível de detalhe.
- **Medium:** renderiza uma versão da planta com um número reduzido de faces. A forma como o 3ds Max reduz o número de faces varia em função da planta, mas geralmente se eliminam os elementos menores da planta, reduz-se do número de faces dos ramos ou o tronco, ou ambos.
- **High:** renderiza todas as faces da planta e oferece o máximo nível de detalhe.

Sugestão: Defina os parâmetros antes de criar várias plantas. Desta forma, é possível reduzir o número de operações de edição necessárias às plantas.

Railing (Corrimão)

Os componentes do objeto Railing são as cercas, os postes e os corrimãos. As cercas incluem balaústres ou materiais macios, como bandas de cristal ou madeira.

Há duas formas de criar um corrimão: especifique a orientação e a altura do corrimão ou selecione um percurso de spline e spot para o corrimão.

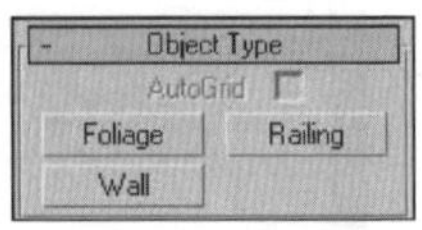

Quando o 3ds Max aplica um corrimão a um percurso de spline, ele se denomina percorrido de corrimão. Se posteriormente editar o percurso, o objeto Corrimão atualiza-se automaticamente para adequar-se às mudanças efetuadas. É possível utilizar splines tridimensionais como percursos de cerca.

Ao criar as travessas inferiores dos postes e do corrimão, você pode especificar o espaçado desses componentes. O 3ds Max troca o nome do quadro de diálogo da ferramenta de espaçado em função do componente: espaçado das travessas inferiores, espaçado de postes ou espaçado de balaústres.

Dica: Utilize Corrimão para criar corrimãos de escadas inteiras.

Corrimão e Materiais

O 3ds Max assinala cinco IDs de material aos corrimãos de forma predeterminada. A biblioteca de materiais aectemplates.mat inclui o material Rail-Template, que é um Multi/Sub-object desenhado para utilizar com os corrimãos. A seguir encontra-se cada componente dos corrimãos com a ID de material correspondente.

ID de material	Componente de corrimão/material
1	Travessas inferiores
2	Postes dos corrimãos
3	Preenchimento maciço do corrimão
4	Parte superior do corrimão
5	Balaústres do corrimão

Procedimentos

O procedimento seguinte descreve a forma de criar corrimãos combinando os componentes: travessas superiores, travessas inferiores, postes, balaústres e cercas maciças.

Embora seja possível criar objetos de corrimão em qualquer viewport, as viewports Perspectiva, Camera e Top oferecem melhores resultados.

Para criar um corrimão:

1. Clique e arraste o corrimão até que adquira o comprimento desejado.
2. Solte o botão do mouse e desloque-o na vertical para definir a altura. Pressione-o para finalizar.

   De forma predeterminada, o 3ds Max cria a travessa superior com dois postes, uma travessa inferior com a metade da altura do corrimão e dois balaústres com espaçado uniforme, figura n.
3. Se necessitar, pode trocar os parâmetros para ajustar os segmentos, a longitude, o perfil, o fundo, a altura e a largura da travessa, figura o.

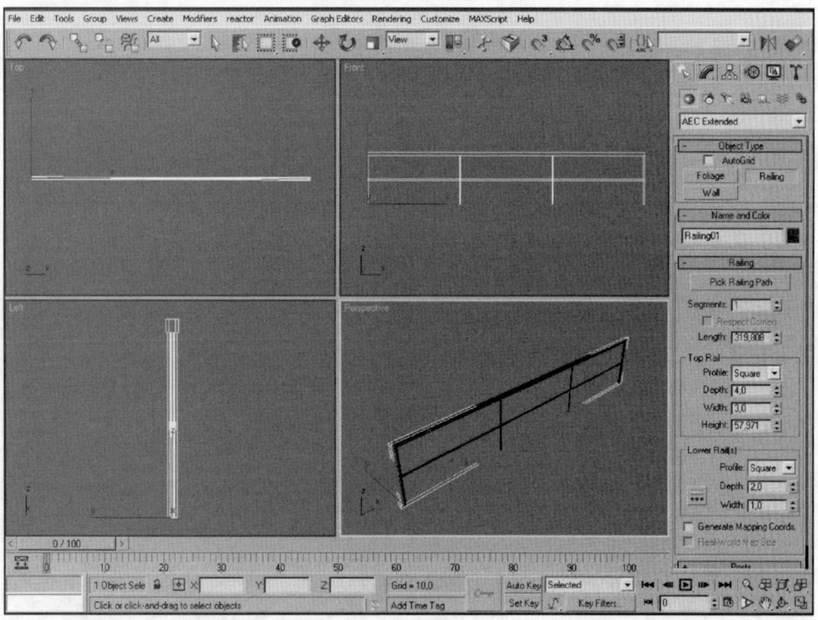

Figura n

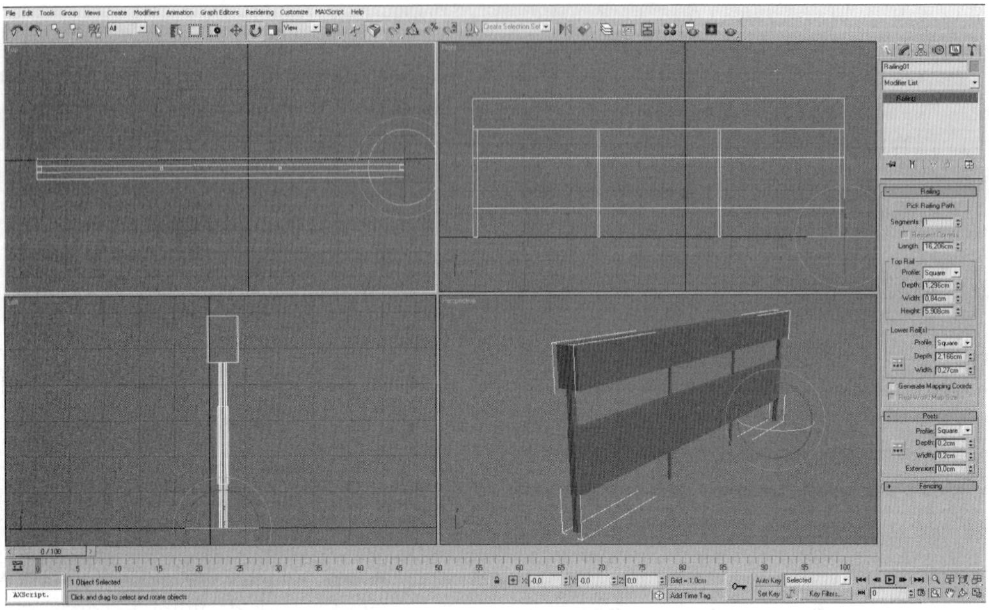

Figura o

Para ajustar as travessas inferiores:

1. Para modificar a travessa inferior ou acrescentar travessas, escolha uma opção na área Lower Rail(s) → Lista do Profile.

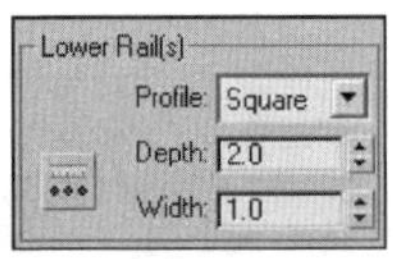

2. Especifique o fundo e a largura das travessas e pressione Lower Rail(s) no botão 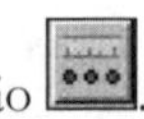.

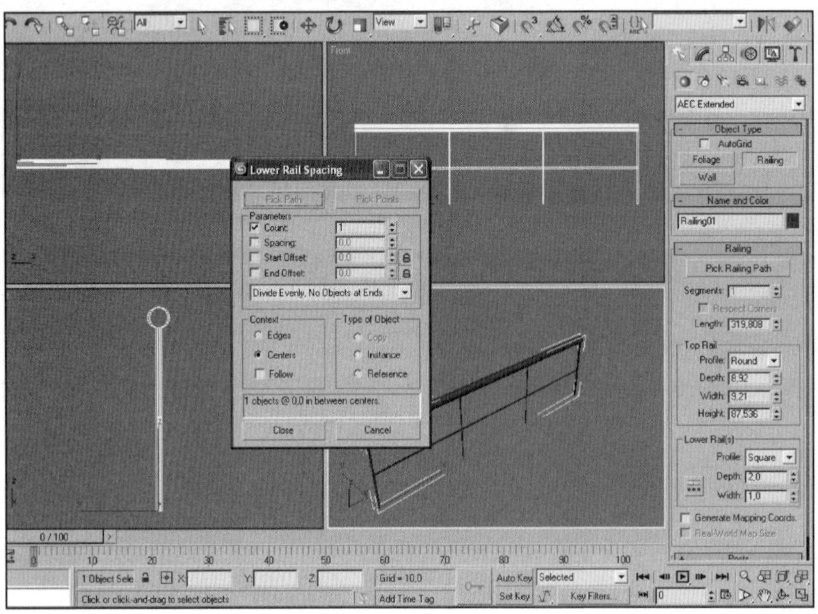

3. Utilize a opção **Count** para especificar a quantidade de travessas inferiores que deseja. Pressione Close para aplicar as mudanças.

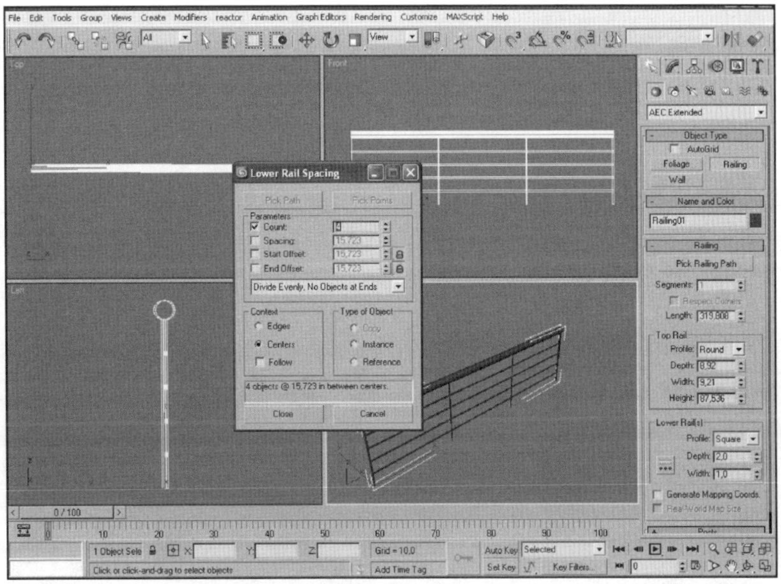

Para criar postes:

1. Se deseja modificar os postes ou acrescentar outros, escolha uma opção na lista Perfil (Profile) na roll-out Posts.

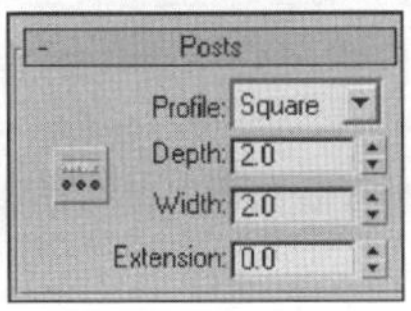

2. Especifique o fundo (Depth) e a largura dos postes e sua extensão por cima da travessa superior. Continuando, pressione o botão .

3. Utilize a opção **Count** para especificar a quantidade de postes que deseja. Pressione Close para aplicar as mudanças.

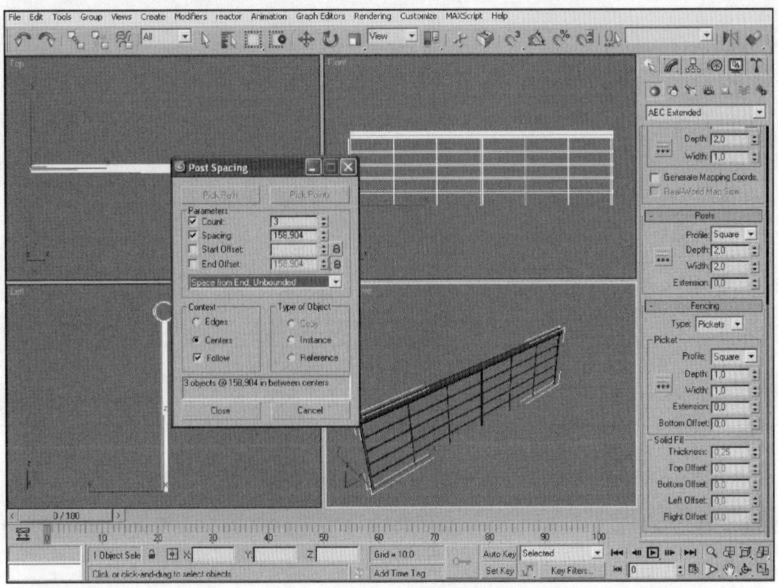

Para criar um balaústre:

1. Escolha roll-out Fencing → lista Type → Pickets (Balaústres).
2. Escolha uma opção na lista Perfil, especifique o fundo e a largura dos balaústres e pressione o botão 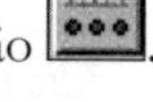.
3. Utilize a opção **Count** para especificar a quantidade de balaústres que deseja. Pressione Close para aplicar as mudanças.

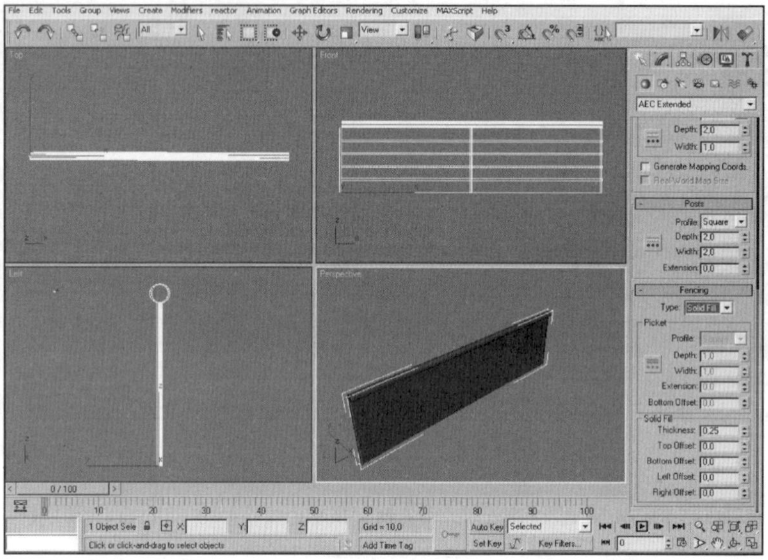

Para criar uma Solid Fill:

1. Escolha na roll-out Fencing → lista Type → Solid Fill.
2. No Solid Fill, ajuste as opções de Thickness (grossura) e offsets.

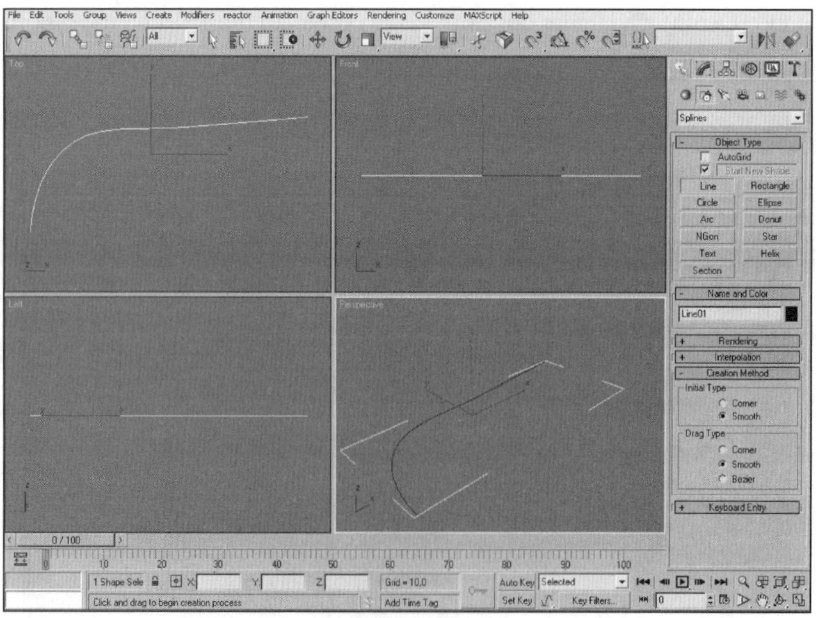

Para criar corrimãos ao longo de uma spline:

1. Antes de criar corrimãos ao longo de um percurso da spline, é preciso criar uma spline ou usar uma existente na cena.

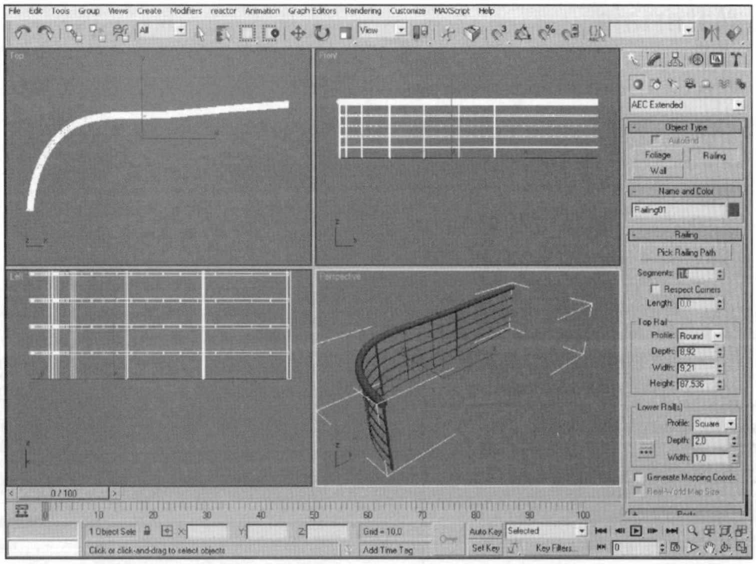

2. Escolha na pasta Create → Geometria → AEC Extended → Railing.
3. Clique no botão Pick Railing Path e selecione uma spline na cena.
4. Na pasta Create altere o Segments para mudar o número de segmentos. Quanto mais alto for o valor de segmentos, mais o corrimão se aproxima da forma de spline.
5. Se quiser que o corrimão tenha esquinas na mesma posição que a spline, ative **Respect Corners**.
6. Defina as demais opções dos corrimãos conforme foi explicado nos procedimentos anteriores.

Wall (Muro, Parede)

- Pasta Create → Geometry → AEC Extended → botão Wall

O objeto Wall consta de uma árvore de subobjetos que podem ser editados na pasta Modify. O Wall pode editar mediante um procedimento similar ao das linhas.

Ao criar dois segmentos de parede que se juntam em um ângulo, o 3ds Max suprime qualquer geometria duplicada. Essa "limpeza" das esquinas pode suportar um recorte. O programa somente elimina os dois primeiros segmentos de parede de uma esquina em lugar de outros segmentos que possam compartilhar a esquina, mas não tira as intersecções.

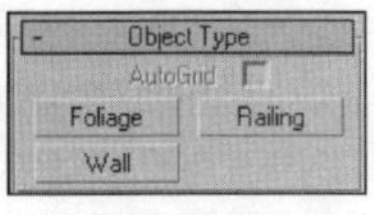

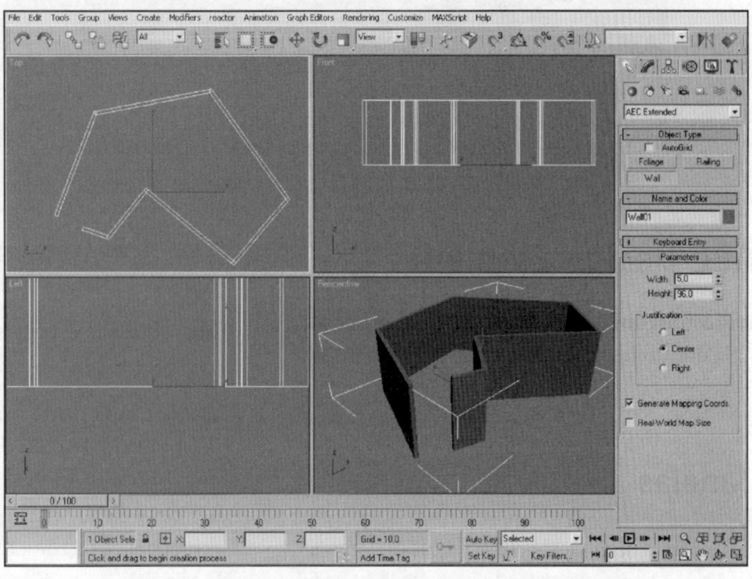

Muros/Paredes e Materiais

O 3ds Max assinala cinco IDs de materiais diferentes aos muros/paredes de forma predeterminada. A biblioteca de materiais *aectemplates.mat* inclui o *Wall-Template*, que é um material Multi/Sub-object desenhado para utilizar com os muros/paredes. O quadro mostra cada componente do muro/parede, material e ID de material correspondente.

ID de material	Componente de muro/parede e material
1	Extremos verticais da parede
2	Exterior da parede
3	Interior da parede
4	Parte superior da parede, incluídos os cortes de aresta do muro/parede
5	Base da parede

Nota: As definições das ranhuras 2 e 3 podem ser trocadas, já que o que está dentro ou fora depende do ponto de vista utilizado e da forma como se cria a parede/muro.

Dicas: Para fazer um corredor que acompanhe uma parede, você pode realizar uma operação booleana com a parede como Operando A, uma caixa ou uma forma extrudada como Operando B com a possibilidade de acrescentar uma porta ou uma janela ao corredor como descendente da parede. Consulte operações booleanas neste livro.

As paredes simples com muitas portas e janelas podem deixar o processo lento devido à quantidade de cálculos booleanos que realizam. Para acelerar o movimento e a edição, você pode utilizar várias paredes em lugar de apenas uma.

Para aumentar o rendimento de uma cena com muitas paredes, janelas e portas, utilize o comando Collapse. Em primeiro lugar, guarde uma versão sem colapsar para qualquer objeto paramétrico que deseje realizar no futuro. Continuando, dê um duplo-clique na parede para selecioná-la junto com seus descendentes. Converta as paredes em Editable Mesh ou Poly.

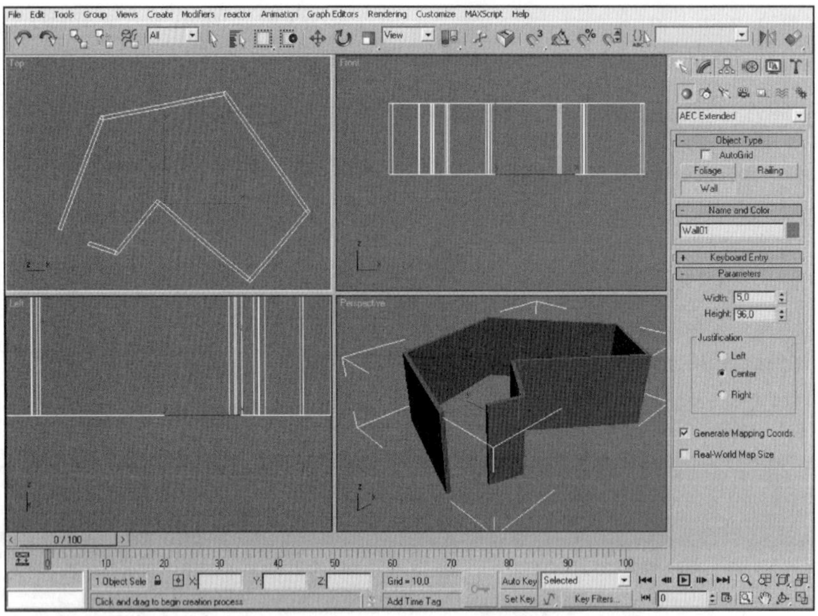

Uso de AEC Design Elements

O 3ds Max inclui funções como portas, janelas, escada, que facilitam o entendimento de desenhos tridimensionais.

Portas e Janelas

O 3ds Max mostra uma série de objetos paramétricos de porta e janela que podem ser colocados nos buracos da parede para contribuir com o realismo de um modelo arquitetônico.

Para otimizar a precisão, utilize **Object Snaps** quando acrescentar portas e janelas.

Ao criar uma porta ou janela, é preciso selecionar quatro pontos na cena para definir o tamanho e a orientação do retângulo que logo será a porta ou a janela. É possível que você ache mais fácil selecionar os pontos em uma seqüência determinada, dependendo da cena e das vistas da cena.

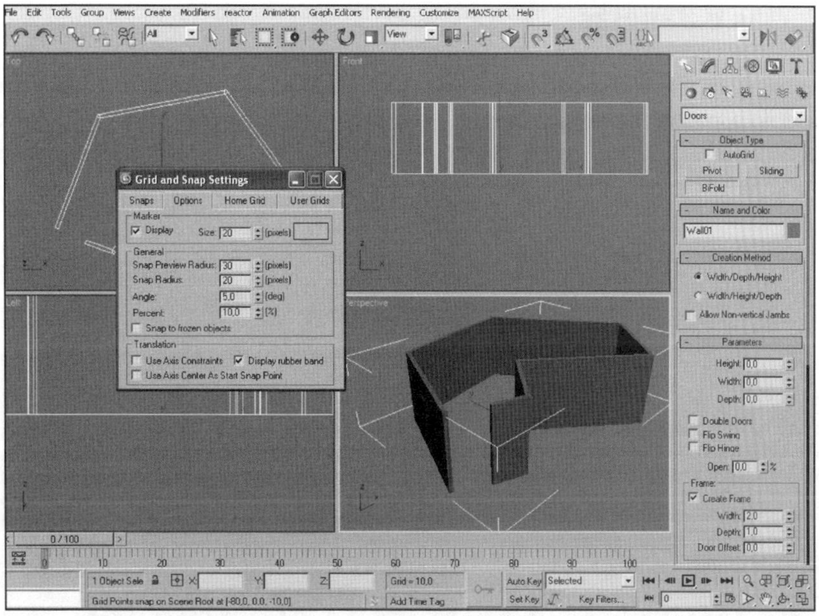

Embora exista um buraco retangular para preencher, pode criar a porta ou a janela segundo suas próprias especificações mediante o procedimento seguinte.

1. Configure uma viewport User em ângulo de maneira que seja possível ver a parte inferior e uma aresta vertical do buraco, além de sua altura total.

2. Defina os ajustes **Object Snaps** adequados ao objeto, como vértice ou endpoint. Isso contribui para a precisão do modelo.

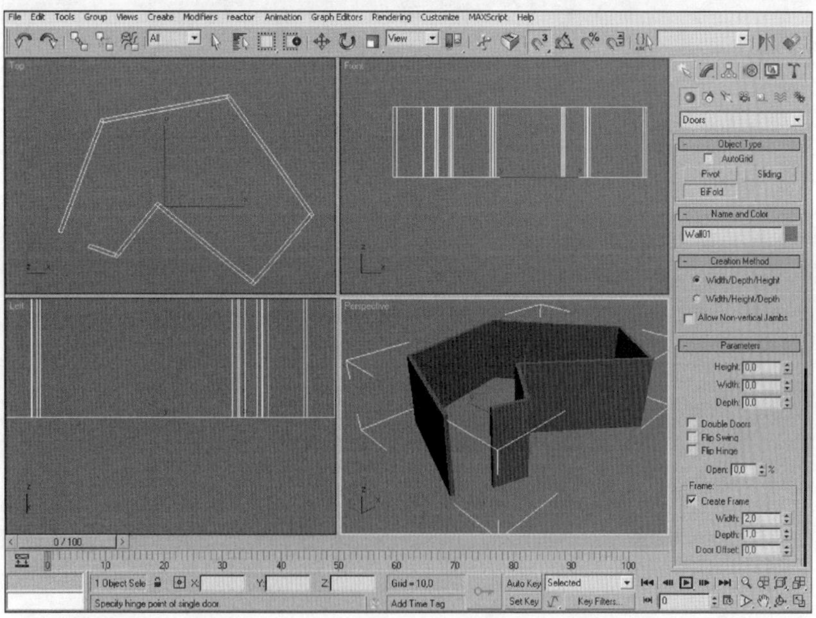

3. Com o primeiro clique do mouse e a operação de arrastar sempre se definem a largura e a orientação da porta/janela. A seguir se define a altura ou a profundidade do objeto, dependendo do método de criação escolhido.

4. Se não se definiram ajustes do objeto e a viewport utilizada for Perspectiva ou User, ao empregar o método de criação **Width/Depth/Height**, será criada uma janela ou porta em posição vertical. O método de criação Toggle is Off cria o objeto como se estivesse apoiado na lateral.

Animação de Portas e Janelas

A maioria dos parâmetros de criação não pode ser utilizada em 3ds Max. Entretanto, como nas tomadas subjetivas animadas é freqüente o uso de portas e janelas que abrem e fecham, alguns parâmetros de criação desses objetos só animam walkthroughs (normalmente o parâmetro Open).

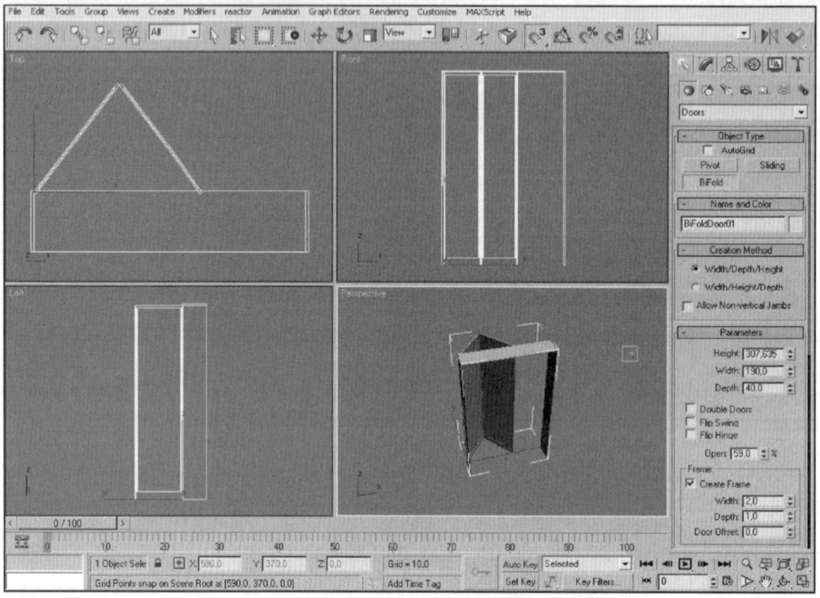

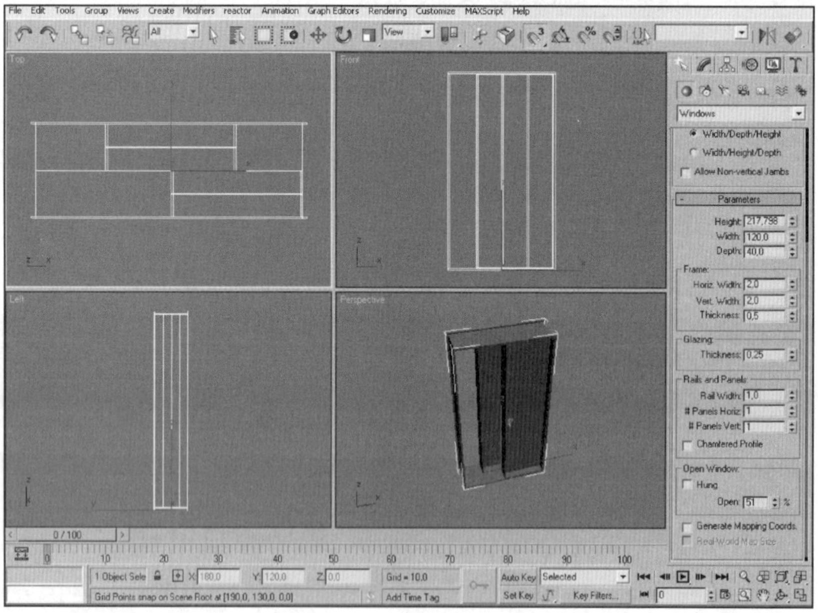

Portas

No 3ds Max existem três tipos de porta:

- **Pivot:** a porta típica com dobradiças somente de um lado.
- **Sliding:** metade fixa e outra deslizante.
- **BiFold:** dobradiças no centro e nas laterais, como muitas portas de armário. Esse tipo de porta também serve para criar um conjunto de portas duplas.

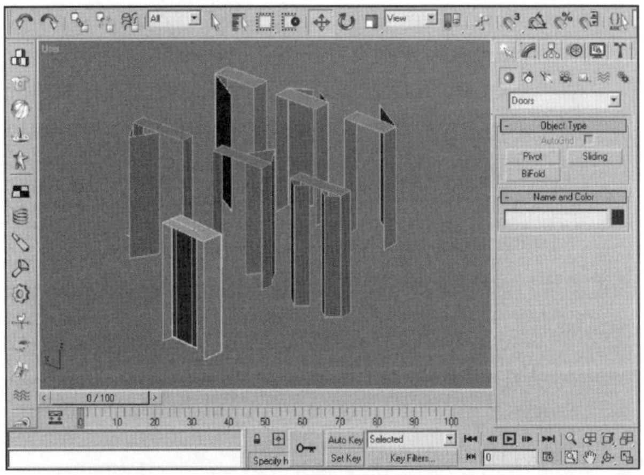

Diferentes tipos de porta em um modelo de casa.

Os modelos de porta subministrados permitem controlar detalhes relacionados ao aspecto de uma porta. Além disso, é possível configurar a porta para que permaneça aberta, parcialmente aberta ou fechada, e animar sua abertura.

Existem vários tipos de porta, como a que tem dobradiças somente de um lado e aquelas com dobradiças no centro e nas laterais, como muitas portas de armário. Esse tipo também pode se transformar em um conjunto de portas dobráveis, com a metade fixa e outra deslizante.

Cada tipo tem seus controles e comportamentos específicos. Observe a maior parte dos parâmetros comuns a todos os tipos de porta.

ID de material	Componente de porta/material
1	Front
2	Back
3	Inner Bevel
4	Frame
5	Inner Door

Janelas (Windows)

No 3ds Max há seis tipos de janela disponíveis:

- **Awning:** tem uma folha com dobradiças na parte superior.
- **Casement:** tem uma ou duas folhas, similares às das portas, que oscilam para dentro e para fora.
- **Fixed:** não se abre.
- **Pivoted:** gira vertical ou horizontalmente no centro de sua folha.
- **Projected:** tem três folhas, duas das quais abrem como marquises em direções opostas.
- **Sliding:** duas folhas, uma das quais desliza na vertical ou na horizontal.

Diferentes tipos de janela em um modelo de casa.

Os objetos de janela permitem controlar detalhes relacionados ao seu aspecto. Além disso, é possível configurar a janela para que permaneça aberta, parcialmente aberta ou fechada, e animar sua abertura no tempo.

O 3ds Max assinala cinco IDs de material diferentes para as janelas de forma predeterminada. A biblioteca de materiais aectemplates.mat inclui o Window-Template, um material Multi/Sub-object desenhado para ser utilizado com as janelas. Observe cada componente da janela e o material com sua ID correspondente.

ID de material	Componente de janela/material
1	Front Rails
2	Back Rails
3	Panels (cristal), com 50% de opacidade
4	Front Frame
5	Back Frame

Escadas

No 3ds Max é possível criar quatro tipos diferentes de escada:

- **Spiral Stair:** permite especificar o raio e o número de voltas da escada, acrescentar corrimão e um poste central e muito mais.

  Para criar escadas em espiral:

  - Clique em um ponto inicial da escada em uma viewport e arraste para especificar o raio.
  - Solte o botão do mouse, mova o cursor acima ou abaixo para especificar a elevação global e clique para terminar.

Com as opções da roll-out parâmetros você pode ajustar a escada.

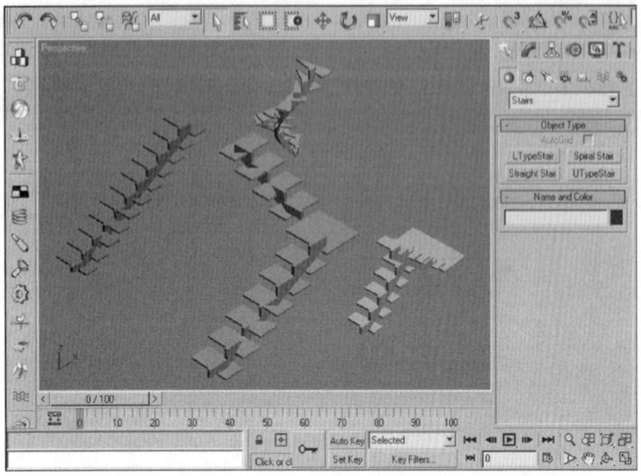

- **Straight Stair:** cria escadas simples com stringers (corrimão), carriage (sancas) e handrail (corrimão optativo).

  Para criar escadas retas:

  - Arraste em uma viewport para definir o comprimento. Solte o botão do mouse, mova o cursor e clique para definir a largura.
  - Mova o cursor acima ou abaixo para definir a elevação da escada e clique para terminar.

Com as opções da roll-out parâmetros você consegue ajustar a escada.

- **L-Type Stair:** permite criar uma escada com dois lances em ângulo reto.

  Para criar escadas em L:

  - Arraste em uma viewport para definir o comprimento do primeiro lance. Solte o botão do mouse, mova o cursor e clique para definir comprimento, largura e direção do segundo lance.
  - Mova o cursor acima ou abaixo para definir a elevação da escada e clique para terminar.

Utilize as opções da roll-out parâmetros para ajustar a escada.

- **U-Type Stair:** permite criar uma escada com dois lances paralelos entre si e um patamar entre eles.

  Para criar escadas em U:

  - Arraste em uma viewport para definir o comprimento do primeiro lance. Solte o botão do mouse, mova o cursor e clique para definir a largura do patamar ou a distância que separa os dois lances.
  - Clique, mova o cursor acima ou abaixo para definir a elevação da escada e clique para terminar.

Criação de Postes e Cercas de Madeira

1. Crie uma linha (smooth com smooth).
2. Crie um poste (foi usado um coqueiro).
3. Crie uma cerca de madeira.
4. Faça uma cópia da linha (como copy).

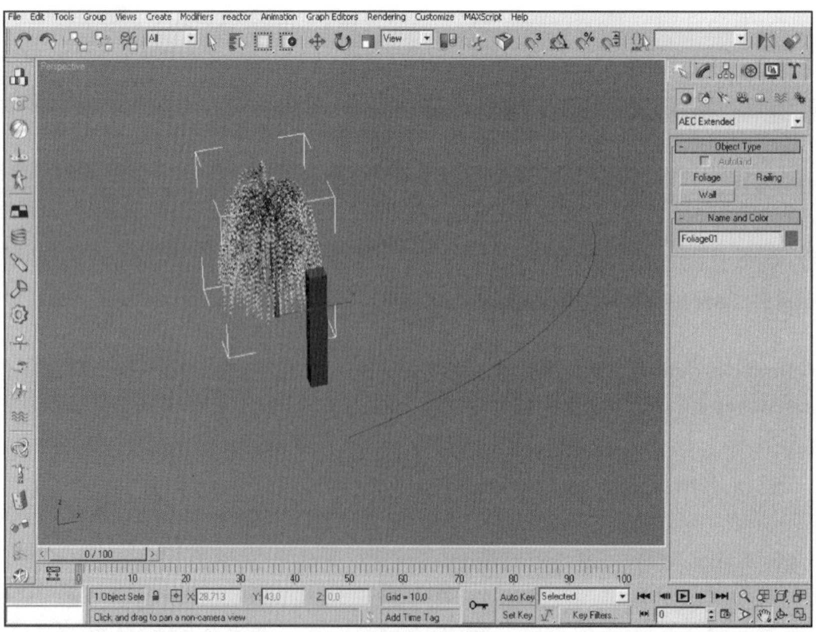

5. Selecione o poste (foi selecionado um coqueiro), vá até o menu **Tools** e clique no **Space Tools**.
6. No quadro clique no botão **Pick Path** e a seguir clique na primeira linha.

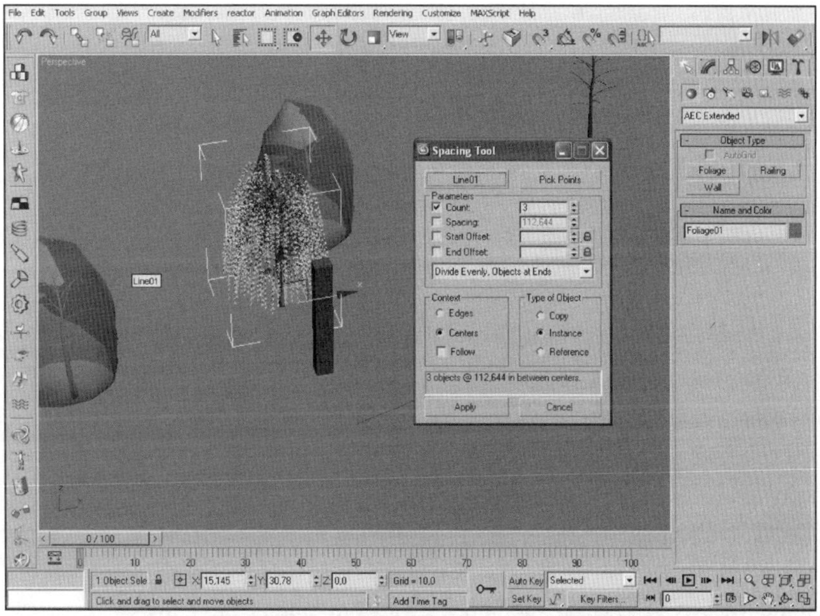

7. Aumente o número de cópias, alterando o valor do **Count**.

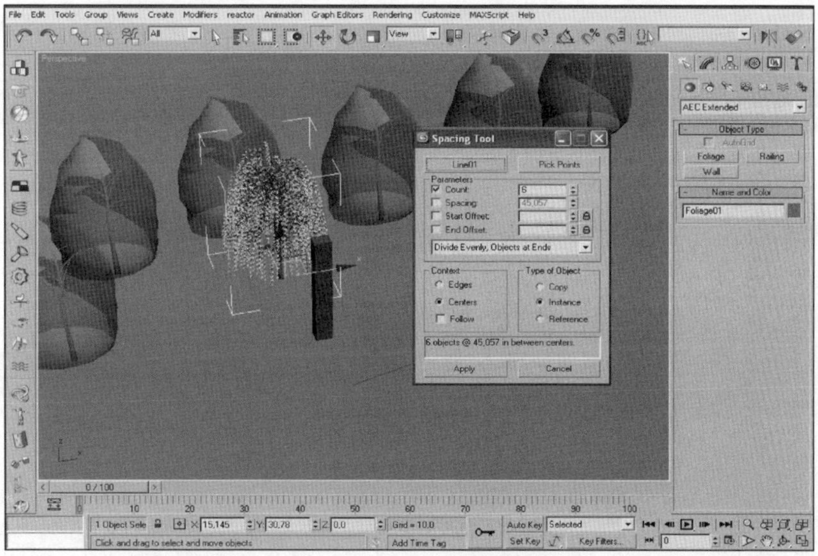

8. Ative a opção **Follow**. Se gostar, mantenha; do contrário, desative-o.

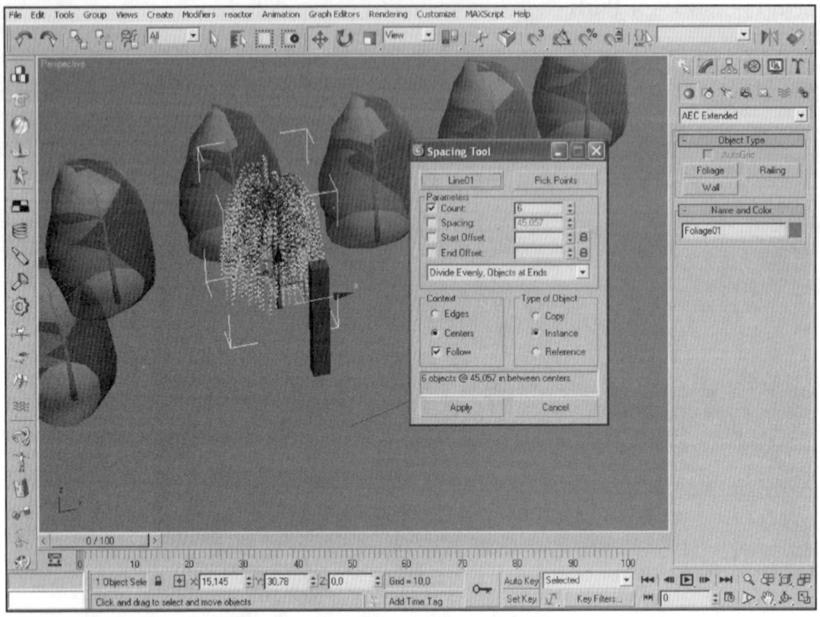

9. Altere outros parâmetros e para finalizar clique no **Apply**, em seguida em **Close**.
10. Agora selecione a cerca de madeira e repita o mesmo processo aplicado ao poste.

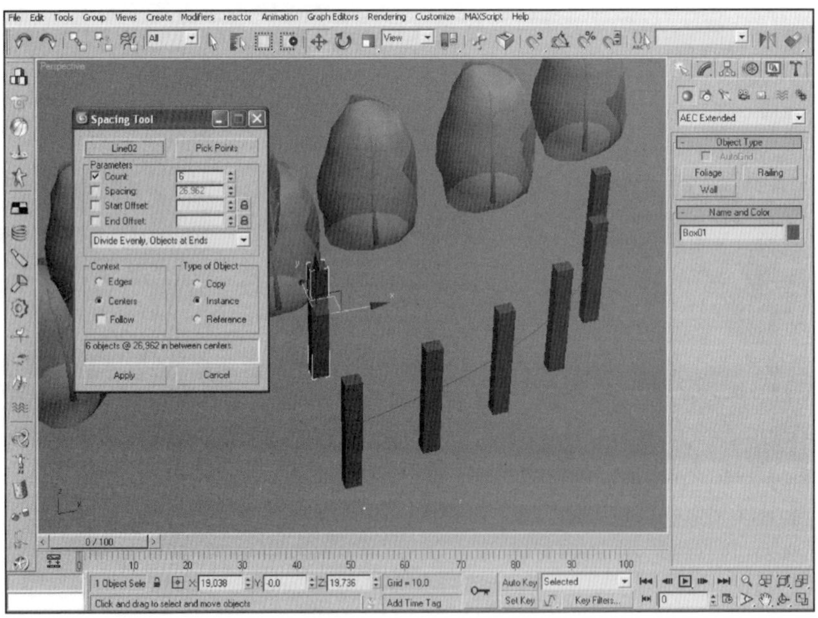

Capítulo 2

Shapes

Splines

Shapes ou formas bidimensionais permitem criar polígonos, linhas, círculos, estrelas, retângulos etc.

- Pasta Create
- Botão Shapes
- Menu Spline

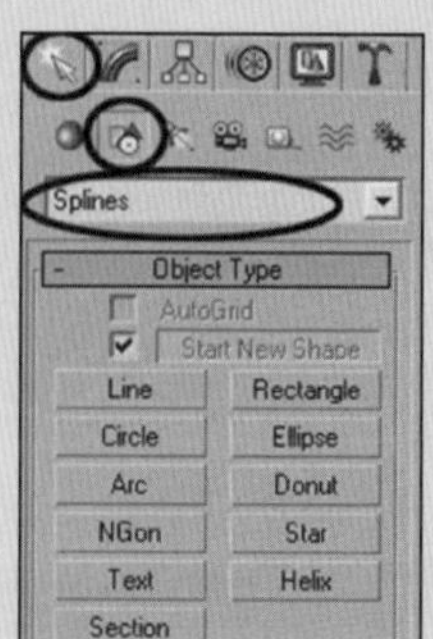

Comando Line

Tem como parâmetros:

- **Corner:** define um canto vivo.
- **Smooth:** cria uma curva suave.
- **Bezier:** define uma curva suave, mas ajustável pelos vértices.

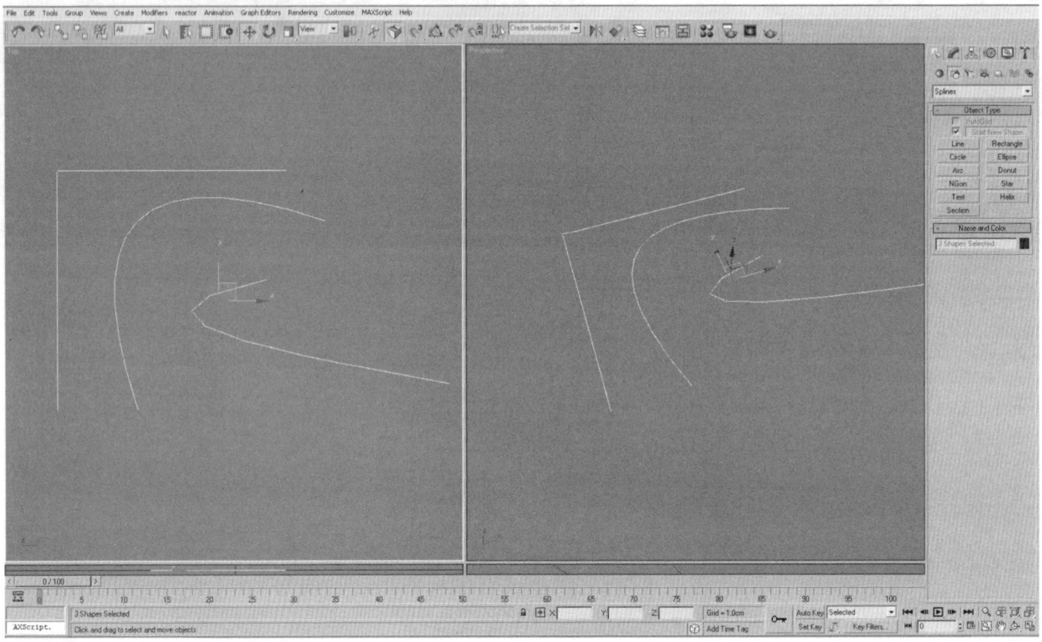

Keyboard Entry

É possível criar uma linha digitando valores como se fosse um software CAD, mas apenas pela coordenada absoluta (ou seja, partindo sempre do corner 0,0).

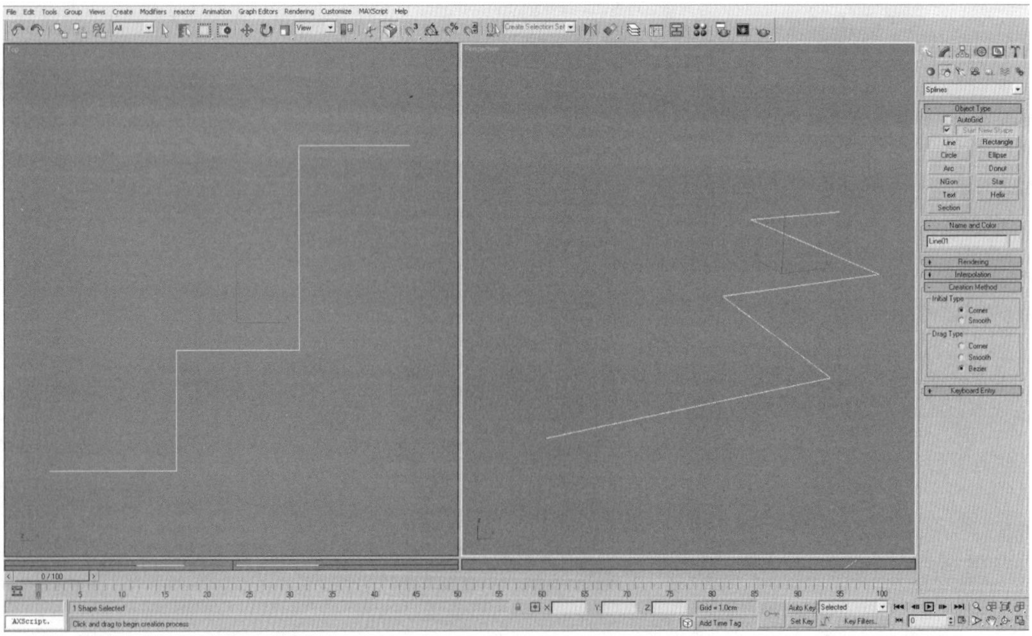

Para criar a linha como na figura:

1. Abra o Keyboard Entry e clique no botão Add Point, pois vai criar um ponto no eixo 0,0,0.
2. Digite para X o valor 50 e a seguir clique no botão Add Point, para criar uma linha até o ponto 0,50.
3. Digite para Y o valor 50 e a seguir clique no botão Add Point, para criar uma linha até o ponto 50,50.
4. Digite para X o valor 100 e a seguir clique no botão Add Point, para criar uma linha até o ponto 100,50.
5. Digite para Y o valor 100, clique no botão Add Point, criando uma linha até o ponto 100,100, e para finalizar clique no botão Finish.

Rendering

Temos os seguintes parâmetros para o Rendering:

- **Enable in Viewport:** mostra a linha com uma estrutura de malha.

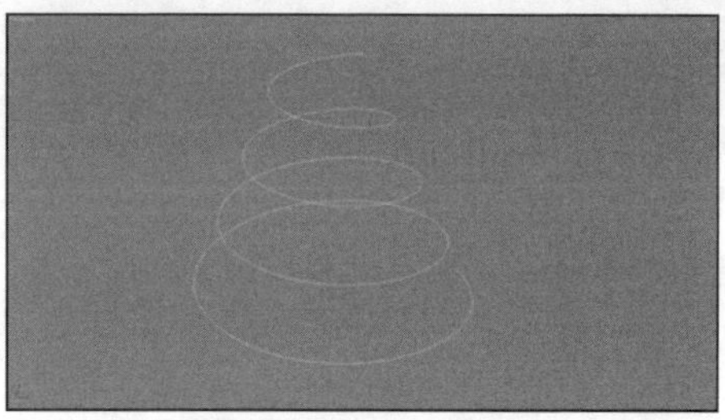

Enable in Viewport off

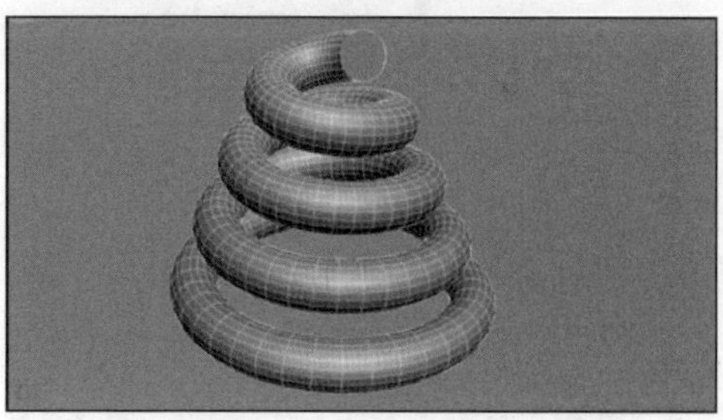

Enable in Viewport on

- **Enable in Renderer:** quando ativado, aparece na renderização.
- **Use viewports settings:** utiliza os parâmetros definidos na viewport.
- **Generate Mapping Coords:** permite aplicar textura e mapeá-lo.
- **Real world size:** usa uma medida real para o tamanho do mapa.
- **Radial:** formato circular da malha.
- **Thickness:** espessura da linha.

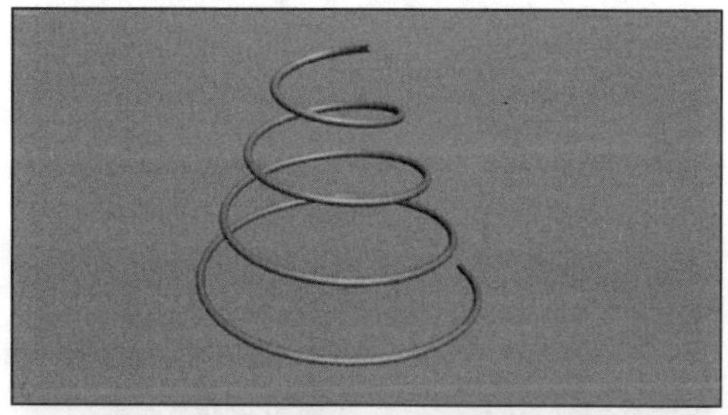

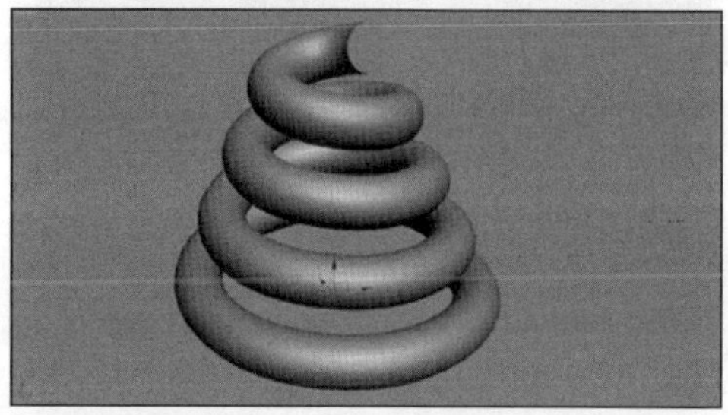

- **Sides:** número de lados da espessura da linha.

Sides 4

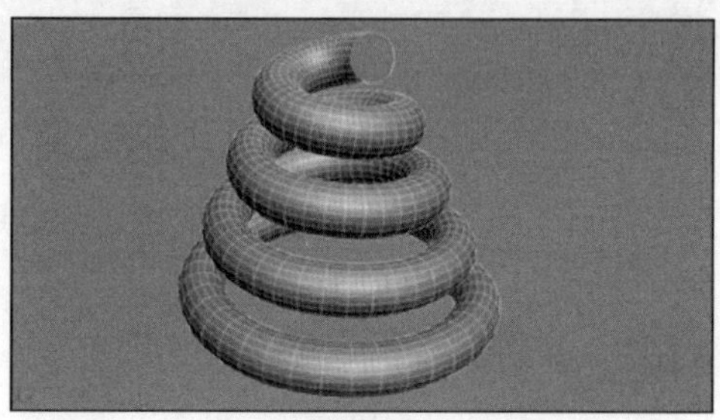

Sides 20

- **Angle:** permite rotacionar a malha.

Angle 0.0

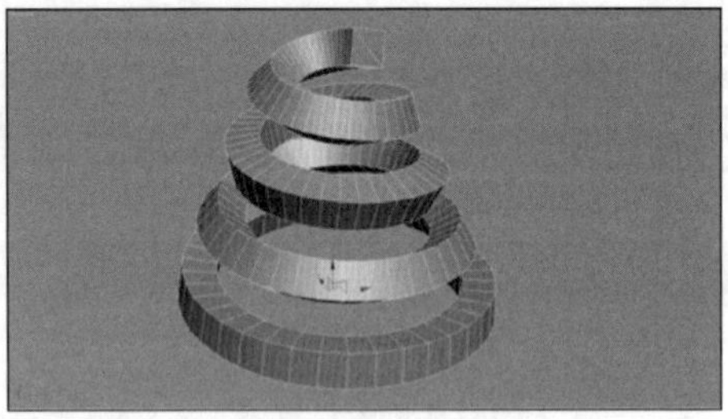

Angle 45

- **Retangular:** formato retangular da malha.
- **Lenght:** comprimento da malha.
- **Width:** largura da malha.
- **Angle:** permite rotacionar a malha.
- **Aspect:** aspecto da malha.
- **Auto smooth:** auto-suavização da malha.

Acompanhe os principais parâmetros dos Shapes:

- **Rectangle:** permite criar formas retangulares e quadradas.

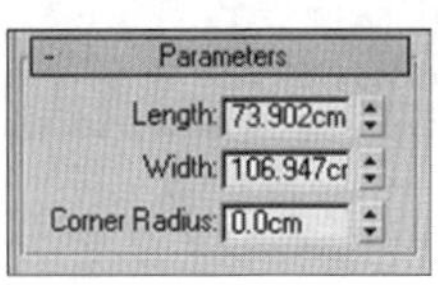

Parameters roll-out

- **Length:** especifica o comprimento.
- **Width:** especifica a largura.
- **Corner Radius:** cria cantos arredondados.

- **Circle:** permite criar um círculo.

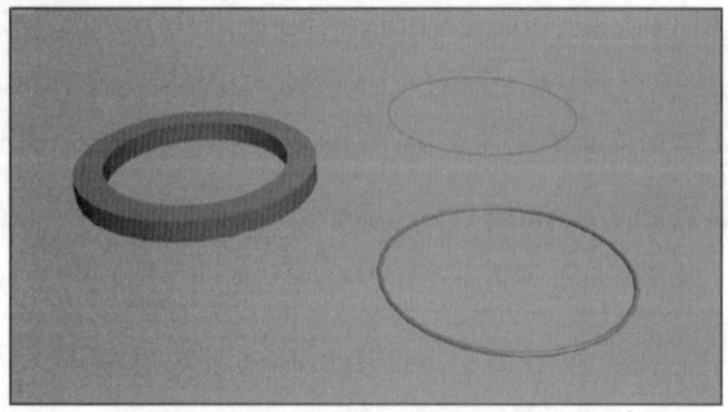

Parameters roll-out

- **Radius:** especifica o raio do círculo.

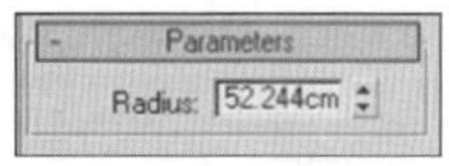

- **Ellipse:** cria uma forma elíptica.

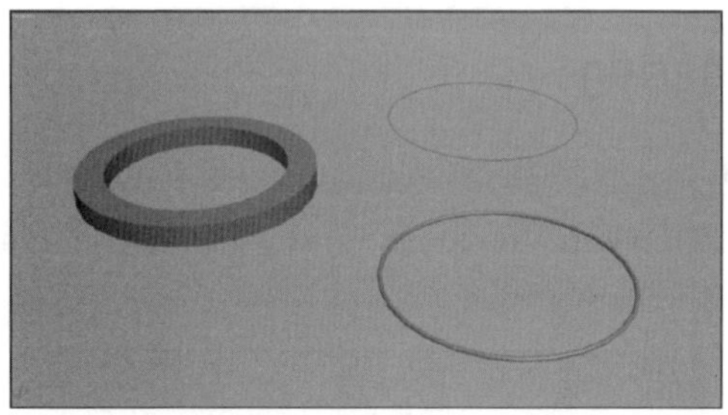

Parameters roll-out

- **Length:** especifica o tamanho da elipse no eixo Y.
- **Width:** especifica o tamanho da elipse no eixo X.

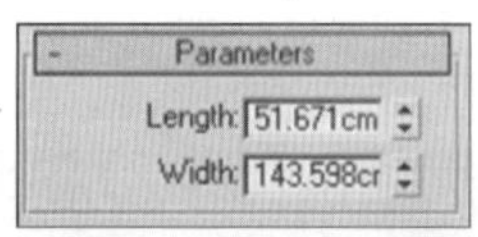

- **Donut:** permite criar uma forma fechada com duas circunferências.

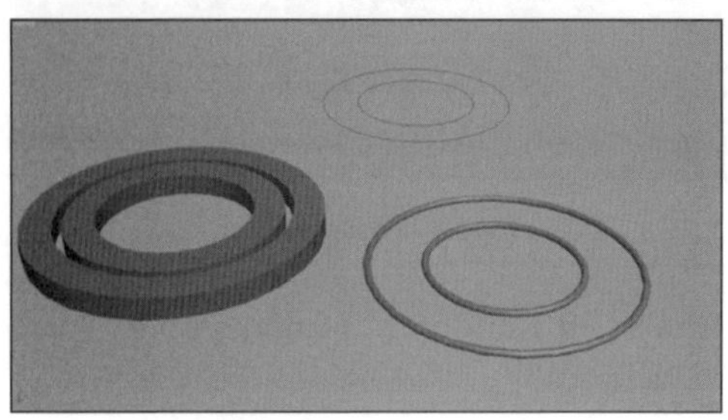

Parameters roll-out

- **Radius 1:** ajusta o raio do primeiro círculo.
- **Radius 2:** ajusta o raio do segundo círculo.

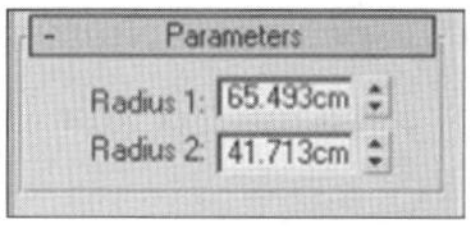

- **Arc:** cria um arco aberto ou fechado.

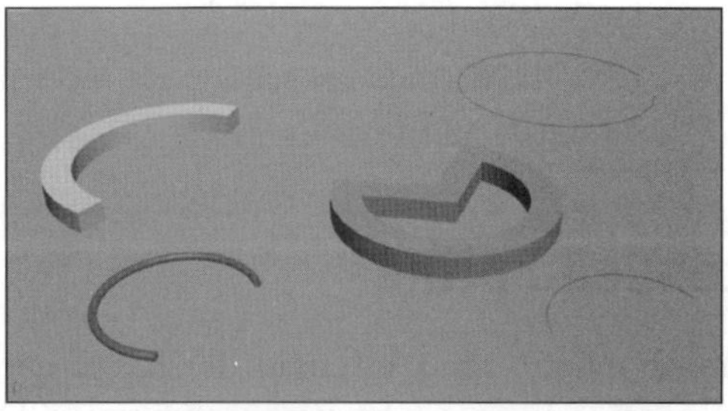

Parameters roll-out

- **Radius:** especifica o arco do raio.
- **From:** especifica o local do ponto inicial do eixo X.
- **To:** especifica o local do ponto final do eixo X.

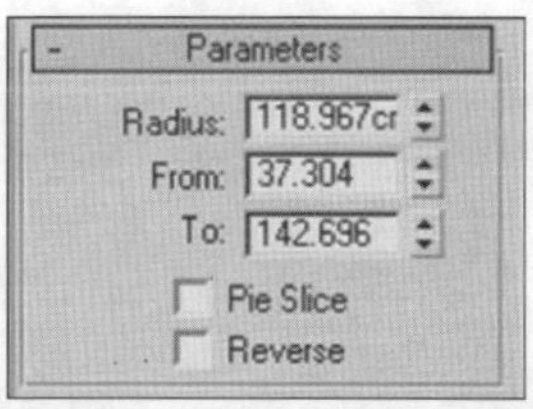

- **Pie Slice:** quando ativado, fecha a spline a partir dos pontos inicial, central e final.
- **Reverse:** quando ativado, inverte a posição do vertex inicial da spline.

- **Ngon:** permite criar um polígono de vários lados.

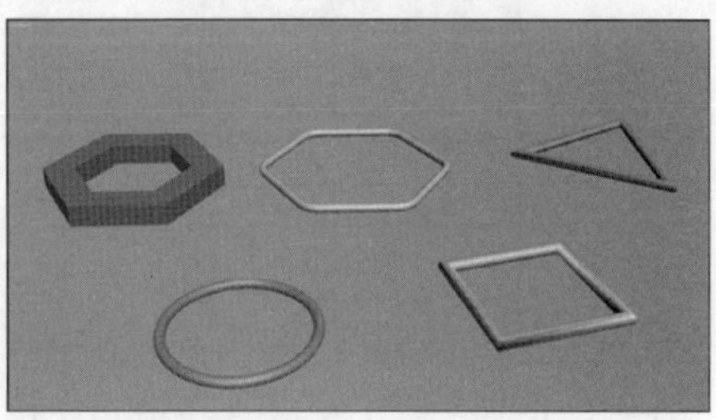

Parameters roll-out

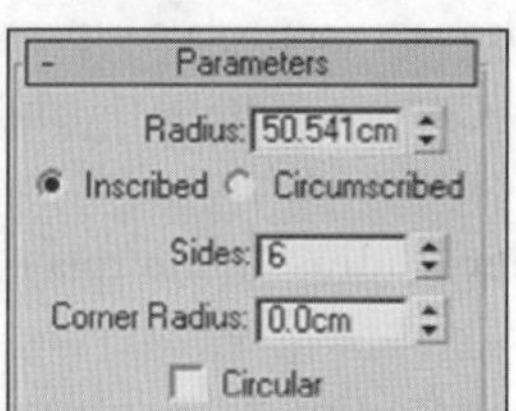

- **Radius:** especifica o raio do polígono.
- **Inscribed:** cria um polígono inscrito.
- **Circumscribed:** cria um polígono circunscrito.
- **Sides:** especifica o número de lados do polígono.
- **Corner Radius:** permite arredondar os cantos do polígono.
- **Circular:** quando ativado, cria uma forma circular para o polígono.

- **Star:** permite criar uma estrela de vários formatos.

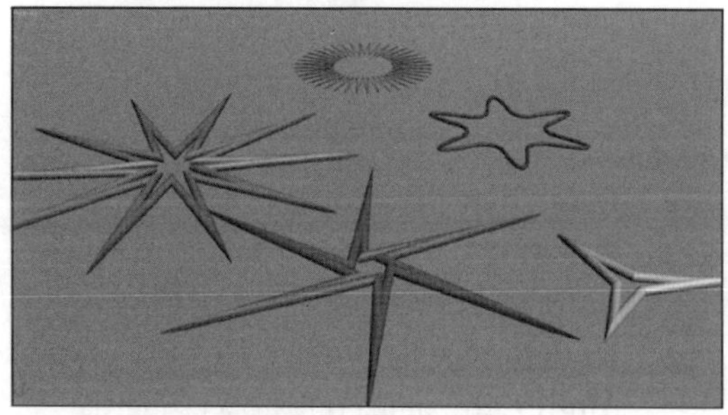

Parameters roll-out

- **Radius 1:** especifica o raio interno da estrela.
- **Radius 2:** especifica o raio externo da estrela.
- **Points:** especifica o número de pontos da estrela.
- **Distortion:** rotaciona os pontos da estrela.
- **Fillet Radius 1:** arredonda os vértices internos da estrela.
- **Fillet Radius 2:** arredonda os vértices externos da estrela.

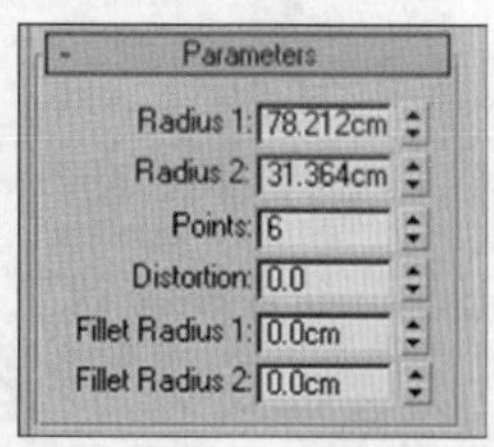

- **Text:** cria um texto usando várias fontes do Windows.

Parameters roll-out

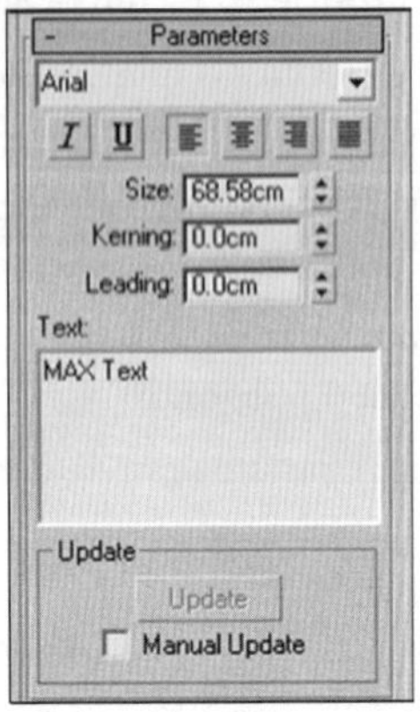

- **Font list:** lista das fontes instaladas no Windows.
- **Italic style button:** formato itálico.
- **Underline style button:** formato sublinhado.
- **Align Left:** alinha o texto à esquerda.
- **Center:** centraliza o texto.
- **Align Right:** alinha o texto à direita.
- **Justify:** ajusta o espaçamento das letras.
- **Size:** tamanho do texto.
- **Kerning:** ajusta a distância entre as letras.
- **Leading:** ajusta a distância entre as linhas.
- **Update:** atualiza.
- **Manual update:** quando ativado, permite atualizar manualmente o texto.

▪ **Helix:** permite criar uma mola.

Parameters roll-out

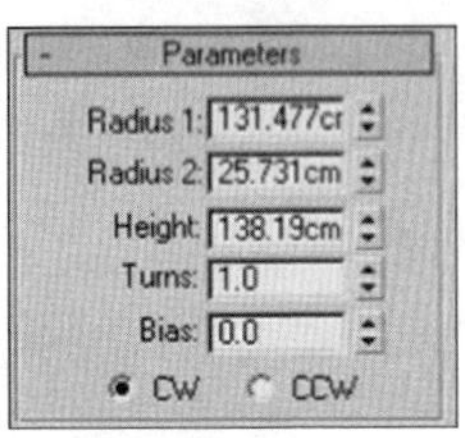

- **Radius 1:** especifica o raio inicial da mola.
- **Radius 2:** especifica o raio final da mola.
- **Height:** especifica a altura da mola.
- **Turns:** especifica o número de espiral da mola.
- **Bias:** força a espiral a concentrar-se mais na parte superior (positiva) ou na parte inferior (negativa) da mola.
- **CW/CCW:** muda o sentido da mola de horário para anti-horário.

Extended Spline

Extended spline é uma extensão de shapes que facilita a criação de várias formas geométricas 2D bastante utilizadas nas áreas de arquitetura e mecânica. Esses shapes são compostos por **wrectangle**, **channel**, **angle**, **tee** e **wide flange**.

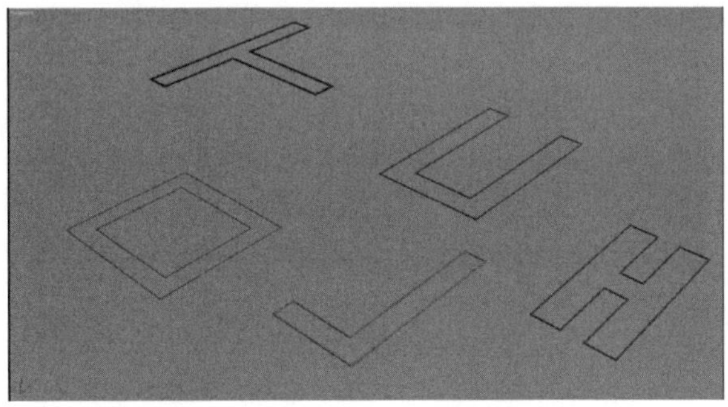

No geral, os parâmetros entre os shapes são muito parecidos e têm a mesma função.

Parameters roll-out

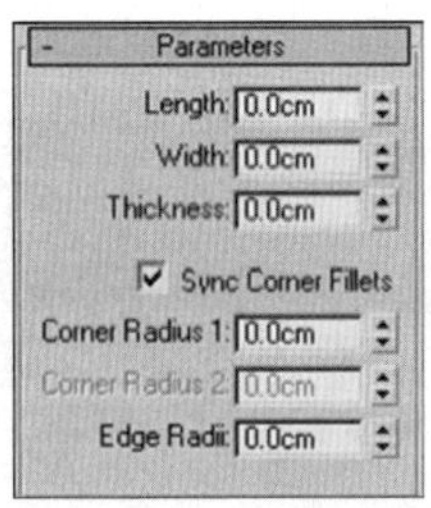

- **Length:** controla o comprimento do shape.
- **Width:** controla a largura do shape.
- **Thickness:** controla a espessura do shape.
- **Sync Corner Fillets:** quando ativado, controla os raios interior e exterior do shape.
- **Corner Radius 1:** controla o raio exterior do shape.
- **Corner Radius 2:** controla o raio interior do shape.

Os parâmetros do **Extended** encontram-se em:

- Pasta Create
- Botão Shapes
- Menu Extended Splines

Editable Spline

O Editable spline permite controlar e manipular objetos splines (mover, rotacionar, escalar, copiar, apagar, criar operações booleanas 2D, arredondar etc.) em três níveis de subobjetos: vertex, segment e spline. A função do Editable spline é igual às funções do Edit Spline Modifier. A diferença é que o modificador fica sobre o shape, mantendo os parâmetros originais da spline em vez de convertê-la em um objeto editable spline.

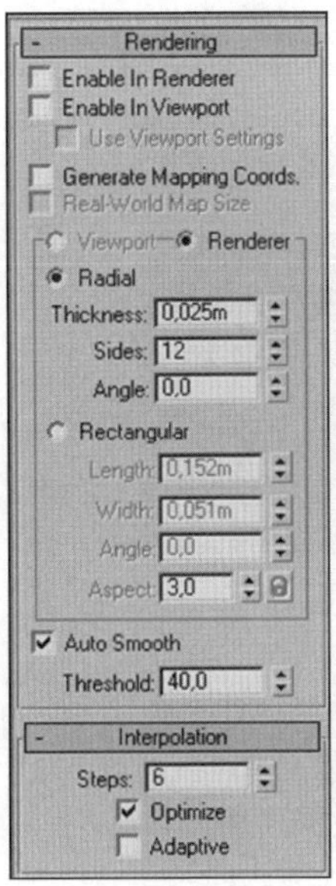

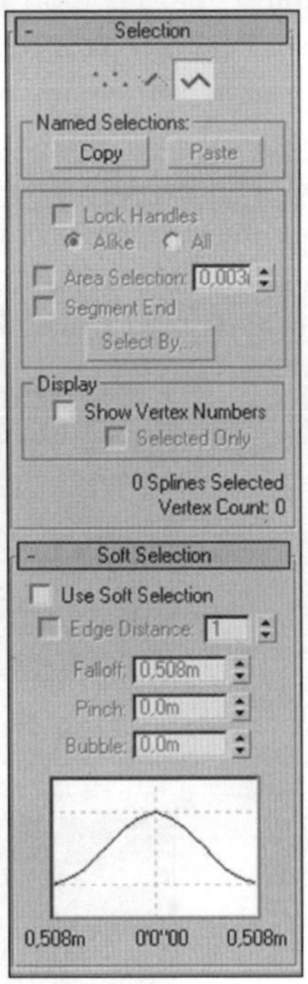

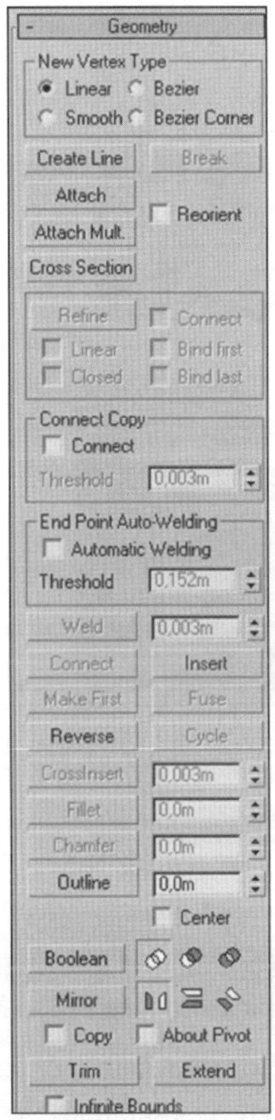

Em seguida são apresentados os principais parâmetros do Editable spline. Lembre-se de que as opções estão acessíveis somente ao subnível selecionado, ou seja, você não consegue utilizar determinada ferramenta se estiver com outro subnível ativado.

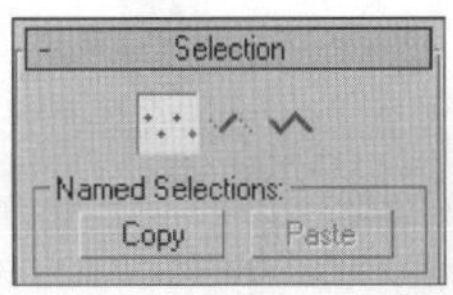

Na roll-out Selection podemos encontrar três subníveis de trabalho que são Vertex (vértices), Edge (traço) e Spline (objeto).

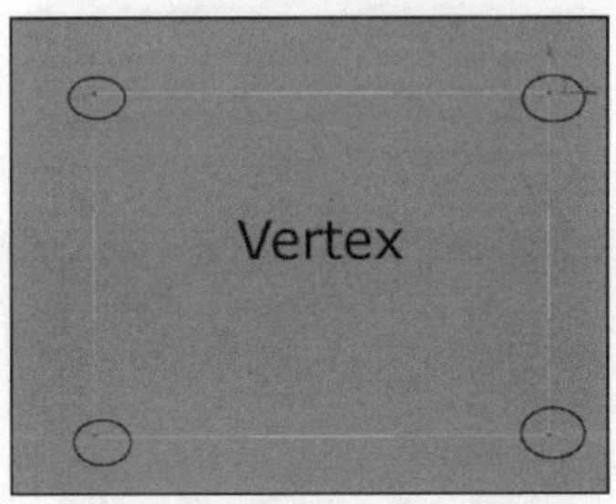

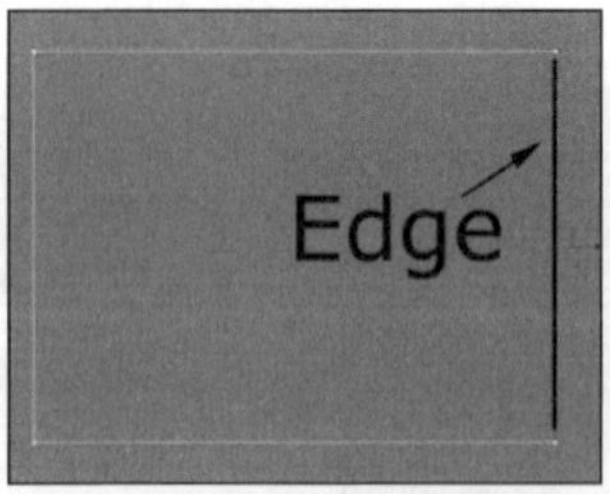

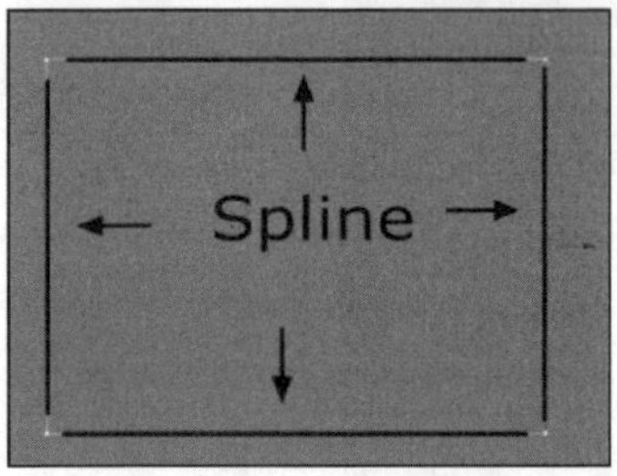

- **Vertex:** pemite manipular os vértices da spline (mover) e aplicar funções específicas.
- **Segments:** manipula os traços da spline (mover, copiar e rotacionar) e aplica funções específicas.
- **Spline:** manipula todo o conjuto de splines (mover, copiar e rotacionar) e aplica funções específicas.

Para melhor compreender o Editable spline, crie um retângulo, selecione-o e clique com o lado direito do mouse sobre ele. Abre-se uma janela na parte inferior; clique na opção Convert To e selecione Convert to Editable Spline.

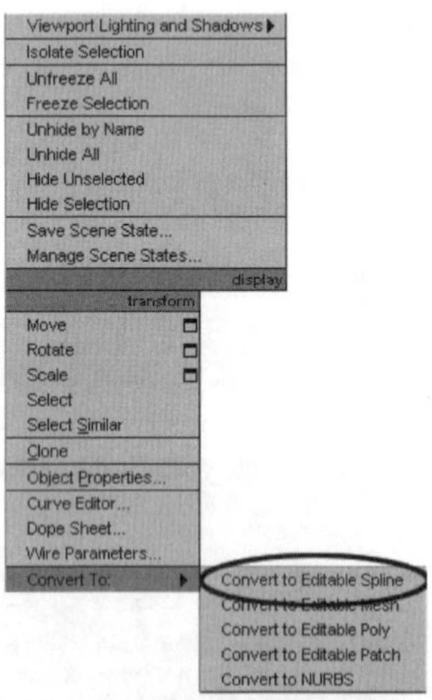

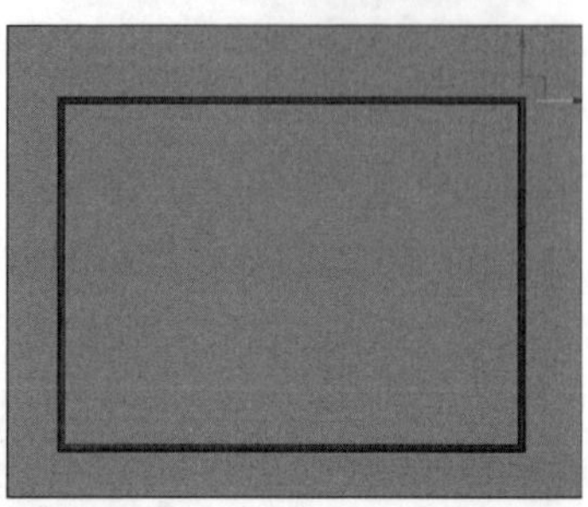

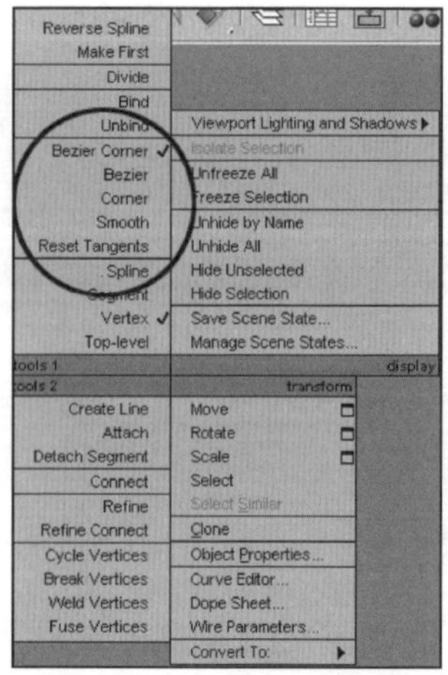

Na roll-out Selection, deixe ativada a opção Vertex, logo em seguida selecione todos os vértices do retângulo. Em qualquer lugar da viewport clique com o lado direito do mouse e perceba que vai abrir um menu com as opções:

- Bezier Corner
- Bezier
- Corner
- Smooth
- Reset Tangents

Essas opções são semalhantes a qualquer programa que utiliza vetor, como CorelDRAW ou AutoCAD. Alterando a função para Bezier, você tem a possibilidade de ajustar o vetor com a ferramenta Move utilizando os handles (linhas amarelas que se formam em cima do vertex). É possível alterar a função dos vértices a qualquer momento e quantas vezes for necessário durante o projeto, podendo passar de Corner/Bezier ou Smooth/ Bezier ou Bezier Corner/Reset Tangents etc.

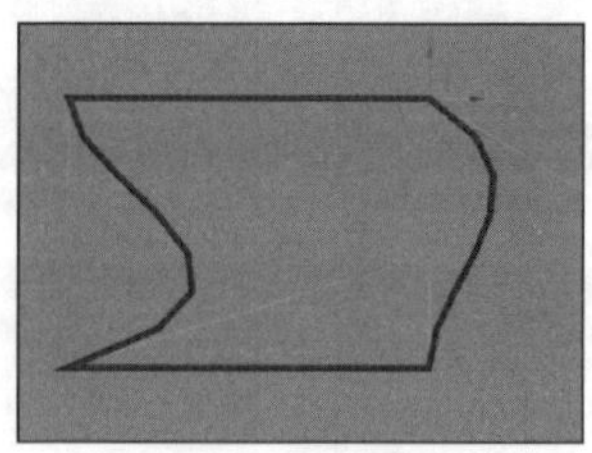

Bezier Corner

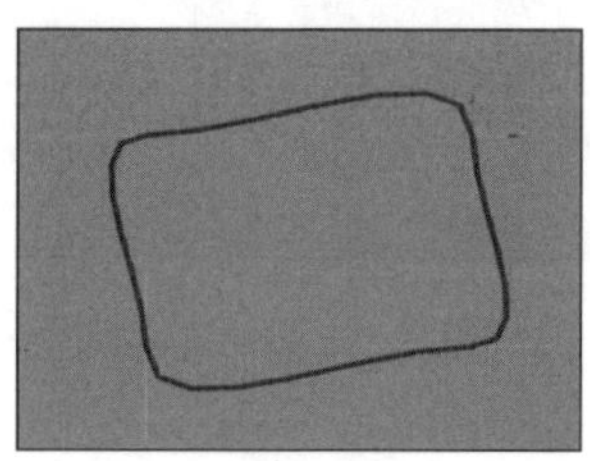

Bezier

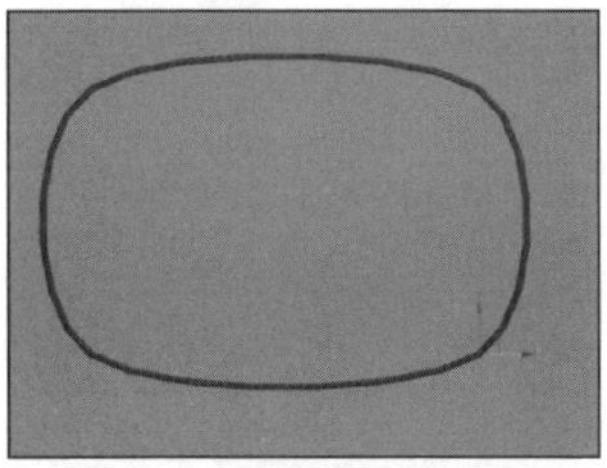

Smooth

Corner

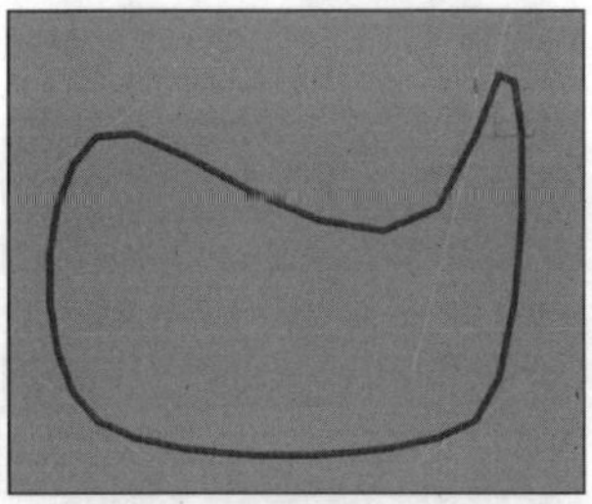

Reset Tangents

Acompanhe as principais ferramentas do **Editable spline**, no subnível Vertex.

- **Break:** permite dividir um vértice em dois, quebrando a spline.

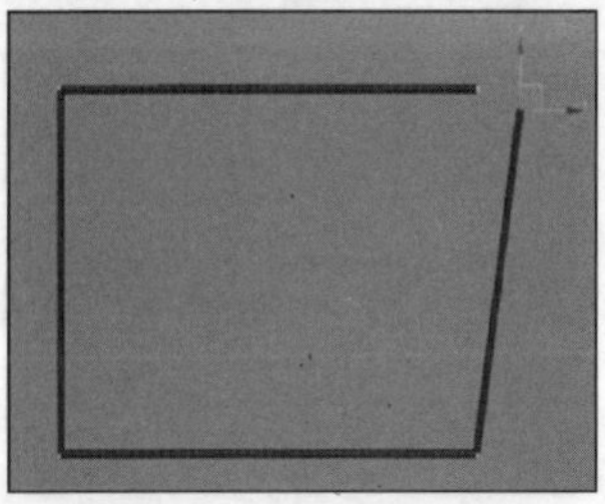

- **Refine:** permite inserir novos vértices na spline.

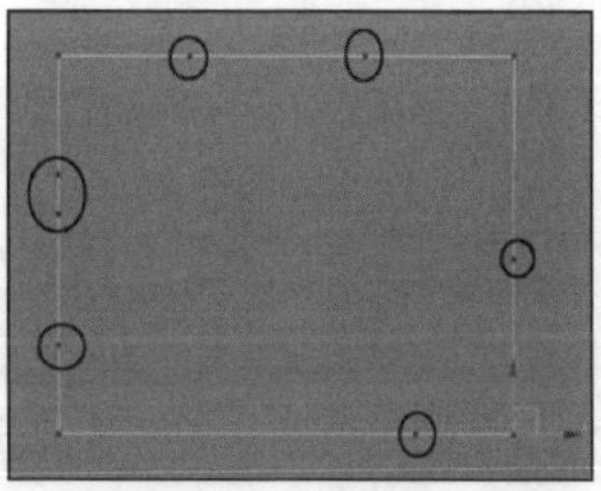

- **Connect:** permite conectar um edge através de dois vértices que estejam separados.

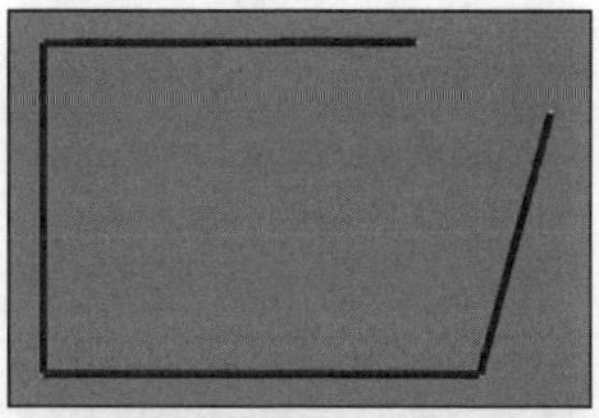

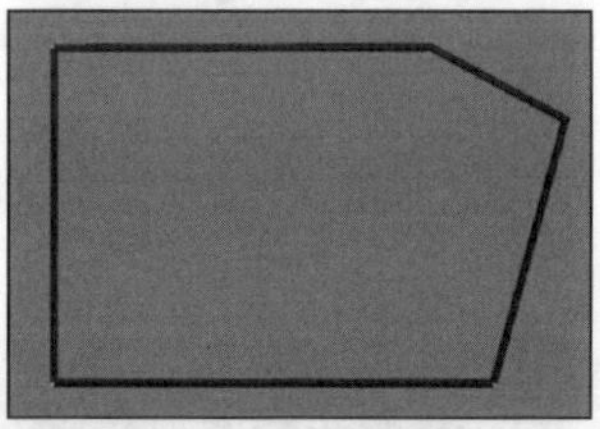

- **Automatic welding:** solda de forma automática um vértice sobre o outro.

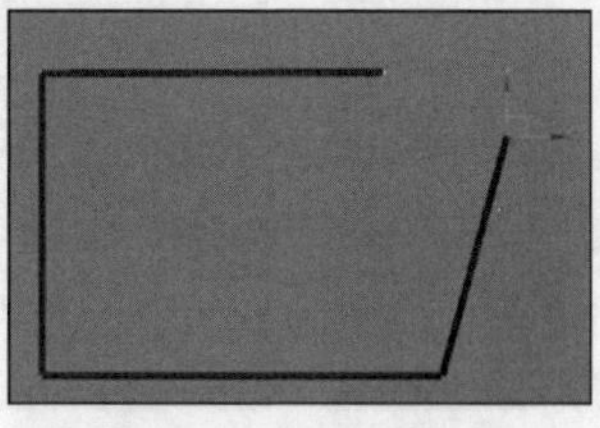

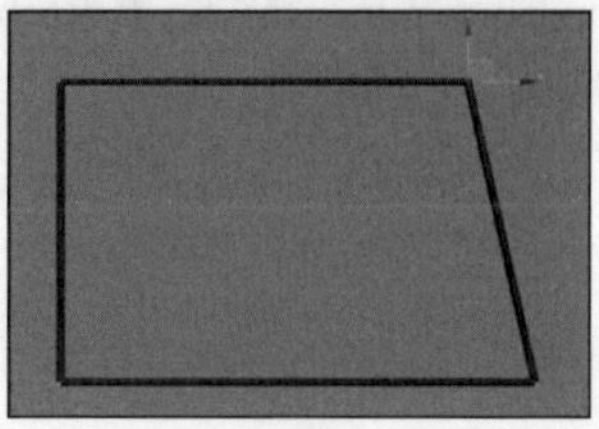

- **Fillet:** arredonda uma quina, criando dois vértices.

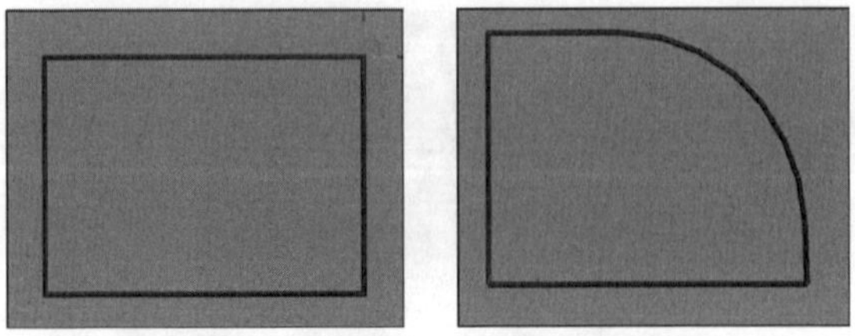

- **Chamfer:** cria um chanfro a partir de um vértice selecionado.

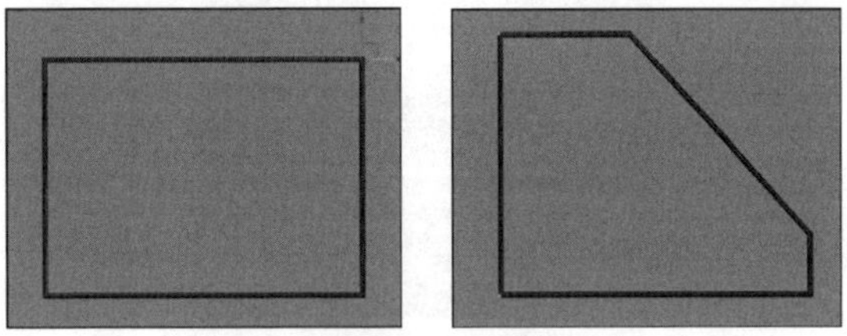

- **Insert:** insere um ou mais vértices, criando linhas.

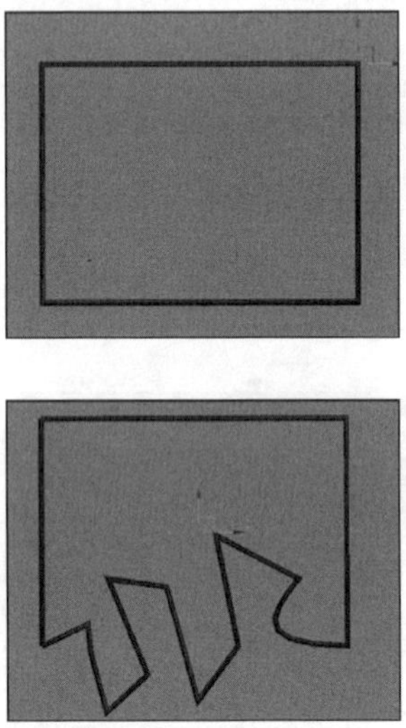

- **Delete:** deleta um ou mais vértices.

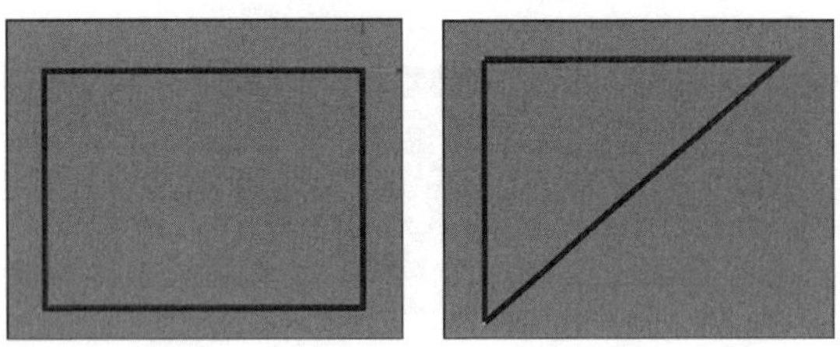

Veja as principais ferramentas do **Editable spline**, no subnível Spline.

- **Outiline:** permite criar uma ou mais cópias da spline.

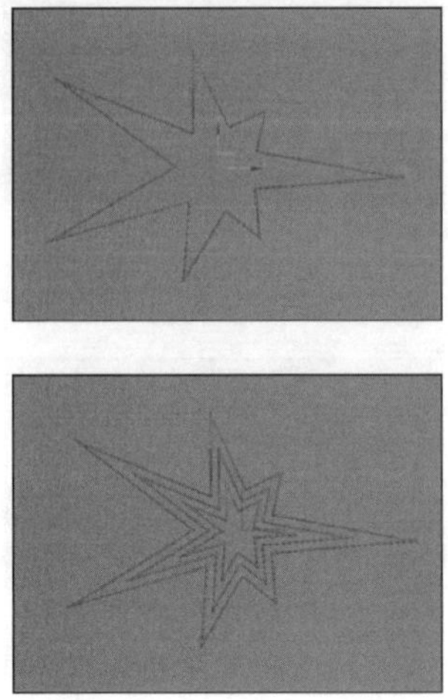

- **Mirror:** permite espelhar a spline.

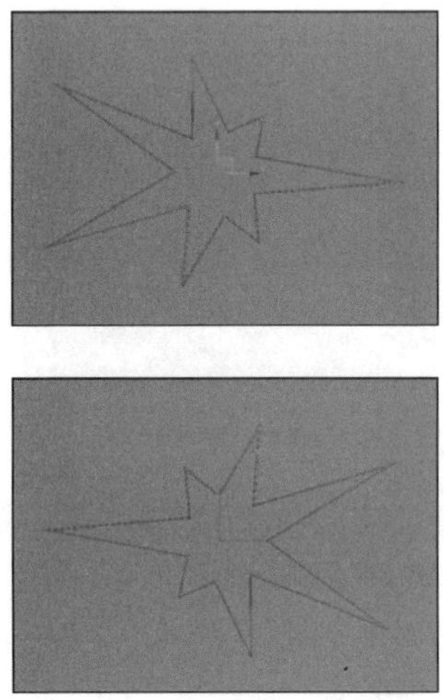

- **Trim:** corta os traços de uma spline.

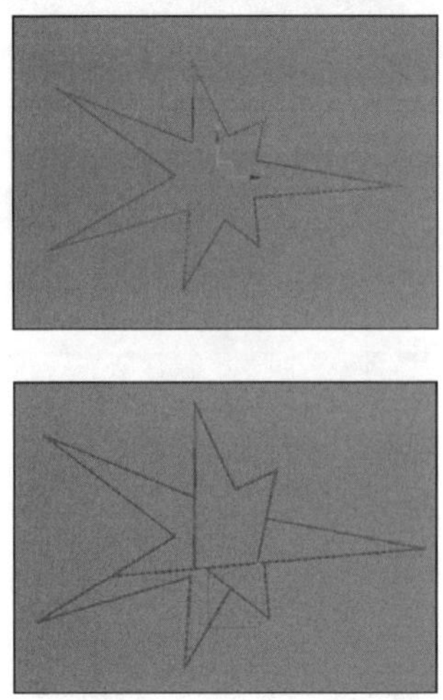

- **Extend:** estende os traços de uma spline.

Capítulo

3

Compound Objects

Pasta Create - Compound Objects

Com essa opção e seus comandos na pasta Create é possível fazer combinações com múltiplos objetos, criando-os com formas complexas.

Os comandos são:

- **Morph:** faz com que um objeto transforme-se em outro, desde que tenha o mesmo número de vértices e de faces.
- **Scatter:** permite que um objeto seja aplicado na superfície de outro.
- **Conform:** faz com que um objeto molde-se à superfície de outro.
- **Connect:** possibilita que um objeto ligue-se a outro.
- **Terrain:** cria terrenos a partir de splines 2D (curvas de nível).
- **ShapeMerge:** faz com que um shape (spline) seja aplicado à superfície de um objeto.
- **Boolean:** permite unir, subtrair e tirar intersecções de dois ou mais objetos.
- **Mesher:** aplica modificadores.
- **BlobMesh:** simula líquidos através de mesh ou partículas.
- **Loft:** gera uma forma 3D a partir de dois ou mais shapes 2D.
- **ProBoolean e ProCutter:** opções semelhantes ao boolean, porém com novos recursos e propriedades.

Operações Booleanas

Permite que dois ou mais objetos tornem-se um único corpo através de uma união, subtração ou intersecção. Para um entendimento mais completo do assunto, faça o exercício seguinte.

Exercício - Boolean

1. Crie um cubo com os seguintes valores:

   Length = 300

   Width = 300

   Height = 300

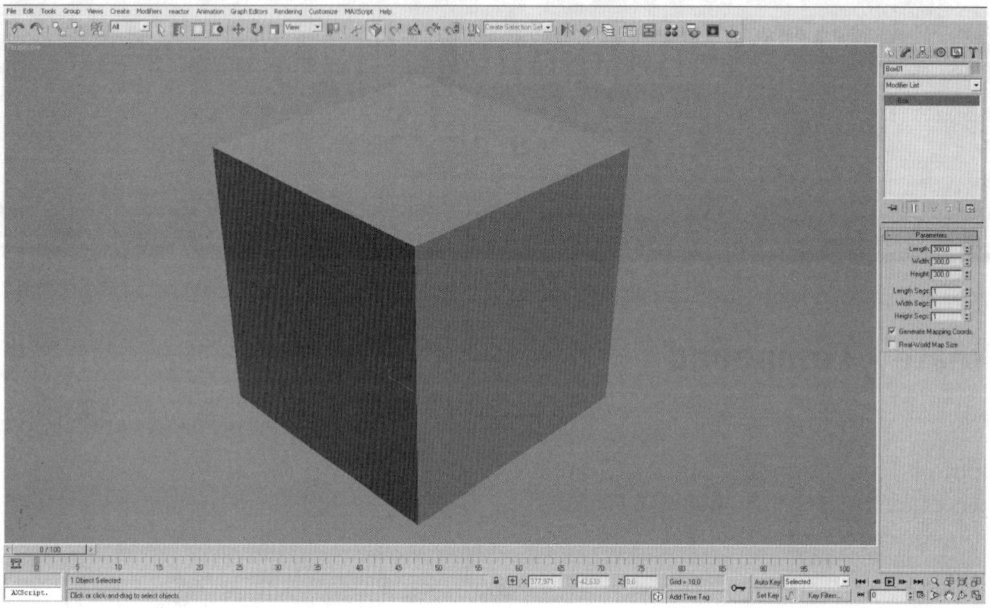

2. Crie três boxes com os seguintes valores:

Box 1	Box 2	Box 3
Length = 400	Length = 200	Length = 200
Width = 200	Width = 400	Width = 200
Height = 200	Height = 200	Height = 400

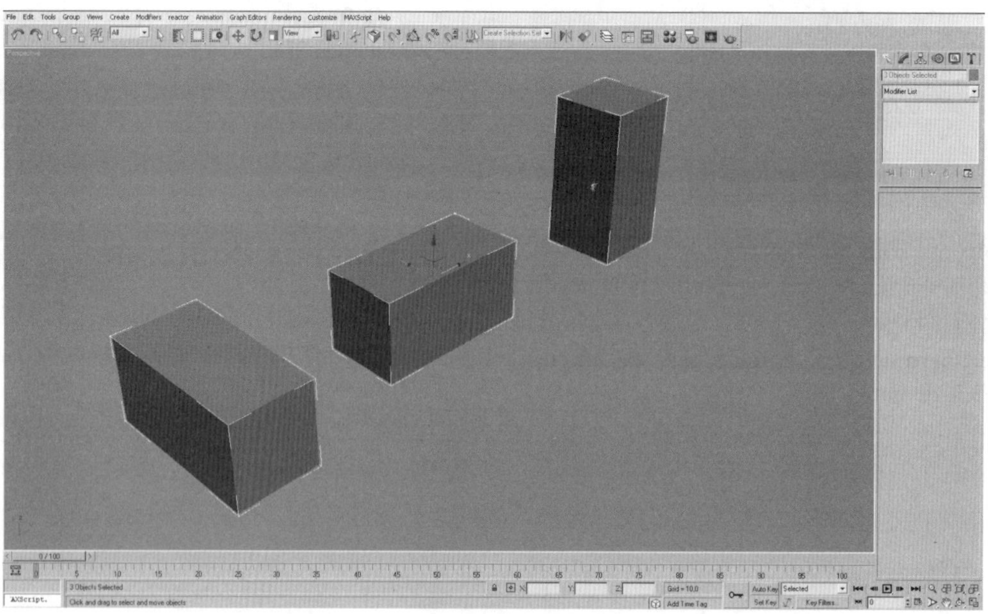

3. Selecione o box 1 e clique no comando Align.
4. Com o comando Align ativado selecione o box 2, como mostra a figura seguinte.

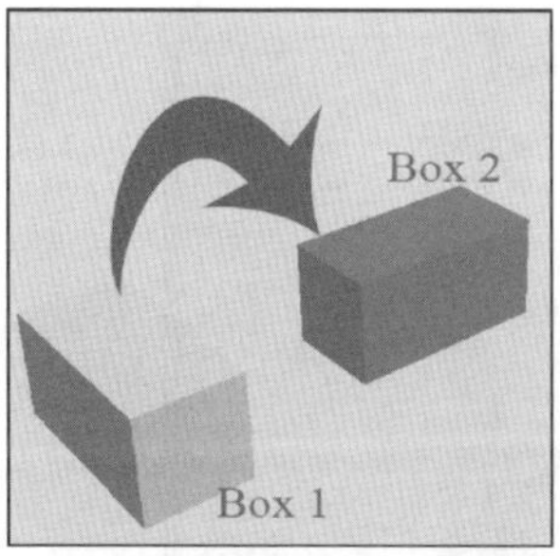

5. No quadro Align ative as seguintes opções:

   X position, Y position e Z position.

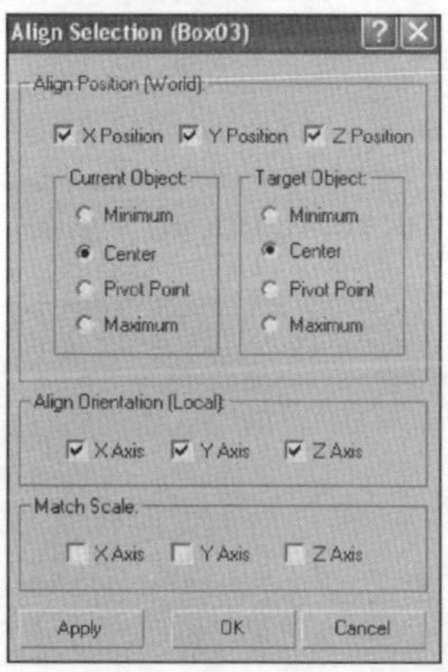

6. Repita o processo com o box 3 e veja o resultado a seguir. Observe que as peças estão uma dentro da outra.

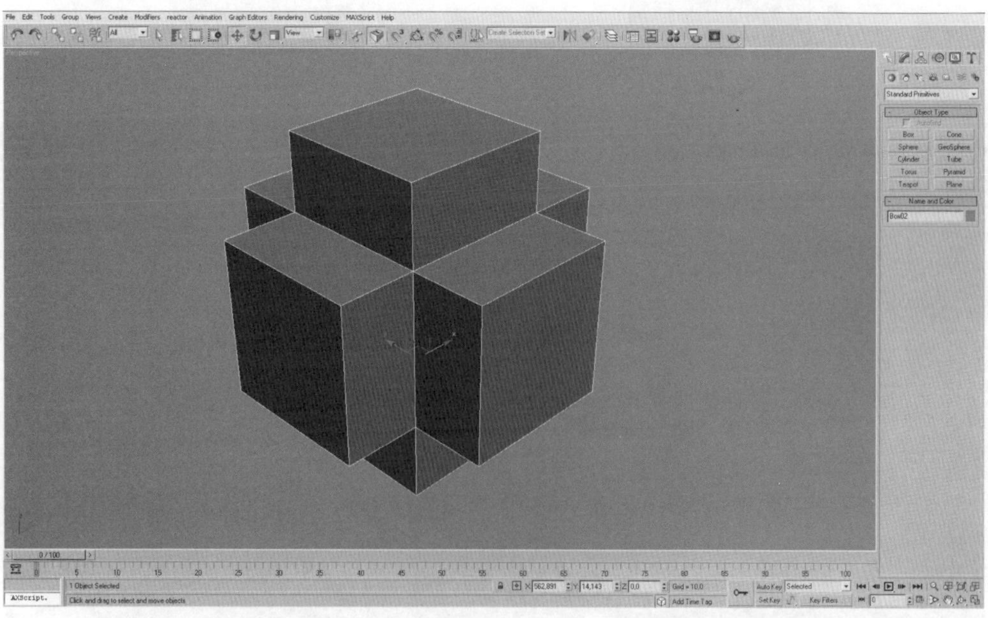

7. Selecione os três boxes e vá até a pasta Utilites, na seqüência clique no botão Collapse.

8. Para que os três boxes se tornem uma única peça, é necessário clicar no botão Collapse Select.

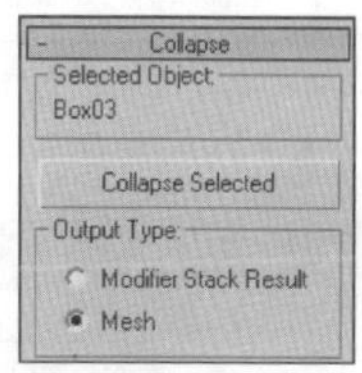

9. Colapsados os boxes, vamos alinhá-los ao cubo com a ferramenta Align.

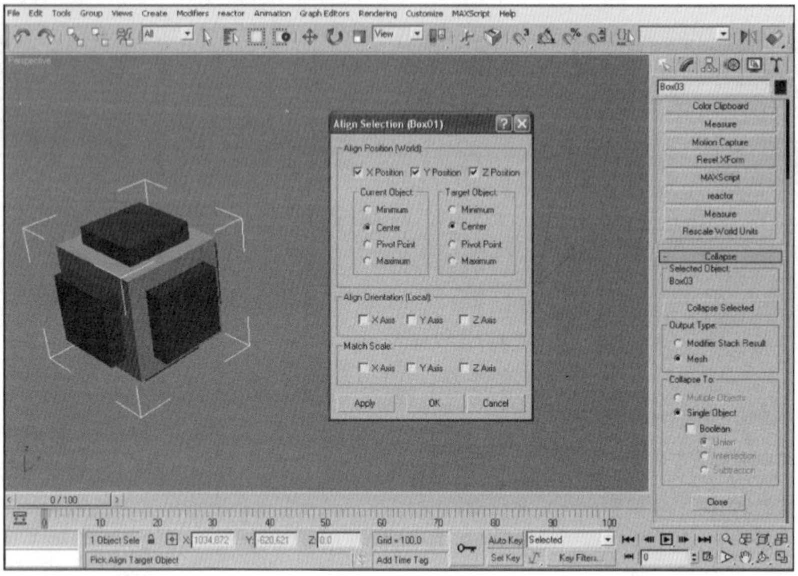

10. Selecione o cubo, vá até o menu Compound Objects e clique no botão Boolean, figura a.

11. Dentro dos parâmetros do Boolean ative o botão Pick Operand B, figura b.

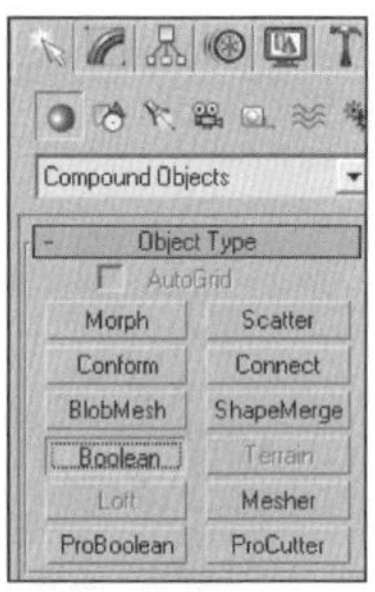

Figura a

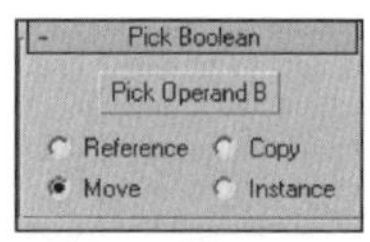

Figura b

12. Clique no box para ver o resultado.

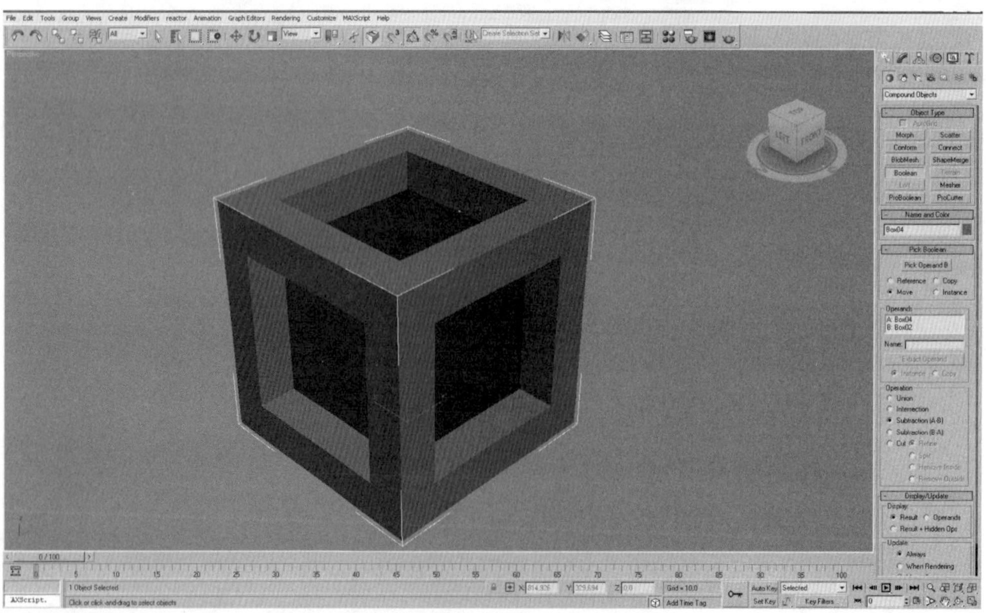

Scatter

É uma composição de várias cópias do objeto primitivo espalhadas sobre a superfície de um segundo objeto. A vantagem é que, além de esse processo multiplicar o objeto automaticamente, também faz reorientação, reposicionamento, reescalonamento e ajustes de outros parâmetros para cada um dos objetos gerados randomicamente.

Parameters

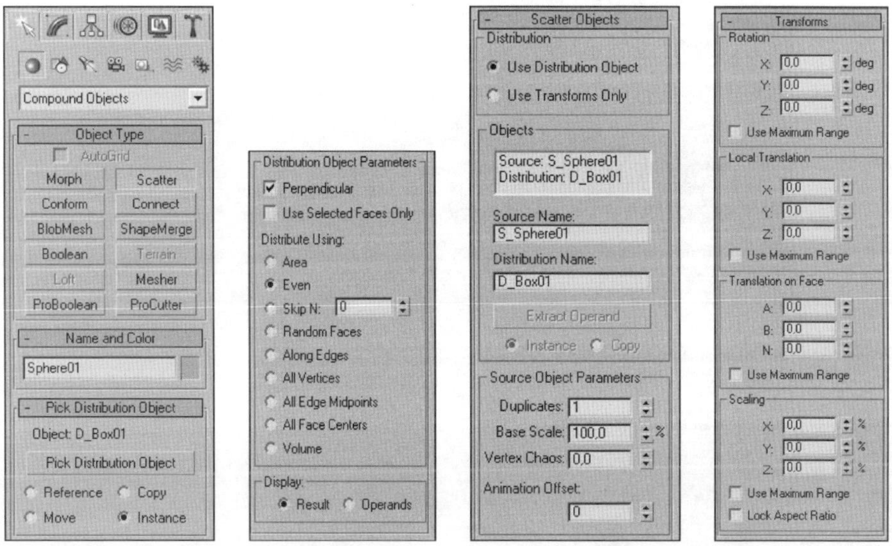

Exercício - Scatter

1. Crie uma esfera e um cone conforme a figura c.
2. Crie uma cópia do cone com a opção Instance ativada, que permite criar um vínculo de propriedades entre os objetos copiados, ou seja, quando alteramos a propriedade de um objeto, os outros sofrem a mudança automaticamente, figura d.

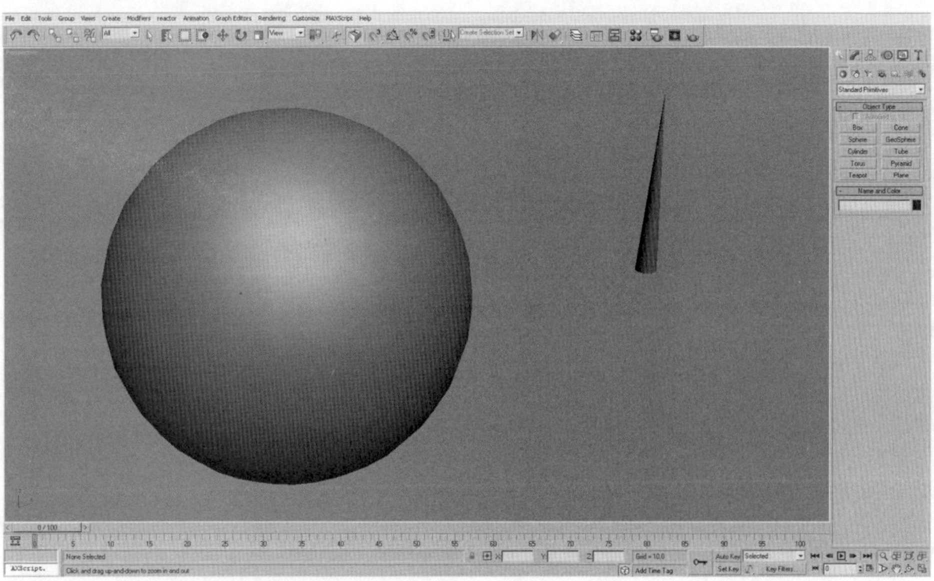

Figura c

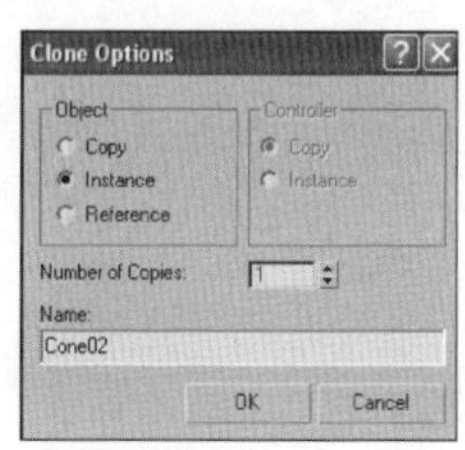

Figura d

3. Selecione o cone que foi copiado.

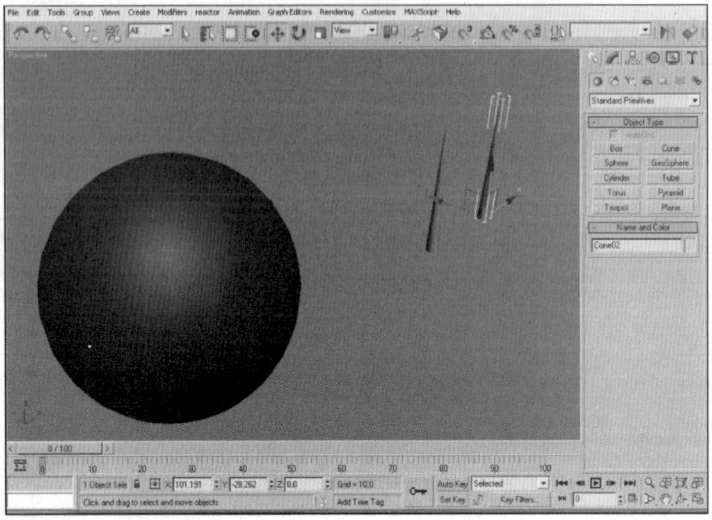

4. Clique na pasta Create, ative o botão Geometry e selecione a opção Compound Objects. Em seguida escolha a opção Scatter.

5. Ative o botão Pick Object e selecione a esfera.

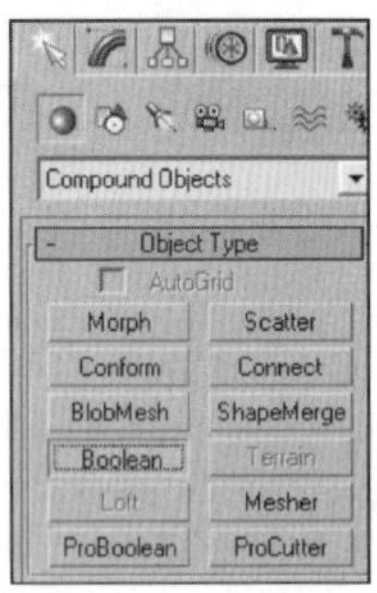

Figura c

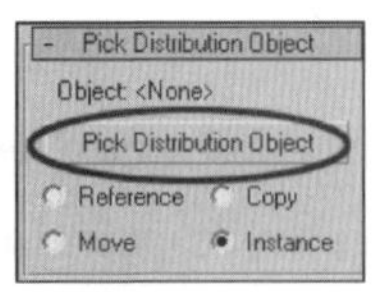

Figura d

6. Observe que o cone foi para cima da esfera selecionada.

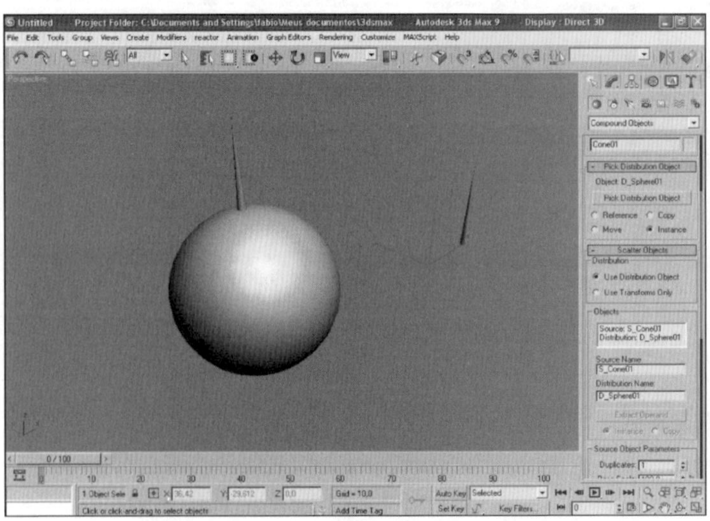

7. Nos parâmetros do Scatter, aumente o valor do duplicates para 40.

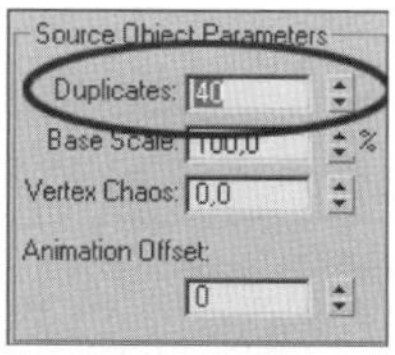

8. Selecione o cone que está ao lado da esfera, vá à pasta Modify e carregue o modificador Bend.

9. Altere os parâmetros do Bend. Observe que as alterações feitas nesse cone refletem de forma automática na esfera.

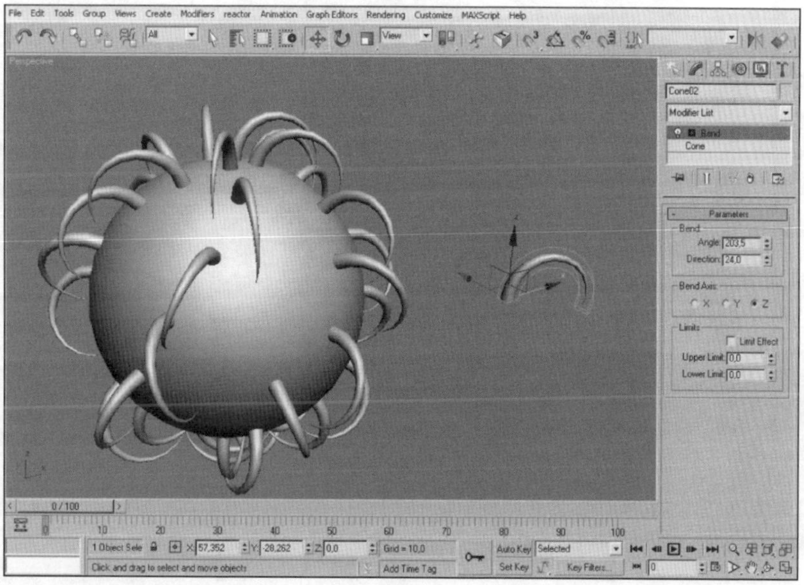

Terrain

O Compound Object Terrain permite criar terrenos no 3ds Max 2009 a partir de contornos ou curvas de níveis definidos.

Parameters

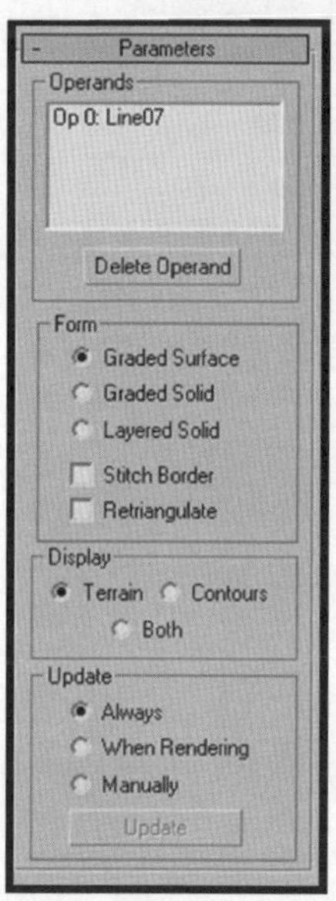

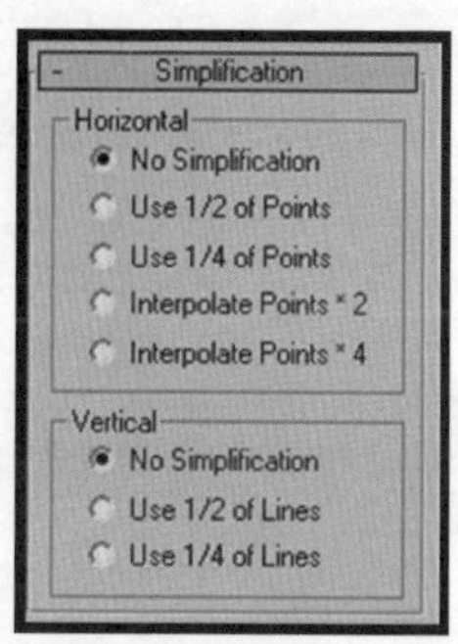

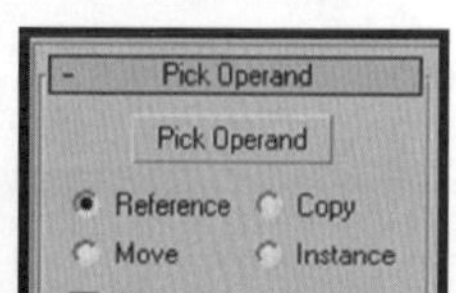

Exercício - Terrain

1. Vá até a pasta **Create**, ative o botão **Shapes**, selecione o menu **spline**, ative o botão **Line** e confirme se a opção (**Smooth/Smooth**) está ativada. Na vista **Top** crie várias linhas fechadas para representar as curvas de níveis de uma montanha.

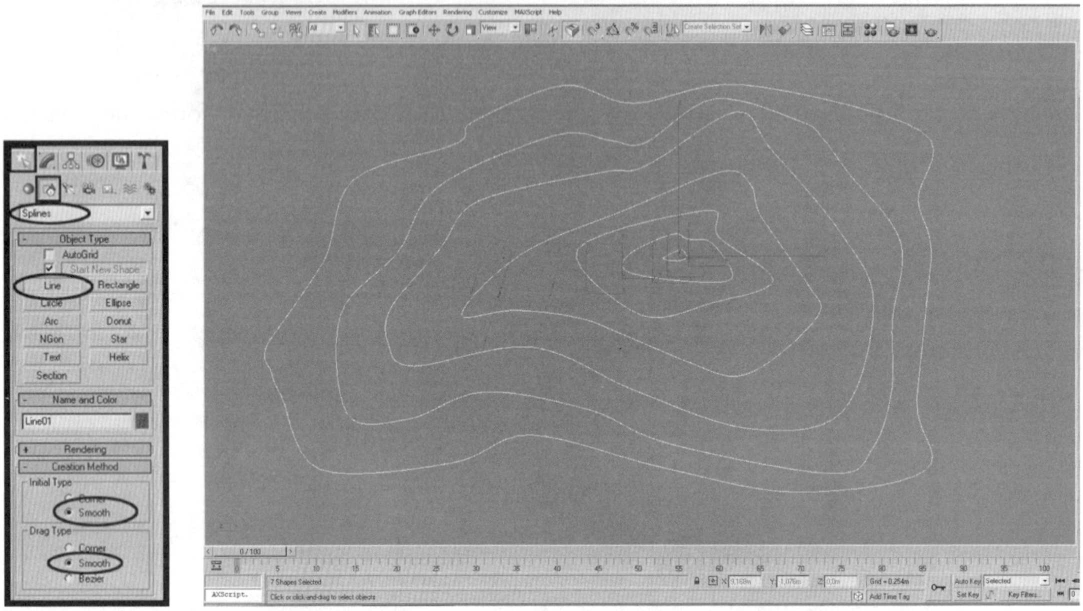

2. Vá para a **viewport Perspective** (pressione o atalho P) e com a ferramenta **Move** altere a posição das linhas no eixo Z, semelhantemente ao desenho seguinte.

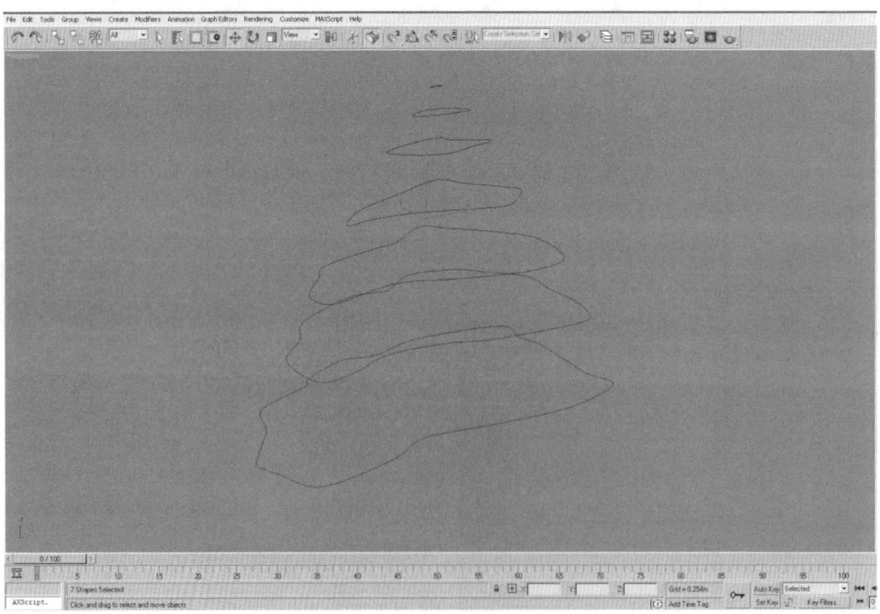

3. Selecione apenas uma linha e vá para a pasta **Modify**, dentro da **roll-out Geometry**, e clique no botão **Attach Mult**. Logo em seguida é aberto um quadro; selecione todas as linhas que você criou, inclusive a que está selecionada, e clique no botão **Attach**.

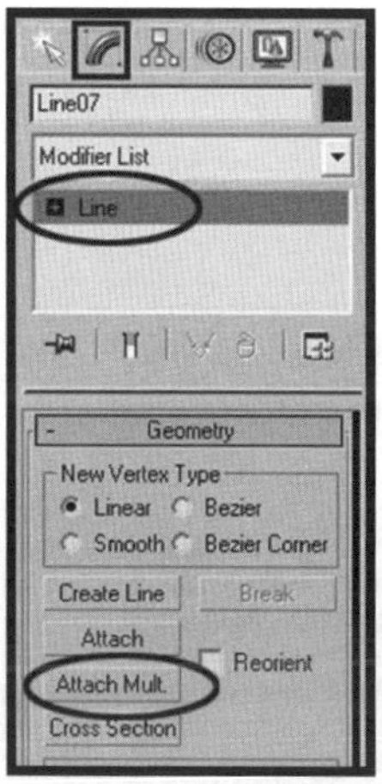

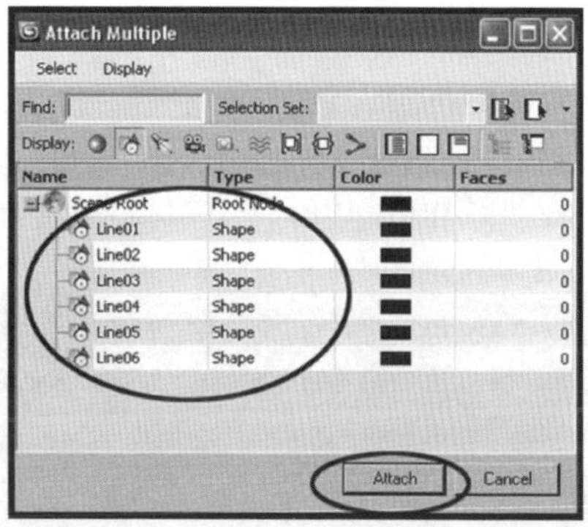

4. Retorne à pasta **Create**, clique no botão **Geometry**, selecione o menu **Compound Objects** e clique no botão **Terrain**. Observe o resultado.

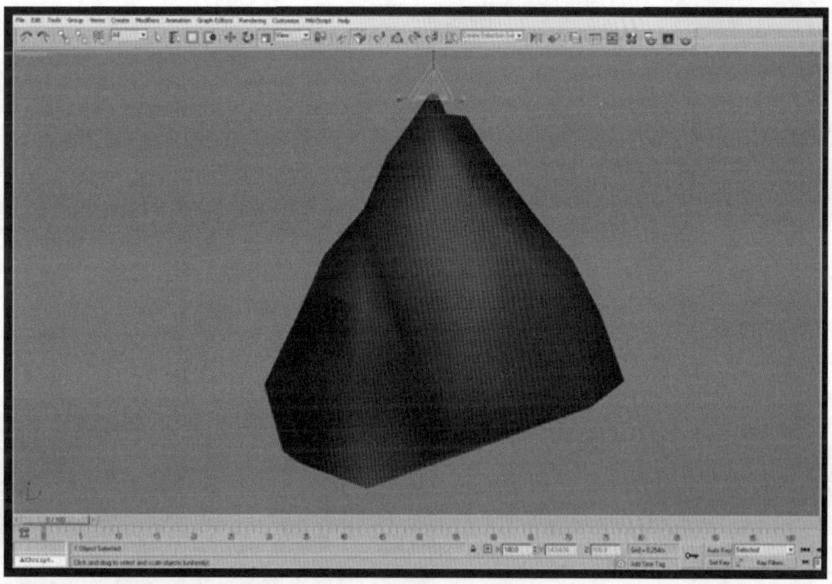

Conform

Conform é um **compound object** criado para projetar os vértices de um objeto **wrapper** para uma superfície de outro objeto chamado **wrap-to**.

Exercício - Conform

1. Abra o arquivo **conform_start.max**.
2. Selecione o **plane** que está em forma de S e representa uma rua. Vá para a pasta **Create**, clique no botão **Geometry**, selecione o menu **Compound Object** e clique no botão **Conform**.

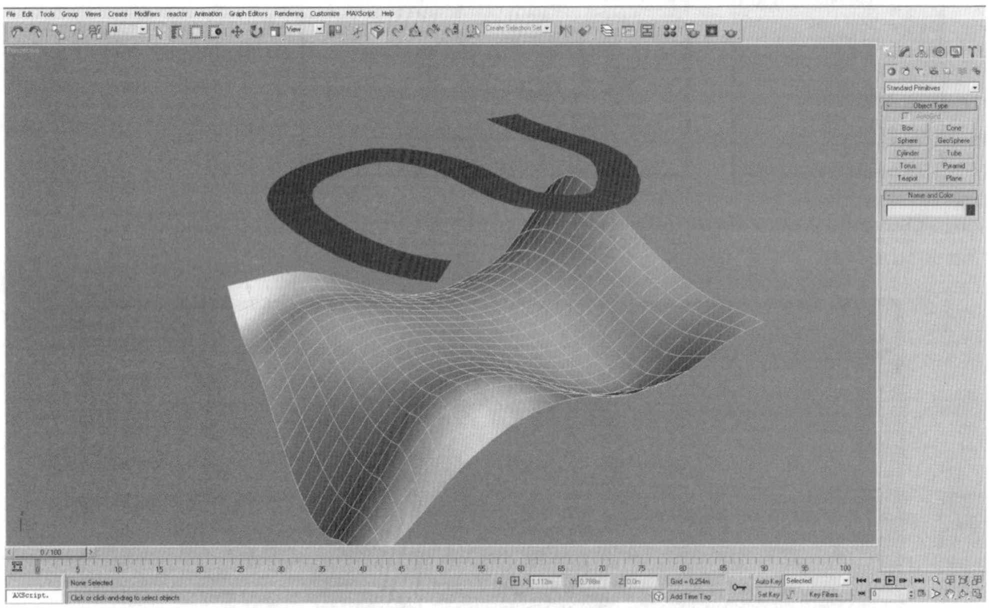

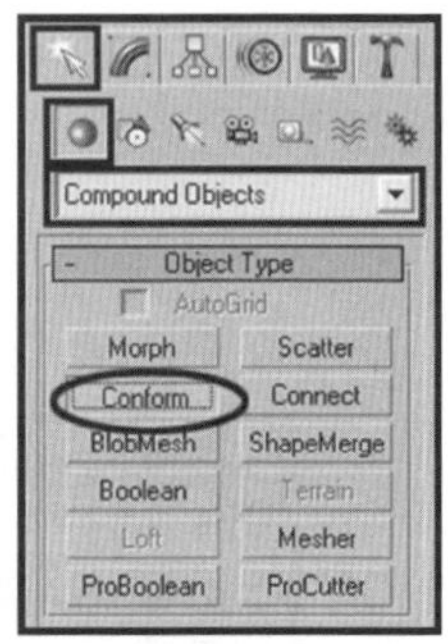

3. Clique no botão **Pick Wrap-To Object** e selecione o **plane** que representa o chão.

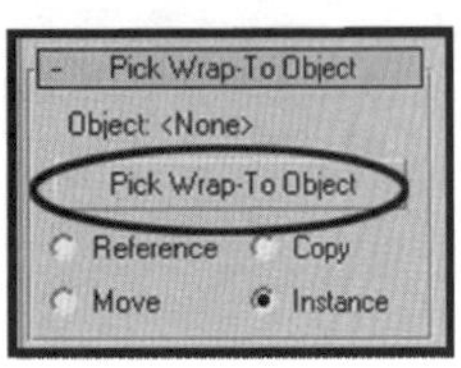

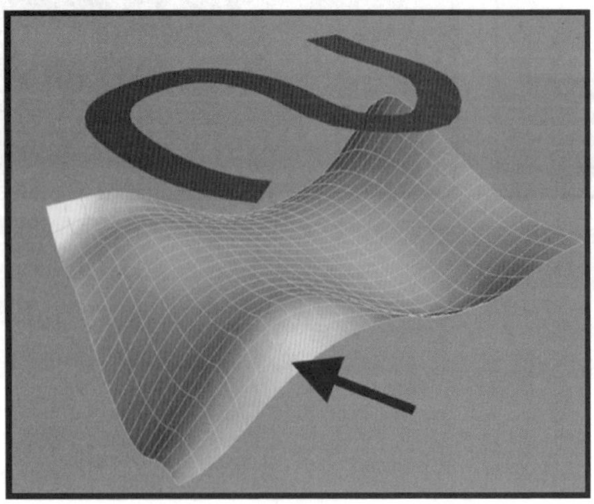

4. Observe que o resultado não ficou nem um pouco agradável. Apenas uma parte da pista foi projetada no chão e o restante nem sai do lugar, porque a opção de projeção está ativada para **Viewport**.

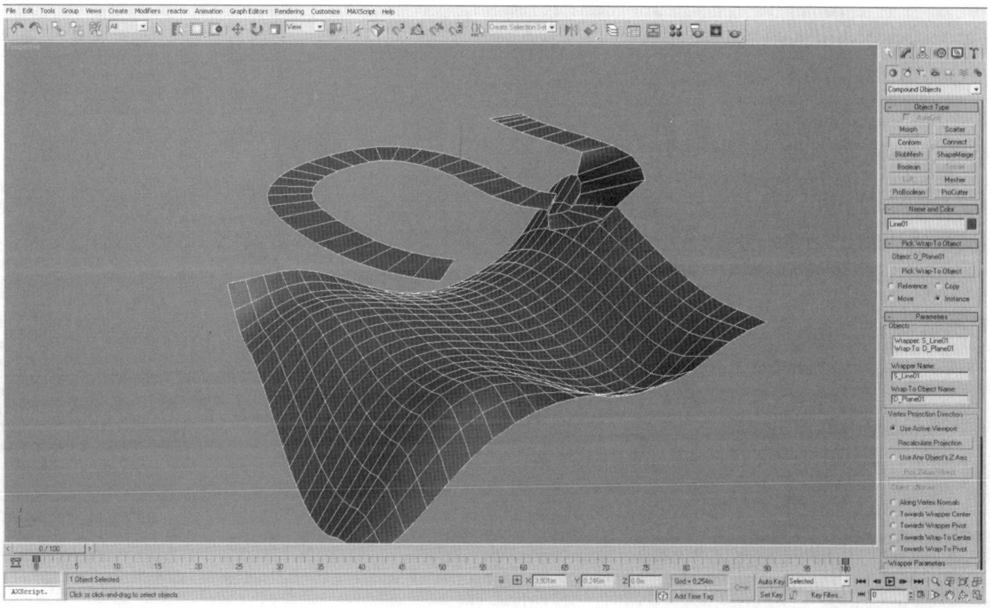

5. Vá para a viewport **Top** ou pressione a tecla T de atalho e clique no botão **Recalculate Projection**.

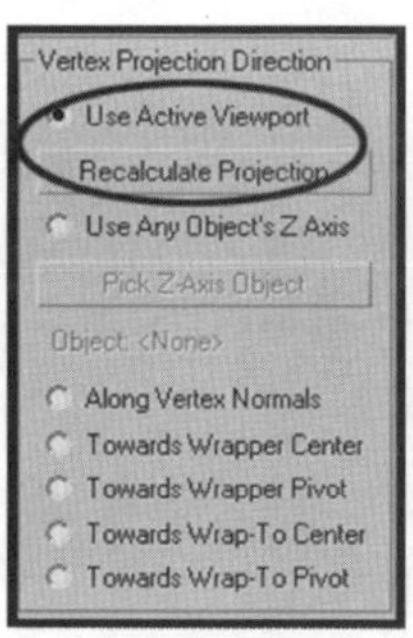

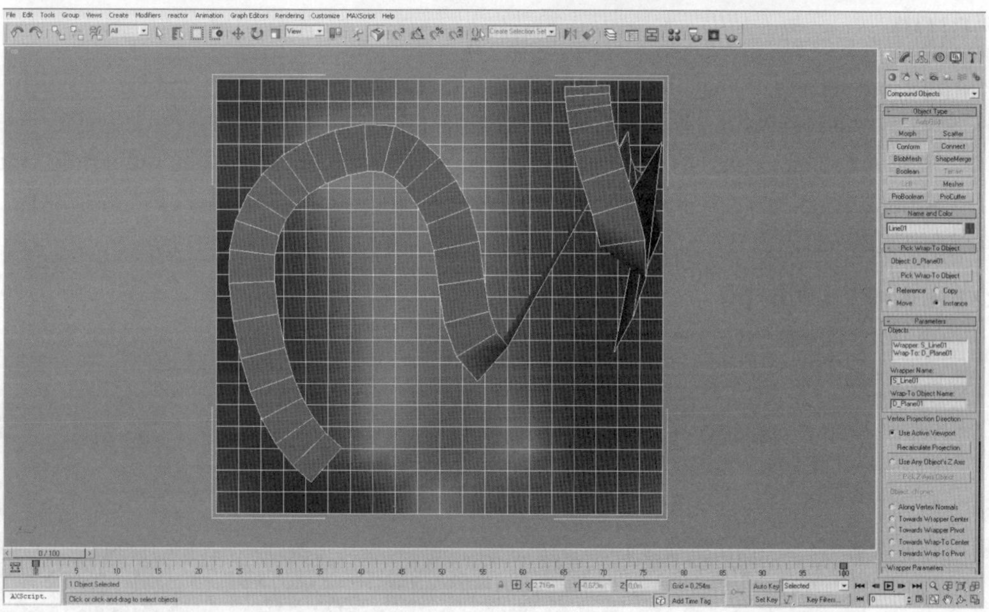

6. Ative o botão **Hide Wrap-To Object** e retorne para a viewport **Perspective** ou pressione a tecla P de atalho. Observe como a rua agora foi projetada corretamente no chão.

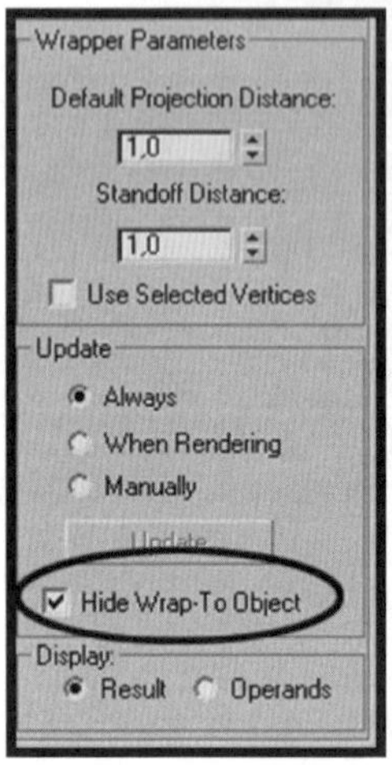

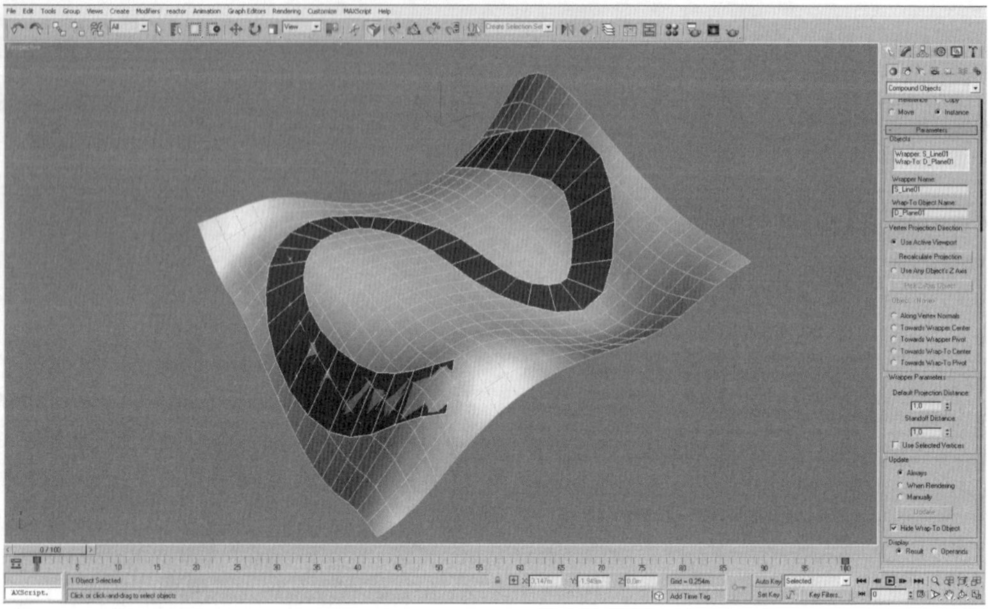

Morph

Morph é uma técnica de animação similar à animação 2D. O **morph object** combina dois ou mais objetos, interpolando os vértices. Algumas regras devem ser seguidas para que a ferramenta Morph funcione corretamente. São elas:

- Ambos os objetos devem ser da mesma hierarquia, ou seja, **mesh/mesh**, **poly/poly**, **patch/patch**;
- Ambos os objetos devem ter o mesmo número de vértices e ser criados na mesma ordem.

Exercícios - Morph

1. Abra o arquivo **morph_start.max** e selecione o **box** que está à frente.

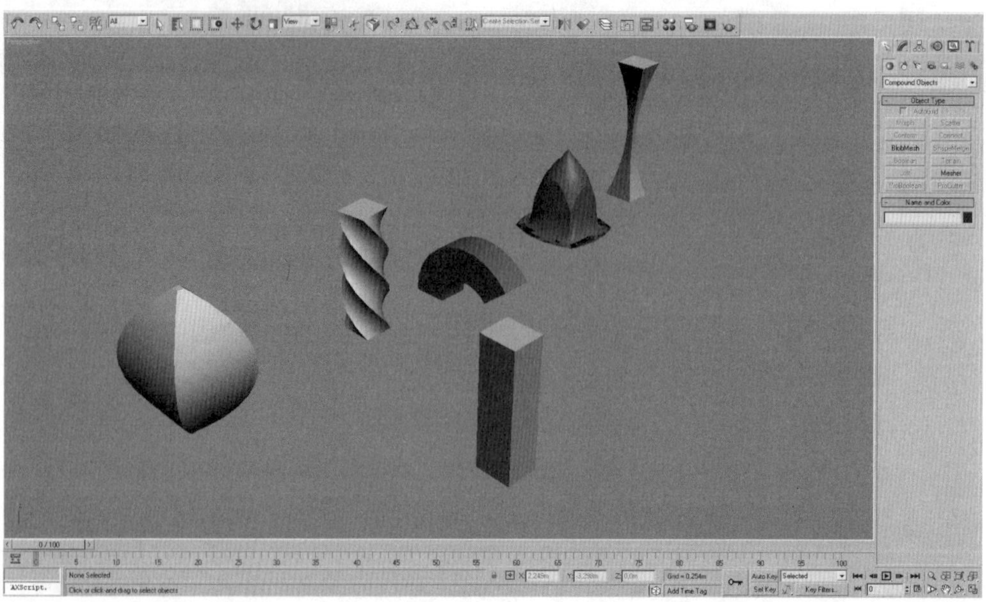

2. Vá para a pasta **Create**, clique no botão **Geometry**, selecione o menu **Compound Object** e clique no botão **Morph**.

3. Posicione a **timeline** no quadro 20/100.

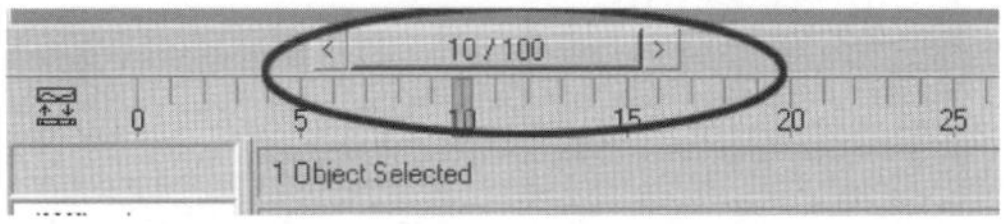

4. Clique no botão **Pick Target** e selecione o primeiro objeto à esquerda.

5. Repita o processo para os próximos objetos, seguindo como referência o frame marcado abaixo de cada figura, ou seja, mude a posição da timeline e clique no próximo objeto.

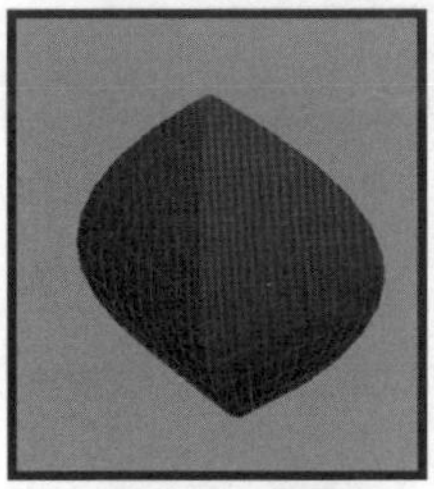

Frame 20/100

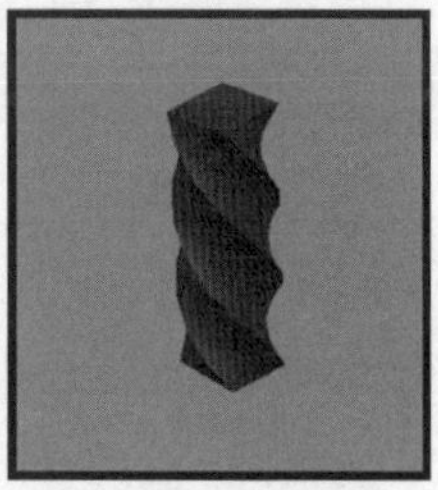

Frame 40/100

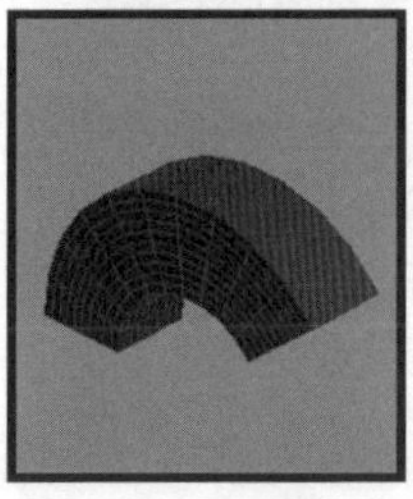

Frame 60/100

Frame 80/100

Frame 100/100

6. Após finalizar, desative o botão Pick Object e pressione o botão Play para ver a animação em tempo real na viewport.

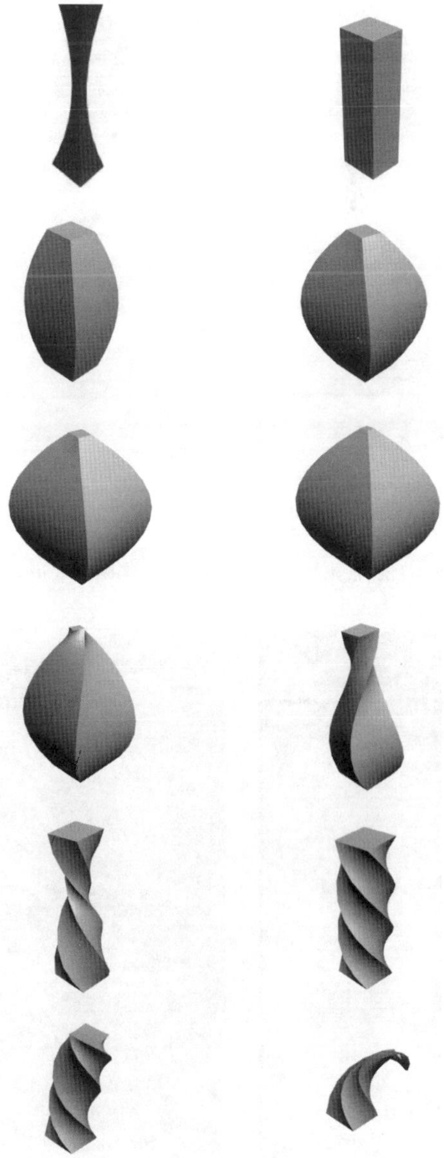

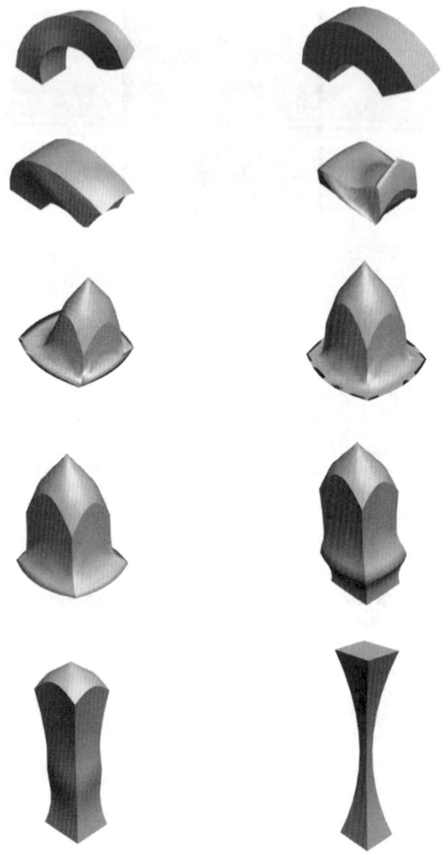

ShapeMerge

ShapeMerge permite anexar uma forma 2D (shape) à superfície de um objeto 3D (mesh). Essa mesclagem é feita por meio de **edges** que só podem ser vistos quando **Edges Faces** (F3) está ativado.

Parameters

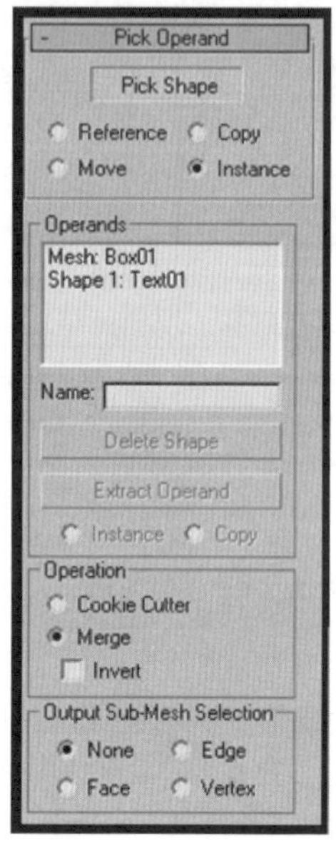

Exercício - ShapeMerge

1. Vá até a pasta Create, clique no botão Geometry, selecione o menu Standard Primitives e crie uma caixa.

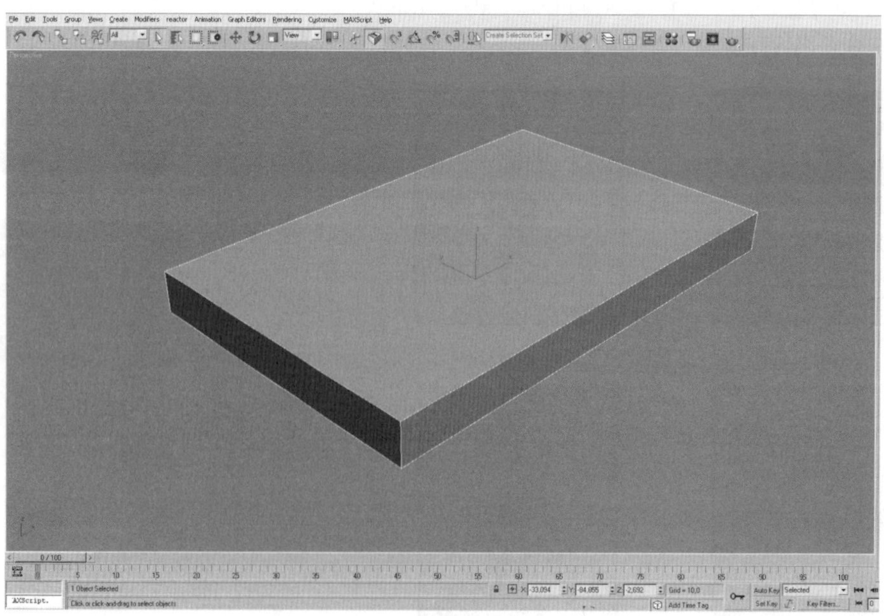

2. Crie um texto 2D utilizando a ferramenta **Shape Text**.

3. Utilizando as **viewports** do 3ds Max, ajuste o texto de forma que ele fique posicionado em cima da superfície da caixa.

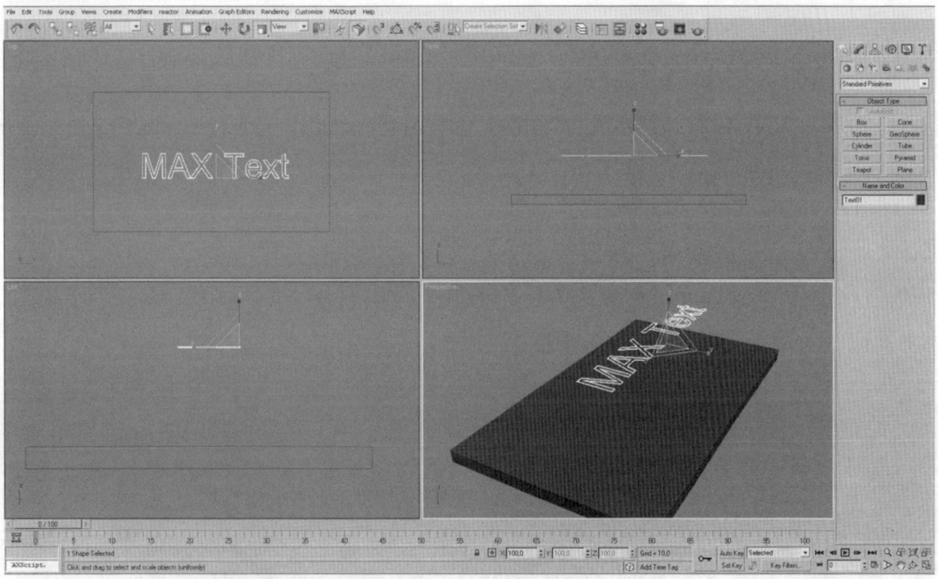

4. Selecione a caixa, vá até a pasta **Create**, clique no botão **Geometry**, selecione o menu **Compound Objects** e clique no botão **ShapeMerge**.

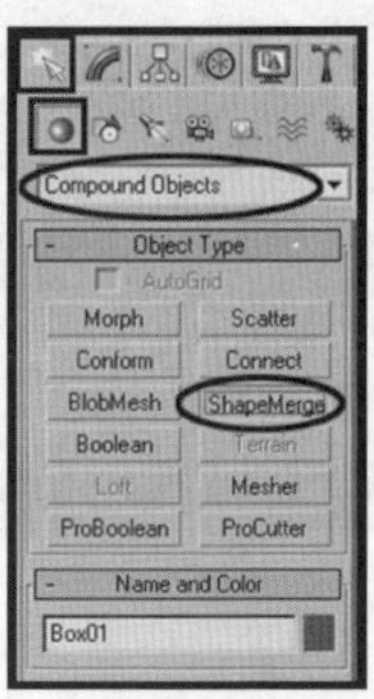

5. Clique no botão **Pick Shape** e selecione o texto que você acabou de criar.

Caso não consiga visualizar os edges, que foram projetados em cima da caixa, na viewport, pressione a tecla F3 para ativar a opção Edges Faces.

Connect

Cria uma ponte entre dois ou mais objetos, contudo ambos devem ter uma abertura em sua face, como mostra o exemplo seguinte.

1. Crie um box com os seguintes parâmetros:

   Length = 30 Width = 30

   Height = 120 Length segs = 6

   Width segs = 6 Height segs = 10

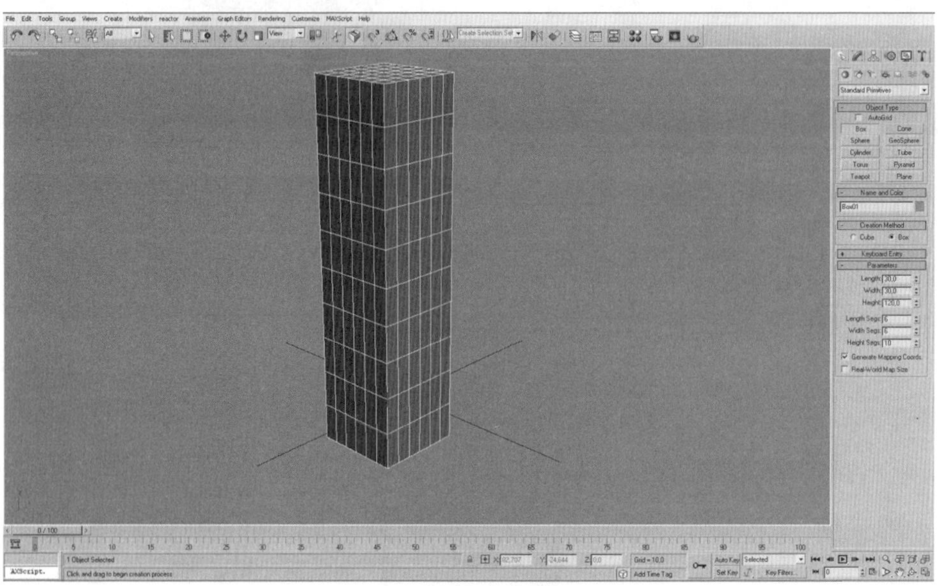

2. Selecione o box, clique com o botão direto do mouse e escolha a opção Convert to Editable Poly.

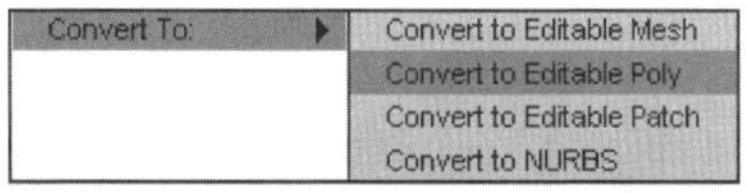

3. No modificador Editable Poly ative a opção Polygon e selecione os polígonos, como mostra a figura em seguida.

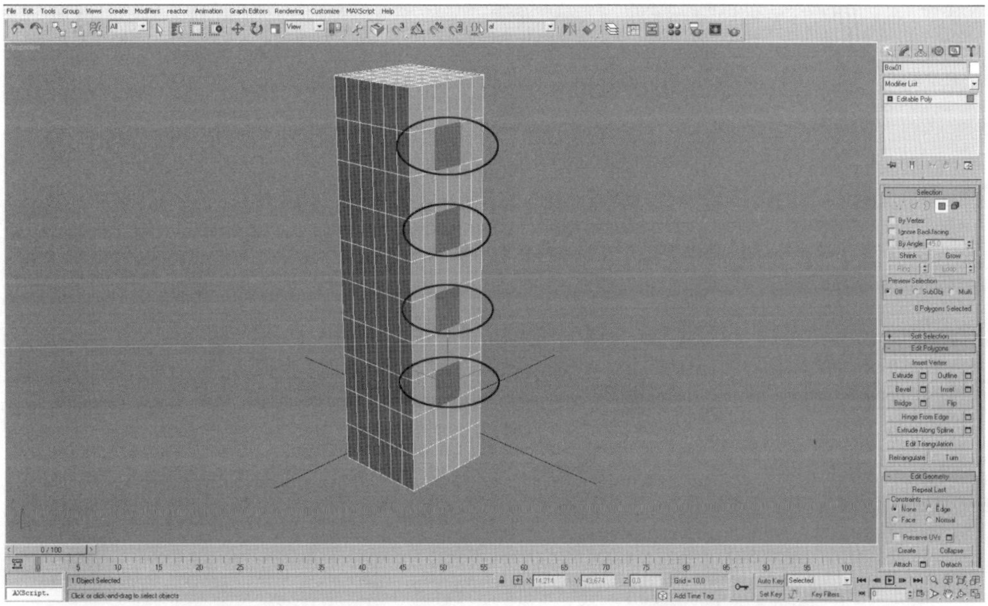

4. Pressione Delete para remover os polígonos selecionados.

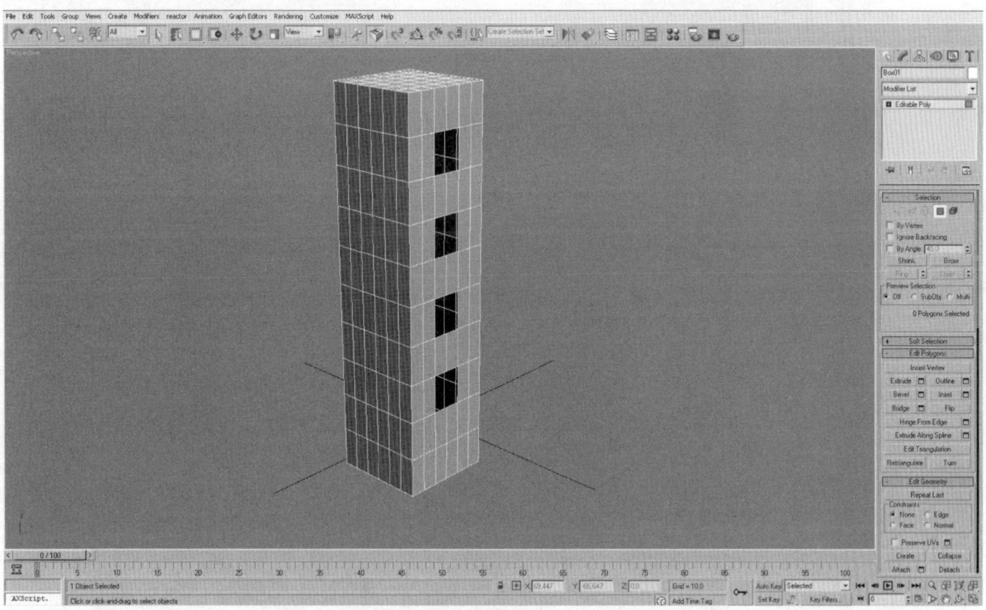

5. Desative a opção Polygon, selecione o box e clique no comando Mirror. Crie uma cópia espelhada do objeto.

Configurações:

Mirror axis (Y)

Clone selection (clone)

Offset - 130

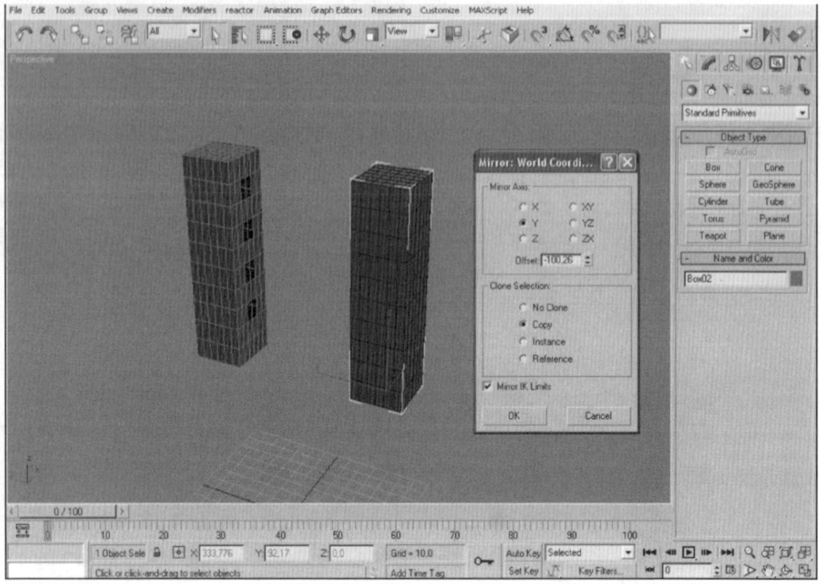

6. Dentro da pasta Compound Objects, clique no botão Connect.

7. Ative o botão Pick Operand e em seguida clique no outro objeto.

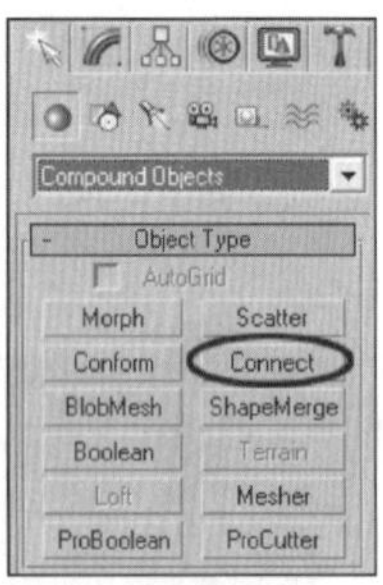

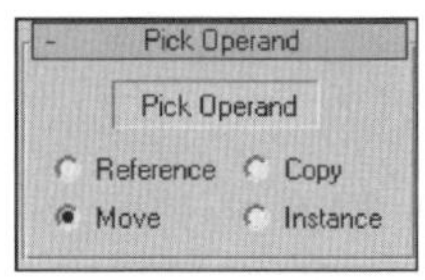

8. Veja o resultado final do Connect.

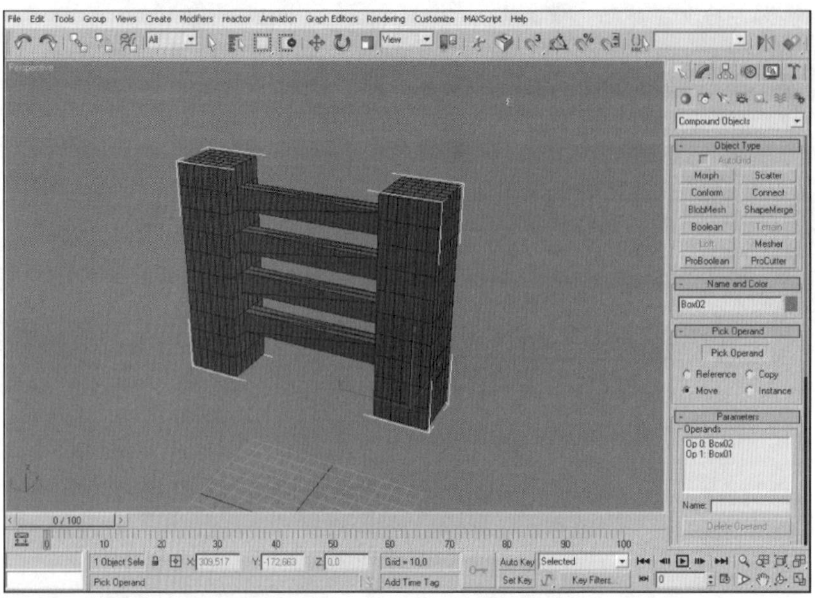

Mesher

O **Compound Object Mesher** converte objetos procedurais em malha de objetos e pode aplicar modificadores **Bend** ou **UVW Map**. Pode ser usado com qualquer tipo de objeto, mas é projetado principalmente para trabalhar com sistemas de partículas.

1. No 3ds Max 2009, vá até a pasta **Create**, ative o botão **Geometry**, selecione o menu **Particle Systems** e clique no botão **Super Spray**. Crie um **spray** na viewport **Perspective**.

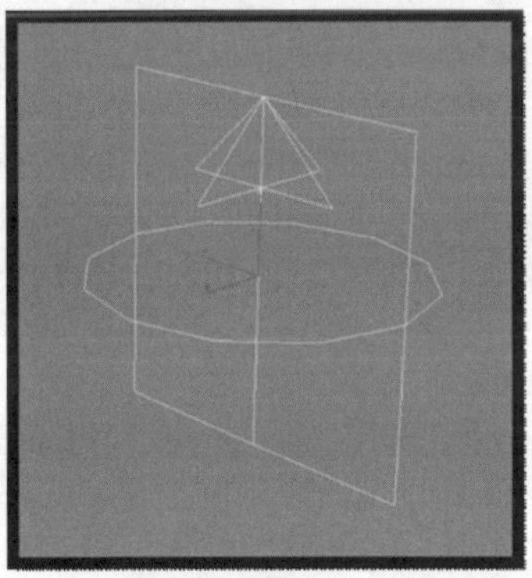

2. Vá até a pasta **Create**, ative o botão **Geometry**, selecione o menu **Compound Objects** e clique no botão **Mesher**. Crie um **mesher** na viewport **Perspective**.

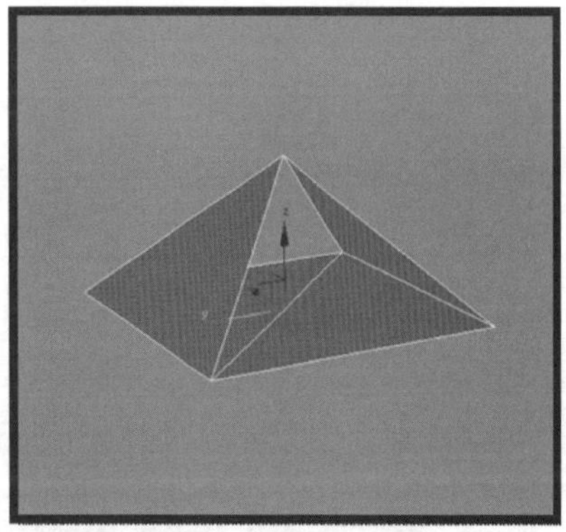

3. Com o **Mesher** selecionado vá para a pasta **Modify** e clique no botão **None** da opção **Pick object**.

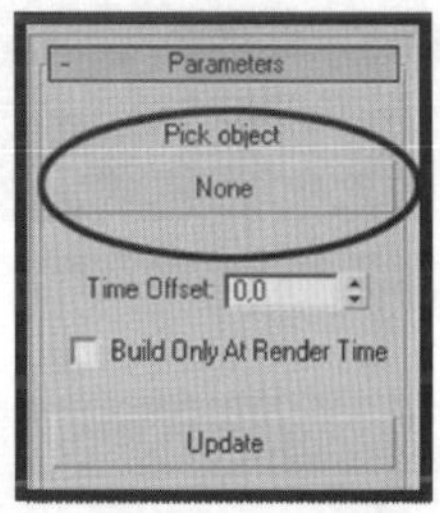

4. Selecione a partícula que está na viewport **Perspective** e deixe a timeline na posição 30/100. Observe que o **Mesher** toma a propriedade da partícula do **Super Spray**.

Super spray

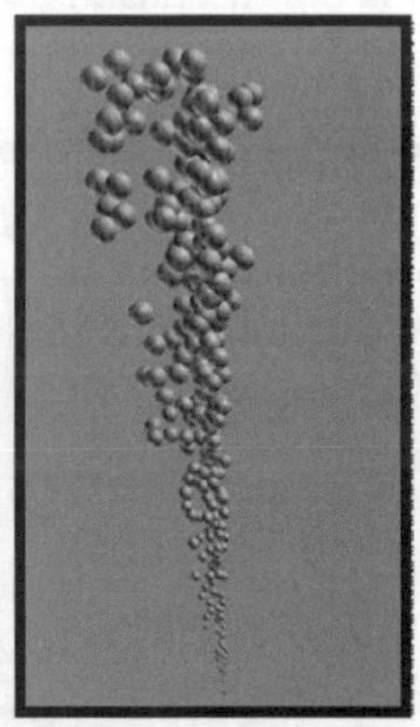

Mesher

5. Com o **Mesher** ainda selecionado vá para a pasta **Modify** e no **Modifier List** carregue o modificador **Bend**.

6. Altere o valor do **Bend Angle** e observe que o **Mesher** começa a se curvar devido ao modificador **Bend**.

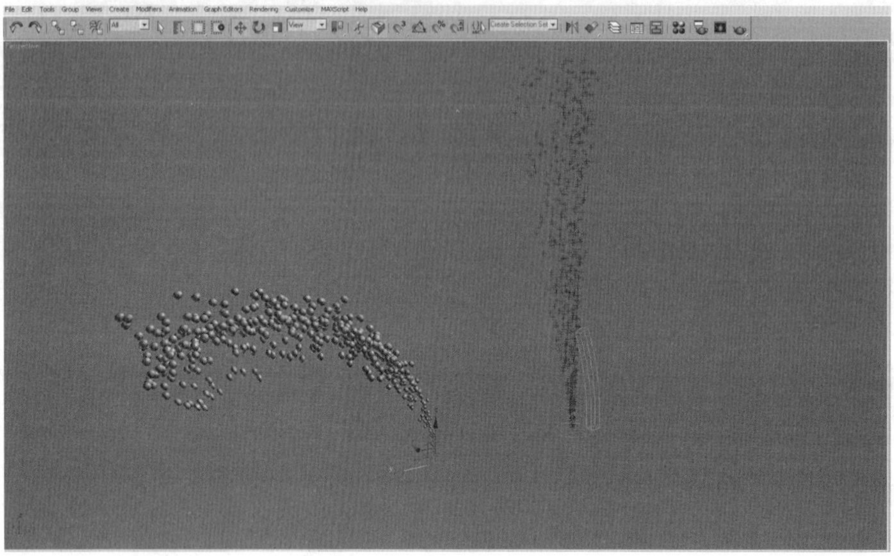

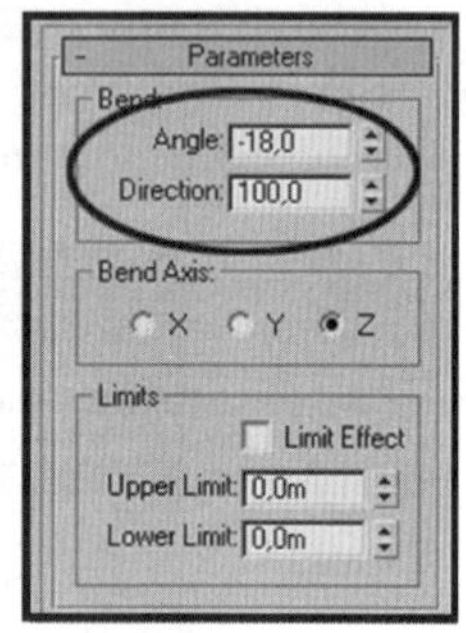

BlobMesh

O objeto de composição BlobMesh utiliza uma geometria ou partículas para criar um conjunto de esferas, que logo se conectam como se fossem feitas de uma substância líquida maleável. As esferas se interligam ao se afastarem até uma certa distância e adotam de novo uma forma esférica quando se separam.

Na indústria 3D, o termo geral que designa esferas com esse tipo de comportamento é Metaballs. O objeto de composição BlobMesh gera Metaballs a partir de objetos específicos da cena, as quais formam uma malha denominada BlobMesh, ideal para simular líquidos densos e substâncias maleáveis que se movem e fluem ao animar.

Se você associar um objeto ou sistema de partículas a um objeto de composição BlobMesh, atribuem-se às Metaballs posição e tamanho diferentes em função do objeto que se empregou para gerá-los:

- Com geometria e formas (shapes) em cada vértice se situa uma Metaball cujo tamanho é determinado pelo tamanho do objeto BlobMesh original. Seleção flexível permite modificar o tamanho das Metaballs.
- No caso das partículas, em cada uma delas se situa uma Metaball cujo tamanho depende do tamanho da partícula em que se apóia.
- Com os helpers no pivot point se situa uma Metaball cujo tamanho depende do objeto BlobMesh original.

Nota: Para melhorar os efeitos de Motion Blur nas renderizações, pode-se aplicar um objeto BlobMesh. Com sistemas de partículas distintos Particle Flow, utilize Image Motion Blur. Com sistemas de partículas Particle Flow e outros tipos de objetos, incluindo geometria, formas (shapes) e helpers, utilize Object Motion Blur.

Procedimentos

Para criar uma BlobMesh a partir de figuras geométricas ou helpers:

1. Crie uma ou várias figuras geométricas ou objetos helpers. Se a cena requer animação, anime os objetos conforme desejar.
2. Clique no botão BlobMesh e em qualquer parte da tela para criar a Metaball inicial.

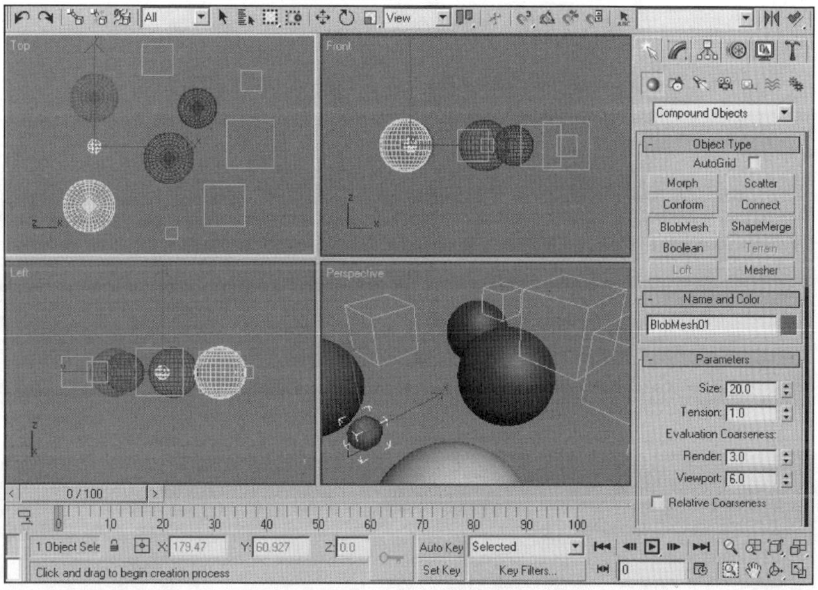

3. Vá até a pasta Modify.
4. Na área Blob Object, clique no botão Add e selecione os objetos que deseja utilizar para criar Metaballs. Em cada vértice dos objetos selecionados, ou no centro dos objetos helpers, aparece uma Metaball.

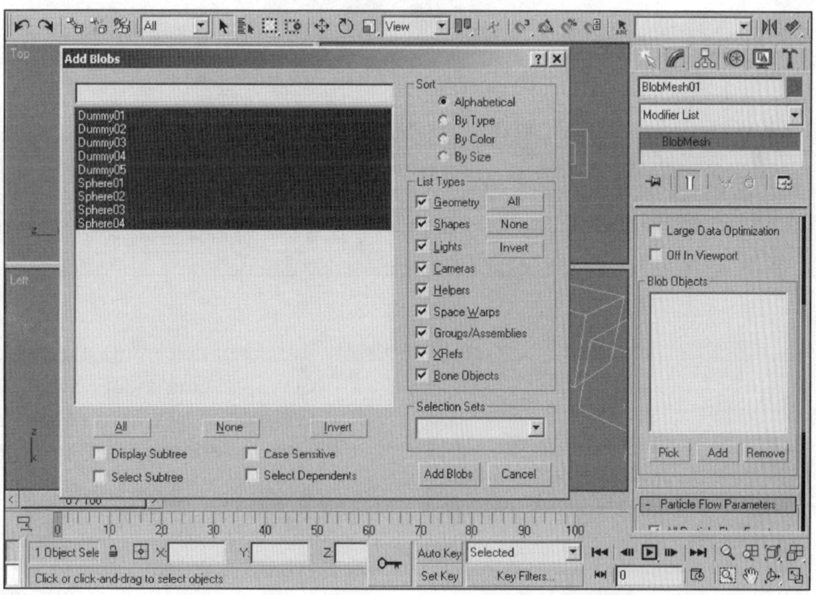

5. Na roll-out Parameters, defina o parâmetro Size no valor que permita a conexão das Metaballs.

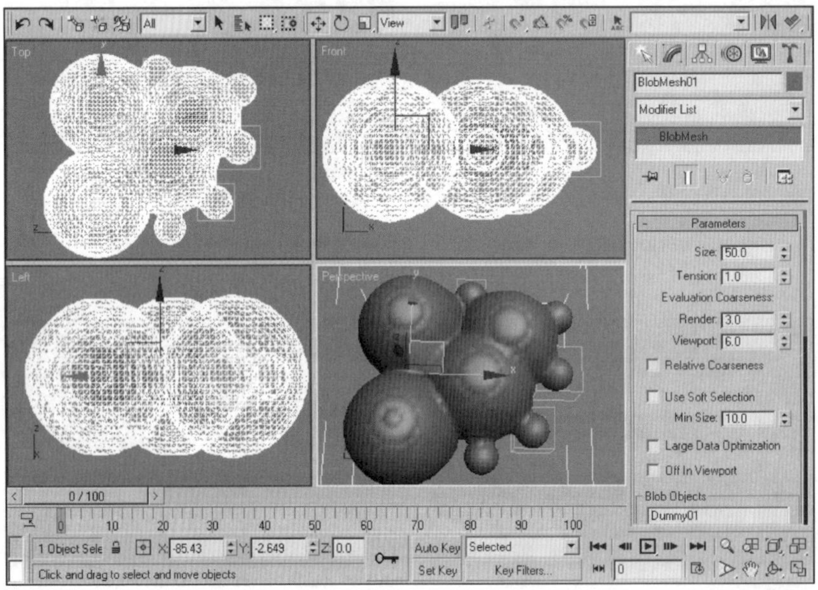

Parameters Roll-Out

- **Size:** o raio de cada Metaball para objetos distintos de partículas. No caso das partículas, o tamanho de cada Metaball se define em função do tamanho da partícula estabelecido nos parâmetros do sistema de partículas.

Nota: O valor de tensão afeta o tamanho aparente das Metaballs. Quando a tensão se define no valor mais baixo possível, o raio de cada Metaball é um reflexo exato do parâmetro Size. Com valores de tensão altos, a superfície fica tensa e o tamanho das Metaballs diminui.

- **Tension:** determina o grau de tensão ou distensão que apresenta a superfície. Os valores baixos geram superfícies mais soltas. Esse valor pode estar compreendido entre 0,01 e 1,0.
- **Evaluation Coarseness:** define a Coarseness ou densidade da BlobMesh resultante. Quando Grosseria Relativa está desativada, os valores do Render e viewport definem a altura e a largura das faces da BlobMesh, cuja densidade aumenta com valores baixos. Se Relative Coarseness está ativada, a relação entre o tamanho da Metaball e esse valor determina a altura e a largura das faces da BlobMesh. Nesse caso, os valores altos geram uma malha mais densa.

- **Relative Coarseness:** determina a forma em que se vão utilizar os valores de Coarseness. Se essa opção está desativada, os valores do Render e da viewport do grupo Coarseness de avaliação são absolutos, e a altura e a largura de cada face da BlobMesh equivalem sempre ao valor da opção Coarseness. Isso significa que as faces da Blob-Mesh mantêm um tamanho fixo, embora se troque o das Metaballs. Quando se ativa essa opção, o tamanho de cada face da BlobMesh se calcula em função da relação entre o tamanho da Metaball e a Coarseness, o que troca o tamanho das faces conforme aumenta ou diminui o tamanho das Metaballs.
- **Large Data Optimization:** essa opção oferece um método alternativo para calcular e apresentar a BlobMesh. É mais eficaz que o predeterminado quando existe um número elevado de Metaballs, como 2.000 ou mais. Ative essa opção sempre que utilizar um sistema de partículas ou outro objeto que gere uma grande quantidade de Metaballs.
- **Off in Viewport:** desativa a apresentação da BlobMesh nas viewports. A BlobMesh segue aparecendo nas renderizações.
- **Use Soft Selection:** se usou a Soft Selection na geometria acrescentada à BlobMesh e essa opção está ativada, a seleção determina o tamanho e a colocação das Metaballs, as quais se situam nos vértices selecionados e têm tamanho definido no parâmetro Size. Elas são de menor tamanho quando os vértices estão incluídos na área de atenuação definida na roll-out Geometry's Soft Selection. Quando se localizam fora da área de atenuação, não se situam Metaballs. Essa opção só produz efeito se o nível de subobjetos do vértice da geometria ainda está ativo e a opção Use Soft Selection se encontra ativada na roll-out Geometry's Soft Selection. Se Use Soft Selection está desativada, seja para a BlobMesh ou para a geometria, as Metaballs se situam em todos os vértices da geometria.
- **Min Size:** define o tamanho mínimo das Metaballs incluídas na área de atenuação quando **Use Soft Selection** está ativada.
- **Pick:** permite clicar em objetos ou sistemas de partículas na tela para acrescentá-los à BlobMesh.
- **Add:** mostra um quadro de diálogo de seleção, no qual é possível selecionar objetos, helpers ou sistemas de partículas para acrescentá-los à BlobMesh.
- **Remove:** elimina os objetos ou partículas da BlobMesh.

Loft

Lofts são objetos bidimensionais extrudados ao longo de um terceiro eixo. É possível criar objetos loft a partir de dois ou mais objetos existentes 2D, e um deles serve como o caminho. O restante serve como splines de secções transversais ou formas do objeto loft.

- **Creation Method:** controla o que acontece com o shape (forma) quando se executa Get Path.
- **Surface Parameters:** permite aplicar uma suavização, além de mapeamento, ao objeto loft com as opções Smoothing, Length Smoothing e Width Smooting.
- **Skin Parameters:** controla a colocação de superfícies no início e no final do objeto loft, criando um objeto fechado (Cap Start e Cap End).
- **Path parameters:** controla o início e o fim da entrada de cada shape no loft.

Exercício - Loft

1. Vá para a pasta **Create**, clique no botão **Shapes**, selecione o menu **Spline**, clique no botão **Line** e crie uma linha semelhante ao desenho seguinte.

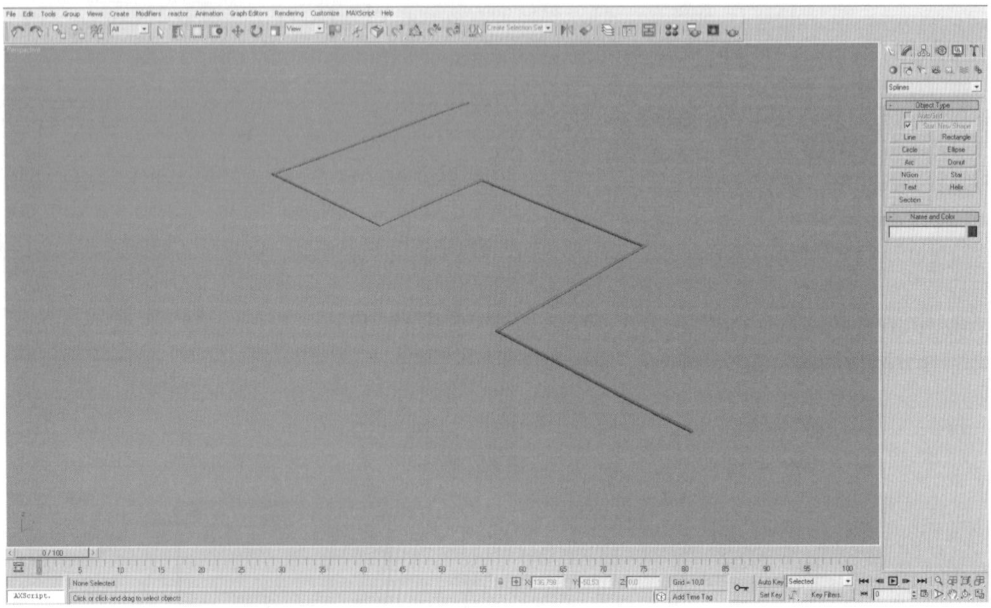

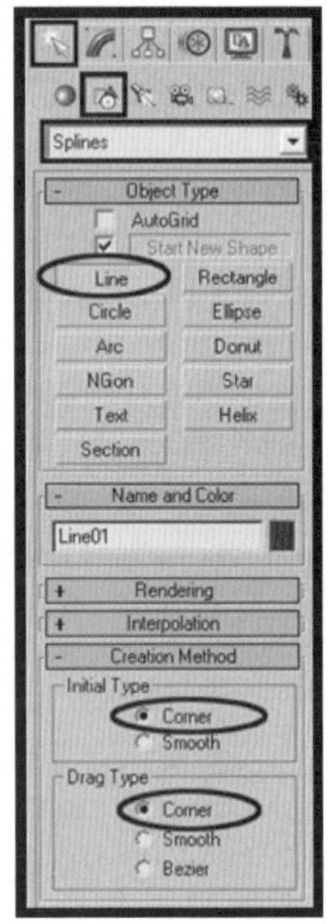

2. Dentro do menu **Spline** crie uma estrela com seis pontas semelhante ao desenho seguinte. Apenas tenha em mente que a proporção dessa estrela deve ser bem menor que o tamanho da linha que você criou.

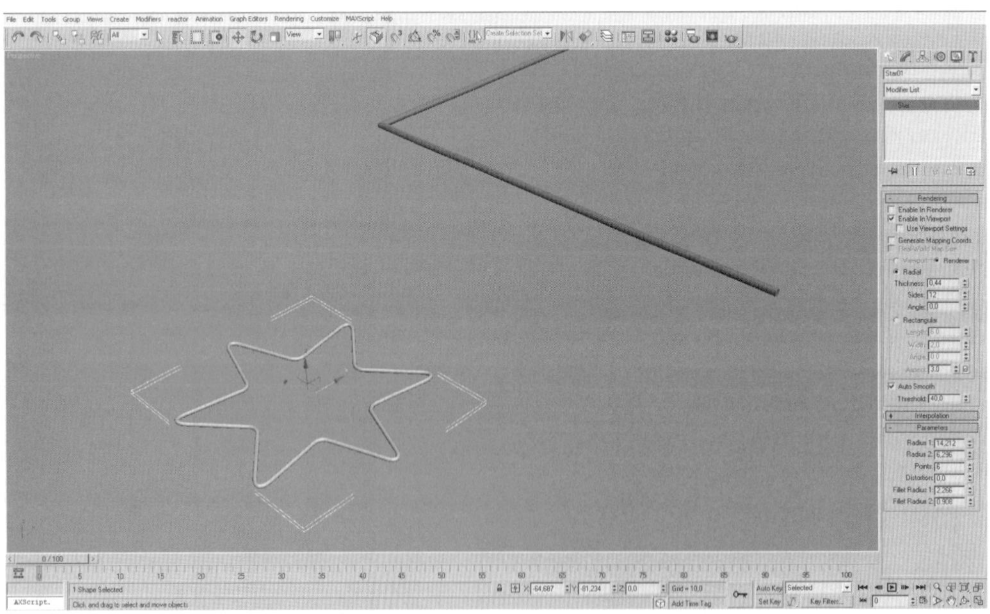

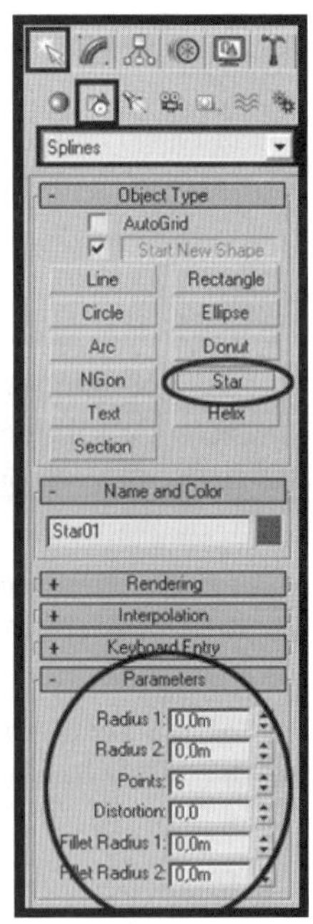

3. Selecione a linha que acabou de criar, vá para a pasta **Create**, clique no botão **Geometry**, selecione o menu **Compound Objects** e clique no botão **Loft**.

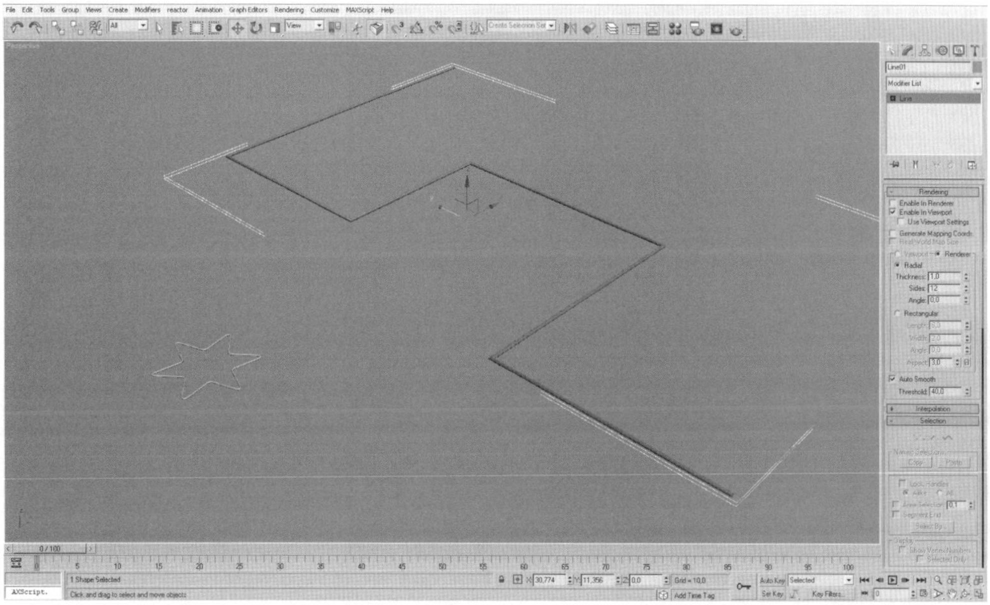

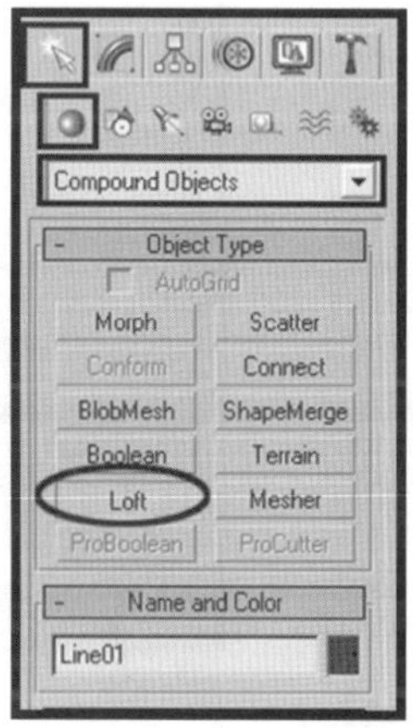

4. Clique no botão **Get Shape** e selecione a estrela.

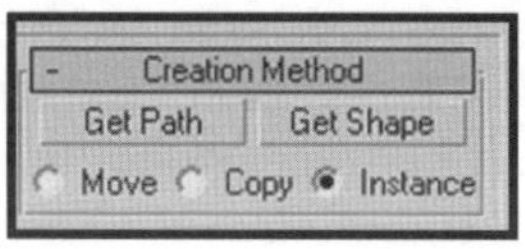

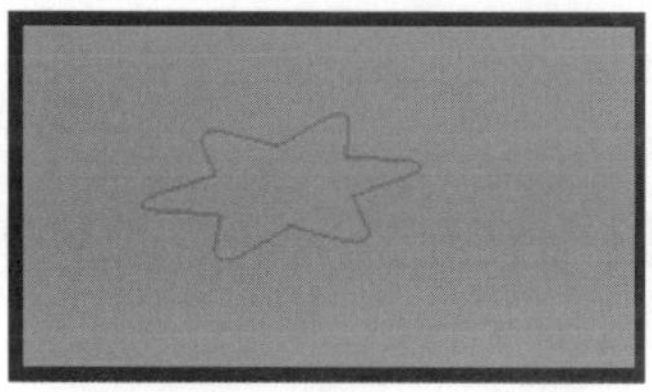

5. Observe o resultado final.

6. A estrela está associada ao **loft**. Sendo assim, qualquer alteração dos parâmetros da estrela reflete automaticamente no **loft**. Selecione a estrela, vá até a pasta **Modify**, altere os parâmetros da estrela e veja o resultado.

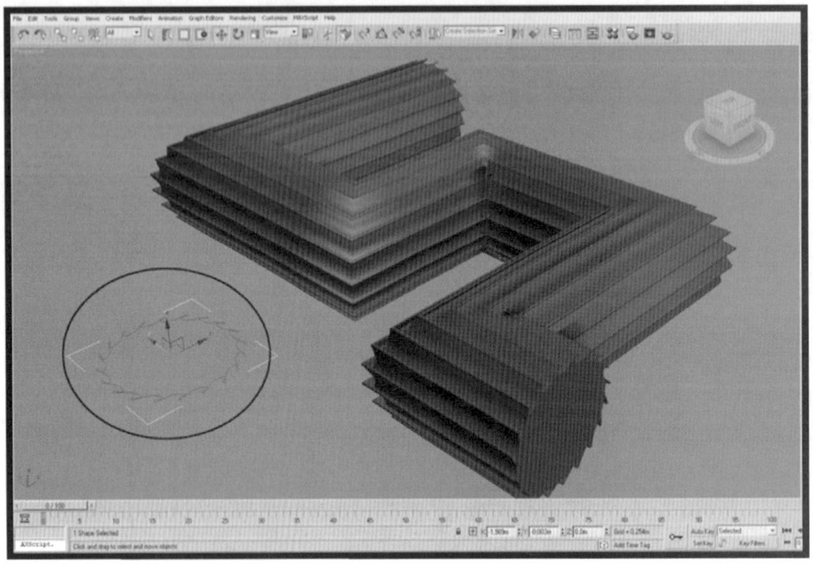

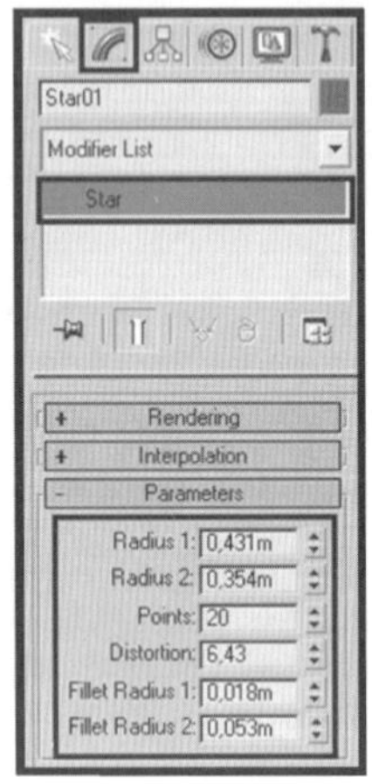

ProBoolean

Novidade da versão 2009

O ProBoolean e o ProCutter fornecem ferramentas para modelagem que combinam formas 2D e 3D, o que seria difícil ou impossível de outra maneira. O objeto ProBoolean toma uma malha 3ds Max e acrescenta uma inteligência extra antes de realizar operações booleanas. Primeiramente ele combina as topologias e, em seguida, determina os triângulos coplanares e remove arestas incidentes. Os Booleans são então realizados, mas não sobram triângulos, apenas faces de quatro lados, N-sided polígonos.

Assim que forem concluídas as operações booleanas, o resultado é retriangulado e enviado de volta para o 3ds Max com arestas coplanares escondidas. O resultado desse trabalho extra inclui confiabilidade do objeto Boolean extremamente alta e resultado muito mais limpo, pois há menos arestas e pequenos triângulos.

Observe as vantagens do ProBoolean em relação ao antigo objeto Boolean 3ds Max:

- **Melhor qualidade da malha:** menos arestas, pequenos triângulos.
- **Menor malha:** menos vértices e faces.
- **Mais fácil e rápido de usar:** ilimitados objetos por operação Boolean.
- **Aspecto de malha limpa:** bordas coplanares permanecem ocultas.
- **Malha:** segue os princípios do quad mesh.

Além disso, ProCutter é uma excelente ferramenta para explodir, romper, quebrar, cortar e seccionar objetos.

Um objeto Boolean combina dois ou mais objetos pela execução de uma ou mais operações booleanas entre eles. ProBoolean acrescenta uma série de funcionalidades ao tradicional objeto Boolean 3ds Max, como a capacidade de combinar múltiplos objetos de uma vez, cada um usando uma operação booleana diferente. ProBoolean também pode dividir automaticamente o resultado Boolean em faces quadriláteras.

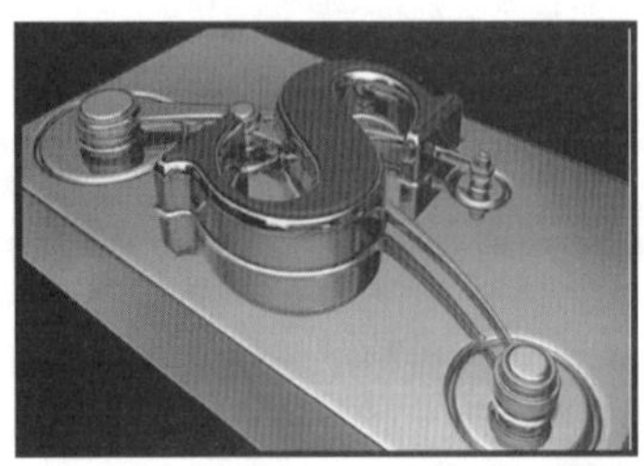

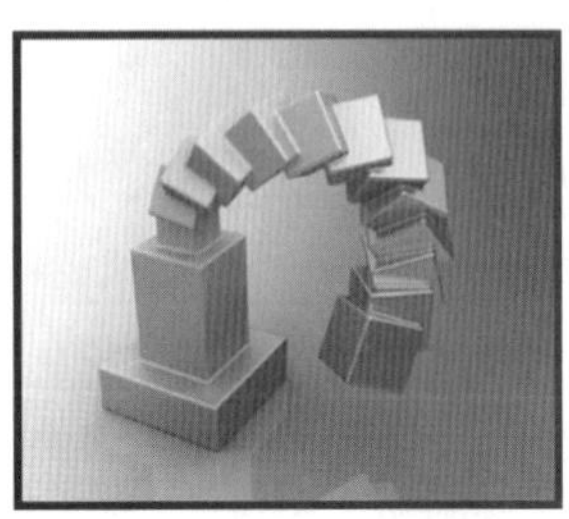

Parameters

- **Union:** combina duas ou mais entidades separadas em um único objeto Boolean.

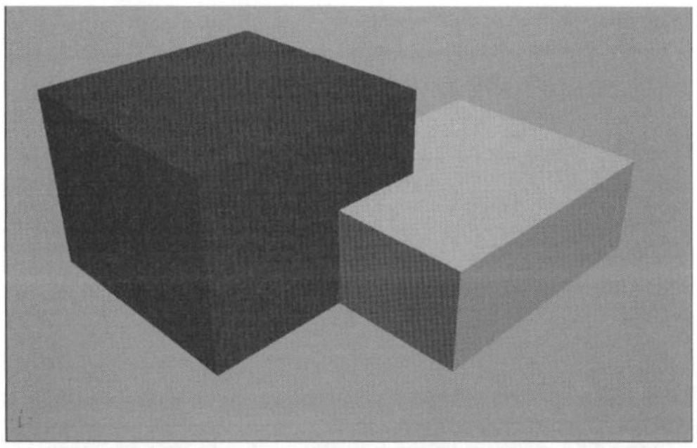

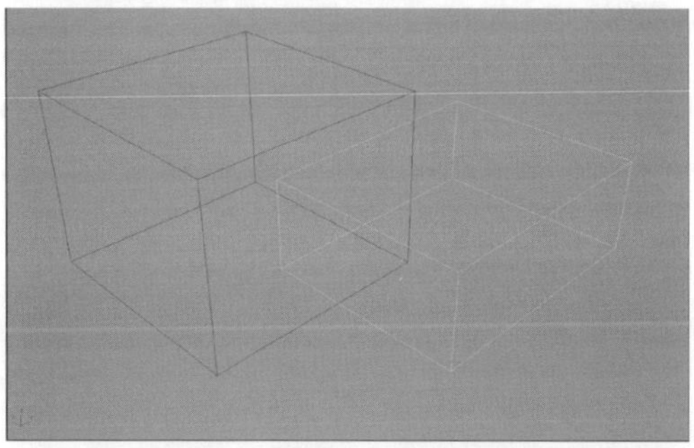

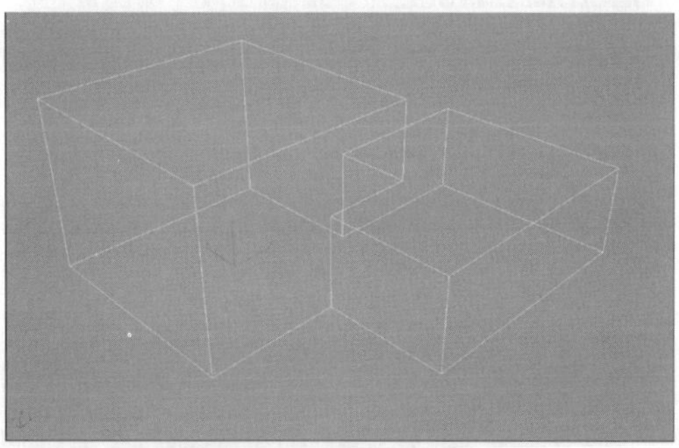

- **Intersection:** cria um objeto físico a partir da intersecção dos objetos originais. A não-intersecção dos volumes é removida.

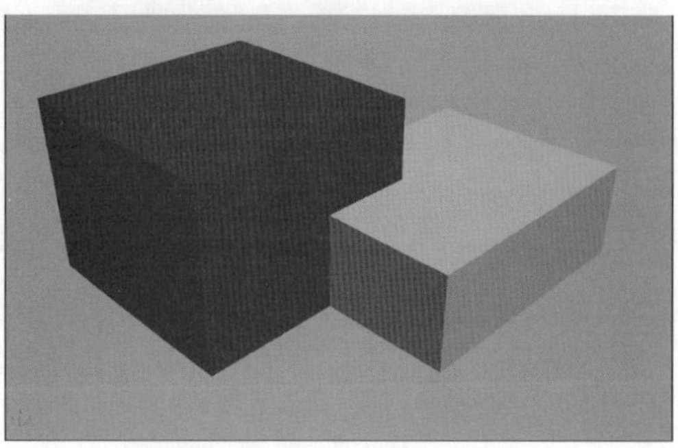

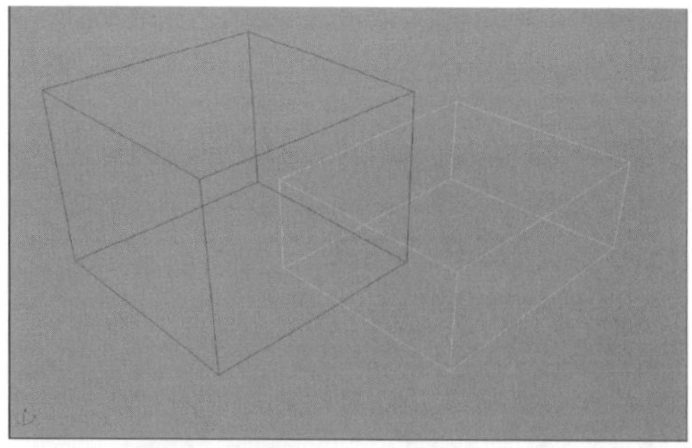

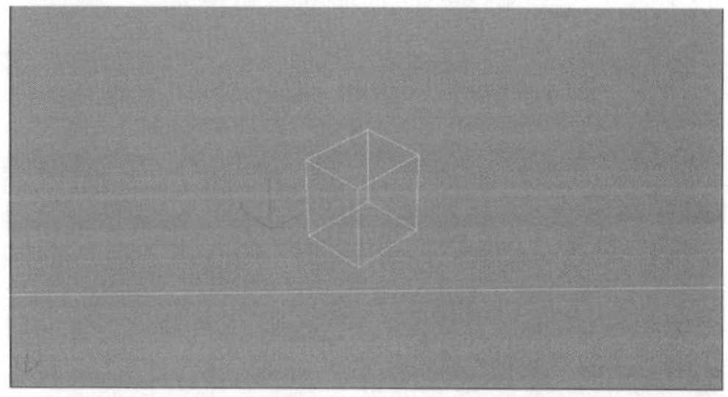

- **Subtraction:** remove o volume de um objeto selecionado a partir do objeto original.

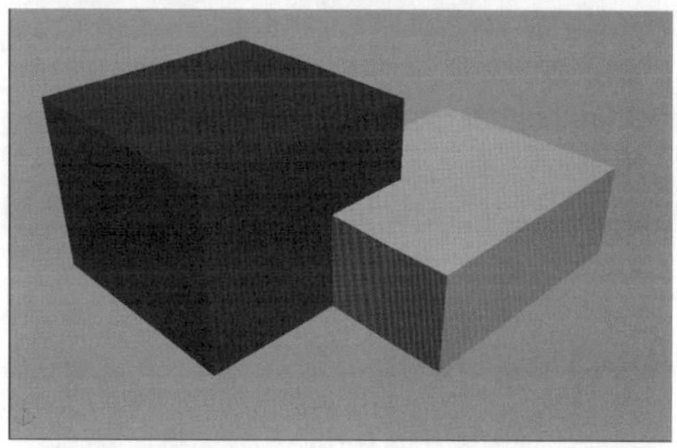

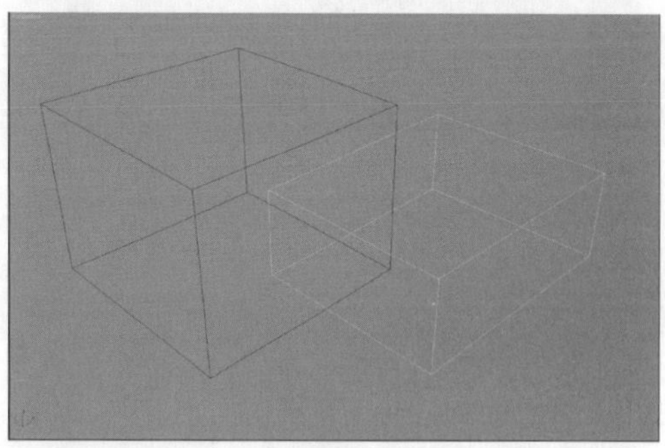

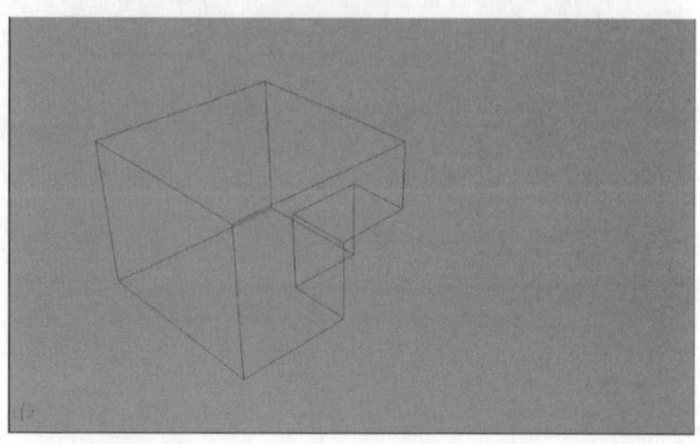

- **Merge:** combina objetos em um único objeto sem remover nenhuma geometria.

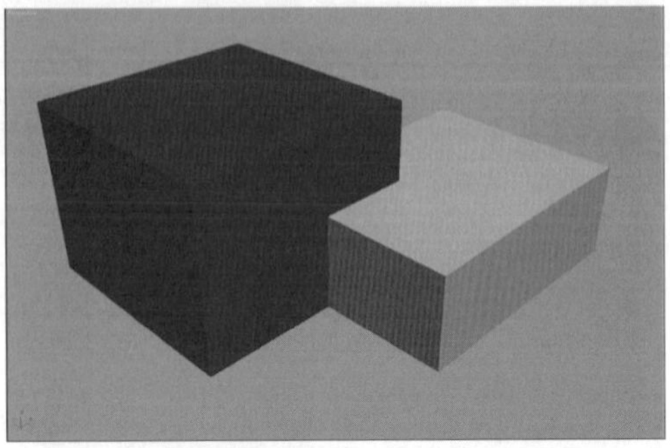

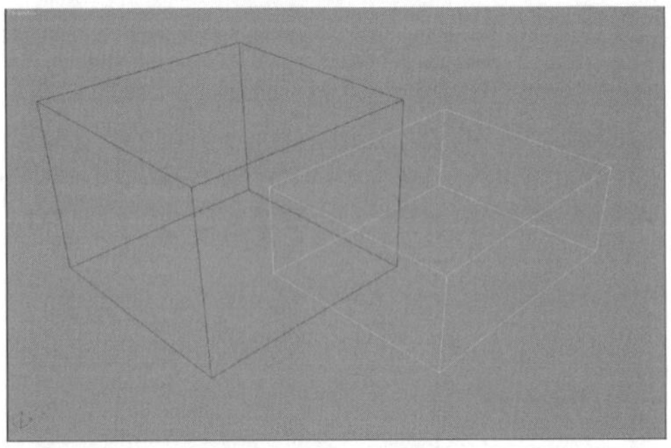

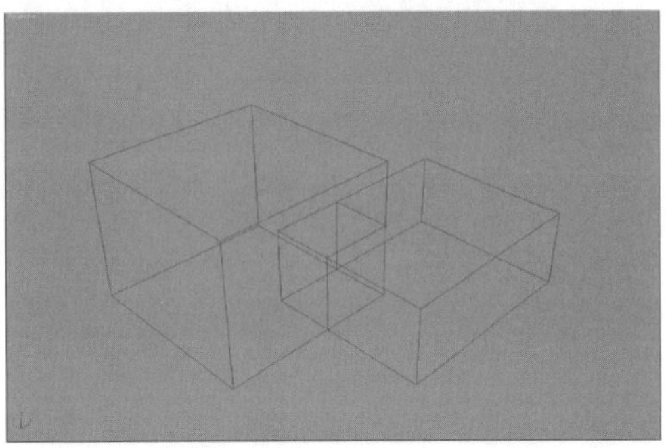

- **Cookie:** corta as faces da forma original da malha, afetando apenas essa face. As faces selecionadas durante a operação não são adicionadas ao resultado.

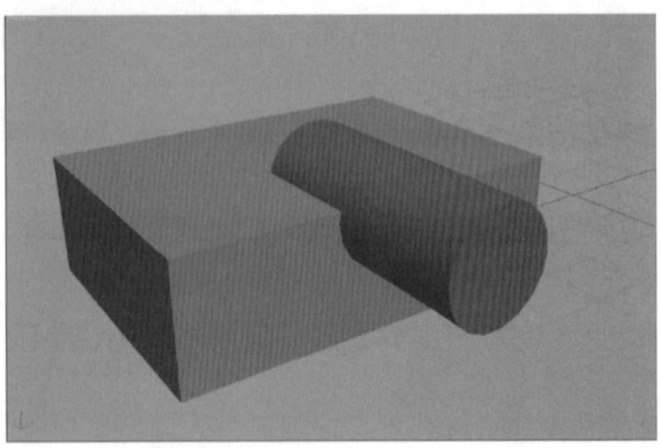

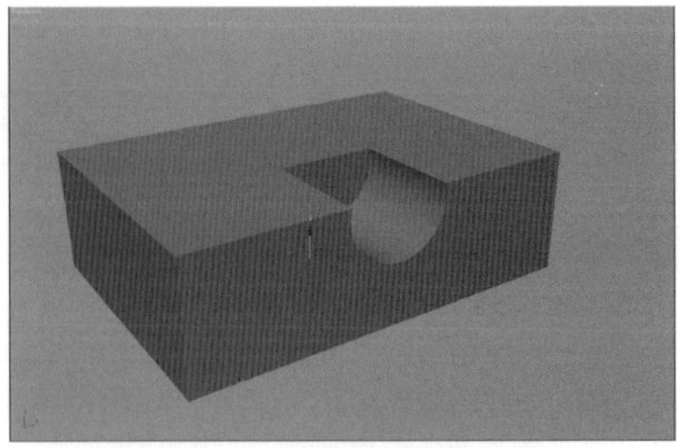

Cookie off

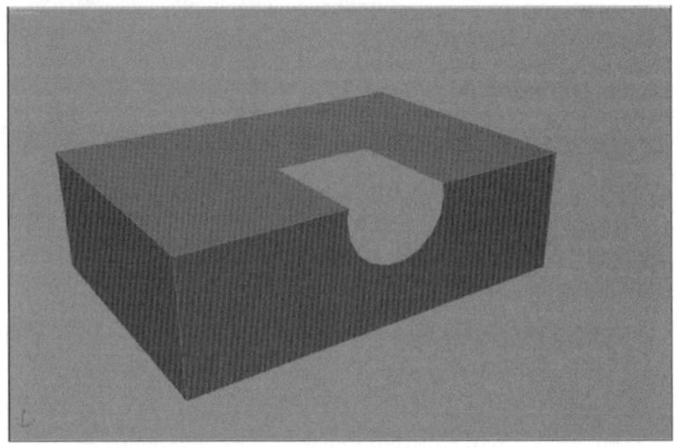

Cookie on

- **Imprint:** imprime o contorno da forma (ou intersecção de arestas) sobre a malha original do objeto.

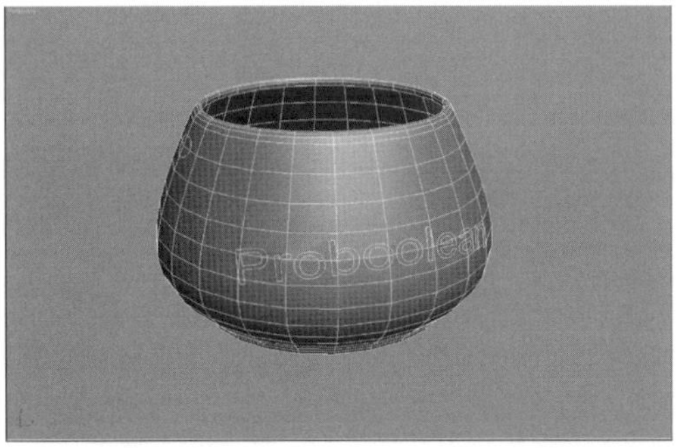

- Display
  - Result Displays: mostra apenas o resultado das operações booleanas.
  - Operands Displays: mostra a operação que define o resultado boolean.
- Apply Material
  - Apply Operand Material: faces criadas pela operação booleana adquirem o material da operação.
  - Retain Original Material: faces criadas pela operação booleana retêm o material do objeto original.
- Extract Selected
  - Remove: retira uma das operações.
  - Copy Extracts: cria uma cópia da operação realizada pelo ProBoolean.
  - InstExtracts: cria uma instância da operação realizada pelo ProBoolean.
- **Reorder Ops:** muda a ordem da operação na lista de hierarquia.
- **Change Operation:** altera o tipo de operação (union, subtract, intersection).

Advanced Options Roll-Out

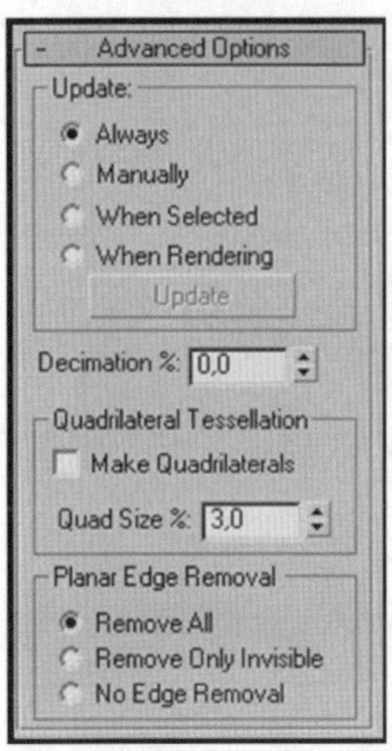

- **Update group:** estas opções determinam quando as atualizações são realizadas no objeto Boolean:
  - **Always Updates:** as atualizações ocorrem sempre após alguma mudança no objeto Boolean.
  - **Manually Updates:** apenas quando se clica no botão Update.
  - **When Selected Updates:** apenas se o objeto estiver selecionado.
  - **When Rendering Updates:** a atualização é aplicada apenas no render.
- **Decimation %:** o percentual de edges que serão removidos a partir do polígono do objeto Boolean, reduzindo assim o número de polígonos.

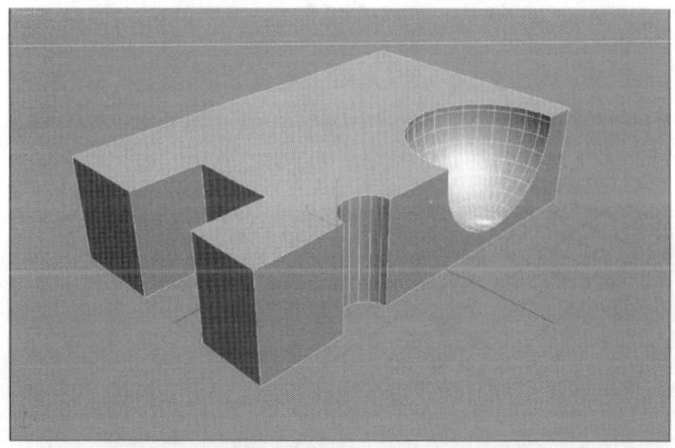

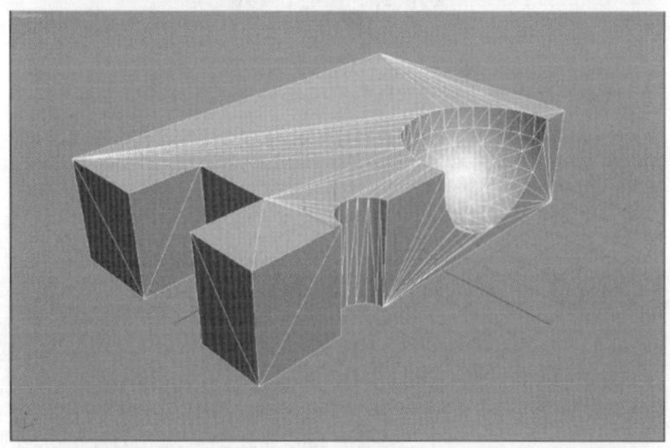

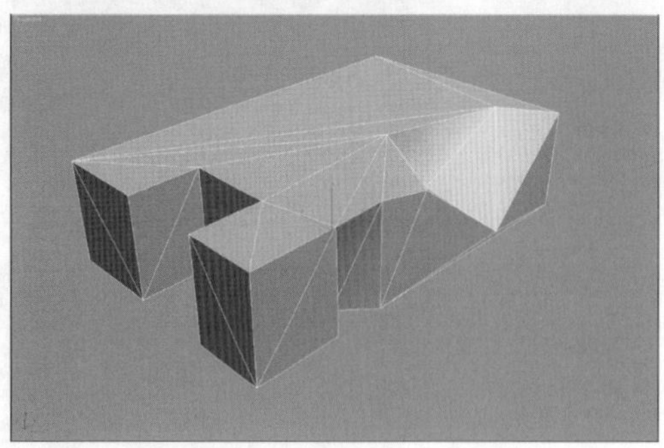

- **Make Quadrilaterals:** quando ativado, altera o tessellation do objeto Boolean de triângulos para faces quadriláteras.

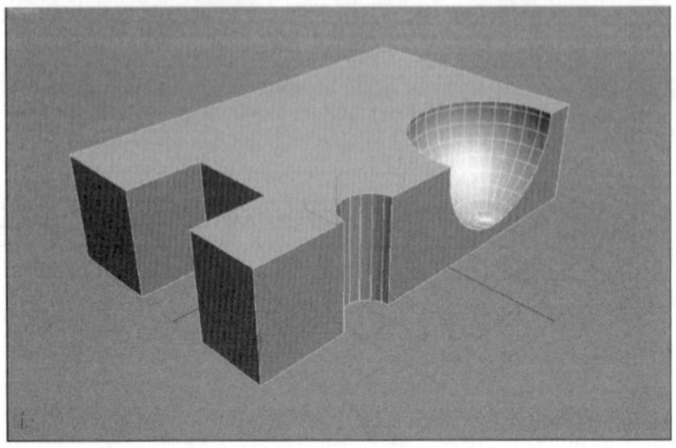

Quadrilaterals Off

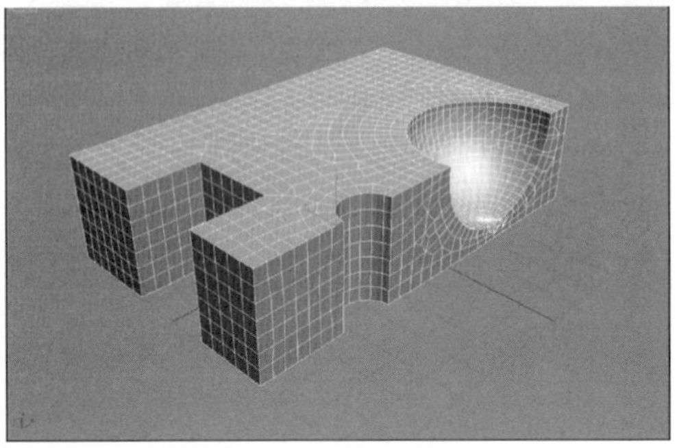

Quadrilaterals On

- **Quad Size %:** determina o tamanho do quadrilátero em porcentagem, usando como base todo o objeto Boolean.

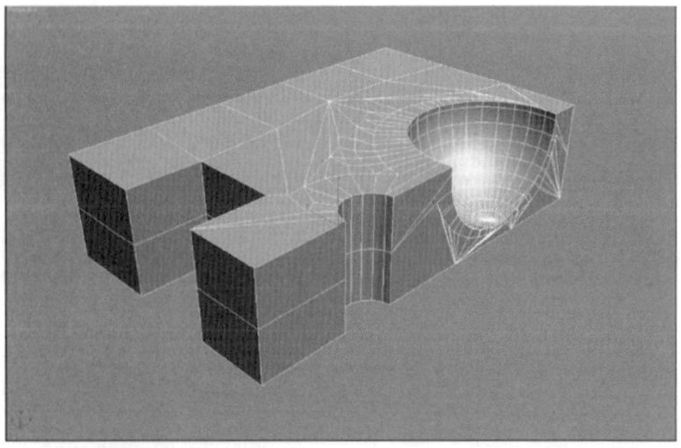

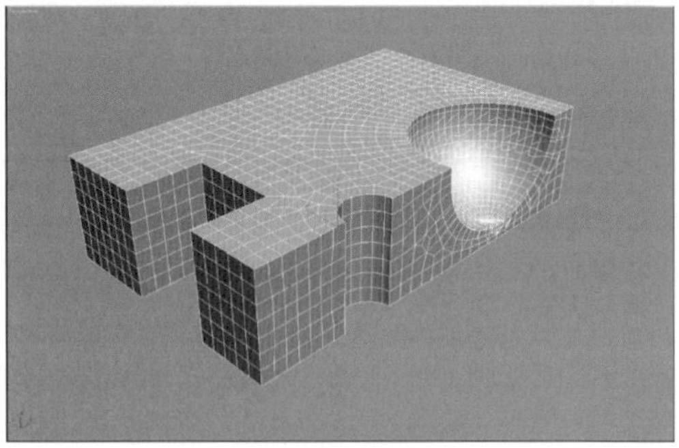

- **Planar Edge Removal group**
  - **Remove All:** remove todos os edge coplanares extras das faces do objeto.
  - **Remove Only Invisible:** remove apenas os edges invisíveis da face do objeto.
  - **No Edge Removal:** não remove nenhum edge da face do objeto.

Exercício - ProBoolean

1. Abra o arquivo proboolean_start.max.

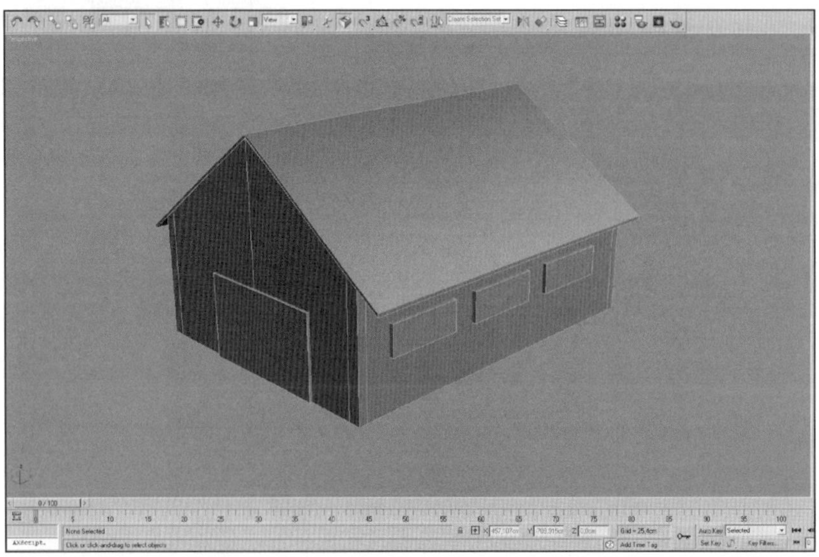

2. Selecione somente a casa e clique na aba Create. Ative o botão Geometry, selecione a opção Compound Objects e clique no botão ProBoolean.

3. Na roll-out Parameters, ative a opção Subtraction para subtrair os objetos que representam a porta e a janela da casa.

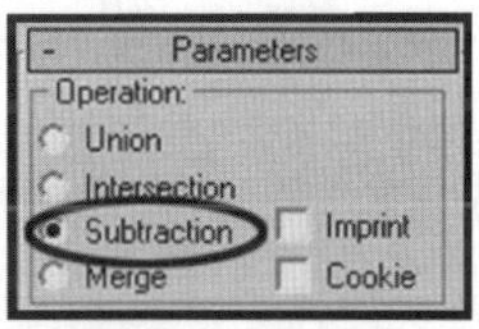

4. Clique no botão **Start Picking**.

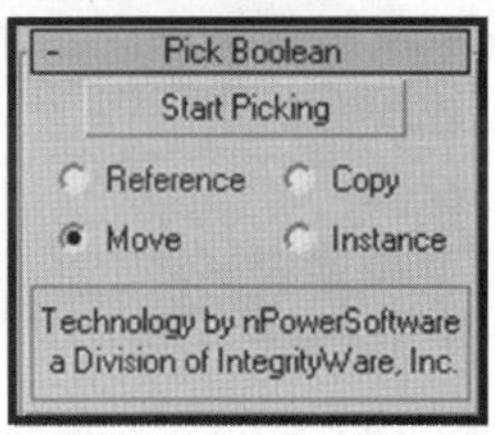

5. Selecione todas as geometrias que representam as portas e janelas da casa.

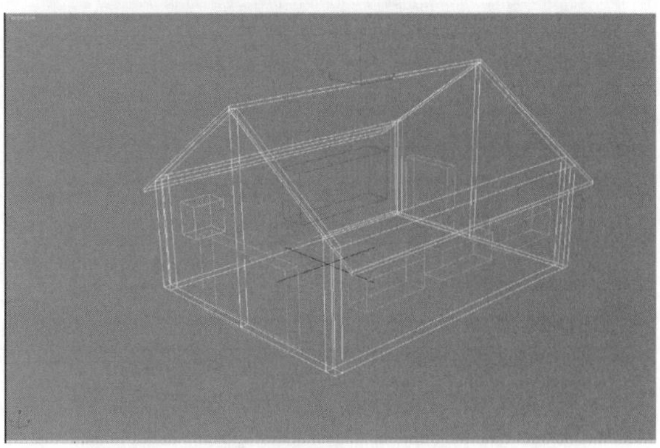

6. Observe o resultado.

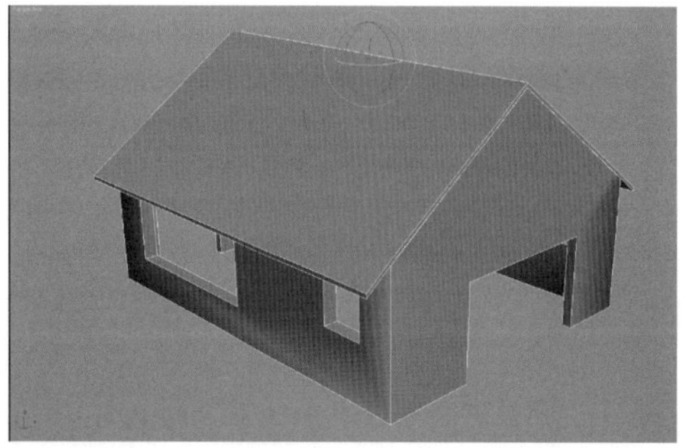

ProCutter

Novidade da versão 2009

O ProCutter permite executar operações booleanas específicas, principalmente com o objetivo de quebrar ou subdividir volumes separados. Os resultados das operações procutter são particularmente adequados para utilização em simulações dinâmicas em que se explode um objeto, ou seja, ele é estilhaçado pelo impacto devido à força de outro objeto.

Interface

Cutter Picking Parameters Roll-Out

- **Pick Cutter Objects:** quando ligado, objetos selecionados são designados como cortadores, utilizados para subdividir ou cortar outros objetos.

- **Pick Stock objetos:** quando ligado, faz com que os objetos selecionados atuem como Stock, ou seja, aqueles que são subdivididos pelos objetos de corte.
  - **Reference:** a operação booleana é usada como referência para o objeto escolhido, assim o objeto permanece após ser incorporado ao Boolean. Modificações no objeto original alteram a operação do objeto Boolean.
  - **Copy:** a operação booleana usa uma cópia para o objeto escolhido. O objeto selecionado não é afetado pela operação booleana, mas sua cópia participa da operação booleana.
  - **Move:** a operação torna-se parte da operação booleana e já não está disponível como um objeto separado na cena.
  - **Instance:** a operação faz uma instância do objeto selecionado. Modificações no objeto original alteram a operação do objeto Boolean e vice-versa.
- **Auto Extract Mode:** extrai automaticamente o resultado quando você seleciona um objeto do estoque. Ele não mantém o estoque como um subobjeto, mas edita e substitui o objeto com o resultado do corte. Isso permite cortar, mover o cortador e de novo cortar rapidamente.
- **Explode By Elements:** quando Auto Extract estiver ativado, destaca cada elemento em um objeto separado automaticamente.

- **Stock Outside Cutter:** o resultado contém as partes de fora de todas as ações dos cortadores. Essa opção oferece um resultado semelhante a uma subtração Boolean.

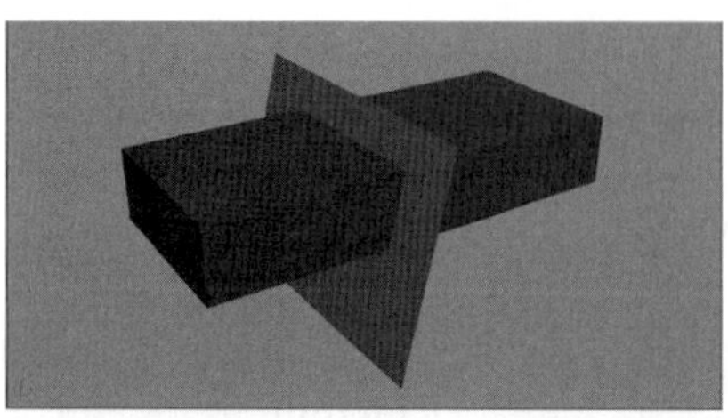

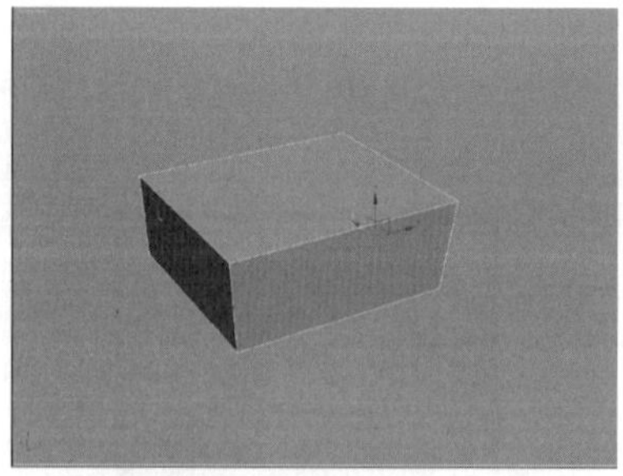

- **Stock Inside Cutter:** o resultado contém as partes de dentro de todas as ações dos cortadores. Essa opção fornece um resultado semelhante a uma subtração Boolean.

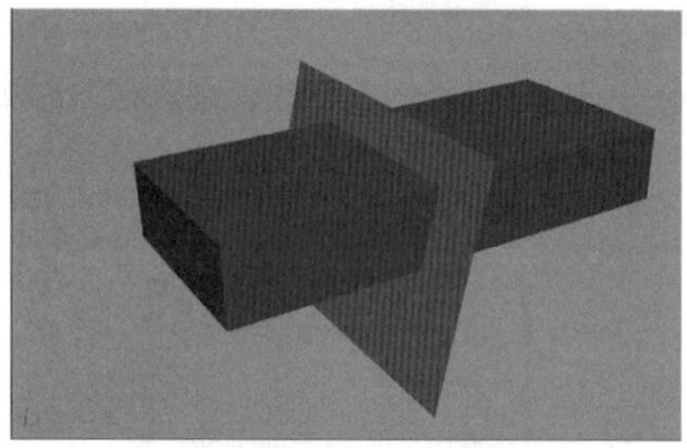

- **Cutters Outside Stock:** o resultado contém as partes dos cortadores que não estão dentro do objeto stock.

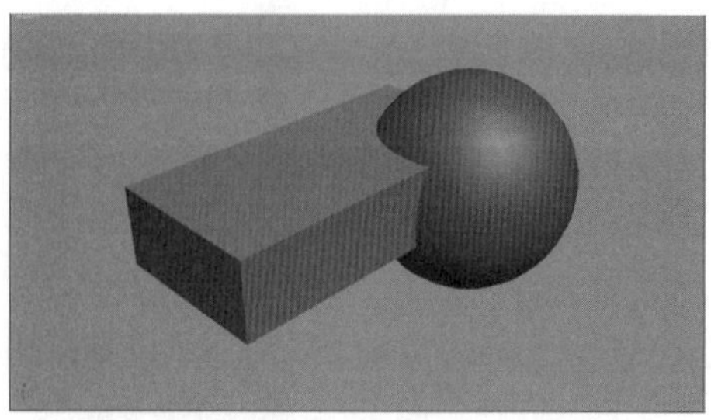

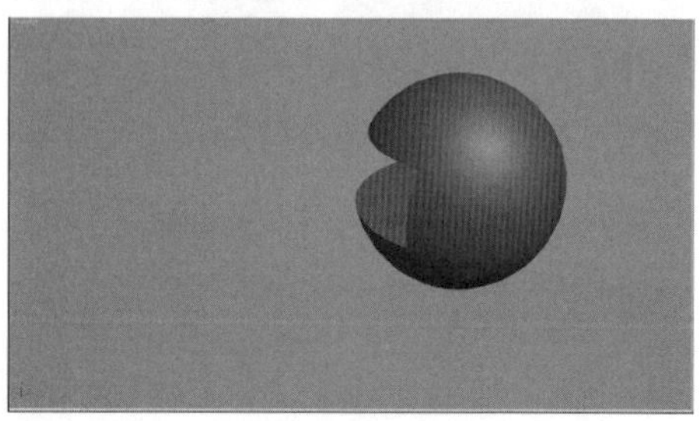

- Display
  - **Result Displays:** mostra apenas o resultado das operações booleanas.
  - **Operands Displays:** mostra a operação que define o resultado boolean.
- Apply Material
  - **Apply Operand Material:** faces criadas pela operação booleana adquirem o material da operação.
  - **Retain Original Material:** faces criadas pela operação booleana retêm o material do objeto original.
- Extract Selected
  - **Remove:** apaga uma das operações.
  - **Copy Extracts:** cria uma cópia da operação realizada pelo ProBoolean.
  - **InstExtracts:** cria uma instância da operação realizada pelo ProBoolean.

Advanced Options Roll-Out

- **Update group:** estas opções determinam quando as atualizações são realizadas no objeto Boolean:
  - **Always Updates:** sempre após alguma mudança no objeto Boolean.
  - **Manually Updates:** apenas quando você clica no botão Update.
  - **When Selected Updates:** apenas se o objeto estiver selecionado.
  - **When Rendering Updates:** a atualização é aplicada apenas no render.

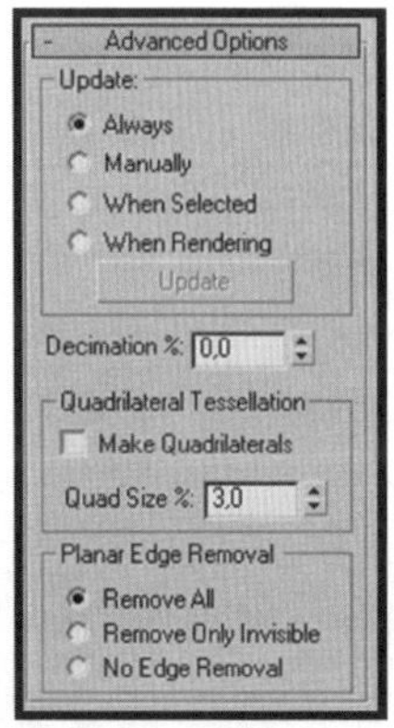

- **Decimation %:** o percentual de edges que serão removidos a partir do polígono do objeto Boolean, reduzindo assim o número de polígonos.
- **Make Quadrilaterals:** quando ativado, altera o tessellation do objeto Boolean de triângulos para faces quadriláteras.
- **Quad Size %:** determina o tamanho do quadrilátero em porcentagem, usando como base todo o objeto Boolean.
- **Planar Edge Removal group**
  - **Remove All:** remove todos os edge coplanares extras das faces do objeto.
  - **Remove Only Invisible:** remove apenas os edges invisíveis da face do objeto.
  - **No Edge Removal:** não remove nenhum edge da face do objeto.

Exercício

1. Crie um teapot com oito segmentos.

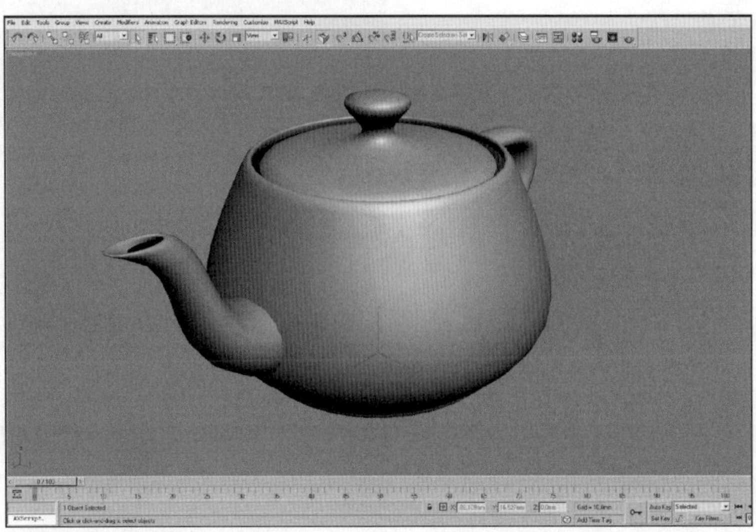

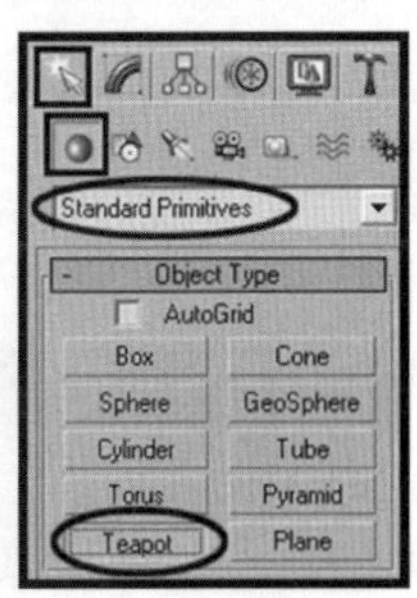

2. Crie vários planes e posicione-os conforme a figura seguinte.

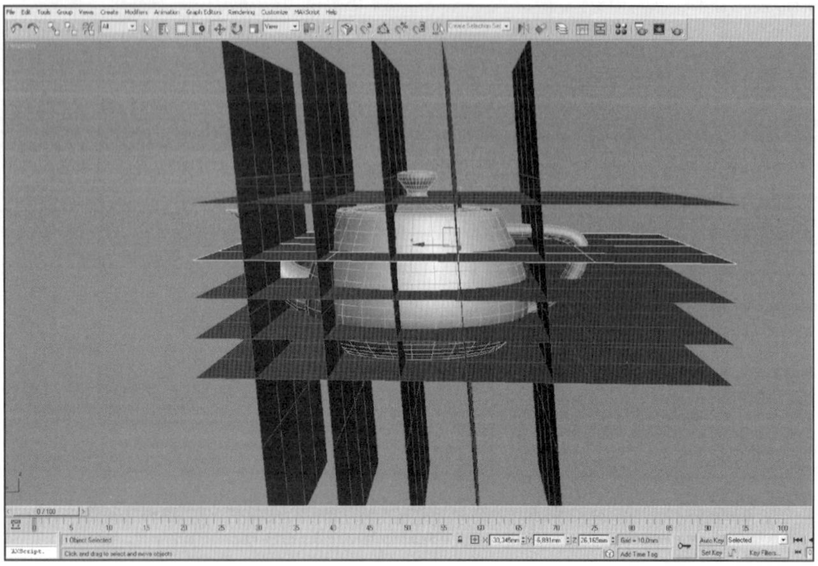

3. Selecione apenas um **plane**, vá até a pasta Create, botão Geometry, menu Compound Objects e clique na ferramenta **ProCutter**.
4. Clique no botão **Pick Cutter Objects**.

5. Pressione a tecla H (atalho), **Select Scene**, selecione todos os planes e clique no botão **Pick**.

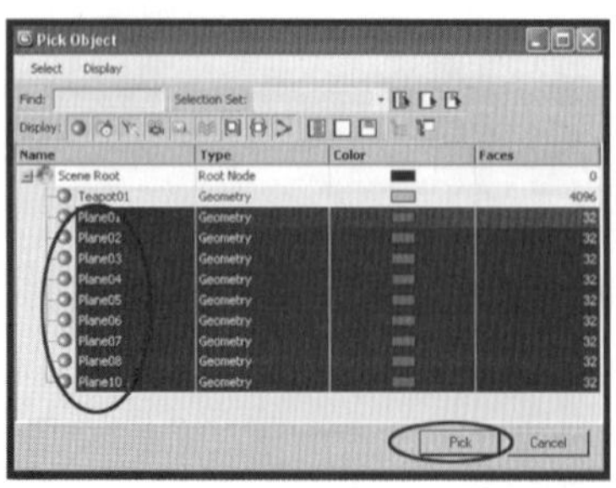

6. Na roll-out Cutter parameters, ative as opções apontadas na figura seguinte:

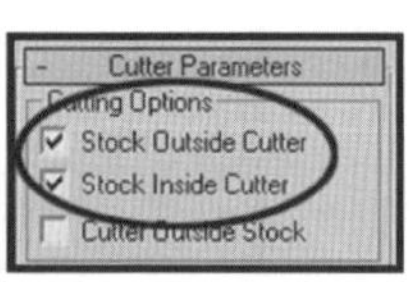

7. No menu Cutter tool mode, ative as opções indicadas na próxima figura.
8. Na roll-out Cutter Picking Parameters clique em Pick Stock Objects e selecione o teapot na viewport.

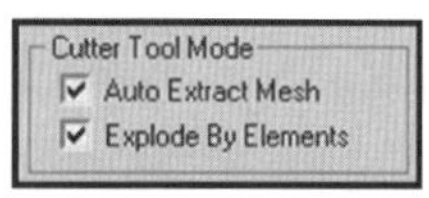

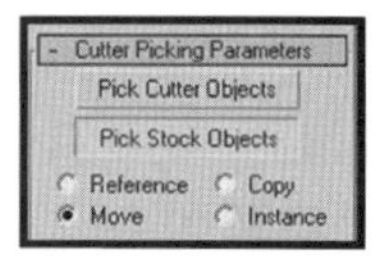

9. Remova todos os planes e observe o resultado do teapot, que foi fatiado pela ferramenta **ProCutter**.

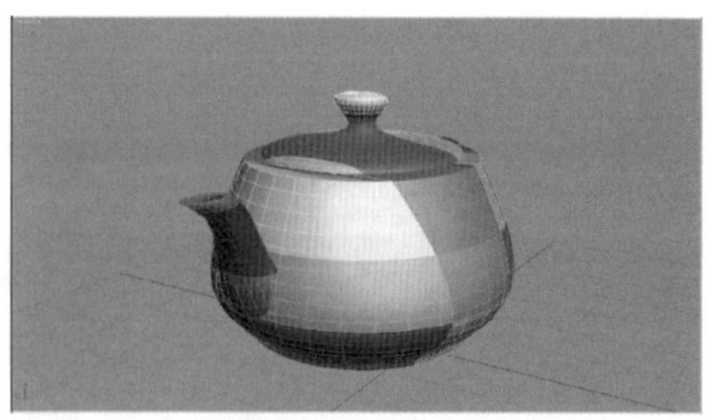

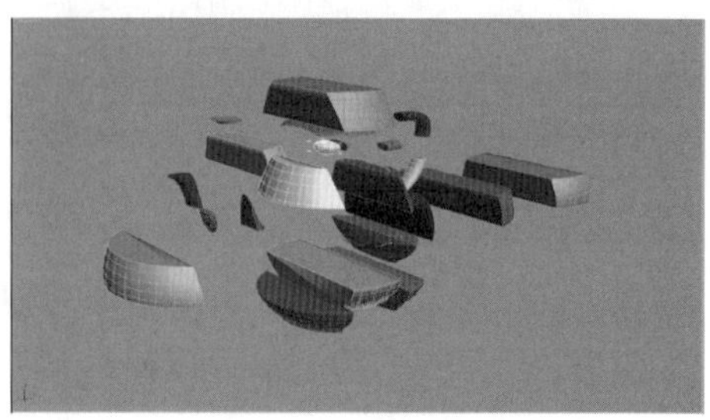

Capítulo

4

Descoberta de Materiais e Mapeamentos

Conheça Totalmente os Materiais

O 3ds Max disponibiliza vários slots para visualização da textura, podendo variar entre 6X3, 5X3 e 6X4.

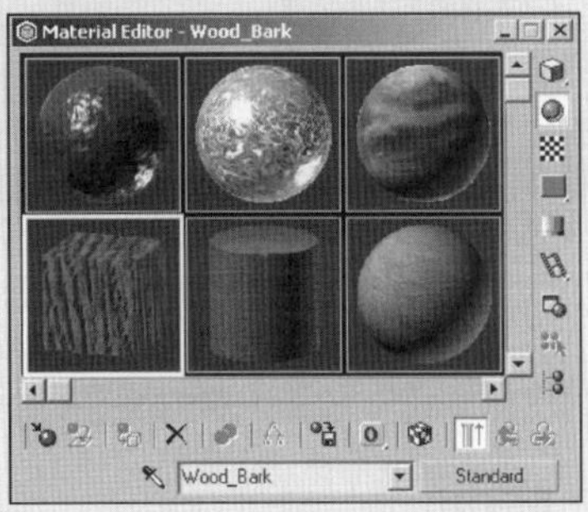

Observe cada botão:

Sample Type: clicando, aparecem três formas de representação: esfera, cilíndrica ou cúbica.

Backlight: clicando, aparece uma luz abaixo da esfera, possibilitando melhor visualização das texturas.

Pattern Background: aparece uma textura quadriculada atrás da esfera para melhor visualizar a opacidade do material.

Sample UV Tiling: clicar nesse botão permite subdividir a textura no slot em vários pedaços.

Video Color Check: para corrigir as cores quando for passar para NTSC ou PAL, mas isso realmente varia de acordo com o material/iluminação da cena.

Make Preview, Play Preview, Save Preview: permite um preview de uma textura quando ela for animada.

Material Editor Options: clicando nesse botão, aparece a seguinte janela:

- **Manual Update:** só atualiza quando clicar no slot.
- **Don't Animate:** não aciona a animação nos slots.
- **Animate Active Only:** aciona a animação no slot que estiver selecionado.
- **Antialias:** aciona o antialising nos slots.
- **Progressive refinement:** os slots são renderizados rapidamente com pixels largos e logo depois com o pixel normal.

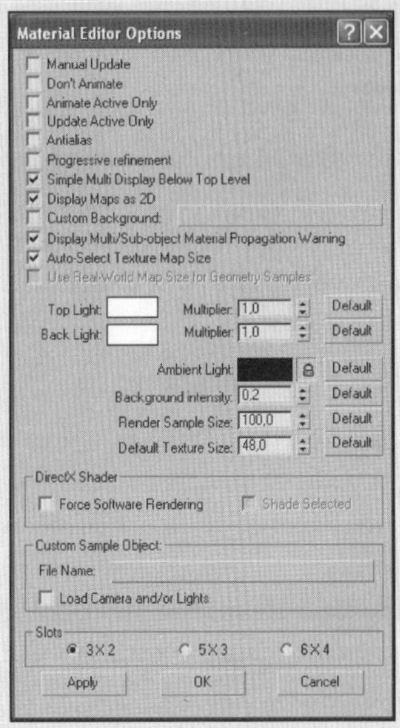

- **Simple Multi Display Below Top Level:** liga o material.
- **Display Multi/Sub-Object Material Propagation Warning** - qualquer material de junção só aparece no slot completo quando estiver no topo dos materiais.
- **Display Maps as 2D:** usado quando o **Show End Result** não está ativo, permite que o material ocupe todo o slot e não a esfera que está nele.
- **Custom Background:** escolhe uma imagem para colocar de fundo nos slots, que é acionada em **Pattern Background**.
- **Renderer**
  - **Scanline:** render padrão do 3ds Max 2009.
  - **Current:** este é o render que você escolhe no Customize/Preferences no 3ds Max 2009.
- **Top Light:** configura a cor da luz acima dos slots. Modifique a intensidade no Amount.
- **Back Light:** configura a cor da luz abaixo dos slots. Modifique a intensidade no Amount.
- **Ambient Light:** altera a intensidade da luz ambiente nos slots.
- **Background intensity:** altera a intensidade do background nos slots.
- **Default Texture Size:** altera o tamanho do mapa nos slots.
- **Custom Sample Object**
  - **File Name:** pode colocar qualquer objeto 3D nos slots.
  - **Load Camera and/or Lights:** habilita as câmeras e luzes do objeto que selecionou para ficar no slot.
  - **Slots:** tem três opções para escolher quantos slots estarão disponíveis para o uso dos materiais.

Select By Material: clicando nesse botão, você terá a opção de alterar o objeto ao qual o material vai ser aplicado. Essa opção só está disponível quando um material estiver aplicado a um objeto.

Abre o **Map Navigator**.

Go Forward to Sibling: leva ao próximo mapa da lista.

Go to Parent: volta ao começo da lista de materiais.

Show End Result: se ativo, coloca o material no formato da geometria do slot; se inativo, ocupa todo o slot.

Show Map in Viewport: mostra o mapa na viewport.

Material Effects Channel: escolhe a **ID** (identificação) que será aplicada ao objeto. Determina essa identificação no G-Buffer quando você clicar no botão e segurar o clique.

Put to Library: coloca o material que é feito em uma biblioteca de materiais.

Make Material Copy: permite a cópia do material para o próprio slot, só que não a aplica em nenhum lugar. Pode alterar o material sem afetar a cena.

Reset Map/Mtl to Default Settings: restaura o material no slot, deixando-o em sua forma inicial, e aparece um quadro de diálogo perguntando se quer que afete somente o slot ou o objeto.

Assign Material to Selection: aplica o material do objeto selecionado na viewport.

Get Material: mostra a lista de todos os materiais disponíveis para selecionar.

Pick Material From Object: permite clicar em qualquer objeto na cena, pois o material desse objeto vai para o slot.

Type: escolhe o tipo de material que você quer.

Tipos de Mapa

Acrescentam realismo aos objetos. No 3ds Max 2009 existem 33 tipos de mapa:

Bitmap

Permite escolher uma imagem para ser aplicada ao objeto modelado:

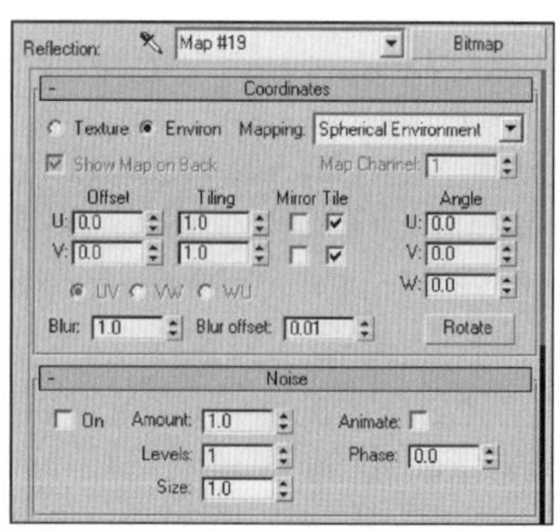

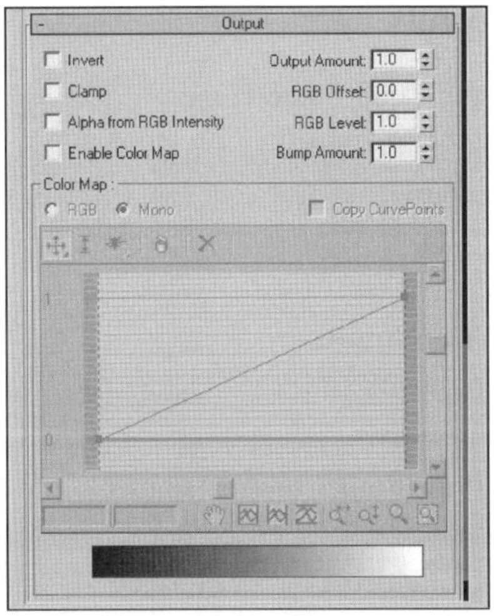

Coordinates

- **Texture:** aplica o mapa sobre o objeto. Existem quatro formas de aplicar, que se encontram na opção Mapping.
  - **Explicit Map Channel:** aplica a textura em qualquer **Map Channel**, que determina quando aplicar o **UVW Mapping**.
  - **Vertex Color Channel:** usa a cor do vértice como um canal quando usamos o modificador PaintVertex.
  - **Planar from Object XYZ:** usa o mapa planar de acordo com as coordenadas do objeto.
  - **Planar from World XYZ:** usa o mapa planar de acordo com as coordenadas da cena, ou seja, se você rotacionar ou mover o objeto, a textura continua no mesmo lugar.
- **Environ:** aplica o mapa sobre a superfície de acordo com as coordenadas da cena, ou seja, se rotacionar ou mover o objeto, a textura continua no mesmo lugar. Existem formas de aplicar as coordenadas: Spherical, Cilindrical, Shrink-Map e Screen.
  - **Spherical:** aplica o mapa como se o objeto fosse esférico.
  - **Cilindrical:** aplica o mapa como se o objeto fosse cilíndrico.
  - **Shrink-Map:** aplica o mapa por todo o objeto.
  - **Screen:** aplica o mapa como ele realmente é, para ser usado no fundo da tela (viewport).
- **Show Map on Back:** mostra o mapa atrás do objeto. Essa opção só é válida quando temos marcado Planar from Object ou World XYZ e quando a opção Tile estiver desligada. Aparecem as alterações somente na hora da renderização.
- **Map Channel:** determina em que canal vai ser aplicado o mapa. Você determina os canais e onde a textura vai ser aplicada em UVW Mapping no Modifier.
- **Offset U,V:** determina a posição do mapa no objeto. U = Horizontal, V = Vertical.
- **Tiling U,V:** determina quantas divisões o mapa vai ter no objeto.
- **Mirror e Tile:** pode escolher entre Tile e Mirror.
  - **Tile:** faz com que o mapa se divida no objeto.
  - **Mirror:** faz com que o objeto inverta da esquerda para a direita (U) ou de cima para baixo (V).
- **UV, VW, WU:** muda as opções anteriores para ajuste.
  - **UV:** Horizontal-Vertical.
  - **VW:** Vertical-Profundidade.
  - **WU:** Profundidade-Horizontal.
- **Angle U, V, W:** muda o ângulo do mapa no objeto.
- **Blur:** desfoca o mapa de acordo com a distância de visão do objeto e as coordenadas da cena.
- **Blur Offset:** desfoca o mapa no objeto independente da distância, de acordo com as coordenadas do objeto.
- **Rotate:** clicando nesse botão, você pode rotacionar o objeto manualmente.
- **Noise:** ruído.
- **On:** aciona o noise na textura.
- **Amount:** determina a quantidade de noise aplicado.
- **Levels:** determina o número de vezes que é aplicado no mapa. O resultado depende do Amount.
- **Size:** determina o tamanho do noise.
- **Animate e Phase:** liga a opção para animar o noise. Pode determinar um valor na Phase e clicar no botão Animate no Time Control do Max, mudar o frame e mudar o Phase.

Parâmetros

- **Bitmap:** permite escolher uma imagem para servir como textura no objeto.
- **Reload:** recarrega a imagem caso você a modifique em um programa de edição de imagem.
- **Filtering:** permite que você escolha o método de antialiasing no mapa. Existem três tipos: Piramidal, Summed Area e None.

- **Piramidal:** é a opção-padrão. Requer pouca memória e é o mais adequado para muitas ocasiões.
- **Summed Area:** requer bastante memória, mas o resultado é bem significante.
- **None:** desativa a opção de antialiasing no objeto.

- **Mono Channel Output:** alguns parâmetros como Opacity e Specular têm apenas um valor para determinar a cor deles. Nesse grupo escolha o tipo de saída desses parâmetros: RGB Intensity, Alpha.
  - **RGB Intensity:** usa a intensidade das cores vermelha, verde e azul para o mapeamento. Ele ignora as cores dos pixels e apenas a luminância da textura é usada em uma escala de cinza que varia de 0 (preto) a 255 (branco).
  - **Alpha:** usa a intensidade do canal alpha para fazer o mapeamento.
- **RGB Channel Output:** determina como será mapeado no caso do Diffuse, Ambient, Reflection. Também há dois tipos de saída: RGB Intensity e Alpha.
  - **RGB Intensity:** mostra todas as cores dos pixels.
  - **Alpha:** mostra tons de cinza de acordo com o canal alpha.
- **Cropping/Placement:** permite que você corte parte da imagem. Clicar em View Image visualiza a imagem e determina a parte que será usada para mapear. A opção Crop faz com que a imagem seja cortada e reajustada e a opção Place faz com que a imagem seja cortada sem reajustar. Em U, V, W, H permite que você ajuste o corte da imagem por meio de valores. O Jitter Placement escolhe de forma randômica um tamanho para a imagem.
- **Alpha Source:** determina o tipo de saída do canal alpha. Existem três tipos: Image Alpha, RGB Intensity, None (Opaque).
  - **Image Alpha:** usa o canal alpha da imagem. Essa opção fica desabilitada se a imagem não tiver o canal alpha.
  - **RGB Intensity:** converte a imagem em tons de cinza e usa-os para fazer a transparência da imagem.
  - **None (Opaque):** deixa a imagem totalmente opaca.
- **Premultiplied Alpha:** determina como o canal alpha ficará na imagem.

Time Controls

Determina em que frame começa a animação e a velocidade do mapa animado, caso tenha um.

- **Start frame:** indica em que frame a animação inicia.
- **Playback Rate:** determina a velocidade da animação.
- **End Condition:**
  - **Loop:** faz um loop na animação sempre que ela acaba.
  - **Ping-Pong:** toca a animação de trás para frente.
  - **Hold:** deixa a última imagem da animação parada quando ela termina.

Output

Depois de todos os ajustes que fez antes, é possível configurar a aparência final do mapa.

- **Invert:** inverte o matiz (Hue) da imagem, como o seu negativo.
- **Clamp:** limita os valores das cores da imagem. Use essa opção quando não quiser que a imagem pareça muito iluminada.
- **Alpha from RGB Intensity:** cria um canal alpha baseado nas cores da imagem.
- **Enable Color Map:** habilita o grupo Color Map.
- **Output Amount:** aumenta a intensidade que o mapa terá. Afeta diretamente a saturação e o canal alpha da imagem.
- **RGB Offset:** acrescenta cor à imagem.
- **RGB Levels:** multiplica os valores do RGB no mapa e afeta diretamente sua saturação.
- **Bump Amount:** configura a força do bump no material. Essa opção só é válida quando o mapa for usado como Bump.

Color Map

Esse grupo está acionado quando a opção Enable Color Map estiver ativa. Ele permite o ajuste da cor RGB (vermelho, verde, azul) ou apenas em tons de cinza do mapa por meio de curvas.

- **RGB-MONO:** determina se vai configurar as linhas RGB ou as em tons de cinza.
- **Copy CurvedPoints:** ao acionar, permite que, quando você alterar de RGB para Mono ou vice-versa, os pontos acrescentados também mudem de um para o outro.

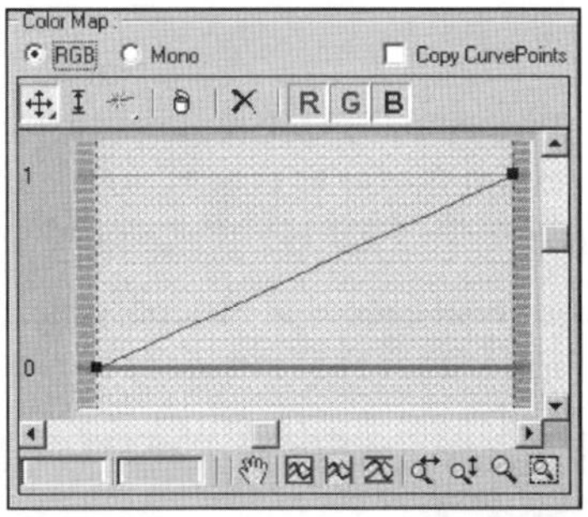

 Possibilita mover os vértices das linhas. Se clicar e segurar, surgem as seguintes opções: 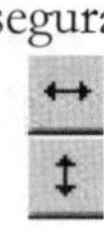. A primeira faz com que se movam apenas na horizontal e a segunda, apenas na vertical.

 Permite escalar os pontos bezier.

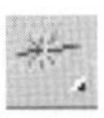 Adiciona um ponto à linha. Se clicar e segurar, aparece a opção 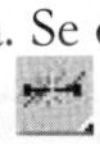 que serve para acrescentar um ponto bezier à linha.

 Exclui um ponto da linha.

 Reseta todas as linhas, deixando-as no ponto inicial.

 Arrasta o gráfico e toda a visão.

 Configura a visão para que caibam todas as retas.

 Configura a visão para que as retas caibam na posição horizontal.

 Configura a visão para que as retas caibam na posição vertical.

 Escolhe se quer mexer no vermelho (R), verde (G) ou azul (B) da imagem.

 O primeiro botão escala a visão na horizontal, o segundo na vertical, o terceiro na horizontal e na vertical e o quarto seleciona a área do zoom.

Cellular

É um mapa procedural que cria uma série de pequenas "células" que, usadas corretamente, permitem obter vários efeitos interessantes.

- **Coordinates**: exerce a mesma função do Coordinates do mapa bitmap.

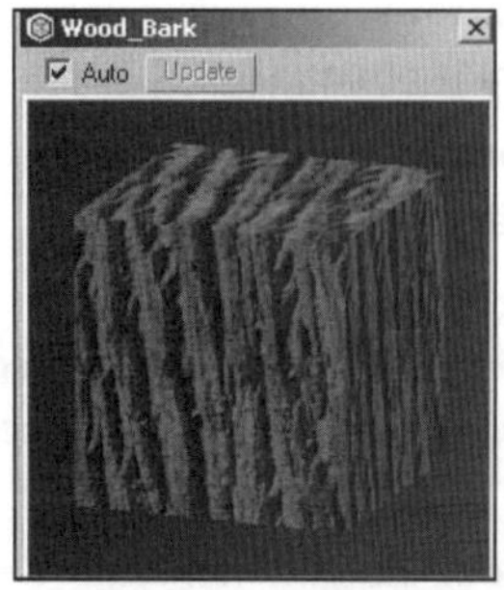

Parâmetros

- **Cell Color:** determina a cor da célula. Clicando em None, escolha um mapa para ser a célula.
- **Variation:** varia as cores da célula, alterando os valores RGB.
- **Division Colors:** altera a cor entre as células. No slot 1 altera a cor mais próxima à célula e no 2, a cor mais distante da célula.

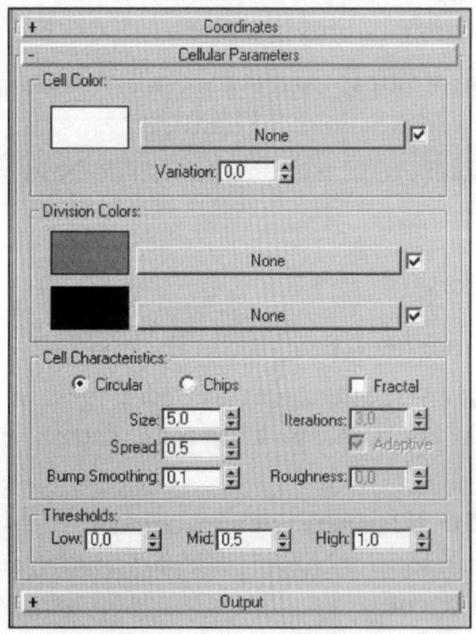

- **Cell Characteristics**
  - **Circular:** as células ficam em forma de círculo, dando um aspecto mais orgânico à textura.
  - **Chips:** possui aspecto mais duro, usado para criar mosaicos.
  - **Size:** determina o tamanho do mapa Cellular.
  - **Spread:** altera o tamanho da célula individualmente.
  - **Bump Smoothing:** apenas funciona quando o Celullar é usado como mapa de Bump. Deixa com uma aparência mais suave.

- **Fractal:** faz a célula ficar como um fractal, ou seja, repete-se dentro de si mesma.
- **Interations:** altera os valores de repetição do Fractal no material.
- **Adaptive:** adapta o Interation de acordo com a distância do objeto.
- **Roughness:** apenas funciona se o mapa for usado como Bump. Essa opção controla quão áspero o bump ficará no fractal. Só permite efeito se o Interations for maior que 1,0.

▪ **Thresholds:** altera o tamanho de cada parte do material.

- **Low:** muda o tamanho da célula.
- **Mid:** interfere no tamanho da primeira divisão.
- **High:** altera o tamanho da segunda divisão.

▪ **Output:** exerce a mesma função do Output do mapa bitmap.

Checker

É um material que possui duas cores que se alternam, como em um tabuleiro de xadrez.

▪ **Coordinates:** exerce a mesma função da opção Coordinates do mapa bitmap.

▪ **Noise:** exerce a mesma função do Noise do mapa bitmap.

Parâmetros

▪ **Soften:** tira o foco das bordas do Checker.

▪ **Color #1:** altera uma das cores que vai usar. Se clicar em None, pode usar um material em vez de cor.

▪ **Color #2:** altera a outra cor que você vai usar. Clicando em None, pode usar um material em vez de cor.

▪ **Swap:** troca a Color #1 pela Color #2 e vice-versa.

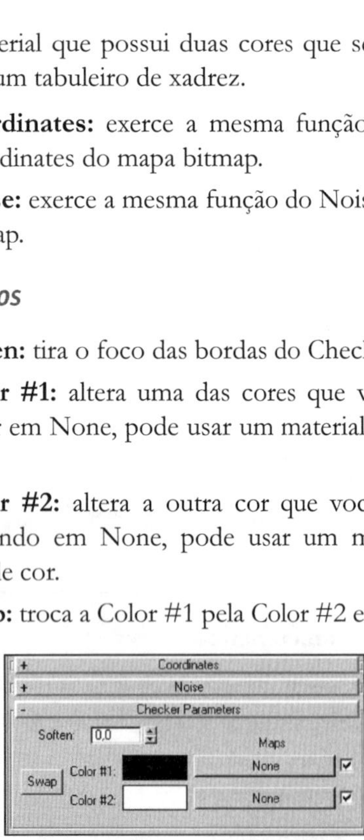

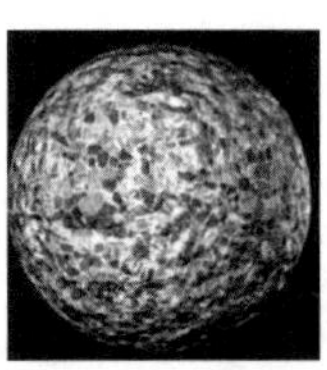

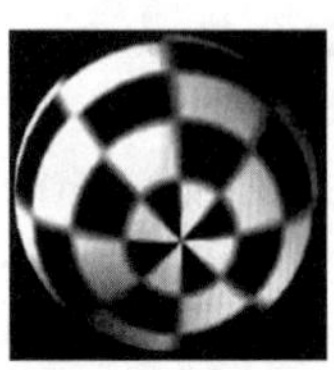

Dent

É um mapa procedural 3D. Cria uma textura randômica baseada em um Noise fractal. É normalmente usado como Bump.

▪ **Coordinates:** exerce a mesma função da opção Coordinates do mapa bitmap.

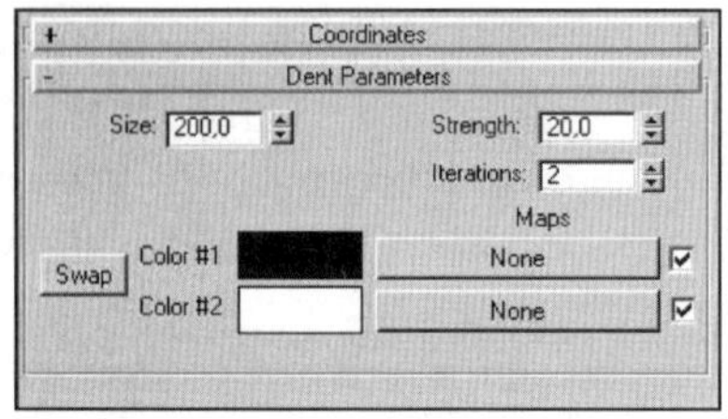

Parâmetros

▪ **Size:** determina o tamanho dos Dents.

▪ **Strenght:** determina a força com a qual os Dents atuarão no material.

▪ **Iterations:** indica quantas vezes o mapa vai calcular para criar os Dents.

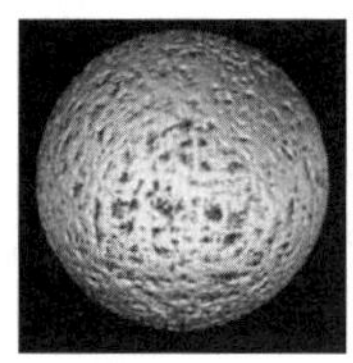

▪ **Color #1** e **Color #2:** modifica a cor ou aplica um mapa aos Dents. Faz-se em tons de cinza, porque é usado para Bumps.

▪ **Swap:** troca o Color #1 pelo Color #2 e vice-versa.

Falloff

Cria um mapa que vai do preto ao branco de acordo com o ângulo da normal da superfície. Usado como Opacity.

Parâmetros

▪ **Toward: Away:** altera de acordo com o Falloff Type.

▪ **Fallof Type:** existem cinco tipos de Falloff:

- **Perpendicular/Parallell:** configura o ângulo do Falloff que varia entre a normal da face, que é perpendicular à direção do Falloff, e a normal, que é paralela à direção do Falloff. O alcance do Falloff é baseado em 90° da direção da normal da face.

- **Toward/Away:** define o ângulo do Falloff que varia entre a normal da face paralela à direção do Falloff e a direção da normal mais distante da direção do Falloff. O Falloff varia baseado em 18° da direção da normal da face.

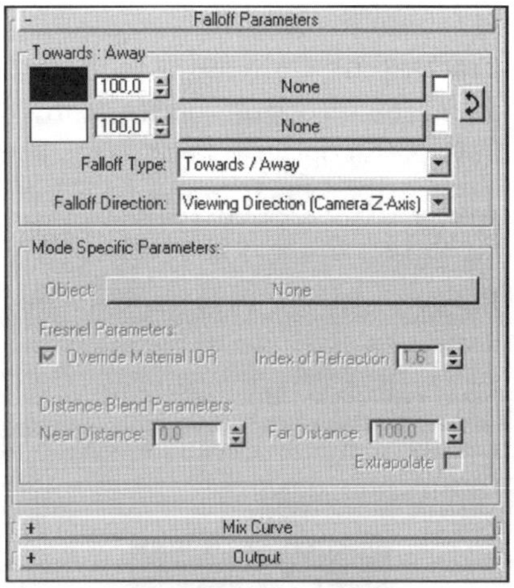

- **Fresnel:** baseia-se no IOR (Index of Refraction - Índice de Refração). O resultado desse Falloff é um reflexo claro, apenas com muito brilho nas partes mais angulares da superfície.
- **Shadow/Light:** configura-se entre as duas cores/mapas de acordo com a quantidade de luz que fica sobre o objeto.
- **Distance Blend:** configura-se de acordo com a distância do objeto, que altera quando começa e quando termina em Mode Specific Parameters.

- **Fallof Direction:** existem cinco direções que podem ser usadas no Falloff:
  - **Viewing Direction (Camera Z-Axis):** altera a direção do Falloff baseado na viewport Camera.
  - **Camera X/Y Axis:** similar à Camera Z-Axis, mas quando usado com o Taward/Away, cria um dégradé da esquerda para a direita.
  - **Object:** faz o Falloff baseado em outro objeto. Quando esse tipo de direção está selecionado, uma opção em Mode Specific Parameters fica habilitada.
  - **Local X, Y e Z Axis:** faz o Falloff baseado nas coordenadas locais que está selecionando (X, Y ou Z).
  - **World X, Y e Z Axis:** faz o Falloff baseado nas coordenadas da cena que está selecionando (X, Y ou Z).

- **Mode Specific Parameters:**
  - **Object:** apenas fica habilitado quando no Falloff Direction estiver selecionada a opção Object.
  - **Override Material IOR:** apenas fica habilitado quando no Falloff Type estiver selecionada a opção Fresnel. Configura um novo Index of Refraction. Para melhor entendimento, veja Extended parameters.
  - **Distance Blend Parameters:** somente fica habilitada quando o Distance Blend estiver selecionado em Falloff Types.
  - **Near Distance:** determina quando o Falloff começa.
  - **Far Distance:** determina quando o Falloff termina.
  - **Extrapolate:** permite que o Falloff continue antes ou depois do Near e do Far Distance.

- **Mix Curve:** configura manualmente o gradiente de uma cor/mapa a outra por meio de curvas.

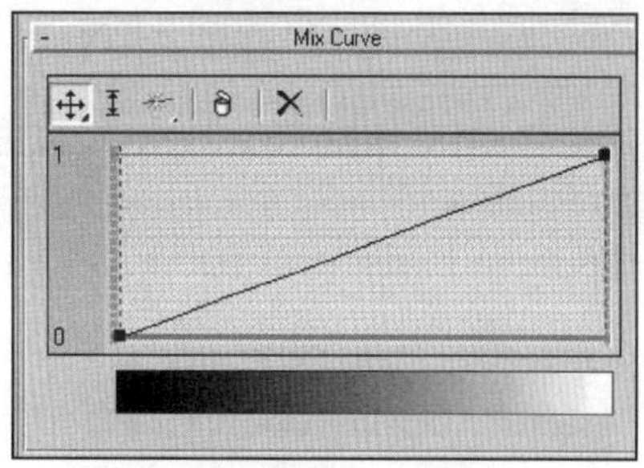

- **Output:** exerce a mesma função do Output do mapa bitmap.

Objeto sem Falloff.

Objeto com Falloff na opacity de fora para dentro.

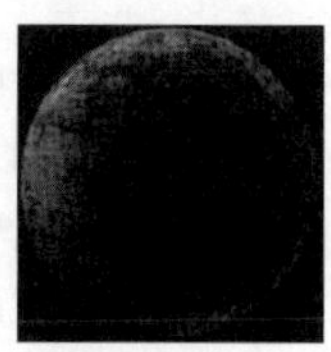

Objeto com Falloff na opacity de dentro para fora.

Flat Mirror

É usado quando queremos dar um efeito de material espelhado. Usa-se o Flat Mirror como mapa de reflexão (Reflection). Em superfícies planas, para que funcione corretamente, é preciso selecionar a face da superfície plana e determinar uma ID a essa seleção. Também só podemos selecionar uma parte da superfície plana, a não ser que especifiquemos outra ID à seleção. Após isso, temos de usar o material Multi/Sub-object para determinar cada ID.

Parâmetros

- **Blur:** aciona a opção de desfocamento no mapa.
  - **Apply Blur:** aplica o desfocamento ao mapa.
  - **Blur:** altera os valores de desfocamento do mapa.
- **Render**
  - **First Frame Only:** aplica o Flat Mirror apenas ao primeiro frame da animação.
  - **Every Nth Frame:** aplica o Flat Mirror alternadamente de acordo com o número definido ao lado.
  - **Use Environment Map:** quando desligado, o Environment Map é ignorado.
  - **Apply to Faces with ID:** determina em que ID o material será aplicado.

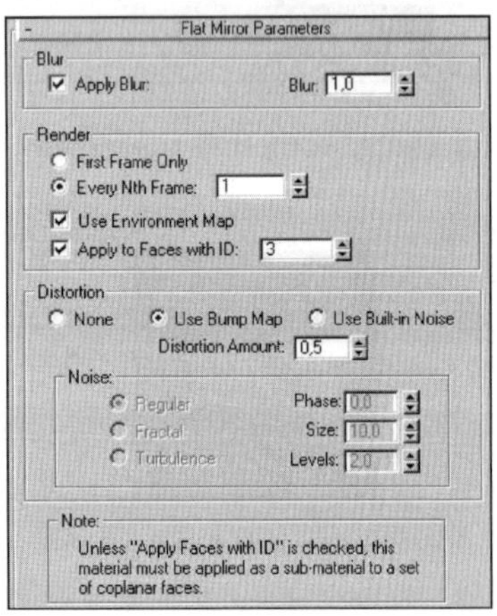

- **Distortion:** permite distorcer o reflexo no objeto.
  - **None:** com essa opção marcada não haverá nenhuma distorção no reflexo.
  - **Use Bump Map:** pega o mapa Bump do material para fazer a distorção do reflexo.
  - **Use Built-in Noise:** aciona o grupo Noise para configuração de um noise que permite a distorção do reflexo.
  - **Distortion Amount:** determina a quantidade de distorção que ocorrerá no material.
- **Noise**
  - **Regular:** é um tipo de noise fractal, porém o Levels sempre estará com o valor 1, e essa opção fica desativada.
  - **Fractal:** cria um noise usando um algoritmo fractal, ou seja, vários noises dentro de si mesmos. Nessa opção, o Level fica acionado.
  - **Turbulence:** cria um noise fractal com o valor absoluto.
  - **Phase:** calcula a velocidade da animação do noise.
  - **Size:** calcula o tamanho do noise.
  - **Levels:** determina quantas vezes o noise fractal vai ser calculado.

Gradient

Faz um dégradé de uma cor determinada para outra. Escolha duas ou três cores e o Max calcula as intermediárias. Usado com os mapas Mask, Falloff e Mix.

- **Coordinates:** exerce a mesma função da opção Coordinates do mapa bitmap.
- **Noise:** exerce a mesma função do Noise do mapa bitmap.

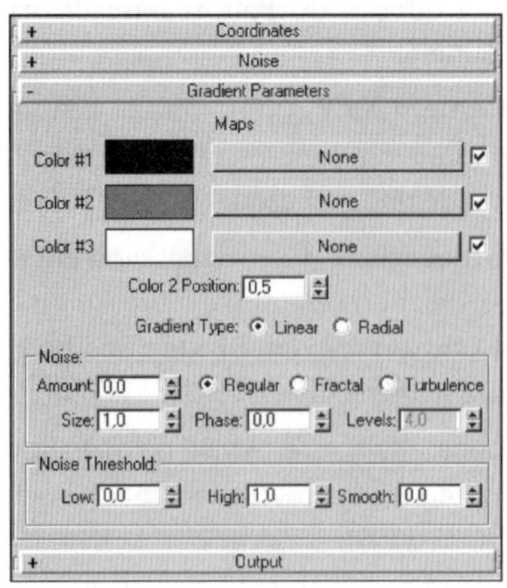

Parâmetros

- **Color #1:** permite escolher a primeira cor para fazer o dégradé. Clique em Maps para escolher outro mapa em vez da cor.
- **Color #2:** permite escolher a segunda cor para fazer o dégradé. Clique em Maps para escolher outro mapa em vez da cor.
- **Color #3:** permite escolher a terceira cor para fazer o dégradé. Clique em Maps para escolher outro mapa em vez da cor.
- **Color 2 Position:** determina a posição em que a segunda cor começa a fazer o dégradé.
- **Gradient Type:** escolhendo o modo Linear, faz um dégradé de cima para baixo. O modo Radial permite um dégradé do centro do objeto à sua periferia.
- **Noise:** acrescenta um noise ao material.
  - **Amount:** determina a quantidade de noise no material.
  - **Size:** determina o tamanho que o noise terá.
  - **Regular:** é um tipo de noise fractal, porém o Levels sempre estará com o valor 1. Essa opção fica desativada.
  - **Fractal:** cria um noise usando um algoritmo fractal, ou seja, vários noises dentro de si mesmos. Nessa opção o Level fica acionado.
  - **Turbulence:** cria um noise fractal com valor absoluto.
  - **Phase:** calcula a velocidade da animação do noise.
  - **Levels:** determina quantas vezes o noise fractal vai ser calculado.
- **Noise Threshold:** determina os valores para o ajuste da transição entre o noise e o dégradé.
  - **Low:** determina os valores da menor transição que pode ocorrer.
  - **High:** determina os valores da maior transição que pode ocorrer.
  - **Smooth:** faz uma transição suave.
- **Output:** exerce a mesma função do Output do mapa bitmap.

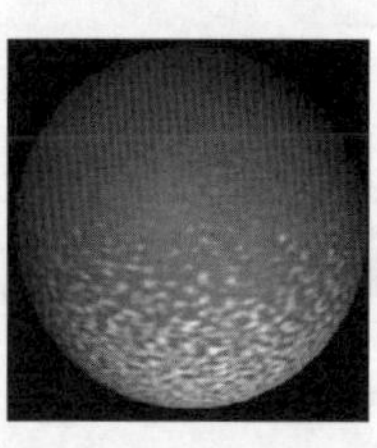

Gradient Ramp

Faz um dégradé, porém é possível escolher quantas cores forem necessárias.

- **Coordinates:** exerce a mesma função da opção Coordinates do mapa bitmap.
- **Noise:** exerce a mesma função do Noise do mapa bitmap.

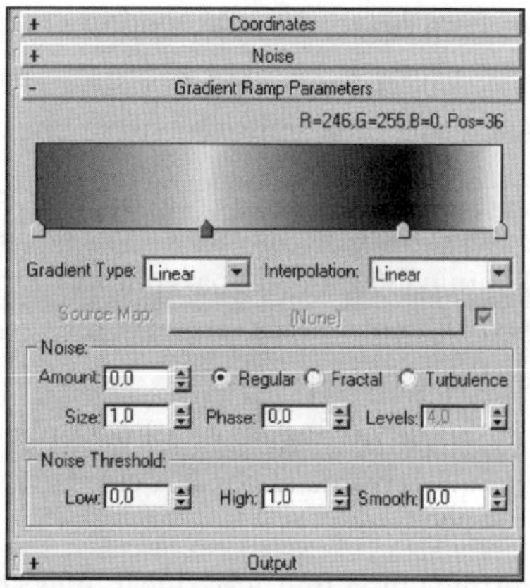

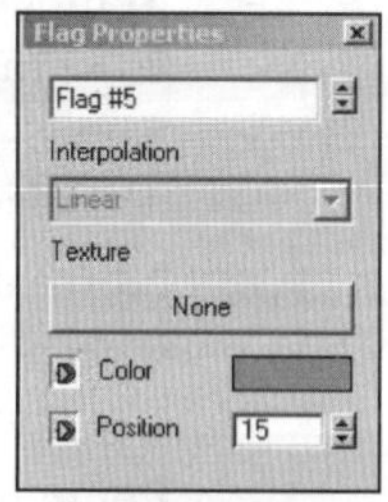

Parâmetros

A paleta de cores possibilita escolher quantas cores vai usar. Clicar em qualquer parte acrescenta um flag. Ao clicar nele com o segundo botão do mouse para mover e depois em Edit Properties, surgem as seguintes opções:

- **Flag Properties:** o primeiro espaço determina o nome da cor. No exemplo está Flag #5 porque Flag é o nome que o próprio Max usa como padrão.
- **Interpolation:** essa opção só estará disponível quando Interpolation no Gradient Ramp Parameters estiver com a opção Custom selecionada. O Interpolation escolhe o tipo de transição feito dessa cor para outra cor. São cinco:
  - **Ease In:** a cor começa mais forte do lado em que fazemos as modificações.
  - **Ease In Out:** a cor começa mais forte do lado oposto ao qual fazemos as modificações.
  - **Ease Out:** a cor começa mais forte atrás da cor selecionada.
  - **Linear:** a cor exibe um dégradé constante entre as duas cores.
  - **Solid:** cria um dégradé duro, sem transições.
- **Texture:** permite escolher outro mapa em vez da cor.
- **Color:** permite escolher a cor.
- **Position:** escolhe a posição em que essa cor ficará.

- **Gradient Type:** tipos de dégradé disponíveis:
  - **4 Corner:** determina uma transição linear assimétrica.
  - **Box:** indica uma transição em formato de cubo.
  - **Diagonal:** determina uma transição diagonal.
  - **Lightning:** especifica a transição de acordo com a luz: sem luz o dégradé tende para a esquerda; com luz o dégradé tende para a direita.
  - **Linear:** determina uma transição suave entre as cores.
  - **Mapped:** especifica a transição de acordo com a luminância do mapa aplicado em Source Map. Quanto mais escuro, mais o dégradé tende para a esquerda.
  - **Normal:** baseia-se no ângulo da câmera para o objeto, em que a primeira cor fica em 0 grau e a última, em 90 graus.
  - **Pong:** determina uma transição linear, mas se repete no meio do objeto.
  - **Radial:** indica uma transição do centro do objeto para sua periferia.
  - **Spiral:** determina uma transição circular entre as cores.
  - **Sweep:** especifica uma transição diagonal, porém um pouco esticada.
  - **Tartan:** determina uma transição dividindo o objeto em quatro redações, sendo a divisão feita pela última cor.
- **Interpolation:** escolhe o tipo de transição feito dessa cor para outra cor. São seis:
  - **Custom:** quando selecionada, abre a opção Interpolation no Flag Properties.
  - **Ease In:** a cor começa mais forte do lado em que fazemos as modificações.
  - **Ease In Out:** a cor começa mais forte do lado oposto às modificações.
  - **Ease Out:** a cor começa mais forte atrás da cor selecionada.
  - **Linear:** a cor exerce um dégradé constante entre as duas cores.
  - **Solid:** determina um dégradé duro sem transições.
- **Source Map:** indica um mapa para fazer a transição pela sua luminância. Pode acionar a transição na opção Mapped em Gradient Types.
- **Noise:** acrescenta um noise ao material.
  - **Amount:** determina a quantidade de noise no material.
  - **Size:** determina o tamanho que o noise terá.
  - **Regular:** é um tipo de noise fractal, porém o Levels sempre estará com o valor 1, e essa opção fica desabilitada.
  - **Fractal:** determina um noise usando um algoritmo fractal, ou seja, vários noises dentro de si mesmos. Nessa opção o Level fica acionado.
  - **Turbulence:** define um noise fractal com o valor absoluto.
  - **Phase:** calcula a velocidade da animação do noise.
  - **Levels:** determina quantas vezes o noise fractal vai ser calculado.
- **Noise Threshold:** determina os valores para o ajuste da transição entre o noise e o dégradé.
  - **Low:** indica os valores da menor transição que pode ocorrer.
  - **High:** determina os valores da maior transição que pode ocorrer.
  - **Smooth:** estabelece uma transição suave.
- **Output:** exerce a mesma função do Output do mapa bitmap.

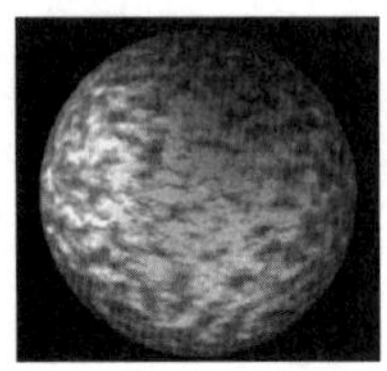

Gradient feito entre três materiais em vez de cor, com um noise em volta.

Marble

Determina um material com características de mármore, criado por duas cores definidas no Marble Parameters e uma terceira criada automaticamente pelo Max.

- **Coordinates:** exerce a mesma função da opção Coordinates do mapa bitmap.

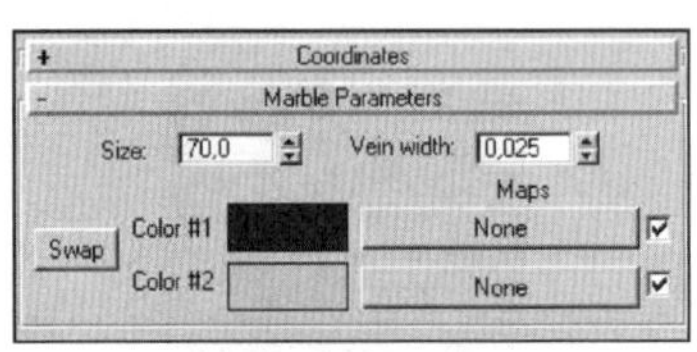

Parâmetros

- **Size:** altera o tamanho da Color #1, que no caso é a cor do espaçamento.
- **Vein width:** determina a largura da Color #1, que no caso é a cor do espaçamento.
- **Swap:** inverte uma cor com a outra.
- **Color #1:** determina a cor dos espaçamentos do mármore. Ao lado podemos determinar um mapa em vez de uma cor.
- **Color #2:** esta será a cor mais acionada do mármore. Ao lado podemos determinar um mapa em vez de uma cor.

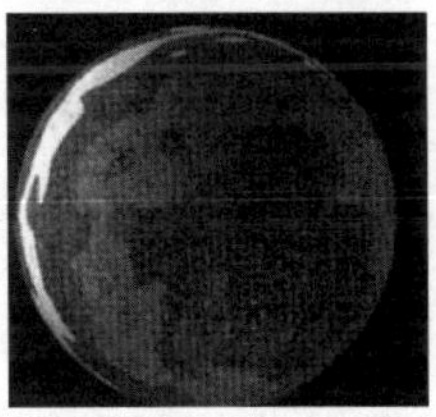

Textura criada a partir do mapa Marble usando dois bitmaps.

Mask

Escolhe um mapa e uma máscara para esse material.

Parâmetros

- **Map:** permite escolher o mapa que será usado no objeto.
- **Mask:** permite escolher o mapa que será a máscara do objeto. A parte preta dessa máscara é transparente e a branca é totalmente opaca.

Mix

Faz uma mistura de dois mapas ou cores.

Parâmetros

- **Color #1 e #2:** permite escolher os mapas ou cores que vão se misturar.
- **Mix Amount:** determina o quanto o primeiro mapa vai se juntar ao outro. Clicar em None permite escolher um mapa que funciona como máscara, sendo a parte mais clara a Color1 e a mais escura, a Color2.
- **Mixing curve:** determina como vai ocorrer a transição entre os dois mapas.
  - **Use Curve:** aciona essa opção.
  - **Transition zone:** determina os limites da fusão, em que Upper é o limite de cima e Lower, o de baixo.
- **Output:** exerce a mesma função do Coordinates do mapa bitmap.

Noise

Acrescenta uma irregularidade à textura; usado como Bump.

- **Coordinates:** exerce a mesma função da opção Coordinates do mapa bitmap.

Parâmetros

- **Noise types:** existem três tipos de noise. São eles:
  - **Regular:** é um tipo de noise fractal, porém o Levels sempre estará com o valor 1, e essa opção fica desativada.
  - **Fractal:** cria um noise usando um algoritmo fractal, ou seja, vários noises dentro de si mesmos. Nessa opção o Level fica acionado.
  - **Turbulence:** determina um noise fractal com o valor absoluto.

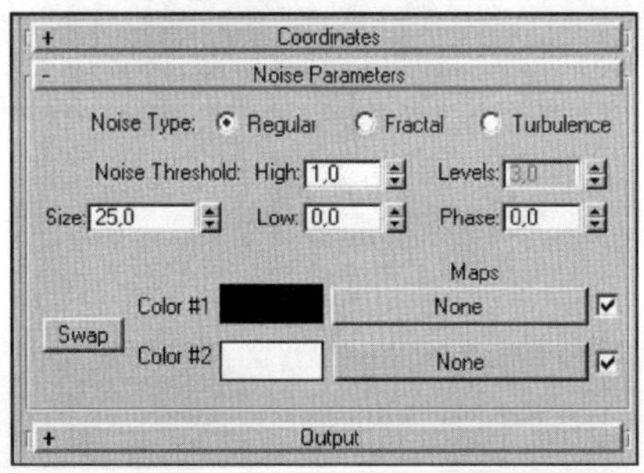

- **Noise Threshold:** determina os valores para o ajuste da transição entre o noise e o dégradé.
  - **High:** determina os valores da maior transição que pode ocorrer.
  - **Low:** indica os valores da menor transição que pode ocorrer.
  - **Size:** estabelece o tamanho do noise.
  - **Levels:** determina quantas vezes o noise fractal vai ser calculado.
- **Phase:** calcula a velocidade da animação do noise.
- **Color #1 e #2:** determina uma cor para o ruído ou um mapa para ele.
- **Swap:** troca o Color #1 pelo Color #2.

- **Output:** exerce a mesma função do Output do mapa bitmap.

Output

Permite aplicar as opções de Output em mapas que não as possuem.

Parâmetros

- **Map:** nesse slot, coloca o mapa que não possui o Output como opção.
- **Output:** nesse grupo, modifica as opções do mapa que não possuem Output. Para mais detalhes sobre esse grupo, consulte Bitmap.

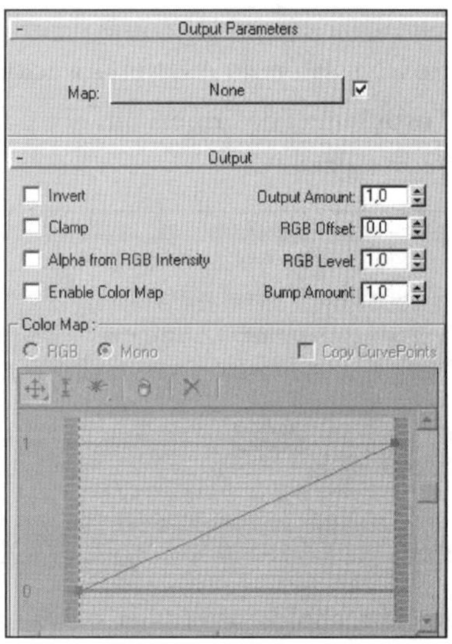

Particle Age

O **Particle Age** é usado com o sistema de partículas do Max. Empregado como Diffuse, ele se baseia na vida da partícula (particle life), que determina seus parâmetros. Esse tipo de mapa funciona muito bem com o Particle Mbur.

Parâmetros

- **Color #1:** altera a cor da partícula logo quando começa a aparecer. Clicando em None, você pode substituir essa cor por outro mapa.
- **Color #2:** altera a cor da partícula no meio da trajetória. Clicando em None, pode substituir essa cor por outro mapa.

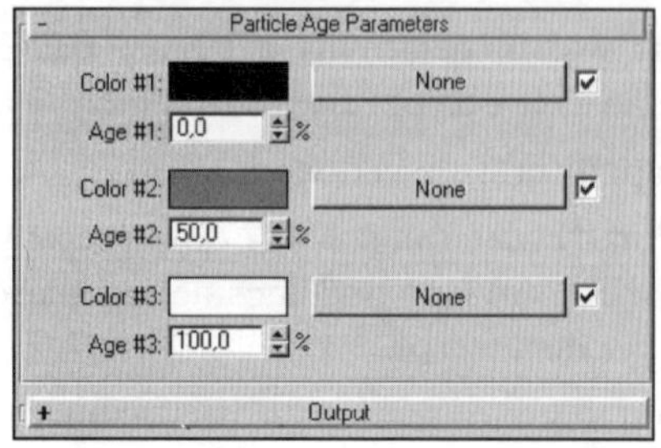

- **Color #3:** altera a cor da partícula quando está para desaparecer. Clicando em None, pode substituir essa cor por outro mapa.
- **Age #1, #2, #3:** determina em que parte cada cor vai atuar. Os parâmetros são configurados como porcentagem de acordo com a particle life configurada no sistema de partículas.
- **Output:** exerce a mesma função do Output do mapa bitmap.

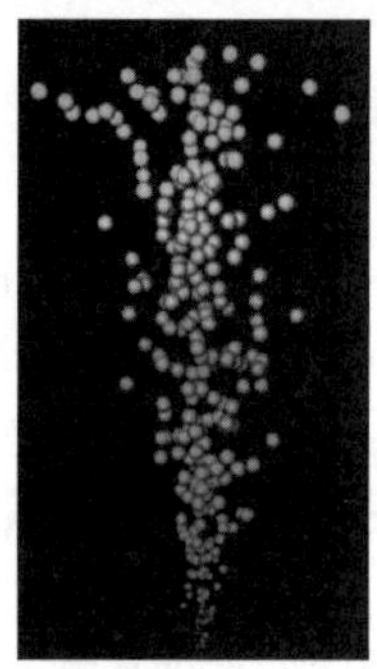

Particle Mblur

Também usado com o sistema de partículas e como mapa de opacidade. Esse mapa dá um efeito desfocado de acordo com a velocidade da partícula.

Parâmetros

- **Color #1:** usada quando a partícula está devagar. É branca para que fique mais nítida.

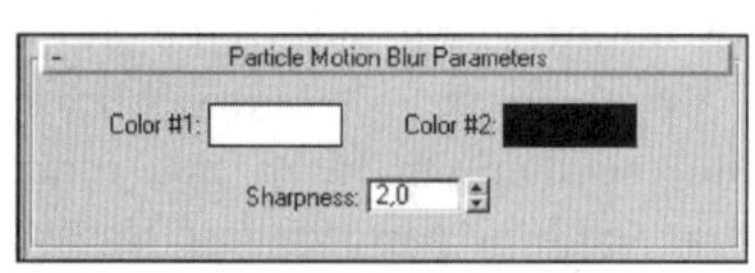

- **Color #2:** usada quando a partícula está rápida. É preta para dar uma impressão transparente, causando o efeito desfocado nas partículas.

- **Sharpness:** determina quão transparente será a partícula. Se essa opção tiver o valor 0, torna-se transparente mesmo se estiver parada.

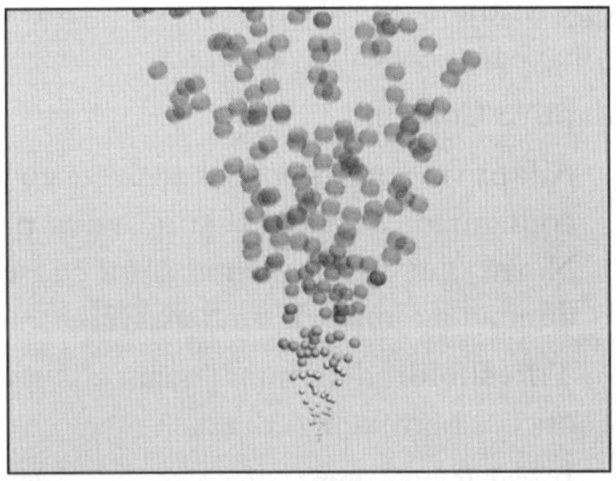

Perlin Marble

Outra forma de mapa Marble.

- **Coordinates:** exerce a mesma função da opção Coordinates do mapa bitmap.

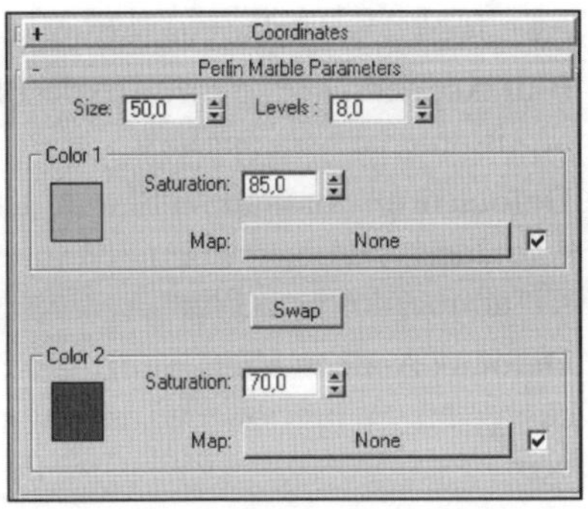

Parâmetros

- **Size:** altera o tamanho das divisões do mármore.
- **Levels:** altera o número de vezes que o mapa será aplicado ao objeto.
- **Color 1 e Color 2:** altera as cores do mármore.
- **Saturation:** altera a saturação do mapa ou a cor do mármore.
- **Map:** permite colocar outro mapa em vez de uma cor.
- **Swap:** troca a Color 1 pela Color 2 e vice-versa.

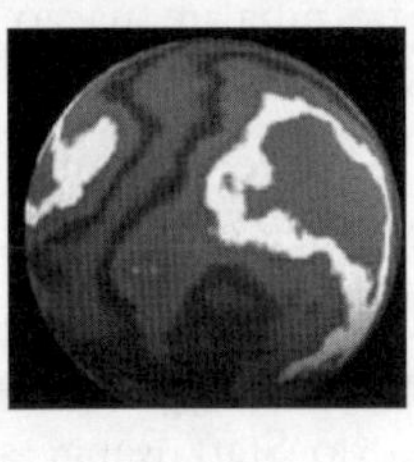

Planet

É um mapa fractal que simula uma superfície planetária.

- **Coordinates:** exerce a mesma função da opção Coordinates do mapa bitmap.

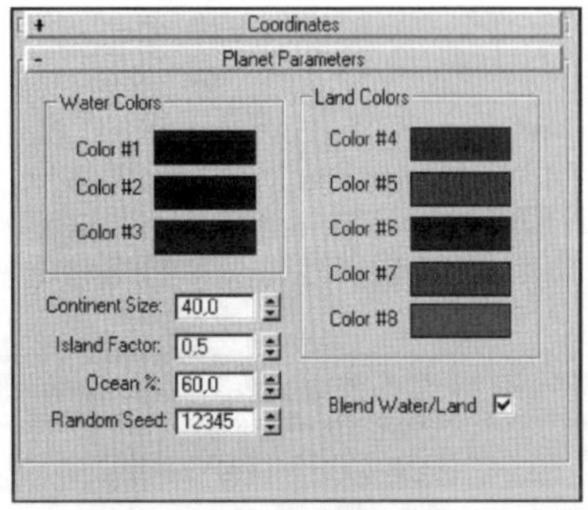

Parâmetros

- **Water Colors**
- **Color #1:** determina a cor central da água.
  - **Color #2:** indica a cor intermediária da água.
  - **Color #3:** refere-se à cor periférica da água.
- **Land Colors**
  - **Color #4 à Color #8:** vai da cor periférica da Terra (a que fica perto da água, Color #1) até a parte central da Terra (Color #8).
- **Continet Size:** determina o tamanho que terá a parte dos continentes.
- **Island Factor:** indica a quantidade de ilhas e montanhas do mapa.
- **Ocean %:** especifica a porcentagem de água que terá o material.
- **Random Seed:** determina um novo ponto para começar o Planet.
- **Blend Water/Land:** liga e desliga a opção de junção da água com a Terra. Quando desligada, essa junção fica com aparência áspera.

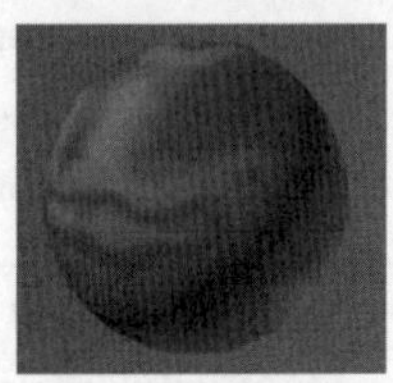

Raytrace

Faz o mesmo que o material Raytrace, ou seja, tenta simular radiosidade no objeto. Mais usado para fazer reflexos e refrações. Esse tipo de mapa é mais preciso que o Reflect/Refract, mas o tempo de renderização eleva-se muito.

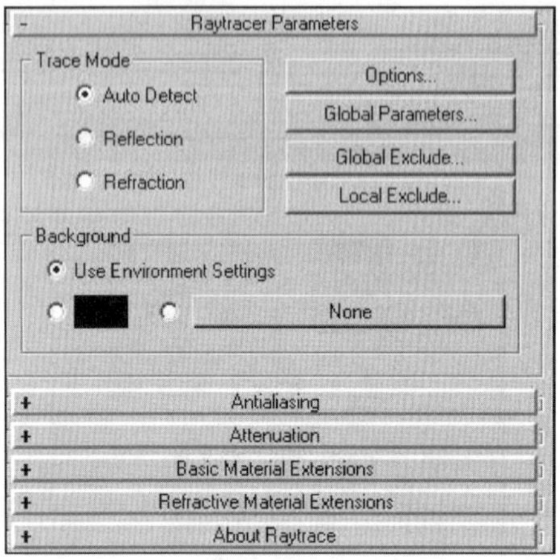

Parâmetros

- **Trace Mode**
  - **Auto Detect:** faz com que o objeto reflita ou faça uma refração de acordo com os parâmetros configurados.
  - **Reflaction:** faz com que o mapa só reflita.
  - **Refraction:** faz com que o mapa apenas faça a refração (distorção).
- **Option e Global Parameters:** ver Material Raytrace.
- **Global Exclude:** permite que exclua ou inclua um objeto ou não receberá os efeitos do Raytrace na cena
- **Local Exclude:** permite que exclua ou inclua um objeto ou não receberá os efeitos do Raytrace no mapa que está fazendo.
- **Background**
  - **Use Environment Settings:** usa as configurações do environment (ambiente).
  - **Cor ou mapa:** pode substituir as configurações do environment por uma cor ou mapa.
- **Antialiasing:** esse grupo somente terá efeito se em Options a opção Antialiasing estiver ligada.

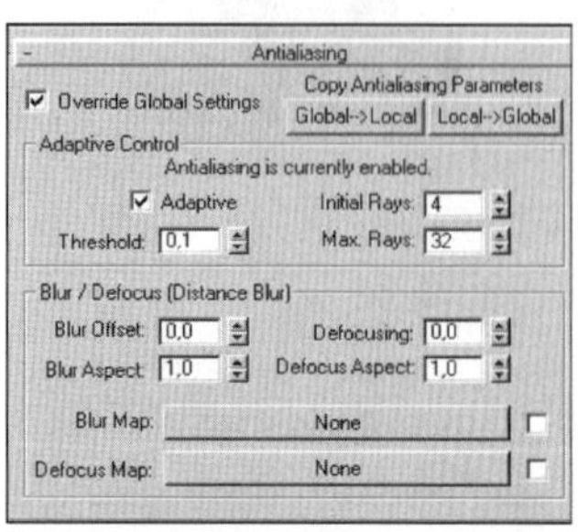

- **Override Global Setings:** liga todos os outros parâmetros atrás, ignorando as opções marcadas em Global Parameters.
- **Copy Antialiasing Parameters:** faz uma cópia do Global para o Local e vice-versa.
- **Adaptive Control**
  - **Adaptive:** abre as opções abaixo e ao lado que configuram a quantidade de raios por pixel. Normalmente fica menos, e por conseqüência diminui o tempo de renderização.
  - **Threshold:** determina quantas vezes essas opções permitem o cálculo.
  - **Inital Rays:** determina a quantidade de raios por pixel. Quanto mais, maior será o detalhe e maior o tempo de render.
  - **Max. Rays:** indica a quantidade máxima à qual podem chegar os raios.
- **Blur/Defocus (Distance Blur)**
  - **Blur Offset:** alterando essa opção, configura-se o foco dos detalhes na textura do objeto.
  - **Blur Aspect:** altera o formato do Blur. Não é preciso mudar essa opção.
  - **Defocusing:** configura o Blur de acordo com a distância. Os objetos perto da superfície não são desfocados pelo Blur.
  - **Defocus Aspect:** altera o formato do Desfocusing. Não é preciso mudar essa opção também.
  - **Blur Map:** permite usar o mapa para fazer o Blur.
  - **Desfocus Map:** permite usar um mapa para fazer o Blur de acordo com a distância.
- **Attenuation***:* quando um objeto reflete uma luz, fica vagando pelo espaço sem atenuação. Com essas medidas modificam-se os parâmetros de atenuação, o que faz com que a luz diminua gradativamente de acordo com os parâmetros configurados.
- **Falloff Type:** existem cinco tipos de Falloff a serem aplicados:
  - **Off:** desliga o Falloff.
  - **Linear:** faz uma atenuação linear. Vai do Start Range ao End Range.
  - **Inverse Square:** faz uma atenuação que vai do Start Range e **não** usa o End Range. É o mais próximo da realidade.
  - **Exponential:** faz uma atenuação "estourada" que varia do Start Range ao End Range e é configurada na opção Exponent seguinte.

- **Custom Falloff:** quando selecionada, o grupo Custom Falloff abaixo fica habilitado e uma curva aparece, a qual é possível modificar para fazer o Falloff.

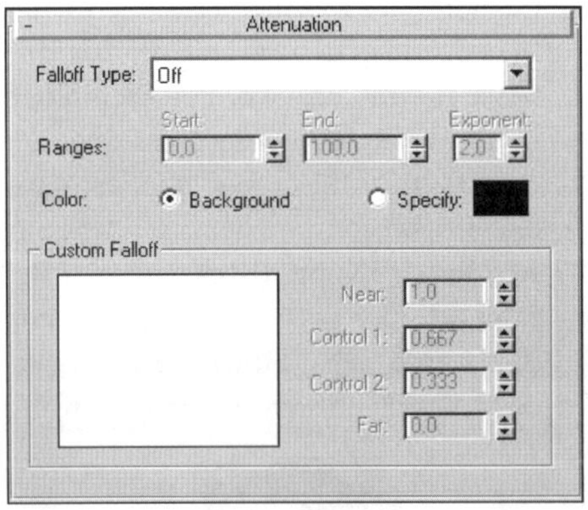

- **Start e End Ranges:** determina o valor de onde começa e termina o Falloff.
- **Exponent:** acionada quando o Exponential Falloff estiver selecionado. Alterando esse valor, muda a força do Falloff.
- **Color:** altera a cor do Falloff ou apenas deixa que ele fique com as cores da cena.
- **Custom Falloff**
  - **Near:** configura a força do reflexo ou da refração assim que o Falloff começar.
  - **Control 1:** controla o formato da curva perto de onde começa.
  - **Control 2:** controla o formato da curva perto de onde termina.
  - **Far:** configura a força do reflexo ou da refração logo que o Falloff estiver terminando.
- **Basic Material Extensions**
  - **Reflectivity/Opacity Map:** controla a quantidade de raytrace usada de acordo com um mapa que você escolhe clicando em None. Configura a intensidade com que o mapa atuará no raytrace.
  - **Tint:** habilita a opção de escolha da cor para o reflexo no objeto. Clicando em None, pode trocar a cor por um mapa. Em Amount, escolhe-se a intensidade da cor ou do mapa.

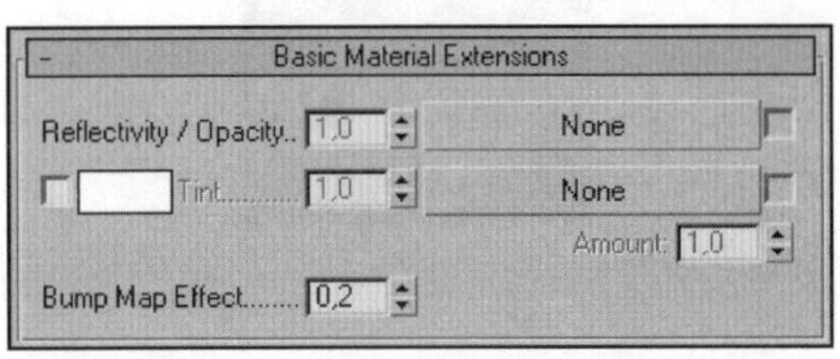

- **Refractive Material Extensions**

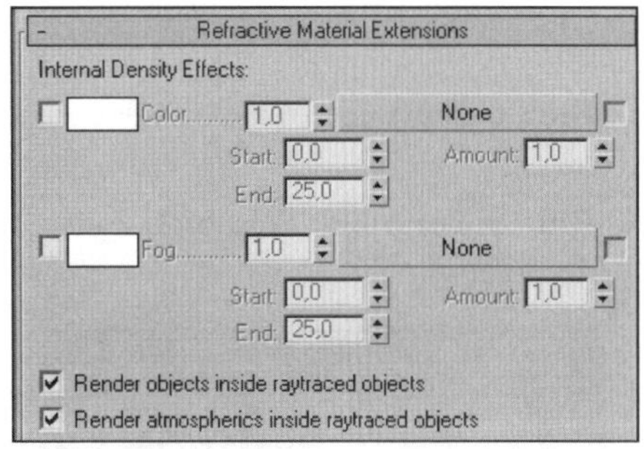

- **Internal Density Effects:** determina a cor transmitida pelo material.
  - **Color:** escolhe um mapa em vez de uma cor.
  - **Start e End:** determina o que o Amount vai influenciar.
- **Fog:** esse efeito deixa o material como uma neblina por dentro. Simula, por exemplo, mais ou menos uma fumaça atravessando um copo de vidro.

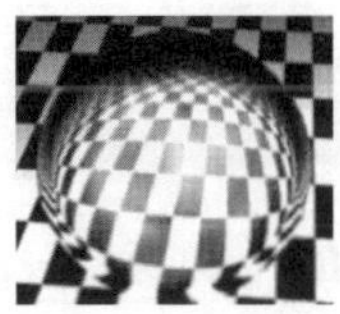

Reflect/Refract

Simula a refração e o reflexo. Possui seis slots para colocar seis imagens que seriam as visões do objeto: cima, baixo, direita, esquerda, frente, trás. Calcula como seriam o reflexo e a refração a partir desses mapas, mas se não tiver essas imagens, existe também a opção de criar automaticamente os mapas e fazer o reflexo e a refração. Esse mapa é muito bom pelo seu tempo de renderização, e em comparação com o Raytrace é muito mais rápido.

Parâmetros

- **Source Automatic e From File:** quando o item Automatic estiver selecionado, a textura é criada automaticamente e o grupo Automatic abaixo é acionado. No modo From File pode-se colocar manualmente as texturas desejadas e o grupo From File abaixo estará acionado.
- **Size:** determina o tamanho do reflexo e da refração.
- **Use Environment Map:** quando desligado, o Environment Map é ignorado.

- **Blur (Desfocamento)**
  - **Apply:** aplica o Blur aos mapas que serão criados.
  - **Blur Offset:** determina o valor do Blur no mapa.
  - **Blur:** aplica o Blur de acordo com a distância do objeto.

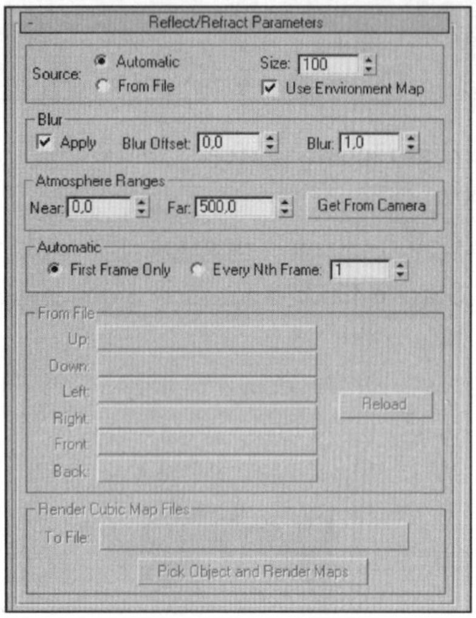

- **Atmosphere Ranges:** se a cena tiver um Fog (neblina), as imagens que serão criadas devem ter essa informação. É nesse grupo que colocamos os parâmetros.
  - **Near:** determina o valor de onde começa o Fog.
  - **Far:** determina o valor de onde termina o Fog.
  - **Get From Camera:** usa os parâmetros da atmosfera automaticamente de acordo com a câmera usada.
- **Automatic:** esse grupo é habilitado quando a opção Automatic é selecionada no Source.
  - **First Frame Only:** aplica o modo Automatic apenas no primeiro frame da animação.
  - **Every Nth Frame:** aplica o modo Automatic alternadamente de acordo com o número definido ao lado.
- **From File:** esse grupo é habilitado quando a opção From File for selecionada no Source.
  - **Up, Down, Left, Right, Front, Back:** esses slots recebem as imagens que simulam o que o objeto está vendo em **Cima, Baixo, Esquerda, Direita, Frente, Trás**.
  - **Reload:** recarrega as imagens postas ao lado.
- **Render Cubic Map File:** também é habilitado quando a opção From File é selecionada no Source.
  - **To File:** escolhe o nome do arquivo que, quando clicado em Pick Object and Render Maps, renderiza os mapas de cada lado e salva nesse mesmo arquivo. Por exemplo, coloca o nome do arquivo como teste.jpg, depois clica em Pick Object and Render Maps e seleciona o objeto, então ele renderiza os arquivos teste_BK.jpg (Back), teste_FR (Front), teste_LF (Left), teste_RT (Right), teste_UP (Up), teste_DN (Down), e automaticamente coloca essas imagens no grupo From File.

Splat

Cria um mapa com a aparência de uma tinta jogada sobre uma superfície. Usado como Diffuse Map.

- **Size:** altera o tamanho da "tinta" sobre a superfície.
- **# Interations:** altera os valores das vezes que o Splat se repete no material.
- **Threshold:** determina o quanto a Color #1 vai se misturar com a Color #2.
- **Color #1 e Color #2:** determinam as duas cores que o material da água terá. Clicando em None, você pode aplicar um mapa em vez de uma cor.
- **Swap:** troca a Color #1 pela Color #2 e vice-versa.

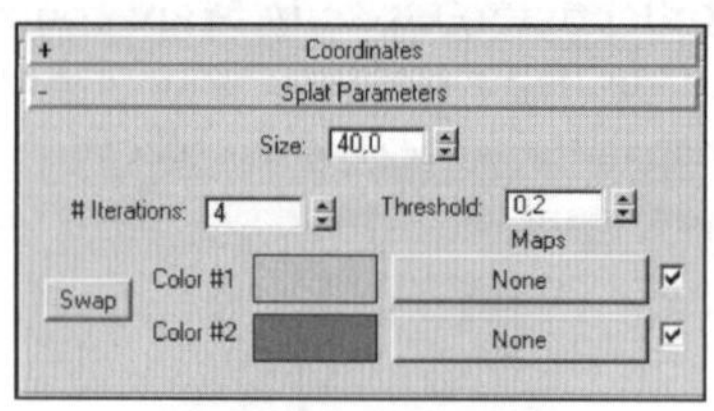

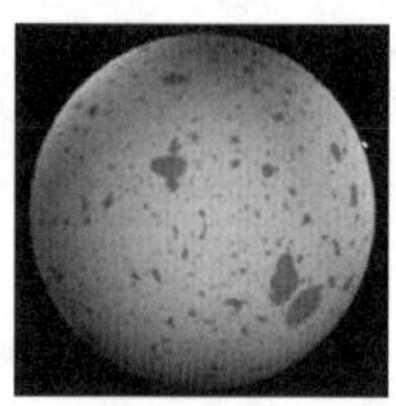

Materiais (Shaders)

Shaders são algoritmos matemáticos que possuem vários parâmetros e fazem uma superfície parecer rocha, pano, cabelo, água e assim por diante.

Muitas vezes damos ênfase à modelagem ou iluminação, e não nos preocupamos com os materiais ou ficamos em dúvida se usamos materiais claros, foscos, transparentes, translúcidos, refletivos, entre outros.

Existem diversos tipos de material. Os que aparecem quando renderizamos e aqueles que levam a um subnível em que podemos escolher outros tipos de material e assim juntá-los, fazendo um só.

Extended Parameters

O Extended Parameters é igual para quase todos os Shaders, menos para o Strauss.

Advanced Transparency

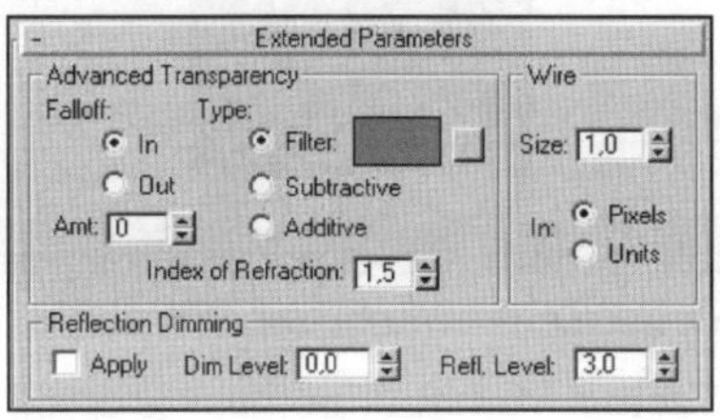

- **Falloff In e Out:** determinam se a transparência do objeto vem de dentro para fora ou de fora para dentro.
  - **In:** a transparência vem de dentro do objeto como uma garrafa.
  - **Out:** a transparência vem de fora do objeto como uma nuvem.
- **Amt:** muda a intensidade do Falloff.
- **Filter:** determina como a transparência vai passar pelo objeto de acordo com sua cor.
- **Subtractive:** nesse modo a transparência subtrai da cor que se encontra atrás do objeto.
- **Additive:** nesse modo a transparência acrescenta à cor que se encontra atrás do objeto.

Wire

- **Size:** modifica o tamanho do aramado no modo Wire em Shader Basic Parameters.
- **In: Pixels ou Units:** permite selecionar a unidade de medida do tamanho do aramado.

Reflection Dimming

Controla a intensidade do reflexo na sombra.

- **Dim Level:** permite que modifique a intensidade do reflexo quando está na sombra.
- **Refl. Level:** permite que modifique a intensidade do reflexo quando não está na sombra.
- **Index of Refraction:** segue uma lista de valores que se modificam de acordo com cada objeto. O IOR calcula como a luz passa no objeto e de que forma permite a refração.

	IOR
Vaccum	1.0
Air	1.0003
Water	1.333
Glass	de 1.5 para 1.7
Diamond	2.149
Carbon Dioxide, Liquid	1.200
Ice	1.309
Acetone	1.360
Ethyl Alcohol	1.360
Sugar Solution 30%	1.380
Alcohol	1.329
Flourite	1.434
Quartz, Fused	1.460
Calspar2	1.486
Sugar Solution 80%	1.490
Glass	1.500
Glass, Zinc Crown	1.517
Glass, Crown	1.520
Sodium Chloride	1.530
Sodium Chloride (Salt) 1	1.544
Polystyrene	1550
Quartz 2	1.553
Emerald	1.570
Glass, Light Flint	1.575
Lapis Lazuli	1.610
Topaz	1.610
Carbon Bisulfide	1.630
Quartz 1	1.644
Sodium Chloride (Salt)	1.644
Glass, Heavy Flint	1.650
Methylene Iodide	1.740
Ruby	1.770
Sapphire	1.770
Glass, Heaviest Flint	1.890
Crystal	2.000
Diamond	2.417
Chromium Oxide	2.705
Copper Oxide	2.705
Amorphous Selenium	2.920
Iodine Crystal	3.340

Fonte: Help do 3D Studio Max R3.1.

Blend

O material **Blend** serve para juntar dois materiais por meio de uma máscara que pode ser de qualquer material, conforme a figura seguinte.

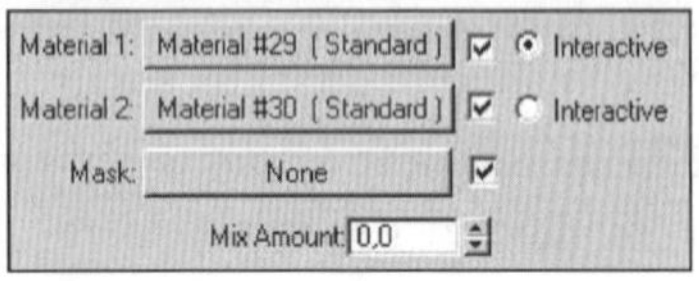

No Slot do Material 1 escolha o material que virá em primeiro lugar.

No Slot do Material 2 escolha o material que virá em segundo lugar.

No Slot Mask escolha o material que fará a transição entre os dois materiais, no qual a área mais escura será o Material 1 e a área mais clara, o Material 2.

O Mix Amount junta os dois materiais sem nenhuma referência, ou seja, ele os mescla sem nenhuma área predefinida. Ele só estará disponível se não houver nenhum material no Slot Mask.

O Mixing Curve atenua a área de transição entre os dois materiais.

Quanto mais reta a curva ficar, mais "dura" a transição entre os dois materiais.

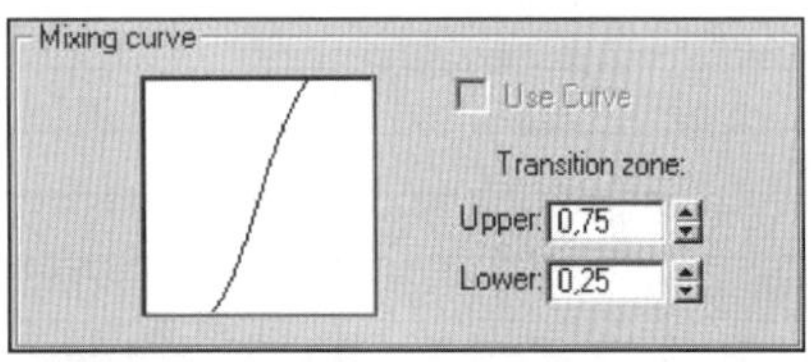

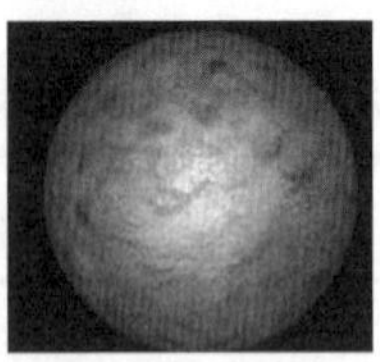

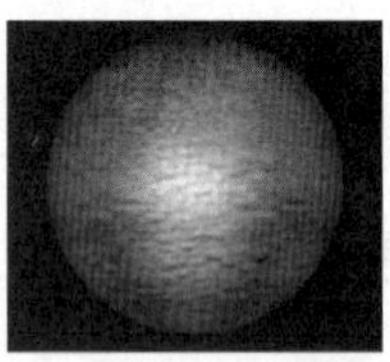

- **Composite:** disponibiliza nove slots para a junção de materiais e um para a base do material.

  No Base Material colocamos o material principal a ser aplicado.

  Nos slots de 1 a 9 serão aplicados os materiais secundários que surgirão acima do Material Base, o qual se configura de acordo com a porcentagem definida para cada um deles.

  - **A:** quando acionada, acrescenta opacidade ao material de acordo com o material que escolher.
  - **S:** quando acionada, subtrai opacidade do material de acordo com o material que escolher.
  - **M:** quando acionada, mistura os materiais como o material Blend.

- **Amount Spinner:** configura a intensidade com a qual cada material atuará sobre outro.

  Para o aditivo e subtrativo ele varia de 0 a 200; 0 não influencia em nada e 100 está completamente aparente. Acima de 100 "estoura" o material. Já com o Mix ele só varia de 0 a 100; 0 não influencia em nada e 100 fica completamente composto.

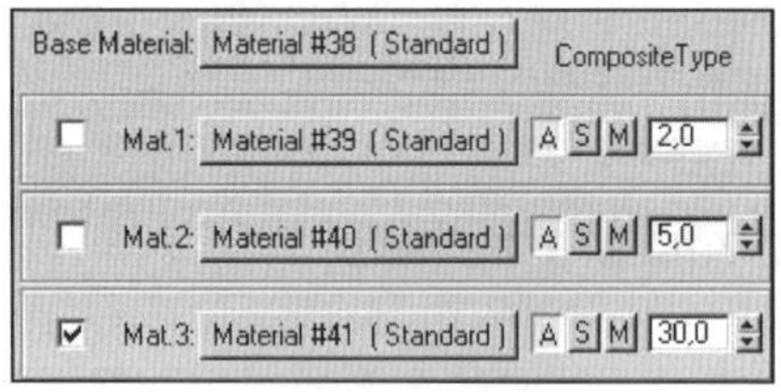

- **Double Sided:** serve para aplicar um material dentro e fora de um objeto.

  - **Facing Material:** no qual se escolhe o material a ser aplicado na parte de fora do objeto.
  - **Back Material:** nele é colocado o material na parte de dentro do objeto.
  - **Translucency:** faz com que os dois materiais se unam. Quando essa opção estiver definida para 100, o material de fora será visto na parte de dentro e o material de dentro na parte de fora.

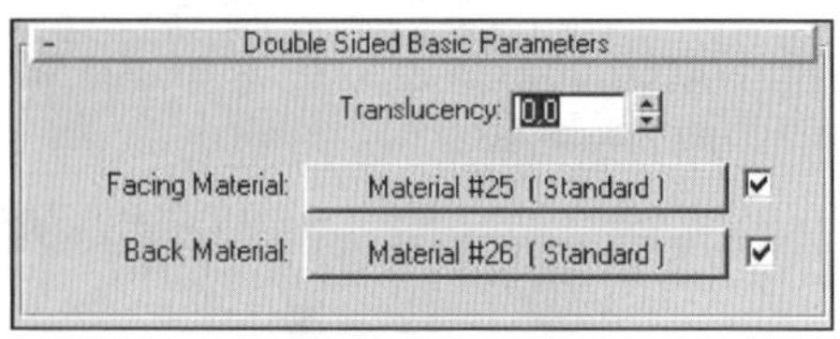

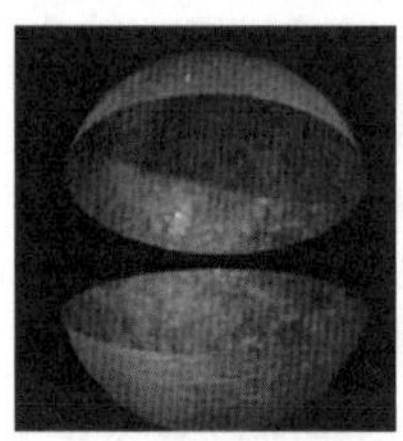

- **Matte/Shadow:** quando aplicado em um objeto, deixa-o invisível, porém faz sombras e recebe reflexo como um objeto normal.
  - **Opaque Alpha:** determina se o objeto aparece ou não no canal alpha. Quando desmarcado, não aparece no canal alpha.
  - **Apply Atmosphere:** determina se o objeto recebe efeitos de Fog e como serão aplicados ao objeto.
  - **At Background Depth:** neste caso, quando selecionado, o Max renderiza primeiro o Fog e depois suas sombras. Conseqüentemente, a sombra não será iluminada pelo Fog. Se quiser que a sombra seja iluminada, terá de alterar o Shadow Brightness.
  - **At Object Depth:** aqui acontece o inverso. Primeiramente o Max renderiza as sombras, depois o Fog. De acordo com a variação do Fog no objeto, o canal alpha não permite uma união perfeita com o background da cena. Recomenda-se usar At Object Depth quando o objeto fizer parte do fundo, e quando este for uma imagem 2D.
  - **Receive Shadows:** permite que um objeto com Matte receba sombra de outros objetos.
  - **Affect Alpha:** permite que as sombras sejam vistas também no canal alpha, e apenas será disponível quando a opção Opaque Alpha estiver desligada.
  - **Shadow Brightness:** altera a intensidade da sombra do objeto. Varia de 0,0 a 1,0.
  - **Color:** muito importante quando fazemos a composição de um objeto 3D com uma cena em 2D de fundo. Podemos alterar a cor da sombra do objeto de acordo com a imagem de fundo.

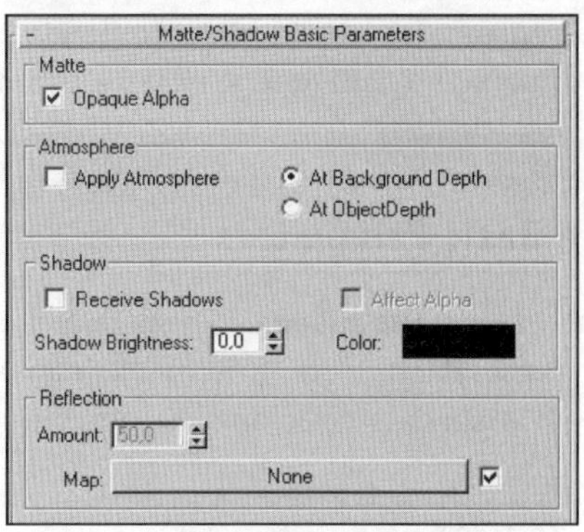

  - **Reflection:** permite que o objeto tenha reflexos ou não. Configurando o Amount, é possível variar a intensidade desse reflexo no objeto, assim como no slot Map você pode colocar outro material para o reflexo do objeto.

Morpher

É usado principalmente com o modificador Morpher. É bastante útil para fazer rugas ao levantar sombrancelhas ou deixar a bochecha vermelha quando alguém se sente envergonhado. Ele funciona por transição de um material para outro.

Existem cem slots disponíveis e um slot para aplicar um material de base ao objeto.

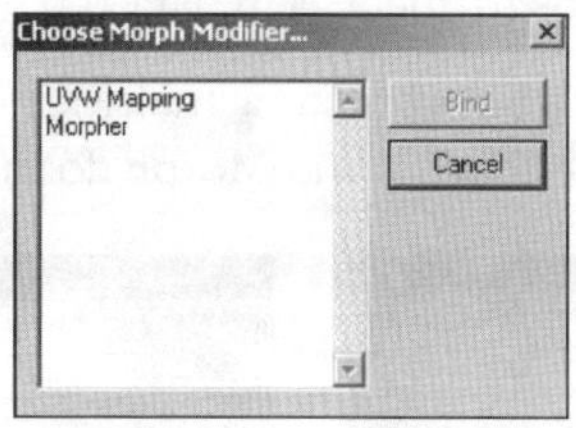

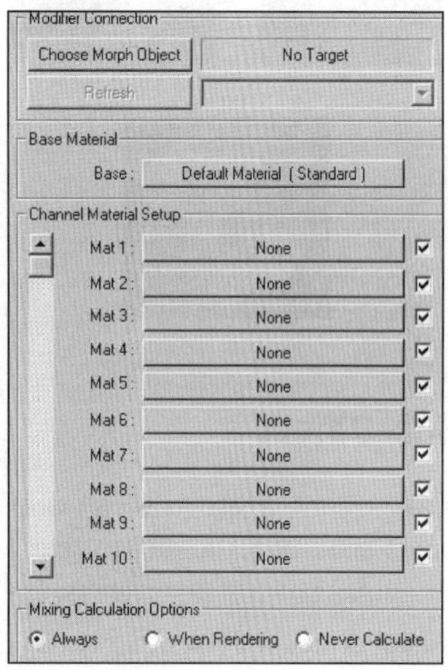

Após clicar em Choose Morph Object, é preciso clicar no objeto que tenha o modificador Morpher e depois escolhê-lo.

- **Refresh:** atualiza as modificações feitas no modificador Morpher.

- **Always:** em Mixing Calculation Options, habilita a opção de calcular o Morpher no objeto o tempo todo.
- **When Rendering:** faz com que o Morpher só calcule na renderização.
- **Never Calculate:** faz com que o Morpher jamais calcule.

Procedimento

Para usar o material Morpher, é preciso aplicar o modificador Morpher ao objeto também. Depois vá até Morpher modifier's Global Parameters e clique em Assign New Material.

Vá até o material editor, aplique o Morpher, clique em Choose Morph Target e no objeto que está com o modificador Morpher. Vai aparecer uma janela com os modificadores do objeto, então clique de novo em Morpher.

No Material Editor escolha um objeto de base e outro material no slot 1. Clique no botão Animate e vá ao frame 100. No Slot 1 do Channel list no modificador Morpher do objeto, mude de 0 para 100.

Pronto! O material permite a transição de um para o outro e ao mesmo tempo ao Morph do modificador.

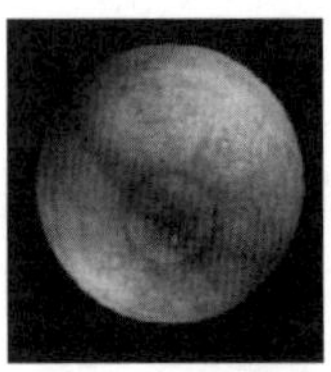

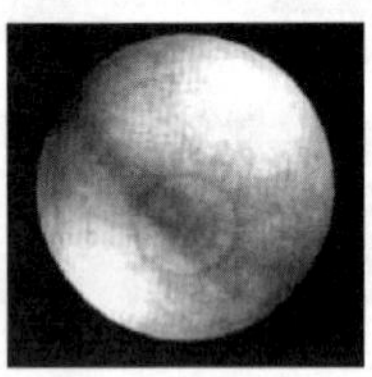

Multi/Sub-Object

É usado para combinar materiais, no qual cada um corresponde a uma parte do objeto que é pré-selecionada por um ID, também predefinido.

Em Set Number escolha quantos Slots vai querer para fazer o material.

Procedimento

1. Primeiramente adicione o modificador Edit Mesh ao objeto e clique no botão de seleção de faces. Selecione as faces no objeto que você quer que tenha a primeira cor.
2. Então, em Material ID escolha 1.
3. Selecione a outra parte do objeto e mude o material ID para 2.
4. No Material Editor escolha Multi/Sub-Object e no Slot 1 opte por uma textura ou cor. No segundo slot escolha outra textura ou cor e clique em Assign Material To Selection.
5. Pronto! A primeira seleção feita com o ID 1 será a textura do primeiro slot, a parte com o ID 2 será a textura do segundo slot e assim por diante.

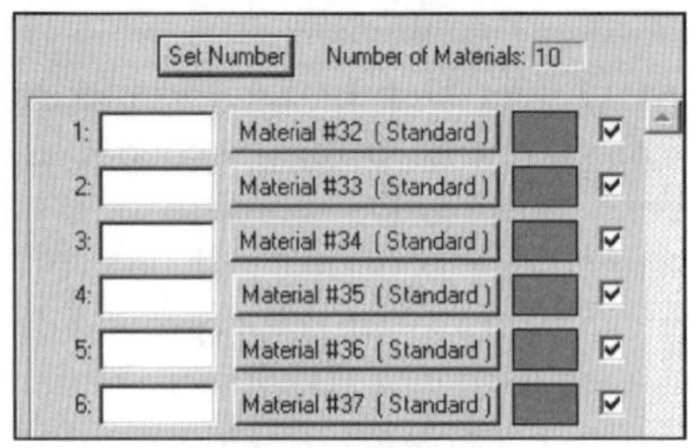

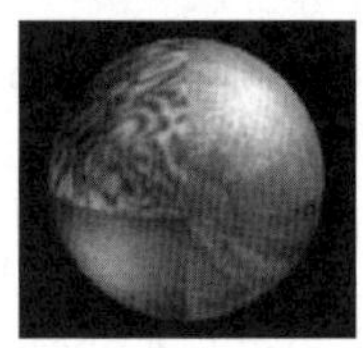

Raytrace

O material Raytrace tenta simular a "velha" radiosidade que tanto atordoa a cabeça de muitos para conseguir algo realístico. Ele requer que você pense além de uma simples cor. É preciso pensar em como a luz é transmitida, absorvida e refletida na cena. Bom, é exatamente isto que o Raytrace tenta fazer, simular a radiosidade.

Raytrace Basic Parameters

O Raytrace Basic Parameters é bem parecido com o Standard Basic Parameters, porém ele não muda de acordo com o shading selecionado, somente no modo Metal:

- No Raytrace Basic Parameters existem quatro tipos de shading:
  - **Constant:** esse shade é aplicado em volta das faces. Use esse modo quando quiser uma textura facetada sem alterar o smoothing groups do objeto no Edit Mesh.

- **Blinn:** usado mais para superfícies redondas, mais macias.
- **Metal:** para objetos metálicos.
- **Phong:** usado em superfícies com detalhes mais fortes.

- **2-Sided:** aplica o material aos dois lados do objeto (dentro e fora).
- **Wire:** quando ligada, o objeto fica com a textura aramada.

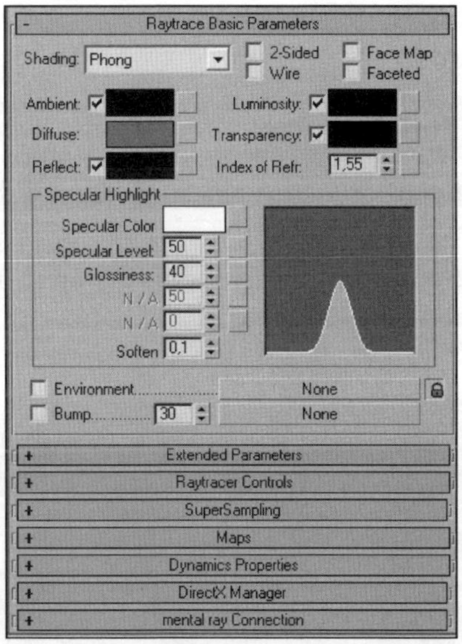

- **Face Map:** a textura é aplicada a cada face do objeto.
- **SuperSample:** tem praticamente a mesma função no grupo SuperSampling no material Standard, ou seja, ele suaviza a textura quando renderizada em alta resolução com uma câmera muito próxima e notam-se os pixels. Essa opção só vai funcionar com a opção Antialiasing ligada. Para maiores detalhes, veja Standard.
- **Ambient:** é a cor que a cena possui e não a que a luz do objeto possui. É sempre bom alterar quando o clima da cena pode mudar de quente para frio ou de escuro para claro, enfim, de acordo com a mudança do ambiente.
- **Diffuse:** é a cor em que a luz projeta, ou seja, é a cor que o objeto possui.
- **Reflect:** determina a cor do reflexo na Specular. A cor-padrão é preta e não há nenhum reflexo. Se o Raytracing estiver desligado, continua refletindo o ambiente à sua volta, mas não os objetos em volta, por isso a necessidade da opção Reflect. Um exemplo é quando queremos simular as bolas da árvore de Natal refletindo outros objetos ao redor.
- **Luminosity:** possui a mesma função do Self Illumination, porém não depende do Diffuse. Pode ter um Diffuse amarelo com Luminosity verde.
- **Transparency:** tem a mesma função do Filter no Extended Parameters, no material Standard mais o Opacity. Filtra a cor do objeto que está atrás com Raytrace. A cor branca é totalmente transparente e a preta, opaca.
- **Index of Refr.:** possui a mesma função do Index of Refraction no Extended Parameters no material Standard.

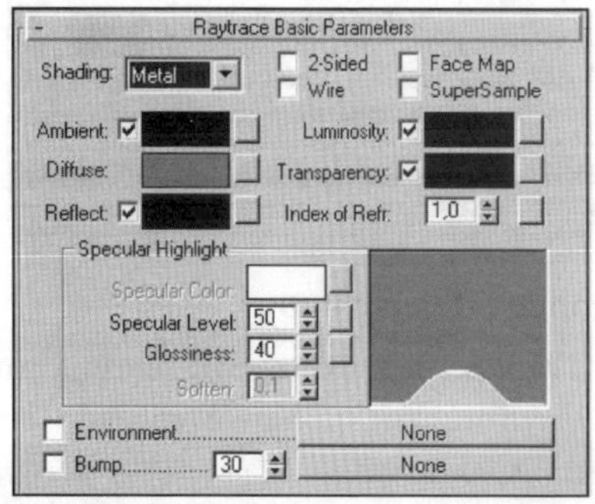

- **Specular Highlight**
  - **Specular Color:** controla a cor da luz que o brilho do objeto terá, como a borda de um objeto que sempre terá um brilho da luz.
  - **Specular Level:** alterando esses valores, você altera a intensidade da Specular do objeto.
  - **Glossiness:** essa opção altera o tamanho da Specular.
  - **Soften:** suaviza a Specular.
- **Environment:** essa opção reflete artificialmente o fundo da cena no caso de uma composição.
- **Bump:** possui a mesma função do Bump no material Standard.

Extended Parameters

- **Special Effects**
  - **Extra Lighting:** acrescenta luz ao material Raytrace. Diferentemente do Ambient no Basic Parameters, o Extra Lighting tenta simular a radiosidade, refletindo a luz que recebe para o ambiente.
  - **Translucency:** um material translúcido transmite luz, mas fosca, deixando os objetos atrás embaçados. Use como exemplo um papel colocado sobre a luz.
  - **Fluorescence:** deixa o material com a aparência fluorescente.

- **Fluor. Bias:** determina a intensidade do fluorescente.
- **Wire:** possui a mesma função do material Standard.

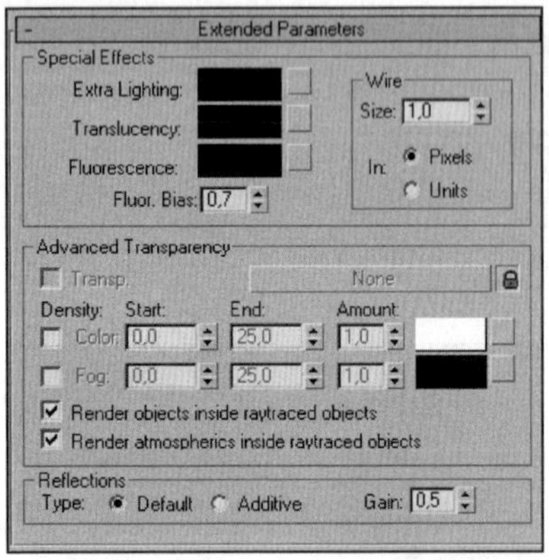

- **Advanced Transparency**
  - **Transp. Environment:** mesma função do Environment, porém é aplicado em objetos transparentes.
  - **Density:** funciona apenas em objeto transparente.
  - **Color:** essa opção altera a cor com a qual o objeto atrás do objeto transparente será visto. Amount define a intensidade da cor e Start e End estabelecem quando começa a intensidade e onde termina.
  - **Fog:** acrescenta um Fog (neblina) ao redor do objeto, simulando, por exemplo, um tubo de néon. Amount determina a intensidade da cor e Start e End definem quando começa a intensidade e onde termina.
- **Reflections**
  - **Default:** quando ligado, o reflexo fica por cima da cor Diffuse, ou seja, quando temos um objeto opaco e totalmente refletivo, essa cor não aparece.
  - **Additive:** neste caso o reflexo será acrescentado à cor Diffuse, ou seja, essa cor será sempre vista.
  - **Gain:** essa opção determina o brilho que o reflexo terá.

Raytracer Controls

- **Raytracer Enable:** liga e desliga a opção de reflexão ou refração do material. Sempre é bom desligar uma delas, quando não for usada, para economia de tempo.
- **Bump Map Effect:** configura o reflexo ou a refração nos mapas de Bump.

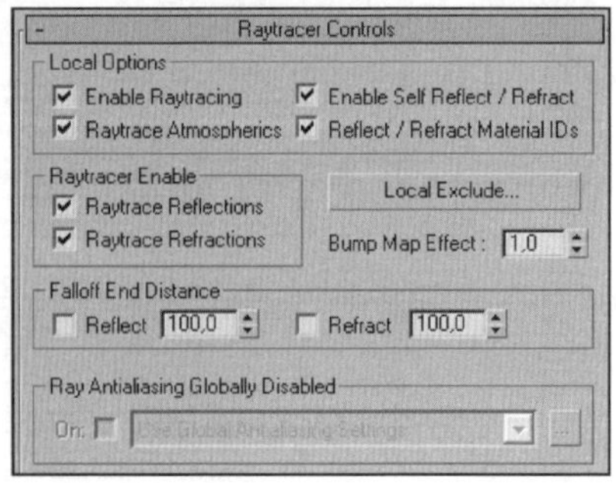

Falloff End Distance

- **Reflect:** escurece o reflexo para preto de acordo com o valor definido.
- **Refract:** escurece a refração para preto de acordo com o valor indicado.

Maps

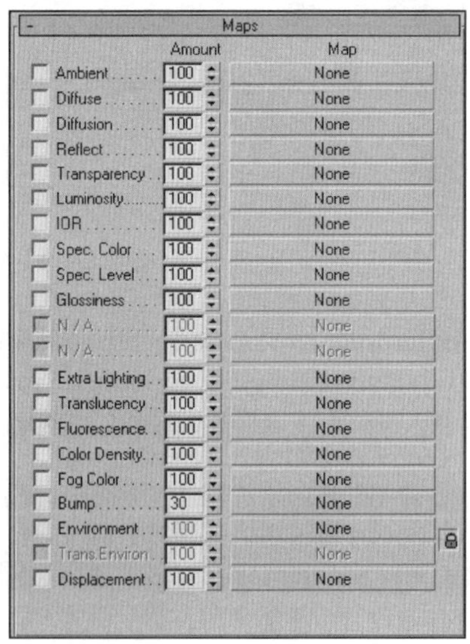

- **Ambient Color:** é semelhante ao Ambient em Basic Parameters, mas desta vez pode colocar um mapa em vez de uma só cor.
- **Diffuse:** é semelhante à opção Diffuse em Basic Parameters, mas desta vez pode colocar um mapa em vez de uma só cor.
- **Diffusion:** aplica o material escolhido em grayscale (tons de cinza) que, quando unido ao Diffuse, por exemplo, forma uma luminância na textura de acordo com as tonalidades de cinza no material.
- **Reflect:** é semelhante à opção Reflect em Basic Parameters, mas desta vez pode colocar um mapa em vez de uma só cor.

- **Transparency:** é semelhante ao Transparency em Basic Parameters, mas desta vez pode colocar um mapa em vez de uma só cor.
- **Luminosity:** é semelhante ao Luminosity em Basic Parameters, mas desta vez você pode colocar um mapa em vez de uma só cor.
- **IOR:** é semelhante ao Index of Refr. em Basic Parameters, mas desta vez pode colocar um mapa para controlar a intensidade do IOR.
- **Specular Color:** é semelhante ao Specular em Basic Parameters, mas desta vez pode colocar um mapa em vez de uma só cor.
- **Specular Level:** é semelhante ao Specular Level em Basic Parameters, mas desta vez pode colocar um mapa para controlar a intensidade da Specular.
- **Glossiness:** é semelhante ao Glossiness em Basic Parameters, mas desta vez pode colocar um mapa para controlar o tamanho da Specular.
- **Extra Lighting:** é semelhante ao Extra Lighting em Extended Parameters, mas desta vez pode colocar um mapa em vez de uma cor.
- **Translucency:** é semelhante ao Translucency em Extended Parameters, mas desta vez pode colocar um mapa em vez de uma cor.
- **Fluorecence:** é semelhante ao Fluorecence em Extended Parameters, mas desta vez pode colocar um mapa em vez de uma cor.
- **Color Density:** é semelhante ao Color Density em Extended Parameters, mas desta vez pode colocar um mapa em vez de uma cor.
- **Fog Color:** é semelhante à opção Fog Color em Extended Parameters, mas desta vez pode colocar um mapa em vez de uma cor.
- **Bump:** é semelhante à opção Bump em Basic Parameters.
- **Environment:** é semelhante ao Environment em Basic Parameters.
- **Trans. Environ:** é semelhante ao Trans. Environ em Extended Parameters.
- **Displacement:** usa um mapa em tons de cinza para deformar a malha, diferente do Modifier, que só aparece na renderização.

Dynamics Properties

- **Bounce Coeficient:** alterando esse valor, determina-se a parte da superfície que fica em caso de colisão.
- **Static Friction:** determina o atrito que certa parte do objeto terá enquanto estiver parado.
- **Sliding Friction:** define o atrito que certa parte do objeto terá enquanto estiver se movimentando sobre outro objeto.

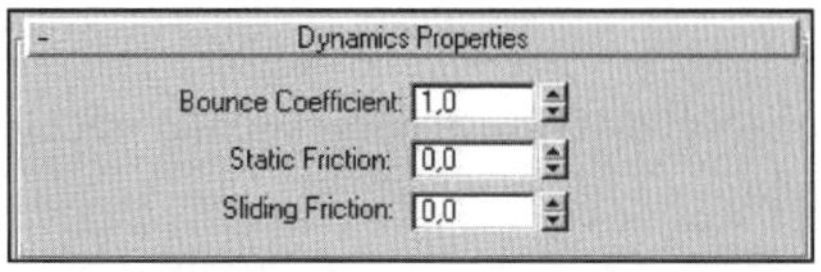

Shellac

O material Shellac une dois materiais, colocando "shellac" por cima da base e acrescentando as cores do Shellac às cores da base.

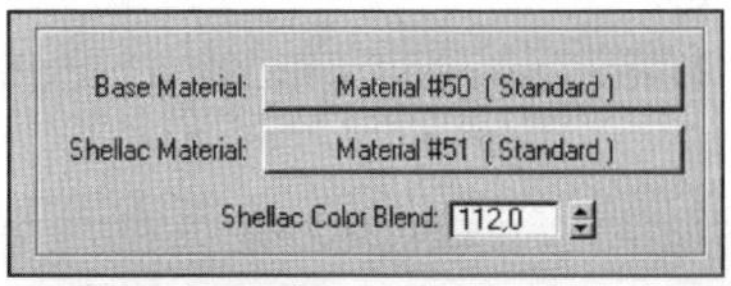

- **Shellac Color Blend:** determina a intensidade da junção entre as cores dos dois materiais.

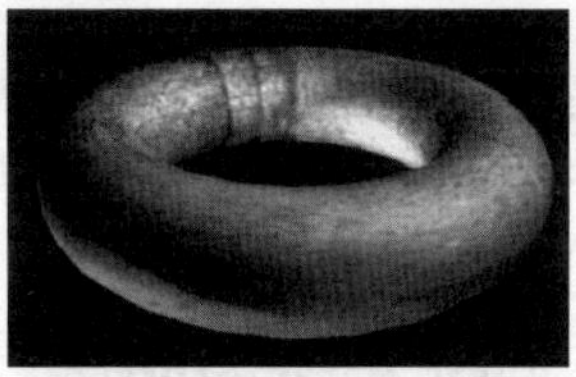

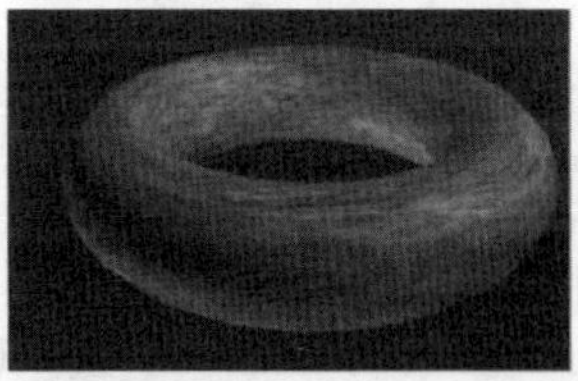

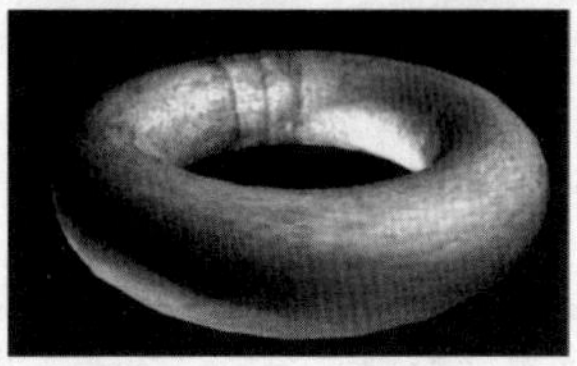

Standard

O material Standard é o padrão do 3ds Max. Determina cor, opacidade, reflexo, ou melhor, tudo que uma boa textura pode ter.

Existem sete tipos de Shaders:

- **Anisotropic:** para superfícies elípticas.
- **Blinn:** para superfícies redondas, mais macias.
- **Metal:** para objetos metálicos.
- **Multi-Layer:** usado em superfícies com detalhes mais complexos que o Anisotropic.
- **Oren-Nayer-Blinn:** para simular tecidos como veludo.
- **Phong:** em superfícies com detalhes mais fortes.
- **Strauss:** para superfícies metálicas e não-metálicas. O Strauss tem uma relação mais simples do que os outros Shaders.

Parâmetros

- **Wire:** quando ligado, o objeto fica com a textura aramada.
- **Face Map:** a textura é aplicada a cada face do objeto.

- **2-Sided:** aplica o material nos dois lados do objeto (dentro e fora).
- **Faceted:** deixa o material facetado (com as faces meio aparentes). O Basic Parameters muda de acordo com o Shader selecionado.

Anisotropic Basic Parameters

Esse botão junta o Ambient com Diffuse ou Diffuse com Specular, e toda alteração feita em um modifica o outro.

- **Ambient:** é a cor que a cena possui e não a que a luz no objeto possui. É sempre bom alterar quando o clima da cena muda de quente para frio ou escuro para claro, enfim, de acordo com a modificação do ambiente.
- **Diffuse:** é a cor que a luz projeta, ou seja, é a cor que o objeto possui.

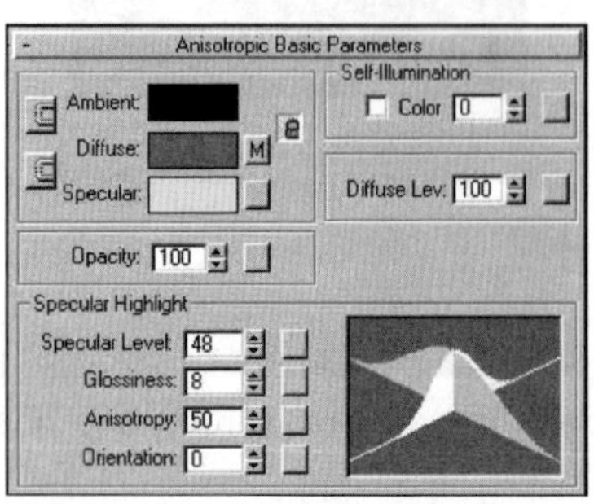

- **Specular:** controla a cor da luz que o brilho do objeto terá, como a borda de um objeto que sempre terá o brilho da luz.
- **Opacity:** controla o nível de transparência do objeto; 0 é totalmente transparente e 100, totalmente opaco.
- **Self Illumination:** cria a impressão de um objeto incandescente, substituindo as sombras no objeto pela Diffuse Color. É possível modificá-la de duas formas: alterando seu valor, sendo automaticamente atribuída a cor Diffuse, ou marcando a opção Color, que mostra uma paleta de cores para a sua escolha.
- **Diffuse Lev:** muda o brilho da Diffuse Color; mudando o Diffuse, altera-se seu brilho. Esse valor varia de 0 a 400, sendo 100 o valor-padrão
- **Specular Highlight**
  - **Specular Level:** alterando esses valores, altera-se a intensidade da Specular do objeto.
  - **Glossiness:** altera o tamanho da Specular.
  - **Anisotropy:** controla o formato do brilho do objeto.
  - **Orientation:** altera a posição do brilho do objeto.

Blinn Basic Parameters

- **Ambient:** é a cor que a cena possui e não a que a luz no objeto possui. É sempre bom alterar quando o clima da cena muda de quente para frio ou escuro para claro, enfim, de acordo com a mudança do ambiente.

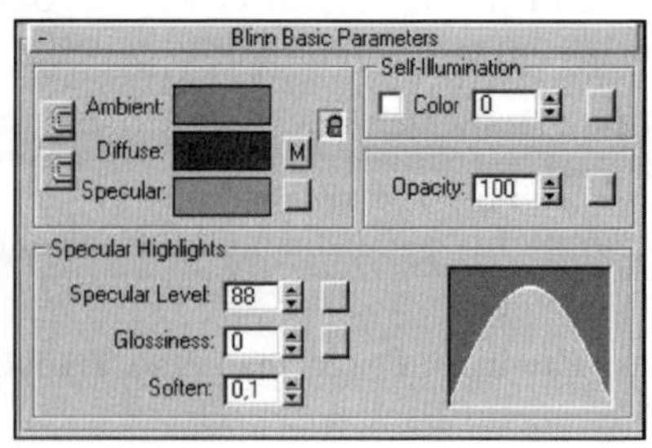

- **Diffuse:** é a cor que a luz projeta, ou seja, é a cor que o objeto possui.
- **Specular:** controla a cor da luz que o brilho do objeto terá, como a borda de um objeto que sempre terá o brilho da luz.
- **Opacity:** controla o nível de transparência do objeto; 0 é totalmente transparente e 100, totalmente opaco.

- **Self Illumination:** cria a impressão de um objeto incandescente, substituindo as sombras no objeto pela Diffuse Color. É possível modificá-la de duas formas; alterando o seu valor, sendo automaticamente atribuída a cor Diffuse, ou marcando a opção Color, que mostra uma paleta de cores para a sua escolha.
- **Specular Level:** alterando esses valores, altera-se a intensidade da Specular do objeto.
- **Glossiness:** altera o tamanho da Specular.
- **Soften:** suaviza a Specular.

Metal Basic Parameters

- **Ambient:** é a cor que a cena possui e não a que a luz do objeto possui. É sempre bom alterar quando o clima da cena muda de quente para frio ou escuro para claro, enfim, de acordo com a mudança do ambiente.
- **Diffuse:** é a cor que a luz projeta, ou seja, é a cor que o objeto possui.
- **Opacity:** controla o nível de transparência do objeto; 0 é totalmente transparente e 100, totalmente opaco.

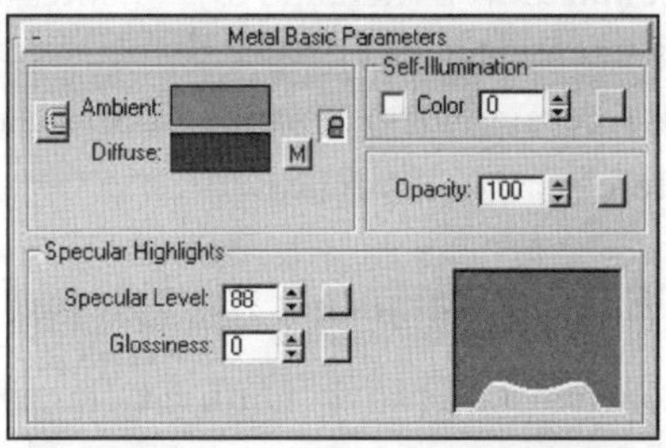

- **Self Illumination:** cria a impressão de um objeto incandescente, substituindo as sombras no objeto pela Diffuse Color. É possível modificá-la de duas formas; alterando o seu valor, sendo automaticamente atribuída a cor Diffuse, ou marcando a opção Color, que mostra uma paleta de cores para a sua escolha.
- **Specular Level:** altera a intensidade da Specular do objeto.
- **Glossiness:** altera o tamanho da Specular.

Multi-Layer Basic Parameters

- **Ambient:** é a cor que a cena possui e não a que a luz do objeto possui. É sempre bom alterar quando o clima da cena muda de quente para frio ou escuro para claro, enfim, de acordo com a mudança do ambiente.
- **Diffuse:** é a cor que a luz projeta, ou seja, é a cor que o objeto possui.
- **Self Illumination:** cria a impressão de um objeto incandescente, substituindo as sombras no objeto pela Diffuse Color. É possível modificá-la de duas formas; alterando o seu valor, sendo automaticamente atribuída a cor Diffuse, ou marcando a opção Color, que mostra uma paleta de cores para a sua escolha.
- **Diffuse Level:** muda o brilho da Diffuse Color; mudando o Diffuse Level, altera-se o brilho da Diffuse. Esse valor varia de 0 a 400, sendo 100 o valor-padrão.
- **Roughness:** modifica a cor do objeto, deixando-o mais claro ou escuro de acordo com o ambiente que você desejar.
- **First Specular Layer e Secundary Specular Layer:** nesses dois grupos tem-se um Anisotropic, podendo assim detalhar mais as regiões do objeto.

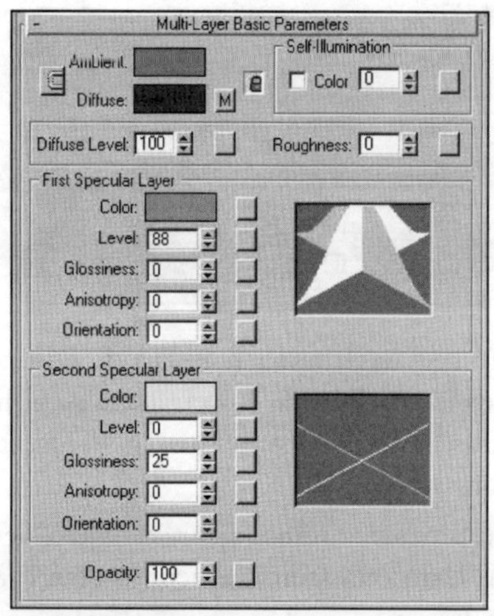

- **Color:** muda a cor do Specular.
- **Level:** alterando esses valores, você modifica a intensidade da Specular do objeto.
- **Glossiness:** altera o tamanho da Specular.
- **Anisotropy:** controla o formato do brilho do objeto.
- **Orientation:** altera a posição do brilho do objeto.
- **Opacity:** controla o nível de transparência do seu objeto; 0 é totalmente transparente e 100, totalmente opaco.

Oren-Nayar-Blinn Basic Parameters

- **Ambient:** é a cor que a cena possui e não a que a luz do objeto possui. É sempre bom alterar quando o clima da cena muda de quente para frio ou escuro para claro, enfim, de acordo com a mudança do ambiente.

- **Diffuse:** é a cor que a luz projeta, ou seja, é a cor que o objeto possui.
- **Specular:** controla a cor da luz que o brilho do objeto terá, como a borda de um objeto que sempre terá o brilho da luz.
- **Self Illumination:** cria a impressão de um objeto incandescente, substituindo as sombras no objeto pela Diffuse Color. É possível modificá-la de duas formas; alterando o seu valor, sendo automaticamente atribuída a cor Diffuse, ou marcando a opção Color, que mostra uma paleta de cores para a sua escolha.
- **Opacity:** controla o nível de transparência do objeto; 0 é totalmente transparente e 100, totalmente opaco.

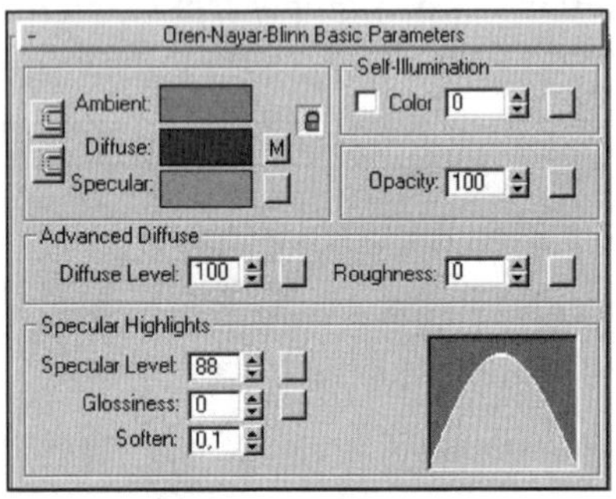

- **Diffuse Level:** muda o brilho da Diffuse Color; mudando o Diffuse Level, altera-se o brilho da Diffuse. Esse valor varia de 0 a 400, sendo 100 o valor-padrão.
- **Roughness:** modifica a cor do objeto, deixando-o mais claro ou escuro, de acordo com o ambiente que desejar.
- **Specular Level:** alterando esses valores, você muda a intensidade da Specular do objeto.
- **Glossiness:** altera o tamanho da Specular.
- **Soften:** suaviza a Specular.

Phong Basic Parameters

- **Ambient:** é a cor que a cena possui e não a que a luz do objeto possui. É sempre bom alterar quando o clima da cena muda de quente para frio ou escuro para claro, enfim, de acordo com a mudança do ambiente.
- **Diffuse:** é a cor que a luz projeta, ou seja, é a cor que o objeto possui.
- **Specular:** controla a cor da luz que o brilho do objeto terá, como a borda de um objeto que sempre terá o brilho da luz.
- **Opacity:** controla o nível de transparência do seu objeto; 0 é totalmente transparente e 100, totalmente opaco.

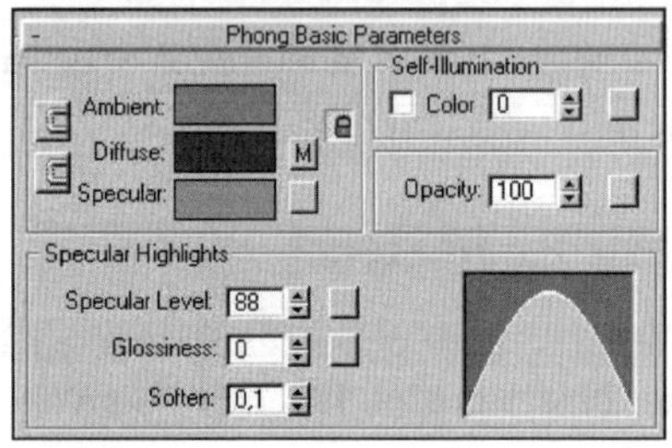

- **Self Illumination:** cria a impressão de um objeto incandescente, substituindo as sombras no objeto pela Diffuse Color. É possível modificá-la de duas formas; alterando o seu valor, sendo automaticamente atribuída a cor Diffuse, ou marcando a opção Color, que mostra uma paleta de cores para a sua escolha.
- **Specular Level:** alterando esses valores, modifica-se a intensidade da Specular do objeto.
- **Glossiness:** muda o tamanho da Specular.
- **Soften:** suaviza a Specular.

Strauss Basic Parameters

- **Color:** tem a função do Diffuse Color.
- **Glossiness:** essa opção altera o tamanho da Specular.
- **Metalness:** alterando esse parâmetro, você controla a aparência metálica do objeto.
- **Opacity:** controla o nível de transparência do objeto; 0 é totalmente transparente e 100, totalmente opaco.

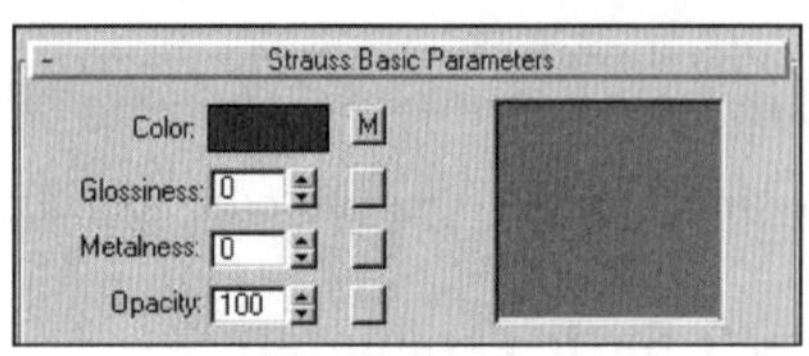

Exercício

Aplicação de Material no Soldado - Parte 1

1. Abra o arquivo Boy_paint.

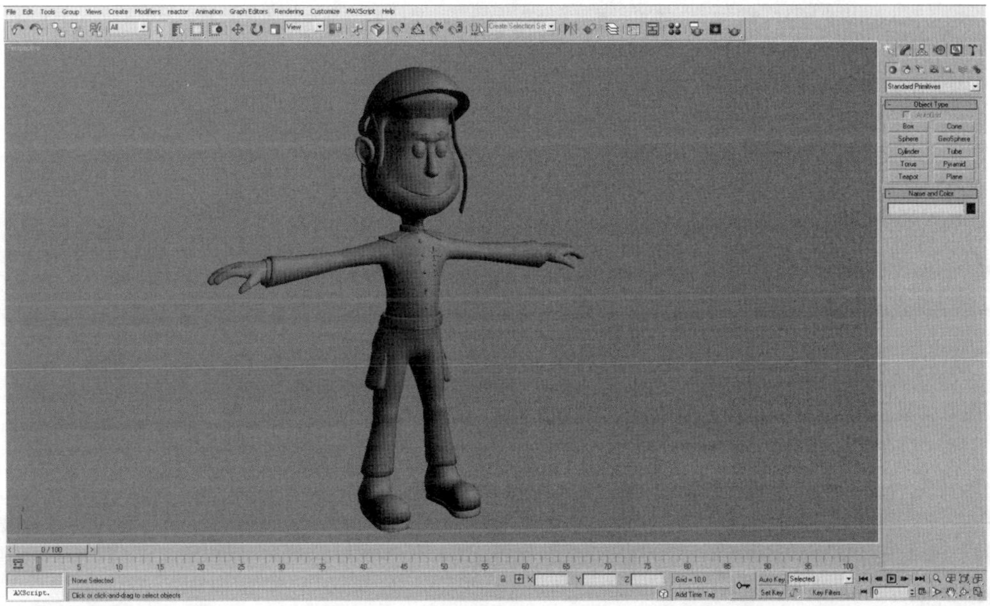

2. Selecione todo o personagem, exceto o capacete, clique com o botão direito do mouse na viewport e escolha a opção Hide Unselect.
3. Pressione a letra M no teclado para abrir o Material Editor.

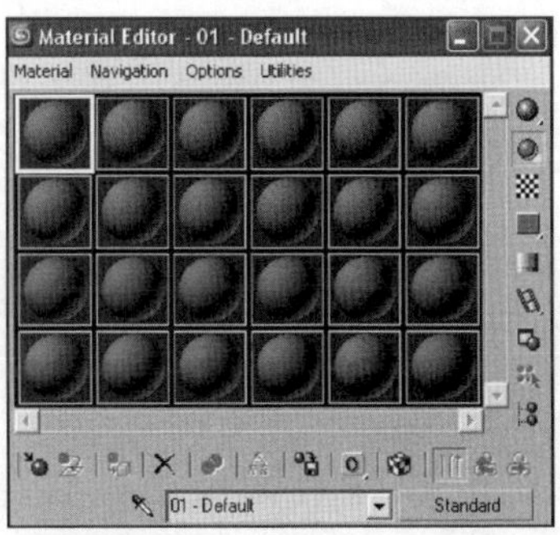

4. No Material Editor, clique na opção Diffuse e altere a cor do slot.

5. Para obter brilho no capacete, altere o valor do Specular Highlights conforme a figura seguinte.

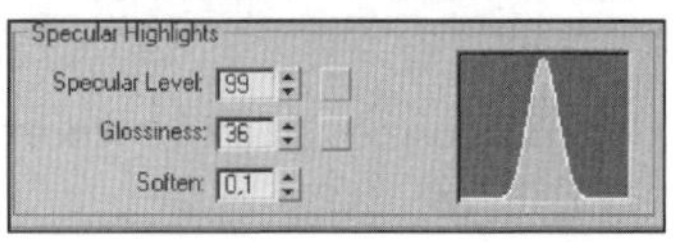

6. Na roll-out Maps, ative a opção Reflection e clique no botão None para carregar o material.

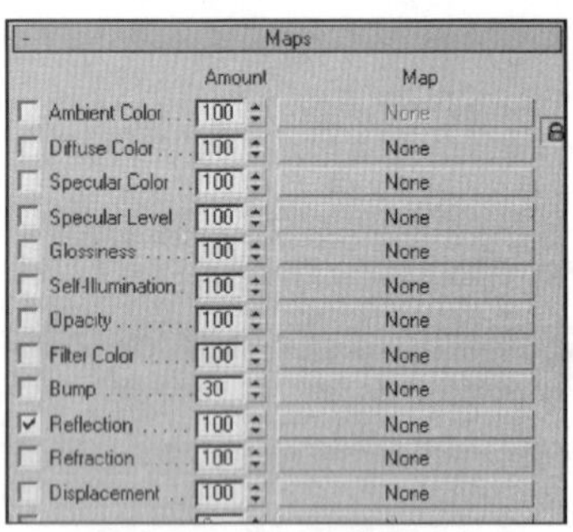

7. Na opção Browse From ative o botão New, em seguida escolha o mapa Raytrace, o qual permite que o material selecionado gere reflexo.

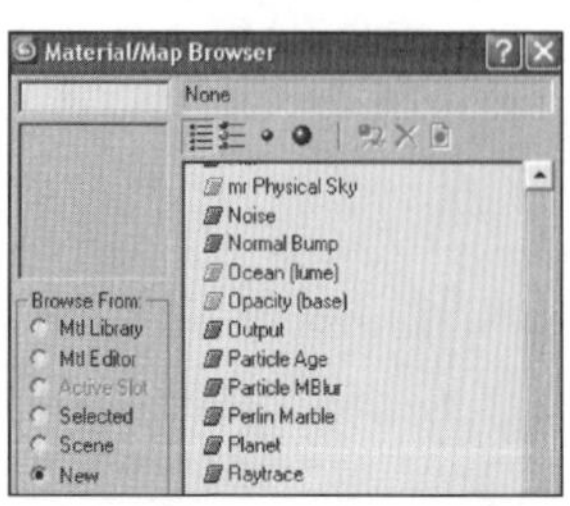

8. No quadro Raytracer Parameters clique no botão None, com o qual você pode carregar uma imagem com o Raytrace Maps.

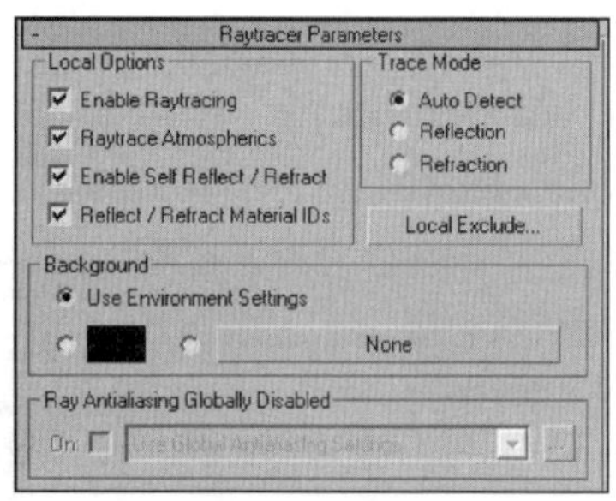

9. Clique duas vezes na opção Bitmap.

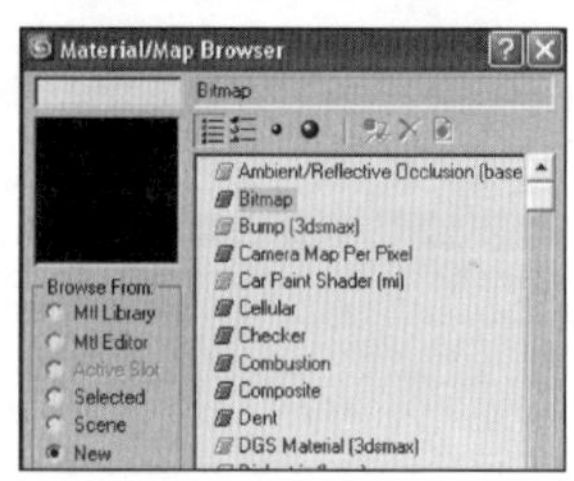

10. Carregue a imagem loft_xse_blur.hdr, como mostra a figura seguinte.

*. hdr = high dynamic range, mapa que armazena a intensidade da luz.

11. Esse quadro permite aumentar a intensidade da luz do mapa. Caso seja necessário, aumente um pouco o valor do White Point, logo em seguida pressione OK.

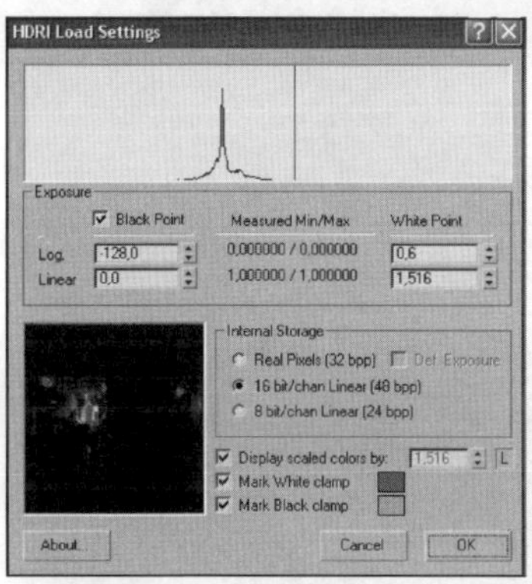

12. Pressione o botão Go to Parent para retornar ao menu principal .

13. Na roll-out Maps ative a opção Bump e clique no botão None.

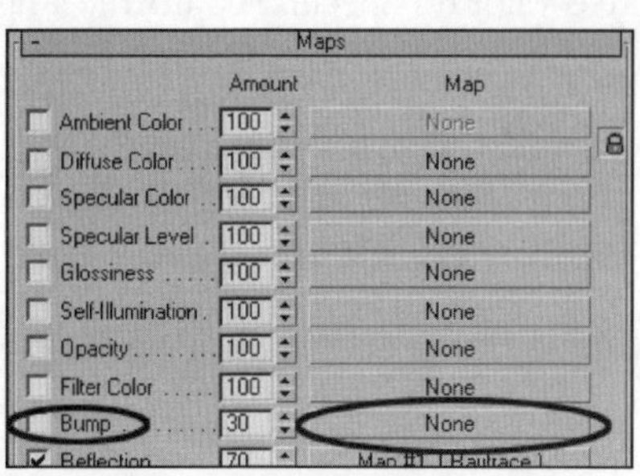

14. Na roll-out Noise Parameters altere as opções conforme a figura seguinte.

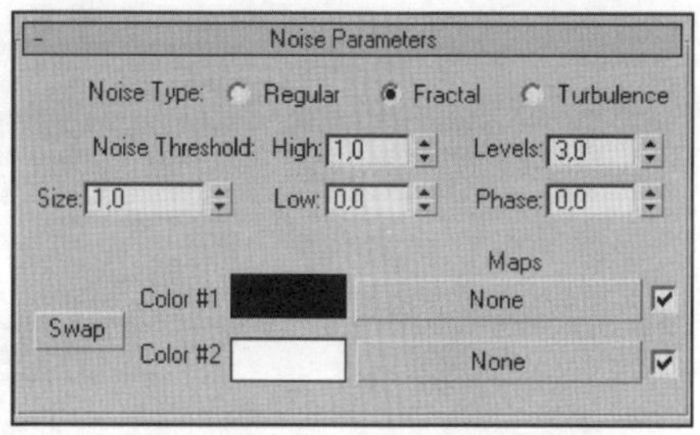

15. Pressione as teclas Shift + Q para gerar o render da cena.

Aplicação de Material no Soldado - Parte 2

1. Continuando o exercício anterior, clique com o botão direito do mouse na viewport e escolha a opção Unhide All.

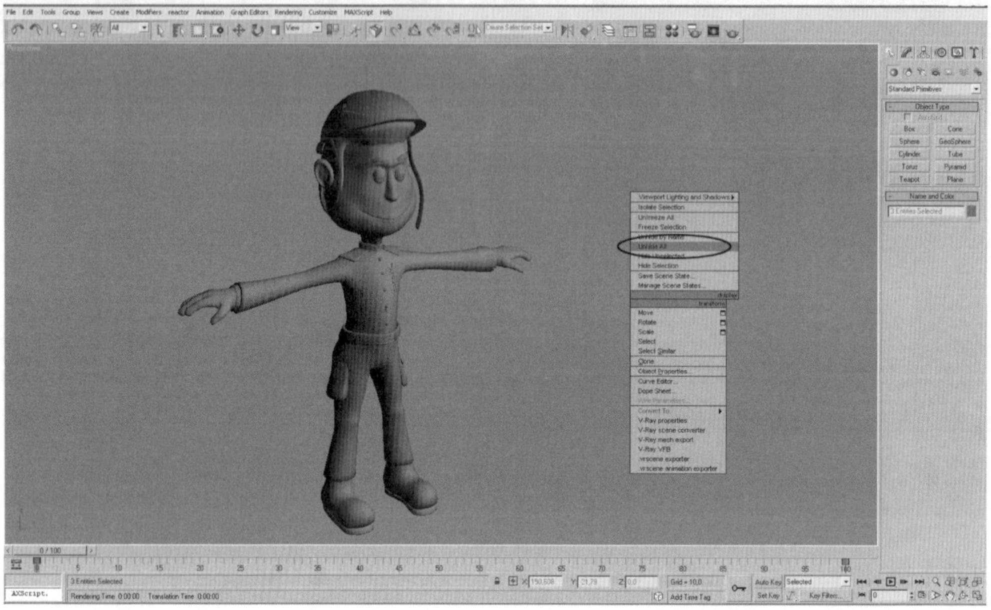

2. Selecione o rosto do personagem, clique com o botão direito do mouse na viewport e na opção Hide Unselect.

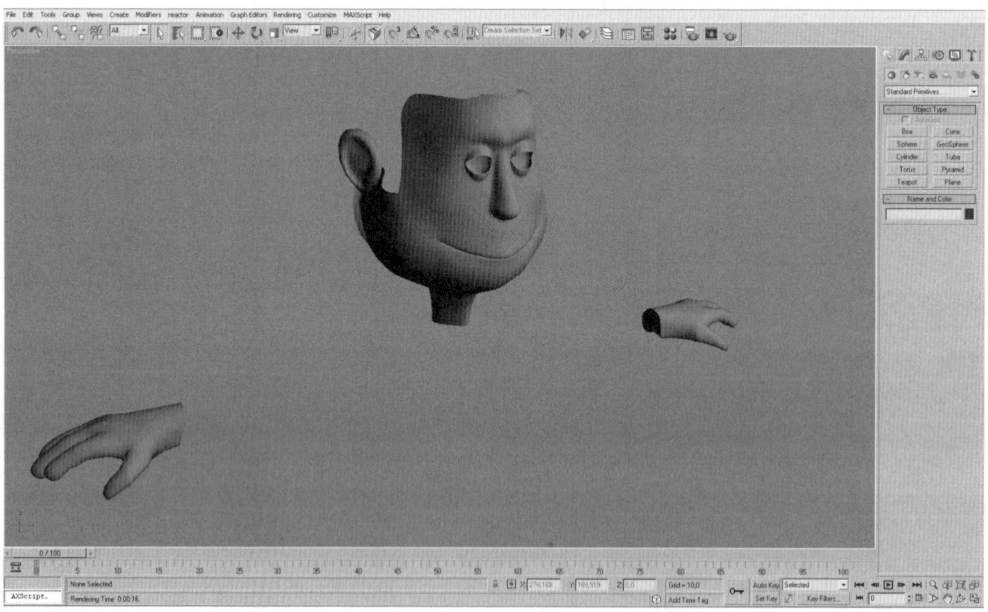

3. Pressione a tecla M para retornar ao Material Editor e escolha um slot vazio.

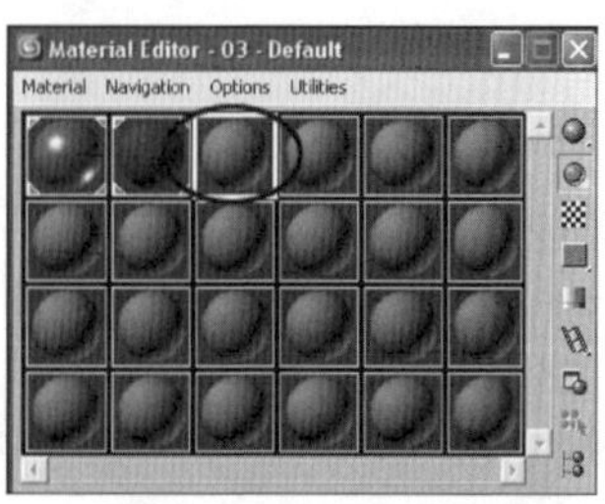

4. Altere o valor do Specular conforme a figura.

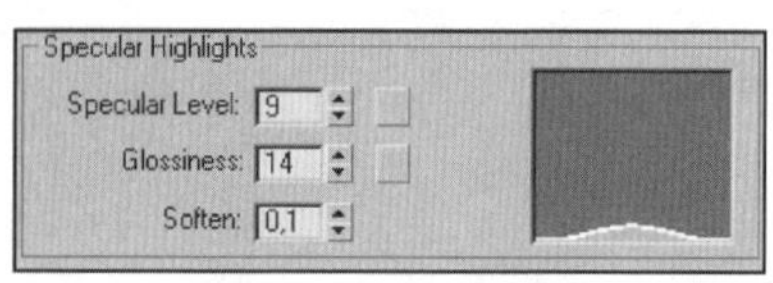

5. Vá até a roll-out Maps, ative a opção Diffuse e clique no botão None.

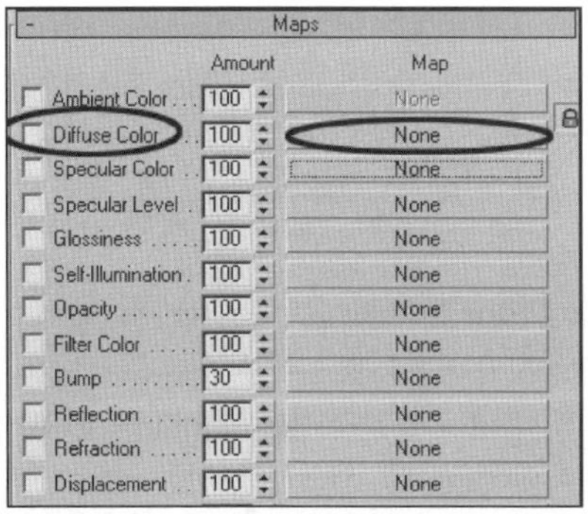

6. Carregue o mapa Falloff.

Observação: Esse mapa permite carregar duas texturas; uma na parte interna e outra na parte externa do objeto.

7. Na roll-out Falloff Parameters altere a cor do Falloff. Foram carregadas duas cores próximo à pele, a primeira um tom de rosa-claro e a segunda um marrom-escuro. A figura seguinte marca o RGB de cada cor aplicada.

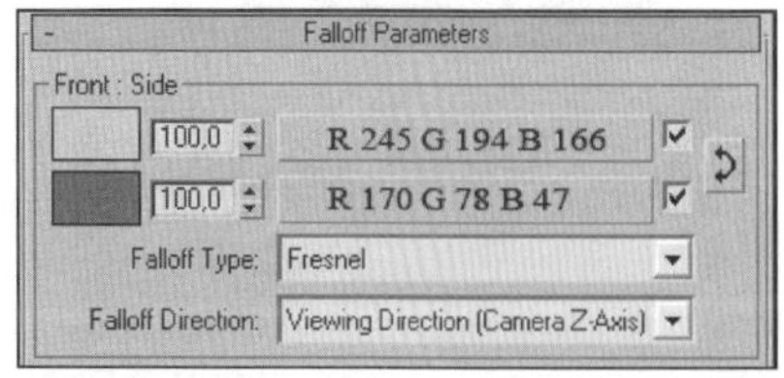

8. Aplique o material ao personagem usando a ferramenta .

9. Pressione as teclas Shift + Q para gerar o render da cena.

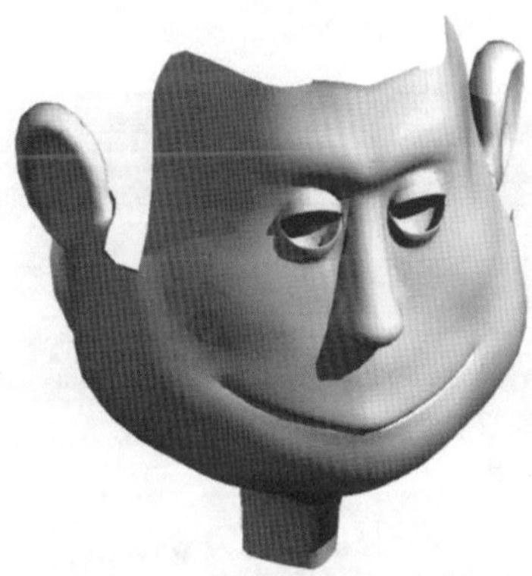

Aplicação de Material no Soldado - Parte 3

1. Continuando o exercício, repita o processo usado na parte 2, ou seja, oculte todo o objeto, exceto o corpo do personagem.

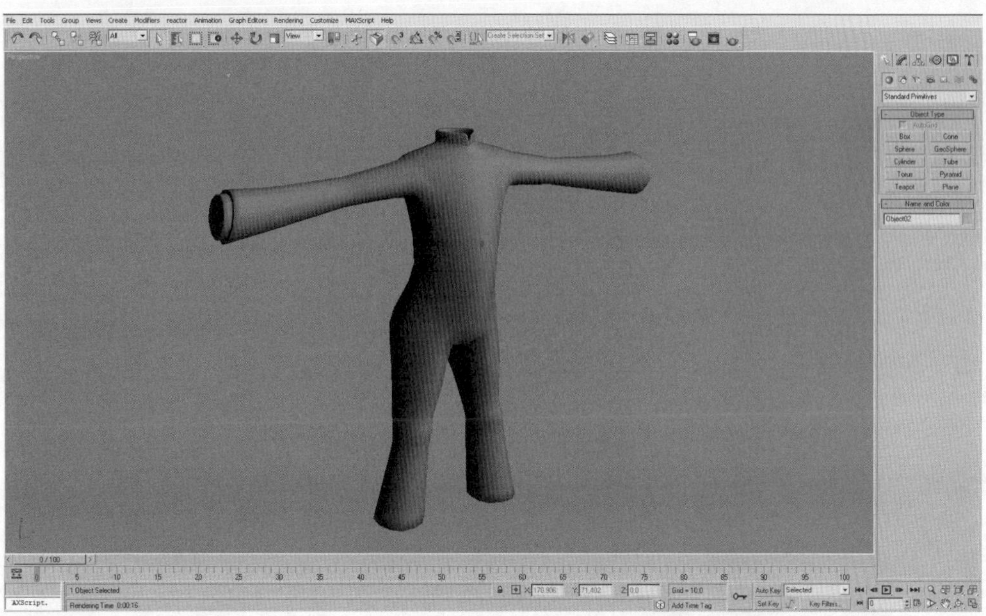

2. Abra o Material Editor e selecione um slot vazio.

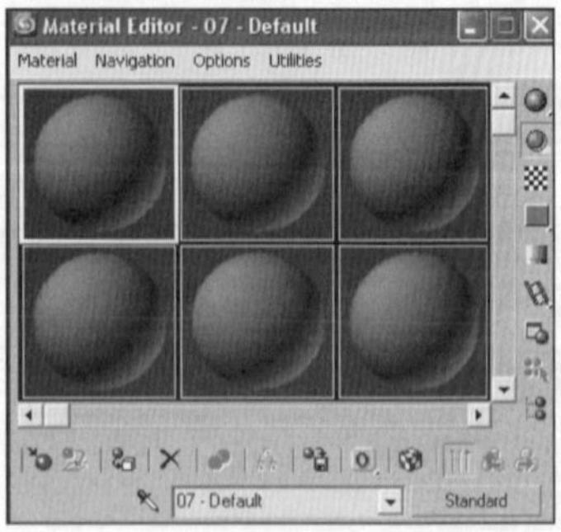

3. No menu Maps, ative a opção Diffuse e clique no botão None.

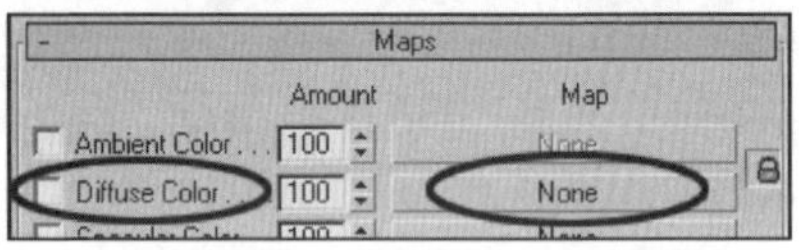

4. Carregue o material Noise.

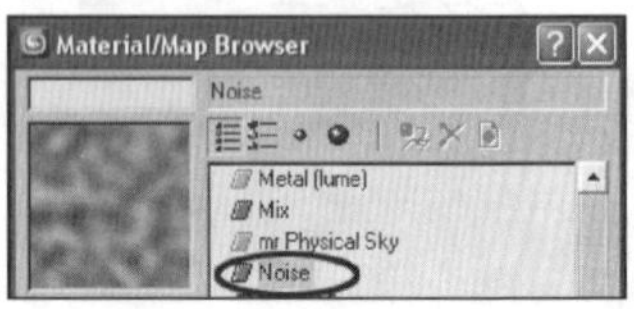

5. Na roll-out Noise Parameters faça as alterações conforme a figura seguinte.

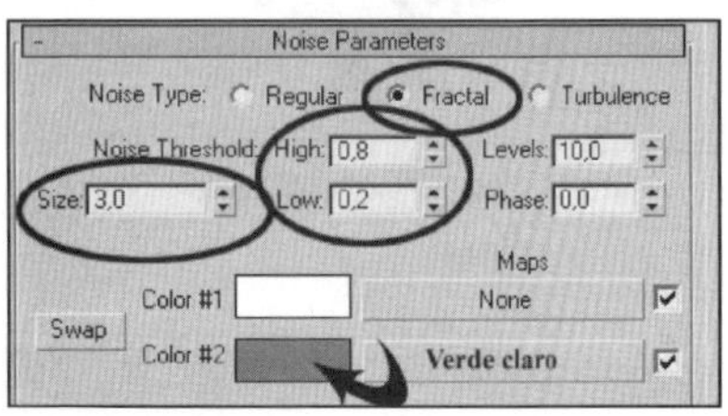

6. Clique no botão None, referente ao Color #1. Em seguida carregue o mapa Smoke.

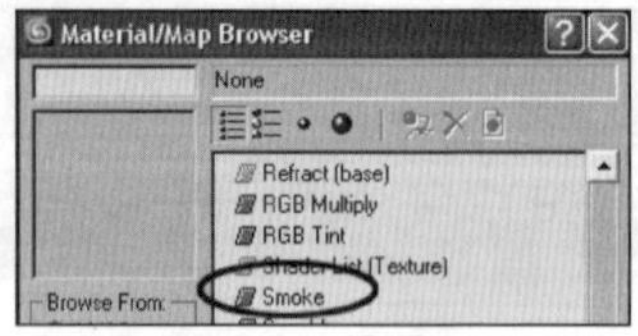

7. Na roll-out Smoke Parameters faça as alterações, como na figura seguinte.

   Para o Color #1 foi configurado RGB 37,13,0 e para Color #2 RGB 27,75,8.

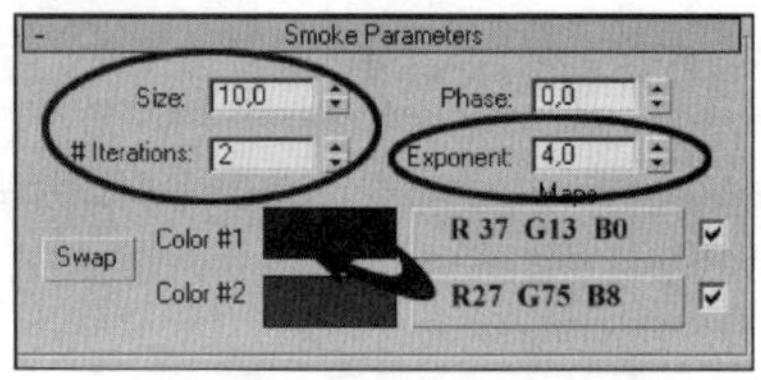

8. Aplique o material ao corpo do personagem e pressione Shift + Q para gerar o render.

Aplicação de Material no Soldado - Parte 4

1. Continuando o exercício, oculte o corpo e deixe visíveis os olhos. Veja a figura seguinte.

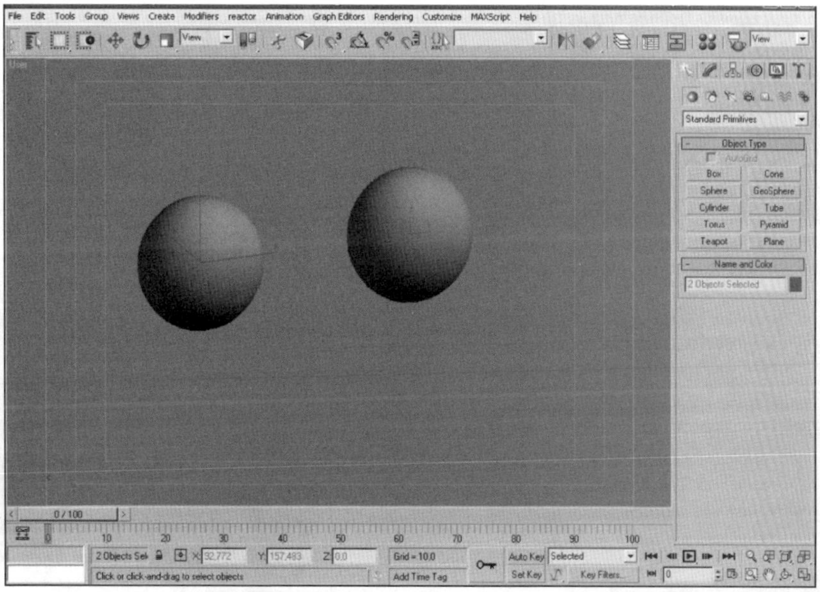

2. Antes de criar o material para os olhos, devemos mapear o objeto. Para isso, selecione o olho, vá até a pasta Modify e aplique o modificador UVW Mapping.

3. Na roll-out Parameters ative a opção Planar.

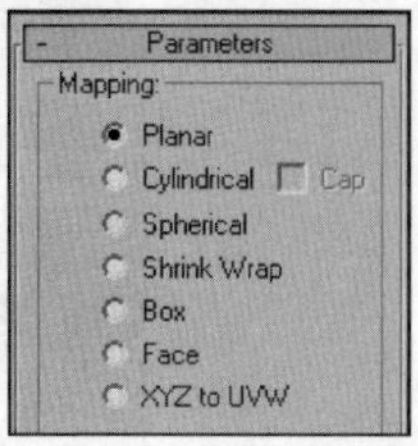

4. Altere os parâmetros do Specular Highlights.

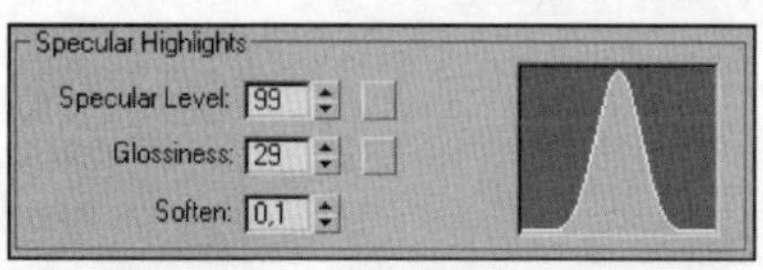

5. Vá até a roll-out Maps e ative a opção Diffuse. Clique no botão None.

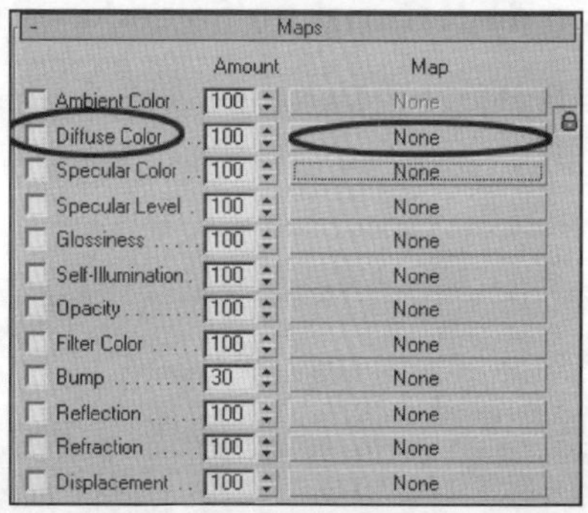

6. Carregue o mapa Gradient Ramp.

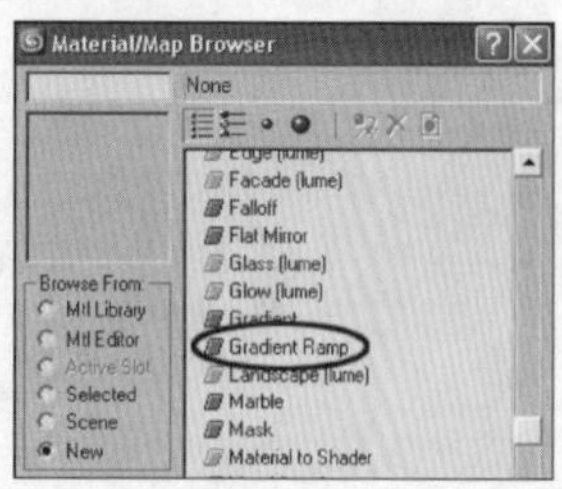

7. Altere o parâmetro do Gradient Type para Radial.

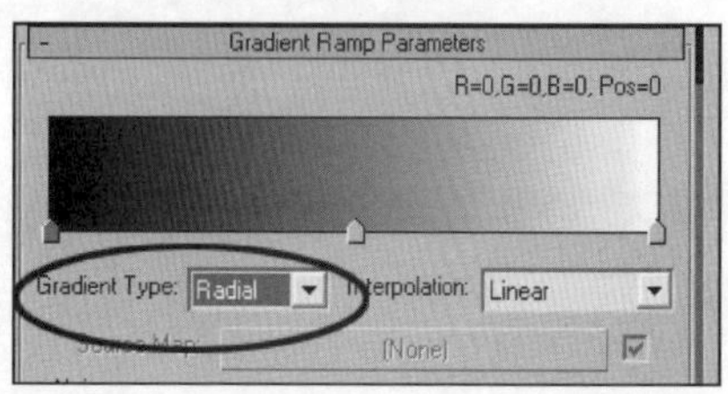

8. Clique no quadro Gradiente Ramp para criar flags, logo em seguida clique duas vezes em cada flag para alterar a cor.

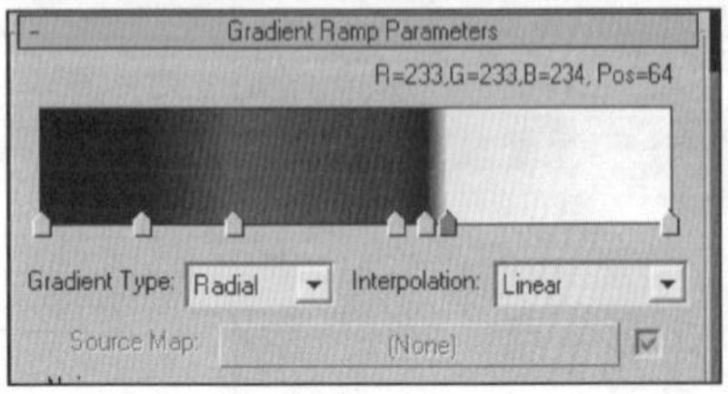

9. Na configuração descrita foram aplicadas as seguintes cores:
   - **1º e 2º flags, esquerda:** cor preta
   - **3º e 4º flags:** cor azul
   - **5º e 6º flags:** cor branca

Veja o resultado na imagem a seguir.

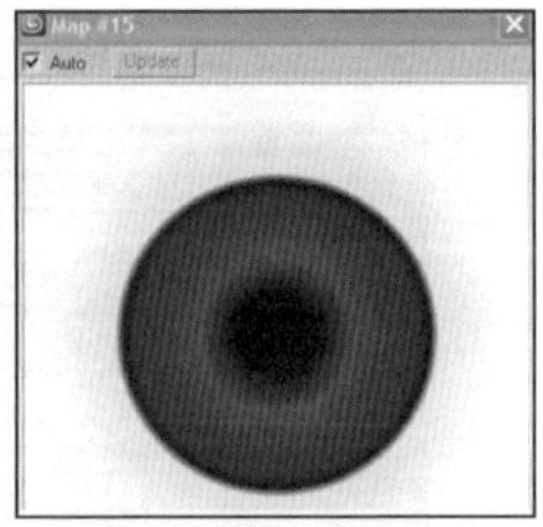

10. Aplique o material Gradient Ramp usando a ferramenta Assign Material.
11. Pressione as teclas Shift + Q para gerar o acabamento.

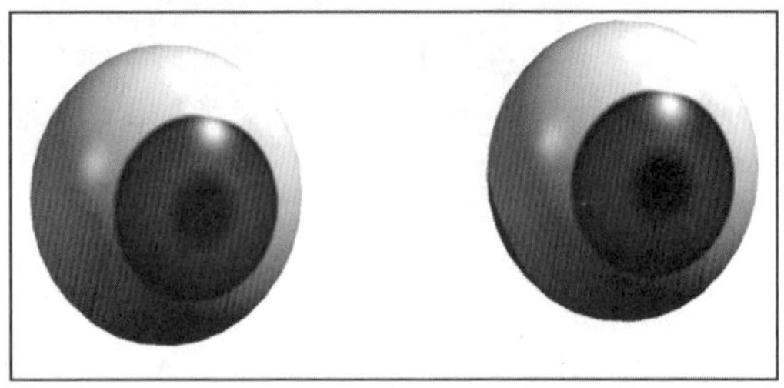

Aplicação de Material no Soldado - Parte 5

1. Para finalizar o soldado, aplicaram-se as seguintes cores com o uso da ferramenta Assign Material:
   - Para cabelo, sombrancelhas, botões e fivela da cinta aplicou-se a cor preta.

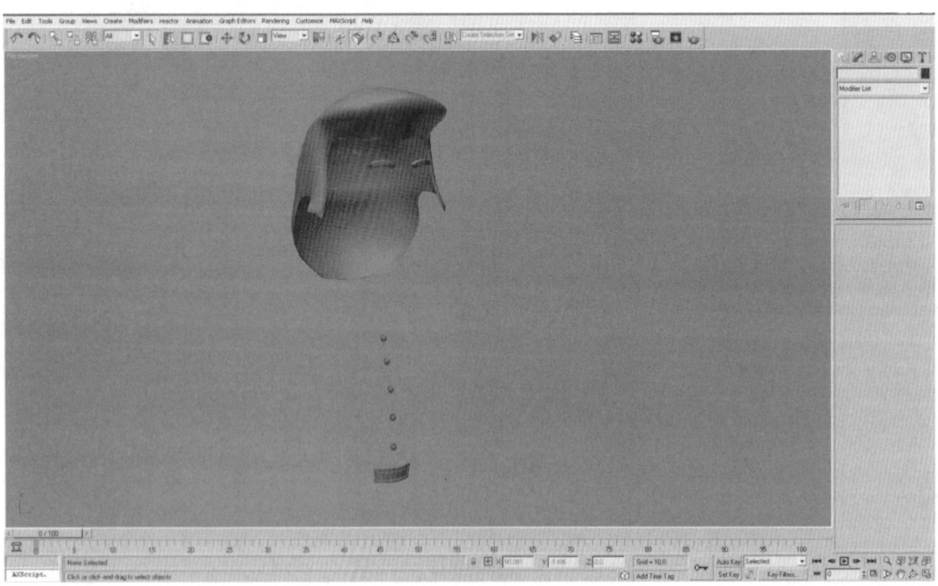

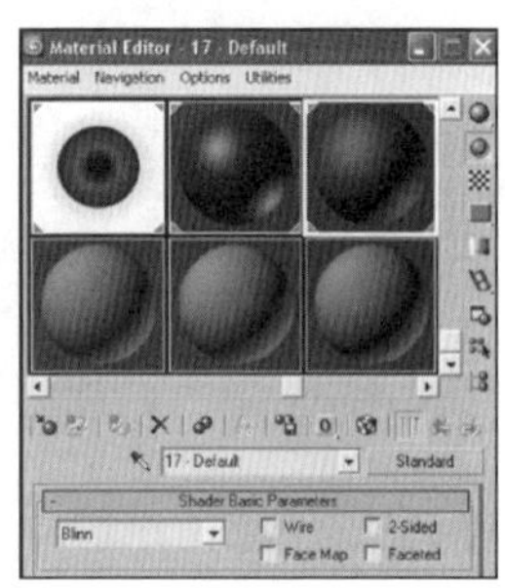

- Para o restante, incluindo botas, cinta, medalha etc., empregou-se a cor marrom-escuro.

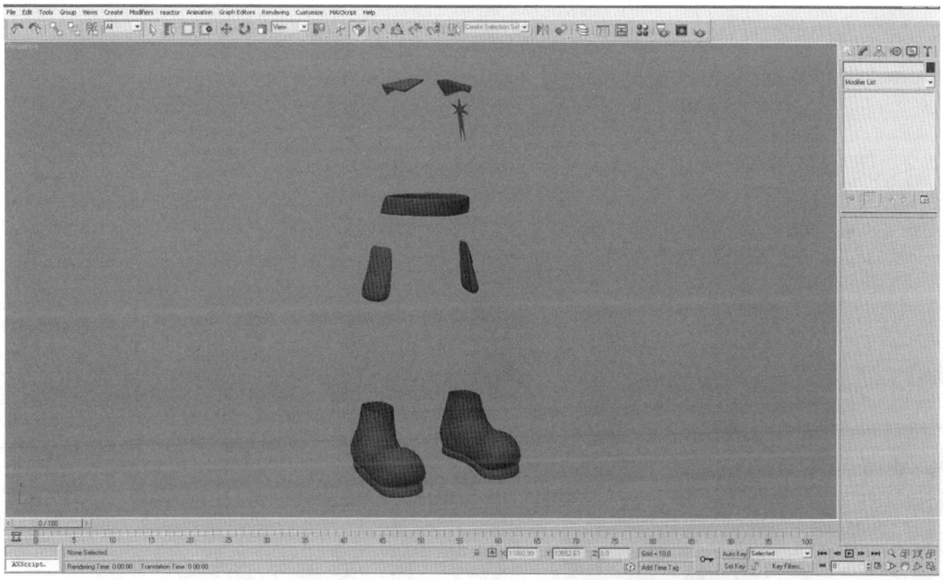

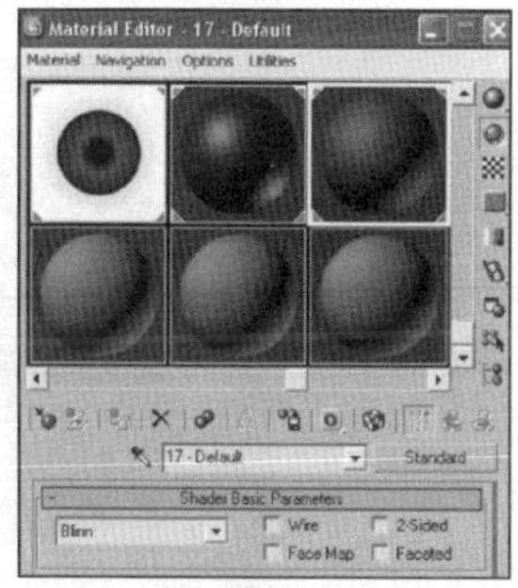

2. Pressione o botão direito do mouse e clique na opção Unhide All, para que toda a geometria do personagem apareça na tela. Em seguida gere um render para ver o resultado completo do personagem.

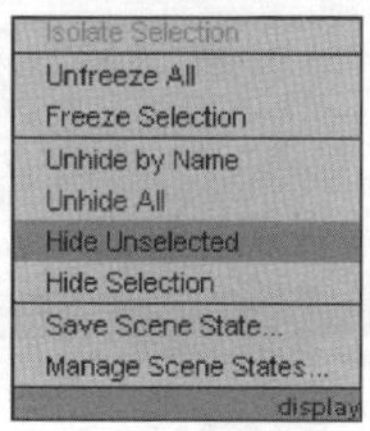

3. Observe o soldado finalizado.

Aplicação do Material Ink Paint

Material que permite criar um efeito cartoon na cena, que pode misturar-se a outros objetos 3D realistas.

1. Abra o arquivo boy paint.max (todos os arquivos deste livro encontram-se disponíveis no site da Editora Érica, www.editoraerica.com.br).

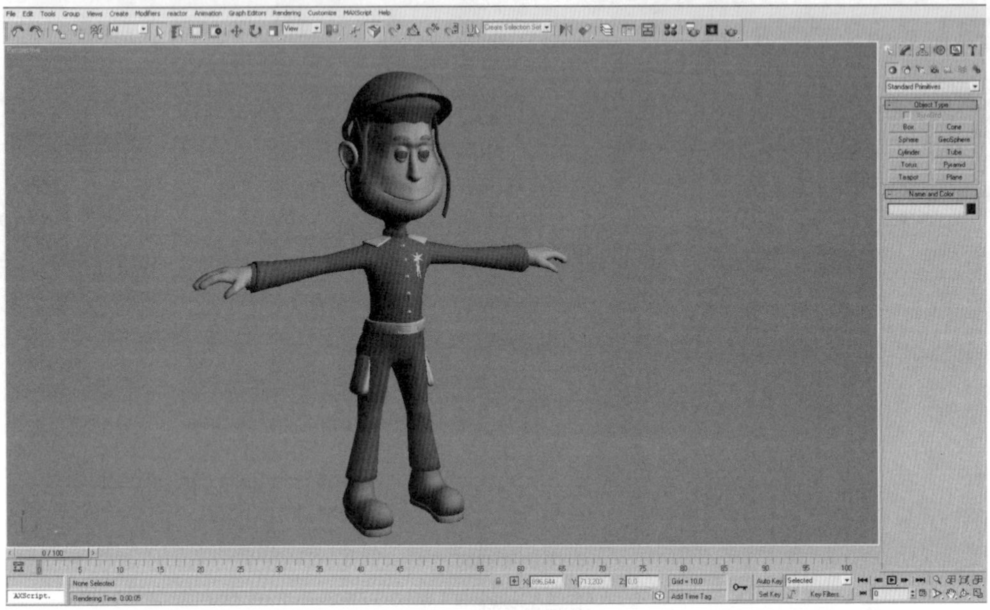

2. Abra o Material Editor, em seguida selecione um slot vazio.

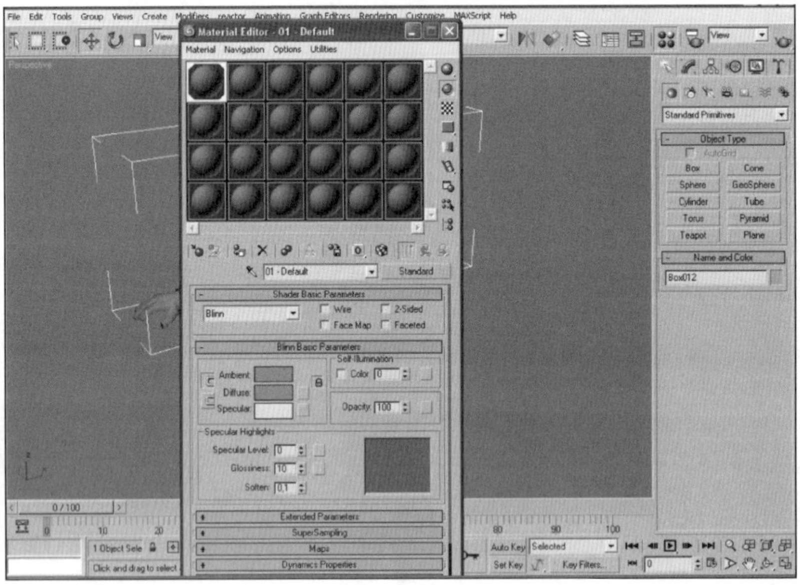

3. Clique no botão Standard e selecione a opção Ink 'n paint.

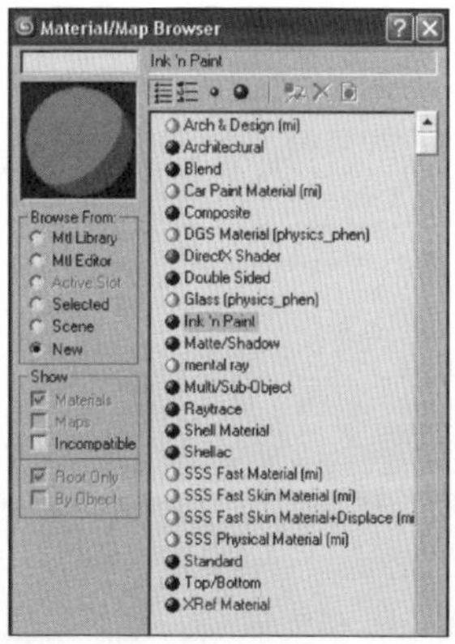

4. Nos parâmetros do Paint Controls clique duas vezes na cor Lighted.

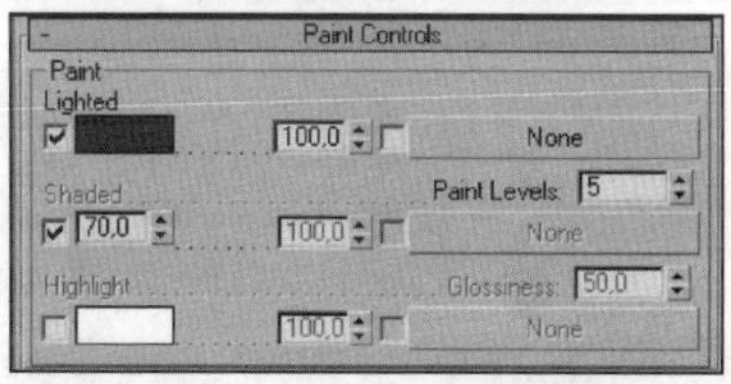

5. Escolha uma cor diferente dos outros materiais. A cor principal do Ink Paint localiza-se no Slot Lighted.

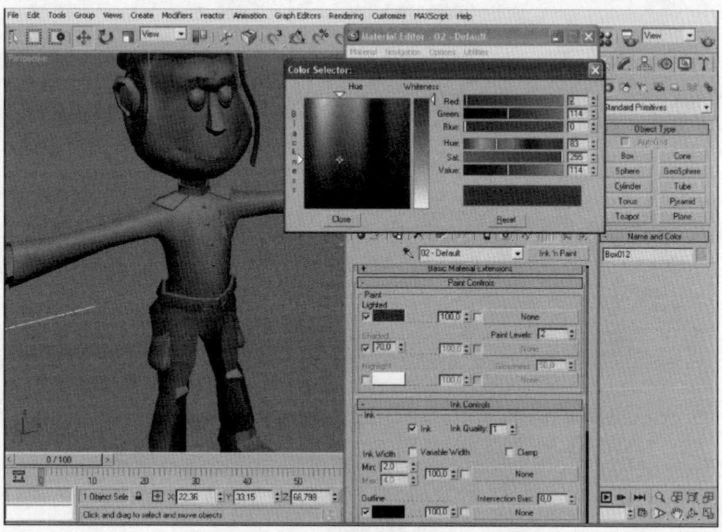

6. Altere o valor em Paint Levels (quantidade de tons ou dégradé).

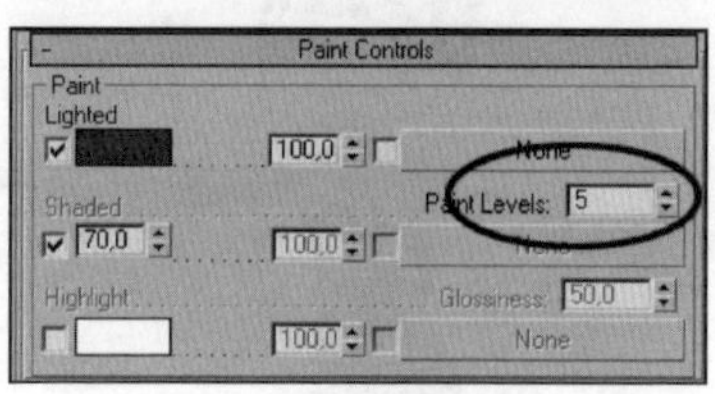

7. No quadro Ink Controls altere o valor de Overlap Bias para 5.

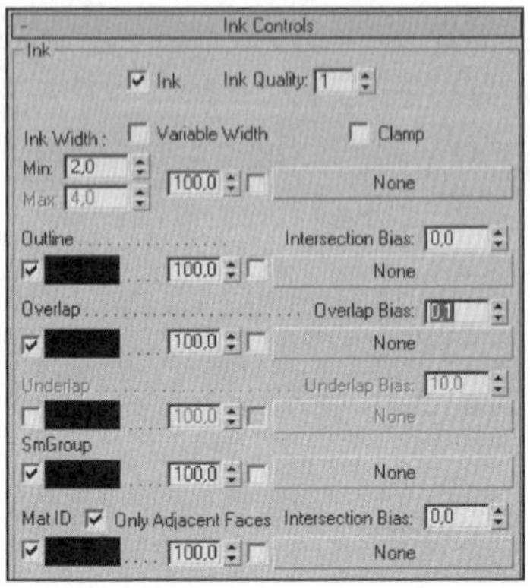

8. Aplique o novo material ao personagem usando o botão Assing Material, ou simplesmente arraste o material para cima do personagem.

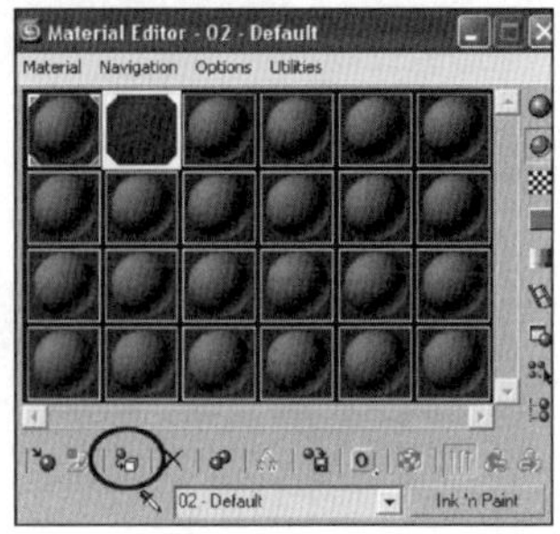

9. Repita todos os passos para criar outros materiais e aplique ao personagem.

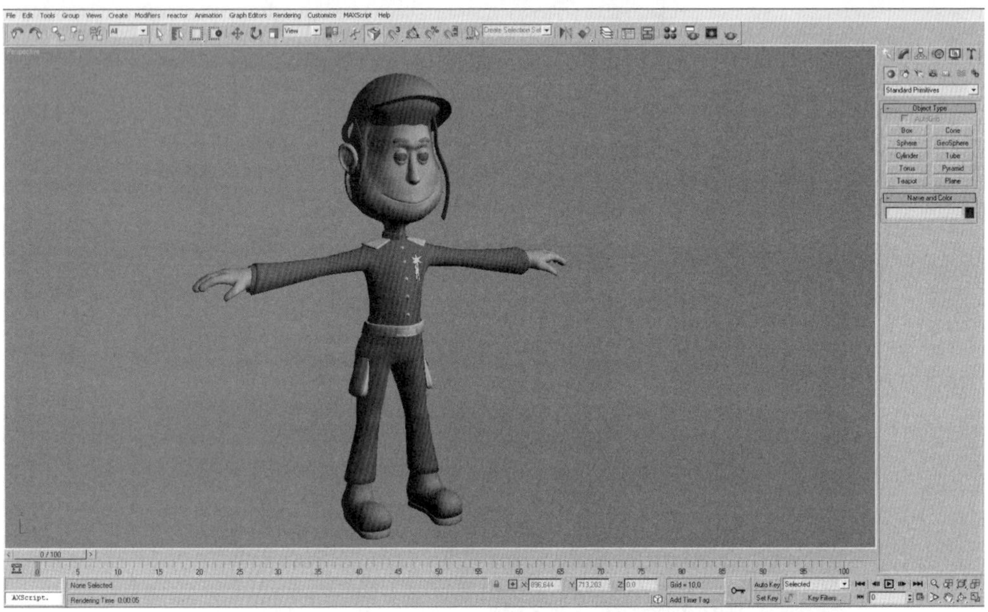

10. Para ver o Ink Paint funcionar, é necessário renderizar a cena. Clique no botão Render.

Exemplo finalizado:

Composite Map

Novidades da versão 2009

No 3ds Max 2009 o mapa **Composite** é uma versão completamente renovada da versão anterior e contém uma funcionalidade adicional, incluindo a capacidade de aplicar máscaras e usar cores de correção em ambos os mapas e máscaras, e ainda aplicar diferentes métodos de mistura de camadas.

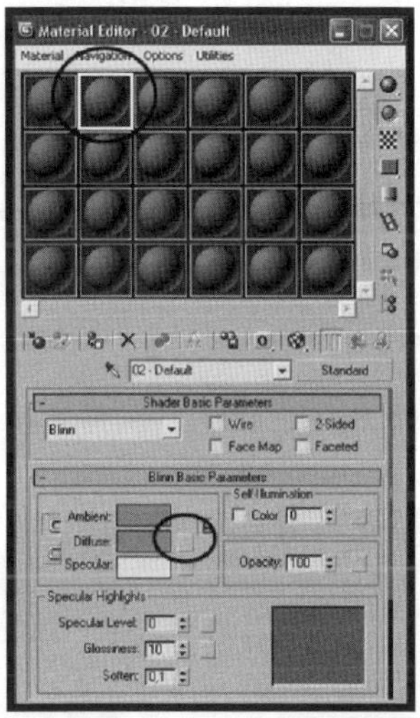

Hide This Layer

Quando ativado, o layer fica oculto e não tem efeito na saída.

Color Correct This Texture

Aplica o **color correction map**. Você pode usar essa opção para alterar e corrigir as cores da textura.

Delete This Layer

Apaga a camada. Funciona apenas quando existem, no mínimo, duas camadas.

Rename This Layer

Abre uma pequena caixa de diálogo, na qual você pode alterar o nome da camada.

Duplicate This Layer

Cria uma cópia exata da camada e insere imediatamente.

Opacity

Transparência da camada; 0% é totalmente invisível e 100% é visível.

Mask Map

Para atribuir uma máscara à camada, clique nesse botão e use o **Material/Mapa Browser**. A máscara funciona da mesma maneira que o mapa **Mask**; áreas de cor preta são transparentes, áreas brancas são opacas e cinzas permitem graus de transparência.

Blend Mode

Use esse quadro para escolher como a camada de cima vai interagir com os pixels das camadas de baixo. **A** é referente à camada atual e **B** refere-se à camada abaixo.

- **Normal:** mostra a camada sem mistura.
- **Average:** adiciona A e B, então divide por 2.
- **Addition:** adiciona A e B pixels.
- **Subtract:** subtrai A de B.
- **Darken:** compara o valor de A e B e para cada pixel, usa o preto dos dois.
- **Multiply:** multiplica o valor da cor do pixel de A e B.
- **Color Burn:** utiliza as cores escuras do pixel B com as cores de A.
- **Linear Burn:** igual ao color **Burn**, porém com menos contraste.
- **Lighten:** compara o pixel de A e B e usa a claridade dos dois.
- **Screen:** remove os pixels escuros.
- **Color Dodge:** aumenta as cores dos pixels com claridade de B com A.
- **Linear Dodge:** igual ao **Color Dodge**, porém com menos contraste.
- **Spotlight:** igual ao **Multiply**, mas com o dobro de brilho.
- **Spotlight Blend:** igual ao **Spotlight**, mas também adiciona iluminação ambiente à camada B.

- **Overlay:** escurece ou clareia o pixel, dependendo da cor da camada B.
- **Soft Light:** se a cor de A contém tons de cinza--claro, a imagem fica mais clara; se não, ela fica escura.
- **Hard Light:** se a cor do pixel tem tons de cinza--claro, aplica-se o modo de **Screen**; se o pixel tem tons de cinza-escuro, é aplicado o **Multiply**.
- **Pinlight:** troca a camada B, dependendo do brilho da cor da camada A.
- **Hard:** produz branco ou preto, dependendo das semelhanças entre A e B.
- **Difference:** para cada pixel subtrai o escuro do claro.
- **Exclusion:** igual ao **Difference**, porém com menos contraste.
- **Hue:** usa as cores da camada A e satura as da camada B.
- **Saturation:** usa a saturação de A e o valor da **Hue** da camada B.
- **Color:** usa o Hue e o **Saturation** de A e o valor de B.

Trabalho com o Mapa Composite

Exercício 1

1. Abra o arquivo muro_start.max.

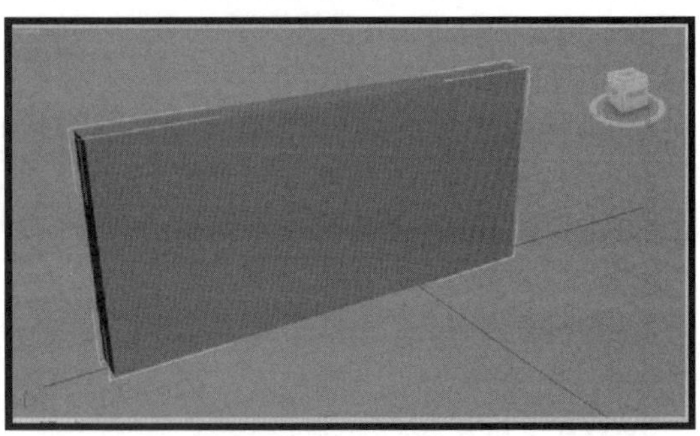

2. Abra o **Material Editor** .
3. Em **Material Editor** selecione um **slot** vazio e clique no botão **None** da opção **Diffuse**.

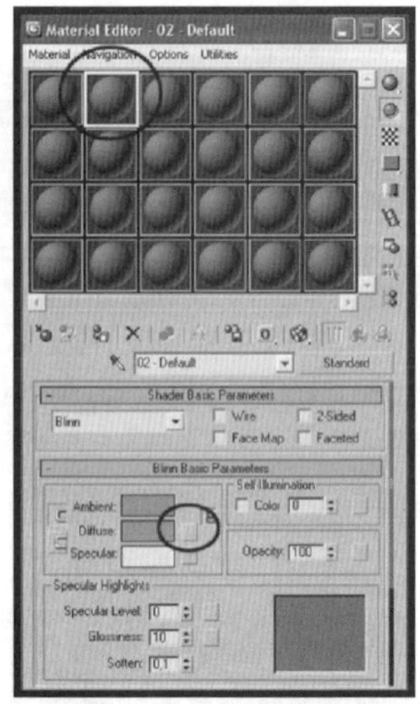

4. Escolha a opção **New** e abra a propriedade **Composite**.

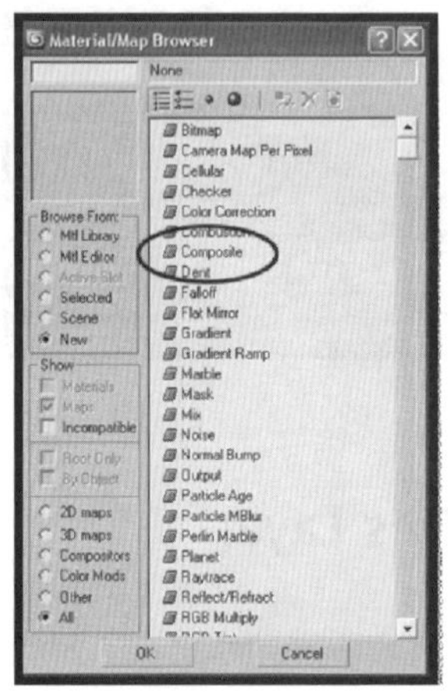

5. Clique no botão **Add new layer** e crie uma camada.

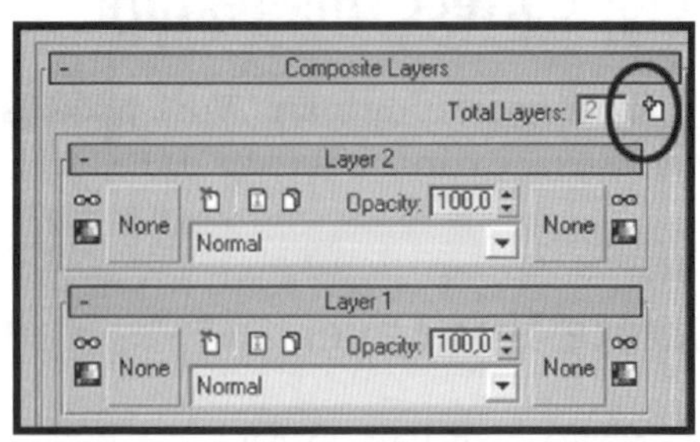

6. Para o **layer 1** clique no botão **None** (**texture**) a fim de carregar uma textura.

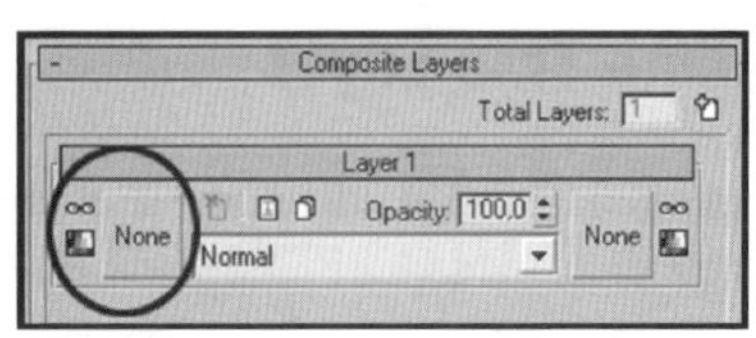

7. Escolha a opção **Mtl Library** e carregue a textura **Diffuse Color: Map # 3** ou qualquer outra que seja semelhante a um muro de tijolos.

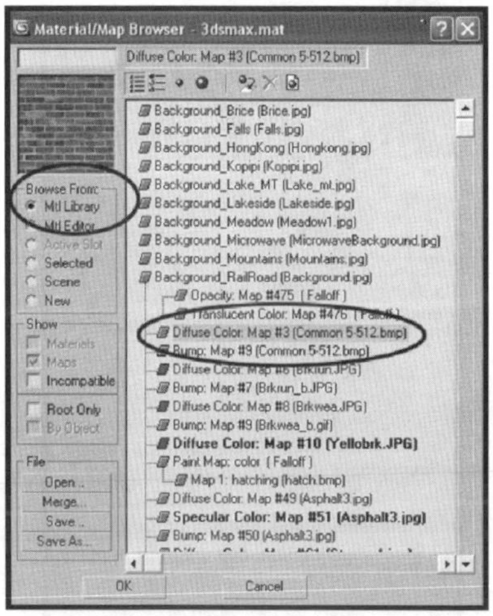

8. Aplique a textura ao muro. Primeiramente clique no botão **Assign Material** e, logo em seguida, clique em **Show Map Viewport**.

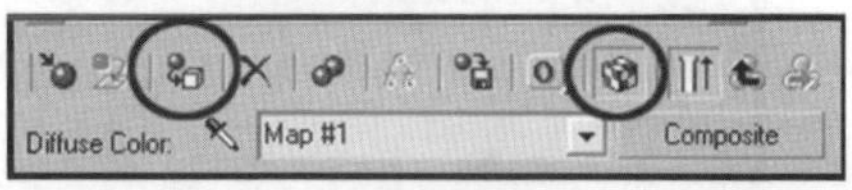

9. Para retornar ao menu **Composite**, clique uma vez no botão **Go To Parent**.

10. Continuando no menu **layer 1**, agora clique no botão **None** (**mask**).

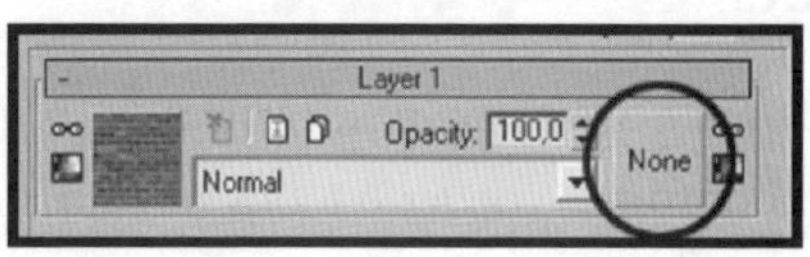

11. Escolha a opção **New** e abra a propriedade **Bitmap**.

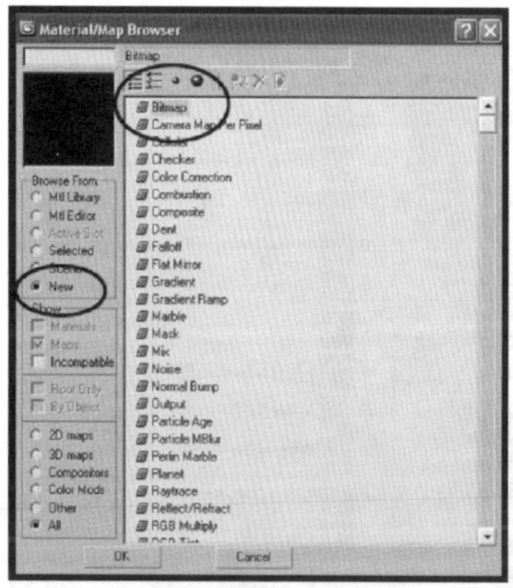

12. Carregue o mapa **muro_mask.jpg**.

Esse mapa está disponível com os exercícios no site da **Editora Érica**.

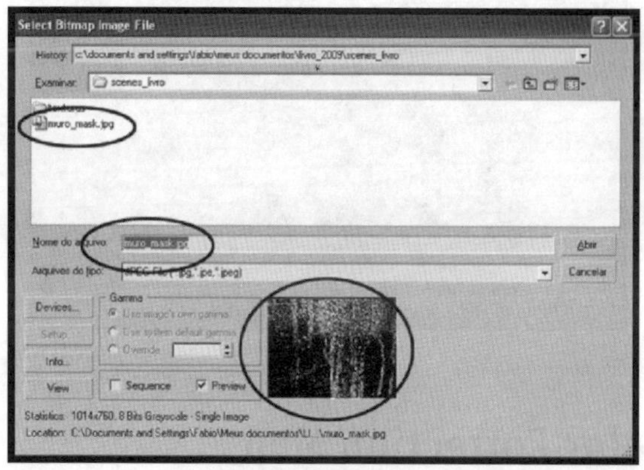

13. Para retornar ao menu **Composite**, clique uma vez no botão **Go To Parent**.

14. Para o **layer 2**, clique no botão **None** (**texture**) para carregar uma nova textura.

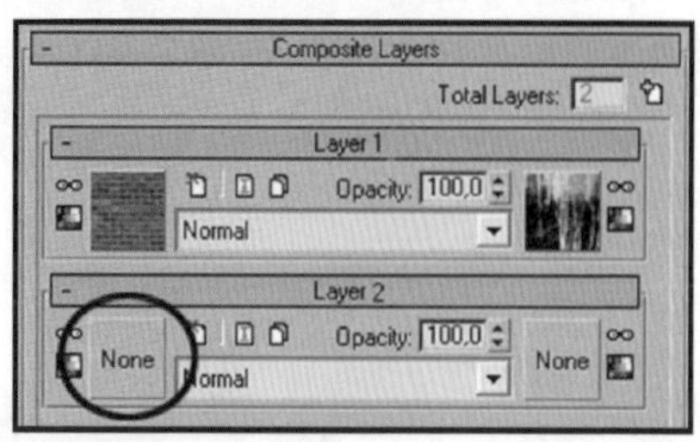

15. Escolha a opção **Mtl Library** e abra a textura **Diffuse Color: Map #8 (Grass)**.

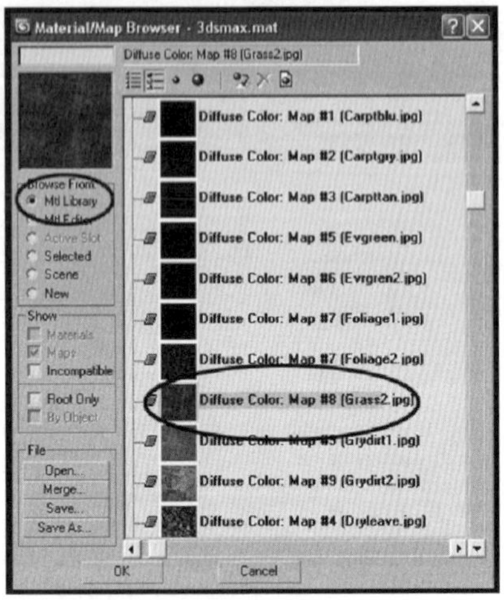

16. Clique no botão **Render** e veja o resultado das texturas aplicadas e separadas por uma máscara.

Color Correction Map

Novidade da versão 2009

O **Color Correction** oferece ferramentas para modificar as cores de uma textura, ou um subjacente mapa, utilizando um método baseado em pilha. As ferramentas para correção de cor incluem as opções monocromática, inversão, canais personalizados de cor, matiz e ajuste de saturação e luminosidade.

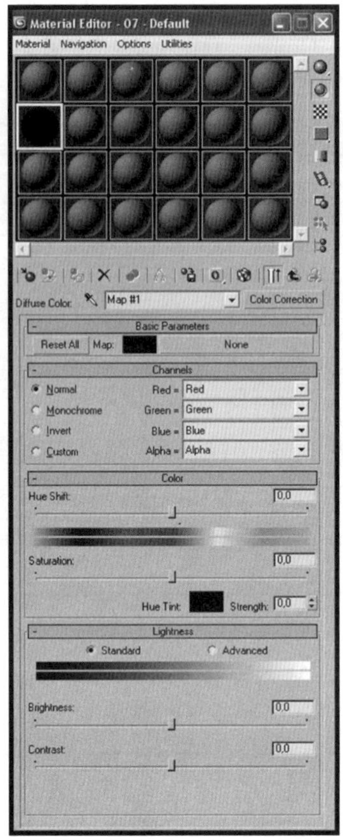

Texture Roll-Out

Collor Swatch

O 3ds Max usa a cor especificada caso não haja nenhuma textura aplicada.

Map Button

Clique no botão **None** para carregar um mapa ou uma textura.

Channels

- **Normal:** a cor permanece inalterada.
- **Monochrome:** converte todos os canais de cores em tons de cinza.
- **Invert:** troca o vermelho, verde e azul por seus canais inversos.
- **Custom:** permite aplicar diferentes ajustes aos canais de cores.

Color

- **Hue Shift:** permite mudar a cor usando o padrão **Hue spectrum**.
- **Saturation:** a intensidade ou pureza das cores do mapa. Diminuindo o valor, remove a saturação da cor, trazendo a imagem para tons de cinza; aumentando o valor, intensifica a cor.
- **Hue Tint:** altera a cor dos mapas de pixel para aquela selecionada; branco, cinza e preto não sofrem influência.
- **Strength:** a força com que será aplicado o **Hue Tint**.

Lightness

- **Brightness:** o mapa global de luminância da imagem. Para modificar o valor, use o controle deslizante ou o controle numérico.
- **Contrast:** a diferença entre as porções mais claras e escuras da imagem do mapa. Para modificar o valor, use o controle deslizante ou o controle numérico.

Lightness Roll-Out: Advanced

Os controles avançados são semelhantes aos disponíveis no Laboratório de Fotografia. Essa ferramenta permite simular exposição de câmera e fotodesenvolvimento. Você pode alterar a exposição para clarear ou escurecer um mapa em passos incrementais, proporcionando perceptivamente mudanças à luminância. Fotodesenvolvimento pode produzir imagens com diferentes distribuições de cores.

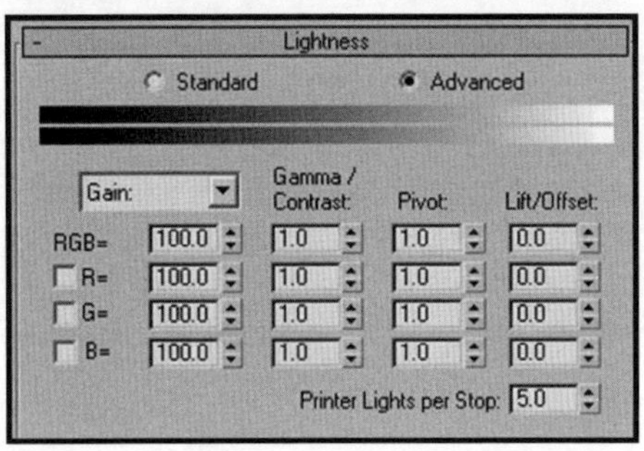

Exposure Method

- **Gain:** o valor das cores do pixel é multiplicado por esse valor.
- **F-Stop:** como na fotografia, aumenta em uma dobra a luminância.
- **Printer light:** quando aumentamos o valor do Printer light, dobramos a luminância.
- **RGB/R/G/B:** é possível alterar as configurações de todos os canais simultaneamente (RGB) e de um canal individualmente. Além disso, alternar as configurações para os canais individuais com as caixas de seleção.
- **Gamma/Contrast:** nessa opção o aumento da correção **gamma** pode ser expresso em termos de contraste ou de gama habitual expoente. Aumentando a gama, diminui o contraste.
- **Pivot:** a correção de **gamma** é aplicada sobre um valor pivot, ou seja, pixel. Valores iguais ao valor pivot permanecem inalterados. Isso é útil quando quiser usar a correção gamma para alterar o contraste de um mapa, mas sem afetar um determinado nível de luminância.
- **Lift/Offset:** o lift é simplesmente um offset uniforme adicionado a todos os valores de pixel (offsets distintos têm componentes de cor diferente). **Lift** é geralmente aplicado como o último passo do processo e pode ser usado para controlar o brilho geral do mapa.
- **Printer Lights per Stop:** quando se utiliza a opção **Printer Lights**, os ajustes que aparecem são determinados em **f-stop**, como a exposição de uma câmera fotográfica, em que se dobra ou reduz a exposição da imagem em relação à luz.

Exemplos

Hue

Invert

Hue tint

Normal

Contrast

F-stop

Capítulo 5

Mapeamento UVW Map e Unwrap

- Selecione um objeto → pasta Modify → Modifier List → UVW Map
- Selecione um objeto → menu Modifiers → UV Coordinates → UVW Map

Com a aplicação de coordenadas de mapeamento a um objeto, o modificador UVW Map controla o modo como o mapeamento e os materiais procedurais aparecem na superfície de um objeto. As coordenadas especificam o modo como os bitmaps se projetam em um objeto. O sistema de coordenadas UVW é similar ao XYZ. Os eixos U e V de um bitmap correspondem aos eixos X e Y. O eixo W, que corresponde ao Z, normalmente é utilizado só para mapas procedurais.

Mapeamento de uma caixa.

Os objetos primitivos, como esferas e caixas, podem gerar suas próprias coordenadas de mapeamento, da mesma forma que o fazem os objetos Loft e as superfícies Nurbs. Os modelos poligonais ou escaneados, importados ou construídos à mão, carecem de coordenadas de mapeamento até que se aplique o modificador UVW Map.

Se aplicar um modificador UVW Map a um objeto com coordenadas de mapeamento internas, as coordenadas aplicadas têm preferência se utilizar o map channel 1 no modificador. A opção Generate Mapping Coordinates, disponível durante a criação de primitivas, utiliza o canal de mapa 1 como default (padrão).

Utilize o modificador UVW Map para:

- Aplicar um dos sete tipos de coordenadas de mapeamento a um objeto em um canal de mapa especificado. Um mapa difuso no map channel 1 e um mapa de relevo (bump) no map channel 2 podem ter distintas coordenadas de mapeamento e controlar separadamente dois modificadores UVW Map no Modifier Stack.
- Transformar o gizmo de mapeamento para ajustar a posição do mapa. Os objetos com coordenadas de mapeamento internas carecem de gizmo.
- Aplicar coordenadas de mapeamento a um objeto sem coordenadas, por exemplo, uma malha importada.
- Aplicar mapeamento no nível de subobjetos.

Canais de Mapa (Map Channels)

É possível controlar o tipo de coordenada de mapeamento e a posição do gizmo de mapeamento para cada bitmap em um material que utilize vários bitmaps, atribuindo canais de mapa explícitos a eles. No editor de materiais é possível atribuir cada mapa a um número de canal distinto e acrescentar vários modificadores UVW Map ao catálogo de modificações (modifier stack) do objeto; cada modificador UVW Map define-se em um canal de mapa diferente. Para trocar o tipo de mapeamento ou posição de gizmo de um bitmap determinado, selecione um dos modificadores UVW Map do catálogo de modificações e troque os parâmetros. Pode trocar o nome de um modificador UVW Map no quadro de diálogo Edit Modifier Stack para estabelecer uma correlação entre o modificador e o bitmap.

Transformação de Gizmos do UVW Map

O gizmo do UVW Map projeta coordenadas de mapeamento sobre um objeto. Pode colocar, rotacionar ou escalar um gizmo para ajustar a posição das coordenadas do mapa em um objeto. Os gizmos também podem ser animados. As transformações de gizmo permanecem ativas se selecionar um novo tipo de mapa. Se escalar um gizmo de mapeamento esférico e trocar por mapeamento plano, também se escala o gizmo de mapeamento plano.

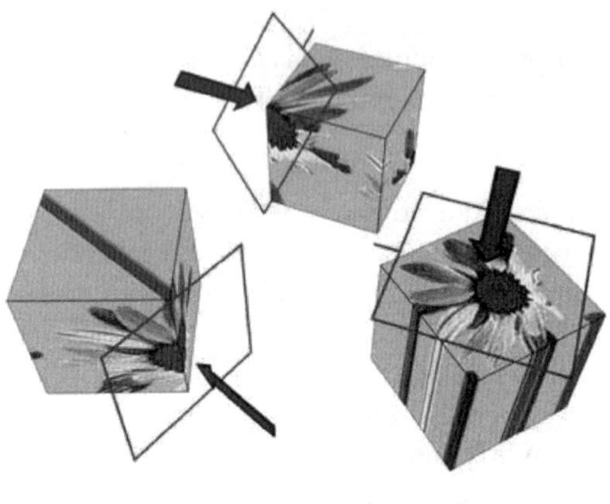

Mudança de localização de um mapa movendo o gizmo.

Apresentação de Gizmo para Vários Tipos de Mapa

No caso de mapas planos, esféricos, cilíndricos e de Shrink Wrap, uma curta linha amarela indica a parte superior do mapa. A aresta verde do gizmo indica o lado direito do mapa. Em um mapa esférico ou cilíndrico, a aresta verde é a união da aresta esquerda com a direita. Gizmo deve estar selecionado na hierarquia da apresentação do modificador para ser mostrado.

Gizmos para distintos tipos de projeção.
Da esquerda para a direita: plano, cilíndrico, de caixa e esférico.

Conseqüências da Transformação do Gizmo de UVW Map

Ao deslocar o gizmo, troca-se o centro de projeção e afetam-se todos os tipos de mapeamento. A rotação do gizmo troca a orientação do mapa, que afeta todos os tipos de mapeamento. A escala uniforme não atinge o mapeamento esférico nem de Shrink Wrap. A escala não-uniforme afeta todos os tipos de mapeamento.

Se escalar um gizmo menor que a geometria, cria-se um efeito de tiling (mosaico), a menos que a escala não afete o mapa utilizado. O tiling apoiado no tamanho do gizmo é somado aos valores de tiling definidos na roll-out Coordenadas do editor de materiais (Material Editor Coordinates) ou nos controles de tiling do modificador UVW Map.

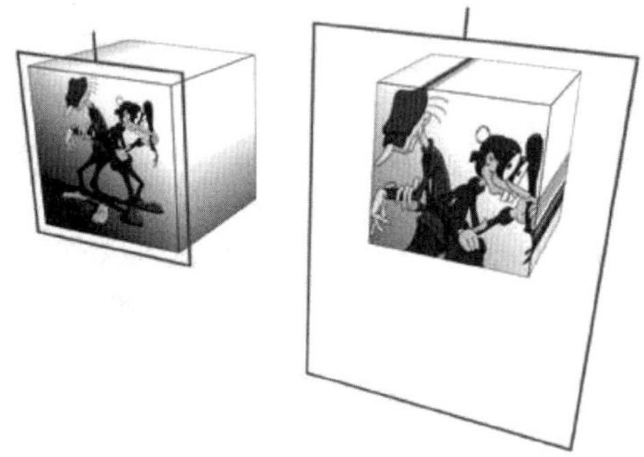

O tamanho do gizmo afeta o modo como se aplica o mapeamento a um objeto.

Manipuladores de UVW Map

No 3ds Max, o modificador UVW Map tem manipuladores gráficos que facilitam o ajuste de longitude, largura e tiling UV.

Os manipuladores estão visíveis e podem ser utilizados enquanto estiver ativado o botão  Select and Manipulate. Quando o mouse passa por um manipulador, ele fica vermelho para indicar que é possível arrastá-lo ou clicá-lo. Além disso, aparece uma pista que mostra o nome do objeto, o parâmetro e seu valor.

- **UV width/length manipulators:** em uma viewport, arraste as arestas do gizmo do UVW Map para trocar a largura ou a altura.
- **UV tiling manipulators:** em uma viewport, arraste o pequeno círculo situado em U ou V para ajustar a disposição em tiling nessa dimensão.

Controles do Tile

Utilize os controles de Tile UVW para que se repita um mapa. Os mapas em Tile são de grande utilidade para os tijolos de uma parede ou os ladrilhos de um chão. Em lugar de criar um único mapa grande, pode-se dispor em Tile vários mapas sem juntas visíveis sobre uma superfície para criar o efeito de um mapa grande.

O Tile do modificador UVW Map afeta só os objetos que o utilizam. A disposição em Tile de um mapa no editor de materiais afeta o Tile de todos os objetos que utilizam o material.

Os Tiles do material e do UVW Map se multiplicam. Se um mapa no editor de materiais tem valor de Tile 2 em um eixo e um modificador UVW Map tem valor de Tile 3 no mesmo eixo, o resultado é um valor de Tile 6.

Objetos sem Coordenadas de Mapeamento

Renderiza-se um objeto que não tiver coordenadas de mapeamento ou um modificador UVW Map e o objeto utiliza um material com bitmaps 2D ou mapas procedurais 3D que empregam canais de mapa explícitos. Aparece uma mensagem de aviso com o nome do objeto, como os canais UVW ou os Missing Map Coordinates Box 01.

Procedimentos

Para aplicar o modificador UVW Map:

1. Aplique um mapeamento de material a um objeto.
2. Na pasta Modify, carregue UVW Map na lista de modificadores.
3. Ajuste os parâmetros de mapeamento.

De forma default, o modificador UVW Map utiliza mapeamento plano e o canal de mapa 1. É possível trocar o tipo de mapeamento e o mapeamento de canal segundo as necessidades. Existem sete tipos de coordenadas de mapeamento, 99 canais de mapa, controles de tiling e controles para trocar o tamanho e a orientação do gizmo de mapeamento no modificador UVW Map.

> **Nota:** Se aplicar um modificador UVW Map a vários objetos, o gizmo UVW Map define-se mediante seleção, e o mapeamento resultante aplica-se a todos os objetos.

Interface

Modifier Stack

- **Gizmo Level:** permite as transformações de gizmo. Ative-o e desloque, escale e rode nos visores para localizar o mapa. No editor de materiais, ative a opção Mostrar mapa no visor para que ele apareça em um visor sombreado. O mapa modifica-se pela superfície do objeto à medida que se transforma o gizmo.

Mapping Group

Determina o tipo de coordenada de mapeamento utilizado. Os distintos tipos de mapeamento diferenciam-se conforme o modo como o mapa projeta-se geometricamente no objeto e o modo como a projeção se relaciona com as superfícies do objeto.

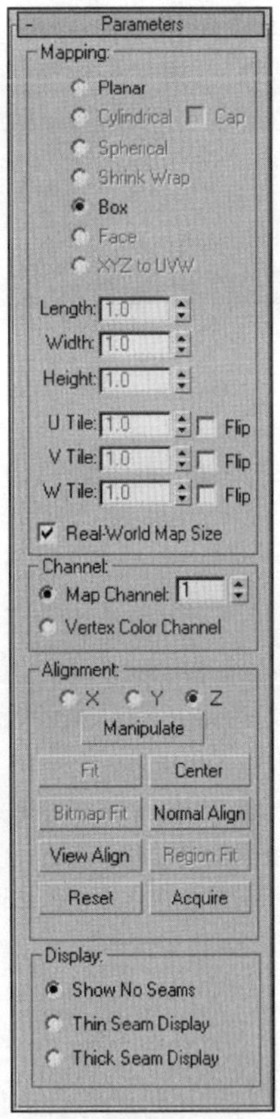

- **Planar:** projeta o mapa de um único plano liso sobre o objeto, como ao projetar um slide. A projeção planar é de grande utilidade quando só é necessário mapear um lado do objeto. Do mesmo modo, é útil para mapear obliquamente vários lados e/ou dois lados de um objeto simétrico.

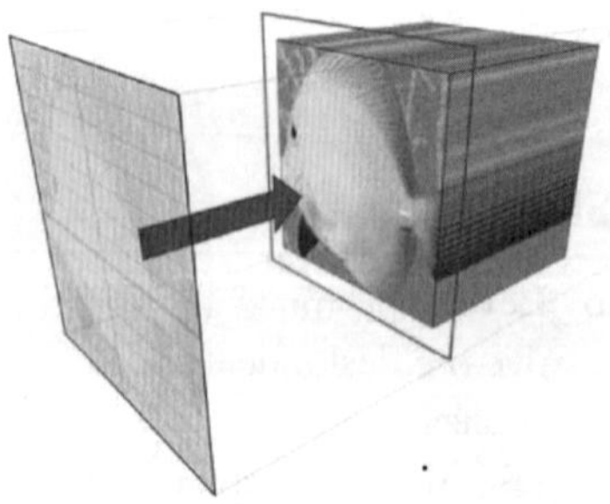

Projeção de mapa plano.

- **Cylindrical:** projeta o mapa de um cilindro, envolvendo-o ao redor de um objeto. As juntas em que se encontram as arestas do bitmap são visíveis, a menos que se utilize um mapa ininterrupto. A projeção cilíndrica é útil para os objetos de forma aproximadamente cilíndrica.

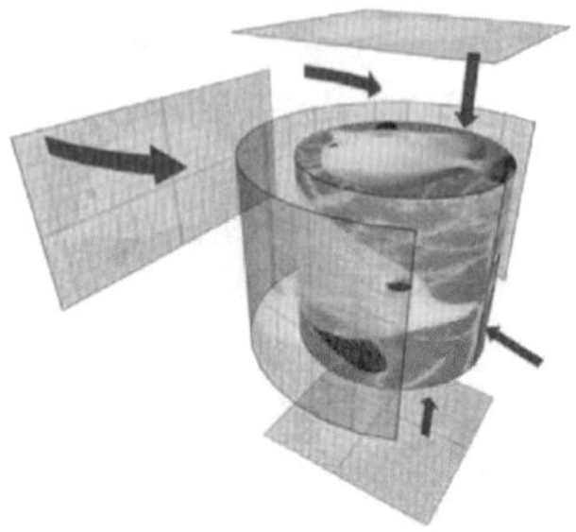

Projeção de mapa cilíndrico.

- **Cap:** aplica coordenadas de mapeamento plano às tampas do cilindro.

> **Nota:** Se os extremos da geometria do objeto não formam ângulos retos com os lados, a projeção da tampa derrama-se pelos lados do objeto.

- **Spherical:** rodeia o objeto com a projeção do mapa de uma esfera. Aprecia-se uma junção, assim como particularidades de mapeamento, nas partes superior e inferior da esfera em que as arestas do bitmap encontram-se com os pólos da esfera. O mapeamento esférico é útil para objetos cuja forma é aproximadamente esférica.

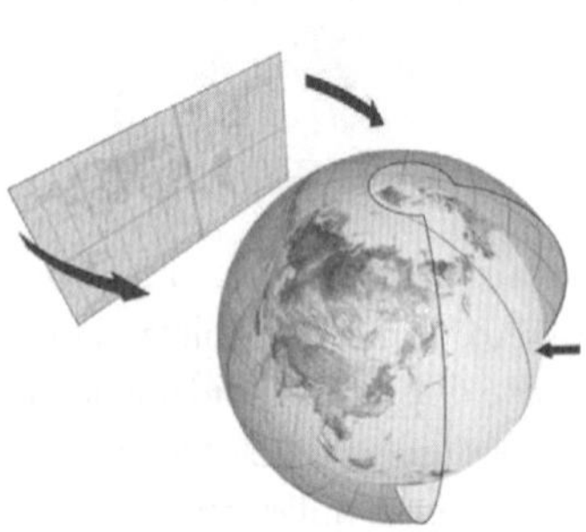

Projeção de mapa esférico.

- **Shrink Wrap:** utiliza mapeamento esférico, mas trunca os cantos do mapa e os une em um único pólo, dando lugar a uma só particularidade. O mapeamento de Shrink Wrap (ajuste + contração) é útil quando se deseja ocultar a particularidade do mapeamento.

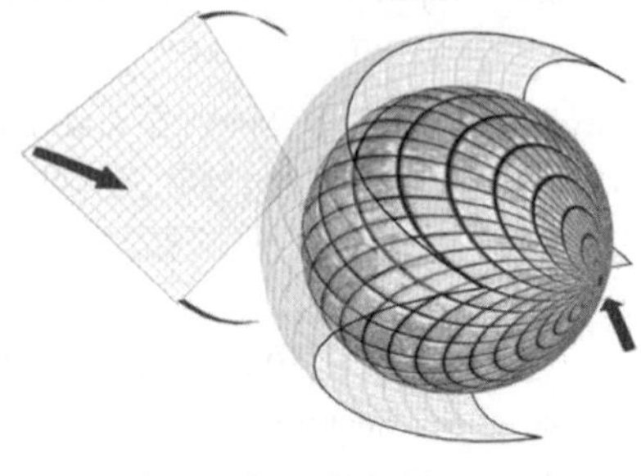

Projeção de Shrink Wrap.

- **Box:** projeta o mapa dos seis lados de uma caixa. Cada lado projeta como um mapa plano e o efeito na superfície dependem de sua normal à superfície. Cada face é mapeada da superfície da caixa mais próxima cuja normal seja mais paralela à sua própria.

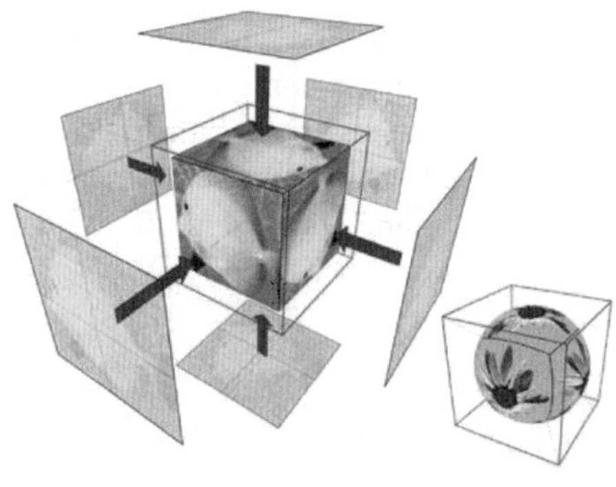

Projeção de caixa (em uma caixa e em uma esfera).

- **Face:** aplica uma cópia do mapa a cada face de um objeto. Os pares de faces que compartilham uma aresta oculta são mapeados como retangular inteiro. As faces únicas sem aresta oculta são feitas com uma parte triangular do mapa.

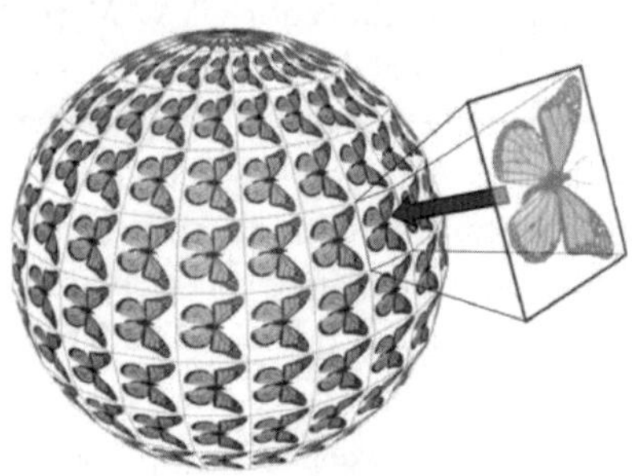

Projeção de face.

- **XYZ to UVW:** mapeia as coordenadas de 3D procedural e UVW. A textura procedural cobre a superfície. Se a superfície se estirar, o mapa 3D procedural também o faz. Utilize essa opção com texturas procedurais, como Cellular, em objetos que tenham topologias animadas. Correntemente, XYZ to UVW não pode ser utilizado com objetos Nurbs e é desativado ao selecionar um objeto desse tipo.

Nota: Na roll-out Material Editor's Coordinates para o mapa, defina Source to Explicit Map Channel. Utilize o mesmo canal de mapa no material e no modificador UVW MapMapping.

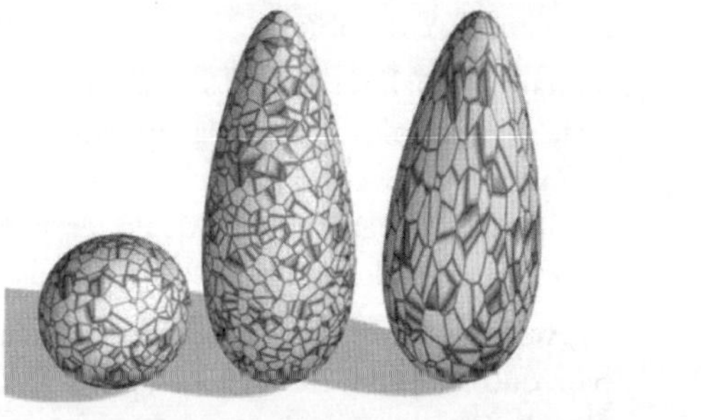

Copia-se uma esfera com uma textura de procedimento de 3D e as cópias se estiram. Direita: a utilização do XYZ no UVW no objeto permite que a textura de procedimento 3D se mantenha e estire com a superfície.

- **Length, Width, Height (Longitude, Largura e Altura):** indicam as dimensões do gizmo UVW Map. A escala default do ícone de mapeamento define-se com a dimensão maior do objeto ao aplicar o modificador. Pode animar a projeção no nível de gizmo. Tenha em conta o seguinte sobre esses contadores:
  - As dimensões se apóiam em uma caixa delimitadora do gizmo.
  - A dimensão Altura não se encontra disponível para o gizmo Plano, que não tem profundidade. Analogamente, as dimensões dos mapeamentos Cilíndrico, Esférico e Shrink Wrap são de suas caixas delimitadoras, não de seus raios. Não há dimensões para o mapa Face: cada face da geometria contém o mapa todo.
  - As três dimensões se definem em 1 ou 2, dependendo do tipo e das dimensões do mapa, quando se carregam arquivos criados no Autodesk VIZ ou versões anteriores do 3ds Max. Desse modo, mantém-se a compatibilidade com arquivos de versões anteriores, em que os gizmos se escalavam de maneira não-uniforme para ajustar suas dimensões.

Fundamentalmente, as dimensões se convertem em fatores de escala e não em medidas. Pressionando os botões Fit ou Reset, pode-se restabelecer os valores a dimensões, que perderão a escala não-uniforme original.

Devido à mudança de orientação de muitas primitivas, o UVW Map dos arquivos da versão 1.x de 3ds Max carrega-se com a orientação atual. Os contadores Longitude, Largura e Altura poderiam afetar outros eixos distintos dos que modificariam se o UVW Map se aplicasse à versão atual do programa. Por exemplo, o contador Largura afeta o eixo X de um UVW Map Caixa atribuído à versão atual, enquanto o contador Altura pode afetar o mesmo eixo de um objeto procedente da versão 1 de 3ds Max.

  - **U Tile, V Tile, W Tile:** servem para indicar as dimensões do UVW Map a fim de dispor a imagem em mosaico. São valores de floating-point que podem ser animados para deslocar o mosaico (tile) do mapa por um período de tempo.
  - **Flip:** volta a imagem relacionada a um eixo dado.

Channel Group

Cada objeto pode ter até 99 canais de coordenadas de mapeamento UVW. O mapeamento default (com o Generate Mapping Coordinates) sempre é o canal 1. O modificador UVW Map pode enviar coordenadas a qualquer canal. Isso permite dispor, de forma simultânea, de vários conjuntos de coordenadas na mesma face.

- **Map Channel:** define o canal de mapa. O modificador UVW Map adota de forma default o canal 1, portanto o mapeamento comporta-se no modo default (quer dizer, como em versões anteriores do programa) a menos que explicitamente seja trocado por outro canal.

Para usar os canais adicionais, não só é preciso escolher um canal no modificador UVW Map, mas também atribuir um canal de mapa explícito no nível de mapa do material atribuído ao objeto. Pode utilizar vários modificadores UVW Map no Modifier Stack, de forma que cada um controle as coordenadas de mapas diferentes de um material.

- **Vertex Color Channel:** define um canal de cor de vértice. Assegure-se de igualar todos os mapeamentos de material da roll-out Coordenates para que sejam também Cor de vértice, ou mediante a utilidade.

O acesso aos canais de mapa desses distintos lugares do programa é o seguinte:

- **Generate Mapping Coords:** essa casinha de verificação, nos parâmetros de criação de quase todos os objetos, atribui o canal 1 de UVW Map quando se marca.
- **UVW Map Modifier:** contém opções para os canais 1 a 99. Permite indicar que coordenadas UVW utilizam esse modificador UVW Map. O Modifier Stack pode aplicar esses canais de uma vez para qualquer face.
- **UVW XForm and Unwrap UVWs/Unwrap Mapping:** dois modificadores que contêm inclusive botões de opção de canal.
- **Material Editor Channel Assignment:** o canal que vai usar um mapa é atribuído à roll-out Coordinates no mapa do editor de materiais.

A atribuição varia segundo o tipo de mapa:

- **2D Maps:** na lista Mapeamento para a opção Texture, pode-se selecionar Explicit Map Channel, Vertex Color Channel, Planar from Object XYZ ou Planar from World XYZ.
- **3D Maps:** na parte superior da roll-out Coordinates há uma lista Origem em que é possível selecionar Explicit Map Channel, Vertex Color Channel, Object XYZ ou World XYZ. Utilize o contador (spinner) Map Channel para definir o número do canal.
- **NURBS Surface Objects and Sub-objects:** permite especificar o canal de mapa que utiliza a superfície.

Alignment Group

- **X/Y/Z:** selecione um para voltar o alinhamento do gizmo de mapeamento. Cada um especifica que eixo do gizmo se alinha com o eixo Z local do objeto.

Nota: Essas opções são distintas às casinhas de verificação Flip situadas nos contadores U/V/W Tile. Os botões de opção de Alignment invertem a orientação do gizmo, enquanto as casinhas de verificação Flip invertem a orientação atribuída ao mapa.

- **Fit:** ajusta o gizmo à extensão do objeto e o centra de modo que se bloqueie na extensão do objeto.
- **Center:** move o gizmo a fim de que seu centro coincida com o do objeto.
- **Bitmap Fit:** apresenta o Browser de arquivos bitmap padrão para que possa escolher uma imagem. Em mapeamentos planos, o ícone de mapa se define com a relação aspect ratio da imagem. Com mapeamento cilíndrico, escala-se a altura em vez do raio do gizmo em consonância com o bitmap. Obtêm-se melhores resultados se primeiramente usar o botão Fit para igualar os raios do objeto e o gizmo e logo empregar Bitmap Fit.
- **Normal Align:** clique e arraste na superfície do objeto em que se aplica o modificador. A origem do gizmo se situa no ponto da superfície que assinala o mouse, e o plano XY do gizmo alinha-se com a face. O eixo X do gizmo se acha no plano XY do objeto.
- Alinhar normal respeita os grupos de suavizado e usa a normal interpolada apoiada no suavizado da face. Em conseqüência, é possível orientar o ícone de mapeamento a qualquer parte da superfície em vez de "ajustá-lo" às normais da face.
- **View Align:** reorienta o gizmo de mapeamento para que esteja em frente à viewport ativa. O tamanho do ícone não varia.
- **Region Fit:** ativa um modo para arrastar nos visores a fim de definir a região do gizmo de mapeamento. A orientação do gizmo não varia.
- **Reset:** elimina o controlador atual do gizmo e ativa um novo inicializado com a função Ajustar. Perde-se toda a animação do gizmo. Não obstante, também acontece com todas as opções de alinhamento. É possível cancelar a operação de restabelecimento Desfazendo.
- **Acquire:** copia as coordenadas UVW de outros objetos. Quando seleciona um objeto cujas coordenadas UVW se dispõem a adquirir, um quadro de diálogo pergunta se deseja efetuar a aquisição em um modo absoluto ou relativo.

  Se escolher absoluto, o gizmo de mapeamento adquirido é situado exatamente sobre o gizmo de mapeamento clicado. Se escolher relativo, o gizmo de mapeamento adquirido se situa sobre o objeto selecionado.

Mapping Selection Sets or Grouped Objects

É possível aplicar um modificador UVW Map a uma seleção de objetos. Um gizmo de mapeamento grande abrange toda a seleção, a menos que se ative a opção Usar pontos de pivot na roll-out de modificadores antes de aplicar o modificador UVW Map.

Se utilizar a opção Use Pivot Points, cada objeto se engloba em seu próprio gizmo de mapeamento.

No caso em que se deslocou o ponto de pivot de um dos objetos da seleção na pasta Hierarchy → Pivot, e se utilizou a opção Use Pivot Points com o modificador UVW Map, os gizmos de mapeamento aparecem centrados nos pontos de pivot e não no centro do objeto, e pode ser difícil localizar o mapeamento onde interessa.

Modificador Unwrap UVW

- Selecione um objeto → pasta Modify → Modifier List → Unwrap UVW
- Selecione um objeto → menu Modifiers → UV Coordinates → Unwrap UVW

O modificador Unwrap UVW é utilizado para atribuir mapas planos a seleções de subobjetos e editar as coordenadas UVW dessas seleções. Do mesmo modo, as coordenadas UVW existentes em um objeto podem desajustar-se e editar-se. Os mapas podem ajustar-se para que encaixem perfeitamente em um modelo Mesh, Patch, Polygon, HSDS ou Nurbs.

O modificador Unwrap UVW pode utilizar um mapeador UVW independente e um editor de coordenadas UVW ou associar-se ao modificador UVW Map. Normalmente se utiliza Unwrap UVW com o modificador UVW Map porque se deseja mapear o modelo com um método distinto, como pode ser o mapeamento cilíndrico ou esférico. As coordenadas UVW podem ser animadas ativando o botão Auto Key e transformando as coordenadas em diferentes frames.

Mapeador Independente e Editor de Coordenadas UVW

Em lugar de criar um Modifier Stack extenso selecionando primeiro subobjetos de face e acrescentando a seguir um modificador UVW Map para especificar o tipo de mapeamento, é possível utilizar o modificador Unwrap UVW para realizar ambas as ações. Os subobjetos de face ou patch podem selecionar, salvar como seleções com nome, mapear como planos e, posteriormente, as coordenadas UVW para cada seleção de subobjetos podem ser editadas pelo modificador Unwrap UVW. Por exemplo, para mapear a face de um personagem utilizando três mapas planos, pode-se criar três seleções de subobjetos das partes frontal e lateral da face, mapear individualmente as seleções como planos e editar as coordenadas UVW para cada seleção, sem sair do modificador Unwrap UVW.

Suporte Nativo para Mapeamento do HSDS, Objetos Poligonais e Patches

Unwrap UVW admite faces poligonais, Bezier quad e tri patch faces, além de triângulos e quadriláteros.

A seguir, veja um exemplo do aspecto dos distintos tipos de faces em função do tipo entrante. Com o HSDS e superfícies poligonais, a interface básica não varia, exceto o número de arestas que aumenta de quatro a um máximo de N. HSDS só admite um nível de detalhe, que é o mesmo ao que se aplica o mapeamento. Os patches têm asas (handles) nos vértices não-lineares, as quais funcionam igualmente às asas (handles) de patches normais.

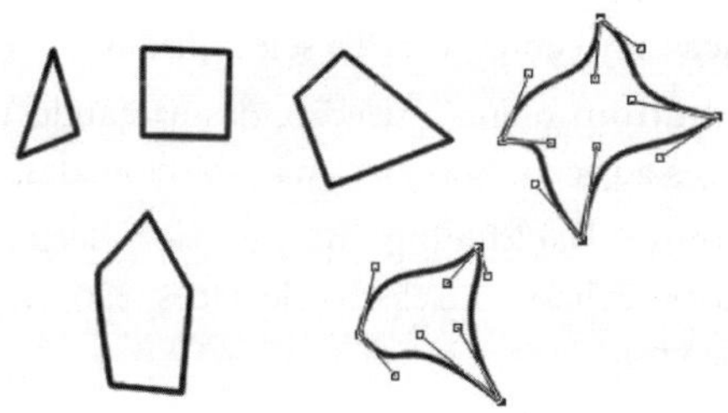

Interface

Depois de aplicar o modificador, aparece seu painel, composto por Modifier Stack e duas roll-outs.

Apresentação do Catálogo de Modificações

Normalmente, quando se aplica Unwrap UVW a um objeto, o Modifier Stack oferece acesso a um nível de subobjetos Select Face. Se o nível de Select Face for ativo, as viewports mostram subobjetos que podem ser selecionados no editor. Ao selecionar subobjetos nas viewports, também se incluem no editor.

Se aplicar Unwrap UVW a uma Select Face ativa de um objeto Edit Mesh ou Editable Poly, ou a uma seleção de patch ativa de um objeto Editable Patch, o nível de subobjetos Select Face não fica disponível no modificador Unwrap UVW. Pode usar Unwrap UVW para editar apenas a seleção que estava ativa quando aplicou o modificador; trocar a seleção de subobjetos no objeto não afeta o modificador.

Selection Parameters Roll-Out

Utilize esses parâmetros para criar a seleção de faces que deseja empregar com o modificador. Se tiver elevado uma seleção de faces no stack (catálogo), por exemplo, do modificador Poly Select, será a que utiliza o modificador Unwrap UVW.

Esses controles permitem especificar como realizar seleções de subobjeto em Select Face do modificador Unwrap UVW.

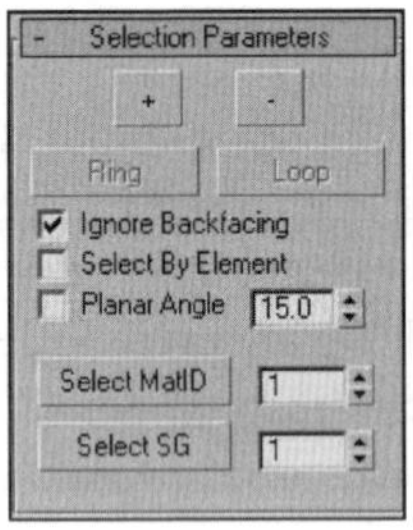

- **+ button:** amplia a seleção, selecionando todas as faces adjacentes às faces selecionadas.
- **– button:** reduz a seleção, desmarcando todas as faces adjacentes às faces não selecionadas.
- **Ignore Backfacing:** quando se selecionam regiões, evita-se a seleção de faces não visíveis na viewport.
- **Select By Element:** permite selecionar.
- **Planar Angle:** permite selecionar faces coplanares contíguas clicando com o mouse. Ative a opção e defina o valor do ângulo do threshold que determina as faces que são planas. Clique em uma face para selecioná-la e marcar todas as faces contíguas cujos ângulos sejam menores que o valor do threshold.
- **Select MatID:** permite a seleção por material ID. Especifique o ID do material para selecionar e depois pressione **Select MatID**.
- **Select SG:** permite a seleção por smoothing group Especifique o smoothing group a selecionar e depois pressione Select SG.

Parameters Roll-Out

- **Edit...:** abre o quadro de diálogo Edit UVWs.
- **Save...:** salva coordenadas UVW em um arquivo. uvw.
- **Load...:** carrega arquivos.uvw guardados anteriormente.
- **Reset UVWs:** ao pressioná-lo, restabelecem-se as coordenadas UVW no quadro de diálogo Edit UVWs.

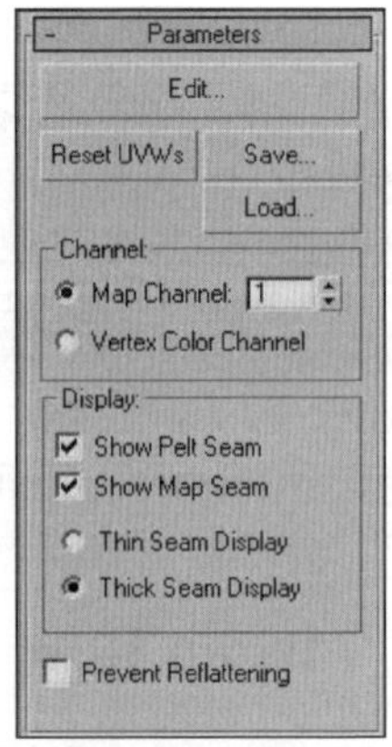

Isso equivale a suprimir e reaplicar o modificador, exceto que não se elimina um mapa atribuído no quadro de diálogo Edit UVWs. Por exemplo, se esquecer-se de marcar a casinha de verificação (check box) Generate Mapping Coordinates de um objeto e logo aplicar o modificador Unwrap UVW, o modificador carece de coordenadas UVW e seus parâmetros serão errôneos. Se depois retroceder ao Stack (catálogo) e marcar Generate Mapping Coordinates, é preciso pressionar o botão Reset UVWs. Quando pressionar esse botão, uma mensagem avisa que vai perder as modificações que tiver realizado.

Channel

- **Map Channel:** use o contador para especificar o canal de mapa que vai utilizar. Defina até 99 canais de mapa.

- **Vertex Color Channel:** utilize o contador para especificar o canal para a cor de vértice.

Ao trocar de canal, deve recomeçar as modificações, já que as realizadas em um canal não funcionam com o outro (próximo canal). Aparece um aviso para que escolha entre reiniciar as coordenadas ou deixá-las como estão. Quase sempre convém iniciá-las.

Sub-Object Params

É possível aplicar um mapa plano às faces selecionadas, patches ou superfícies alinhadas com X, Y, Z ou a um meio das normais.

- **X, Y, Z:** alinham o mapa plano com o eixo X, Y ou Z.
- **Averaged Normals:** alinha o mapa plano com o meio das normais das faces selecionadas.
- **Planar Map:** aplica o mapeamento planar às faces, patches ou superfícies atualmente selecionadas e cria uma seleção com nome na lista Named Selection da barra de ferramentas principal. As seleções com nome são uma forma de selecionar as coordenadas UVW com as quais deseja trabalhar.

Por exemplo, ao selecionar cada face de uma caixa e pressionar Planar Map, são mapeados como planos os seis lados da caixa e criam-se seis seleções com nome. Se ativar Filter Selected Faces no quadro de diálogo Edit UVWs (barra de ferramentas inferior), ao escolher uma das seis seleções com nome, aparecem unicamente os vértices UVW para um lado da caixa. Isso permite editar individualmente os vértices UVW (localização de textura) para cada lado da caixa.

- **Prevent Reflattening:** essa opção é utilizada principalmente para o texture baking. Quando se ativa, o modificador Unwrap UVW aplica o Render to Texture por padrão, em que o Automatic Flatten UVs não aplana as faces. Além disso, assegure-se de que Render To Texture e o modificador usem o mesmo canal de mapa.

Quadro de Diálogo Edit UVWs

O quadro de diálogo Edit UVWs é uma janela formada por faces e vértices UVW. Cada face UVW, que tem três ou mais vértices, corresponde a uma face da malha (mesh).

A janela de vista mostra as UVW no espaço de imagem 2D do mapa, superpostas a um quadriculado. Umas linhas quadriculadas mais grossas apresentam os limites de um mapa de texturas da forma como apareceria no espaço de imagem: o canto inferior esquerdo do retângulo tem coordenadas (0,0) e o superior direito, coordenadas (1,1). Dentro dessa janela se manipulam as coordenadas UVW relativas ao mapa (ou malha), selecionando os vértices, arestas ou faces da janela (conhecidos pelo nome coletivo de sub-objects) e transformando-os.

O quadro de diálogo Edit UVWs, incluídos os botões e as opções selecionadas, armazena-se e se abre o quadro de diálogo Edit.

Nota: É possível editar coordenadas de textura do objeto Patch, assim como coordenadas de malha no quadro de diálogo Edit UVWs. Quando se edita um objeto Patch, também se pode editar as handles (asas) de vértice. Além disso, é possível editar as handles (asas) interiores manuais. Entretanto, é preciso ativar as handles (asas) interiores manuais antes de aplicar o modificador Unwrap UVW. Em sub-objects Patch, selecione um ou mais patches, clique com o botão direito em um patch selecionado e no menu quad → tools 1 quadrant escolha Manual Interior. As handles (asas) Manual Interior aparecem na janela do editor como vértices isolados.

Algumas operações de modelagem podem deixar vértices de mapa não utilizados (isolados), os quais aparecem na janela do editor e não são válidos para realizar mapeamentos. Se o modelo for um objeto de malha poligonal, pode-se utilizar o Editable Poly → sub-object Vertex para eliminar os vértices automaticamente.

Interface

Além da janela, a interface do editor está formada por uma barra de menus, uma barra de ferramentas, uma barra de ferramentas inferior e o painel, ancorado no quadro de diálogo principal.

Barra de Menus

A barra de menus oferece acesso a uma ampla gama de funções Edit UVWs.

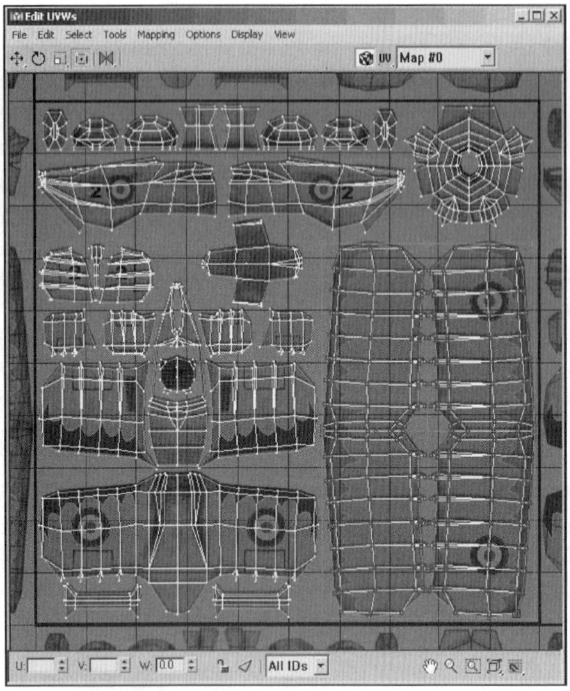

Barra de Ferramentas

Contém todos os controles para manipular os sub-objects de textura da janela de vista, deslocar-se por ela e definir outras opções.

- **Move:** permite designar e deslocar vértices. As opções do ícone Desplegable são Mover, Mover em horizontal e Mover em vertical. Para restringir o movimento a um só eixo, pressione Shift.
- **Rotate:** permite designar e rodar subobjetos.
- **Escale:** designa e escala subobjetos. As opções do ícone Flyout são Escalar, Escala horizontal e Escala vertical.

Se pressionar Shift à medida que escala, a transformação se restringe a um só eixo.

- **Freeform Mode:** possibilita selecionar e mover, rodar ou escalar vértices, dependendo de onde se arrasta. Depois de efetuar uma seleção, aparece o gizmo de forma livre como caixa delimitadora retangular em torno dos vértices selecionados. Conforme se move o cursor sobre os distintos elementos do gizmo e dentro dele, variam o aspecto do cursor e o resultado do início de arrasto.
- **Move:** coloque o cursor em qualquer lugar dentro do gizmo e arraste para mover a seleção. Para restringir o movimento ao eixo vertical ou horizontal, conforme se começa a arrastar, clique e mantenha clicada a tecla Shift antes de arrastar.
- **Rotate:** coloque o cursor sobre um ponto central de aresta de gizmo e arraste para rodar a seleção em torno do pivô. Conforme arrasta, a quantidade de rotação mostra-se no centro do gizmo.

Use Ctrl + arraste para rodar em incrementos de cinco graus e Alt + arraste para rodar em incrementos de um grau.

- **Escale:** coloque o cursor sobre um ângulo do gizmo e arraste para escalar a seleção. De forma default, a escala não é uniforme; se mantiver pressionada Ctrl antes de arrastar, a escala é uniforme nos eixos horizontal e vertical. Clique e mantenha pressionada a tecla Shift antes de arrastar para restringir a escala ao eixo vertical ou horizontal, conforme começa a arrastar.

A escala realiza-se em torno do centro do gizmo de maneira default. Se tiver movido o pivô (consulte o tema seguinte), pode escalar em torno do centro de transformação. Em lugar disso se mantém pressionada a tecla Alt enquanto arrasta.

- **Move pivot:** coloque o cursor sobre o pivô e uma cruz como a imagem do Move Pivot aparece de forma padrão no centro do gizmo. Quando aparece esse cursor, arraste para mover o pivô. A rotação sempre se produz em torno do pivô. A escala é realizada em torno do pivô se mantiver pressionada Alt antes de arrastar.

Nota: De forma default, o pivô sempre se restaura ao centro do gizmo quando se realiza uma seleção nova. Se preferir reter a defasagem para a seleção, pode comutar essa ferramenta com o comando Reset Pivot On Selection. Esse comando não está disponível na interface do editor por default; é preciso usar o quadro de diálogo Customize User Interface dialog para acrescentá-lo.

Se selecionar um ou vários vértices fora do gizmo enquanto pressiona Ctrl, ele se expande para abranger a seleção inteira.

- **Mirror:** cria uma simetria (espelho) dos vértices UV selecionados ou invertidos. As opções do ícone Flyout são Mirror Vertical, Mirror Horizontal, Flip Horizontal e Flip Vertical. O Flip dissocia primeiro a seleção em suas arestas comuns e logo aplica uma simetria na horizontal ou na vertical, dependendo do modo.

- **Show Map:** troca a apresentação do mapa na janela do editor.
- **UV/VW/UW:** de forma default aparece a porção UV das coordenadas UVW na janela de vista, mas é possível trocar para editar UW ou VW.
- **Pick Texture (drop-down):** contém todos os mapas do material atribuído ao objeto. Os nomes dos mapas atribuídos no editor de materiais aparecem na lista. A opção Pick Texture da lista permite utilizar o Material/Map Browser para acrescentar e mostrar texturas que não se encontram no material do objeto. Pode-se guardar um total de dez mapas na lista; outros aparecem ao deslocar a parte inferior da lista.

Selecione um mapa que deseje utilizar na janela de vista. Por exemplo, pode usar um mapa de relevo (bump) ou textura como referência para deslocar os vértices UVW.

Barra de Ferramentas Inferior

- **U, V, and W:** esses campos mostram as coordenadas UVW da seleção atual. Utilize o teclado ou os contadores para fazer modificações.

Esses campos estão ativos a todos os sub-objects, embora sempre se apliquem aos vértices. Com um vértice único selecionado apresentam as coordenadas atuais. Quando há vários vértices (ou uma ou mais arestas ou faces) selecionados, os campos mostram as coordenadas que os vértices da seleção têm em comum; do contrário, aparecem vazios.

- **Lock Selection:** bloqueia a seleção de vértices. Pode mover os vértices selecionados sem tocá-los.
- **Filter Selected Faces:** mostra no visor os vértices UVW das faces selecionadas do objeto e oculta o resto.
- **All ID's (drop-down):** filtra os IDs de material dos objetos. Mostra as faces de textura que coincidem com a lista ID drop-down.
- **Pan:** pressione-a e arraste na janela para trocar a parte visível.

Dica: Se tiver um mouse de três botões, também pode enquadrar a janela, arrastando enquanto mantém pressionado o botão central.

- **Zoom:** pressione Zoom, clique e arraste para aproximar ou afastar a janela.

Dica: Com um mouse de roda gire a roda para aplicar Zoom.

- **Zoom Region:** pressione Zoom e selecione por região uma zona da janela para aproximá-la.
- **Zoom Extents:** aproxima ou afasta para abranger todos os sub-objects UVW ou só os sub-objects selecionados na janela. As opções do ícone Flyout são Zoom Extents e Zoom Extents Selected.
- **Grid Snap:** se estiver ativado, ao mover sub--objects, ajusta o vértice mais próximo ao cursor do mouse, que ressalta com um contorno quadrado, à linha ou intersecção mais próxima do quadriculado.

Esta é a ferramenta default do botão Flyout; Pixel Snap também está disponível.

É possível definir a força de ajuste no quadro de diálogo Unwrap Options dialog:

- **Pixel Snap:** ajusta ao canto do pixel mais próximo quando se dispõe de um bitmap no fundo. Encontra-se disponível no ícone Flyout Pixel Snap.

Combine essa opção com Center Pixel Snap para que o ajuste seja em relação ao centro dos pixels em vez do canto.

Nota: Com vários vértices selecionados, todos eles se ajustam ao pixel mais próximo, relativamente, o que pode alterar ligeiramente as relações espaciais entre eles.

Painel de Opções

De forma default, o painel de opções, na parte inferior do quadro de diálogo Edit UVW, oferece controles para usar a seleção flexível, especificar modos de seleção e rotacionar a seleção. O botão Show Options permite comutar a apresentação de parâmetros adicionais para bitmaps, viewports e o editor.

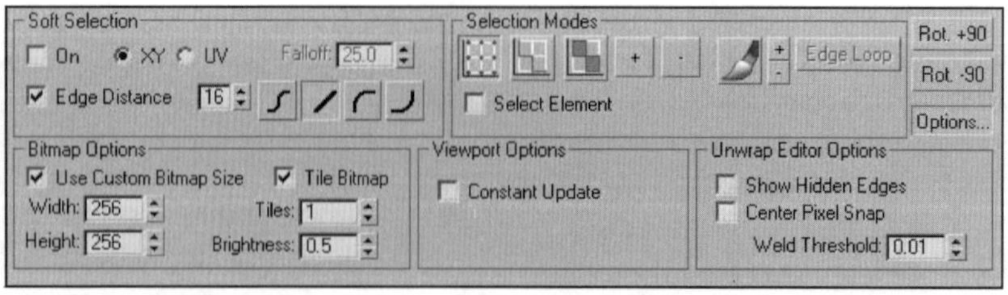

Soft Selection Group (Seleção Flexível)

Os controles de seleção flexível fazem com que uma seleção de sub-objects comporte-se como se estivesse rodeada por um campo magnético (magnetic field). Os sub-objects não selecionados dentro do campo desenham-se uniformemente enquanto se transformam os sub-objects selecionados. Esse efeito é menor quanto maior for a distância. Pode-se ajustar essa distância ou "atenuação" (falloff) independentemente de aplicar a object space, texture space ou edge space, e a fórmula que diminui.

- **On:** ativa ou desativa a seleção flexível.
- **XY/UV:** especifica espaço de objeto ou de textura para a distância de atenuação. XY seleciona o espaço de objeto e UV seleciona o espaço de textura.
- **Falloff:** define a distância de atenuação. Conforme aumentam os valores, a cor de vértices não selecionados troca de forma gradual do vértice de seleção para refletir a área de influência.
- **Edge Distance:** ative-o para limitar a região de atenuação pelo número de arestas entre a seleção e os vértices afetados. Quer dizer, a região afetada é medida segundo o espaço da "distância de aresta" ao longo da superfície em vez do espaço real.

Os ícones mostram o modo como os botões correspondentes afetam a atenuação. As opções do ícone Desplegable são:

-  Suavizado
-  Linear
-  Slow Out
-  Fast Out

Selection Modes Group

- **Sub-object mode:** especifica o tipo de sub-object que pode selecionar clicando ou arrastando na janela.
-  Vértice
-  Aresta
-  Face
-  **Expand Selection:** expande a seleção.

A expansão de vértice e face realiza-se fora em todas as direções disponíveis. A expansão de aresta realiza-se ao longo dos percursos UV disponíveis. Por exemplo, para selecionar um contorno de grupamento, selecione uma aresta exterior e pressione Expandir seleção várias vezes.

-  **Contract Selection:** contrai a seleção, desativando os sub-objects mais exteriores.
- **Select Element:** selecionar um sub-object em um grupamento faz com que se selecione o grupamento inteiro. Funciona em todos os modos de sub-objects.
- **Sync to Viewport:** faz com que a seleção de sub-objects das viewports reflita na janela do editor.

Nota: Para que essa ferramenta tenha efeito, deve encontrar-se em sub-objects Select Face do modificador Unwrap UVW. Além disso, para que as seleções de sub-objects de face e aresta sejam visíveis em um visor viewport, ative Shade Selected Faces (F2) e/ou Edged Faces (F4).

- **Rotate +90:** rotaciona a seleção 90 graus em torno de seu centro.
- **Rotate –90:** rotaciona a seleção –90 graus em torno de seu centro.

Bitmap Options Group

Clique em Show Options para que o grupo esteja disponível.

- **Use Custom Bitmap Size:** quando ativado, ajusta a textura de bitmap aos valores especificados em Largura e Altura. Pode ajustar essa configuração para escalar e reproduzir a textura de bitmap em relação às coordenadas de textura. Essa escala não afeta o bitmap no material, a não ser o que se vê no editor.

Dica: Quando se trabalha com texturas grandes, reduz-se o tamanho de bitmap para uma resposta mais rápida. Quando se trabalha com texturas desproporcionais, definir dimensões mais próximas entre si no editor pode fazer com que funcione mais facilmente.

- **Width:** escala o bitmap pelo eixo horizontal.
- **Height:** escala o bitmap com o passar do eixo vertical.
- **Tile Bitmap:** se ativa, pode repetir o bitmap no editor, mostrando um mosaico no material. Pode utilizar qualquer parte da imagem em mosaico para estabelecer coordenadas de textura. Isso ajuda quando as secções da imagem de textura encontram-se muito densas e a malha contém muitas áreas diferentes para mapear.
- **Tiles:** o número de vezes que se repete a imagem de textura, contando em oito direções (os quatro cantos e os quatro lados).

Com Mosaicos = 1, o resultado é um quadriculado de 3x3. Com Mosaicos = 2, o resultado é um quadriculado de 5x5 e assim em diante.

- **Brightness:** ajusta o brilho do bitmap de mosaico. Com 1,0 o brilho é igual ao da imagem original, com 0,5 é a metade e com 0 é preto.

Dica: Ao desativar Affect Center Tile, disponível no quadro de diálogo Unwrap Options dialog → Grupo Display Preferences, impede-se que o parâmetro Brilho afete o centro do mosaico e fica mais fácil saber se reduziu o brilho.

Viewport Options Group

- **Constant Update:** se estiver ativado, as viewports atualizam-se em tempo real, refletindo as mudanças a coordenadas de texturas conforme se realizam. Se estiver desativado, as viewports atualizam-se só depois de transformar coordenadas de texturas (quer dizer, ao soltar o botão do mouse).
- **Highlight Selected Verts:** ativa a apresentação de vértices na viewport, que depois se ressaltam para indicar os sub-objects selecionados na janela.

Unwrap Editor Options Group

- **Show Hidden Edges:** comuta a apresentação das arestas de faces. Se estiver desativado, só aparecem as faces. Se ativado, aparece toda a geometria da malha.
- **Center Pixel Snap:** ativado, ajusta ao centro dos pixels das imagens de fundo em lugar das arestas de pixel.
- **Weld Threshold:** define o raio no qual se produz a Weld Selected. A configuração é em UV-space distance.

O Modificador Unwrap UVW

Este tópico apresenta melhorias feitas para o UVW mapping. Comece planificando partes diferentes do personagem Boy para aprender depressa como limpar e melhorar os mapas.

Também ensina como exportar o UVW mapping para pintar a malha planificada em aplicações como Adobe Photoshop.

Depois de completar os exercícios propostos, você pode:

- Planificar rapidamente partes diferentes de um personagem.
- Usar a ferramenta cilíndrica para ajustar mapas e consertar o alinhamento das costuras.
- Suavizar um mapa para criar resultados mais úteis.
- Criar costuras e então usá-las para criar um mapa pelt.
- Ajustar seu mapa pelt na janela de Parâmetros do pelt.
- Renderizar vários mapas de forma a usá-los em outras aplicações de pintura como Adobe Photoshop.

Introdução

Vamos criar um mapa do personagem Boy. Próximo ao fim da lição, você aprenderá como renderizar o mapa criado para usar em outro programa.

Comece alinhando o mapa e ajustando suas várias características. Primeiramente trabalhe com os braços e prossiga para as outras partes do corpo.

Em cada passo do processo serão introduzidas ferramentas que aceleram a geração do mapa do personagem Boy. A impressionante nova ferramenta Pelt Mapping será uma parte importante do processo. Você verá como criar costuras e um mapa plano do personagem Boy complexo. Finalmente, vai salvar versões diferentes de seu mapa renderizado, assim pode empregá-lo em outras aplicações.

Unwrap UVW - Planificar os Braços

1. Abra o arquivo boy_unwrap.max.
2. Selecione o personagem Boy e adicione o modificador Unwrap UVW.

Note que um material xadrez (Checker) é atribuído ao personagem. Ele permite ver como os UVs mudam enquanto você edita. Previamente, a fim de mapear um personagem, você poderia fazer seleções múltiplas UV mapeadas. Com o novo método de mapa rápido do Unwrap UVW é possível fazer tudo isso com esse modificador.

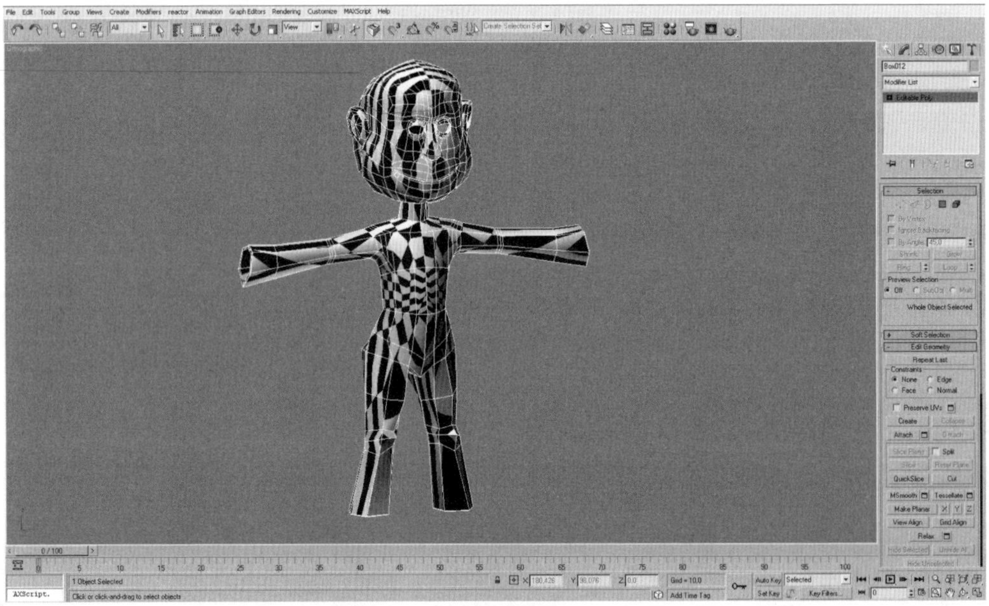

3. Escolha o modificador Unwrap UVW → Face.
4. Tenha certeza de que desativou o Ignore Backfacing.

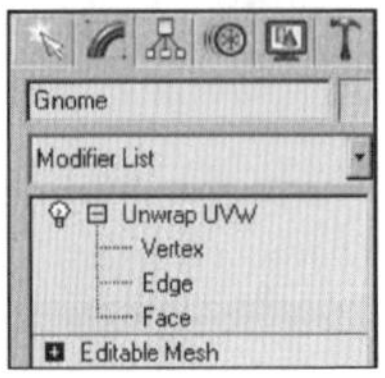

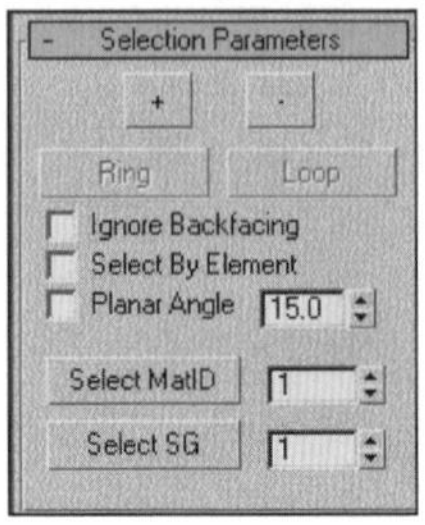

5. Selecione as faces do braço esquerdo do personagem.

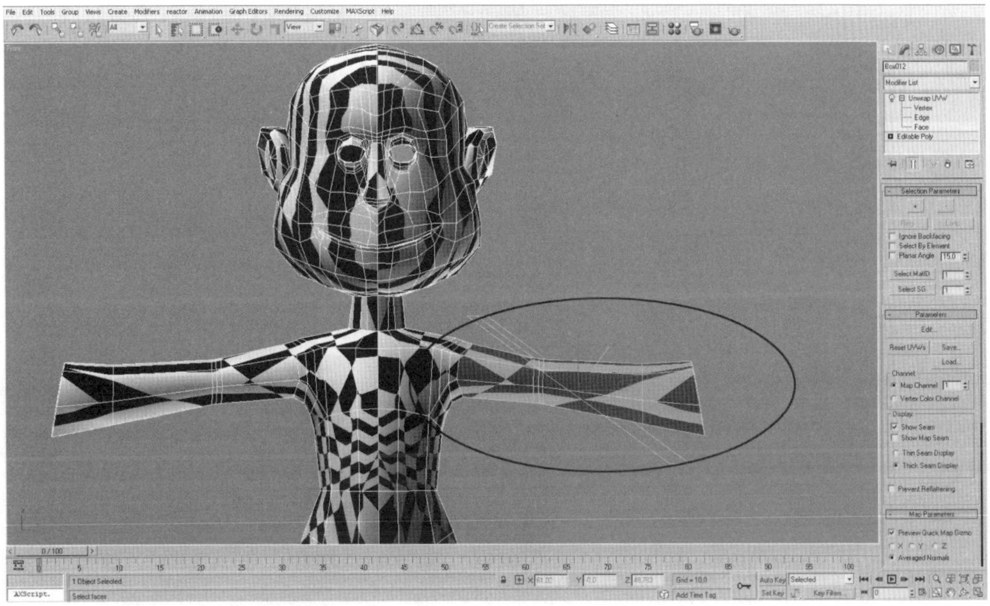

Dica: Tenha certeza de verificar a seleção da parte de trás também.

6. Com a seleção adequada habilite Cylindrical no Map Parameters.
7. Clique em Align X para alinhar o mapa cilíndrico para X.

8. Clique em Fit de forma que o mapa seja ajustado para seleção.
9. Feito com um braço, desabilite o Cylindrical.
10. Selecione o outro braço.

Dica: Confira se o braço direito está inteiro selecionado, inclusive a área do ombro.

11. No Map Parameters, habilite Cylindrical.
12. Clique em Align X se o cilindro aparecer em torno do braço errado.

13. Escolha Fit.

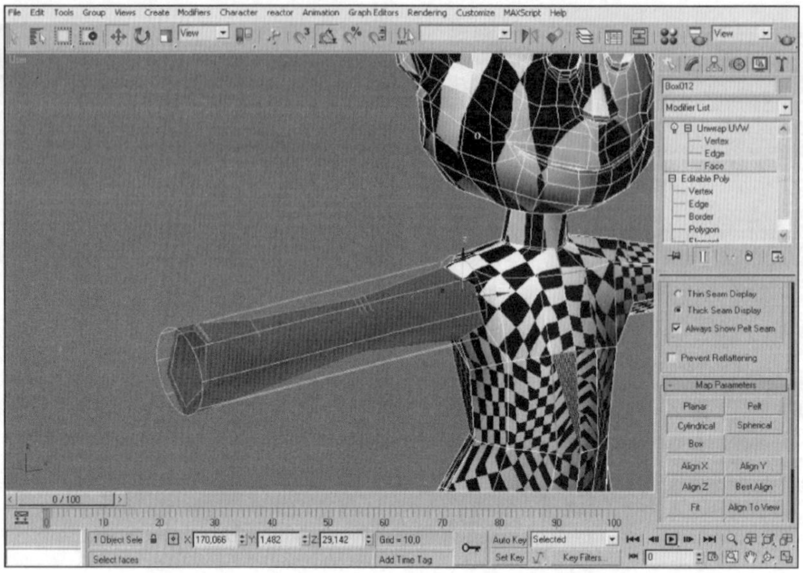

14. Desabilite o Cylindrical novamente.

15. Em Parameters, clique em Edit para visualizar o resultado no quadro Edit UVWs.

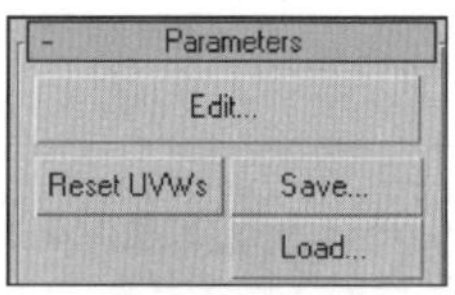

Ambos os braços estão agora mapeados.

Nota: Pode ser necessário mover os braços ao redor, para que possa ver ambos.

Dica: Para selecionar o braço inteiro, selecione-o na viewport em lugar de selecionar no quadro Edit UVWs.

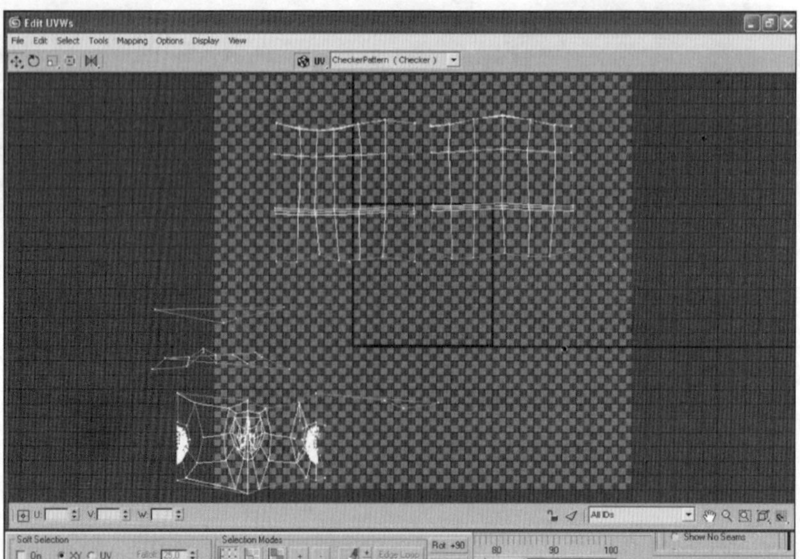

O padrão xadrez ficou muito melhor, agora que possui um pouco de UVW que mapeia nessas coordenadas dos braços. No próximo exercício, mapeie as pernas, o corpo e a cabeça.

16. Salve seu arquivo.

Exercício - Modificador Unwrap UVW

Planificar as Partes Restantes do Corpo

Repita os passos de mapeamento dos braços em outras partes do corpo.

Para planificar as pernas, continue do exercício anterior.

1. Clique no  Maximize Viewport Toggle para mostrar as quatro vistas.
2. Na viewport Front, entre em Face sub-object mode no Modifier Stack, expandindo o modificador Unwrap UVW, e destaque o Face, selecionando-o. Selecione a perna esquerda do personagem.

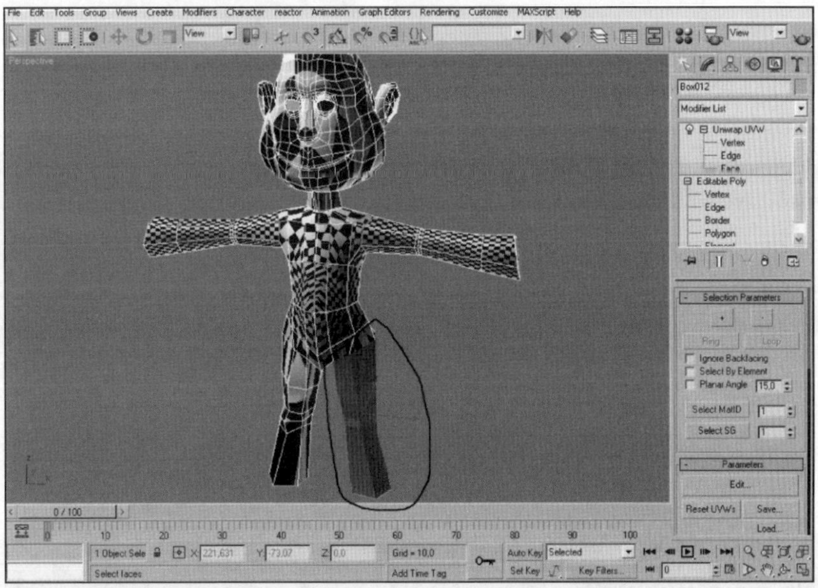

Sugestão: Certifique-se de que tem uma seleção adequada.

3. Habilite o Cylindrical.
4. Clique em Best align.
5. Clique no Fit.
6. Desabilite o Cylindrical.
7. Selecione a perna direita do personagem.

8. Habilite Cylindrical.

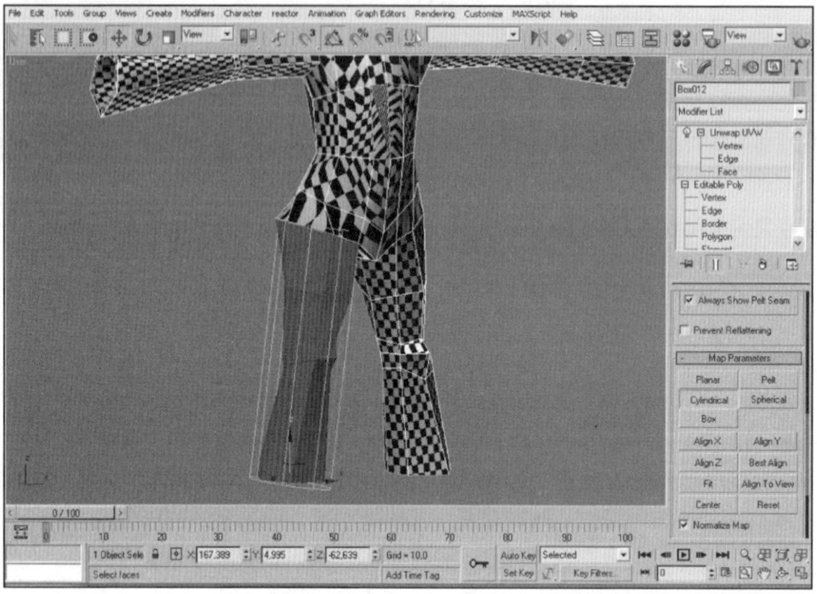

9. Clique em Best align.
10. Visualize o resultado na janela Edit UVWs. Então, com edição interativa, posicione as pernas na janela Edit UVWs de forma que você as veja na viewport.

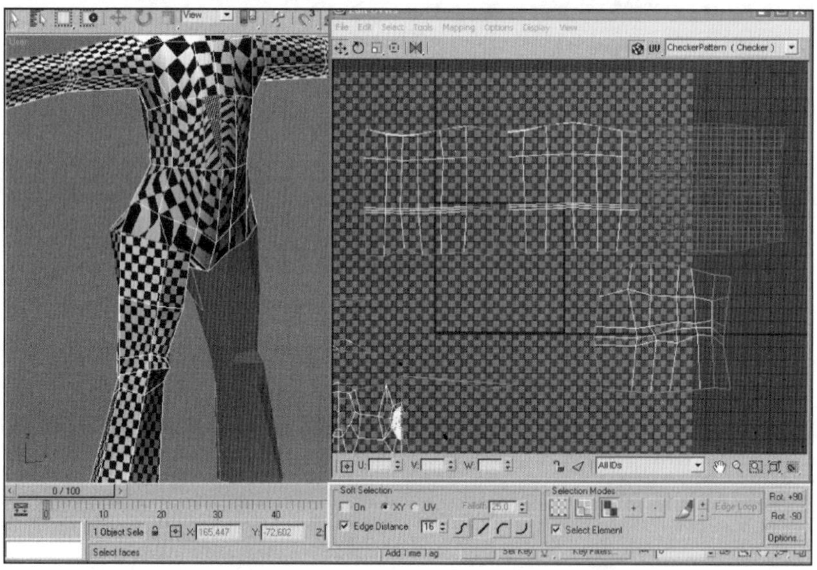

Também é possível ver sua seleção na viewport.

Planificar a Cabeça

1. Selecione a cabeça e o pescoço inteiros.

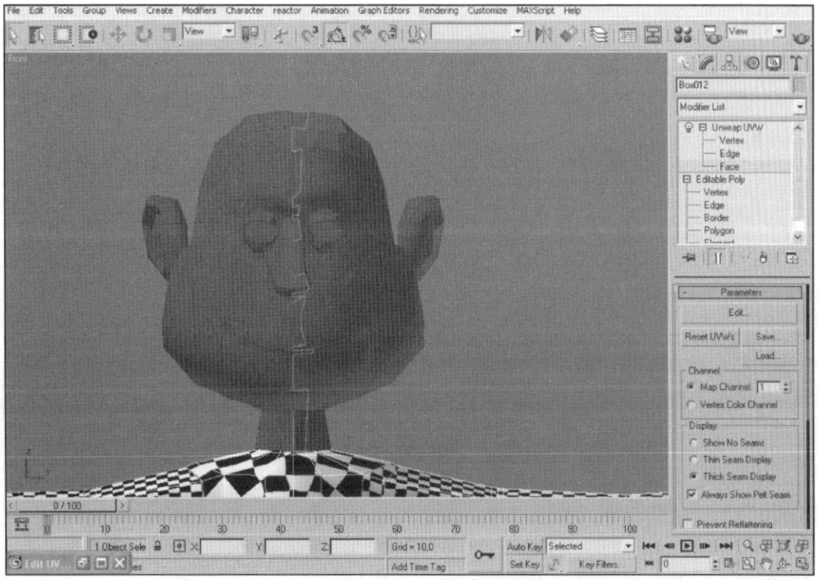

2. Habilite o Cylindrical.
3. Clique no Align Z (dependendo da viewport, pode ser o eixo X ou Y).
4. Veja na janela Edit UVWs a face selecionada.

   Você pode arrumar o UVW map para ajustar a cabeça clicando no Fit.

5. Na janela Edit UVWs, note que a parte de trás da cabeça pode ser movida de volta.
6. Conserte girando a cabeça até que esteja correta. Com a cabeça selecionada pressione a tecla da direita e selecione o Rotate.

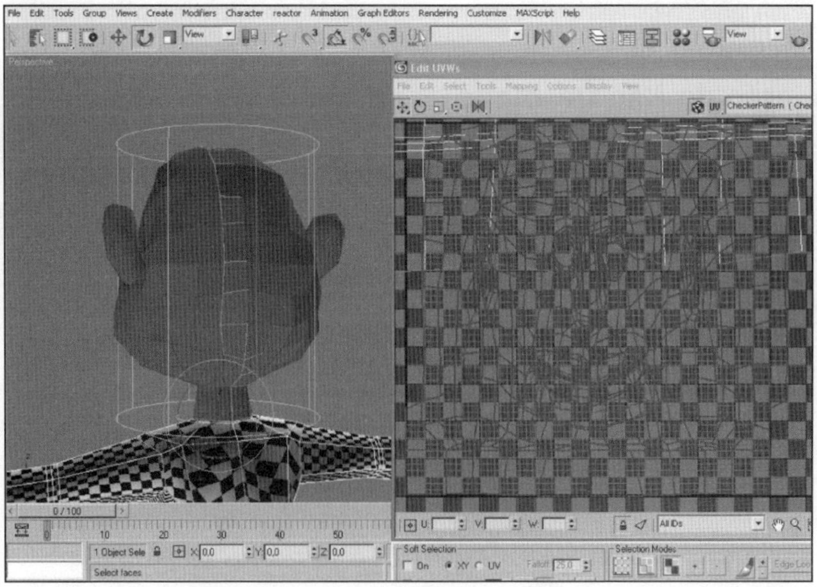

Agora, atrás da cabeça você tem arestas quadradas boas.

7. Desabilite o Cylindrical.

Planificar o Corpo

1. Selecione o corpo na viewport.
2. No Map Parameters, habilite Cylindrical.
3. Clique no Align Z.
4. Clique em Fit.
5. Desabilite o Cylindrical no Map Parameters.
6. Saia do Modifier List desabilitando sua seleção no Modifier Stack e clicando na área de viewport.
7. Como pode observar, completou a maior parte do trabalho usando o processo rápido de UVW unwrapping no Unwrap UVW. Existe um mapeamento bastante agradável do personagem, porém há alguns pontos esticados em torno dos ombros e na meia-direção. Você vai consertar no próximo exercício.

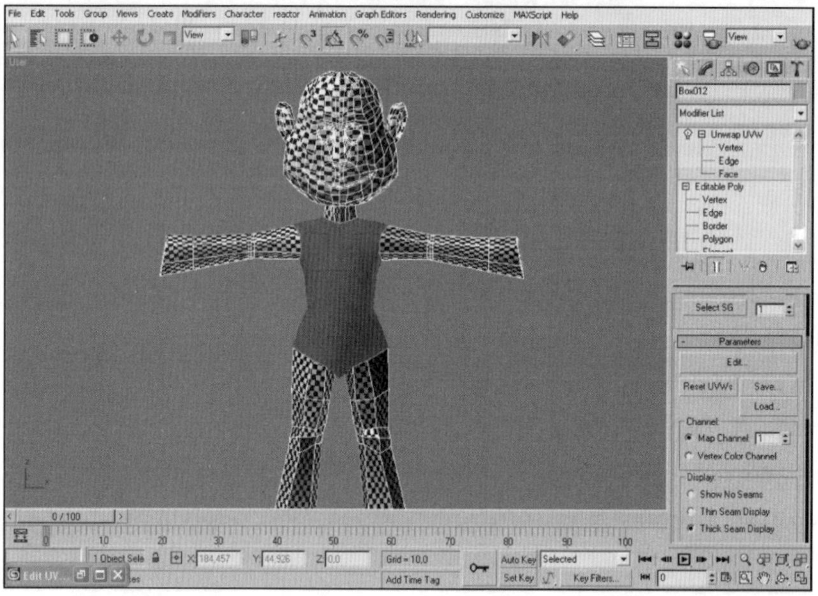

Exercício - Remoção do Não Desejado

Escorrimento do Mapa com o Quadro de Diálogo Relax

Continuidade do exercício anterior.

1. Selecione o Boy na viewport.
2. Clique em Edit na roll-out Parameters.

   Na janela Edit UVW, você pode ver todos os painéis atingidos.

3. Para remover algum estiramento do braço, selecione o braço na janela Edit UVW.

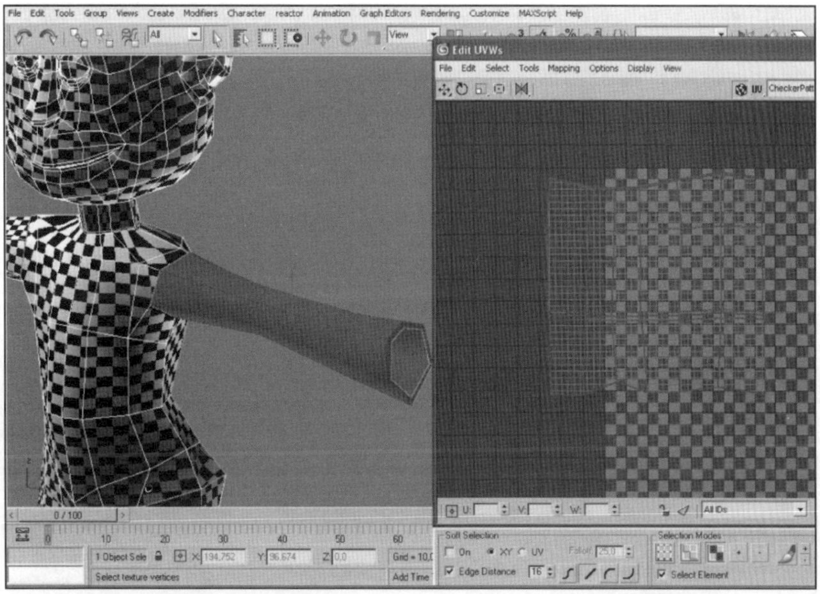

4. Ainda na janela Edit UVW, vá ao quadro Tools e clique no botão Relax. Ative a opção Apply.

No Autodesk 3ds Max 2009 existem dois algoritmos Relax novos:

- Relax By Edge Angles (Relax por ângulos das arestas)
- Relax By Face Angles (Relax por ângulos da face)

O algoritmo-padrão é o Relax By Edge Angles, que normalmente faz um bom trabalho.

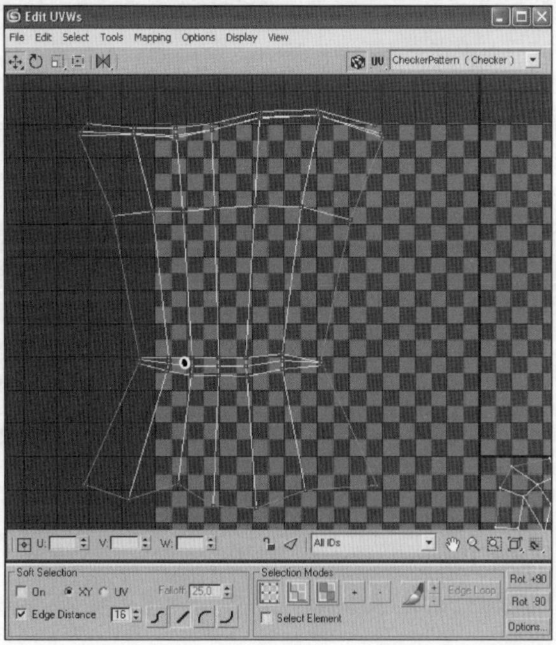

5. É aconselhável, antes de aplicar um relax à malha, selecionar todos os vértices e soldar com a ferramenta Weld os pontos abertos sobrepostos. Desative a opção Select Element e ative o botão Vertex Sub-object.

6. Selecione todas as arestas irregulares e a ferramenta Weld Selected no quadro Tools.

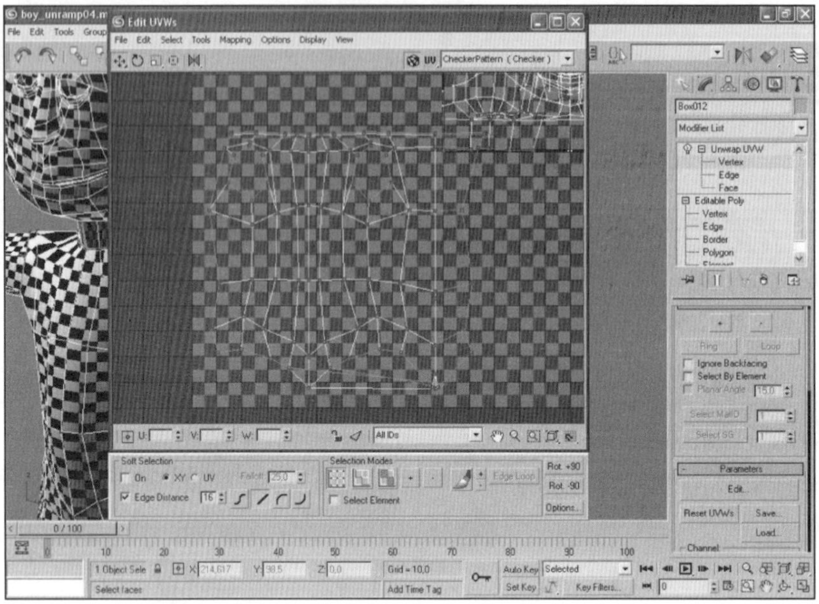

7. Repita o passo anterior para cada parte do personagem.
8. O personagem vai ter uma forma agradável e precisa da textura com a ferramenta Unwrap UVW.

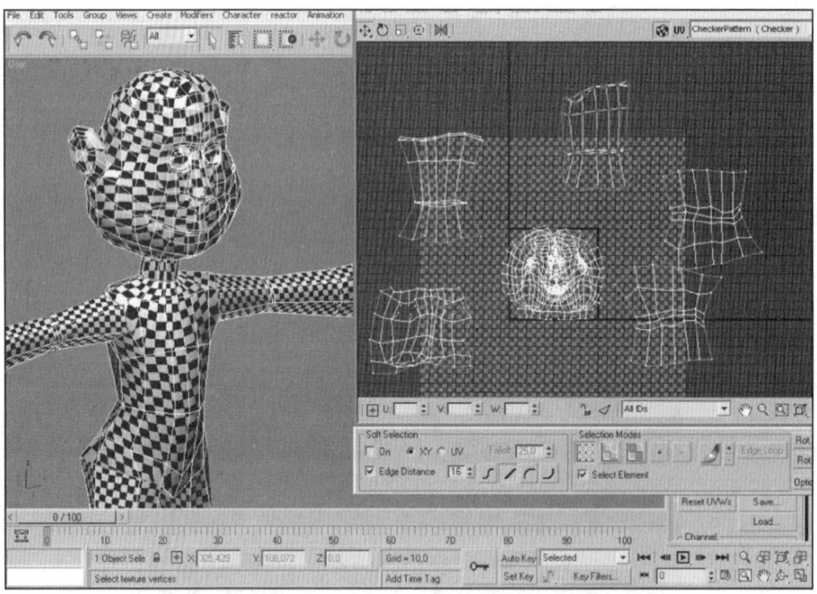

Exercício - Mapeamento do Pelt

Configurar Arestas e Faces

Neste exercício você aprende a mapear o Pelt.

Continue do exercício anterior.

1. Selecione o Boy.
2. Aplique o modificador Unwrap UVW ao Boy.

Você pode ver pelo mapa xadrez que os UVs não são corretamente atingidos ainda.

Nota: Para aplicar mapeamento Pelt a um personagem, é preciso duas ações:

- A seleção da face que parte do objeto para mapear o Pelt.
- A seleção da aresta na qual você quer as bordas ou para ser cortada.

3. Entre no sub-object Face no Modifier Stack, expandindo o modificador Unwrap UVW, e destaque Face.
4. No Selection Parameters, desabilite o Ignore Backfacing.
5. Mapeie o Pelt do personagem de uma só vez. Selecione todas as faces do personagem.

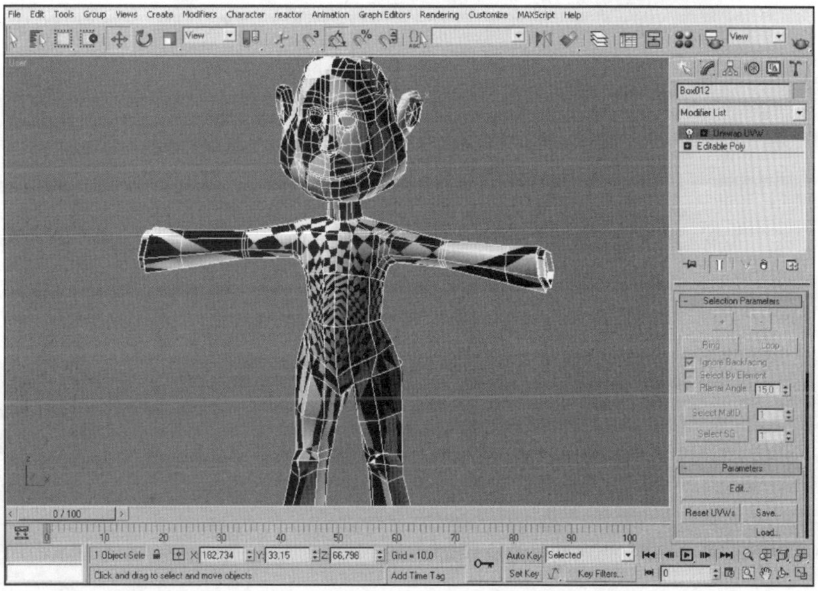

6. Defina as arestas para os cortes. Comece clicando no Edge do Modifier Stack.

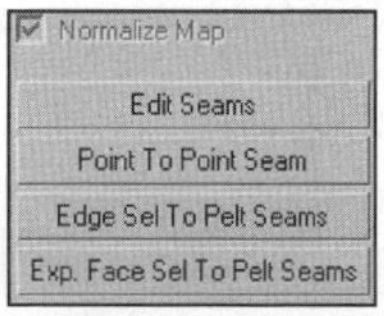

7. Entre na viewport Perspective e rotacione o Boy ao redor com a ferramenta Arc Rotate de forma que as costas estejam de frente para você.
8. Clique com o botão direito do mouse no nome da viewport de Perspectiva e selecione a opção Wireframe.
9. No Map Parameters, habilite Point To Point Seam para criar costuras que serão usadas para cortar e quebrar o personagem separadamente. Então, desdobre o personagem usando o sistema do Pelt.

Nota: Alternativamente você pode habilitar Edit Seams, porém precisa selecionar todas as costuras individualmente. É muito mais fácil usar Point to Point Seam.

10. Com o Point to Point Seam habilitado selecione um ponto na frente mediana da testa do Boy.
11. Arraste a seleção acima da cabeça do Boy e abaixo das costas. Automaticamente, o Point to Point Seam agarra certos pontos ao longo da costura. Você só precisa periodicamente clicar para continuar. Na base da espinha, pressione a tecla da direta para finalizar a costura. Use a ilustração seguinte como referência para os próximos passos.

12. Crie duas costuras para as pernas. Uma para a direita e outra para a esquerda. Cada uma das costuras deve subir ao meio da parte de trás da perna. Também o último ponto para cada perna deve conectar-se de volta para a costura da espinha que você acabou de terminar.

Sugestão: Lembre-se de pressionar o botão direito do mouse para completar uma costura.

13. Faça as costuras do braço. Clique no ponto mediano atrás de um dos pulsos do Boy. Arraste para o meio dele e clique. Arraste para o meio do outro pulso e pressione o botão direito do mouse para terminar a costura.

14. Uma vez mais selecione a face no Modifier Stack.

    Com todas as faces selecionadas é possível aplicar o mapeamento Pelt. No próximo exercício planifique sua geometria.

Pelt Map Parameters Dialog

Pelt Map é útil para o mapeamento de modelos orgânicos como personagens e criaturas. Essa ferramenta permite, por meio de um editor especial, puxar e esticar uma malha complexa, deixando-a totalmente planificada, o que torna mais fácil e simples o processo de criar mapas de textura.

Lembrete: O comando Pelt Map na interface Autodesk 3ds Max 2009 foi redesenhado para maior funcionalidade e workflow.

Interface

Os comandos Pelt Map são ativados pelos botões do **Quick Pelt roll-out**. Outras funções desse quadro de diálogo permitem ajustar vários parâmetros de alongamento.

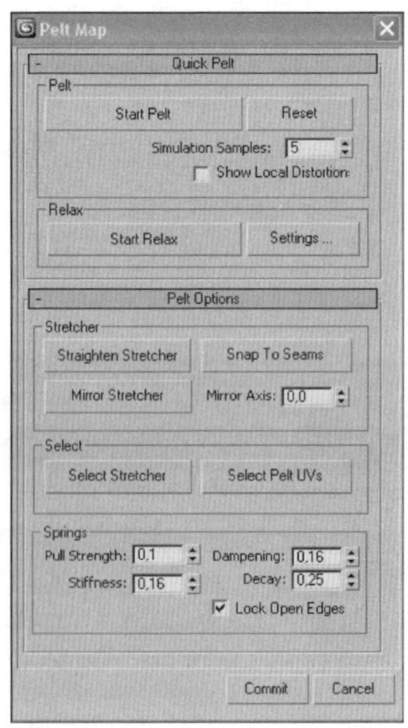

Quick Pelt Roll-Out

- **Start Pelt:** inicia a simulação, puxando os vértices da malha de dentro para fora em direção aos pontos de alongamento. A simulação é executada continuamente até que você interrompa, pressionando o botão **Esc** ou clicando em **Stop Pelt** (o mesmo botão).

- **Pelt:** afeta apenas os vértices selecionados. No entanto, se nenhum vértice foi selecionado, ele afeta todos.

- **Reset:** pára a simulação se ela estiver sendo executada e retorna **pelt and stretcher** para a condição original.
- **Simulation Samples:** o número de samples em volta de cada **pelt-seam point** usado na simulação.
- **Show Local Distortion:** quando ligado, mostra as diferenças entre os vértices das texturas e os vértices da malha.
- **Start Relax:** normaliza as distâncias entre os vértices de mapeamento. O processo de relaxamento ocorre continuamente até que você interrompa, pressionando **Esc** ou clicando em **Stop Relax**.
  - **Relax:** afeta apenas os vértices selecionados. No entanto, se nenhum vértice foi selecionado, ele afeta todos.
- **Settings:** abre a caixa de diálogo **Relax Tool dialog** para ajustar os parâmetros de relaxamento.

Pelt Options Roll-Out

- **Straighten Stretcher:** permite especificar um contorno Polygonal para mover os pontos.
- **Snap To Seams:** alinha todos os **stretcher points** até a borda do **edge seams**. Isso faz com que todo o contorno circular do pelt seja projetado para a área de corte do objeto.
- **Mirror Stretcher:** espelha os pontos de relaxamento com base no eixo do **mirror axis**.
- **Mirror Axis:** permite especificar a orientação do eixo do mirror, o qual tem uma forma de T com a cor amarela.
- **Select Stretcher:** seleciona todos os **stretcher points**.
- **Select Pelt Uvs:** seleciona todas as **texture vertex**.
- **Pull Strength:** a força do stretching quando você clica no botão **Start Pelt**.
- **Dampening:** aplica uma suavização ou um fator de inibição na ação do pelt; quanto maior o valor, menor o efeito do Pelt.
- **Stiffness:** define a rigidez que o pelt aplica à malha (semelhante ao efeito de puxar e esticar).
- **Decay:** a taxa de influência que cada vértice do pelt recebe do mapeamento de outro vértice.
- **Lock Open Edges:** normalmente é aplicado quando você seleciona apenas uma parte da malha para ser projetada com o pelt. Se o botão estiver desativado, os vértices tendem a se afastarem dos vértices que não foram selecionados durante o pelt.

Exercício - Pelt

1. Abra o arquivo cabeça_unwrap_start.max, selecione a cabeça do personagem, vá para a pasta Modify e carregue o modificador Unwrap.

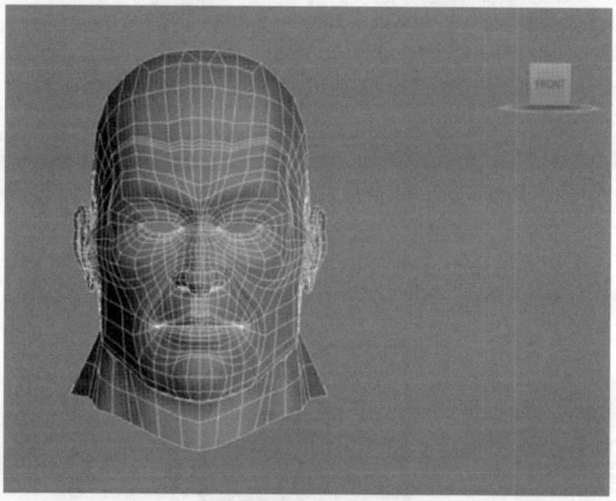

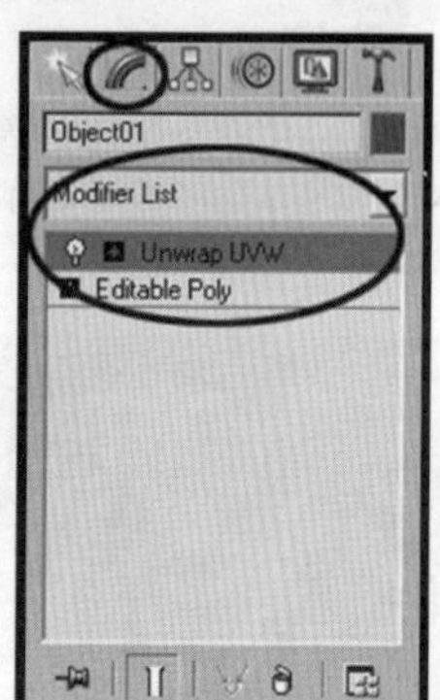

2. No Unwrap UVW, ative o subnível Face, desative o botão **Ignore Backfacing** e selecione a cabeça do personagem.

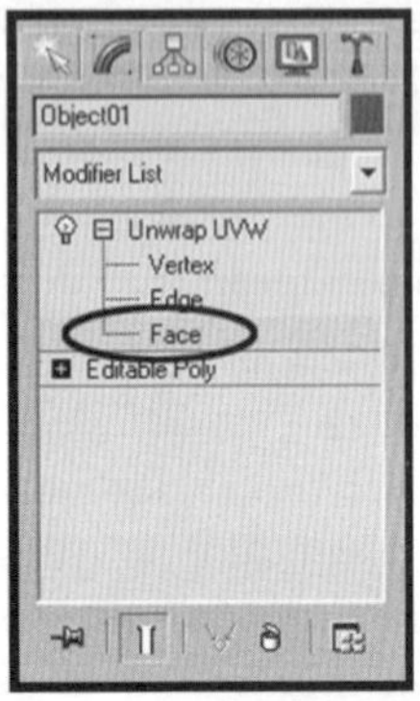

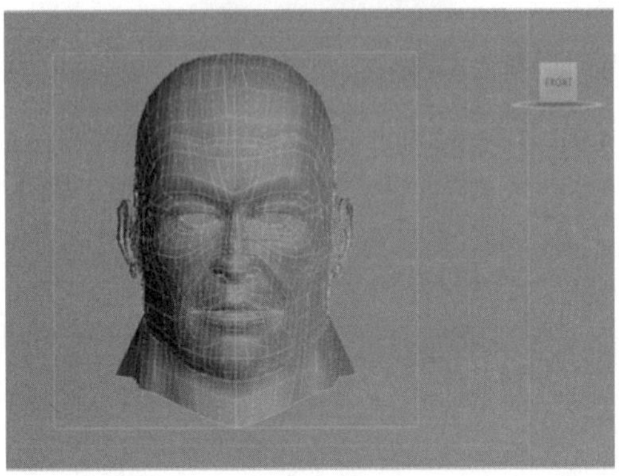

3. No Unwrap UVW, ative o botão Point To Point Seam para criar uma linha de corte na cabeça do personagem.

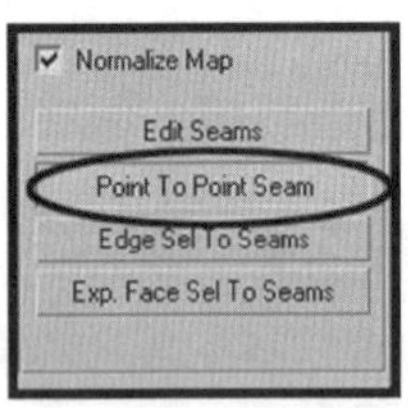

4. Com base nos desenhos seguintes, crie uma linha de corte que começa na testa do personagem e termina na nuca.

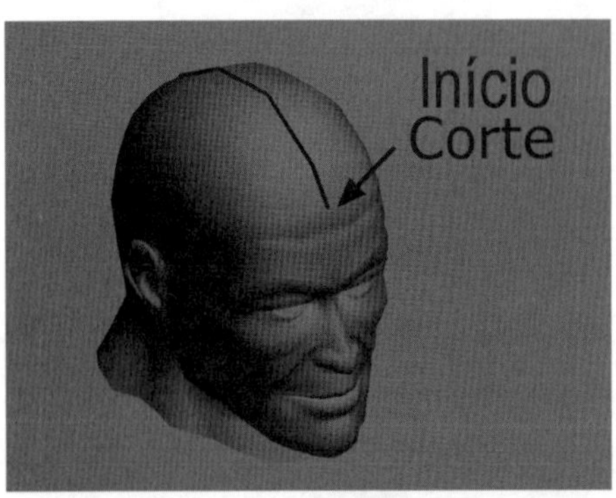

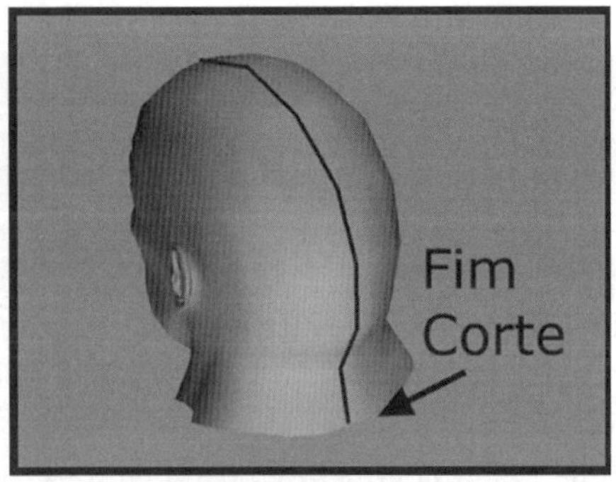

5. Na roll-out Map Parameters ative o botão Pelt para carregar a janela do Edit UVW.

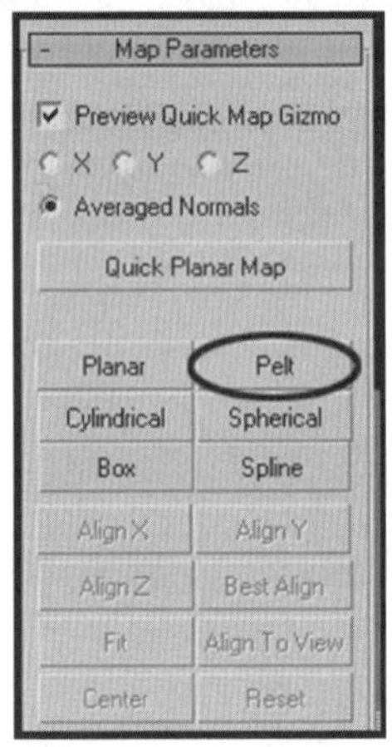

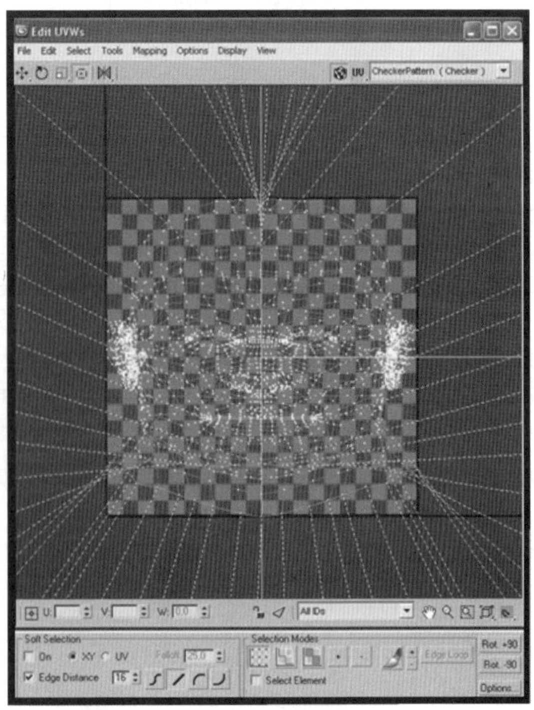

6. Clique no botão Start Pelt e espere alguns segundos até que a malha seja esticada. Depois clique no botão Stop Pelt ou pressione Esc no teclado.

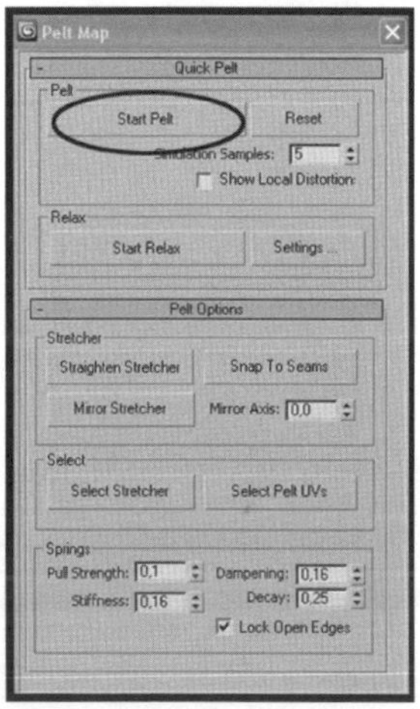

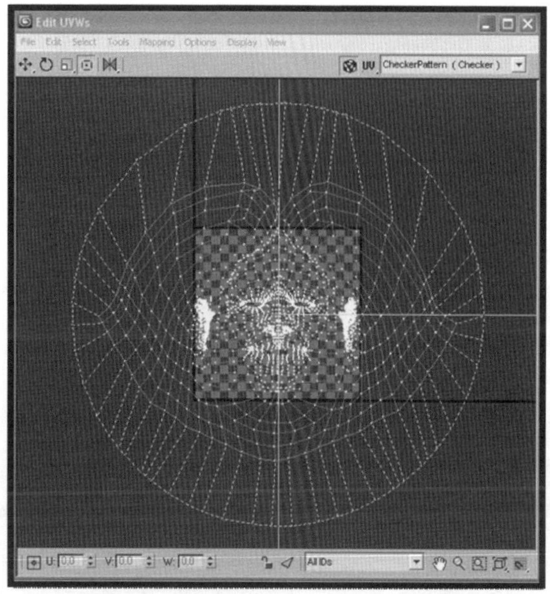

7. Pronto! A malha já está planificada, no entanto ainda existe a possibilidade de aplicar um **relax** em toda a geometria, o que, na maioria das vezes, melhora a planificação do objeto. Clique no botão **Start Relax**, aguarde alguns segundos e clique em **Stop Relax** ou pressione Esc no teclado.

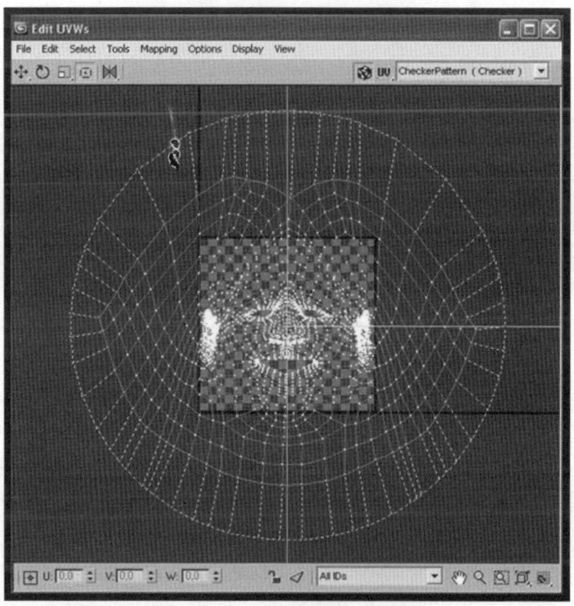

8. Para finalizar, clique no botão **Commit**, depois procure o menu **Tools** e clique no botão **Pack UVS** para a malha adaptar-se aos limites máximos da janela do **Unwrap**.

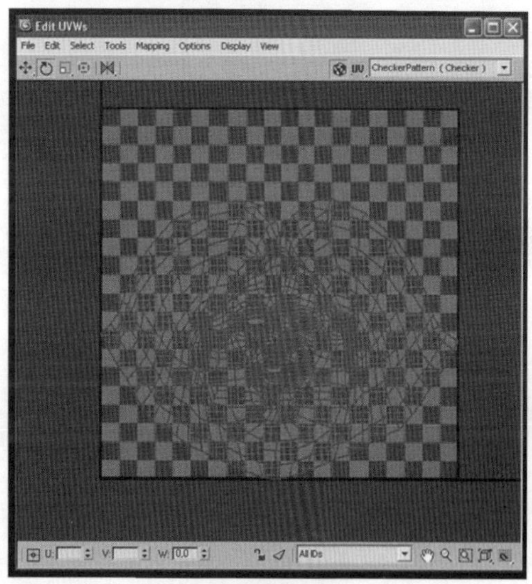

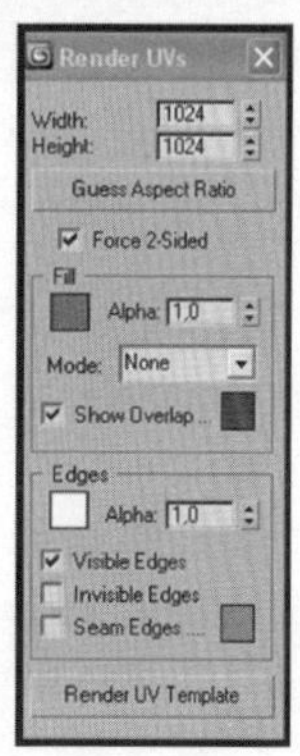

9. Volte para o menu **Tools** e clique no botão **Render UVW Template**. Vai abrir uma nova caixa, então configure o valor de **Width** e **Height** para **1024 x 1024** e finalize clicando em **Render UV Template**.

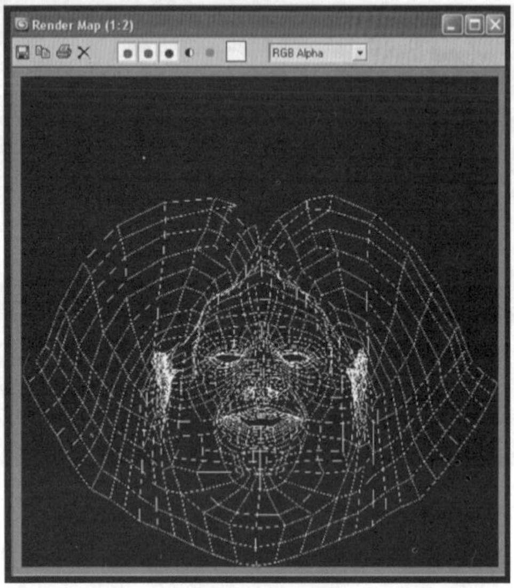

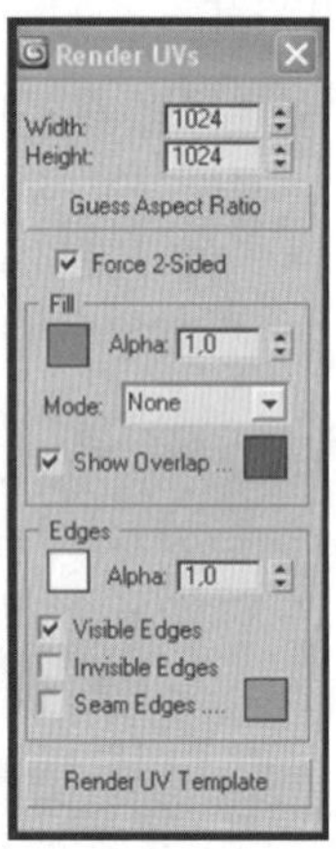

10. Salve a imagem no formato jpg e você pode usá-la como referência para as texturas dentro do Photoshop.

Spline Map

Novidade da versão 2009

Spline Map é útil para mapear objetos curvos como um cilindro com uma secção transversal, uma serpente ou tentáculo, ou superfícies planas como uma estrada sinuosa. Essa ferramenta permite usar qualquer spline para especificar um mapeamento na superfície de uma malha, bem como manipular o mapeamento por gizmo com maior precisão. O resultado aproxima-se mais da forma real dos objetos que outros métodos de mapeamento, tornando mais fácil criar mapas e texturas convincentes.

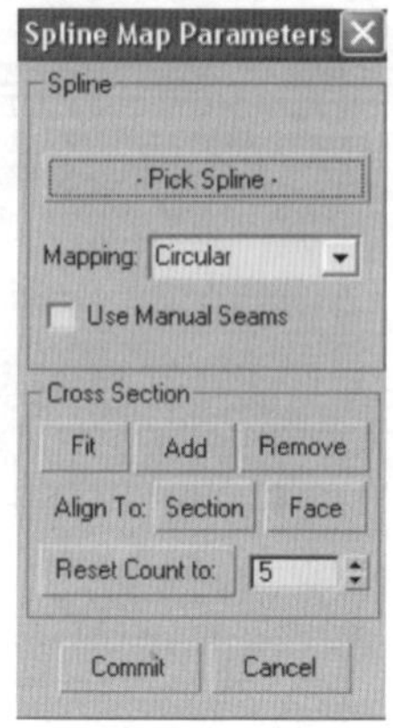

Interface

- **Pick Spline:** com ele é possível especificar uma **spline** para usar como mapeamento. Clique nesse botão e selecione uma **spline**.
- **Mapping:** permite especificar a forma como o modificador projeta o mapa para a malha.
- **Circular:** usado para objetos com uma secção transversal circular, como um tubo.
- **Planar:** usado para objetos planos, como uma estrada. Para melhores resultados, certifique-se de que as secções transversais da malha sejam paralelas à superfície e perpendiculares à **spline**.
- **Use Manual Seams:** quando ativado, usa o pelt seams para os limites da textura; quando inativo, usa o spline-mapping gizmo. Essa opção funciona apenas com o circular mapping.
- **Fit:** redimensiona as secções transversais para corresponder à geometria adjacente.
- **Add:** adiciona secções transversais para melhor controle do mapeamento entre a interpolação das secções transversais.
- **Remove:** apaga as seções transversais selecionadas.
- **Align To**
  - **Section:** alinha as secções transversais selecionadas com outra secção transversal. Selecione as secções transversais a alinhar, clique em Secção e no alvo de secção transversal.
  - **Face:** alinha as secções transversais selecionadas com a face de uma malha sobre o objeto modificado.

- **Reset Count to:** permite especificar o número de secções transversais espaçadas uniformemente. Defina o valor numérico e, em seguida, clique no botão Reset Count To para criar secções. Essa ferramenta é muito útil quando o mapeamento spline tem muitos vértices e se pretende reduzir o número de secções transversais para um número gerenciável.
- **Commit:** aplica as mudanças e fecha o quadro de diálogo.
- **Cancel:** descarta as mudanças e fecha o quadro de diálogo.

Uso do Spline Map

Exercício

1. Abra o arquivo spline_map.max. Temos em seguida o arco_A e o arco_B.

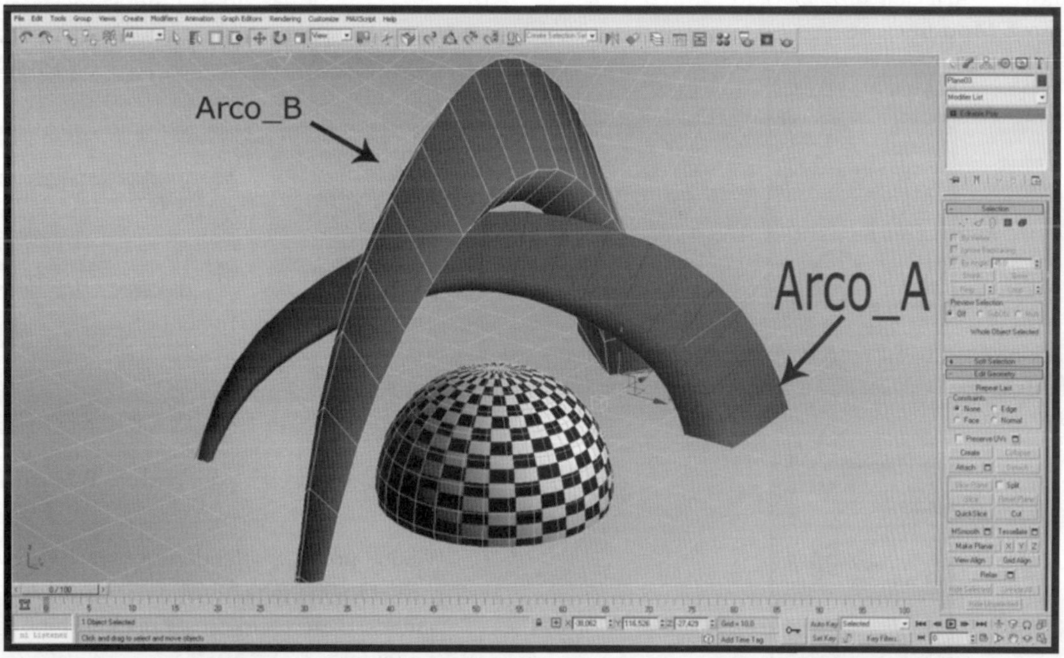

2. Selecione um dos arcos 3D, vá para a pasta Modify e carregue o modificador UVWmapping; escolha o mapping Cylindrical.

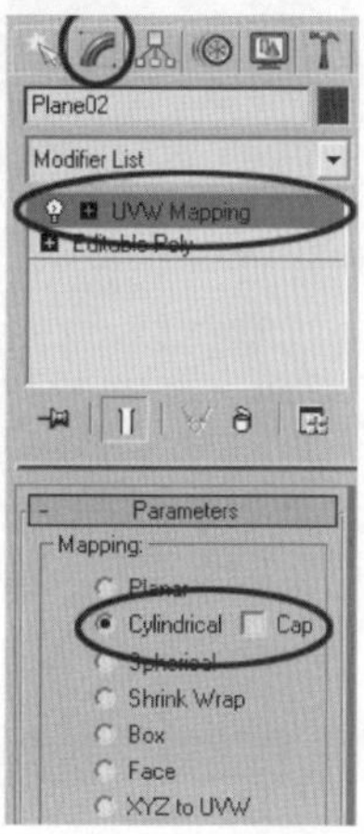

3. Repita o processo para o outro arco 3D.
4. Clique no botão Render e veja o resultado.

5. Observe que o mapeamento, em ambos os arcos 3D, ficou estranho. Várias partes sofreram um **stretch** na textura porque essa forma geométrica não corresponde ao mapeamento padrão do software.
6. Remova o mapeamento aplicado com o botão **Remove Modifier**.

7. Selecione novamente o **arco_A** 3D, retorne à pasta **Modify** e desta vez aplique o modificador **Unwrap UVW**.

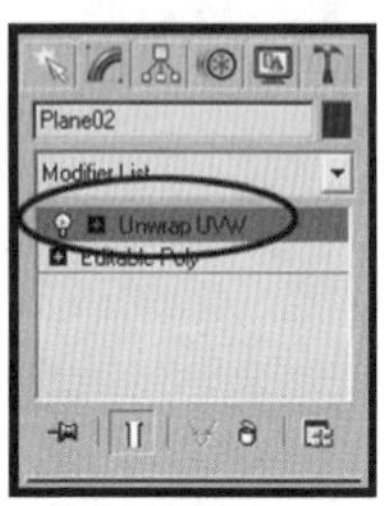

8. Abra o modificador Unwrap UVW, escolha a opção **Face**, desative a opção **Ignore Backfacing** e selecione todo o **arco_A** 3D.

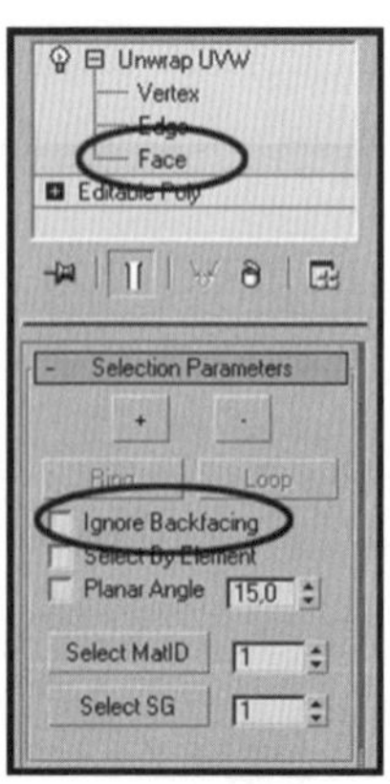

9. Após selecionar o **arco_A 3D**, clique em **Spline**, conforme a figura seguinte.

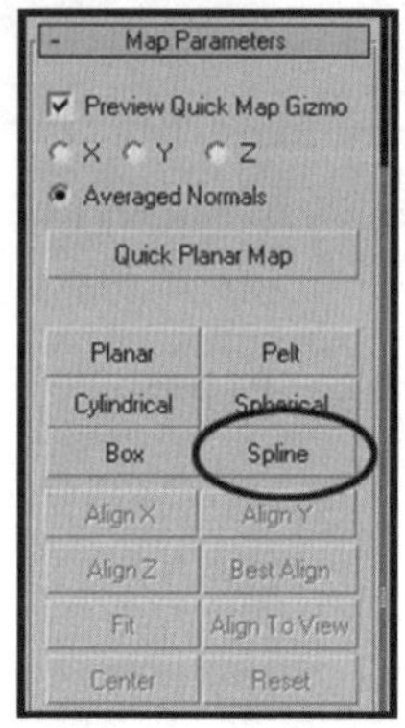

10. Clique no botão **Pick Spline** e no teclado pressione a tecla **H** (atalho para o **select object**). Selecione o **arc_A** e clique no botão **Pick**; finalize clicando em **Commit**.

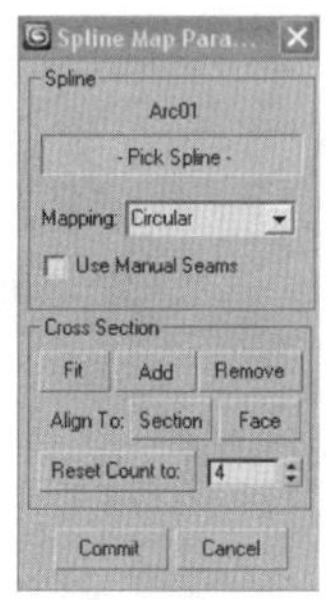

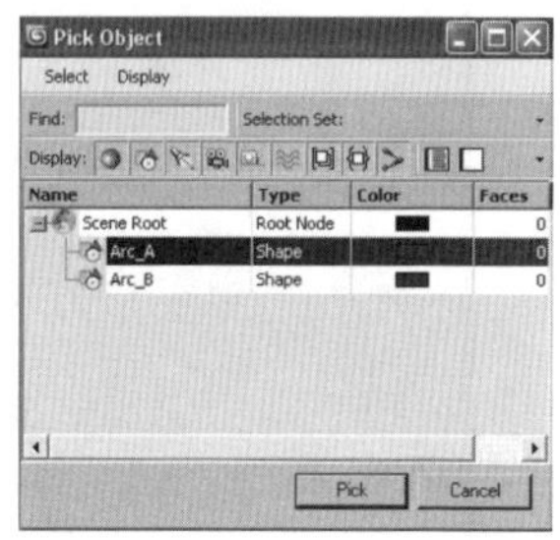

11. Repita o processo para o **arco_B**, a partir do passo 6.
12. Clique no botão Render e observe o resultado. A projeção do mapa funciona de maneira correta, seguindo o arco sem causar nenhum tipo de **stretch** na textura.

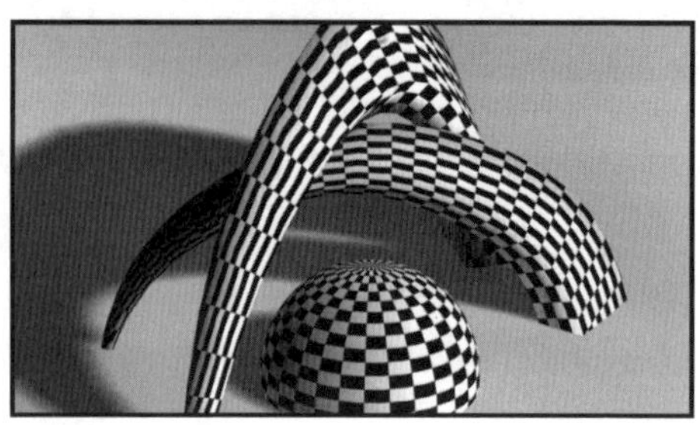

Capítulo

6

Iluminação e Câmeras

Neste capítulo vamos empregar a iluminação para dar realismo às cenas estáticas e animadas criadas no 3ds Max 2009.

Luzes são objetos utilizados para simular a iluminação de ambientes reais, como a iluminação feita pelo Sol, ou para simular uma luz artificial, como uma lâmpada. Por padrão, o software utiliza uma luz denominada ambient light, que pode ter um ou dois pontos de luz aplicados diretamente na viewport. Sem essa luz-padrão a viewport ficaria escura por ausência de luz.

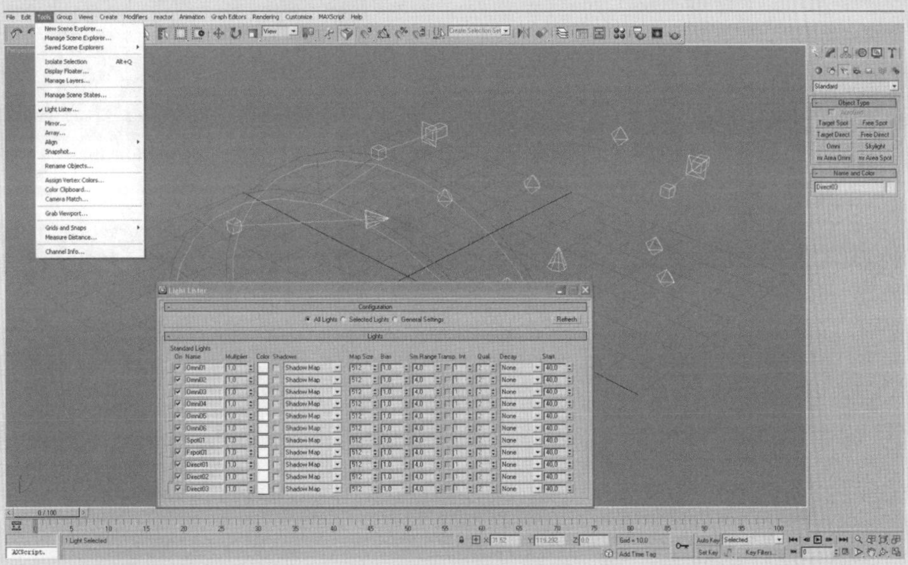

Criação e Configuração das Luzes (Lights)

O 3ds Max 2009 permite utilizar oito luzes-padrão. São elas:

- Omni
- Target Spot
- Target Direct
- mr area spot
- Free Spot
- Free Direct
- Skylight
- mr area omni

O 3ds Max 2009 disponibiliza três tipos de luzes fotométricas. São eles:

- Target light
- Free light
- mr sky portal
- dsad

Luz Omni

A luz Omni emite raios em todas as direções a partir de uma fonte. É muito usada para preencher a iluminação de uma cena (fill light). Uma única luz Omni equivale a seis Target Spots.

A seguir estão as principais propriedades da luz Omni:

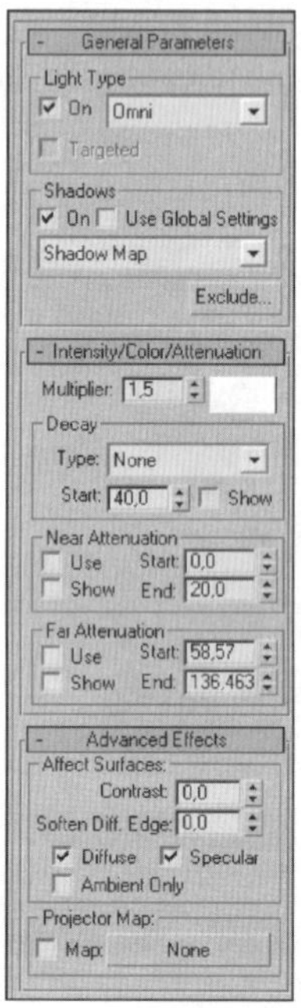

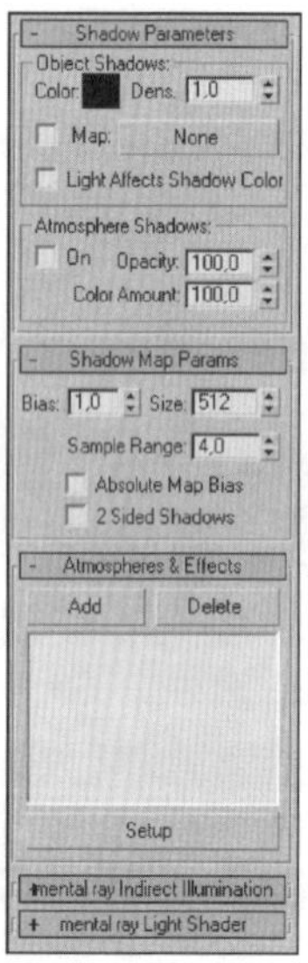

As luzes-padrão do 3ds Max 2009 encontram-se na pasta **Create**, botão **Light** e menu **Standard**.

Roll-Out General Parameters

Shadows

- **Shadow Map:** produz sombras suaves, usa pouca memória RAM e não calcula transparência.
- **Raytrace:** produz sombra rígida, usa pouca memória RAM e calcula transparência.
- **Adv raytrace:** produz sombra rígida e suave, usa memória RAM consideravelmente e calcula transparência.
- **Area shadows:** produz sombra suave de várias direções, usa muita memória RAM e calcula transparência.
- **Mental ray shadows:** produz sombra suave utilizando o renderizador Mental Ray.

Shadow map

Raytrace

Adv raytrace

Area shadows

O botão **Exclude** permite excluir objetos da incidência de luz. Ao pressioná-lo, abre-se o quadro de diálogo e, dependendo da cena em que estiver trabalhando, surge uma lista de seleção de objetos para escolher os que não devem ter iluminação ou sombra ou ambos.

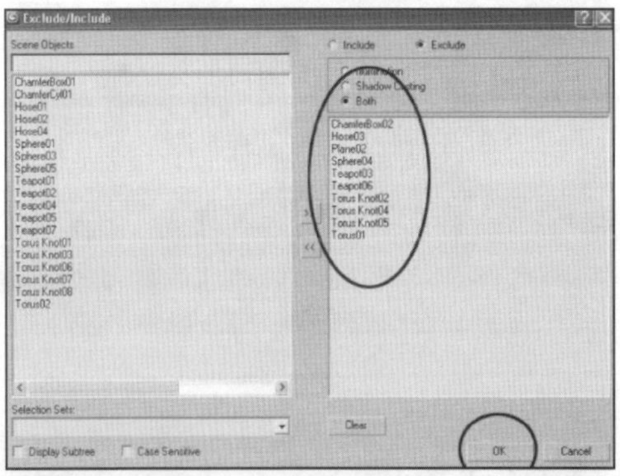

Roll-Out Intensity/Color/Attenuation

- **Multiplier:** aumenta ou diminui a intensidade da luz.

Nos campos **Near** (próximo) e **Far** (afastado) podemos definir o local em que a luz atua (início e fim).

- **Decay (decaimento):** utiliza uma atenuação mais realista da luz, com três opções para definir:
  - **None:** faz com que a luz tenha intensidade total do início ao fim.
  - **Inverse:** a luz diminui rapidamente.
  - **Inverse Square:** faz com que a luz tenha o efeito de atenuação do mundo real.

Near e Far desativados

Near e Far ativados e ajustados

Roll-Out Advanced Effects

- **Contrast:** define em cima de uma superfície iluminada o contraste entre as cores **diffuse** e **ambient**.
- **Soften Diff. Edge:** suaviza a borda entre as iluminações **ambient** e **diffuse**.

- **Affect Diffuse:** controla como a luz influencia o **material diffuse**.
- **Affect Specular:** controla como a luz influencia o **specular** do material.
- **Projector map:** permite aplicar um mapa para ser projetado pela luz (observe a figura seguinte).

Roll-Out Shadow Map Params

- **Bias (na roll-out Shadow Maps Params):** define a distância entre o mapa de sombra e o objeto que projeta a sombra. Quanto maior o valor, mais distante fica a base da sombra (objetos pequenos nem aparecem).
- Recomenda-se usar um valor abaixo de 0,5.

Bias valor 1.0

Bias valor 0.2

- **Size (na roll-out Shadow Maps Params):** define o tamanho da sombra em pixels (linhas). O default de 256 equivale a 256x256 pixels. Valores maiores que não excedam 2048 dão mais precisão à sombra.

Size com 256

Size com 1024

- **Sample Range (na roll-out Shadow Maps Params):** tem o controle das bordas das sombras. Valores maiores que 4 dão menor definição às sombras.

Sample 0,5

Sample 6,0

Target Spot

Por serem fontes de luzes unidirecionais, simulam holofote, farol e spot. Possuem dois elementos, que são o spot (emissor de luz) e o target (alvo da luz).

O objeto Target Spotlight é vinculado a um objeto alvo para o qual mira o feixe de luz. Quando criamos uma luz Spot, automaticamente o software coloca um controlador look at, com o qual podemos configurar qualquer objeto como alvo.

No geral, praticamente todos os parâmetros encontrados na luz Omni estão presentes na Target Spot, com exceção do **Spotlight Parameters**, um recurso específico para o **Target Spot**.

Roll-Out Spotlight Parameters

- **Hotspot:** é a área ao redor do alvo iluminado pela maior intensidade da luz Spot.
- **Falloff:** é a área em que a intensidade da luz Spot diminui até ficar igual a zero. O máximo ângulo permitido é de 179.5 graus por ser uma luz direcional.

Hotspot e Falloff em área fechada

Hotspot e Falloff em área aberta

- **Show Cone:** permite que o spot de luz fique visível.
- **Overshoot:** permite que a luz Spot transforme-se em luz Omni.
- **Circle/Rectangle:** define a forma do cone de luz.
- **Aspect (Aspecto):** se ativarmos o Rectangle, podemos alterar o aspecto do retângulo, mudando os valores do Aspect.

Target Direct

Semelhante à luz Spot, tem como diferenciação a projeção de sombras paralelas, simulando a luz solar.

Free Spot

Semelhante à Target Spot, só não tem a facilidade de manipular o alvo (target).

Free Direct

Semelhante à Target Direct, só não tem a facilidade de manipular o alvo (target).

Skylight

A luz Skylight do 3ds Max 2009 serve como grande complemento para obtermos realismo nas cenas em conjunto com outras luzes, porque a Skylight não oferece uma luz direta, mas comporta-se como luz atmosférica, gerando rebatimento em todos os objetos e criando uma leve e bonita **soft shadow**. Aumenta e melhora contraste e volume, principalmente nas pequenas áreas, como frestas e fendas dos objetos.

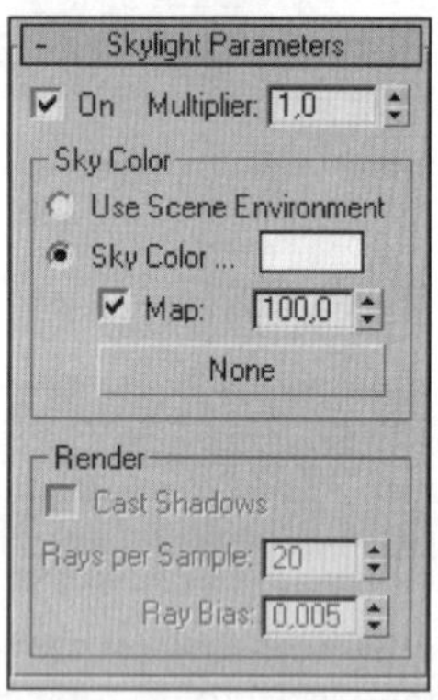

Observação: Para o render padrão do 3ds Max 2009 (default scanline), a **Skylight** só funciona quando se ative o **Advanced Light Tracer**, e para o uso do **Mental Ray** ela só funciona em conjunto com o **Final Gather**.

Roll-Out Skylight Parameters

- **On:** acende e apaga a luz. Quando On está ativado, o sombreado e a renderização utilizam a luz para iluminar a cena. Quando está desativado, a luz não se emprega no sombreado nem na renderização.
- **Multiplier:** aumenta a potência da luz com um valor positivo ou negativo. Por exemplo, se definir o Multiplier em 2, a luz será duas vezes mais brilhante.

A utilização desse parâmetro para aumentar a intensidade pode "queimar" as cores. Assim mesmo, é possível que gere cores que não podem ser utilizadas no vídeo. Em geral, defina Multiplier no valor-padrão de 1,0, exceto quando se trata de efeitos ou casos especiais.

Sky Color Group

- **Use Scene Environment:** dá cor à luz com o environment configurado no Environment panel.

  Esse valor não tem efeito, a menos que esteja ativado o Light Tracer.
- **Sky Color:** designa o sample de cor para abrir o Color Selector e escolher a cor que deseja aplicar à luz Skylight.
- **Map controls:** permite selecionar o mapa que vai aplicar a cor da luz Skylight.

Dica: Melhores resultados são obtidos ao utilizar um arquivo HDRI para a iluminação.

O mapa não tem efeito, a menos que esteja ativado no Light Tracer.

Render Group

Nota: Esses controles ficam desativados se o renderizador não estiver definido no Default Scanline ou se já estiver ativado o Light Tracer.

- **Cast Shadows:** determina que a luz Skylight projete sombras.

Nota: Os objetos da luz Skylight *não* projetam sombras em uma Activeshade rendering.

- **Rays per Sample:** número de raios utilizado para calcular a incidência da luz Skylight sobre um ponto dado de uma cena. Nas animações deve defini-lo com um valor alto para evitar que a luz pisque. Um valor aproximado de 30 deve eliminar esse problema.

  Ao aumentar o número de raios, incrementa-se a qualidade da imagem e o tempo de renderização aumenta.
- **Ray Bias:** a distância mais fechada com a qual os objetos podem projetar sombras em um ponto dado de uma cena. Com um valor de 0 o ponto

pode projetar sombras sobre si mesmo; com um valor maior é possível evitar que os objetos fechados a um ponto projetem sombras no referido ponto.

As luzes do Raytrace utilizam mais memória que as Spots ao renderizar-se.

Light Lister

- Menu Tools → Light Lister

O Listador de luzes é um quadro de diálogo que permite controlar um número de características de uma luz. Também pode ser utilizado para aplicar configuração geral a todas as luzes de uma cena.

Esse quadro de diálogo requer ao menos um objeto de luz na cena. Para uma luz selecionada, o quadro de diálogo é um método abreviado da mesma funcionalidade disponível na pasta Modify → Parameters roll-out. Os valores de configuração geral (Global settings) são iguais aos do Environment panel do menu Rendering ou da barra de ferramentas.

Nota: O Listador de luzes não pode controlar mais de 150 objetos de luz únicos ao mesmo tempo (não se contam os decalques de uma luz). Se a cena contiver mais de 150 luzes únicas, o Listador mostra controles para as 150 primeiras, ao tempo que adverte sobre a conveniência de selecionar menos luzes. Reduza o número de luzes selecionadas e use os valores de configuração para luzes selecionadas.

Procedimentos

Para utilizar a configuração geral:

1. No quadro de diálogo Configuration roll-out, escolha General Settings.

   Aparece a roll-out General Settings.

2. Faça mudanças nos parâmetros.

Dica: O Light Lister não se atualiza de forma interativa quando se troca a seleção das luzes. Pressione Refresh para atualizar a lista.

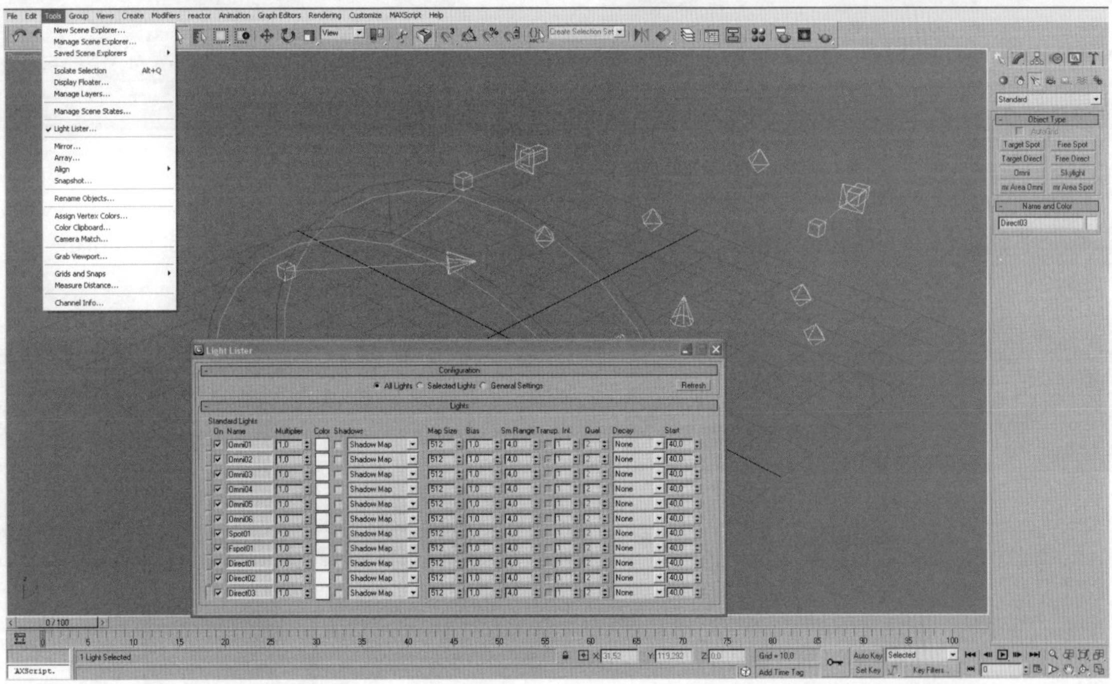

Previewing Shadows in Viewports

Novidade da versão 2009

A partir da versão do 3ds Max 2009 existe a possibilidade de visualizar a luz e a sombra dos objetos em tempo real na viewport. Logicamente essas luzes e sombras não coincidem exatamente com o render que será feito na cena, pois o cálculo do render é muito mais preciso e apurado, no entanto servem muito bem como pré-setagem de luz e sombra.

1. Vá até o menu File e clique em Open.
2. Clique no arquivo **casa_01_start.max**.
3. Clique no botão Open.

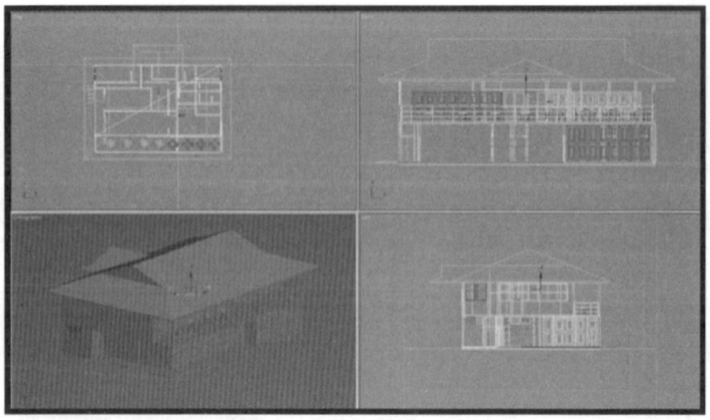

4. Crie uma luz **Spot**, conforme a figura seguinte.

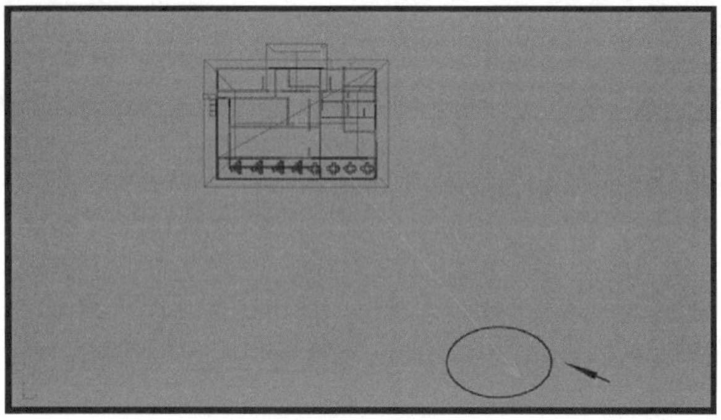

5. Ajuste a posição da luz como mostra a figura seguinte e ative a opção **Shadow ON** no quadro **Modify**.

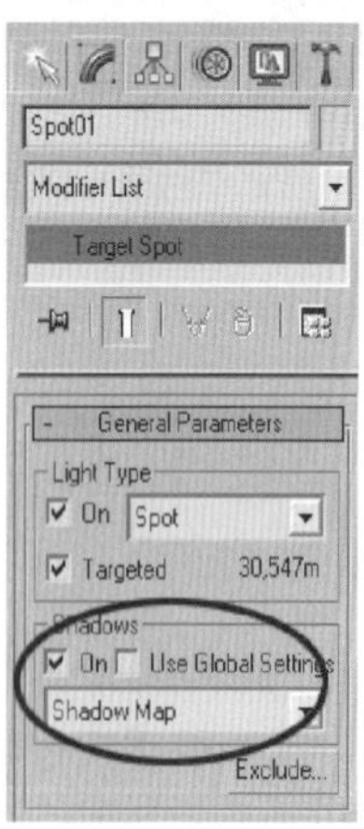

6. Selecione spot e clique com o lado direito do mouse; abre-se um menu. Ative a opção **Good** e depois **Enable Viewport Shadows Selected**.

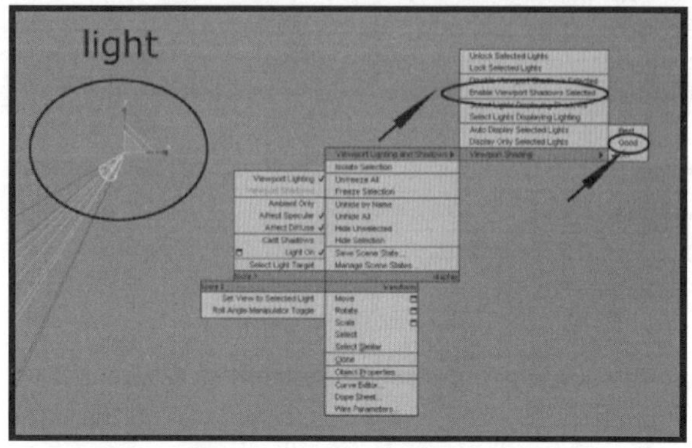

7. Observe que a luz começa a projetar sombra na casa.

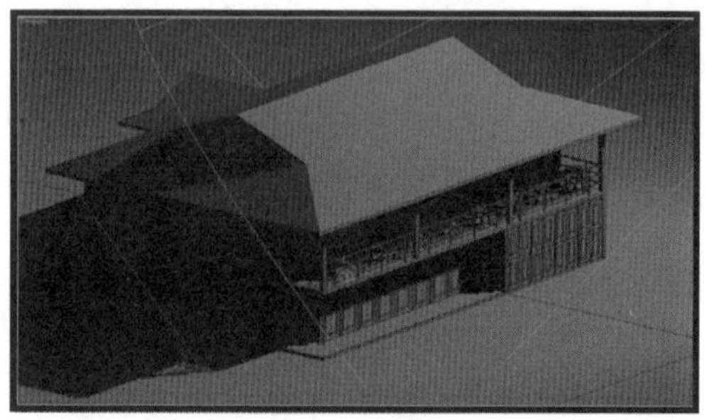

8. Para obter um resultado mais agradável e realista, aplique uma segunda luz. Neste caso, pode ser uma **Omni** com **Multiple** de 0,5, conforme a figura.

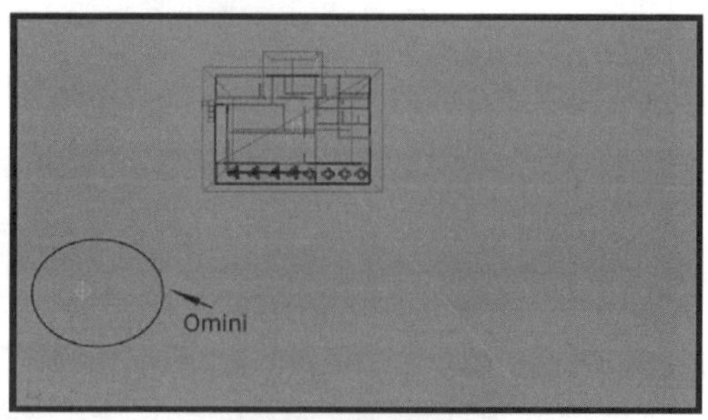

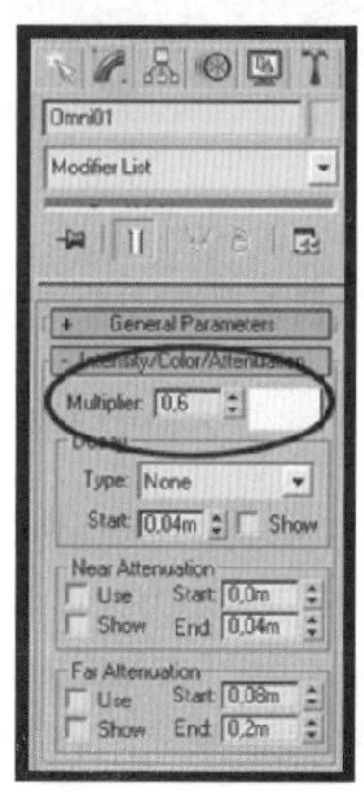

9. Veja o resultado da imagem.

Viewport

Render

Quad Menu

As opções de **Lighting** e **Shadow** aparecem no Quad Menu (clique com o lado direto do mouse na viewport).

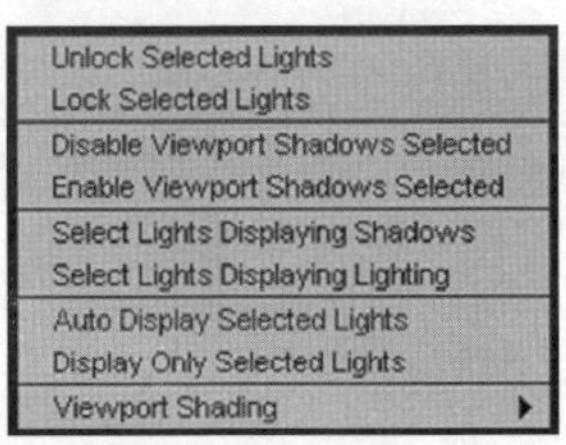

Viewport Shading

Escolhe o nível de sombreamento da **viewport**:

- **Best:** mostra a sombra com mapa de opacidade.
- **Good:** mostra a sombra.
- **OffLights:** não apresenta sombra na viewport.
- **Unlock Selected Lights:** destrava a luz selecionada.
- **Lock Selected Lights:** trava a luz selecionada.
- **Disable Viewport Shadows Selected:** desativa a sombra da luz selecionada.
- **Enable Viewport Shadows Selected:** ativa a sombra da luz selecionada.
- **Select Lights Displaying Shadows:** seleciona todas as luzes da cena que têm a sombra ativada.
- **Select Lights Displaying Lighting:** seleciona todas as luzes que estão ligadas.
- **Auto Display Selected Lights:** quando ativado, todas as luzes selecionadas mostram o shade na **viewport**.
- **Display Only Selected Lights:** desativa todas as luzes, exceto as que estão travadas.

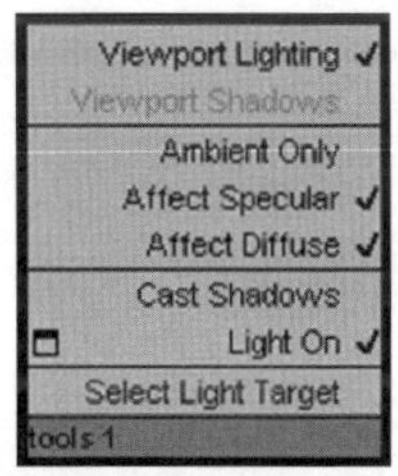

- **Ambient Only:** quando ativado, os objetos são afetados apenas pela luz ambiente na **viewport**.
- **Affect Specular:** quando ativado, os objetos são afetados pela cor especular na **viewport**.
- **Affect Diffuse:** quando ativado, os objetos são afetados pela cor principal na **viewport**.
- **Viewport Shadows:** quando ativado, a sombra é projetada pela luz na **viewport**.
- **Cast Shadows:** ativa ou desativa a projeção da sombra na **viewport**.
- **Light On:** ativa e desativa a luz na **viewport**.
- **Select Light Target:** seleciona o target da luz.

Luzes Fotométricas

Utilizam valores de fotometria (energia de luz) que permitem definir as luzes com mais precisão, como se fossem reais. É possível criar luzes com distintas distribuições e características de cor ou importar arquivos fotométricos de fabricantes de luzes.

> **Nota:** As luzes fotométricas atenuam-se sempre mediante diminuição em quadrado inverso e ajustam-se à cena com unidades realistas.

O 3ds Max oferece a simulação da propagação de luz em volta de uma base física. Os resultados obtidos não são só renderizações muito reais, mas medidas exatas da distribuição da luz na cena. A fim de aproveitar ao máximo essas capacidades, o 3ds Max inclui uma nova interface para definir e usar luzes reais. Nesta seção se indicam as quantidades empregadas para definir e medir a luz.

Existem várias teorias que descrevem a natureza da luz. Para o contexto em que nos encontramos, definiremos a luz como a energia capaz de produzir uma impressão visual no olho humano. Ao desenhar um sistema de iluminação, interessa avaliar seu efeito no sistema de resposta visual. Por este motivo nasceu a fotometria: como uma medida da luz, mas tendo em conta os aspectos psicológicos do cérebro e os olhos humanos. No sistema de simulação de luz se empregam quatro níveis fotométricos:

- Fluxo luminoso
- Iluminância
- Luminância
- Intensidade luminosa

O fluxo luminoso é a quantidade de luz por unidade de tempo que recebe, transmite ou passa por uma superfície. A unidade do fluxo luminoso é o lúmen (lm), tanto no sistema internacional (SE) como no sistema americano (AS) de unidades. Se considerar a luz em términos de partículas (fótons) que se movem pelo espaço, o fluxo luminoso de um feixe de luz que recebe uma superfície é proporcional ao número de partículas que a tocam durante o intervalo de um segundo.

A iluminância é o fluxo luminoso que incide em uma superfície de uma área unitária. Certa quantidade permite descrever o nível de iluminação que incide em uma superfície sem que a medida dependa do tamanho da superfície em si. A unidade de iluminância do sistema internacional (SI) é o lux (lx), que equivale a um lúmen por metro quadrado, enquanto a unidade de iluminância do sistema americano (AS) é a candela/pé (cp), equivalente a um lúmen por pé quadrado.

Parte da luz que incide em uma superfície reflete-se no entorno. A luz que sai refletida de uma superfície em uma direção concreta é o que se conhece como luminância, quer dizer, a quantidade de luz convertida em cores de apresentação para criar uma renderização realista da cena. A luminância se mede na candela por metro quadrado ou por polegada quadrada.

Finalmente, a intensidade luminosa é a luz por unidade de tempo que emite uma fonte de um ponto em uma direção concreta e sua unidade de medida é a vela. Esse termo se emprega para descrever a distribuição direcional de uma fonte de luz, quer dizer, para especificar a variação de sua intensidade como uma função da direção de projeção. Em sua origem, o termo vela se referia à intensidade luminosa emitida por uma vela de cera.

Ao utilizar 3ds Max, esses valores fotométricos com apoio físico podem criar com precisão simulações de luzes e materiais reais.

Parâmetros da Luz Fotométrica

Vários parâmetros da luz fotométrica são idênticos ou similares às luzes-padrão do 3ds Max 2009, portanto somente vamos apresentar aqueles que são de uso exclusivo da luz fotométrica.

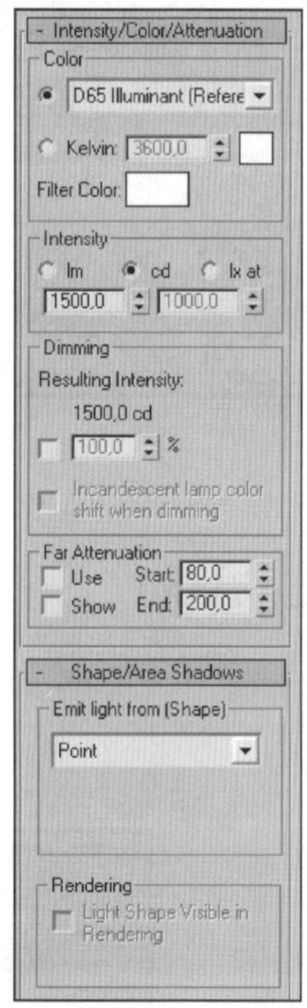

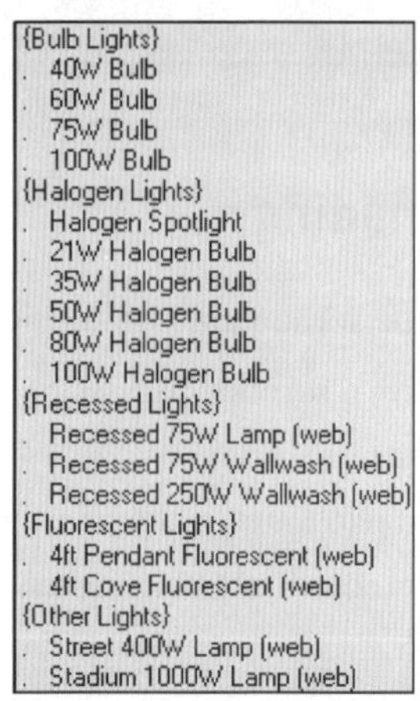

Target Light

- Create menu → Lights → Target Point Light

Uma luz pontual com objetivo, por exemplo, uma luz Omni direcional padrão, emite a luz de um ponto geométrico. É possível definir a distribuição da luz, que conta com três tipos de distribuição e os ícones correspondentes. Para dirigir uma luz com objetivo, utiliza-se um objeto do destino.

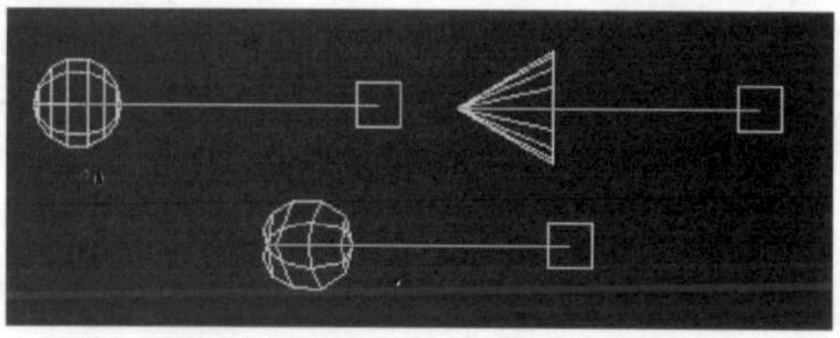

Ícones para luzes isotrópicas pontuais com alvo (target), spotlight e distribuição Web.

Free Light

- Create menu → Lights → Free Point Light

Uma free point light, por exemplo, uma luz Omni direcional padrão, emite a luz de um ponto geométrico. É possível definir a distribuição da luz, que conta com três tipos de distribuição e os ícones correspondentes. As luzes pontuais livres carecem de um objeto do destino. Dirigem-se por meio de transformações.

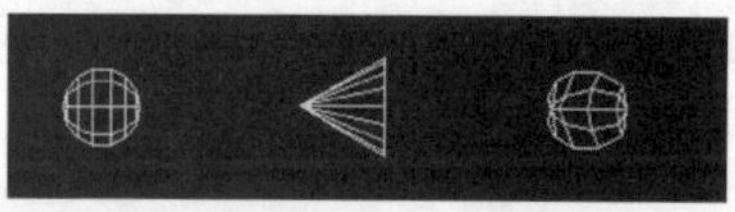

Ícones para luzes pontuais livres com distribuições Isotropic, Spotlight e Web.

Opções de Distribuição das Luzes Fotométricas

Cada tipo de luz fotométrica admite duas ou três opções de distribuição de luz distintas.

As fontes de luz pontuais (point light, com objetivo e livre) admitem as distribuições Isotropic, Spotlight e Web.

As fontes de luz lineares e de área (linear e área light, com objetivo e livre) admitem as distribuições Diffuse e Web.

Isotropic Light Distribution

Uma luz isotrópica distribui a luz por igual em todas as direções.

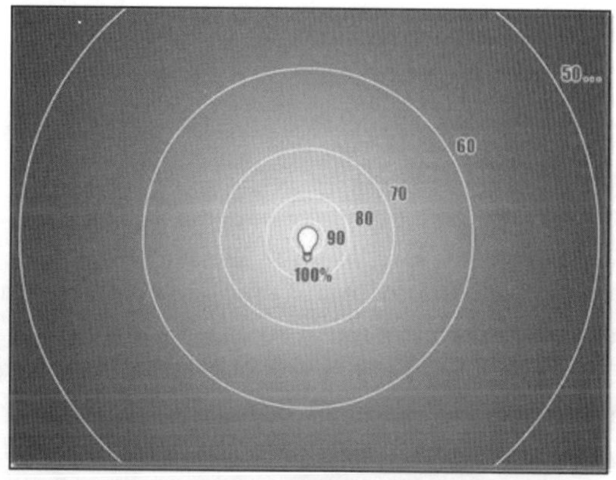

Distribuição de luz isotrópica.

Ícone para uma luz pontual com objetivo de distribuição isotrópica.

Distribuição Spotlight

Os focos distribuem a luz em forma de raio orientado como o de uma lanterna, um foco de teatro ou um abajur de leitura. No ângulo do raio das luzes, a intensidade tem alcançado até 50%. Em seu ângulo de campo, a intensidade tem alcançado até zero. O ângulo do raio é similar ao de foco das luzes-padrão, embora todos os focos tenham uma intensidade de 100%. O ângulo de campo é comparável ao de atenuação das luzes-padrão.

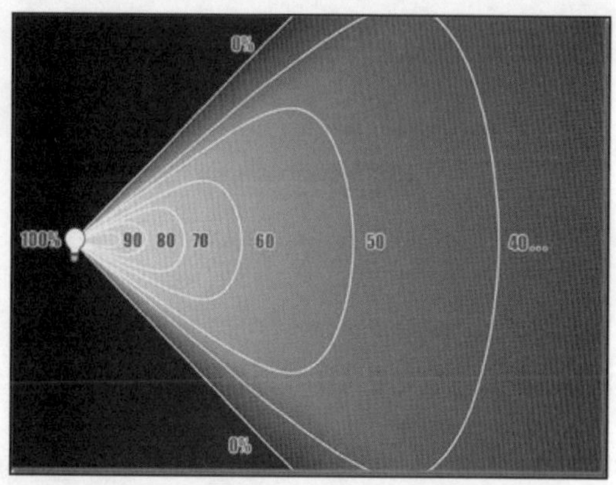

Distribuição focal (Spotlight).

Ícone para luz pontual com objetivo de distribuição focal.

Web Distribution

Uma distribuição Web utiliza definição web de luz fotométrica. Web fotométrica é uma representação tridimensional da forma como se distribui a intensidade de uma fonte de luz. As definições Web armazenam-se em arquivos. Muitos fabricantes de equipes de iluminação oferecem arquivos de web para seus produtos e, freqüentemente, estão disponíveis na Internet. O formato de um arquivo de web pode ser IES, LTLI ou CIBSE. Os controles para atribuir o arquivo de web encontram-se na roll-out Parâmetros de web.

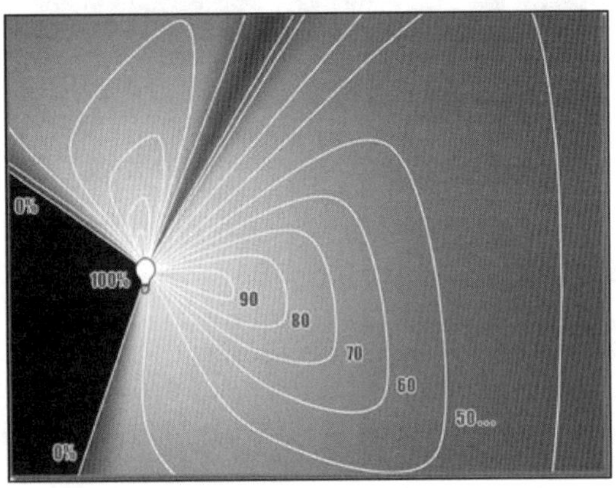

Exemplo de uma distribuição Web.

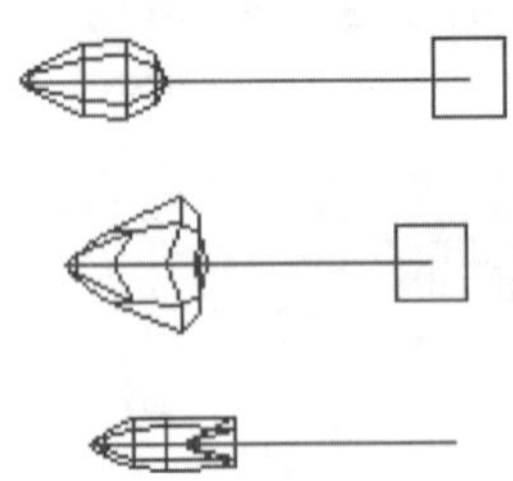

Distintas distribuições Web.

Uniform Diffuse Distribution

Emite uma luz difusa utilizando apenas meia esfera, como se a luz fosse emitida de uma superfície.

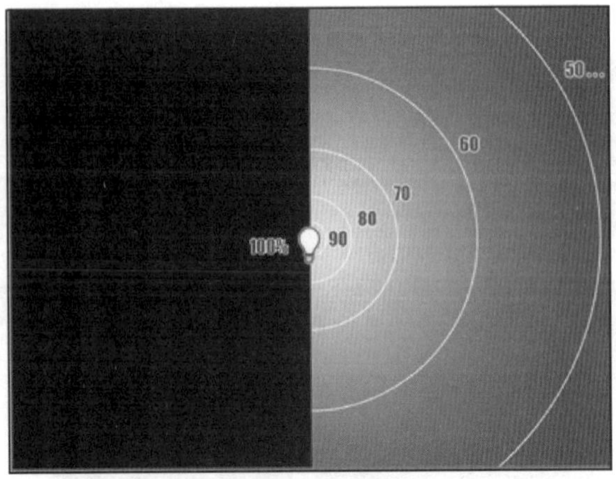

Distribuição Uniform

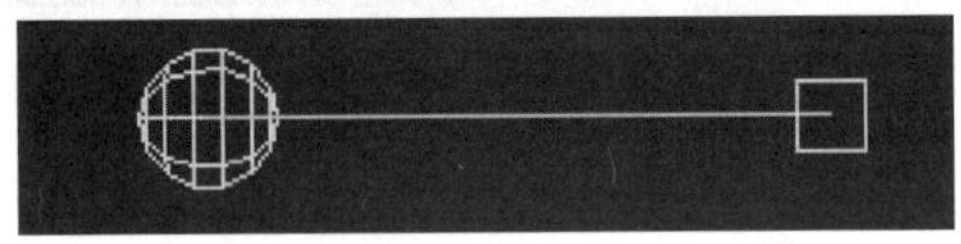

Ícone igual ao da Isotropic Light

Roll-Out Intensity/Color/Distribution

A persiana Intensidade/Cor/Distribuição permite definir o tipo de distribuição que se aplica às photometric lights. Também é possível definir a cor e a intensidade das luzes.

- **Distribution:** descreve a distribuição direcional da luz emitida por uma fonte de luz. Há vários tipos de distribuição distintos: Isotropic, Spotlight, Web e Diffuse.

Nota: As luzes pontuais com objetivo e livre (Target Point e Free Point lights) podem ter distribuição isotrópica, de foco ou web. As demais luzes fotométricas utilizam distribuição web ou difusa.

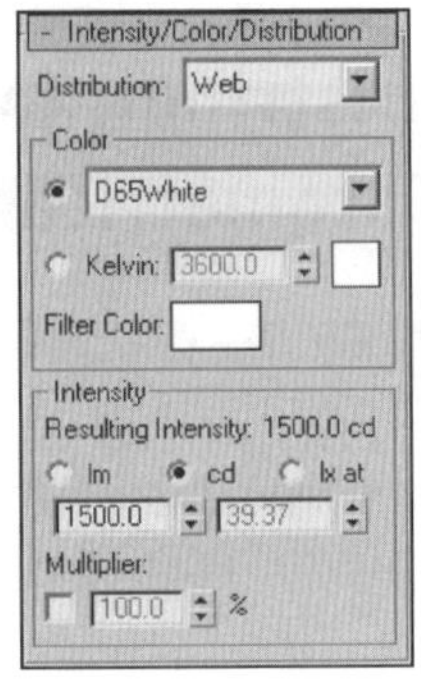

Color Group

- **Light:** selecione uma especificação de abajur comum para aproximar o caráter do espectro da luz. A amostra de cor situada no parâmetro Kelvin se atualiza para refletir a luz selecionada.

- **Kelvin:** define a cor da luz por meio do ajuste dos contadores de temperatura da cor. A temperatura da cor se expressa em graus Kelvin. A cor correspondente é visível na amostra de cor próxima aos contadores de temperatura.
- **Filter:** utilize um filtro de cor para simular o efeito de um filtro de cor colocado sobre a fonte de luz. Por exemplo, um filtro vermelho sobre uma luz branca projeta uma luz vermelha. É possível definir a cor se designar a amostra de cor para acessar o Color Selector.

Intensity Group

Esses controles especificam a força ou o brilho das luzes fotométricas em quantidades apoiadas em elementos físicos.

É possível definir a intensidade de uma fonte de luz mediante uma das unidades seguintes:

- **lm (lúmen):** mede a potência de saída global da luz. Uma lâmpada de 100 watts de uso normal tem um fluxo luminoso aproximado de 1.750 lm.
- **cd (candela):** mede a máxima da luz, pelo geral, em direção a um ponto. Uma lâmpada de 100 watts de uso normal tem uma intensidade luminosa aproximada de 139 cd.
- **lx at (lux):** mede a iluminância causada pelo brilho da luz sobre uma superfície a certa distância e na direção da fonte. Lux é a unidade de SE e equivale a um lúmen por metro quadrado. A unidade de AS para medir a iluminância é candela/pé (cp) e equivale a um lúmen por pé quadrado. Para converter candela/pé em lux, multiplique por 10,76. Por exemplo, para especificar uma iluminância de 35 cp, defina a iluminância em 376,6 lx.

  Para especificar a iluminância de uma luz, defina o valor de lx e introduza a distância a que se mediu a iluminância.

Roll-Out Shape/Area Shadows

Permite que você escolha a forma da luz que vai gerar a sombra. O formato dos objetos pode mudar drasticamente de acordo com a maneira como a sombra os projeta.

- **Point:** calcula a sombra como se a luz fosse gerada de um ponto.

- **Line:** calcula a sombra como se a luz fosse gerada de uma linha, semelhante a uma lâmpada fluorescente.

- **Rectangle:** calcula a sombra como se a luz fosse gerada de um retângulo, semelhante à luz que entra por uma janela.

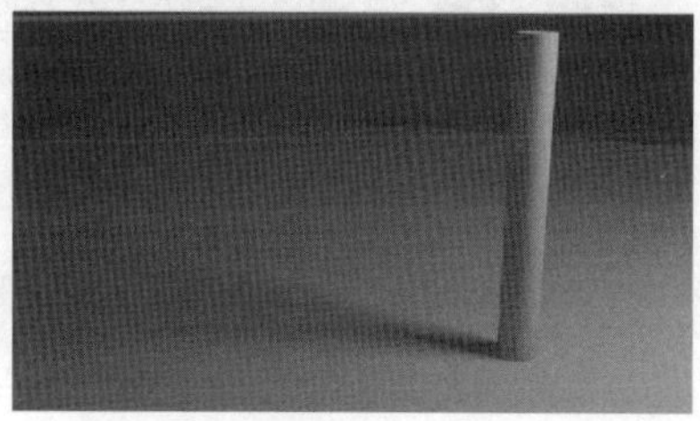

- **Disc:** calcula a sombra como se a luz fosse gerada de um disco, semelhante a uma lanterna ou farol.

- **Cylinder:** calcula a sombra como se a luz fosse gerada de um cilindro.

- **Shadows samples:** qualidade da sombra gerada. Valores mais altos deixam a sombra mais suave, porém o tempo de render aumenta relativamente.

Exercício - Três Pontos de Luzes

Este exercício explica a regra mais básica para obter uma boa iluminação, que consiste na aplicação de apenas três luzes: key light (luz principal), fill light (luz de preenchimento) e back light (luz de fundo) que, posicionadas corretamente, causam ótima impressão e volume ao personagem 3D. Essa técnica denomina-se Three Point Light.

1. Abra o arquivo soldado_light.

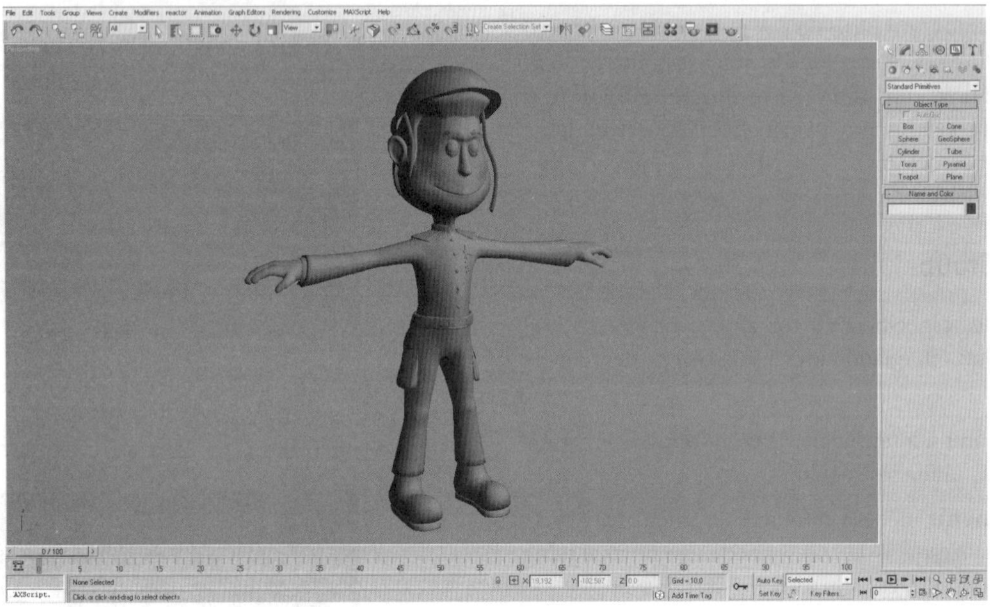

2. Vá até a pasta Camera e clique no botão Target.

3. Crie uma câmera na vista Top e posicione-a conforme a figura seguinte.

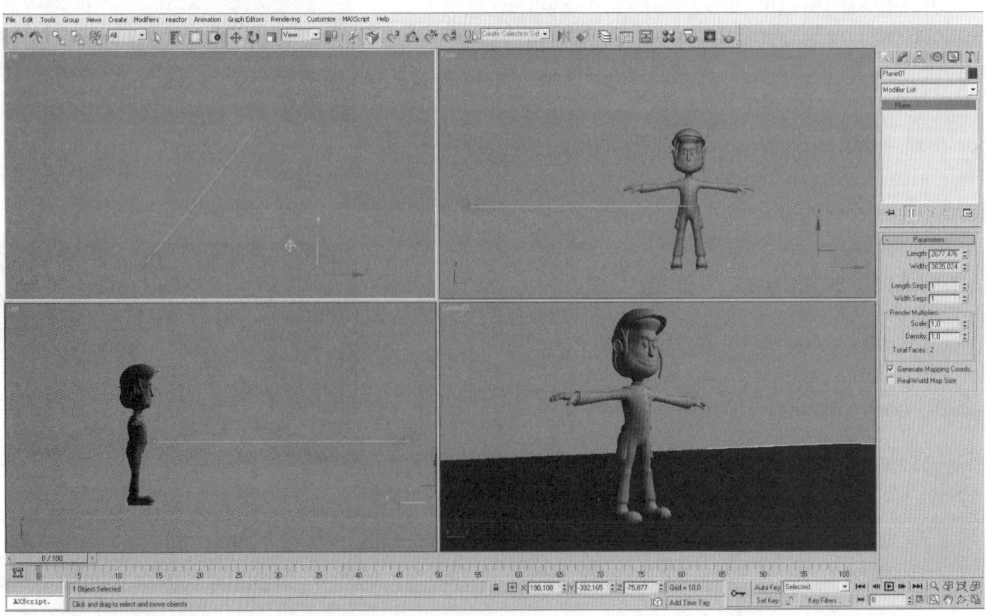

4. Para obter a visão da câmera, vá até a viewport Perspective e com o cursor em cima da palavra Perspective clique no botão direito do mouse para abrir o menu. Selecione a opção Views e em seguida clique na opção câmera01.

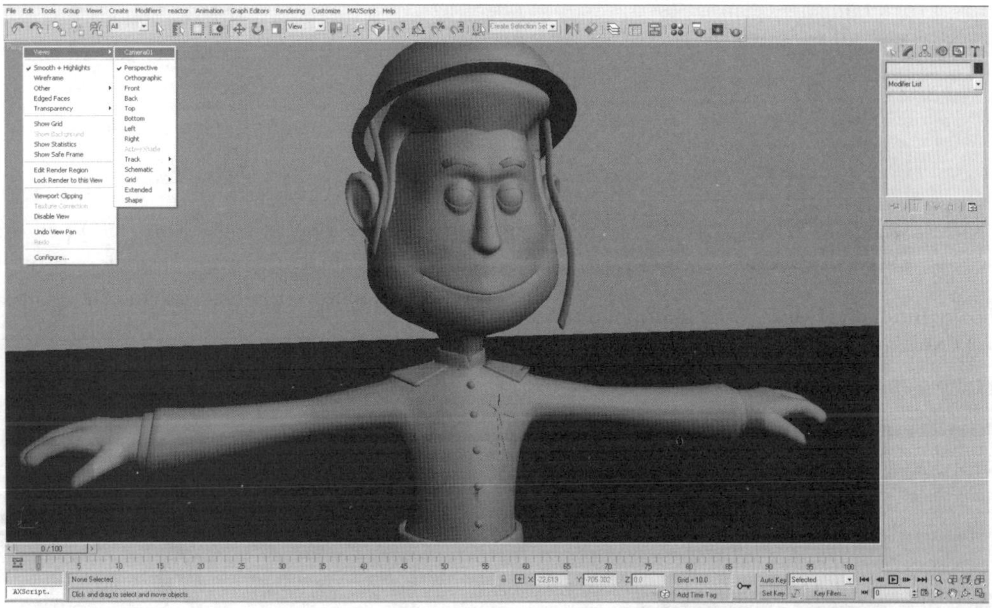

5. Vá à pasta Light e clique no botão Target Spot.

6. Aplique a luz na cena conforme a figura seguinte, sempre considerando essa luz como a key light, que deve ser posicionada entre 60º e 90º em relação à câmera.

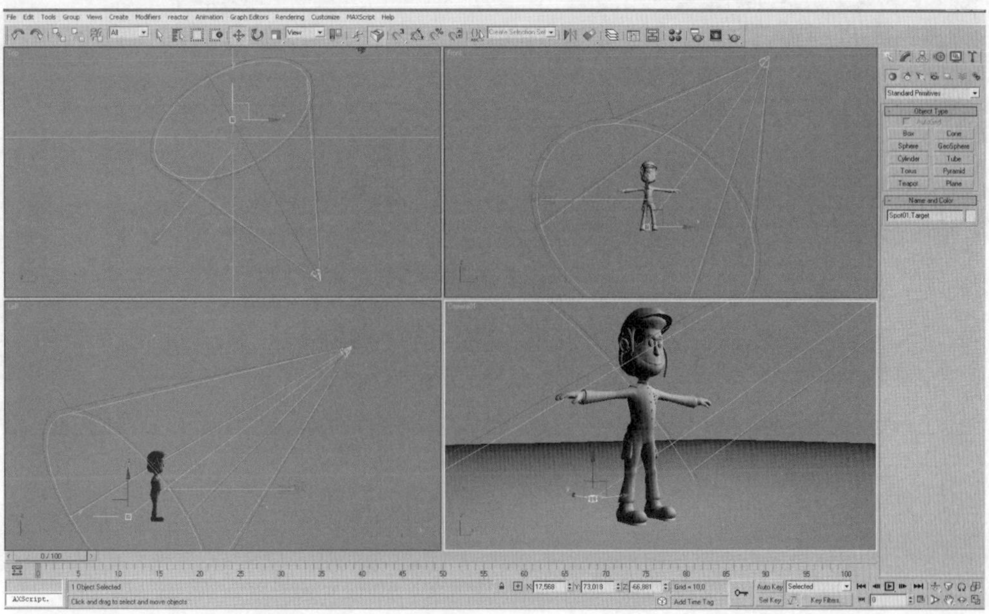

7. Selecione o spot que você acabou de ajustar, vá até a pasta Modify, ative a opção On do quadro Shadows e altere a sombra para Ray Traced Shadows.

8. Na roll-out Intensity/Color/Attenuation aumente o valor do Multiplier para 1,2 e altere a cor para um laranja bem claro.

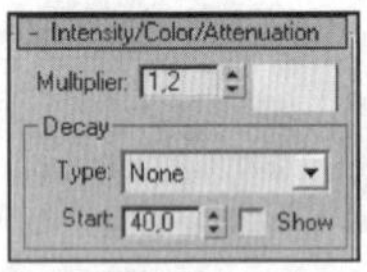

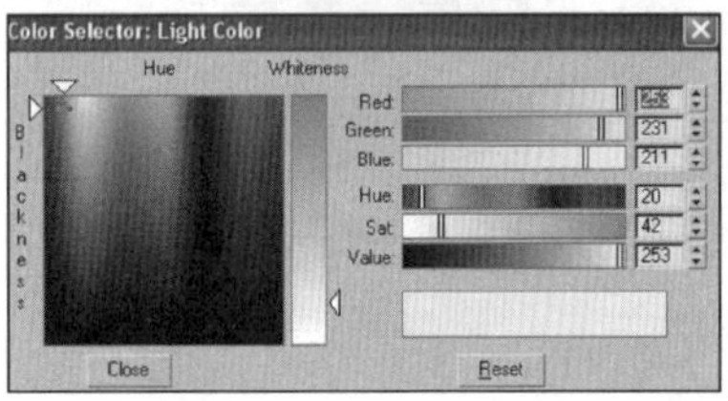

9. Aumente os valores do Hotspot e do Falloff para que o raio da Target Spot ultrapasse o personagem.

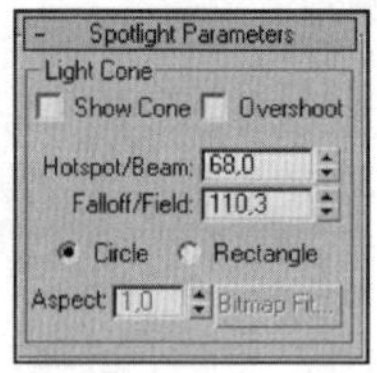

10. Pressione as teclas Shift + Q para gerar o render da cena e observe o resultado. É nítido que o lado esquerdo do personagem está escuro.

11. Crie uma luz Spot e posicione-a conforme a figura seguinte.

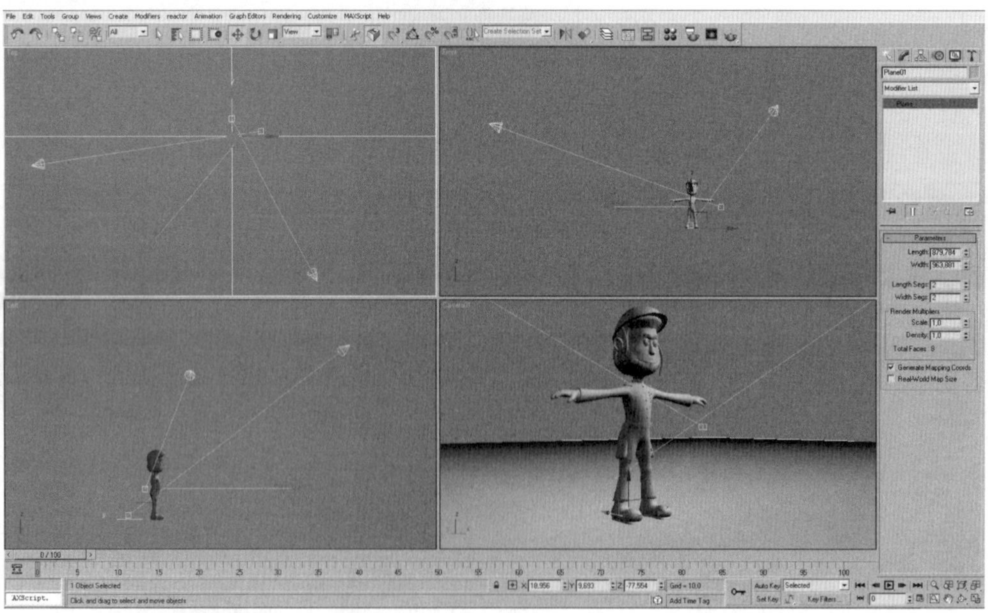

12. Selecione a Spot, vá até a pasta Modify e altere os parâmetros conforme o quadro. Lembre-se de desativar a opção Shadows e coloque a cor azul-claro para a luz.

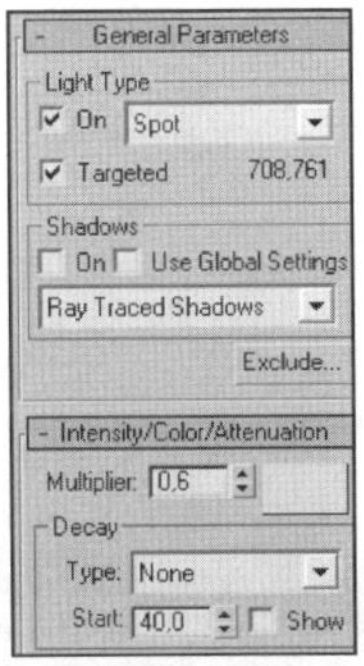

13. Pressione as teclas Shift + Q para gerar o render da cena. Observe que a parte esquerda ficou bem melhor.

14. Crie uma luz Spot e posicione-a conforme a figura seguinte. Os itens 14 e 15 são iguais aos itens 11 e 12.

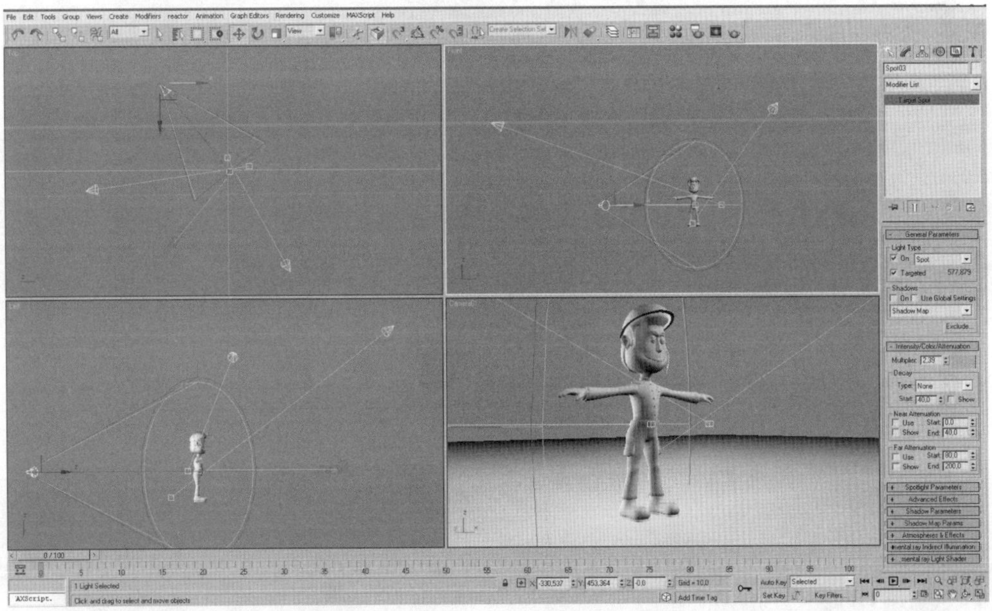

15. Selecione a Spot, vá até a pasta Modify e altere os parâmetros conforme o quadro seguinte.

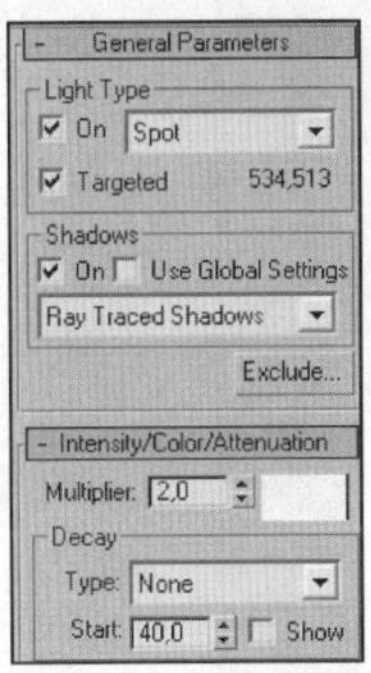

16. Pressione as teclas Shift + Q para gerar o render da cena. Observe o resultado final.

Caso ache necessário, pode aplicar a essa cena uma luz Skylight para criar o volume do personagem.

Criação e Configuração das Câmeras

As câmeras no 3ds Max são usadas para dar realismo às cenas, que podem ser vistas com profundidade e perspectivas do mundo real.

Existem dois tipos de câmera: Target e Free.

Target

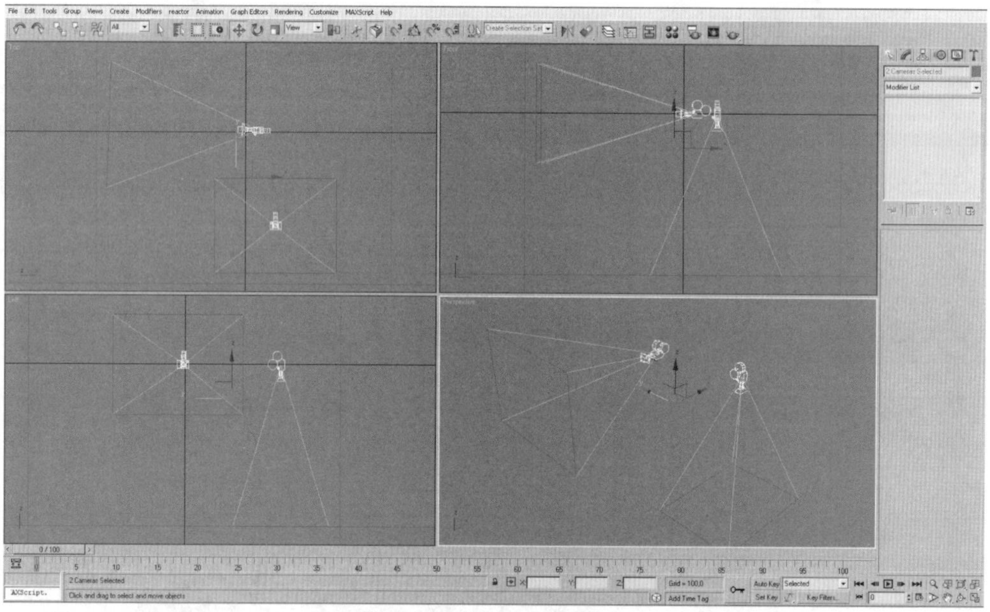

Essa câmera possui dois componentes:

- Camera
- Target (alvo)

Para animar essa câmera é preciso movimentá-la ou o Target. Em aplicações com path (caminho), é preciso escolher qual dos dois componentes vai aplicar ao path.

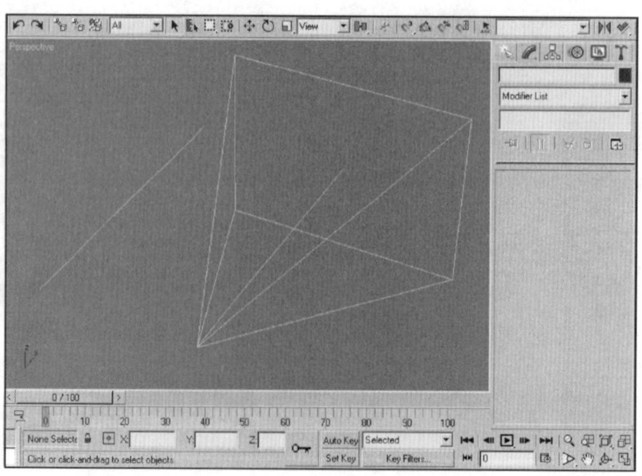

Free

Essa câmera não possui o Target (alvo), sendo semelhante às luzes Free Spot e Free Direct. Esse tipo de câmera é mais aplicado em animações que utilizam o path (caminho). Para criar a câmera Target, o procedimento é semelhante ao da luz Spot.

É aconselhável criar sempre essa câmera na viewport Top, garantindo o posicionamento paralelo ao horizonte.

Na **Parameters roll-out** podemos configurar o aspecto da câmera na visualização, em que temos:

- **Lens:** funcionando com o FOV (campo de visão), determina o quanto se pode visualizar.
- **FOV (Field of Vision - campo de visão):** define o ângulo de visão.

  O botão ao lado do FOV permite que o campo de visão seja flexível, definindo-o em três sentidos: horizontal, vertical e diagonal.

  É possível também usar a opção Orthographic Projection, que geralmente não é empregada em razão da viewport User.
- **Stock Lenses (distância focal):** tem nove configurações predefinidas que variam de 15mm até 200mm.

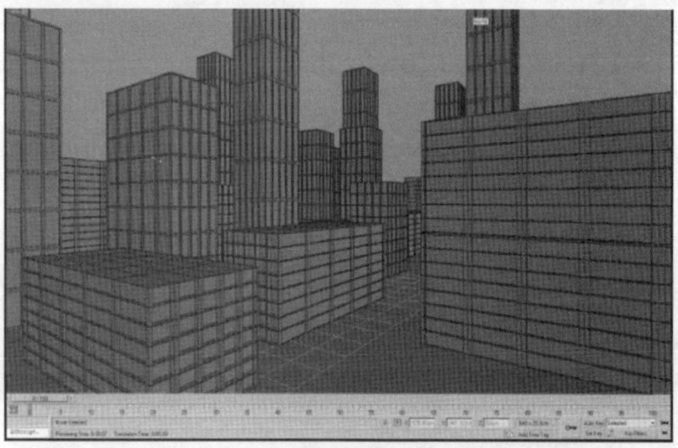

Lens 20 mm

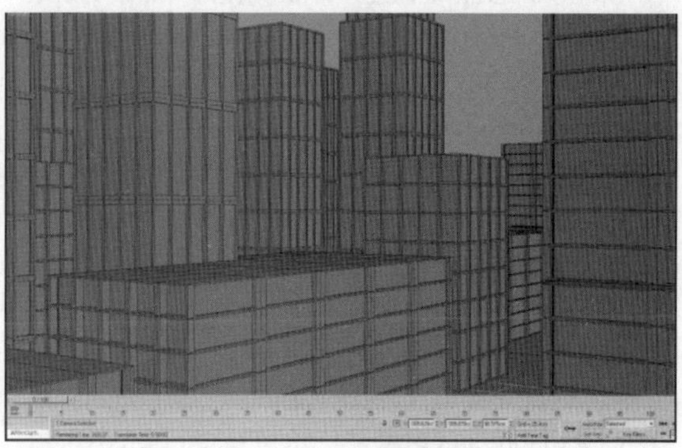

Lens 50 mm

- **Show Cone:** permite a visualização do cone da câmera.
- **Show Horizon:** faz com que o horizonte da cena seja representado, desenhando uma linha preta na visualização da câmera (a linha preta não aparece quando a cena é renderizada).
- **Environment Ranges (faixas ambientais):** tem dois componentes:
  - **Near Range:** faixa próxima.
  - **Far Range:** faixa distante.

Quando ativado em conjunto com o efeito de Fog, permite controlar a distância ou aproximação da neblina em relação à câmera.

Sem Fog e sem ajuste

Com Fog e ajuste de Near e Far

- **Show:** permite visualizar as faixas no ícone da câmera.
- **Clipping planes (planos de cortes):** corta a parte frontal ou de trás de uma visualização com a câmera.

  O corte frontal retira todos os objetos que estiverem entre a câmera e o plano de corte (usado para visualizar partes internas de determinados objetos, como um carro). Nessa área temos:
- **Clip Manually:** quando ativo, habilita a utilização de Near Clip e Far Clip.
- **Near Clip:** corte próximo.

- **Far Clip:** corte distante.

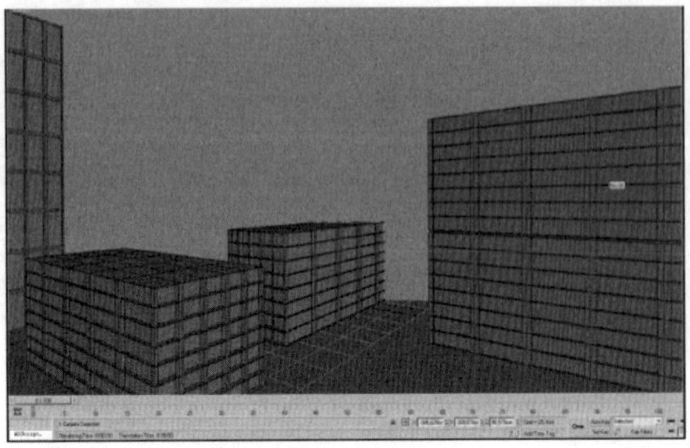

Recurso Far ativado

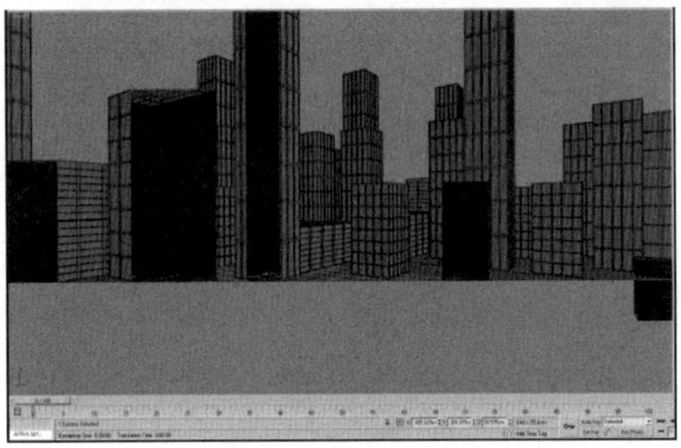

Recurso Near

Um outro recurso muito útil que determina o efeito do ajuste da câmera na cena renderizada é o Safe Frame.

Para aplicá-lo, é preciso colocar o cursor sobre a palavra Câmera e dar um clique. Aparece um pequeno menu. Dê um clique em Show Safe Frame.

Coloque duas bordas na viewport selecionada, indicando a área da cena que será colocada na imagem final renderizada.

Ao criar uma câmera, alguns ícones da área de visualização são alterados em função da câmera.

Começando por cima, da esquerda para a direita, temos:

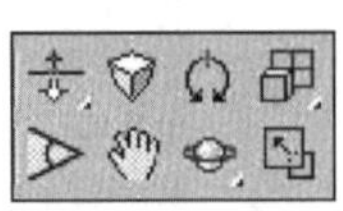

- Dolly Camera
- Perspective
- Roll Camera
- Zoom Extents All
- FOV
- Pan
- Orbit Camera: o Fov não se altera
- Min/Max Toggle

Multi-Pass Effect Group

Esses controles permitem atribuir um efeito de profundidade de campo (Depth of Field) ou desfocado (Motion Blur) à câmera. Quando se cria uma câmera, esses efeitos desfocam-na, renderizando a cena em vários passes, com deslocamentos.

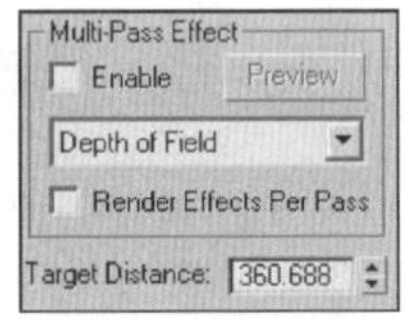

Dica: Os efeitos de profundidade de campo (Depth of Field) e desfocado (Motion Blur) excluem-se mutuamente. Como dependem de múltiplos passes de renderização, a aplicação de ambos à mesma câmera poderia deixá-la extremamente lenta. Se deseja utilizar a profundidade de campo e desfocar na mesma cena, utilize multi-pass Depth-of-Field (com esses parâmetros da câmera) e combine-a com object motion blur.

- **Enable:** quando ativado, a apresentação preliminar ou a renderização utilizam o efeito. Se não estiver ativa, o efeito não se renderiza.
- **Preview:** pressione-o para ver uma apresentação preliminar do efeito em uma viewport da câmera ativa. Esse botão não tem efeito se a viewport ativa não for a de câmera.
- **Effect drop-down list:** permite escolher que efeito multi-pass deseja gerar: Depth Of Field ou Motion Blur. Esses efeitos excluem-se mutuamente. Essa lista também permite escolher o efeito de profundidade de campo do renderizador Mental Ray.

Nota: A roll-out do efeito eleito aparece de forma predeterminada após a roll-out parâmetros.

- **Render Effects Per Pass:** quando está ativado, aplica os Rendering effects, se houver algum atribuído a cada passe do efeito multi-pass (Depth Of Field ou Motion Blur). Quando está desativado, aplica os efeitos de renderização só depois dos passes que geram o efeito multi-pass.

  O tempo de renderização dos efeitos multi-pass pode melhorar ao desativar Rendering effects por passe.
- **Target Distance:** define um ponto para utilizar como objetivo invisível de modo que possa orbitar uma câmera livre. Nas câmeras com objetivo, indica a distância entre a câmera e seu objetivo.

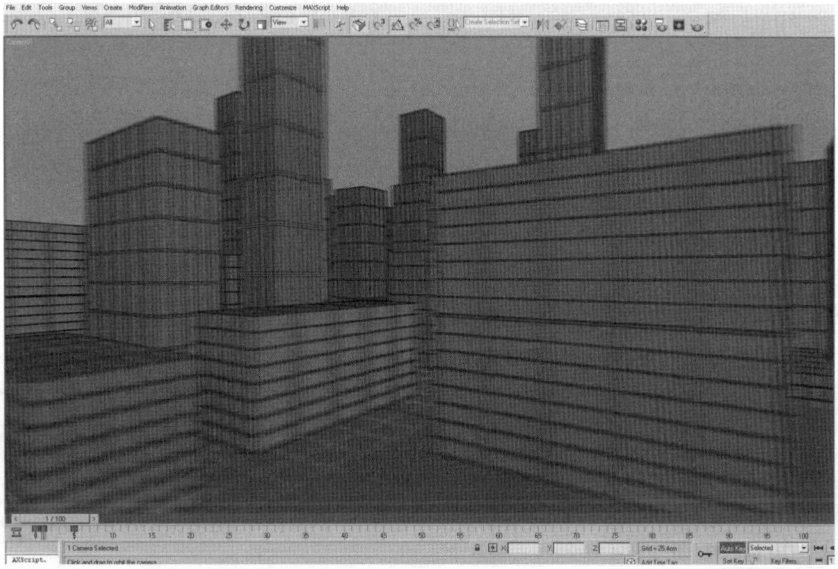

Render com o uso do Depth of Field

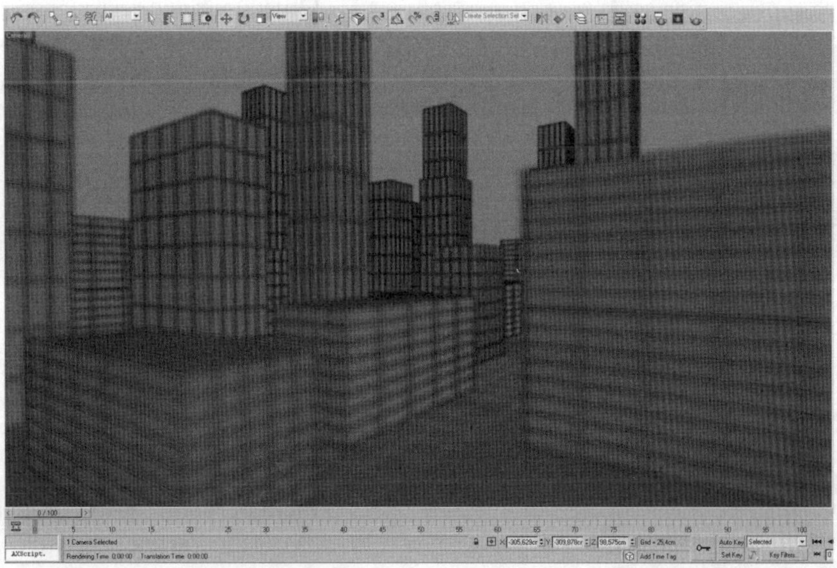

Render com o uso do Motion Blur

Walkthrough Assistant

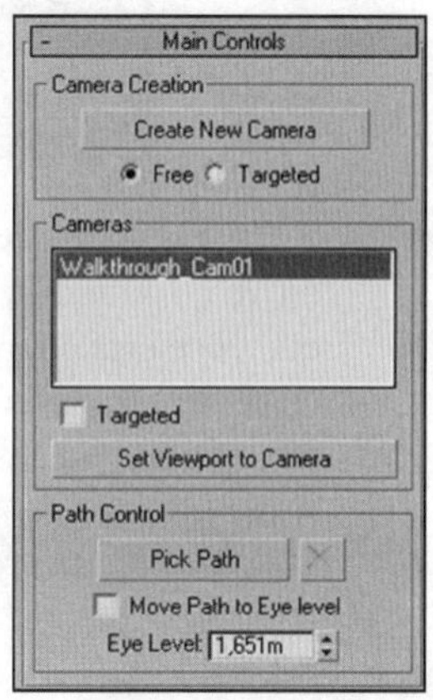

Permite criar facilmente um passeio animado pela cena, pois coloca uma câmera sobre um caminho. É possível alterar a altura, rotacionar a câmera, mudar o foco etc.

Camera Creation Group

- **Create New Camera:** cria automaticamente uma câmera **Free** ou **Target** na cena.
- **Cameras List:** lista as câmeras na cena por nome.
- **Targeted:** controla se a câmera selecionada é **Target** ou **Free**.
- **Set Viewport to Camera:** muda a viewport atual para a viewport câmera.

- **Pick Path:** pressione esse botão para escolher um caminho na cena.
- **Move Path to Eye Level:** quando ligado, move o caminho até a altura do **eye level**.
- **Eye Level:** permite que especifique a altura exata do caminho.

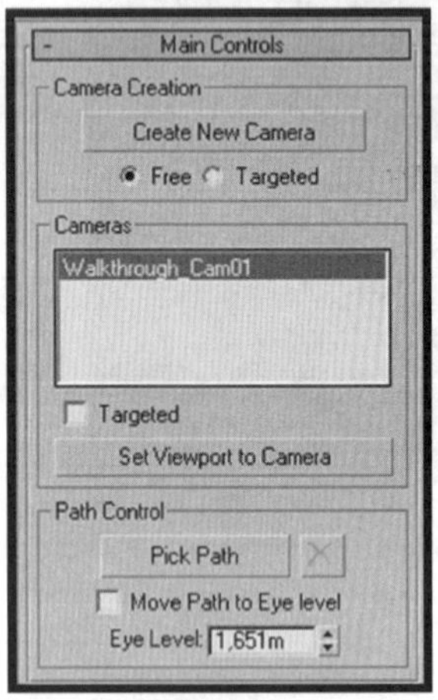

Render Preview Roll-Out

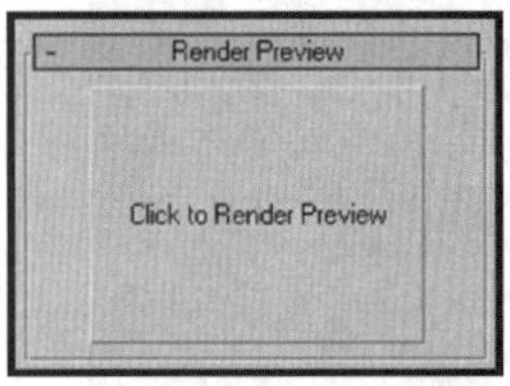

- **Click to Render Preview:** apresenta uma pequena janela de visualização.

View Controls Roll-Out

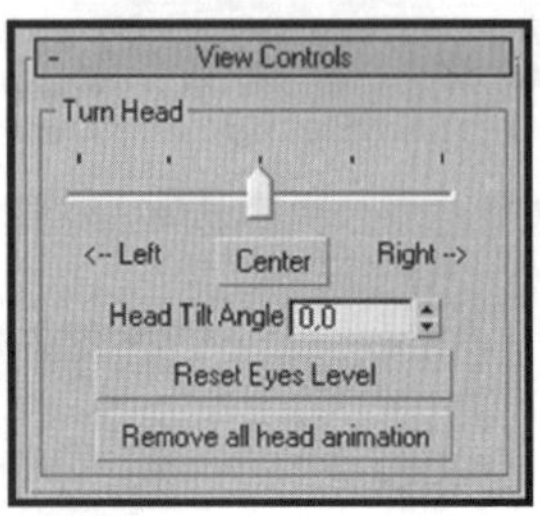

- **Turn Head Slider:** cria a câmera, quando ela se move ao longo do caminho. Isso cria a ilusão de que você está girando a cabeça enquanto anda pela cena. As escolhas são esquerda, centro e direita. Para animar a câmera enquanto roda, use o botão **Auto-key**. Isso cria **Z Rotation**, teclas que podem ser ajustadas no **Track View**.
- **Head Tilt Angle:** gira a câmera enquanto se move ao longo do caminho. Isso cria a ilusão de que você está inclinando a cabeça para cima ou para baixo enquanto anda pela cena.
- **Reset Eyes Level:** limpa os parâmetros do **Eyes level**.
- **Remove All Head Animation:** apaga todas as keyframes criadas.

Look-At Camera Roll-Out

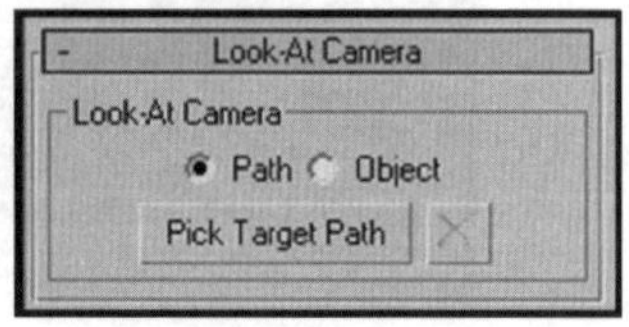

- **Path:** quando selecionado, permite escolher um caminho para o target da câmera.
- **Object:** quando selecionado, permite escolher um objeto para o target da câmera.
- **Pick Target Path:** pressione esse botão para selecionar um path ou object na cena.

Advanced Controls Roll-Out

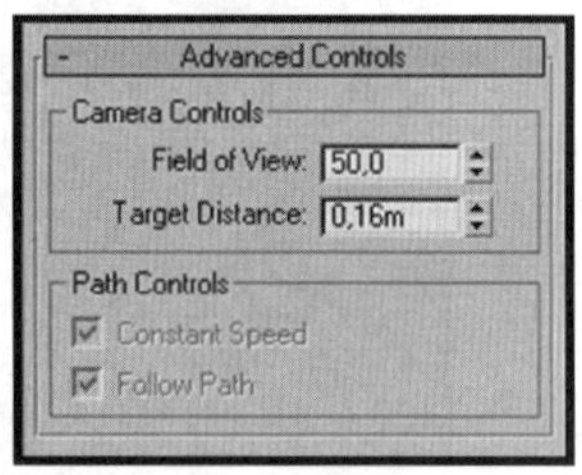

- **Field of View:** ajusta a quantidade de visibilidade da cena na viewport ou em perspectiva.
- **Target Distance:** define a distância do alvo a partir da câmera. Controla o tamanho do ícone da máquina fotográfica na viewport.
- **Constant Speed:** ative para manter a velocidade constante ao longo de uma trajetória. Quando desligado, a velocidade do objeto ao longo do caminho varia de acordo com a distância entre os vértices sobre o caminho.
- **Follow Path:** quando está ativado, a câmera fica perpendicular ao caminho. Quando está desligado, a câmera não se ajusta ao caminho.

Procedimentos

1. Abra o arquivo city3d_start.max.

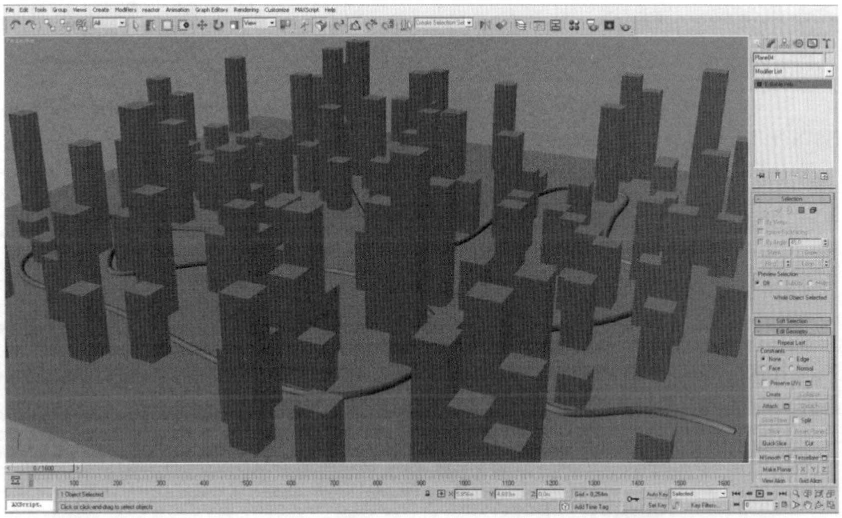

2. Vá até o menu **animation** e clique no botão **Walkthrough Assistant.**

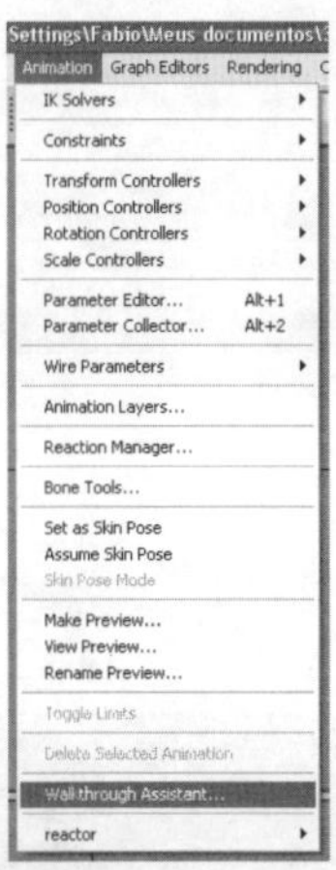

3. Deixe ativada a opção **Free** e clique no botão **Create New Camera.**

4. Vá até a opção **Path Control** e clique no botão **Pick Path.**

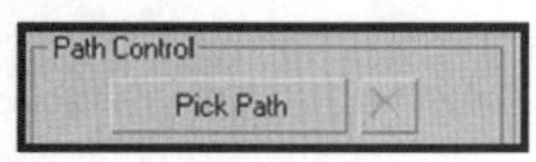

5. Logo em seguida clique na linha, conforme a figura seguinte.

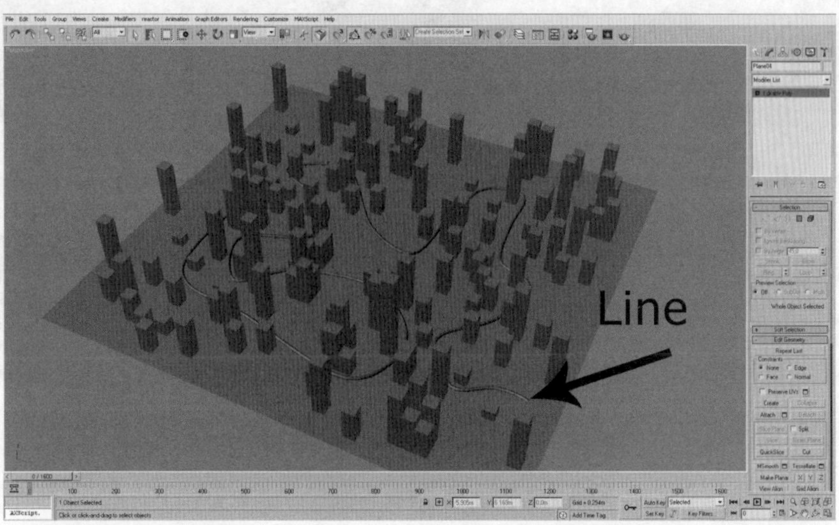

6. Ative o botão **Move Path to Eye level**. Altere o valor de **Eye Level** para 0,2, deixando a visão um pouco acima do chão.

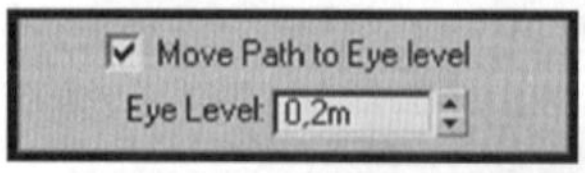

7. Clique no botão **Set Viewport to Camera** para que a viewport atual seja a visão de câmera a partir desse momento.

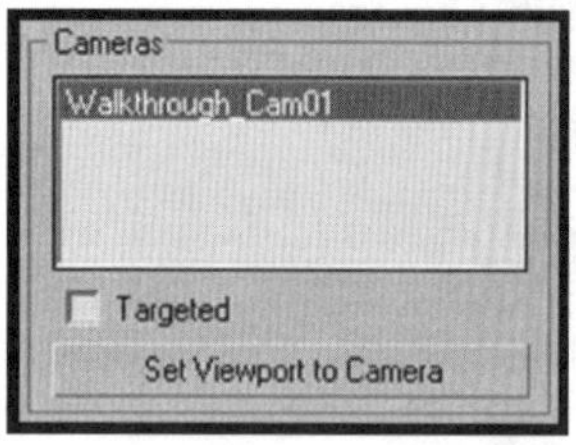

8. Deixe ativadas as opções **Constant Speed** e **Follow Path**. Altere o valor do **Field of View** para 120.

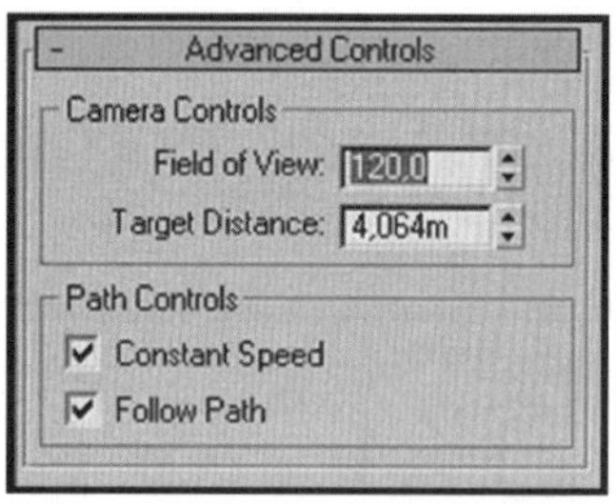

9. Pressione a tecla **Play** para ver a animação da câmera.

10. Durante o percurso você pode alterar a visão da câmera, mudando os parâmetros do **Turn Head**.

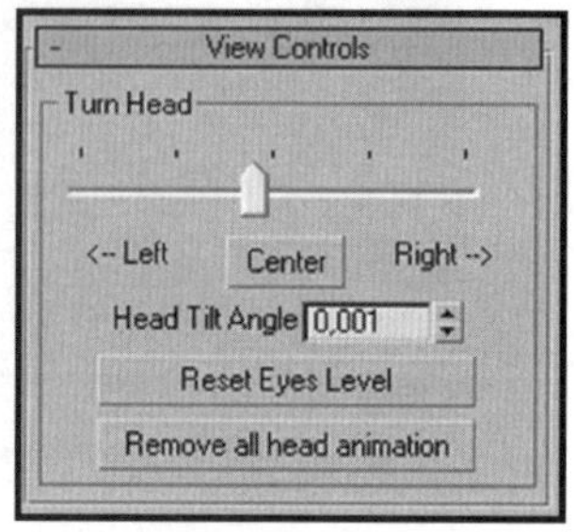

11. Observe as alterações feitas durante o percurso.

Left

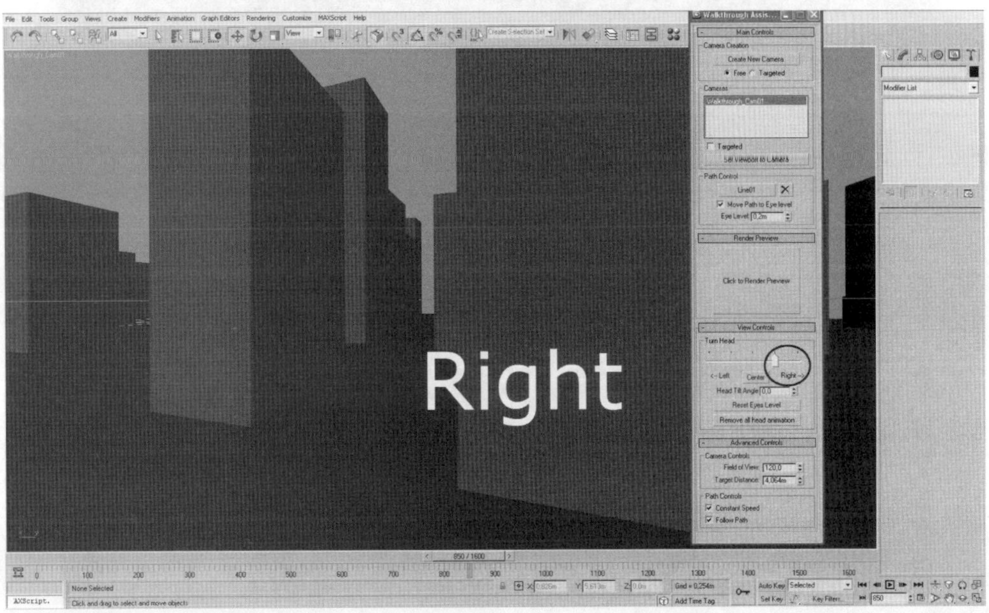
Right

12. Acompanhe as alterações feitas com o Head Tilt.

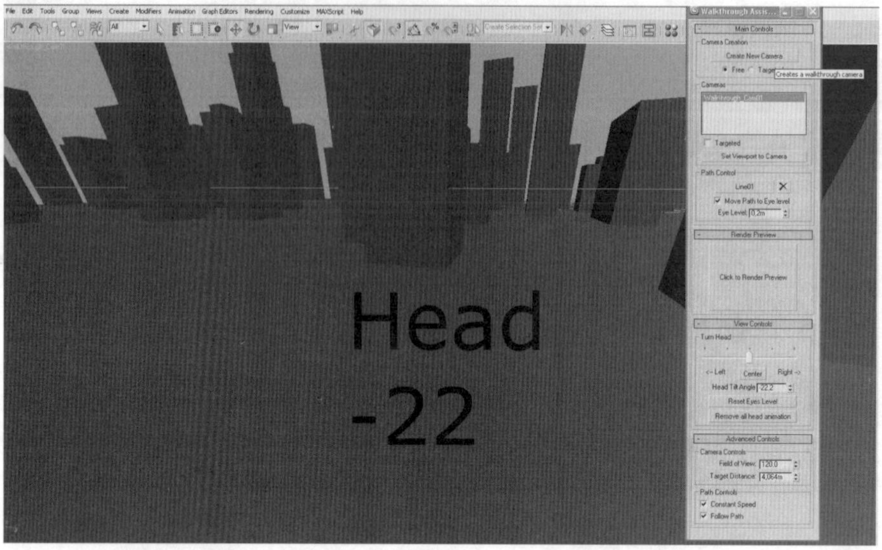

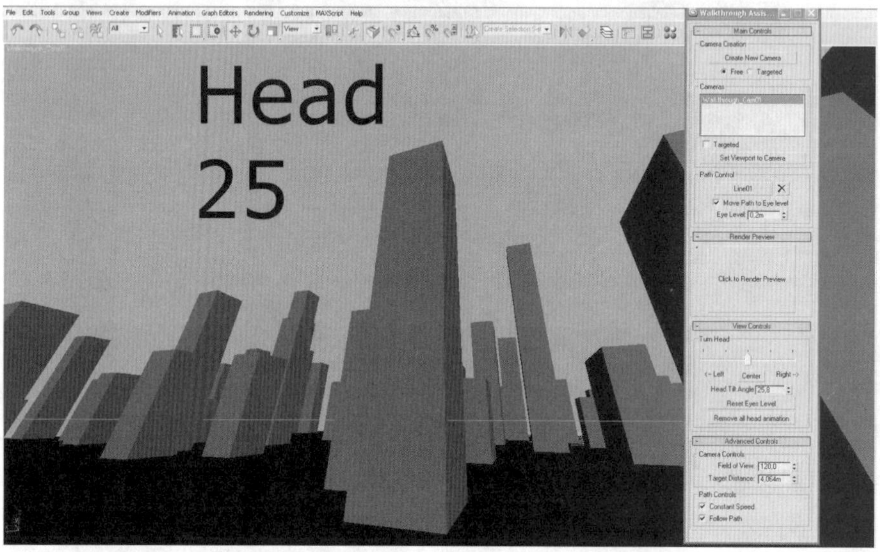

Capítulo

7

Modelagem Orgânica

Editable Poly

Atualmente é o formato de superfície mais utilizado para criar as formas geométricas existentes, orgânicas e inorgânicas, tanto na área artística como técnica.

Os exemplos apresentados seguem uma infinidade de formas, como corpo humano, animais, desenhos, cadeiras, casas, prédios, ambientes, árvores, carros, tratores, aviões etc.

O Editable Poly é constituído de cinco subníveis que são Vertex, Edge, Border, Polygon e Element. Acompanhe uma breve e rápida descrição das principais ferramentas do Editable Poly (Vertex, Edge, Polygon).

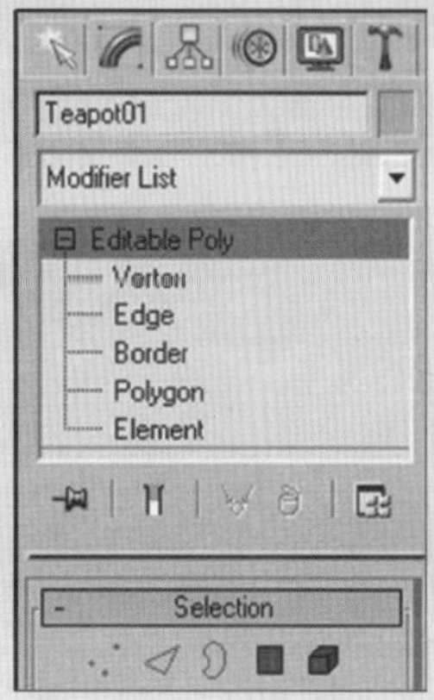

Observação: Você pode transformar qualquer geometria do 3ds Max em uma superfície (Editable Poly). Basta selecionar a forma geométrica, dar um clique com o botão direito do mouse e escolher a opção **Convert To, Convert Editable Poly**.

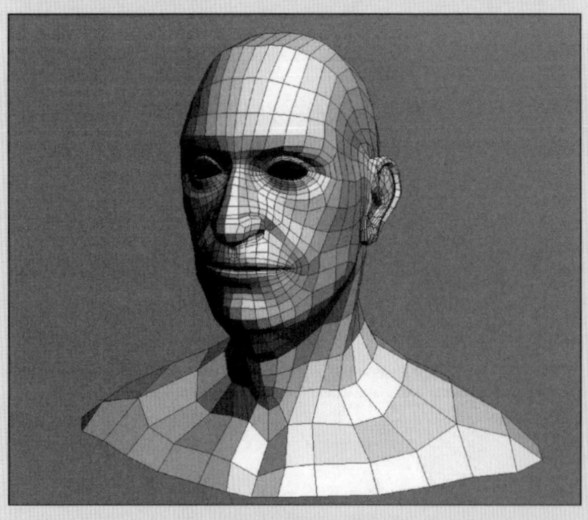

Exemplo de uma forma orgânica criada a partir de uma caixa com o uso das ferramentas do Editable Poly.

Principais Ferramentas do Vertex

- **Remove:** remove os vértices selecionados.

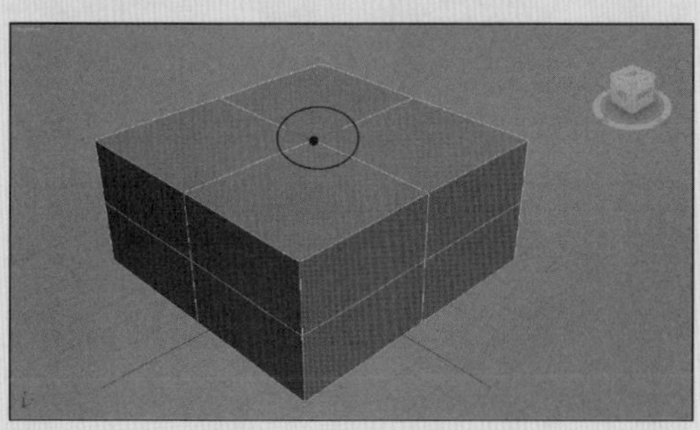

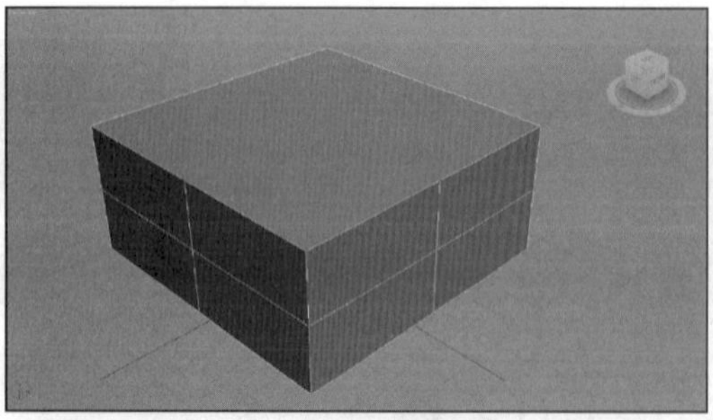

- **Break:** quebra os vértices selecionados.

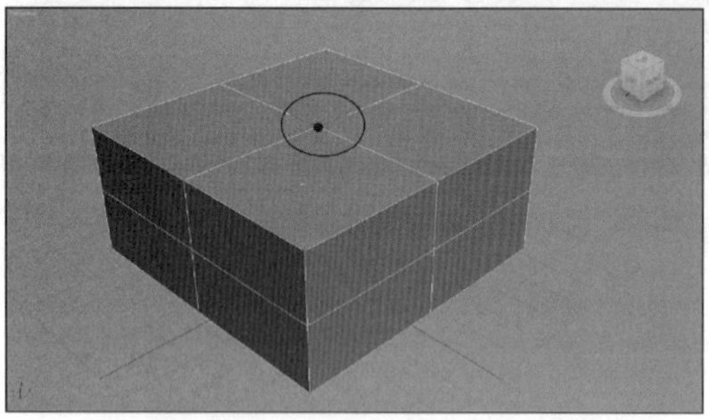

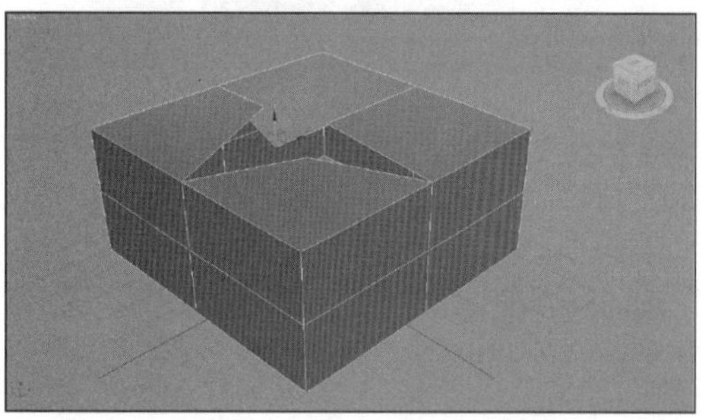

- **Extrude:** gera extrusões a partir dos vértices selecionados.

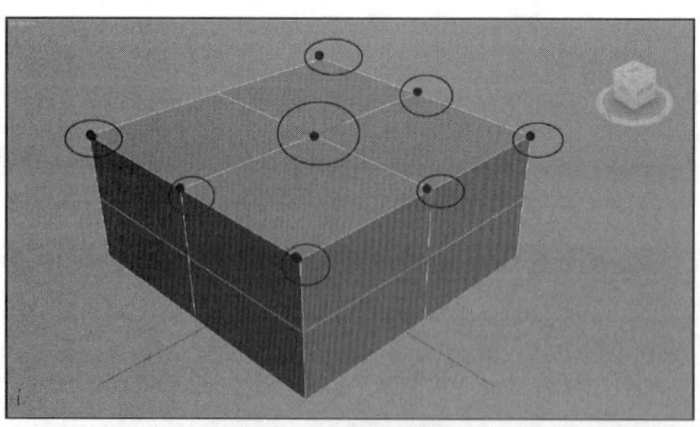

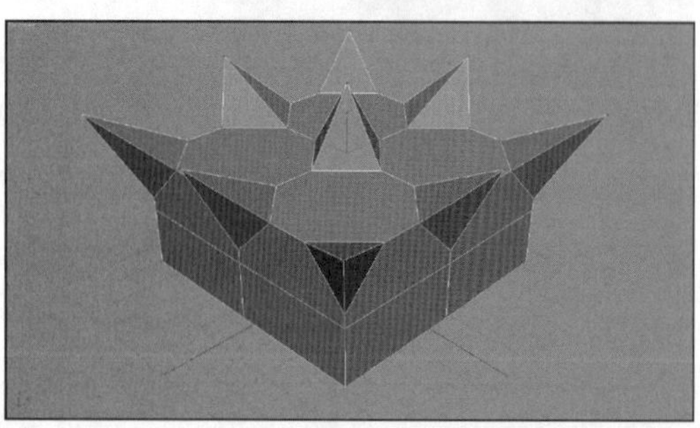

- **Chamfer:** permite chanfrar os vértices selecionados.

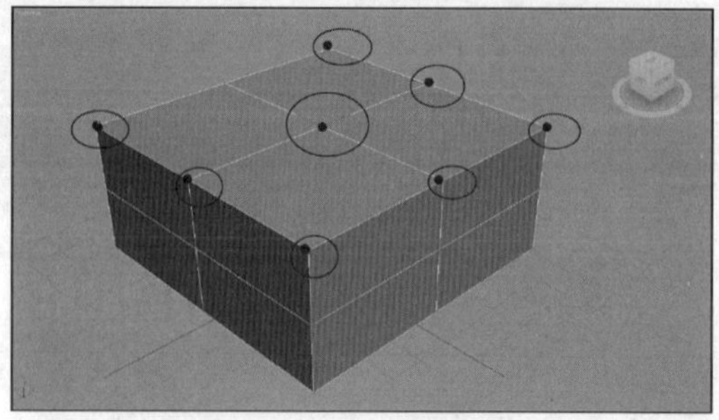

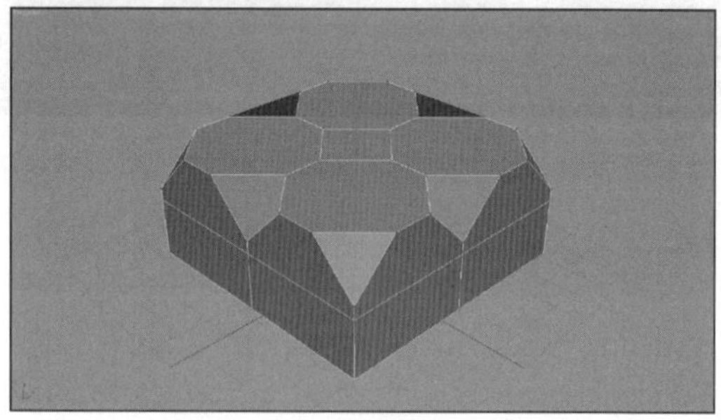

- **Connect:** cria um edge, conectando os vértices selecionados.

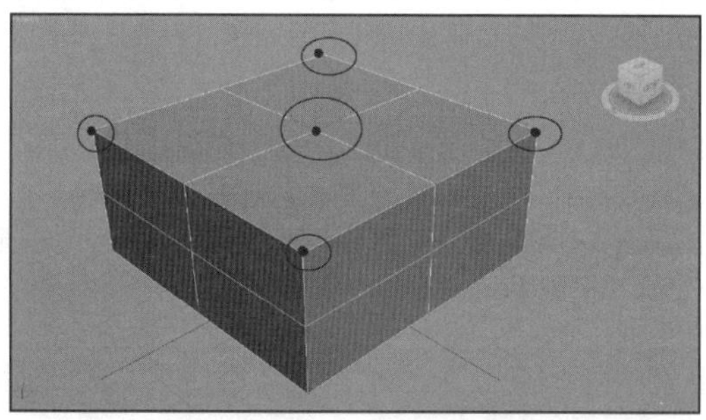

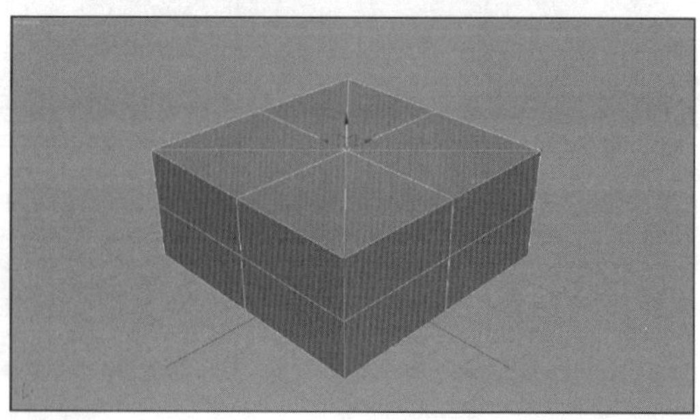

- **Target weld:** permite soldar de forma manual os vértices.

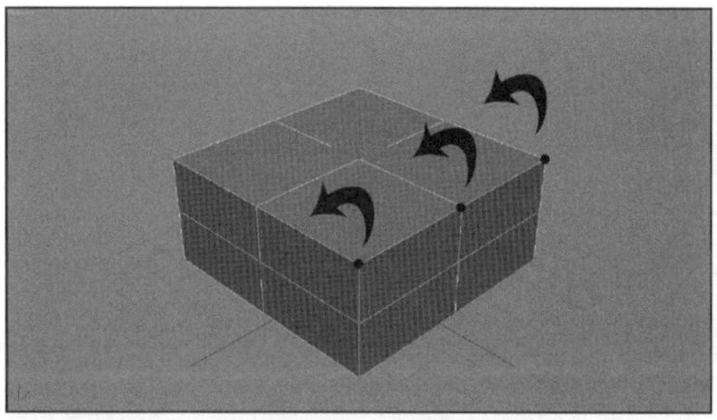

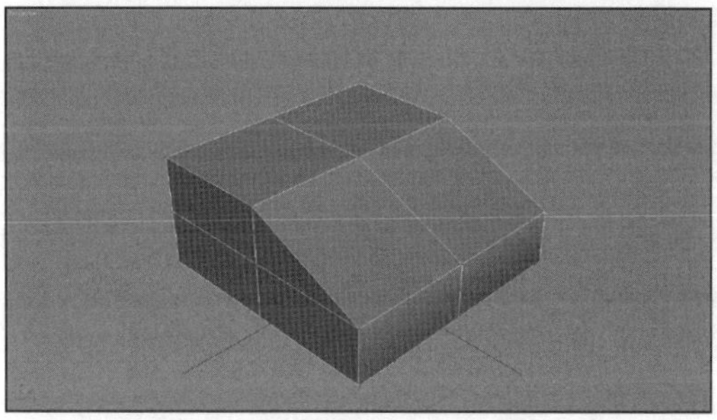

Principais Ferramentas do Edge

- **Chamfer:** cria um chanfro a partir dos edges selecionados.

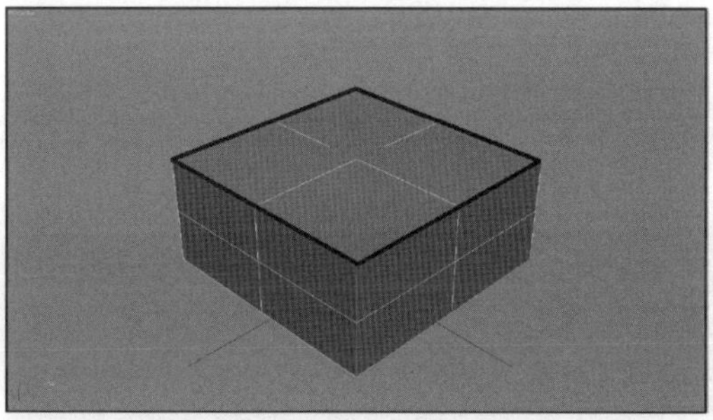

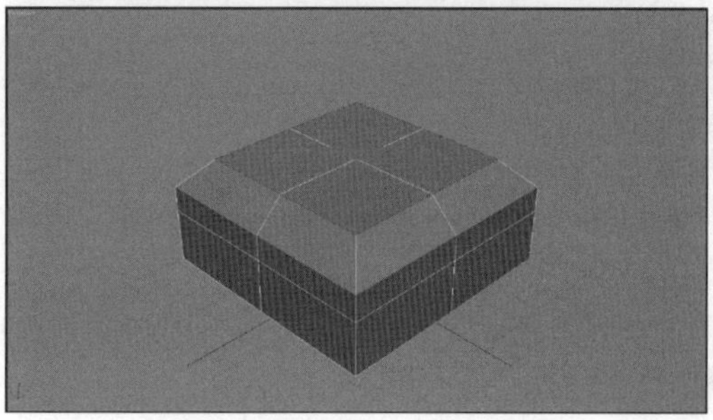

- **Extrude:** gera uma extrusão a partir dos edges selecionados.

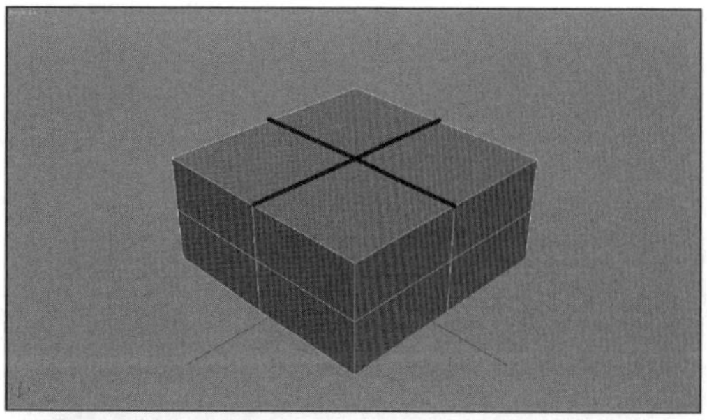

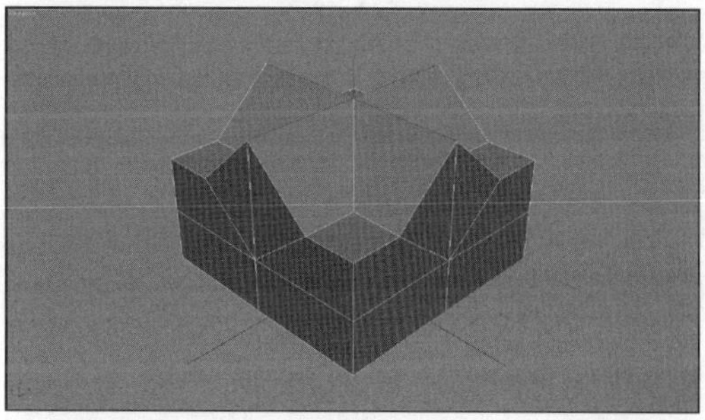

- **Split:** divide a superfície da malha a partir dos edges selecionados.

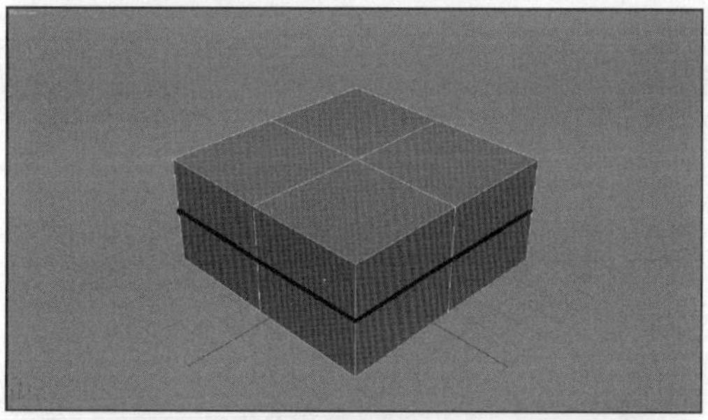

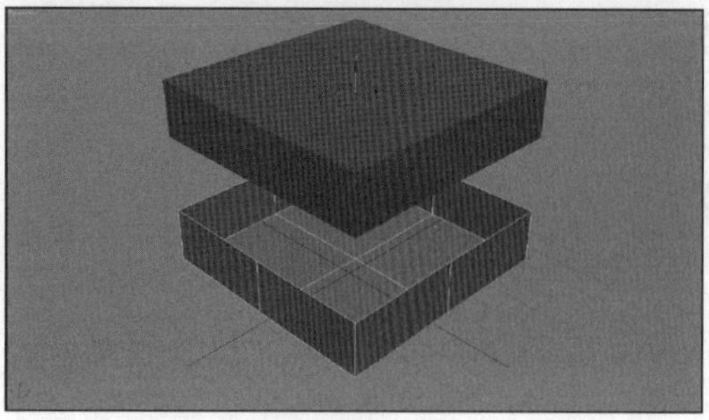

- **Connect:** cria outros edges a partir dos que estão selecionados.

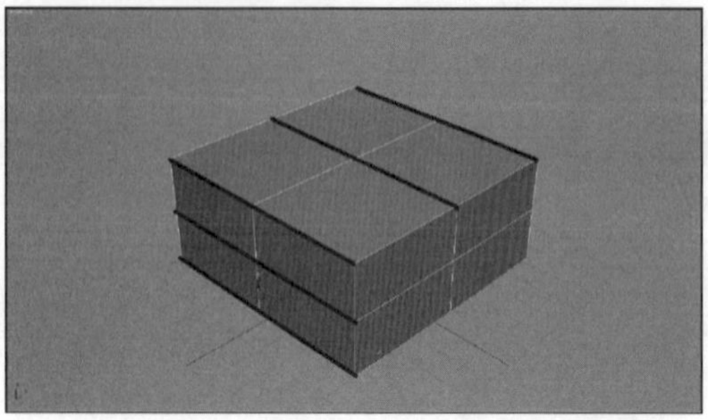

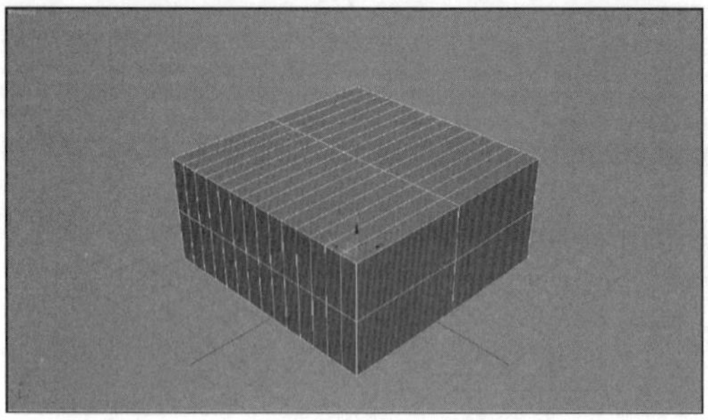

- **Bridge:** cria um polígono a partir dos edges selecionados.

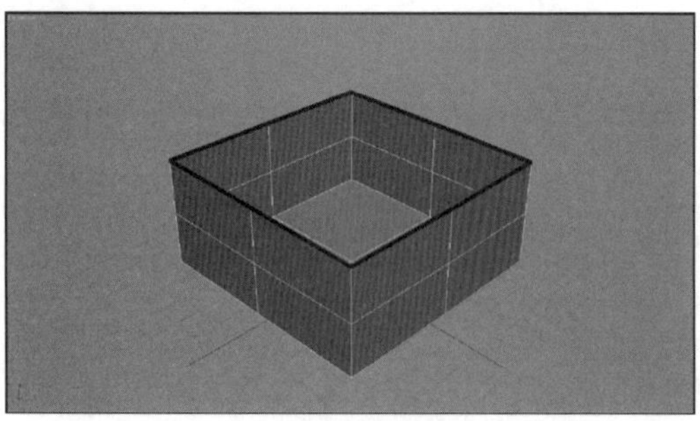

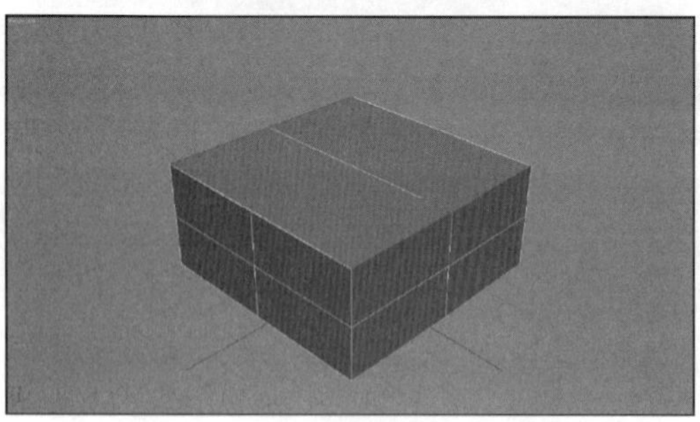

- **Create shape from selection:** cria uma spline a partir dos edges selecionados.

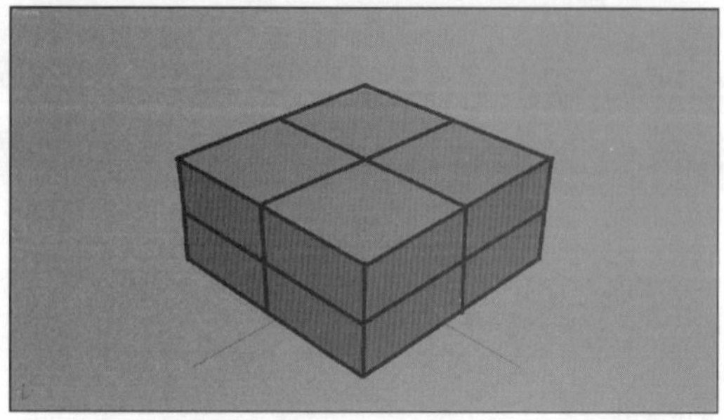

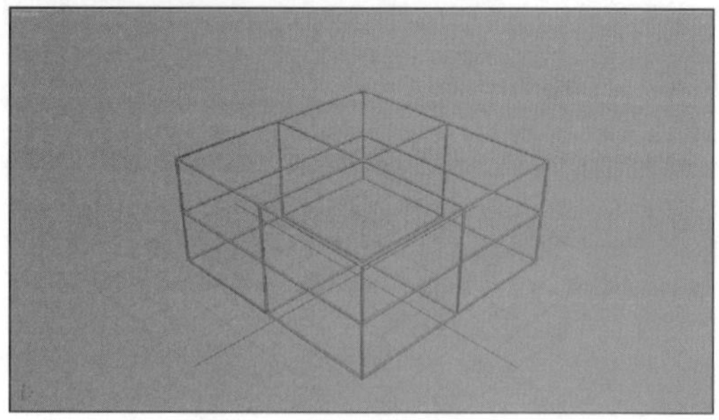

Principais Ferramentas do Polygon

- **Extrude:** gera uma extrusão a partir de um ou mais polígonos selecionados.

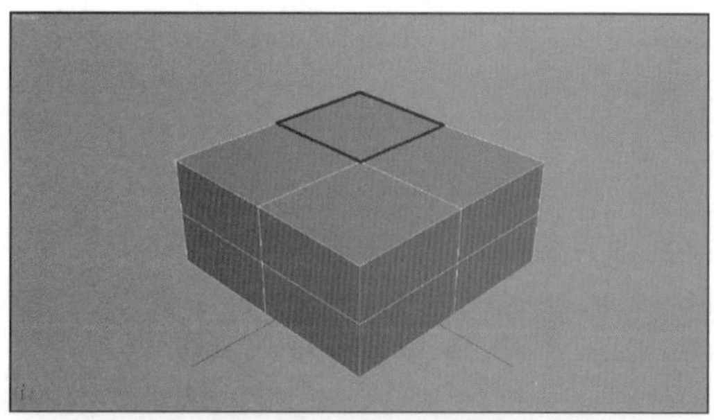

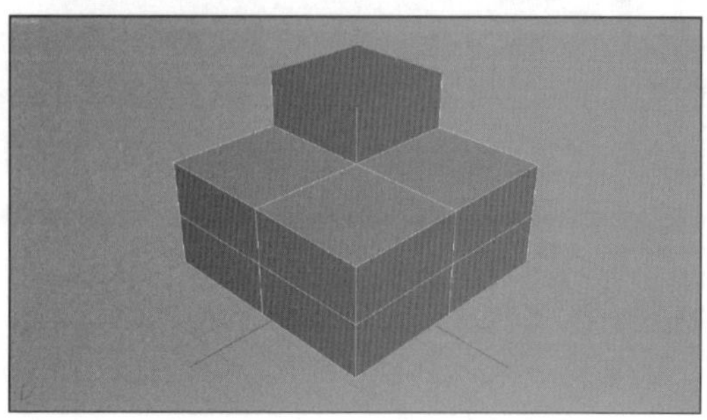

- **Bevel:** gera uma extrusão com a possibilidade de expandir ou contrair a face do polígono.

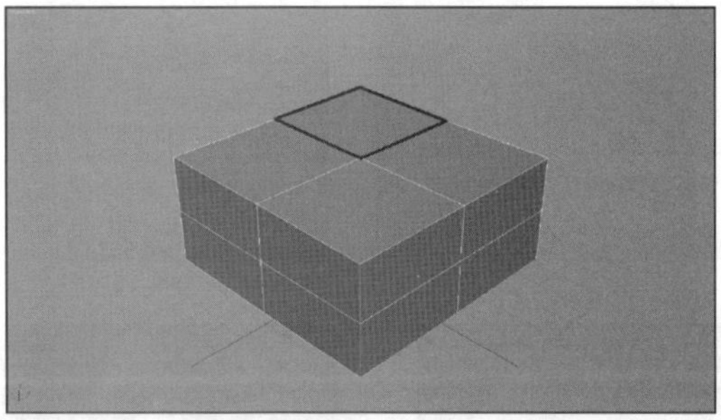

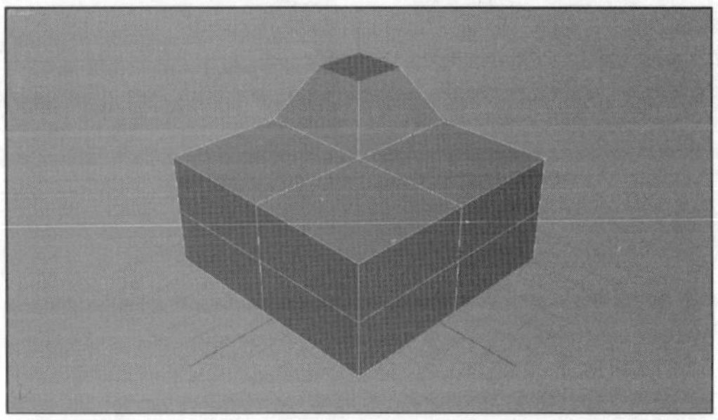

- **Outline:** permite expandir ou contrair a face do polígono.

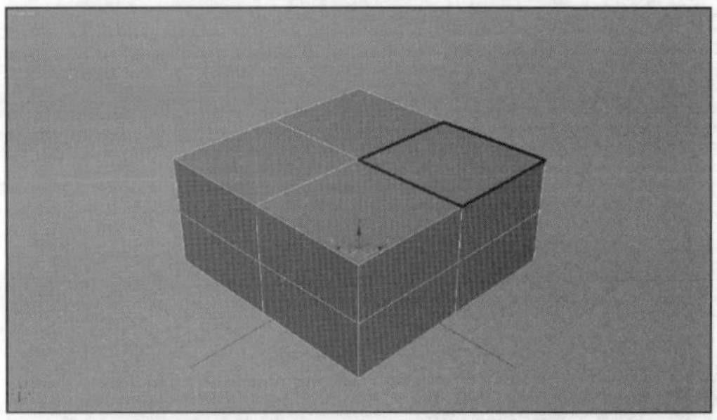

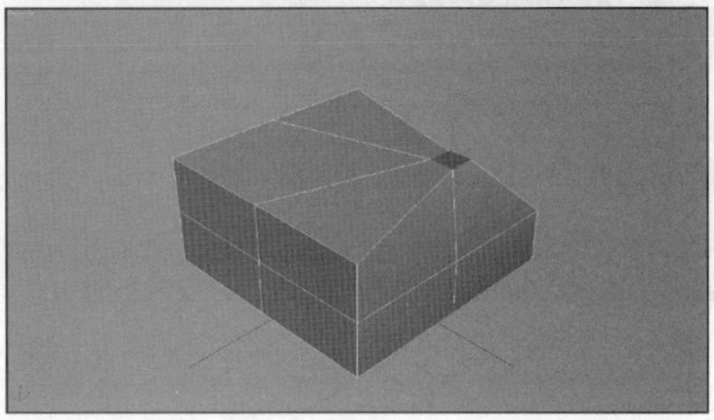

- **Inset:** a partir da seleção de um polígono cria outro.

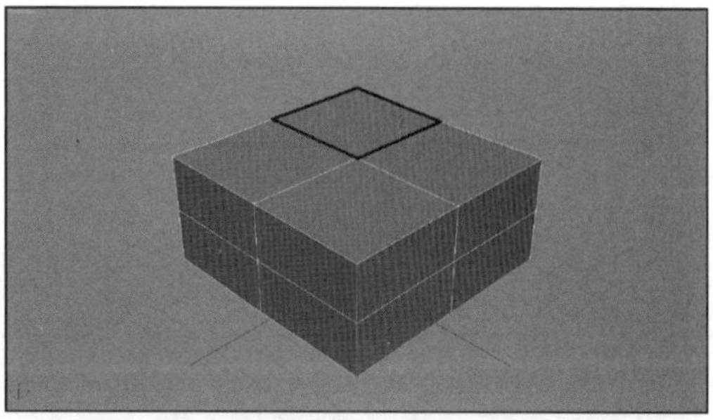

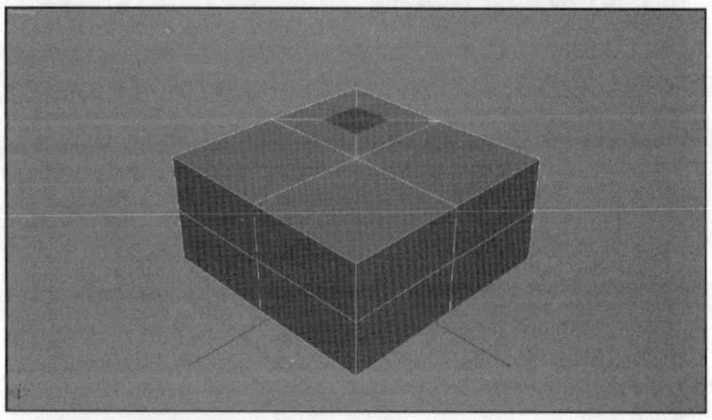

- **Hinge from edge:** permite criar um arco de polígonos.

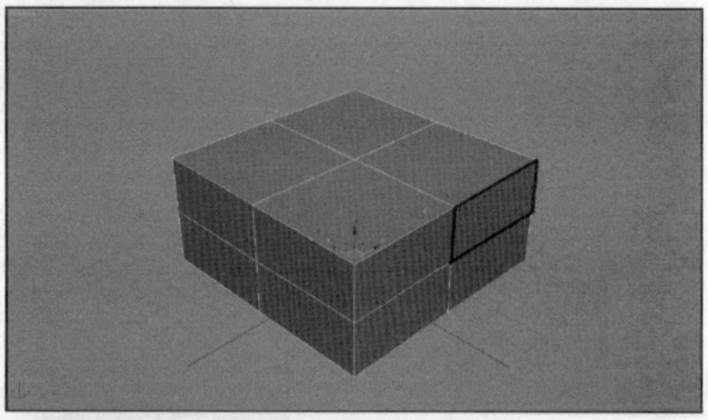

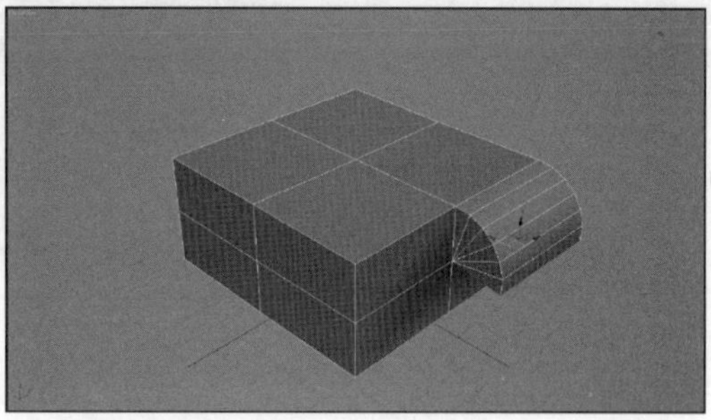

- **Extrude along spline:** gera uma extrusão do polígono, seguindo como caminho uma spline.

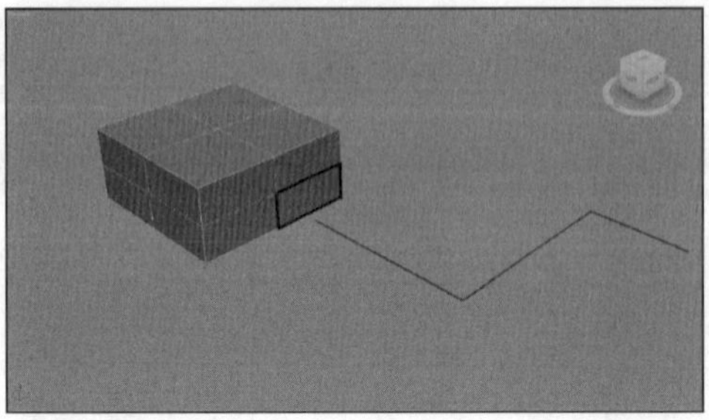

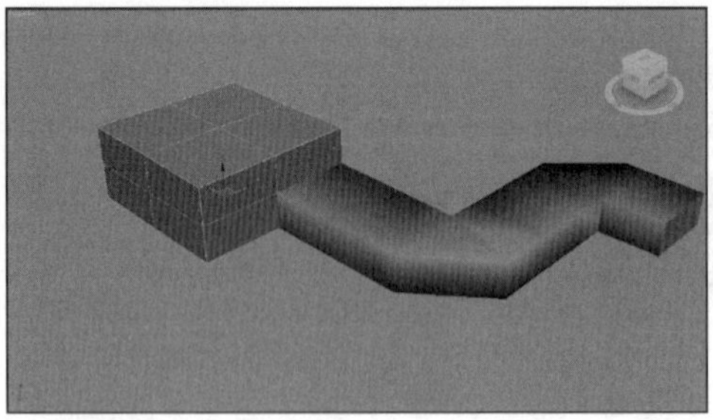

Criação de uma Mão a partir dos Dedos

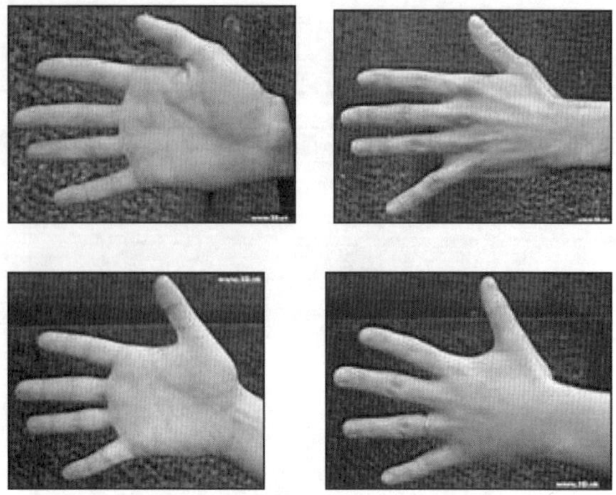

Fonte: www.3d.sk - imagens gratuitas.

1. Crie um box na viewport Top com os seguintes números de segmento:

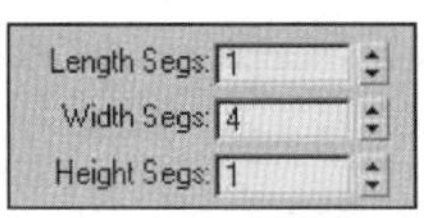

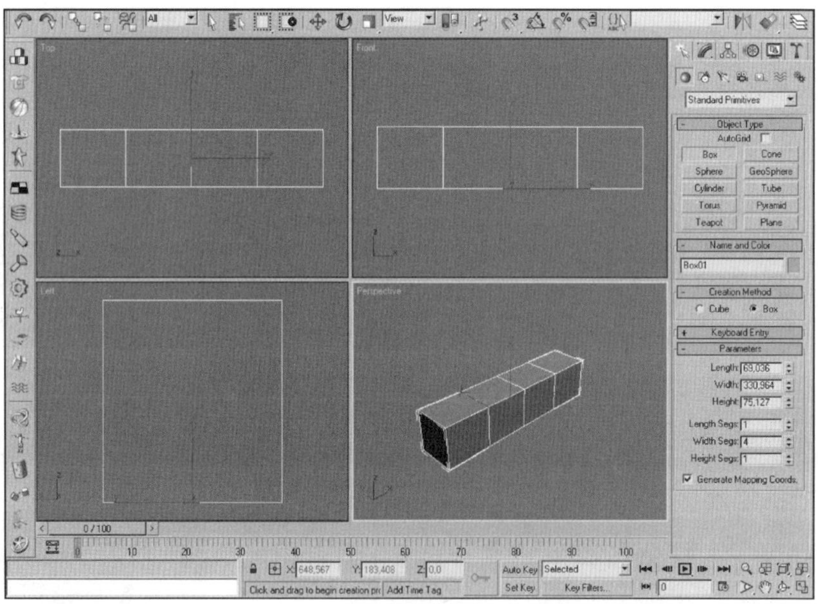

2. Pode aplicar o modificador Edit Mesh para editá-lo, mas é preferível usar o Editable Poly por ser uma ferramenta ideal para a modelagem. Leve o cursor até o box selecionado e pressione o botão direito do mouse. No submenu clique em Convert To: ▸ Convert to Editable Poly.

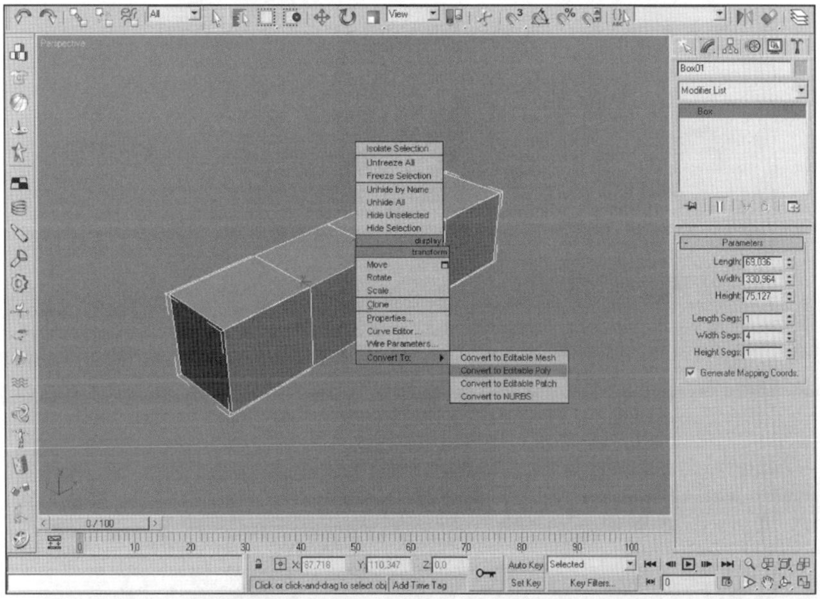

3. Na viewport Perspective, leve o cursor até o nome da viewport e pressione a tecla da direita do mouse; no submenu clique em Edged Faces.

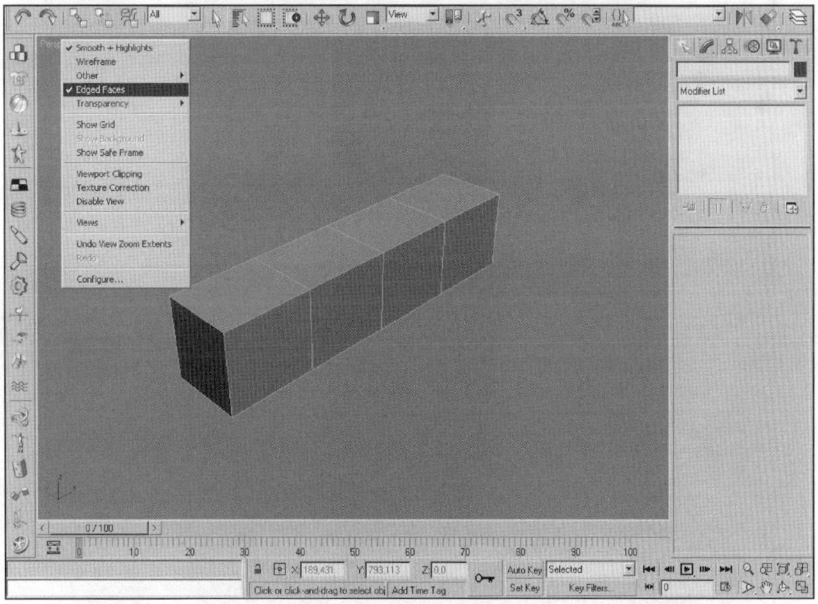

4. Na pasta  Modify, abra o sinal de mais do Editable Poly e selecione o Polygon.
5. Selecione as áreas do dedo como nas imagens seguintes e delete-as.

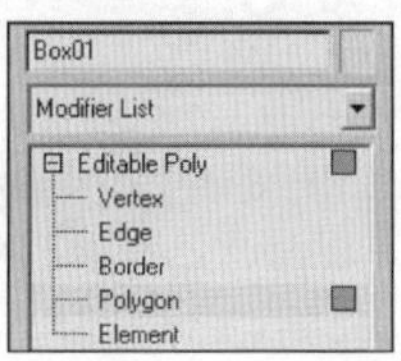

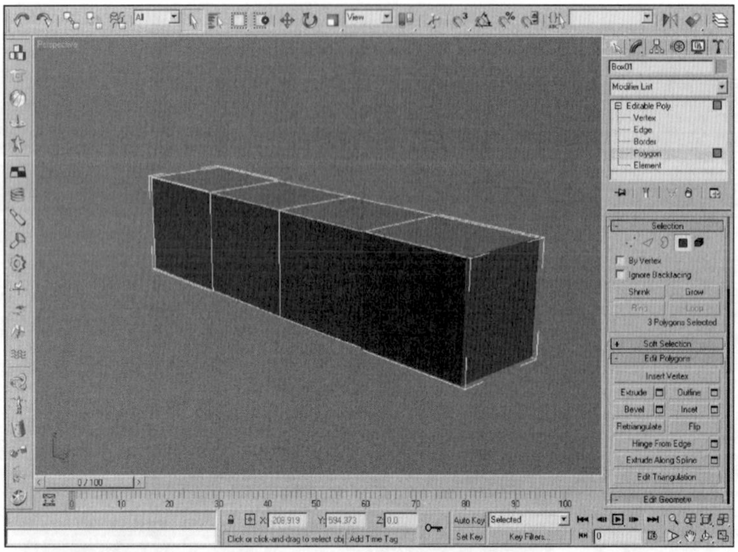

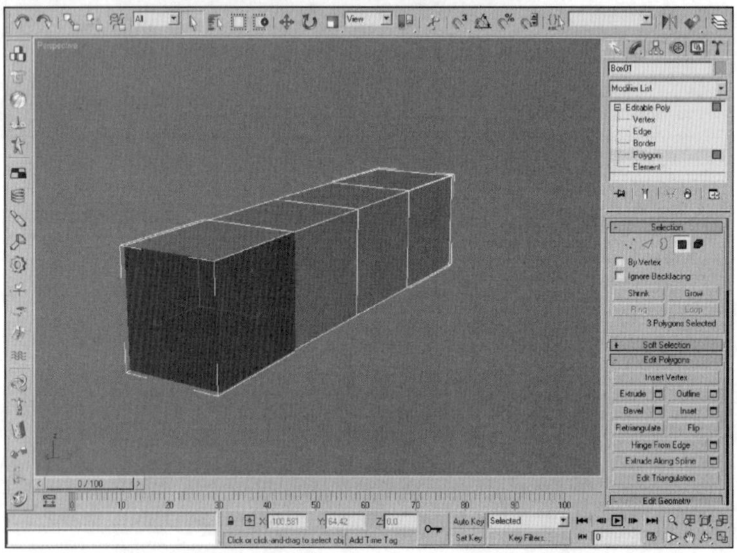

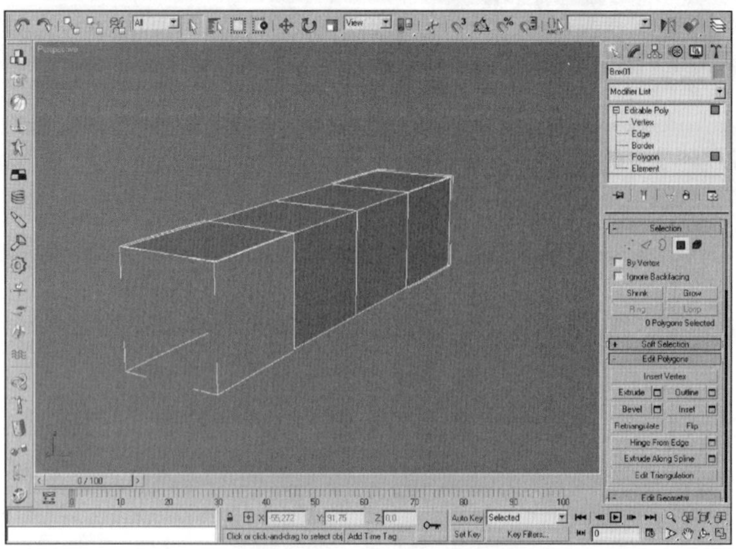

6. Leve o cursor até o nome da viewport Perspective, pressione o botão direito, no submenu clique em Configure e no quadro ative a opção Force 2-sided.

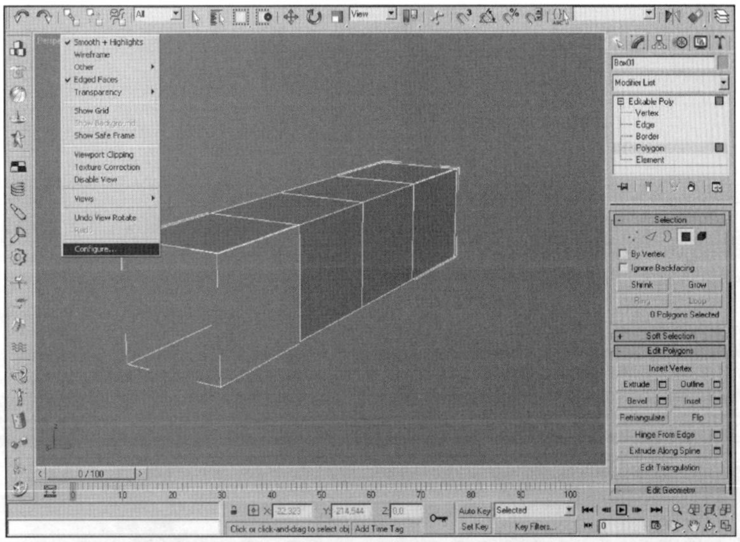

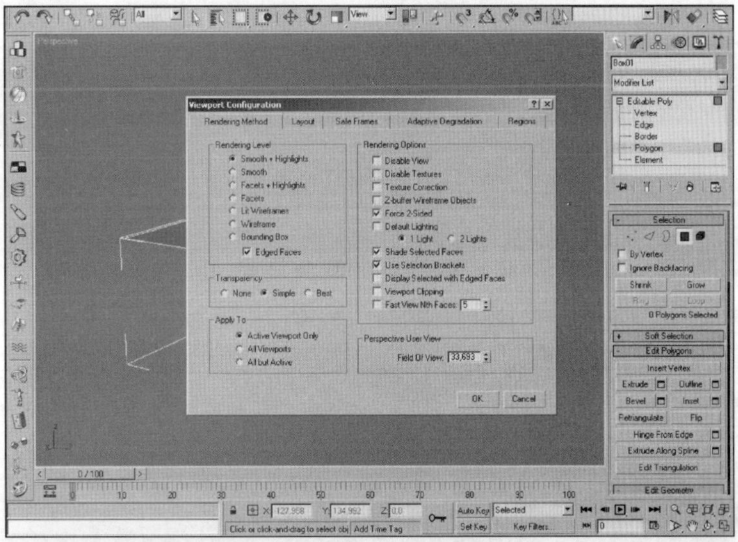

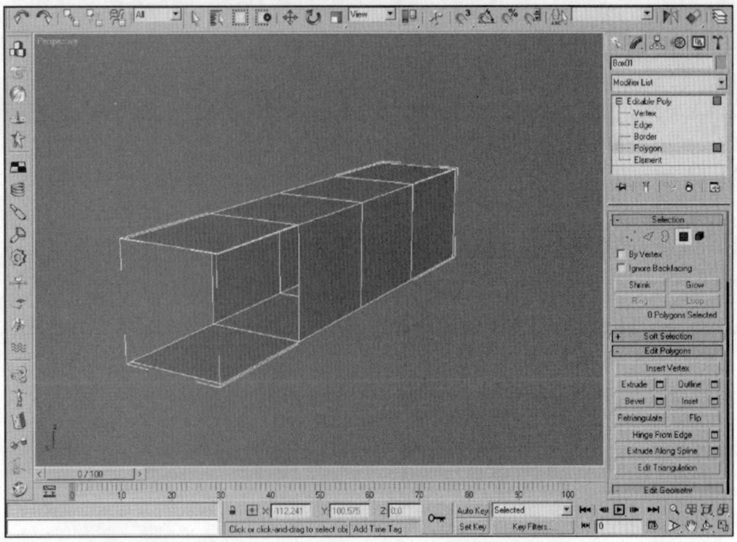

7. Comece a modelar o dedo quanto às articulações; modele a unha como na seqüência.

   - Ative o Edge e selecione a seguinte aresta:

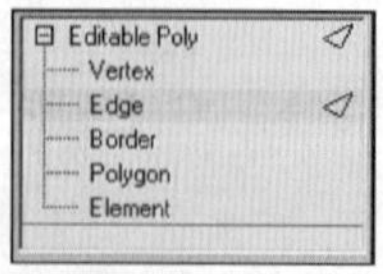

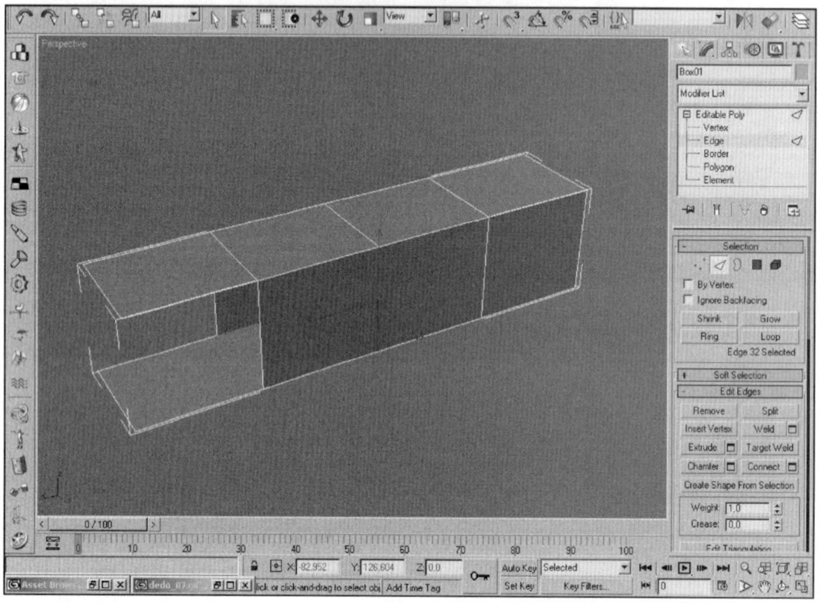

8. Clique no botão Loop para selecionar as arestas como na imagem.

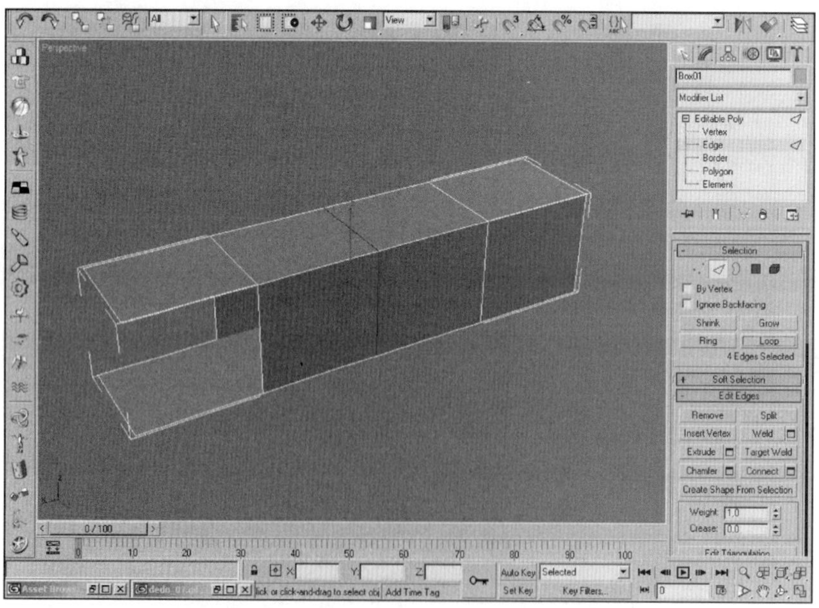

9. Clique no botão Chamfer e nas arestas selecionadas e crie outras arestas.

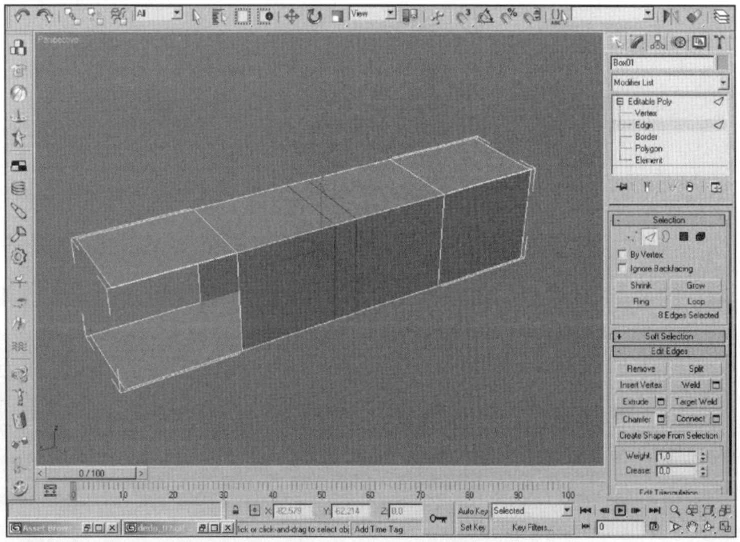

10. Crie outra aresta com o Chamfer.

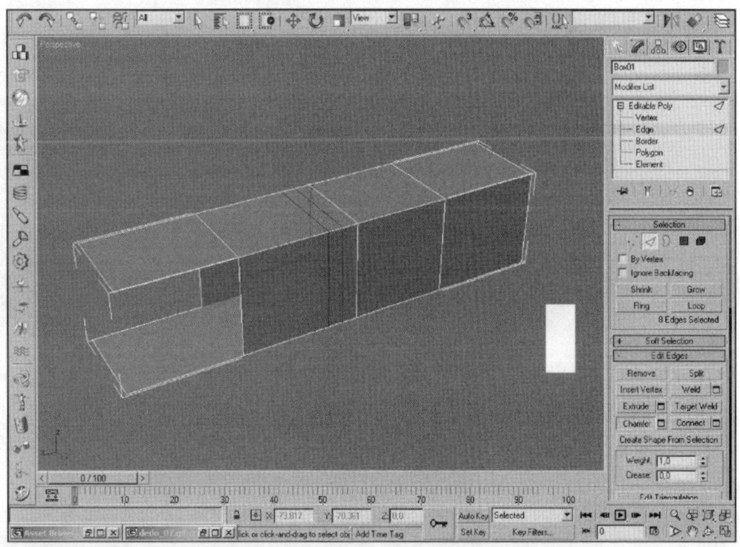

11. Repita o passo anterior para a outra articulação.

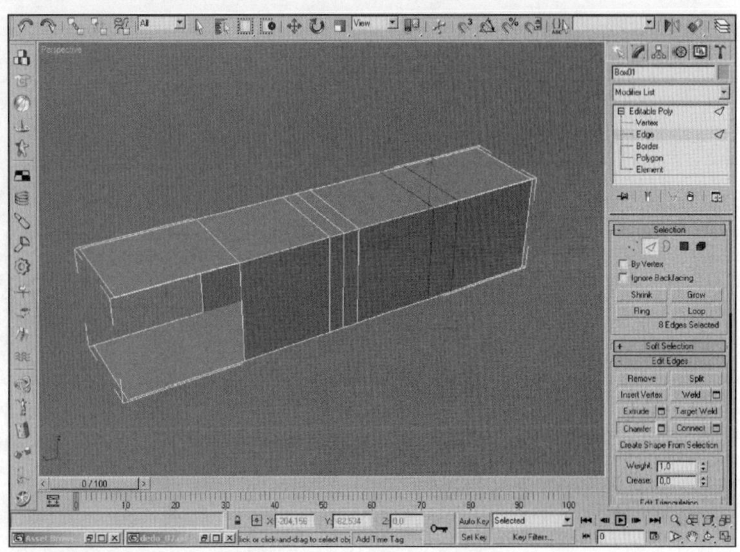

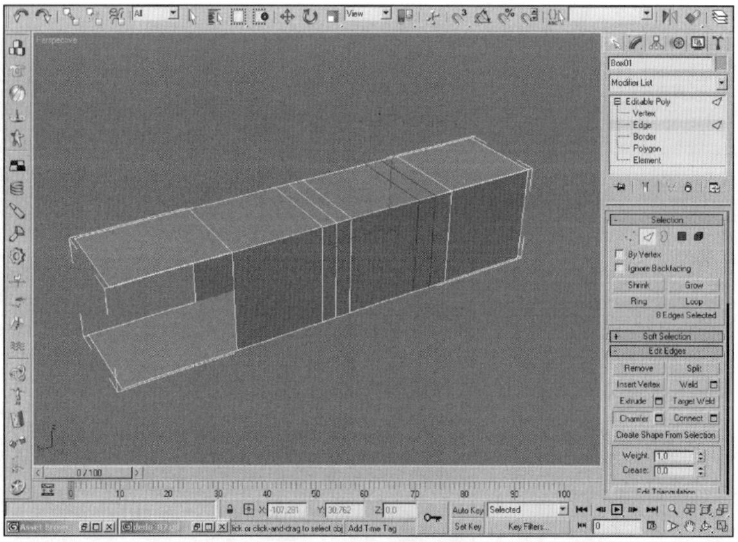

12. Agora selecione a aresta central da articulação (use o Loop) e amplie usando o Scale.

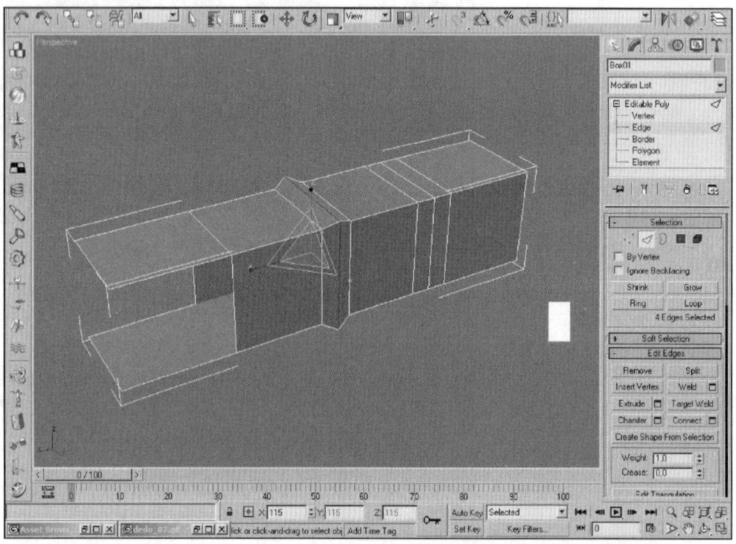

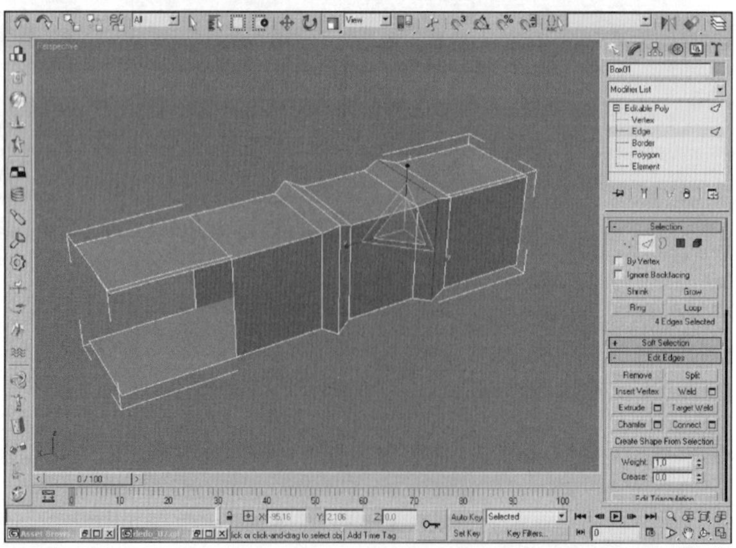

13. Vá para o Polygon, selecione a região em que será criada a unha e aplique o Inset.

14. Mova um pouco a área selecionada para baixo.

15. Clique no Extrude e faça a extrusão da área selecionada para cima.

16. Aplique o Scale, se desejar, e mova um pouco a unha.

17. Aplique o Mesh Smooth com o Iterations no valor 2.

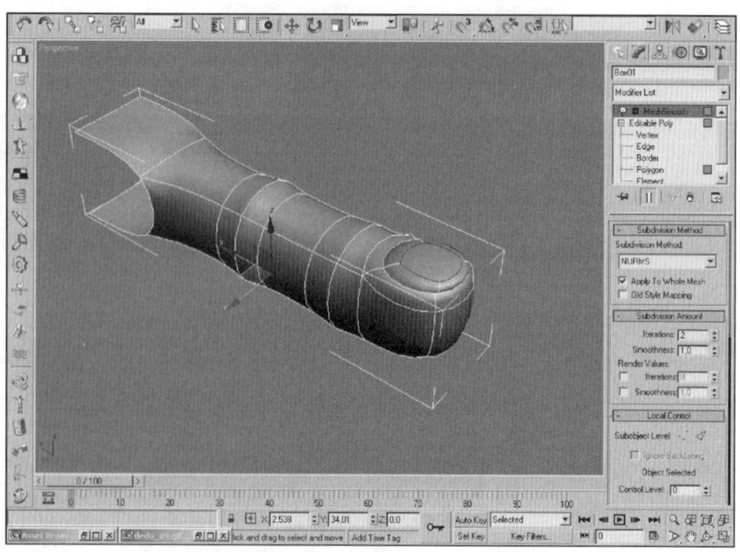

Existem várias formas de criar um dedo e esta é uma delas.

Veja as imagens seqüenciais para a criação das unhas:

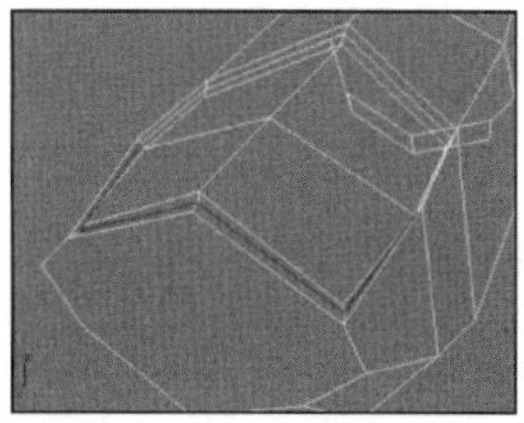
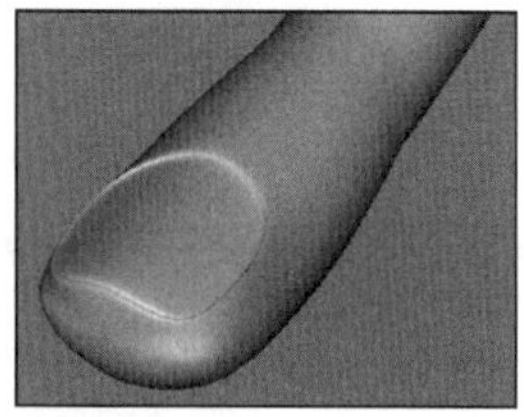
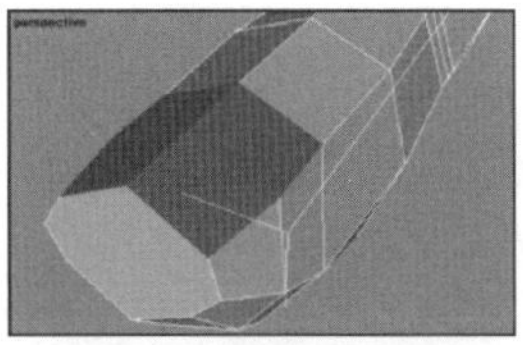
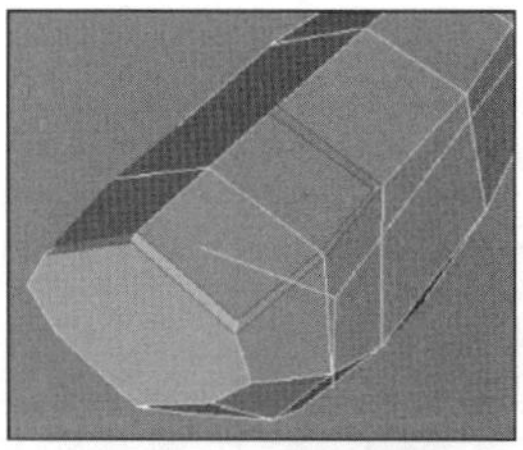
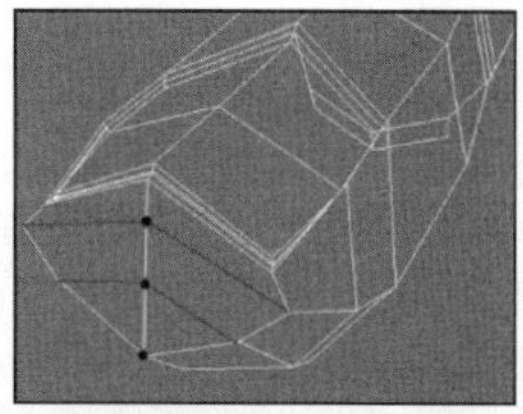
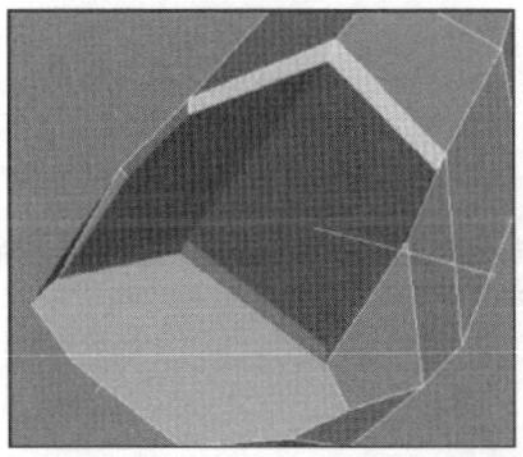
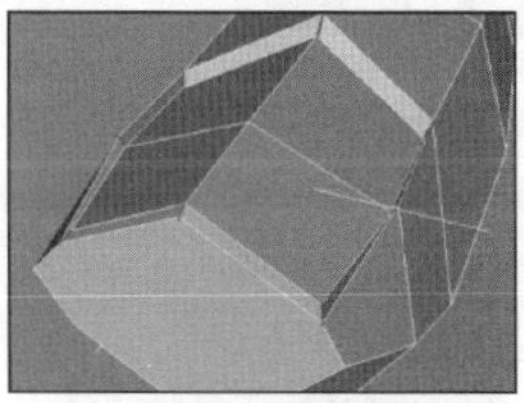
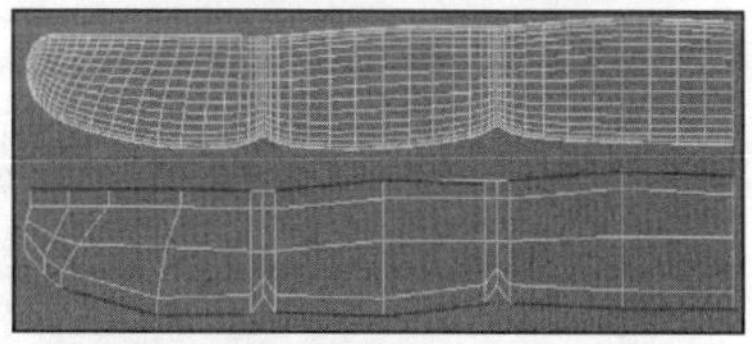

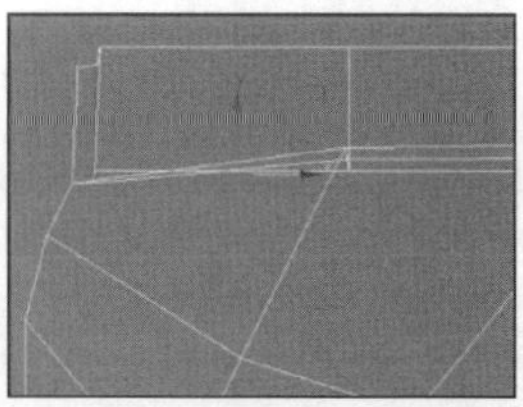
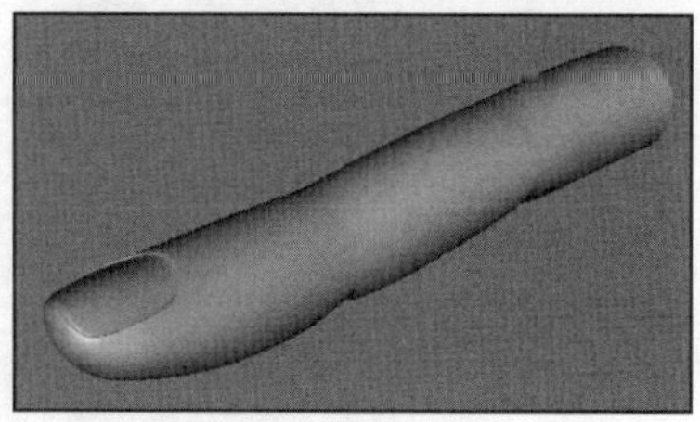

18. Faça cópias desses dedos, escalando-os, pois eles não têm o mesmo tamanho, ou os dedos devem estar neste posicionamento.

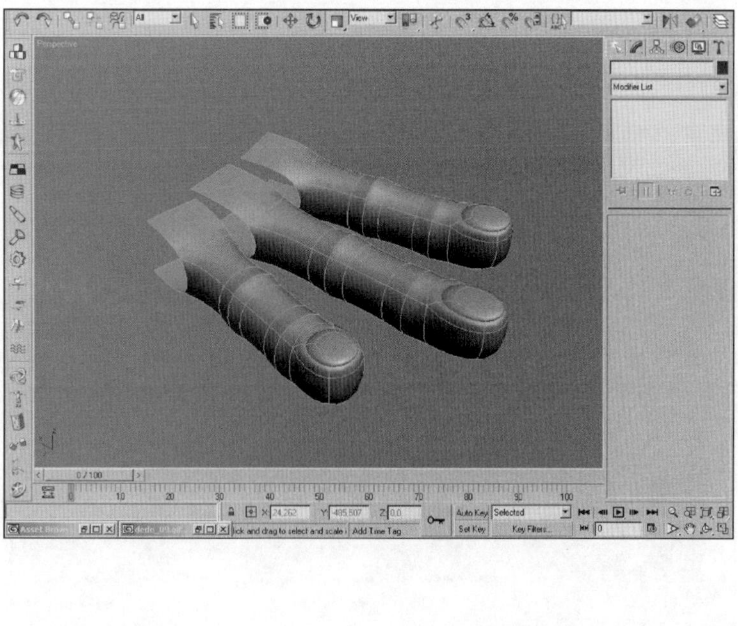

19. Remova o Mesh Smooth de cada dedo, clicando no botão [Remove modifier from the stack], ou seja, selecione o Mesh Smooth e clique nesse botão. Selecione um dos dedos, nos parâmetros do Editable Poly, clique no botão [Attach] e una todos os outros dedos, clicando neles.

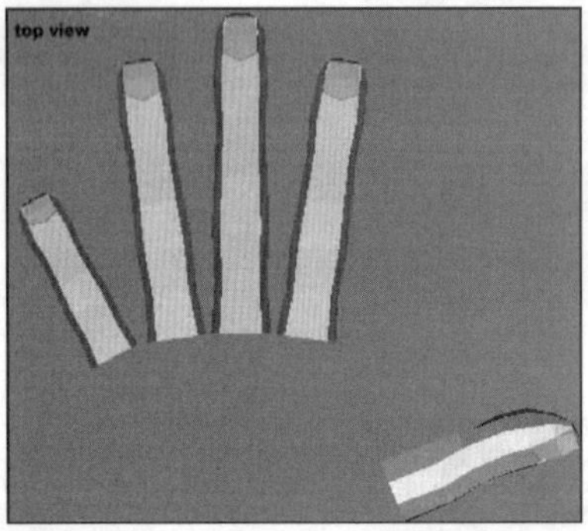

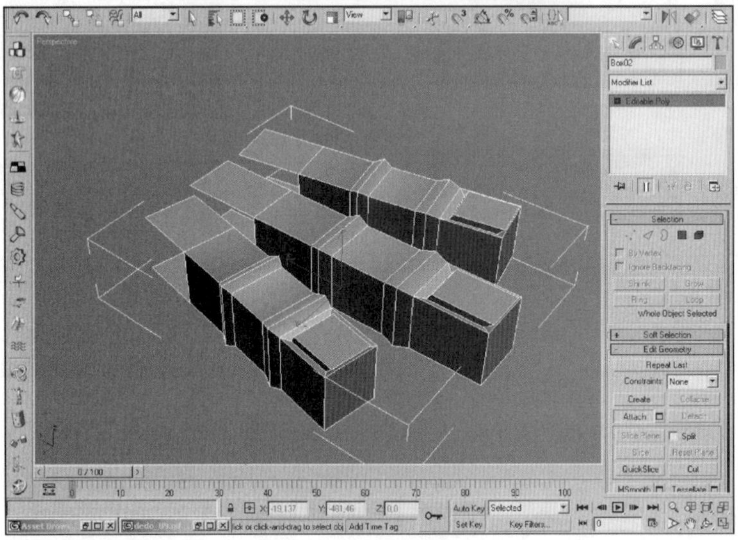

20. Aplique novamente o Mesh Smooth com o Iterations de valor 2.

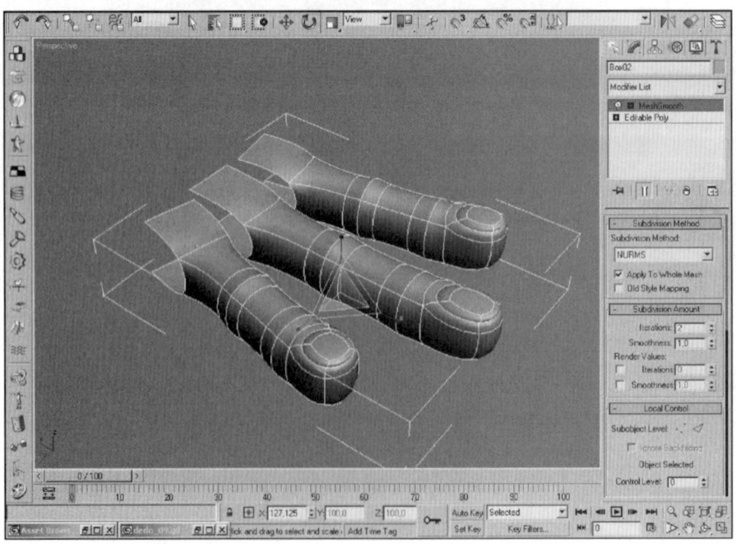

21. Ative a opção Polygon.

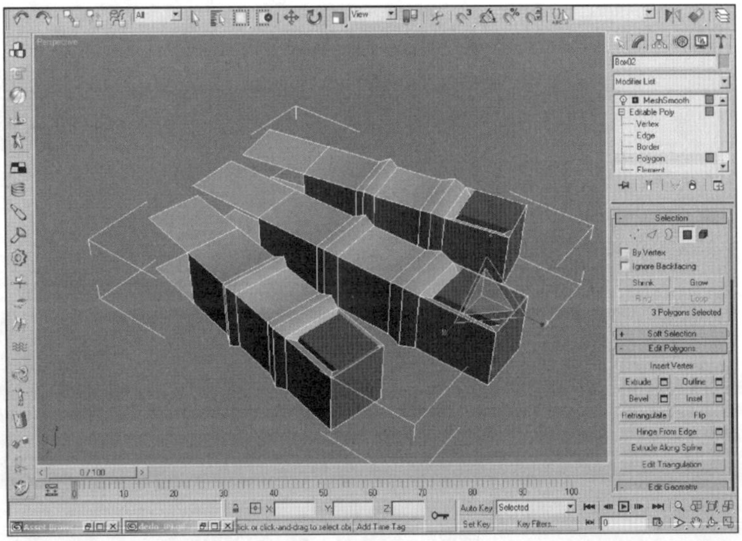

22. Vamos criar faces unindo os dedos, ou seja, procure o parâmetro [- Edit Geometry], clique no botão [Create] e crie faces nas áreas.

Você deve clicar no primeiro vértice, a seguir no segundo, depois no terceiro e no quarto dê dois cliques, criando uma face.

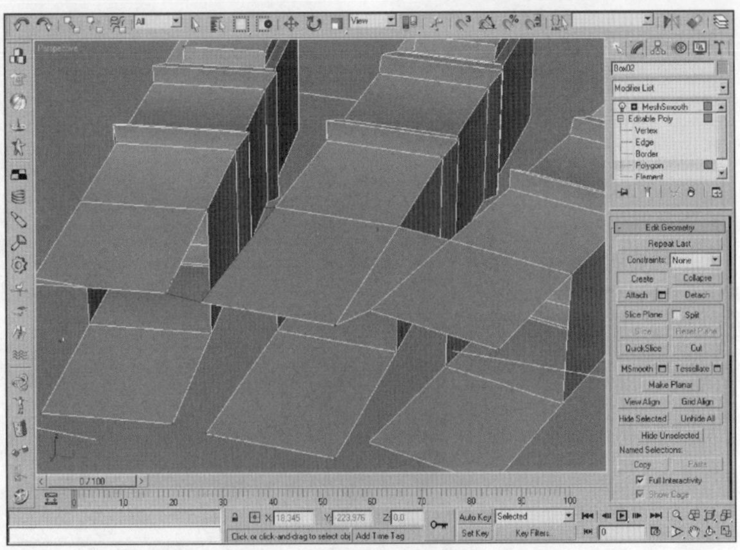

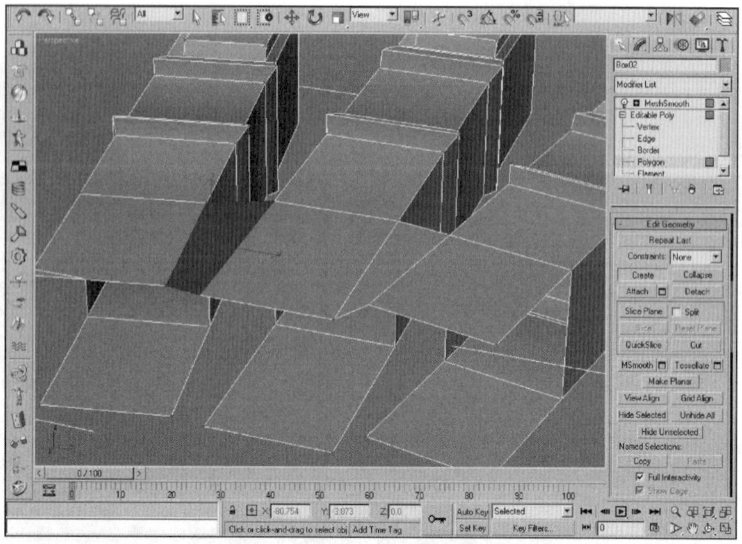

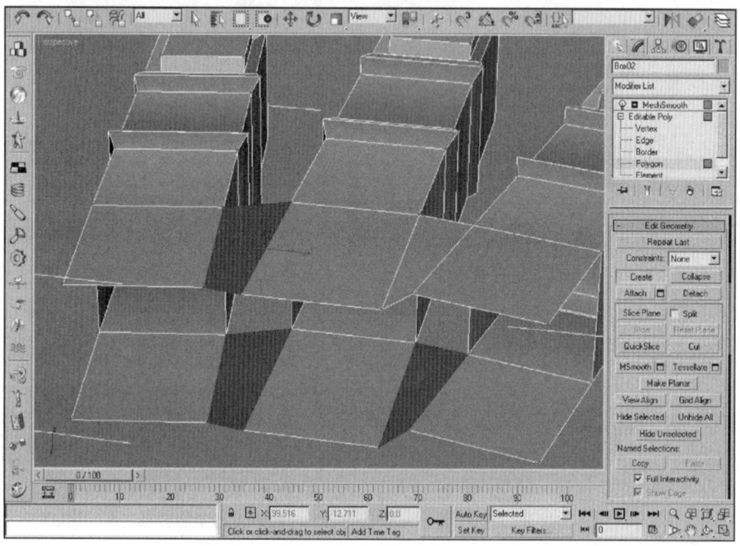

23. Nesta etapa, ativando o botão Show end result on/off toggle, visualiza-se a mão ao lado.

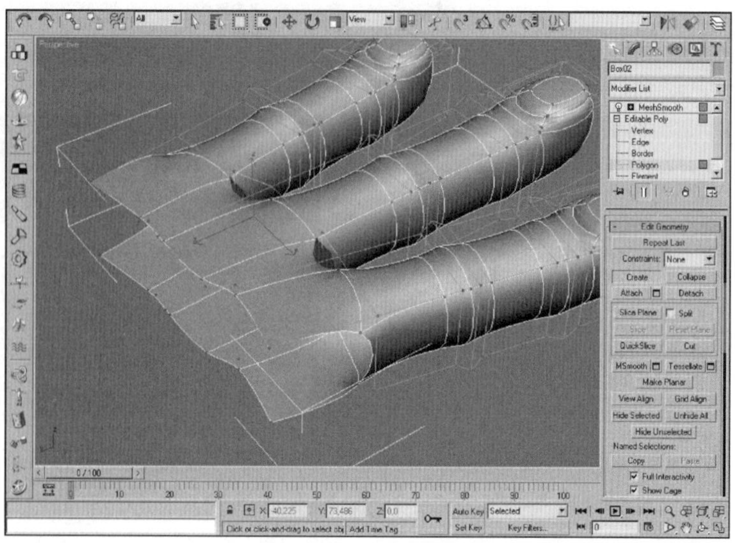

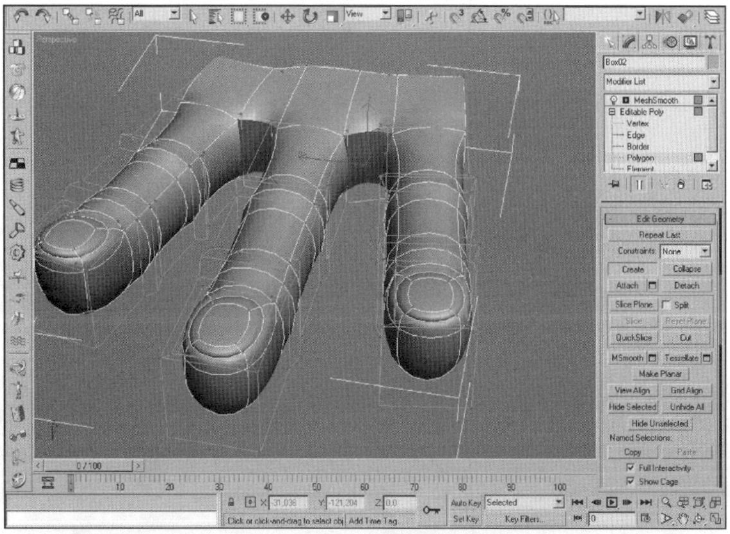

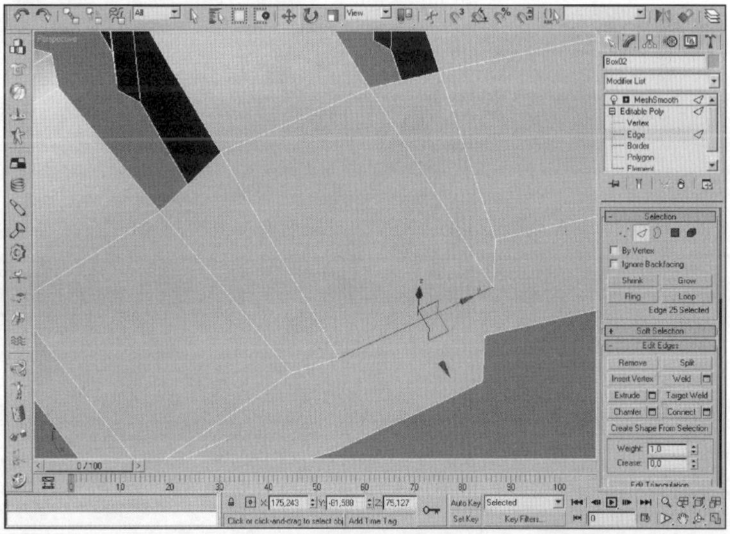

24. Para criar mais malhas e continuar a modelar, com o Edge ativado, selecione uma aresta ou várias pressionando a tecla Shift do teclado e use o Move para criá-las. Observe as imagens.

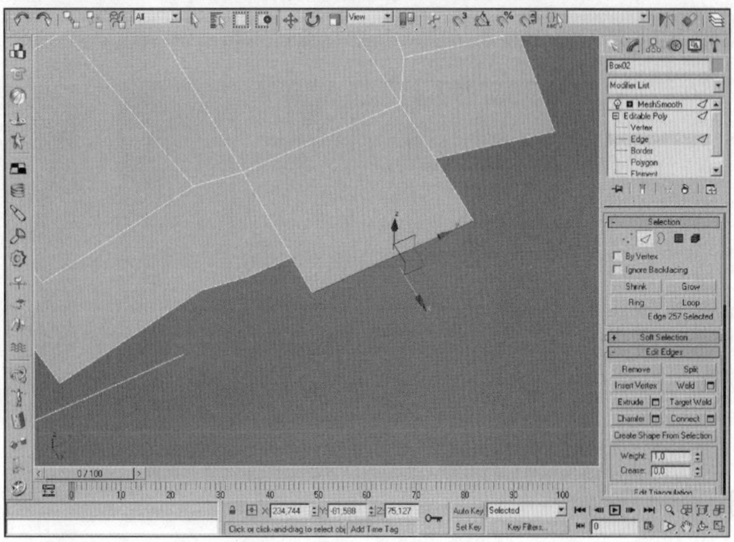

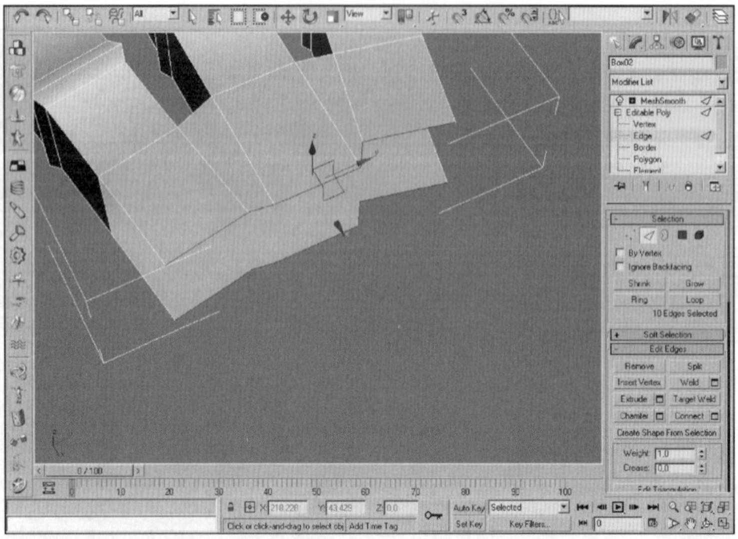

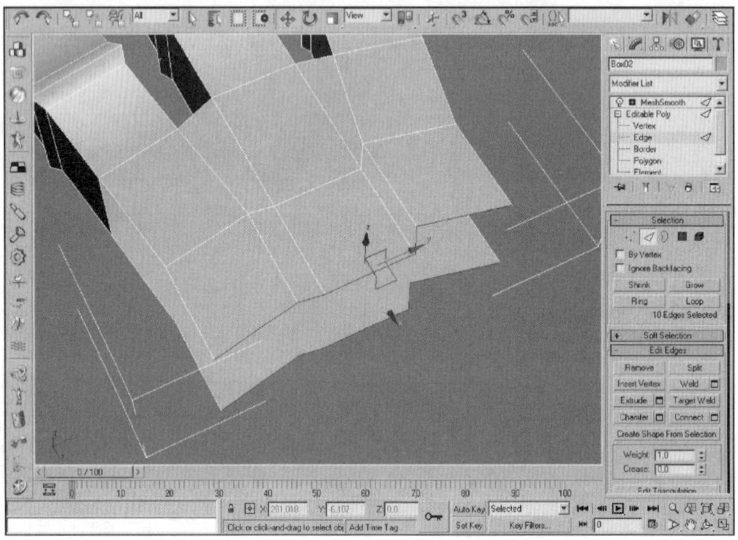

25. Selecione as arestas conforme a imagem.
26. Clique no botão Ring para selecionar as arestas, como mostra a imagem.

27. Clique no botão Connect para criar arestas no meio das arestas que selecionou com o Ring.

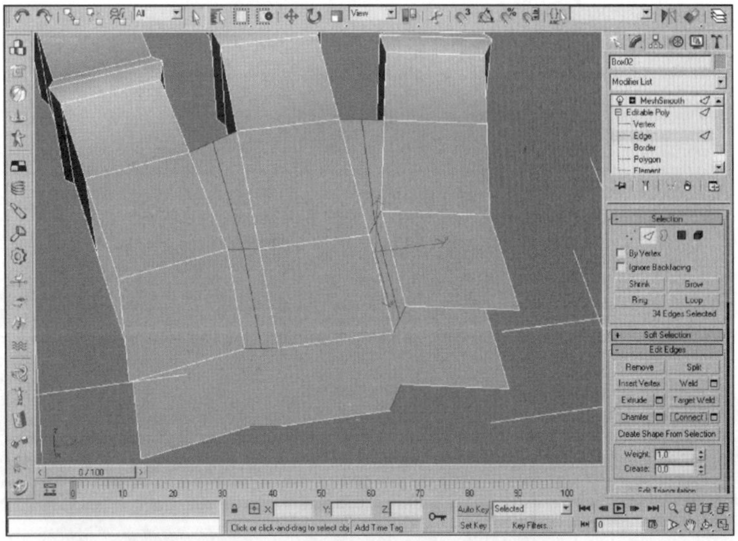

28. Selecione as arestas como na imagem.

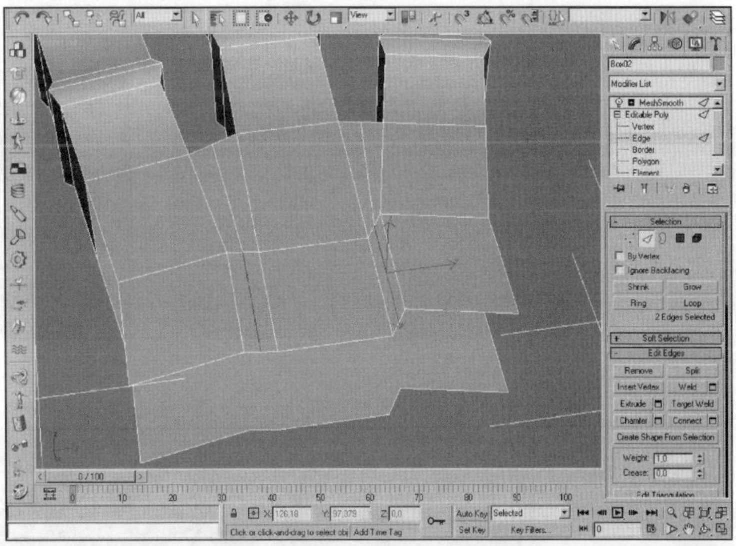

29. Clique no botão Ring para selecionar as arestas.

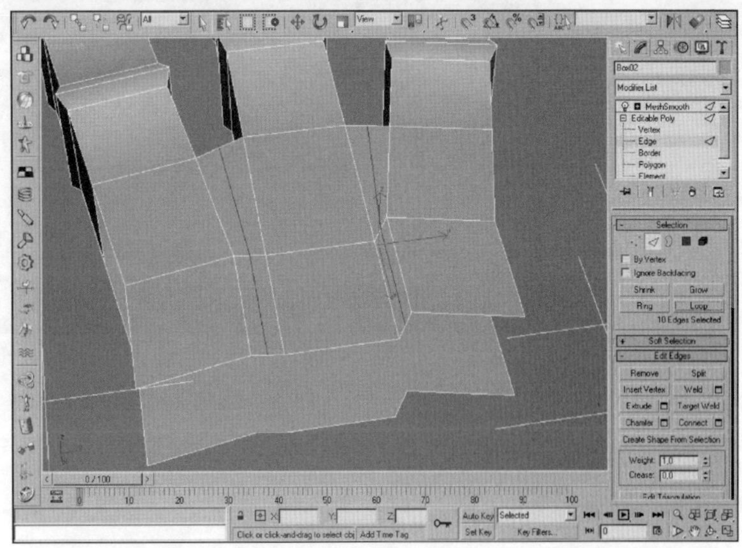

30. Aplique o Scale nas arestas, de acordo com a imagem.

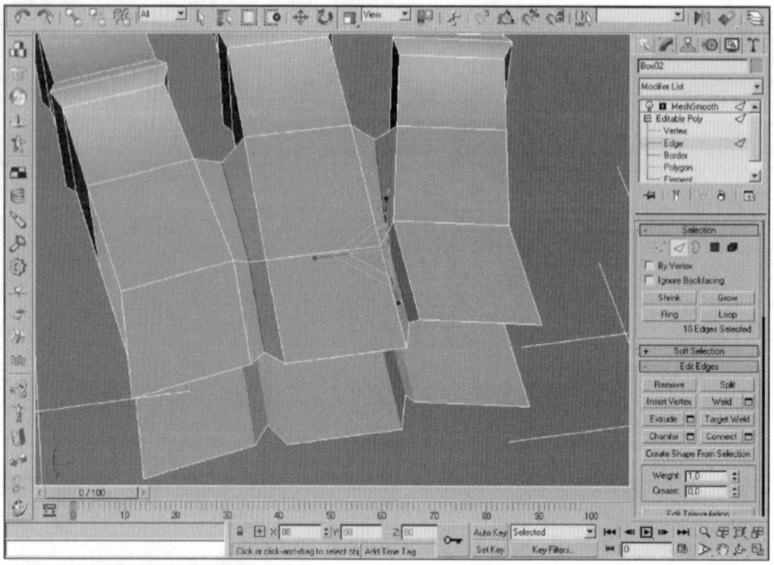

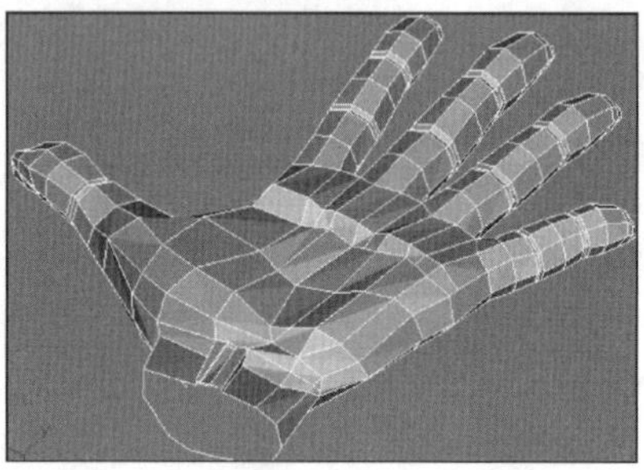

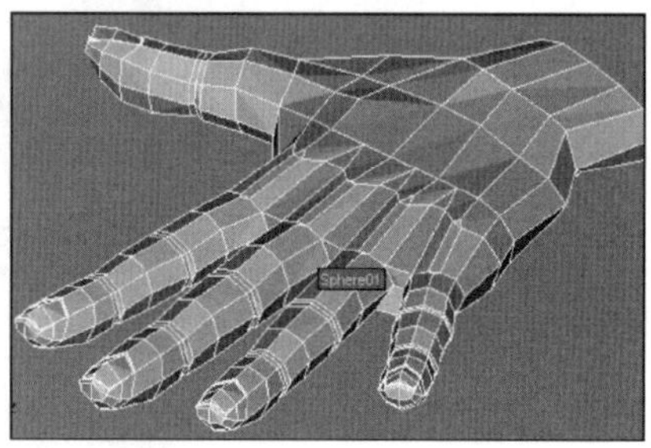

31. Clique no Mesh Smooth e analise.

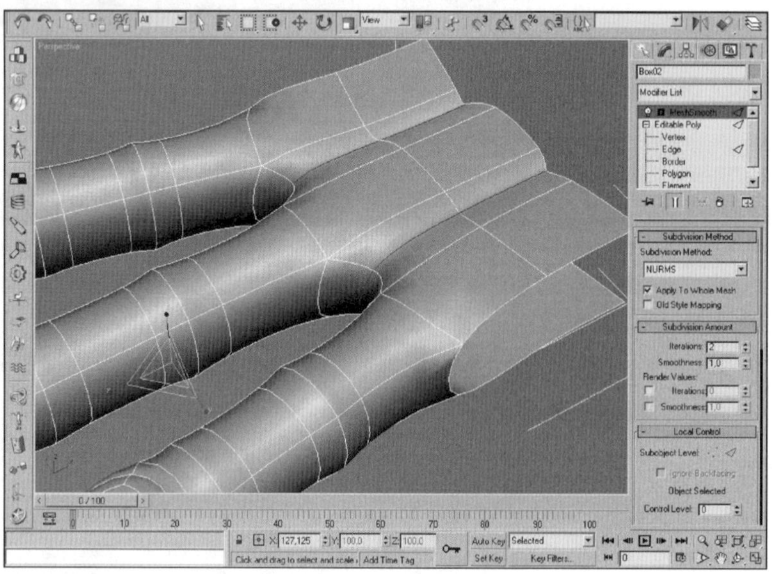

32. Daqui para frente continue a modelar e criar a mão.

Capítulo 8

Modificador Bevel Profile

O modificador Bevel Profile realiza a extrusão de uma forma utilizando o percurso de outra forma, como "beveling profile". É uma variante do modificador Bevel.

Importante: Bevel Profile falha se eliminar o perfil original. É diferente dos objetos loft, que incorporam a forma, pois Bevel Profile é só um modificador.

Nota: Embora esse modificador seja similar a um objeto loft com parâmetros de escala variáveis, em realidade é distinto porque utiliza diferentes valores de contorno, como distâncias entre os segmentos de linha em vez de valores de escala. Esse método de redimensionamento de formas mais complexo produz alguns níveis com mais ou menos vértices que outros modificadores e funciona melhor com texto, por exemplo.

1. Vá até a pasta Shapes, clique no botão Text e crie um texto na vista Front, figura a.
2. Selecione o texto, vá à pasta Modify e na roll-out Parameters altere o texto criado, figura b.

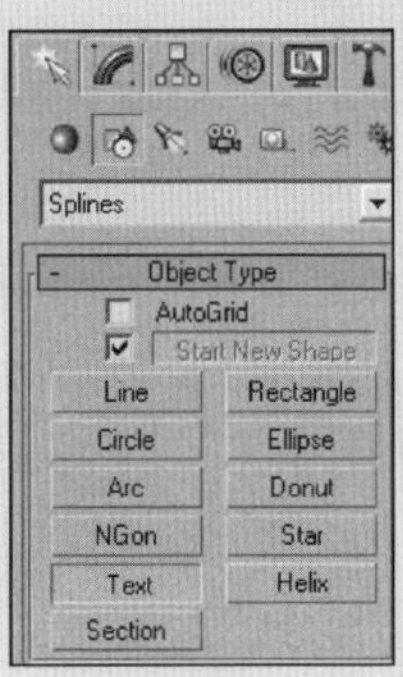

Figura a

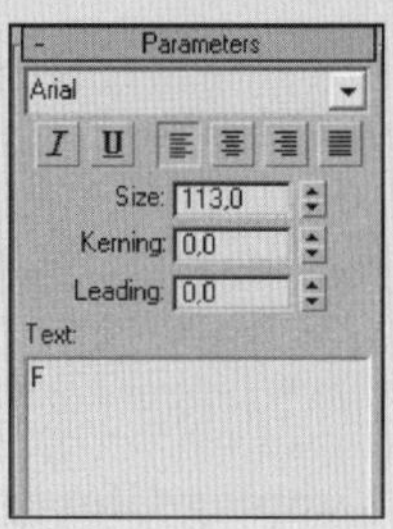

Figura b

3. Volte para a pasta Shape e ative o botão Line, figura c.
4. Na roll-out Creation Method selecione as opções Corner, figura d.

Figura c

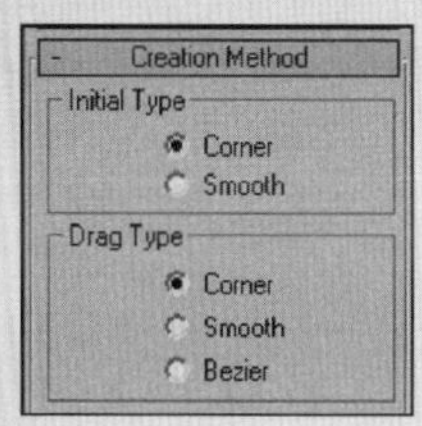

Figura d

5. Na viewport Front crie uma linha conforme a figura e.
6. Selecione o texto, vá até a pasta Modify e aplique o modificador Bevel Profile, figura f.

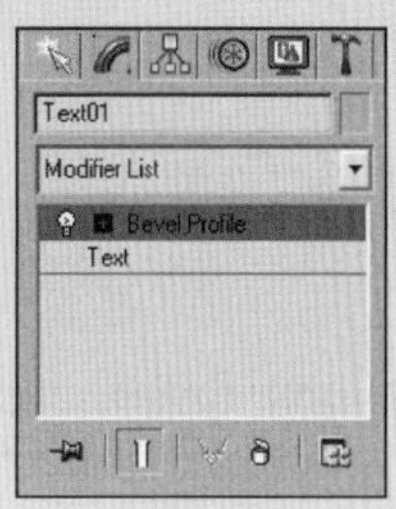

Figura e

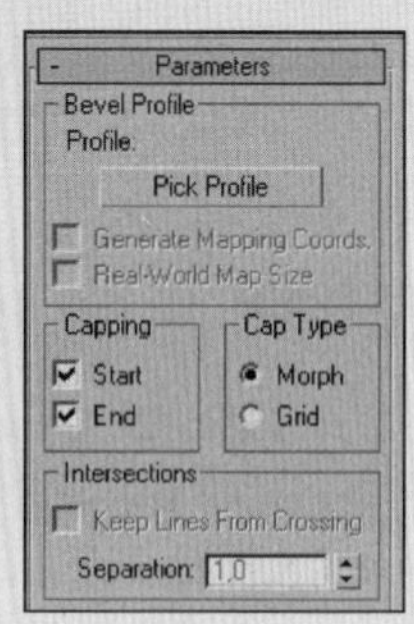

Figura f

7. Dentro da roll-out Parameters clique no botão Pick Profile, em seguida clique na linha.

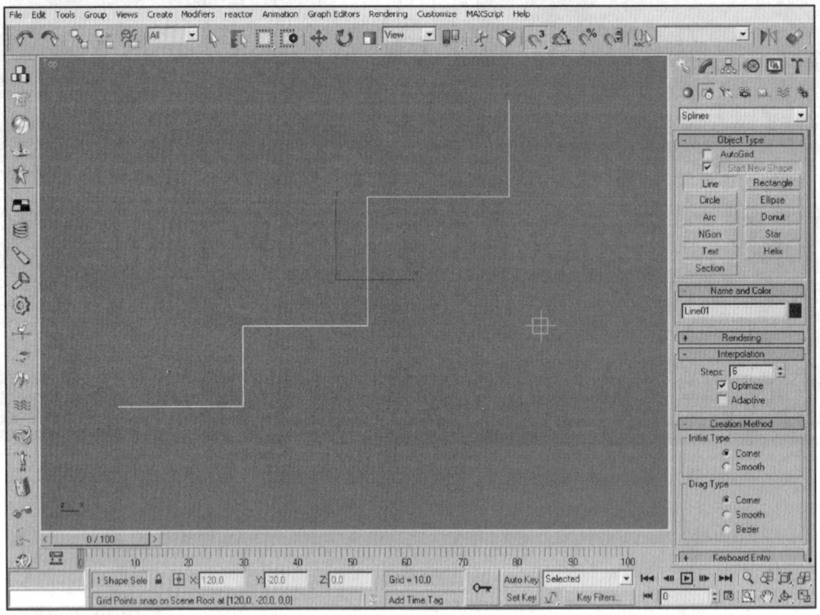

8. Veja o resultado final do Bevel Profile.

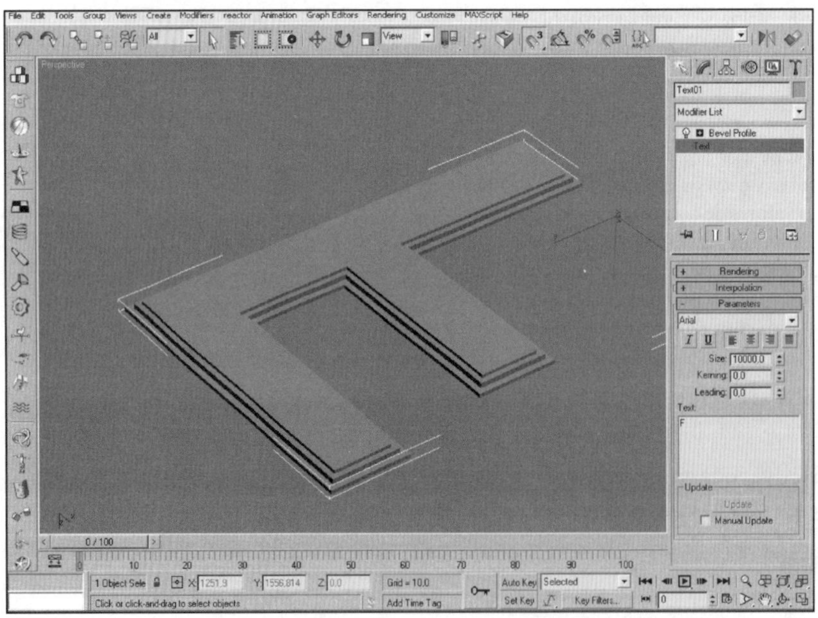

Interface

- **Bevel Profile Group**
  - **Pick Profile:** seleciona uma forma ou curva NURBS para utilizá-la como perfil do caminho.
  - **Generate Mapping Coords:** essa opção atribui coordenadas UV.

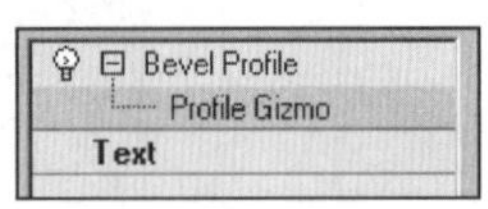

Modifier Stack.

- **Capping Group**
  - **Start:** tampa a parte inferior da forma extrudada.

- **End:** tampa a parte superior da forma extrudada.

- **Cap Type Group**
    - **Morph:** seleciona um método determinado para tampar que proporciona o mesmo número de vértices para realizar metamorfose entre objetos.
    - **Grid:** cria tampas quadriculadas, melhores para as deformações da tampa.
- **Intersections Group**
    - **Keep Lines From Crossing (Impedir cruzamento de linhas):** marque essa opção para impedir a intersecção das superfícies com Bevel entre si. Tenha em mente que requer mais cálculo de processador e pode demorar muito mais tempo no caso de geometrias complexas.
    - **Separation:** define a distância que deve separar os lados para impedir intersecções.

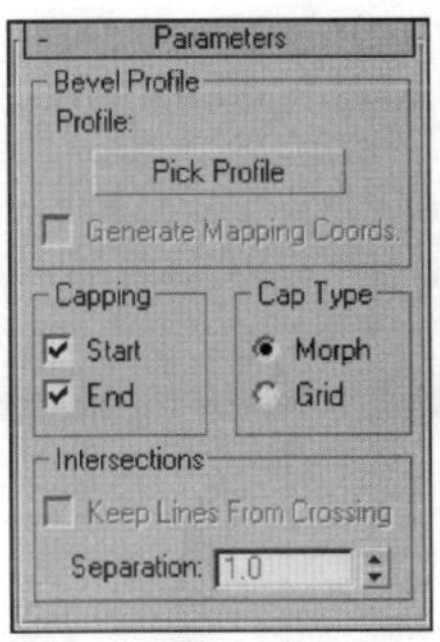

Roll-out Parameters.

Modificador Displace

O Displace é utilizado para trocar a superfície do objeto. Ele atua como um campo de força para empurrar e trocar a forma geométrica de um objeto. Sua força variável pode aplicar-se diretamente do gizmo do modificador ou de um bitmap. Há duas formas básicas de utilizar esse modificador:

- Aplicar diretamente os efeitos de deslocamento, estabelecendo os valores de força e diminuição.
- Aplicar as cores cinzas (Grayscale) de um bitmap para gerar o deslocamento. As cores mais claras na imagem 2D atiram para fora com mais força que as escuras, resultando em deslocamento 3D da geometria.

O Displace Space Warp tem funções similares. É útil para aplicar efeitos a um grande número de objetos ou a um sistema de partículas.

Distribuição da Força

O Displace distribui sua força em quatro gizmos distintos: Planar, Cylindrical, Spherical e Shrink Wrap. Os gizmos também são empregados como coordenadas de mapeamento para aplicar bitmaps. Spherical e Shrink Wrap têm o mesmo efeito quando se modela, embora sejam mapeados de forma distinta.

Os gizmos Spherical e Shrink Wrap começam com um campo uniforme ao redor. Planar e Cylindrical são direcionais. Cylindrical empurra em ângulos retos para seu eixo e Planar empurra em ângulos retos para sua superfície.

De maneira predeterminada, os gizmos estão centrados no objeto, entretanto qualquer uma dessas formas pode transformar-se e ser utilizada diretamente como ferramenta para deformar a geometria de um objeto.

Opções de Modelagem

Displace é um modificador versátil com muitas aplicações possíveis. Observe algumas opções:

- Produzir efeitos de modelagem internos, reduzindo a escala do gizmo e movendo-o dentro do objeto. A força para fora dá forma à geometria de dentro.
- Animar o processo de modelagem. O resultado é um campo errante (roving) similar a um campo magnético que empurra e tira de uma superfície.
- Acrescentar outros modificadores Displace ao objeto, utilizando cada um para criar um efeito de modelagem distinto.
- Contrair (Collapse) um modelo terminado em uma malha normal. Isso reduz a complexidade do objeto e suprime todos os modificadores, mas mantém intacta a superfície modelada.

Interface

Displacement Group

- **Strength:** se o valor da força é 0,0, o deslocamento carece de efeito. Um valor superior a 0,0 desloca a geometria do objeto ou das partículas longe da posição do gizmo. Valores inferiores a 0,0 deslocam a geometria para o gizmo. Default = 0.0.
- **Decay:** varia a força de deslocamento com a distância.

De modo predeterminado, Displace tem a mesma força em todo o espaço universal. O aumento de Decay faz com que a intensidade de deslocamento diminua conforme aumenta a distância da posição do gizmo Displace. Isso tem o efeito de concentrar o campo de força perto do gizmo, de forma similar ao campo que rodeia um ímã e repele a carga oposta.

- **Luminance Center:** determina que nível de cinza o Displace utiliza como valor de deslocamento zero.

  De forma predeterminada, Displace centra a luminância utilizando o cinza médio (50%) como valor de deslocamento zero. Os valores de cinza superiores a 128 deslocam para fora (afastando do gizmo Displace) e os inferiores a 128 deslocam para dentro (para o gizmo Displace). Utilize o contador **Centre** para ajustar o valor predeterminado. Em uma projeção Planar, a geometria deslocada se recoloca sobre o gizmo Planar ou abaixo dele. Default = 0.5. Range = 0-1.0.

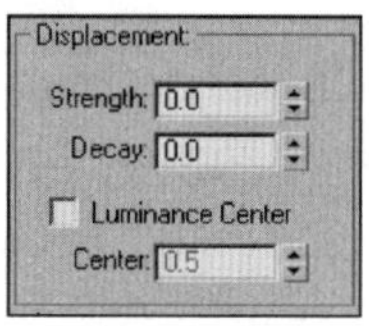

Image Group

Permite escolher um bitmap e um map para o deslocamento. Ambos se atribuem e suprimem da mesma maneira.

- **Bitmap button:** atribui um bitmap ou mapa de um quadro de diálogo de seleção. Depois de efetuar uma seleção válida, esses botões apresentam o nome do bitmap ou o mapa.

  Esse botão está etiquetado como "None" até que se escolha um mapa.

- **Remove Bitmap/Map:** removem a atribuição de bitmap ou mapa.
- **Blur:** aumente esse valor para desfocar ou suavizar o efeito do deslocamento com bitmap.

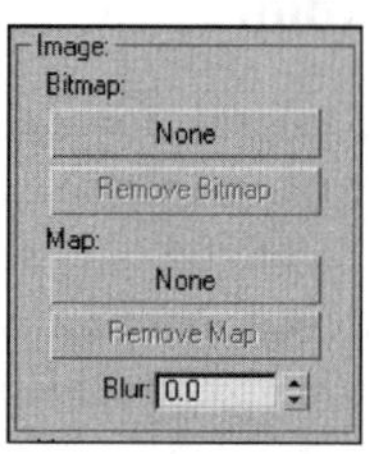

Map Group

Contém parâmetros de mapeamento para o deslocamento do bitmap.

Os quatro modos de mapeamento controlam a forma como o Displace projeta seu deslocamento. O tipo de gizmo Displace e sua localização na cena determinam o efeito final.

- **Gizmos Displace**
  - **Planar:** projeta o mapa de um único plano.
  - **Cylindrical:** projeta o mapa como se envolvesse o cilindro. Marque Cap para projetar uma cópia do mapa dos extremos do cilindro.
  - **Spherical:** projeta o mapa de uma esfera, com particularidades em suas partes superior e inferior, cujas bordas do bitmap coincidem nos pólos da esfera.
  - **Shrink Wrap:** projeta o mapa de uma esfera como esférico, mas trunca os cantos do mapa e une-os em um mesmo pólo, criando só uma particularidade na parte inferior.

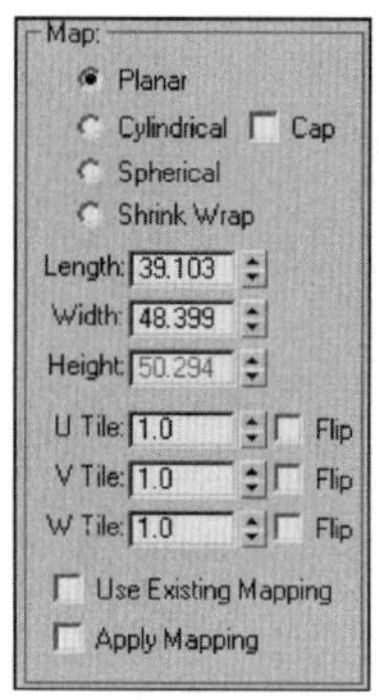

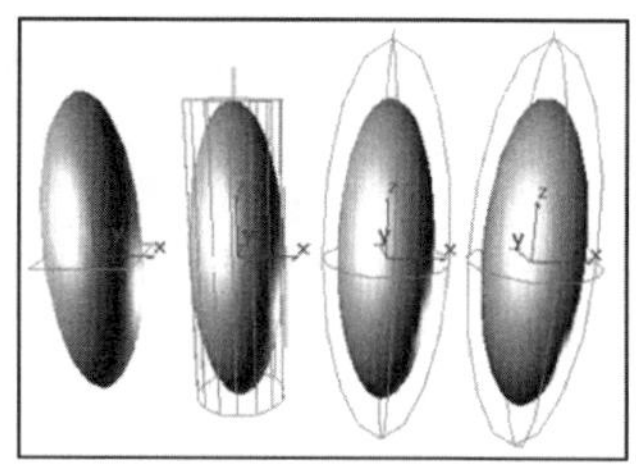

  - **Length, Width, Height:** especificam as dimensões da caixa delimitadora do gizmo Displace. A altura carece de efeito sobre o mapeamento plano.
  - **U/V/W Tile:** estabelecem o número de vezes que se repete o bitmap na dimensão especificada. O valor predeterminado 1,0 mapeia o bitmap uma vez; 2,0 o mapeia duas vezes e assim sucessivamente. Os valores fracionários mapeiam uma parte fracionária do bitmap, além das cópias do mapa completo. Por exemplo, um valor de 2,5 mapeia o bitmap duas vezes e meia.
  - **Flip:** investe a orientação do mapa com o passar do eixo U, V ou W correspondente.

- Use Existing Mapping: faz com que o Displace utilize o mapeamento definido antes no catálogo (stack). Não tem nenhum efeito se o objeto não estiver mapeado.
- Apply Mapping: aplica o mapeamento UV do Displace ao objeto engrenado. Isso permite aplicar mapas de material ao objeto com as mesmas coordenadas de mapeamento que as utilizadas pelo modificador.

Channel Group

Determina a aplicação da projeção de deslocamento a um canal de mapeamento ou de cor de vértice e ao canal que vai utilizar.

- **Map Channel:** selecione-o para especificar um canal UVW para o mapeamento e utilize o contador situado à direita para definir o número de canal.
- **Vertex Color Channel:** selecione-o para utilizar o canal de cor de vértice para o mapeamento.

Alignment Group

Contém controles para ajustar o tamanho, a posição e a orientação do gizmo de mapeamento.

- **X, Y, Z:** permitem inverter o alinhamento do gizmo de mapeamento ao longo de seus três eixos.
- **Fit:** escala o gizmo para ajustá-lo à caixa delimitadora do objeto.
- **Center:** centra o gizmo com relação ao centro do objeto.

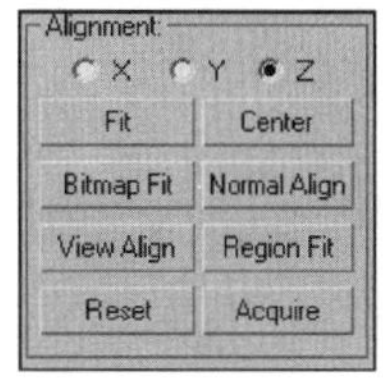

- **Bitmap Fit:** apresenta o quadro de diálogo Select Bitmap. O gizmo é escalado de acordo com a relação aspect ratio do bitmap selecionado.
- **Normal Align:** ativa o **Pick mode** para selecionar uma superfície. O gizmo alinha-se com a normal da superfície.
- **View Align:** orienta o gizmo na mesma direção que a vista.
- **Region Fit:** ativa o **Pick mode** para arrastar dois pontos. O gizmo é escalado para ajustar-se à área especificada.
- **Reset:** devolve o gizmo a seus parâmetros predeterminados.
- **Acquire:** ativa o **Pick mode** para escolher outro objeto e adquirir os parâmetros de seu gizmo Displace.

Exercício - Ferramenta Displace

1. Crie um plane com os seguintes parâmetros:

   Length = 300 Width = 300

   Length segs = 150 Width segs = 150

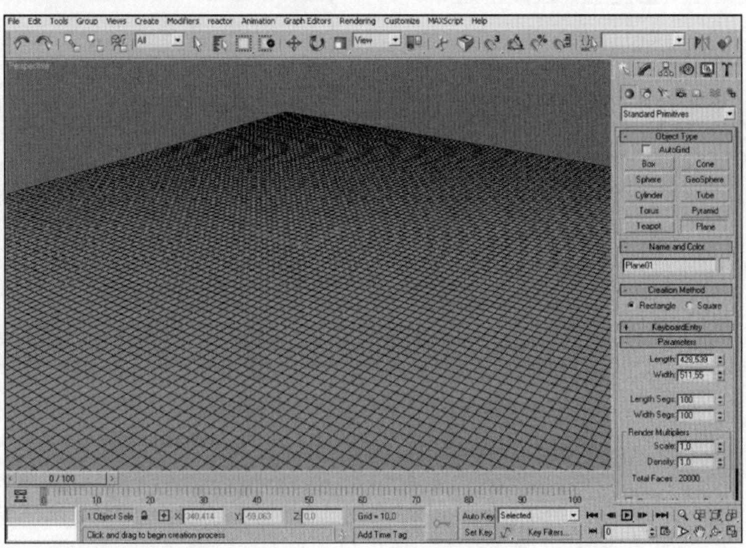

2. Vá até a pasta Modify e carregue o modificador Displace.

3. Para que o Displace deforme o plane, é necessário carregar uma imagem com tons de cinza. Clique no botão None da opção Bitmap e carregue o arquivo vale_1.jpg.

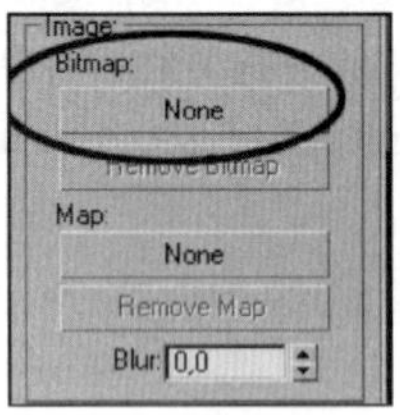

4. Selecione o arquivo vale_1.jpg e clique no botão Abrir.

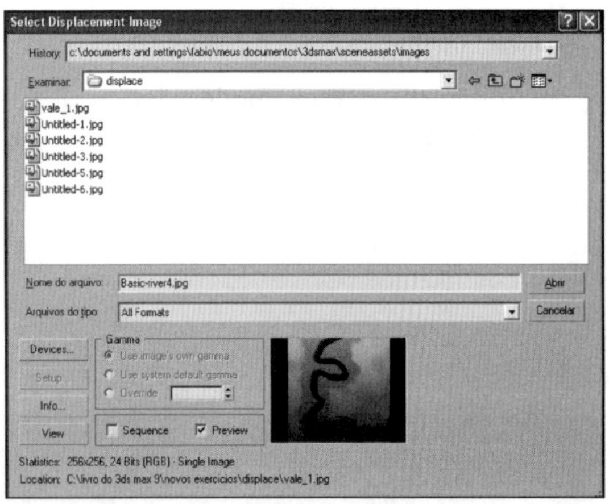

5. Aumente o valor do Strength.

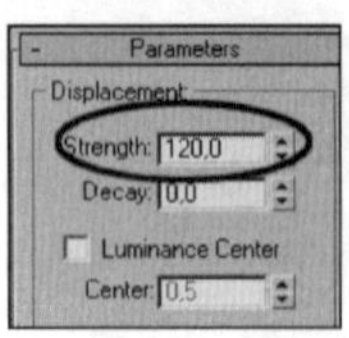

6. Veja o resultado.

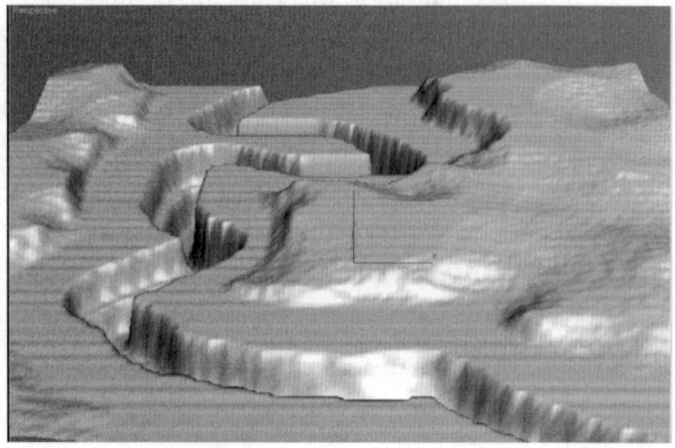

Modificadores FFD (Deformação de Forma Livre)

Em inglês FFD significa Free Form Deformation (deformação de forma livre). Utiliza-se na animação por computador para obter efeitos como carros que dançam. É possível aproveitá-lo também para modelar formas arredondadas, como poltronas e esculturas.

O modificador FFD rodeia a geometria selecionada com uma lattice box. Ao ajustar os pontos de controle da lattice, deforma a geometria que rodeia.

Existem três modificadores FFD, cada um com uma distinta resolução de lattice: 2x2, 3x3 e 4x4. Por exemplo, o modificador 3x3 proporciona uma lattice com três pontos de controle transversais às suas dimensões ou nove em cada lado da lattice.

Do mesmo modo, existem dois modificadores relacionados ao FFD que proporcionam superconjuntos dos modificadores originais. Os modificadores FFD (Box/Cyl) permitem definir qualquer quantidade de pontos na lattice, o que os faz mais potentes que o FFD básico.

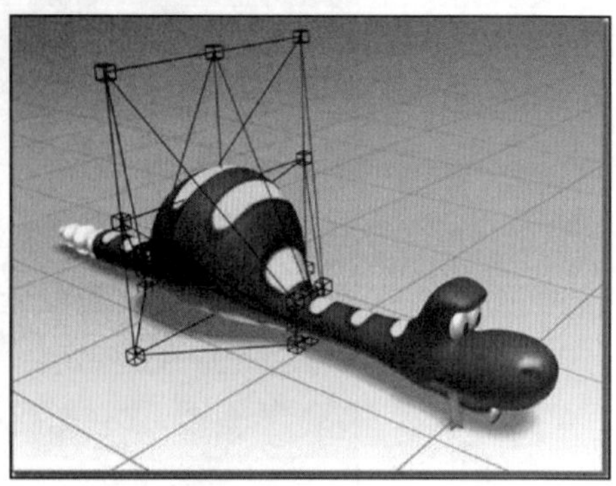

A deformação FFD cria uma protuberância na serpente.

Animação de Pontos de Controle FFD e Controlador de Ponto Principal

Ative o botão Auto Key e desloque os pontos de lattice para animar um FFD e qualquer geometria subjacente. Quando se animam pontos de controle FFD, cria-se de forma automática um controlador de ponto principal. No Track View, o controlador principal permite usar Displace no tempo com vários pontos de controle animados com o simples movimento de uma key principal (as keys principais aparecem em cor verde no Track View).

Interface

Modifier Stack

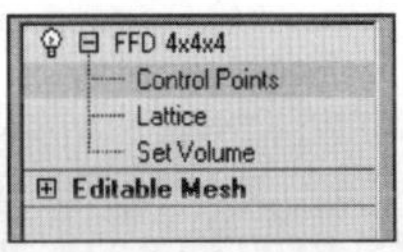

- **Control Points:** nesse nível de subobjetos, é possível selecionar e manipular pontos de controle da lattice, um por um ou em grupo (selecione vários pontos com as técnicas habituais). A manipulação dos pontos de controle afeta a forma do objeto subjacente. Pode-se utilizar os métodos de transformação padrão com os pontos de controle. Se o botão Auto Key estiver ativo ao modificar os pontos de controle, eles se animam.
- **Lattice:** nesse nível de subobjetos é possível situar, rodar e escalar a caixa de lattice além da geometria. Se o botão Auto Key estiver ativo, a lattice se anima. A primeira vez que se aplica um FFD, sua lattice adota uma caixa delimitadora predeterminada em torno da geometria. Ao mover ou escalar a lattice de modo que só fique dentro do volume um subconjunto de vértices, é possível aplicar uma deformação localizada.
- **Set Volume:** nesse nível de subobjetos, os pontos de controle da lattice de deformação voltam verdes, os quais é possível selecionar e manipular sem afetar o objeto modificado. Isso permite ajustar a lattice com maior precisão em objetos de forma irregular, oferecendo um controle mais preciso durante a deformação.

Definir o volume permite principalmente determinar o estado inicial da lattice. Se o fizer depois de animar um ponto de controle ou com o botão Auto Key ativo, funciona da mesma forma que o nível de subobjetos Control Points, deformando o objeto conforme se manipulam os pontos.

Display Group

Afeta a apresentação da FFD nas viewports.

- **Lattice:** risca linhas que conectam os pontos de controle para criar um quadriculado.
- **Source Volume:** mostra os pontos de controle e a lattice sem modificar. O fato de encontrar-se no nível de seleção de lattice facilita a localização do volume de origem.

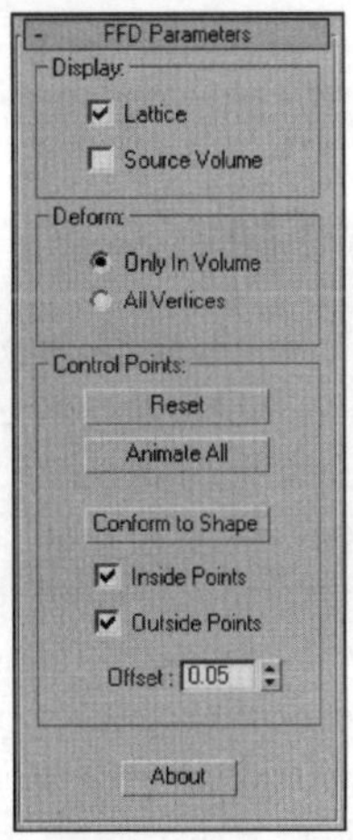

FFD Parameters roll-out.

Dica: Para distinguir que pontos ficam no volume de origem (portanto vão se deformar), desative temporariamente o modificador, pressionando o ícone de lâmpada no Modifier Stack.

Deform Group

- **Only in Volume:** deforma os vértices que ficam dentro do volume de origem.
- **All Vertices:** deforma todos os vértices que já estejam dentro ou fora do volume de origem.

  A deformação externa ao volume é uma extrapolação contínua da deformação interna. A deformação pode ser extrema em pontos afastados da lattice de origem.

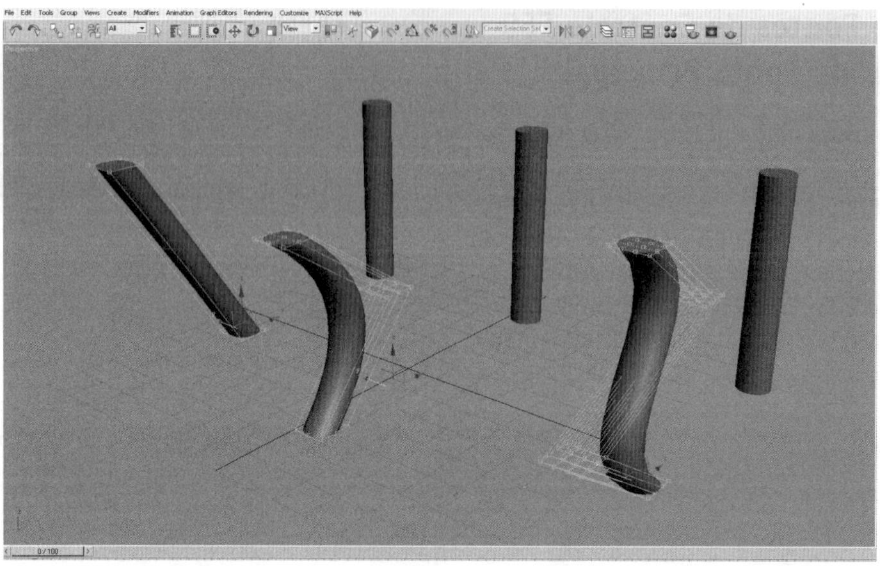

Exemplo de modificadores: 1º à esquerda FFD 2x2x2, centro FFD 3x3x3, à direita FFD 4x4x4.

Modificador Flex

O modificador Flex simula a dinâmica de corpos mola (soft-body) utilizando molas virtuais entre os vértices do objeto. Pode-se definir a rigidez das molas, o que estabelece quanto podem aproximar-se, além de sua extensão, o que determina quanto podem separar-se. No nível avançado, é possível controlar o vaivém, o que indica quanto se pode trocar o ângulo da mola. No básico, esse sistema faz com que os vértices se atrasem depois de um objeto conforme ele se move.

Flex pode ser utilizado com nurbs, patches, meshs, shapes, space warps FFD e todo tipo de objeto plug-in que possa deformar. É possível combinar Flex com efeitos especiais, como gravidade, vento, motor, push e Pbomb para acrescentar ao objeto uma animação realista apoiada em elementos físicos. Além disso, pode-se aplicar defletores a objetos soft-body para simular sua colisão.

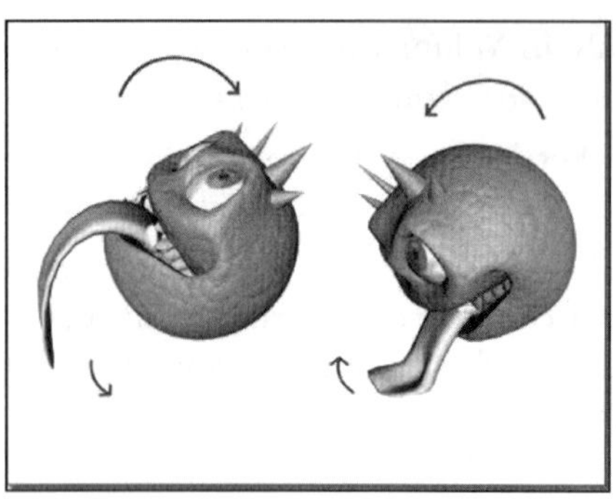

O modificador Flex faz com que a língua se agite ao rodar a cabeça. Imagens retiradas do Help do 3ds Max 2009.

Nota: O modificador Flex considera o movimento dos vertex/ control-point de todos os modificadores de animação que deformem pontos por baixo do Flex no Modifier Stack, como o modificador Morpher. Aproveite-o para simular o movimento de corpos mola (soft-body) nos objetos transformados ou animados por deformação de outro modo.

Conselho: Depois de aplicar o modificador Flex a um objeto ou seleção de subobjetos Flex Modifier's Center sub-object, utilize Mover para trocar a localização do efeito de Flex.

Dica: Usar as funções avançadas de Flex pode impedir notavelmente a reprodução em tempo real. Em tais casos, utilize o Move para gravar a animação dos vértices no disco e a **cache** para reprodução. A antena, com o modificador Flex aplicado, move-se como uma mola em reação ao movimento da cabeça do personagem.

Superfícies Afetadas pelo Modificador Flex

- Em uma superfície mesh, influi em todos os vértices.
- Em uma superfície de patch, influi nos pontos de controle e nas handles tangenciais. O modificador Flex desbloqueia as handles tangenciais e move-as separadamente.
- Em uma superfície nurbs, influi nos vértices de controle (CV) ou nos pontos.
- Em uma (shape) spline, influi tanto nos pontos de controle como nas handles tangenciais.
- Em um space warps FFD, influi nos pontos de controle.

Conseqüências

É possível aplicar space warps ao modificador Flex. Por exemplo, pode-se acrescentar vento para animar plantas e árvores ou ondular uma bandeira. Em tais casos, não é preciso criar keyframes para ver os resultados, já que o space warps pode animar a superfície por si mesmo.

Animação de Personagens

Utilize Flex sobre o modificador Skin para acrescentar um movimento secundário a um personagem animado com ossos. Se empregar 3ds Max, use Flex sobre o modificador Physique para dar movimento secundário a um personagem.

Interface

Modifier Stack

Esses níveis de subobjetos de modificadores estão disponíveis na pasta Display ao abrir a hierarquia dos modificadores (clique no ícone + à esquerda do nome de cada modificador).

- **Center:** desloque o gizmo de transformação nas viewports para definir o centro do efeito.
- **Edge Vertices:** selecione vértices nas viewports para controlar a atenuação e a direção do efeito de Flex.

  Os vértices selecionados se flexionam menos que os não selecionados.
- **Weights & Springs:** utilize os controles da roll-out Weights And Painting a fim de selecionar ou desativar os vértices que serão utilizados em operações posteriores com essa roll-out e a Advanced Springs.

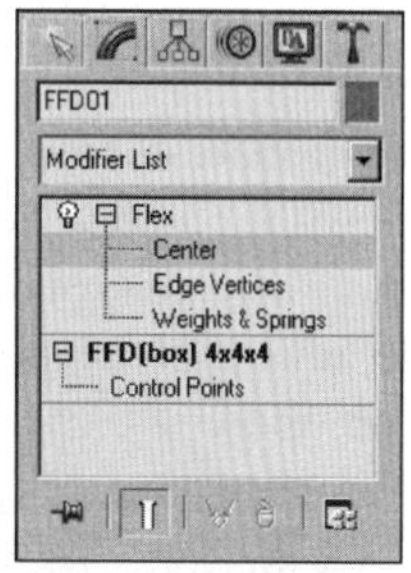

É possível pintar pesos e acrescentar ou suprimir molas (springs) em qualquer nível de subobjetos (inclusive no nível de objetos do modificador Flex). Se a seleção de **Weights & Springs** estiver ativa, só afetará os vértices selecionados.

Parameters Roll-Out

- **Flex:** define a quantidade de Flex e curvatura. Range = 0 to 1000; Default = 1.

  Este valor indica a quantidade de animação do Flex utilizado; a própria animação do Flex está determinada por outros fatores como movimento e vertex weighting. O valor predeterminado 1 deixa a animação do Flex sem modificações; os valores altos produzem grande estiramento pouco natural, e os baixos produzem estiramento reduzido.
- **Strength:** determina a força global das molas de fixação.

  Com 100 fica rígido. Range = 0 to 100; Default = 3.

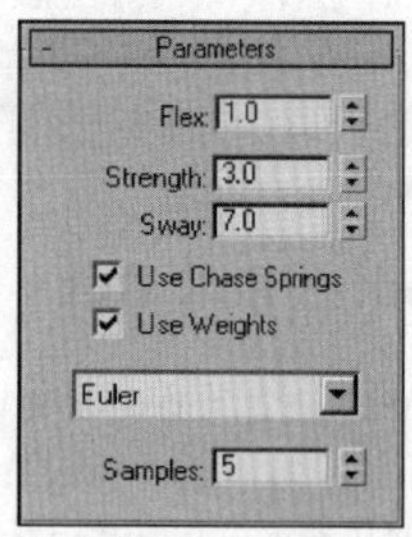

- **Sway:** determina o tempo que o objeto demora para ficar em repouso com molas de fixação.

  Os valores baixos aumentam o tempo. Range = 0 to 100; Default = 7.
- **Use Chase Springs:** ativa as molas de fixação, que forçam o objeto a recuperar a forma original. Quando as desativa, as molas de fixação não são utilizadas e a quantidade de movimento dos vértices só depende de seus pesos.

Pelo geral, é preciso desativar e usar molas de fixação nas simulações de corpos mola (soft-body) em que os objetos devam receber a influência de forças e defletores.

- **Use Weights:** quando se ativa, o Flex reconhece os distintos pesos atribuídos aos vértices de um objeto e aplica as quantidades de Flex respectivas. Quando se desativa, o efeito do Flex se aplica ao objeto como um todo.

  Pelo geral, deve-se desativar o **Use Weights** nas simulações de corpos mola (soft-body) em que os objetos devam receber a influência de forças e defletores.

- **Solver Type:** escolha um **solver** para a simulação na lista drop-down. As três opções são Euler, Midpoint e Runge-Kutta4. Midpoint e Runge-Kutta4 requerem um cálculo mais complexo que o Euler, embora sejam mais estáveis e precisos.

Dica: Em muitos casos, pode-se utilizar o Euler sem nenhum problema, pois se surgirem deformações não previstas na simulação de um objeto, provê um tipo de solvente mais preciso. Em concreto, utiliza-se Midpoint ou Runge-Kutta4 com valores altos de extensão e rigidez.

- **Samples:** refere-se ao número de vezes por frame que se executa a simulação de Flex em intervalos de tempos iguais. A maior quantidade de amostras (samples), mais precisa e estável é a simulação. Ao utilizar o solver Midpoint ou Runge-Kutta4, não requer tantas amostras como o Euler.

Dica: Se a simulação apresenta resultados inesperados, por exemplo, vértices de objeto deslocando-se para lugares aparentemente aleatórios, incremente o valor de amostras (samples).

Simple Soft Bodies Roll-Out

Permite que o programa determine automaticamente os valores de mola de todo o objeto. Também pode usar os parâmetros da roll-out Advanced Springs para definir valores de mola entre cada par de vértices.

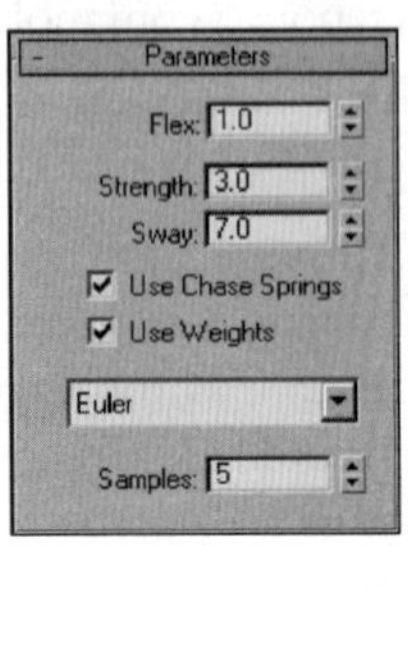

- **Create Simple Soft Body:** gera valores de mola para o objeto, apoiando-se nos valores de extensão e rigidez (Stretch e Stiffness).

Nota: Depois de usar Create Simple Soft Body, é possível trocar os valores de extensão e rigidez (Stretch e Stiffness) sem a necessidade de pressionar o botão de novo; as mudanças surtirão efeito imediatamente.

- **Stretch:** determina a quantidade de alongamento das arestas do objeto. Quando na roll-out Advanced Springs está desativado Enable Advanced Springs, o valor do stretch vincula-se aos valores de Stretch Str e Stretch Sway Settings.

- **Stiffness:** determina a quantidade de rigidez do objeto. Se na roll-out Advanced Springs está desativado Enable Advanced Springs, o valor do stretch vincula-se aos valores de Stretch Str e Stretch Sway settings. As diferenças entre extensão e rigidez (stretch e stiffness) são sutis e difíceis de compreender, já que ambas afetam-se mutuamente. Além disso, seu funcionamento depende da topologia do objeto. Por exemplo, suponha que cria uma caixa, acrescenta um modificador Flex, aplica Create Simple Soft Body, define um valor high Stretch e um valor baixo para Stiffness. Ao utilizar a caixa em uma simulação dinâmica apoiada no Flex, a qual cai sobre uma superfície (defletor) com gravidade, o ideal seria que a caixa caísse e aplainasse. Entretanto, a topologia da caixa faz com que o Create Simple Soft Body aplique um pequeno número de forma de molas, por isso melhores resultados são obtidos com um valor baixo de stretch e um alto de stiffness. Em troca, se utilizar uma esfera de oito segmentos, obterá o comportamento de contração esperado com os valores predeterminados de extensão e rigidez (stretch e stiffness), e a rigidez aumentará com valores altos do stiffness.

Nas simulações de soft-body, como o exemplo anterior de queda de uma caixa sobre uma superfície, e em particular com malhas densas, obtêm-se melhores resultados se aplicar a malha a um Space Warps FFD que esteja engrenado ao objeto. Se a forma do objeto não for adequada para utilizá-la com Space Warps, é possível acessar a Advanced Springs roll-out settings e aplicar os valores de configuração de forma manual. Em tais casos, deve-se criar forma de mola (shape springs) entre vértices opostos em vez de adjacentes.

A animação da malha funciona melhor com um valor alto de stretch e baixo de stiffness. Nos soft-body utiliza valores altos tanto para stretch como para stiffness, dependendo da "brandura" que se deseja dar ao objeto.

Weights and Painting Roll-Out

Quando se aplica Flex a um objeto pela primeira vez, define-se automaticamente o peso de cada vértice segundo a distância ao centro do modificador. Quanto mais alto é o peso de vértice, menos se vê afetado pelos efeitos do Flex. O modificador aplica os pesos mais altos aos vértices mais próximos a seu centro e os pesos mais baixos aos vértices mais afastados. Por exemplo, em um cilindro com ponto de pivô na base, a máxima Flex será obtida em sua parte superior. Em uma esfera, em que todos os vértices estão à mesma distância do ponto de pivô (centro), eles têm de forma predeterminada o mesmo valor de peso.

Os controles de Paint Weights permitem utilizar um pincel esférico com raio ajustável e atenuação adaptável para trocar os pesos de vértice nas viewports e controlar a quantidade de atraso (retardação). Os controles de pesos de vértice aplicam ponderação absoluta ou relativa a um só vértice ou a um grupo de vértices.

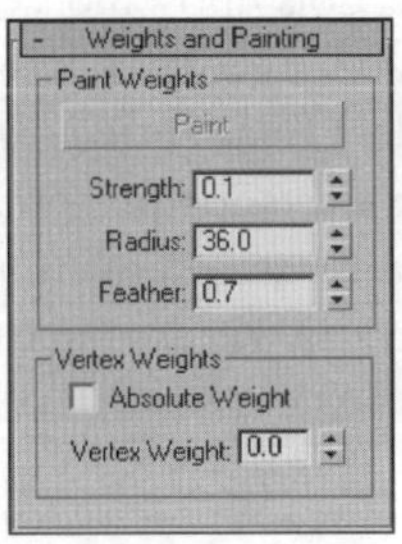

- **Paint Weights Group**
  - **Paint:** em qualquer nível de subobjetos, pressione Paint e arraste o cursor sobre a malha nas viewports a fim de "pintar" pesos de vértice com os valores atuais de Strength e Feather settings. A cor dos vértices muda para refletir o novo peso.

    Pintar troca os pesos de vértice em relação aos seus valores atuais, sem aplicar pesos absolutos. Pinceladas largas sobre uma área da malha aumentam ou reduzem mais os pesos de vértice que as pinceladas curtas, e as repetidas sobre a mesma área incrementam os pesos, a menos que já estejam em seus valores máximos.
  - **Strength:** determina quando trocar os valores de peso ao pintar. Os valores altos trocam a ponderação mais rapidamente. Com Strength = 0, pintar não modifica os valores de peso.

    Os valores negativos permitem suprimir peso.

Dica: Ao pintar, utilize a tecla Alt se deseja investir na força.

  - **Radius:** determina o tamanho do pincel em unidades universais.

Nota: Se colocar o cursor do mouse sobre o objeto antes de pintar, pode ver uma representação do pincel esférico que indica seu valor de radius.

  - **Feather (Impregnado):** determina o falloff da força do centro do pincel até sua aresta.

    Os vértices do centro do pincel são trocados em Strength Settings, embora se saiba que, quanto mais alto o valor de falloff, menos vértices são alterados perto da aresta. Com o valor mínimo todos os vértices dentro do radius são alterados de maneira idêntica.

Vertex Weights Group

Define manualmente a ponderação (weighting) dos vértices. No nível de subobjetos Weights & Springs, selecione os vértices nas viewports e troque o valor do parâmetro Vertex Weight. Também se pode ativar Absolute Weight, definir o peso de vértice que deseja e depois selecionar os vértices; as mudanças são imediatas.

- **Absolute Weight:** ative-o para atribuir pesos absolutos aos vértices selecionados. Desative-o para acrescentar ou suprimir peso, apoiando-se no valor de Vertex Weight.
- **Vertex Weight:** atribui peso aos vértices selecionados.

  A atribuição de peso é absoluta ou relativa segundo o estado do parâmetro Absolute Weight.

Nota: O alcance do **Vertex Weight** é entre −100 e 100. Com **Absolute Weight** ativado os valores negativos de **Vertex Weight** não têm efeito; o alcance real é entre 0 e 100. Com **Absolute Weight** desativado o valor modificado de **Vertex Weight** se soma ao peso atual dos vértices selecionados e depois se restabelece em 0.

Forces Group

Esses controles acrescentam os Space Warps da categoria Forces ao modificador Flex. Os Space Warps admitidos são:

- Displace
- Drag
- Gravity

- Motor
- PBomb
- Push
- Vortex
- Wind

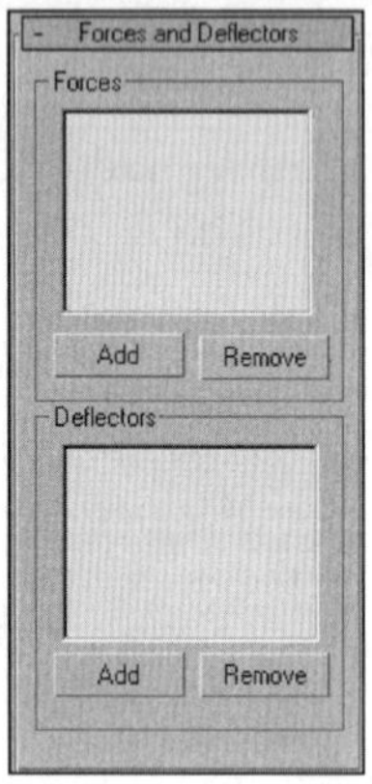

Forces and Deflectors roll-out.

Deflectors Group

O uso de defletores com o Flex determina o movimento do objeto por meio de superfícies, o que permite simular colisões com objetos de soft-body. Para obter ótimos resultados nas colisões, utilize um valor baixo para o Bounce e um alto de Friction nos parâmetros dos defletores.

Os defletores admitidos são:

- POmniFlect
- SOmniFlect
- UOmniFlect
- UDeflector
- SDeflector
- Deflector

Advanced Parameters Roll-Out

- **Reference Frame:** define o primeiro frame em que começa a simulação com o Flex.
- **End Frame:** quando está ativado, define o último frame no qual tem efeito o Flex. Depois desse frame, o objeto volta à forma definida atualmente no stack. Por exemplo, se animar um modificador Bend por baixo do Flex no Stack, quando o Flex desativar a forma, o objeto só se modificará com os valores do Bend desse frame.
- **Affect All Points:** faz com que o Flex ignore qualquer seleção de subobjetos do Stack e se aplique a todo o objeto.
- **Set Reference:** atualiza as viewports. Depois de mover o centro do efeito, pressione Set Reference para atualizar as viewports.
- **Reset:** restabelece os valores predeterminados de peso de vértice.

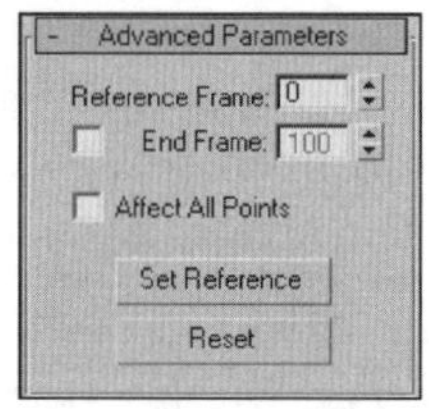

Advanced Springs Roll-Out

Use esses valores quando necessitar de uma configuração de mola mais precisa que a oferecida por corpo brando simples. Flex utiliza dois tipos: mola de aresta, em que as molas são criadas ao longo das arestas existentes, e mola de forma, que podem estar entre dois vértices do objeto que não estejam conectados por uma aresta. Em geral, as molas de aresta se acrescentam a arestas existentes e as de forma, entre os vértices que não compartilham arestas.

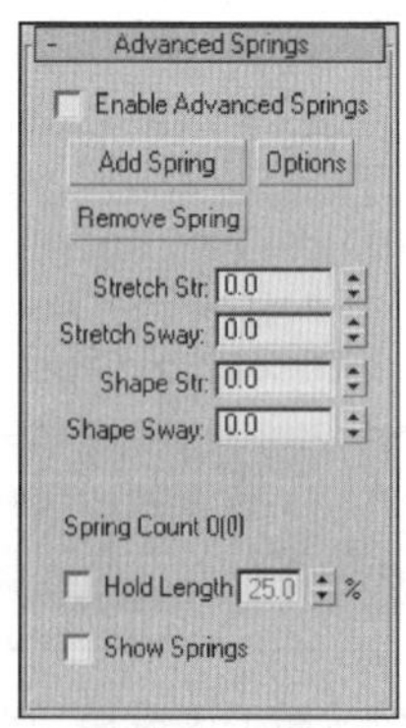

Nota: Antes de utilizar esses controles, vá ao nível de subobjetos Pesos e Mola. O MAXScript conta com tipos de mola adicionais. Para obter mais informações, consulte a referência do MAXScript.

- **Enable Advanced Springs:** faz com que os controles numéricos sejam editáveis e desconecta os valores de força e vaivém dos controles de corpos brandos singelos. Predet. = Dê.

  Os quatro valores numéricos de extensão e de vaivém nessa roll-out só estão disponíveis quando Enable Advanced Springs estiver ativo.

- **Add Spring:** acrescenta uma ou mais molas ao objeto, apoiando-se nos vértices selecionados no nível de subobjetos.

> **Nota:** Essa ação não pode ser desfeita. Para eliminar as molas existentes, selecione os pontos finais e pressione Suprimir mola.

- **Options:** abre o quadro de diálogo a fim de determinar a maneira como se acrescentam as molas com a função Acrescentar mola.
- **Remove Spring:** elimina as molas que tenham ambos os vértices selecionados no nível de subobjetos Pesos e mola.
- **Stretch Str.:** determina a força das molas de aresta; quanto mais alta a força, menos pode variar a distância entre as molas.
- **Stretch Sway:** determina o vaivém das molas de aresta; quanto mais alta a força, menos pode variar o ângulo entre as molas.
- **Shape Str.:** determina a força das molas de forma; quanto mais alta é a força, menos pode variar a distância entre as molas.
- **Shape Sway:** determina o vaivém das molas de forma; quanto mais alta é a força, menos pode variar o ângulo entre as molas.
- **Spring Count:** mostra o número de molas de aresta seguido do número de molas de forma entre parênteses.
- **Hold Length:** mantém a longitude das molas de aresta dentro da porcentagem especificada.

> **Nota:** Esse valor aplica-se depois da simulação com Flex e pode afetar a forma do objeto, fazendo faltar a detecção da colisão.

- **Show Springs:** mostra as molas de aresta com linhas azuis e as molas de forma com linhas vermelhas. As molas só ficam visíveis quando há um modo de subobjetos de Flex ativo.

É possível trocar as cores da mola com o MAXScript.

Modificador Melt (Derreter)

O modificador Melt aplica um efeito de fundição realista a todos os tipos de objeto, como editable patches e objetos nurbs, assim como as seleções de subobjetos elevadas no catálogo. Entre as opções estão a fundição de arestas que se estendem enquanto derretem e um conjunto personalizável de substâncias que podem ser uma superfície de plástico firme até um tipo de gelatina que se contrai.

Interface do Melt

- **Gizmo:** nesse nível de subobjetos, é possível transformar e animar o gizmo como qualquer outro objeto, alterando o efeito do modificador Derreter. Ao transladar o gizmo, translada-se seu centro à mesma distância. A rotação e a escala do gizmo se realizam com relação ao seu centro.
- **Centro:** nesse nível de subobjetos, é possível transladar e animar o centro, alterando a forma do gizmo de Derreter e, portanto, a forma do objeto derretido.

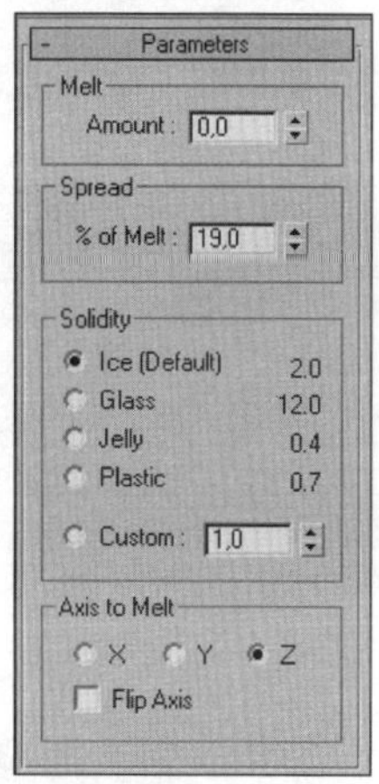

Melt Group

- **Amount:** determina a extensão do efeito derretido ou fundido aplicado ao gizmo, que afeta o objeto.

Spread Group (Difusão)

- **% of Melt:** determina a extensão do objeto e da fundição conforme aumenta o valor do Amount. Basicamente, é uma protuberância ao longo de um plano liso.

Solidity Group

Determina a altura relativa do centro do objeto derretido. As substâncias pouco sólidas, como a gelatina, tendem a concentrar-se mais no centro conforme se fundem. Esse grupo oferece vários valores predefinidos para distintos tipos de substância, assim como um contador personalizado para definir uma solidez particular.

- **ICE (Gelo):** é o parâmetro de solidez predeterminado.
- **Glass (Vidro/Cristal):** utiliza um parâmetro de solidez elevado para simular cristal.
- **Jelly (Gelatina):** provoca um efeito de diminuição importante no centro.
- **Plastic:** relativamente sólido, mas cai ligeiramente no centro conforme se funde.
- **Custom:** permite definir qualquer valor de solidez entre 0,2 e 30,0.

1. Crie um teapot na viewport Perspective.

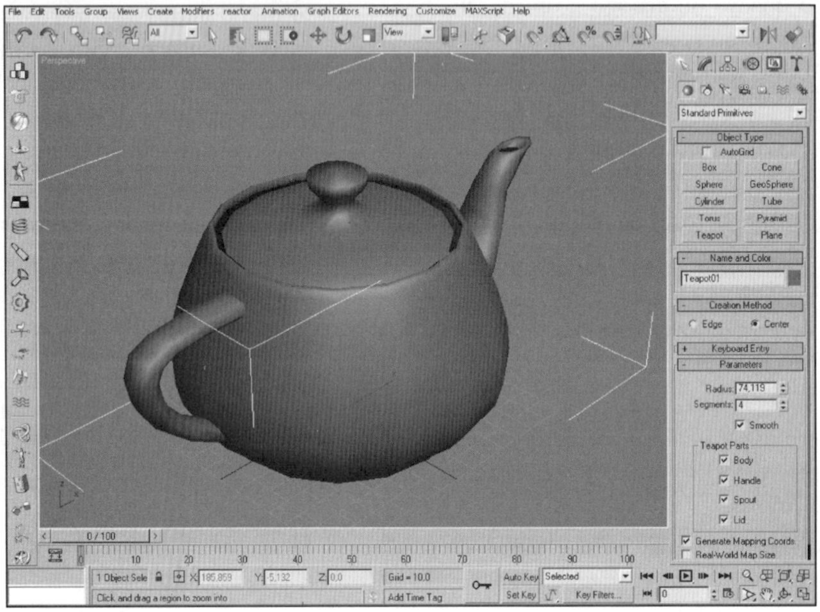

2. Selecione o teapot, vá até a pasta Modify e carregue o modificador Melt.

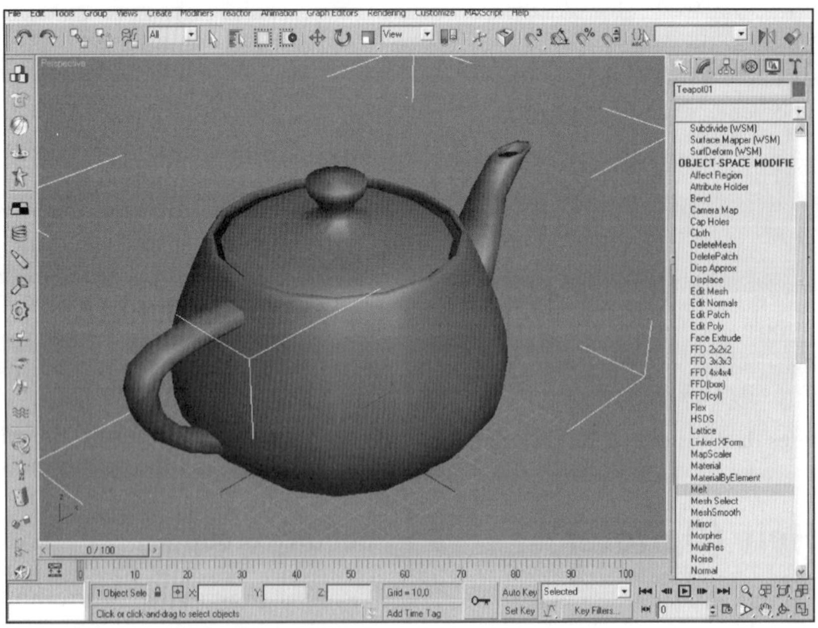

3. Ative o botão Auto Key para criar uma animação.

4. Coloque a timeline na posição 100/100.

5. Altere o valor do Amount para 80,0.

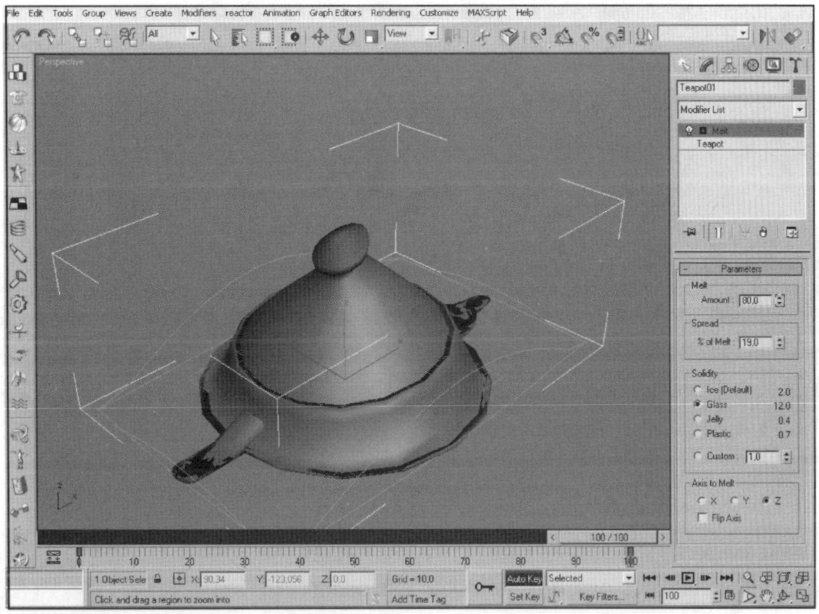

6. Pressione o botão Play para visualizar a animação.

7. Veja na viewport Perspective o teapot simular um derretimento.

Extrude

Esse comando é semelhante ao Loft Object, que transforma objetos 2D (shapes) em 3D (primitives).

Diferente do Loft Object, o Extrude não necessita de um caminho (path) para criar as primitivas.

1. Crie um texto 2D.

2. Selecione o objeto que acabou de criar, vá até a pasta Modify e aplique o modificador Extrude.

3. Aumente o valor do Amount.

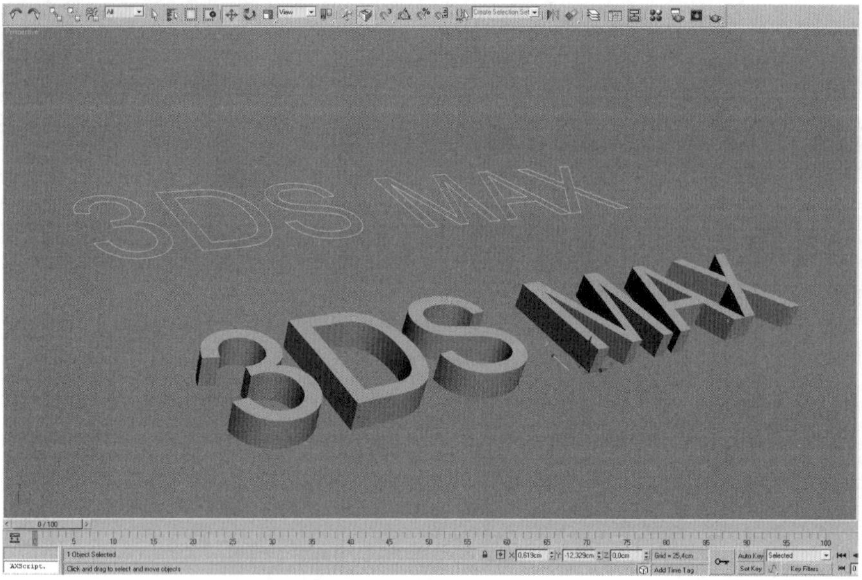

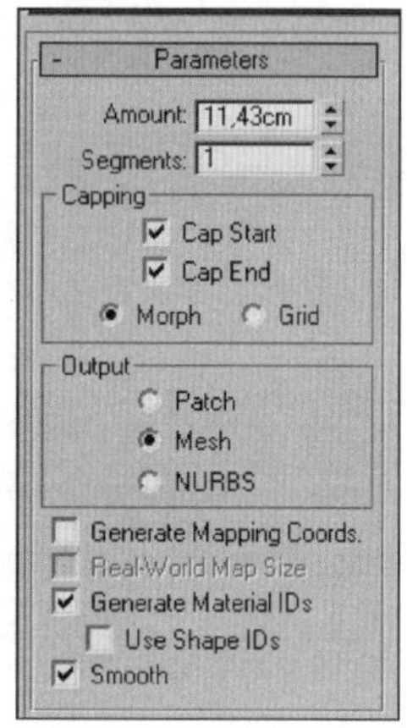

- **Amount:** aumenta ou diminui a extrusão.
- **Segments:** aumenta o número de segmentos do objeto extrudado.
- **Cap Start:** cria uma tapa na parte superior do objeto extrudado.
- **Cap End:** cria uma tapa na parte inferior do objeto extrudado.
- **Patch:** gera a extrusão com referência numa malha patch.
- **Mesh:** gera a extrusão com referência numa malha mesh.
- **Nurbs:** gera a extrusão com referência numa malha nurbs.

Twist

Usado para torcer os objetos em torno de um dos eixos. Usa um objeto especial chamado Gizmo para aplicar o modificador. É muito importante aumentar o número de segmentos do objeto que se quer torcer.

1. Crie um box com no mínimo dez segmentos para lenght, width, height.

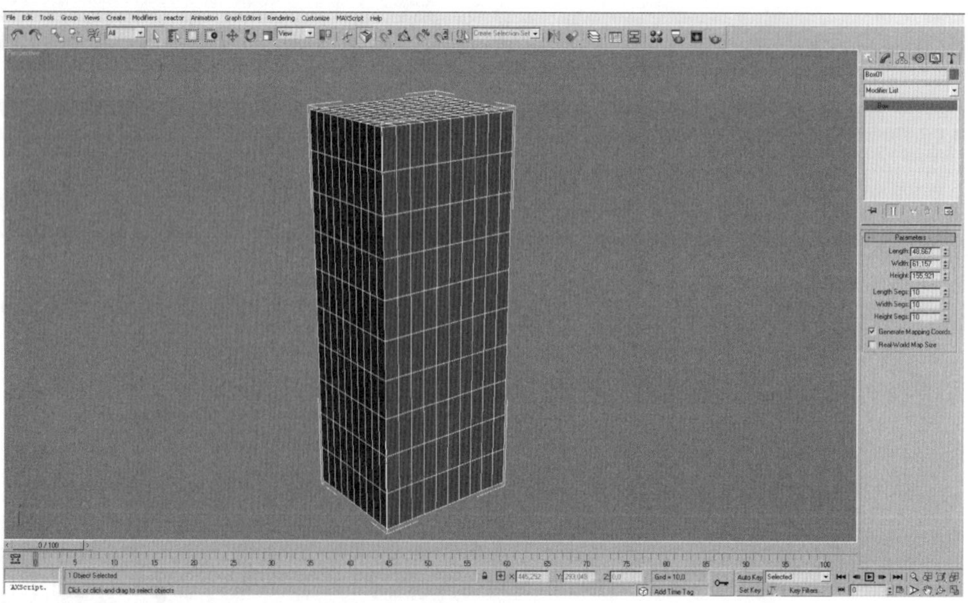

2. Selecione o objeto que acabou de criar, vá até a pasta Modify e aplique o modificador Twist.
3. Nos parâmetros do Twist aumente o valor do Angle para torcer a malha.

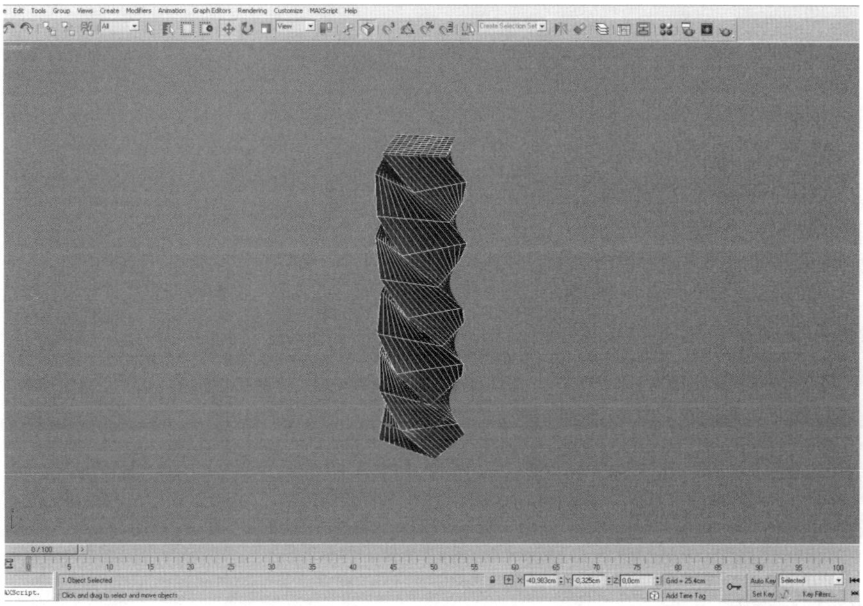

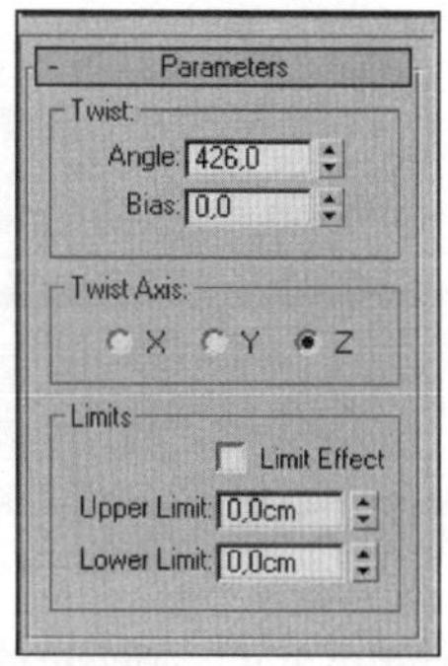

- **Angle:** torção a ser aplicada ao objeto.
- **Bias:** comprime a torção em uma das extremidades.
- **Twist Axis:** define o eixo de torção a ser aplicado (X, Y e Z).
- **Limit Effect:** ativa limites para a torção.
- **Upper Limit:** limite superior da torção.
- **Lower Limit:** limite inferior da torção.

Bend

O modificador Bend curva qualquer geometria poligonal em um eixo de 360°. Você pode controlar o ângulo e a direção da curvatura, bem como limitar seu início e fim.

1. Na viewport Perspective crie um tube conforme a figura seguinte.

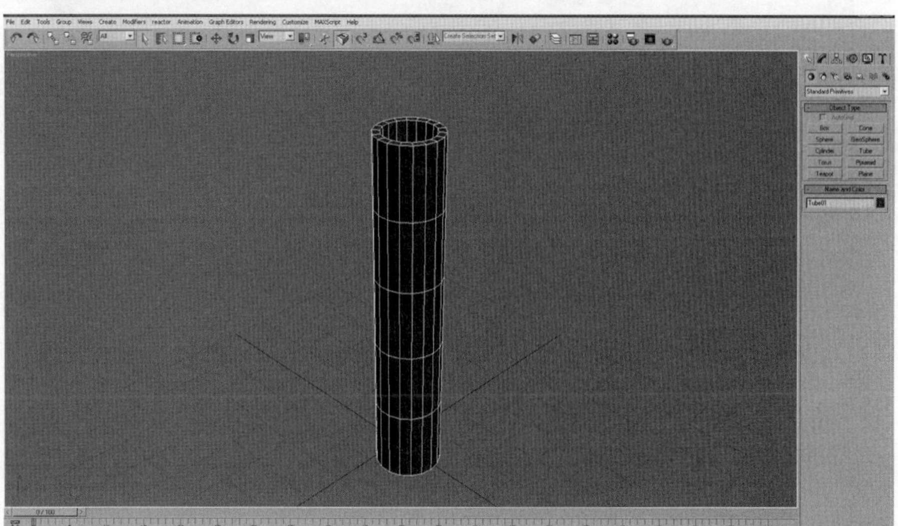

2. Selecione o objeto que acabou de criar, vá até a pasta Modify e aplique o modificador Bend.
3. Nos parâmetros do Bend altere o valor de Angle para 91,0 e o Bend Axis (escolha o eixo apropriado).

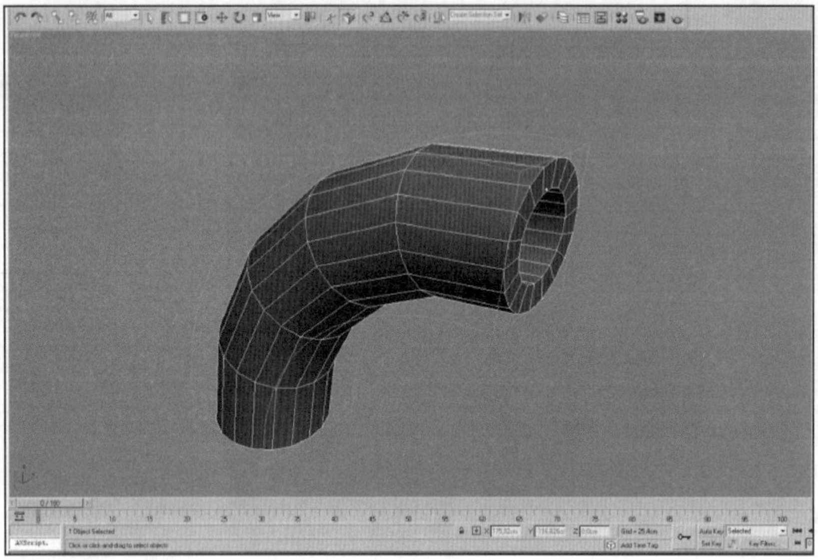

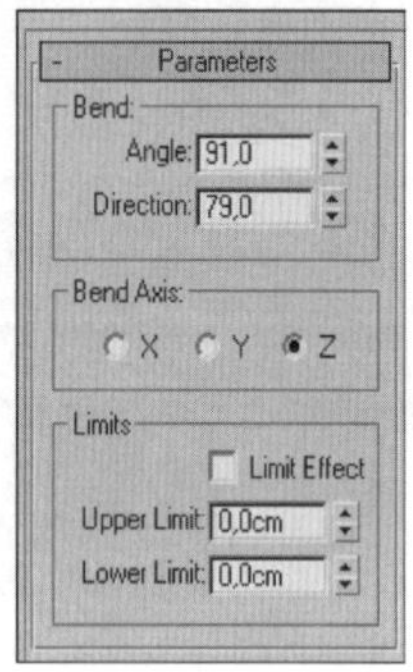

- **Angle:** ângulo de curvatura do objeto.
- **Direction:** direção da curvatura.
- **Bend Axis:** eixo de rotação da curvatura (X,Y,Z).
- **Limits:** ativa limites para a curvatura.
- **Upper Limit:** limite superior da curvatura.
- **Lower Limit:** limite inferior da curvatura.

Taper

Afunila um objeto de uma extremidade à outra. A utilização do Gizmo facilita a visualização do suposto corte.

1. Crie um box com no mínimo dez segmentos para lenght, width, height.

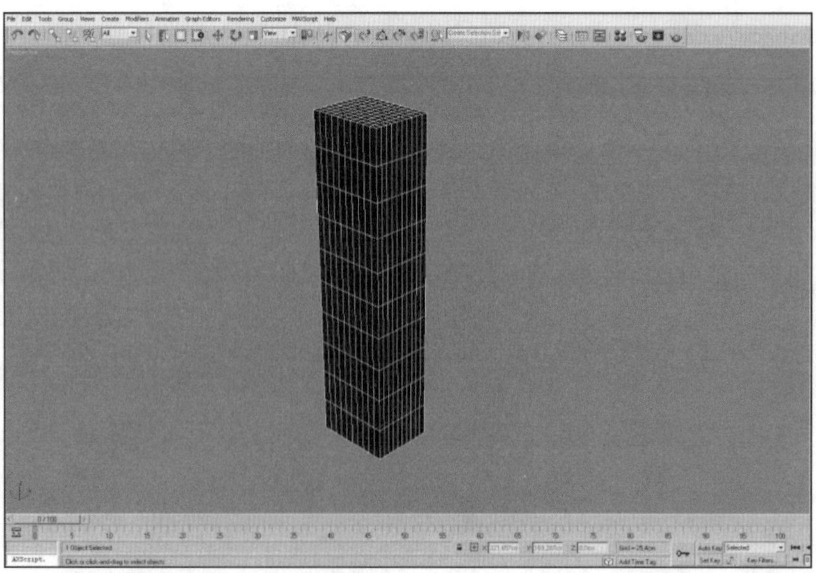

2. Selecione o objeto que acabou de criar, vá até a pasta Modify e aplique o modificador Taper.
3. Nos parâmetros do Taper altere o valor do Amount para afunilar a ponta do box.

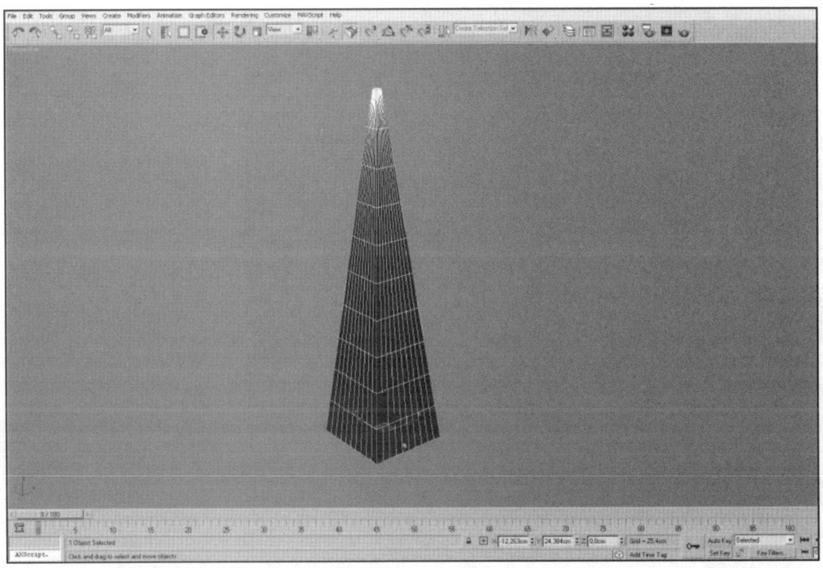

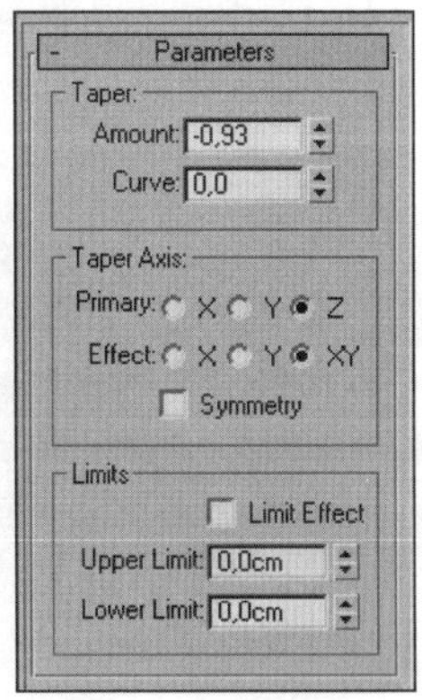

- **Amount:** aumenta ou diminui a força do afunilamento.
- **Curve:** aplica uma curvatura no gizmo do Taper. Valor positivo expande a curva e valor negativo contrai.
- **Taper Axis:** eixos de trabalho que determinam em que extremidade e direção o afunilamento será feito.
- **Limits:** permite ativa limites para o afunilamento.
- **Upper Limit:** limite superior do afunilamento.
- **Lower Limit:** limite inferior do afunilamento

Noise

Aplica irregularidades à geometria para dar uma aparência orgânica ao objeto. Essa aplicação é feita de forma aleatória e randômica. É possível aplicar o noise em qualquer forma geométrica, criando os mais variados efeitos, como água, terreno, montanhas etc.

1. Na viewport Perspective crie um plane com no mínimo 100 segmentos (length, width).

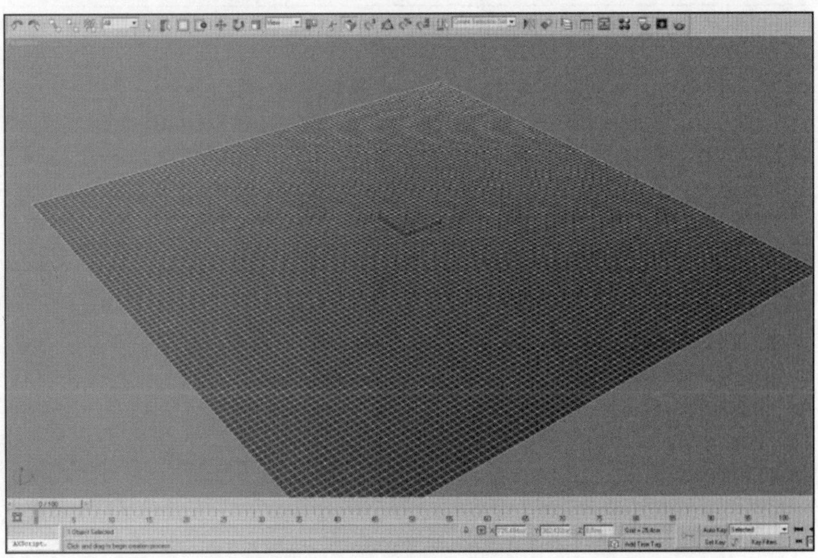

2. Selecione o objeto que acabou de criar, vá até a pasta Modify e aplique o modificador Noise.
3. Nos parâmetros do Strength altere o valor do eixo Z para 150 e ative o botão Fractal.

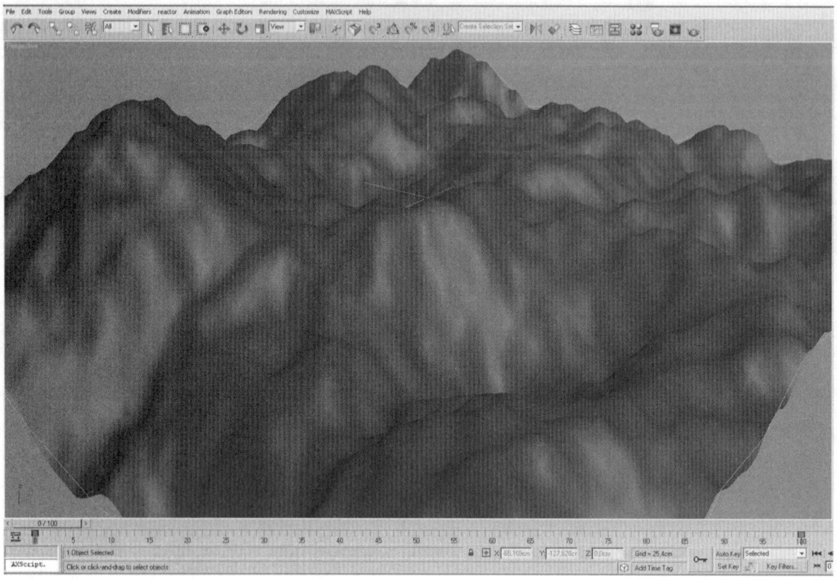

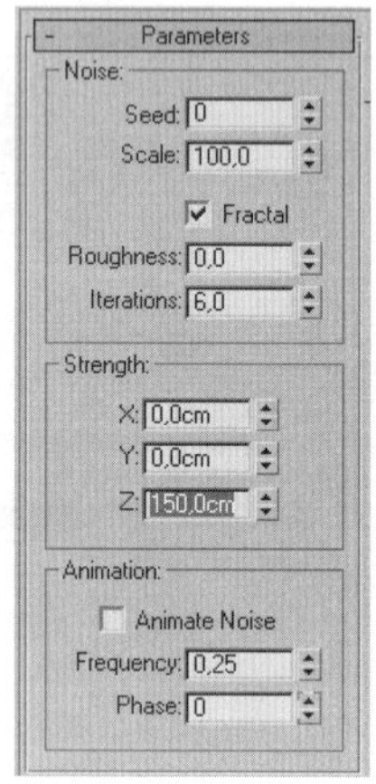

- **Seed:** dá o ponto de partida ao número gerador aleatório para a função Noise.
- **Scale:** define o tamanho total do noise.
- **Fractal:** define o tamanho total do noise.
- **Roughness:** permite o controle da dimensão dos fractais ou da aspereza da curva.
- **Strenght:** controla a força aplicada do noise através dos eixos X, Y, Z.
- **Animate Noise:** quando ativado, permite que o noise seja animado randomicamente.
- **Frequency:** ajusta a velocidade de animação do noise.

Stretch

O modificador Stretch simula o efeito tradicional da animação 2D, chamado "squash-and-stretch".

1. Na viewport Perspective crie um teapot com no mínimo dez segmentos.

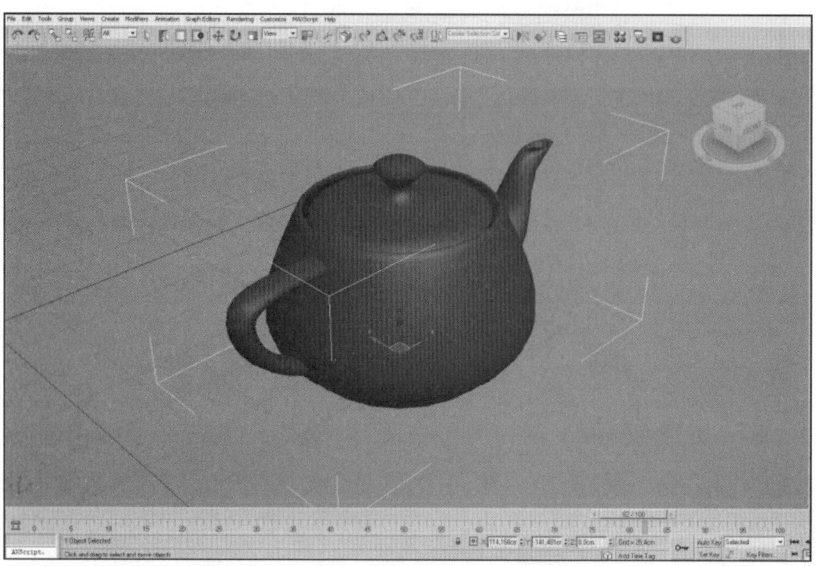

2. Selecione o objeto que acabou de criar, vá à pasta Modify e aplique o modificador Stretch.
3. Nos parâmetros do Stretch altere o valor do stretch. Valores positivos esticam e afunilam o objeto, enquanto valores negativos amassam e expandem o objeto.

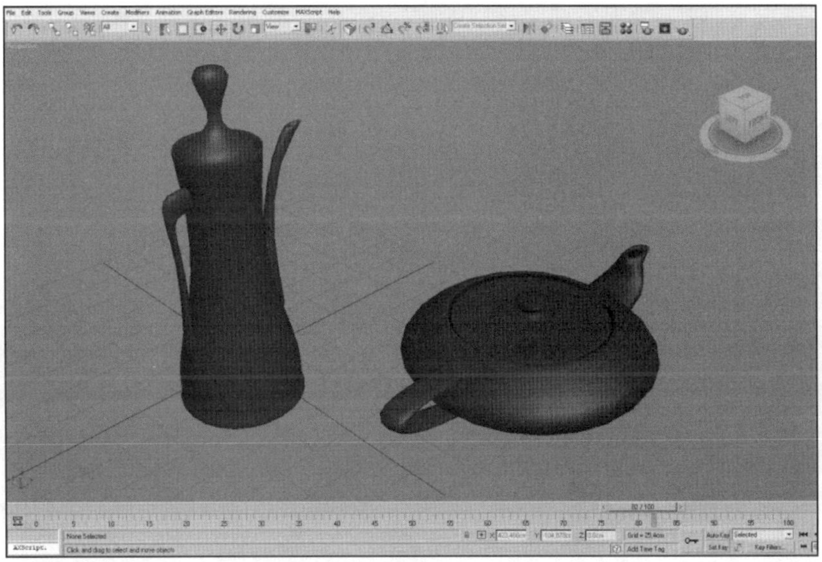

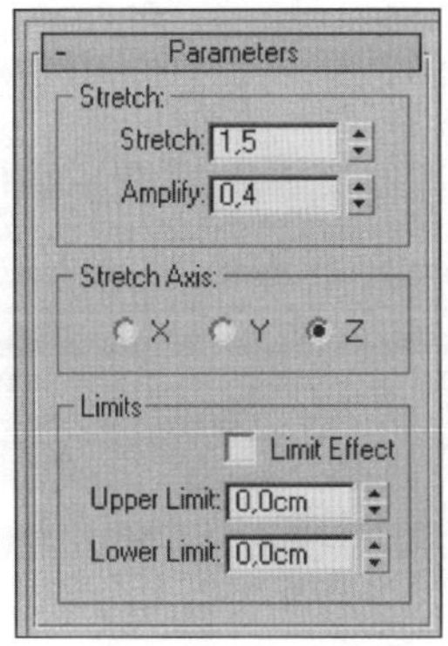

- **Stretch:** controla a força aplicada ao stretch.
- **Amplify:** aumenta a força aplicada ao stretch.
- **Stretch Axis:** eixo em que será aplicada a força do stretch (X,Y,Z).
- **Limits:** ativa o limite para o stretch.
- **Upper Limit:** limite superior do efeito stretch.
- **Lower Limit:** limite inferior do efeito stretch.

Cap Hole

O Cap Hole e um modificador que constrói faces nos buracos de uma malha. Hole é definido como um contorno de aresta, no entanto o Cap Hole foi projetado para construir faces planares, e funciona com certa restrição em faces não-planares.

1. Na viewport Perspective crie um teapot, em seguida desative a opção Lid, removendo a tampa do teapot.

2. Selecione o objeto que acabou de criar, vá à pasta Modify e aplique o modificador Cap Hole.
3. Não é necessário alterar nenhum parâmetro do Cap Hole; a única restrição é que a malha selecionada tenha um buraco.

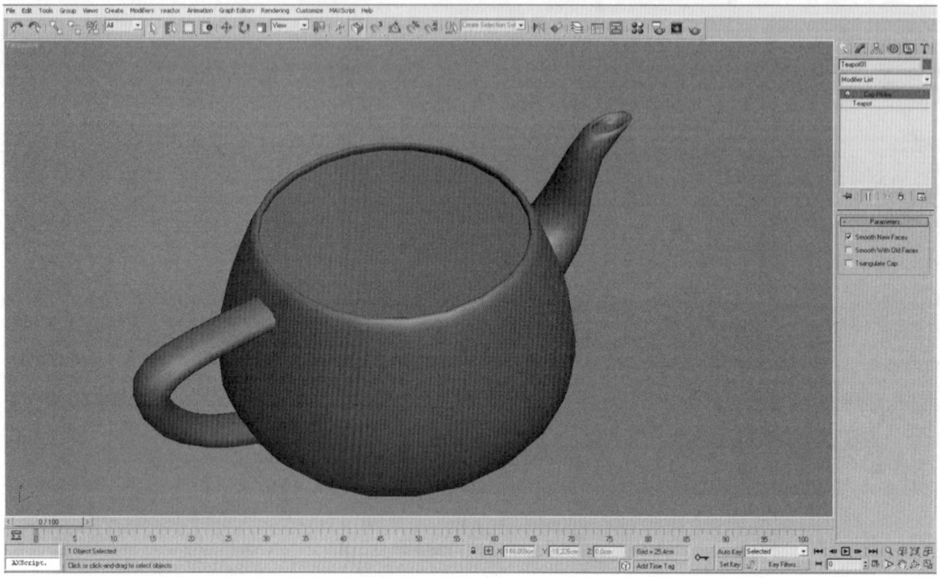

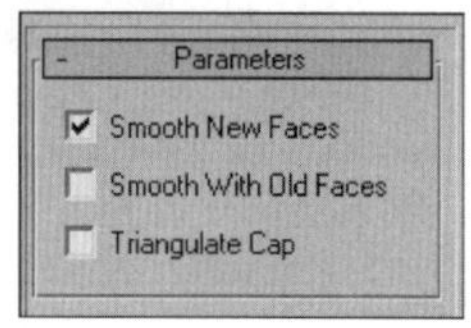

- **Smooth New Faces:** atribui o mesmo grupo que suaviza a malha às novas faces.
- **Smooth With Old Faces:** atribui o mesmo grupo antigo de faces que suaviza a malha.
- **Triangulate Cap:** deixa todos os edges visíveis na nova face.

Skew

O modificador Skew inclina e deforma paralelamente a geometria selecionada com base nos três eixos de trabalho X,Y,Z. Também é possível controlar o limite com que o skew afeta a geometria.

1. Na viewport Perspective crie um cilindro.

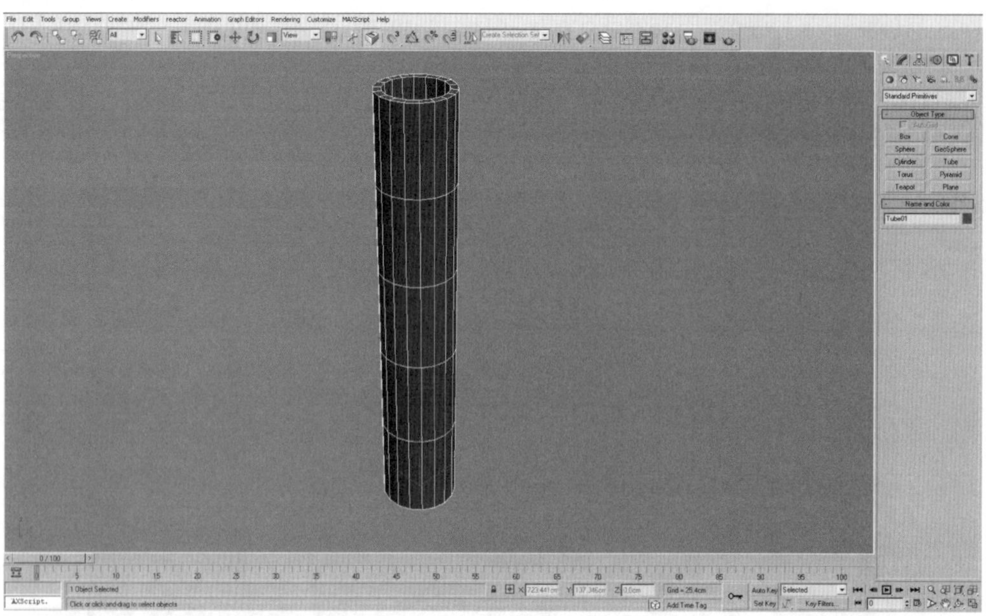

2. Selecione o objeto que acabou de criar, vá à pasta Modify e aplique o modificador Skew.
3. Nos parâmetros do Skew altere o valor do Amount para inclinar o objeto diretamente na viewport.

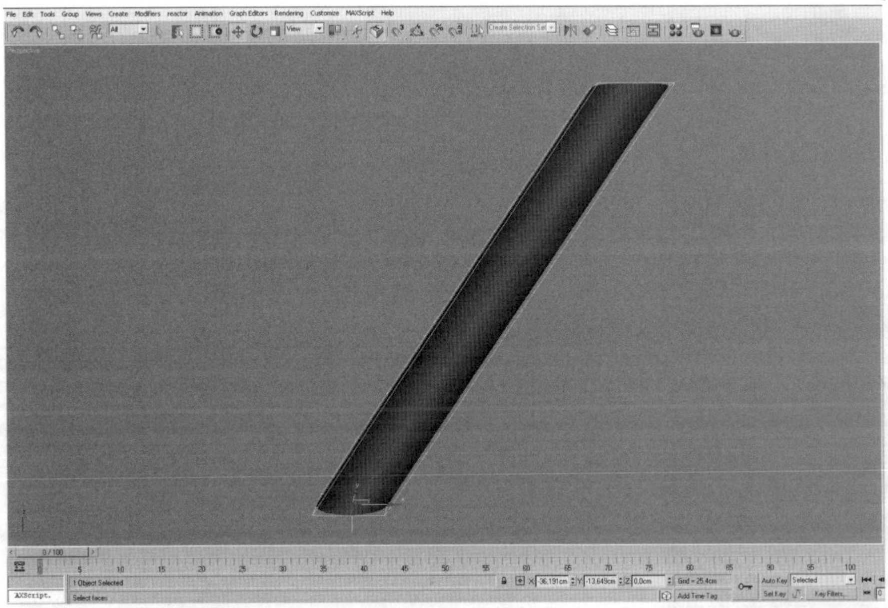

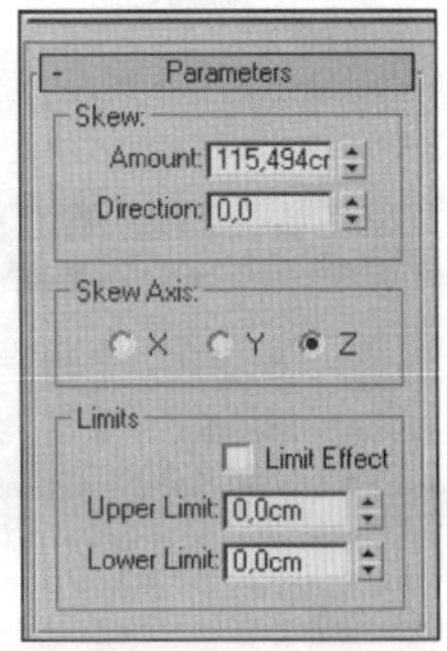

- **Amount:** controla a força do Skew no objeto.
- **Direction:** ajusta a direção do Skew relativo ao plano horizontal.
- **Skew axis:** especifica o eixo que será aplicado (X,Y,Z).
- **Limits:** ativa o limite para o Skew.
- **Upper Limit:** limite superior do Skew.
- **Lower Limit:** limite inferior do Skew.

Lathe

Pega um shape e eleva-o (revolução de superfície) em torno de um dos três eixos relacionados ao shape.

Vamos aplicar esse comando no tópico seguinte.

Criação de um Copo ou Taça

1. Na pasta Create, clique no botão Shapes e a seguir no botão Line.
2. Nos parâmetros do comando Line ative as opções Corner para que sejam feitos os cantos vivos.
3. Agora desenhe dois perfis. Ative a grade pressionando a letra G (Grid) do teclado e ative a letra S (3D Snap Toggle), forçando o cursor a andar sobre a grade. Veja a figura.

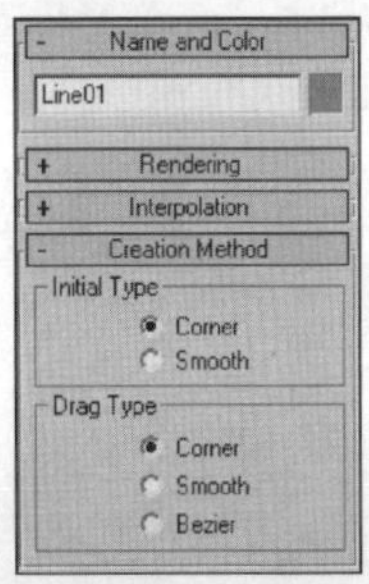

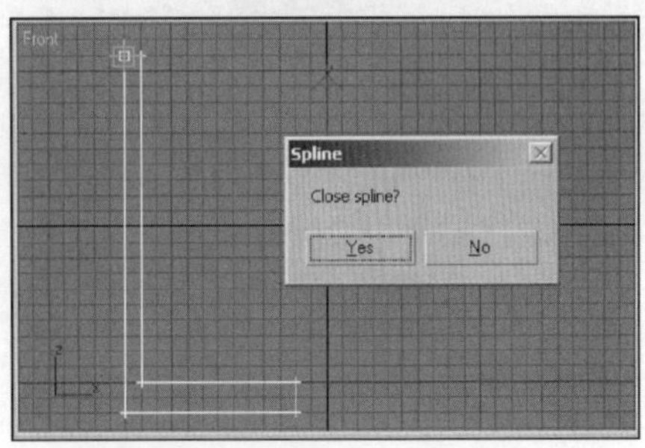

4. Ao finalizar o perfil, aparece um quadro perguntando se quer fechar a Spline. Clique em Yes.

5. Mova o perfil da taça para o lado com o botão Move.

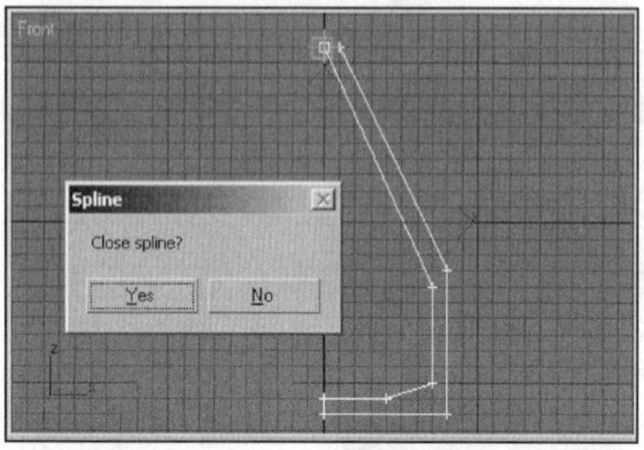

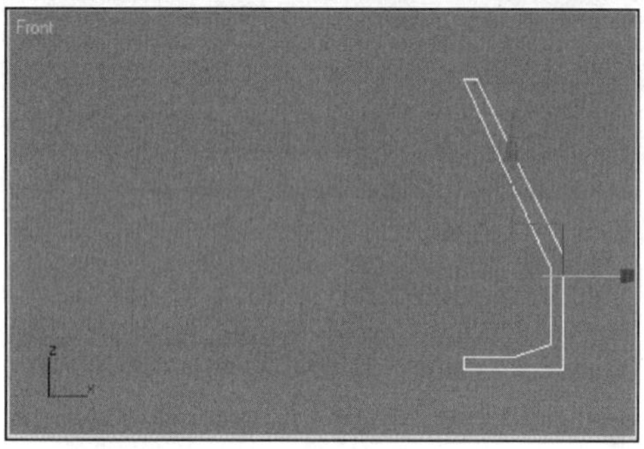

6. Com qualquer um dos perfis selecionado vá até a pasta Modify e no Modifier List carregue o comando Fillet/Chamfer.

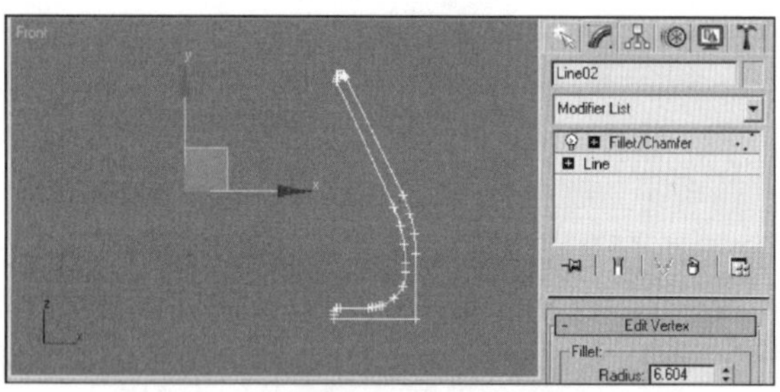

7. Selecione os vértices (cantos vivos) e a seguir altere o valor do Radius na área Fillet.

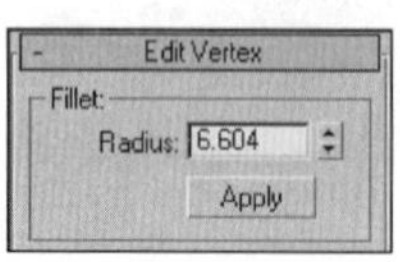

8. Aplique o Fillet/Chamfer no outro perfil.

9. Selecione o perfil da taça e no Modifier List aplique o comando Lathe.

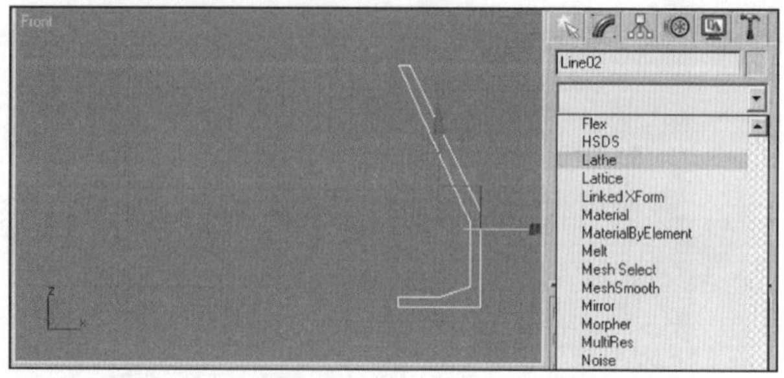

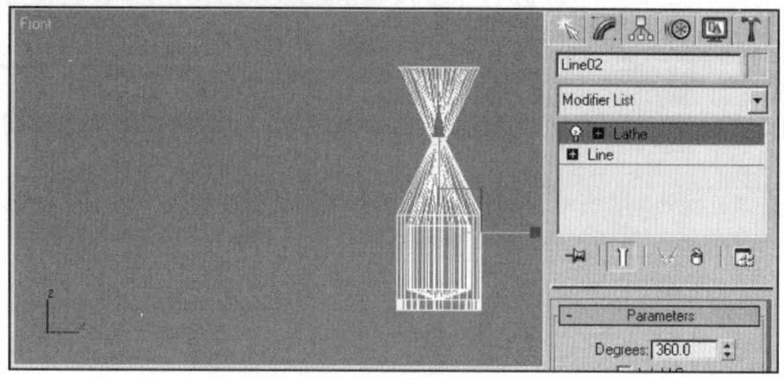

10. No perfil da taça foi aplicado o Lathe diretamente com o comando Line, mas aplicando com o Line modificado pelo Fillet Chamfer, o objeto fica como na figura. Note que na área Align foi acionado o botão Max.

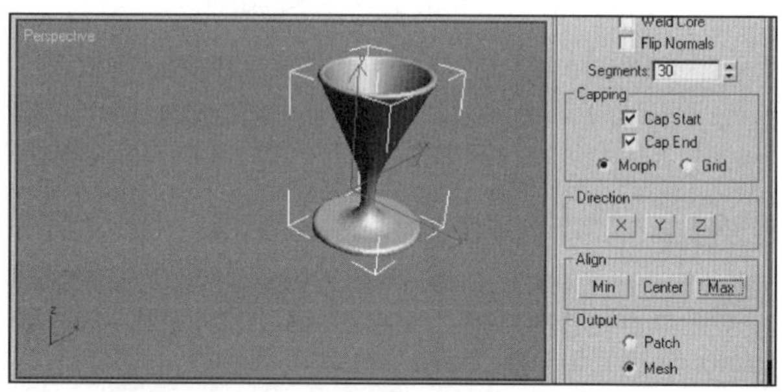

11. Aplique o modificador Lathe no perfil do copo, empregando os mesmos parâmetros usados no perfil da taça.

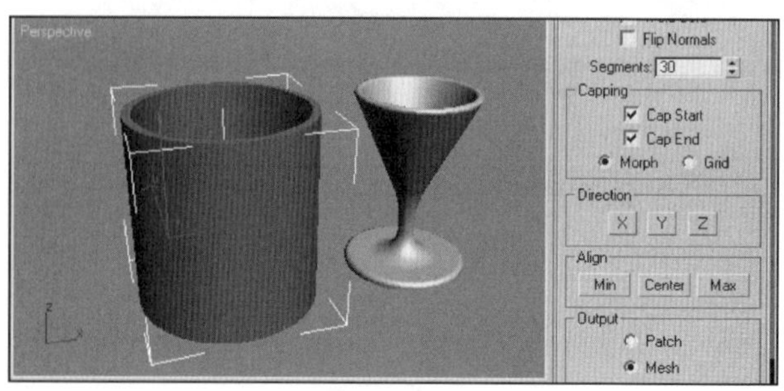

Sweep Modifier

Novidade da versão 2009

O Sweep Modifier faz a extrusão de uma secção transversal ao longo de uma spline ou NURBS através de um caminho. É semelhante ao Loft, mas é um método mais eficiente. O modificador Sweep permite trabalhar com uma série de cross sections pré-fabricados, como cantoneiras e flanges. Você também pode usar seu próprio spline ou curva NURB como secção personalizada que cria no 3ds Max.

Nota: Este modificador é semelhante ao Extrude. Sendo o Sweep aplicado a uma spline, o resultado final é um objeto 3D mesh. Ambas as secções e os caminhos podem conter múltiplas splines ou várias curvas NURBS.

Esse modificador é muito útil para criar detalhes como aço estrutural, moldagem ou em qualquer situação em que seja preciso gerar uma extrusão ao longo de um caminho.

Veja exemplos a seguir:

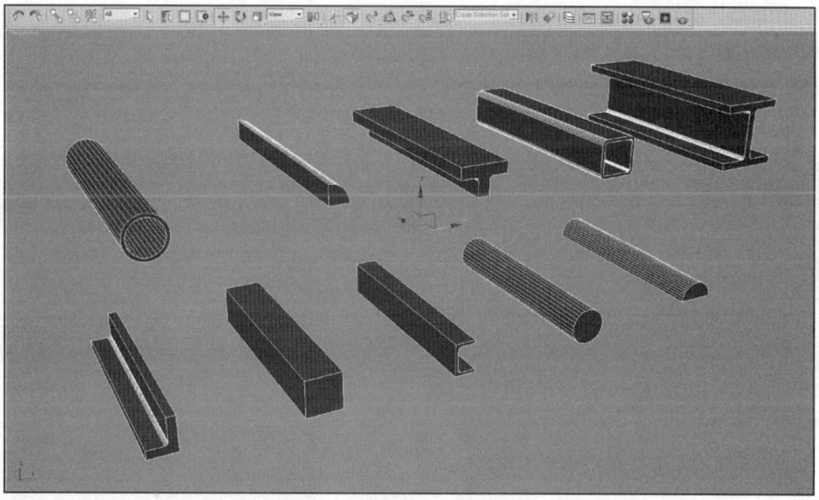

Shapes-padrão

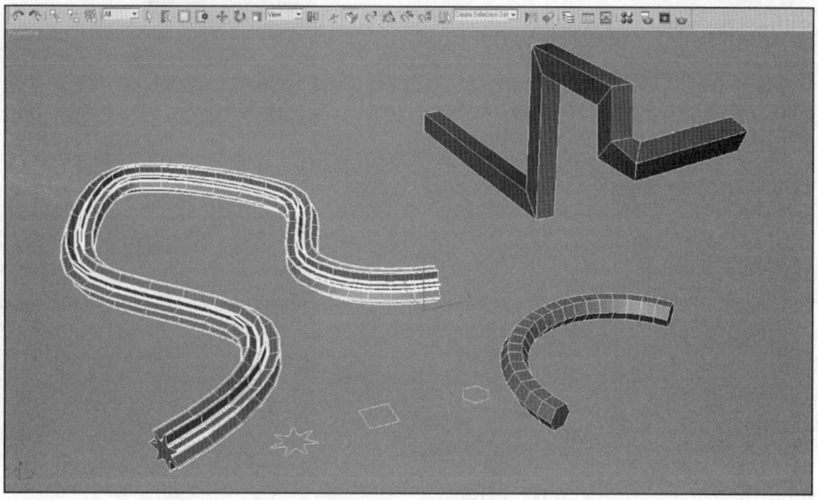

Shapes Custom

Interface

Section Type roll-out

- **Use Built-In Section:** Ative essa opção para usar uma das opções armazenadas.
- **Built-In Section group**
  - **Angle:** cria uma secção em forma de L ao longo do caminho.
  - **Bar:** cria uma secção retangular sólida ao longo do caminho.
  - **Channel:** cria uma secção estrutural ao longo do caminho.
  - **Cylinder:** cria um círculo sólido ao longo do caminho.
  - **Half round:** cria metade de uma circunferência ao longo do caminho.
  - **Pipe:** cria um tubo circular ao longo do caminho.
  - **Quarter Round:** cria um quarto de circunferência ao longo do caminho.
  - **Tee:** cria uma secção em forma de T ao longo do caminho.
  - **Tube:** cria um tubo retangular ao longo do caminho.
  - **Wide Flange:** cria uma flange estrutural ao longo do caminho.

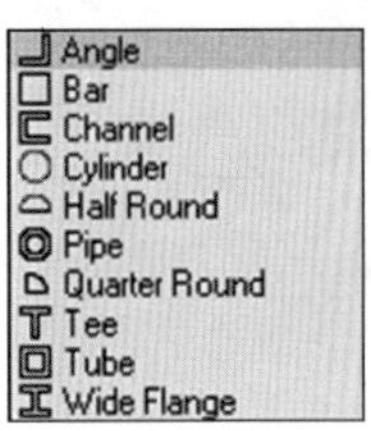

- **Use Custom Section:** ative essa opção para utilizar um shape 2D diretamente criado na viewport à sua escolha.
- **Section:** mostra o nome do shape que você selecionou.
- **Pick:** clique nesse botão para selecionar um shape diretamente na viewport.
- **Pick Shape:** clique nesse botão para abrir o quadro de diálogo e selecionar um shape.
- **Extract:** permite criar um shape na cena a partir de uma secção criada na viewport.
- **Merge From File:** permite escolher uma secção a partir de um arquivo do 3ds Max.
- **Move:** move o shape selecionado diretamente para o caminho; não cria uma instância.
- **Copy:** copia o shape selecionado diretamente para o caminho; não cria uma instância.
- **Instance:** copia o shape selecionado diretamente para o caminho e cria uma instância do shape.
- **Reference:** copia o shape selecionado diretamente para o caminho e cria uma instância do shape.

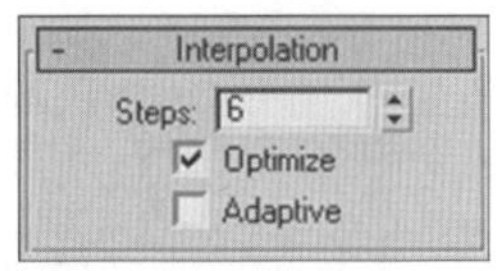

Interpolation

- **Steps:** ajusta o número de divisões que o programa usa para cada secção; Range = 0 a 100.

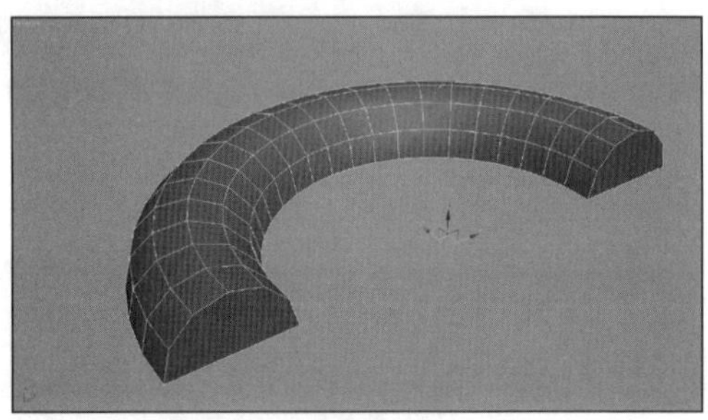

Step 1.0

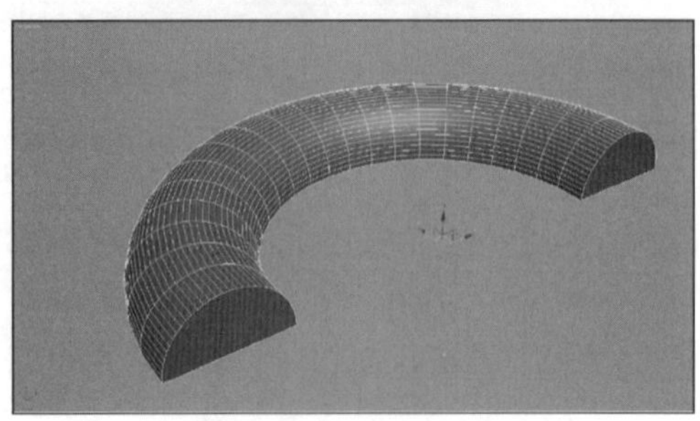

Step 10.0

- **Optimize:** quando ligado, elimina etapas desnecessárias dos segmentos da spline.

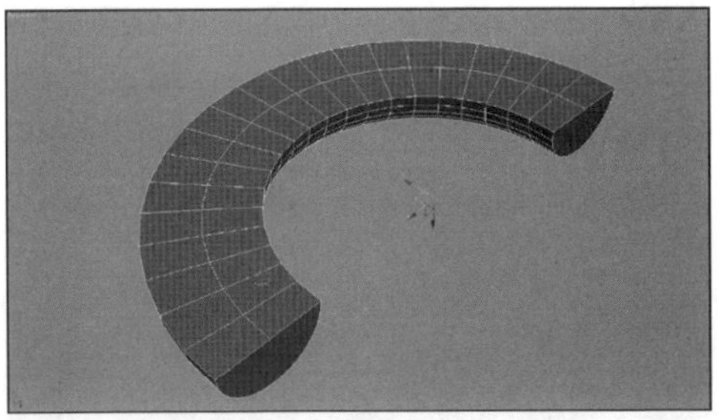

Optimize on

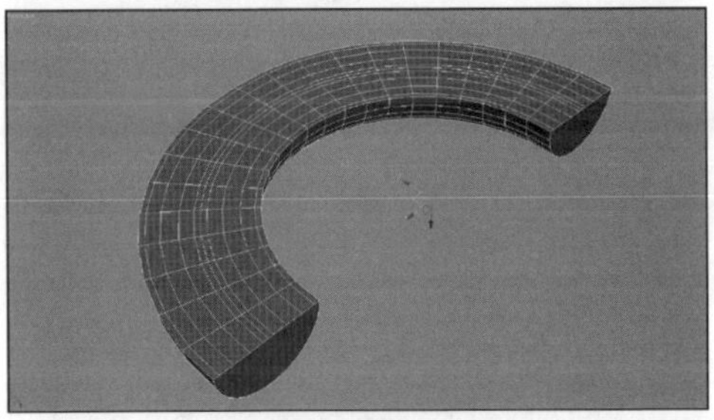

Optimize off

- **Adaptive:** quando ligado, ajusta automaticamente o número de passos para cada spline a fim de produzir uma curva suave.

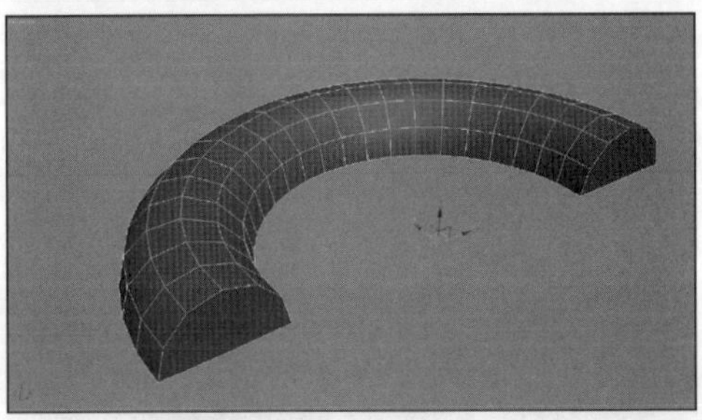

Adaptive off

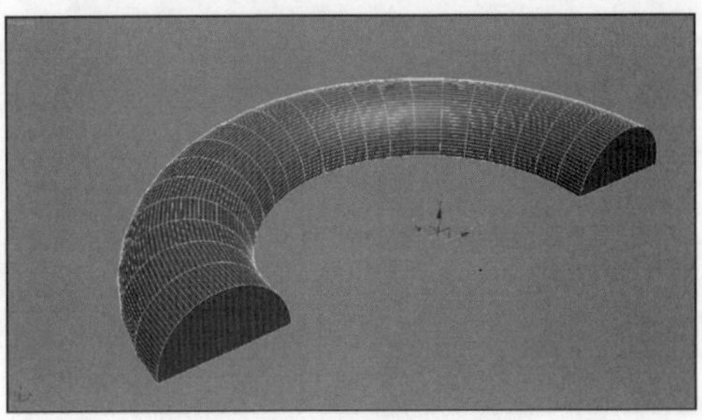

Adaptive on

As definições dos parâmetros seguintes mudam conforme a secção que você escolheu; por exemplo, em Angle aparecem as sete configurações, enquanto o Quarter round mostra apenas uma.

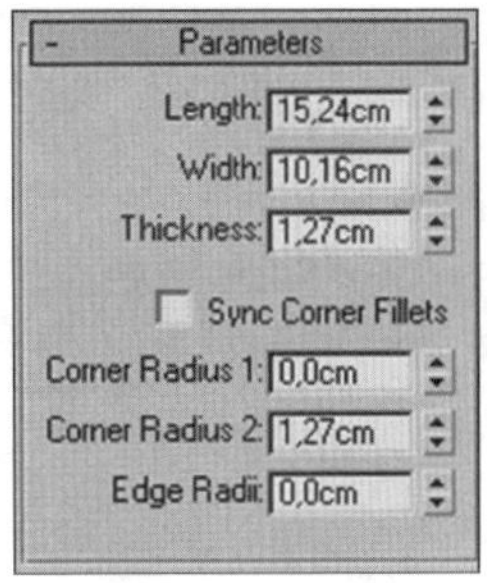

Parameters Angle

- **Length:** controla a altura do shape.
- **Width:** controla a largura do shape.
- **Thickness:** controla a espessura do shape.
- **Sync Corner Fillets:** quando ativado, o Corner Radius controla os raios interno e externo ao mesmo tempo do shape.
- **Corner Radius 1:** controla os raios externos vertical e horizontal do shape.
- **Corner Radius 2:** controla os raios internos vertical e horizontal do shape.
- **Edge Radii:** controla os raios vertical e horizontal nas bordas do shape.

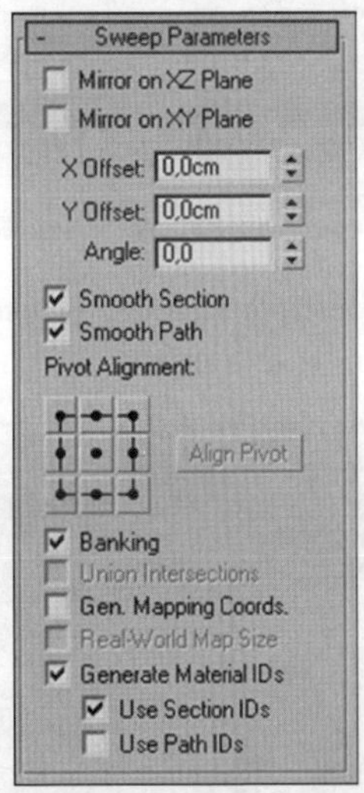

Sweep Parameters roll-out

- **Mirror On XZ Plane:** quando ativado, a secção é rotacionada verticalmente em relação à spline.

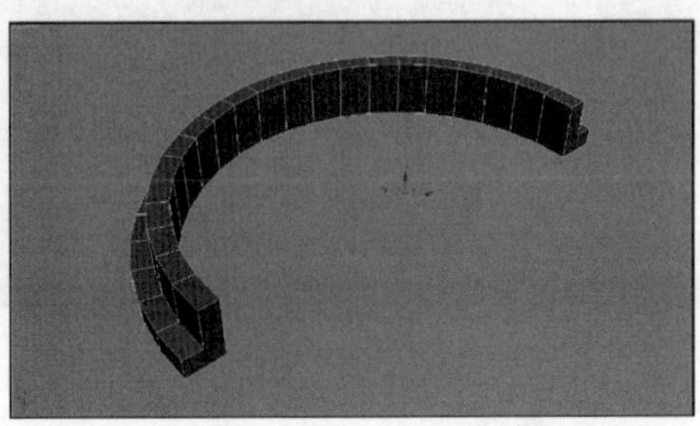

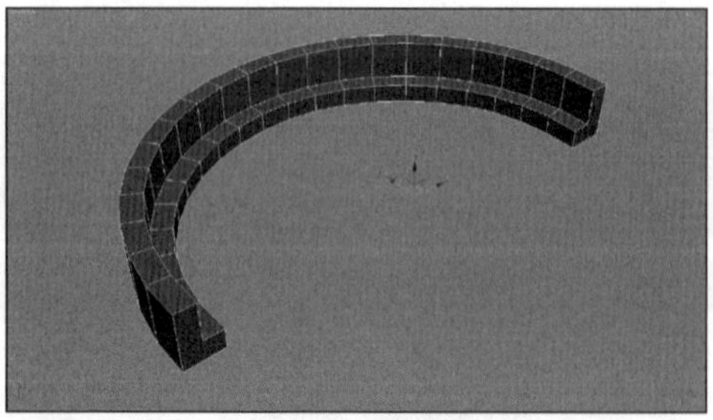

- **Mirror On XY Plane:** quando ativado, a secção é rotacionada horizontalmente em relação à spline.

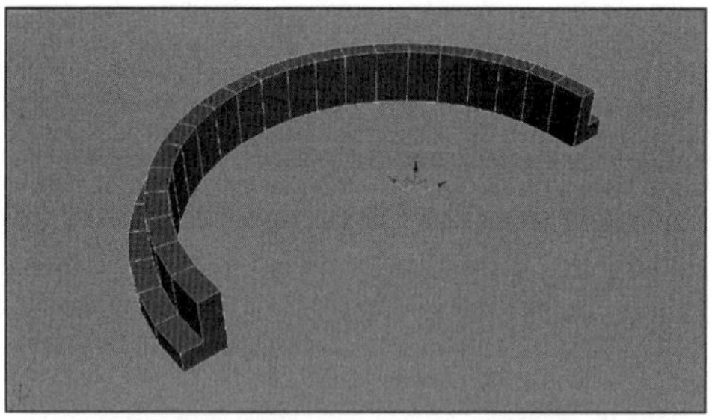

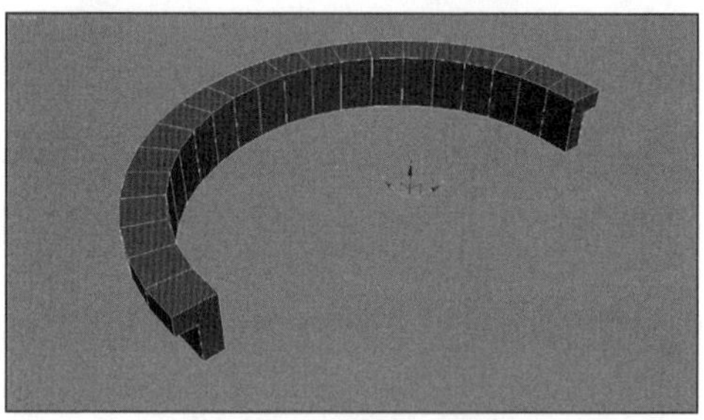

- **X Offset:** permite alterar a posição horizontal da secção em relação à spline.

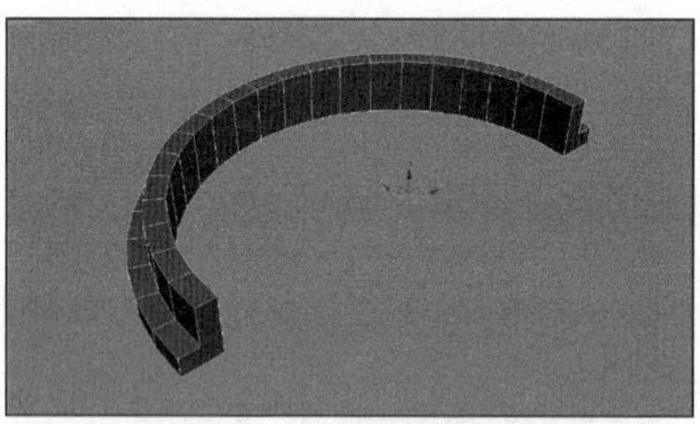

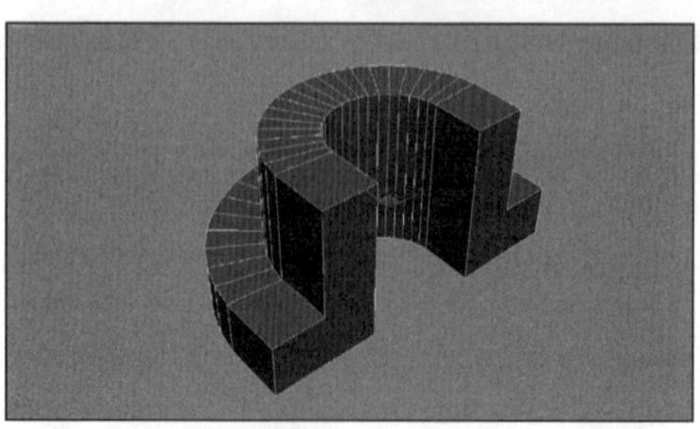

- **Y Offset:** possibilita alterar a posição vertical da secção em relação à spline.
- **Angle:** permite rotacionar a secção em relação ao plano da spline.

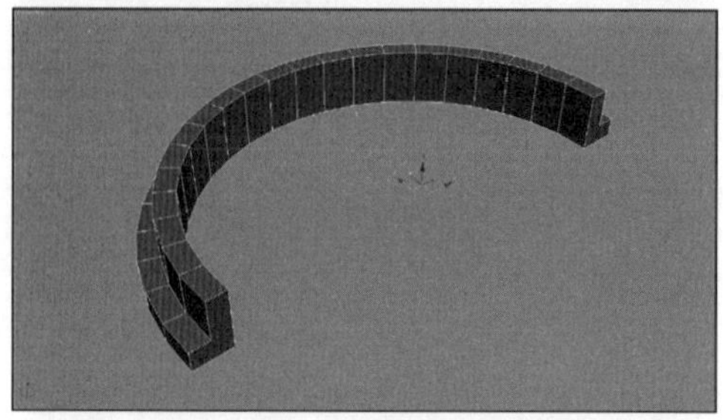

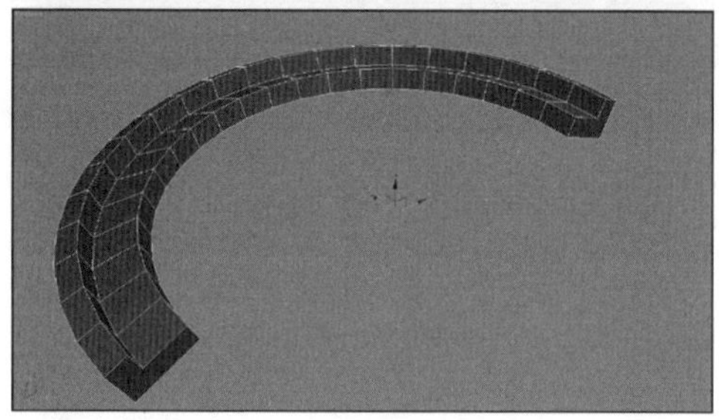

- **Smooth Section:** quando ativado, suaviza a malha da secção.
- **Smooth Path:** quando ativado, suaviza a malha ao longo do caminho.

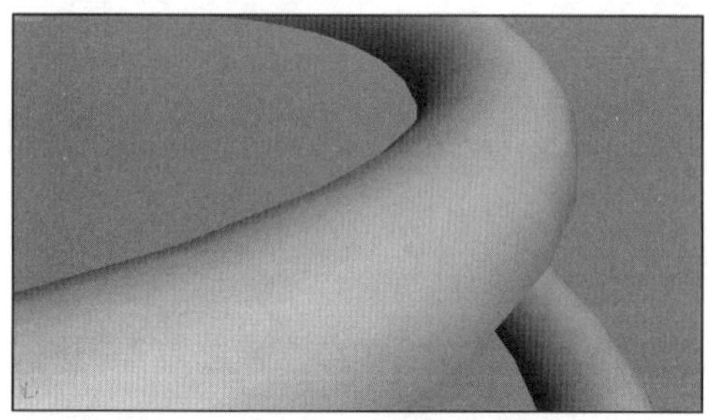

Smooth ativado

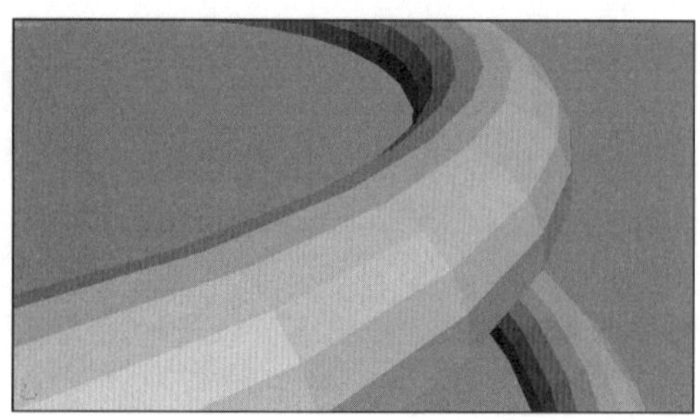

Smooth desativado

- **Align Pivot:** quando ligado, uma representação em 3D do Pivot Alinhamento grade aparece na viewport em que você pode alterar a posição do pivot em relação à spline.

- **Banking:** quando ativado, a secção é rotacionada sobre a spline ao longo do caminho.

Baking on

Baking off

- **Union Intersection:** funciona apenas quando existem múltiplas splines que se cruzam. Quando ativado, produz uma intersecção limpa e suave.
- **Gen. Mapping Coords:** aplica uma coordenada de mapeamento.
- **Real-World Map Size:** controla a escala usada para a textura com unidade.
- **Generate Mapping Ids:** atribui diferentes IDs às faces do objeto.

Exercício

1. No 3ds Max 2009 vá para a pasta Create, ative o botão Shapes, selecione Spline e clique em Line.

2. Na roll-out Creation Method ative as opções Corner e Corner.

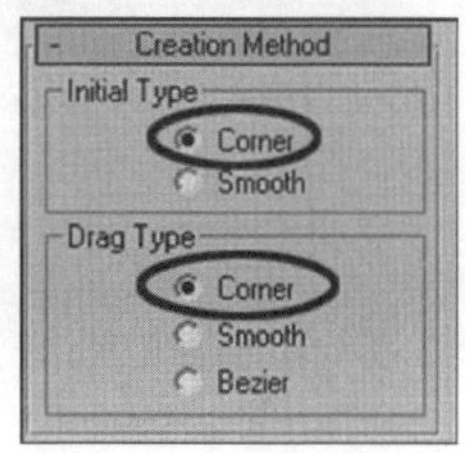

3. Crie uma spline conforme o desenho a seguir.

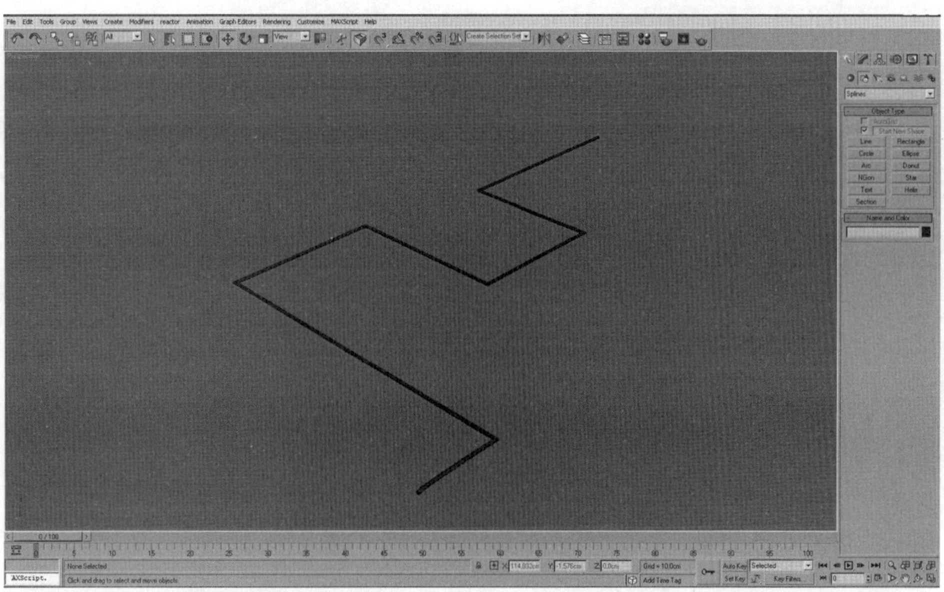

4. Selecione a spline que você criou na viewport, vá até a pasta Modify e no menu Modifier List carregue a ferramenta Sweep.

5. Por padrão, o sweep carrega de forma automática o shape Angle.

6. Você pode alterar a secção no Built-In Section. O exemplo a seguir foi alterado para o shape de Tube.

Capítulo

9

Sistemas de Partículas e Space Warps

Sistemas de Partículas

Spray

Podemos simular qualquer movimento de partículas com o uso das opções de render Tetrahedron e Facing.

Parâmetros

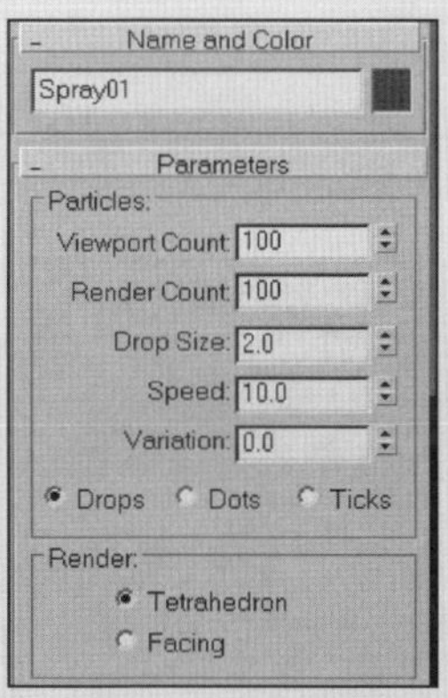

- **Viewport Count:** quantidade de partículas na viewport.
- **Render Count:** quantidade de partículas no render.
- **Drop Size:** determina o tamanho da partícula.
- **Speed:** controla a velocidade das partículas.
- **Variation:** espalha mais as partículas.
- **Drops, Dots e Ticks:** são os formatos das partículas na viewport.
- **Tetrahedron e Facing:** são os formatos das partículas na renderização.
- **Timing:** permite o controle do tempo em que a partícula aparece na viewport.
- **Width/Lenght:** determinam a área do spray.

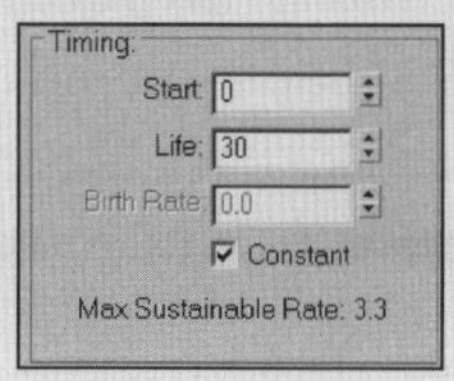

Altere os parâmetros do spray e observe o efeito na figura.

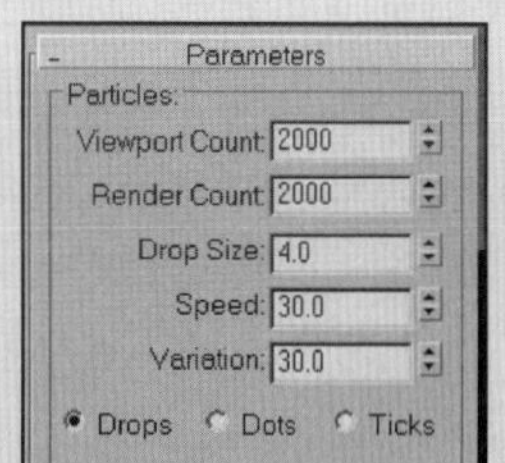

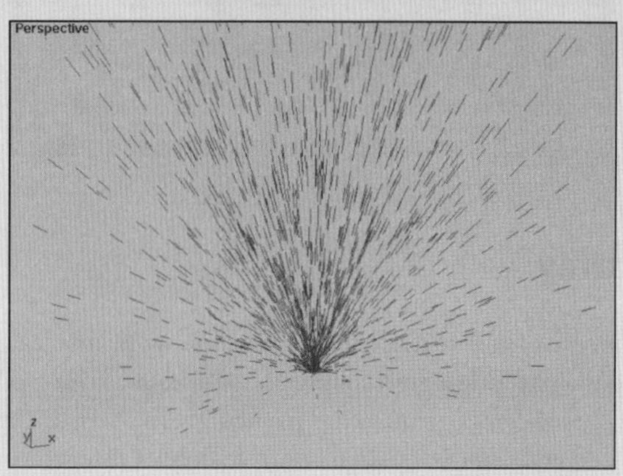

Snow

É possível simular movimento de neve ou também partículas em Render e em Sixpoint, Triangle ou Facing.

Parâmetros

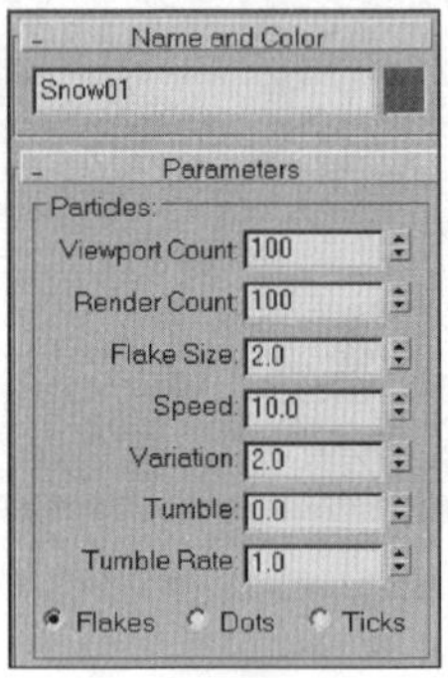

- **Viewport Count:** quantidade de partículas na viewport.
- **Render Count:** quantidade de partículas na renderização.
- **Flake Size:** tamanho das partículas de neve.
- **Speed:** velocidade das partículas.
- **Variation:** espalhamento das partículas.
- **Flakes, Dots e Ticks:** forma das partículas na viewport.
- **Sixpoint, triângulo e facing:** formatos das partículas na renderização.
- **Timing:** permite o controle do tempo em que as partículas vão aparecer.

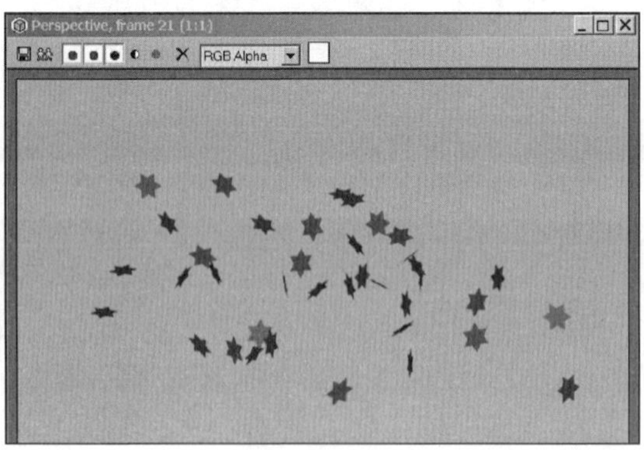

Parray

Podemos simular qualquer movimento de partículas geradas a partir de algum sólido. Nesse sistema ainda é possível escolher o formato das partículas em Particle Type. Há diversas opções para o controle delas. Observe:

Clicando no botão Pick Object, é possível utilizar qualquer objeto geométrico como emissor de partículas (como ilustra a próxima figura).

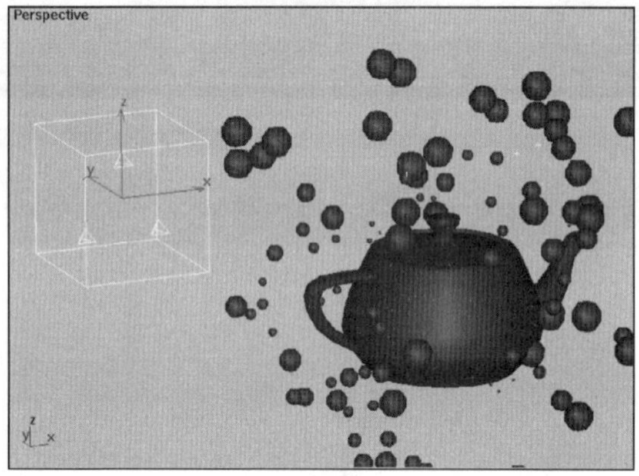

Pode-se especificar que as partículas tenham o aspecto de malha (Mesh), além de aumentar o percentual de partículas para no máximo 100%.

Na roll-out Particle Generation deixe o número de partículas acima de 100%, ativando o Use Total e alterando o valor, conforme a figura.

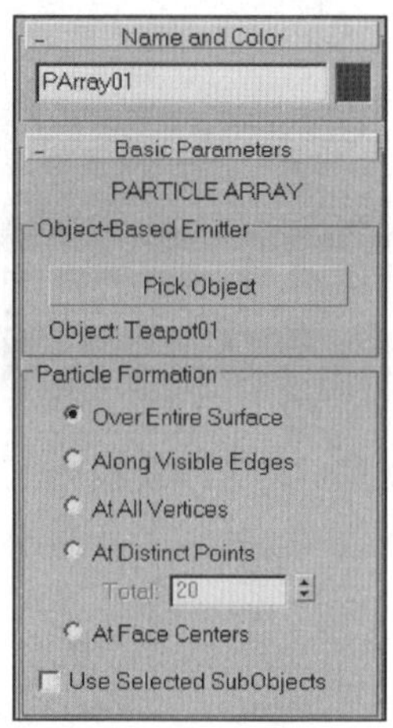

Na roll-out Particle Timing especifique no quadro Emit Start onde deseja começar e em Emit Stop indique onde parar de emitir partículas.

É possível aumentar o tamanho da partícula Mesh pelo Size.

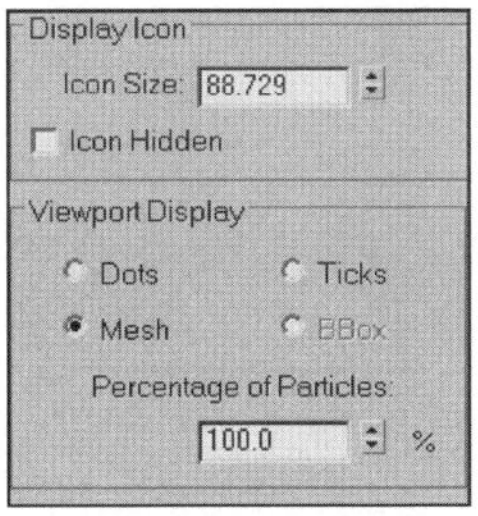

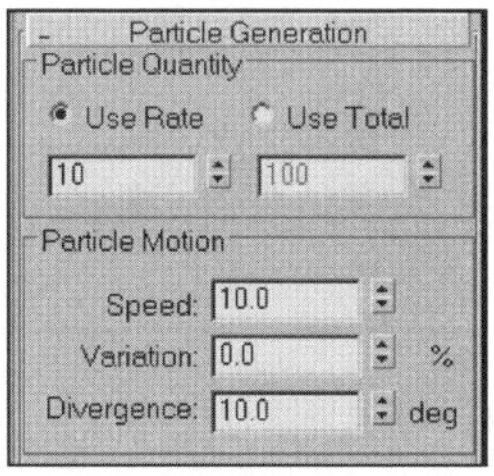

Por meio da roll-out Particle Type você pode escolher:

- **Standard Particles:** emite partículas com formatos variados.
- **MetaParticles:** emite uma "massa" de partículas, principalmente quando estão próximas umas das outras.
- **Object Fragments:** permite criar fragmentos em qualquer objeto geométrico.
- **Instanced Geometry:** permite projetar qualquer objeto.

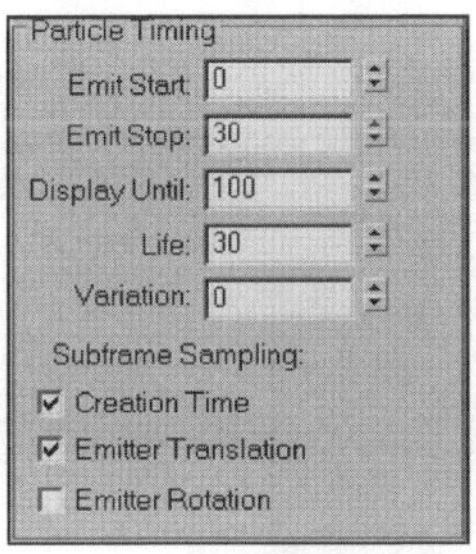

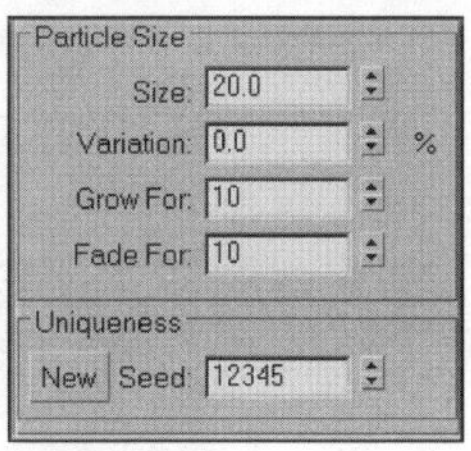

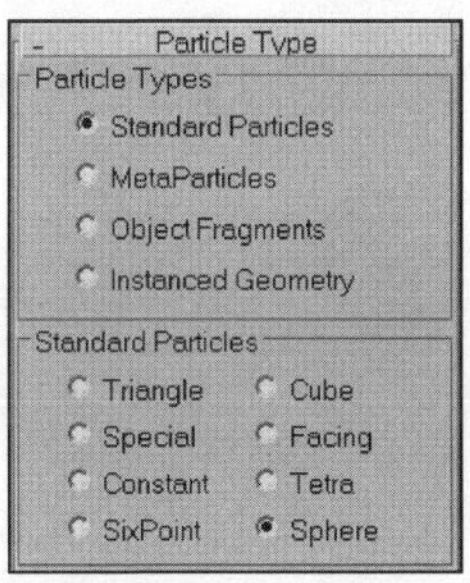

SuperSpray

Podemos simular qualquer movimento de bolhas. Estão disponíveis os tipos de particle Standard Particles, MetaParticles e Instanced Geometry. Observe:

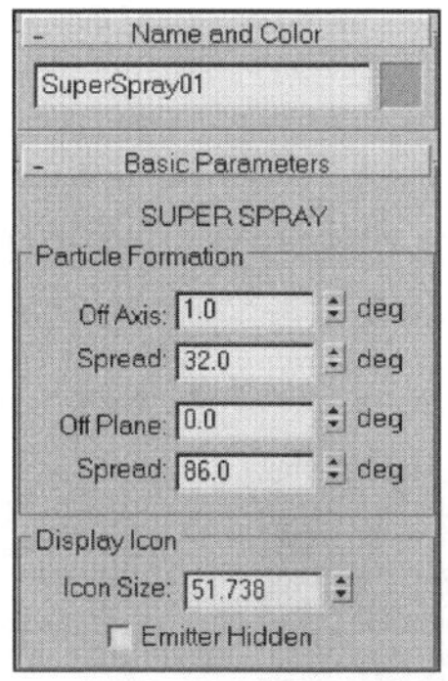

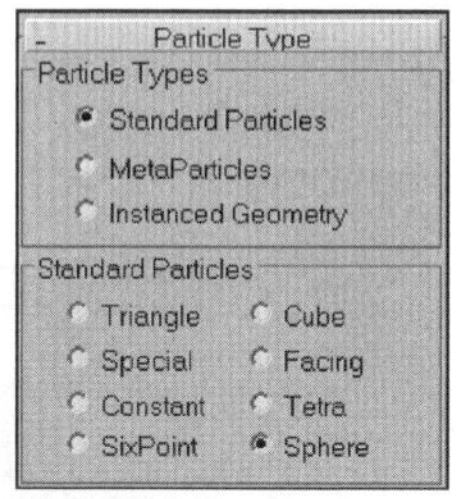

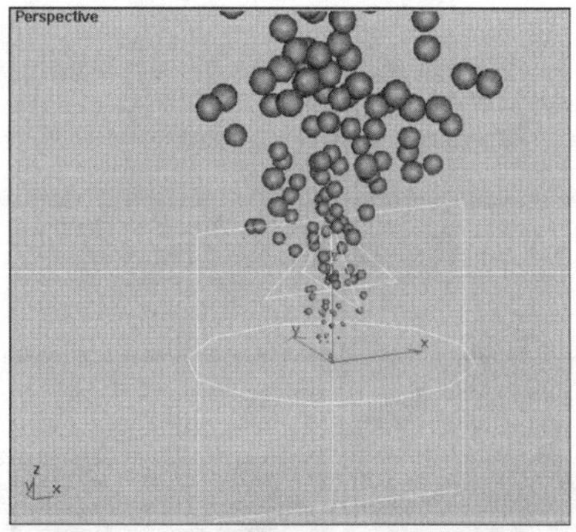

Blizzard

É possível simular um movimento de partículas que tenha como objeto de emissão o mesmo das opções Spray e Snow, mas com alteração dos tipos de partícula encontrados em SuperSpray.

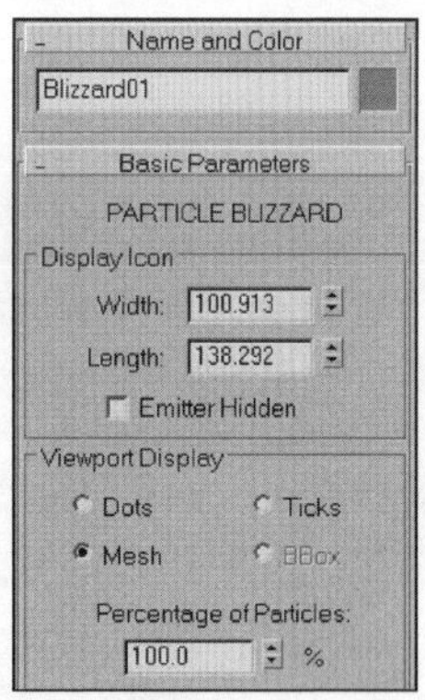

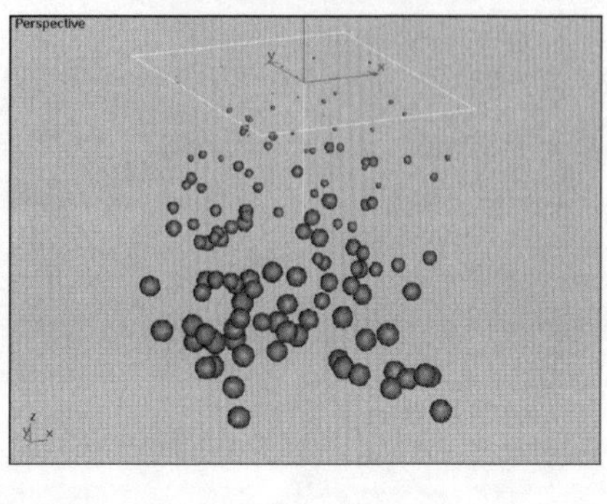

Pcloud

Podemos simular todos os outros movimentos em partículas a partir dos seguintes formatos: Box Emitter, Sphere Emitter, Cylinder Emitter, Object-based Emitter. Veja as imagens:

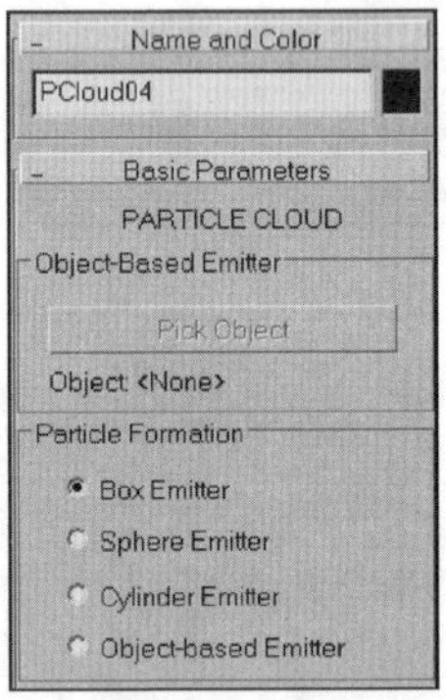

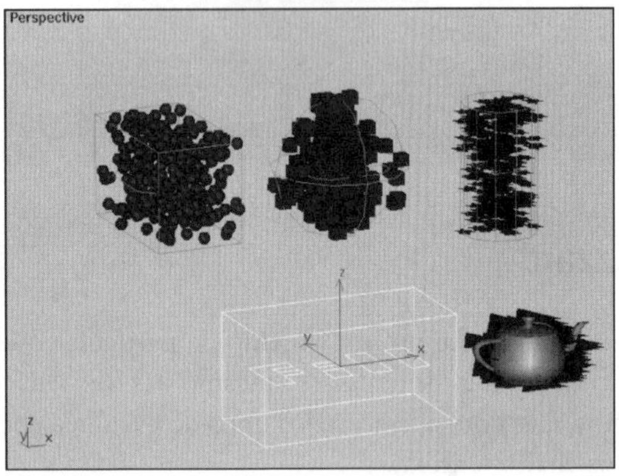

Gravidade

Desde a versão 1.0 de 3D Studio Max, todas as opções de Space Warps só podiam ser aplicadas em Particle Systems. O 3ds Max 2009 tem dinâmica completa. Qualquer Force pode ser aplicado a sólidos (objetos modelados) como em sistemas de partículas, complementando e facilitando a criação de sua animação pelo Dynamics.

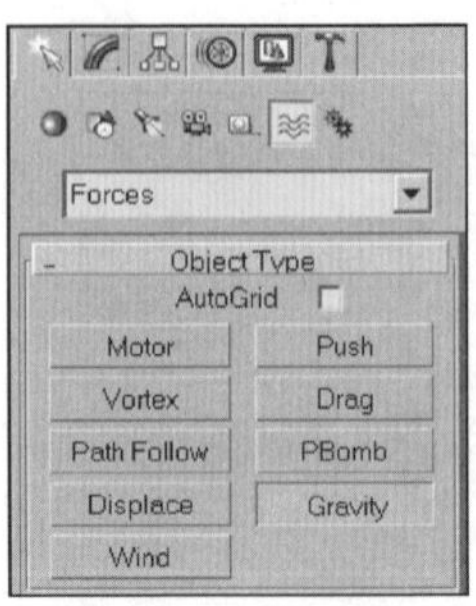

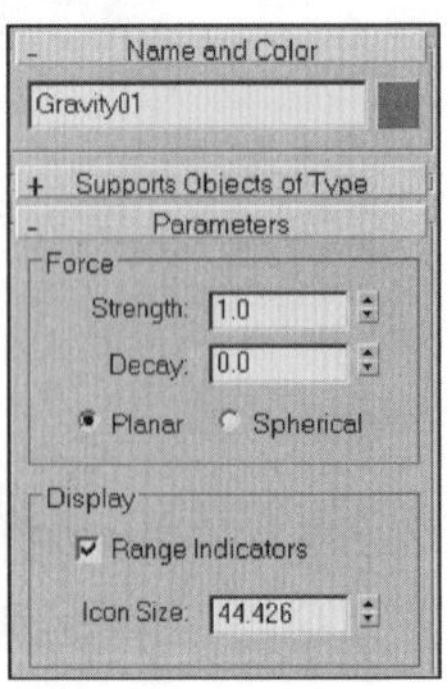

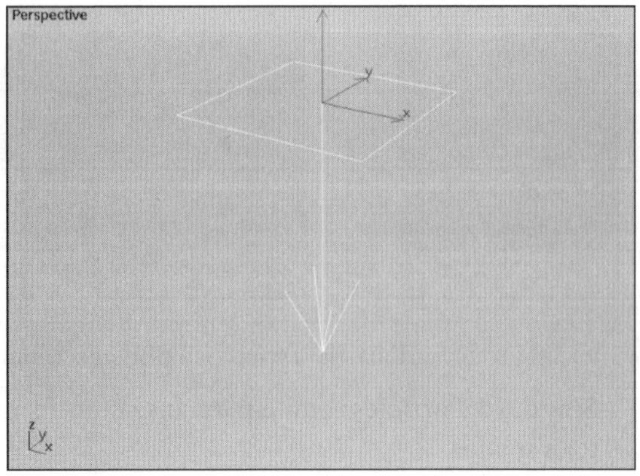

Vento (Wind)

Como descrito na aplicação de gravidade, podemos adicionar a força do vento, que pode ser ajustada conforme a necessidade. Também aplicamos essa força em partículas, como em sólidos, dentro de Dynamics.

- **PBomb:** podemos aplicar a força da explosão de um sólido em qualquer Particle System.

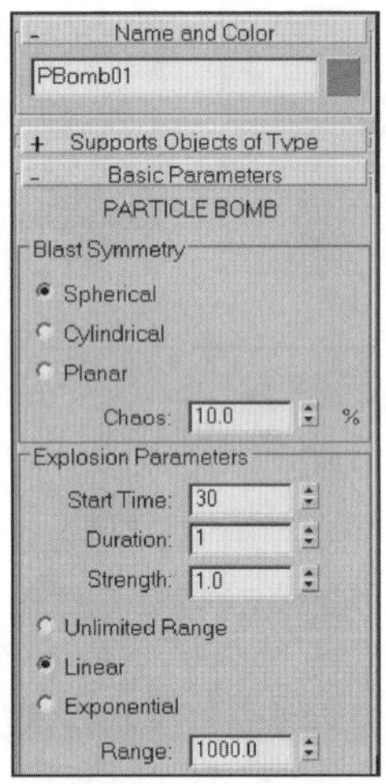

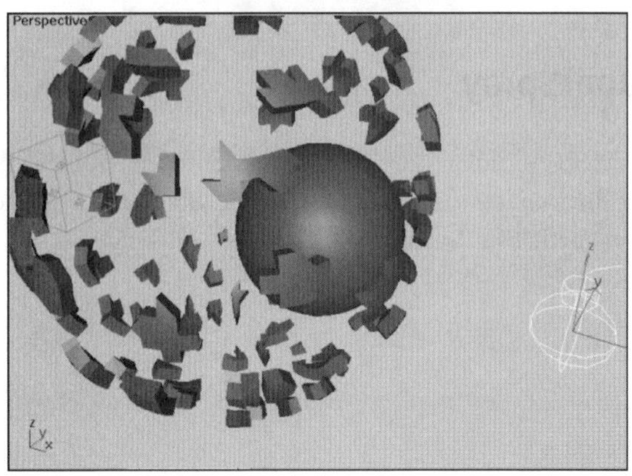

Deflector

É possível criar uma barreira a qualquer movimento de partículas. Na opção Deflector essa barreira sempre será plana.

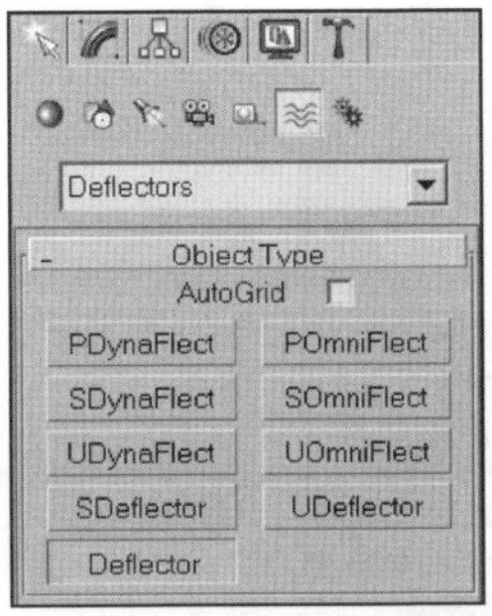

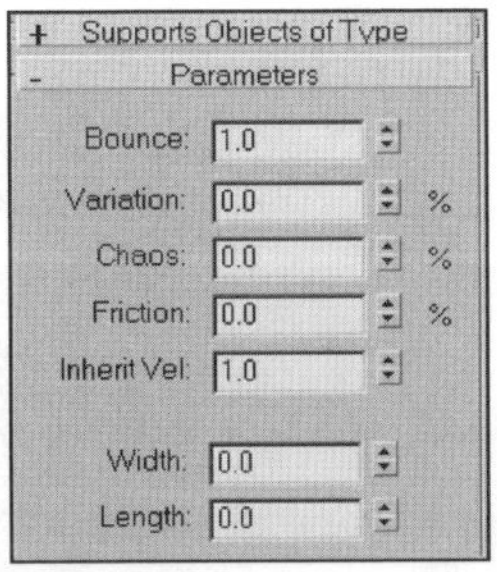

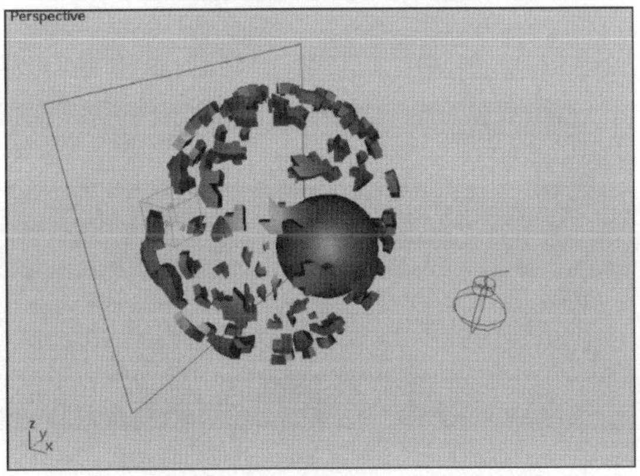

Ao aplicar o  Bind to Space Warps do Deflector no Parray, os fragmentos da esfera são repelidos.

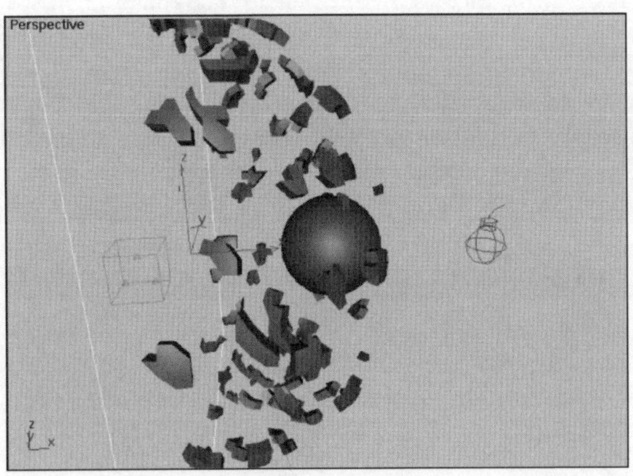

UDeflector

Podemos aplicar a qualquer sólido modelado ou primitivo a propriedade de reflexão de partículas, quando iniciadas sobre a superfície dele de acordo com a tangente do ângulo de incidência.

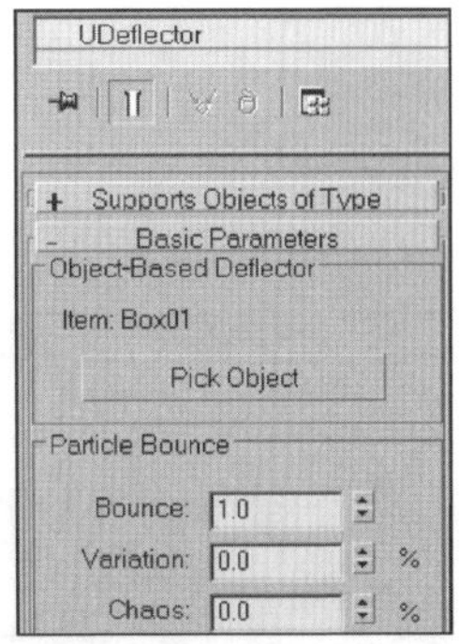

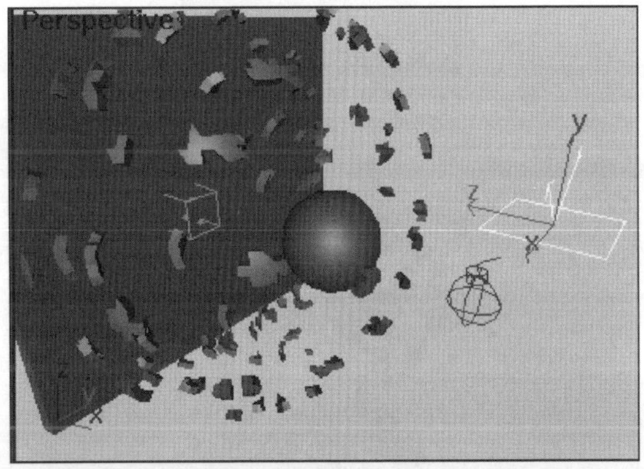

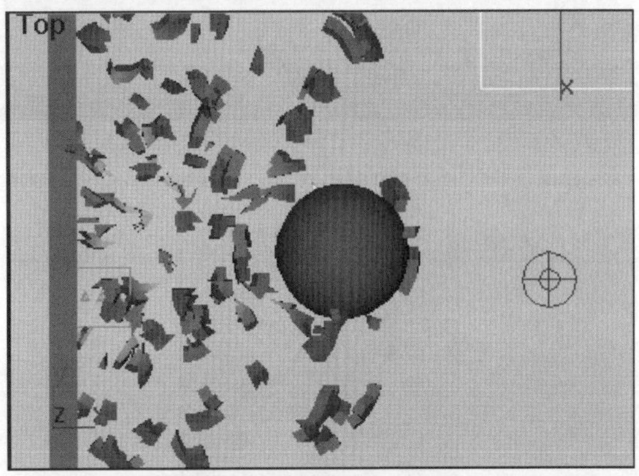

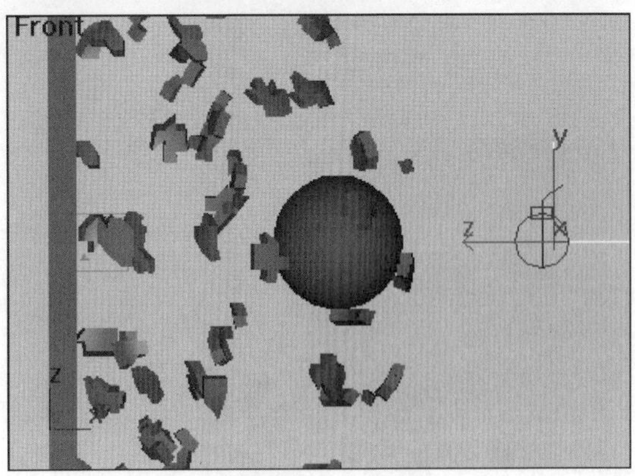

SDeflector

Com essa opção geramos um defletor de forma esférica.

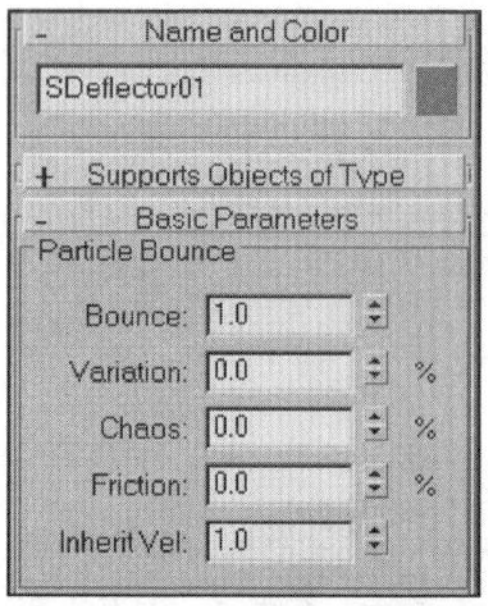

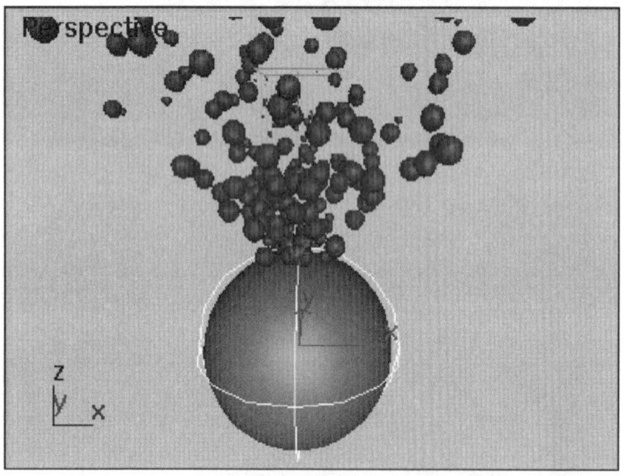

Ao mudar o Bounce para 0 (zero), observe o que ocorre:

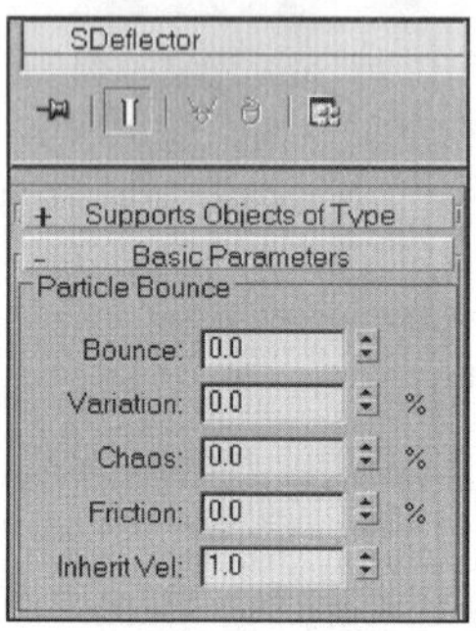

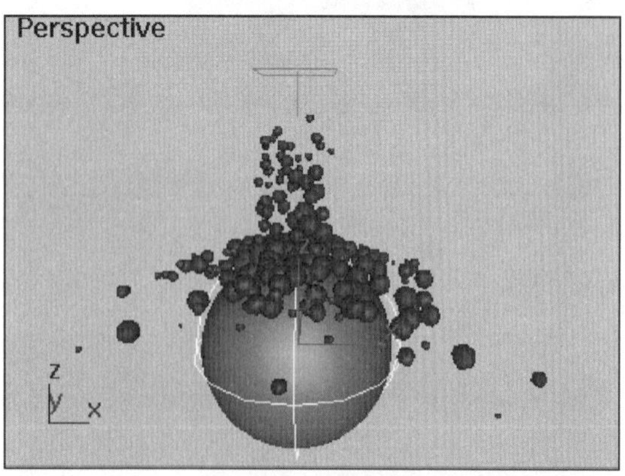

Path Follow

Um grande avanço criado pela Autodesk está nesse comando. Com ele podemos delimitar um caminho a partir de qualquer Spline bi ou tridimensional, aplicando Path Follow. Qualquer Particle System segue a Spline selecionada.

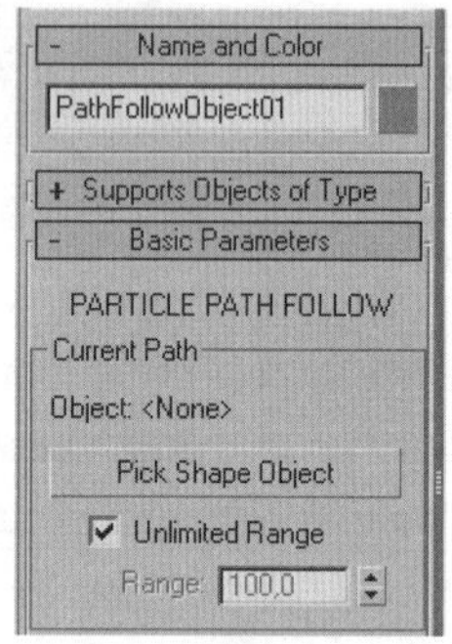

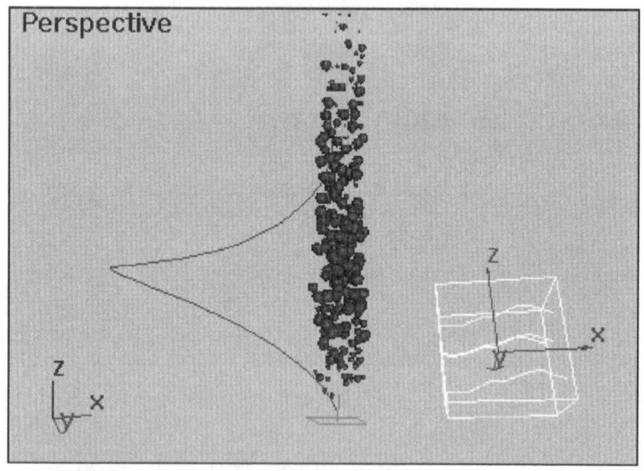

Observação: Para visualizar os efeitos que constam em Space Warps - Forces em um sistema de partículas, precisamos inicialmente uni-lo às partículas. Basta clicar no ícone 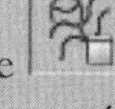 Bind to Space Warps, selecionar o efeito, arrastar o cursor até as partículas e soltar o botão do mouse. Se ficar branca, significa que o efeito foi aplicado.

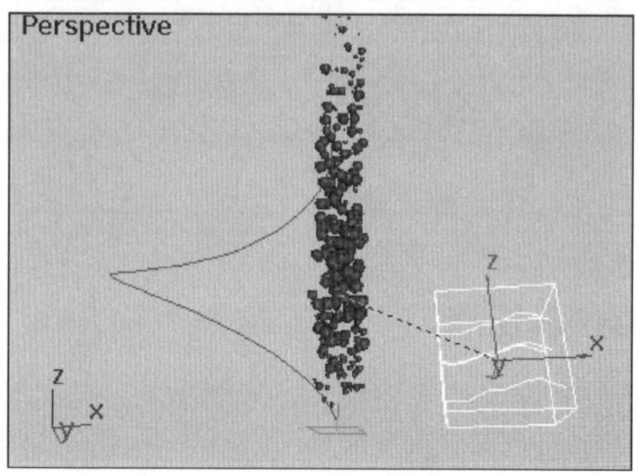

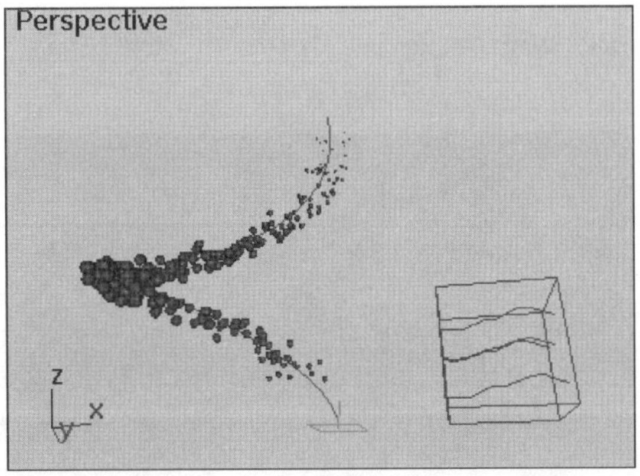

Trabalho com Space Warps

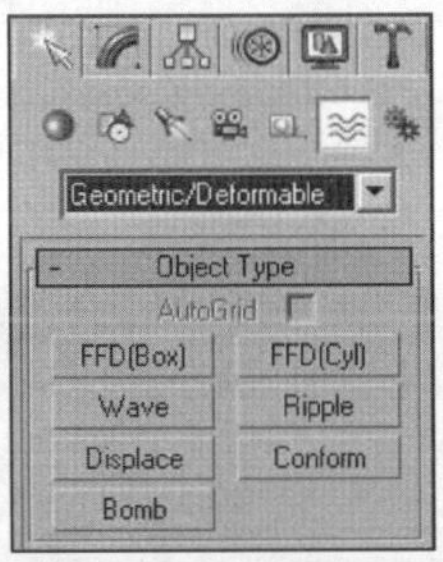

1. Crie um box e aumente o número de segmentos, como na imagem.

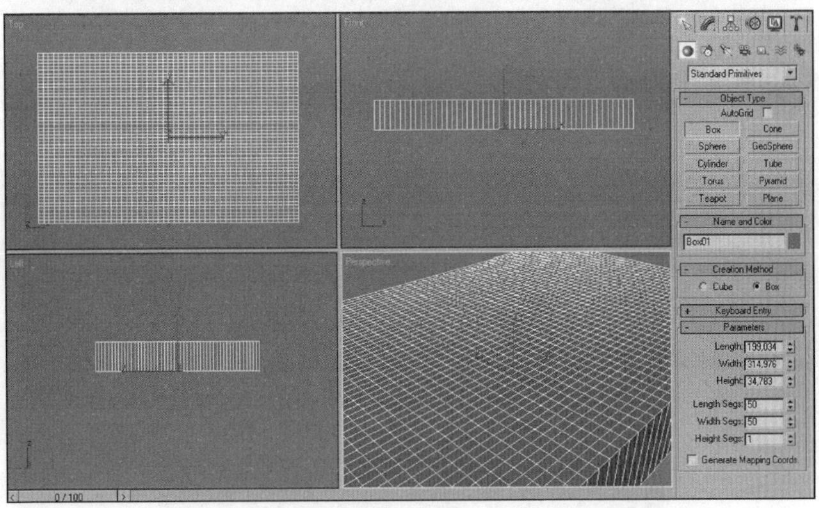

2. Clique no botão Space Warps, carregue o Geometric/Deformable, clique no botão Ripple e crie-o na cena.

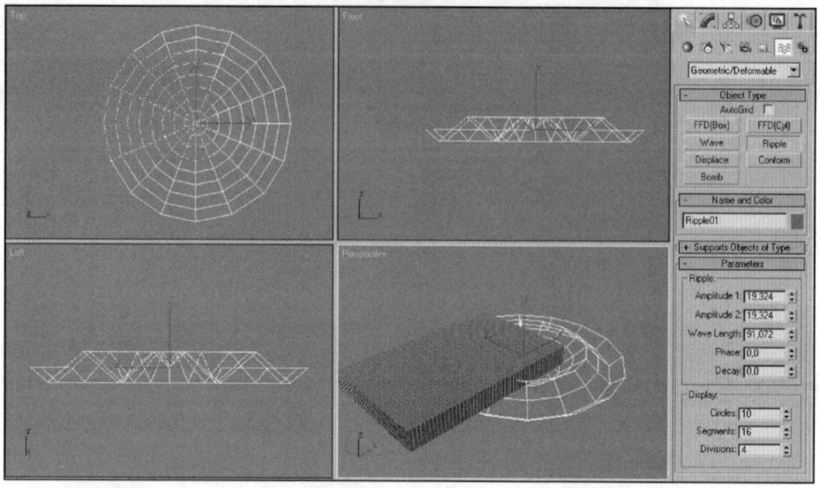

3. Na barra de ferramentas clique no botão Bind to Space Warps, próximo ao botão Select Object. Clique em Ripple, segure-o, arraste e solte sobre o box.

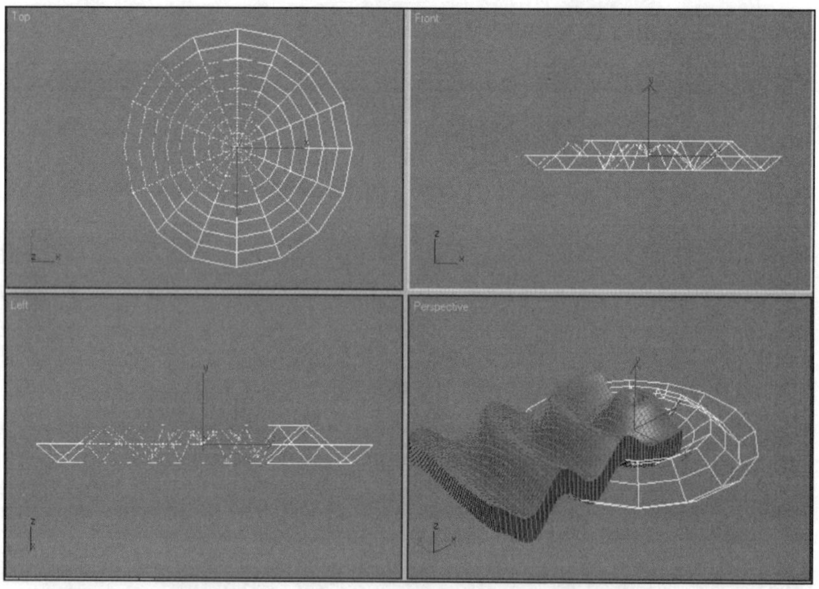

4. Aumente o tamanho do box com Scale.

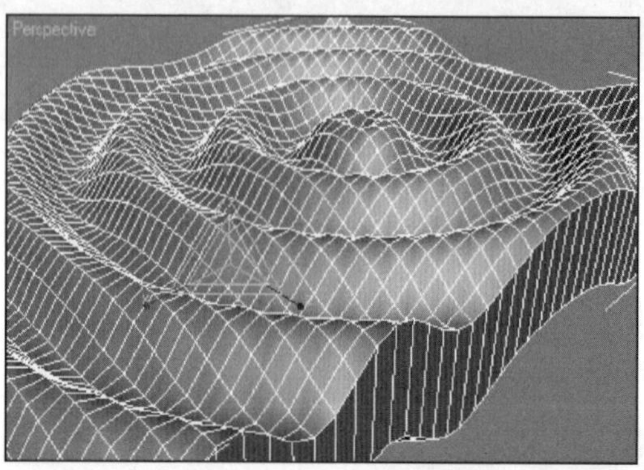

5. Crie uma esfera sobre o box e altere seu tamanho com o Scale achatando-a, seguindo o mesmo princípio de aplicação do Space Warps. Na barra de ferramentas clique no botão  Bind to Space Warps e no Ripple, segure-o, arraste e solte o clique sobre a esfera.

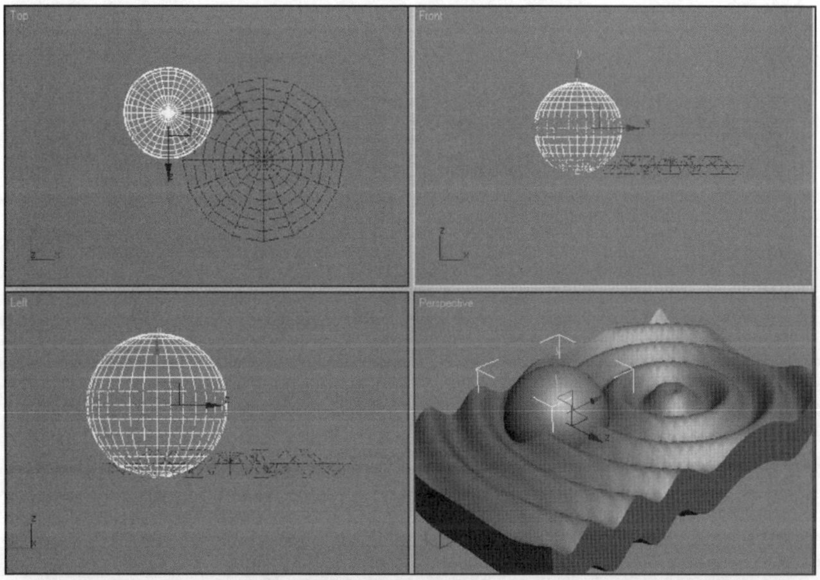

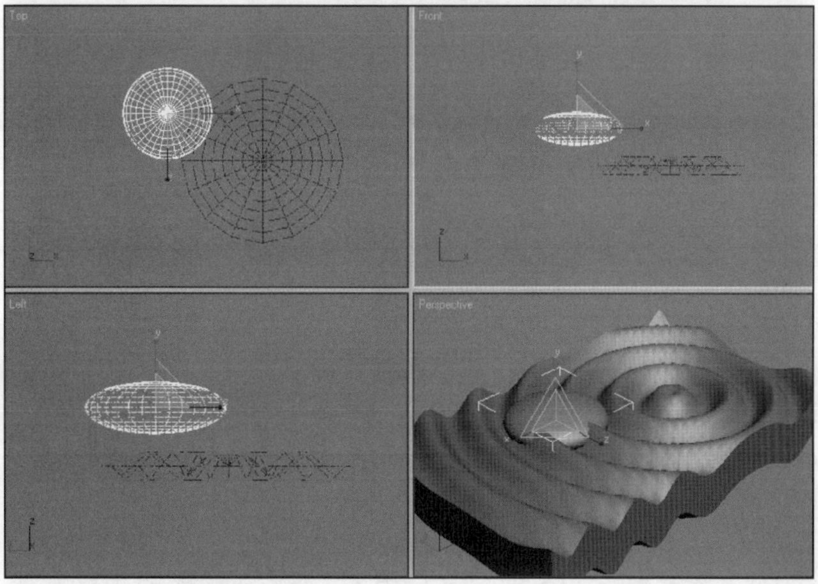

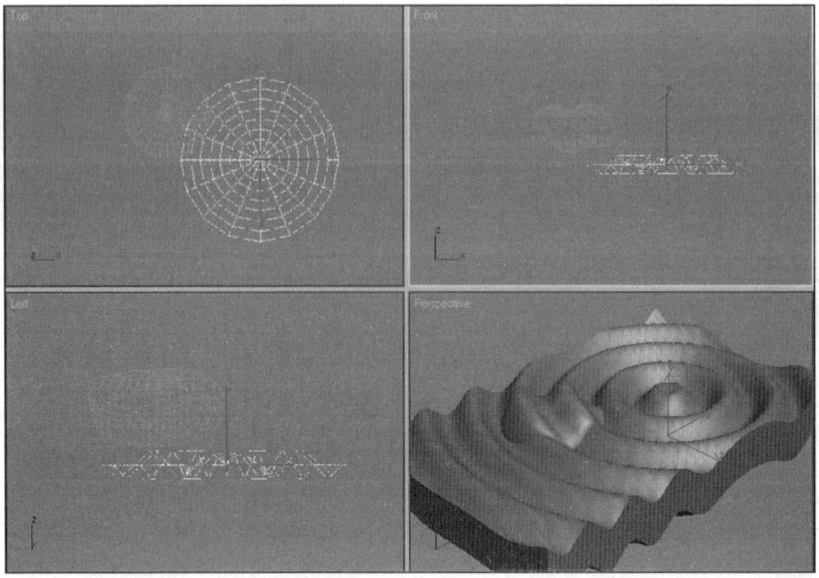

6. Mova a esfera sobre o box e analise.
7. Altere os parâmetros do Ripple e verifique o que pode ser feito.

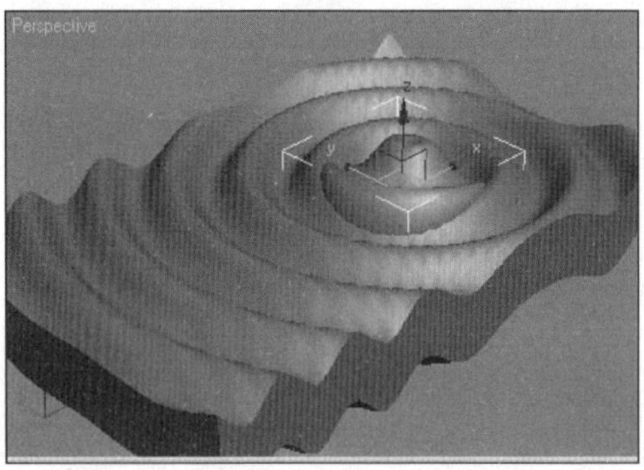

8. Reinicie o que foi feito e carregue a imagem de um tubarão.
9. No  Space Warps, carregue novamente o , clique no botão  e crie-o como na imagem.

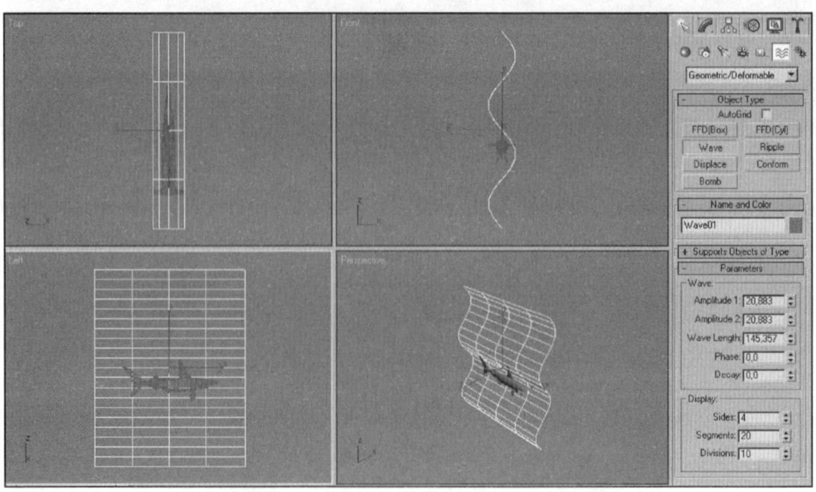

10. Rotacione-o.

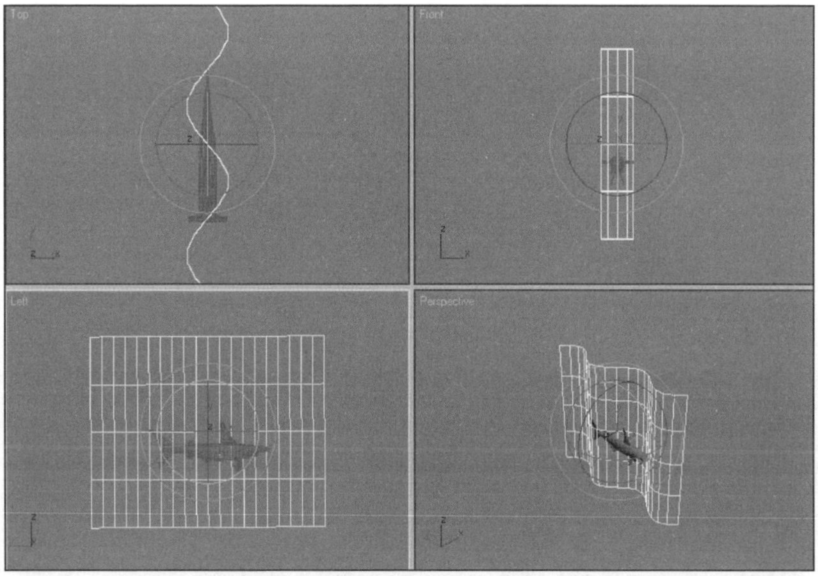

11. Aplique o  Bind to Space Warps do Wave ao tubarão.

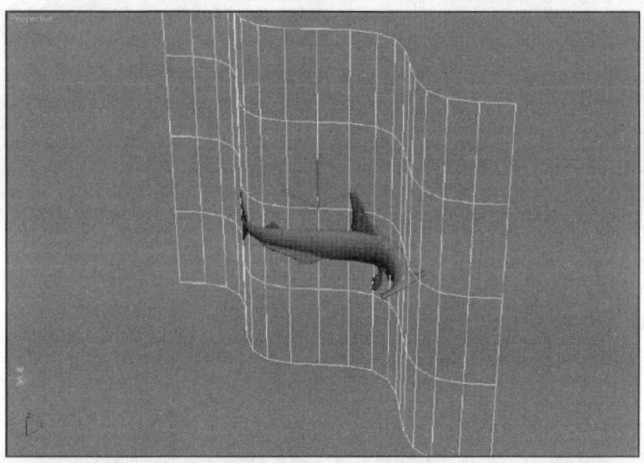

12. Posicione o tubarão e mova-o, analisando o movimento dele no Wave.

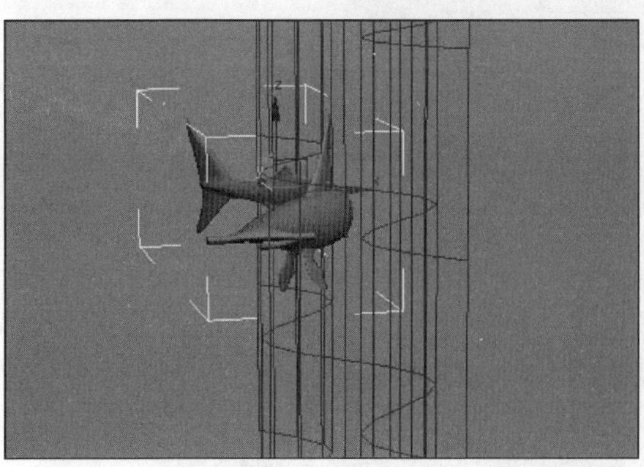

13. Rotacione o Wave e mova o tubarão, que deve movimentar-se como um golfinho.

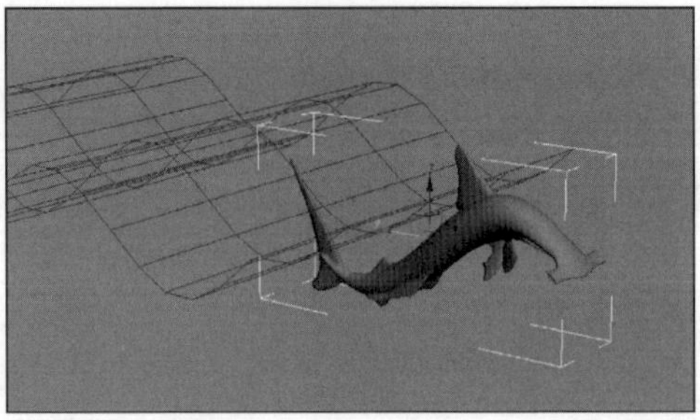

14. Reinicie esse arquivo, crie uma linha com Smooth e depois crie um Donut.

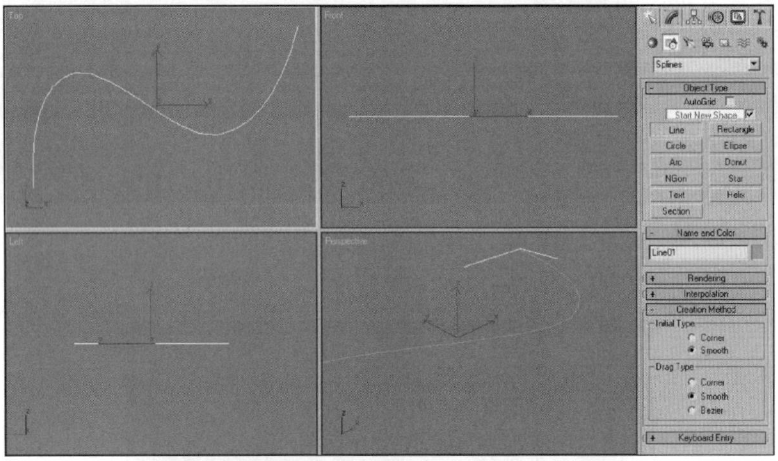

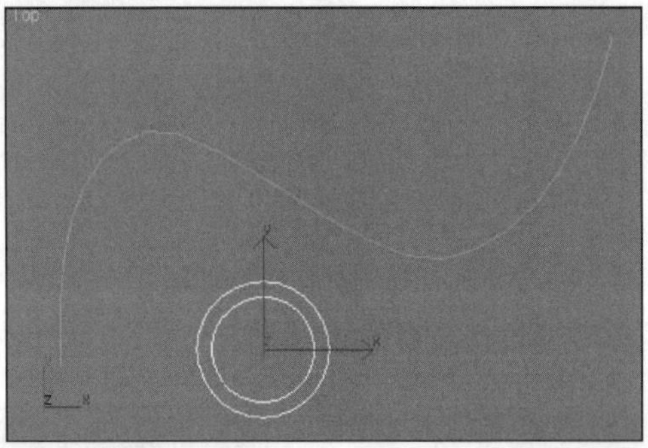

15. Crie um loft da linha com o Donut.

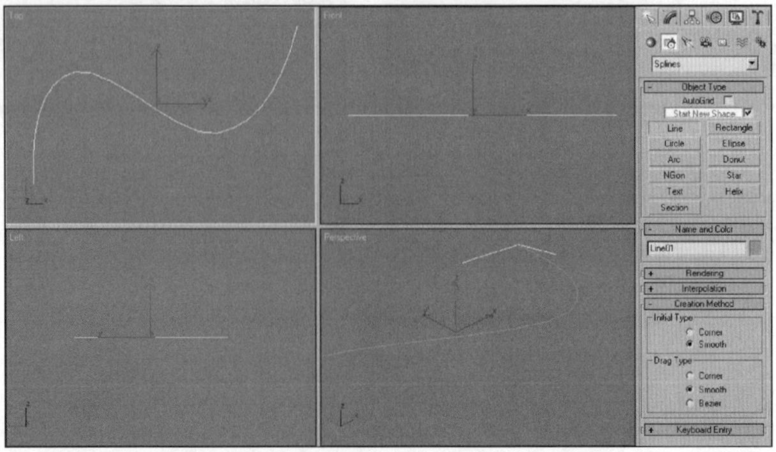

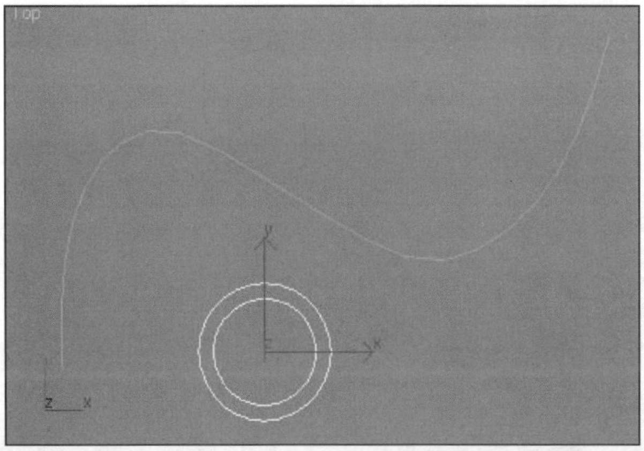

16. Selecione a linha e carregue o loft, a seguir clique no botão Get Shape e no donut, criando o loft.

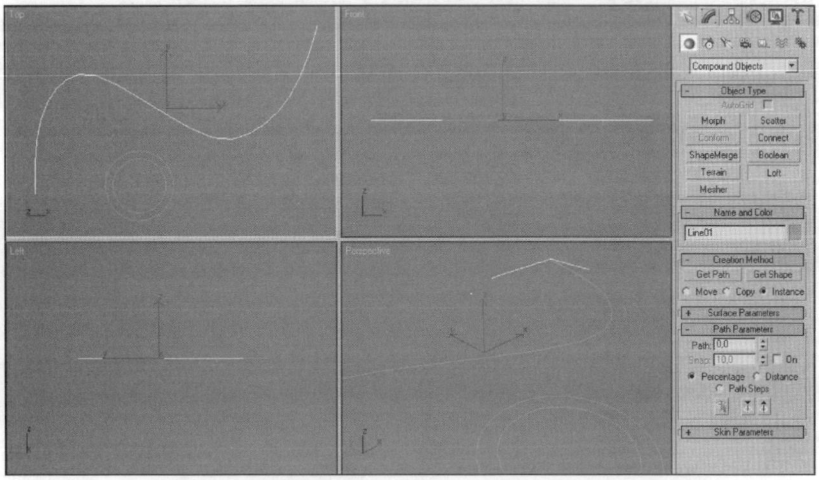

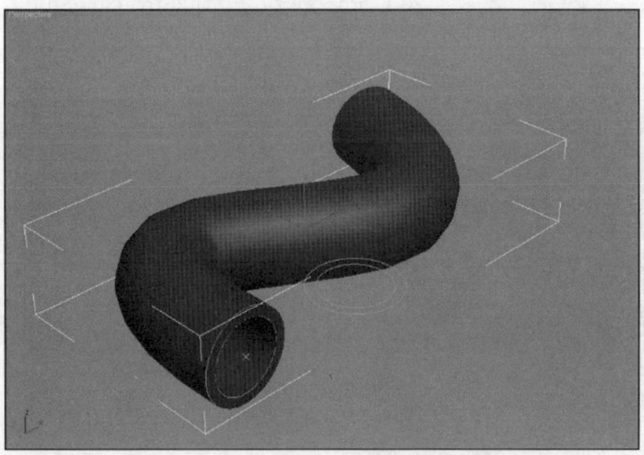

17. No Space Warps carregue o Geometric/Deformable, clique no botão Displace e crie-o na cena.

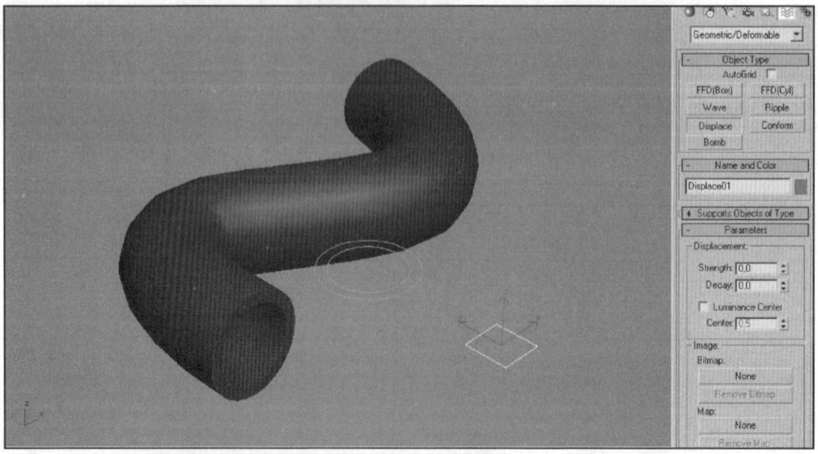

18. Altere os parâmetros do Displace para Spherical na área Map.

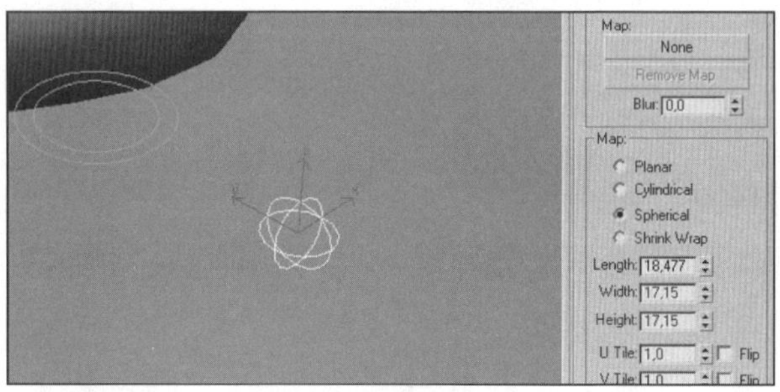

19. Vá até a pasta Motion, com o Displace selecionado abra a roll-out Assign Controller e selecione o Position : Position. Clique no botão Assign Controller e no quadro carregue o Path Constraint.

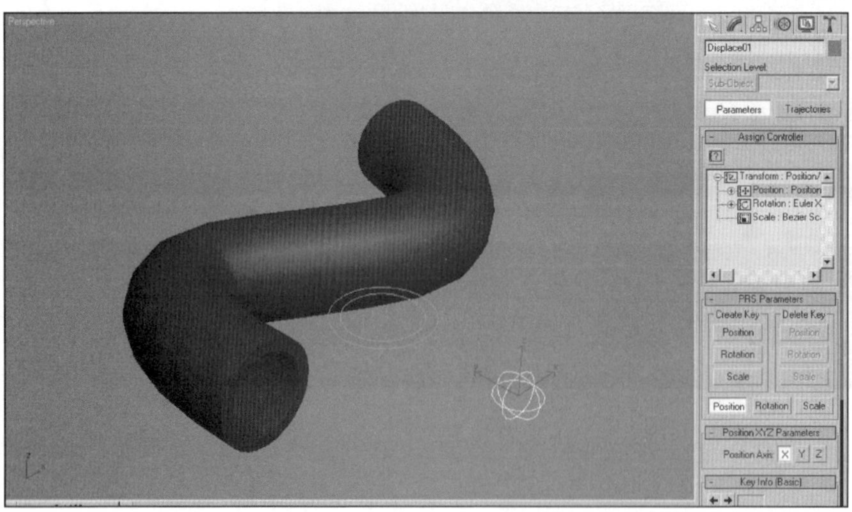

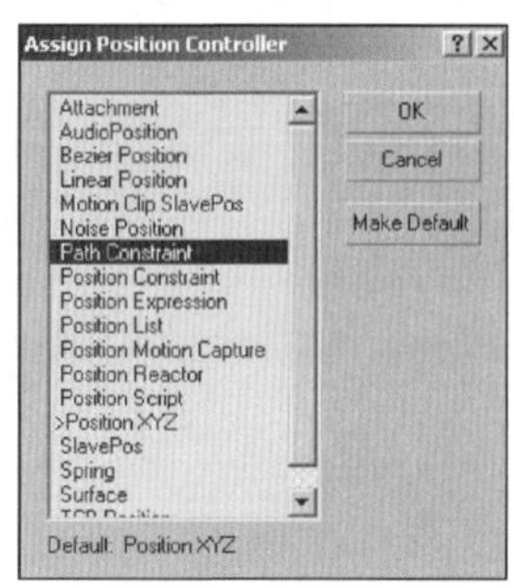

20. Fica como [Position : Path Constr].

21. Procure a roll-out [- Path Parameters], clique no botão [Add Path] e a seguir clique na linha que usou para criar o loft. Se não conseguir clicar nela, clique no botão Select by name e selecione-a pelo quadro.

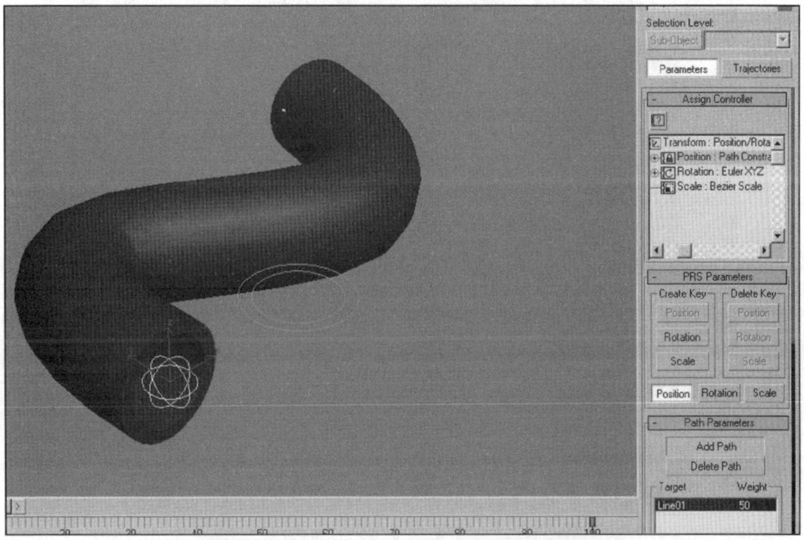

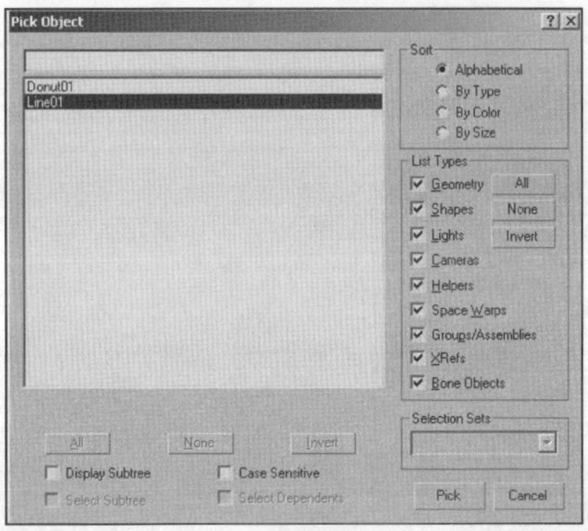

22. Clique no botão Bind to Space Warps e no Displace, segure o clique, arraste e solte sobre o objeto loft.

23. Nos parâmetros do Displace altere o valor do Strength para 50 ou outro.

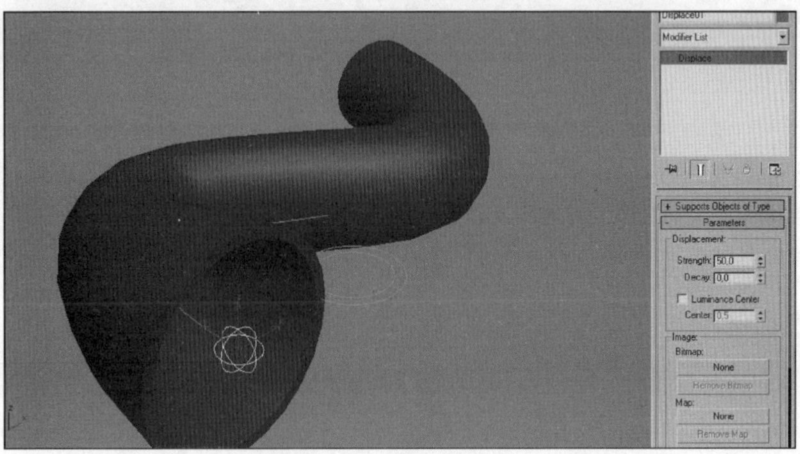

24. Mova a barra de frames e analise o que ocorre.

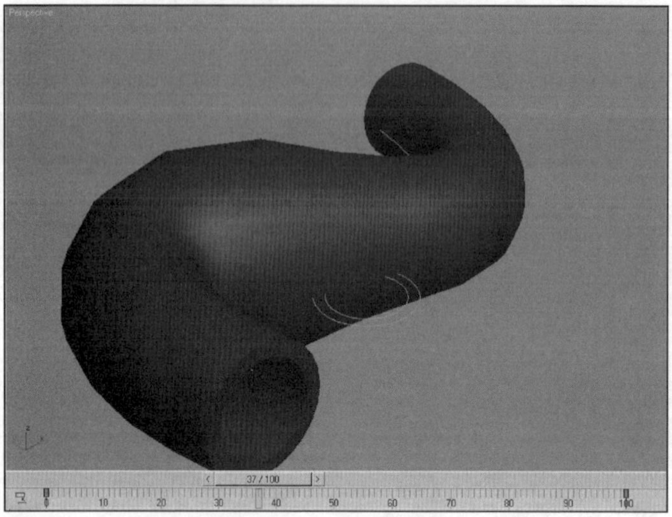

Trabalho com Emissão de Partículas (MetaParticles)

1. Crie vários boxes, uma esfera e deixe-os estruturados, como na imagem.

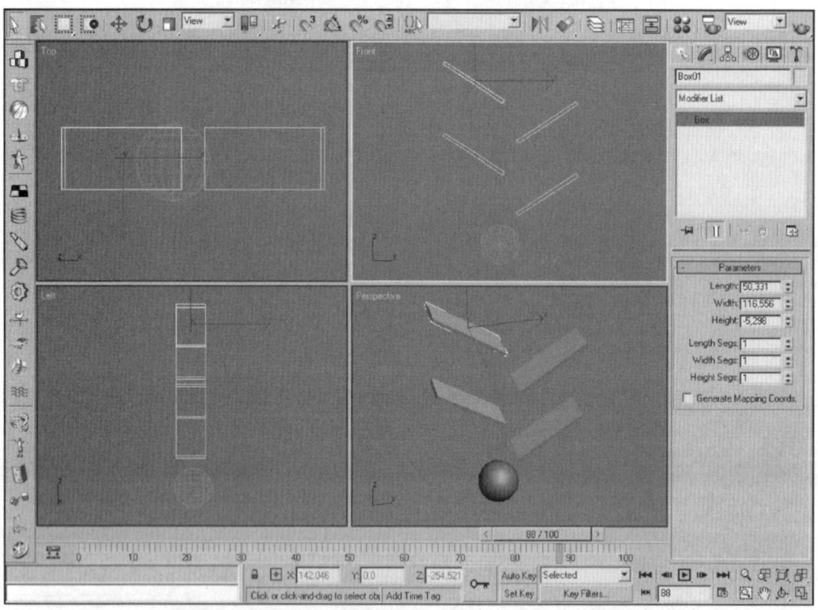

2. Na pasta Create clique no botão Space Warps e carregue o Deflectors. Clicando no botão UDeflector, crie cinco bastões que correspondam a cada box criado e à esfera.

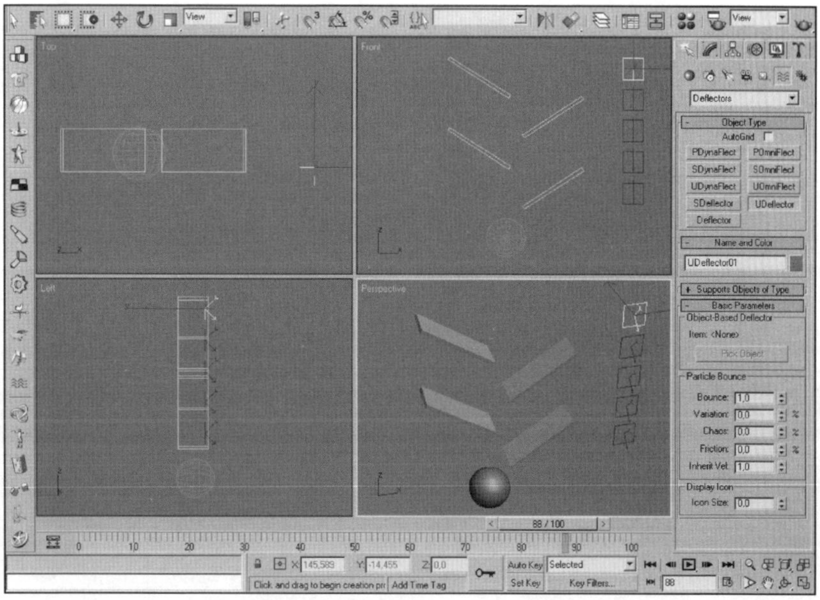

3. Ainda no Space Warps carregue o Forces e, clicando no botão Gravity, crie-o como na imagem.

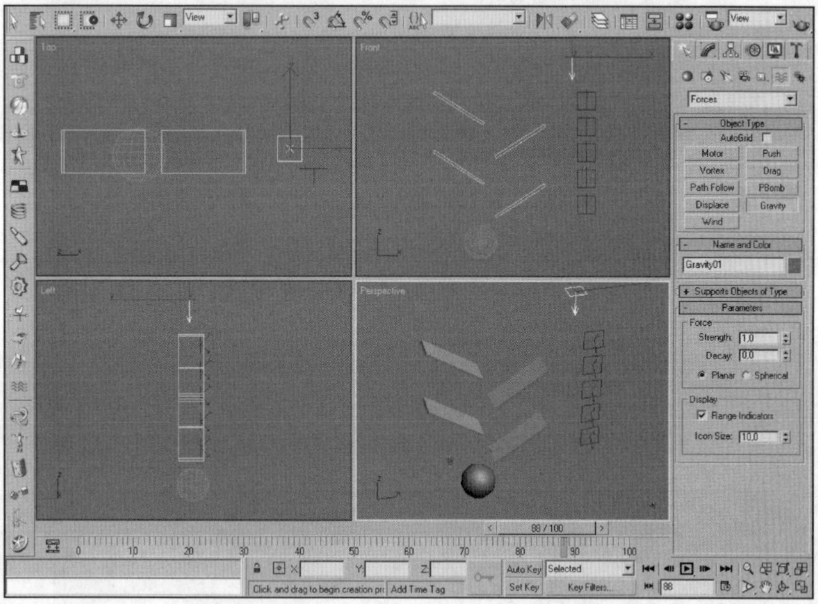

4. Ainda na pasta Create clique no botão Geometry, carregue o Particle Systems e a seguir clique no botão Blizzard, criando-o sobre a estrutura de boxes.

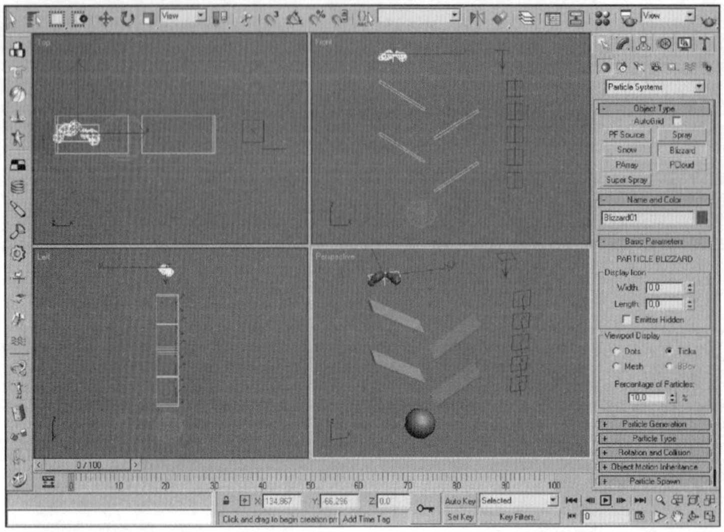

5. Altere os parâmetros do Blizzard, como na imagem.

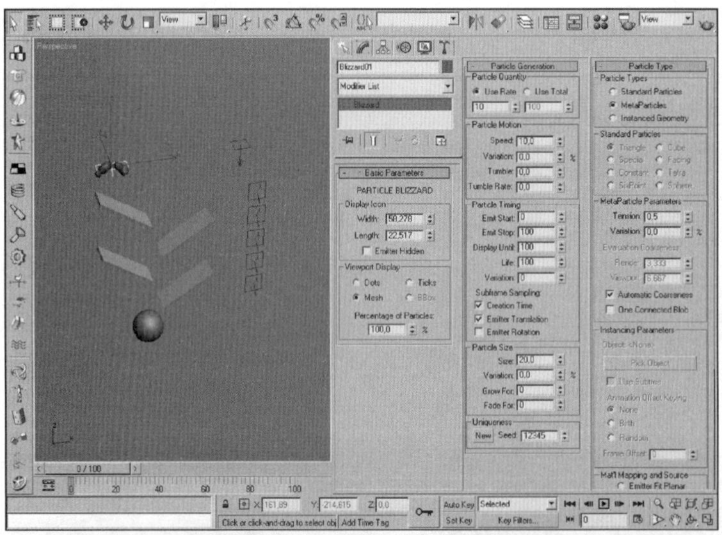

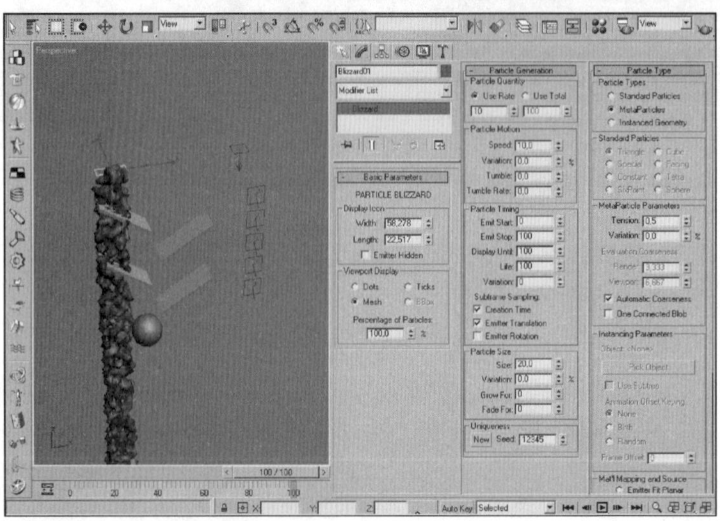

6. Clique no botão Bind to Space Warps, que está ao lado do botão Redo, a seguir clique em Gravity, segure o clique, arraste e solte sobre o Blizzard.
7. Novamente clique no botão Bind to Space Warps, que está ao lado do botão Redo, em seguida clique em UDeflector01, segure o clique, arraste e solte sobre o Blizzard.
8. Repita o processo para cada UDeflector.

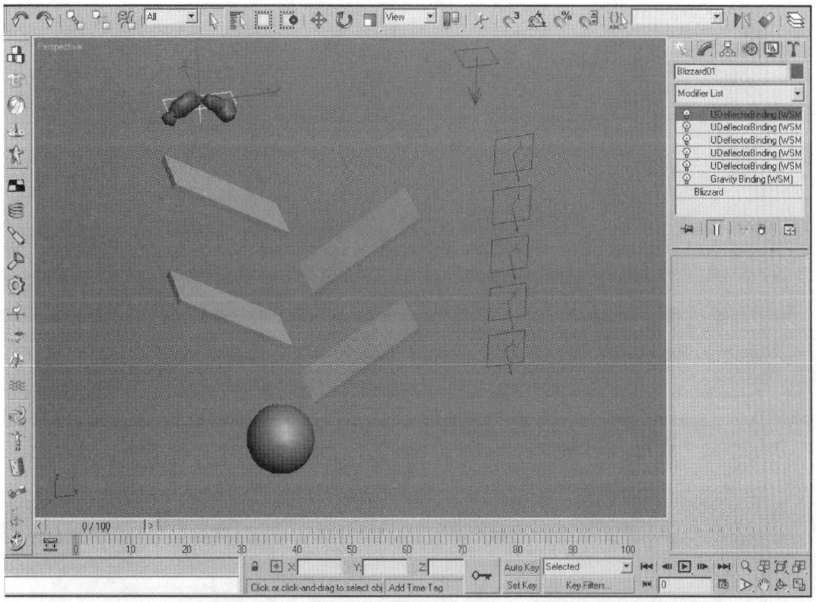

9. Em cada parâmetro do UDeflector, clique no botão Pick Object e no objeto correspondente (box ou esfera).

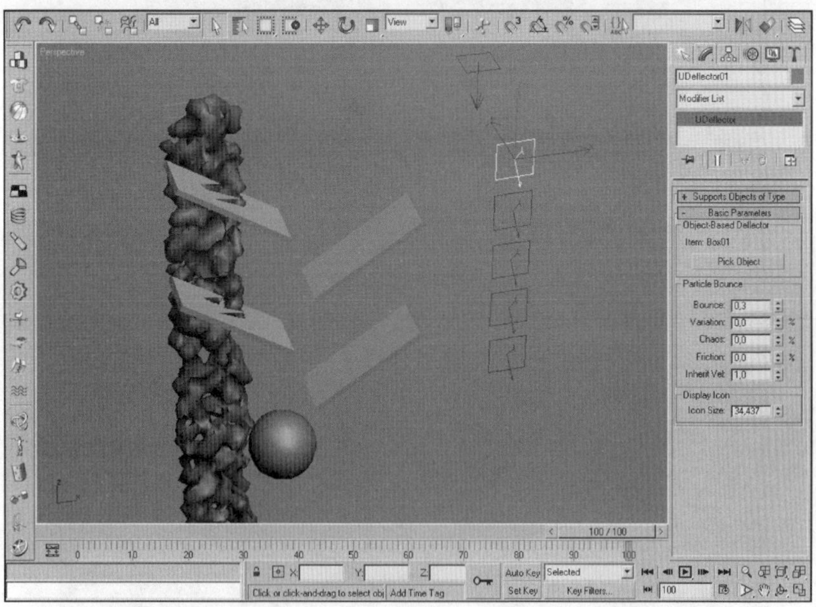

10. Arraste a barra de frames e observe como as metaparticles deslizam sobre os boxes, desde que se alterem os parâmetros de cada UDeflector, mudando o valor do Bounce para 0,3.

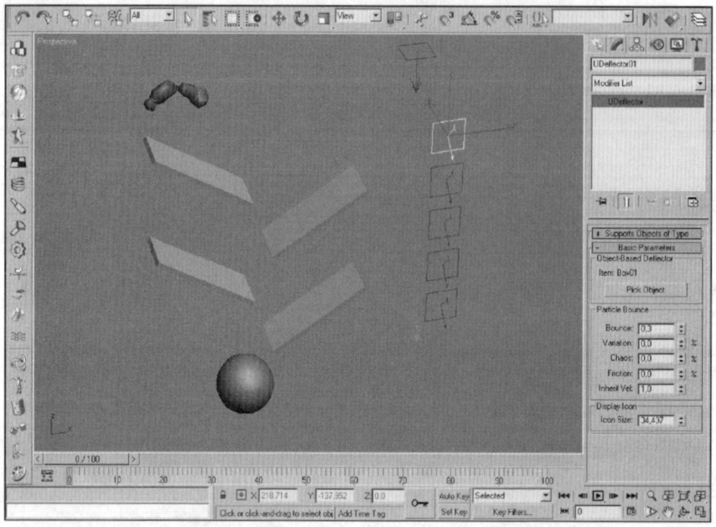

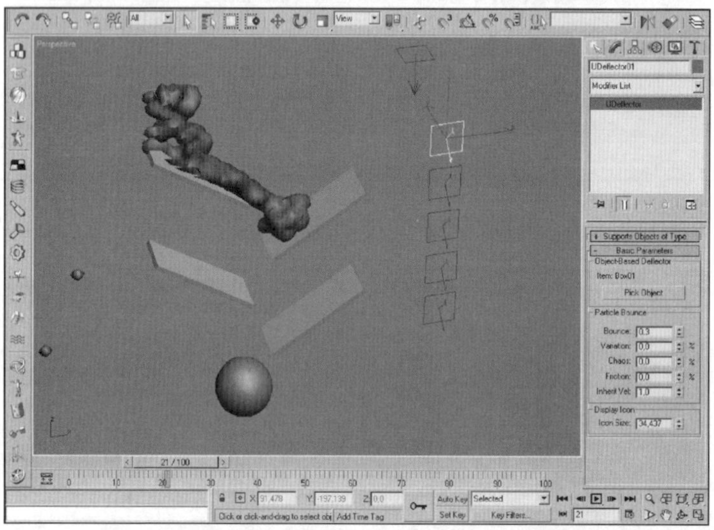

11. No caso da esfera, deixe o Bounce com valor zero.

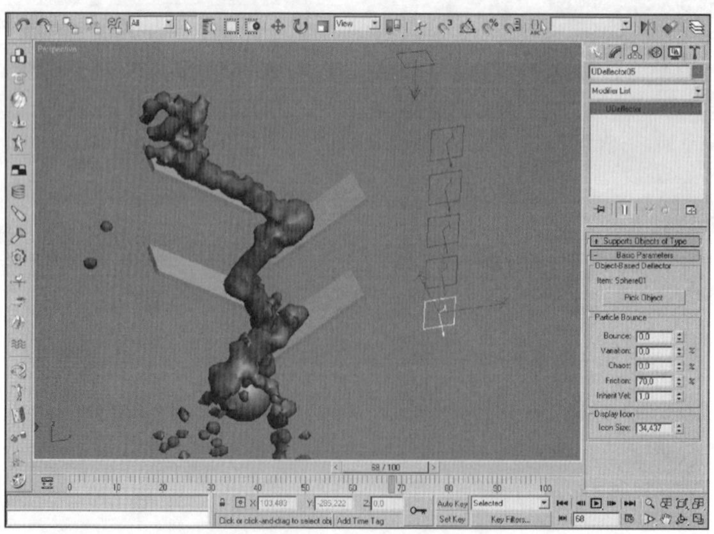

12. Aplique um material de vidro às partículas e renderize.

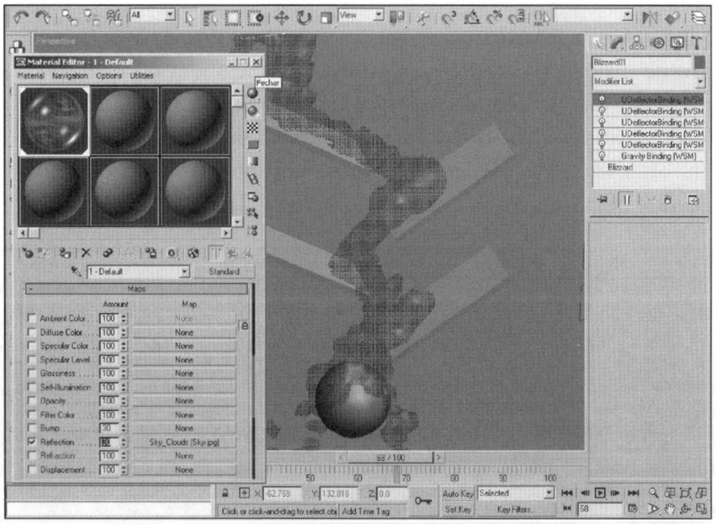

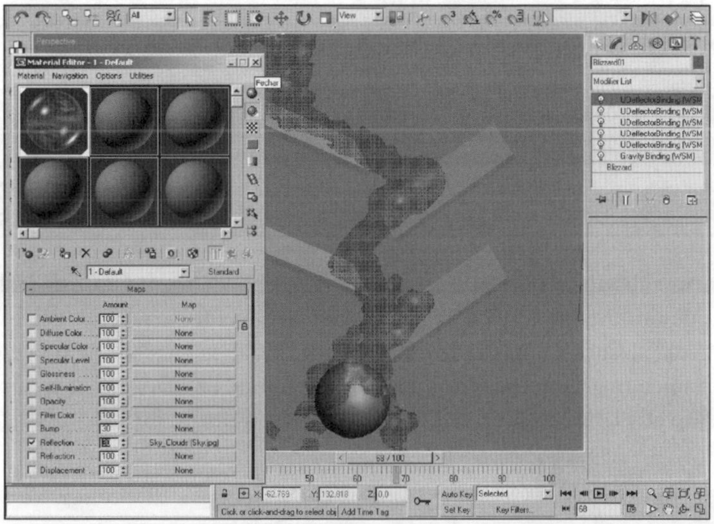

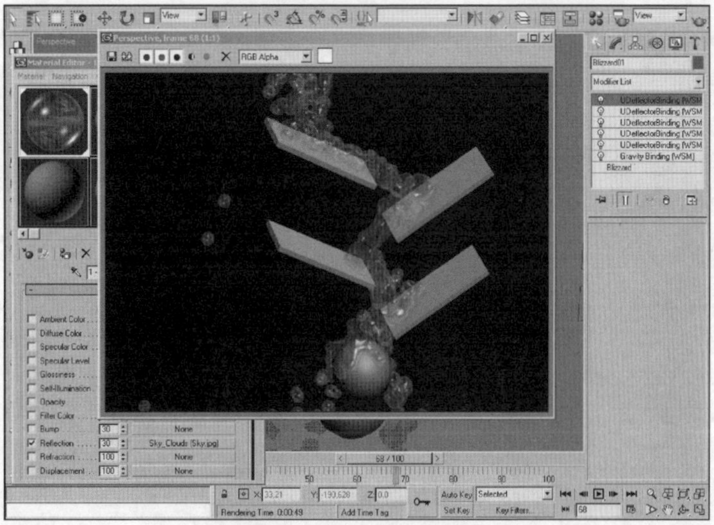

Particle Flow

Particle Flow é um sistema de partículas extremamente versátil e potente do 3ds Max. Utiliza um modelo controlado por eventos mediante um quadro de diálogo especial com o nome Particle View, no qual se combinam operadores individuais que descrevem propriedades das partículas como forma, velocidade, direção e rotação durante um período de tempo em grupos denominados Events. Cada operador conta com um conjunto de parâmetros, muitos dos quais são animados para trocar o comportamento das partículas durante o evento. À medida que transcorre o evento, o Particle Flow avalia continuamente cada operador da lista e atualiza o sistema de partículas em consonância.

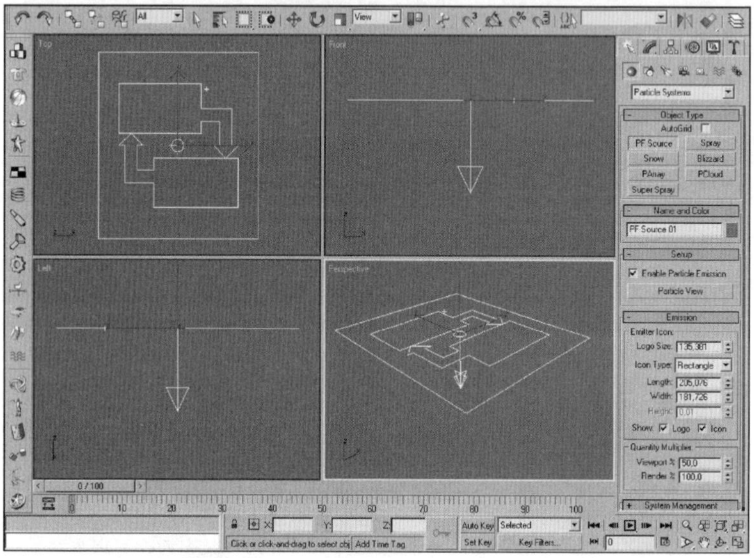

Para conseguir mudanças mais substanciais nas propriedades e no comportamento das partículas, pode-se criar um fluxo (flow) que envia partículas de um evento a outro, o que permite os eventos em série. Por exemplo, uma prova (teste) pode verificar se uma partícula alcançou uma idade determinada, a que velocidade se move ou se chocou-se com um defletor. As partículas que superam a prova passam ao evento seguinte, enquanto as que não cumprem os critérios da prova permanecem no evento atual, provavelmente para submeter-se a outras provas.

Está na pasta  Create → botão  Geometry → Particle Systems → PF Source. Veja a tela anterior.

Clique no botão Particle View.

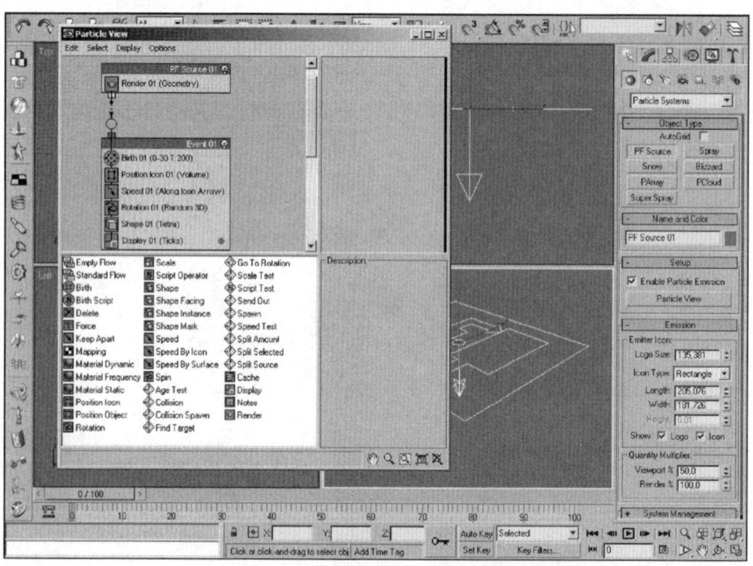

Como Trabalhar com Fluxo de Partícula

Particle View é a interface primária para construir o sistema de Fluxo de Partícula. O primeiro evento no sistema sempre é global, cujos conteúdos afetam todas as partículas no sistema. Tem o mesmo nome que o ícone Fluxo de Partícula. Por padrão, o evento global contém um único render de operador que especifica propriedades de rendering a todas as partículas no sistema. Você pode somar outros operadores para ter outras ações globalmente, como Material, Display e Speed. Quando usa um operador globalmente, não o utilize localmente (quer dizer, em qualquer outro evento no sistema) para evitar conflitos potenciais.

O evento global também serve como representação de Particle View do sistema de partícula. Você pode criar um sistema duplicando esse evento, ou somando um Fluxo Vazio ou Fluxo de Padrão. Reciprocamente, se você clona o ícone de Fluxo de Partícula em um visor ou soma uma Fonte de PF nova, o novo sistema aparece no Particle View.

O segundo chama-se evento de nascimento, porque deve conter um operador de nascimento no topo do evento de nascimento, e em nenhum outro lugar. O evento de nascimento de padrão também contém vários operadores que agem para especificar propriedades de partículas localmente. O sistema de partícula padrão provê um evento global básico e o evento de nascimento, os quais servem como ponto de partida útil para criar seu próprio sistema. Se você gostar, pode iniciar com um sistema vazio para criar um sistema de partícula.

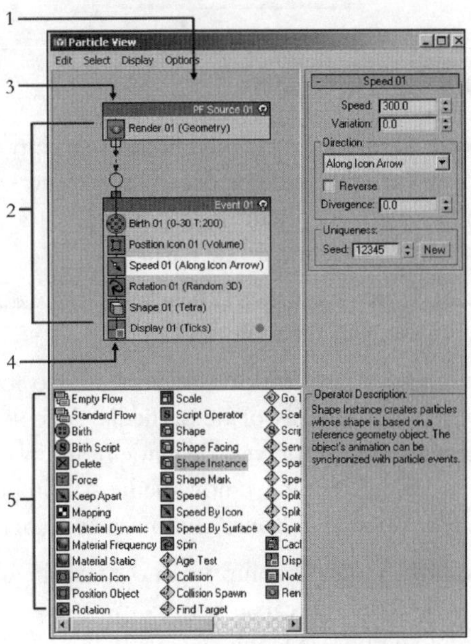

1. Monitor de evento
2. Diagrama de partícula
3. Evento global
4. Evento de nascimento
5. Depósito

Para acrescentar uma ação ao diagrama de partícula, arraste-a ao monitor de evento do depósito (a área no fundo do diálogo de Particle view). Se arrastar uma ação a um evento, pode acrescentá-la ao evento ou substituir uma ação existente, dependendo do lugar onde você a coloca. Se colocar em uma área vazia, cria outro evento.

Para personalizar a ação, clique em sua entrada de evento e edite as colocações nos parâmetros, de acordo com o painel que fica ao lado.

Para acrescentar complexidade ao sistema de partícula, pode inserir um teste em um evento e então telegrafá-lo a outro evento. Você pode ajustar os parâmetros de teste para afetar o comportamento da partícula, como também determinar se as condições específicas existem.

A Vida de uma Partícula

O Particle Flow também pode ser considerado na perspectiva de uma partícula individual. Cada partícula inicia sua existência ou nasce mediante o Birth operator, que permite especificar quando começa e termina a criação de partículas, além de quantas criar.

As partículas surgem de um objeto denominado emissor. O emissor default é o ícone de origem da Particle Flow que emprega o Position Icon operator, mas também pode usar o Position Object operator para indicar que as partículas devem nascer dentro ou na superfície de qualquer objeto Mesh (malha) da cena.

Depois de nascer, as partículas podem permanecer no ponto de emissão ou começar a mover-se de duas formas distintas. Podem mover-se fisicamente dentro da cena a uma velocidade e direção estabelecidas com várias ações. Estes são tipicamente Speed operators, mas outras ações também podem afetar o movimento das partículas, entre elas Spin e Find Target. Além disso, é possível influir em seu movimento com forças externas mediante o Force operator.

1. Partícula imediatamente após sua criação, sem velocidade.
2. O operador Speed põe a partícula em movimento.
3. A partícula segue movendo-se até que recebe a influência de outra ação.

A segunda forma de movimento das partículas é lógica, de evento a evento no Particle Diagram, tal como reflete. Cada evento pode conter um número indeterminado de operadores que, além de afetar o movimento, influi no aspecto da superfície de uma partícula, em seu tamanho, forma e outros fatores.

As partículas se iniciam no Birth Event, geralmente o primeiro depois do evento global. Enquanto uma partícula permanece em um evento, o Particle Flow avalia cada ação do evento, de baixo a cima, uma vez por passo de integração, e aplica as mudanças pertinentes à partícula. Se o evento contiver uma prova, o Particle Flow determina se o resultado da partícula é verdadeiro para os parâmetros da prova, por exemplo, se tiver se chocado com um objeto da cena. Em caso afirmativo, e se a prova está conectada a outro evento, o Particle Flow envia a partícula ao evento seguinte. Em caso negativo, a partícula permanece no evento atual, cujos operadores e provas podem seguir atuando sobre ela, portanto cada partícula existe apenas em um evento e por momento determinado.

A ação em um evento pode trocar a forma (1) ou o giro da partícula (2), além de gerar novas partículas (3). As ações também podem aplicar forças às partículas (1), especificar efeitos de colisão (2) e alterar suas propriedades de superfície (3).

Assim, a partícula segue viajando pelo sistema. Devido à natureza flexível da construção esquemática no Particle Flow, uma partícula pode dirigir-se ao mesmo evento várias vezes. Entretanto, também é possível eliminar a partícula. Para isso convém utilizar o Delete operator, o Collision Spawn test ou o Spawn test. Do contrário, a partícula permanece durante toda a animação.

A idade das partículas pode ser utilizada para finalizar uma partícula.

Em sua viagem pelo sistema, a partícula vai acompanhada de vários canais. Por exemplo, cada partícula tem um canal de velocidade que define com que rapidez se move, e um material ID channel que permite ao Particle Flow saber que material deve aplicar. Não obstante, o material em si não se define mediante um canal, a não ser com um operador Material que atua local ou globalmente. As propriedades definidas pelos canais persistem, salvo que uma ação as altere. Por exemplo, o Material Dynamic operator pode mudar o material ID de uma partícula. De fato, ao configurar um particle diagram e modificar o aspecto e o comportamento das partículas durante a animação, o usuário decide como trocar os valores de canal com os eventos e keyframes de animação.

Flow Source

Na pilha de modificador, abrir a hierarquia do Fluxo de Partícula dá acesso a dois níveis de sub-objects: partícula e evento.

Roll-Out de Configuração

Use esses controles para mudar o sistema de partícula de tempo em tempo e abrir a Particle View.

- **Enable Particle Emission:** ativa e desativa as partículas. Por padrão, vem ativado.
- **Particle View:** clique para abrir o diálogo de Particle View.

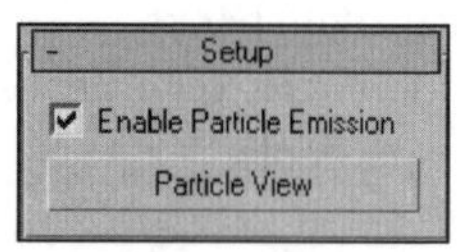

Roll-Out de Emission

- **Logo Size:** indica o tamanho do logotipo de Fluxo de Partícula que aparece no centro do ícone de fonte, como também a seta que indica a direção padrão de movimento de partícula.
- **Icon Type:** a geometria básica do ícone de fonte: retângulo, caixa, círculo ou esfera.

  Essa escolha só importa se você usar o ícone de fonte como o emissor de partícula. As colocações de tamanho disponíveis dependem do tipo de ícone que você escolhe, e novamente só é importante se usar o ícone de fonte como um emissor.
- **Length:** indica o comprimento do retângulo e tipos de ícone de caixa, bem como o diâmetro do círculo e tipos de ícone de esfera.

- **Width:** determina a largura do retângulo e tipos de ícone de caixa. Indisponível com o círculo e tipos de ícone de esfera.
- **Height:** define a altura do tipo de ícone de caixa. Disponível só com o tipo de ícone de caixa.
- **Viewport:** estabelece a porcentagem do número total de partículas no sistema produzido nos visores. Default = 50.0. Range = 0.0 a 10000.0.
- **Render:** indica a porcentagem do número total de partículas no sistema. Default = 100.0. Range = 0.0 a 10000.0.

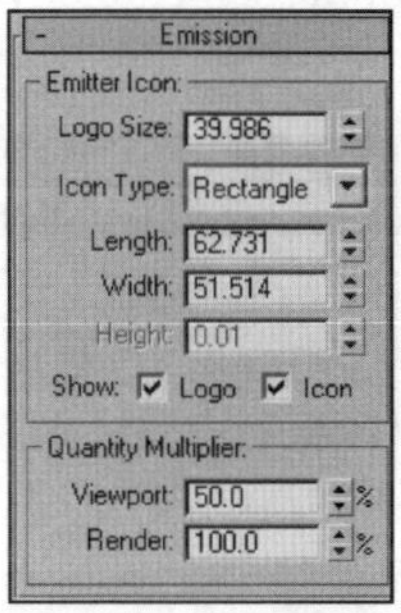

Roll-Out de Selection

-  **Particle:** permite selecionar partículas, clicando ou arrastando uma região.
- 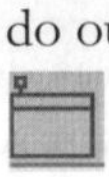 **Event:** seleciona partículas através de evento.
- **Select by Particle ID:** cada partícula tem um número de ID único, iniciando com 1 para a primeira partícula e assim por diante. Use esses controles para selecionar e desativar partículas pelos números de ID delas. Disponível para seleção de partícula.
- **ID:** identificação de cada partícula.

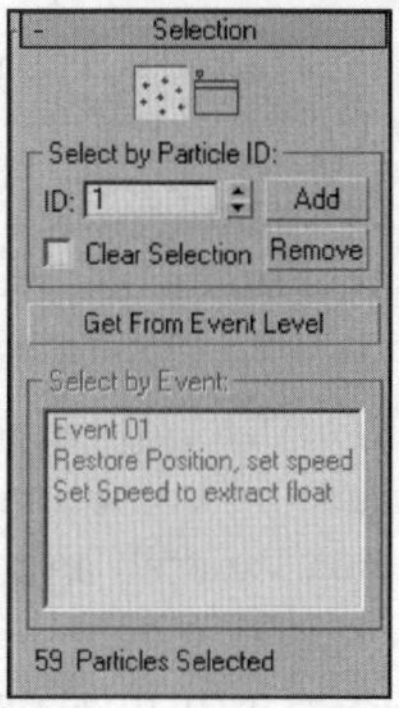

- **Add:** após ajustar o número de ID de uma partícula, clique em Add para acrescentá-lo à seleção.
- **Remove:** após ajustar o número de ID de uma partícula, clique em Remove para remover da seleção.
- **Clear Selection:** quando ativado, marque uma partícula para selecionar todas as outras.
- **Get From Event Level:** clique para converter uma seleção de nível de evento em nível de partícula. Disponível para a partícula.

System Management

Use essas opções para limitar o número de partículas no sistema e especificar a freqüência de atualização do sistema.

Quantidade de partículas

- **Upper Limit:** o número máximo superior de partículas que o sistema pode ter. Default = 100000. Range = 1 para 10000000.

  É possível ter mais de dez milhões de partículas em um único sistema, usando fontes de partícula múltiplas e telegrafando ao mesmo evento de nascimento. O fluxo de partícula é limitado a enviar um máximo de cinco milhões de partículas por evento para o renderer.
- **Viewport:** ajusta o passo de integração para reprodução de animação nos visores. Default = Frame (uma vez por quadro de animação). Range = 1/8, quadro a quadro.
- **Render:** ajusta o passo de integração para o tempo de render. Default = Half Frame (duas vezes por quadro de animação).

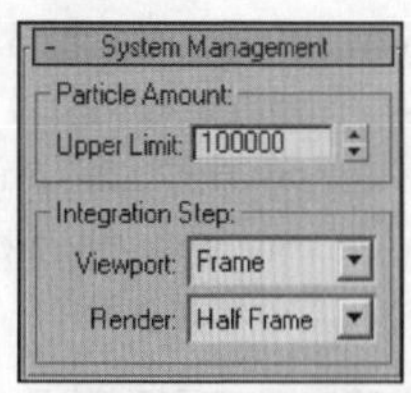

Script

Essa roll-out aplica um script ao sistema de partícula a cada passo de integração.

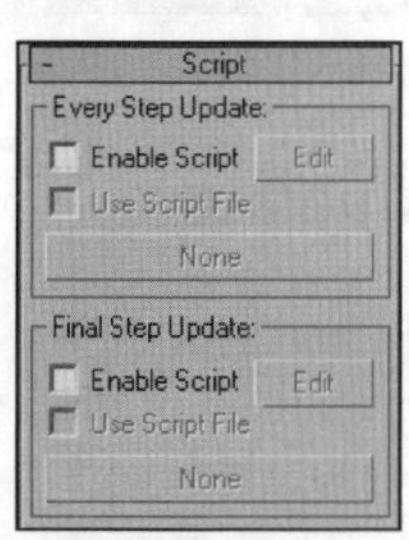

- **Enable Script:** permite que o script seja executado a cada passo de integração.
- **Edit:** altera o script por meio de um editor.
- **Use Script File:** quando ativado, carrega um script.

Birth Operator

Particle View → clique em Birth Operator em um evento ou acrescente um Birth Operator ao sistema de partícula e então selecione.

O Birth Operator ativa a criação de partículas no sistema de Fluxo de Partícula, o qual usa um conjunto de parâmetros simples. Em geral, use Nascimento como o primeiro operador conectado diretamente a um evento global.

Você pode especificar um número total de partículas ou uma taxa de partículas que nasce por segundo. É possível também definir quando o sistema começa a emitir partículas e quando deve parar.

- **Emit Start:** número do frame no qual o operador começa a emitir partículas.
- **Emit Stop:** número do frame no qual o operador deixa de emitir partículas.
- **Amount:** especifica o número total de partículas emitido pelo operador.
- **Rate:** especifica o número de partículas emitido por segundo. Escolha Rate e então ajuste o valor.
- **Total:** calcula o número total de partículas emitido pelo operador.
- **Subframe Sampling:** ajuda a evitar partículas que "sopram" emitindo outras a uma resolução de subframe (ao longo de cada quadro) muito mais alta, em lugar de usar a resolução de quadro relativamente grossa. Default = on.

Script Birth Operator

Particle View → Script Birth Operator. Clique em um evento ou acrescente um Script Birth Operator ao sistema de partícula e então selecione.

O Script Birth Operator ativa a criação de partículas dentro do sistema de Fluxo de Partícula que possui um script de MAXScript, que pode usar alguma funcionalidade de programa disponível para ele.

- **Emit Start:** molda o número no qual o operador começa a emitir partículas.

Grupo de singularidade

Provê uma semente de randomização que o script pode usar ou ignorar.

- **Seed:** especifica um valor de randomização.
- **New:** calcula uma semente nova que usa uma fórmula de randomização.

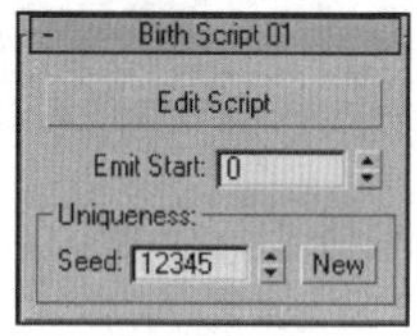

Delete Operator

Particle View → Delete. Clique em um evento ou some um Delete Operator ao sistema de partícula e então selecione.

Use o operador Delete para remover partículas do sistema de partícula. Por padrão, partículas permanecem para sempre, quer dizer, enquanto durar a animação. O operador Delete fornece um período de vida finito.

O operador Delete também é necessário ao usar o mapa de Idade de Partícula que, quando incorporado ao operador Dinâmico Material, aplica materiais diferentes a partículas que dependem da idade delas. Como o mapa trabalha em base de uma porcentagem do período de vida da partícula, você precisa usar um operador Delete para definir o máximo de vida das partículas.

- **All Particles:** apaga todas as partículas no evento imediatamente.
- **Selected Particles Only:** deleta todas as partículas selecionadas imediatamente quanto ao subobjeto de partícula no evento. Veja a roll-out de Seleção.
- **By Particle Age:** deleta do evento depois que forem usadas para um comprimento específico de tempo, com uma variação aleatória opcional. Escolhendo essa opção, o período de vida e as colocações de variação tornam-se disponíveis.
- **Life Span:** número de quadros de vida permitido para as partículas. Depois desse período, eles são apagados. Default = 60.

- **Variation:** o valor máximo que o tempo de vida da partícula pode variar. Para adquirir o período de vida atual de cada partícula, esse valor é multiplicado por um número aleatório entre −1.0 e 1.0 e então acrescentado ao período de vida. Default = 10.
- **Seed:** especifica um valor de randomização.
- **New:** calcula uma semente nova que usa uma fórmula de randomização.

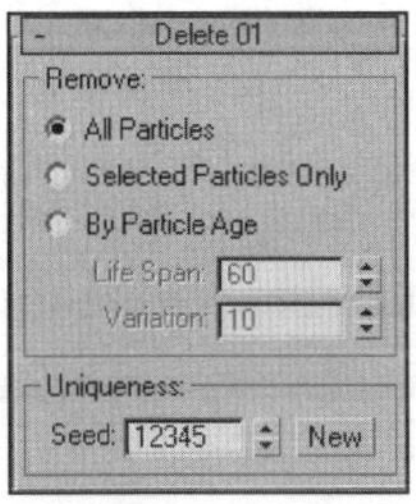

Position Icon Operator

Particle View → Position. Clique em um evento ou acrescente um operador de posição ao sistema de partícula e então selecione.

Por padrão, nascem partículas ou são emitidas pelo ícone de Fluxo de Partícula. Este tópico usa o termo emissor para recorrer a esse ícone. Use o operador de Ícone de Posição para controlar a colocação inicial de partículas no emissor. Você pode armar o emissor para emitir partículas de sua superfície, volume, extremidades, vértices ou centro. Se ativar o emissor, define o movimento a ser dado às partículas emitidas.

- **Lock On Emitter:** força todas as partículas a permanecerem nas posições iniciais no emissor, onde são colocadas. Quando desativado, a posição de nascimento de cada partícula é determinada pelo local atual do emissor. Default = off.

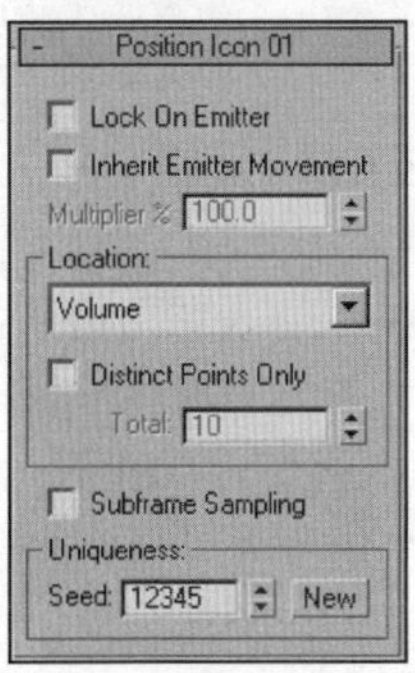

- **Inherit Emitter Movement:** o software fixa a taxa de cada partícula e a direção de movimento do emissor na hora de nascimento. Quando desativado, o movimento de emissor não afeta as partículas. Disponível só quando Lock On Emitter estiver desativado. Default = off.

Nota: Se houver um operador de velocidade depois do evento, anula qualquer movimento definido por Inherit Emitter Movement.

- **Multiplier:** determina em porcentagem até que ponto cada partícula herda o movimento do emissor. Disponível só quando Inherit Emitter Movement estiver ativado. Default = 100.

Grupo de Local

O local Lista Suspensa especifica em que local do emissor vão aparecer as partículas. Você pode criar uma variedade de comportamentos de emissão alterando o tipo de ícone. Default = Volume.

- **Pivot:** emite do centro do ícone.
- **Vertices:** para Caixa e Retângulo, emite partículas dos cantos do ícone. Para o tipo de ícone de esfera, emite partículas das seis intersecções dos três círculos que definem a esfera. Para o tipo de ícone de círculo, emite partículas do centro.
- **Edges:** emite de pontos aleatórios ao longo das extremidades do ícone.
- **Surface:** emite de pontos aleatórios na superfície do ícone.
- **Volume:** emite de pontos aleatórios dentro do volume do ícone.
- **Distint Points Only:** limita a um número específico de pontos.
- **Total:** indica o número de pontos de emissão. Disponível só quando pontos distintos estiverem ativados. Default = 10.

Position Object Operator

Por padrão, nascem partículas ou são emitidas pelo ícone de Fluxo de Partícula. O Position Object Operator emite partículas em vez de qualquer outro objeto ou objetos na cena. Este tópico usa o termo emissor para recorrer a um objeto ou objetos que emitem partículas com esse operador. Por exemplo, use-o para criar rastros de fogo de um meteoro.

Use as colocações de Position Object para controlar a posição inicial de partículas no emissor. Você pode configurar o emissor para emitir partículas de sua superfície, volume, extremidades, vértices ou pivô, ou de uma seleção de subobjeto. Você também pode controlar a emissão de partículas com um material aplicado ao objeto.

Alternativamente, é possível usar o Position Object Operator para emitir partículas do ícone de Fluxo de Partícula.

Nota: Tipicamente se usa Position Object em um evento de nascimento, assim as partículas aparecem inicialmente ao objeto do emissor. Se você usá-lo em um evento de não-nascimento, as partículas saltam ao emissor designado ao entrar no evento. Isso pode ser útil para um efeito de teletransporte.

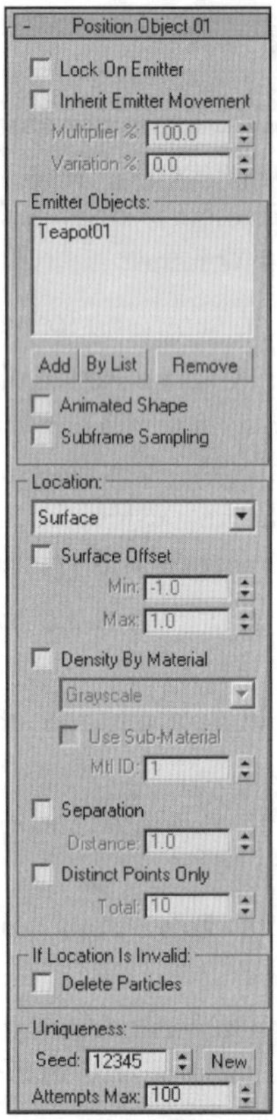

- **Lock On Emitter:** força todas as partículas a permanecerem nas posições iniciais no emissor. Quando desativado, a posição de nascimento de cada partícula é determinada pelo local atual do emissor. Default = off.
- **Inherit Emitter Movement:** o software fixa a taxa de cada partícula e a direção de movimento do emissor na hora de nascimento. Quando desativado, o movimento de emissor não afeta as partículas. Disponível só quando Lock On Emitter estiver desativado. Default = off.

Nota: Se houver um operador de velocidade depois do evento, anula qualquer movimento definido por Inherit Emitter Movement.

- **Multiplier:** determina em porcentagem até que ponto cada partícula herda o movimento do emissor. Disponível só quando Inherit Emitter Movement estiver ativado. Default = 100.
- **Add:** inclui um objeto na lista. Clique em Add e em um objeto.
- **By List:** adiciona objetos múltiplos à lista. Clique nela para abrir o diálogo de objetos Emissor de Seleção.
- **Remove:** remove um objeto da lista. Destaque o objeto na lista e clique em Remove.
- **Animate Shape:** emite partículas da superfície de um objeto cuja forma é animada por metamorfose ou com modificadores.

Grupo de Local

O local Lista Suspensa especifica em que lugar do emissor vão aparecer as partículas. Você pode criar uma variedade de comportamentos de emissão alterando o tipo de ícone. Default = Volume.

- **Pivot:** emite do centro do ícone.
- **Vertices:** para Caixa e Retângulo, emite partículas dos cantos do ícone. Para o tipo de ícone de esfera, emite partículas das seis intersecções dos três círculos que definem a esfera. Para o tipo de ícone de círculo, emite partículas do centro.
- **Edges:** emite pontos aleatórios ao longo das extremidades do ícone.
- **Surface:** emite pontos aleatórios na superfície do ícone.
- **Volume:** emite pontos aleatórios dentro do volume do ícone.
- **Distint Points Only:** limita a um número específico de pontos.
- **Total:** indica o número de pontos de emissão. Disponível só quando pontos distintos estiverem ativados. Default = 10.

Você pode modificar a escolha de local com qualquer combinação seguinte:

- **Surface Offset:** especifica uma distância da superfície do objeto para colocar a partícula.
- **Min/Max:** quando o Surface Offset está ativado, permite especificar as distâncias mínima e máxima da superfície do objeto.
- **Density By Material:** variação da superfície do emissor, baseando-se em propriedades do material aplicadas ao emissor. Por exemplo, se o objeto é considerado um mapa difuso quadriculado, branco

e preto e você escolhe a opção Grayscale, só são emitidas partículas das verificações brancas.

- **Grayscale:** emite mais partículas em áreas mais claras e menos em áreas mais escuras.

O emissor de caixa é traçado com um gradiente. Com Density By Material → Grayscale as partículas aparecem com mais freqüência nas áreas mais claras da caixa.

- **Opacity:** partículas têm mais probabilidade de aparecer em áreas opacas que em áreas transparentes.
- **Grayscale & Opacity:** combina os dois: mais partículas aparecem em claridade e áreas opacas que em escuridão ou áreas transparentes.
- **Red/Green/Blue:** considera só o canal de cor especificado.
- **Use Sub-Material:** quando ativado, usa um submaterial do Multi/Sub-object nomeado ao emissor para definir valores de densidade.

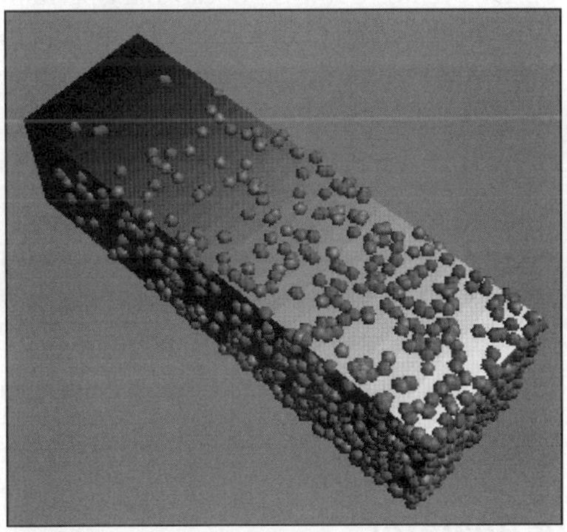

- **Mtl ID:** especifica o ID do material a ser usado para emissão de partícula.
- **Separation:** quando ativado, o software tenta manter as partículas separadas pela quantia especificada em Distance.
- **Distance:** especifica a distância em unidades do sistema pelas quais o software tenta manter as partículas separadas. Default = 1.0.
- **Distint Points Only:** limita a um número específico de pontos.
- **Total:** indica o número de pontos de emissão.
- **Delete Particles:** quando ativado, se o software não puder colocar uma partícula de acordo com a opção atual, apaga-a. Quando desativado, a inclusão da partícula é indefinida, depende de outras variáveis. Default = off.
- **Seed:** especifica um valor de randomização.
- **New:** calcula uma semente nova que usa uma fórmula de randomização.
- **Attempts Max:** quando se usa a opção de Separação, especifica o número máximo de Fluxo de Partícula de tempo que indica posições de partícula que mantêm a distância pedida.

Rotation Operator

O operador de rotação permite o ajuste da orientação da partícula animada durante um evento, com variação aleatória opcional. Você pode aplicar orientação em quaisquer das cinco matrizes: duas aleatórias e três explícitas. Para algumas opções você pode armar um grau de variação aleatória ou divergente da orientação especificada.

Interface

Grupo de Matriz de Orientação

- **Random 3D:** deixa cada partícula 3D em orientação arbitrária, aleatória.
- **Random horizontal:** deixa cada partícula 3D em orientação arbitrária, aleatória sobre o eixo Z.
- **Space Orientation:** world é especificado no espaço de coordenada do mundo.

  Use X/Y/Z para especificar a orientação a todas as partículas.

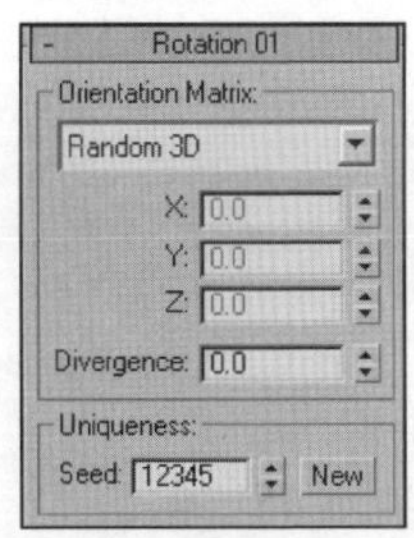

- **Speed Space:** coordena o espaço para orientação da partícula. É determinado pela direção das partículas quando entram no evento. Use X/Y/Z para especificar a orientação a todas as partículas.
- **Speed Space Follow:** coordena o espaço para orientação da partícula. É continuamente determinado enquanto as partículas estiverem no evento. Assim, por padrão, partículas reorientam-se constantemente para "apontar" a direção em que estão viajando.

Use X/Y/Z para especificar a orientação a todas as partículas. A divergência é indisponível quando usar Speed Space Follow.

- **X/Y/Z:** indica a orientação básica sobre os eixos locais das partículas. Indisponível com Aleatório 3D e opções horizontais aleatórias.
- **Divergence:** define o valor de variação (em graus) para orientação de partícula.
- **Restrict Divergence to Axis:** quando ligado, disponibiliza o Eixo de Divergência para ajustar o eixo no qual a divergência será aplicada. Quando desligado, o software utiliza um eixo aleatório para cada partícula. Indisponível quando está setado para o Random 3D ou com o Speed Space Follow. Default = off.
- **Divergence Axis:** use X/Y/Z para ajustar o eixo no qual a divergência será aplicada. Default = 1,0,0. Gama = −1.0 a 1.0.
- **Seed:** especifica um valor de randomização.
- **New:** calcula uma variação nova que usa uma fórmula de randomização.

Spin Operator

O Spin Operator concede velocidade angular a partículas em um evento, com variação aleatória opcional. Giro é aplicado uma vez por evento de partícula, exceto quando usar a opção Speed Space Follow, porém as colocações podem ser animadas.

Para especificar a orientação de partícula simplesmente use o operador de rotação.

Interface

Aparece no painel de parâmetros, ao lado direito do diálogo de Particle View.

- **Spin Rate:** revolução em graus por segundo.
- **Variation:** quantia máxima, em graus por segundo, em que a taxa de giro pode variar. A variação atual é uma vez calculada, ao acaso, para cada partícula.
- **Random 3D:** revolução de cada partícula sobre um eixo 3D arbitrário, aleatório.
- **World Space:** o giro do eixo é especificado no espaço de uma coordenada mundial. Use X/Y/Z para especificar o eixo de giro.
- **Particle Space:** o giro do eixo é especificado no espaço da coordenada local de cada partícula.

Use X/Y/Z para especificar o eixo de giro.

- **Speed Space:** a coordenada do espaço para orientação da partícula é determinada pela direção das partículas ao entrarem no evento.

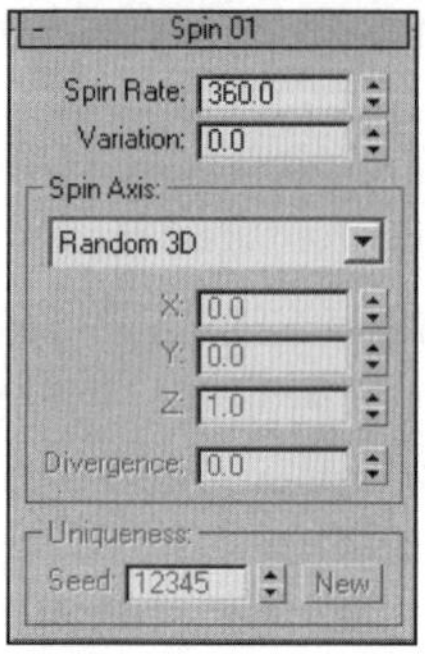

Use X/Y/Z para especificar a orientação a todas as partículas.

- **Speed Space Follow:** a orientação da partícula é determinada pela direção das partículas ao longo do evento. Use essa opção para permitir que as partículas mudem de direção. Durante o evento mantenha o eixo de giro alinhado na direção delas.

Use X/Y/Z para especificar a orientação a todas as partículas.

- **X/Y/Z:** use para ajustar o eixo de giro. Indisponível para Random 3D.
- **Seed:** especifica um valor de randomização.
- **New:** calcula uma variação nova que usa uma fórmula de randomização.

Scale Operator

Permite ajustar o tamanho da partícula animada durante um evento com variação aleatória opcional.

- **Overwrite Once:** ajusta a escala uma vez com um valor de porcentagem absoluto, desconsiderando qualquer escala prévia.
- **Inherit Once:** ajusta a escala uma vez com uma porcentagem de escalamento existente, o qual deveria ser especificado com um operador de escala prévio. A colocação de escala é feita no Shape Operator ou no Shape Instance Operator.
- **Absolute:** ajusta a escala continuamente, enquanto a partícula está no evento, com um valor de porcentagem absoluto, desconsiderando qualquer escalamento prévio. Use Absolute se você quiser animar a escala das partículas explicitamente.
- **Relative First:** ajusta a escala continuamente, enquanto a partícula está no evento, com uma por-

centagem de escalamento existente. Esse escalamento deveria ser especificado com um operador de escala prévio ou uma instância de forma.

- **Relative Successive:** ajusta as partículas continuamente, relativas ao conjunto de escala no mesmo evento.

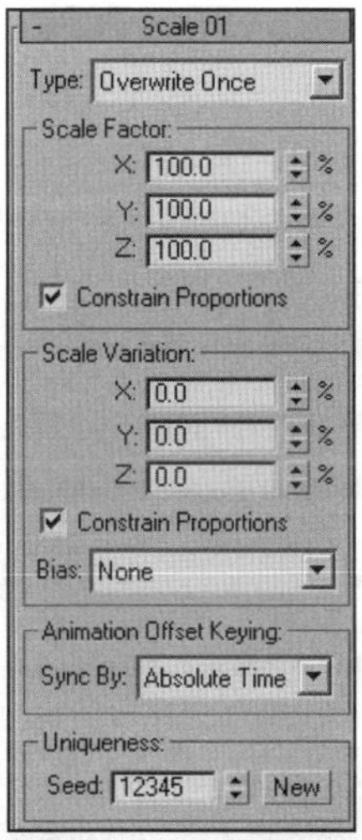

Scale Factor

O operador executa a escala nos eixos locais de cada partícula. É possível escalar partículas em um único eixo ou em qualquer combinação de eixos.

- X/Y/Z: ajusta o escalamento em porcentagem do tamanho atual da partícula.
- **Constraint Proportions:** quando ativado, mantém o valor atual da variação do fator de escala.

Scale Variation

- **X/Y/Z:** ajusta a variação de escala com uma porcentagem do tamanho prévio da partícula.
- **Constraint Proportions:** quando ativado, mantém o valor atual da variação do fator de escala.
- **Bias:** permite determinar como distribuir a variação da escala dentro de um valor especificado.
- **None:** nenhuma variação de escala é feita. Tudo é distribuído igualmente pelo valor.
- **Centered:** variação da escala está concentrada perto do meio da taxa.
- **Towards Minimum:** variação da escala está concentrada perto do término inferior da taxa.
- **Towards Maximum:** variação está concentrada perto do término superior da taxa.
- **Sync By:** escolhe o frame para aplicar parâmetros animados.
- **Absolute Time:** qualquer chave ajustada para os parâmetros é aplicada aos quadros atuais para os quais eles são fixos.
- **Particle Age:** qualquer chave ajustada para os parâmetros é aplicada aos quadros correspondentes a cada partícula.
- **Duration Any:** qualquer chave ajustada para os parâmetros é aplicada a cada partícula, que inicia quando entra no evento.

Speed Operator

Aparece no primeiro evento, quando você cria um ícone de Fluxo de Partícula. Provê controles básicos para velocidade de partícula e direção.

Interface

- **Speed:** velocidade da partícula em unidades do sistema por segundo. Default = 300.
- **Variation:** o valor de variação de cada partícula de velocidade, em unidades do sistema por segundo. Default = 0.0.
- **Along Icon Arrow:** partículas movimentam-se paralelamente à seta de ícone. Gire o ícone para mudar a direção.
- **Icon Center Out:** cada partícula circula uma linha imaginária puxada entre o local da partícula e o centro de ícone.
- **Icon Arrow Out:** cada partícula faz uma linha imaginária entre o local da partícula e a seta de ícone. A linha é perpendicular à seta de ícone, e considera-se uma linha infinita para esse propósito.
- **Random 3D:** partículas sofrem movimento aleatório em todas as direções. Essa opção é afetada pela configuração do Uniqueness.
- **Random Horizontal:** cada partícula aleatória muda para uma direção horizontal aleatória.
- **Inherit Previous:** usa a direção atual de movimento.
- **Reverse:** quando ativado, a direção é invertida. Default = off.
- **Divergence:** quando ativado, esparrama o fluxo de partícula. Use a colocação numérica para definir a extensão da divergência, em graus. Range = 0 para 180. Default = 0. O valor pode ser animado.

Essa opção é indisponível se Aleatório 3D for escolhido.

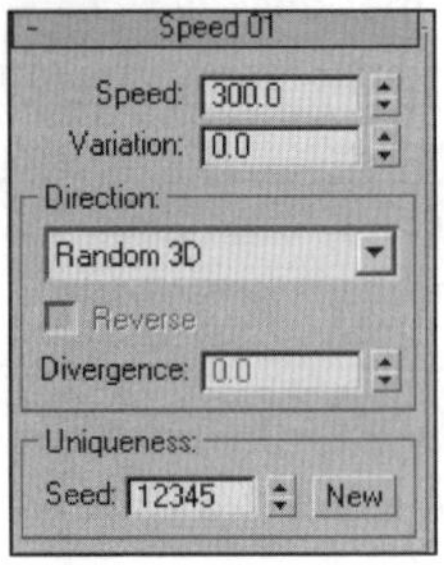

Fluxo de Partículas

A melhor maneira de compreender o Fluxo de Partículas é utilizando-o. Este exercício ajuda a conhecer alguns métodos básicos para trabalhar com Particle Flow.

Criação do sistema de Particle Flow

1. Abra o 3ds Max.
2. Na pasta  Create → botão  Geometry, abra a lista drop-down e selecione Particle Systems.

3. Na roll-out Object Type, clique em PF Source.
4. No viewport Perspective, crie o PF Source (retângulo).

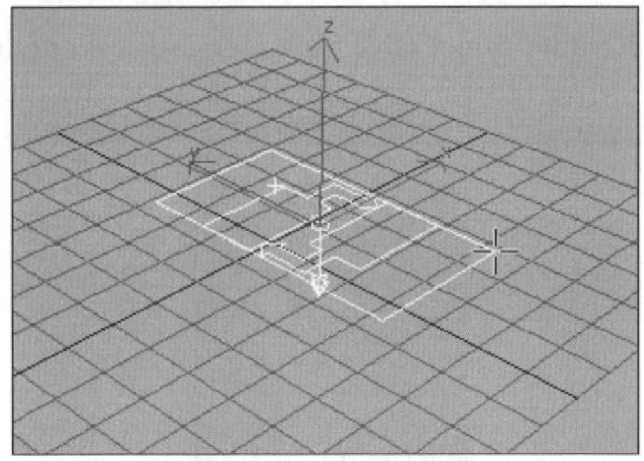

Trata-se do ícone de Particle Flow ou origem, denominado PF Source01, que de forma predeterminada atua como emissor, mas também pode ser emissor de qualquer outro objeto.

5. Mova a timeline (barra de frames).

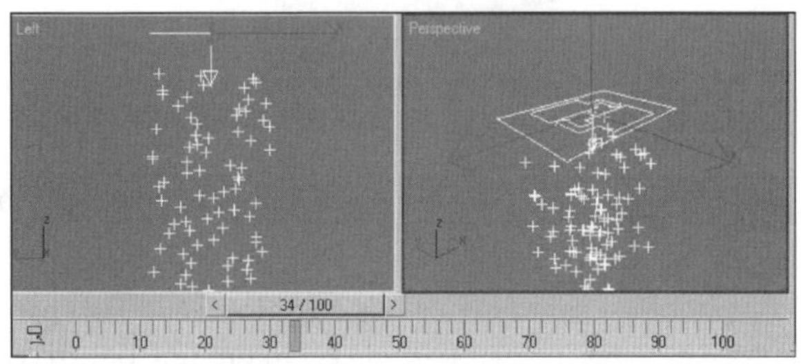

De forma predeterminada, o ícone emite partículas para baixo por toda a superfície. As partículas se representam mediante marca na viewport.

6. Vá ao frame 10 e pressione Shift + Q para renderizar a viewport Perspective.

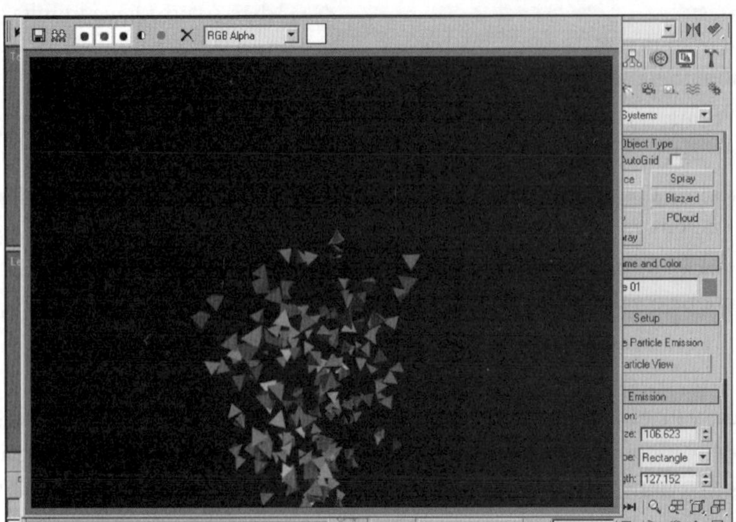

As partículas renderizadas aparecem em uma janela. A forma de partícula default (padrão) é um tetraedro, um objeto com quatro faces. Tem geometria muito simples, o que permite ao sistema utilizar muitas partículas com rapidez e eficácia, e proporciona uma boa idéia do comportamento das partículas. Outras formas básicas são um objeto com poucos polígonos e um cubo. Com Particle Flow também é possível selecionar qualquer objeto da cena como geometria de partículas.

Exercício - Particle Flow

Alteração do tipo de partícula com o operador **Age Test** (idade da partícula a partir do nascimento).

1. Vá à pasta Create, clique no botão Geometry e carregue o menu Particle System. Clique no PF Source e crie um emissor de partícula na viewport Perspective.

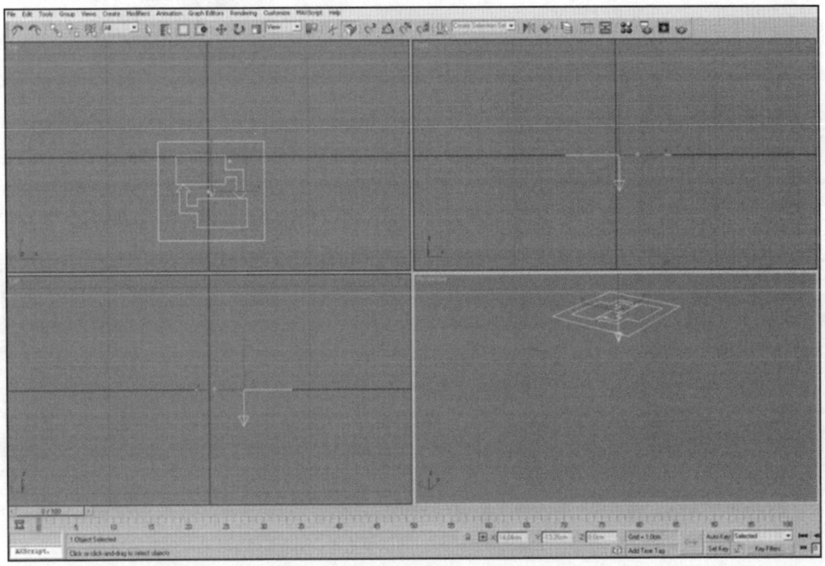

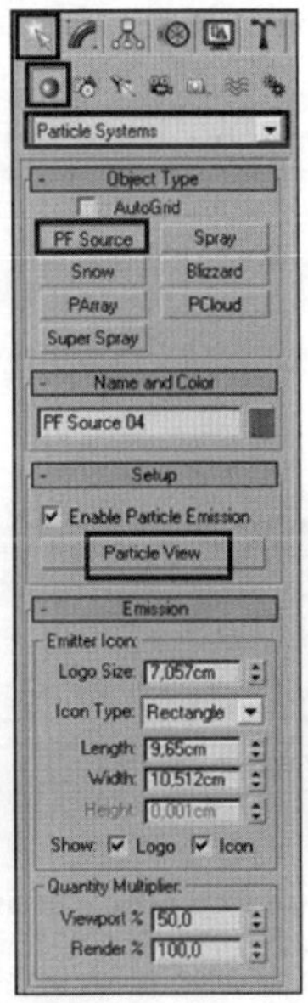

2. Clique no botão Particle View para abrir o gerenciador de partículas.

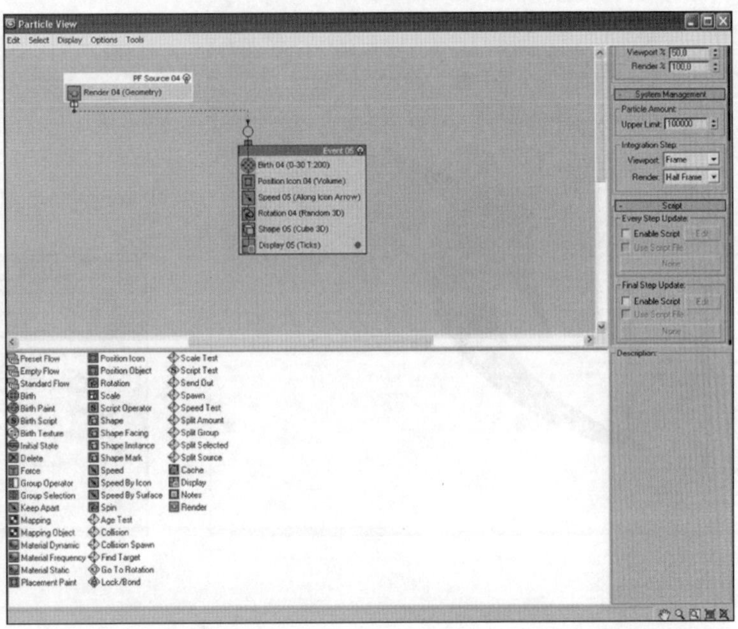

3. No gerenciador de partículas selecione o operador Birth e altere o valor do Emit Stop de 30 para 100; assim, quando você utilizar a timeline para animar as partículas, elas serão expelidas do emissor a partir do frame 0 e vão até o frame100.

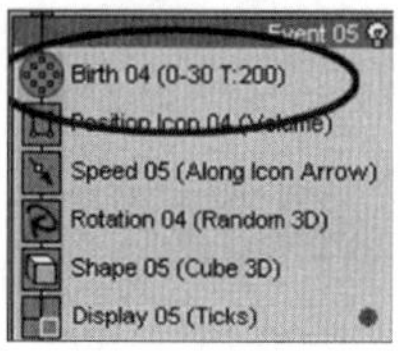

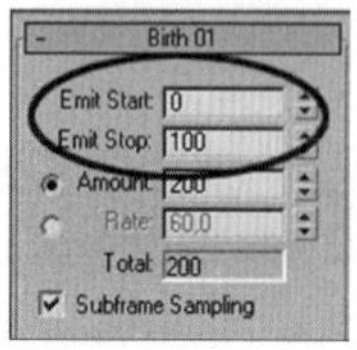

4. No gerenciador de partículas selecione o operador Shape e altere o formato de apresentação do shape para Diamond; se achar necessário, altere o valor e o tamanho da partícula.

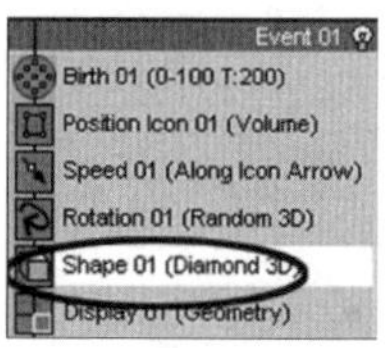

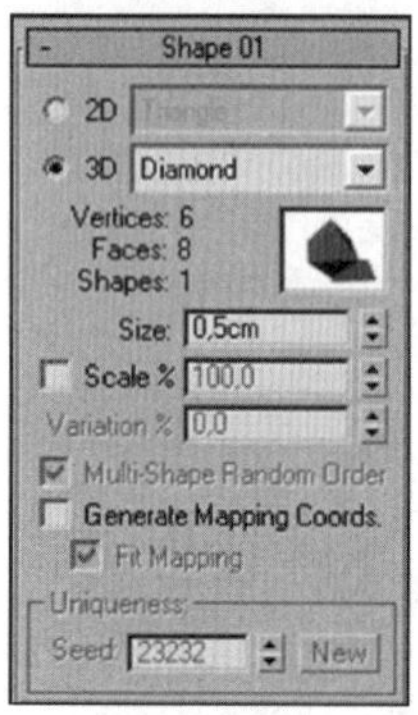

5. No gerenciador de partículas selecione o operador Display e altere o formato de apresentação das partículas para Geometry. Desta forma a geometria escolhida na roll-out Shape será visível diretamente na viewport.

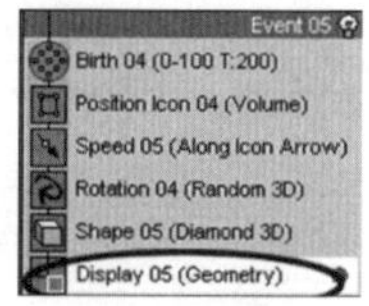

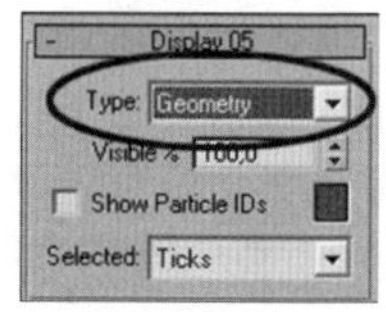

6. No gerenciador de partículas carregue o operador Age test para o evento, conforme mostra a figura. Certifique-se de que ele foi adicionado abaixo do operador Display, altere o valor de **Test Value** para 15 e deixe o **Variation** com 0.

Observação: Cuidado ao arrastar o operador para o evento. Se por algum motivo você soltar o operador fora da janela, delete-o para evitar confusão.

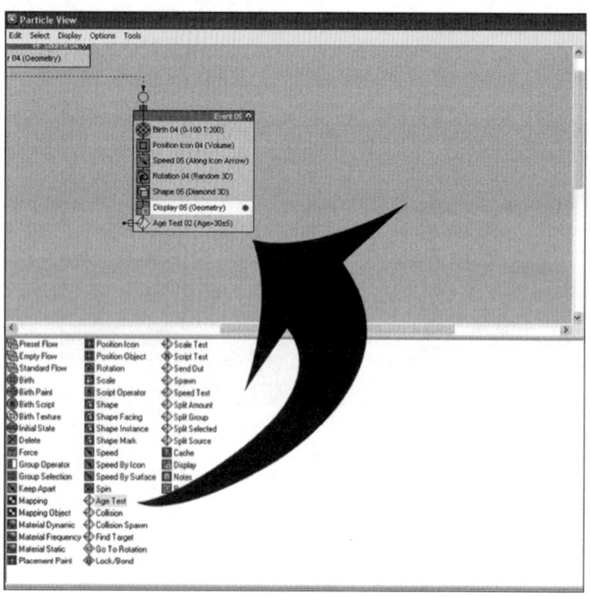

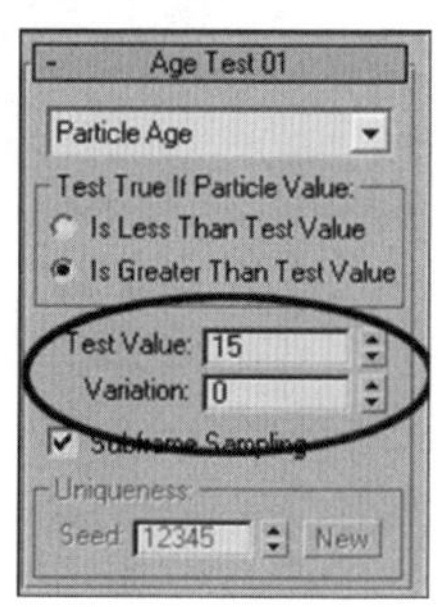

7. Carregue o operador Speed fora do evento atual, criando assim outro evento, conforme a figura seguinte. Altere o parâmetro do Speed para 10 e o valor de Divergence para 80.

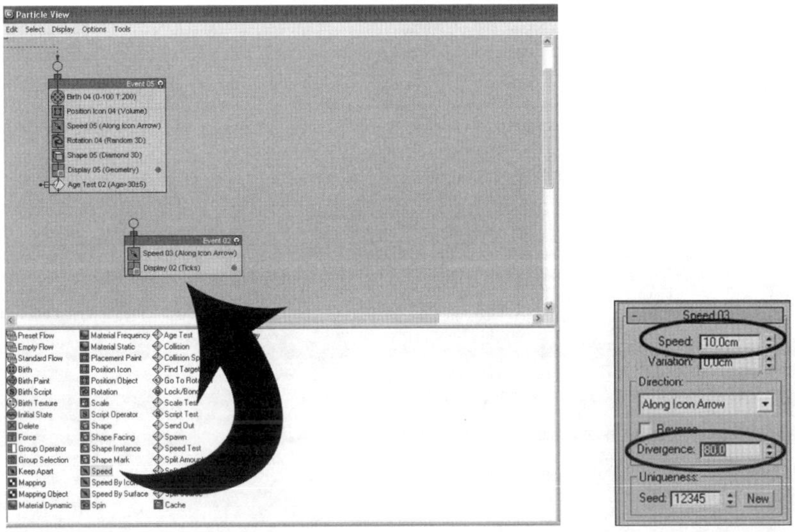

8. Carregue para o novo evento o operador Shape, altere a forma do shape 3D para Letters Arial e aumente ou diminua o valor de Size, se achar necessário.

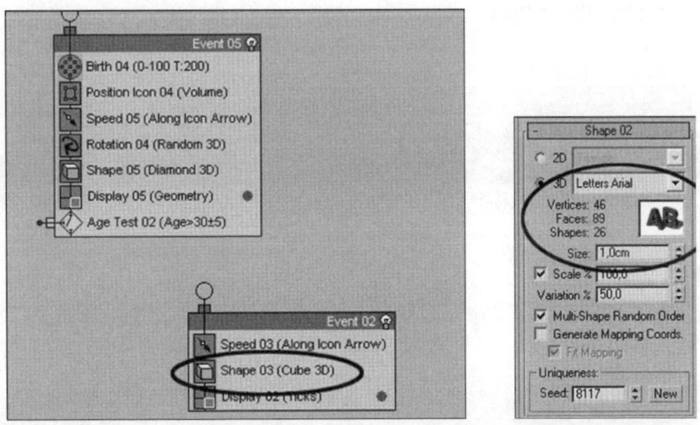

9. Conecte o primeiro evento que tem o **Age Test** (clique, segure e arraste) sobre o novo evento que você criou, como indica a próxima figura.

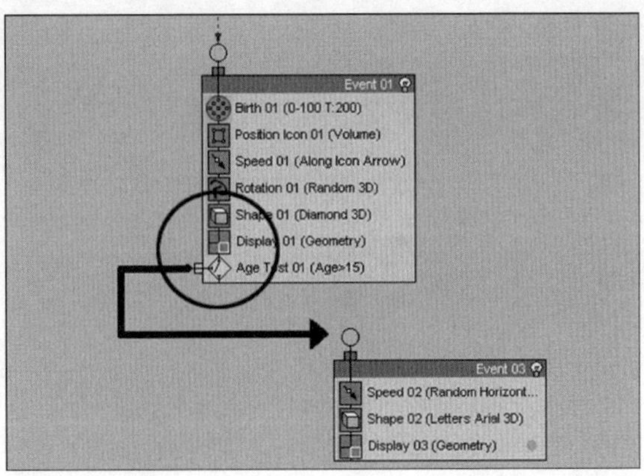

10. Pressione a tecla Play e observe que, até o frame 15/100, o emissor de partículas expele a geometria em forma de **Diamond**.

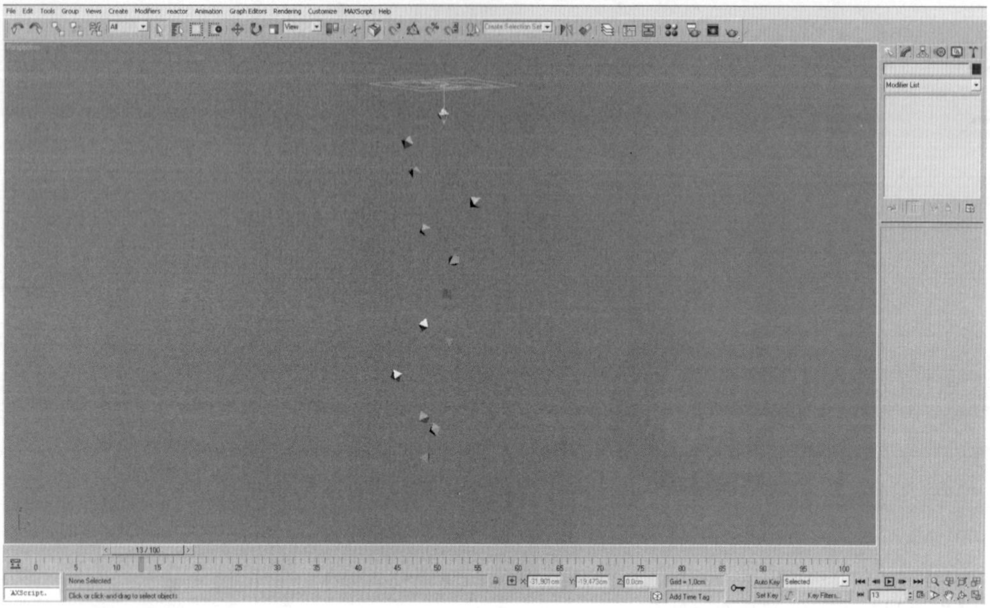

11. Quando as partículas ultrapassam o nascimento em mais de 15 frames, o resultado mostra a timeline no frame 60/100.

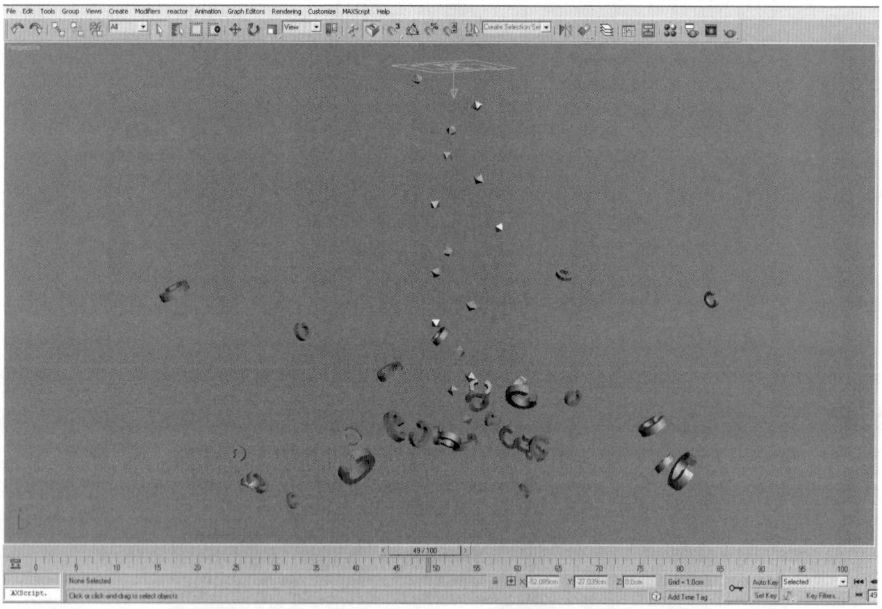

Observação: Isso acontece devido ao Age Test que possibilita ligar um evento inicial a outro evento posterior a partir da data de nascimento de uma partícula.

Capítulo

10

Renderização, Scanline e Mental Ray

Rendered Frame Window Rendering

Novidade da versão 2009

O **Rendered Frame Window** ganhou novas ferramentas de trabalho na versão 3ds Max 2009. A maior parte já existe em outros locais do programa, mas sua adição a essa caixa de diálogo significa que você pode alterar parâmetros e refazer a cena sem recorrer a outras caixas de diálogo, e assim encurtar consideravelmente o tempo de trabalho.

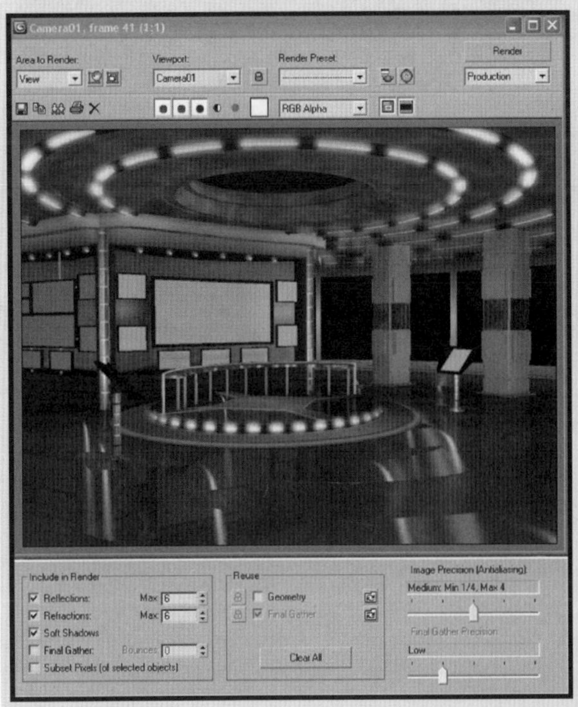

Edit Region

Habilita a manipulação da janela de seleção, permitindo redimensioná-la e movê-la. Quando a área de render estiver ajustada para **Region**, você pode editar a janela tanto na viewport quanto no **Rendered Frame Window**.

Quando a opção **Area to Render** estiver ajustada para **Crop** ou **Blowup**, você apenas pode editar a janela de seleção na **viewport**.

Auto Region Selected

Quando ativado, seta as opções **Region**, **Crop** e **Blowup** automaticamente para a seleção atual. Esse **auto region** é calculado no tempo do render.

Warning

Esse símbolo de perigo aparece quando **Area to Render** está ajustada para **Crop** e **Blowup**. Avisa que não é possível editar a janela de seleção dentro do **Rendered Frame**.

Environment and Effects Dialog (Exposure Controls)

Atalho que serve para abrir a janela de diálogo do **Environment and Effects** na qual é possível ajustar o **Exposure Control**, se for necessário.

Lock

Trava a **viewport** selecionada para o render frame.

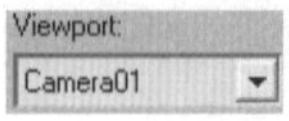

Viewport

Mostra a viewport que será renderizada quando se clica no botão render.

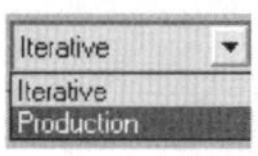

Production/Iterative

- **Production:** usa todo o ajuste feito em **Rendered frame**, quando ativado.
- **Iterative:** permite trabalhar em modo iterativo, deixando intacto o resto da imagem que não for selecionada para o **render**. Essa opção é extremamente útil quando vamos fazer teste de **render** em locais específicos, como reflexão, refração, final gather etc.

Observe a imagem a seguir:

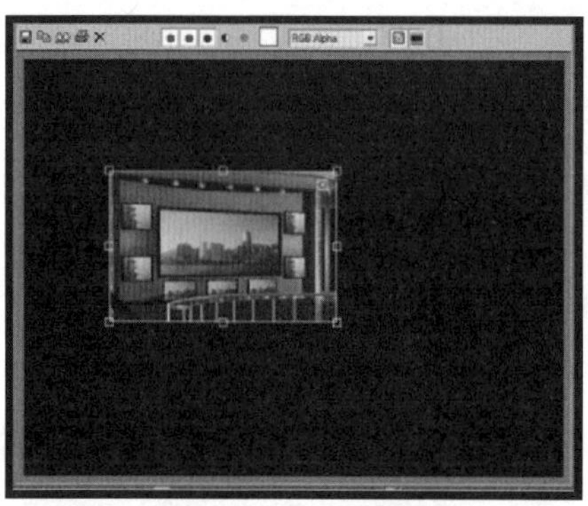

Modo Production

Modo Iterative

Toggle UI Overlays

Quando ligado, mostra a janela de seleção que é ajustada pela **Area to Render** (region).

Toggle UI

Quando ligado, todos os controles ficam visíveis, junto com os do Mental Ray.

Area to Render lista todas as janelas de saída do **Rendered Frame Windows**, sendo **View**, **Select**, **Region**, **Crop** e **Blowup**.

Observação: A imagem da viewport que será usada como teste encontra-se em seguida.

- **View:** a janela de render padrão.

- **Selected:** renderiza apenas os objetos selecionados.

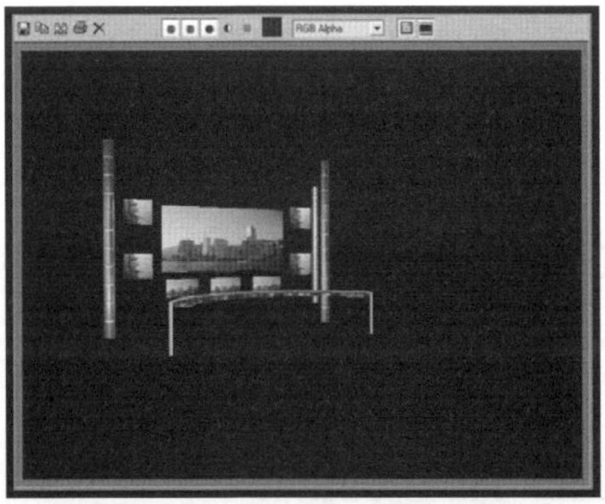

- **Region:** renderiza apenas a área selecionada da viewport ou do **rendered frame**.

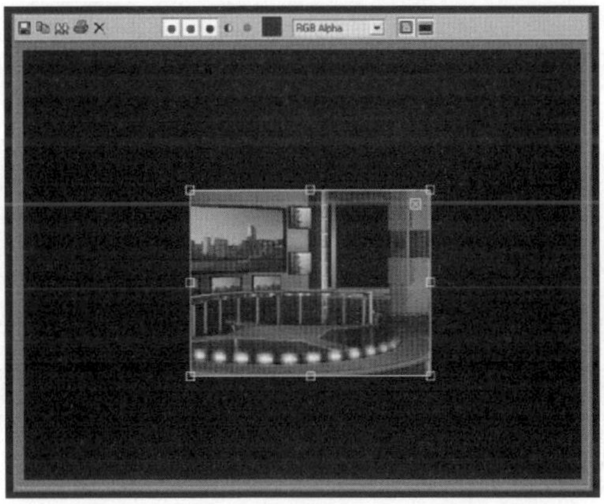

- **Crop:** permite especificar o tamanho de saída do arquivo a ser renderizado pela janela de seleção.

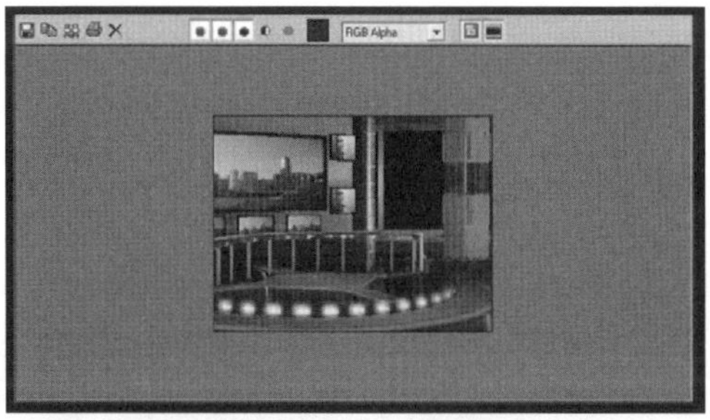

- **Blowup:** renderiza a área selecionada e a amplia utilizando toda a área do **rendered frame**.

Mental Ray Rendering Options

É uma nova janela de diálogo vinculada ao rendered frame para facilitar e otimizar o tempo de trabalho quando você utiliza o renderizador **Mental Ray**.

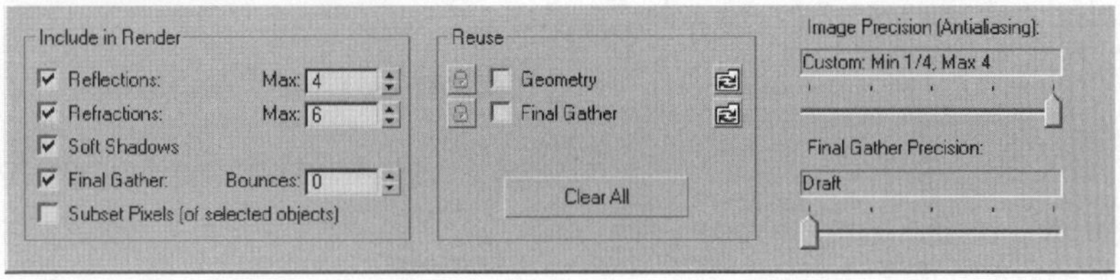

Reflections

Quando ativado, o **Mental Ray** traça o reflexo.

- **Max:** ajusta o número máximo de raios que serão refletidos; o valor zero não gera reflexo.

Refractions

Quando ativado, o mental Ray traça o reflexo.

- **Max:** ajusta o número máximo de raios que podem ser refratados.

Soft Shadows

Quando ativado, gera as sombras da área light normalmente; quando desativado, renderiza todas as luzes da área light e sombras, emitidas de um ponto.

Final Gather

Quando ativado, o mental Ray utiliza o **Final Gather** para criar uma iluminação global na cena.

- **Bounces:** ajusta o número de rebatimentos do **Final Gather**.

Subset Pixels

Quando ativado, renderiza a cena apenas com os objetos selecionados.

- O **Subset Pixel** é particularmente útil quando a opção **Iteractive** está ativada. Serve para criar pré-render das cenas tanto para iluminação e sombra quanto para reflexos, refração e outros, permitindo renderizar geometrias sem alterar a área em volta.

Reuse Group

Esse quadro permite salvar o render para que possa ser reutilizado na geometria e no **Final Gather**.

Lock

Determina se a geometria é reposicionada e recalculada pelo **Mental Ray**. Objetos que tiveram a forma ou posição alterada por **Move**, **Rotate** e **Scale** são recalculados, mas quando sofrem uma alteração por um modificador (exemplo: **Bend**), o **Mental Ray** ignora essa mudança e calcula a forma antes da modificação.

Geometry

Quando ativado, o render armazena a informação da geometria. Para as cenas seguintes, se não houver alteração na cena atual, o **Mental Ray** utiliza essa informação armazenada, reduzindo o tempo do render.

Clear Geometry Cache

Deleta a informação armazenada.

Lock Final Gather

Determina se o Mental Ray usa ou não o mapa de arquivo do final gather.

Clear Final Gather Cache

Deleta a informação armazenada do Final Gather.

Clear All

Deleta todas as informações armazenadas tanto de geometria quanto de Final Gather.

Image Precision/Final Gather Precision

Esse slider permite alterar a qualidade do Antialiasing e do Final Gather.

Image Precision (Antialiasing)

Essa predefinição aumenta ou diminui o mínimo e o máximo do **Samples pixel**.

Final Gather Precision

Essa predefinição permite, de forma simples e rápida, alterar a qualidade e a velocidade do cálculo do **Final Gather**.

Renderização Scanline

No 3ds Max, a renderização pode ser feita em qualquer viewport ativa.

Parâmetros de Renderização

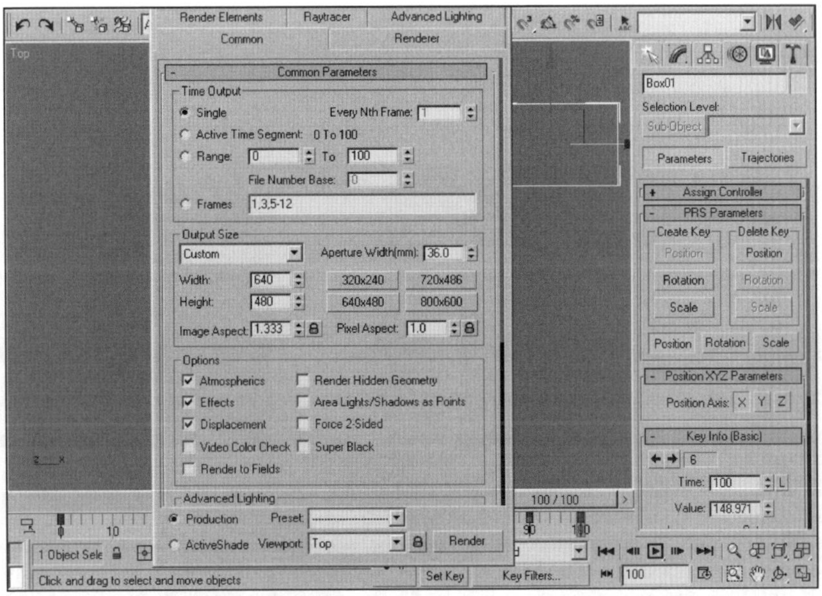

O quadro de diálogo Render Scene pode ser acessado pelo menu Rendering com um clique no comando Render ou no botão .

Utilizam-se os parâmetros Time Output para definir que segmento de uma animação deve ser renderizado. Temos:

- **Single:** renderiza a viewport no quadro atual da animação. Se arrastar a barra de frames para o quadro 30/100, pode renderizar o posicionamento em que se encontra a animação criada.
- **Active Time Segment:** executa renderizações animadas, ou seja, se tiver feito uma animação do quadro 0/100 até o quadro 100/100, essa opção do Render permite processar quadro por quadro os movimentos da animação e serem salvos em extensões *.FLC, *.AVI e *.MOV.
- **Range:** renderiza uma seqüência de quadros (do quadro 60 ao 80).
- **Frames:** permite a escolha de quadros independentes de uma animação (10-33, 30-70), ou seja, pode montar em um único arquivo, como *.AVI, as animações do quadro 10 até 33 e do quadro 30 até 70.
- **Every Nth Frame:** determina se todos os quadros devem ser renderizados, ou apenas de tantos em tantos (de dois em dois quadros).

Na seção Output Size define-se a resolução final da imagem.

- **Width:** permite definir a largura da imagem de saída.
- **Height:** indica a altura da imagem de saída.
- **Aperture Width:** altera a relação entre o FOV (Campo de Visão) e a distância de foco, não alterando o enquadramento (Fit) da cena.
- **Image Aspect:** altera a forma (altura e largura) da imagem em função da resolução de imagem escolhida.
- **Pixel Aspect:** define o tamanho (altura e largura) do pixel. Nesse caso, pode ser alterado quando vai utilizar a imagem em outro software gráfico.

Na seção Options observe a descrição dos principais comandos:

- **Super Black:** ajuda na distinção entre o objeto e o fundo (caso o fundo seja preto).
- **Render Atmospheric Effects:** permite que se desliguem os efeitos atmosféricos para agilizar as renderizações de teste.
- **Render to Fields:** aplicado somente em saída de animação em vídeo.
- **Force 2-sided:** na renderização faz com que as faces (internas e externas) que na viewport Perspective não aparecem sejam mostradas. Um grande exemplo é a criação da Nurb Surface, que não mostra uma das faces do objeto modelado. Outro caso é o Teapot que, quando criado na viewport Perspective, mostra que o Teapot está com uma abertura em razão de as normais do objeto não estarem unificadas.

No comando Preferences temos a opção Force 2-sided que, quando habilitada, faz com que na própria viewport Perspective ou nas demais os objetos citados anteriormente fiquem com as normais unificadas.

Render Elements

- Menu Rendering → Render → quadro Render Scene → painel Render Elements → roll-out Render Elements.

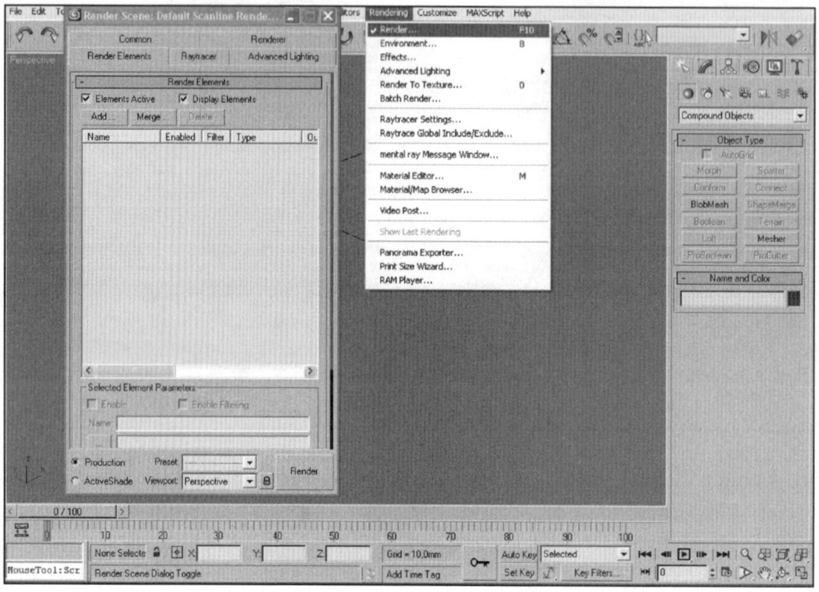

Render Elements Panel e Roll-Out

A renderização em elementos permite separar diversas informações da renderização em arquivos de imagem individuais. Isso pode ser útil quando se trabalha com alguns programas de processo de imagens ou de efeitos especiais (After Effects, Combustion etc.). Posteriormente, é possível fazer uma composição com a renderização de elementos.

Estes são os elementos que é possível renderizar separadamente:

- **Specular:** componente especular da renderização.
- **Diffuse:** componente difuso da renderização.

  O elemento Diffuse tem uma janela adicional, roll-out Diffuse Texture Element.
- **Self-Illumination:** componente de auto-iluminação da renderização.
- **Reflection:** reflexões na renderização.
- **Refraction:** refrações na renderização.
- **Shadow:** sombras na renderização. Esse elemento guarda só as sombras em branco e preto.
- **Atmosphere:** efeitos atmosféricos na renderização.
- **Blend:** combinação personalizada dos elementos anteriores.

O elemento Mescla exibe uma janela adicional, roll-out Blend Element Parameters.

- **Z-depth:** representação em escalas de cinza da profundidade Z, ou profundidade dentro da vista, dos objetos na cena. Os objetos mais próximos aparecem em branco e a profundidade da cena, em preto. Os objetos intermediários estão em cinza, mais escuro quanto mais profundo se encontre o objeto dentro da vista. O elemento profundidade Z mostra uma persiana adicional, roll-out Z Element Parameters.
- **Alpha:** representação em escalas de cinza do canal Alpha, ou transparência, da cena. Os pixels transparentes aparecem em branco (valor = 255) e os opacos, em preto (valor = 0). Os pixels translúcidos se mostram em cinza. Quanto mais escuro for o pixel, mais transparente será.

  O canal Alpha pode ser útil quando se compõem elementos.
- **Background:** fundo da cena.

  Outros elementos não incluem o fundo da cena. Acrescente esse elemento se deseja utilizar o fundo em uma composição.

O fundo não se recorta contra a geometria, por isso os elementos devem situar-se em cima do fundo da composição.

- **Ink:** componente de tinta (borda) dos materiais Ink 'n Paint.
- **Paint:** componente de pintura (superfícies) dos materiais Ink 'n Paint.
- **Lighting:** efeito de luzes diretas e indiretas e sombras na cena.

  Esse elemento tem uma persiana adicional, a roll-out Lighting Texture Element.
- **Matte:** renderiza uma máscara Matte apoiando-se em objetos selecionados, o canal de efeitos de material (IDs de efeitos) ou IDs de buffer G.

  O elemento Matte mostra uma persiana adicional, a roll-out Matte Texture Element.

Quando se renderiza um ou mais elementos, também se gera uma renderização completa normal. De fato, as renderizações dos elementos se geram na mesma passada, por isso são feitas logo que aumenta o tempo requerido.

A renderização de elementos só está disponível quando se realiza uma renderização de produção com Scanline renderer ou Mental Ray renderer.

Nota: O renderizador detalhado predeterminado admite 32 elementos de renderização por cena, no máximo. O renderizador Mental Ray não tem um limite de elementos de renderização. Se fizer uso de renderizadores de outro fabricante (Final Render, Vray, Brazil etc.), consulte na documentação do produto se o número de elementos de renderização está limitado.

Nomes de Arquivos de Elementos

Se previamente atribuiu um nome de arquivo à renderização (completa) do quadro de diálogo Render, a função de renderização de elementos utiliza esse nome de arquivo como base para os nomes dos diversos elementos. Além disso, a esse nome básico são acrescentados um caractere sublinhado (_) e o nome do elemento.

Por exemplo, se o nome do arquivo de renderização é "C:\imagen.jpg" e acrescentar um elemento especular, o nome predeterminado do elemento especular renderizado é "C:\imagen_specular.jpg".

De forma similar, se ativar a saída para um, o nome de arquivo atribuído será o predeterminado do arquivo CWS.

Por exemplo, se o nome do arquivo de renderização é "C:\imagen.jpg" e ativar a saída para combustion, a rota de acesso e o nome predeterminados são "C:\imagen.cws".

Exemplo

Esta é a renderização de uma fonte e outros elementos em um checkered background.

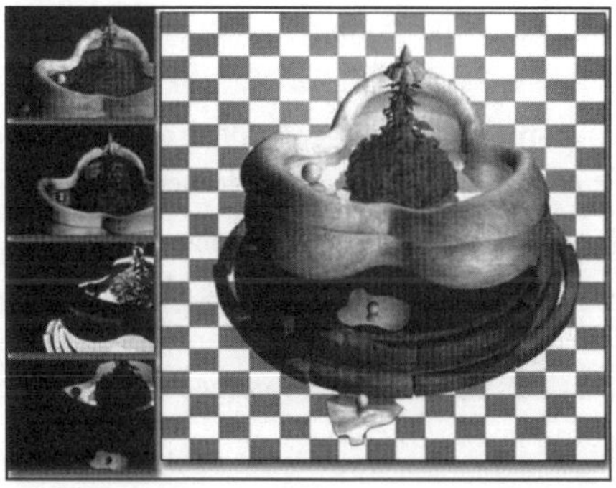

À direita se mostra a fonte totalmente renderizada. À esquerda e de cima para baixo estão os elementos Difuso, Especular, Sombra e Reflexão. Fonte: Help do 3ds Max 2009.

A seguir, acompanhe dois elementos não relacionados diretamente aos objetos da cena, mas importantes quando a imagem se compõe de outras origens:

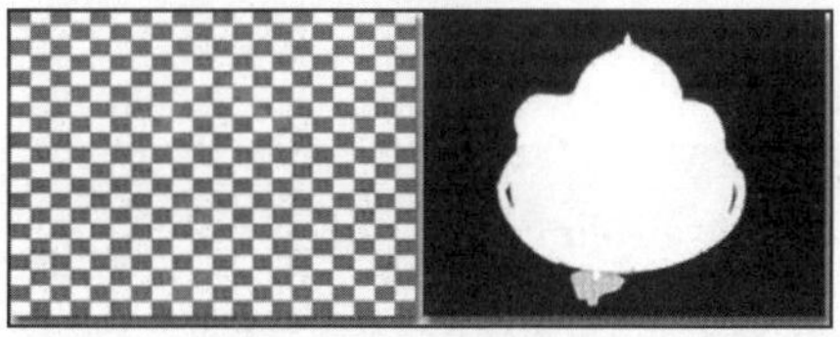

À esquerda está o background e à direita se encontra o canal Alpha. Fonte: Help do 3ds Max 2009.

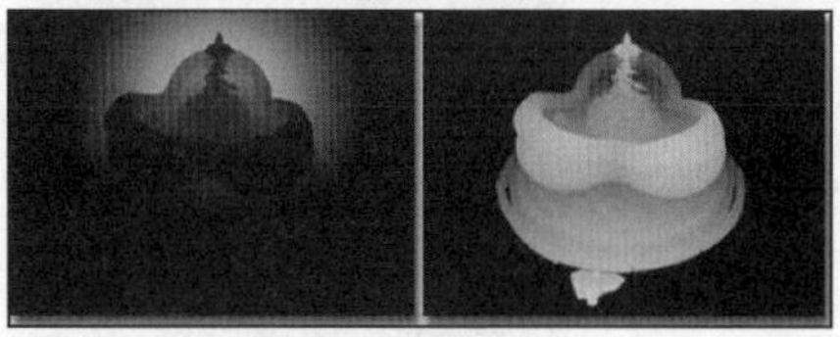

À esquerda, um elemento Atmosfera. Neste exemplo, uma ligeira névoa na parte posterior da fonte. À direita, a Z-depth. A névoa utiliza a profundidade da imagem e os objetos para determinar sua densidade. O elemento Z-depth contém esses valores de profundidade. Fonte: Help do 3ds Max 2009.

Composição dos Elementos Renderizados

Em geral, os elementos podem ser compostos mediante adição, independente da ordem de composição.

As principais exceções são o elemento de fundo, as atmosferas e as sombras.

- **Background:** o fundo não se recorta contra a geometria, mas compõe-se debaixo de outros elementos.
- **Atmosphere:** o elemento de atmosfera deve compor-se em cima de outros elementos.
- **Black-and-white shadows:** as sombras em branco e preto devem compor-se sobre o resto da imagem (além da atmosfera) para atenuar a cor nas áreas sombreadas. Essa técnica não tem em conta a iluminação em cor.

Composição Screen dos Elementos Especular e Reflexão

A outra exceção à composição aditiva se dá quando os elementos Especular e Reflexão são gerados com certos Shaders de materiais. Os seguintes Shaders geram elementos Especular e Reflexão:

- Anisotropic
- Multi-Layer
- Oren-nayar-blinn

A composição dos elementos Especular e Reflexão deve acontecer da seguinte forma:

Os Shaders são atribuídos a cada material no editor de materiais. Renderize elementos Especular ou Reflexão em uma cena que utiliza esses Shaders, componha-os com Difusa e outros componentes de primeiro plano (a parte das sombras coloridas, conforme descrito anteriormente), sobrepondo-os em uma operação chamada Screen em alguns programas de composição.

A composição em Screen utiliza esta fórmula para combinar elementos:

Background * (1 - Foreground) + Foreground

O fundo multiplica-se pela inversão da cor do primeiro foreground, e esse foreground soma-se ao resultado.

Interface

- **Add:** pressione-o para acrescentar um novo elemento à lista.
- **Merge:** pressione-o para fundir (inserir) os elementos renderizados de outra cena do 3ds Max. Esse botão abre um quadro de diálogo que permite selecionar o arquivo da cena da qual quer tomar os elementos.
- **Delete:** pressione-o para eliminar os elementos selecionados da lista.
- **Elements Active:** se marcar, ao pressionar Render, renderizam-se os elementos independentes.
- **Display Elements:** quando se ativa, cada elemento se mostra ao renderizar em sua própria rendered frame window. Se desativar, os elementos renderizam-se só em arquivos.

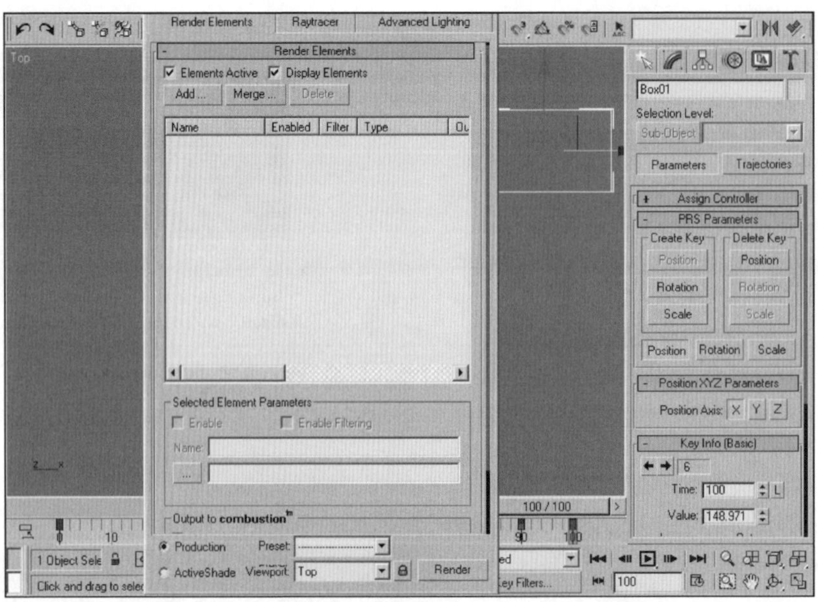

Os buffers de cada elemento renderizado aparecem diretamente uns sobre os outros. Mova o buffer de um elemento para ver o de outro.

Render Elements

Essa lista scrollable mostra os elementos que serão renderizados separadamente e seu estado. Se deseja trocar o tamanho das colunas, pressione e arraste a borda que separa as duas colunas.

Name	Enabled	Filter E...	Type	Output Path
Specular	On	On	Specular	F:\models\shop\test
Diffuse	On	On	Diffuse	F:\models\shop\test
Self-Illumination	On	On	Self-Illumi...	F:\models\shop\test
Reflection	On	On	Reflection	F:\models\shop\test
Refraction	On	On	Refraction	F:\models\shop\test

Output to Combustion Group

Se ativa, gera o arquivo combustion Workspace (CWS), que contém os elementos que serão renderizados. Esse arquivo pode ser utilizado no programa Combustion, enquanto os workspaces podem empregá-lo no Combustion map.

Advertência: Renderizam-se elementos para compô-los sobre um fundo. Assegure-se de que o formato de arquivos dos elementos Difuso, Sombra e Alpha admite um canal Alpha. Os formatos aconselháveis para esse encargo são RLA, RPF, PNG ou TGA.

O 3ds Max admite alguns tipos de arquivo que o Combustion não comporta. Não renderize os elementos que vai utilizar com combustion, como arquivos EPS, FLC, FLI ou CEL. Se renderizar em um desses formatos, o arquivo CWS não pode ser salvo.

- **Enable:** se ativar, cria um arquivo CWS que contém os elementos renderizados.
- **Files:** o quadro de texto permite escrever uma rota de acesso e um nome para o arquivo CWS. Pressione o botão Files para abrir o quadro de diálogo de espaços de trabalho do Combustion, que permite escolher uma pasta e um nome para o arquivo CWS.

Z Element Parameters Roll-Out

O elemento Z-depth é uma representação em escalas de cinza da profundidade Z, ou profundidade dentro da vista, dos objetos da cena. Os objetos mais próximos aparecem em branco e a profundidade da cena, em preto. Os objetos intermediários estão em cinza, mais escuro quanto mais profundo se encontre o objeto dentro da vista.

Nessa roll-out é possível ajustar a parte da cena que se mostra na renderização de Z-depth. A renderização predeterminada inclui os objetos situados na parte frontal da vista (Z Min = 0,0) e estende cem unidades de 3ds Max para o interior da cena (Z Max = 100,0). Se a profundidade de uma cena é maior que cem unidades, deve aumentar o valor do Z.

- **Z Min:** distância mínima que se inclui na renderização de profundidade Z. Esse valor se expressa em unidades de 3ds Max (não pode ser menor que zero).
- **Z Max:** distância máxima que se inclui na renderização de profundidade Z. Esse valor se expressa em unidades de 3ds Max.

Matte Texture Element Roll-Out

O elemento de renderização Matte apresenta uma máscara Matte para o objeto selecionado, Material Effects Channel (effect ID), ou G-Buffer ID. Cada elemento coincidente se representa com um pixel branco na máscara.

Advertência: O elemento Matte não funciona quando se aplica o material Mental Ray a objetos.

- **Effect ID:** identificação por material.
- **G-Buffer ID:** identificação por objeto.

Quando se inclui, todos os objetos selecionados renderizam-se com pixels brancos.

Quando se exclui, todos os pixels são brancos de forma predeterminada. Os objetos selecionados renderizam-se como pixels pretos.

G-Buffer

G-Buffer significa buffer de gráficos e é um tipo de canal de renderização. São dois formatos de arquivo gerados pelo 3ds Max e podem incorporar máscaras apoiadas em canais de buffer de gráficos (G-Buffer) em lugar dos RGB e Alpha mais freqüentes. Do mesmo modo, alguns tipos de eventos de filtro e layer determinados podem pós-processar objetos ou materiais designados pelo G-Buffer.

Advertência: O Mental Ray renderer não reconhece a Z-depth com G-Buffer. Os dados do G-Buffer são guardados em uma só camada (layer). O renderizador Mental Ray tampouco admite os efeitos seguintes:

- Glow Lens Effect (rendering effect).
- Ring Lens Effect (rendering effect).
- Lens Effect Focus Filter (Video Post).

Arquivos de Saída

O 3ds Max é capaz de salvar arquivos em uma variedade de formatos.

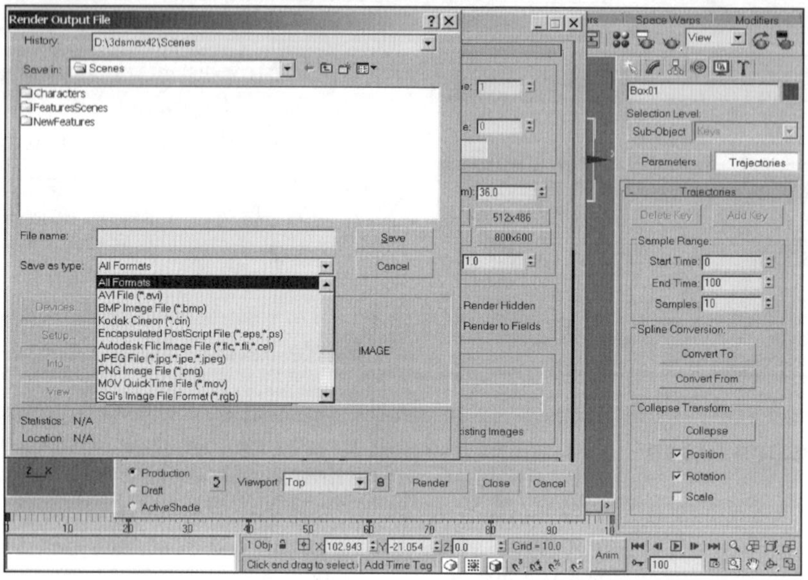

Nunca se esqueça de salvar a renderização quando usar as opções Active Time Segment, Frames e Range, pois se não o fizer, não verá animação nenhuma.

A animação no 3ds Max segue os princípios básicos de uma animação tradicional, em que séries de imagens mostradas em seqüência a uma velocidade entre 15 e 30 quadros por segundo criam a ilusão de movimento.

O primeiro passo na criação de uma animação é definir o número total de quadros, multiplicando o tempo desejado para a animação pela velocidade de execução:

Número de quadros = duração x velocidade

Desta forma, uma animação de 30 segundos a ser executada a uma velocidade de 15 quadros por segundo precisa de 450 quadros.

A animação determina os quadros e cada elemento recebe uma nova posição ou forma. Esses quadros são chamados de quadros-chave ou keyframes. O keyframe se encarrega de gerar os quadros intermediários para levar o objeto de um estado a outro.

O 3ds Max trata a cena como um set de filmagens, e cada elemento pode ser criado e manipulado como uma entidade separada. Esses elementos são os objetos, o fundo e a atmosfera, a iluminação e as câmeras.

Para filmes como Jurassic Park ou Toy Story, foram padronizados 24 quadros por segundo. Se gravar em vídeo no formato de vídeo PAL, será usada uma velocidade de 25 quadros por segundo e em NTSC, 30 quadros por segundo.

Controladores de Animação no 3ds Max 2009

Algumas ferramentas para controlar animações e tempo são as seguintes:

- **Animation Time Slider (barra de frames):** apresenta o quadro atual da animação (0/100), além do número total de quadros ou o tempo total da animação. Também é capaz de mostrar medidas de tempo diferentes (minutos e/ou segundos).
- **Animation Playback Controls:** permitem o controle da reprodução interativa das animações.

Definindo primeiramente os botões de cima, da direita para a esquerda, temos:

- **Go to Start:** coloca a barra de frames no quadro inicial.
- **Previous Frame:** movimenta a barra de frames de quadro em quadro para trás.
- **Play Animation:** executa e interrompe a animação.
- **Next Frame:** semelhante ao Previous Frame, só que movimenta para frente.
- **Go to End:** coloca a barra de frames no quadro final.

Os três botões de baixo são:

- **Key Mode Toggle:** passa o sistema para o modo key.
- **Time Key In:** permite a digitação do número ou tempo de um quadro.
- **Time Configuration:** permite a configuração de como o tempo será lido e apresentado na animação.

Veja a figura do Time Configuration.

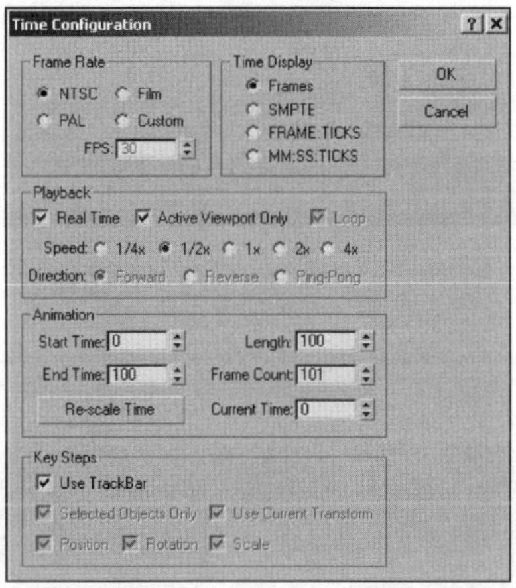

Na área Frame Rate temos:

- **NTSC:** define uma velocidade de 30 quadros por segundo (FPS).
- **PAL:** define uma velocidade de 25 quadros por segundo (FPS).
- **Film:** define uma velocidade de 30 quadros por segundo. Usado em filmes longa-metragem.
- **Custom:** permite configurar a velocidade como você quiser.

Na área Time Display temos:

- **Frames:** mostra o tempo em quadros.
- **SMPTE:** mostra o tempo em minutos e segundos. A sigla significa Society of Motion Picture and Television.
- **FRAME:TICKS:** mostra o tempo em quadros seguido por ticks. No caso, terá o tempo a ser controlado com resolução de 1/160 de quadro.
- **MM:SS:TICKS:** mostra o tempo em minutos e segundos seguido por ticks.

Na área Playback temos:

- **Real Time:** quando ativado, apresenta a animação na viewport com um múltiplo da velocidade de quadros, definido por você.
- **Active Viewport Only:** quando ativado, apresenta a animação na viewport ativa.
- **Speed:** afeta apenas as animações nas viewports (e não na renderização) e permite escolher a velocidade desde 1/4x até 4x de animação para melhor visualização. Geralmente é usado em máquinas com processador lento.

Na área Animation temos:

- **Start Time e End Time:** altera o segmento ativo na barra de frames.
- **Length:** altera o número de quadros de animação.
- **Current Time:** define o quadro ativo.
- **Re-scale Time:** abre o quadro de diálogo que permite reajustar o segmento de tempo ativo atual.

Nesse caso, muda os quadros-chave em todas as linhas de tempo.

Na área Key Steps, os controles desse grupo permitem configurar o método utilizado ao ativar 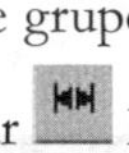 Key Mode.

- **Use TrackBar:** permite que o Key Mode tenha em conta todas as keys do TrackBar. Isso inclui a animação de qualquer parâmetro, além das keys de transformação.

Para que os controles seguintes estejam disponíveis, desative Use TrackBar.

- **Selected Objects Only:** só se consideram as transformações (Move/Rotate/Scale) dos objetos selecionados quando se utiliza o Key Steps mode. Se desativar, têm-se as transformações (Move/Rotate/Scale) de todos os objetos (não ocultos) da cena.
- **Use Current Transform:** desativa posição, rotação e escala, e emprega a transformação atual definida em Key Mode. Por exemplo, se pressionar o botão Rotate na barra de ferramentas, aplica em todas as keys de rotação. Se não ativar nenhum dos três botões de transformação (Move/Rotate/Scale), ele considera todas as transformações.

Para que os controles seguintes estejam disponíveis, desative Use Current Transform.

- **Position, Rotation, Scale:** especificam as transformações que utilizam Key Mode.

Desative Use Current Transform para que as casinhas posição, rotação e escala estejam disponíveis.

Interactive Renderer

Muito útil para visualizar animações durante a criação.

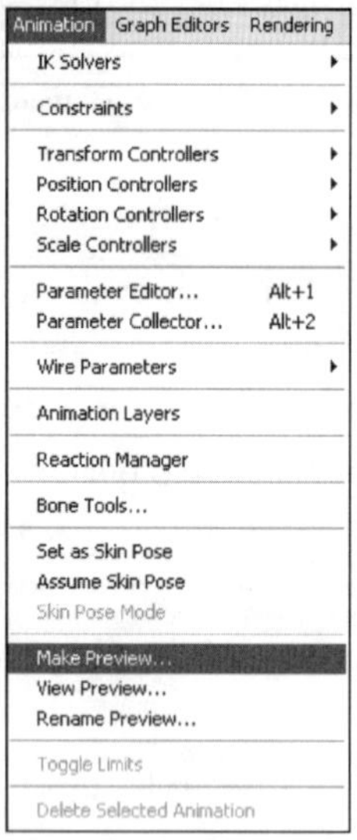

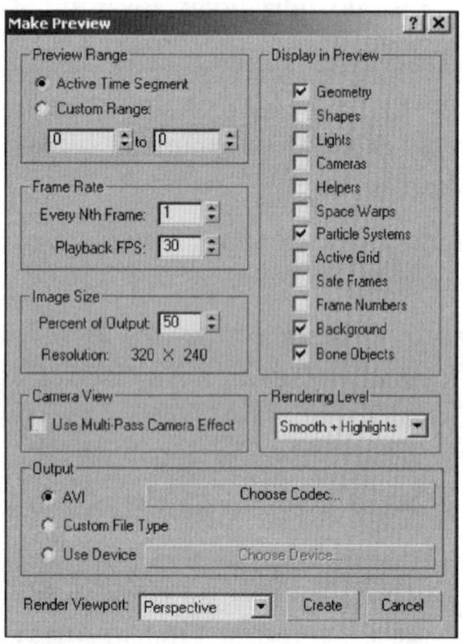

Usando Make Preview, View Preview e Rename Preview, é possível prever se a animação está em ordem para ser renderizada finalmente.

Para acionar, é só clicar no botão Create e aguardar o processamento da renderização.

Renderização Mental Ray

O Mental Ray® da Mental Images® é um renderizador de uso geral que cria simulações fisicamente corretas dos efeitos de iluminação, incluídas Ray Traced reflections e refractions, caustics e global illumination.

A segunda renderização, com o renderizador Mental Ray, mostra a refração projetada pelas luzes cáusticas através do copo. Os efeitos cáusticos também são visíveis na reflexão da coqueteleira.

O renderizador Mental Ray no 3ds Max admite o formato das versões 2 (mi2) e 3 (mi3) de Mental Ray, entretanto não admite o formato da versão 1 (mi1).

Cena gerada com o Scanline Renderer do 3ds Max. Fonte: Help do 3ds Max 2009.

Mesma cena gerada com o renderizador Mental Ray. Fonte: Help do 3ds Max 2009.

Diferença entre os Renderizadores Mental Ray e Scanline Renderer

Em comparação ao Scanline Renderer do 3ds Max, no Mental Ray é desnecessário simular manualmente ou com uma solução de radiosidade os efeitos de iluminação complexos. O renderizador Mental Ray está otimizado para utilizar vários processadores de uma vez e aproveitar as mudanças que lhe incrementem a fim de renderizar animações eficazmente. Já o Scanline Render do 3ds Max renderiza as linhas de detalhe da imagem de cima para baixo.

O renderizador Mental Ray gera blocos retangulares denominados bukets. A ordem em que se renderizam os buckets pode variar segundo o método escolhido. De forma predeterminada, Mental Ray segue o método Hilbert, em que se escolhe o bucket seguinte, que renderiza de acordo com a dificuldade que representa a cena.

Devido a alguns objetos que podem ser eliminados da memória para renderizar outros, é importante não voltar a carregar várias vezes os mesmos objetos. Se utilizar a renderização distribuída para gerar uma cena, pode ser complicado entender a lógica da ordem de renderização. Nesse caso, a ordem está otimizada para não enviar muitos dados à rede. Atribui-se um bucket à medida que estão disponíveis, a cada CPU, por isso podem aparecer na imagem renderizada em distintos momentos.

Observação: Lembre-se do restante das informações apresentadas neste capítulo quanto ao uso do Mental Ray. Caso ele não esteja ativado durante o estudo, a maioria dos materiais e ferramentas apresentados não vai funcionar ou nem sequer vai aparecer.

Nota: O renderizador Mental Ray também pode utilizar uma standalone por meio de uma interface de linha de comandos apoiada no formato mi2 ou mi3 de descrição da cena.

Procedimento

Para utilizar o renderizador Mental Ray:

1. Vá até o menu Rendering → Render. Aparece o quadro de diálogo Render Scene.

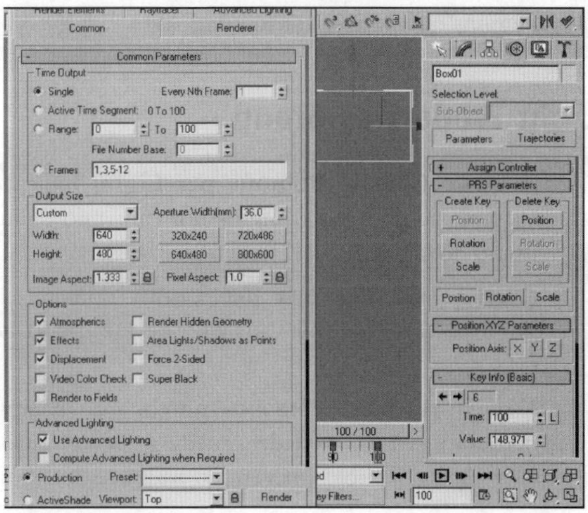

2. No painel Common, abra a roll-out Assign Renderer e pressione o botão ... de Production.

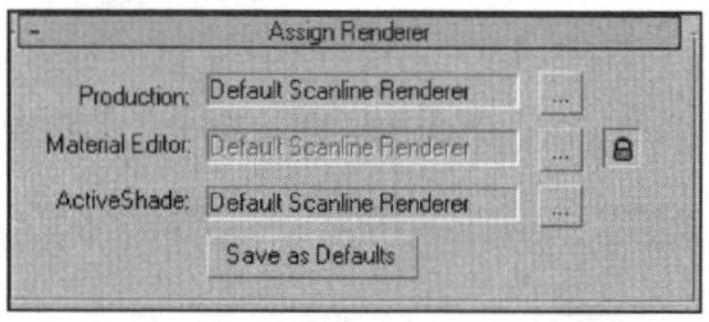

3. Aparece o quadro de diálogo Choose Renderer.
4. No quadro de diálogo Choose Renderer selecione Renderizador Mental Ray e pressione OK.

Dica: Definido o Mental Ray como renderizador de produção ativo, pressione Save As Default para que também o renderizador seja configurado em todas as cenas novas. É uma maneira conveniente de economizar tempo na configuração. Ao renderizar, o quadro de diálogo Render Scene mostra os controles do Mental Ray. É possível gerar a cena com o renderizador Mental Ray incorporado ou convertê-la e salvá-la em um arquivo para renderizar mais adiante, por exemplo, em outro sistema.

Caustics and Global Illumination (GI)

Efeito de iluminação real aplicado em uma cena, simulando a radiosidade dos objetos. Gera um efeito chamado "color bleeding", mistura de cores entre objetos.

Parameters - Caustic

São efeitos de luz que ocorrem por reflexo ou refração através dos objetos, como, por exemplo, o efeito de luz e brilho no fundo de uma piscina em um dia ensolarado.

- **Enable:** quando ativado, o Mental Ray calcula o efeito caustic.
- **Multiplier/color swatc:** use esse controle para aumentar ou diminuir a intensidade da cor da luz indireta acumulada através do caustic.
- **Maximum Num. Photons per Sample:** indica o número de photons usados para computar a intensidade do caustic.
- **Maximum Sampling Radius:** quando ativado, permite aumentar ou diminuir o tamanho do photon.

- **Filter:** ajusta o filtro para suavizar o efeito caustic, sendo Box, Cone e Gauss.
- **Opaque Shadows when Caustics are Enabled:** quando ativado, as sombras são opacas; quando desativado, as sombras são transparentes.

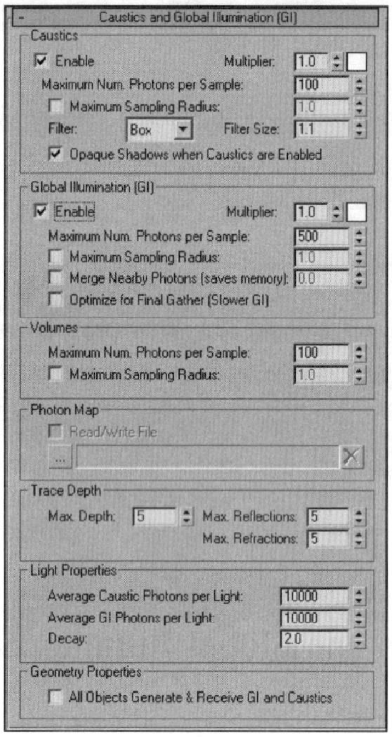

Global Illumination (GI) Group

- **Enable:** quando ativado, o Mental Ray calcula a iluminação global da cena.
- **Multiplier/color swatch:** use esse controle para aumentar ou diminuir a intensidade da cor da luz indireta acumulada através do GI.
- **Maximum Num. Photons per Sample:** determina o número de photons usados para computar a intensidade do GI.
- **Maximum Sampling Radius:** quando ativado, aumenta ou diminui o tamanho do photon.
- **Merge Nearby Photons (saves memory):** quando ativado, usa o valor numérico para especificar a distância da fusão dos photons, deixando o photon menos detalhado, porém ganha aumento significativo na memória.
- **Optimize for Final Gather (Slower GI):** otimiza a cena para o cálculo do Final Gather, útil quando se utiliza o Final Gather com o GI.

Volumes Group

- **Maximum Num. Photons per Sample:** determina o número de photons usados para computar a intensidade do GI.
- **Maximum Sampling Radius:** quando ativado, possibilita aumentar ou diminuir o tamanho do photon.

Photon Map Group

- **Read/Write File:** permite que o Mental Ray salve o arquivo com extensão *.PMAP em um local específico para ser usado em futuros renders.
- **Delete File:** deleta o arquivo com extensão *.PMAP.

Trace Depth Group

- **Max. Depth:** limite máximo de combinação entre reflection and refraction.
- **Max. Reflections:** indica o número máximo de raios que podem ser refletidos.
- **Max. Refraction:** determina o número máximo de raios que podem ser refratados.

Light Properties Group

- **Average Caustic Photons per Light:** indica o número de photons emitidos por cada raio de luz usado no caustic.
- **Average GI Photons per Light:** número de photons emitidos por cada raio de luz usado no GI.
- **Decay:** especifica como os photons de energia perdem a sua intensidade à medida que se distanciam da sua fonte de origem. O padrão é 2.

Geometry Properties Group

- **All Objects Generate & Receive GI and Caustic:** quando ativado, todos os objetos na cena podem gerar e receber caustic e iluminação global.

Criação de Reflective Caustics

Os cáusticos são efeitos de luz projetados em um objeto pela reflexão ou refração de outro objeto.

Para calcular os efeitos cáusticos, o renderizador Mental Ray utiliza a técnica Photon Map (Raytrace não pode gerar cáusticos precisos, tampouco os subministra pelo default Scanline renderer).

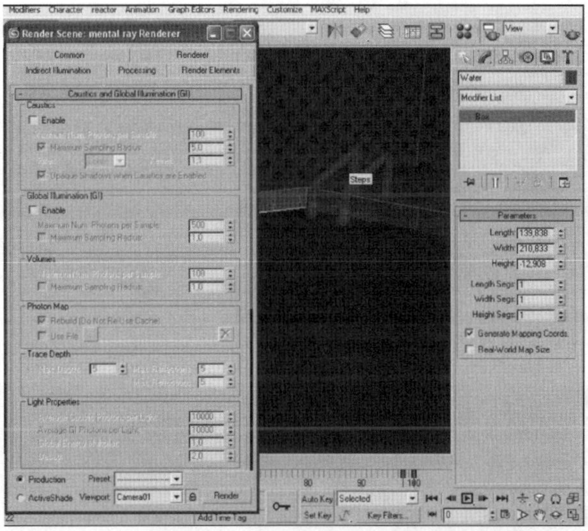

Os efeitos cáusticos são ativados no quadro de diálogo Render Scene dialog → pasta Indirect Illumination → roll-out Indirect Illumination. Além disso, é necessário designar:

- quais objetos de luz podem criar cáusticos;
- quais objetos renderizáveis podem criar cáusticos;
- quais objetos renderizáveis podem receber cáusticos.

Os parâmetros para gerar e receber cáusticos estão no quadro de diálogo Object Properties → Pasta Mental Ray.

Photon Map

O Photon Map™ consiste em uma técnica que gera os efeitos de iluminação indireta de caustics e global illumination, quando renderizar com o Mental Ray Renderer. Quando calcula a iluminação indireta, o renderizador Mental Ray traça fótons emitidos por uma luz. O fóton é traçado na cena, sendo refletido ou irradiado por objetos até incidir sobre uma superfície difusa. Quando toca uma superfície, o fóton armazena no mapa de fótons.

A geração de mapas de fótons requer bastante tempo. Para melhorar o rendimento, deve especificar explicitamente:

- que luzes emitem fótons para a iluminação indireta;
- que objetos podem gerar cáusticos ou iluminação global;
- que objetos podem receber cáusticos ou iluminação global.

Os parâmetros para gerar e receber cáusticos encontram-se no quadro de diálogo Object Properties → pasta Mental Ray. O Photon Map armazena unicamente fótons para os objetos que podem receber cáusticos, iluminação global ou ambos.

Para reduzir ainda mais o tempo necessário para gerar um mapa de fótons, eles estão limitados por controles de profundidade de traços (trace depth), que limitam o número de vezes que um fóton pode refletir-se, refratar-se ou ambos.

Outra maneira de economizar tempo nas animações é voltar a utilizar o arquivo de mapa de fótons. Se a iluminação não variar no transcurso de uma animação, pode calcular e armazenar o arquivo de mapa de fótons para o primeiro frame e depois selecionar a opção Use Existing para renderizar os frames posteriores.

O renderizador Mental Ray armazena os mapas de fótons como. Os controles de mapa de fótons encontram-se no quadro de diálogo Render Scene → pasta Indirect Illumination → roll-out Indirect Illumination.

Abra o arquivo swim_pool.max.

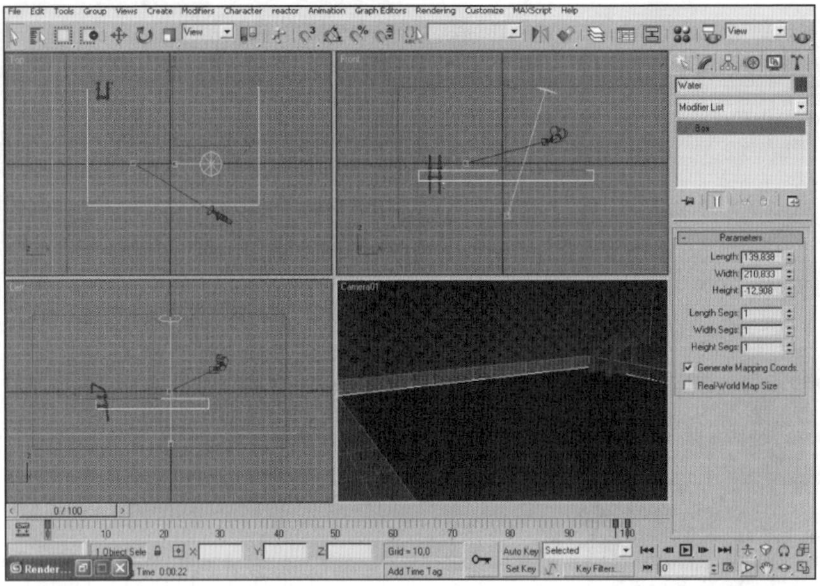

Adicione um mapa de reflexão:

1. Abra o Material Editor e assegure-se de que o material Ground_Water (no primeiro slot) esteja selecionado.

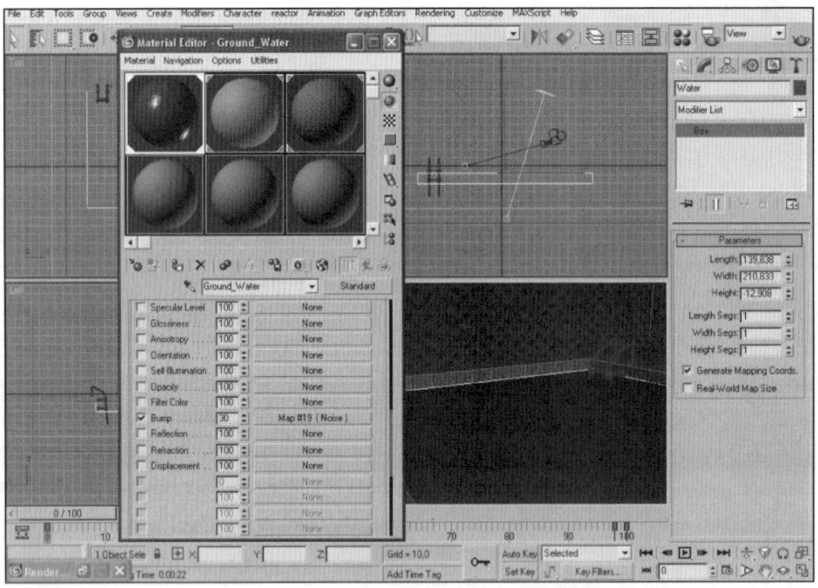

2. Abra a roll-out Maps. Carregue o mapa Raytrace para o Reflection.

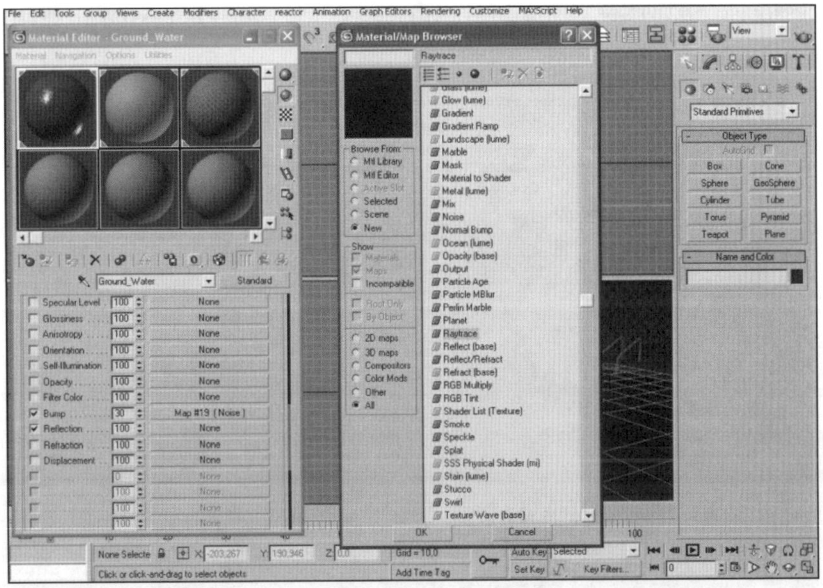

3. Feche o Material Editor.

4. Clique no  Quick Render.

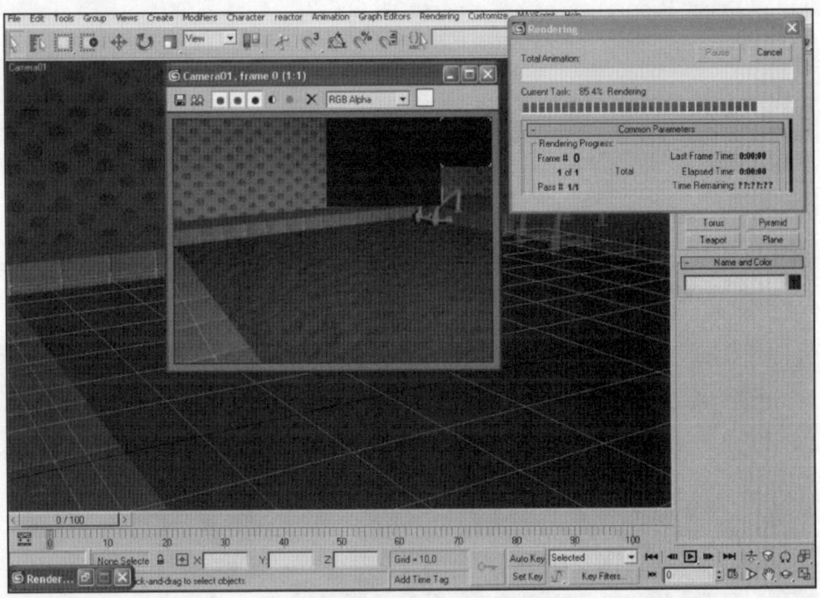

Ajuste a água para gerar cáusticos:

1. Na viewport, selecione o objeto box chamado Water e clique nele com o botão direito do mouse.
2. No menu suspenso, clique em Properties.

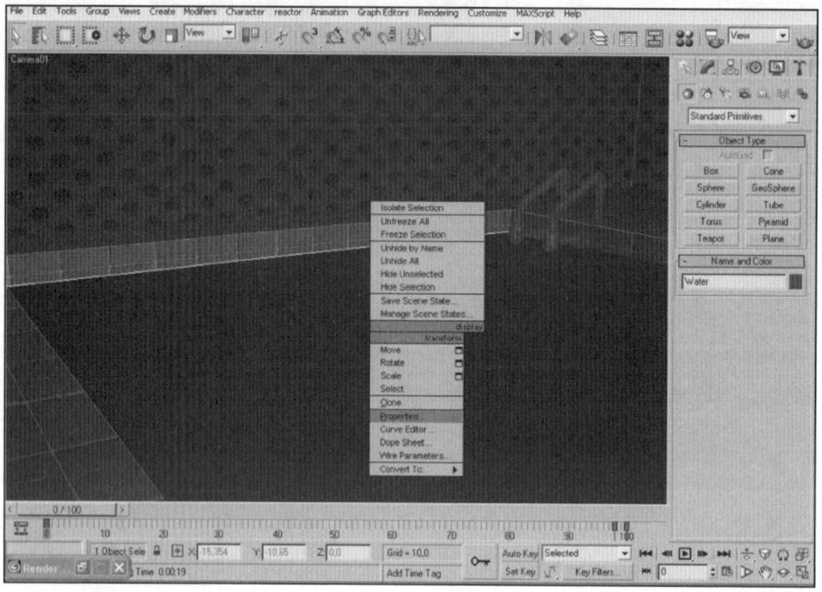

3. Na caixa de diálogo Object Properties, vá até a pasta Mental Ray. Clique para ligar a opção Generate Caustics e pressione OK.

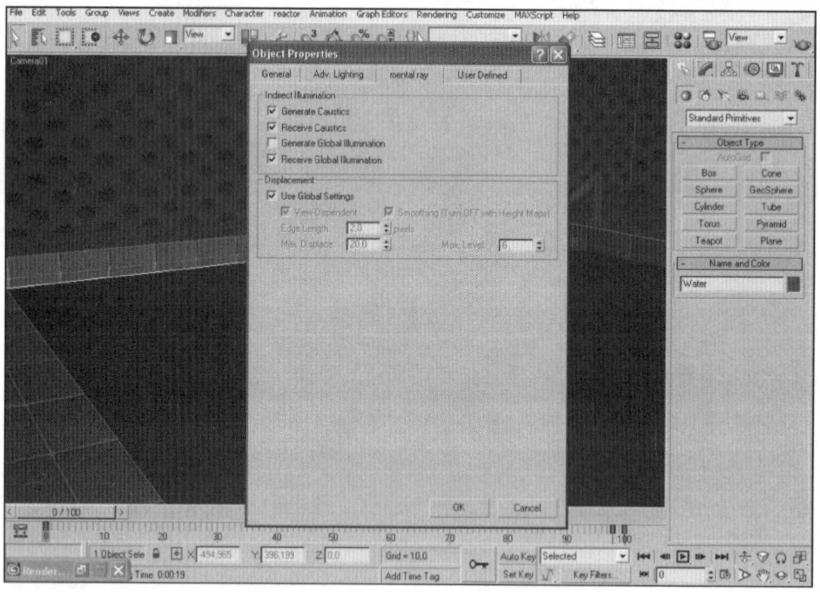

Aumente a energia da luz:

1. Clique no botão Select By Name. Na caixa de diálogo Select Objects, escolha Spot01.
2. Vá até a pasta  Modify.

3. Abra a Mental Ray Indirect Illumination roll-out. Deixe o Automatically Calculate Energy and Photons ativado, mas mude o valor do Energy para 30.

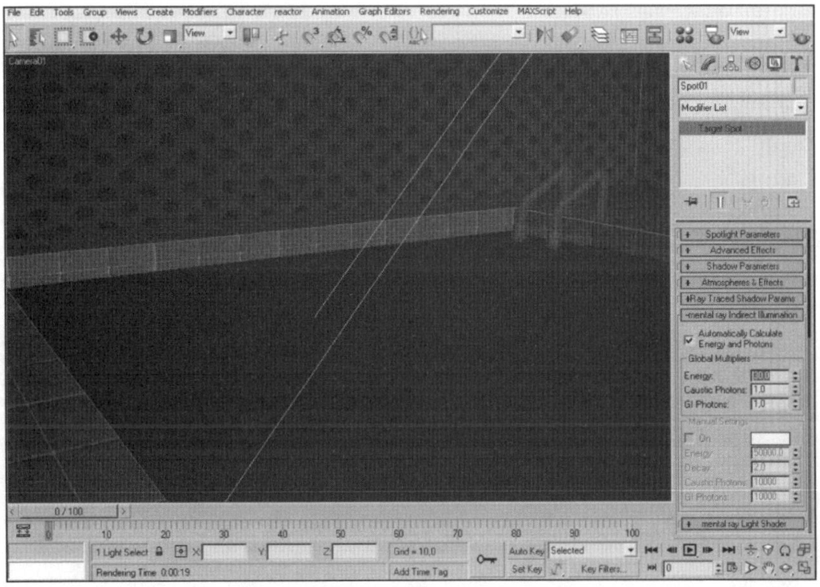

Acione o Caustics:

1. Clique em Render Scene. Nessa caixa, vá até a pasta Indirect Illumination. Na roll-out Indirect Illumination, na área Caustics, acione o Enable.

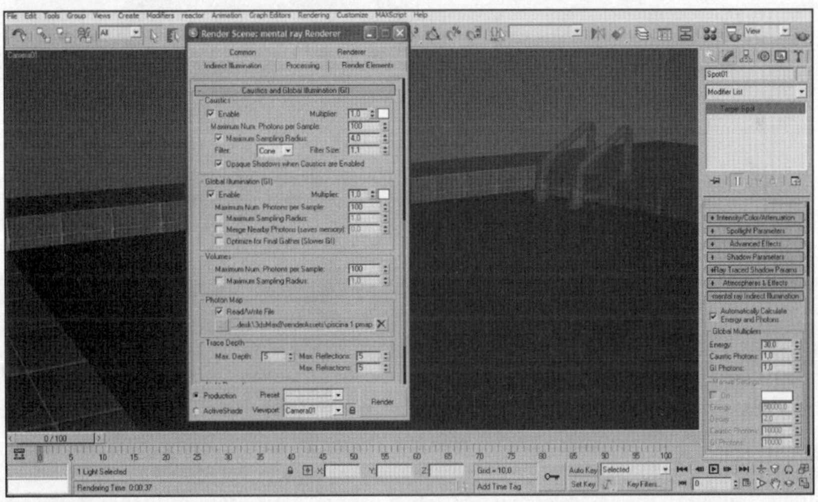

2. Clique em Render.

Ajuste o raio de fótons:

1. Na roll-out Indirect Illumination, na área Caustics, ative a opção Maximum Sampling Radius e assegure-se de que ele está configurado em seu valor-padrão: 1.0.

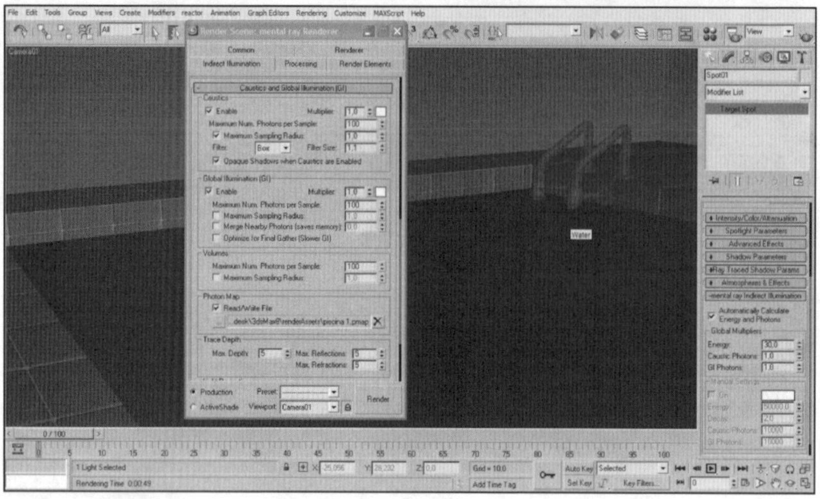

2. Clique no botão Render.

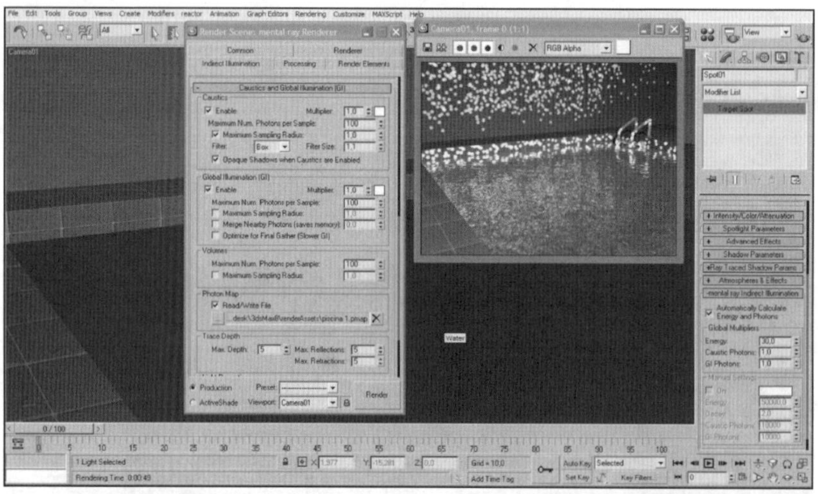

3. Em Maximum Sampling ajuste o valor do Maximum Sampling Radius para 5.0.

Altere a opção de filtro:

1. Na roll-out Indirect Illumination, na área Caustics, use a lista de filtro para mudar o tipo de filtro para Cone.
2. Clique em Render.

3. Aplique um material raytrace na reflexão do ground water para simular a água.

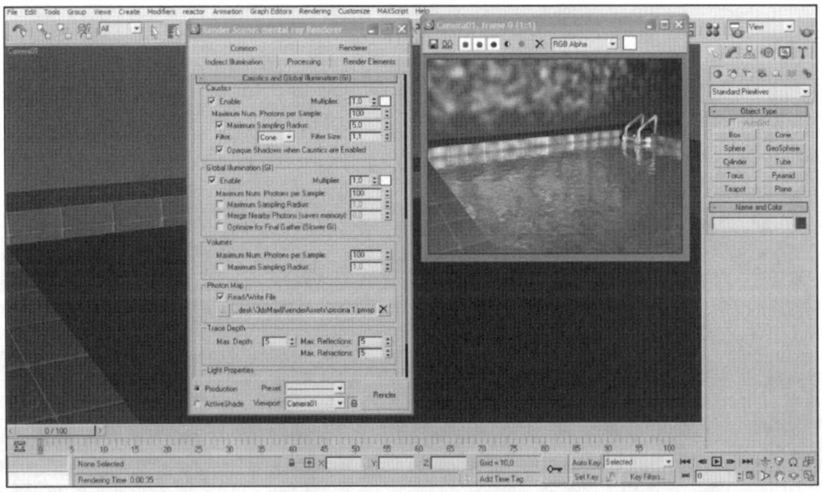

O resultado final do Caustic.

Criação de Refractive Caustics

1. Abra o arquivo refractive caustics.max.
2. Crie um copo usando a ferramenta Line e o modificador Lathe.

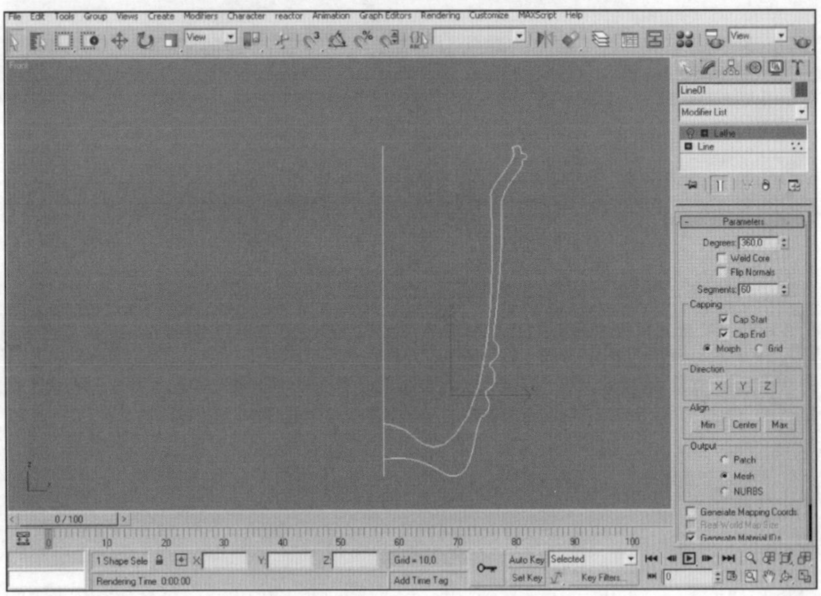

3. Crie uma luz Spot e ative a opção Shadows On (altere para Ray Trace Shadows).

4. Crie uma câmera e um plane.

5. Selecione o copo, clique com o botão direito do mouse para abrir o menu Quad e clique em Properties.
6. No quadro Objects Properties, vá até a pasta Mental Ray. Clique para ligar o Generate Caustics.

7. Feche a caixa do Object Properties.

8. No render vá até o Assign Renderer e ative o Mental Ray.

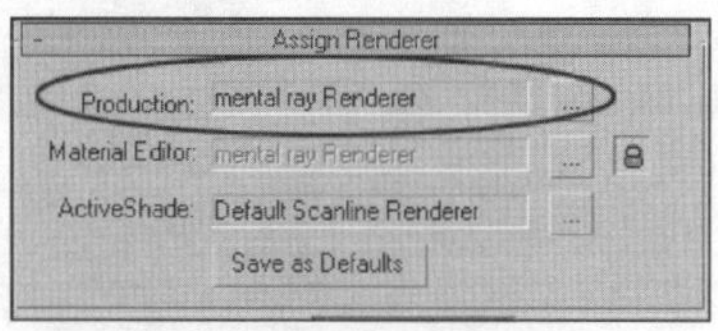

9. Vá até o Material Editor, selecione um slot vazio, dê um clique no botão Standard e carregue o material Glass (physic_phen).

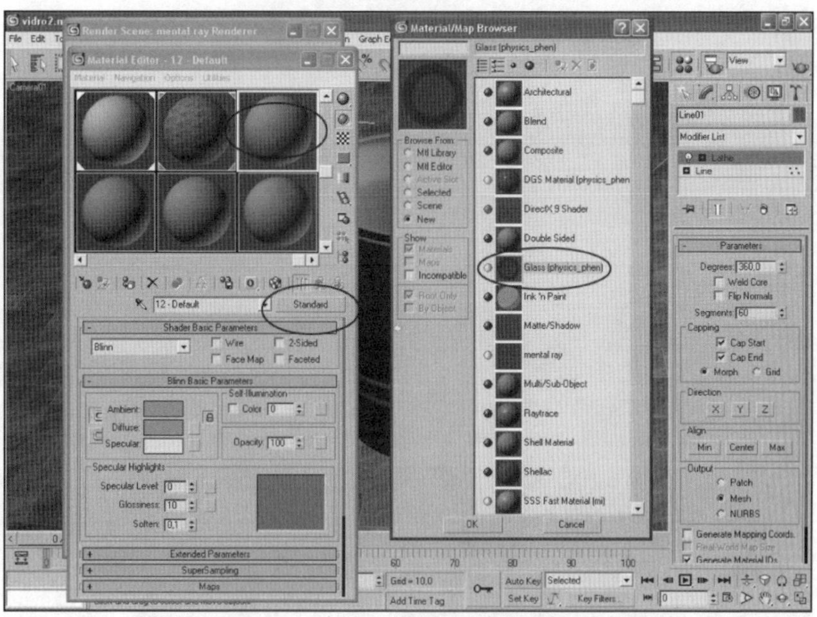

10. Altere o valor Phong Coefficient para 15.

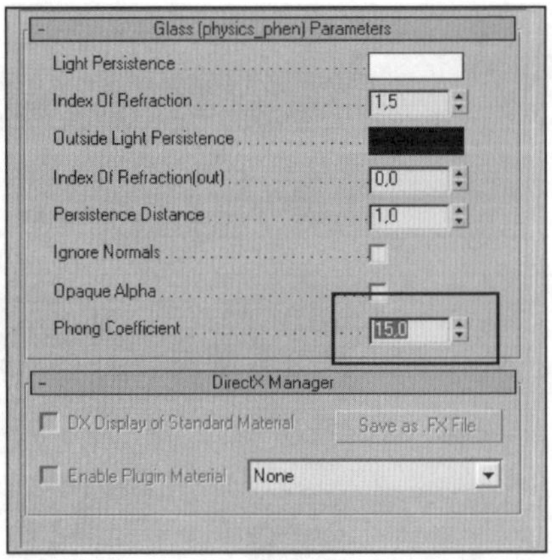

11. Aplique o novo material em cima do copo.

Ative o efeito caustic:

1. Vá até o menu Render Scene e ative a opção Caustic. Clique em Render.

2. Ative a opção Maximum Sampling Radius 1,0, selecione a luz Spot e altere o valor do Energy para 15. Renderize a cena e veja o resultado.

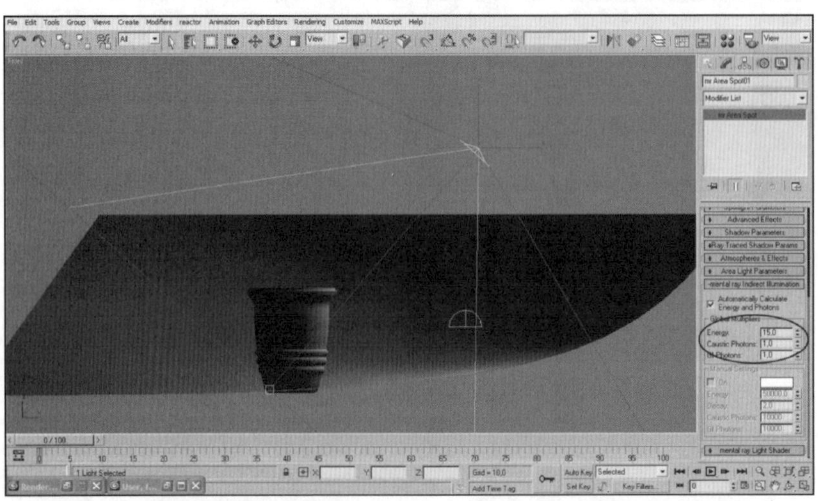

3. No quadro Light Properties altere os valores conforme a figura.

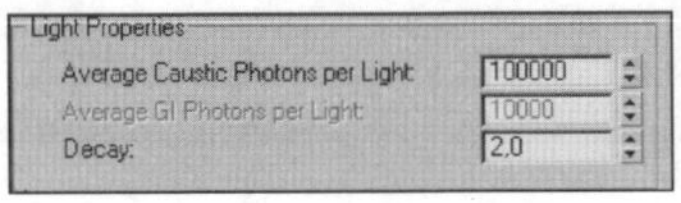

4. Clique em Render.

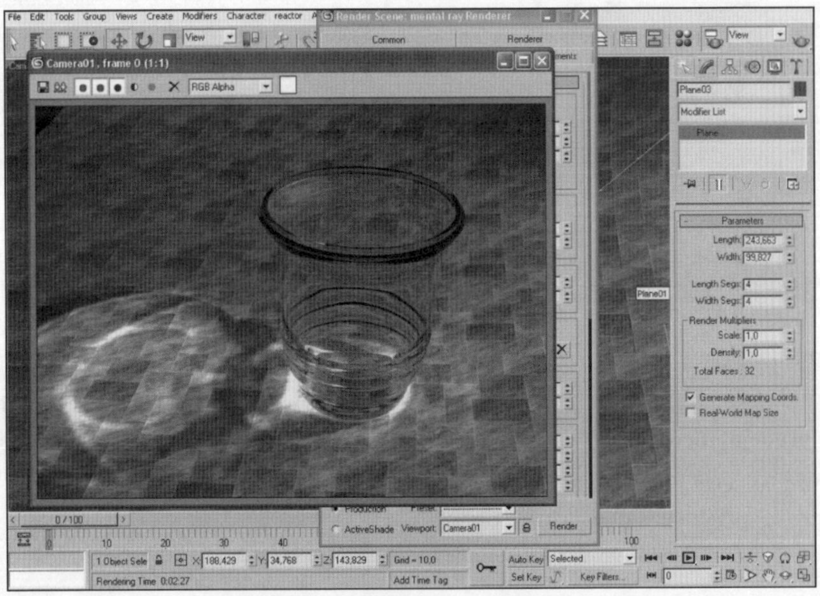

Resultado final do Caustic com refração.

Final Gather

Parameters

- **Preset:** permite uma solução rápida e fácil para Final Gather. O Preset padrão é customizado nas seguintes formas: rabisco, baixo, médio, alto e muito alto. Disponível apenas quando o Final Gather estiver habilitado.

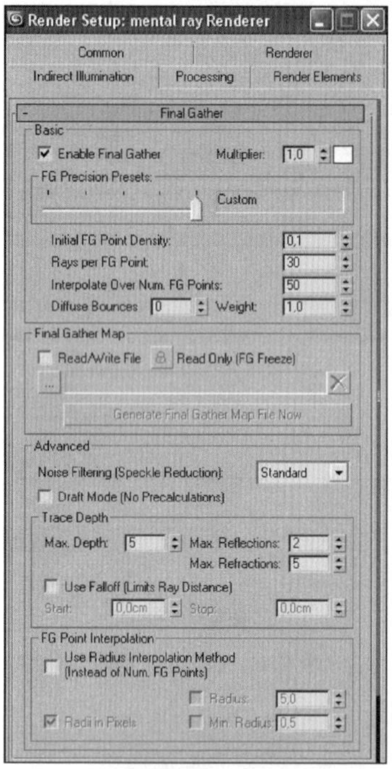

O Preset afeta as colocações seguintes:

- FG inicial aponta densidade.
- Raios por ponto de FG.
- Interpole em cima de número. FG Points.

As colocações prefixadas estão definidas no arquivo de texto mentalray_fg_presets.ini, que fica na pasta \plugcfg na instalação de programa. Você pode modificar o Present existente.

- **Enable Final Gather:** quando ativado, permite que o Mental Ray renderize a cena com iluminação global.
- **Multiplier/color swatch:** use esse controlador para cor e intensidade da luz indireta acumulada pelo Final Gather.
- **Initial FG Point Density:** multiplica a densidade de pontos do Final Gather.
- **Rays per FG Point:** ajusta quantos raios são usados para o cálculo da iluminação direta do Final Gather. Valores mais altos corrigem o efeito noise na cena, porém o tempo é muito maior.
- **Interpolate Over Num. FG Points:** controla o número de pontos que o Final Gather utiliza para a qualidade da imagem.
- **Diffuse Bounces:** indica o número de rebatimentos da luz difusa calculada por um único traço de raio.
- **Weight:** controla a contribuição relativa de saltos do Diffuse Bouces.
- **Read/Write File:** quando ativado, permite que o Mental Ray salve o arquivo com extensão *.fgm em um local específico para ser usado em futuros renders.
- **Read Only (FG Freeze):** determina se o Mental Ray utiliza ou não o mapa salvo *.fgm. Quando ativado, o Mental utiliza os dados gravados no arquivo sem criar nenhum ponto na cena.
- **Delete File:** deleta o arquivo existente em *.fgm.
- **Noise Filtering:** por um filtro mediano permite reduzir o número de manchas deixadas pelo Final Gather. As opções são Standard, High, Very High and Extremely High.
- **Draft Mode:** quando ativado, o Final Gather pula a fase do pré-cálculo. Pode ser útil para teste rápido.
- **Max. Depth:** limite máximo de combinação entre reflection e refraction.
- **Max. Reflections:** determina o número máximo de raios que podem ser refletidos.
- **Max. Refraction:** define o número máximo de raios que podem ser refratados.
- **Use Falloff (Limits Ray Distance):** quando ativado, usa o início e o fim dos valores para limitar o comprimento da luz do raio usada para o regathering.
- **Start:** especifica a distância máxima dos raios em unidades do 3ds Max.
- **Stop:** especifica o comprimento máximo do raio de luz em unidades do 3ds Max.
- **Use Radius Interpolation Method:** quando ativado, habilita as opções seguintes:
  - **Radius:** mostra o raio máximo ao qual o Final Gather é aplicado.
  - **Radii in Pixels:** os raios são definidos em pixels.
  - **Min. Radius:** indica o raio mínimo no qual o Final Gather deve ser usado.

Uso de Iluminação Global e Final Gather

Da mesma forma que no Global Illumination, é possível usar apenas o Final Gather para gerar radiosidade na cena.

Abra o arquivo loft_and_spotlight.max.

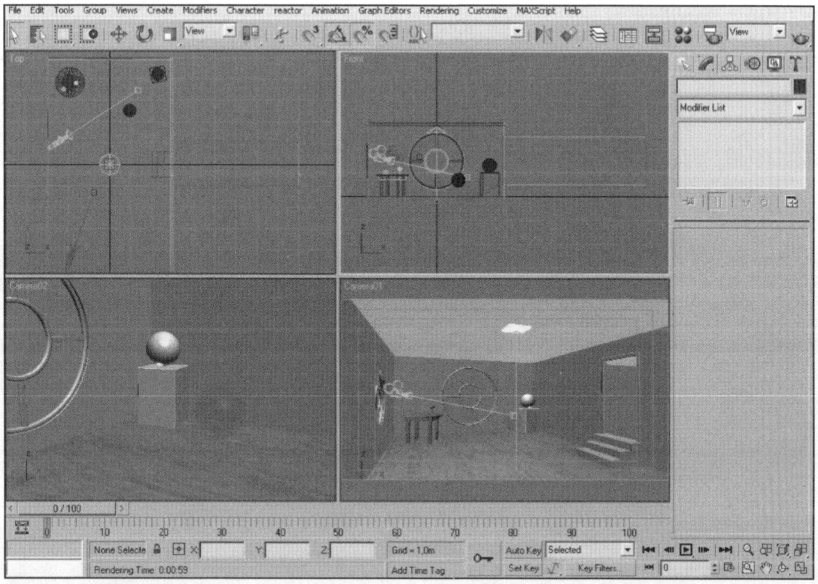

A luz Spot tem o Multiplier definido para 2,0.

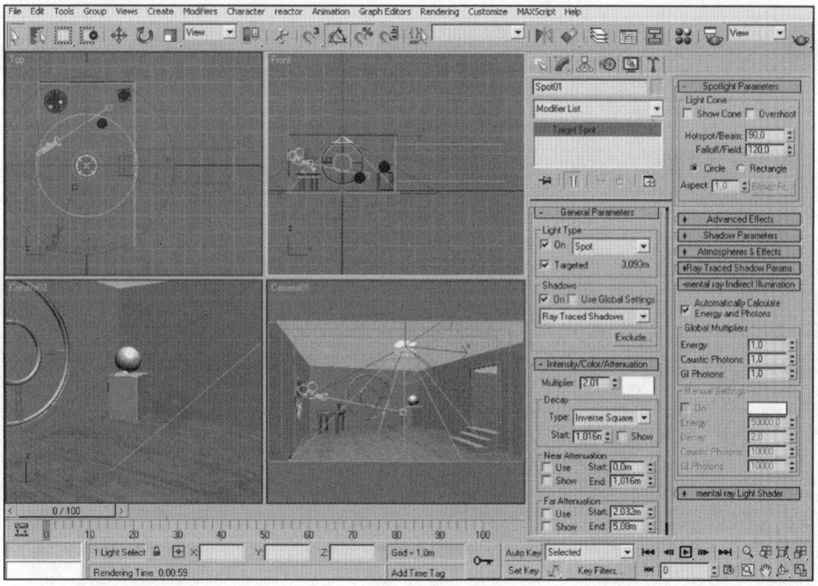

Adicione iluminação global:

1. Clique em Render Scene para abrir a caixa Render Scene. Vá até a pasta Indirect Illumination. Na roll-out Indirect Illumination, na área Global Illumination, clique para ligar o Enable.

2. Clique em Render.

3. Perceba que a cena anterior ficou com várias manchas ao redor da parede e dos móveis. Para resolver este pequeno problema, vamos adicionar o Final Gather.

4. No menu Final Gather ative a opção Enable.

5. Clique em Render.

Para criar um efeito mais suave e com maior claridade, ative a seguinte opção:

1. Diffuse bouces, valor 1.
2. Clique em Render.

Color Correction Map

mr Proxy Object

Novidade da versão 2009

A **mr Proxy Object** destina-se a grandes cenas a serem renderizadas com **Mental Ray**. Esse objeto é útil quando uma cena contém muitos objetos duplicados, tais como um auditório com centenas ou milhares de cadeiras. Também é particularmente útil para objetos com altíssimas contagens, como o polígono, pois poupa tempo e libera uma grande quantidade de memória para renderizar, diminuindo assim o tempo de **render**. Com a **mr Proxy** opcionalmente é possível animar o objeto de origem, aplicar um material e em seguida salvar uma cópia no disco para eventual modificação.

Interface

- **Source Object Button:** mostra o nome do objeto de origem. Se nenhum objeto está carregado, assume a opção None. Clique nesse botão para selecionar o objeto de origem.
- **Clear Source Object Slot:** apaga o nome do objeto de origem e retorna para a opção **None**, o que não afeta o objeto **Proxy**.
- **Write Object to File:** permite salvar um objeto como arquivo ***.mib**, que pode ser carregado posteriormente em outro **mr Proxy** usando a opção **Proxy File**.

O arquivo salvo tem a extensão ***.mib**, contendo os dados da geometria.

- **Proxy File:** essa opção carrega um arquivo com extensão ***.mib**.
- **Scale:** ajusta o tamanho do objeto **Proxy**. Você pode usar essa ferramenta para aumentar ou diminuir o objeto.
- **Viewport Verts:** número de vértices da viewport que representa o volume do objeto.
- **Show Point Cloud:** quando ativado, o objeto **proxy** é representado na **viewport** com um volume de vértices.
- **Show Bounding Box:** quando ativado, o objeto **proxy** aparece como uma caixa na **viewport**.

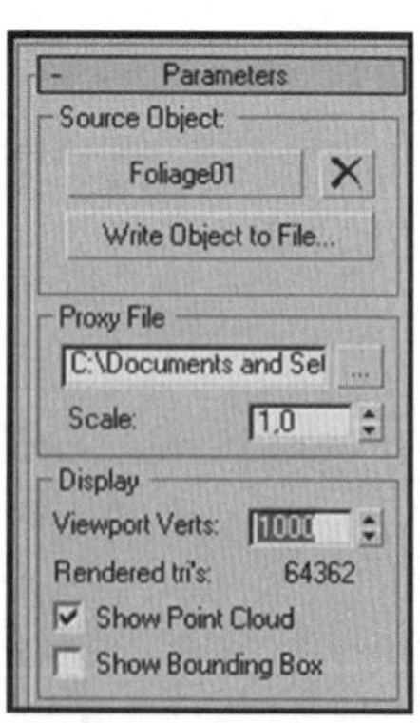

- **Preview window:** mostra o **preview** da imagem armazenada no frame atual.

Animation Support Group

- **On:** quando ativado, mostra a animação do objeto **proxy**, se o atual arquivo ***.mib** é parte de uma seqüência de animação. Quando desligado, o objeto **Proxy** permanece no estado do último frame animado.
- **Frames:** número de frames usado para ver a animação do objeto **Proxy**.
- **Replay Speed:** ajusta a velocidade do playback da animação.
- **Frame Offset:** permite escolher o frame inicial da animação.

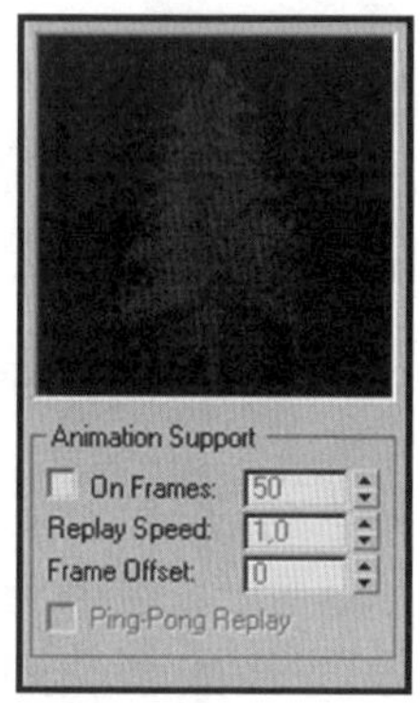

- **Ping-Pong Replay:** quando ativado, a animação segue até o frame final e depois retorna, de trás para frente, como um efeito de **pingue-pongue**.

mr Proxy Creation Dialog

- **Current Frame:** salva apenas o frame atual do objeto.
- **Active Time Segments:** salva toda a animação.
- **Custom Range:** permite escolher o início e o fim dos frames a serem salvos.
- **Include Only Source Object in Preview:** quando ativado, apenas a geometria selecionada aparece na caixa preview.
- **Automatic Zoom Extents:** quando ativado, aplica um zoom à geometria selecionada; aparece na caixa preview.

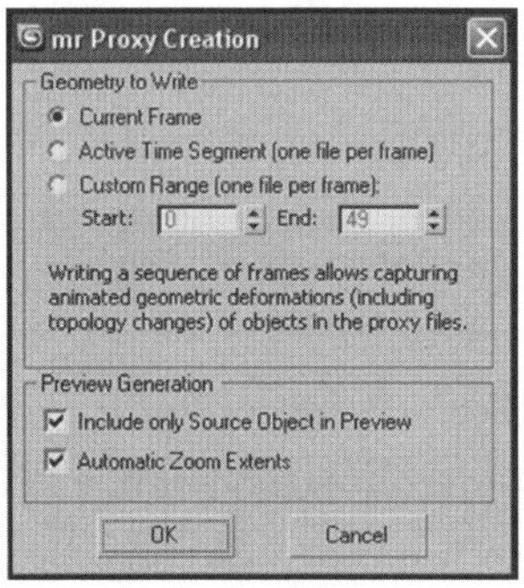

Exercício - Uso do mr Proxy Object

1. Abra o arquivo **proxy_arvore_start.max**.

2. Vá até a pasta **Create**, clique no botão **Geometry**, no menu **Standard** procure **Mental Ray** e clique no botão **mr Proxy**.

3. Clique e arraste o mouse para criar uma caixa transparente.

4. Vá até a pasta **Modify**, no menu **Source Object** clique no botão **None**, logo em seguida clique na árvore.

5. Clique no botão **Write Object to File** e salve o arquivo com o nome **arvore.mib**.

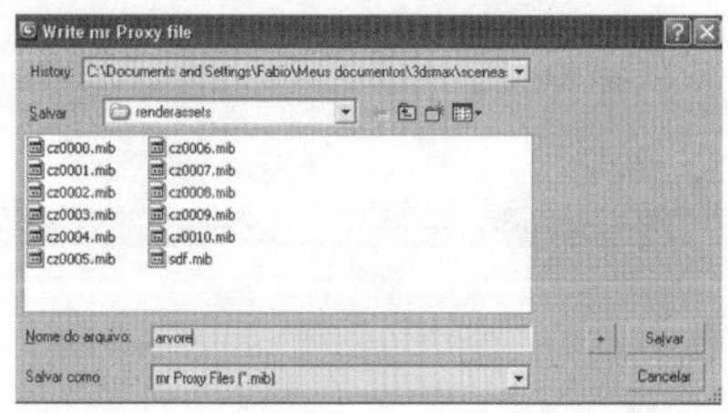

6. Escolha a opção **Custom Range**, coloque **Start** 0 e **End** 50.

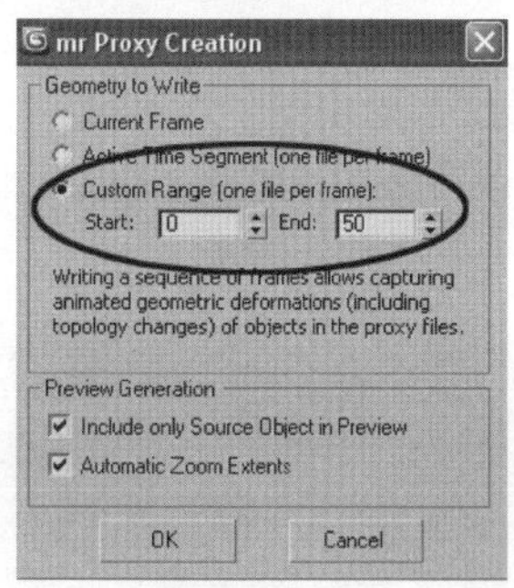

7. Aguarde o **render preview** que será feito da geometria.

8. Crie seis cópias do **mr Proxy Object**.

9. Pressione a tecla **Play** para acompanhar a animação das árvores e clique no botão **Render** para ver o resultado.

mr Sky Portal

Novidade da versão 2009

O **mr Sky Portal** fornece um método eficiente de iluminação no interior de cenas sem exigir altos valores de **Final Gather** ou **Global Illumination**, que poderiam resultar excessivos tempos de render.

Para que o Sky Portal funcione corretamente, é necessário que a cena tenha um componente **Skylight**, que pode ser **ies skylight**, **mr Skylight** ou **Skylight**.

Interface

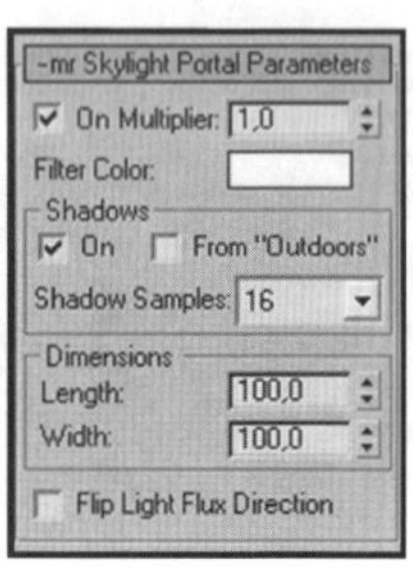

- **On:** ativa a iluminação a partir do portal. Quando desligado, o portal não tem nenhum efeito sobre a iluminação.
- **Multiplier:** amplifica a potência da luz. Por exemplo, se você definir o valor 2,0, a luz será duas vezes mais brilhante.
- **Filter Color:** altera a cor da luz que vem de fora.
- **Dimension:** ajusta o comprimento e a largura.
- **Flip fluxo luminoso direção:** determina a direção na qual a luz flui através do portal. A seta deve apontar na direção do interior.

Shadows

- **On:** ativa a sombra.
- **From "Outdoors":** quando ligado, lança sombras de objetos fora do **Sky Portal**, ou seja, do lado de fora do ícone da seta.
- **Shadow Samples:** qualidade global das sombras geradas por **mr Sky Portal**.
- **Visible to Renderer:** quando ligado, o **mr Sky Portal** aparece no render.

- **Transparency:** filtra a cena fora da janela. Alterar essa cor não muda a luz, mas escurece os objetos do lado de fora.

Color Source

- **Use existing Skylight:** utilize a cor padrão do **Skylight** atual.
- **Use Scene Environment:** utilize a cor padrão do **Environment Map**.
- **Custom:** utilize qualquer mapa como cor.

Exercício - Uso do mr Sky Portal

1. Abra o arquivo **Sky_portal_start.max.**

2. Clique no botão **Render** e observe o resultado.

Existe apenas uma luz spot na cena. Por padrão do software, quando não usamos GI, a luz não sofre rebatimento. Sendo assim, somente as áreas onde ela é projetada recebem luz, enquanto o resto do cenário fica escuro. Para evitar isso, utilizamos o **Sky Portal**.

3. Vá até a pasta **Create**, clique no botão **Geometry**, depois em **Light**, selecione a opção **Standard** e clique em **Skylight**.

4. Clique no botão **Render Setup**, selecione a pasta **Indirect Illumination** e ative a opção **Enable Final Gather**.

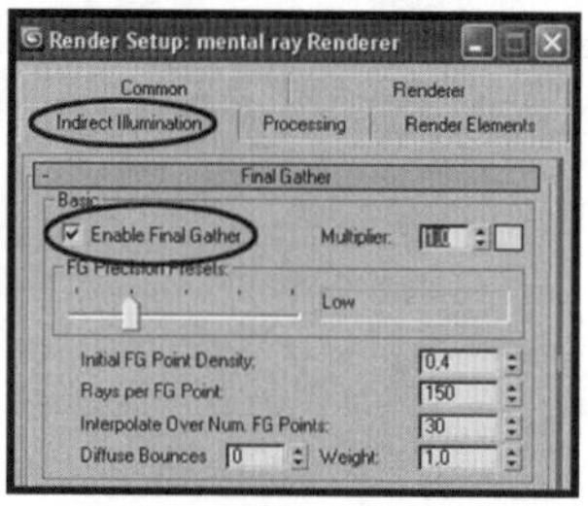

5. Ajuste a posição da skylight conforme a figura seguinte. Lembre-se de que ela deve estar do lado de fora.

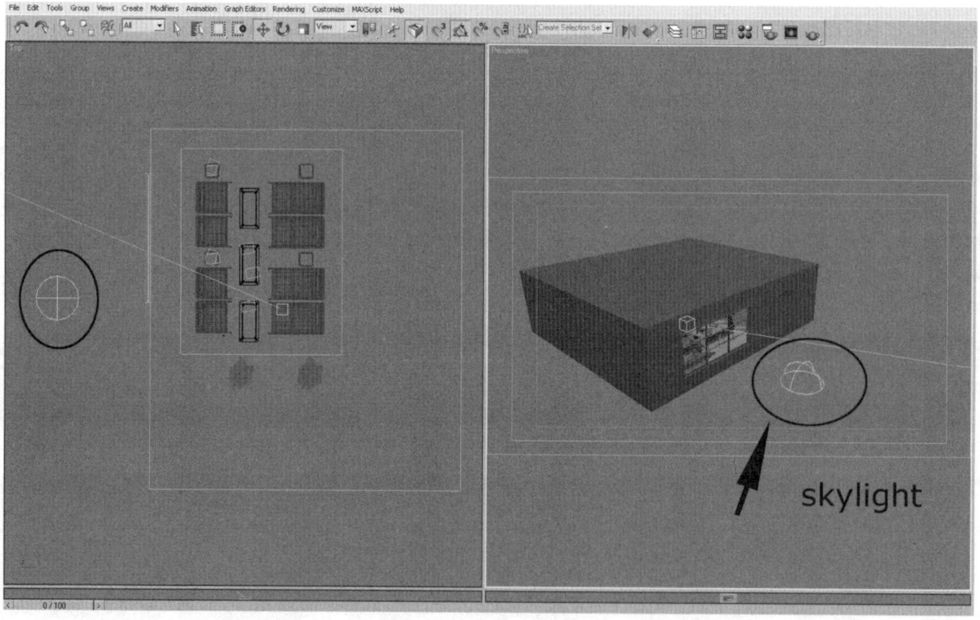

6. Clique no botão **Render** e observe que, mesmo aplicando uma luz **Skylight**, a cena continua escura.

7. Vá até a pasta **Create**. Clique no botão **Geometry**, depois em **Light**, selecione a opção **Photometric** e clique em **mr Sky Portal**.

8. Crie uma **Sky Portal** e posicione-a de frente para a janela, como mostra a figura seguinte. Utilize as ferramentas **Move** e **Rotate** para ajustar a posição.

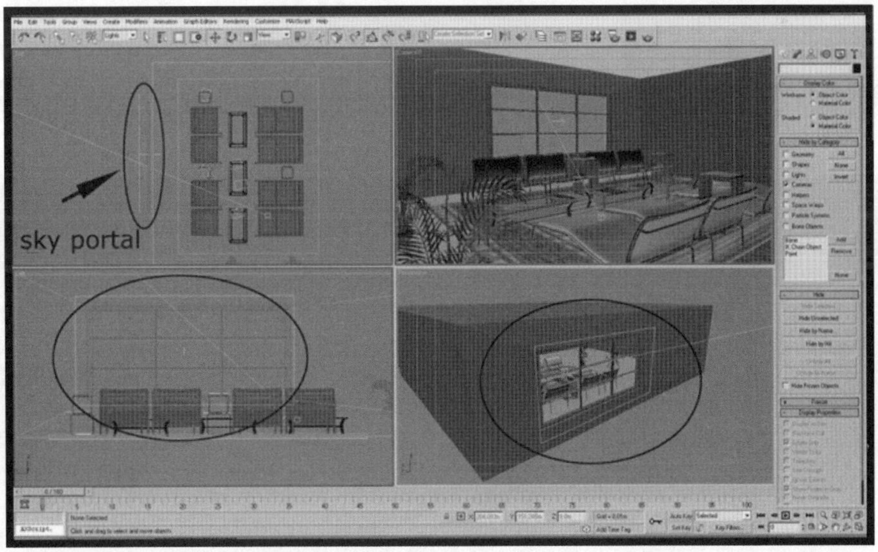

9. Com a **Sky Portal** selecionada, vá até a pasta **Modify** e altere o **Multiply** para 4 e o **Shadows Samples** para 8.

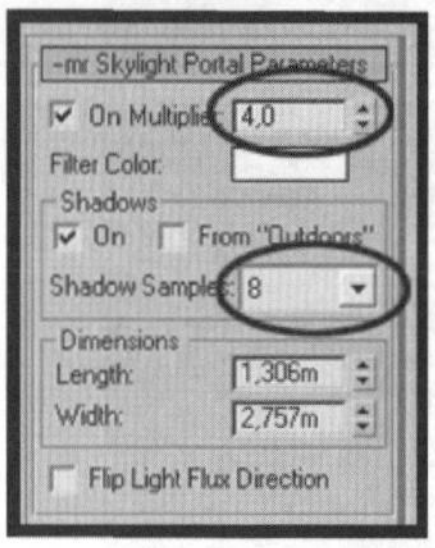

10. Vá até o menu **Rendering** e clique na opção **Environment**. Altere a opção **Color** para branco e em **Exposure Control** deixe ativado o **Logarithmic Exposure Control**.

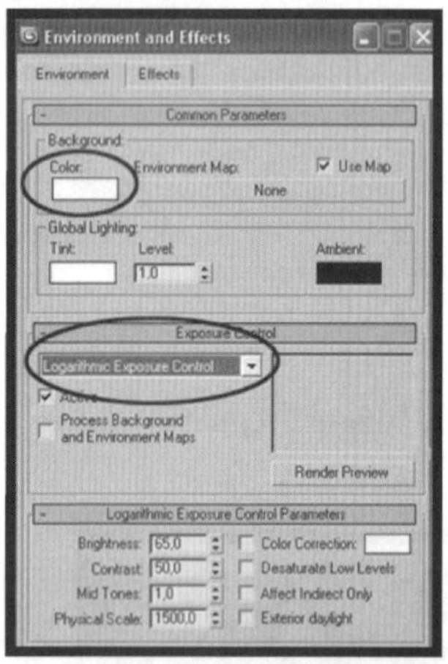

11. Clique no botão **Render** e veja o resultado.

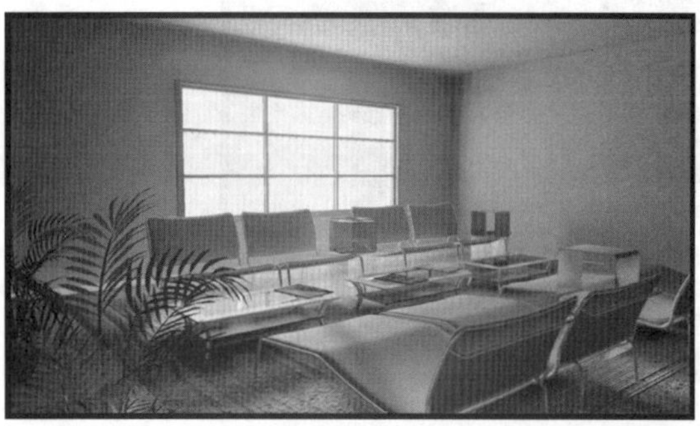

Glare Shader (Mental Ray)

O **Glare Shader**, quando usado com **Camera Output Shader**, cria um halo em volta da área de brilho intenso do render, semelhante a **Glow Do Video Post**, criando assim um efeito muito mais realista.

Interface

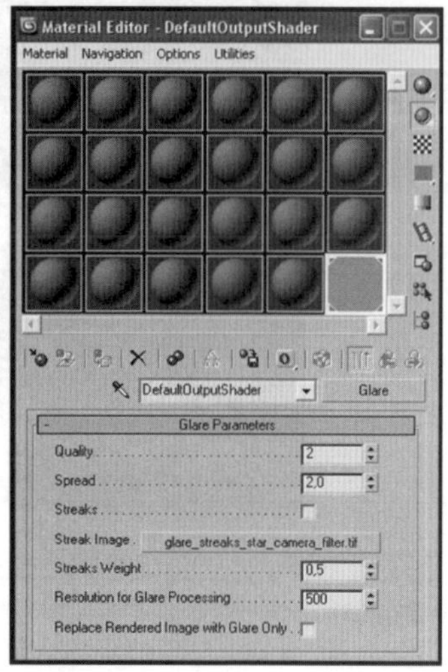

- **Quality:** ajusta qualidade e velocidade. Definições de qualidade baixa obtêm um tempo de render relativamente mais rápido, porém o efeito do brilho é prejudicado. Definições altas geram boa qualidade no halo, porém aumentam o tempo de render.
- **Spread:** controla a forma e a intensidade do brilho dos objetos. Valores baixos produzem um pequeno halo, enquanto valores altos provocam maior brilho na cena.
- **Streaks:** quando ligado, usa uma imagem do arquivo para criar um **streaking effect**, que é visível, quando existe brilho na imagem, através de um vidro ou em fotografias, através da lente de uma câmera.
- **Streak Image:** permite escolher uma imagem para ser usada no efeito do streak.
- **Streaks Weight:** controla a mistura entre o glare e o efeito streak da imagem.
- **Resolution for Glare Processing:** especifica o tamanho da imagem em pixel. Se a imagem gerada no render estiver ajustada para 800x800, o glare é ajustado para 200x200. Neste caso, possivelmente ocorrerá um efeito diferente do desejado; pode ser extremamente intenso ou sem nenhum brilho. Lembre-se sempre de deixar a resolução do Glare Resolution idêntica à do Render Output.
- **Replace Rendered Image with Glare Only:** quando ativado, o render mostra apenas o efeito glare na tela, ignorando o resto da cena. É útil para ter um preview rápido.

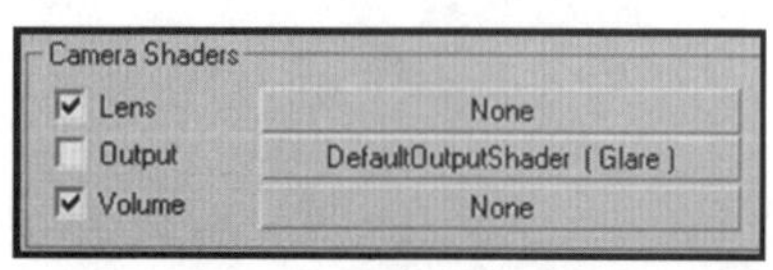

Exercício - Uso do Glare Shader

1. Abra o arquivo glare_start.max.

2. Crie um **Spot Light**, posicione conforme a figura seguinte e aumente o valor do **Multiply** da luz para 1,5.

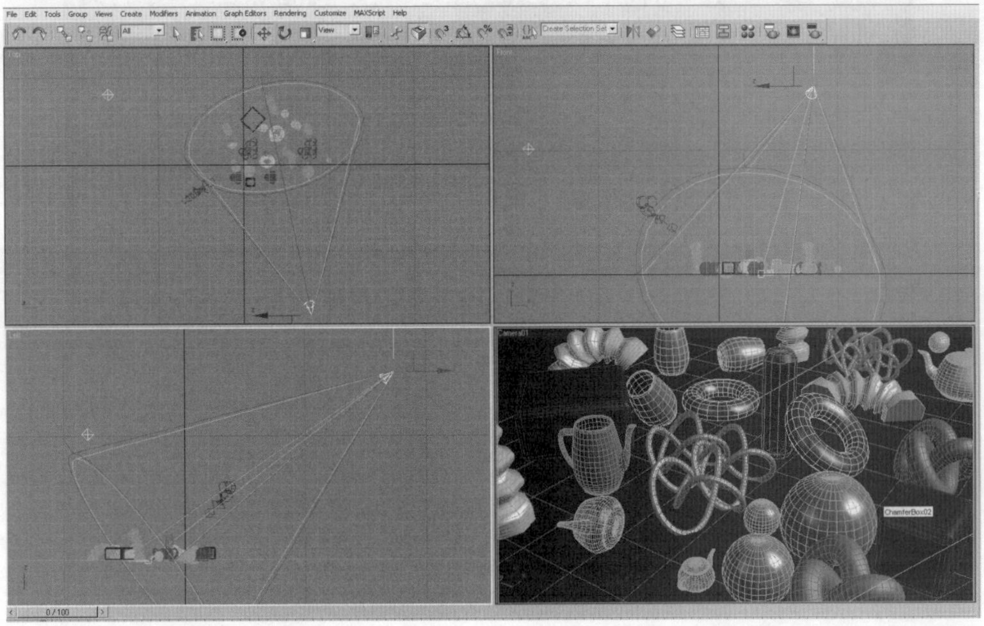

3. Clique no botão **Render** e observe o resultado. Alguns objetos têm um brilho intenso gerado pela reflexão do material, no entanto esse brilho não sofre nenhuma influência de estouro ou claridade.

4. Clique no menu **Rendering** e selecione a opção **Render Setup**. Pressione F10 no teclado (atalho), escolha a aba **renderer**, procure a roll-out **Camera Effects** e ative a opção **Output**, como mostra a figura seguinte.

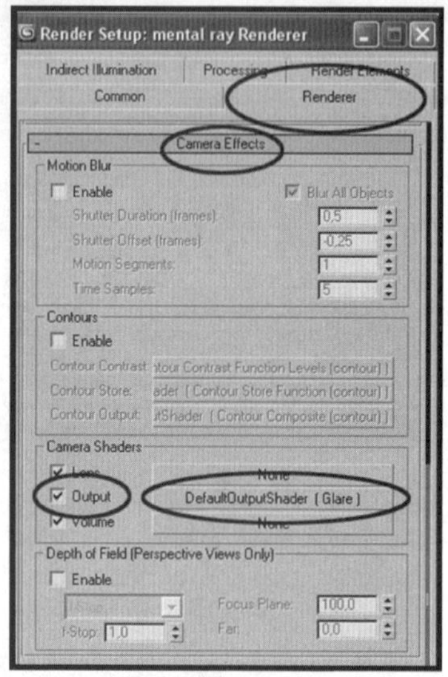

5. Clique no botão **Material Editor** ou pressione M (atalho), logo em seguida arraste o glare para o Material Editor. Deixe ativada a opção **Instance** e nos parâmetros do **Glare** altere o valor de **Spread** para 4,0.

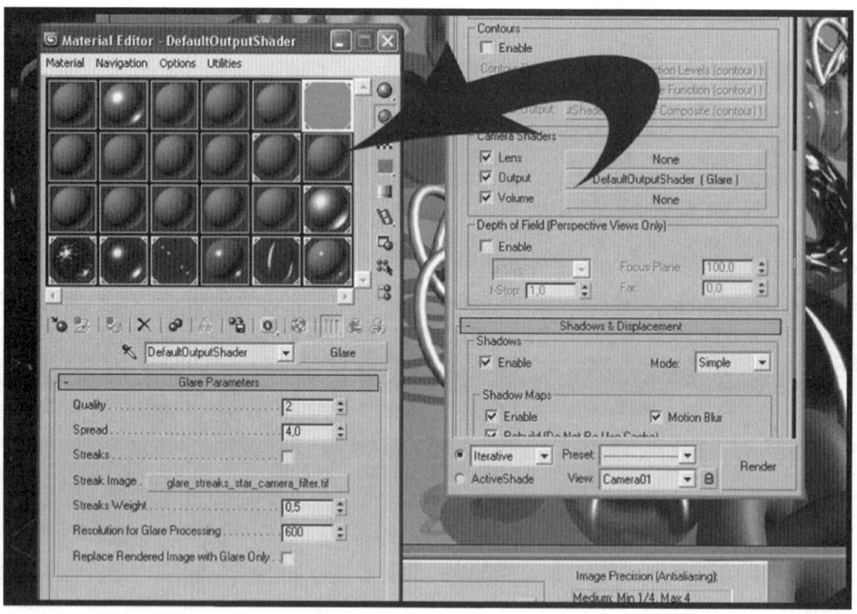

6. Clique no botão Render e veja o resultado.

Mental Ray Sun and Sky

Novidade da versão 2009

O **Mental Ray Sun and Sky** é uma ferramenta que proporciona, com a maior realidade possível, cenários diurnos e noturnos fisicamente corretos, pelo uso de duas luzes especiais fotométricas e um ambiente **Shader** que trabalham juntos para obter o máximo de realidade na cena.

A mr sun photometric é responsável pela luz solar.

O **mr Sky Photometric** é a luz responsável pelo ambiente atmosférico (skylight).

O **mr Physical Sky Environment Shader** é responsável pela representação visível do sol e do céu, tanto para a câmera e nas reflexões e refração, bem como para o plano virtual.

Essas luzes devem ser utilizadas em conjunto com **mr Sun and mr Sky**; aparecem dentro do sistema **3ds Max Daylight**. Quando utilizados em conjunto, essa solução chama-se **Sun and Sky**.

Acompanhe dois exemplos que mostram nitidamente a diferença entre usar uma iluminação padrão e utilizar o sistema **Sun and Sky**.

A primeira imagem é gerada com uma **Direct Light** usando o sistema **Render Scanline**. O ambiente ficou escuro e com um efeito chapado.

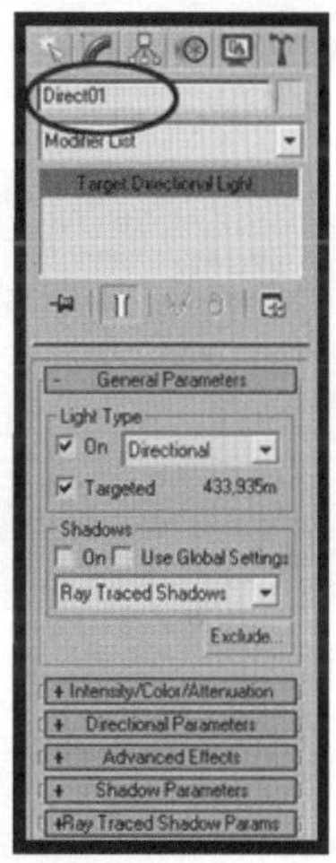

A segunda imagem é gerada com o **Daylight** em conjunto com o **Sun and Sky**. O ambiente ficou claro, com volume e o fundo recebeu um dégradé azulado.

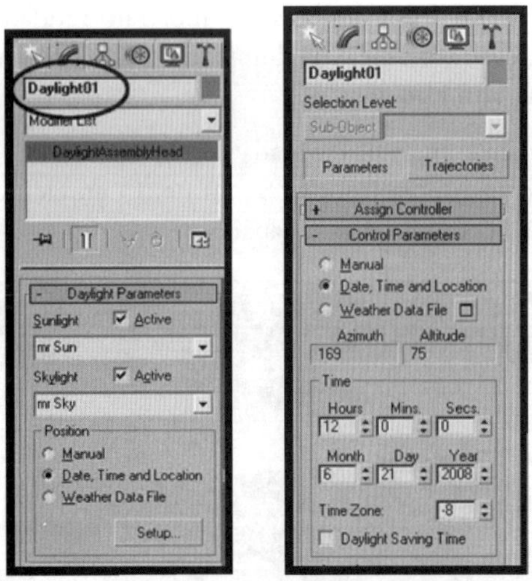

Dentro dos parâmetros do **Daylight** foram especificados:

- Data, hora e localização
- Latitude e longitude
- Horas: 12
- Minutos: 00
- Segundos: 00
- Mês: 06
- Dia: 21
- Ano: 2008

mr Sun

Novidade da versão 2009

A **mr Sun** é a luz a ser usada no **Mental Ray** em conjunto com o **Sky**, formando **Sun and Sky**. Seguem os parâmetros relacionados apenas do **Sun**; lembramos que os outros parâmetros estão no **Daylight** do **3ds Max**.

mr Sun Basic Parameters

- **On:** ativa e desativa o **mr Sun**.
- **Multiplier:** multiplica a intensidade da luz. Padrão = 1.0.
- **Targeted:** aplicável apenas quando você adiciona um **mr Sun** diretamente à cena por meio de **Create panel/Lights/Photometric**, e não como parte de um sistema **Daylight**. Quando ligado, a luz é direcionada e você pode alterar a distância do alvo.

Shadows Group

- **On:** ativa e desativa as sombras.
- **Softness:** suavidade das sombras; o padrão é 1.0. Valores abaixo deixam a sombra mais rígida e valores altos tornam-nas mais suaves.
- **Softness Samples:** o número de **samples** da sombra. Em geral, valores altos melhoram a qualidade da sombra.
- **Inherit from mr Sky Group:** quando ativado, usa os ajustes feitos no **mr Sky Parameters**.

Nonphysical Tuning Group

Esses comandos estão disponíveis apenas quando **Inherit From mr Sky** está desligado.

- **Red/Blue Tint:** proporciona o controle artístico das cores vermelha e azul da luz do céu. O valor-padrão é 0,0, fisicamente o correto (calculado para um **whitepoint 6500K**), mas pode ser alterado com esse parâmetro, que varia entre –1,0 (extremamente azul) e 1,0 (extremamente vermelho).
- **Saturation:** proporciona controle artístico da saturação da luz no céu. O valor-padrão é 1,0. Valores variam de 0,0 (preto-e-branco) a 2,0 (alta saturação).
- **Use Photon Target:** quando ligado, usa o raio ajustado, respeitando o **Light Target**.
- **Radius:** ajusta a distância radial a partir do alvo em que o mr Sun utiliza o photons.

mr Sky

Novidade da versão 2009

A **mr Sky** é a luz a ser usada no **Mental Ray** em conjunto com o sun, formando **Sun and Sky**.

Seguem os parâmetros relacionados apenas ao **Sky**. Lembramos que os outros parâmetros estão no **Daylight** do **3ds Max**.

mr Sky Parameters

- **On:** liga e desliga o **mr Sky**.
- **Multiplier:** multiplica a intensidade da luz. Padrão = 1.0.
- **Ground Color:** a cor do plano virtual. Note que esta é uma reflexão com valor **Diffuse**.

Sky Model

Permite escolher três modos diferentes de sky:

- Haze Driven
- Perez All Weather
- CIE

Utilize **Perez** ou **CIE** quando desejar a luz do céu fisicamente correta.

mr Sky Advanced Parameters Roll-Out

- **Height:** a posição vertical da linha do horizonte.
- **Blur:** o valor 0.0 corresponde a um horizonte completamente definido. Geralmente apenas valores abaixo de 0.5 são úteis, mas o valor máximo chega a 10, deixando um horizonte borrado.
- **Net Color:** o valor mínimo da cor do céu. O céu nunca se tornará mais escuro do que esse valor. Pode ser útil para adicionar itens, como luz, estrelas, nuvens etc.

Nonphysical Tuning Group

- **Red/Blue Tint:** proporciona o controle artístico das cores vermelha e azul da luz do céu. O valor-padrão é 0,0, fisicamente o correto (calculado para um **whitepoint 6500K**), mas pode ser alterado com esse parâmetro, que varia entre −1,0 (extremamente azul) e 1,0 (extremamente vermelho).
- **Saturation:** proporciona controle artístico da saturação da luz no céu. O valor-padrão é 1,0. Valores variam de 0,0 (preto-e-branco) a 2,0 (alta saturação).

Aerial Perspective Group

- **Aerial Perspective Toggle:** ativa e desativa a visibilidade da distância.
- **Visibility Distance:** é o valor entre a distância e a visibilidade da cena. Valores baixos deixam a cena totalmente opaca, preenchida por uma neblina, enquanto valores altos tornam-na nítida.

Haze-Driven Sky Model

Novidade da versão 2009

O **Sky Model** utiliza o valor de **Haze** para especificar a quantidade de vapor de água ou outras partículas em suspensão no ar. Possíveis valores variam de 0,0 (um dia completamente claro) a 15,0 (extremamente entristecido, ou uma tempestade de areia no Saara). O valor do **Haze** influencia a intensidade e a cor do céu e do horizonte, a cor e a intensidade da luz do sol, a suavidade das sombras do sol, a suavidade do brilho em torno do sol e a força da perspectiva aérea.

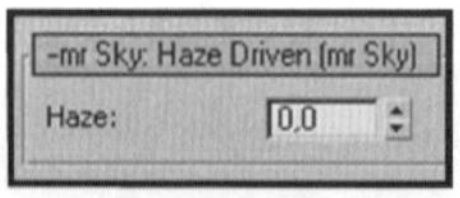

- **Haze:** aumenta ou diminui a quantidade de partículas em suspensão no ar.

Haze com 1,0

Haze com 5,0

Haze com 10

Haze com 15

Perez-All Weather

Novidade da versão 2009

É um modelo fisicamente preciso do **Sky**, reconhecido como um padrão da indústria. É controlado por dois valores de **Illuminance**.

Perez-All é um modo adequado para cenas diurnas, mas não para crepúsculo ou cenas noturnas. Para cenas em que o sol está baixo ou ausente, utilize o modo **Haze** ou **CIE**, se você está preocupado com precisão fotométrica.

Quando você utiliza o modo **Perez**, a cor do **Sky** deriva do valor **Haze** dentro do **Physical Sky Shader mr**; por padrão está 0,0 (um céu claro e azul durante o dia).

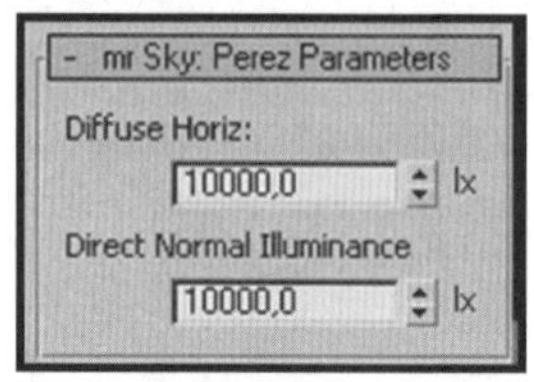

- **Diffuse Horizontal Illuminance:** é a iluminância do céu medida por uma luminância em metros colocada na horizontal, excluindo a contribuição do sol. Padrão = 10000,0 Ix.
- **Direct Normal Illuminance:** é a iluminância do sol medida por uma luminância em metros destinada diretamente à luz do sol. Padrão = 10000,0 Ix.

CIE Sky Model

Novidade da versão 2009

O **Sky CIE** (Comissão Internacional de Iluminação) é um modelo fisicamente preciso do céu, reconhecido como um padrão da indústria. É controlado por dois valores de iluminância.

Quando se utiliza o modo **CIE**, a cor do **Sky** deriva do valor **Haze** dentro do **Physical Sky Shader mr**; por padrão está 0,0 (um céu claro e azul durante o dia).

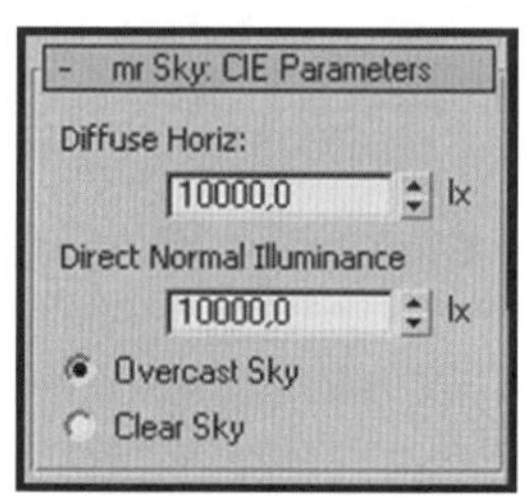

- **Diffuse Horizontal Illuminance:** a iluminância do céu medida por uma luminância em metros colocada na horizontal, excluindo a contribuição do sol. Padrão = 10000,0 Ix.
- **Direct Normal Illuminance:** a iluminância do sol medida por uma luminância em metros destinada diretamente à luz do sol. Padrão = 10000,0 Ix.
- **Overcast Sky:** especifica um céu carregado de nuvens.
- **Clear Sky:** especifica um céu limpo.

mr Physical Sky

Novidade da versão 2009

O **mr Physical Sky Shader** é destinado principalmente à utilização com o mental ray Sun and Sky. Este tópico traz informações sobre parâmetros, principalmente exclusivos para esse componente.

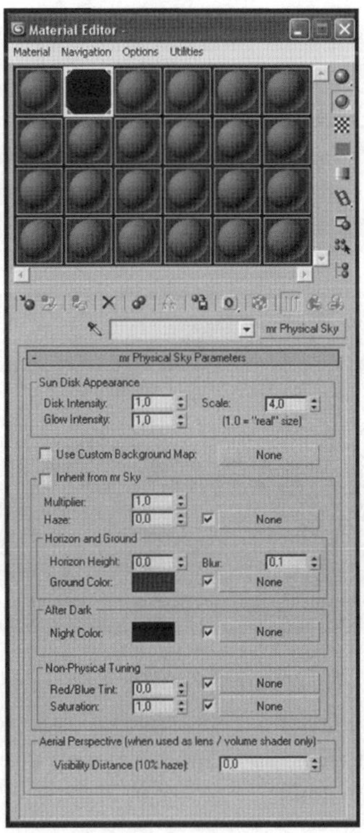

Interface

Sun Disk Appearance Group

- **Disk Intensity:** a intensidade do brilho do sol.
- **Glow Intensity:** a intensidade do incandescer em torno do sol.
- **Scale:** o tamanho do disco do sol.
- **Use Custom Background Map:** permite aplicar um mapa ao background da cena.
- **Inherit from mr Sky:** quando ativado, utiliza os ajustes feitos do mr sky parameters.

mr Sky Advanced Parameters Roll-Out

- **Height:** a posição vertical da linha do horizonte.
- **Blur:** o valor 0.0 corresponde a um horizonte completamente definido. Geralmente apenas valores abaixo de 0.5 são úteis, mas o valor máximo chega a 10, deixando um horizonte borrado.
- **Night Color:** o valor mínimo da cor do céu. O céu nunca se tornará mais escuro do que esse valor. Pode ser útil para adicionar itens, como luz, estrelas, nuvens etc.

Nonphysical Tuning Group

- **Red/Blue Tint:** proporciona o controle artístico das cores vermelha e azul da luz do céu. O valor-padrão é 0,0, fisicamente o correto (calculado para um **whitepoint 6500K**), mas pode ser alterado com esse parâmetro, que varia entre –1,0 (extremamente azul) e 1,0 (extremamente vermelho).
- **Saturation:** proporciona controle artístico da saturação da luz no céu. O valor-padrão é 1,0. Valores variam de 0,0 (preto-e-branco) e 2,0 (alta saturação).

Aerial Perspective Group

- **Aerial Perspective Toggle:** ativa e desativa a visibilidade da distância.
- **Visibility Distance:** é o valor entre a distância e a visibilidade da cena. Valores baixos deixam a cena totalmente opaca, preenchida por uma neblina, enquanto valores altos tornam-na nítida.

Esse parâmetro é para usuários avançados e só funciona quando se usa o **mr Physical Sky** junto com o Lens Shader ou Volume Shader. Quando usado com o lens shader, a perspectiva aérea "névoa" aplica-se apenas aos primeiros raios; ela não aparece nas reflexões. Quando utilizado como um Volume Shader, ele se aplica ao cenário e aos raios, incluindo reflexões e refração.

mr Photographic Exposure Control

O **mr Photographic Exposure Control** permite alterar a saída do render por meio de controles de uma câmera real: **Exposure Value**, **Shutter Speed**, **Aperture** e **Film Speed**, além de você poder ajustar a saída do render com **Highlight**, **Midtones** e **Shadows**.

O **mr Photographic Exposure Control** possui um corretor embutido de **Gamma** (**Gamma 2,2**), mas essa correção é desativada quando a correção **Gamma 3ds Max** é habilitada na janela de preferências.

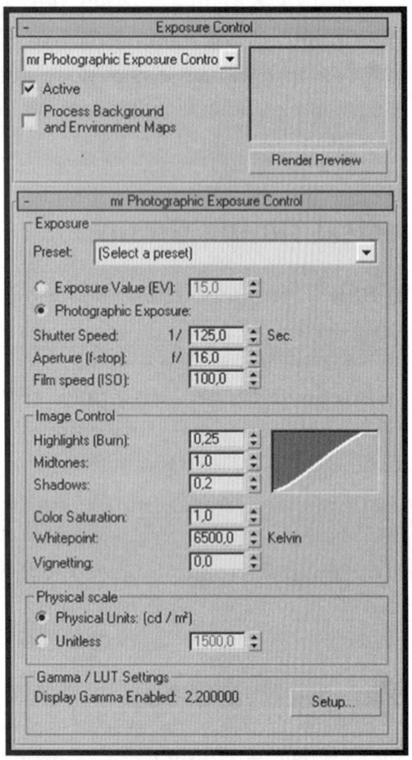

- **Exposure group:** esse grupo inclui uma lista de **presets** de exposição fotográfica e valores associados aos parâmetros.
- **Preset:** escolha uma opção que melhor se ajuste à condição da luz:
  - Outdoor daylight
  - Outdoor night
  - Indoor daylight
  - Indoor night
  - Non pysically

Exposure Value (EV)

Escolha essa opção para especificar um único **Exposure Value** que corresponde à combinação dos três valores da **Photographic Exposure**. Cada aumento ou diminuição no valor **EV** reduz para a metade ou dobra, respectivamente, a efetiva exposição. Assim, valores mais elevados geram imagens escuras, e valores mais baixos geram imagens claras.

Photographic Exposure

Ajusta o **Exposure** usando controles de uma câmera-padrão. Esses controles só afetam exposição. **Shutter speed** não tem nenhum efeito sobre o **Motion Blur**, **Aperture** não influencia o **Depth of Field** e **Film Speed** não tem efeito sobre **Graininess**.

- **Shutter Speed:** o tempo, em frações de segundo, que o "obturador" fica aberto. Quanto maior esse valor, maior a exposição.
- **Aperture:** o tamanho da abertura da "câmera íris". Quanto maior esse valor, menor a exposição.
- **Film Speed** (ISO)**:** sensibilidade da "câmera cinematográfica". Quanto maior esse valor, maior a exposição.

Exemplos de cena-padrão:

- **Highlights (Burn):** controla o nível de áreas de claridade da imagem. Valores mais elevados tornam-na mais brilhante e valores menores escurecem os brilhos.

Hughlights 0,0

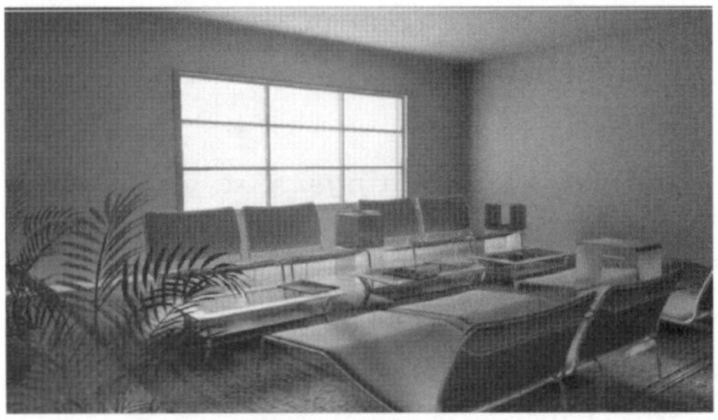

Hughlights 1,0

- **Midtones:** controla o nível das áreas da imagem cuja claridade situa-se entre os brilhos e as sombras.

Midtones 1,0

Midtones 0,5

- **Shadows:** controle de nível das áreas escuras da imagem.

Shadows 1,0

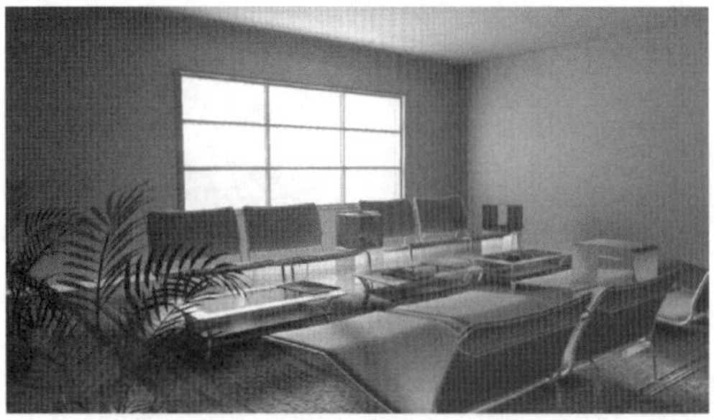

Shadows 0,0

- **Color Saturation:** controla a intensidade das cores da imagem; valores altos deixam a imagem saturada.

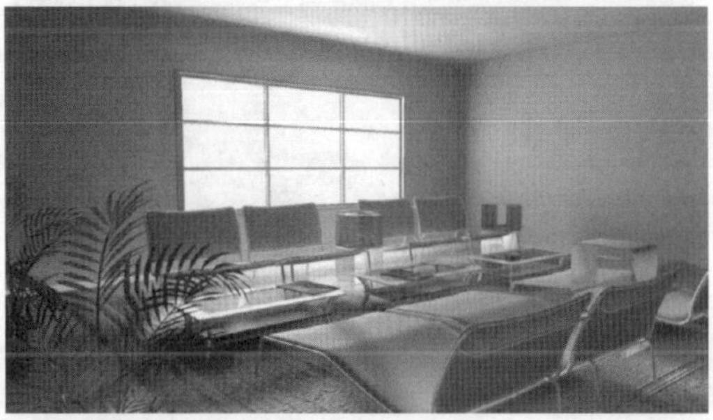

Saturation 1,0

Saturation 2,0

- **Whitepoint:** especifica a cor principal da temperatura da luz, igual ao white balance das câmeras digitais. Para uma luz daylight recomenda-se o valor 6500 e para incandescent light, o valor 3700.

Whitepoint 6500

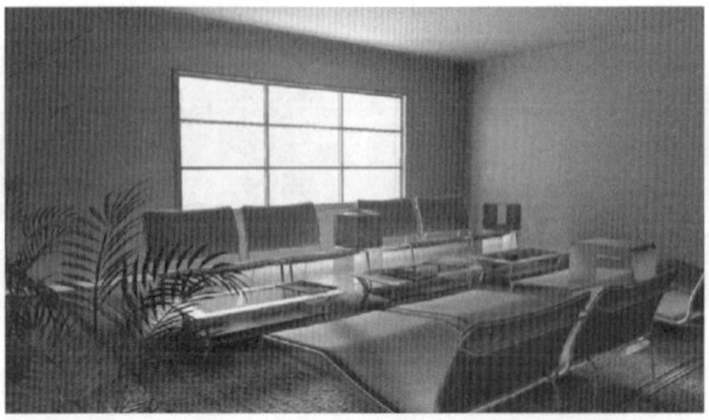

Whitepoint 3700

- **Vignetting:** cria uma área circular totalmente exposta no centro, com bordas mais escuras.

Vignetting 0,0

Vignetting 10

- **Physical Scale:** determina como o software calcula os valores de saída do pixel **HDR (High-Dynamic-Range)** nas imagens. Você pode utilizar a escala física inerente à cena ou definir uma escala arbitrária física para **Non-Physically-Based**.
- **Physical Units (cd/m2):** saída fisicamente correta em pixel HDR; valores em candelas por metro quadrado. Utilize essa opção quando a cena apresentar uma **Photometric Light**.
- **Unitless:** define como o render interpreta a iluminação das luzes-padrão que não são fisicamente corretas.
- **Gamma/LUT Settings:** esse grupo inclui um texto que mostra o status atual da **Gamma/LUT** e um botão **Configurar** que abre o quadro de diálogo **Gamma and LUT**.

Uso do Daylight em Conjunto com Sun and Sky

1. Abra o **3ds Max 2009**, vá até o menu **Customize** e clique na opção **units setup**. Deixe ativada a opção **Metric** (**Meters**) e clique em **System Unit Setup**. Altere o valor para **1 unit =1,0** e **milimeters**.

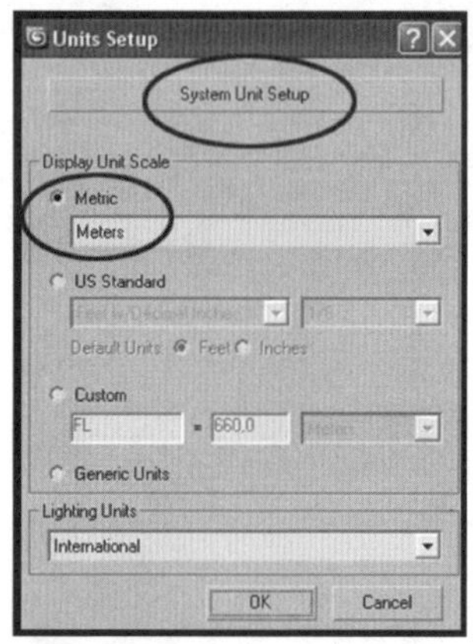

2. Abra o arquivo **mr_sun_sky_start.max**.

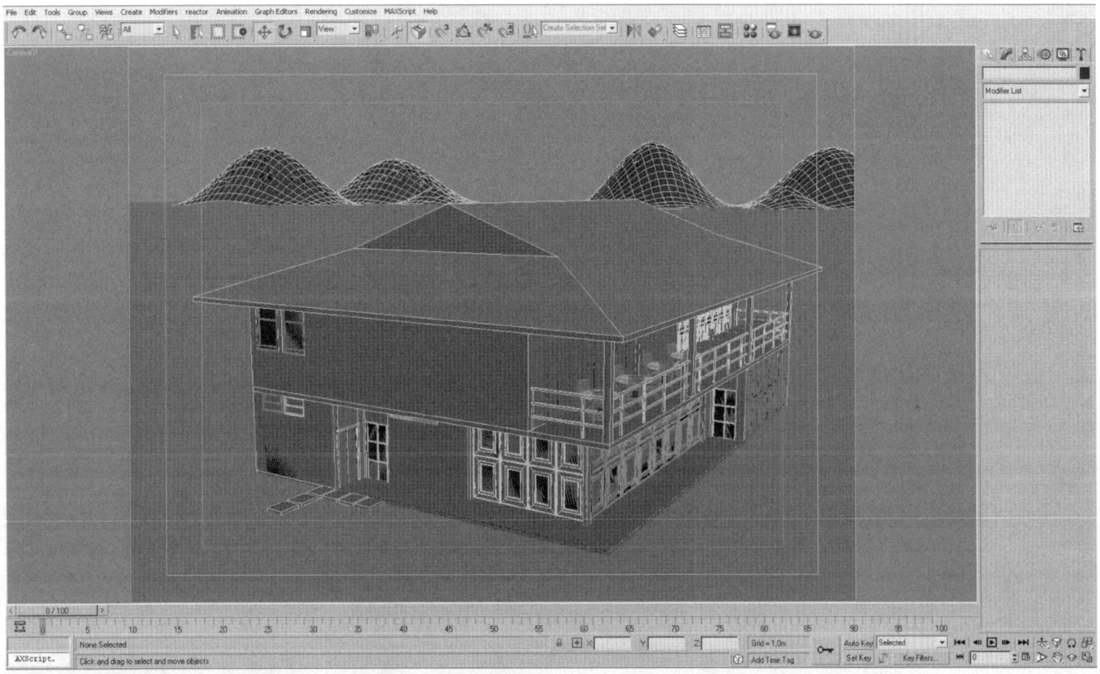

3. Vá até a pasta **Create**, clique em **System**, escolha a opção **Standard** e clique em **Daylight**.

4. Assim que você escolher o **Daylight**, abre-se uma janela recomendando que você utilize o **mr Photographic Exposure**. Essa opção é importante para corrigir e balancear as cores e tonalidades da cena; confirme clicando em **Yes**.

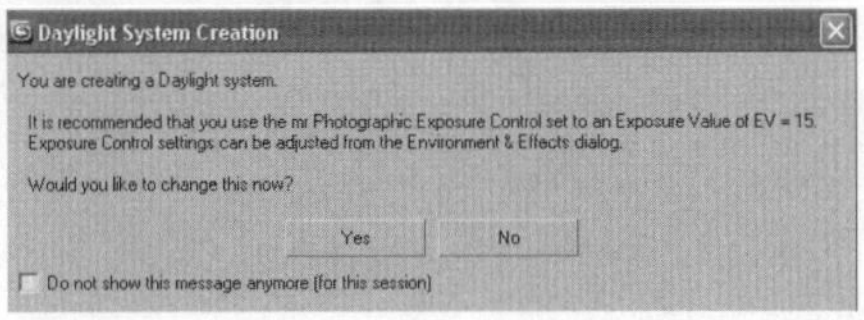

5. Crie um sistema de **Daylight** com a vista **Top**. Tente criar a luz utilizando como referência o centro da casa, conforme a figura seguinte.

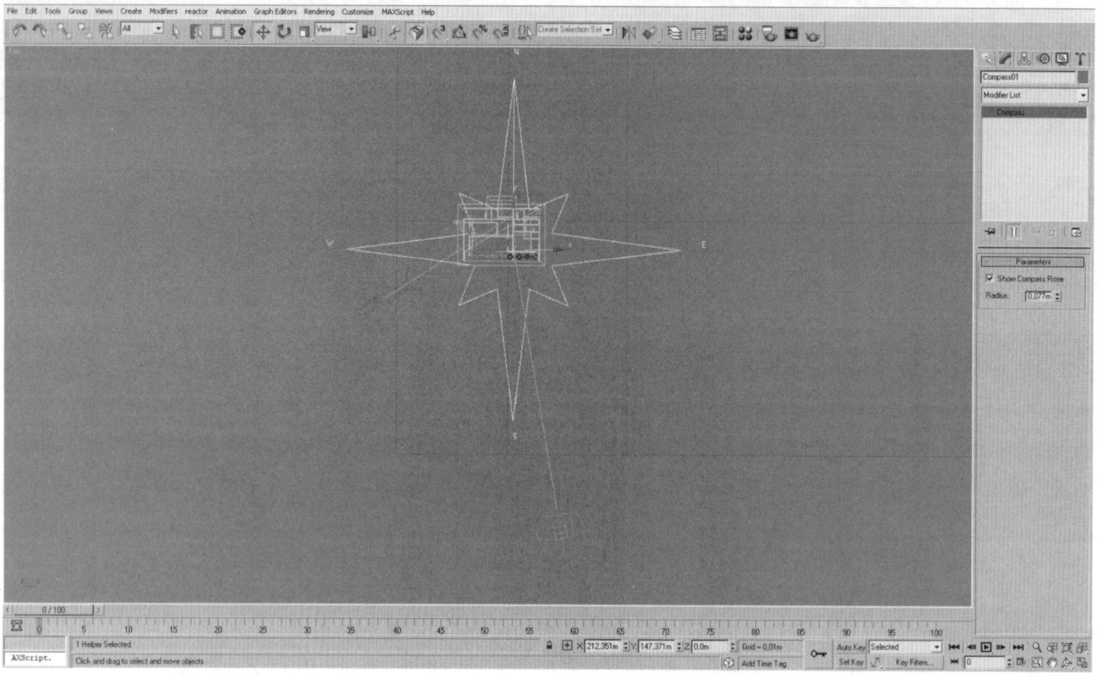

6. Selecione a daylight, clique na pasta **Modify** e altere o **Sunlight** para **mr Sun**. Altere também o **Skylight** para **mr Sky**.

7. Assim que alterar o **skylight** para **mr Sky**, abre-se uma janela recomendando que você utilize o **mr Physical Sky**. Essa opção é importante para que o 3ds Max crie ambientes fisicamente corretos; confirme clicando em **Yes** ou **Sim**.

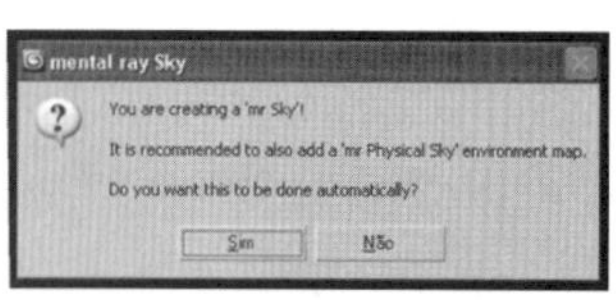

8. Com a **Daylight** selecionada clique na pasta **Motion** e confirme os seguintes parâmetros:

- **Date, time and location**
- **Time:** 12:00:00
- **Month:** 06
- **Day:** 21
- **Year:** 2008
- **Time zone:** –3

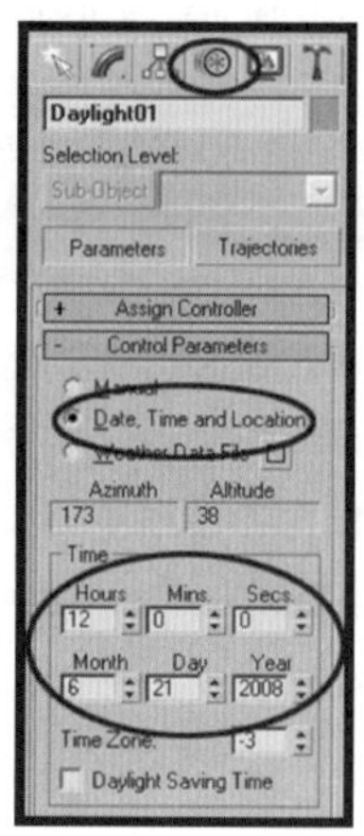

9. No menu **Location**, faça as seguintes alterações para posicionar o daylight.

- **Latitude:** –23,5
- **Longitude:** –55,0

- **North direction:** 125
- **Orbital scale:** 35,0

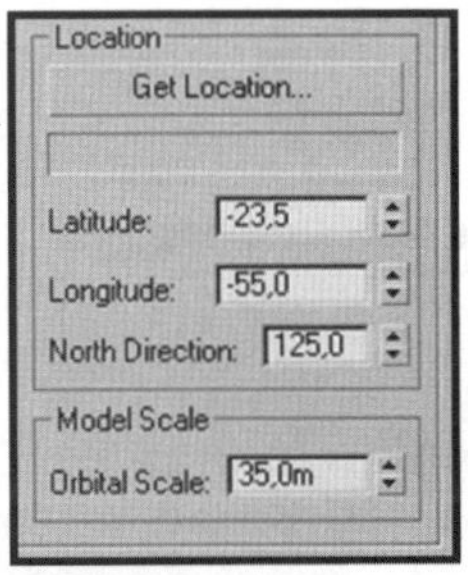

10. Vá até o menu **Rendering** e clique na opção **Render Setup** (tecla F10). Escolha a aba **Indirect Ilumination** e faça as seguintes alterações:
    - **Enable Final Gather:** ative
    - **Multiple:** 0,7
    - **FG Precision:** high
    - **Diffuse Bounce:** 1
    - **FG Point:** ative
    - **Radii in Pixels:** desative
    - **Radius:** 0,02
    - **Min Radius:** 0,005

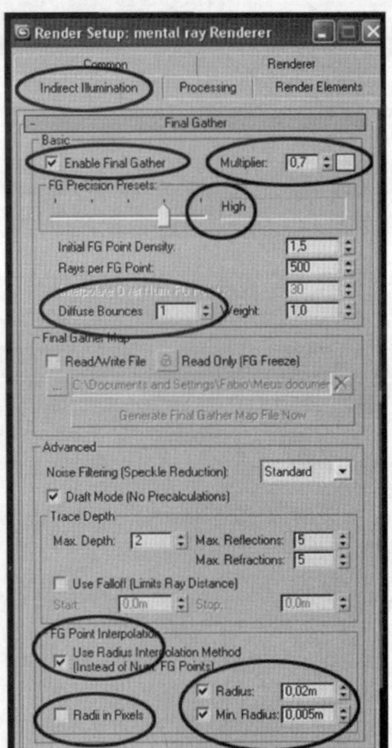

11. Clique no botão **Render** e veja o resultado. Temos um céu azulado com uma luz levemente amarela sobre a casa.

Vamos alterar drasticamente a cena, utilizando o recurso de Time, Date e Location do Daylight, criando assim um efeito de entardecer.

12. Selecione a Daylight, clique na pasta **Motion** e altere o valor da hora para 17 **hours** e minutos para 30 **mins**, conforme a figura seguinte.

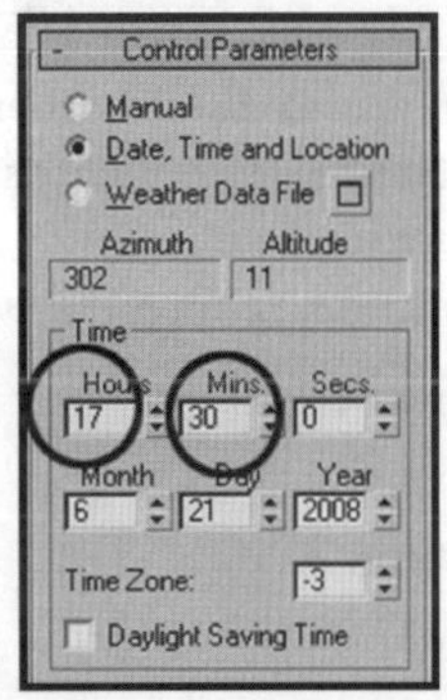

13. Clique no botão **Material Editor** ou pressione (M), clique no menu **Rendering** e em **Environment** ou pressione (8) para abrir a janela de diálogo. Arraste o **mr Physical Shader** para um **Slot** do **Material Editor** e escolha a opção **Instance**.

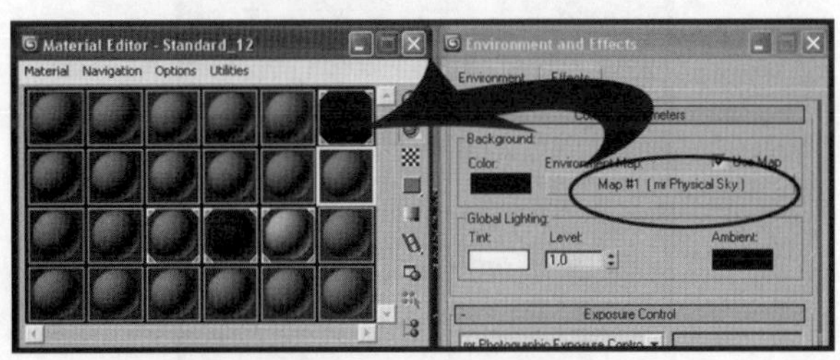

14. Em **Material Editor** altere o **mr Physical Shader** para as seguintes configurações:
    - **Disk Intensity:** 1,5
    - **Glow Intensity:** 4,0
    - **Scale:** 6,0
    - **Inherit from mr Sky:** desative
    - **Haze:** 0,5
    - **Blur:** 0,2
    - **Red/Blue Tint:** 0,3

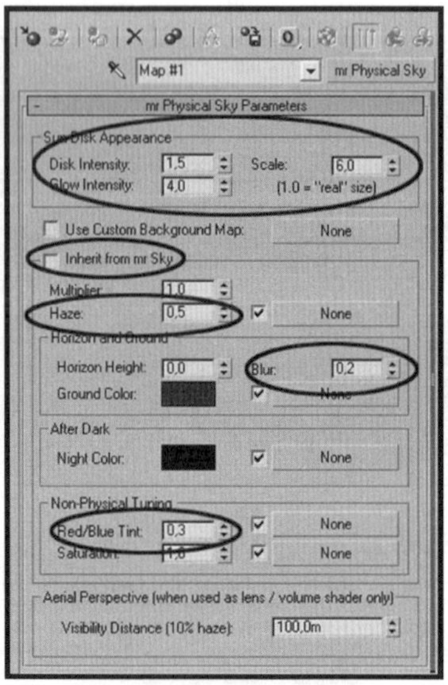

15. Retorne ao quadro **Environment and Effects**, cujo atalho é a tecla (8), e altere os parâmetros conforme a figura seguinte.

- **Exposure Value:** 13,0
- **Midtones:** 1,2
- **Shadows:** 0,5
- **Vignetting:** 20
- **Display Gamma:** setup

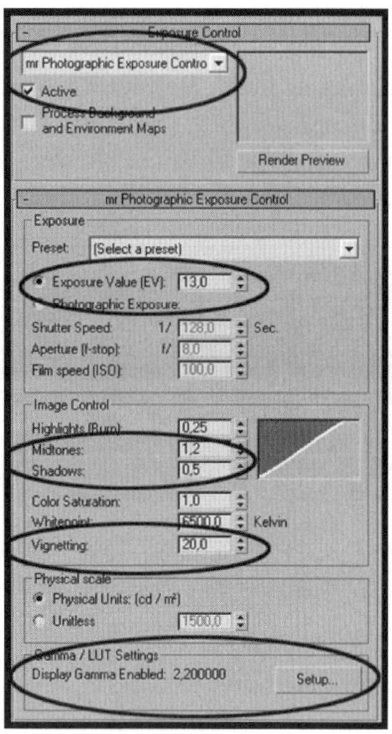

16. Assim que você clicar no botão **Setup** da **Gamma**, abre-se um novo quadro de diálogo. Clique na opção **Enable Gamma** para torná-la ativa e altere o valor do **Gamma** para 2,2.

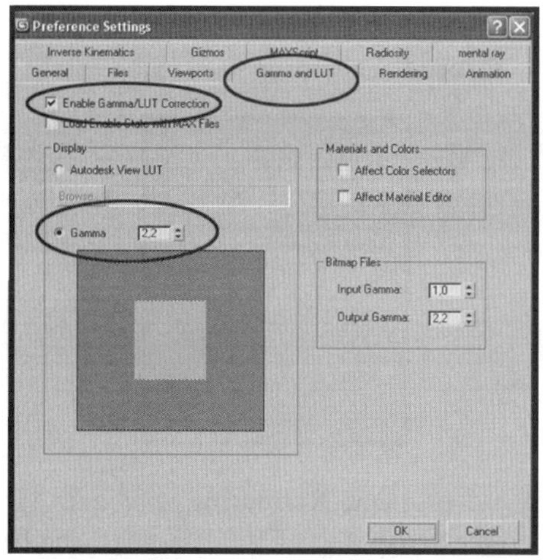

17. Clique no botão Render e veja o resultado da cena. Compare com a cena anterior e observe como o **Daylight** permite obter ambientes fisicamente corretos, respeitando dia, hora e local.

Imagem final entardecer (17h30)

Imagem final meio-dia (12 horas)

ProMaterials

Novidade da versão 2009

ProMaterials Mental Ray™ são modelos de materiais normalmente utilizados em construção, design e meio ambiente. Eles correspondem a Autodesk Revit Materials, de forma que oferecem uma maneira de compartilhar informações de materiais e malhas usando esta aplicação.

ProMaterials baseiam-se no material **Arch & Design**. Como esse material, eles funcionam melhor quando usados com física real (**photometric**) e geometrias modeladas com unidade real. Por outro lado, a interface de cada **ProMaterial** é muito mais simples do que o material Arch & Design, permitindo atingir realismo fisicamente correto com pouco esforço.

ProMaterials Library é um conjunto de bibliotecas do **Mental Ray Material** baseado em dados fornecidos de fabricação e imagens. Isso inclui construção e concepção de materiais, como pintar paredes com acabamento fosco ou brilhante, sólido, de vidro e concreto. Esses materiais são uma maneira conveniente de criar texturas realistas. Existe uma biblioteca (MAT) que corresponde a cada ProMaterial. Quando você usar o **Material/Map browser** para navegar, verá nomes de biblioteca como **autodesk. max. promaterials. ceramic.mat, autodesk.max.prof-materials. concrete.mat** e assim por diante.

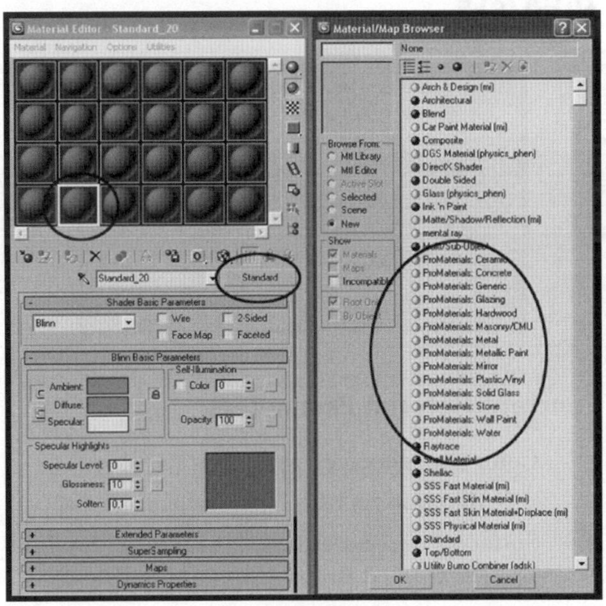

Ceramic ProMaterial (Mental Ray)

Esse material tem a finalidade de criar aparência de cerâmica.

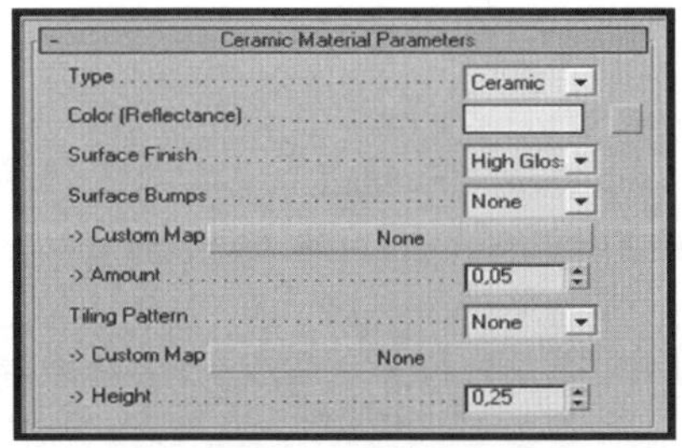

Interface

Ceramic Material Parameters

- **Type:** tipo de material cerâmico (cerâmica ou porcelana). Padrão = cerâmico.
- **Color (Reflectance):** a cor do material.
  - **Map button:** clique para atribuir um mapa.
- **Surface Finish:** a textura da superfície (**High Gloss**, **Satin** ou **Matte**).

Surface Bumps

Bump: padrão para ser usado com a superfície (**None**, **Wavy**, **Custom**).

- **Custom Map:** clique para carregar um mapa.
- **Amount:** aumenta ou diminui a intensidade do bump.

Tiling Pattern

Um mapa adicional de bump (none, custom).

- **Custom Map:** clique para carregar um mapa.
- **Height:** aumenta ou diminui a intensidade do **bump**.

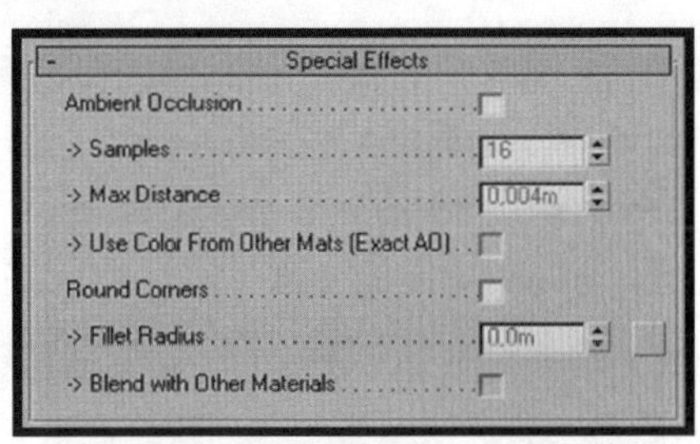

Special Effects Roll-Out

- **Ambient Occlusion:** ativa e desativa o ambiente occlusion.
- **Samples:** o número de samples (raios) para criar o ambient occlusion. Valores mais elevados obtêm mais suavidade, porém os resultados do render tornam-se mais lentos, enquanto valores menores tornam o render mais rápido, porém a cena fica com um efeito granulado.
- **Max Distance:** define a distância que o **Mental Ray** utiliza para os objetos. Valor baixo restringe o efeito AO, aplicando apenas a pequenas fendas. Valores altos cobrem grandes áreas, mas deixam o render mais lento. Padrão = 4,0.
- **Use Color from Other Mats (Exact AO):** quando ligado, o AO utiliza as cores dos materiais para aplicar o efeito AO (também conhecidas como cor de mistura). Por exemplo, um material incandescente teria um retorno mais brilhante do que um material de cor escura.
- **Round Corners:** quando ativado, arredonda os cantos das arestas durante o render.
- **Fillet Radius:** especifica o tamanho do raio de arredondamento das arestas.
- **Blend With Other Materials:** por padrão, o efeito de arredondamento acontece apenas entre superfícies do mesmo material, mas se você ativar essa opção, o arredondamento ocorre em qualquer parte do material que sofrer uma interferência de geometria.

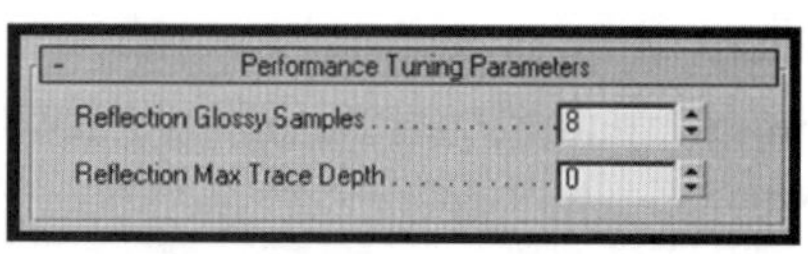

Performance Tuning Parameters Roll-Out

- **Reflection Glossy Samples:** define o número máximo de samples (raios) que o Mental Ray utiliza para criar reflexos brilhantes. Valores mais elevados causam lentidão na renderização, todavia podem gerar um resultado mais suave. Os valores mais baixos tornam o render mais rápido, mas podem gerar efeito granulado.

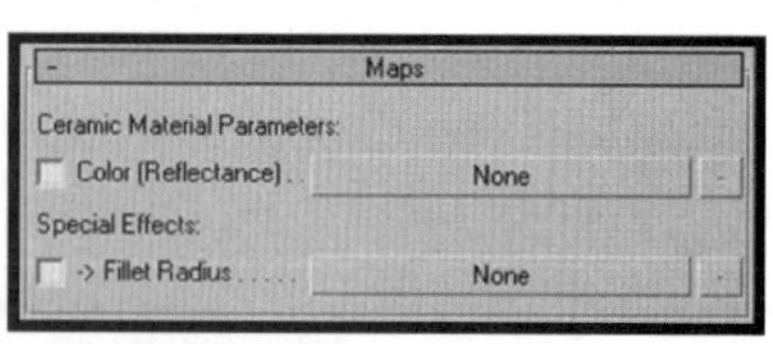

- **Reflection Max Trace Depth:** quando o **Trace Depth** é alcançado, o mental ray pára de calcular o reflexo.

Maps Roll-Out

- **Ceramic Material Parameters:** mesma função apresentada.
- **Special Effects:** mesma função apresentada.

As opções **Maps roll-out** anteriores já foram apresentadas. Elas apenas estão em uma roll-out diferenciada para mostrar todos os mapas que foram aplicados.

Concrete ProMaterial (Mental Ray)

Esse material cria aparência de concreto.

Interface

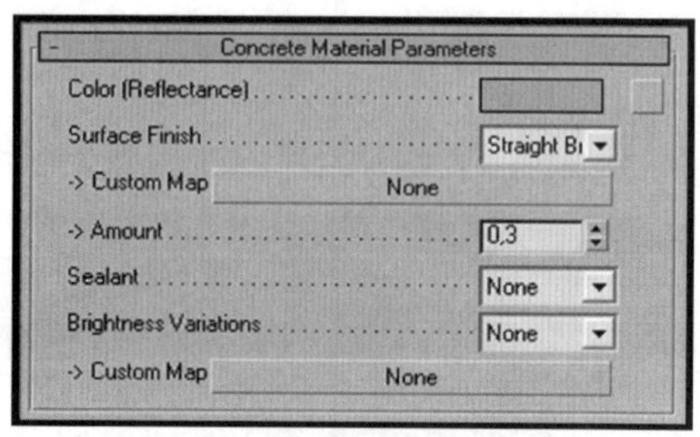

Concrete Material Parameters

- **Color (Reflectance):** a cor do material.
  - **Map button:** clique para atribuir um mapa.
- **Surface Finish:** a textura da superfície (**Straight Broom**, **Curved Broom**, **Smooth**, **Polished**).
  - **Custom Map:** clique para carregar um mapa.
  - **Amount:** aumenta ou diminui a intensidade do **bump**.
- **Sealant:** a substância usada para selar a superfície: None, Epoxy ou Acrylic.

- **Brightness Variations:** simula descoloração conforme a variação do tempo: **None**, **Automatic**, ou **Custom**.
  - **Custom Map:** clique para atribuir um mapa.

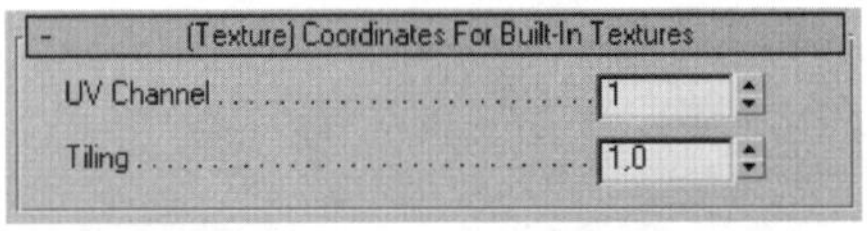

Coordinates for Built-In Textures Roll-Out

- **UV Channel:** especifica o mapa usando o canal de ID.
- **Tiling:** aumenta ou diminui o número de repetições do mapa.
- **Special Effects roll-out:** idêntico ao apresentado no material ceramic promaterial.
- **Maps roll-out:** as opções maps roll-out anteriores já foram apresentadas. Elas apenas estão em uma roll-out diferenciada para mostrar todos os mapas que foram aplicados.

Generic ProMaterial (Mental Ray)

Esse material é um genérico para criar aparência personalizada.

Interface

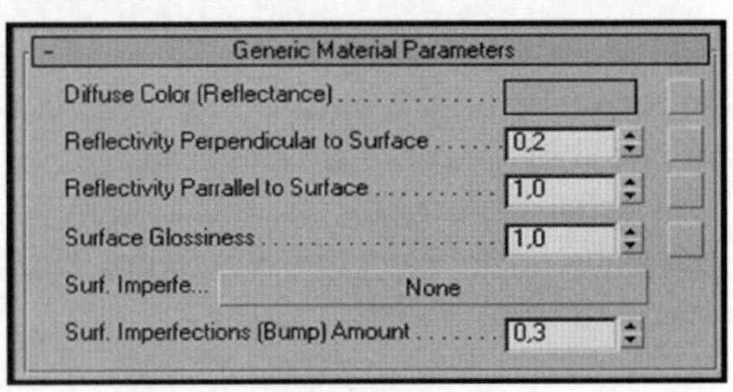

Generic Material Parameters

- **Diffuse Color (Reflectance):** a cor do material.
  - **Map button:** clique para atribuir um mapa.
- **Reflectivity Perpendicular to Surface:** mede como o material é refletido quando a superfície é virada diretamente para a câmera. Valor 0 não reflete; valor 1 é reflexo máximo.
  - **Map button:** clique para atribuir um mapa.
- **Reflectivity Parallel to Surface:** mede como o material é refletido quando a superfície está em ângulo para a câmera. Valor 0.0 não reflete; valor 1.0 reflete no máximo.
  - **Map button:** clique para atribuir um mapa.
- **Surface Glossiness:** qualidade da superfície do brilho; afeta seu tamanho e intensidade. Valor 0.0 é borrado e valor 1.0, espelhado.
  - **Map button:** clique para atribuir um mapa.
- **Surface Imperfections:** clique para atribuir um mapa de **bump**.
- **Surface Imperfections (Bump) Amount:** aumenta ou diminui a intensidade do mapa de **bump**.

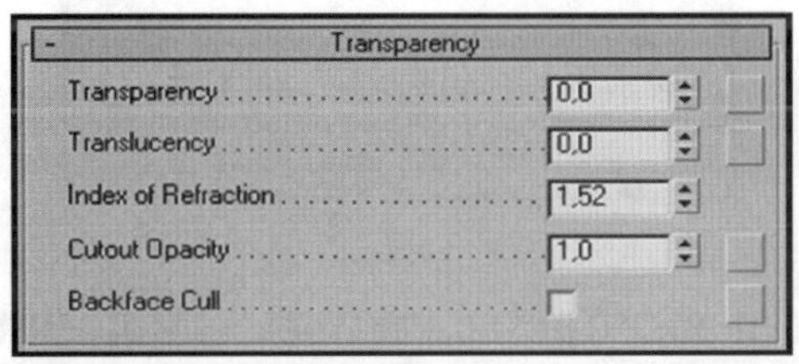

Transparency

Mede quanto a luz passa através do material. Valor 0.0 é completamente opaco e valor 1.0 é completamente transparente. Quando o Transparency está em 0.0, a Translucency e o Index of Refraction são ignorados.

- **Map button:** clique para atribuir um mapa.
- **Translucency:** mede quanto a luz é espalhada pelo material. Valor 0.0 é sem translucidez e valor 1.0 é completamente translúcido.
  - **Map button:** clique para atribuir um mapa.
- **Index of Refraction:** mede como os raios de luz se curvam quando entram no material. Valor 0.0 é sem refração e 5.0, máximo de refração; padrão é de 1.52, valor aproximado de um vidro transparente.
- **Cutout Opacity:** aumenta ou diminui a transparência do corte através de um mapa.
  - **Map button:** clique para atribuir um mapa.
- **Backface Cull:** quando ativado, as faces que estão invertidas em relação à câmera não aparecem no render.
  - **Map button:** clique para atribuir um mapa.

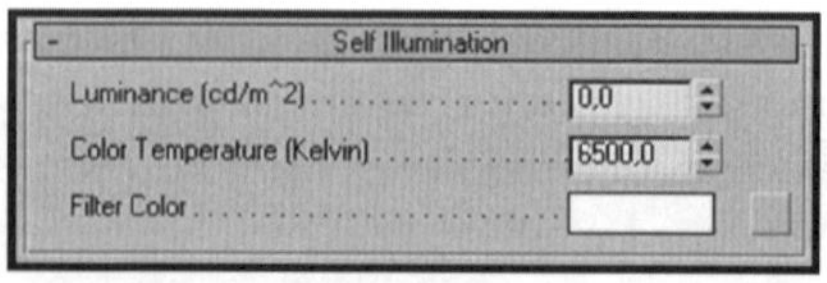

Self Illumination Roll-Out

- **Luminance (cd/m^2):** luz emitida na superfície, medida em candelas por metro quadrado.
- **Color Temperature (Kelvin):** a cor do **self--illumination**; terminologia descrita em graus Kelvin. Útil para a descrição de valores de cores que estão próximas ao branco. Padrão = 6500,0 (cor azul-claro).
- **Filter Color:** a cor transmitida através do material, se ele for transparente ou translúcido.
  - **Map button:** clique para atribuir um mapa.

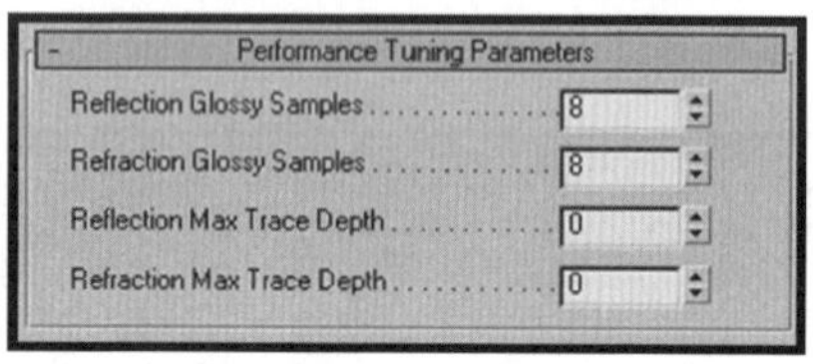

Performance Tuning Parameters Roll-Out

- **Reflection Glossy Samples:** define o número máximo de samples (raios) que o mental ray utiliza para criar reflexos brilhantes. Valores mais elevados causam lentidão na renderização, mas podem criar um resultado mais suave. Os valores mais baixos tornam o render mais rápido, mas podem criar um efeito granulado.
- **Reflection Max Trace Depth:** quando o **Trace Depth** é alcançado, o mental ray pára de calcular o reflexo.
- **Refraction Glossy Samples:** define o número máximo de samples (raios) que o Mental Ray utiliza para criar refração brilhante. Valores mais elevados causam lentidão na renderização, mas podem criar um resultado mais suave. Os valores mais baixos tornam o render mais rápido, mas podem criar um efeito granulado.
- **Refraction Max Trace Depth:** quando o **Trace Depth** é alcançado, o mental ray pára de calcular a refração.

Special Effects Roll-Out

Idêntico ao do material **Ceramic ProMaterial**.

Maps Roll-Out

As opções **Maps roll-out** anteriores já foram apresentadas. Elas apenas estão em uma roll-out diferenciada para mostrar todos os mapas que foram aplicados.

Glazing ProMaterial (Mental Ray)

Esse material tem a finalidade de criar aparência de vidro.

Interface

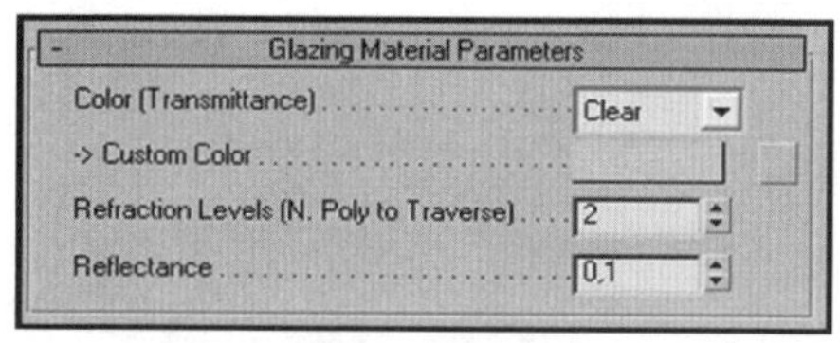

Glazing Material Parameters

- **Color (Transmittance):** a cor do vidro pode ser clara, verde, cinza, azul ou **Custom Color**.
- **Custom Color:** quando você configura o **Color** para a opção **Custom Color**, pode ajustar a cor da sua preferência.
  - **Map button:** clique para atribuir um mapa.
- **Refraction Levels (N. Poly to Traverse):** o número de camadas do vidro: valores de 1.0 até 6.0.
- **Reflectance:** o percentual de luz refletida que retorna do objeto (como uma reflexão), em vez de as luzes serem absorvidas ou atravessarem o objeto (transmittance). Digite um valor entre 0,001 e 1,0 (100 por cento). Padrão = 0,1.

Performance Tuning Parameters Roll-Out

Idêntico ao do material **Generic ProMaterial**.

Maps Roll-Out

As opções **Maps roll-out** anteriores já foram apresentadas. Elas apenas estão em uma roll-out diferenciada para mostrar todos os mapas que foram aplicados.

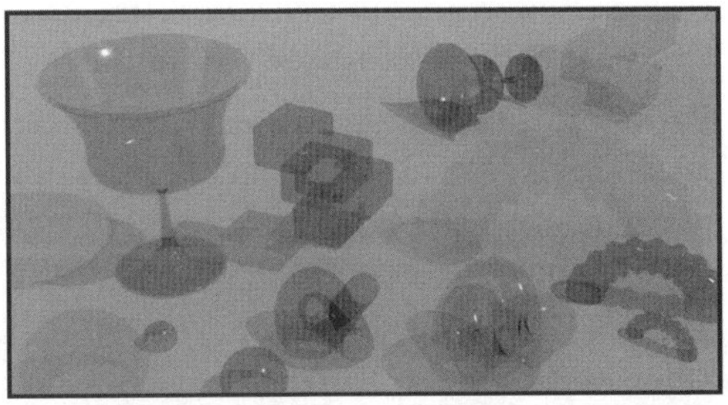

Hardwood ProMaterial (Mental Ray)

Esse material cria aparência de madeira.

Interface

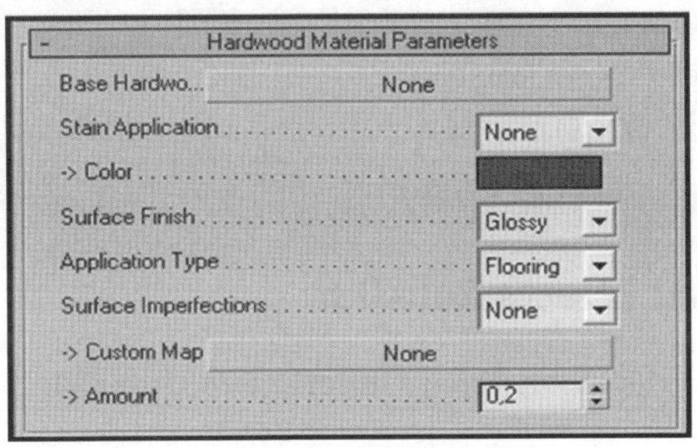

Hardwood Material Parameters

- **Base Hardwood:** clique para selecionar uma imagem a ser usada para representar a superfície de madeira.
- **Stain Application:** especifica se a madeira terá manchas (**None** ou **Enable**).
  - **Color:** mostra a cor das manchas que serão usadas, quando a opção **Stain Application** está marcada para **Enable**.
- **Surface Finish:** textura da superfície. Pode ser **Glossy**, **Semi-Glossy**, **Satin** ou **Unfinished**.
- **Application Type:** a finalidade da madeira (para que é utilizada). Escolha **Flooring** ou **Furniture**.

Surface Imperfections

- **Bump:** padrão para ser usado na superfície. Pode ser **None**, **Automatic** ou **Custom**.
  - **Custom Map:** clique para carregar um mapa.
  - **Amount:** aumenta ou diminui a intensidade do bump.

Special Effects Roll-Out

Idêntico ao do material **Generic ProMaterial**.

Performance Tuning Parameters Roll-Out

Idêntico ao do material **Generic ProMaterial**.

Maps Roll-Out

As opções **Maps roll-out** anteriores já foram apresentadas. Elas apenas estão em uma roll-out diferenciada para mostrar todos os mapas que foram aplicados.

Masonry/CMU ProMaterial (Mental Ray)

Esse material tem a finalidade de criar aparência de concreto de alvenaria (CMUs) ou alvenaria.

Interface

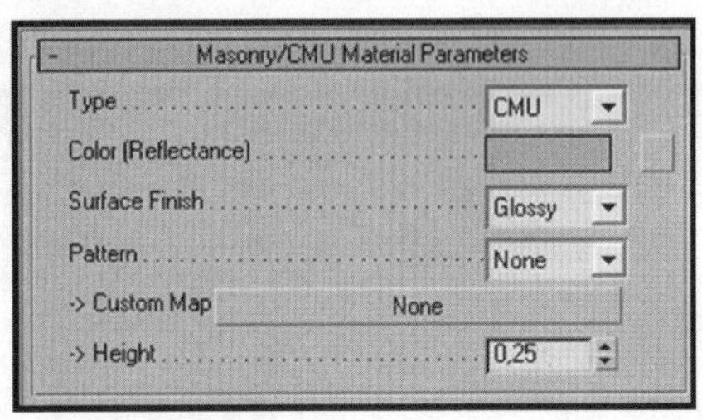

Masonry/CMU Material Parameters

- **Type:** o tipo de material: CMU ou Masonry.

- **Color (Reflectance):** a cor do material.
  - **Map button:** clique para atribuir um mapa.
- **Surface Finish:** a textura da superfície (**Glossy**, **Matte** ou **Unfinished**).
  - **Custom Map:** clique para carregar um mapa.
  - **Height:** aumenta ou diminui a intensidade do bump.

Special Effects Roll-Out

Idêntico ao do material **Generic ProMaterial.**

Performance Tuning Parameters Roll-Out

Iidêntico ao do material **Generic ProMaterial.**

Maps Roll-Out

As opções Maps roll-out anteriores já foram apresentadas. Elas apenas estão em uma roll-out diferenciada para mostrar todos os mapas que foram aplicados.

Metal ProMaterial (Mental Ray)

Esse material cria aparência de metal.

Interface

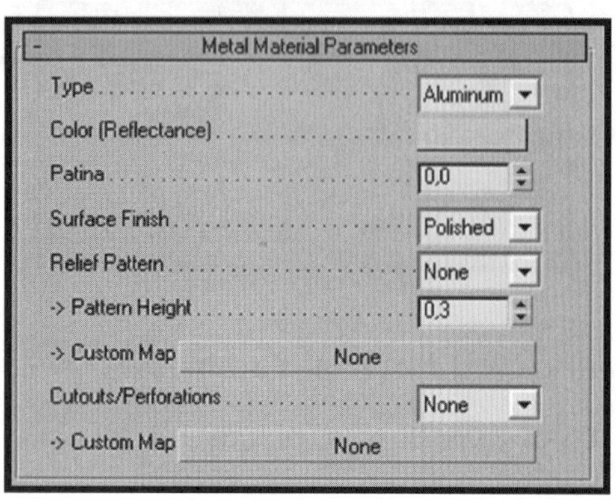

Metal Material Parameters

- **Type:** o tipo de material. Pode ser **Aluminum**, **Anodized Aluminum**, **Chrome**, **Copper**, **Brass**, **Bronze**, **Stainless Steel** ou **Zinc**.
- **Color (Reflectance):** a cor do material, quando está ajustada para **Anodized Aluminum**.
- **Patina:** para copper ou bronze; o grau de descoloração devido à oxidação ou aplicação de um composto químico. Digite um valor entre 0,0 (nenhum) e 1,0 (completo).
- **Surface Finish:** a textura da superfície (**Semi-Polished**, **Satin** ou **Brushed**).
- **Relief Pattern:** é um padrão decorativo aplicado como bump à superfície do metal (**None**, **Knurl**, **Diamond Plate**, **Checker Plate** ou **Custom**).
  - **Pattern Height:** aumenta ou diminui a intensidade do padrão aplicado.
  - **Custom Map:** clique para carregar um mapa (apenas **Custom**).
- **Cutouts/Perforations:** formas que cortam a superfície do material (**Round Holes**, **Square Holes** ou **Custom**).
  - **Custom Map:** clique para carregar um mapa (apenas **Custom**).

Special Effects Roll-Out

Idêntico ao do material **Generic ProMaterial.**

Performance Tuning Parameters Roll-Out

Idêntico ao do material **Generic ProMaterial.**

Coordinates for Built-In Textures Roll-Out

Idêntico ao do material **Concrete ProMaterial.**

Maps Roll-Out

As opções **Maps roll-out** anteriores já foram apresentadas. Elas apenas estão em uma roll-out diferenciada para mostrar todos os mapas que foram aplicados.

Metallic Paint ProMaterial (Mental Ray)

Esse material cria aparência de pintura metálica.

Interface

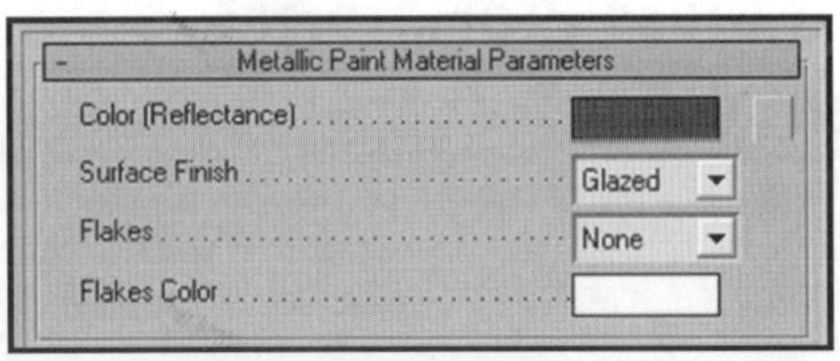

Metallic Paint Material Parameters

- **Color (Reflectance):** cor da pintura metálica.
  - **Map button:** clique para carregar um mapa.
- **Surface Finish:** textura da superfície. Pode ser **Glazed**, **Glossy** ou **Satin**.
- **Flakes:** quando ativado, adiciona flakes ou flecks à pintura.
- **Flakes Color:** cor dos flakes, quando ativado.

Special Effects Roll-Out

Idêntico ao do material **Generic ProMaterial**.

Performance Tuning Parameters Roll-Out

Idêntico ao do material **Generic ProMaterial**.

Maps Roll-Out

As opções **Maps roll-out** anteriores já foram apresentadas. Elas apenas estão em uma roll-out diferenciada para mostrar todos os mapas que foram aplicados.

Mirror ProMaterial (Mental Ray)

Esse material tem a finalidade de criar o efeito de espelho.

Interface

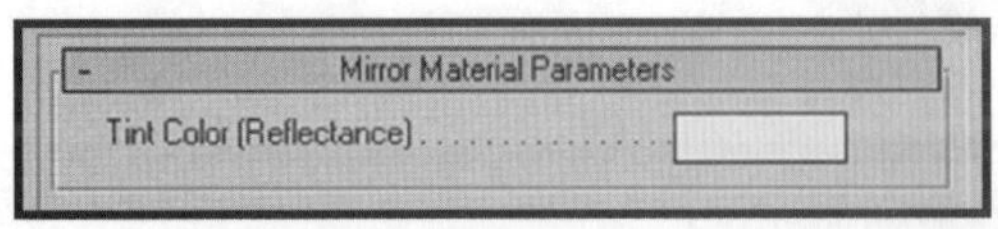

Mirror Material Parameters

- **Tint Color (Reflectance):** a cor da superfície do espelho.

Special Effects Roll-Out

Idêntico ao do material **Generic ProMaterial**.

Performance Tuning Parameters Roll-Out

Idêntico ao do material **Generic ProMaterial**.

Maps Roll-Out

As opções **Maps roll-out** anteriores já foram apresentadas. Elas apenas estão em uma roll-out diferenciada para mostrar todos os mapas que foram aplicados.

Plastic/Vinyl ProMaterial (Mental Ray)

Esse material tem um aspecto sintético que simula plástico ou vinil.

Interface

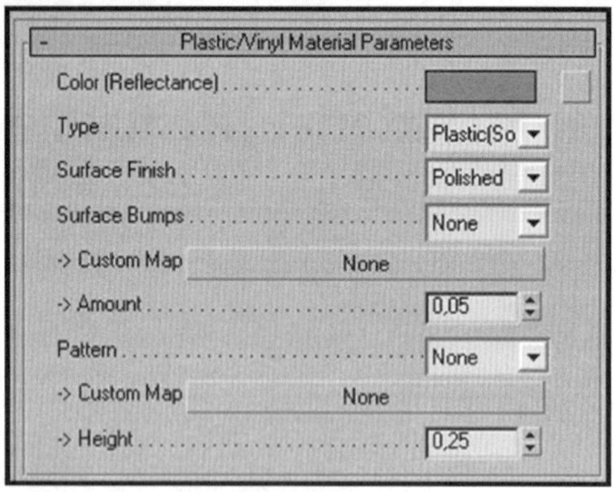

Plastic/Vinil Material Parameters

- **Color (Reflectance):** a cor do material.
  - **Map button:** clique para atribuir um mapa.
- **Type:** tipo do material. Pode ser **Solid**, **Transparent** ou **Vinil**.
- **Surface Finish:** a textura da superfície. Pode ser **Glossy** ou **Matte**.

Surface Bumps

- **Bump:** padrão para ser usado com a superfície (**None** ou **Custom**).
  - **Custom Map:** clique para carregar um mapa.
  - **Amount:** aumenta ou diminui a intensidade do bump.
- **Pattern:** um mapa adicional de **Bump** (**None**, **Custom**).
  - **Custom Map:** clique para carregar um mapa.
  - **Height:** aumenta ou diminui a intensidade do **Bump**.

Special Effects Roll-Out

Idêntico ao do material **Generic ProMaterial**.

Performance Tuning Parameters Roll-Out

Idêntico ao do material **Generic ProMaterial**.

Maps Roll-Out

As opções **Maps roll-out** anteriores já foram apresentadas. Elas apenas estão em uma roll-out diferenciada para mostrar todos os mapas que foram aplicados.

Solid Glass ProMaterial (Mental Ray)

Esse material cria um efeito de vidro sólido.

Interface

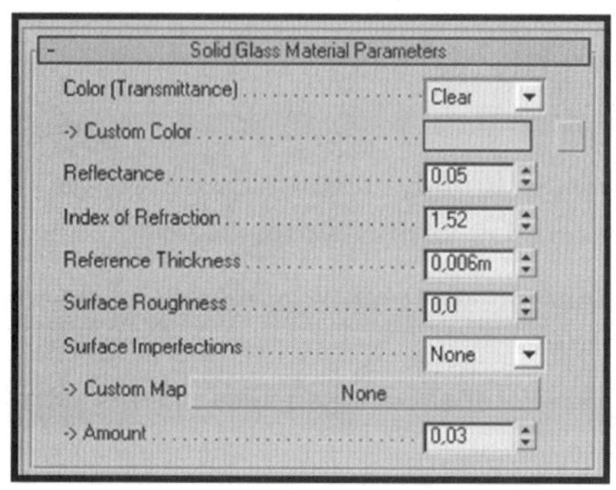

Solid Glass Material Parameters

- **Color (Transmittance):** a cor do vidro pode ser clara, verde, cinza, azul, bronze ou **Custom Color**.
- **Custom map:** quando você configura o **Color** para a opção **Custom Color**, pode ajustar a cor da sua preferência, ou clique para atribuir um mapa.
- **Refraction Levels (N. Poly to Traverse):** o número de camadas do vidro; valores de 1.0 até 6.0.

- **Reflectance:** o percentual de luz refletido que retorna do objeto (como uma reflexão), em vez de as luzes serem absorvidas ou atravessarem o objeto (transmittance). Digite um valor entre 0,001 e 1,0 (100 por cento). Padrão = 0,1.
- **Index of Refraction:** mede como os raios de luz se curvam quando entram no material. Valor 0.0 é sem refração e 5.0, máximo de refração; padrão é de 1.52, valor aproximado de um vidro transparente.
- **Reference Thickness:** ajusta a aparência da espessura do vidro. Esse valor independe da geometria do material.
- **Surface Glossiness:** qualidade da superfície do brilho; afeta seu tamanho e intensidade. Valor 0.0 é borrado e valor 1.0, espelhado.
  - **Map button:** clique para atribuir um mapa.
- **Surface Imperfections:** clique para atribuir um mapa de **bump**.
- **Surface Imperfections (Bump) Amount:** aumenta ou diminui a intensidade do mapa de **Bump**.

Special Effects Roll-Out

Idêntico ao do material **Generic ProMaterial**.

Performance Tuning Parameters Roll-Out

Idêntico ao do material **Generic ProMaterial**.

Maps Roll-Out

As opções **Maps roll-out** anteriores já foram apresentadas. Elas apenas estão em uma roll-out diferenciada para mostrar todos os mapas que foram aplicados.

Stone ProMaterial (Mental Ray)

Esse material tem a finalidade de criar aparência de pedra.

Interface

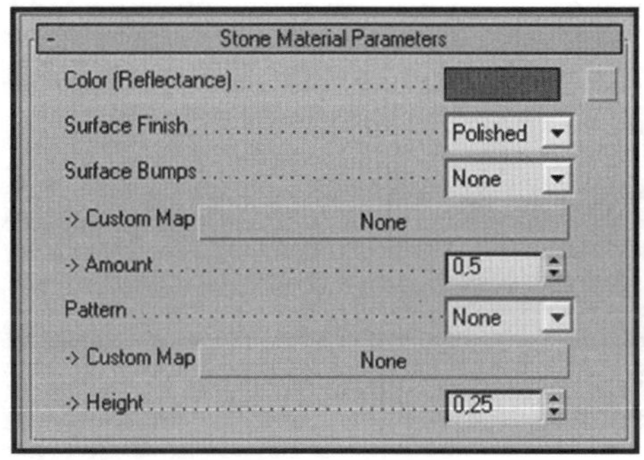

Stone Material Parameters

- **Color (Reflectance):** a cor do material.
  - **Map button:** clique para atribuir um mapa.
- **Surface Finish:** a textura da superfície. Pode ser **Glossy, Matte Unfinished.**

Surface Bumps

- **Bump:** padrão para ser usado com a superfície (**None, Polished Granite, Stone Wall, Glossy Marble** ou **Custom**).
  - **Custom Map:** clique para carregar um mapa.
  - **Amount:** aumenta ou diminui a intensidade do bump.
- **Pattern:** um mapa adicional de **Bump** (**None, Custom**).
  - **Custom Map:** clique para carregar um mapa.
  - **Height:** aumenta ou diminui a intensidade do **Bump**.

Special Effects Roll-Out

Idêntico ao do material **Generic ProMaterial**.

Performance Tuning Parameters Roll-Out

Idêntico ao do material **Generic ProMaterial**.

Coordinates for Built-In Textures Roll-Out

Idêntico ao do material **Concrete ProMaterial**.

Maps Roll-Out

As opções **Maps roll-out** anteriores já foram apresentadas. Elas apenas estão em uma roll-out diferenciada para mostrar todos os mapas que foram aplicados.

Wall Paint ProMaterial (Mental Ray)

Esse material gera aparência de pintura de parede.

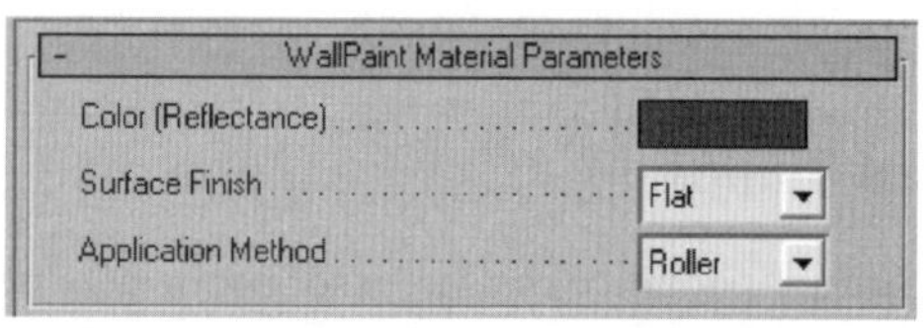

Interface

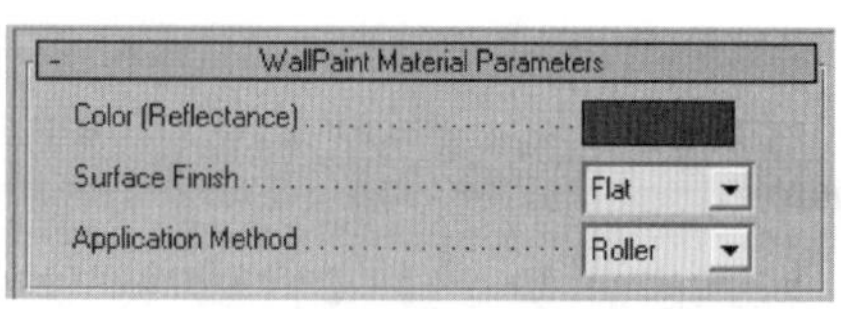

Wall Paint Material Parameters

- **Color (Reflectance):** cor da pintura.
- Surface Finish: textura da pintura. Pode ser Gloss, Semi-Gloss, Pearl, Platinum, Eggshell ou Flat.
- **Application Method:** o método usado para aplicar a tinta na superfície. Pode ser **Roller**, **Brush** ou **Spray**.

Special Effects Roll-Out

Idêntico ao do material **Generic ProMaterial**.

Performance Tuning Parameters Roll-Out

Idêntico ao do material **Generic ProMaterial**.

Maps Roll-Out

As opções **Maps roll-out** anteriores já foram apresentadas. Elas apenas estão em uma roll-out diferenciada para mostrar todos os mapas que foram aplicados.

Water ProMaterial (Mental Ray)

Esse material tem a finalidade de criar aparência de água.

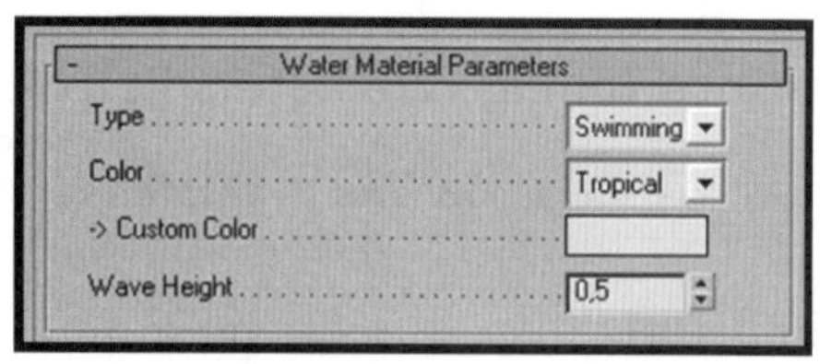

Interface

Water Material Parameters

Type: tipo da fonte de água. Pode ser **Pool**, **Swimming Pool**, **Reflecting Pool**, **Stream/River**, **Pond/Lake** ou **Sea/Ocean**.

- **Color:** cor da água (ignorado quando **Swimming Pool** está ativado). Selecione uma cor predefinida: **Water Color**, **Algae/Green**, **Murky/Brown**, **Reflecting Pool**, **Stream/River**, **Pond/Lake**, **Sea/Ocean** ou **Custom Color**.
  - **Custom Color:** clique para mudar a cor da água.

- **Wave Height:** altura das ondas da água. Digite um valor entre 0 (sem ondas) e 5 (ondas grandes). Padrão = 0,5.

Performance Tuning Parameters Roll-Out

Idêntico ao do material **Generic ProMaterial**.

Car Paint Material/Shader (Mental Ray)

Novidade da versão 2009

O **Car Paint** está disponível para Mental Ray e material com shader. Ambos têm parâmetros idênticos, simulando as características originais da pintura de um carro.

- A parte inferior, **Body**, está aplicada diretamente ao corpo do carro. É uma fina camada de pigmento. As propriedades dessa camada permitem que as mudanças percebidas da cor dependam do ângulo de visão, bem como do ângulo em que incide a luz.
- **Pigment** ou **flakes** estão suspensos dentro dessa camada. Os **flakes** refletem a luz brilhante e podem ser usados para simular um dia ensolarado.
- No topo dessa camada está o **clear-coat**, que pode ser mais ou menos brilhante e reflexivo, dependendo da qualidade da camada ou da adição de cera. Essa camada, no geral, tende a exibir um acentuado efeito de Fresnel.

Para carregar o material **Car Paint**, abra o **Material Editor** e clique no botão **Standard**, logo em seguida ative a opção **New** e carregue o **Car Paint Material (mi)**.

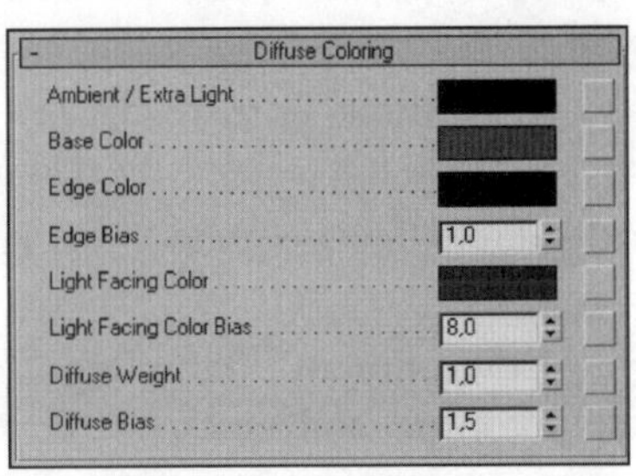

Diffuse coloring roll-out

- **Ambient/Extra Light:** a luz ambiente.
- **Base Color:** a cor difusa do material.
- **Edge Color:** a cor vista em ângulos diferentes (principalmente nas arestas).
- **Edge Bias:** é a perda ou ganho da cor (**Edge Color**) em direção às bordas. Exemplo:

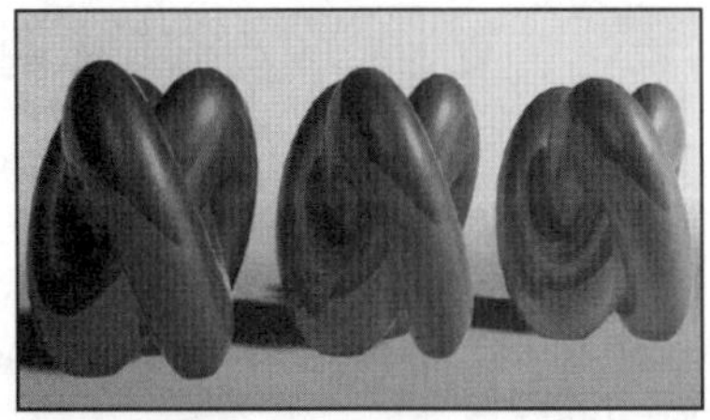

Edge bias 0,1 Edge bias 1 Edge bias 5,0

- **Light Facing Color:** a cor da superfície voltada para a fonte de luz.
- **Light Facing Color Bias:** é a perda ou ganho da cor (**Light Facing**) em direção à luz. Exemplo:

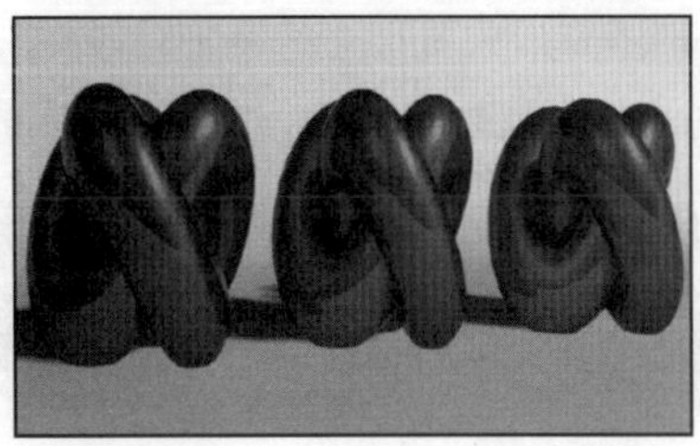

Light 0,1 Light 10 Light 20

- **Diffuse Weight:** controla o nível global do color parameters.
- **Diffuse Bias:** modifica a taxa de decaimento da cor difusa do shader. A faixa útil é de aproximadamente 0.5 a 2.0, em que o valor 1.0 representa o padrão **Lambertian Shading**.

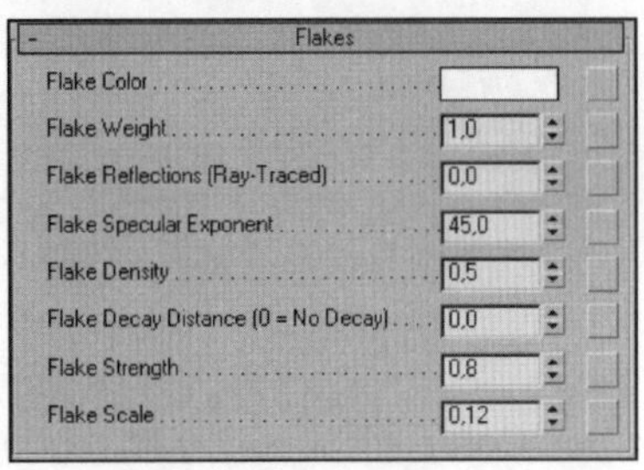

Flakes roll-out

- **Flake Color:** a cor refletiva do **Flake**, geralmente o branco.
- **Flake Weight:** a intensidade da cor do **Flake**.

- **Flake Reflections (Ray Traced):** a intensidade do reflexo dos **flakes**. Esse efeito geralmente é muito sutil, sendo o valor 0.1 normalmente suficiente. Exemplo:

Flakes 0,1 Flakes 0,5 Flakes 1,0

- **Flake Specular Exponent:** a intensidade do brilho dos **flakes**.
- **Flake Density:** aumenta ou diminui a densidade dos flocos. A faixa útil é de 0,1 a 10,0.
- **Flake Decay Distance:** a distância que influencia a perda da visualização do flake. O valor 0.0 o torna desativado. Qualquer valor positivo ativa a perda (fade) do flake em relação à distância (objeto x câmera).

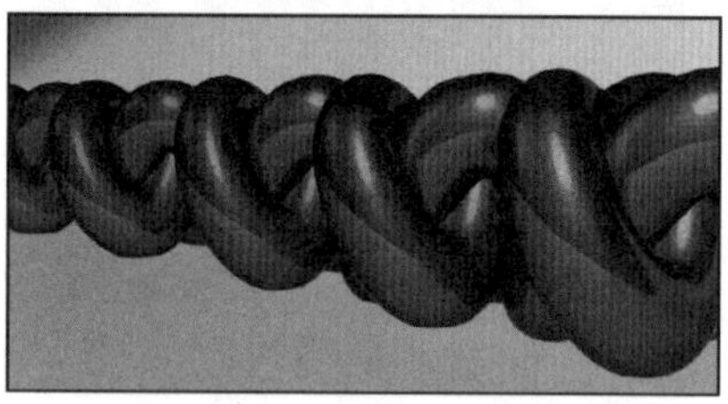

Distância de 100

- **Flake Strength:** refere-se à intensidade e orientação dos **flakes**. Valores menores aproximam e reduzem a intensidade; valores altos aumentam a intensidade e esparramam os **flakes**.
- **Flake Scale:** o tamanho do **flake**.

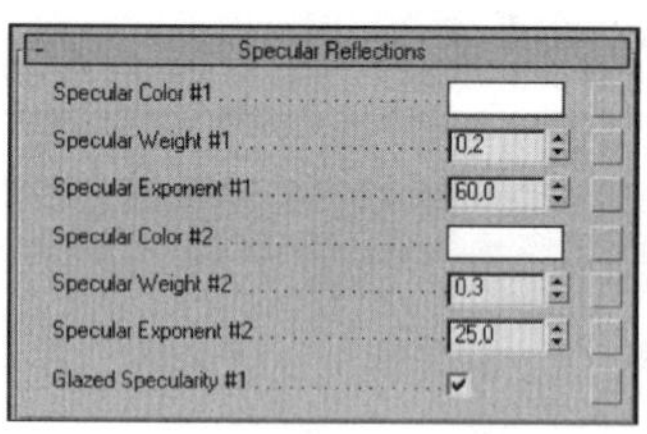

Specular Reflections roll-out

- **Specular Color #1:** a cor primária do **Specular Highlight**.
- **Specular Weight #1:** a intensidade do **Specular Primary**.

- **Specular exponent #1:** o tamanho do **Specular Primary**.
- **Specular Color #2:** a cor secundária do **Specular Highlight**.
- **Specular Weight #2:** a intensidade do **Specular Secundary**.
- **Specular exponent #2:** o tamanho do **Specular Secundary**.
- **Glazed specularity #1:** modo especial que aplica um efeito diretamente ao **Specular Primary**. Faz a superfície do material parecer polida.

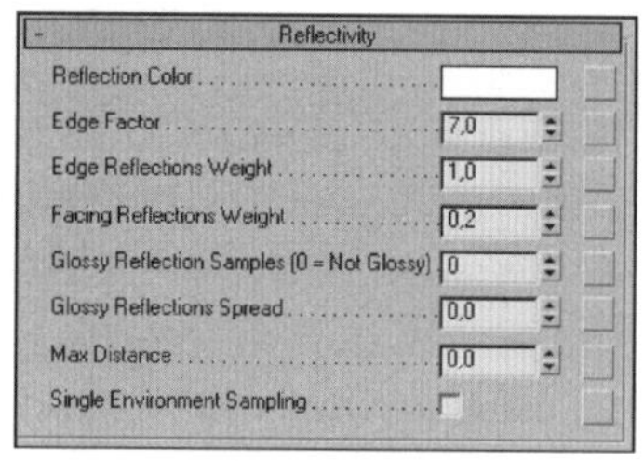

Reflectivity roll-out

- **Reflection Color:** a cor do reflexo, geralmente o branco.
- **Edge Factor:** aumenta ou diminui a intensidade do reflexo do **edge**, levando em consideração o ângulo refletido, deixando o reflexo mais ou menos suavizado.
- **Edge Reflections Weight:** a intensidade do reflexo. Aumenta ou diminui a sua força no **edge**.
- **Facing Reflections Weight:** a força do reflexo, considerando o ângulo de visão em relação ao objeto.
- **Glossy Reflection Samples:** qualidade do **glossy** que será aplicado ao reflexo.
- **Glossy Reflections Spread:** ajusta o valor do **glossy**, causando um efeito de borrão no reflexo.
- **Max distance:** limita o alcance dos raios reflexivos.
- **Single Environment Sampling:** otimiza o **lookup** dos mapas ambientes.

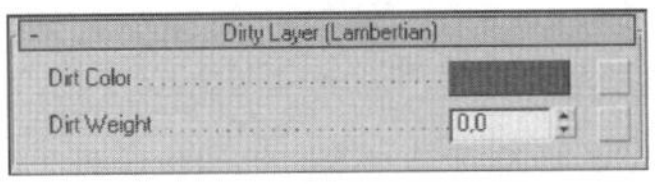

Dirty Layer (Lambertian) roll-out

- **Dirt Color:** a cor do **dirt**.
- **Dirt Weight:** o aumento do **dirt** na camada. Normalmente se conecta uma textura para criar uma variação de sujeira.

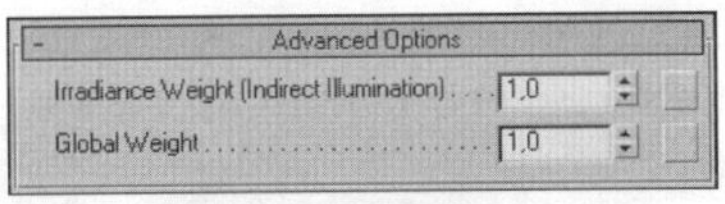

Advanced Options roll-out

- **Irradiance Weight (Indirect Illumination):** a influência da luz indireta **(Final Gathering)** na superfície.
- **Global Weight:** parâmetro global que altera **Diffuse, Flake** e **Specular**.

Exemplo de Car Paint

Ambient Occlusion Controls

Novidade da versão 2009

Ambient Occlusion (AO) é um método criado pela indústria cinematográfica para imitar uma verdadeira iluminação global, usando um shader que calcula a medida em que uma área impede a luz de ser recebida.

Utilizado isoladamente, o **AO Shader** gera uma saída de tons de cinza em que a parte escura representa a luz bloqueada parcial ou integralmente.

Podemos utilizar esse shader para a contribuição da iluminação ambiente (que pode ser proveniente de um **Ambient Diffuse Map Shader**); por exemplo, **mib_ilumination_phong**.

O **Shader** também pode ser utilizado para dimensionar a contribuição a partir de um mapa de reflexão. Para essa utilização o shader está geralmente ligado a um ambiente ou uma reflexão **Shader Slot** de um material.

Um terceiro recurso é criar arquivos externos para a composição, em que o **AO Shader** é atribuído como o principal material shader de todos os objetos da cena. A saída pode ser utilizada para atingir uma composição adequada em situações de pós-produção.

O Shader também pode ser usado como uma luz Shader Ambient.

Cena sem Ambient Occlusion

Cena com Ambient Occlusion

Podemos alterar a distância máxima de aplicação do Ambient Occlusion. Sendo assim, apenas a superfície de um determinado raio de distância é considerada no cálculo de AO. A vantagem é que você consegue acelerar o tempo de render, obtendo uma bela sombra de contato, destacando pequenas fendas que seriam imperceptíveis sem a aplicação do Occlusion.

Interface

Dependendo do material, o Ambient Occlusion controls aparece. Quer no **Special Effects roll-out** ou no **Ambient Occlusion roll-out** nem todos os **ProMaterials** têm o **Ambient Occlusion**.

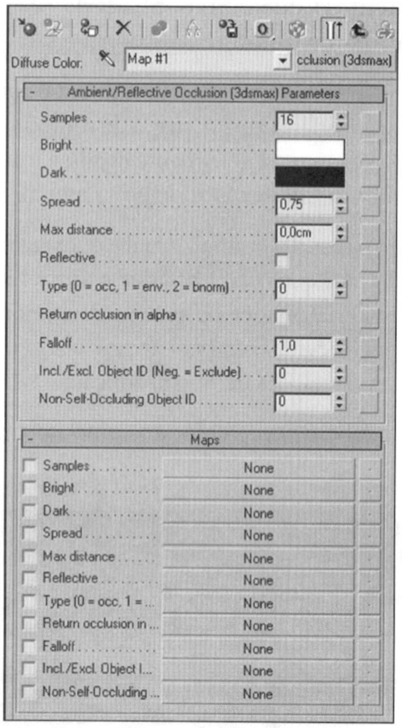

- **Samples:** o número de samples (raios) usados para criar o AO. Valores mais elevados proporcionam mais suavidade nas sombras, mas deixam o render mais lento, enquanto valores baixos tornam o render rápido, porém a imagem fica granulada. Geralmente valores entre 32 e 64 são suficientes.

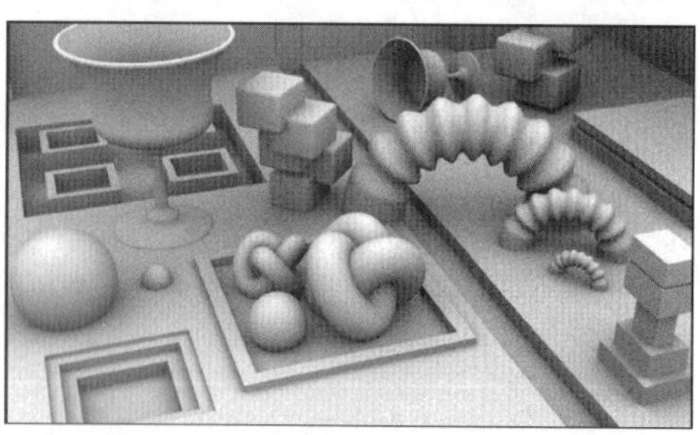

Valor de 10 samples

Valor de 64 samples

- **Bright:** cor utilizada quando os objetos não recebem o ambient occlusion.
- **Dark:** cor utilizada quando os objetos recebem o ambient occlusion. Para um efeito gradual, aplica-se a mistura de duas cores, no caso o cinza.
- **Spread:** permite espalhar ou comprimir o número de samples aplicado à geometria. Valores altos preenchem toda a área de uma geometria; valores menores acumulam-se nas fendas da geometria. Geralmente valores entre 0.8 e 1.2 são suficientes.

Valor de Spread 0.2

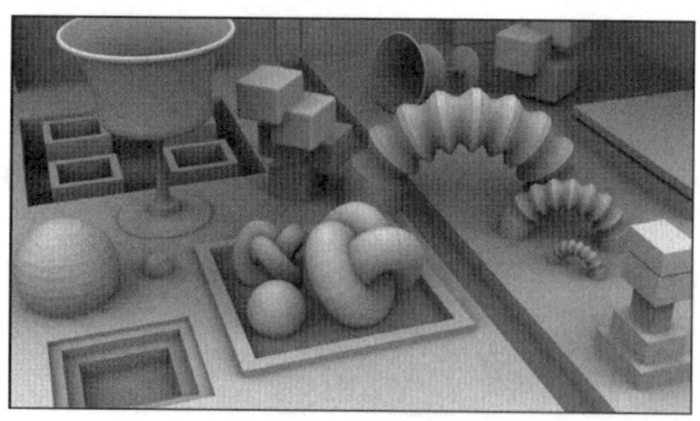

Valor de Spread 2.0

- **Max_distance:** define o raio máximo com que o AO é aplicado à geometria. Se o valor for 0.0, é aplicado em toda a cena sem limite de distância. Qualquer valor positivo limita o raio de aplicação do AO. A vantagem é que o tempo de render pode tornar-se extremamente rápido.

Distância de 0.0

Distância de 150

- **Reflective:** reflexão do Ambient Occlusion. Usado quando é necessário um híbrido Raytrace/Scanline usando um mapa de reflexão.
- **Output_mode**
  - **Mode 0:** padrão de utilização do Ambiente Occlusion.

  - **Mode 1:** utiliza um mapa de environment para aplicar o ambiente occlusion.

  - **Mode 2:** apresenta um mapa de normal que é representado por vermelho para o eixo X, verde para Y e azul para Z.

  - **Mode 3:** semelhante ao processo utilzado no modo 2, porém utiliza o world space como referência.

- **Occlusion_in_alpha:** quando ativado, permite aplicar o AO à saída do alpha, independente do **mode** (0, 1, 2, 3) ativado.
- **Falloff:** funciona somente quando o Max Distance está ajustado para um valor maior que zero. Tecnicamente é uma função aplicada para perda ou ganho de intensidade, conforme a distância definida.

Falloff de valor 0.2

Falloff de valor 2.0

- **Id_inclexcl:** um valor positivo relacionado à propriedade **ID** do objeto vai receber e gerar o AO, enquanto o restante da cena é descartado, no entanto um valor negativo inverte a ordem e apenas o objeto identificado não recebe o AO.
  - **Valor positivo:** aplicado em relação ao **ID** do objeto.

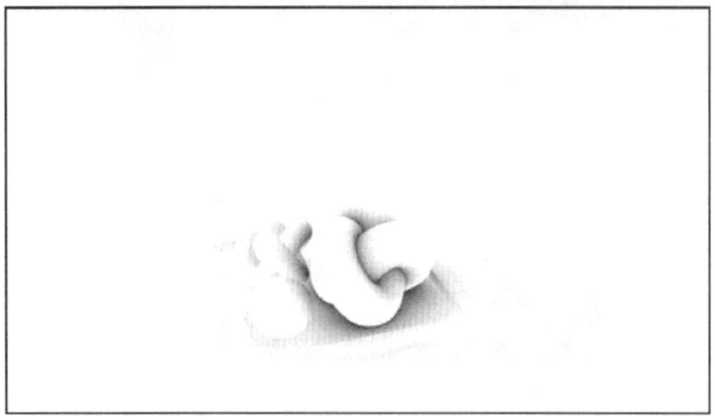

  - **Valor negativo:** aplicado em relação ao **ID** do objeto.

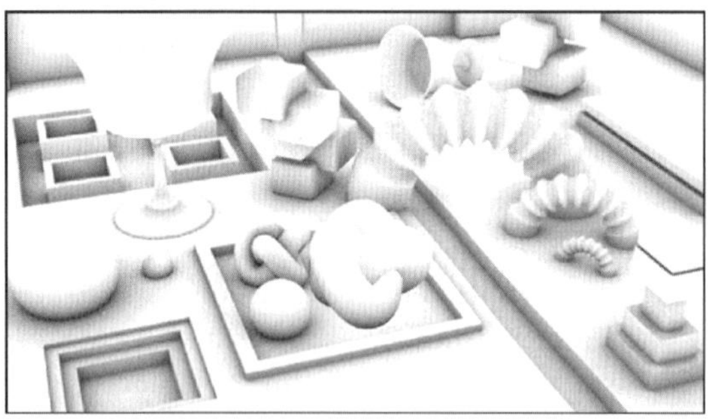

- **Id_nonself:** semelhante ao id_inclexcl. O objeto identificado na cena não produz o Ambient Occlusion sobre si mesmo, apenas gera e recebe oclusão dos outros.
  - **ID_nonself:** aplicado em relação ao **ID** do objeto.

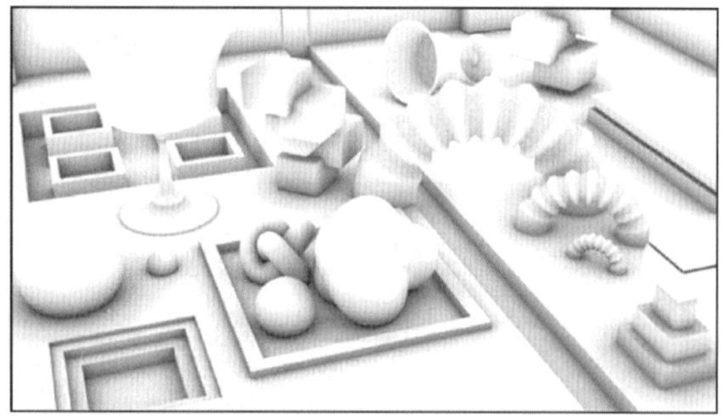

Exercício - Ambient Occlusion

1. Abra o arquivo ambient_occ_start.max.

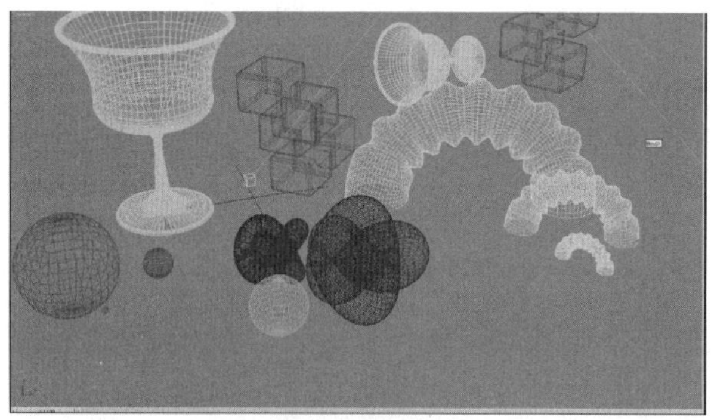

2. Clique no botão Render, em seguida salve a imagem como **diffuse_color.jpg**.

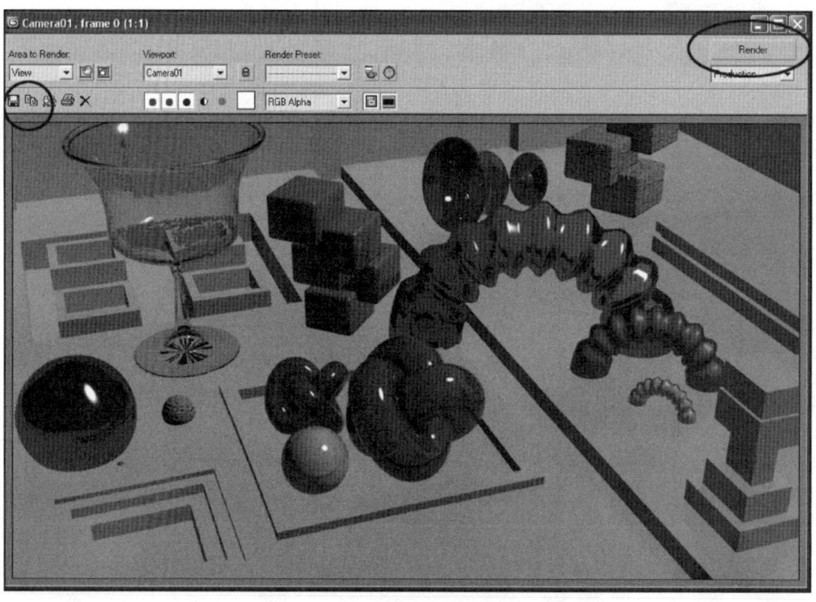

3. Abra o Material Editor, selecione um slot vazio, clique no botão Standard localizado do lado direito, ative a opção New e carregue o material **Mental Ray**, como mostra a figura seguinte.

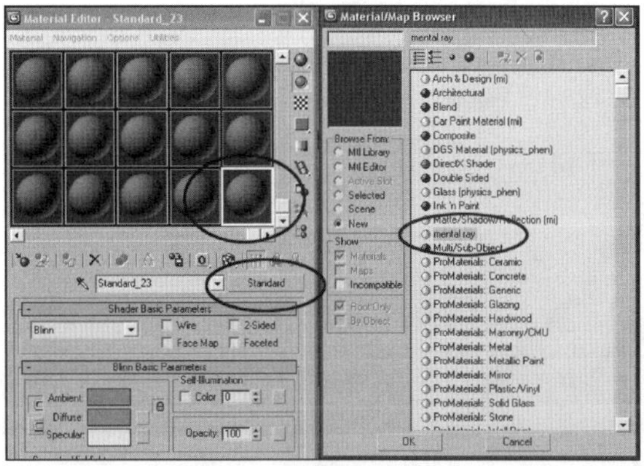

4. No material **mental ray** clique no botão **None** da opção **Surface**.

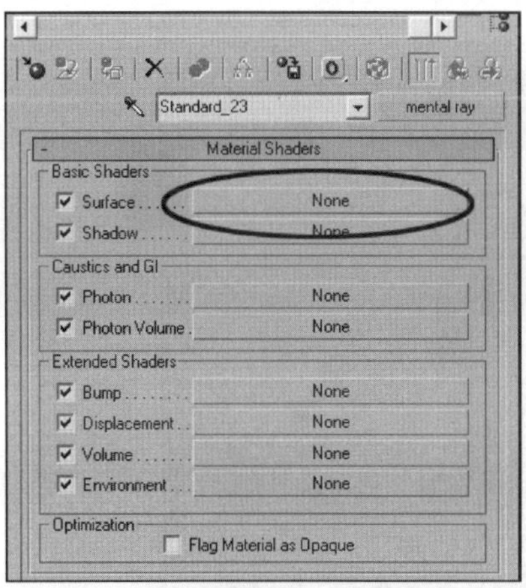

5. No quadro Material/Map Browser, ative a opção New e carregue o mapa Ambient/Reflective Occlusion.

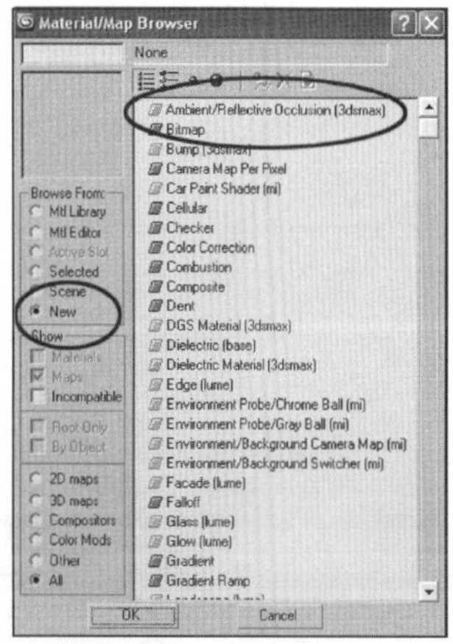

6. Vá até o menu Rendering e clique no botão Render Setup ou pressione F10. Clique na aba do menu Processing e arraste o material Ambient Occlusion para o material Override (None), como indica a figura seguinte.

7. Para que o **Ambient Occlusion** funcione corretamente, não deve existir nenhuma luz na cena. Vá para a **viewport Top** e apague a **Spotlight** ou simplesmente a desative.

8. Clique no botão **Render**, em seguida salve a imagem como **ambient_occlusion.jpg**.

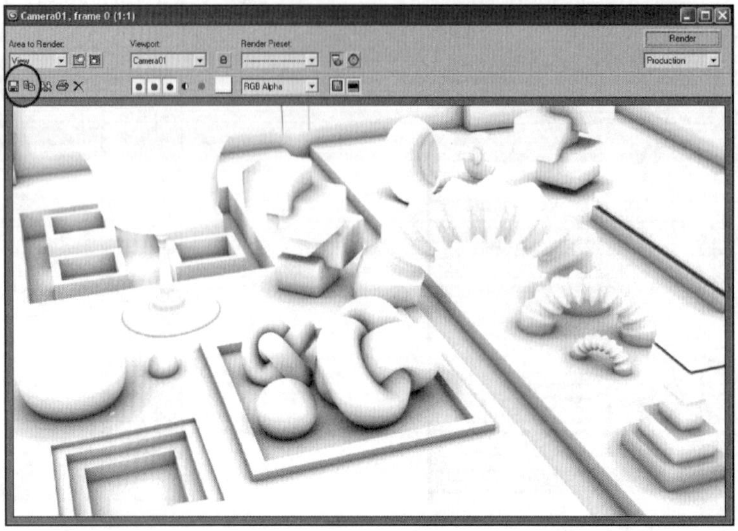

9. Abra o programa **Photoshop**.

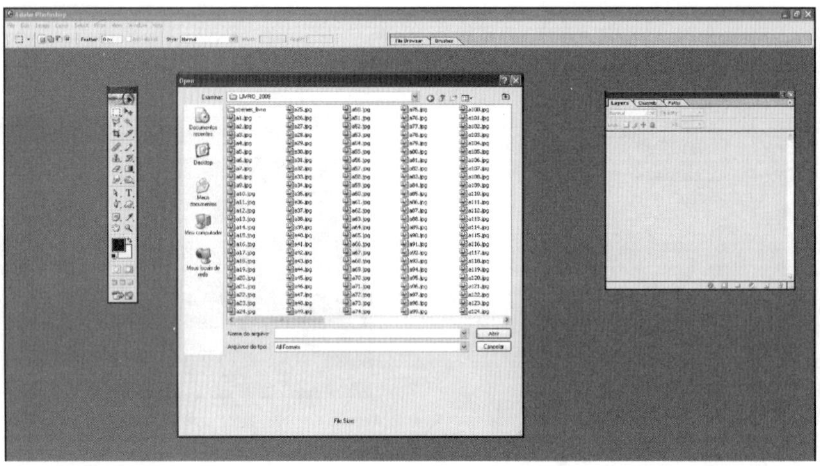

10. Carregue o arquivo **ambient_occlusion.jpg**, pressione as teclas Ctrl + A para selecionar toda a imagem, depois pressione Ctrl + C para copiar o arquivo.

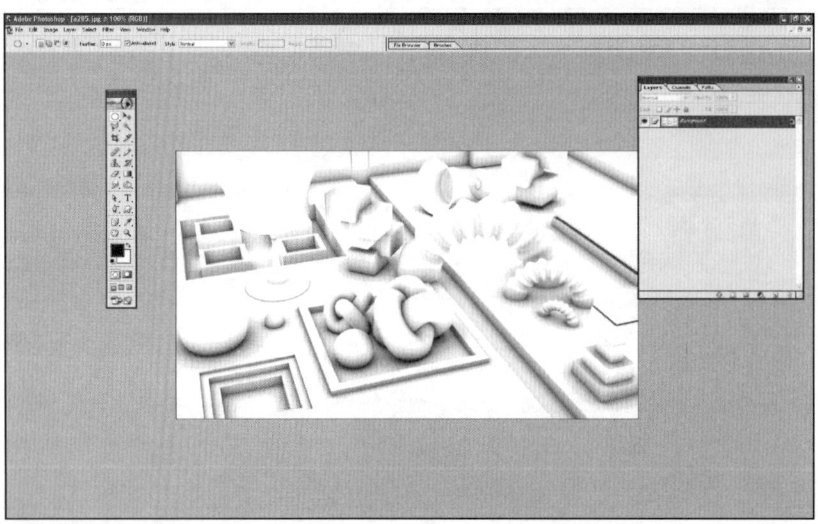

11. Carregue o arquivo **diffuse_color.jpg**, em seguida pressione Ctrl + V para colar o arquivo Ambiente Occlusion.

12. No gerenciador de layer (caso não esteja aparecendo, pressione F7) observe que a camada do **Ambient occlusion** está por cima do **diffuse_color**.

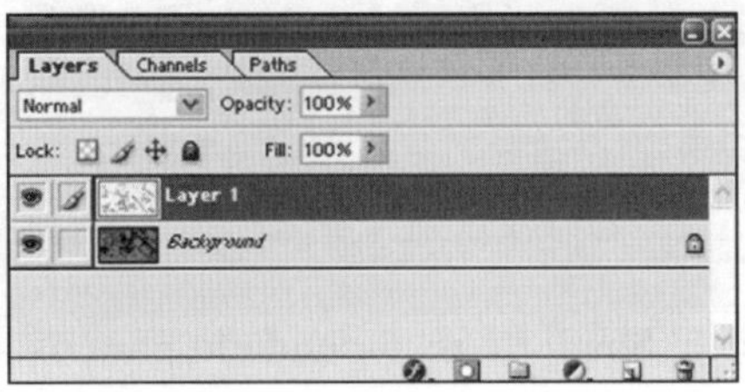

13. Altere o layer de Normal para Multiply e acompanhe o resultado.

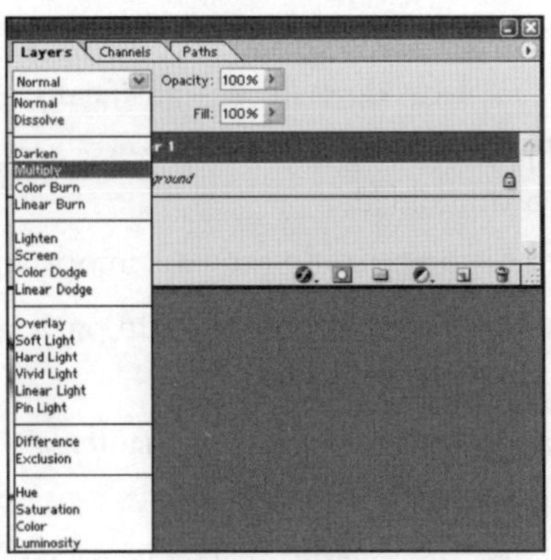

Imagem sem **Ambient Occlusion** cria a sensação de que os objetos estão flutuando na cena:

Imagem com **Ambient Occlusion** representa todas as sombras (Contact Shadow) entre os objetos e o chão e melhor definição e contraste nas arestas:

Subsurface Scaterring (SSS)

Novidade da versão 2009

Human Skin

A pele humana é uma das estruturas mais complexas de simular, pois é composta de muitas camadas de diferentes texturas.

Por exemplo, após a camada da pele vem a carne. A luz que atinge a carne e volta para a pele tende a conter uma tonalidade avermelhada, o que faz sentido, uma vez que há muita cor avermelhada sob a pele. Por esta razão, algumas pessoas têm notado que a pele fica um pouco mais vermelha nas áreas de sombras.

Outro fenômeno é a suavidade das áreas de sombras. Por exemplo, você é um raio de luz que entra na pele e ilumina um local diferente daquele em que entrou (back-scattering). Então, se alguma parte da pele está na sombra e recebe iluminação direta, é perfeitamente possível ter um feixe de luz que entra em uma área e ilumina através de uma área sombreada.

A luz percorre, em seguida, todo o caminho através da pele, saindo do outro lado (forward scattering). Observe que a luz passa através da pele. Esse fenômeno acontece também em outras partes do corpo, especialmente nas orelhas, quando há luz atrás delas. A seguir acompanhe exemplos de SSS:

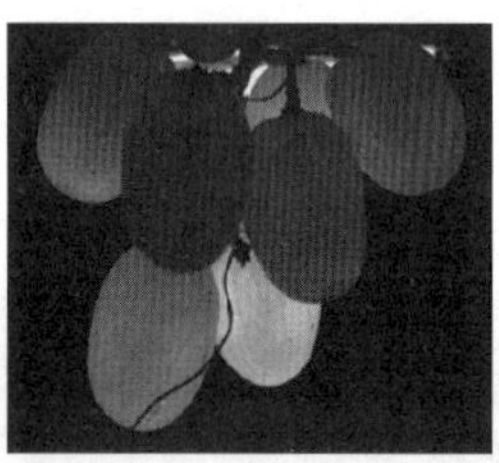

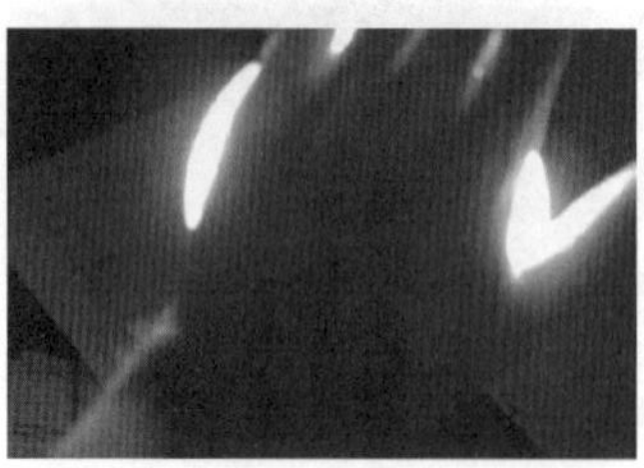

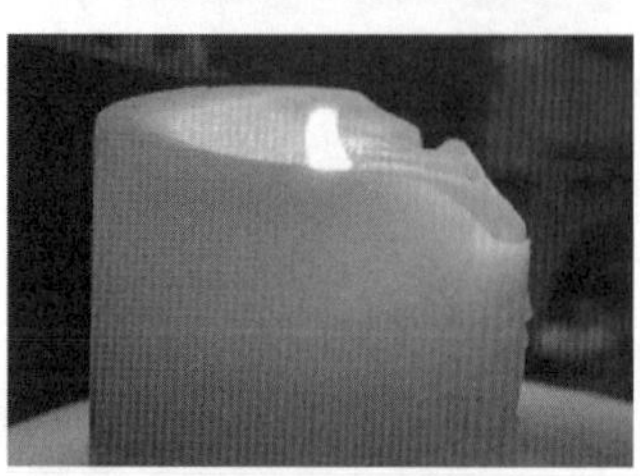

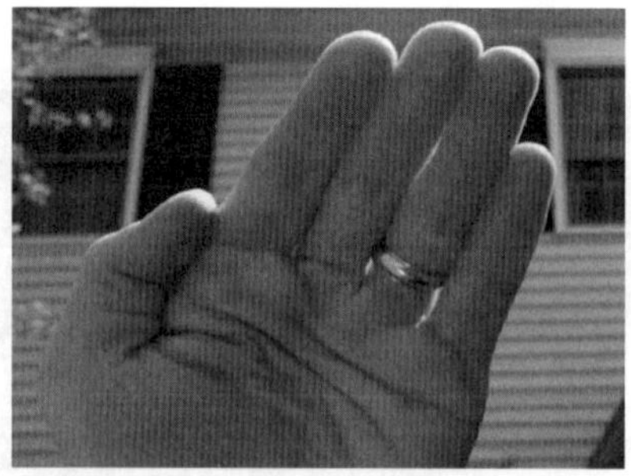

Para carregar o material Subsurface Scattering, abra o material editor, clique em standard, escolha a opção new e carregue o material SSS Fast Skin Material.

O Physical Shader é recomendado para os seguintes casos:

- Rubi, esmeralda e outros minerais altamente translúcidos.
- Leite, sangue, ketchup, marfim.
- Grossas placas de material translúcido.
- Qualquer objeto em que a luz possa ser propagada com profundidade.
- Quando a precisão do render é importante.

O Fast Shader Skin é recomendado para simular os itens descritos em seguida:

- Folhas, grama, plástico, cera, manteiga.
- Pele humana.
- Renderização quando a velocidade é importante.
- Quando a memória é importante.
- Materiais leves, que não penetram profundamente.

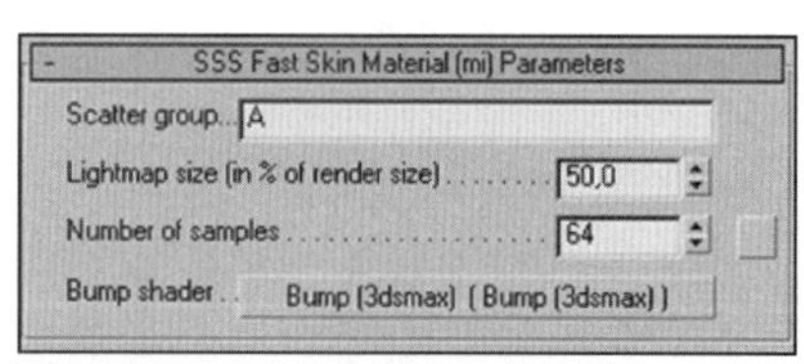

SSS Fast Skin Material

- **Scatter group:** o nome do grupo do lightmap.
- **Lightmap size:** é o tamanho do lightmap expresso em porcentagem do tamanho do render. O lightmap é criado no render space e está relacionado à tela final do render em pixels; 50% ou menos é o suficiente (padrão), mas se aparecerem artefatos e borda, aumente o valor.
- **Number of samples:** define quantos samples são considerados a partir do lightmap (máximo) de raios por render; 32 é provavelmente o menor valor útil e 128 é mais do que suficiente.
- **Shader bump:** permite aplicar um mapa de bump ao shader subsurface scatter.

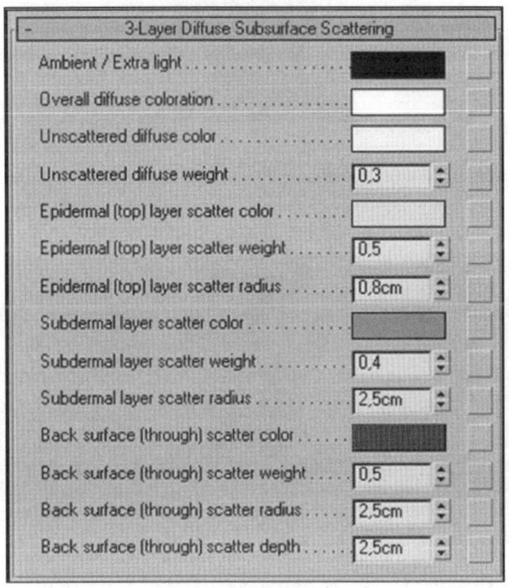

3-Layer Diffuse Subsurface Scattering

- **Ambient/Extra Light:** é o componente ambiente ou qualquer diffuse light acrescentado por qualquer shader. Essa função também pode ser incluída no lightmap, o lugar perfeito para adicionar qualquer HDRI luz. Por padrão a cor é preta, deixando essa opção em off.
- **Overall Diffuse Coloration:** é a coloração de todos os componentes diffuse. Essa cor vai afetar todas as camadas subjacentes (unscattered, epidermal, subdermal, back).
- **Unscattered Diffuse Color:** cor do componente normal Lambertian diffuse. Representa a camada superior da pele. Para a cor da pele caucasiana seria ideal usar um branco, talvez com uma pequena quantidade de azul.
- **Unscattered Diffuse Weight:** peso ou intensidade com que o diffuse color é aplicado.
- **Epidermal Layer Scatter Color:** cor da primeira camada de pele, geralmente amarelada.
- **Epidermal Layer Scatter Weight:** peso ou intensidade com que é aplicado o epidermal layer scatter color.

Peso de 0,5

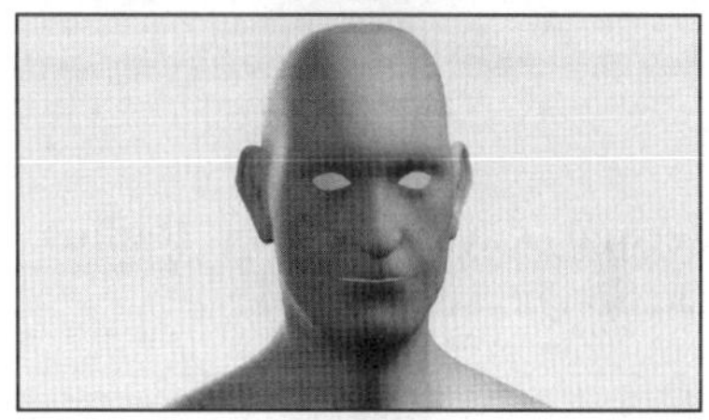

Peso de 1,5

- **Epidermal Layer Scatter Radius:** limite de atuação do raio epidermal.

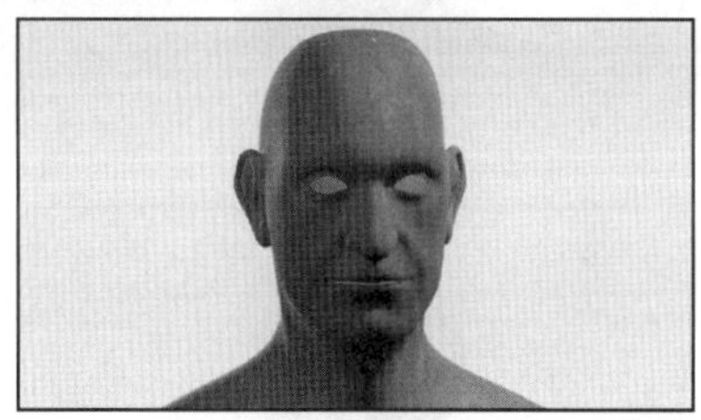

Raio de 1,0

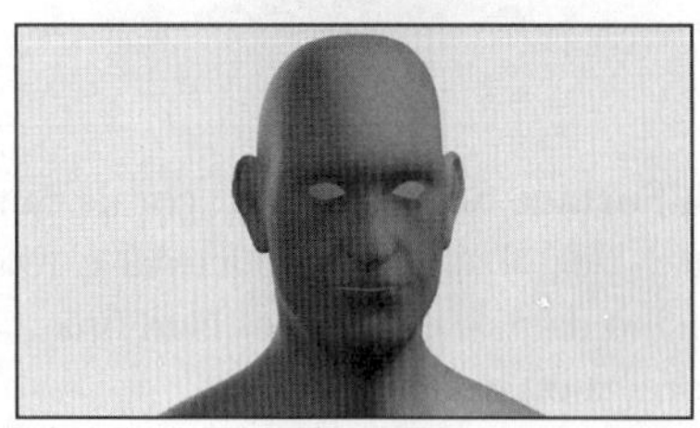

Raio de 15

- **Subdermal Layers Scatter Color:** cor da camada **subdermal**, que fica abaixo da **epidermal** e normalmente é representada pela cor vermelha ou laranja.
- **Subdermal Layers Scatter Weight:** peso ou intensidade com que é aplicado o Subdermal Layers Scatter Color.

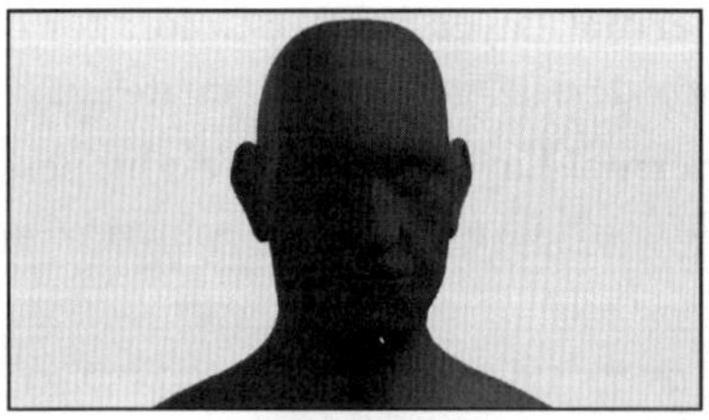

Peso de 0,5

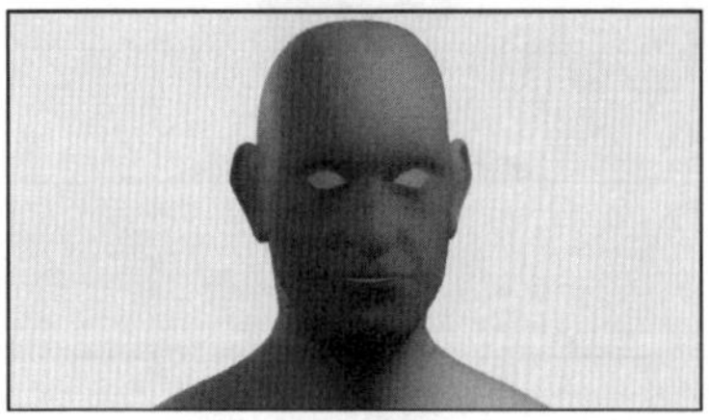

Peso de 1,5

- **Subdermal Layers Scatter Radius:** limite de atuação do raio **subdermal**.

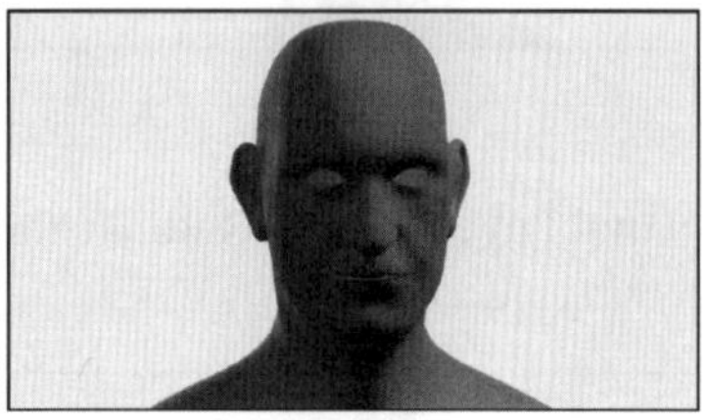

Raio de 5,0

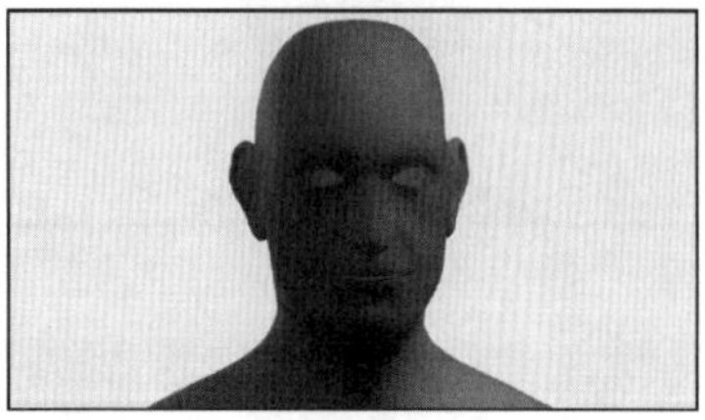

Raio de 30

- **Back Surface Scatter Color:** cor da camada back surface; fica abaixo da subdermal e representa o vermelho da pele em regiões bem finas. Por exemplo, orelha ou ponta do nariz.
- **Back Surface Scatter Weight:** peso ou intensidade com que é aplicado o back surface scatter color.

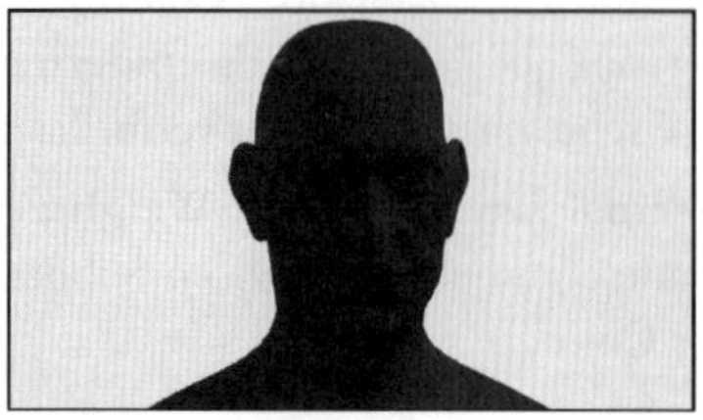

Peso de 0,1

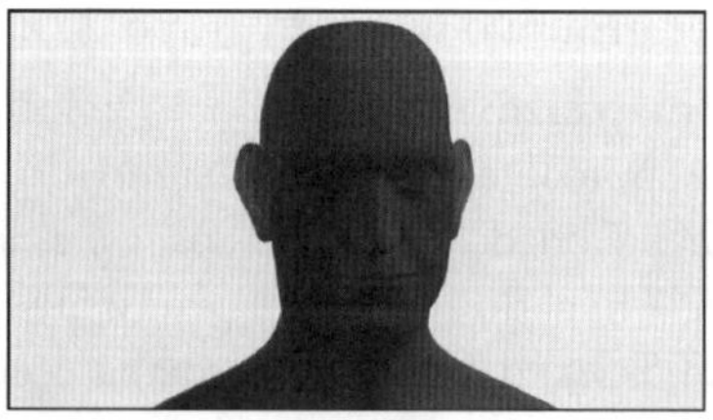

Peso de 1,0

- **Back Surface Scatter Radius:** limite de atuação do raio **back surface**.

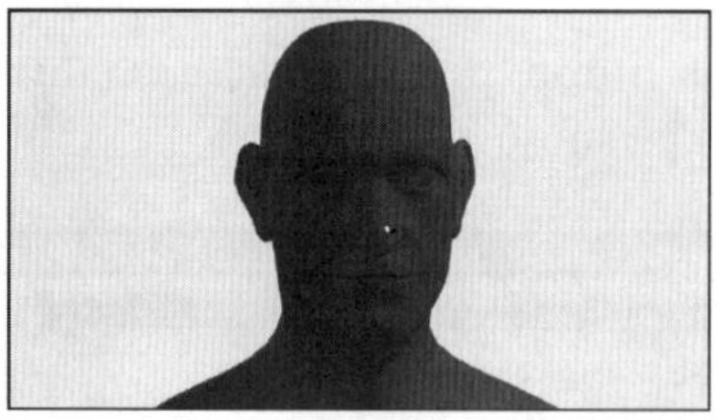

Raio de 5,0

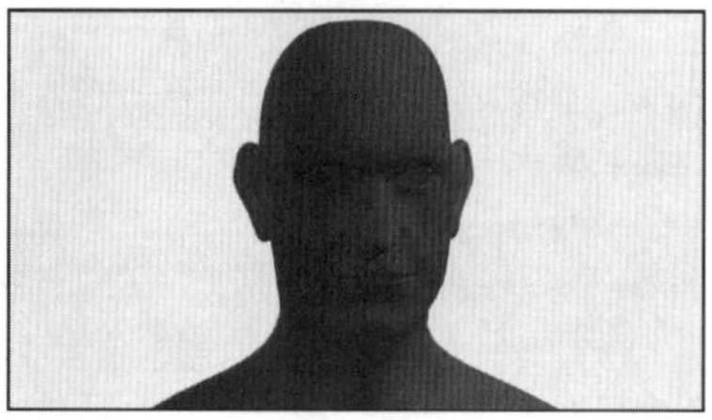

raio de 40

- **Back Surface Scatter Depth:** profundidade que a luz atinge dentro do material.

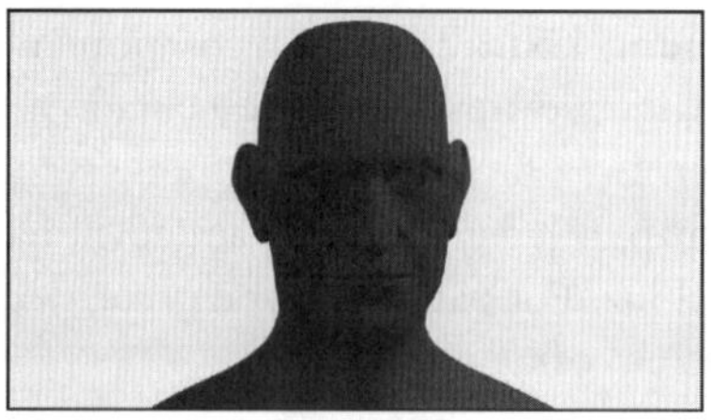

Depth 5,0

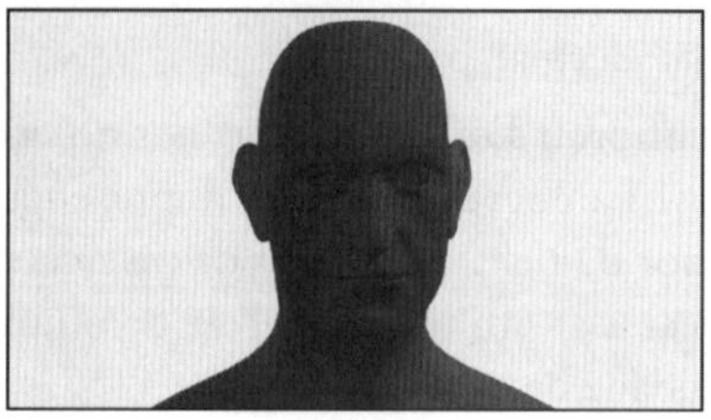

Depth 50,0

Layer Specularity

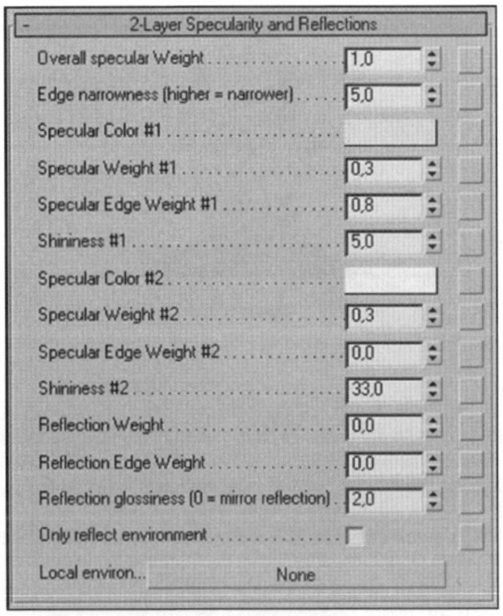

2-Layer Specularity and Reflections

- **Overall specular Weight:** é o nível global de specular e reflection. Geralmente, qualquer mapa **specular** é incluído aqui e afeta o nível de toda **specularity**.

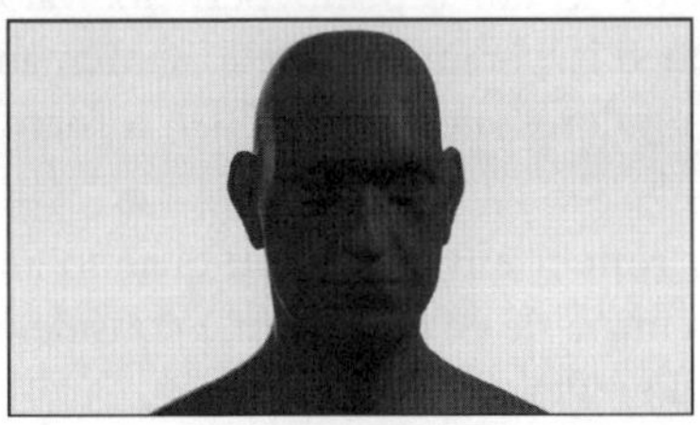

Weight 0,1

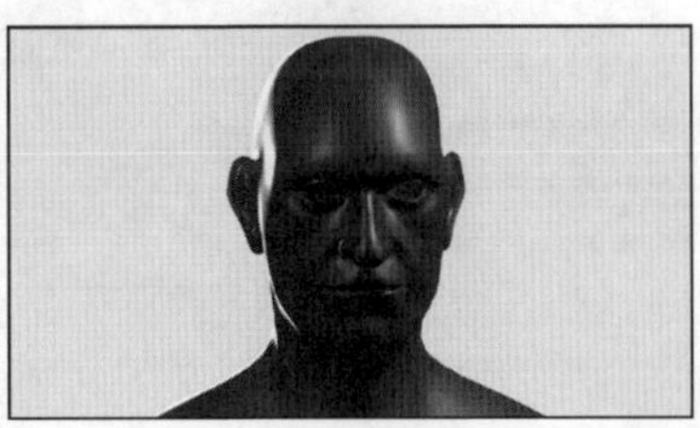

Weight 2,0

- **Edge narrowness:** ajusta o tamanho do efeito reflexivo (edge width). A pele reflete mais quando vista em ângulos quase perpendiculares a ela (conhecido como um "efeito Fresnel") e esse parâmetro ajusta a largura dessa borda. Valores mais elevados proporcionam uma aresta fina. Essa largura se aplica a todos os **edge weights** listados a seguir.

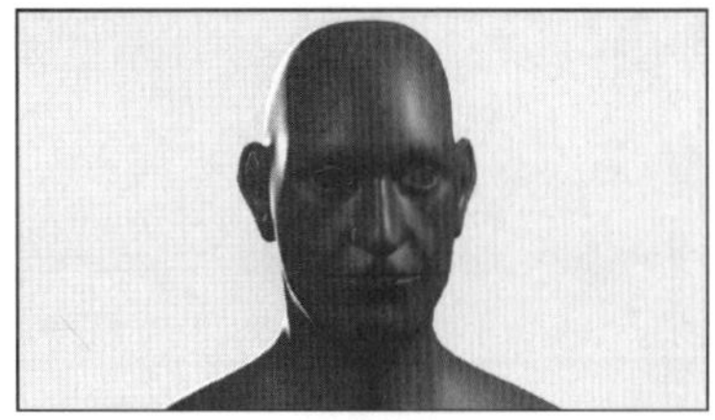

Edge 1,0

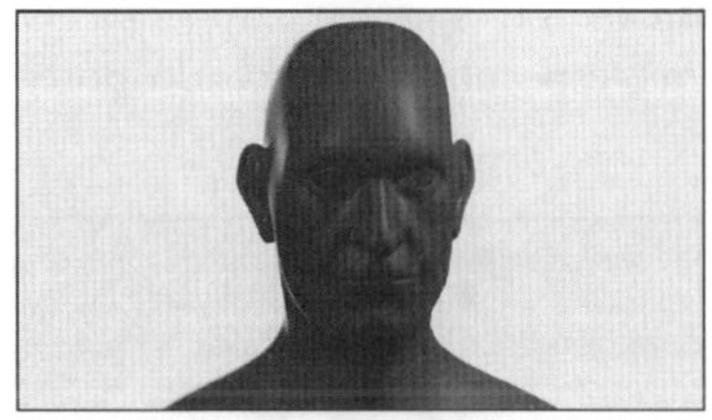

Edge 50

- **Specular color #1:** cor base para a primeira camada de specularity. O specular da pele funciona em duas camadas, obtendo uma pele macia e um reflexo que pode simular uma pele oleosa e úmida.
- **Specular weight #1:** peso ou intensidade com que é aplicado o **Specular color #1**.

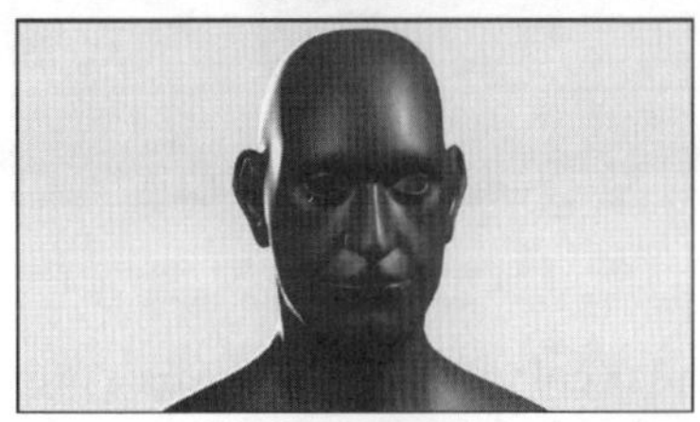

Peso 0,1

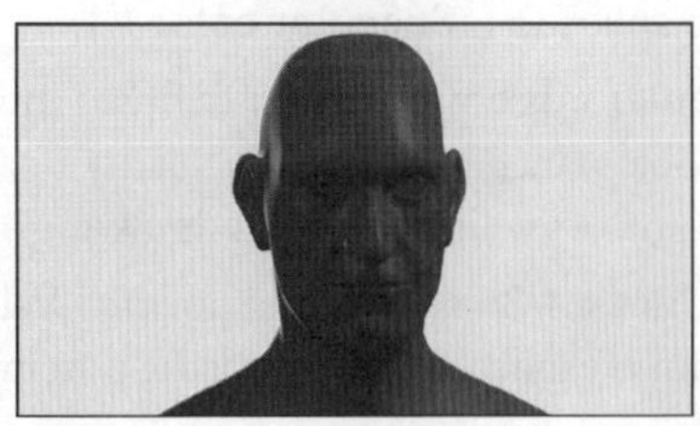

Peso 1,0

- **Specular edge weight #1:** define o multiplicador adicional para a borda. A specularity final da borda é a soma do weight com o edge weight.

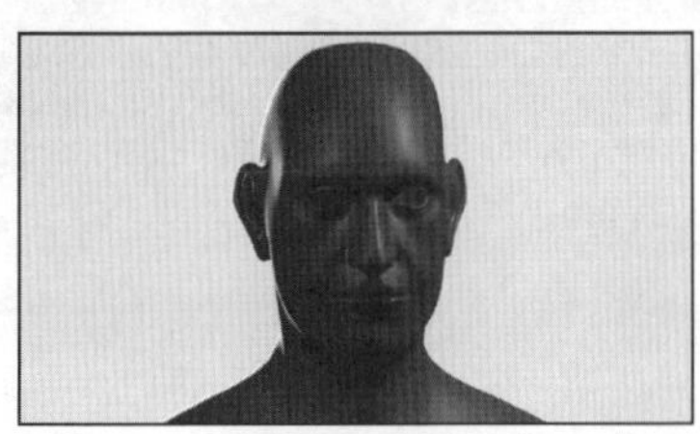

Weight 1,0

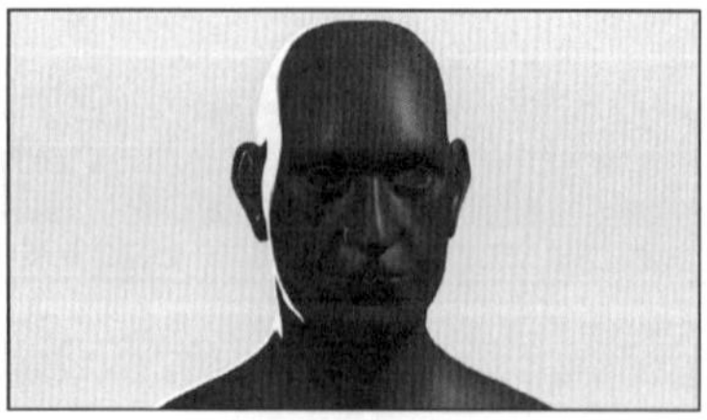

Weight 50

- **Shininess #1:** specular expoente. Valores altos deixam o especular mais fechado, porém com mais brilho.

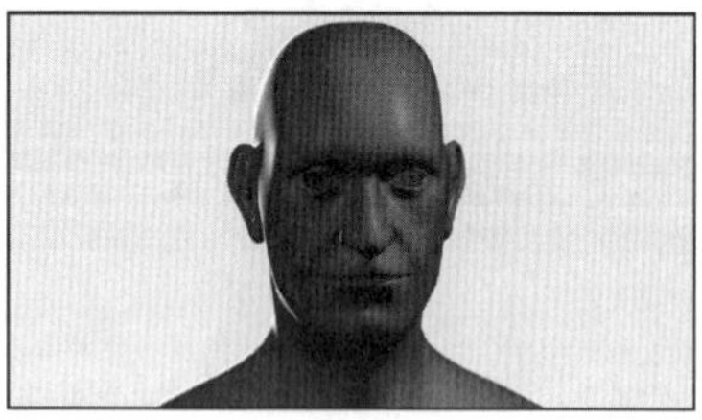

Shine 1,0

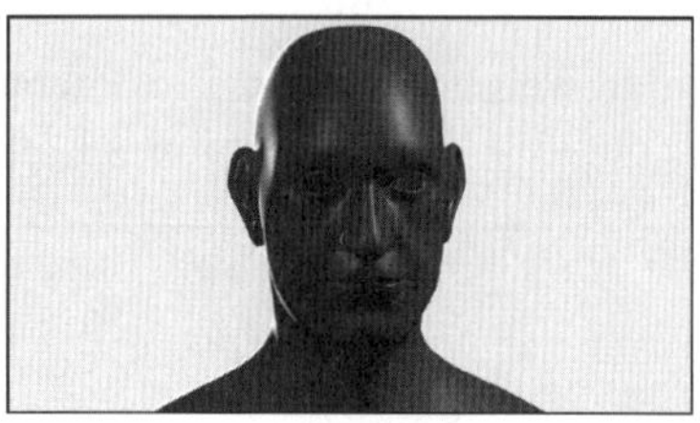

Shine 10

- **Specular color #2:** cor base para a primeira camada de specularity.
- **Specular weight #2:** peso ou intensidade com que é aplicado o **Specular color #1**.
- **Specular edge weight #2:** define o multiplicador adicional para a borda. A specularity final da borda é a soma do **weight** com o **edge weight**.
- **Shininess #2:** specular expoente. Valores altos deixam o especular mais fechado, porém com mais brilho.

Lembrete sobre o Specular color #2

Trabalha exatamente com os parâmetros do **specular #1**. Para a pele uma regra de ouro é ter o **specular #1** com uma camada muito baixa de **shininess** (3,0 a 8,0) e um nível reduzido (0,1 a 0,3), mas um elevado **edge weight** (0,5 a 1,0) e uma cor ligeiramente azulada. Para o **specular #2** é bom ter um elevado **shinyness** (20 a 100), um nível médio (0,3 a 0,6) e um valor 0.0 para o **edge weight**.

- **Reflection glossiness:** peso ou intensidade do reflexo.

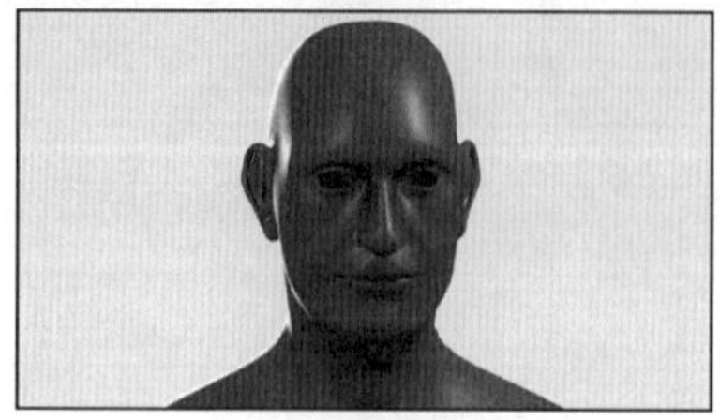

Peso 0,1

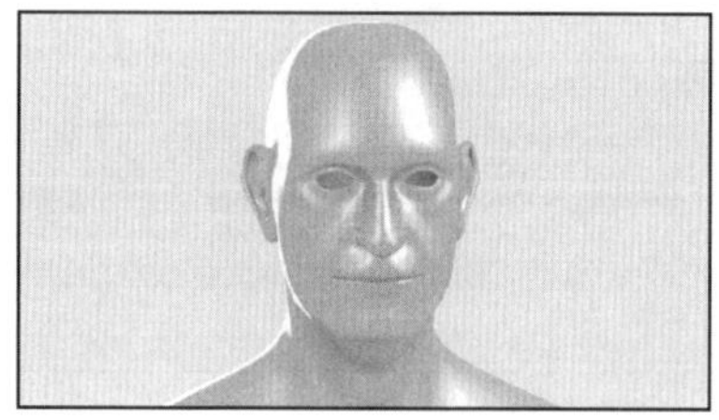

Peso de 1,0

- **Reflection edge weight:** peso ou intensidade do reflexo nas bordas do objeto.
- **Reflection glossiness:** qualidade do reflexo. O valor 0.0 é um espelho perfeito, valores baixos (como 0.1) geram um efeito extremamente borrado e valores altos (como 30.0) tornam um pouco borrado.
- **Only reflect environment:** quando ativado, apenas o mapa de environment é considerado no cálculo do reflexo.
- **Local environment:** permite aplicar um mapa.

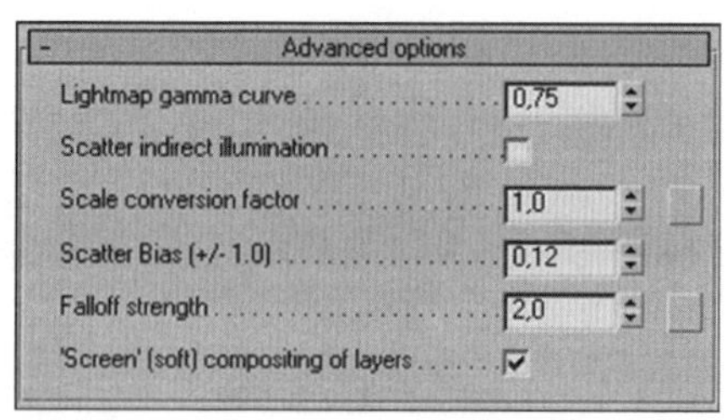

Advanced options

- **Lightmap gamma curve:** a gama da luz armazenada no **lightmap**. O valor 1,0 é o comum para a curva. Se for inferior a 1,0, a curva é "achatada", propagando a luz no sentido perpendicular às áreas próximas à luz. Se ela for maior que 1,0, a curva é "estreitada", fazendo com que a luz se concentre em áreas diretamente viradas para a fonte de luz. Na maioria dos casos, um valor entre 0,4 e 0,8 é suficiente.

- **Scatter indirect illumination:** quando ativado, inclui qualquer iluminação indireta (fótons, final gathering etc.) no **lightmap** para ser difundida. Isso torna o tempo de render muito mais lento.
- **Scale conversion factor:** escala de conversão de unidades. É possível alterar o padrão de milímetros para metros e vice-versa.
- **Scatter Bias:** ajustado para 0,0, o scattering é completamente uniforme. O valor 0,1 (um ligeiro favorecimento da dispersão por diante) é um bom começo.
- **Falloff strenght:** ajusta a distância do falloff ao longo do raio do scatter.
- **Screen (soft) compositing of layers:** quando ativado, permite criar uma composição suave entre as camadas.

Resultado obtido com texturas realistas em conjunto com o Shade Subsurface Scatter

Utility Bump Combiner Material

Novidade da versão 2009

O **Bump Combiner** permite combinar um material com até três mapas separados de **Bump**.

Interface

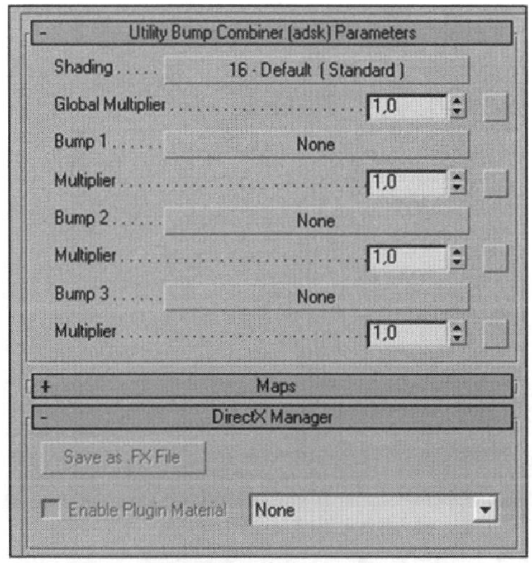

Utility Bump Combiner

- **Shading:** clique no botão para especificar um material base. Pode ser qualquer material que o Mental Ray suporta.
- **Global Multiplier:** ajusta a força do material **bump** de modo geral para todas as camadas.
- **Map Button:** clique para atribuir um mapa.
- **Bump 1, Bump 2 e Bump 3:** clique para adicionar um mapa de bump ao material.
  - **Multiplier:** ajusta a força do mapa de bump.
  - **Map Button:** clique para atribuir um mapa.
- **Maps roll-out:** apresenta os maps das opções explicadas anteriormente.

Procedimento do Bump Combiner

1. Clique no botão do Material Editor 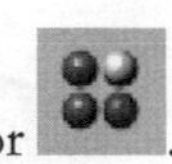.
2. No Material Editor escolha um slot e clique no botão Standard.

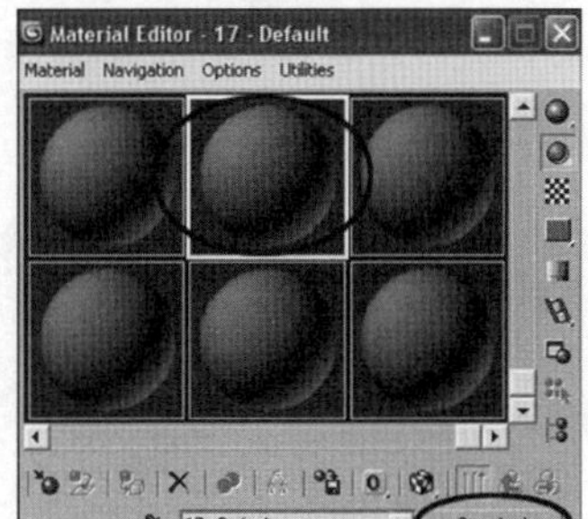

3. Ative a opção New e carregue o material **Utility Bump Combiner**.

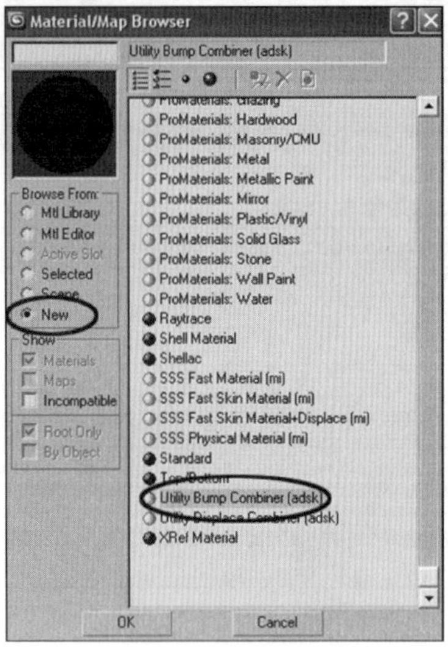

4. No **Utility Bump** carregue os mapas Celular, Noise e Stucco da seguinte maneira:
   - **Bump 1:** carregue Celular
   - **Bump 2:** carregue Noise
   - **Bump 3:** carregue Stucco
5. Acompanhe os exemplos de cada mapa carregado:

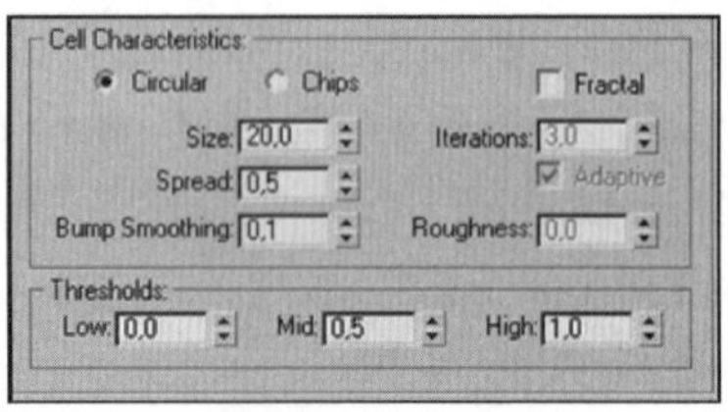

Celular

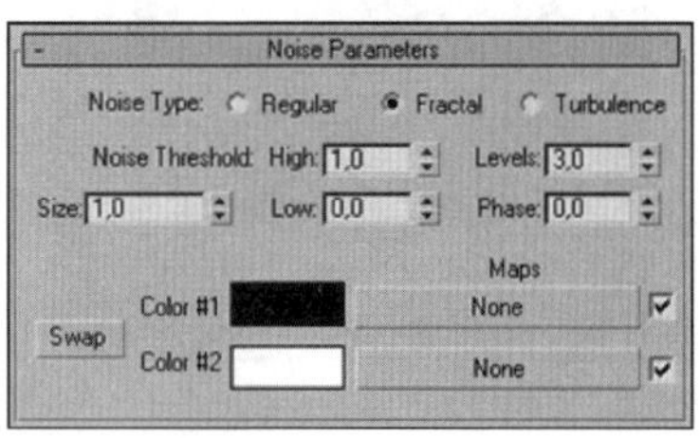

Noise

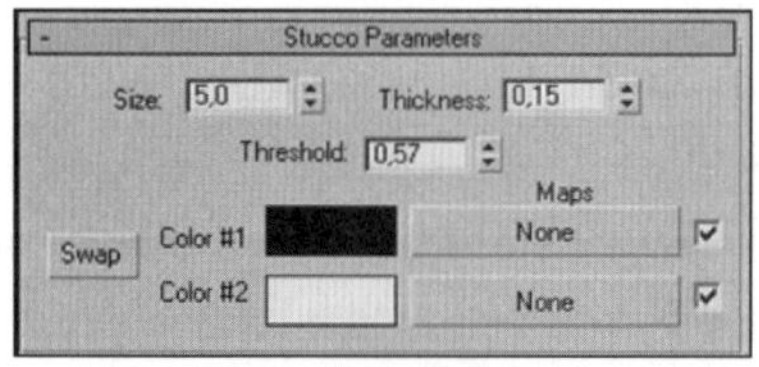

Stucco

6. Vá para a pasta Create, botão Geometry, menu Standard e crie um plane.

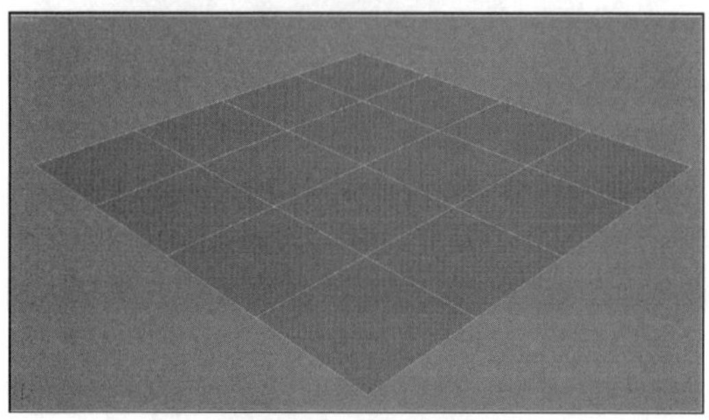

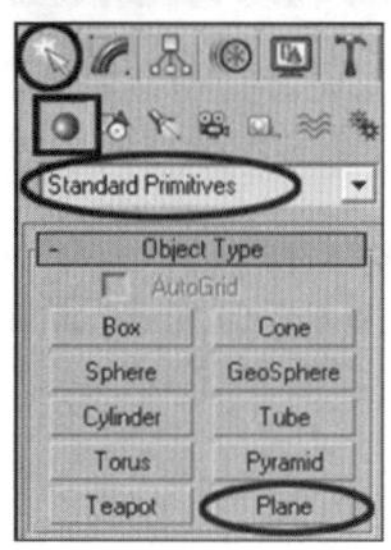

7. Crie uma luz Spot e ative a opção Shadow Parameters.

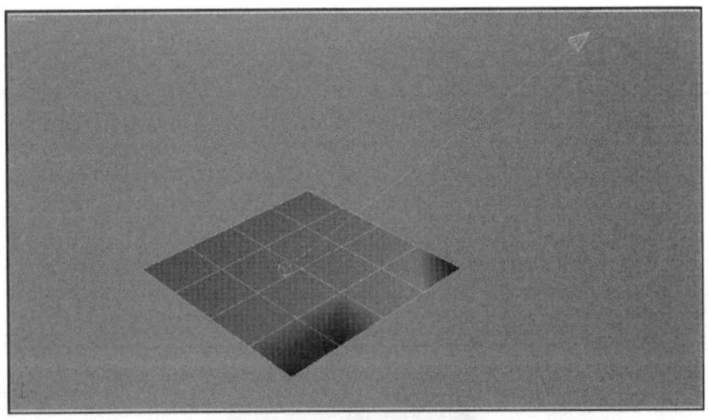

8. Aplique o Material Utility Bump no plane e clique no botão Render para ver o resultado.

Utility Displace Combiner Material

Novidade da versão 2009

O Displace Combiner permite combinar até três mapas separados de Displace.

Interface

- **Shading:** clique no botão para especificar um material base; pode ser qualquer um que o Mental Ray suporte.
- **Global Multiplier:** ajusta a força do material **Displace** de modo geral para todas as camadas.
  - **Map Button:** clique para atribuir um mapa.
- **Displace Shader 1, Displace Shader 2 e Displace Shader 3:** clique para adicionar um mapa de displace ao material.
  - **Multiplier:** ajusta a força do mapa displace.
  - **Map button:** clique para atribuir um mapa.
- **Maps roll-out:** apresenta os maps das opções explicadas anteriormente.

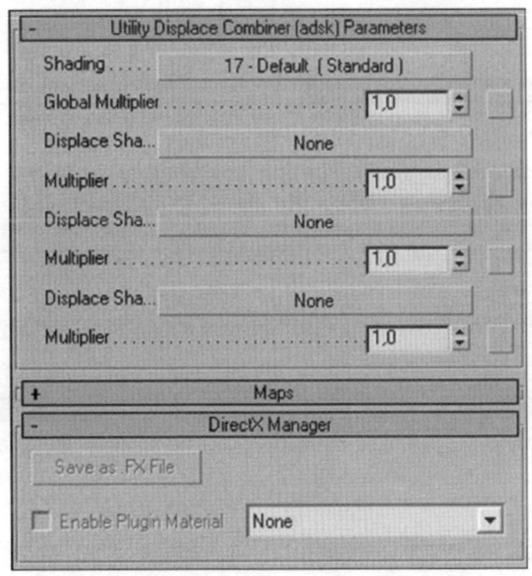

Utility Displace Combiner

Procedimento do Displace Combiner

O **Displace Combiner** segue exatamente o mesmo procedimento do **Bump Combiner**. A única diferença está no resultado final, pois o displace é uma ferramenta que cria distorção real da geometria, portanto você consegue ver os polígonos subirem ou descerem no eixo Z.

Anotações

Capítulo 11

Bones

Bones (Esqueletos)

Um sistema de bones é um conjunto hierárquico de objetos bone utilizados para animar outros objetos. É uma solução rápida para manipulação e animação de personagens.

O bone pode ser visto como um apoio desenhado longitudinalmente desde a sua base até o objeto filho, que é normalmente outro bone.

Cada bone tem um eixo na base que permite o rotacionamento sobre o próprio eixo. A movimentação do conjunto de bones depende da forma como serão ligados em uma hierarquia.

Definição da Estrutura de Bones

Para modificar a aparência e dar uma forma mais definida aos bones, utilizamos a roll-out Bone Parameters.

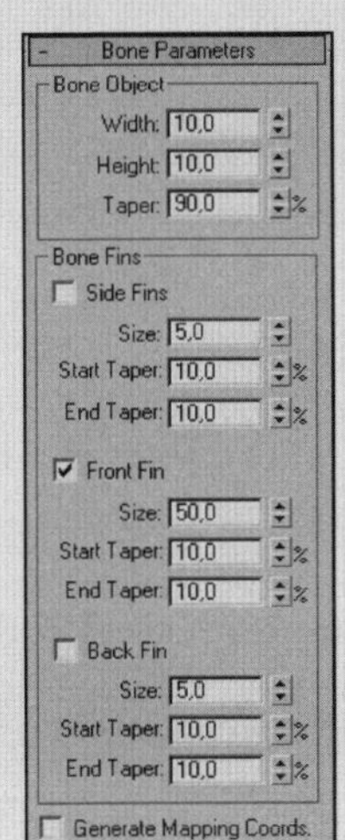

A seguir, temos uma descrição das opções disponíveis em cada área dessa roll-out.

- **Área Bone Object:** a área Bone Object da roll-out Bone Parameters possui as seguintes opções:

Opções	Descrição
Width	Define a largura do bone.
Height	Define a altura do bone.
Taper	Permite ajustar o afunilamento das formas do bone.

- **Área Bone Fins:** a área Bone Fins da roll-out Bone Parameters possui as seguintes opções:

Opções	Descrição
Side Fins	Acrescenta uma barbatana às partes laterais do bone.
Front Fin	Acrescenta uma barbatana à parte frontal do bone.
End Fin	Acrescenta uma barbatana ao final do bone.

Para cada uma dessas opções contamos com três configurações distintas, que são: Size, a qual controla o tamanho da barbatana, Start Taper, a qual permite ajustar o afunilamento inicial da barbatana e End Taper, que permite ajustar o afunilamento final da barbatana.

Ferramentas para Manipulação de Bones

Bone Tools

- **Menu Animation → Bone Tools:** esse comando mostra o quadro de diálogo Bone Tools Floater, que proporciona funções para trabalhar com os ossos e contém três roll-outs, descritas em seguida.

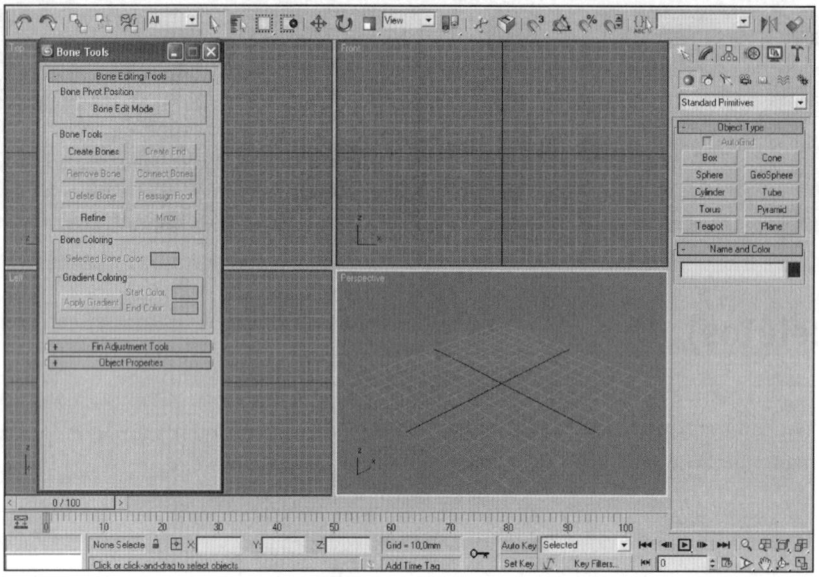

Bone Editing Tools Roll-Out

Os controles da roll-out Bone Editing Tools servem tanto para criar como modificar a geometria dos ossos para definir a cor de um ou mais ossos.

Bone Pivot Position Group

- **Bone Edit Mode:** troca o comprimento dos ossos e sua posição com relação a outros ossos. Ao pressionar esse botão, é possível trocar a longitude de um osso, ou seja, escalar ou esticar um osso, movendo seu osso descendente. Esse modo pode empregar-se antes e depois de atribuir uma cadeia do IK (Inverse Kinematics) à estrutura de ossos. Desative-o quando animar ossos.

Nota: Tenha em conta que mover um osso no modo de edição de ossos afeta o comprimento do descendente e de seu ascendente. Se os ossos não estão alinhados espacialmente da forma habitual, por exemplo, ao utilizar outros objetos como ossos, pode-se obter resultados inesperados.

Bone Tools Group

- **Create Bones:** inicia o processo de criação de ossos. Pressionar esse botão equivale a escolher a pasta Create, botão Systems e botão Bones.
- **Create End:** cria um osso pequeno ao final do osso selecionado. Se o osso eleito não se encontra ao final de uma cadeia, a parte se vincula em sucessão entre o osso atual e o seguinte da cadeia.
- **Remove Bone:** suprime o osso selecionado. O ascendente do osso se estira até o ponto de piv_ do osso eliminado, e seus descendentes se vinculam ao seu ascendente. As cadeias do IK (Inverse Kinematics) que incluem o osso eliminado permanecem intactas.
- **Connect Bones:** cria um osso de conexão entre o osso selecionado e outro. Ao pressionar esse botão, a viewport ativa apresenta uma linha de pontos que sai do primeiro osso selecionado. Mova o cursor até outro osso para criar um osso de conexão. O primeiro osso selecionado converte-se em ascendente do osso de conexão, que será ascendente do segundo eleito.

- **Delete Bone:** elimina o osso selecionado com o qual se suprimem todas as associações de ascendência e descendência. Ao final do ascendente do osso eliminado situa-se um osso pequeno. As cadeias do IK que incluem esse osso deixarão de ser válidas.
- **Reassign Root:** converte o osso selecionado na raiz (ascendente) da estrutura óssea.

  Se o osso atual é a raiz (root), essa opção não produz efeito ao selecioná-la. A cadeia inverte completamente quando esse osso está no final, e se converte em uma hierarquia ramificada quando está no meio.
- **Refine:** divide um osso em dois. Escolha Refinar e clique no osso que deseja partir.
- **Mirror:** permite espelhar a cadeia de bones através dos eixos X, Y e Z.
- **Selected Bone Color:** define a cor dos ossos selecionados.
- **Apply Gradient:** aplica em vários ossos uma cor gradiente apoiando-se nos valores de cor inicial e cor final. Essa opção só está disponível quando se selecionam dois ou mais ossos. A cor inicial aplica-se ao osso ascendente que ocupa a posição mais alta na cadeia selecionada, enquanto a cor final atribui-se ao último objeto descendente desta. As gradações de cor intermediárias aplicam-se aos ossos situados entre estes.
- **Start Color:** define a cor inicial do gradiente.
- **End Color:** define a última cor do gradiente.

Object Properties Roll-Out

Os controles da roll-out Object Properties dos ossos permitem converter outros objetos em ossos. Do mesmo modo, servem para regular a rigidez e o alinhamento dos ossos.

No 3ds Max 2009, a escala dos ossos pode ser restabelecida com a opção Reset Scale.

- **Bone On/Off:** se está ativada, o objeto selecionado comporta-se como um osso. Ao desativar a opção, o objeto deixa de comportar-se como um osso: não se produz alinhamento nem estiramento.

Nota: O objeto não se alinha ou estira imediatamente quando se ativa essa opção, entretanto as seguintes transformações dos descendentes podem produzir rotação e estiramento.

- **Freeze Length:** se está ativada, o osso mantém sua longitude. Ao desativá-la, a longitude do osso troca em função da translação de seu osso descendente. Essa opção só se encontra disponível se Bone On estiver ativada.

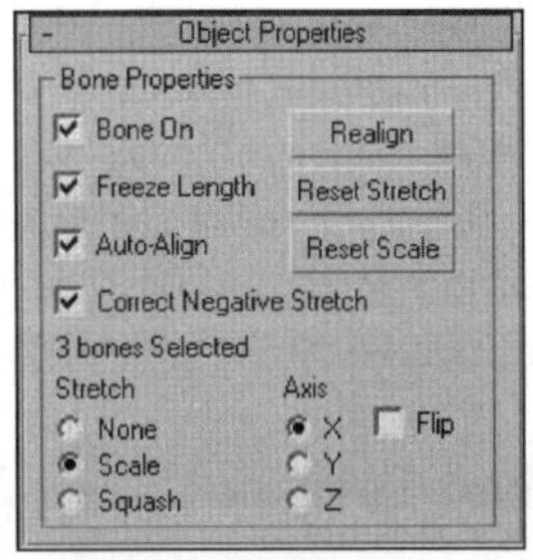

Advertência: Quando se ativa Freeze Length, não se produz um efeito visível, a menos que se transforme o descendente do objeto ao qual se aplicou.

- **Auto-Align:** se está ativada, o ponto de pivô do osso não se alinha com seu objeto descendente. A translação de um osso descendente não se transforma em rotação do ascendente, mas permite ao descendente afastar-se do eixo X do ascendente. Essa opção só se encontra disponível se Bone On estiver ativada.

Nota: A mudança de estado de Auto-Align não produz um efeito visual imediato no esqueleto. Só afeta o comportamento posterior quando os ossos se moverem.

- **Correct Negative Stretch:** quando está ativada, qualquer estiramento do osso que resulta em um fator de escala negativo se corrige para obter um número positivo. Essa opção só se encontra disponível se Bone On estiver ativada.
- **Stretch:** determina o tipo de estiramento que tem lugar quando se transforma o osso descendente e Freeze Length está desativada.
- **Axis:** determina o eixo em que se aplica o estiramento.
- **X/Y/Z:** permite escolher o eixo para escalar ou encolher.
- **Flip:** inverte o estiramento no eixo selecionado.
- **Realign:** faz com que o eixo X do osso realinhe e se oriente para o osso descendente (ou pivô médio de vários descendentes). O alinhamento costuma manter-se, por isso não é preciso utilizar essa opção. Não obstante, os ossos podem desalinhar-se desativando Auto-Align e deslocando um osso descendente. Utilize Realign para voltar a alinhar o osso com seu descendente. Essa opção só se encontra disponível se Bone On estiver ativada.

- **Reset Stretch:** se o descendente se afastou do osso, estira o osso até seu objeto descendente. Essa opção só se encontra disponível se Bone On estiver ativada.
- **Reset Scale:** restabelece a escala calculada internamente de um osso estirado 100% em cada eixo. Utilizando essa opção, evitam-se comportamentos inesperados devido a objetos escalados e que se vincularam. Essa opção não produz nenhum efeito visual no osso e só se encontra disponível se Bone On estiver ativada.

Área Bone Pivot Position

Essa área possui uma única opção, a Bone Edit Mode, que permite alterar o tamanho apresentado pelos bones e a posição em que se encontram.

O tamanho de um bone pode ser alterado a partir da movimentação de seu bone filho. Para tanto, é necessário que a opção Bone Edit Mode esteja ativada. Essa opção pode ser ativada antes ou depois de a cadeia IK ter sido atribuída à estrutura de bones. No entanto, quando ativada, ela não permite realizar animações.

Nota: A fim de que a opção Bone Edit Mode seja disponibilizada, as opções Auto Key e Set Key não podem estar ativadas.

É preciso atentar ao fato de que alterar o tamanho de um bone quando a opção Bone Edit Mode está ativada é um procedimento que afeta o bone filho e o pai. Isso pode gerar resultados indesejados.

Hierarquias e Cinemáticas

Introdução

Quando temos objetos que contêm uma relação entre objeto pai e objeto filho, ou seja, quando as modificações aplicadas ao primeiro são herdadas pelo segundo, criamos uma hierarquia. Elas podem ser simples, como em uma única corrente de bones, ou complexas, como nas situações em que ligamos várias correntes de objetos pai com vários objetos filho.

O movimento realizado por essas correntes usa a cinemática para dar mais realismo às cenas da animação. Pode ser definido com a utilização de dois métodos:

Forward Kinematics (FK)

Quando criamos uma hierarquia, automaticamente temos uma cinemática aplicada a ela, denominada Forward Kinematics (FK). A cinemática produz o movimento de acordo com o objeto pai, ou seja, qualquer alteração de posição, rotação ou dimensão nesse objeto será transmitida aos objetos filhos. Sendo assim, a escolha do objeto de origem (root) de sua hierarquia é extremamente importante em hierarquias complexas, pois é por meio desse objeto que o movimento é aplicado.

1. Utilize a viewport Top, vá à pasta Create, clique no botão System, carregue o menu Standard e clique em Bones. Crie cinco bones, conforme a imagem.

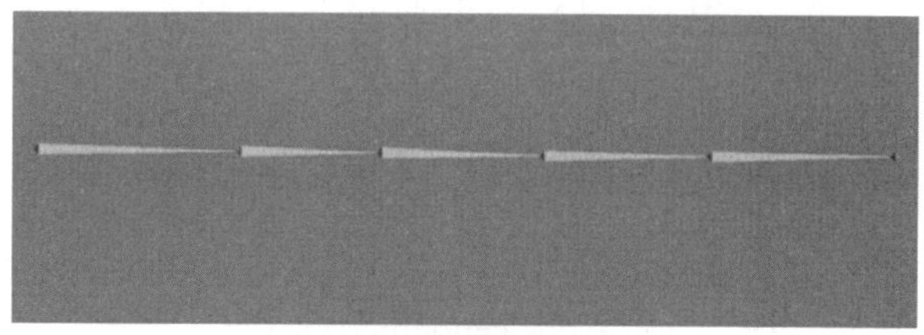

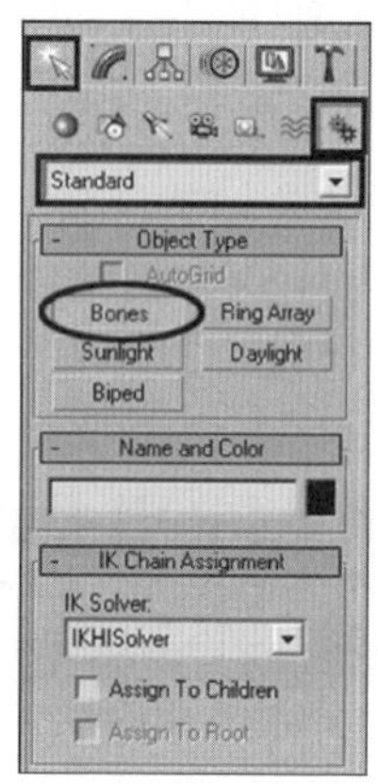

2. Vá até a pasta Create, clique no botão Shapes, carregue o menu Standard, clique no botão Circle e crie seis círculos, conforme a figura a seguir.

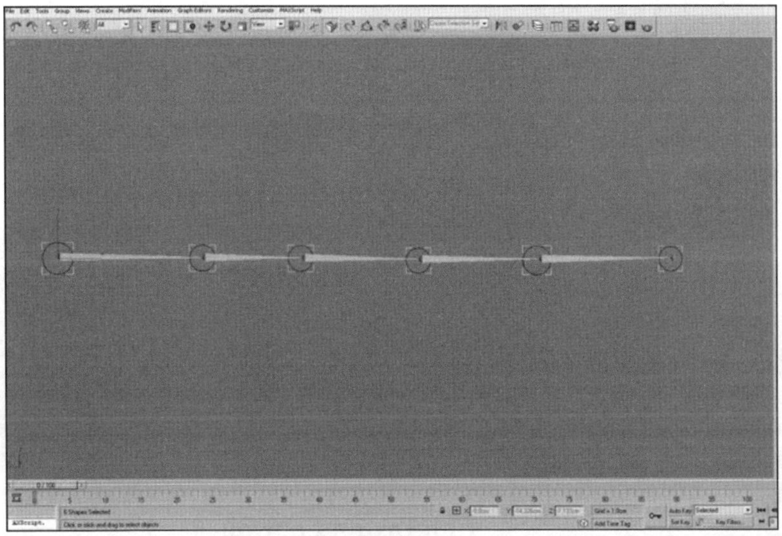

3. Utilizando a ferramenta Link, comece a vincular os objetos. Primeiramente selecione o pequeno bone à direita e vincule-o ao círculo mais próximo, depois e só seguir a imagem com um círculo vinculado ao bone. Vincule o bone ao círculo, o círculo ao bone e assim por diante. Perceba que o último objeto a sofrer o link será o último círculo à esquerda, o qual vai controlar toda a cadeia.

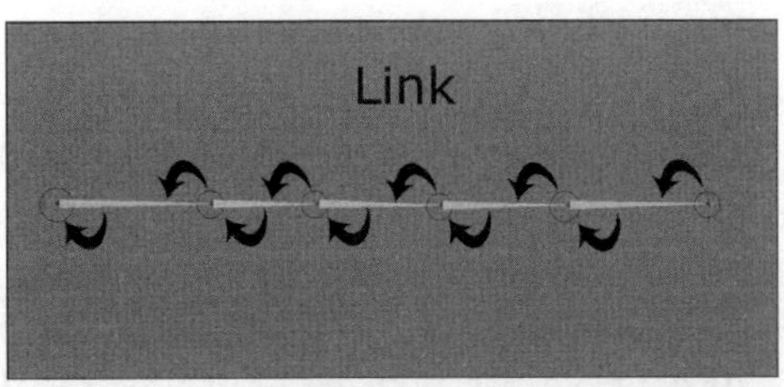

4. Selecione todos os círculos, ative o botão Rotate e nas opções do **Use Center Flyout** deixe o item **Use Pivot Point Center** como principal.

5. Utilizando a ferramenta Rotate, rotacione os bones para ver o resultado da hierarquia, semelhante à cauda de um cachorro ou gato.

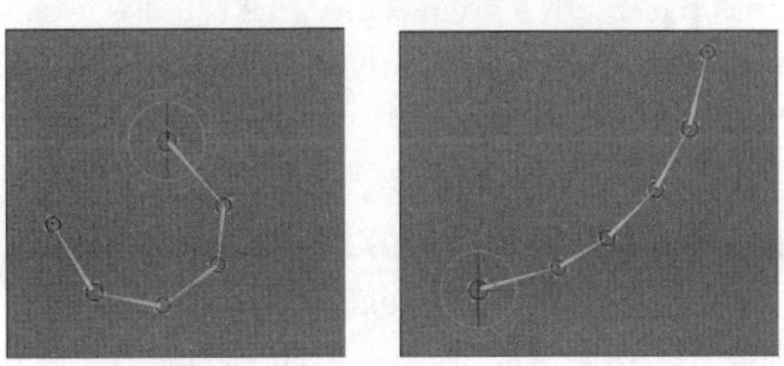

Inverse Kinematics (IK)

O método Inverse Kinematics (IK) é utilizado para definir outras direções aos movimentos dos objetos dentro de uma hierarquia, aperfeiçoando-os e produzindo mais realismo para a animação. Ele está presente no menu Animation, opção IK Solver.

No IK Solvers encontramos quatro métodos:

- HI Solver (History-Independent Solver).
- IK Limb Solver.
- HD Solver (History-Dependent Solver).
- Spline IK Solver.

HI Solver

É bastante utilizado para criar movimentos de braços e pernas em personagens e em longas seqüências de animação. Baseia-se na criação de um alvo que se movimenta de acordo com a posição final definida na corrente hierárquica de objetos, para calcular as posições de acompanhamento dos demais objetos que ficam entre o alvo e a posição final. A velocidade do cálculo é rápida, pois não depende da quantidade de frames envolvida na animação.

1. Vá para a pasta Create, clique no botão System, carregue o menu Standard e clique em Bones. Crie dois bones, conforme a imagem, considerando o primeiro de cima para baixo. Finalize com o lado direito do mouse.

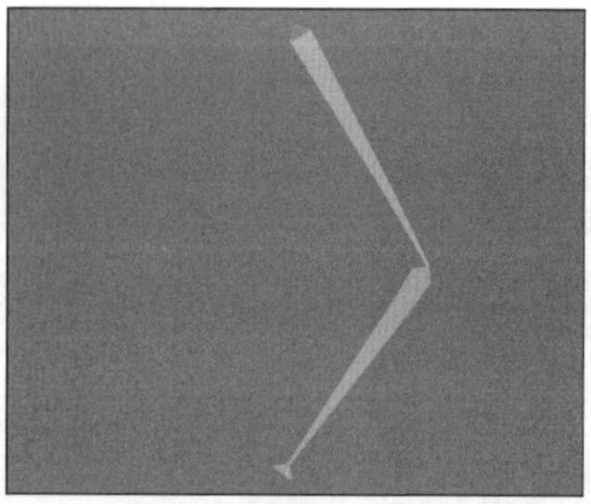

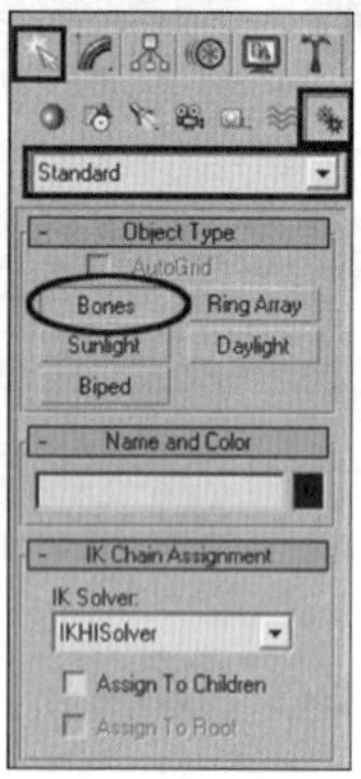

2. Selecione o primeiro bone da cadeia, vá até a pasta Animation, selecione o IK Solvers e clique em HI Solvers. Em seguida selecione o pequeno bone que fica no fim da cadeia.

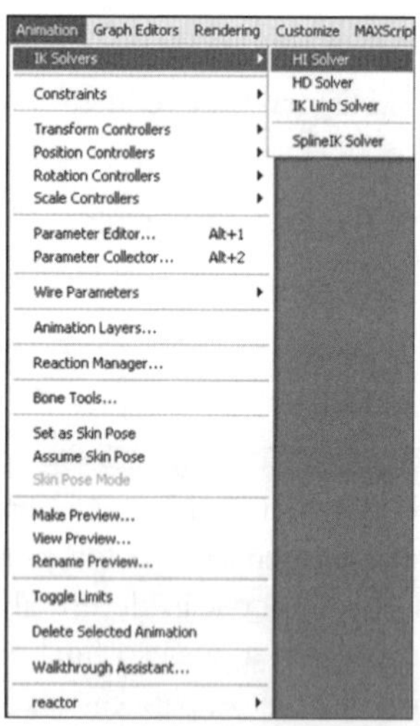

3. Clique no comando Move, selecione o IK Chain que acabou de ser criado, altere a posição dele e observe que a partir de agora o IK Chain controla a cadeia de bones.

Objetos de Controle

Realizam a animação dos goals, tais como splines e dummies. Eles devem ser criados próximos aos goals e ligados a eles a fim de permitir sua animação.

Para criar um relacionamento entre objetos e goals, usamos o sistema Constraint, que pode ser utilizado com os IK Solvers. Esse sistema oferece constraints que podem ser aplicadas a fim de criar tais relacionamentos. Com isso, os goals podem ser ligados ao objeto que será movido e uma cadeia de bones ligada a outra cadeia.

Vale destacar que esses objetos de controle podem ser utilizados para separar cadeias. Quaisquer transformações feitas por tais objetos são controladas por sliders de viewports, os quais devem ser criados por meio do auxiliar do manipulador. Para relacionar esses sliders aos objetos de controle, basta utilizar os parâmetros Wire.

Nota: Os sliders criados podem ser incluídos nas roll-outs dos objetos. É preciso criar Custom Attributes (atributos customizados).

Swivel Angle

Antes de compreender Swivel Angle é preciso saber que, para o HI Solver, a solução deve tomar como base o goal e outros parâmetros apenas em seus estados atuais. Isso significa que, para o HI Solver, a solução não deve se basear em um histórico (history-independent).

A função do Swivel Angle é determinar o grau de liberdade existente na rotação ao redor do eixo EE (End Effector Axis) de forma quantitativa. Além disso, ele é responsável por descrever o grau de liberdade de um

Solver Plane, o qual representa um plano que passa por todos os joints.

Outro conceito bastante importante para a compreensão de um Swivel Angle é o Zero Plane Map, que toma os eixos EE como argumento e gera o normal para o plano zero.

Um Zero Plane Map padrão é definido pelo sistema IK nas situações em que ele não pode ser definido de outra forma. Esse sistema permite que cada um dos plug-ins de solvers defina seu próprio Zero Plane Maps.

Como argumento de um Zero Plane Map utiliza-se um vetor de unidade, que tem a função de direcionar os eixos EE. Em uma esfera, o Zero Plane Map estabelece um campo de vetor. Basta determinar um ponto dentro dessa esfera, que ele gera um vetor de unidade de forma tangente, o qual funciona como um normal para o plano zero.

A existência de um campo de vetor contínuo dentro de uma esfera não é possível. Assim, no ponto da esfera em que os vetores mais próximos sofrem uma modificação brusca, o solver plane sofrerá uma rotação conforme o eixo do End Effector se aproxima dele. Isso ocorre em virtude dos seguintes fatores: de acordo com os requisitos do HI, um vetor fixo deve ser atribuído a um ponto único, mas um vetor atribuído sempre será consideravelmente distinto dos vetores atribuídos em pontos próximos.

É preciso determinar um frame de referência para a esfera a fim de que o Zero Plane Map seja definido da maneira adequada. A esfera pode ser delimitada de três formas distintas:

- A partir do meridiano.
- A partir do centro, o qual é atribuído ao joint inicial.
- A partir do plano horizontal.

Conforme mencionado anteriormente, o sistema IK define um Zero Plane Map padrão nas situações em que ele não é definido de outra forma. Essa definição, no entanto, é realizada de acordo com a seguinte regra:

Apenas se o goal passar pelos pólos, visto que eles são os pontos singulares do mapa.

Limites de Joint

Quando trabalhamos com o HI Solver, os limites do joint podem ser configurados pela roll-out Rotational Joint, na qual é possível ativar ou desativar os eixos X, Y e Z, bem como determinar seus limites. Também é possível determinar como será o ângulo que define a direção da curvatura da cadeia.

IK Limb Solver

É um método rápido que afeta somente dois objetos de uma hierarquia. Utilizado para animar braços e pernas de personagens, toma como base a movimentação de um alvo criado entre dois objetos para efetuar seus cálculos.

Embora esse método seja capaz de afetar apenas dois objetos da hierarquia, podemos aplicar diversos deles a diferentes partes da hierarquia. Para utilizar o IK Limb Solver é necessário que apresente as seguintes situações:

- A cadeia deve ter no mínimo três bones e a hierarquia no mínimo três objetos.
- O primeiro joint deve ser esférico e o segundo revoluto, o que significa que o primeiro deve ter três graus de liberdade e o segundo, apenas um.

Nota: É preciso que a cadeia seja composta de no mínimo três bones, porque o goal é posicionado no ponto pivot do bone que se encontra a dois bones de distância daquele que foi selecionado.

Assim como o HI Solver, o IK Limb Solver permite alternar entre o IK e o FK em uma única animação. No entanto, ao contrário do HD Solver, ele não configura os limites de joint e não utiliza os métodos de prioridade e lentidão.

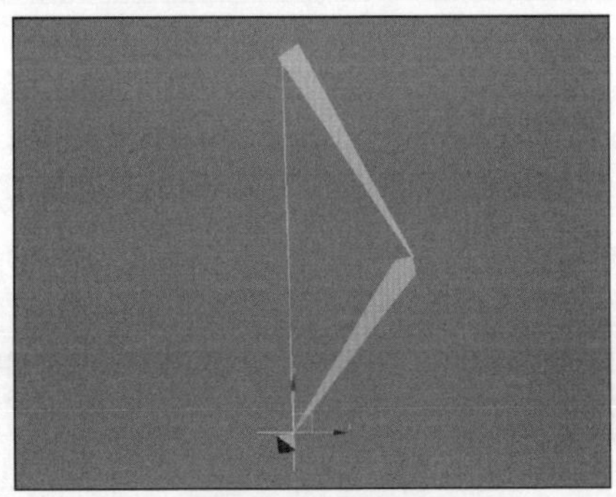

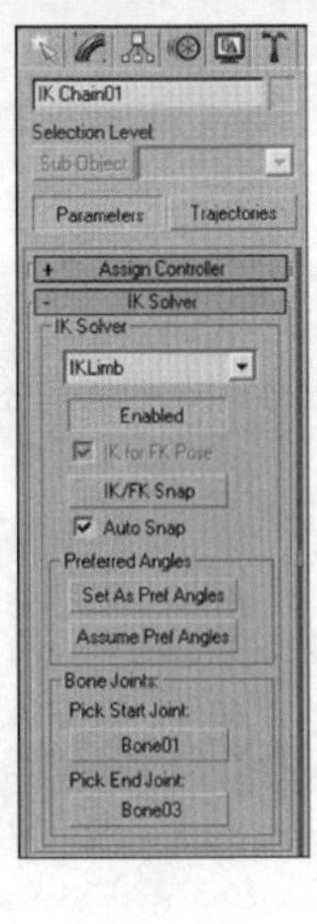

HD Solver

É utilizado para aplicar movimentos a máquinas. Sua velocidade de cálculo é mais demorada, pois envolve todas as seqüências de movimento da animação para obter o melhor resultado. Baseia-se nas alterações de posição e rotação das articulações localizadas entre os objetos para efetuar o cálculo do movimento.

O HD Solver possui controles diferentes do HI Solver e ferramentas que verificam o estado inicial de uma cadeia IK. Quando realizamos animações com o HD Solver, podemos usar o IK com os sliding joints.

Quando utilizamos o HD Solver, a animação de uma cadeia de bones ou de uma hierarquia de objetos é feita com a animação dos End Effectors presentes nos joints dos bones. Os EE são representados por linhas de intersecção presentes no joint, reconhecidas pela cor azul. Os tipos especiais de End Effectors que podem ser animados são os seguintes:

- Position.
- Rotation.

Sua animação ocorre de forma semelhante à feita com o Interactive IK, diferindo apenas na interpolação de keyframes, a qual utiliza soluções IK adequadas.

Quando realizamos a transformação de um joint no qual se encontra apenas o End Effector Position ou o Rotation, a transformação tem efeito somente no próprio End Effector. Nesse caso, os bones e os objetos realizam o cálculo da solução IK por meio do IK.

Se um End Effector é vinculado a um objeto pai, torna-se possível redimensionar toda a hierarquia. Os End Effectors vinculados são bastante utilizados quando trabalhamos com pés e mãos.

Ele pode ser vinculado por meio da opção Link presente na pasta Motion. Quando realizamos esse vínculo, obtemos resultados bastante semelhantes aos obtidos quando utilizamos objetos vinculados ao Interactive and Applied IK.

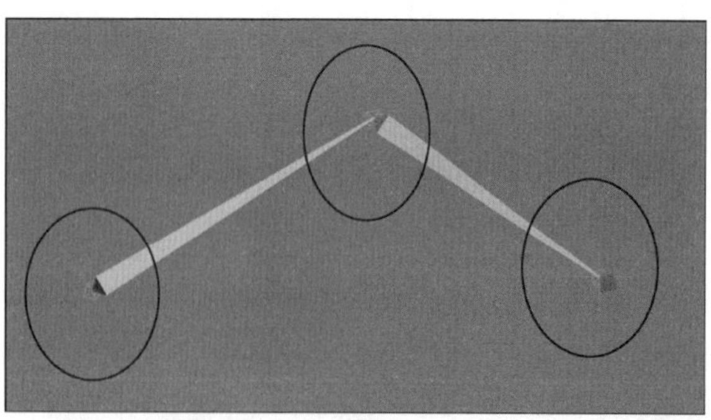

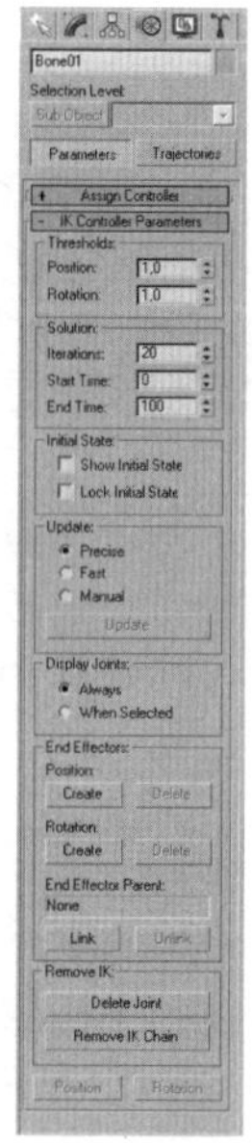

Em vez de End Effectors, podemos utilizar esses objetos vinculados. Utilize o Interactive IK para vincular os bones a vários desses objetos. O IK Solver realiza todos os procedimentos necessários quando utilizamos os objetos vinculados ao HD IK.

Spline IK Solver

Método que se baseia em uma spline para definir a curvatura de um sistema de bones ou objetos relacionados, criando nós que podem ser movidos, determinando o movimento da corrente.

Para que essa curvatura baseada em uma spline seja alterada, é preciso mover e atribuir efeitos de animação aos vértices da spline. Utilize um auxiliar para efetuar sua animação. Alterar a curvatura não implica alteração dos bones em si, apenas de sua estrutura.

A quantidade de bones ou objetos em uma estrutura pode ser maior do que a quantidade de vértices da spline. Nesse caso, torna-se mais fácil aplicar efeitos de animação em uma estrutura com diversos bones, pois não é necessário animar de forma individual os bones.

A animação é realizada mais facilmente quando utilizamos o Spline IK. Com ele, em cada vértice é automaticamente colocado um objeto auxiliar, permitindo que sua movimentação reflita na do vértice ao qual ele está relacionado. Tanto os vértices quanto os auxiliares podem ser movidos de qualquer forma dentro do espaço 3D. Isso permite que a estrutura de bones ou de objetos relacionados tenha seu formato modificado de qualquer maneira.

1. Vá até a pasta Create, clique no botão System, carregue o menu Standard e crie uma seqüência de bones, conforme a próxima figura.

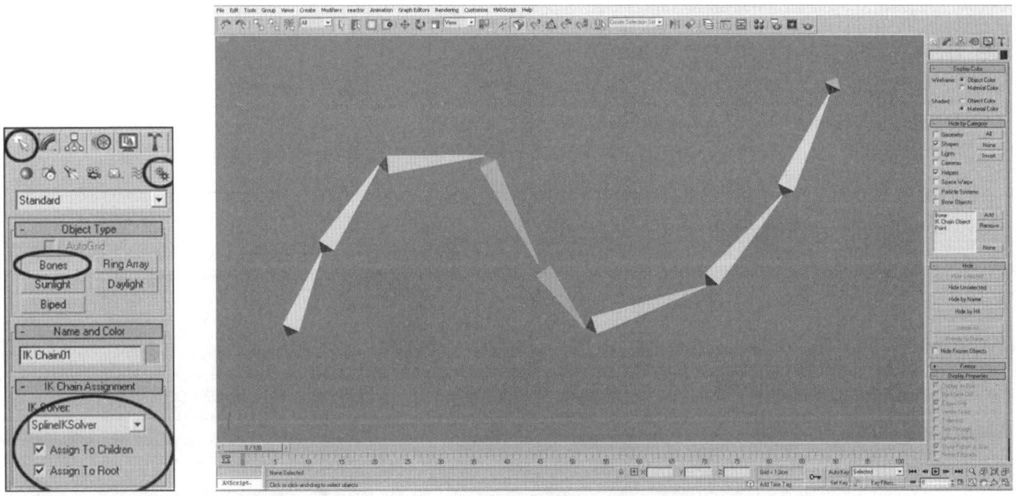

2. Finalize a seqüência com o botão direito do mouse. Automaticamente vai abrir a janela de diálogo Spline IK Solver; confirme clicando em OK.

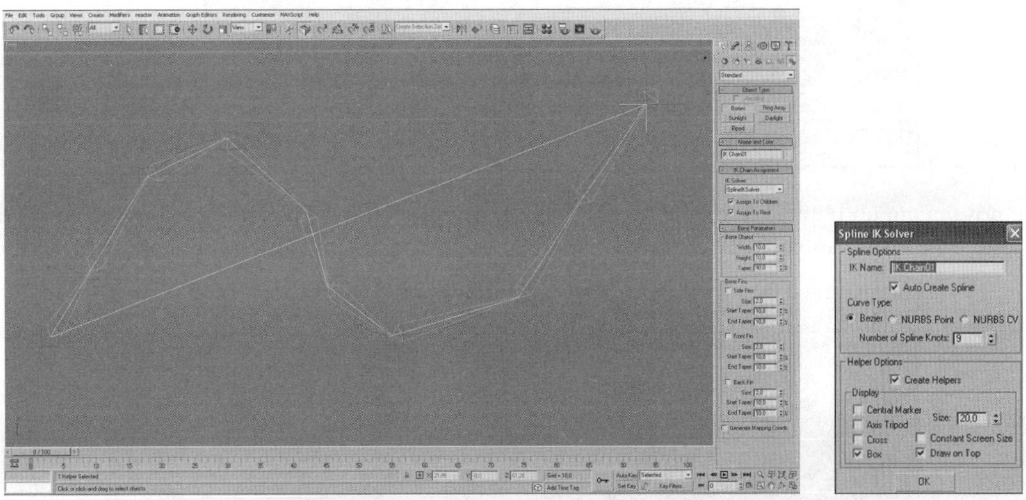

3. Você pode alterar a cadeia movimentando os dummies com a ferramenta Move, como indica a figura seguinte.

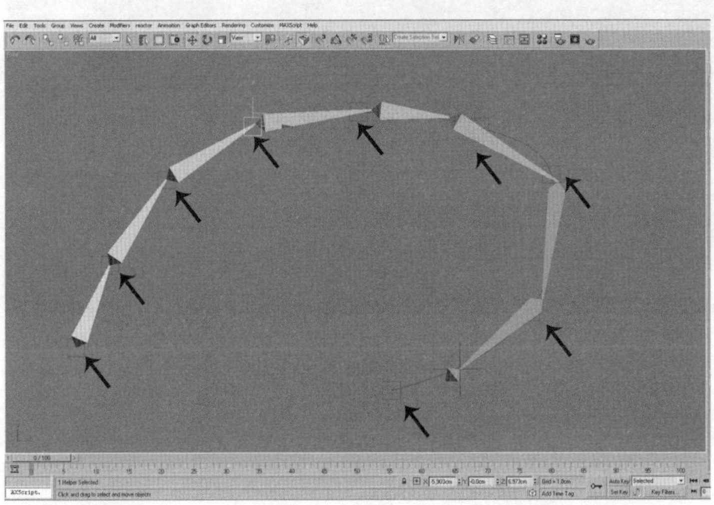

Exercício

Criação de uma Perna com os Bones - Parte 1

1. Deixe a vista na viewport **Left**, vá até a pasta **System** e clique no botão **Bones**. Crie dois **bones** conforme a figura seguinte. Lembre-se de começar de cima para baixo e finalize com o lado direito do mouse.

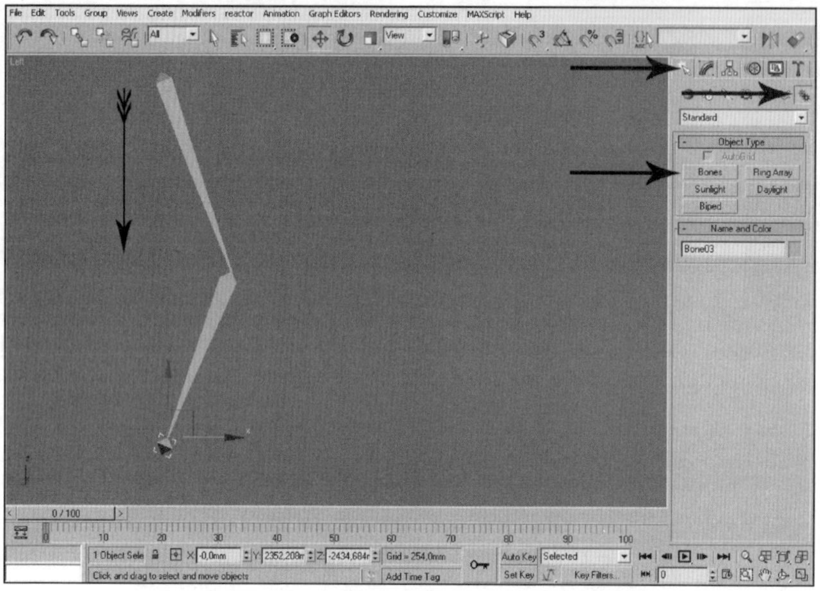

2. Clique novamente no botão **Bone** e crie uma cadeia com três **bones,** conforme a figura seguinte. Observe que neste caso ela começa embaixo, vai da esquerda para a direita e depois sobe no sentido contrário (reverse leg).

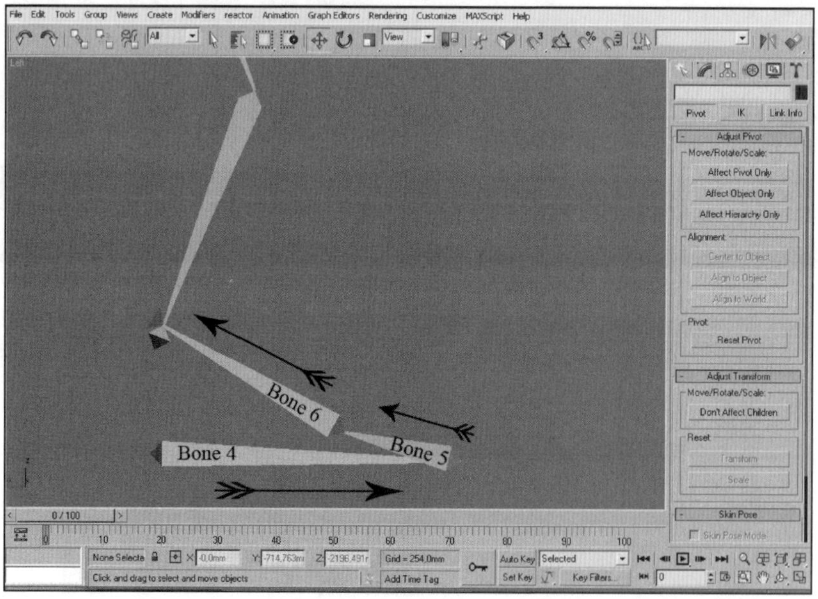

3. Agora vamos criar o **bone** que servirá para simular a deformação dos dedos do pé. Selecione o **bone 5** e crie uma cópia usando a ferramenta **Move + Shift**.

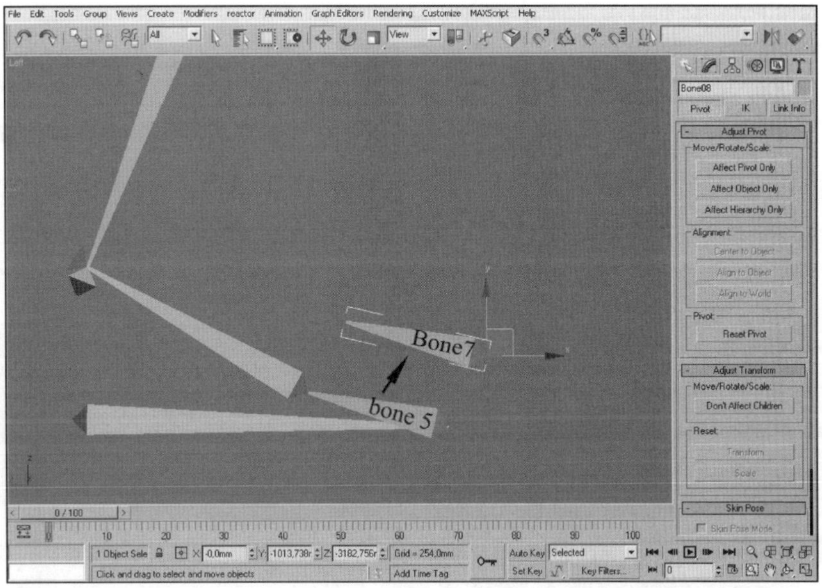

4. Selecione o **bone** que acabou de copiar, vá até o menu **Animation** e clique na opção **Bone Tools**. Um enorme quadro surge com uma série de ferramentas. Clique no botão **Create End** para gerar um pequeno bone na ponta da cadeia.

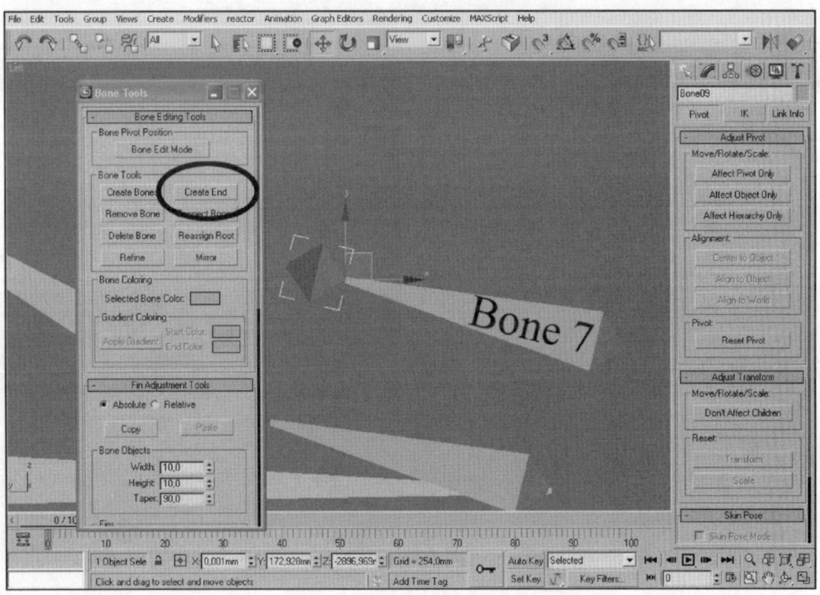

5. Vamos alinhar o novo bone com o resto da cadeia. Selecione o bone 7, clique no comando Align, selecione o bone 6 e ative as opções X_position, Y_position e Z_position, conforme a próxima figura.

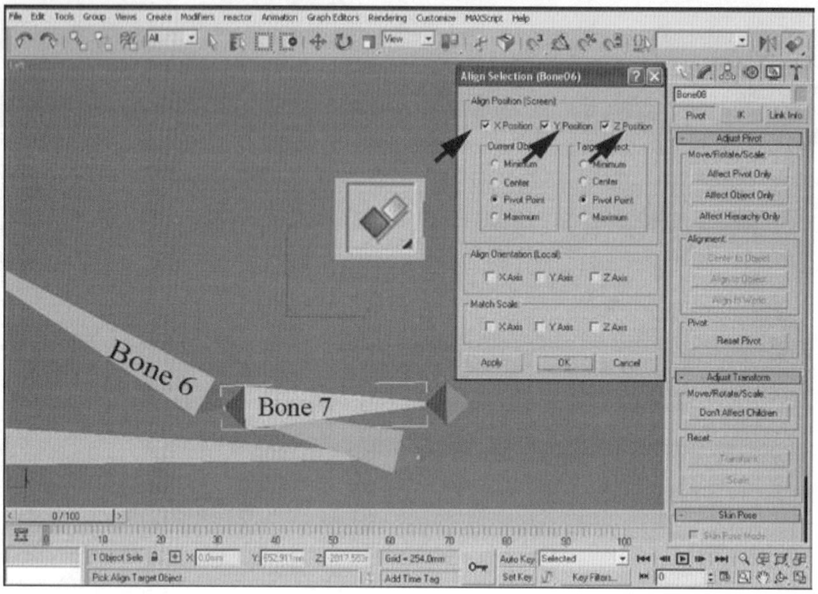

6. É momento de usar o HI-Solver. Selecione o bone1, vá até a pasta Animation e clique em IK_solvers. Em seguida selecione a opção HI-Solver, como indica a figura seguinte.

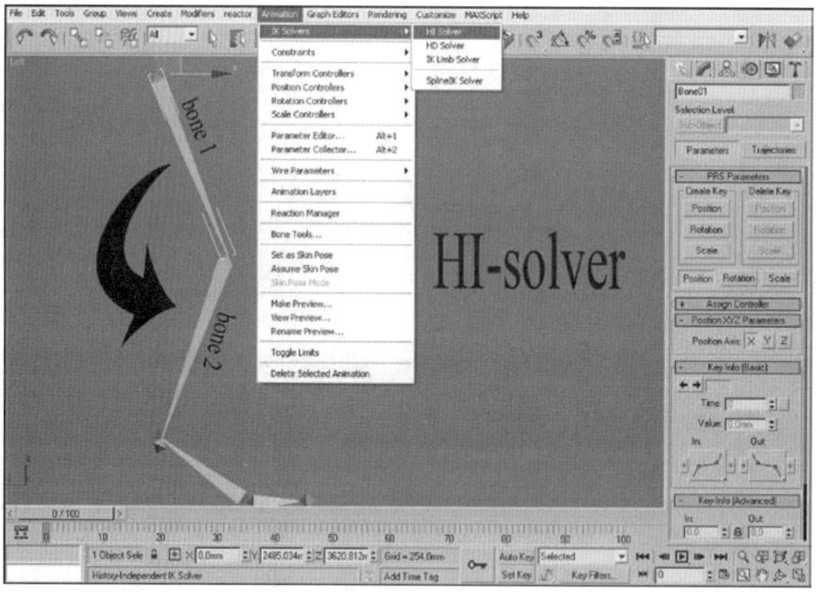

7. Para criar um vínculo entre os bones, clique no comando Link e arraste a ferramenta do bone 7 até o bone 5; assim o bone 7 fica vinculado ao bone 5.

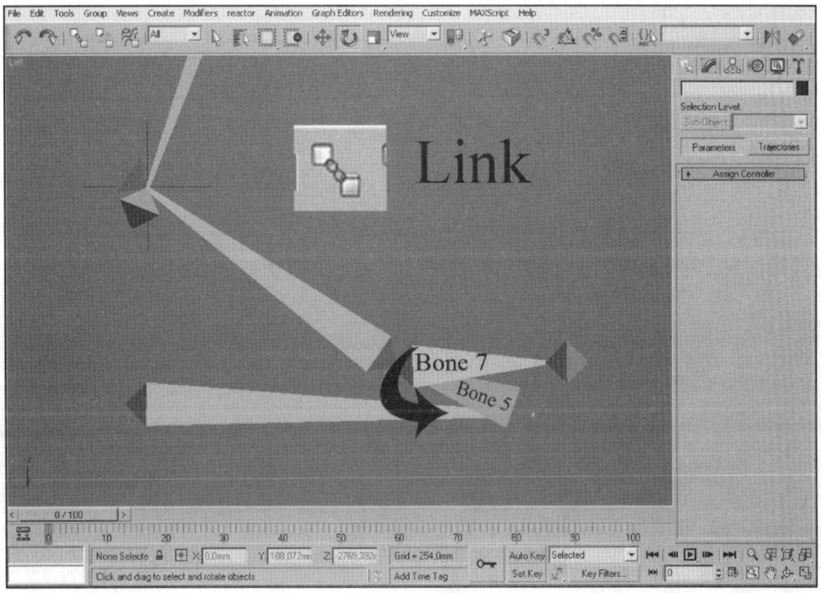

8. Para fazer um link entre o IK Chain (cruzinha azul) e o pequeno bone do pé, novamente clique no botão Link e arraste a ferramenta do IK Chain até o pequeno bone superior do pé, conforme mostra a figura seguinte.

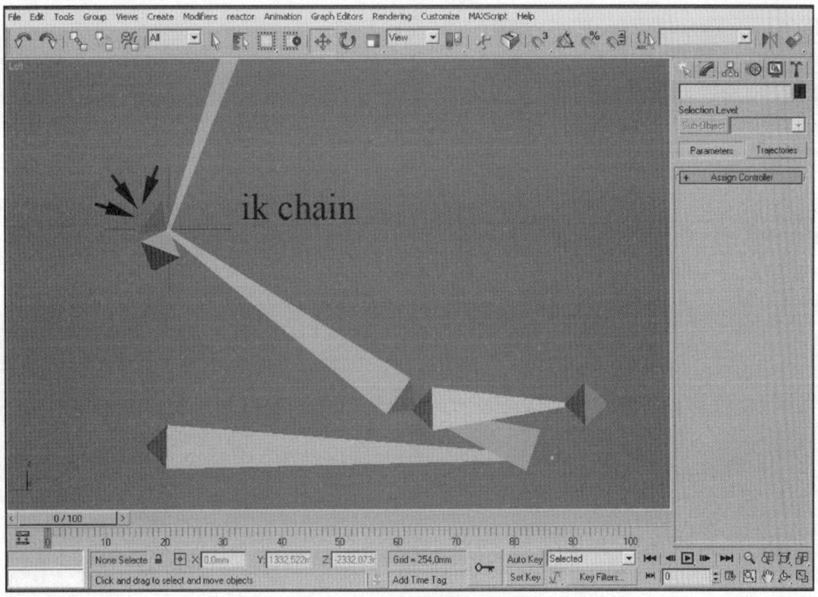

9. Vamos criar um retângulo que vai ajudar a manipular os bones. A vantagem de criar um shape é que ele não aparece diretamente no render e fica muito mais fácil selecionar e animar a cadeia a partir dele. Pode ser um círculo, n-gon, arc, line etc.

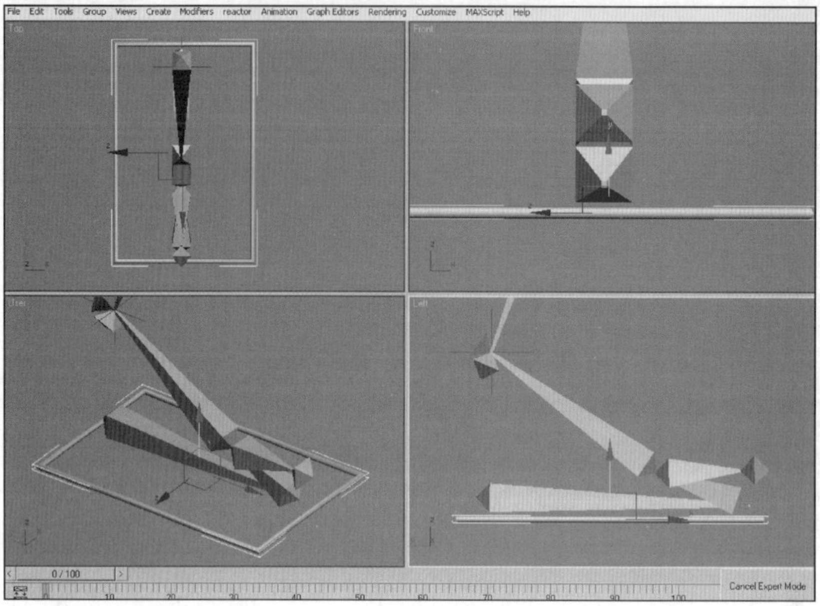

10. Selecione o retângulo e ative o botão Affect Pivot Only. Com o comando Move altere a posição do pivot.

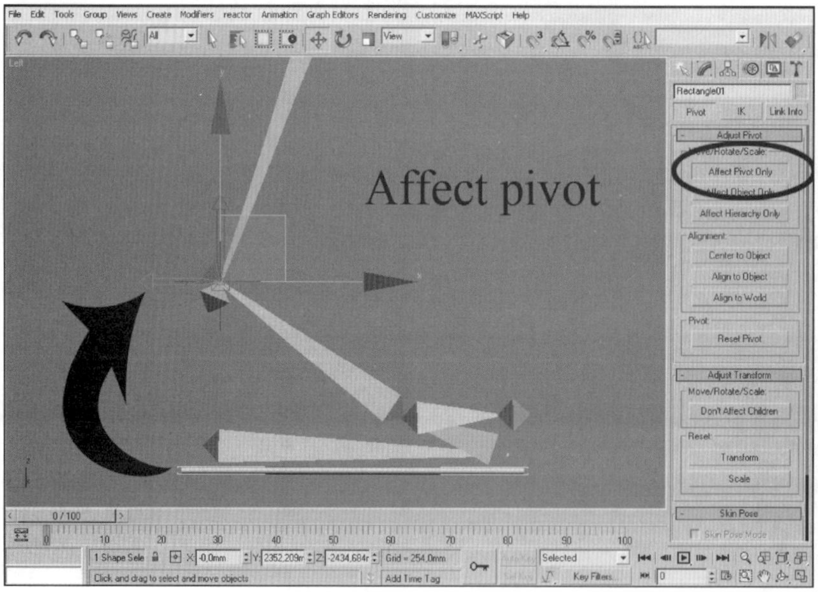

11. Usando a ferramenta Link, faça um vínculo do bone 4 até o retângulo. Desta forma, toda a estrutura da perna fica vinculada ao retângulo, como indica a figura seguinte.

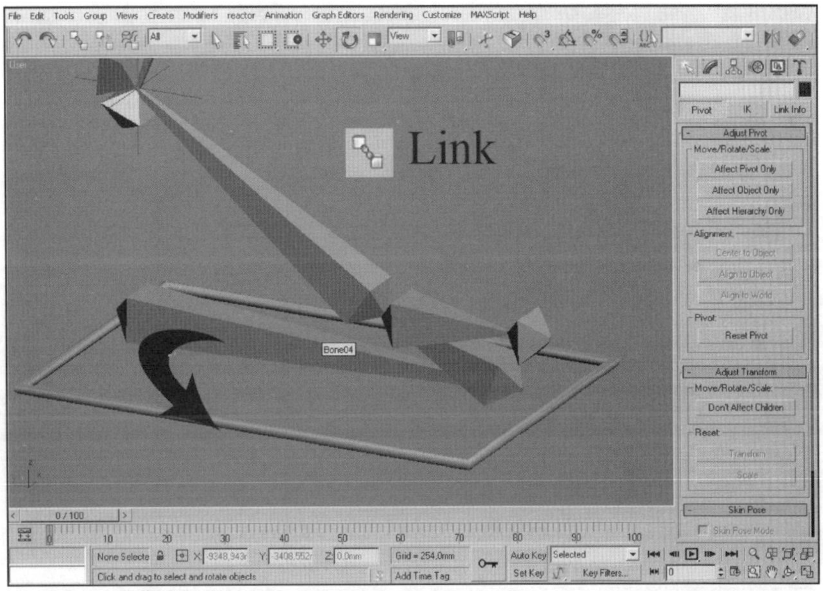

Animação do reverse leg com o comando Move para animar a perna (rectangle).

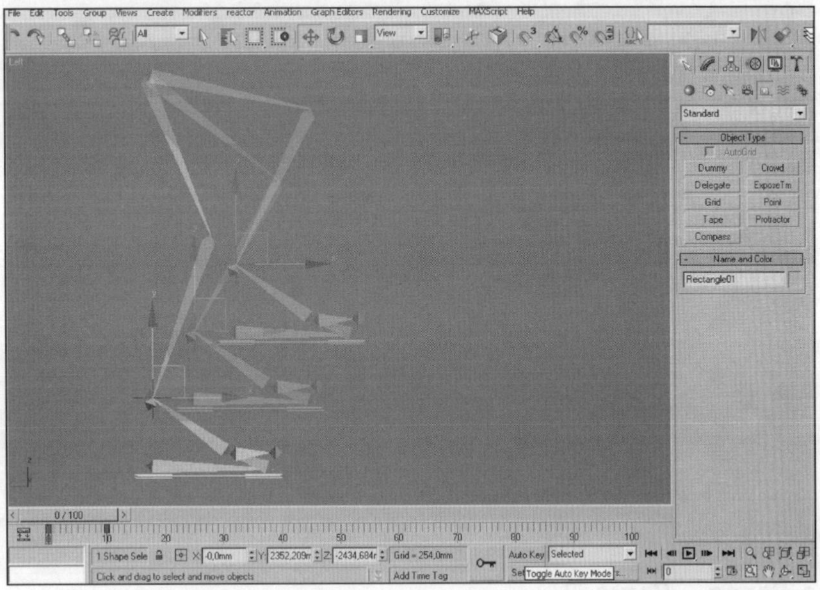

O comando Rotate para animar a ponta do pé (bone 7).

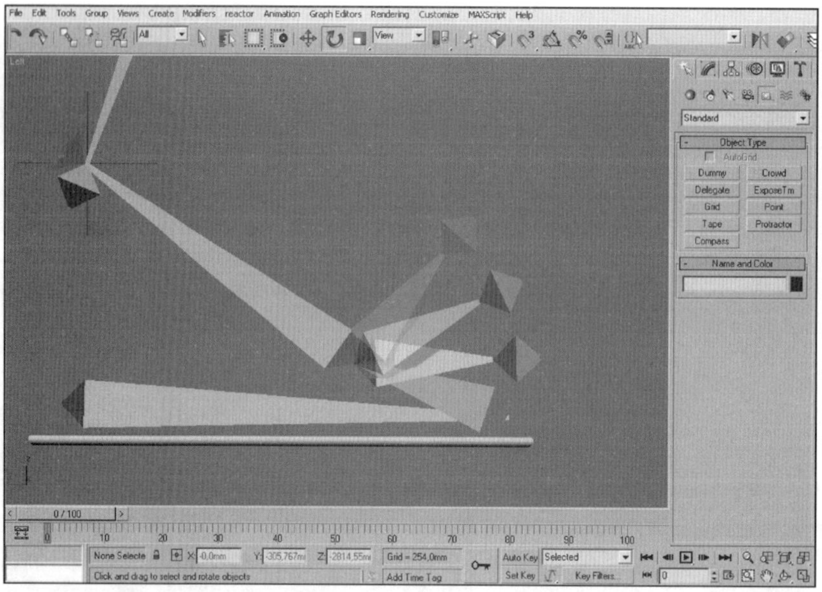

O comando Rotate para animar a dobra do pé (bone 6).

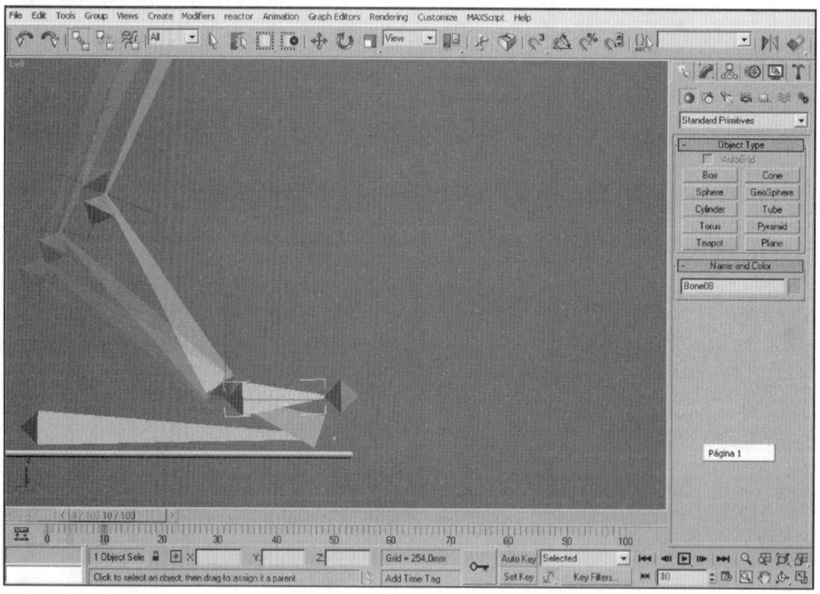

Criação de uma Perna - Parte 2

Nesta segunda parte do tutorial, vamos trabalhar com o MAXScript. O conceito aplicado nesse material pode ser pesquisado a fundo no Help.

O script é uma parte essencial do rigging de um personagem, portanto tire o maior proveito desse material.

1. Selecione o rectangle que faz parte da cadeia de bones, vá até a pasta Modify e aplique o modificador **Attribute Holder**.

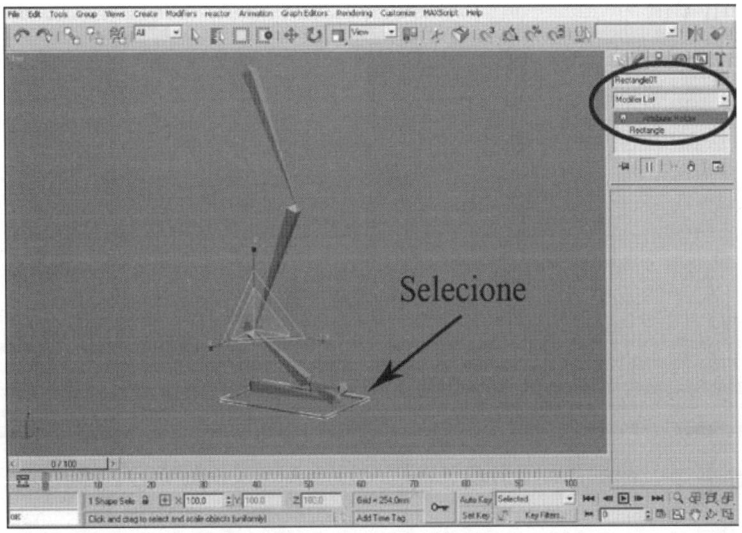

2. Vá até a pasta MAXScript e clique na opção **New Script**.

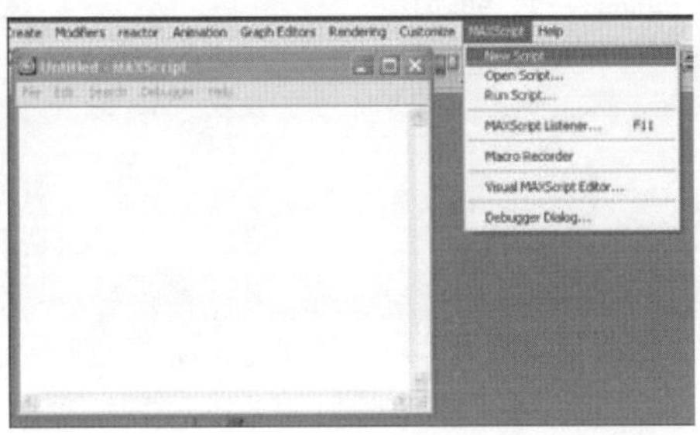

Criação do Atributo

Escreva este script dentro do quadro e finalize com Ctrl + E.

```
New = attributes controle_geral_pe
(
    rollout ContR "controle do Pé"
        (
        spinner controlSP " Rot_Pé " range:[-90,90,0]

        )
)
custattributes.add $.modifiers [1] new
```

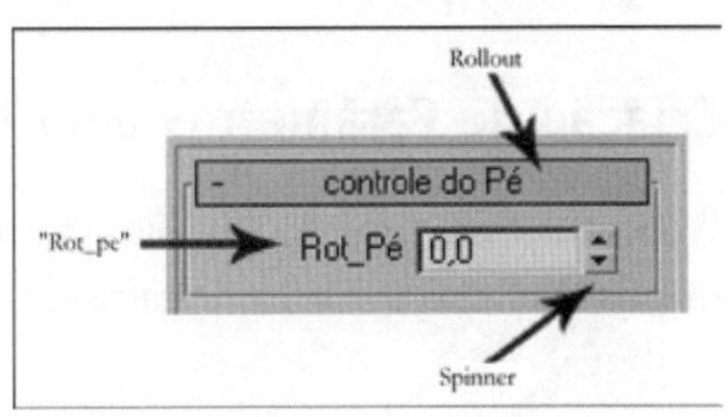

Pressione a tecla **Ctrl + E** para rodar o script.

Redefinição do Atributo 1

Novos Parâmetros Roll-Out

Continuando o atributo, vamos colocar a opção Redefine e aplicar o restante dos atributos. As novidades estão destacadas em negrito; o restante manteve-se inalterado.

```
New = attributes controle_geral_pe
redefine:new

(
    rollout ContR "controle do Pé"

        (

    spinner controlSP " Rot_Pé " range:[-90,90,0]
    slider  controlSL "" range:[-90,90,0]

    spinner pesp "Rolagem do Pé" range:[-90,90,0]
    slider pesl"" range:[-90,90,0]

    spinner pontapeSP "Ponta do Pé" range:[-90,90,0]
    slider  pontapesl "" range:[-90,90,0]

    spinner joelhoSP "Rot. do Joelho" range:[-90,90,0]
    slider  joelhoSL "" range:[-90,90,0]

        )

)
custattributes.add $.modifiers [1] new
```

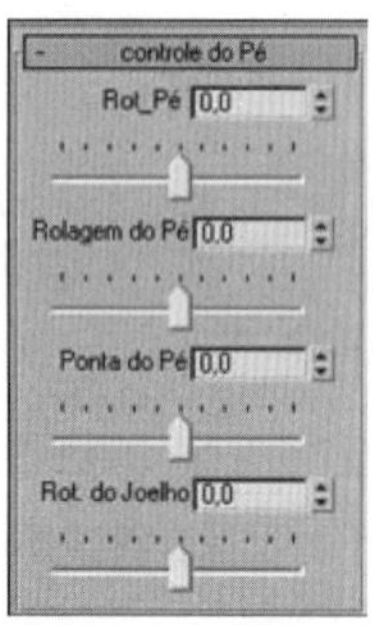

Pressione a tecla Ctrl + E para rodar o script.

Redefinição do Atributo 2

Criação de Parâmetros para Track View

Atenção! Sem este novo parâmetro fica praticamente impossível criar o Wire Parameters entre os bones e o atributo.

```
New = attributes controle_geral_pe
redefine:new

(
    parameters parans rollout:ContR

     (
   rot_pe type:#float ui:(controlSP,controlSL)
rolagem_pe type:#float ui:(pesp,pesl)
ponta_pe type:#float ui:(pontapesp,pontapesl)
rot_joelho type:#float ui:(joelhosp,joelhosl)

    )

    rollout ContR "controle do Pé"

        (

    spinner controlSP " Rot_Pé " range:[-90,90,0]
    slider  controlSL "" range:[-90,90,0]

    spinner pesp "Rolagem do Pé" range:[-90,90,0]
    slider  pesl"" range:[-90,90,0]
    spinner pontapeSP "Ponta do Pé" range:[-90,90,0]
    slider  pontapesl "" range:[-90,90,0]

    spinner joelhoSP "Rot. do Joelho" range:[-90,90,0]
    slider  joelhoSL "" range:[-90,90,0]

        )

)

custattributes.add $.modifiers [1] new
```

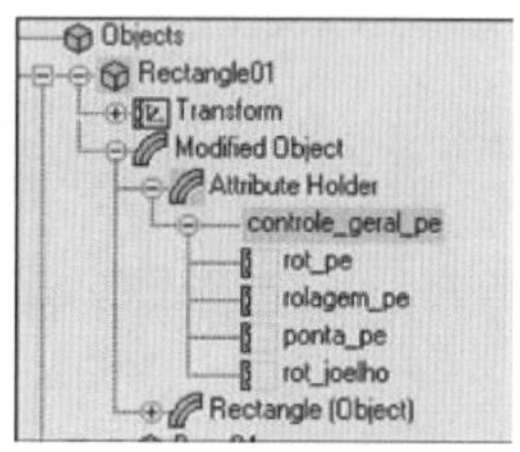

Pressione a tecla Ctrl+E para rodar o script.

Redefinição do Atributo 3

Criação do Botão Reset All

Vamos criar um botão que permite zerar todos os parâmetros do atributo.

```
New = attributes controle_geral_pe
redefine:new


(
    parameters parans rollout:ContR

     (
   rot_pe type:#float ui:(controlSP,controlSL)
   rolagem_pe type:#float ui:(pesp,pesl)
   ponta_pe type:#float ui:(pontapesp,pontapesl)
   rot_joelho type:#float ui:(joelhosp,joelhosl)

     )

    rollout ContR "controle do Pé"

        (

    spinner controlSP " Rot_Pé " range:[-90,90,0]
    slider  controlSL "" range:[-90,90,0]

    spinner pesp "Rolagem do Pé" range:[-90,90,0]
```

```
slider  pesl"" range:[-90,90,0]

spinner pontapeSP "Ponta do Pé" range:[-90,90,0]
slider  pontapesl "" range:[-90,90,0]

spinner joelhoSP "Rot. do Joelho" range:[-90,90,0]
slider  joelhoSL "" range:[-90,90,0]


 button resetall "Reset All"
      )
      on resetall pressed do
      (
      rolagem_pe=0
      ponta_pe=0
      rot_joelho=0
      rot_pe=0


     )

)
custattributes.add $.modifiers [1] new
```

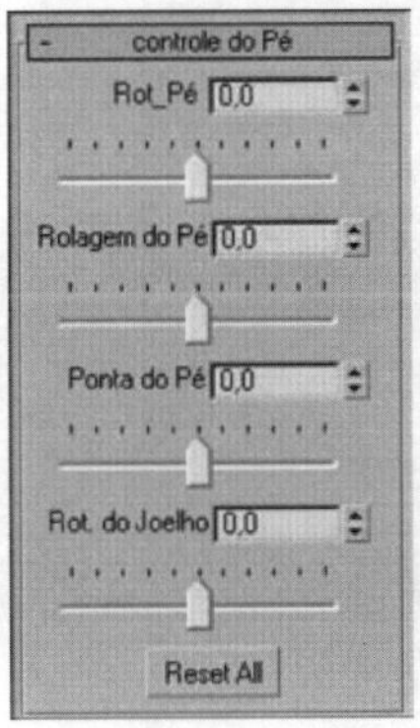

Pressione a tecla **Ctrl + E** para rodar o script.

Redefinição do Atributo 4

Criação de Grupos de Visualização

```
New = attributes controle_geral_pe
redefine:new

(
    parameters parans rollout:ContR

      (
    rot_pe type:#float ui:(controlSP,controlSL)
    rolagem_pe type:#float ui:(pesp,pesl)
    ponta_pe type:#float ui:(pontapesp,pontapesl)
    rot_joelho type:#float ui:(joelhosp,joelhosl)
        )

    rollout ContR "controle do Pé"

        (

       group "Rotação do pé"
                (
    spinner controlSP " Rot_Pé " range:[-90,90,0]
    slider  controlSL "" range:[-90,90,0]
                )

   group "Rolagem completa"

                (
    spinner pesp "Rolagem do Pé" range:[-90,90,0]
    slider  pesl"" range:[-90,90,0]

    spinner pontapeSP "Ponta do Pé" range:[-90,90,0]
    slider  pontapesl "" range:[-90,90,0]
                )

group " Rotação do joelho "

                (
    spinner joelhoSP "Rot. do Joelho" range:[-90,90,0]
    slider  joelhoSL "" range:[-90,90,0]
        )

group " Resetar chaves "
        (
     button resetall "Reset All"
          )
          on resetall pressed do
          (
          rolagem_pe=0
          ponta_pe=0
          rot_joelho=0
          rot_pe=0

               )
    )

)

custattributes.add $.modifiers [1] new
```

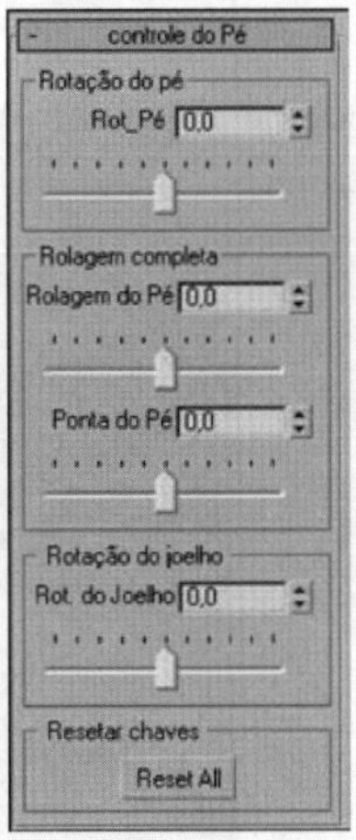

Criação de uma Perna - Parte 3

1. Antes de usarmos a ferramenta **Reaction Manager**, devemos prestar muita atenção nos eixos de trabalho para que haja uma relação perfeita entre o **master** e o **slave** (mestre e escravo). O exemplo a seguir mostra exatamente este problema. Ambos os objetos (bone e rectangle) foram criados em **viewports** diferentes, recebendo eixos de rotação e posição não compatíveis entre eles. Altere o **Coordinate System** para **Local**.

2. Vá até a pasta **Hierachy** e ative o botão **Affect Pivot**. Em seguida selecione o rectangle e preste muita atenção no eixo do pivô, em que o eixo X aponta para direita, o Y para a esquerda e o Z para cima.

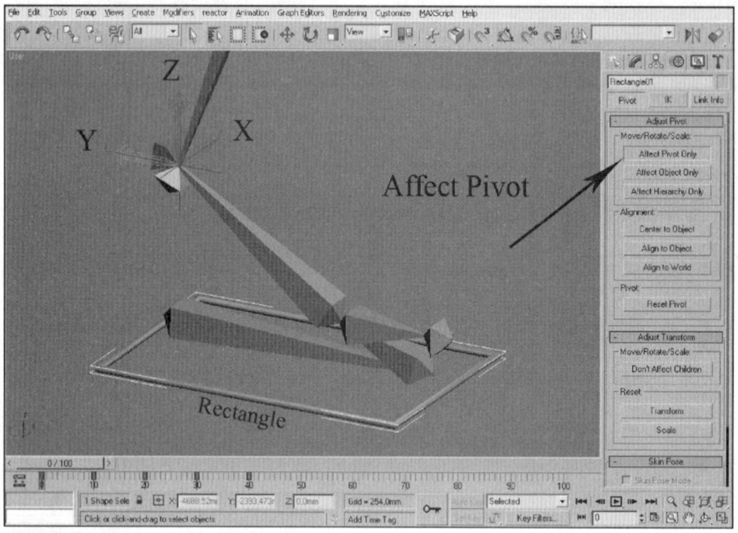

3. Selecione o bone 4, como mostra a figura seguinte. Observe que o eixo do pivô é totalmente diferente; o eixo Y aponta para cima.

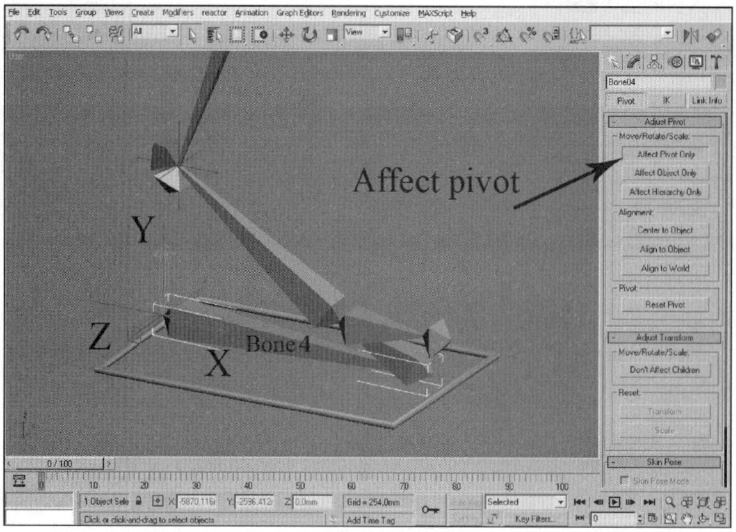

4. Para resolver este problema, selecione o **rectangle**, deixe o botão **Affect pivot** ativado, em seguida clique no botão **Align** e selecione o **bone 4**. Desative as opções X position, Y position e Z position e no quadro **Align Orientation** ative X axis, Y axis e Z axis. Confirme clicando no botão **OK**.

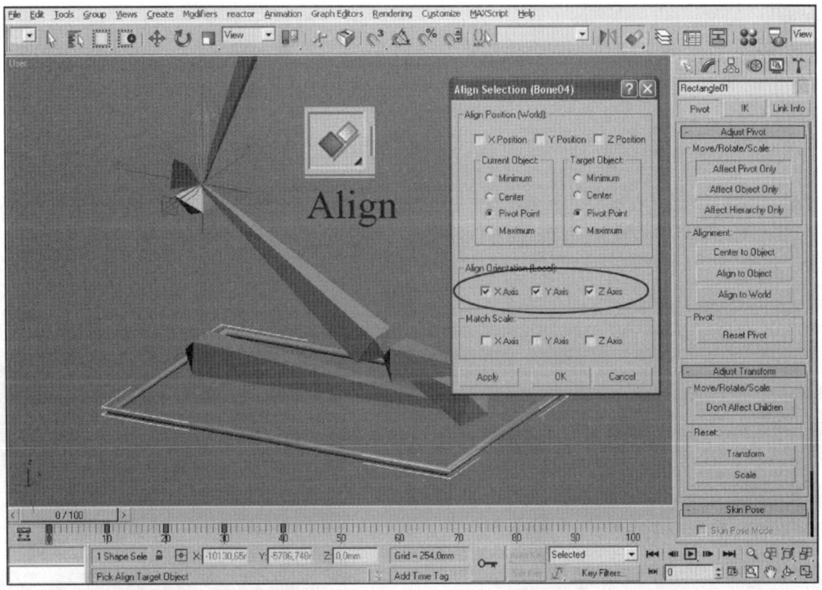

5. Outro parâmetro extremamente importante é a **coordenada absoluta** dos bones, ou seja, a posição e a rotação de cada bone em relação à coordenada 0,0,0 do 3ds Max. É necessário zerar essa coordenada para todos os bones. Selecione todos os bones, menos o rectangle e o IK Chain, segure a tecla **Alt** pressionada e clique com o lado direito do mouse na viewport. Escolha a opção **Freeze Transform**.

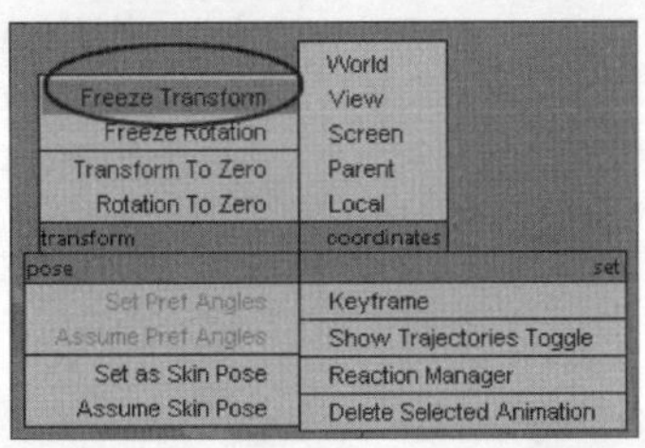

Problema resolvido! Agora é possível usar o comando **Reaction Manager** em conjunto com o Atribute Holder.

6. Criando as chaves de animação, ative o botão Autokey e:

- posicione a timeline no quadro 10 e altere o valor do atributo (Rolagem do Pé) para –90.
- posicione a timeline no quadro 20 e altere o valor do atributo (Rolagem do Pé) para 0.
- posicione a timeline no quadro 30 e altere o valor do atributo (Rolagem do Pé) para 45.
- posicione a timeline no quadro 40 e altere o valor do atributo (Rolagem do Pé) para 90.

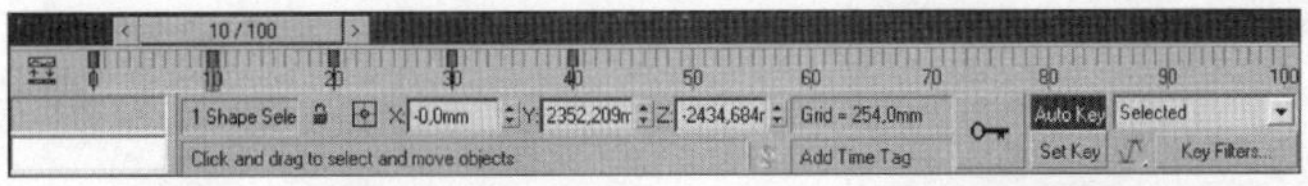

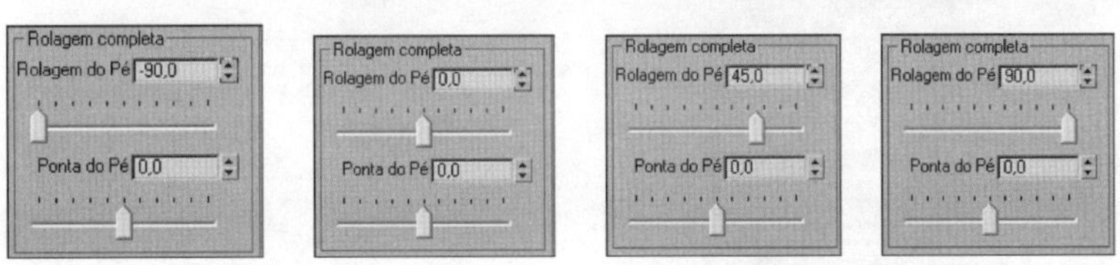

7. Vá até o quadro **Reaction Manager**, clicando no menu Animation e selecionando a opção **Reaction Manager**.

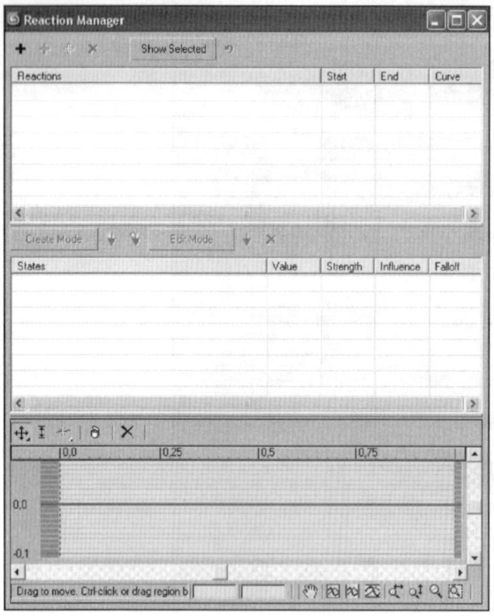

8. Retorne a timeline para o quadro 0, desative o botão Autokey e no quadro do Reaction Manager clique no botão **Add Master**.

9. Após ativar o botão **Add Master**, selecione o rectangle e escolha esta seqüência:

Modified Object/Attribute holder/ controle_geral_pe/rolagem _pe.

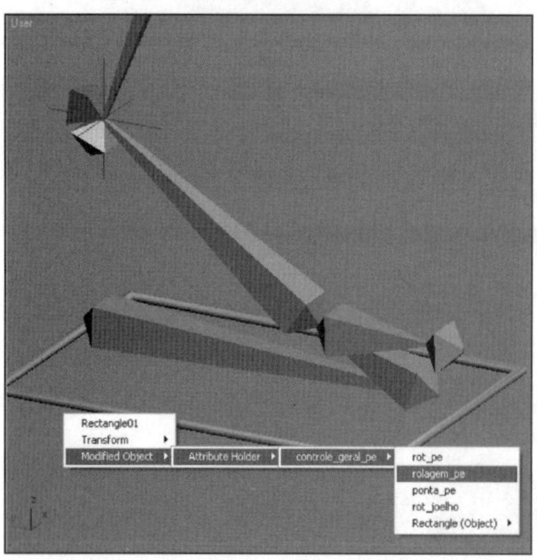

10. Retorne ao quadro do Reaction Manager e clique no botão **Add Slave**.

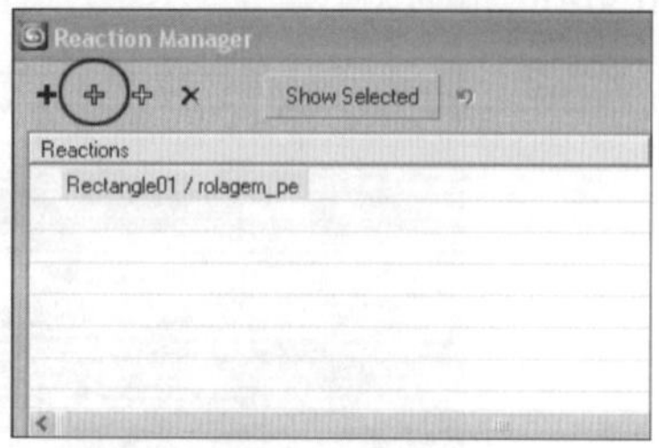

11. Após ativar o **Add Slave**, selecione o bone 4 e escolha a seqüência Transform/Rotation/Zero Euler XYZ/**Z Rotation**.

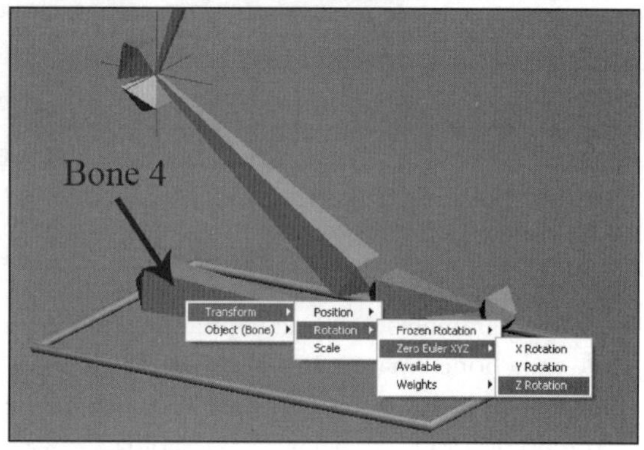

12. Retorne ao quadro Reaction Manager, posicione a timeline no quadro 10 e clique no botão **Create Station**.

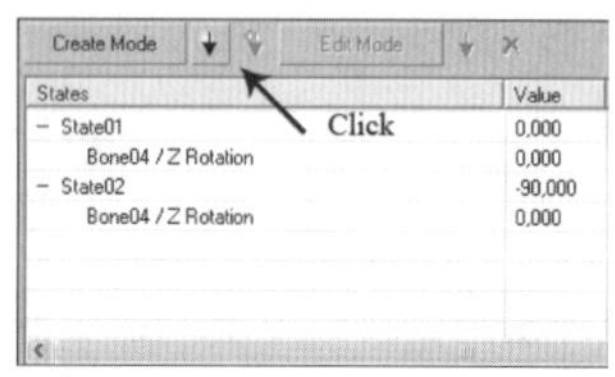

13. No quadro **Value** altere o valor do State02 de 0,000 para 45,000, conforme a figura seguinte.

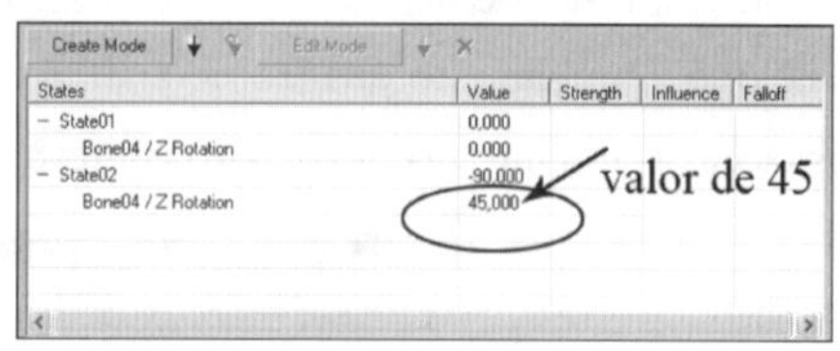

14. Veja se o resultado ficou semelhante à figura seguinte.

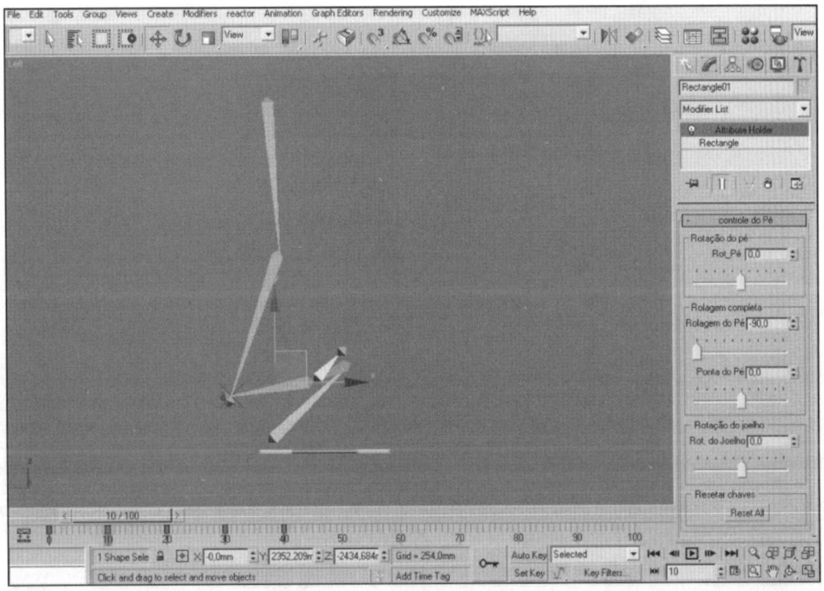

15. Posicione a timeline no frame 20 e retorne ao quadro Reaction Manager, em seguida clique novamente no botão **Create Station**.

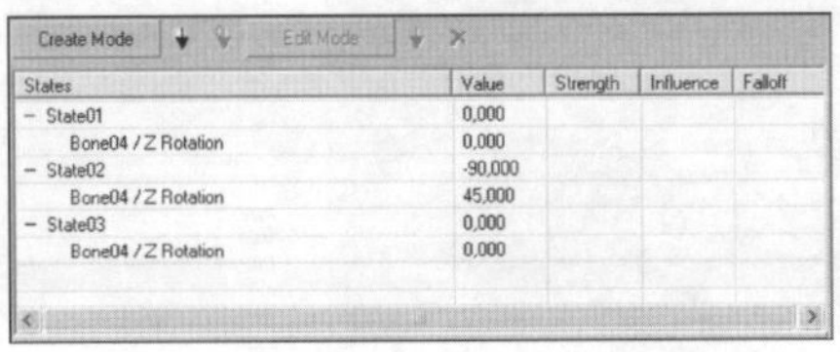

16. Vamos adicionar um novo bone ao **Reaction Manager**. Clique no botão **Add Slave**, selecione o bone 6 e acompanhe a seqüência Transform/Rotation/Zero Euler XYZ/**Z Rotation**.

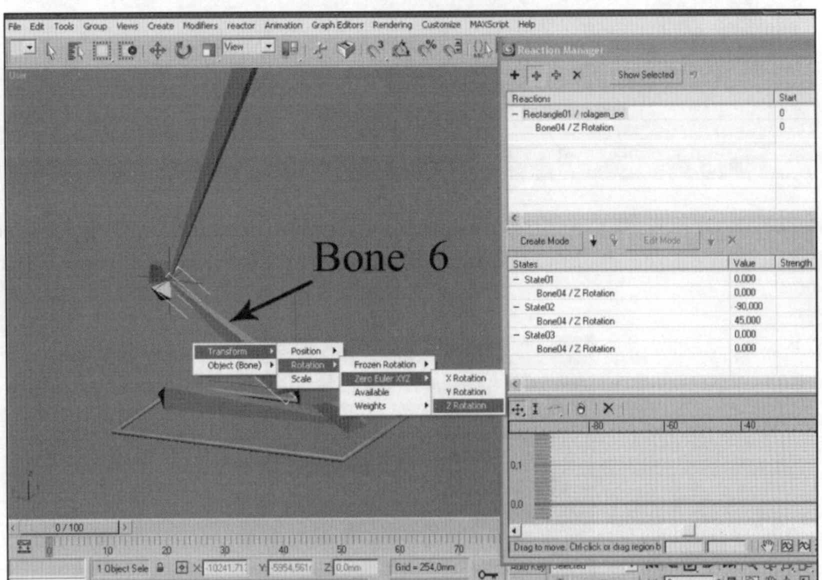

17. Posicione a timeline no frame 30 e retorne ao quadro Reaction Manager, em seguida selecione o **Bone06 / Z Rotation** e clique novamente no botão **Create Station.** Altere o valor do bone 6 para aproximadamente –45,000.

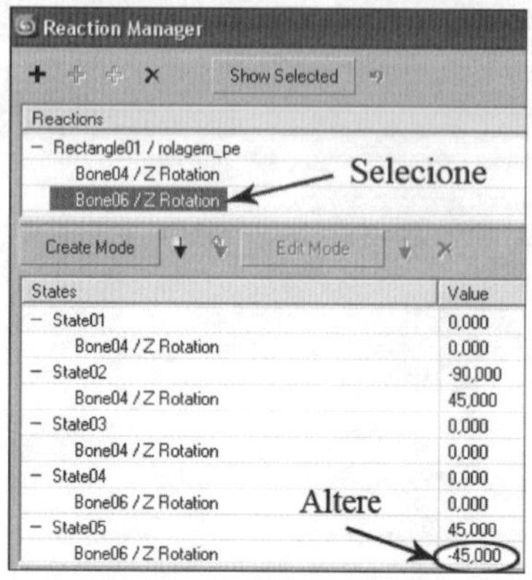

18. Vamos adicionar outro bone ao Reaction manager. Clique no botão **Add Slave**, selecione o **bone 5** e acompanhe a seqüência Transform/Rotation/Zero Euler XYZ/**Z Rotation.**

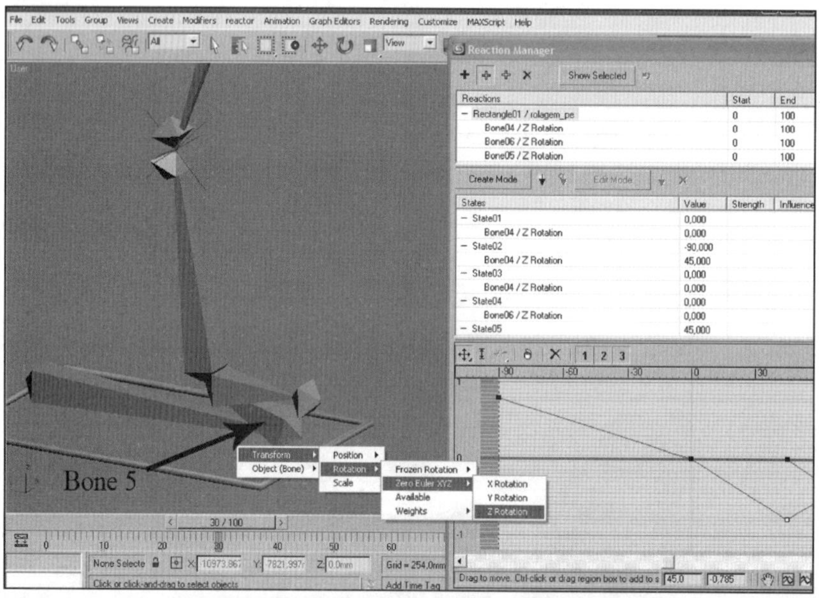

19. Posicione a timeline no frame 40 e retorne ao quadro Reaction Manager, em seguida selecione o **Bone05 / Z Rotation** e clique novamente no botão **Create Station.** Altere o valor do **bone 5** para aproximadamente –45,000.

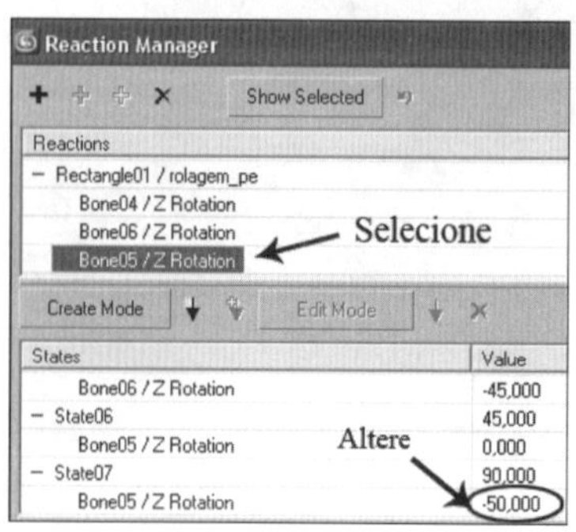

20. Para finalizar esta seqüência de ações, deixe a timeline no quadro 40 e então selecione o Bone06 / Z Rotation. Clique no botão Create Station e altere o valor do bone 6 para 0,000.

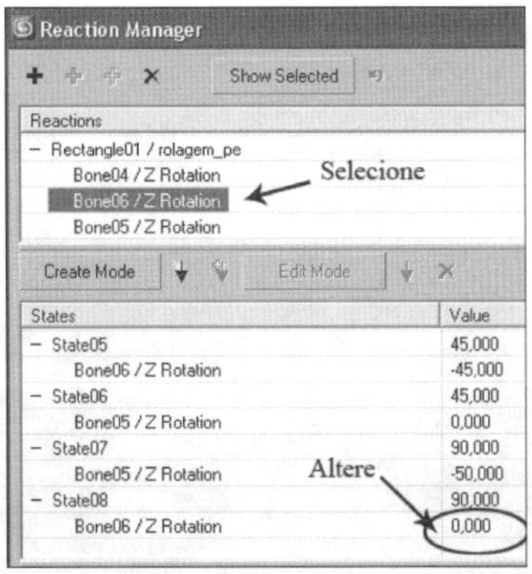

É fantástico como o **Reaction Manager** facilita a animação dos bones!

Wire Parameters

Vamos usar outro grande recurso do 3ds Max, o Wire Parameters em conjunto com o Atribute Holder.

1. Selecione o bone 7, conforme a figura, e clique com o lado direito do mouse na viewport. Escolha a opção Wire Parameters.

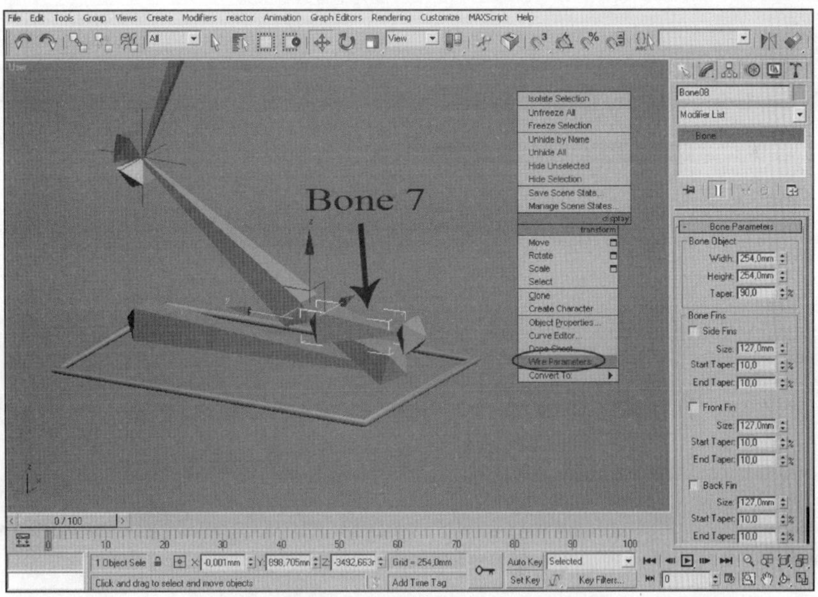

2. Obedeça a esta seqüência: Transform/Rotation/Zero Euler XYZ/Z Rotation.

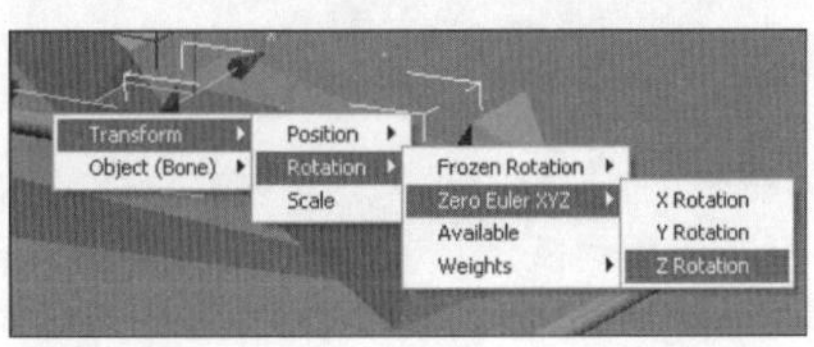

3. Selecione o rectangle e acompanhe a próxima seqüência:

   Modified Object/Attribute Holder/controle_geral_pe/**ponta_pe**.

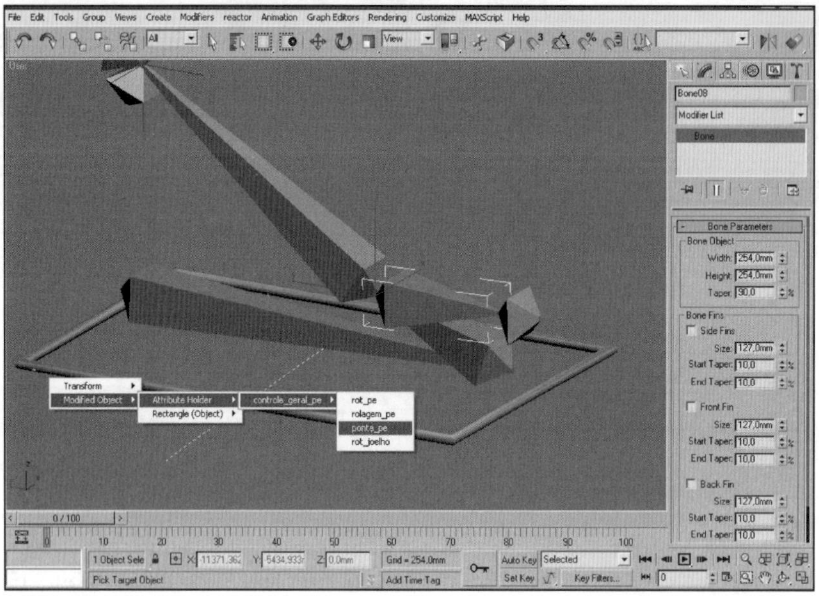

4. No quadro Parameter Wiring, fique atento.
   - Selecione a seta do meio em que (**right controls left**) o atributo à direita controla a rotação que está à esquerda do quadro.
   - Coloque a expressão **Degtorad** ao lado de ponta do pé (veja a figura seguinte).
   - Clique no botão **Connect** para finalizar o processo.

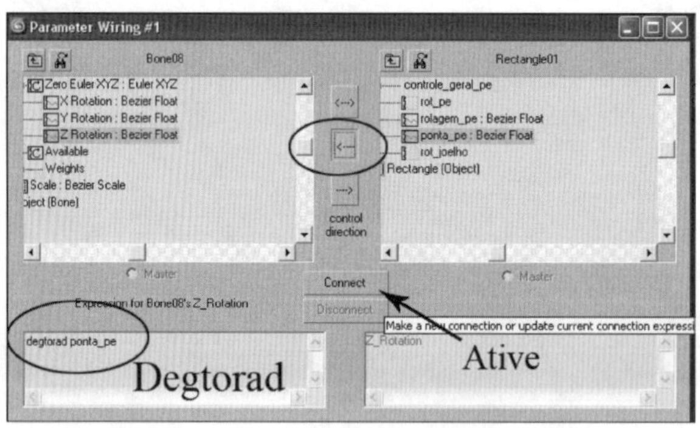

5. Selecione o retângulo, vá até o menu Modify e altere os parâmetros do atributo **Ponta do Pé** para ver em tempo real a animação do bone.

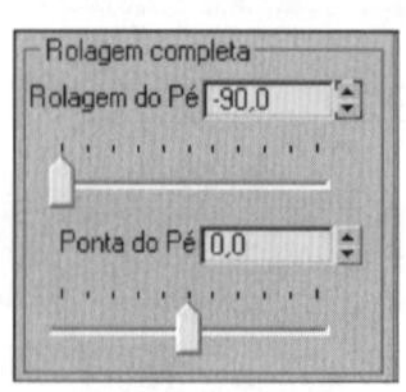

6. Usando a metodologia do **Wire Parameters**, complete a perna do personagem da seguinte forma:
   - Faça um Wire Parameters do **IK Chain** para o atributo **rotação do joelho**.

Modificador Skin 

Com o modificador Skin é possível alterar a forma de um objeto utilizando outro. Use objetos primitivos, splines e bones, sendo os dois últimos os mais empregados. Por exemplo, podemos distorcer a malha correspondente ao braço de um personagem de acordo com a movimentação dos bones criados para ele.

Aplicação e Alteração do Modificador Skin

Utilize o modificador observando os passos descritos em seguida:

1. Crie e edite o objeto Nurbs, Patch ou Mesh da animação.
2. Sobre esse objeto coloque os bones que serão utilizados para criar a distorção.

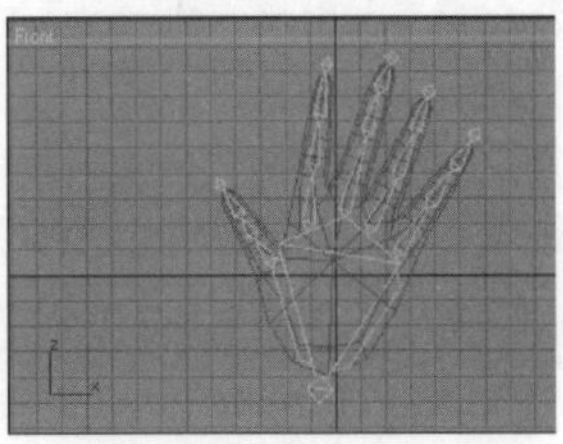

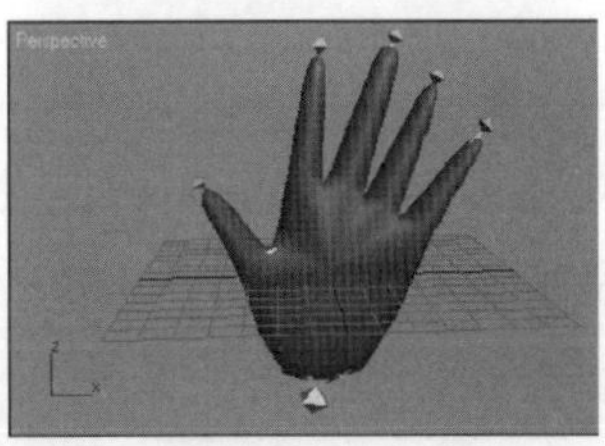

3. Selecione um objeto Mesh, Patch ou Nurbs. Acesse a Pasta Modify, clique em Modifier List e em Skin.

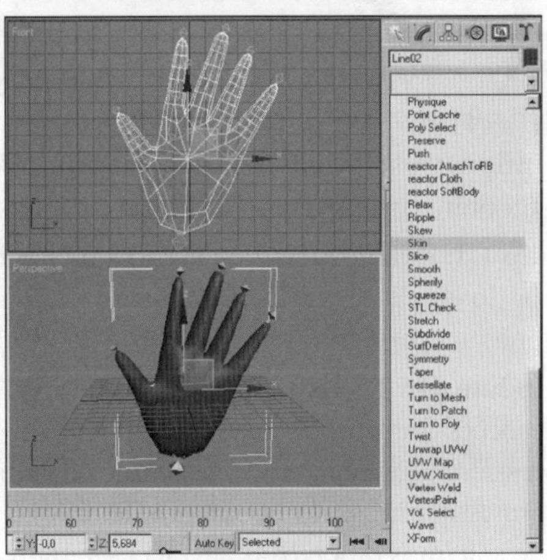

4. Na roll-out Parameters, clique no botão Add.

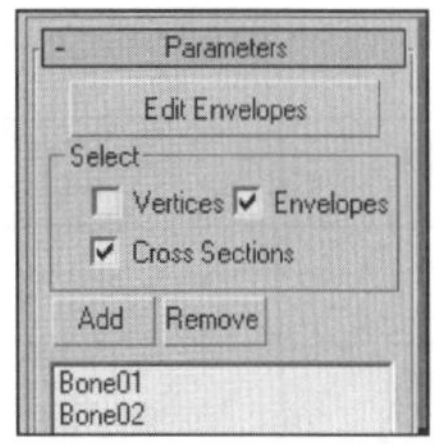

5. Selecione os bones que serão utilizados para a distorção.

Quando se aplica o modificador Skin a um objeto Mesh, Nurbs ou Patch e após a marcação dos bones, cada bone terá uma aparência de cápsula denominada Envelope. Os vértices que eventualmente estiverem dentro dos envelopes vão se movimentar com os bones.

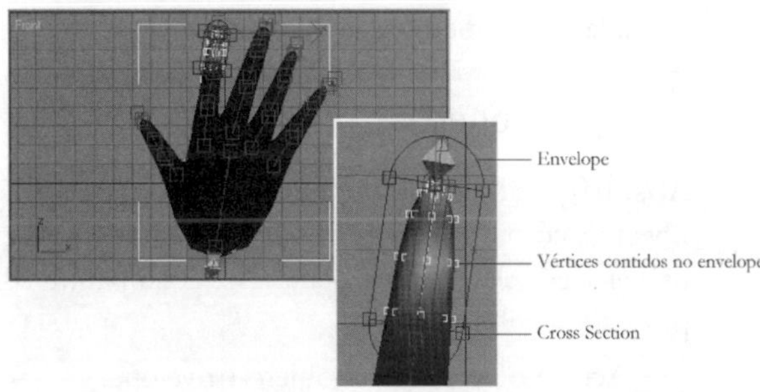

Edição de Envelopes (Área Envelope Properties)

Inicialmente, a área de um envelope é proporcional ao tamanho do bone, mas podemos alterá-la pelas opções da área Envelope Properties da roll-out Parameters, ou com o mouse redefini-la. Siga os passos:

1. Selecione o bone que terá seu envelope alterado na lista de bones adicionada ao Skin.
2. Clique no botão Edit Envelope.
3. Selecione o ponto do envelope em que as dimensões serão alteradas.
4. Arraste o mouse para definir uma nova dimensão e/ou utilize as opções da área Envelope Properties:

- **Radius:** redimensiona um envelope crosssection.
- **Squash:** define um valor que reduz ou incrementa a quantidade de squash aplicada ao bone.
- **Absolute/Relative:** 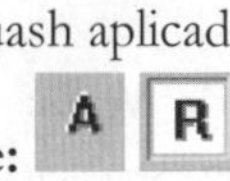 indica como o valor dos vértices será calculado aos que estejam entre envelopes internos e externos.
- **Envelope Visibility:** 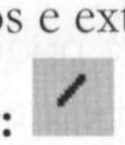 define se um envelope estará ou não visível.

- **Falloff Flyouts:** seleciona uma curva de diminuição para os envelopes apresentados:

Opções	Descrição
Falloff Fast Out	O valor cai rapidamente.
Falloff Slow Out	O valor cai devagar.
Falloff Linear	O valor cai de forma linear.
Falloff Sinual	O valor cai de forma curva.

- **Copy:** copia tamanho e forma do envelope selecionado para a memória.
- **Paste:** no bone selecionado, cola a informação copiada para a memória com o comando Copy.

Área Weight Properties

- **Abs. Effect:** determina um valor para o efeito (conhecido como weight) exercido pelo bone sobre os vértices selecionados. Para isso, acompanhe os passos a seguir:
  - Acesse o nível do subobjeto Envelope.
  - Na área Filters, habilite Vertices.
  - Selecione um ou mais vértices.
  - Defina o valor do efeito pelo spinner Abs. Effect.
  - Assim que o efeito dos vértices é alterado, eles se movimentam nas viewports.
- **Rigid:** o bone de maior influência passa a surtir efeito sobre os vértices selecionados.
- **Rigid Handles:** o bone de maior influência passa a surtir efeito sobre os handles dos vértices do patch selecionado.
- **Normalize:** faz com que a soma de todos os weights das áreas de vértices resulte no valor 1.0.
- **Exclude Verts:** adiciona alguns vértices à lista de exclusão de um determinado bone, para que ele não possa influenciá-los.
- **Include Verts:** retira os vértices da lista de exclusão do bone selecionado.
- **Select Exclude Verts:** os vértices colocados na lista de exclusão são selecionados.
- **Weight Table:** os valores dos weights de todos os bones da estrutura podem ser conferidos e alterados a partir da tabela exibida quando escolhemos essa opção.
- **Bake Selected Verts:** faz um "bake" sobre os weights dos vértices selecionados.
- **Paint Weights:** os weights de um bone selecionado podem ser pintados assim que o cursor é arrastado sobre os vértices na viewport.
- **Painter Options:** configura os parâmetros necessários para pintarmos os weights. Esse quadro pode ser acessado quando o botão Painter Options é pressionado.

Botão Weight Table

Os weights de todos os vértices e bones podem ser visualizados e alterados por uma tabela denominada Weight Table. Também é possível conferir o nome dos bones e os números referentes aos vértices. Para acessar essa tabela, pressione o botão Weight Table.

O 3ds Max oferece várias opções para alterarmos os weights de cada vértice. É possível, por exemplo, clicar em um determinado weight e arrastá-lo tanto para a esquerda como para a direita da tabela. Para mudar seu valor rapidamente, podemos selecioná-lo e digitar um novo weight.

Para alterar todos os weights, é preciso primeiramente selecionar os vértices através de seus IDs. Basta arrastarmos um weight para que todos sejam afetados.

Defina o valor 0 (zero) a um weight. Clique com o botão direito do mouse. Já o valor 1.0 pode ser atribuído clicando com o botão direito do mouse e com a tecla Ctrl pressionada.

A Weight Table apresenta um menu com várias opções:

- **Edit:** permite copiar os weights selecionados (Copy), bem como colá-los (Paste), e define a seleção desejada (Select All para clicar em todos os vértices, Select None para desativar as seleções feitas e Select Invert para invertê-las).
- **Vertex Sets:** cria as áreas de seleção que aparecem no canto inferior esquerdo do quadro de diálogo. Para isso, clique nos vértices da coluna à esquerda desse quadro com a tecla Ctrl pressionada.
- **Options:** esse menu oferece uma série de opções para otimizarmos o uso da tabela.
- **Flip UI:** exibe os IDs dos vértices na parte superior do quadro de diálogo, enquanto os nomes dos bones, na parte inferior, à esquerda do quadro.
- **Update On Mouse Up:** para evitar atualizações desnecessárias, basta manter o botão do mouse pressionado enquanto realizamos alguma ação com esse dispositivo no quadro de diálogo. Assim que soltamos o botão, as alterações surtem efeito.

- **Show Affected Bones:** exibe apenas os bones que têm alguma influência sobre os vértices.
- **Show Attributes:** altera a exibição dos atributos S, M, N, R e H.
- **Show Exclusions:** os quadros de verificação que aparecem com cada weight na lista de exclusão podem ser visualizados ou não, de acordo com a preferência.
- **Show Global:** permite visualizar os valores referentes a todos os vértices utilizados.
- **Show Set Sets UI:** escolha essa opção para conferir informações sobre as áreas de vértices.

Alteração do Gizmo (Roll-Out Gizmos)

Essa roll-out é composta de um quadro de listagem, no qual é possível ver todos os gizmos aplicados ao modificador utilizado. Na lista drop-down, que aparece logo abaixo desse quadro, são exibidos todos os tipos de gizmos que podem ser definidos.

Para acrescentar um gizmo, devemos seguir os passos:

1. Selecione os vértices que serão influenciados pelo gizmo.
2. Selecione os bones responsáveis pela deformação da malha.
3. Pressione Add.

Essa roll-out também permite aplicarmos três tipos de deformação. Tanto os vértices dos bones pai como os dos filhos podem ser deformados pelo lattice do deformador Joint Angle ou pelo Morph Angle. Para que apenas os vértices do bone pai sejam deformados, utilize o lattice do deformador Bulge Angle.

É importante lembrar que a seleção de vértices pode variar, dependendo do deformador escolhido. No caso do Joint Angle, selecione os vértices próximos ao joint responsável pela deformação. Como Bulge Angle lida apenas com bones pai, devemos clicar apenas nos vértices relacionados a esses objetos. Em contrapartida, Morph Angle permite que todos os vértices sejam escolhidos.

Parâmetros para Espelhamento

- **Mirror Mode:** ativado o modo Mirror no nível de subobjeto Envelope, é possível espelhar os envelopes e vértices para o outro lado da malha. Os lados esquerdo e direito são definidos com base na configuração do plano Mirror, que utiliza as cores para diferenciar cada elemento:

Cor	Elemento
Azul	Vértices do lado esquerdo do plano Mirror.
Verde	Vértices do lado direito do plano Mirror.
Vermelho	Vértices que não pertencem a nenhum dos lados.
Amarelo	Vértices ou bones selecionados.
Azul ou verde-claro	Elementos correspondentes aos vértices ou bones selecionados (citados anteriormente) do outro lado da malha.

Nota: Caso essas cores não sejam visíveis, devemos aumentar o valor referente aos vértices em Mirror Thresh.

- **Mirror Paste:** os vértices e o envelope selecionados são colados no lado oposto.
- **Paste Green to Blue Bones:** as configurações de envelope dos bones verdes são transmitidas aos bones azuis.
- **Paste Blue to Green Bones:** as configurações de envelope dos bones azuis são transmitidas aos bones verdes.
- **Paste Green to Blue Verts:** as definições dos vértices verdes são transmitidas aos azuis correspondentes.
- **Paste Blue to Green Verts:** as definições dos vértices azuis são transmitidas aos verdes correspondentes.
- **Mirror Plane:** os lados esquerdo e direito são definidos por esse plano, que é exibido na viewport assim que ativamos o modo Mirror. Ele está localizado no ponto pivô da malha, cujos eixos locais servem como referência para o plano.
- **Mirror Offset:** permite que o plano Mirror seja movido ao longo do seu eixo.
- **Mirror Thresh:** é preciso aumentar esse valor para definir se os vértices estão à esquerda ou à direita do plano Mirror, bem como equilibrar a simetria entre certos modelos.
- **Display Projection:** para projetar os vértices selecionados no lado oposto do plano Mirror, defina essa opção como Default Display. Para que essa projeção aconteça apenas em um lado do personagem, escolha Positive and Negative. Para que os vértices não sejam espelhados, clique em None.

Nota: Quando trabalhamos com malhas assimétricas, é recomendável utilizar a opção Positive and Negative para que os vértices sejam espelhados por pouco tempo, assim é possível alinhá-los.

- **Manual Update:** permite que a atualização seja feita manualmente em vez de utilizar o mouse.
- **Update:** atualiza a exibição, desde que Manual Update esteja habilitado.

Opção Painter

Para acessar esse quadro de diálogo temos quatro opções:

1. Na pasta Modify escolha o modificador Skin. Na Área Weight Properties da roll-out Parameters do modificador, pressione o botão Painter Options.
2. Escolha o modificador VertexPaint da pasta Modify. Em Vertex Paintbox, clique no botão Brush Options.
3. Quando trabalhar com um objeto Edit Poly ou Editable Poly, ou ainda com um modificador Poly Select, acesse a roll-out Soft Selection. Na área Paint Soft Selection escolha o botão Brush Options.
4. Ainda no caso de um objeto Edit Poly ou Editable Poly, pressione o botão Brush Options da roll-out Paint Deformation.

Nesse quadro de diálogo há opções para selecionar envelope, ajustar a pressão do weight do brush, bem como acessar o modo Mirror Painting e configurar o Falloff do brush.

Configuração das Opções Painter

- **Área Brush Properties**

Opções	Descrição
Min. Strength	Define o weight mínimo para a pintura.
Max. Strength	Define o weight máximo para pintura.
Min. Size	Determina o tamanho mínimo do gizmo para pintura.
Max. Size	Determina o tamanho máximo do gizmo para pintura.
Brush Strength Falloff Curve	Define o efeito do brush de acordo com a distância em relação ao seu centro.
Additive	Clica-se nesse quadro de verificação para que outros tipos de brush sejam utilizados.
Quick Brush Falloff Types	O falloff do brush pode ser configurado como linear, smooth, slow, fast ou flat.

- **Área Display Options**

Opções	Descrição
Draw Ring	Parte do gizmo paint é ocupada pelo ring.
Draw Normal	Parte do gizmo paint é ocupada pela seta normal.
Draw Trace	O caminho do brush sobre a superfície é indicado com um traço temporário.
Normal Scale	Dimensiona a seta normal do gizmo paint.
Marker	No final da seta normal é exibida uma marca circular, cuja altura pode ser definida pelo valor que aparece ao seu lado.

- **Área Pressure Options**

Opções	Descrição
Enable Pressure Sensitivity	Define a pressão exercida pelo brush do gizmo paint.
Pressure Affects	Faz com que a pressão do brush tenha efeito sobre o próprio parâmetro brush, de acordo com as opções None, Strength, Size ou Size/ Str (ambos os lados).
Predefined Str Pressure	Utiliza um valor pré-configurado para a intensidade que será aplicada à pressão.
Predefined Size Pressure	Utiliza um valor pré-configurado para o tamanho referente à pressão.

- **Área Mirror**

Opções	Descrição
Mirror	Permite que o gizmo paint seja espelhado no outro lado do objeto, com base em um eixo escolhido a partir do menu drop-down.
Offset	Desloca o plano Mirror.
Gizmo Size	O tamanho do gizmo é alterado de acordo com um valor que deve ser definido.

- **Área Misc**

Opções	Descrição
Tree Depth	Indica o espaço necessário na memória para o weight painting.
Update On Mouse Up	Desabilita o recurso que permite a atualização das viewports quando o botão do mouse é pressionado.
Lag Rate	Determina quantas vezes será feita a atualização da superfície pintada.

Aplicação de Skin ao Personagem

O modificador Skin associa um esqueleto a uma malha, enquanto permite animá-la, bem como o esqueleto. Trabalha em estruturas animadas simples, como nas malhas do personagem.

Este exercício explica as seguintes técnicas:

- Aplicação do modificador Skin.
- Ajuste de envelopes.
- Cópia e colagem de envelopes.
- Pintura e ajuste de vertex weights.
- Carregue o arquivo tut_skinalien_start.max que vem com o Max.

Este é o personagem indicado com o Character Rigging. A Rig está na cena, mas não necessitamos para o processo do Skin, por isso está oculta.

Aplique o Modificador Skin

1. Selecione o MeshBody.
2. Na pasta Modify, aplique o modificador Skin ao MeshBody.
3. Na roll-out Parameters, clique em Add e selecione todos os objetos da lista.

   Há outros ossos na cena, mas os bones que não são usados para o Skin foram ocultos.

4. Use  Select by Name para selecionar todos os ossos e esconda-os escolhendo a pasta Display → roll-out hide → Hide Selected.

Exibição e ajuste do envelope do ombro:

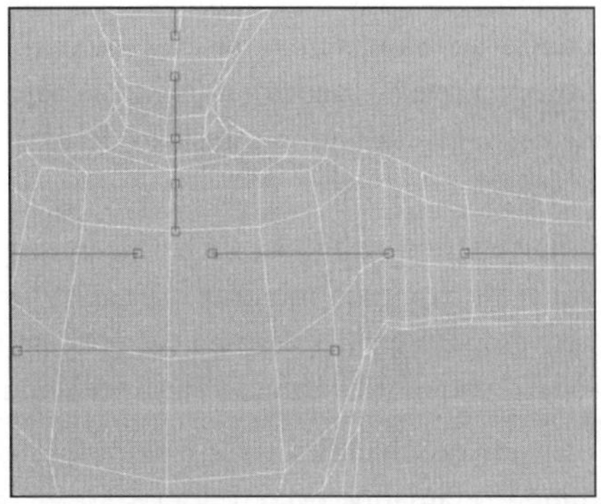

5. Na roll-out Parameters, clique em Edit Envelopes.
6. Na viewport Front, aplique o Region Zoom no ombro do modelo.
7. Cada seletor do envelope exibe uma linha preta pontilhada nas pontas.
8. Clique na linha do envelope do ombro esquerdo para exibir o envelope.

   Cada envelope divide-se em um interno (luminoso vermelho) e outro externo.

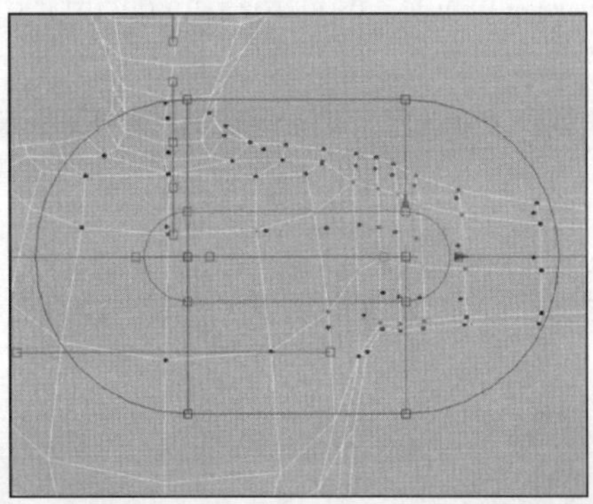

O vértice do envelope interno recebe a maior influência do osso, enquanto vértices entre os envelopes internos e externos recebem menos influência. O vértice mais distante do envelope interno recebe menos influência do osso.

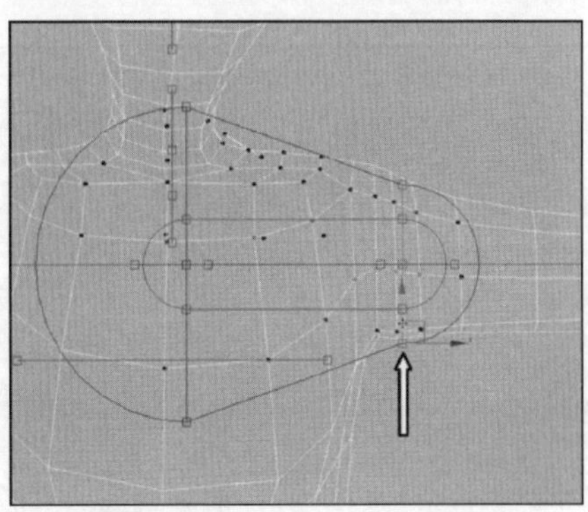

Para um Skin liso, envelopes externos devem se sobrepor para ossos ligeiramente adjacentes, concedendo ao Skin, em uma área comum (joelho, ombro, cotovelo, quadril), influências parciais para cada osso, fazendo uma transição do Skin liso nas juntas.

Ao ajustar um envelope, os vértices dentro dele mudam de cor para mostrar o grau de influência do envelope. Vértices vermelhos recebem mais influência, enquanto vértices azuis recebem menos.

Mova um dos handles do envelope externo para diminuir o tamanho do envelope.

Mudança do Comprimento e da Direção do Envelope

É possível mudar o comprimento e a direção de um envelope movendo um de seus handles. A extremidade do handle sobre os envelopes é exibida com quadrados pretos.

1. Na viewport Front, selecione a extremidade do handle da linha do envelope do ombro.
2. Mova o handle à esquerda para encurtar o envelope.

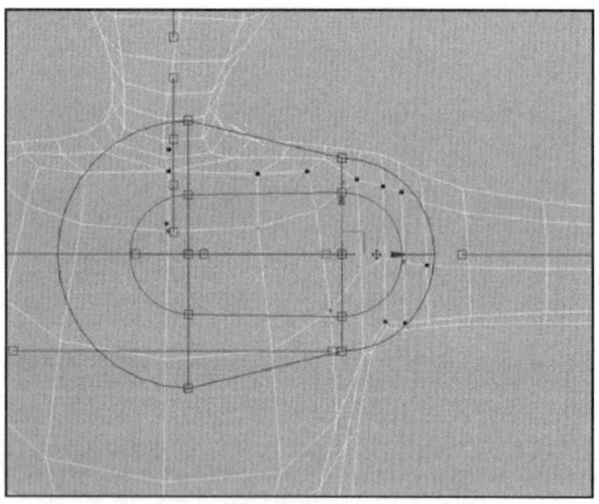

3. Faça ajustes nos envelopes internos e externos e em seu comprimento até que se pareçam com a imagem seguinte.

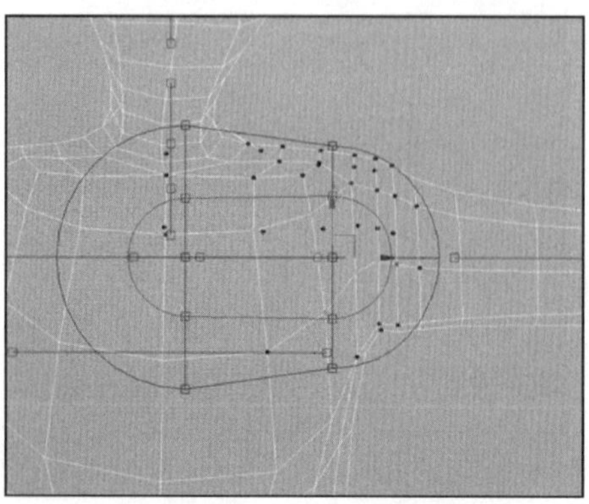

Cópia e Colagem do Envelope do Ombro

1. Na roll-out Envelope Properties, clique em  Copy.
2. Selecione o envelope do ombro oposto.
3. Na roll-out Envelope Properties, clique em  Paste.

A organização do envelope do ombro é colada no ombro oposto.

O comprimento do osso não é colado, portanto deve ser editado manualmente. Não são colados os comprimentos dos ossos porque você poderia copiar e colar entre os envelopes de comprimentos diferentes. Por exemplo, se você copia e cola um envelope do braço a uma perna, não vai querer colar o comprimento do envelope de braço à perna.

Ao ajustar o envelope do ombro certo, emparelha-se o ombro esquerdo exatamente. Selecione o envelope do ombro esquerdo.

1. No Envelope Properties groups da roll-out Parameters, clique no Envelope Visibility.
2. Selecione o envelope do ombro direito. O do ombro esquerdo ainda é visível.
3. Ajuste o comprimento do envelope do ombro direito para emparelhar o esquerdo.

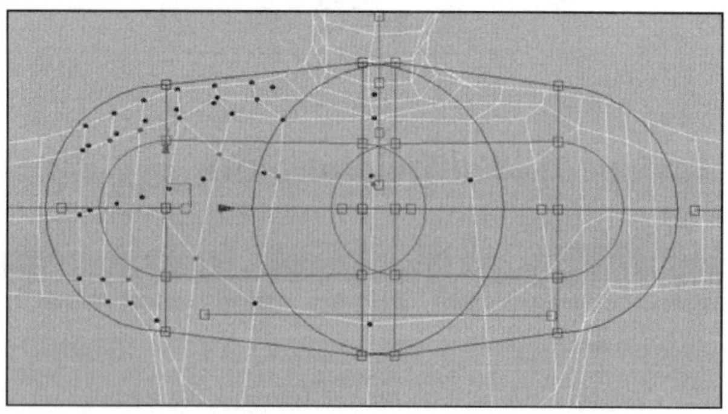

Ajuste do Corpo e dos Envelopes da Cabeça

Você conhece as ferramentas principais para ajustar envelopes. Mude o envelope quanto ao tamanho e comprimento e use a técnica de copy/paste para ajustar envelopes no resto do corpo, emparelhando as imagens que seguem.

Ajuste os envelopes de tórax na viewport Front, assim eles cercam a largura do corpo.

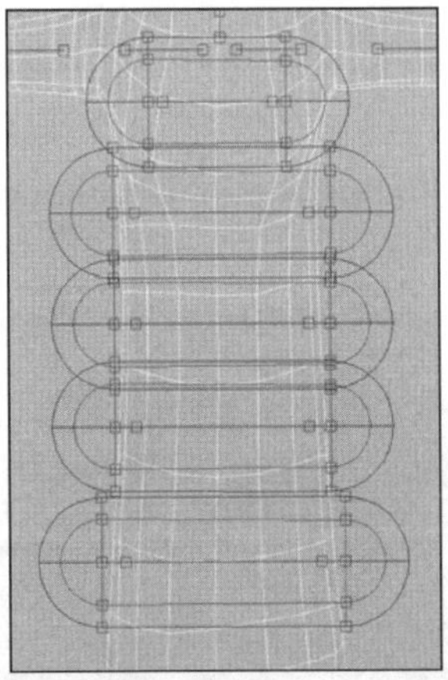

1. Na viewport Left, ajuste os envelopes do pescoço e da cabeça, conforme a figura seguinte.

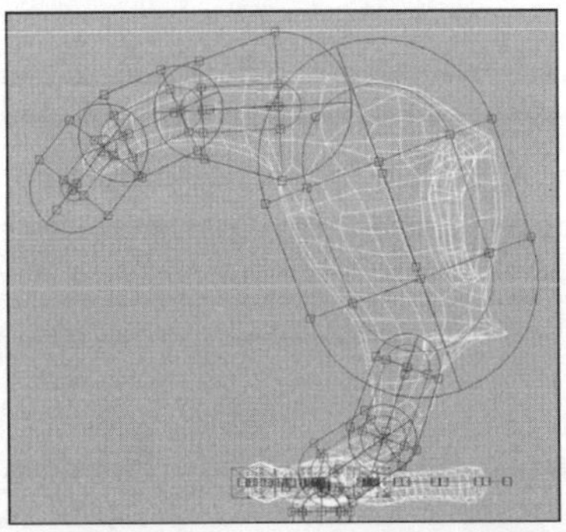

2. Na viewport Front, ajuste o envelope do braço.

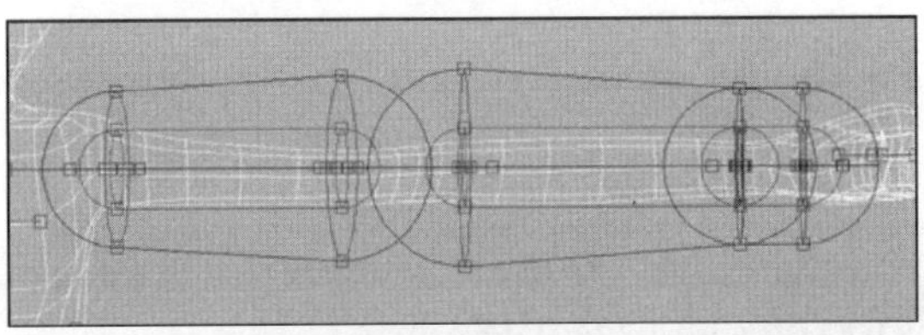

3. Na viewport Front, ajuste os envelopes da perna. O handle do topo em cada coxa precisa ser movido para baixo. Deixe os pés para depois.

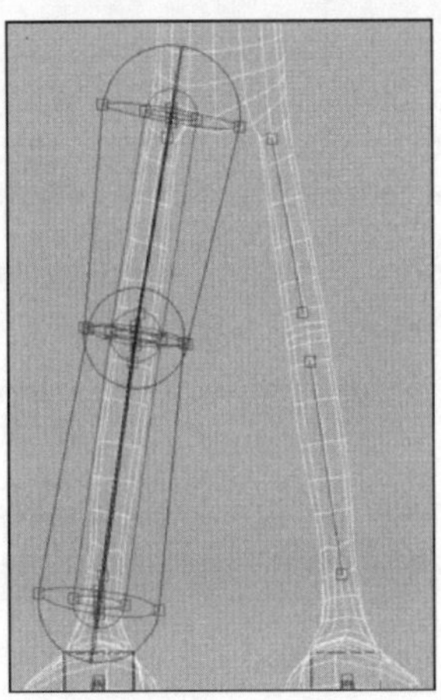

Colagem dos Múltiplos Envelopes da Mão

1. Aplique o Region Zoom às mãos na viewport Top.
2. Selecione um osso do dedo e ajuste seu envelope para cercar a malha de dedo e sobrepor um pouco o próximo osso.

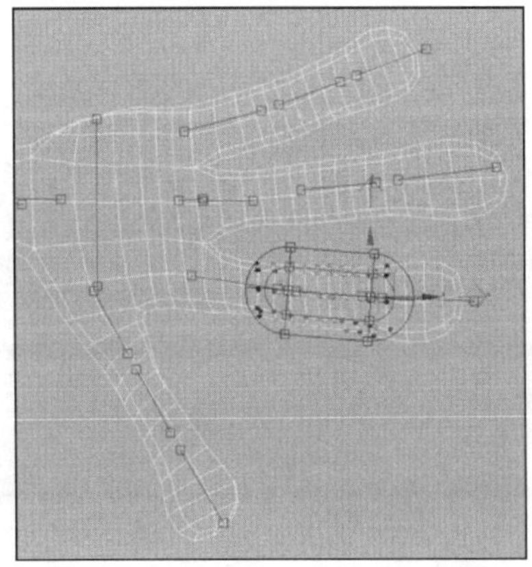

3. No Envelope Properties group, clique em Copy.
4. Do flyout Paste, escolha Paste para múltiplos bones. Este é o último botão no flyout.
5. No quadro do Paste, escolha todos os ossos que contêm as palavras "dedo", "dedo polegar" e "mão". Clique em OK para colar os envelopes nesses ossos.
6. Confira os envelopes das pontas dos dedos e garanta que eles cubram a ponta do dedo da malha inteira. Ajuste se for necessário.
7. Arrume o envelope da mão principal como mostra a figura seguinte.

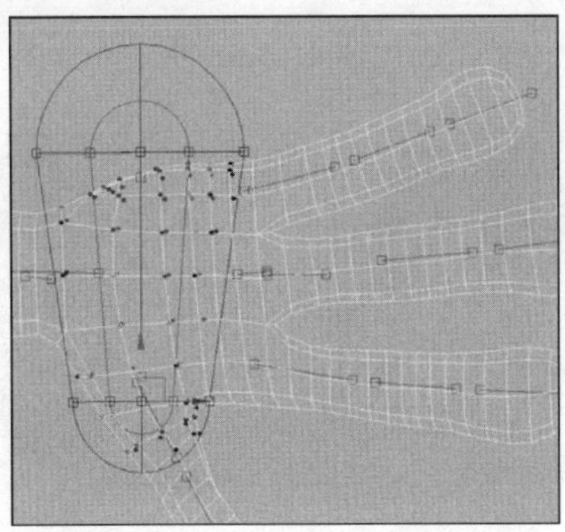

Ajuste dos Envelopes do Pé

1. Aplique o Region Zoom aos pés na viewport Left.

2. Selecione os bones toetip e remova-os do processo Skin.
3. Ajuste o envelope do pé direito do personagem. Os handles no pé e nos dedos do pé precisam ser movidos.
4. Copie o envelope do pé e use a viewport Perspective para selecionar o outro pé e colar o envelope. Faça o mesmo para o dedo do pé.

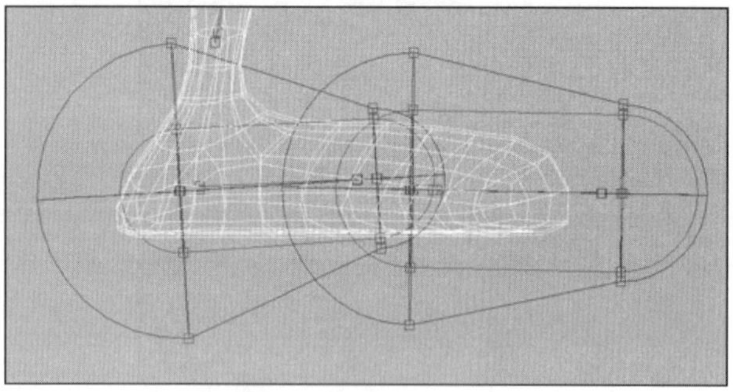

Influência do Envelope

1. Selecione um dos envelopes do dedo do pé e feche a câmera no pé na viewport Perspective.

   Em uma viewport com shaded (sombreada), o modelo está sombreado em vermelho, amarelo e azul para mostrar a influência dos envelopes internos e externos. A indicação em vermelho é a influência mais forte e em azul, fraca ou nenhuma influência.

   O dedo do pé é principalmente vermelho, enfraquecendo para o amarelo e depois azul, quando o dedo do pé encontra o pé. Isso indica que o dedo do pé é influenciado fortemente por seu osso. Esses envelopes trabalham bem com a estrutura de osso e malha.

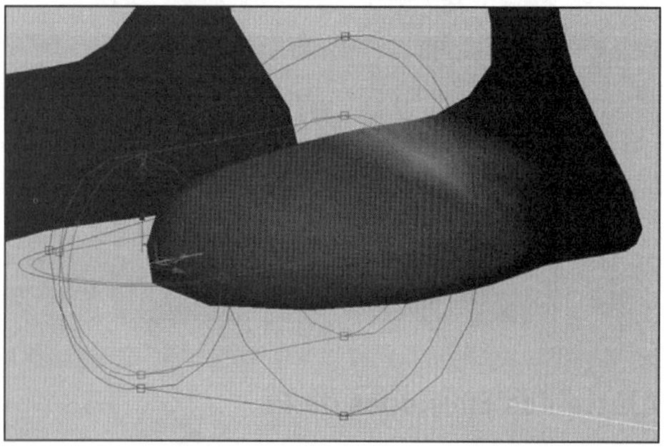

2. Selecione um dos envelopes da perna e veja as cores exibidas na viewport Perspective. A perna também está em boa forma.
3. Marque um dos envelopes de tórax e veja as cores.

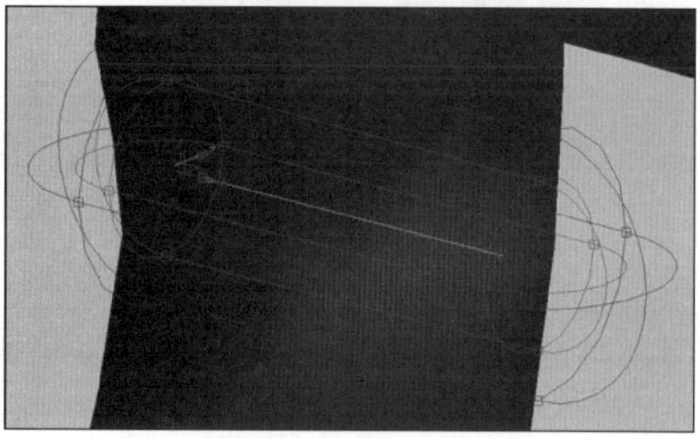

As cores na área do tórax indicam que ele apenas é influenciado pelo osso, o que é um problema. O envelope é muito pequeno para incluir os vértices do tórax, mas se aumentar o tamanho dos envelopes, eles cercarão os braços e o pescoço.

Resolva este problema com o Painting Weights.

Configuração das Opções do Painting

Envelopes assinalam pesos a cada vértice e definem como o envelope influencia-os fortemente. Um vertex weight pode variar de 0 a 1. Um peso 0 (zero) significa que o osso não afeta o vértice. Com 0.5 o vértice é parcialmente afetado por um ou mais ossos. Com peso 1 o vértice é influenciado só por aquele osso.

Cada vértice pode ter pesos de vários ossos diferentes, mas todos os pesos têm de somar 1.

Um envelope com vértices vermelhos tem peso 1 ou quase 1, enquanto azuis têm peso próximo a 0. Um peso 0 significa que os vértices não são influenciados pelo osso.

O modificador Skin "pinta" pesos em vértices com o cursor, portanto vértices fora de um envelope ainda podem ser influenciados pelo osso.

1. Na viewport Dianteiro, selecione um dos envelopes de tórax.
2. Na seção Weight Properties da roll-out Parameters, clique no Paint Weights.
3. Na viewport Front, mova o cursor em cima da área de tórax. Não clique nem arraste.

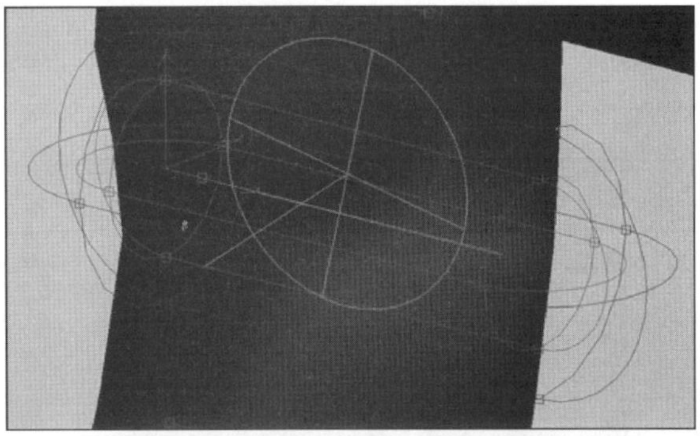

Um gizmo de pintura grande aparece. Como o gizmo é movido em cima de cada polígono, a linha com ponto fora do gizmo mostra o polígono na direção normal.

Esse gizmo é muito grande para pintar o personagem.

4. Clique no botão Paint Options próximo ao Paint Weights.
5. No quadro Paint Options, mude o Max Size para 6. Deixe o quadro de diálogo aberto.
6. Mova o cursor novamente em cima do tórax, agora com tamanho manejável.

Pintura dos Pesos dos Vértices

1. Na viewport Front, clique e arraste em cima da área do tórax.
2. Como você arrasta em cima das áreas, os vértices na área ficam vermelhos. Na visão de Perspectiva, pode ver que a malha nessas áreas também está vermelha.
3. Na viewport Perspective, use o Arc Rotate para girar a visão, assim você pode ver a parte de trás do modelo.
4. Enquanto a frente do modelo estiver pintada, a parte de trás não será.

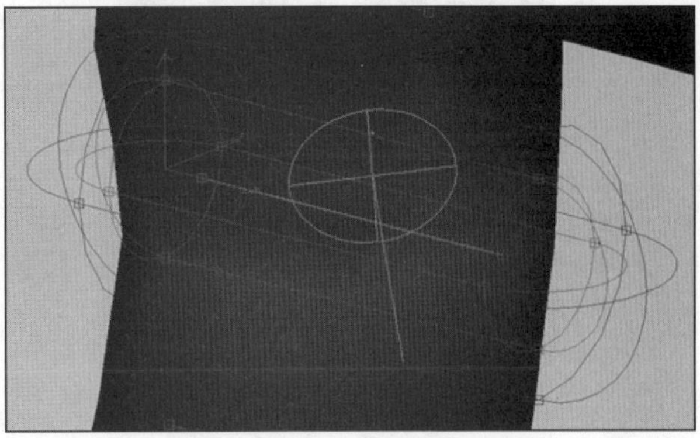

5. No quadro Paint Options, confira o Mirror e fixe o eixo em Y.
6. Clique no Paint Weights novamente. Na viewport Front, clique e arraste o cursor novamente em cima do tórax.
7. Na viewport Perspective, você pode ver dois gizmos que se movem ao mesmo tempo, um na frente da malha e o outro na parte de trás. A opção Mirror no quadro Paint Options alisa um lado da malha a ser duplicada no outro lado.

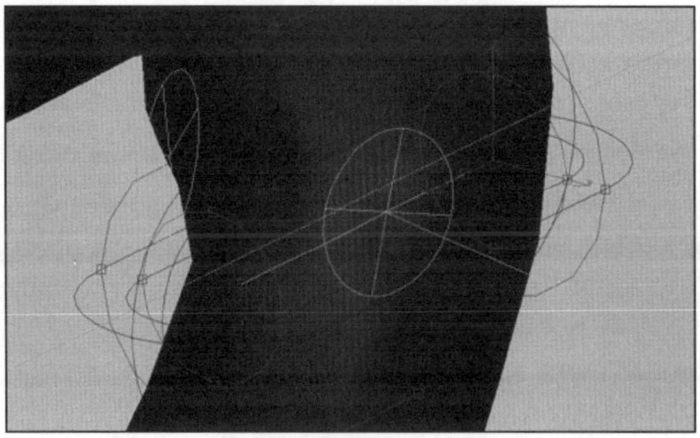

8. Selecione cada envelope no torso e aplique o Paint Weights na área ao redor do osso selecionado.
9. Feche o quadro Paint Options e desligue o Paint Weights.

Teste de Malha

1. Após ajustar os envelopes e os vértices, faça um teste.
2. Continue trabalhando com o arquivo tut_skinalien_vertex_weighting.max.
3. Clique com o botão direito do mouse e ative a opção Unhide footLCtrl.
4. Ative o botão Auto Key.
5. Vá ao frame 10 e mova o footLCtrl para cima, deixando o pé esquerdo um pouco à frente do personagem, em seguida desative o Auto Key.

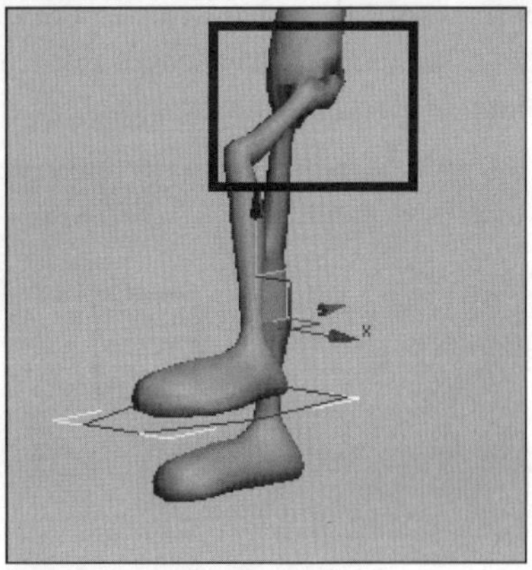

Perceba algumas deformações na perna do personagem, principalmente na junta entre a coxa e a bacia. Os passos seguintes mostram exatamente como resolver o problema.

Ajuste do Vertex Weights com o Weight Tool

O Weight Tool é uma ferramenta criada para ajustar o peso de vários vértices. Por exemplo, na junta entre a bacia e a coxa veja que há uma área amassada. A pele do personagem não está se deformando corretamente com a perna. É muito difícil ou até mesmo impossível resolver este problema usando apenas o envelope do Skin.

1. Na viewport User pressione a tecla F4 para visualizar Edge Faces Mode On.
2. Na pasta Modify, dentro do Skin, ative a opção Edit Envelopes e o comando vértices representado por um pequeno quadro em branco.
3. Movimente a timeline entre os quadros 0 e 10 para ver os erros entre um vértice e outro.

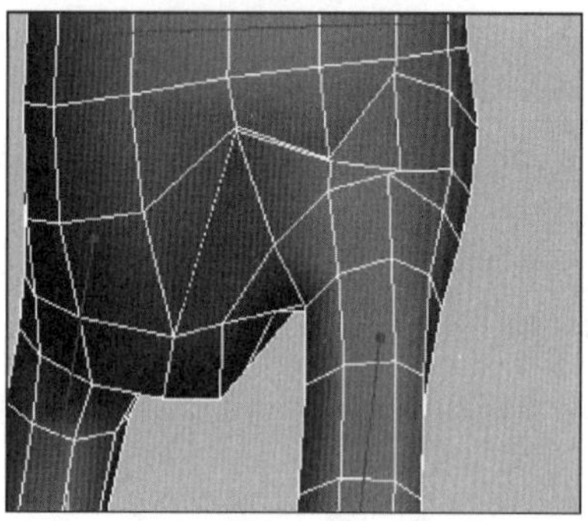

4. . Vá para o frame 0 e na barra principal selecione a opção Lasso Selection Tool.
5.  Na Web Properties group, clique em Weight Tool.
6. O quadro Weight Tool aparece.
7. Na vista Front dê um zoom na perna do personagem e selecione os vértices, conforme a figura seguinte.

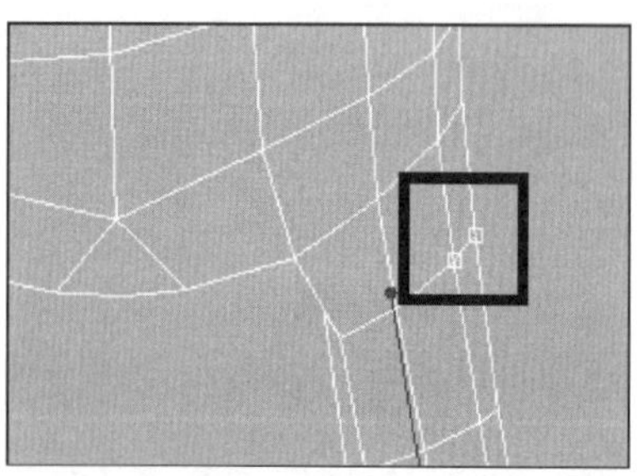

Na janela Weight Tool clique no botão Loop e os vértices serão selecionados automaticamente em volta da perna.

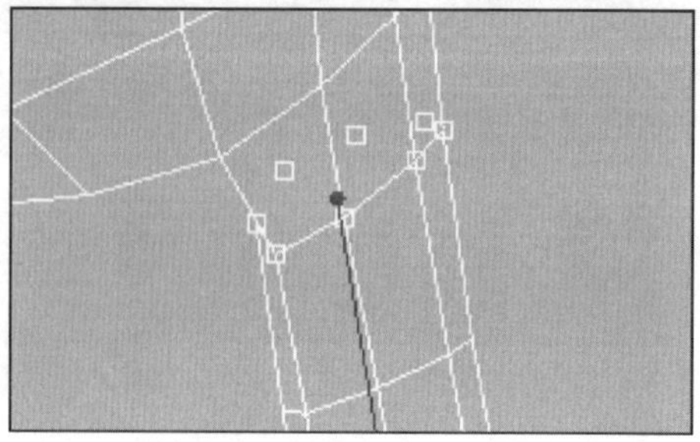

Perceba que os vértices selecionados mostram 100% de peso (1.000) para o upperLegLBONE dentro do Weight Tool.

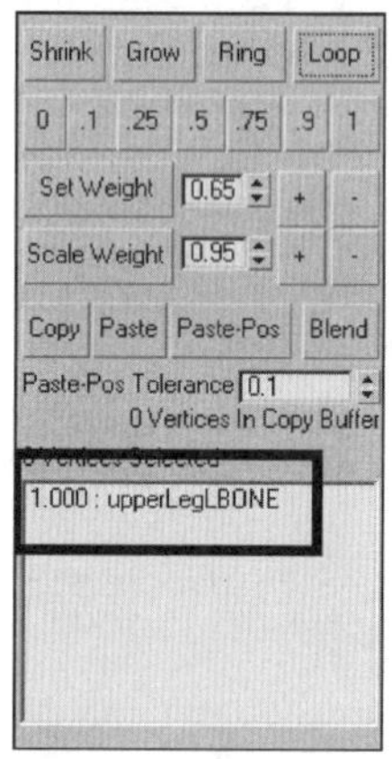

8. Com a ferramenta Lasso selecione os vértices, conforme a figura seguinte.

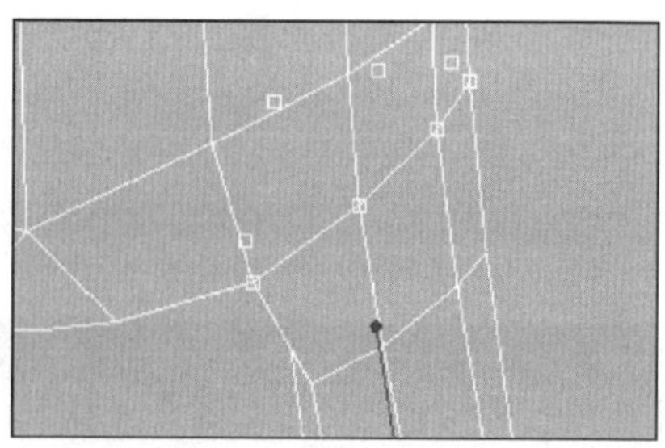

9. Os vértices selecionados estão vinculados ao upperLegLBONE (100%), que deveria ter uma certa influência no bone da bacia.

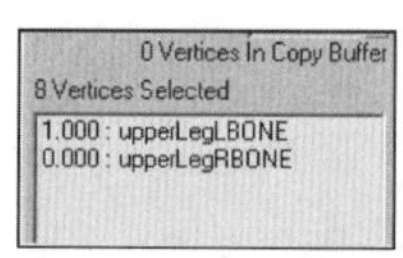

10. Com todos os vértices ainda marcados selecione o bone da bacia (spine01BONE) na viewport User.

11. No Weight Tool clique no botão (.25). Essa mudança de valores força a influência dos vértices da seguinte maneira: 25% para a bacia e 75% para o bone da coxa.

12. Movimente a timeline e constate que já existe melhor deformação naquela região, mas ainda temos de ajustar um pouco mais os vértices que representam a dobra da virilha.

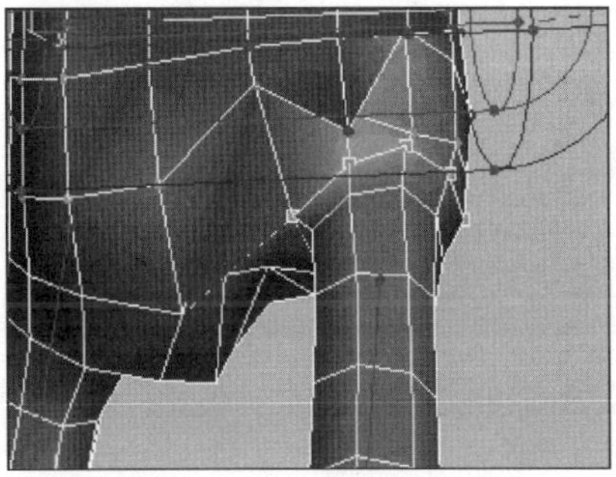

13. Marque os vértices conforme a figura seguinte. Se for necessário, altere a visualização entre as viewports (Front, User e Left). Se precisar, utilize o comando Arc Rotate para obter visualização e seleção mais precisas dos vértices.

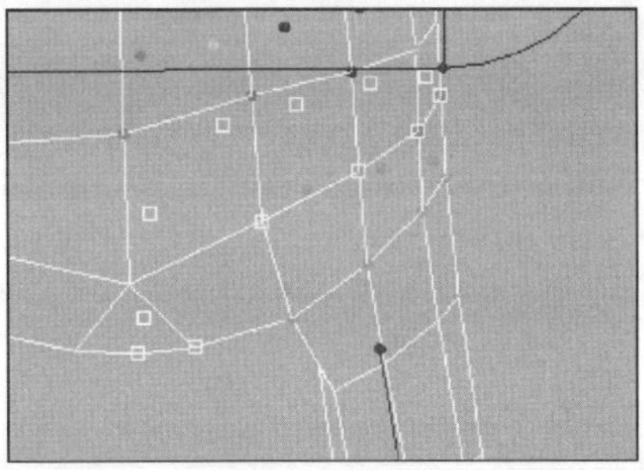

14. Com os vértices selecionados no quadro Weight Tool, clique no botão **.5**.

15. Ajuste os pesos dos vértices da seguinte maneira: spine com 50% de influência, perna esquerda (upper leg left) 40%, perna direita (upper leg right) 10%.

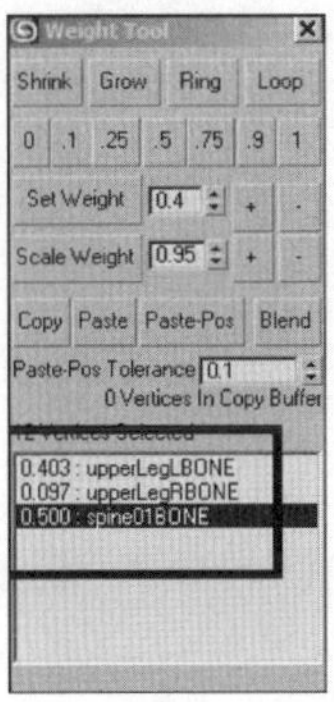

16. Selecione os vértices conforme a figura.

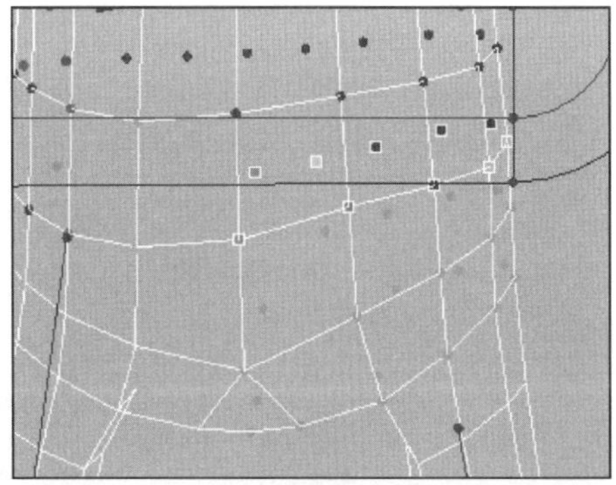

17. Ajuste o peso dos vértices para spine em 75% de influência, perna esquerda (upper leg left) 25% e perna direita (upper leg right) 0%.

18. Movimente a timeline entre os quadros 0 e 10 para ver os erros entre um vértice e outro.

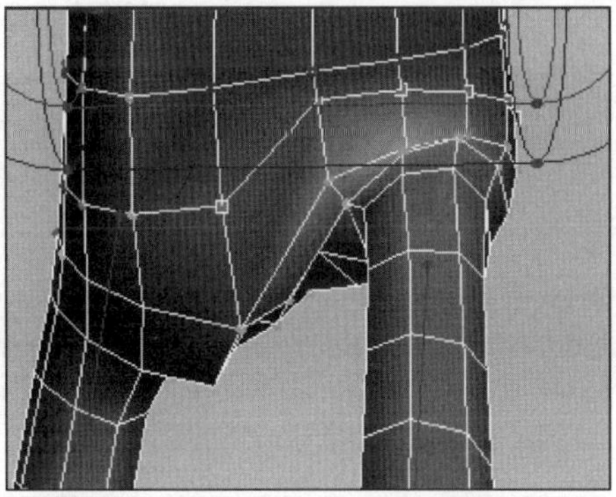

19. Conforme a necessidade, é possível ajustar os vértices com a opção Set Weight, em que podemos aplicar uma influência manual que vai de 0% a 100% para os vértices selecionados.

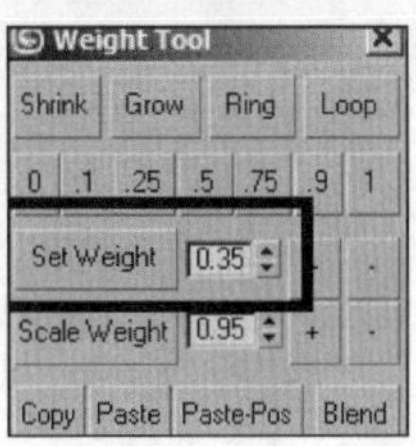

Mirror the Vertex Weights

1. No 3ds Max você pode espelhar o peso dos vértices de um lado para outro. Esse processo serve para todos os envelopes, bem como vértices manuais.

2. Continue trabalhando com o arquivo de nome tut_skinalien_mirror.max.

3. Deixe ativada a opção Edit Envelops.
4. Vá ao menu Mirror Parameters roll-out e ative a opção Mirror mode.

Nota: A opção Mirror mode é acionada apenas com o botão Edit Envelop ligado.

O personagem torna-se vermelho, inclusive na viewport (Front, User ou Perpective).

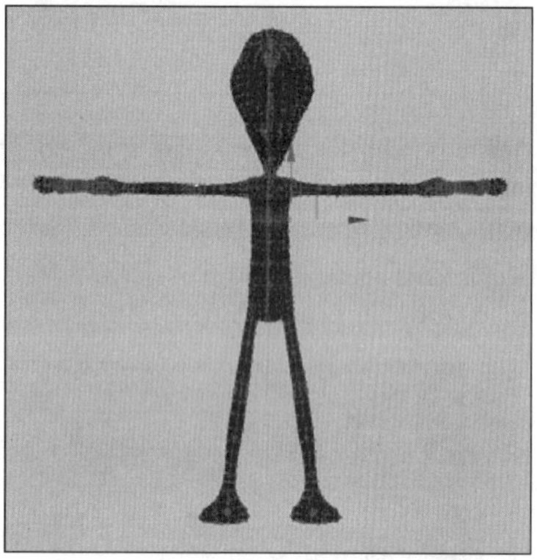

5. Aumente o valor do Mirror Threshold até os vértices do personagem ficarem totalmente azuis e verdes. O valor 6 pode ser suficiente. Caso seja necessário, aumente um pouco mais.

6. O Mirror Threshold Value muda a distância do Mirror Plane. Os vértices azuis indicam o lado esquerdo e os verdes, o lado direito.
7. Ajuste Mirror Offset Value até o espelho ficar no centro da malha do personagem. Mirror Offset Value de 1 pode ser adequado.
8. Na viewport Front verifique com cuidado o personagem, deixando o lado esquerdo totalmente azul e o direito, verde.
9.  Clique no botão Paste Blue To Green Bones.
10. É possível colar o comprimento e o tamanho do envelope no outro lado do personagem.
11.  Clique no botão Paste Blue To Green Verts.
12. Cole o peso dos vértices no outro lado do personagem.
13. Desligue o botão Mirror mode.
14. Você pode ajustar alguns vertex weights em áreas afetadas por ambos os lados, ou seja, aquelas no centro do personagem.

Ajustar o Skin de um personagem é uma arte, porque trabalhar com Skin é essencial para o processo de animação. É muito comum o animador levar horas ou dias para obter o ajuste perfeito.

Capítulo

12

Character Studio

Introdução

O Character Studio é uma poderosa ferramenta que facilita a criação e a animação de personagens bipeds por meio de plug-ins que geram movimentos de esqueletos e criam suas armaduras de maneira rápida e realista. Nesse aplicativo encontramos três plug-ins:

- **Biped:** cria e anima esqueletos bipeds, aplicando-lhes movimentos baseados em passos, captura de movimentos e keyframes.
- **Physique:** trata-se de um modificador que, aplicado ao biped, permite escolher e usar a melhor geometria para cada personagem criado com nurbs, patches, splines ou polígonos.
- **Crowd:** anima grandes quantidades de objetos 3D e bipeds com técnicas avançadas de comportamento.

Biped

É uma estrutura que se assemelha a um esqueleto humano. Suas ligações podem ser dobradas para criar movimentos parecidos com os da anatomia humana, utilizando as mesmas restrições de uma hierarquia com IK.

Para criá-lo, acompanhe os seguintes passos:

1. Na pasta Create clique no botão Systems.
2. Clique no botão Biped.
3. Clique e arraste o mouse na viewport para definir o tamanho do biped.

Teremos então a figura de um esqueleto com suas partes definidas na roll-out Create Biped. Os valores definidos correspondem à quantidade de objetos ligados para cada parte do corpo.

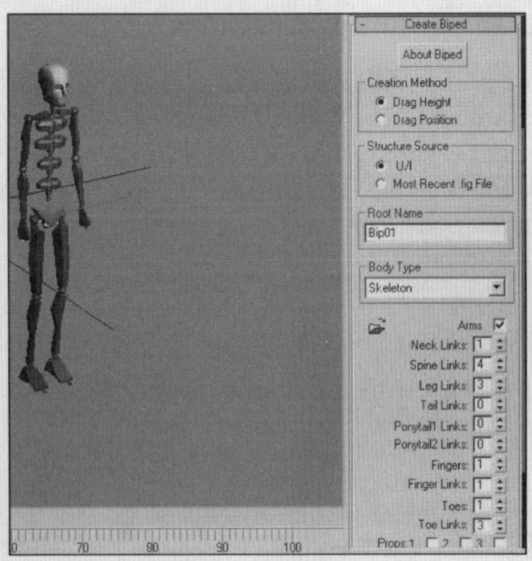

Criação de Passos

Quando criamos um biped, podemos aplicar um processo rápido e fácil de passos, fazendo-o andar (rápido ou devagar), subir escadas, correr, pular etc. Esse processo cria pegadas na animação, fazendo com que o biped caminhe sobre elas de maneira perfeita.

As pegadas podem ser marcadas pelo usuário que define, na animação, o caminho para o biped percorrer ou cria múltiplas pegadas. Para criá-las, observe os seguintes passos:

1. Acesse a pasta Motion e clique em Footstep Mode na roll-out Biped.

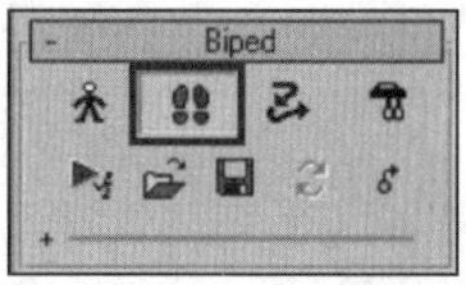

2. Abra a roll-out Footstep Creation e clique em uma das seguintes opções de movimento:
   - **Walk:** andar
   - **Run:** correr
   - **Jump:** pular
3. Clique na opção desejada. Escolha entre:
   - **Create Footsteps (at current frame):** crie pegadas no frame atual.
   - **Create Multiple Footsteps...:** crie múltiplas pegadas.

Criação de Múltiplas Pegadas

Com o botão Create Multiple Footsteps... podemos criar várias pegadas em uma linha reta com a mesma distância entre elas, por onde o biped pode andar, correr ou pular. Para criá-las, acompanhe os passos descritos a seguir:

1. Acesse a Pasta Motion e clique em Footstep Mode na roll-out General.
2. Escolha o modo de movimento (Walk, Run ou Jump) na roll-out Footstep Creation.
3. Clique no botão Create Multiple Footsteps... . Surge o quadro de diálogo com os parâmetros do modo selecionado (Walk, Run ou Jump).
4. Nesse quadro de diálogo encontramos a opção Number of Footsteps, em que devemos determinar o número de pegadas desejado.
5. Defina os parâmetros para o tipo de movimento selecionado e clique em OK.
6. Vá para o frame que dará início à movimentação.

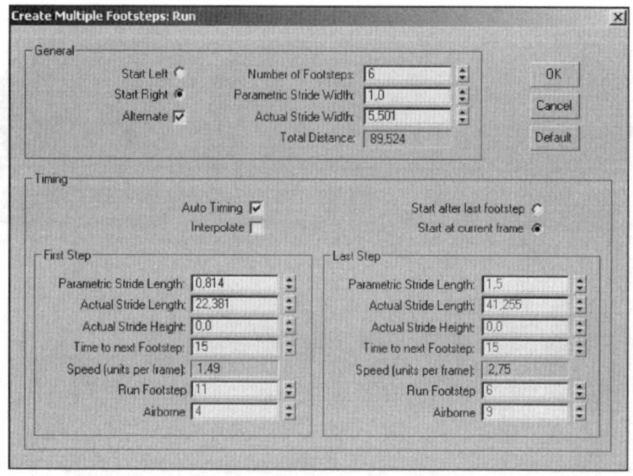

7. Clique na opção Create Keys for Inactive Footsteps na roll-out Footsteps Operatitons.
8. Visualize a animação pressionando o botão Play Animation.

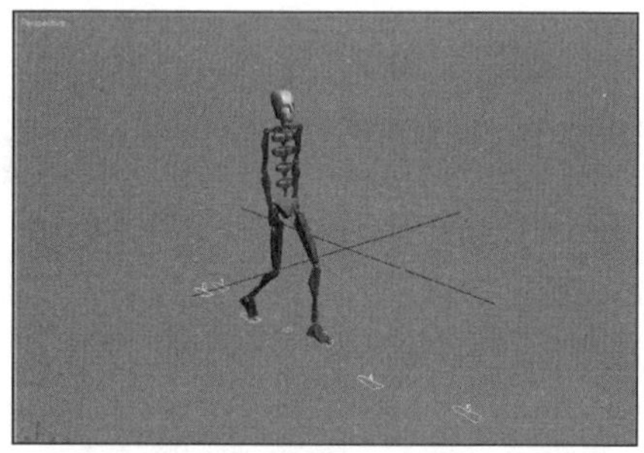

Figura de Biped no modo Walk.

Figura de Biped no modo Run.

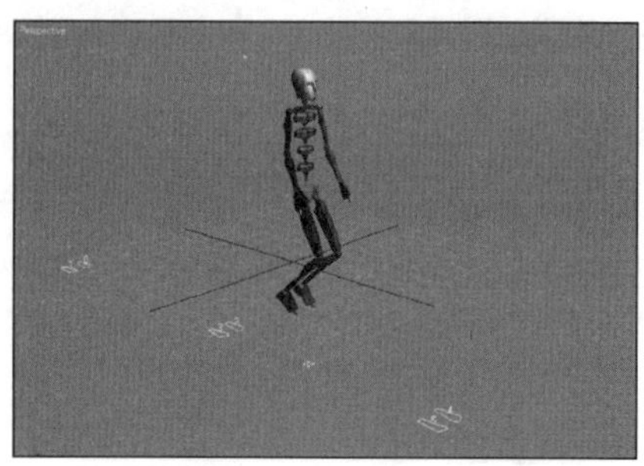

Figura de Biped no modo Jump.

Criação Manual de Pegadas

O botão  Create Footsteps (at current frame) cria pegadas manualmente na animação, fazendo o biped andar, correr ou pular sobre elas com a distância definida pelo usuário.

Após escolher o modo de movimento (Walk, Run ou Jump), utilize o seguinte procedimento para criar as pegadas:

1. Clique em Create Footsteps (at current frame).
2. Clique em uma viewport na posição do primeiro passo.
3. Clique novamente para orientar o segundo passo.
4. Repita o processo quantas vezes for necessário.

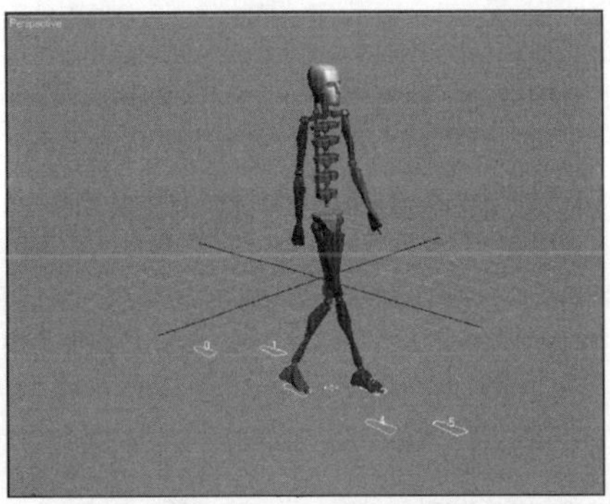

Nota: As pegadas terão as mesmas cores das pernas, ou seja, a perna azul seguirá as pegadas azuis e a perna verde seguirá as pegadas verdes.

5. Vá para o frame inicial do movimento.
6. Clique em  Create Keys for Inactive Footsteps na roll-out Footsteps Operatitons. Esse botão cria automaticamente as chaves da animação.
7. Com o botão Play Animation visualize a animação.

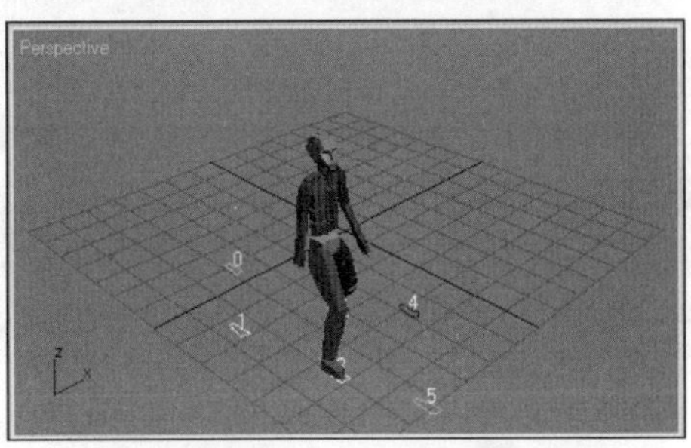

8. Caso seja necessário incluir mais pegadas, após clicar nas chaves de animação, utilize o botão  Create Footsteps (Append) e clique novamente no botão  Create Keys for Inactive Footsteps.

Modificação de Pegadas

Nem sempre marcamos ou criamos múltiplas pegadas nos lugares corretos para animação, o que leva à necessidade de modificá-las. Basta selecionar a pegada e utilizar Move ou Rotate para posicioná-la da forma desejada.

As pegadas devem ser posicionadas sobre os degraus da escada para que o biped movimente-se corretamente.

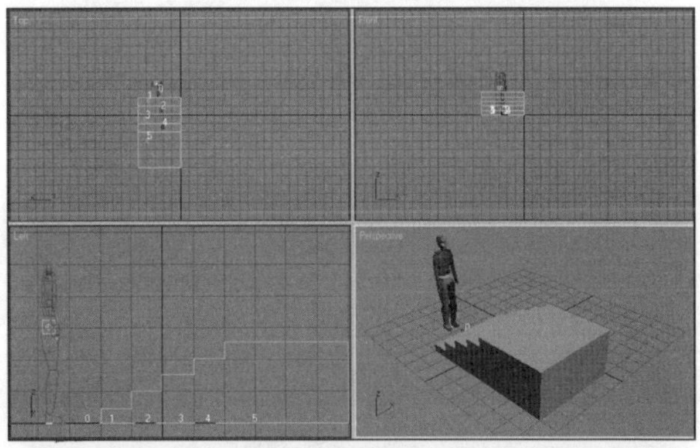

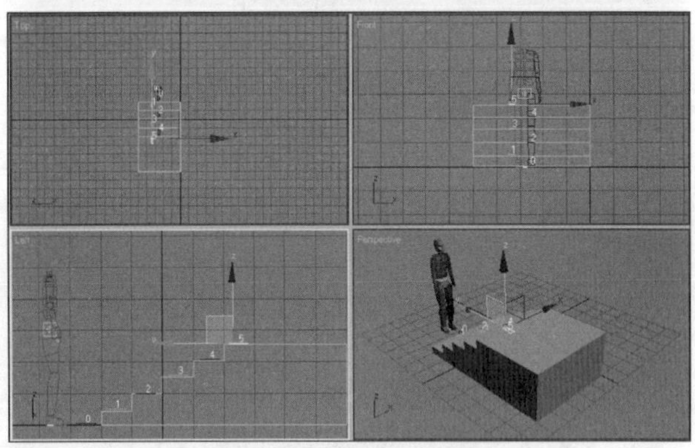

Selecione cada uma das pegadas e coloque-as nos degraus correspondentes. É importante que todas as viewports sejam utilizadas para o posicionamento adequado das pegadas, gerando melhor movimento para o biped. Também não devemos esquecer que essas modificações podem ser feitas apenas se o modo Footstep estiver ativado.

Caso as chaves de animação não tenham sido criadas anteriormente, é preciso utilizar o botão Create Keys for Inactive Footsteps para criá-las. Em seguida visualize a animação.

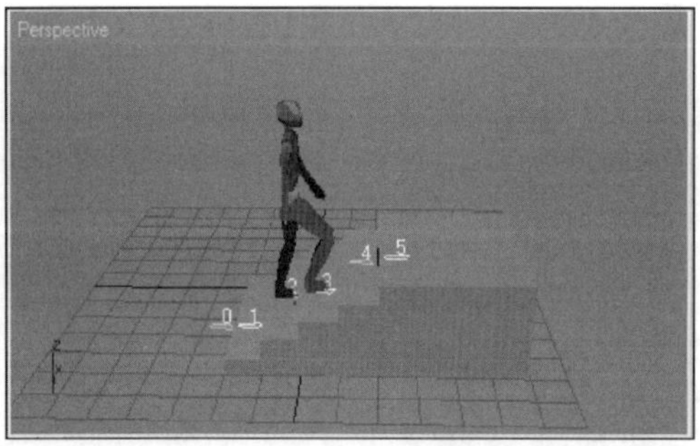

Podemos fazer com que o biped caminhe em curvas em vez de linha reta. Acompanhe:

1. Selecione todas as pegadas que farão parte do caminho em curva.

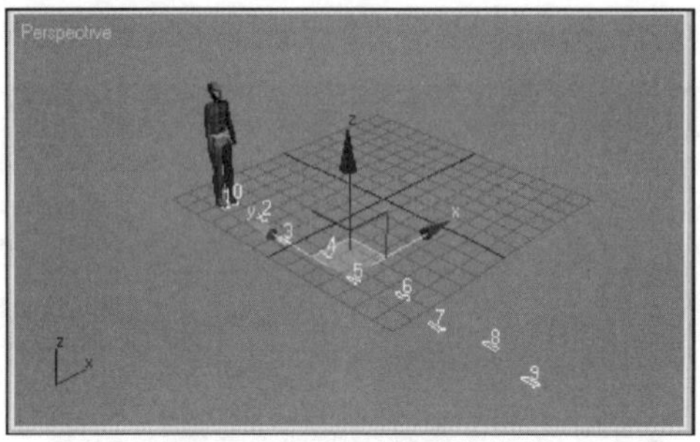

2. Utilize a opção Bend da roll-out Footstep Operations.

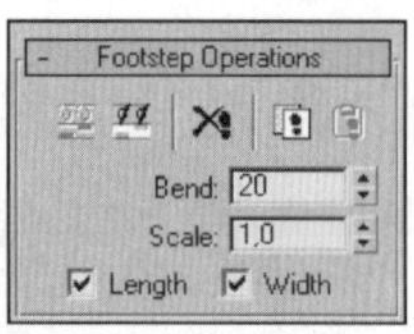

3. Visualize o resultado da animação.

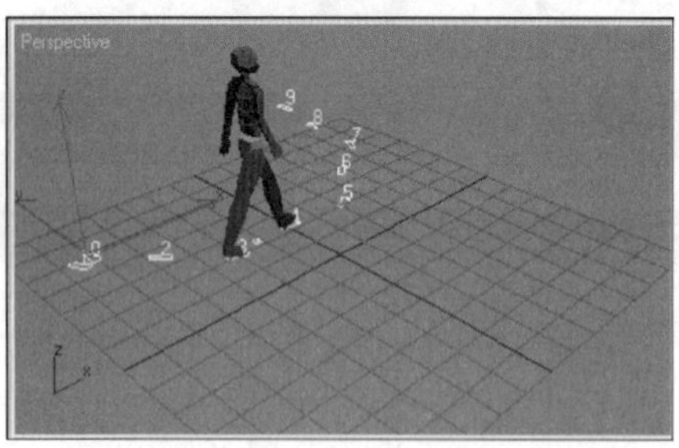

Podemos excluir pegadas. Esse recurso pode ser utilizado para que o biped ande, corra ou pule somente com uma das pernas. Vejamos o exemplo na figura seguinte.

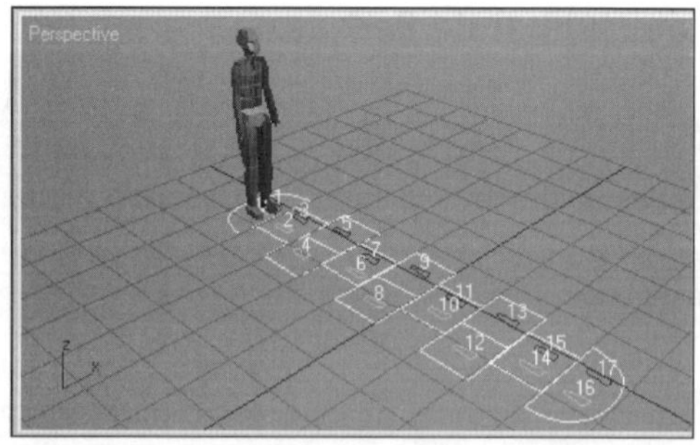

Com o movimento Jump ativado foram incluídas 18 pegadas, porém as pegadas 3, 7, 11 e 13 não serão necessárias, pois o biped utiliza apenas uma perna para pular sobre o desenho. Para excluí-las, basta selecioná-las e pressionar a tecla Delete.

Automaticamente, a numeração das pegadas será ajustada. Após a exclusão, crie as chaves de animação com o botão Create Keys for Inactive Footsteps e visualize o resultado.

Movimentação de Partes do Biped

Além de fazer o biped caminhar, podemos criar movimentos para outras partes de seu corpo, tais como cabeça, braços e mãos, para melhorar os efeitos de movimento na animação.

O processo de criação de movimentos de uma determinada parte do biped envolve os seguintes passos:

1. Posicione o local do frame em que será gravado o movimento.

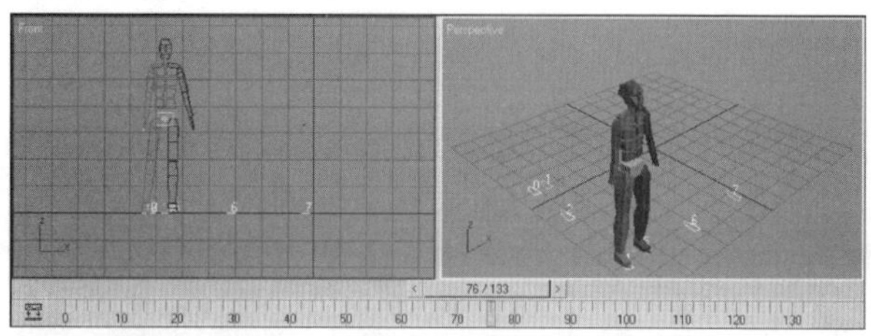

2. Selecione a parte do biped que será movida.

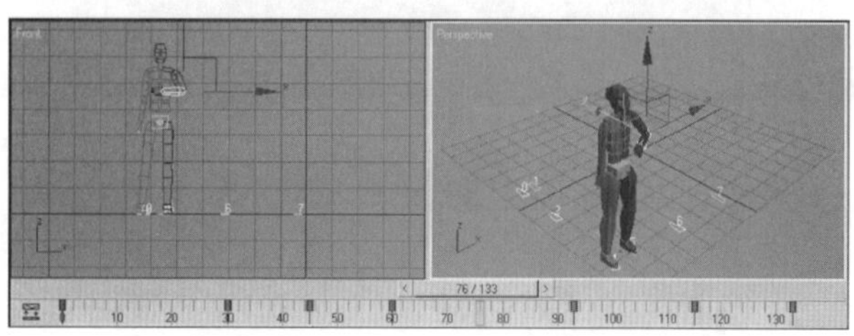

3. Acesse a pasta Motion.

Nota: O botão Footstep Mode não pode estar ativo.

4. Mova ou rotacione a parte do biped selecionada.

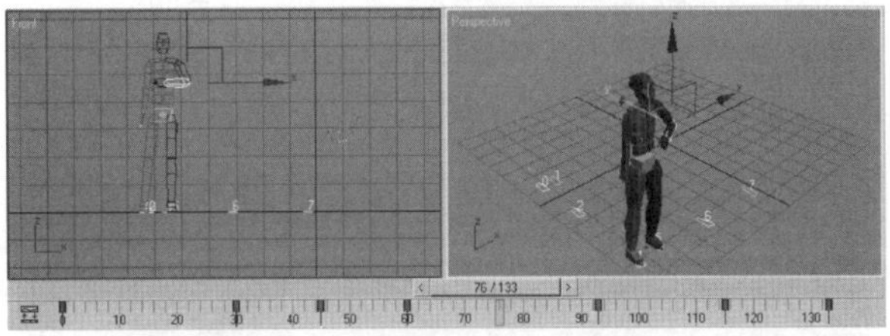

5. Clique no botão Set Key na roll-out Key Info para clicar na posição inicial do biped.

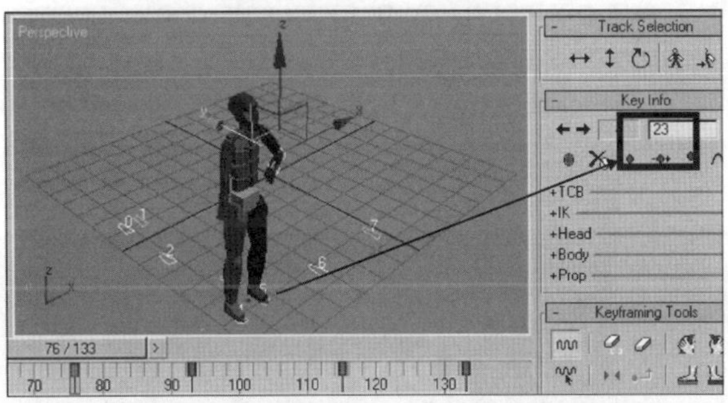

6. Visualize a animação.

Criação e Carregamento de Arquivos de Movimento

Os movimentos criados nos bipeds podem ser gravados e, posteriormente, aplicados em bipeds de outras animações. Para a gravação dos movimentos aplicados em um determinado biped, utilize o seguinte procedimento:

1. Selecione o biped que contém os movimentos a serem gravados.
2. Acesse a pasta Motion.
3. Clique no botão  Save File da roll-out Biped.
4. Digite o nome do arquivo.BIP e clique no botão Salvar.

Para utilizar esse arquivo de movimento em outro biped:

1. Selecione o biped que receberá os movimentos.
2. Acesse a pasta Motion.
3. Clique no botão  Load File da roll-out Biped.
4. Clique no nome do arquivo.BIP que será utilizado e no botão Abra.

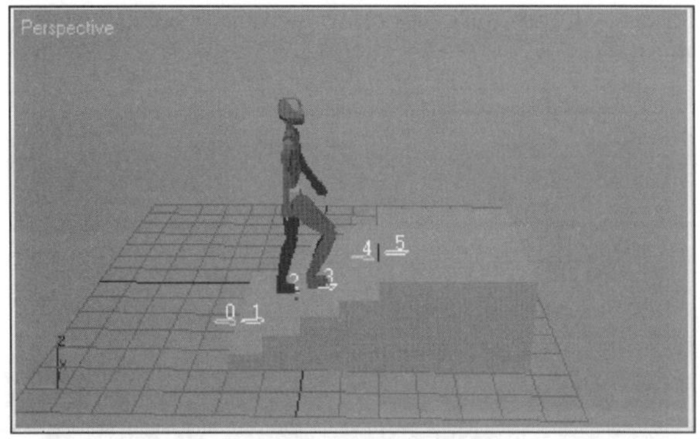

Mudança da Estrutura do Biped

A estrutura do biped pode ser alterada, permitindo um valor máximo e um mínimo para as ligações de cada uma de suas partes.

Essas alterações podem ser feitas na criação do biped. Basta digitar um novo valor na parte desejada. Por exemplo, geralmente o biped é criado com apenas um dedo em cada mão. Com a opção Fingers podemos alterar o número de dedos para no máximo cinco.

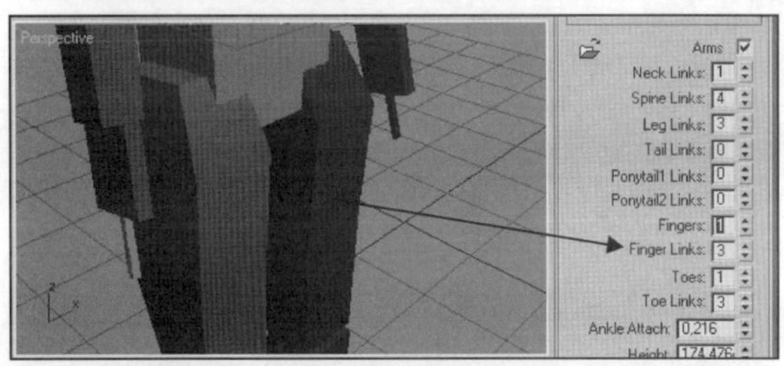

Se optarmos por alterações em um outro momento, é preciso realizar as etapas seguintes:

1. Clique em qualquer elemento do Biped.
2. Acesse a pasta Motion.
3. Clique no botão Figure Mode na roll-out Biped.
4. Modifique a estrutura na roll-out Structure.

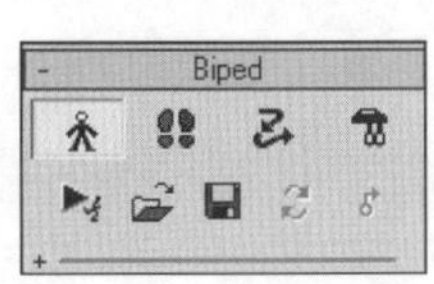

Permite alterar a escala de um elemento selecionado do Biped.

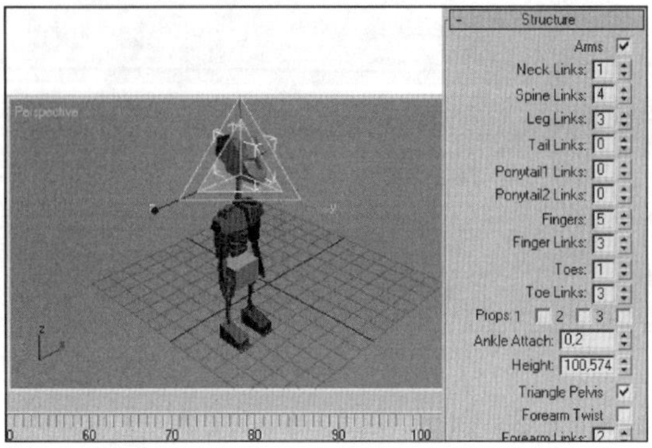

Essas modificações são realizadas em um personagem (criado com nurbs, pathes, splines ou polígonos), para criar uma geometria mais adequada ao esqueleto. Para isso, é preciso seguir algumas regras:

- Congelar o personagem antes de alterar a estrutura do biped, pois facilita a seleção das partes, evitando que a malha seja selecionada. Essa operação deve ser realizada da seguinte forma:

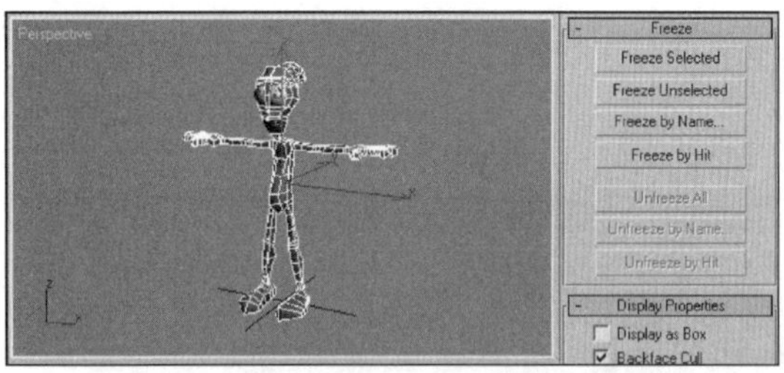

  - Selecione o personagem e acesse a pasta Display .
  - Abra a roll-out Freeze e clique no botão Freeze Selected.

- Para melhor moldar o esqueleto sobre a malha, basta utilizar todas as viewports.

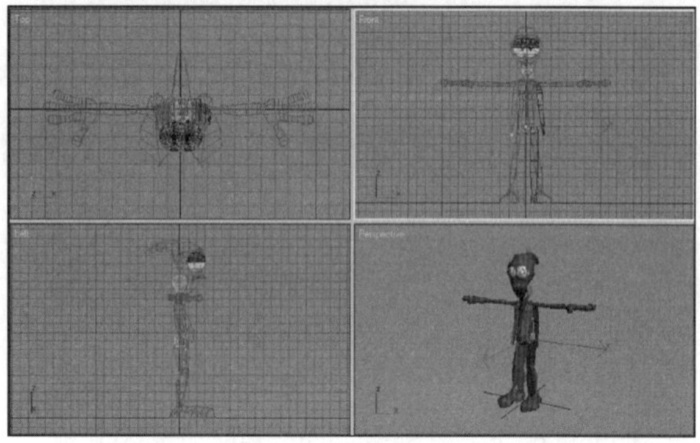

- Molde metade do personagem para depois aplicar essa postura na outra metade. Faça essa operação observando o procedimento:
  - Selecione a parte do biped a ser alterada.

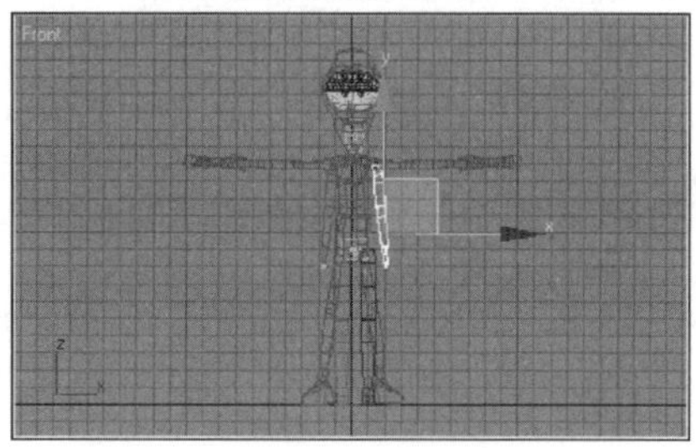

  - Acesse a pasta Motion e clique no botão Figure Mode  na roll-out Biped.
  - Faça as alterações necessárias utilizando Move, Rotate, Scale e as opções da roll-out Structure.

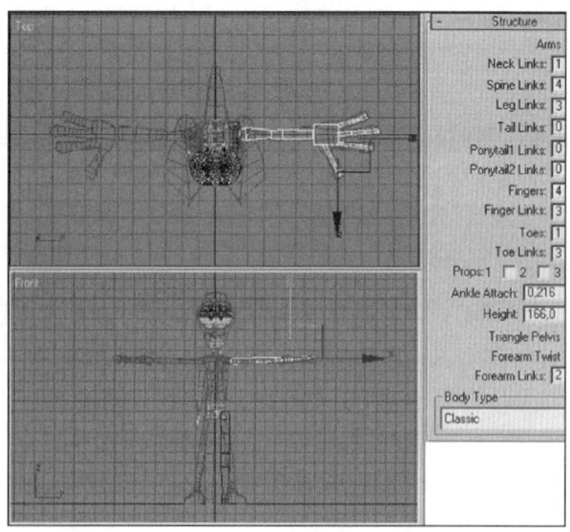

- Selecione a área alterada e copie as alterações com o botão Copy Posture  na roll-out Copy/Paste da pasta Motion.

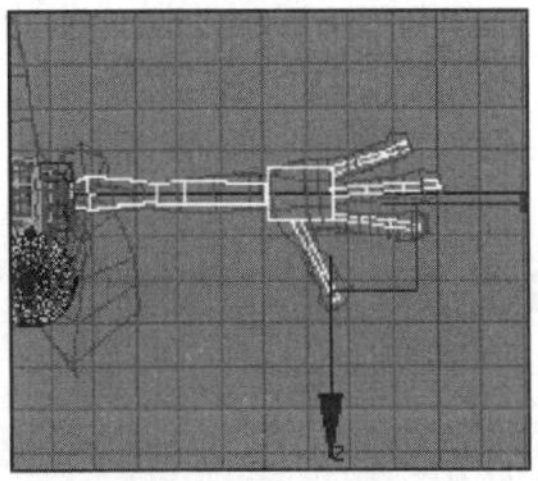

- Selecione a área que receberá as mesmas alterações anteriores.

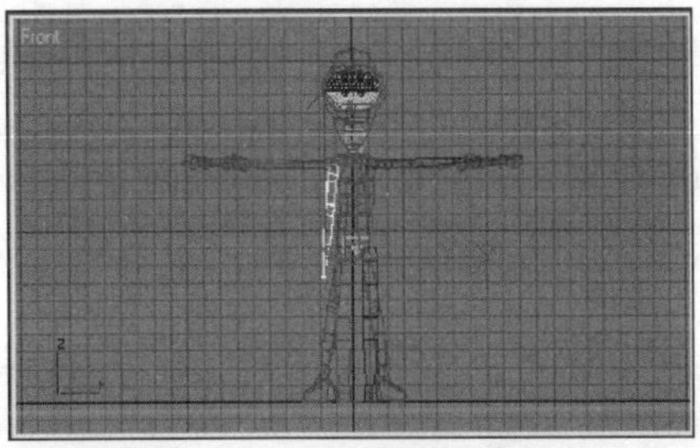

- Clique no botão Paste Posture Opposite na roll-out Copy/Paste da pasta Motion.

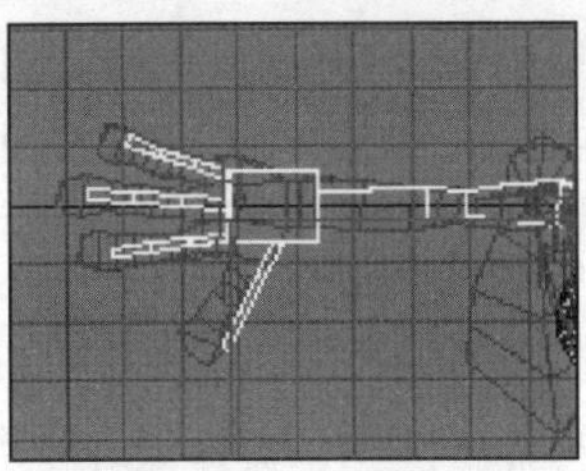

- Repita o procedimento para todas as partes do biped que serão ajustadas e acesse a pasta Display. Descongele a malha com o botão Unfreeze All da roll-out Freeze.

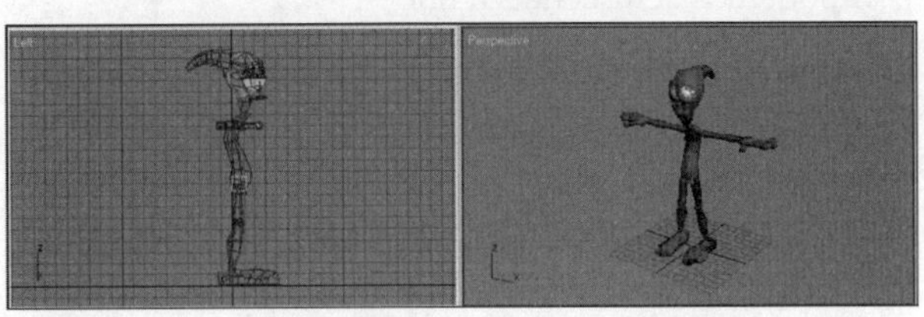

Edição e Visualização da Animação

As ferramentas descritas a seguir são utilizadas para visualizar e editar animações feitas no 3ds Max.

Edição da Visualização

Podemos verificar a animação representada em forma de tracks em diversas visualizações, dentre as quais destacamos a Track View, tanto Curve Editor quanto Dope Sheet, e a Track Bar. Essas tracks podem ser exibidas de diversas formas dentro de uma pasta gráfica, como em chaves e limites ou em curvas de função.

As características de Track View Curve Editor e Track View Dope Sheet são as seguintes:

- **Curve Editor:** exibe as curvas de função referentes aos componentes do biped, permitindo que spots inadequados na animação sejam detectados. Também verifica em que local a curva apresenta problemas, os quais normalmente estão relacionados à movimentação na animação, verificados pela viewport.
- **Dope Sheet:** além de exibir as tracks de pegadas, também mostra as chaves de biped. Nesse modo de visualização é possível criar movimentos repetidos, o que ocorre graças à cópia, ao recorte e à colagem de chaves.

O modo Dope Sheet oferece o Time Editing, pelo qual é possível copiar, recortar, colar e inserir segmentos de tempo na animação.

Os recursos de edição oferecidos pela curva de função são utilizados pelo Character Studio com o Animation Workbench, uma versão personalizada da visualização Track View Curve Editor.

Devemos trabalhar em tracks de animação após criar a animação do biped em uma viewport. Esse trabalho em tracks de animação permite regular a questão referente ao tempo ou ajustar a interpolação da chave para determinar a suavidade da movimentação. Tais ajustes podem ser efetuados em todos os objetos que compõem a cena por meio da manipulação direta da chave.

A visualização Track Bar oferece a maneira mais simples e objetiva de acessar as chaves, pois é nela que se encontram as chaves referentes aos objetos biped. Nessa visualização também é possível criar tais chaves. Basta pressionar a tecla Shift e arrastar. Também é possível acessar as propriedades das chaves. Para isso, acompanhe as etapas seguintes:

1. Clique com o botão direito do mouse sobre a chave desejada.
2. É aberto um menu a partir do qual devemos selecionar a opção Properties.

3. Abre-se o quadro de diálogo Key Properties para controlar as propriedades da chave. Esse quadro também pode ser acessado a partir da roll-out Assign Controller, a qual se encontra na listagem da pasta Motion.

O range existente entre duas chaves quaisquer é exibido em uma barra abaixo delas. Basta selecioná-las. Essa barra pode ser redimensionada a fim de que a velocidade da animação seja ajustada. Além disso, o range exibido na Track Bar pode ser estendido com a combinação das teclas de aceleração e botões do mouse.

A expansão da Track Bar permite que as chaves sejam exibidas mais rapidamente nas curvas de funções. A partir dessa visualização, as chaves podem ser não apenas selecionadas, mas também manipuladas.

Ferramenta Motion Flow

É responsável por organizar os arquivos de movimento em um gráfico, o qual permite ajustar diversos clips e aplicar transições entre eles. Com essas transições, os movimentos do biped são realizados em seqüência. Também é possível utilizar o gráfico Motion Flow para criar uma rede de clips, gerando uma transição entre eles.

A partir do gráfico pode-se utilizar o Character Studio ou uma simulação crowd para gerar uma seqüência de movimentos.

Ferramenta Workbench

É utilizada para visualização e manipulação das curvas de função, as quais são representadas como ângulos de Euler. Também permite visualizar as curvas referentes à posição em que se encontra determinada parte de um biped dentro de um espaço coordenado.

A Workbench localiza erros e encontra uma solução de maneira mais fácil, pois faz com que apenas as partes do corpo biped ou os objetos a ele relacionados sejam selecionados.

Além disso, o Animation Workbench oferece funções para reduzir as chaves, bem como aplicar filtros às curvas de movimento, possibilitando a aplicação de suavidade à animação.

Ferramenta Motion Mixer

Tem seu design baseado em recursos de áudio. Ela trabalha de forma semelhante a um estúdio, no qual cada instrumento é gravado em tracks individuais que são misturadas para que esses instrumentos toquem em conjunto ou sejam sobrepostos.

Quando utilizamos a ferramenta Motion Mixer para trabalhar com bipeds, várias tracks com séries individuais de clips podem ser inseridas no mixer. Com isso podemos usar tais clips da maneira desejada, ou seja, usar apenas parte de alguns, tornar um determinado clip mais rápido, criar transições, entre outros tipos de configurações.

Introdução ao Physique

Ao trabalharmos com o Character Studio é muito comum lidar com skins, objetos baseados em vértices ou pontos de controle que podem ser deformados. Como tipos de skin temos meshes, shapes e patches.

Quando aplicamos uma skin a uma estrutura de esqueleto, é interessante que ela tenha a aparência mais natural possível, ou seja, que a skin se deforme de acordo com os movimentos realizados pelo esqueleto animado.

Tal deformação da skin é obtida com um modificador chamado Physique, um plug-in do Character Studio que decide a maneira como a skin se comporta diante dos movimentos da estrutura do esqueleto, como um biped (o Physique lida com bipeds, cuja criação e animação foram feitas com a utilização do plug-in Biped, do Character Studio).

Com o Physique é possível controlar se uma determinada parte da skin movimenta-se com a curva suave que acompanha os links do esqueleto. Tal curva é definida como spline de deformação.

Para fazer com que parte de uma skin não tenha flexibilidade e acompanhe de maneira direta a movimentação do esqueleto, também adotamos o modificador Physique.

Um trabalho mais específico do Physique é dividir entre as áreas da skin, com exceção daquelas em torno de um bone, o efeito do movimento feito por esse bone. Para isso podemos acrescentar tendões.

No Character Studio é possível compartilhar o mesmo modificador Physique com diversos objetos. Sendo assim, teremos objetos com dados em comum, que podem ser salvos em um arquivo.phy. Essa prática facilita o trabalho do usuário, pois ao carregar o arquivo, é possível resgatar dados de uma parte da skin ou de uma skin específica.

Este capítulo apresenta os tipos mais comuns de skins utilizados com o Physique e os aspectos mais importantes desse modificador, como o uso de uma pose de referência, ajuste de envelopes e sua aplicação em uma skin.

Skins

Podemos aplicar o modificador Physique em diversos tipos de skin.

Os objetos mesh ou polígonos editáveis, geralmente colapsos de objetos compound ou objetos com modificadores, são os tipos mais comuns de skin usados com o Physique.

Outros tipos de skin são os primitivos de geometria configuráveis por valores paramétricos, utilizados normalmente em aplicações de Physique consideradas simples.

Objetos patch, modificadores FFD (Free From Deformation), objetos nurbs e mesh importados de outros programas, splines ou shapes de texto, objetos não colapsos com modificadores ou objeto compound são outros tipos de skin que podem ser empregados com o Physique.

Para melhorar o desempenho do modificador Physique e economizar trabalho, recomendamos, quando possível, realizar o colapso da pilha antes de aplicar o Physique em objetos com modificadores e objetos compound.

Tal medida não se aplica ao modificador Optimize. Como o próprio nome deduz, esse modificador é utilizado para melhorar o desempenho do Physique, ao ser aplicado abaixo dele, na pilha.

Após o colapso, o objeto compound ou objeto com modificadores não pode ter seus parâmetros configurados. Diante deste fato, podemos optar por salvar dois arquivos .max distintos. Um conterá os modificadores e objetos que podem ser editados e o outro, a mesh após o colapso.

Posições

Em um modelo biped, a aplicação de uma skin envolve uma pose de referência padrão dos membros e da cabeça do personagem.

Basicamente, na pose de referência do modelo, os membros devem estar esticados, porém representando a postura de descanso natural do personagem.

A tabela seguinte descreve como deve ser a posição da cabeça, braços, mãos e pernas da figura biped, na pose de referência:

Partes da figura biped	Posição
Cabeça	A cabeça da figura deve estar voltada para a direção correta.
Braços	Devem estar abertos e na altura do ombro.
Mãos	Palmas voltadas para baixo, dedos esticados e levemente separados. As mãos devem estar retas em relação aos braços.
Pernas	Devem representar uma posição de descanso, ou seja, devem estar um pouco separadas.

Envelopes e Vértices

Os envelopes compreendem uma área de influência que um link possui dentro da hierarquia e permitem controlar a deformação que uma skin terá ao movimentarmos a estrutura do esqueleto. Tal área é formada por um par de bounds internos e externos. Cada um desses bounds possui quatro seções cruzadas.

Uma das possibilidades ao usar envelopes é sobrepor links próximos. Em razão disso, caso um vértice esteja na área de sobreposição determinada pelo envelope, as intersecções de junção tendem a apresentar uma combinação de característica suavizada.

Os envelopes podem ser deformáveis ou rígidos. Se utilizarmos envelopes deformáveis, os vértices envolvidos pelo envelope seguem a spline de deformação por toda a hierarquia.

Os envelopes rígidos farão com que os vértices localizados em suas áreas sejam ligados ao osso, ou nó, e movidos em relação à ligação de maneira imóvel.

Assim como os deformáveis, os envelopes rígidos também podem ser deformados, porém a deformação ocorre na área de sobreposição de outros envelopes, caracterizando uma mistura.

Uma particularidade dos envelopes rígidos é girar pela extensão da ligação, obtida pela ativação de um parâmetro existente em Link Sub-Object.

Ao aplicar skins e ajustar links em um biped, podemos combinar a utilização de envelopes deformáveis e rígidos.

Para dar um aspecto suave e flexível a uma skin aplicada na região pélvica de uma figura biped, utilizamos um envelope deformável. Aliás, este é um procedimento muito comum em skins na parte da pélvis do biped. Ainda para o mesmo biped podemos aplicar um envelope rígido a fim de diminuir a deformação em alguns links.

Nota: É possível, em um mesmo link, aplicar ambos os envelopes.

Utilizando envelopes, podemos ajustar o grau de influência que a área de sobreposição de um envelope exerce sobre vértices dessa área. Para esse ajuste dispomos dos controles de blending, que permitem as seguintes ações:

- Ajustar a influência dos envelopes sobre o blending na área de sobreposição.
- Determinar a quantidade de envelopes que vão participar do efeito de blending.
- Estabelecer que nenhum blending seja aplicado.

Os vértices, ao serem posicionados na área determinada pelos limites externos e internos, apresentam um peso, que indica a porcentagem de influência que o link ou links anexados possuem. Na viewport, o peso pode ser identificado pela cor que os vértices apresentam.

No quadro Blending Envelope Display Options, encontramos parâmetros que determinam as cores para os pesos dos vértices.

O peso de valor 1 é atribuído a vértices do limite interno do envelope. Um peso que é reduzido até o valor 0 será atribuído a vértices entre os limites interno e externo do envelope.

Ajuste na Forma Padrão de Envelopes

Na ligação de links, podemos presenciar vértices mal ligados, junções deformadas, dentes na mesh, entre outros, causados pela utilização de um envelope pequeno demais para ser rodeado, que afeta alguns vértices.

Esses problemas podem ter as seguintes causas:

- Extensões muito pequenas dos links adotados para criar envelopes com links de sistemas de bones sem limites, o que faz com que os vértices ligados ao link não possam ser envolvidos; desalinhamento do biped com a mesh.

Ajuste Fino dos Envelopes

Ajuste fino a ser feito pela roll-out Blending Envelopes, em que é possível escolher entre os seguintes níveis de seleção:

- **Cross Section:** por padrão os envelopes possuem quatro cross sections, com os quais podemos modificar precisamente a forma dos envelopes.
- **Control Point:** por meio dos pontos de controle podemos estabelecer o perímetro de uma cross section individualmente. Uma cross section apresenta, por padrão, quatro pontos de controle que podem ser movimentados pela ferramenta de movimentação, adotando os seguintes passos:
  - Dimensionar o ponto de controle a uma distância correta do link.
  - Rotacionar o ponto para a orientação desejada.

Os pontos de controle utilizam coordenadas cilíndricas para se posicionarem nas cross sections. As coordenadas compreendem a distância a partir do link em algum ângulo dele.

Opções de Envelopes

Nos próximos três subtópicos veremos como trabalhar com envelopes deformáveis e rígidos, seja separadamente ou em conjunto.

Envelopes Deformáveis

Vimos anteriormente que, em envelopes deformáveis, os vértices seguem a spline de deformação por toda a hierarquia. Envelopes desse tipo têm a função de manipular a deformação das skins.

Além dos ajustes básicos a serem realizados nos envelopes deformáveis, é possível, posteriormente, aplicar ajustes mais específicos aos envelopes, os quais compreendem a manipulação da skin em níveis de subobjeto, como Link, Tendon e Bulge.

Utilizamos o nível de subobjeto Link principalmente para ajustar a suavização da skin e a forma das splines. Nesse nível também podemos ajustar os parâmetros de Joint Intersection, para definir o comportamento das dobras situadas nas áreas onde os links se encontram e se curvam.

Ainda em tal nível de subobjeto podemos controlar características de deslizamento, dimensionamento, curvatura e giro da skin, em links individuais.

No nível de subobjeto Tendon, é possível controlar características dos tendões, que se baseiam em links afastados para cima ou para baixo do esqueleto a fim de criar um movimento secundário, que pode ser de esticar ou de puxar. Nesse subobjeto podemos controlar o estiramento que a skin sofrerá no movimento do esqueleto. Tal estiramento está relacionado principalmente a links que não estão próximos.

Outro ajuste específico nos envelopes deformáveis é feito no nível de subobjeto Bulge, em que é possível definir como os músculos incham, conforme os membros do personagem se deslocam em uma série de movimentos.

Envelopes Rígidos

São muito utilizados na área de jogos para facilitar a exportação de modelos com pouca quantidade de vértices aos engines de game.

Na prática, tais modelos são conectados a esqueletos com envelopes rígidos. Cada vértice do modelo pode ser atribuído a um link específico. Para que esse vértice seja localizado, são consideradas as seguintes características:

- Uma extensão ao longo do link.
- Uma distância a partir do centro do link.
- Um ângulo em torno do link.

Sendo assim, todos os vértices atribuídos a um link serão igualmente modificados na transformação desse link.

Aplicar envelopes rígidos a personagens resulta em uma skin rígida, pois os vértices acompanham o link ao qual estão atribuídos, ou seja, o link de controle.

Utilização de Envelopes Deformáveis e Rígidos no Mesmo Link

Dependendo da situação, podemos reunir as características dos envelopes deformáveis e rígidos em um único link.

É possível aplicar ambos os envelopes para dar a um bone a capacidade de afetar duas partes diferentes de uma mesh.

Atribuição de Vértices

Outro subobjeto que pode ser editado no modificador Physique é o Vertex, que possui diversos controles, disponíveis na roll-out Physique Selection Status and Vertex-Link Assignment.

Ao aplicar os envelopes, realizamos ajustes em sua posição e tamanho para corrigir defeitos de movimentação. Porém, alterar o posicionamento e a dimensão dos envelopes pode ser insuficiente para resolver movimentos inadequados. Diante dessa situação, configurar os controles do subobjeto Vertex pode ser a solução.

Com tais controles podemos ignorar atribuições de vértices a links atualmente utilizadas e alterar o peso e o tipo de blending.

O Vertex também pode ser adotado para corrigir problemas como a movimentação indesejada de vértices de uma parte do modelo, causada ao movimentar outra parte do mesmo modelo, considerando que há vértices desta última atribuídos a links da primeira parte do modelo. Se fizermos uma nova atribuição, desta vez inserindo tais vértices em seus próprios links, podemos sanar o problema de movimentação. Adotando tal procedimento, contornamos a atribuição de vértices a links imposta pelos envelopes do Physique.

Aplicação do Modificador Physique

Vamos aplicar o modificador Physique à skin após ajustar o esqueleto a ela.

O procedimento seguinte demonstra como é feita a aplicação do Physique à skin:

1. Selecione a figura criada como skin, que pode ser uma mesh, patch ou shape.
2. Acesse a pasta Modify.

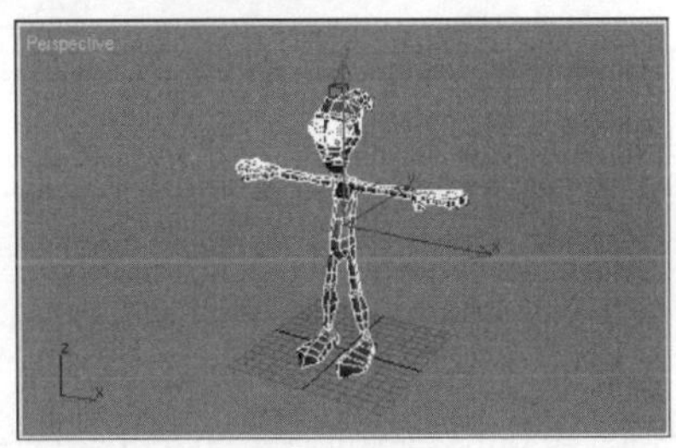

3. Clique na Modifier List.
4. Escolha o modificador Physique.
5. Na roll-out Physique, clique no botão Attach to Node.

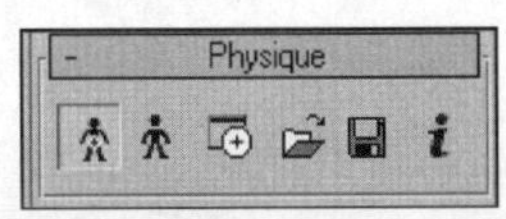

6. Clique no botão Select by Name.
7. Clique em Bip1.
8. Clique no botão Pick.

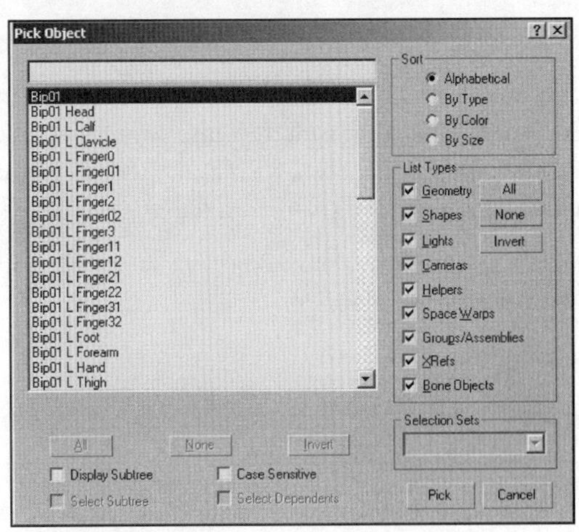

9. O quadro de diálogo Physique Initialization é apresentado.

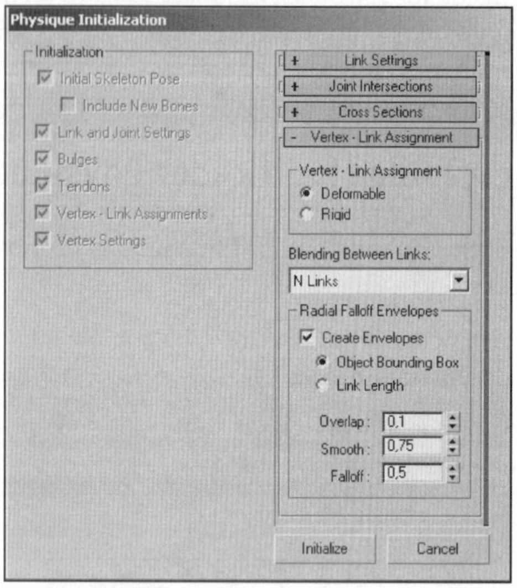

10. Clique no botão Initialize.

Surgem linhas alaranjadas que representam a fixação da skin sobre o biped. Para melhor visualizá-las, é possível ocultar partes do biped. Basta selecionar as partes desejadas por meio de Select By Name. Em seguida, na pasta Display, precisamente na roll-out Hide, clique no botão Hide Selected .

Nota: Não ocultar o bip01, pois vamos utilizá-lo para criar passos para o biped.

As etapas anteriores referiram-se à aplicação da skin ao biped. Após a aplicação é interessante conferir o resultado do trabalho, já que, desta forma, ele pode determinar os ajustes posteriores na skin com o esqueleto.

As etapas seguintes mostram como visualizar os resultados da aplicação da skin:

1. Clique em bip01.
2. Acesse a pasta Motion.
3. Clique em Footstep Mode.
4. Crie alguns passos para o biped.

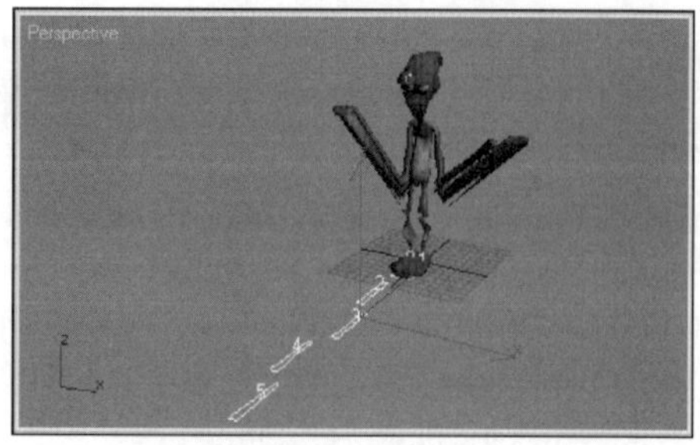

Depois de criar os passos para o biped, podemos utilizar os subobjetos envelopes para ajustar a malha, como descrito nas etapas que seguem:

1. Clique na malha.
2. Acesse a pasta Modify.
3. Clique em Physique.
4. Selecione Envelope.

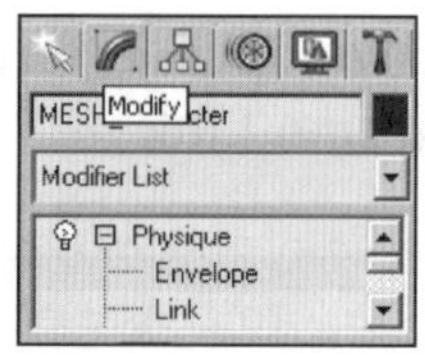

5. A posição dos envelopes será indicada por linhas e pontos amarelos na viewport.

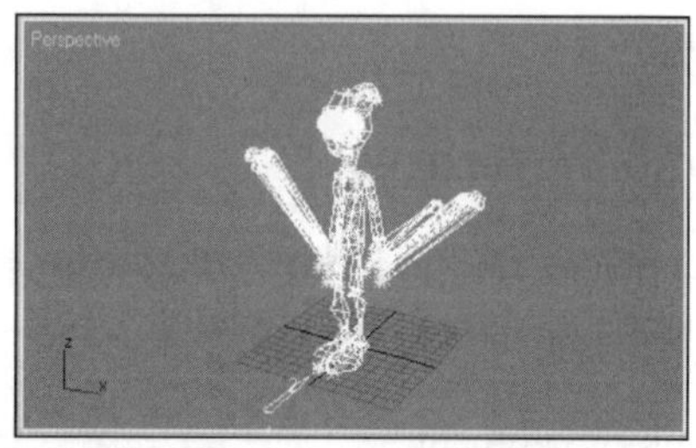

6. Selecione o envelope a ser ajustado.
7. Para facilitar o ajuste do envelope selecionado, utilize os recursos de visualização oferecidos pelas viewports.

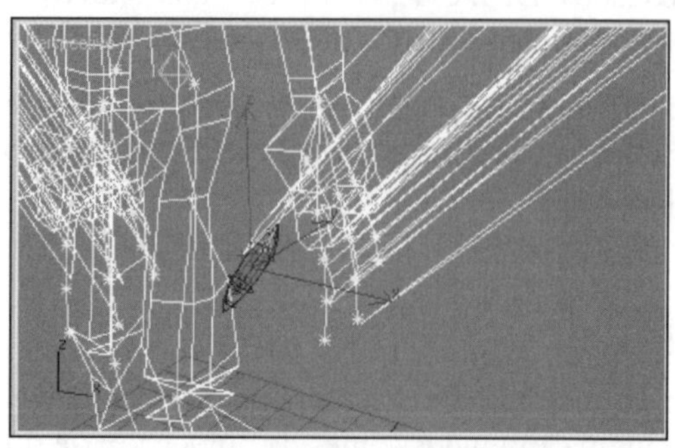

8. Ajuste o tamanho e a posição do envelope por meio de Move, Rotate e Scale.

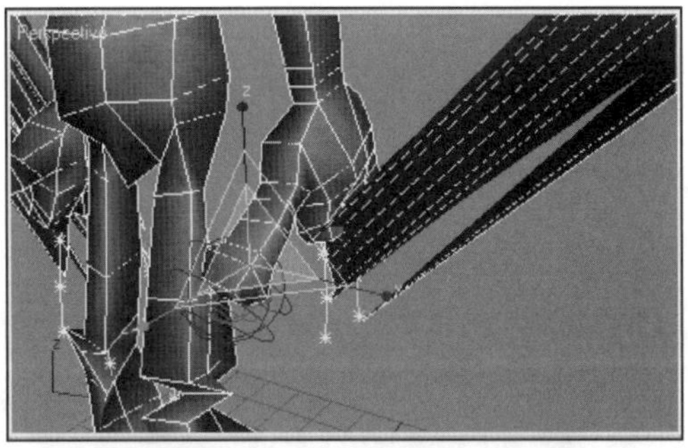

9. Caso existam outros envelopes para ajustar, repita as etapas de ajuste de envelope (passos 5 a 7).

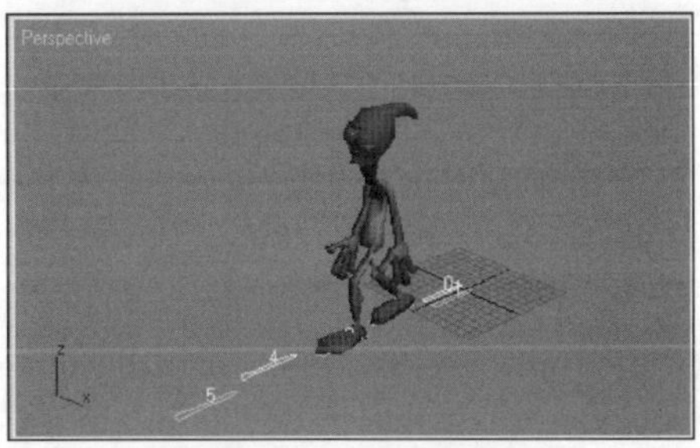

Introdução ao Motion Flow

Podemos animar um ou mais bipeds com vários arquivos de movimento pelo modo Motion Flow. Ao ativá-lo, é possível criar e organizar uma lista de clips vinculados a arquivos de movimento, possibilitando a criação e edição da transição entre eles.

Após criar uma biblioteca de arquivos de movimento (.bip) e um ou mais bipeds para aplicar os movimentos desses arquivos com o Motion Flow, podemos ativá-lo com os seguintes passos:

1. Selecione um biped.
2. Ative a pasta Motion.
3. Clique em Motion Flow Mode na roll-out Biped.

Criação e Organização de Clips

O Motion Flow Mode reserva uma área para a criação e manipulação de clips de acordo com a necessidade de uma animação. Esses clips são vinculados a arquivos de movimento e suas direções e transições definidas por um script.

Após ativar o modo Motion Flow na pasta Motion, siga os passos para criar os clips:

1. Clique em Show Graph na roll-out Motion Flow para abrir o Motion Flow Graph.

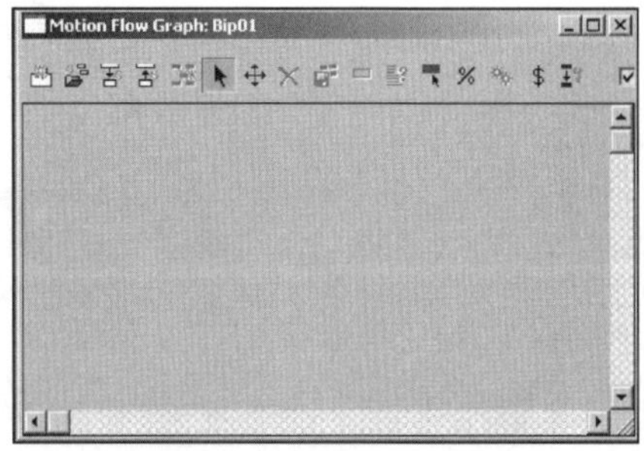

2. Clique no botão Create Multiple Files  na barra de ferramentas do Motion Flow Graph.
3. Selecione os arquivos.bip que serão utilizados no Motion Flow.

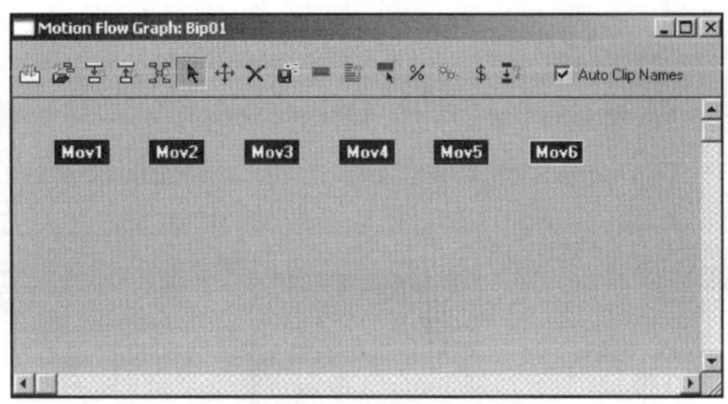

4. Clique em Abrir.

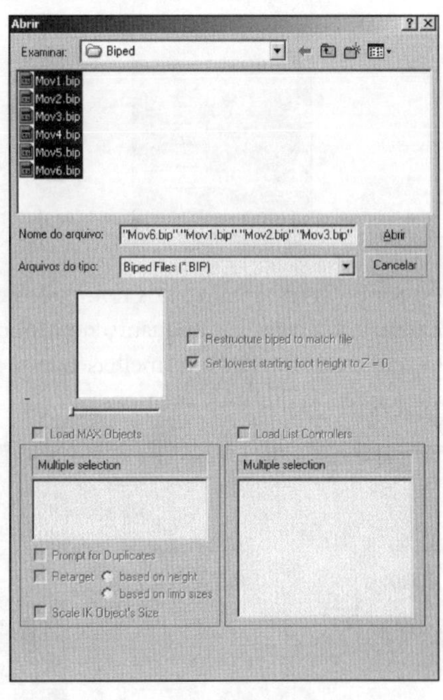

5. A ordem desses clips no Motion Flow Graph pode ser alterada pressionando o botão Move Clip. Basta selecionar o clip desejado e arrastá-lo à posição escolhida.

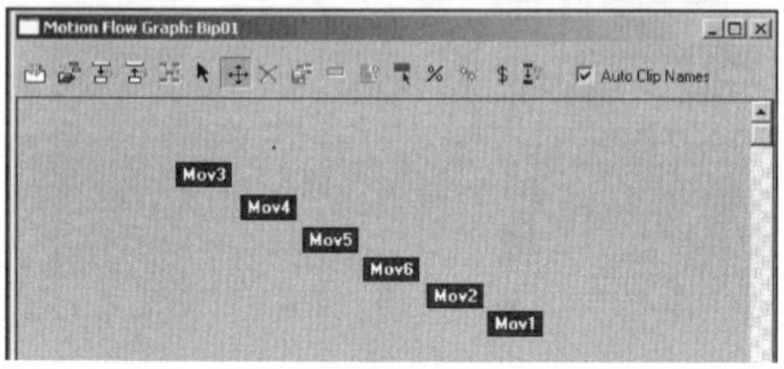

4. Após a criação do script, visualize o resultado da animação, pressionando o botão Play.

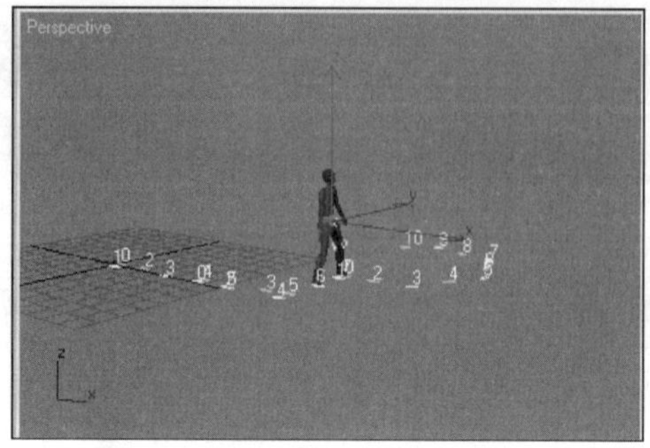

Criação de um Script

Após a criação dos clips (arquivos.bip), devemos relacioná-los em um script para obter uma seqüência de movimentos e uma transição entre eles. Para criar um script, observe o seguinte procedimento:

1. Abra a roll-out Motion Flow.
2. Clique no botão Define Script.
3. Clique nos clips no Motion Flow Graph de acordo com a ordem em que serão executados.

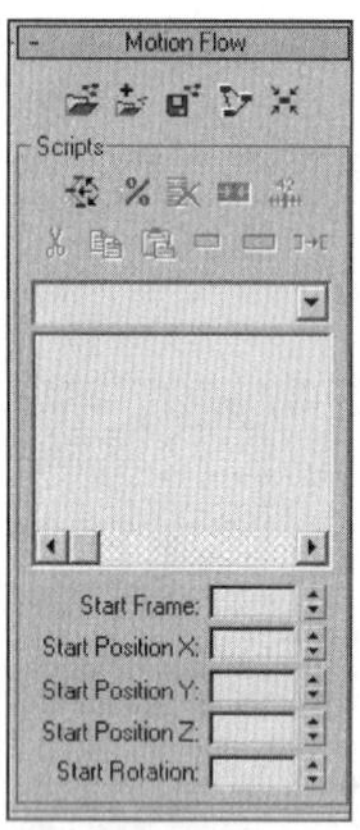

Na tela do Script, acrescentam-se os nomes dos clips e o frame de transição entre eles, enquanto no Motion Flow Graph são adicionadas setas vermelhas que indicam a direção da seqüência dos movimentos.

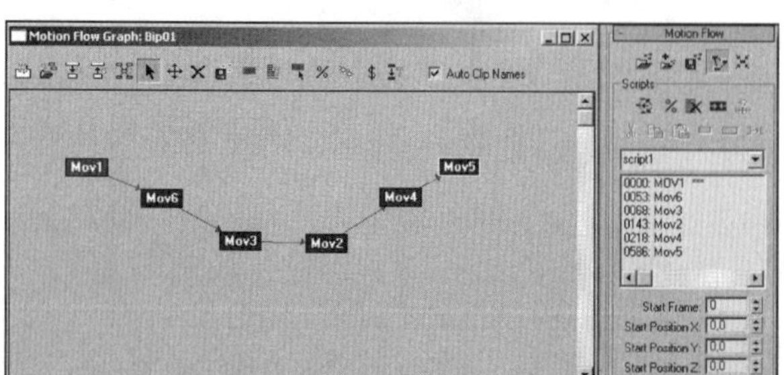

Edição de Transições

As transições entre os movimentos de um arquivo e outro são criadas automaticamente pelo Motion Flow, que calcula os frames iniciais e a duração dessas transições, descartando os movimentos desnecessários entre um clip e outro.

As transições podem ser modificadas manualmente pelo Edit Transition, que também define uma nova direção para os movimentos de um clip. Para isso utilizamos o seguinte procedimento:

1. Clique no biped e acesse a pasta Motion.
2. Ative o Motion Flow Mode na roll-out Biped.
3. Selecione uma opção na lista de clips da roll-out Motion Flow.

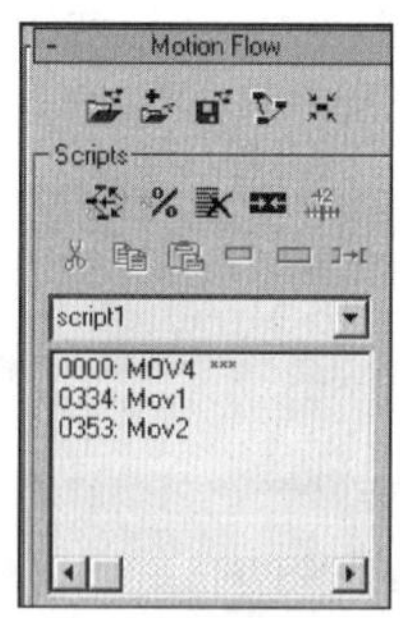

Nota: A transição que será editada está entre o clip selecionado (Source Clip) e o próximo da lista (Destination Clip).

4. Clique no botão Edit Transition.
5. Clique no botão Go to Start Frame do quadro de diálogo Edit Transition para posicionar o biped na área de transição.

Nas viewports surgem as linhas que definem a posição do biped na transição. As linhas e pegadas de cor amarela definem a posição do biped no movimento de origem (Source Clip), enquanto as vermelhas definem sua posição no movimento de destino (Destination Clip).

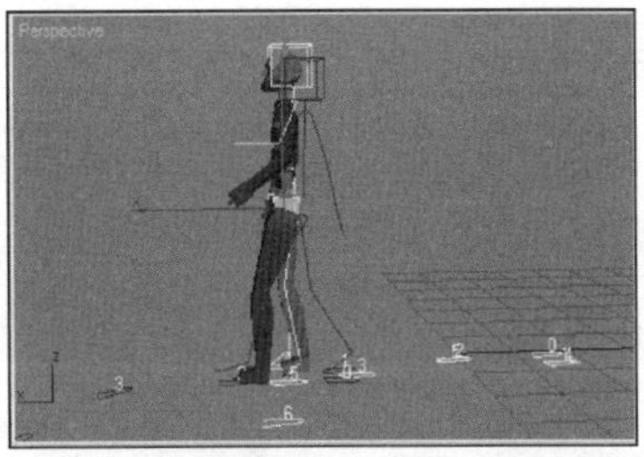

Na tela Edit Transition podemos fazer as seguintes alterações:

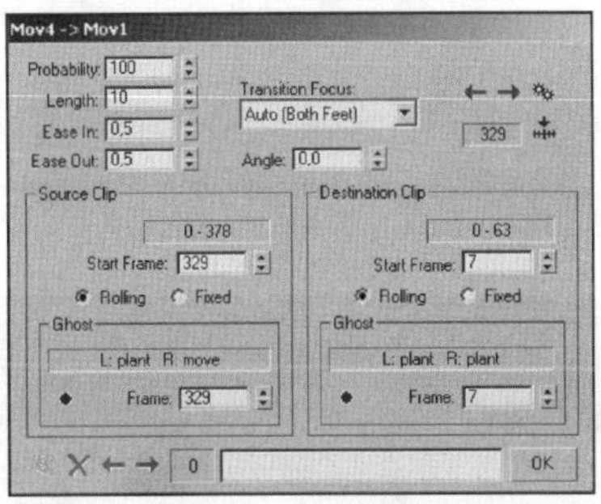

- **Probability:** define o valor da probabilidade de transição para um movimento randômico criado no Motion Flow.
- **Length:** indica a duração em frames da transição. O padrão é de 25 frames.
- **Angle:** especifica uma nova direção ao clip de destino da transição.

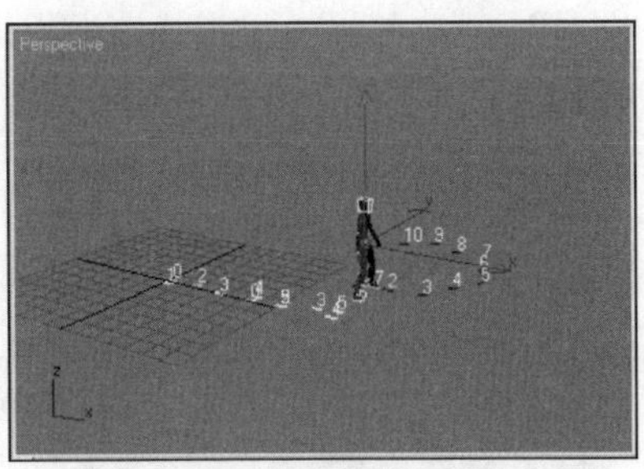

Direção do movimento definida com Angle = 0.

Direção do movimento definida com Angle = 60.

- **Área Source Clip:** indica o frame inicial de transição para o clip de origem.
- **Área Destination Clip:** define o frame inicial de transição para o clip de destino.

Shared Motion Flow - Animação de Vários Bipeds

Utilizamos o Shared Motion Flow para animar vários bipeds ao mesmo tempo, usando apenas as definições de um Motion Flow Graph. Com o botão Create Random Motion da roll-out Motion Flow é possível escolher clips aleatoriamente no Motion Flow Graph, os quais criam um script para cada biped definido no Shared Motion Flow.

Para obter um bom resultado, é importante que todas as transições possíveis entre esses clips sejam determinadas no Motion Flow Graph. Para isso, utilizamos o botão Create All Transitions.

Para associar o Motion Flow a vários bipeds, utilize o seguinte procedimento:

1. Crie vários bipeds em uma viewport.

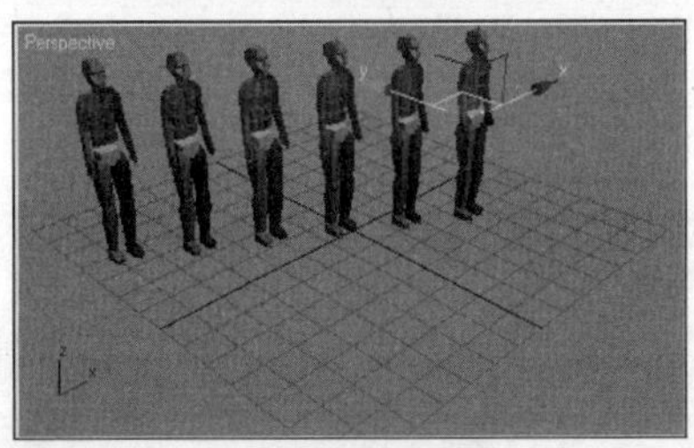

2. Selecione um dos bipeds e acesse o Motion Panel.
3. Ative o Motion Flow Mode.

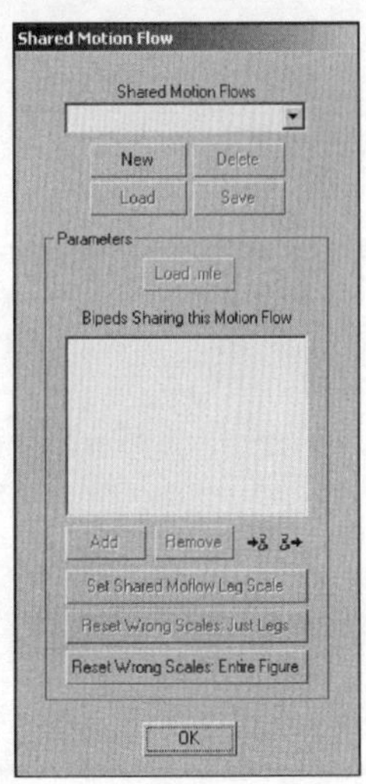

4. Clique em  Share Motion Graph na roll-out Motion Flow.
5. Clique no botão New para criar o Shared Motion Flow.

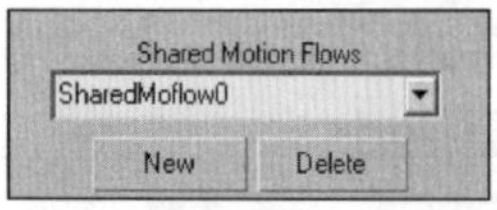

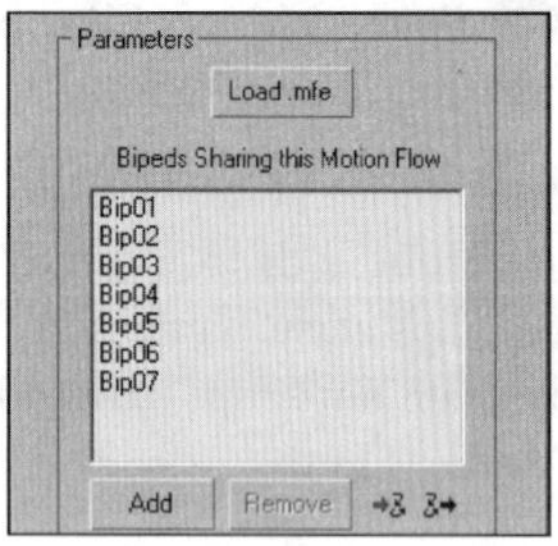

6. Clique no botão Add e selecione os bipeds da animação.
7. Nesse momento é acrescentado um círculo branco ao ícone do Shared Motion Flow 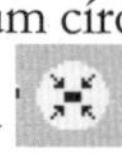, indicando que os bipeds foram selecionados.
8. Clique em OK.
9. Clique em Show Graph. O nome do Shared Motion Flow utilizado aparece na barra de título da janela.

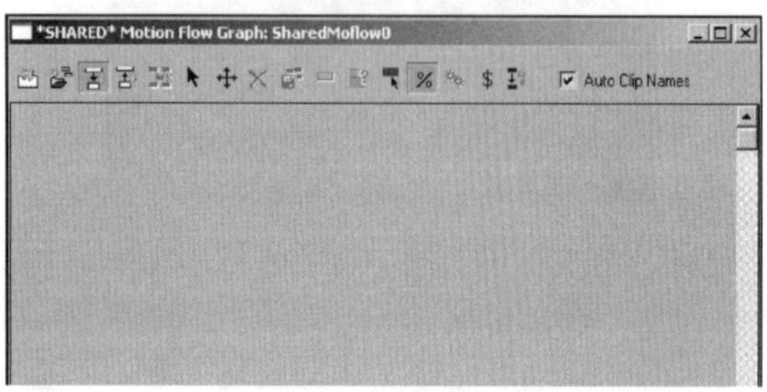

10. Insira os clips desejados com o botão  Create Multiple Clips.

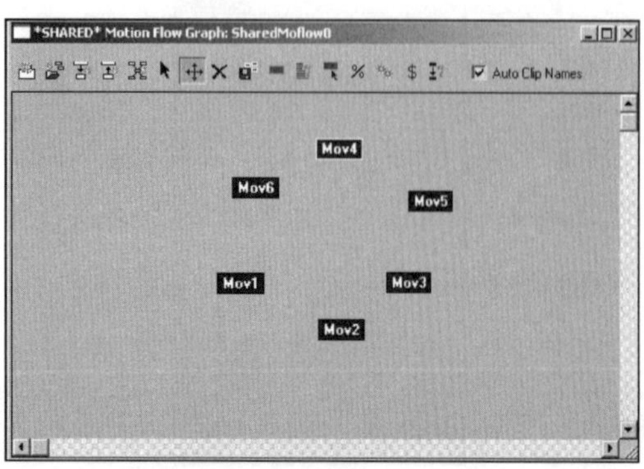

11. Crie as transições com todas as combinações possíveis, utilizando o botão  Create All Transitions.

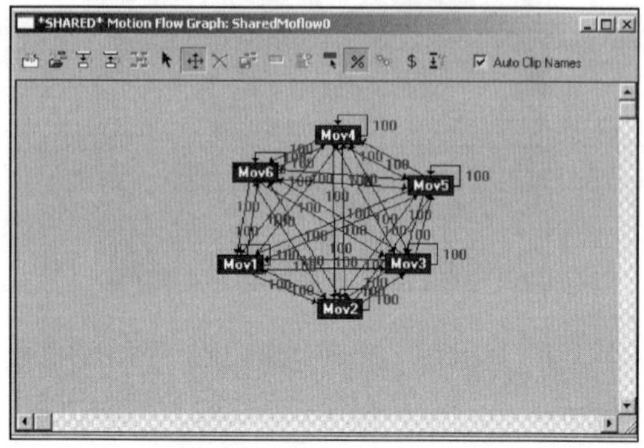

12. Clique em  Select Random Start Clip e selecione todos os clips para que sejam os primeiros nas listas dos scripts que serão criados.

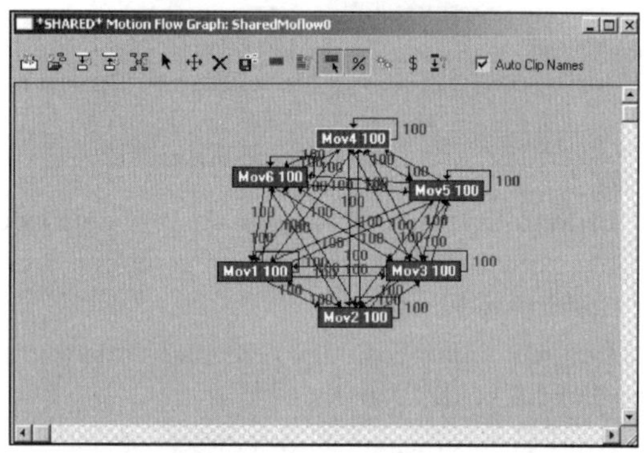

13. Clique em 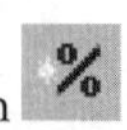 Create Random Motion na roll-out Motion Flow e crie os scripts para os bipeds.

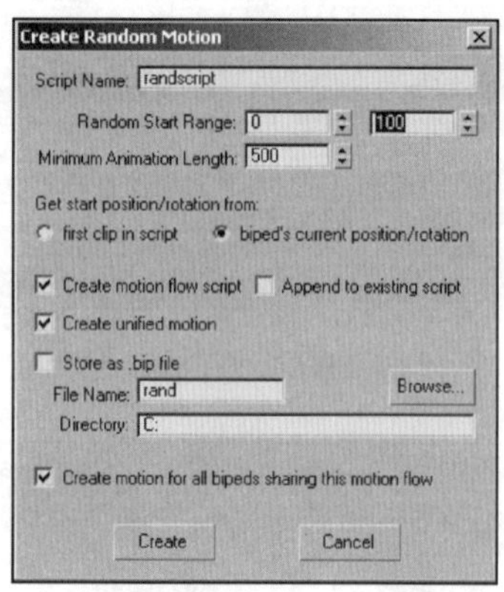

14. Defina a região de frames na qual o primeiro clip de cada script começa seu movimento, utilizando Random Start Range.

15. Ative a opção Create motion for all bipeds this motion flow.
16. Clique no botão Create.

O processo de criação dos scripts pode demorar algum tempo, dependendo da quantidade de bipeds e da complexidade dos movimentos incluídos no Motion Flow.

Um aviso será exibido para que todos os bipeds sejam colocados em Motion Flow. Clique em Sim para continuar o processo (os bipeds também podem ser colocados nesse modo, utilizando a opção Put multiple bipeds in motion flow da janela Shared Motion Flows). Visualize o resultado.

Biped Structure

Objetivos

Após completar a lição, você pode:

- Usar as novas características do biped.
- Adaptar o esqueleto biped à malha do personagem.
- Adaptar a malha do personagem ao esqueleto biped.
- Criar um biped e editar um ciclo de passos usando Euler Curves.
- Usar algumas características new bending e twisting.

Introdução

As características do biped têm sido realçadas para que você aplique facilmente movimento natural aos personagens bipeds. Se decidir adaptar o personagem biped à malha ou vice-versa, as novas características oferecem mais flexibilidade quando adicionar curvas, torções e outros movimentos.

Exercício - Melhorias Estruturais

Este exercício apresenta as melhorias estruturais feitas para os bipeds.

1. Clique em Create → Systems → Biped e crie um biped na viewport Perspectiva.
2. Na pasta Motion vá até a Figure Mode para acessar a roll-out Structure.

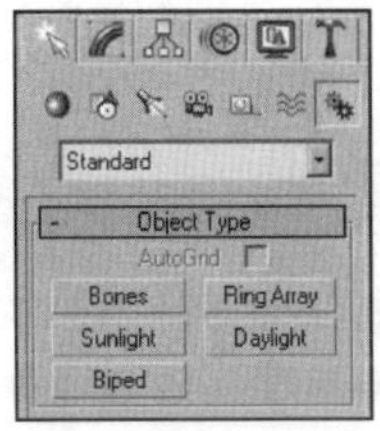

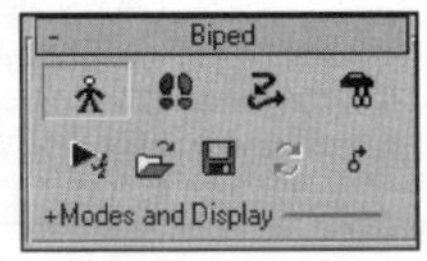

3. Na roll-out Structure, veja algumas das melhorias estruturais. Primeiramente, note os links (vínculos) extras adicionados a muitas partes dos bipeds.
4. Configure o Neck Links para 25. Agora é possível adicionar até 25 links, que devem ser suficientes para qualquer animação.

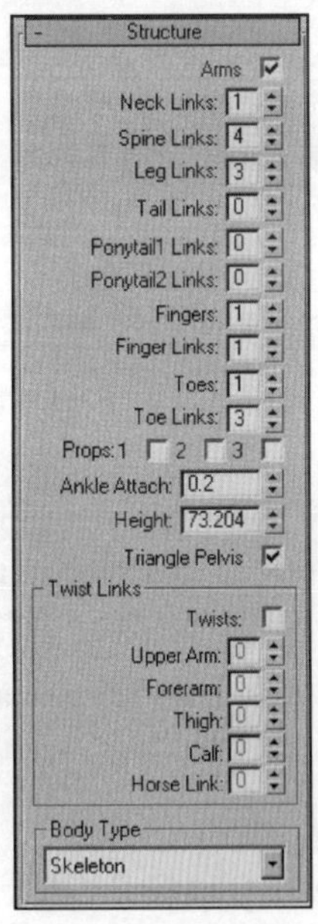

5. Configure Spine Links para 10.
6. Você pode ter até dez links para a coluna, o que dá mais flexibilidade às criaturas cuja coluna é dobrável.

7. Configure Tail Links, Ponytail1 Links e Ponytail2 Links para 25 cada. O limite mais alto para esses links é útil quando adicionar ossos extras aos bipeds.

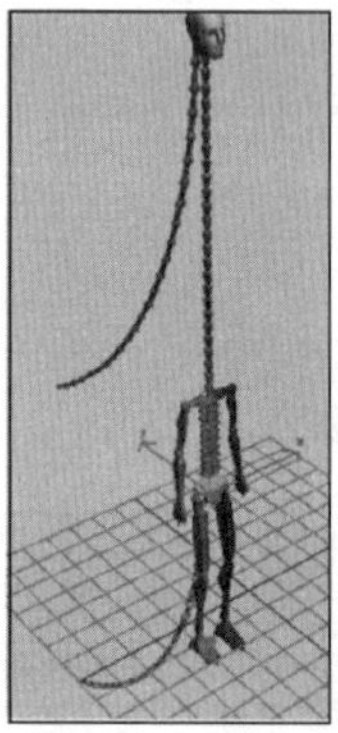

8. Altere os valores dos links para o valor-padrão. Com a tecla da direita mude os valores no Spinner ao lado de cada valor.
9. Observe alguma nova pose com torção. Abaixo do Twist Links habilite Twists e configure o Upper Arm para 10. O novo Upper Arm na área Twist é extremamente útil para ajustar a rotação de destino do ombro.

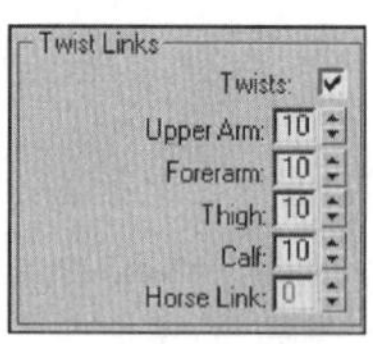

10. Configure Forearm, Thigh e Calf Twist Links para 10.

Agora os links no Twist têm um limite superior a 10, resultando em animações mais flexíveis.

Quando a perna dobra para dentro ou para fora, o Thigh e o Calf Links dão mais liberdade aos ajustes para torção da coxa e volta da panturrilha.

Exercício - Adaptação de Bones para uma Malha

Neste exercício realiza-se a edição dos bones do biped na malha, para que se assemelhem à malha que está animando.

Biped

1. Comece com um novo biped. Escolha File → New → New All.
2. Clique na pasta Create → Systems → Biped e crie um biped na viewport Perspectiva.

3. Configure Body Type para Classic. O tipo de corpo clássico é o mais fácil de editar.

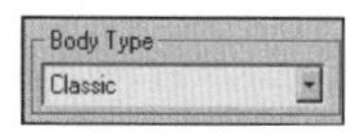

4. Abra a pasta Modify.

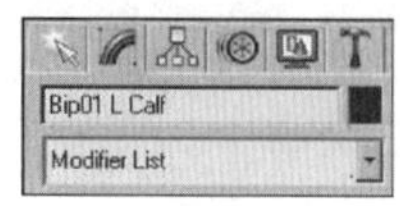

5. Selecione uma das pernas, clique nela e em Convert to e selecione Convert to Editable Mesh. Agora que é um Editable Mesh você pode selecionar vértices, edges e polygons e editá-los.
6. Adicione (carregue) o modificador Edit Poly.

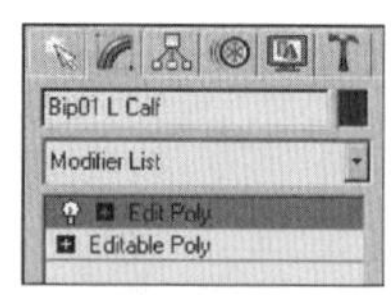

Com o modificador Edit Poly você pode selecionar edges e vértices e editar qualquer parte da perna para que se assemelhe à sua malha. Você pode usar o Connect.

7. Selecione o elemento e adicione o Mesh Smooth (MSmooth, abaixo do Edit Geometry). Assim há mais vértices para a carne fora do osso.

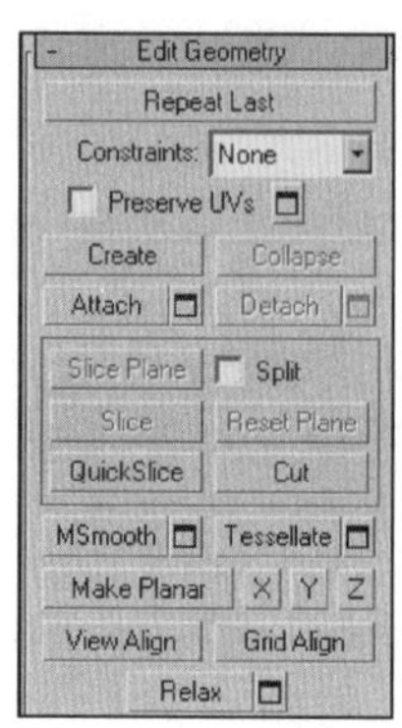

8. Quando estiver satisfeito com a edição, saia do Edit Poly e tente mover a perna do personagem.

   A perna tem boa performance e age de forma agradável em qualquer outra parte do biped. Está adequada, editada para satisfazer o olhar e a textura da malha.

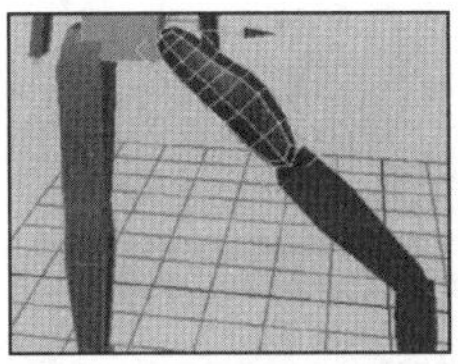

Exercício - Movimento de Edição com Euler Curves

Você vai criar um biped e editar um ciclo de passos com o Euler Curves.

1. Clique na pasta Create → Systems → Biped e crie um biped na viewport Perspectiva.

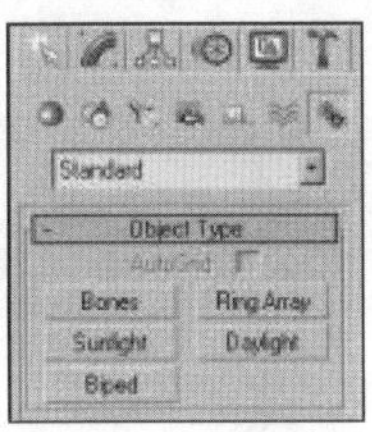

2. Selecione-o inteiro e vá para a pasta Motion.

   A roll-out Quaternion Euler aparece. Use-a para configurar todo o corpo ou parte dele a fim de ser Quaternions ou Eulers.

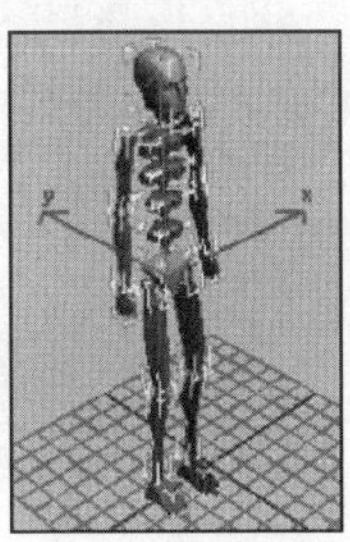

3. Selecione o Euler.

   Todas as chaves (keys) feitas no biped farão curvas de Euler. Para testar faça um ciclo de passeio simples.

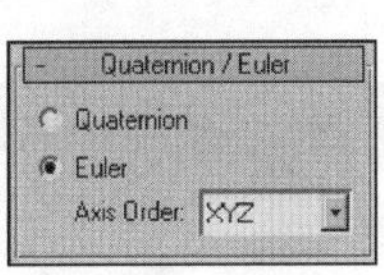

4. Selecione o objeto Center Of Mass (COM).

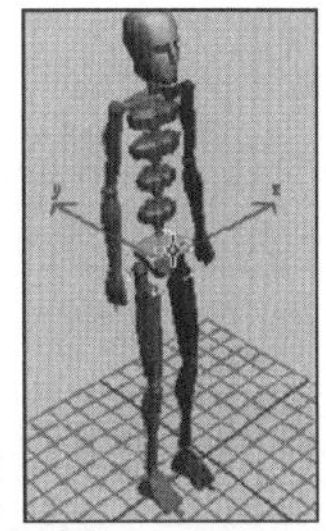

   Em primeiro lugar, anime-o. Ative o Auto Key.

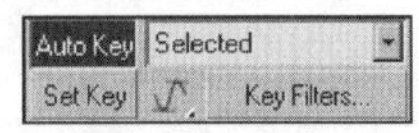

5. Vá para o frame 20.

6. Pressione o botão direito do mouse e escolha a opção Move, em seguida movimente o personagem um pouco para frente.

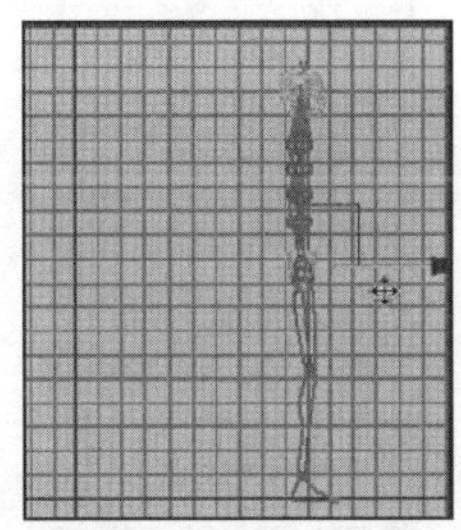

7. Vá para o frame 0 (zero) e traga-o para trás.

8. Selecione o pé verde e, na roll-out Key Info, selecione Set Planted Key.

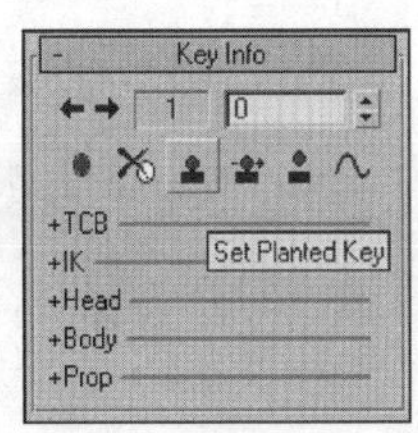

9. Faça o mesmo para o pé azul.

10. Vá para o frame 0 (zero) e mova o personagem um pouco para baixo.

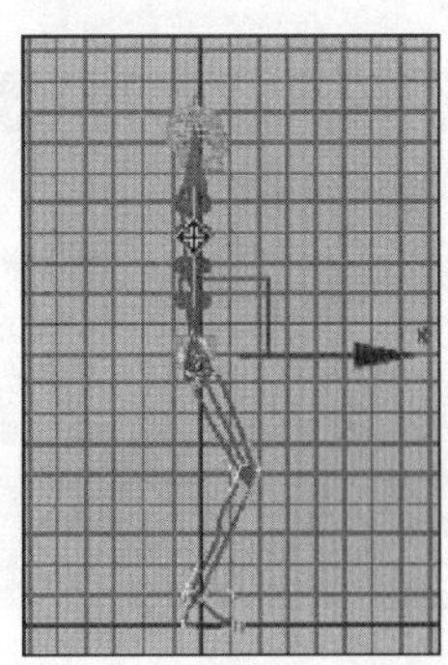

11. Faça o mesmo no frame 20.

12. Você precisa ajustar os pés. Selecione o pé verde e mova-o um pouco para trás.

13. Selecione o pé azul e mova-o adiante. Você quer que o pé azul fique no lugar enquanto o verde faz um cross-over.

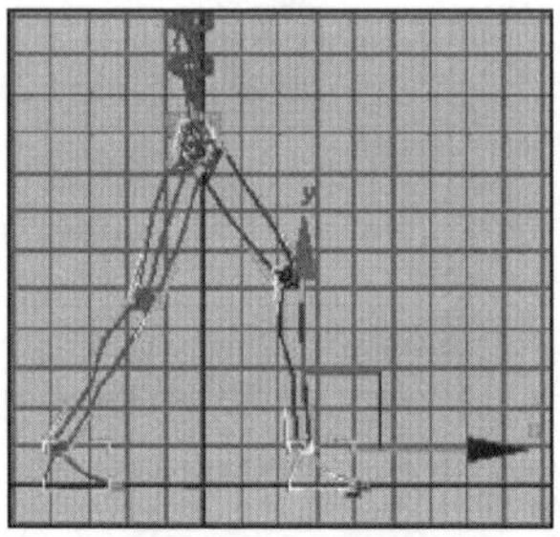

14. Vá ao frame 10 e faça um cross-over.

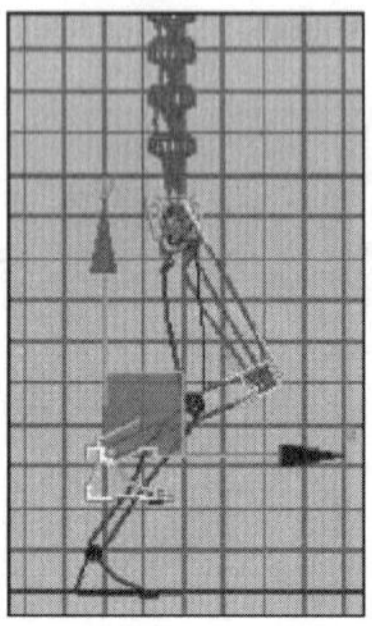

15. Vá para o frame 20 e traga o pé verde para uma posição.

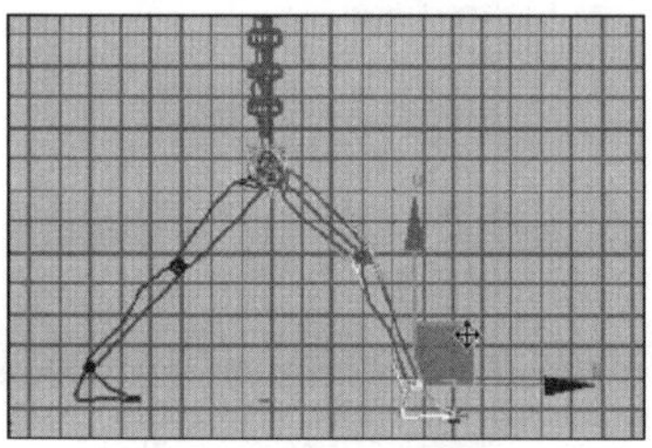

16. Talvez precise fazer alguns ajustes no frame 20, como abaixar o objeto COM e recuá-lo um pouco. Agora você tem o começo do ciclo de passeio (Walk cycle).

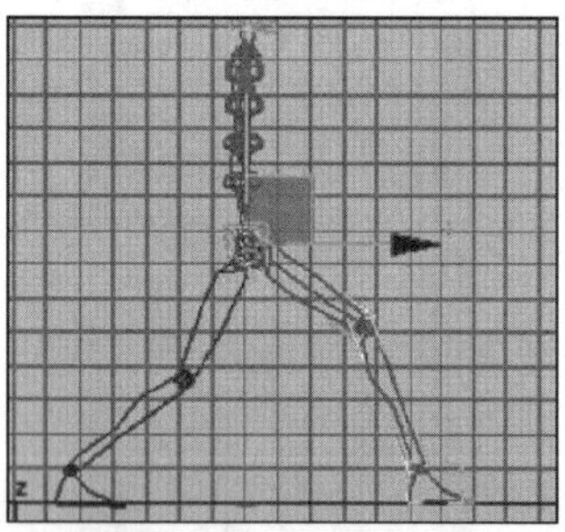

17. Desligue o Auto Key.

18. Selecione o pé verde, pressione o botão direito do mouse sobre ele e escolha Curve Editor.

O Curve Editor possui ferramentas para editar as posições ou rotações nas curvas.

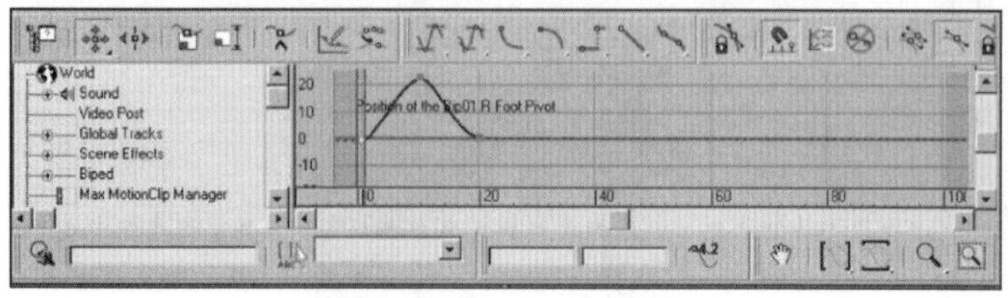

19. Clique em Show Biped Position Curves para editar a posição desse pé. É possível selecionar os eixos X, Y e Z.

20. Se você movimentar de um lado para outro, pode notar uma pequena falha antes do meio da animação.

A pequena falha aparece na curva. Edite a curva para que ela não apareça mais.

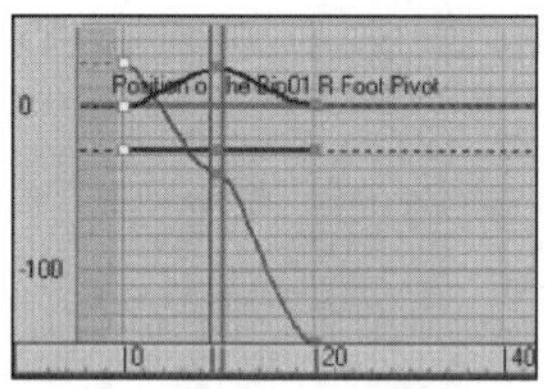

21. Aplique o Zoom sobre o relevo na curva Y (curva verde).

22. Selecione a curva e ajuste-a para suavizá-la quando a perna do personagem parar e afundar.

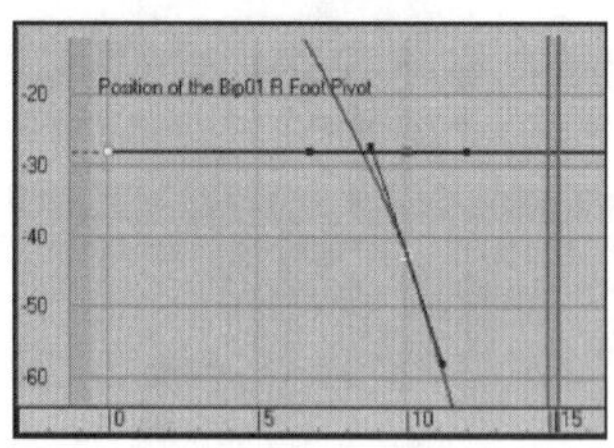

23. Você pode ajustar a altura para o levantamento do pé. Vá para a posição do nó Z e mova-o um pouco para baixo.

Você também pode ajustar Ease In e Ease Out com o Bezier.

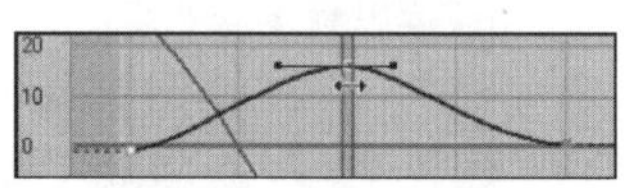

Exercício - Curvatura e Torção dos Bipeds

Veja o new bending e o twisting com o biped.

1. Crie um biped.
2. Aplique o Zoom In no ombro esquerdo do personagem (ou no direito) e selecione o upper arm azul do biped.

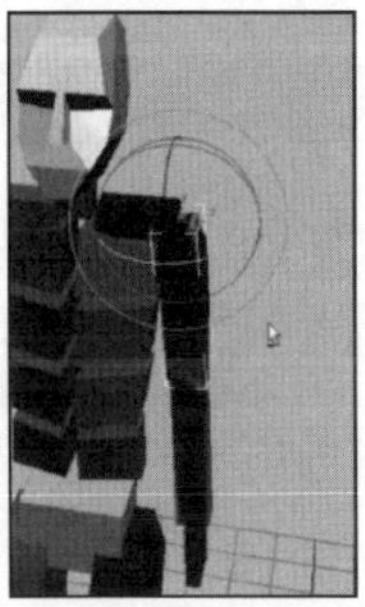

3. Na pasta Motion, vá até a roll-out Twist Poses. Por padrão, os números das diferentes posições são avaliados para que tenham as mesmas torções aplicadas a eles. Escolha uma posição por vez para experimentar.

   Note que as posições são como outras que usam o Copy Pose e Paste Pose; de qualquer forma você pode usá-las para torcer o biped.

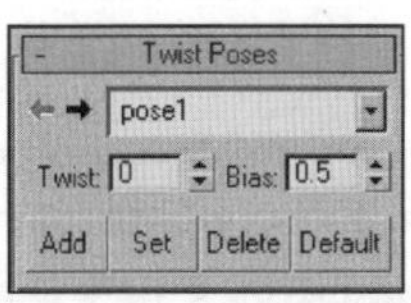

4. Clique em Figure Mode duas vezes para entrar e fora de Figure Mode para trazer o braço traseiro à posição correta. Você configura para cima o twist pose.

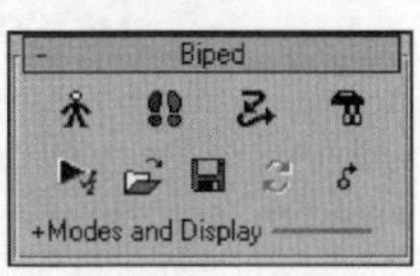

5. Na roll-out Twist Poses, clique em Add e nomeie a posição ArmDown, entrando com o nome no campo Naming.
6. Role o ombro do personagem um pouco para frente, configurando o Twist value para -40.
7. Pressione Alt+X para ver a torção dos ossos.
8. Você também pode configurar o Bias entre 0 e 1, que influi no topo do braço e na parte inferior do braço respectivamente. Configurar o Bias para 0.25 rola o ombro no topo do braço.

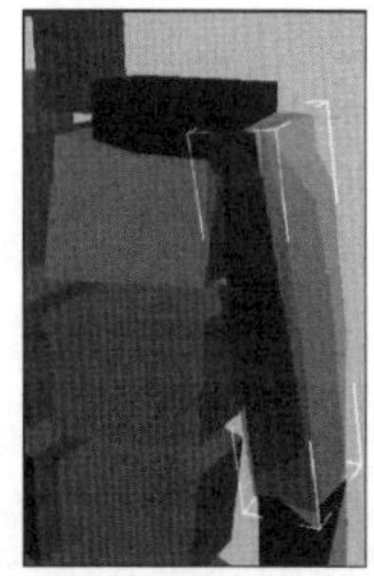

9. Configure outro twist pose. Rotacione o braço acima na posição horizontal e rotacione-o atrás no ombro.

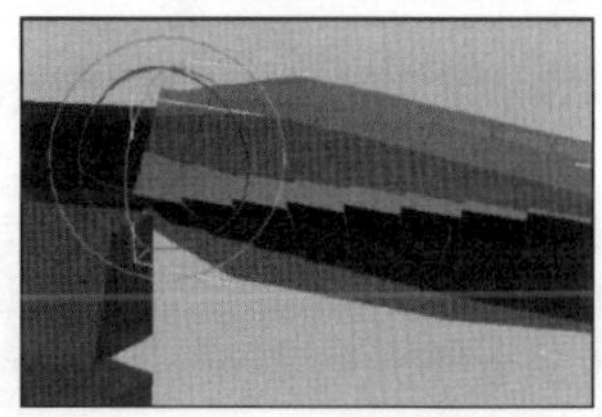

10. Clique em Add e nomeie essa posição como ArmUp.
11. Configure o Twist para 60.
12. Configure o Bias para 0.25.
13. A posição ArmUp está pronta.
14. Finalize com a posição Arm Down.
15. Selecione a parte inferior da coluna (spine).

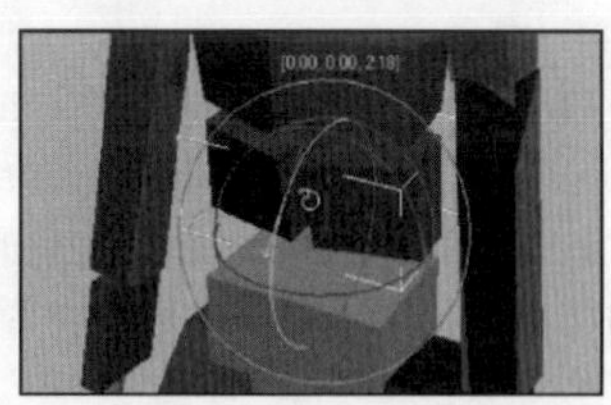

16. Na roll-out Bend Links, escolha o modo Bend Links para curvar a coluna (spine).

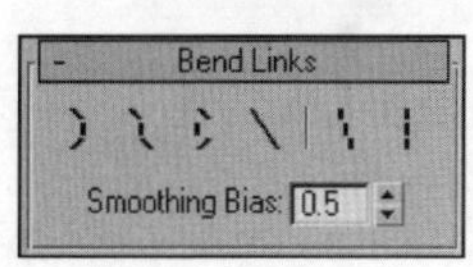

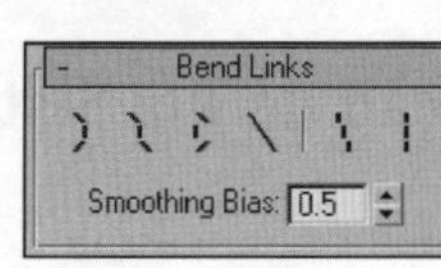

17. Com a mesma seleção no personagem, tente o modo Twist Links para torcer a coluna.

    O modo Twist Links permite torcer a coluna de maneira natural. Você também pode fazer a base link by link.

18. Clique no modo Twist Links e torça a coluna novamente. O resultado é um pouco mais suave, sem muitas torções na parte superior.
19. Clique no botão Zero Twists para recuar a torção para a posição zero.
20. Clique no botão Zero all para mover as torções e as curvas atrás para a posição zero.

Resumo

As novas características do biped estendem as possibilidades para criar rapidamente personagens realistas. É fácil aplicar curvas, torções e movimento aos personagens.

Introdução ao Crowd

O módulo Crowd do Character Studio combina objetos Helpers (Crowd e Delegate) para simular animações com multidões, sejam de objetos ou bipeds, incluindo formas de comportamentos, tais como evitar colisões, ir de encontro a outro objeto e movimentar-se com velocidades variadas.

A criação de um sistema Crowd utiliza os seguintes elementos:

- **Objeto Crowd:** trata-se de um objeto Helper que concentra as principais informações para solucionar e simular movimentos com multidões. Com ele podemos clonar elementos, adicionar e aplicar comportamentos aos objetos Delegate, ligar objetos Delegate para animar outros objetos, entre outras tarefas.
- **Objeto Delegate:** objeto Helper que trabalha entre a simulação e os objetos da multidão, possibilitando a rápida visualização do comportamento dos objetos na simulação dos seus movimentos referentes à multidão.
- **Behaviors:** comportamentos que podem ser aplicados aos objetos Delegate.

Criação de um Sistema Crowd

Para obter a simulação dos movimentos e comportamentos de múltiplos objetos de uma animação, devemos proceder da seguinte maneira:

1. Acesse a pasta Create e ative a pasta Helpers.
2. Crie um objeto Crowd e um Delegate.
3. Selecione o objeto Crowd e ative a pasta Modify.

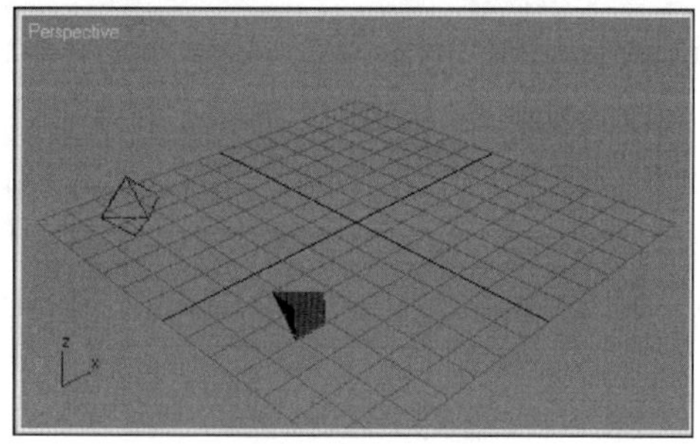

4. Utilize os comandos da roll-out Setup para:
   - Clonar delegates e outros objetos.
   - Ligar objetos e delegates.
   - Ligar bipeds e delegates.
   - Editar múltiplos delegates.
   - Atribuir behaviors a delegates.
   - Criar controles cognitivos.
   - New Adicionar e configurar behaviors (comportamentos).

Simulação

Ao realizar uma animação com objetos Crowd, usamos diversos objetos para simular o comportamento de multidões. Essa simulação é configurada pelo objeto Crowd, pelos controles cognitivos e pela síntese de movimentação.

Vejamos na tabela a descrição desses três itens:

Itens	Descrição
Controles cognitivos	Alteram o comportamento apresentado pelo objeto Delegate de acordo com a situação apresentada no decorrer do processo de simulação.
Objeto Crowd	Oferece recursos que permitem replicar os objetos e agrupá-los, bem como atribuir a essas áreas ou a seus agrupamentos os comportamentos adequados. O objeto Crowd trabalha de forma direta apenas sobre os objetos Delegate, e é utilizado pelo Crowd para trabalhar em objetos de forma indireta.
Síntese de movimentação	Trabalha com a movimentação proveniente de objetos ligados, baseando-se em diversos fatores, como a velocidade.

Objeto Helper Crowd

É utilizado no Character Studio para controlar a simulação feita com multidões. Normalmente se utiliza apenas um objeto Crowd em cada cena, o qual oferece diversas roll-outs, descritas na seqüência deste capítulo.

Para acessar o objeto Crowd, é preciso realizar o procedimento seguinte:

1. Abra a pasta Create.
2. Clique em Helpers.
3. Abra a roll-out Object Type.
4. Clique em Crowd.

Roll-Out Setup

Oferece os controles que determinam as funções apresentadas pelo objeto Crowd. Existem duas maneiras de acessar a roll-out Setup do objeto Crowd. Uma delas é a seguinte:

1. Abra a pasta Create.
2. Clique em Helpers.
3. Abra a roll-out Object Type.
4. Clique em Crowd.
5. Acesse a roll-out Setup.

A outra maneira de acesso à roll-out é a seguinte:

1. Selecione um objeto Crowd.
2. Abra a pasta Modify.
3. Acesse a roll-out Setup.

Roll-Out Solve

Oferece as opções necessárias para configurar os parâmetros referentes à solução, assim como para resolver a simulação. Essa solução pode ser feita de duas maneiras: frame a frame ou continuamente.

Assim como a roll-out Setup, a Solve pode ser acessada por dois procedimentos distintos. Um deles envolve os seguintes passos:

1. Abra a pasta Create.
2. Clique em Helpers.
3. Abra a roll-out Object Type.
4. Clique em Crowd.
5. Acesse a roll-out Solve.

A outra maneira de acesso à roll-out Solve é a seguinte:

1. Selecione um objeto Crowd.
2. Abra a pasta Modify.
3. Acesse a roll-out Solve.

Roll-Out Priority

Oferece opções que permitem ao sistema Crowd configurar uma simulação na qual há uma associação entre bipeds e delegates. Essas opções estabelecem prioridades, ou seja, determinam com qual prioridade os bipeds devem ser processados pela simulação Crowd.

Caso haja dois bipeds ou dois delegates com a mesma prioridade, a ordem de processamento de ambos é estabelecida aleatoriamente. Quanto menor o valor determinado em Priority, mais alta é a prioridade.

É possível acessar a roll-out Priority de duas maneiras distintas. Uma delas é a seguinte:

1. Abra a pasta Create.
2. Clique em Helpers.
3. Abra a roll-out Object Type.
4. Clique em Crowd.
5. Acesse a roll-out Priority.

A outra maneira de acessar a roll-out Priority é a seguinte:

1. Selecione um objeto Crowd.
2. Abra a pasta Modify.
3. Acesse a roll-out Priority.

Vejamos alguns métodos utilizados para estabelecer prioridades e quando utilizá-los:

- **Assign By Picking:** determina os níveis de prioridade manualmente. É importante quando nenhum algoritmo aplica-se à situação.
- **Increment Priorities:** mantêm os relacionamentos de prioridade em áreas distintas ao mesmo tempo que determinam que uma das áreas seja iniciada antes ou depois da outra. Permitem que as prioridades de uma das áreas sejam incrementadas ou decrementadas.
- **Proximity To An Object/To A Grid:** utilizados para resolver os delegates na ordem em que eles se encontram em uma multidão que caminha em uma única direção, ou seja, eles determinam que os delegates que se encontram à frente dessa multidão sejam resolvidos em primeiro lugar.

As prioridades dos bipeds não são importantes quando estão em um círculo e podem misturar-se. Nesse caso, podemos determinar a mesma prioridade a todos os bipeds e deixar que o sistema decida quais serão processados em primeiro lugar.

Nessa situação é aconselhável atribuir prioridades aos bipeds de forma aleatória ou prioridades únicas. Com isso, verificamos a seqüência de prioridades e podemos alterá-la, quando necessário.

Roll-Out Smoothing

Oferece opções que criam uma animação com efeitos mais naturais em uma simulação já resolvida. O Smoothing é capaz de realizar a filtragem das chaves de animação, oferecendo resultados mais naturais à medida que realiza alterações gradualmente.

Nota: As chaves de animação são reduzidas por padrão pelo Smoothing.

As opções oferecidas pela roll-out Smoothing devem ser utilizadas quando a resolução de uma simulação Crowd resulta em alterações bruscas dos objetos animados.

A roll-out Smoothing pode ser acessada de duas maneiras. Uma delas é a seguinte:

1. Abra a pasta Create.
2. Clique em Helpers.
3. Abra a roll-out Object Type.
4. Clique em Crowd.
5. Acesse a roll-out Smoothing.

Outra maneira de acessá-la:

1. Selecione um objeto Crowd.
2. Abra a pasta Modify.
3. Acesse a roll-out Smoothing.

Roll-Out Collisions

Oferece opções para rastreamento das colisões determinadas pelos comportamentos Avoid. É importante que tais colisões sejam detectadas, pois quando ocorrem em grande quantidade, os resultados obtidos com a simulação podem não ser os esperados, exigindo que o setup da simulação seja reconfigurado.

Caso um delegate seja movido manualmente, suas informações referentes à colisão não são alteradas, portanto é possível que estejam incorretas. Para corrigi-las, use a opção Clear Collisions.

É essencial destacar que, caso parte da simulação seja novamente resolvida, quando os frames são reprocessados, novas informações referentes à colisão também são reprocessadas.

Assim como as roll-outs descritas, esta também pode ser acessada de duas formas:

1. Abra a pasta Create.
2. Clique em Helpers.
3. Abra a roll-out Object Type.
4. Clique em Crowd.
5. Acesse a roll-out Collisions.

Ou, ainda:

1. Selecione um objeto Crowd.
2. Abra a pasta Modify.
3. Acesse a roll-out Collisions.

Roll-Out Geometry

Oferece uma opção para alterar o tamanho apresentado pelo objeto Crowd. Novamente há dois procedimentos para acessá-la:

1. Abra a pasta Create.
2. Clique em Helpers.
3. Abra a roll-out Object Type.
4. Clique em Crowd.
5. Acesse a roll-out Geometry.

Ou, ainda:

1. Selecione um objeto Crowd.
2. Abra a pasta Modify.
3. Acesse a roll-out Geometry.

Roll-Out Global Clip Controllers

Fornece opções que atribuem aos delegates, em uma simulação Crowd, objetos animados que não sejam bipeds, oferecendo uma síntese referente às atividades da animação de acordo com diversos critérios. As opções dessa roll-out aplicam os controles Track View para a mesma função.

Para acessar a roll-out, siga um dos procedimentos:

1. Abra a pasta Create.
2. Clique em Helpers.
3. Abra a roll-out Object Type.
4. Clique em Crowd.
5. Acesse a roll-out Global Clip Controllers.

Ou, ainda:

1. Selecione um objeto Crowd.
2. Abra a pasta Modify.
3. Acesse a roll-out Global Clip Controllers.

Criação e Distribuição de Clones de Delegates

Com o  Scatter Objects é possível clonar delegates e distribuí-los a outros objetos, atravessados em grades e superfícies, ou ainda ao longo de uma spline, especificando várias orientações e escalas. Para criá-los e espalhá-los, utilize o seguinte procedimento:

1. Crie um objeto Crowd, um delegate e o objeto pelo qual os clones serão espalhados (grid, box, esfera, forma ou uma superfície).

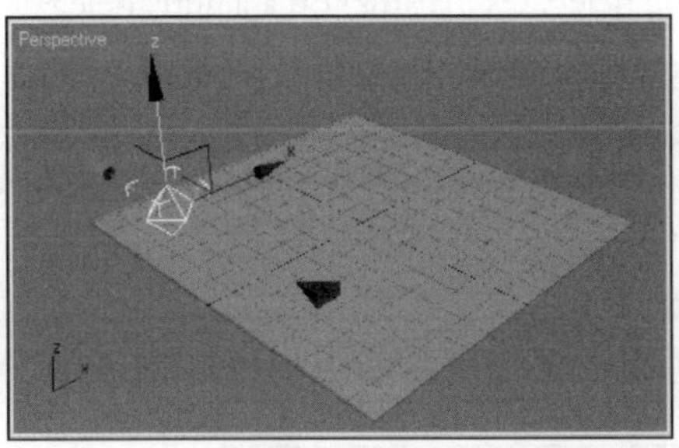

2. Selecione o objeto Crowd e ative a pasta Modify.
3. Clique no botão  Scatter.
4. Na guia Clone clique no botão Object to Clone e selecione na lista o delegate que será clonado.

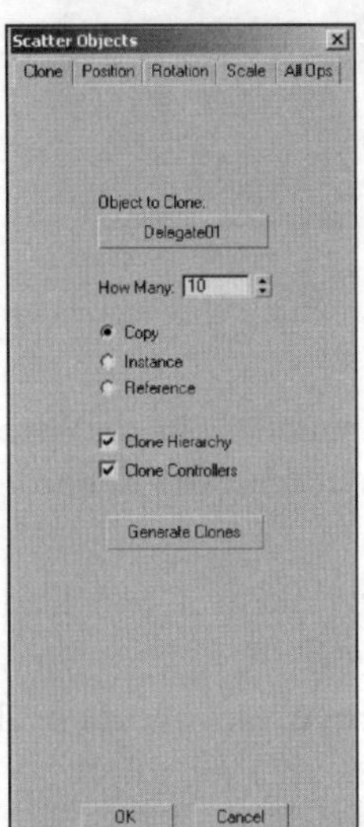

5. Defina, em How Many, o número de clones que serão criados.
6. Clique no botão Generate Clones.
7. Na guia Position selecione o objeto pelo qual serão dispostos os clones, utilizando as opções da área Placement Relative to Object.

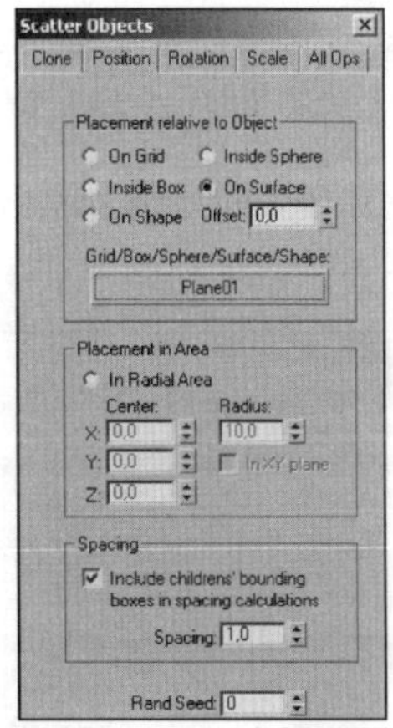

8. Clique no botão Generate Locations.

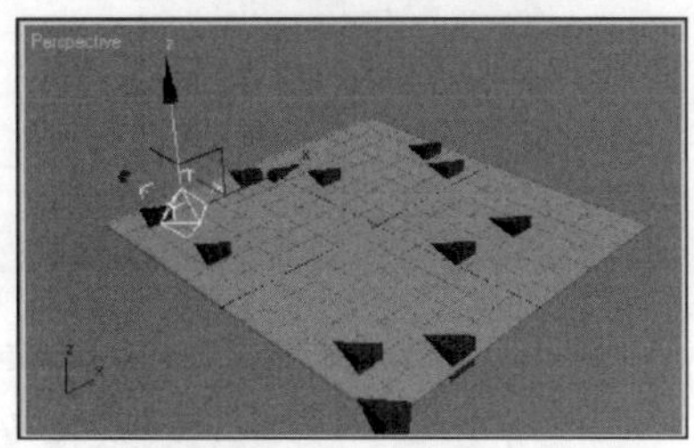

9. Na guia Rotation, defina um objeto para direcionar os delegates.

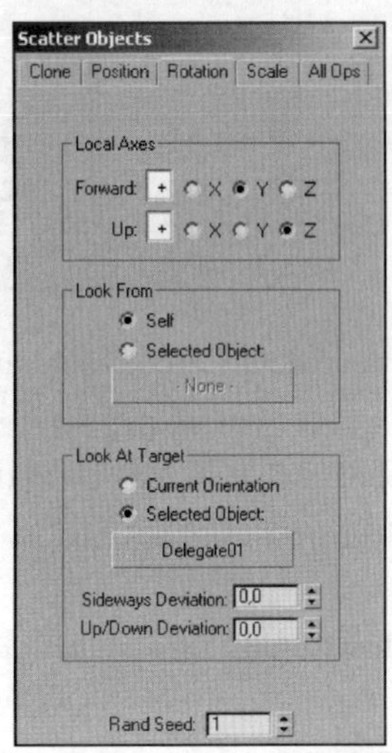

10. Clique em Generate Orientation.

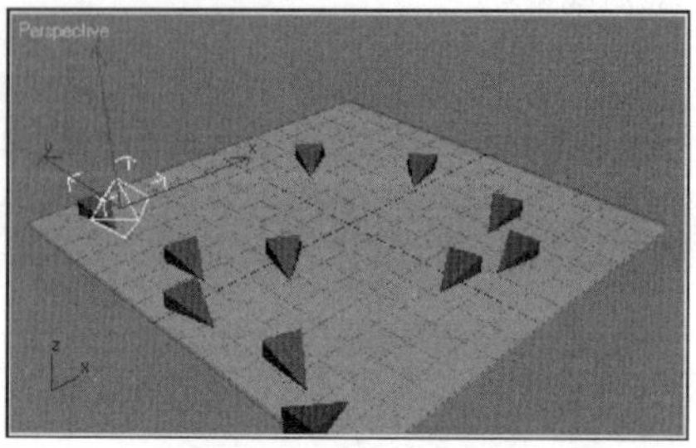

11. Na guia Scale indique a escala dos eixos X, Y e Z para os delegates.

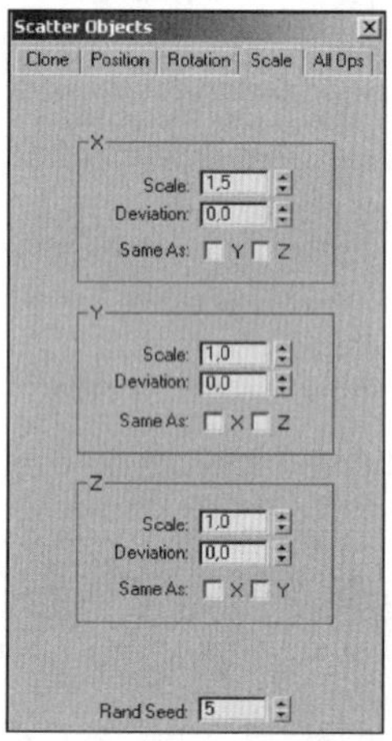

12. Clique em Generate Scales.

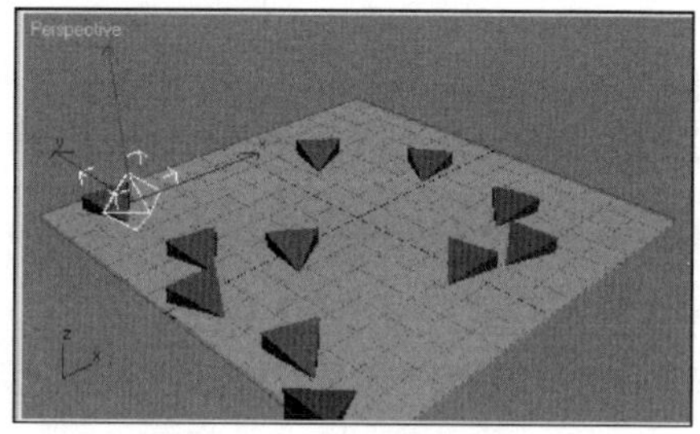

Aplicação de Comportamentos (Behaviors) aos Delegates

Use o botão  Behaviors Assignments para aplicar comportamentos aos delegates. Abre-se o quadro de diálogo Behavior Assignments and Teams.

Nesse quadro podemos aplicar comportamentos a um grupo de delegates (Teams) ou a alguns delegates.

Existem vários tipos de comportamento que podem ser empregados de acordo com o projeto da animação e, em alguns casos, será necessário usar outros objetos para defini-los.

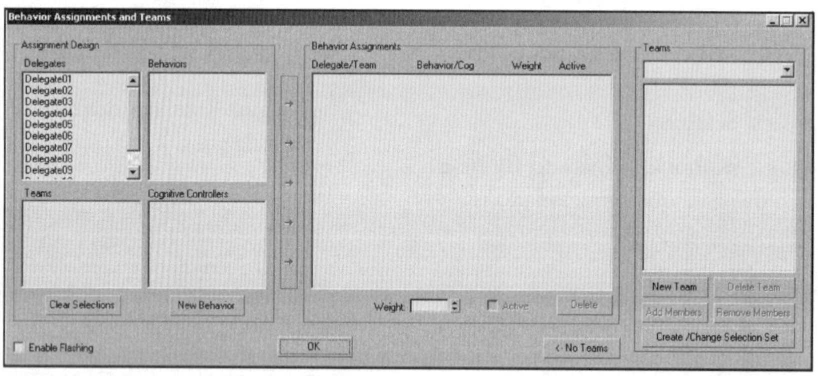

A seguir, uma breve descrição de cada um desses tipos:

- **Avoid:** impede que os delegates de um sistema Crowd colidam com outro objeto da animação.
- **Orientation:** fixa uma orientação para os delegates.
- **Path Follow:** utiliza uma spline ou um nurb para restringir o movimento dos delegates.
- **Repel:** distancia os delegates de um objeto-alvo da animação.
- **Scripted:** especifica um comportamento utilizando o MAXScript.
- **Seek:** movimenta os delegates em direção a um ou mais alvos.
- **Space Warp:** utiliza objetos Space Warp, tais como vento e gravidade, para definir o movimento dos delegates.
- **Speed Vary:** altera a velocidade de movimento dos delegates.
- **Surface Arrive:** movimenta os delegates, posicionando-os em uma superfície.
- **Surface Follow:** movimenta os delegates ao longo de uma superfície.

- **Wall Repel:** afasta os delegates utilizando uma grade.
- **Wall Seek:** aproxima os delegates utilizando uma grade 3.
- **Wander:** cria um movimento aleatório para os delegates.

Para aplicar um comportamento a um delegate, observe as etapas:

1. Clique em New Behavior no quadro de diálogo Behaviors Assignment and Teams e escolha um dos comportamentos listados.

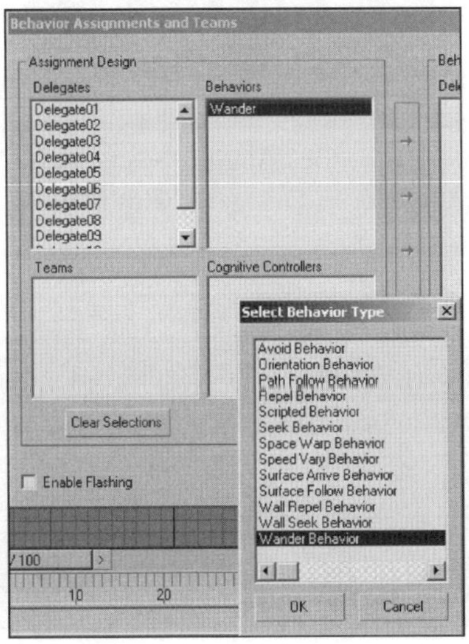

2. Clique em um dos delegates e no comportamento que será aplicado a ele em Assignment Design. Em seguida clique na barra New Assignment.

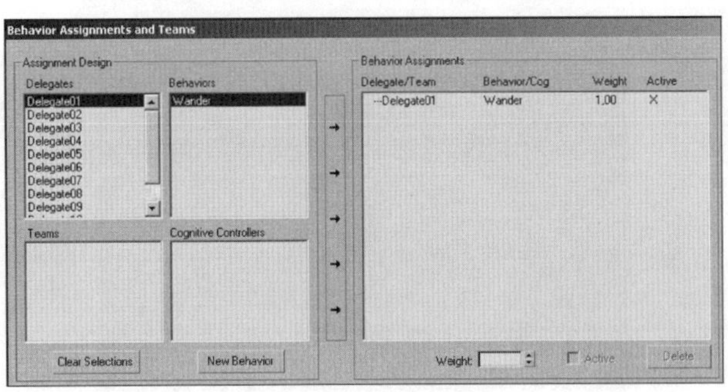

3. Clique em OK.
4. Clique no botão Solve na roll-out Solve para criar a simulação.
5. Com o botão Play Animation visualize o resultado.

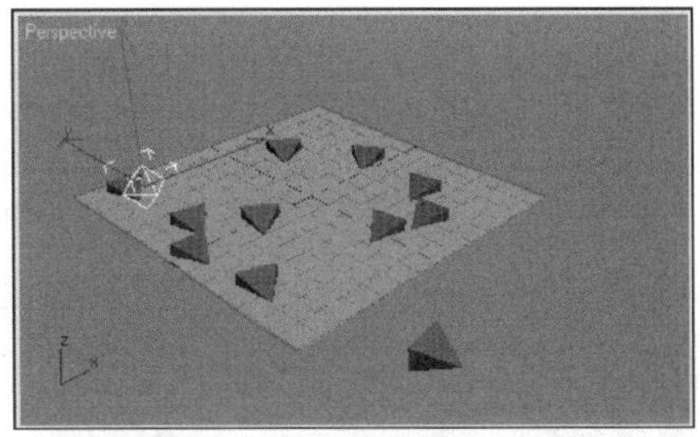

Para aplicar comportamentos a uma área de delegates, siga as etapas:

1. Clique em New Team no quadro de diálogo Behaviors Assignment and Teams e escolha os delegates que farão parte da área.

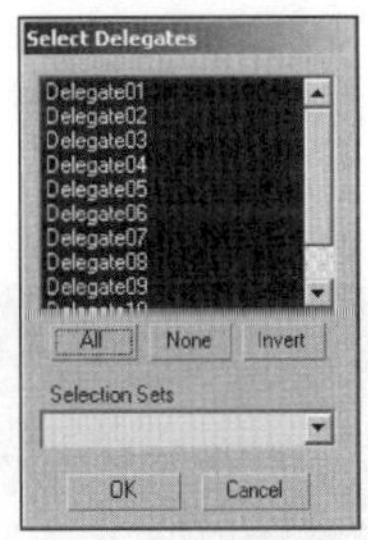

2. Em seguida clique em OK.
3. Na área Assignment Design clique no nome da área e no comportamento que será aplicado a ele.

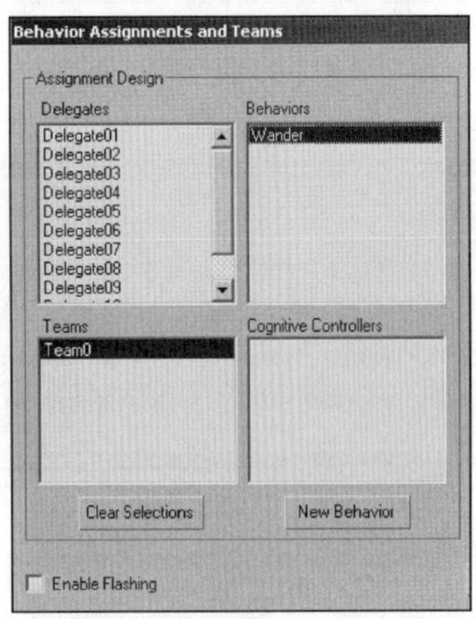

4. Clique na barra New Assignment e em OK.
5. Clique no botão Solve na roll-out Solve para criar a simulação.

6. Visualize o resultado pressionando o botão Play Animation.

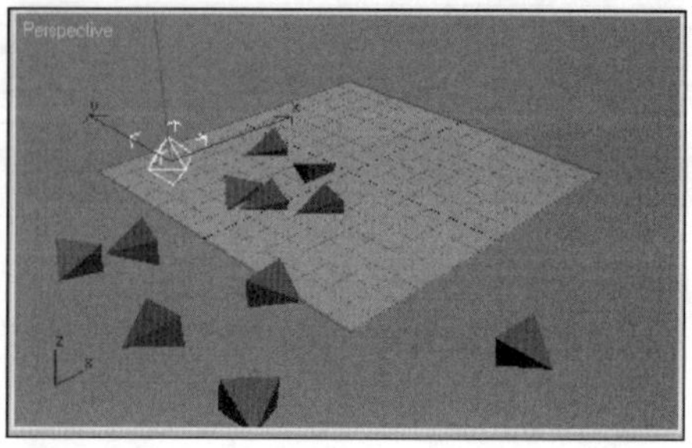

Associação de Objetos aos Delegates

Para associar objetos aos delegates criados e fazer com que eles se movimentem de acordo com os comportamentos aplicados no sistema Crowd, acompanhe o seguinte procedimento:

1. Crie a mesma quantidade de objetos e delegates na animação.

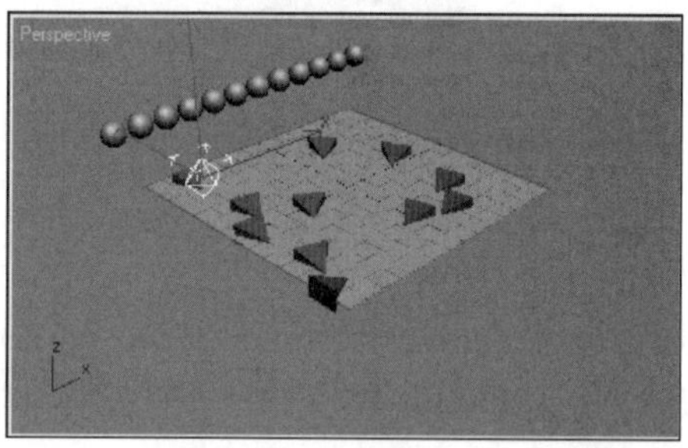

2. Clique no objeto Crowd e ative a pasta Modify.
3. Clique no botão Behavior Assignments e adicione um evento behavior a todos os delegates presentes na cena.
4. Clique em  Object/Delegate Associations.
5. Clique no botão Add referente a objetos e selecione os objetos que serão associados aos delegates.

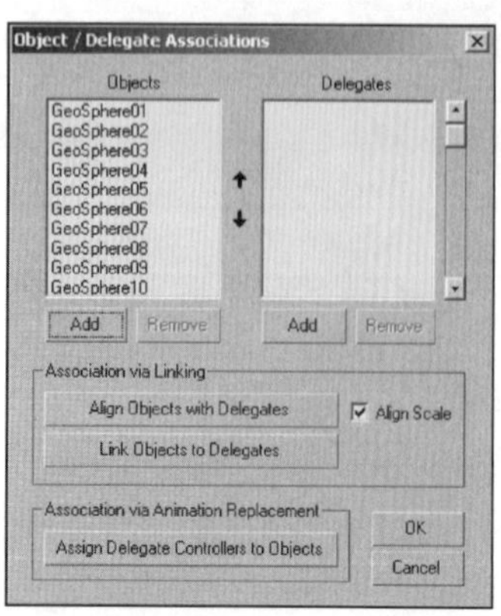

6. Clique no botão Add referente a delegates e selecione os delegates que serão utilizados na associação.

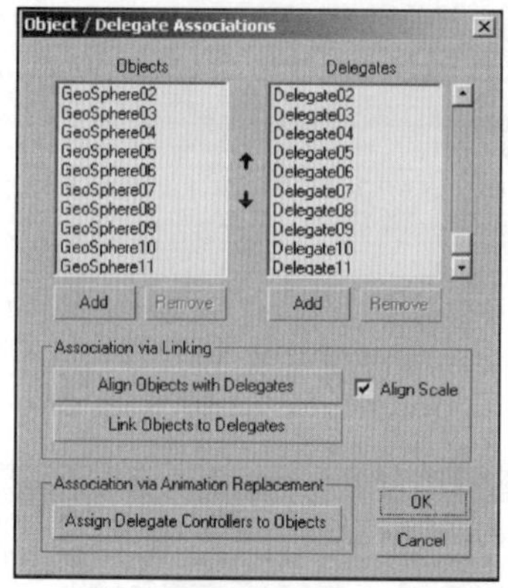

7. Clique nos botões Align Objects with Delegates e Link Objects to Delegates. Em seguida, clique em OK.

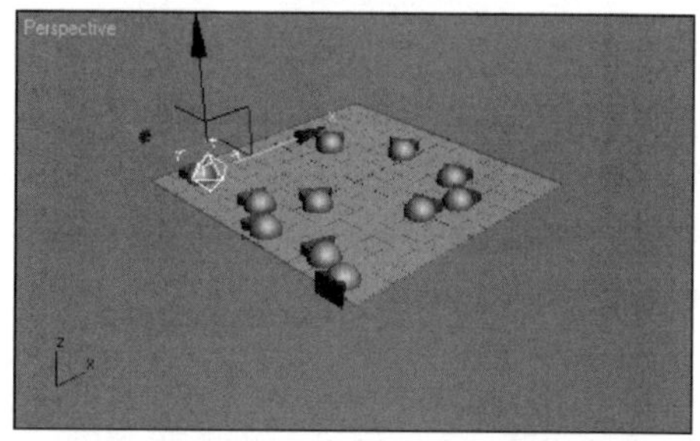

8. Clique no botão Solve na roll-out Solve para criar a simulação.
9. Com o botão Play Animation visualize o resultado.

Associação de Bipeds aos Delegates

O sistema Crowd trabalha de forma diferente com bipeds, uma vez que eles só podem percorrer um caminho definido no Motion Flow. A inclusão de paradas, movimentos aleatórios, mudanças de direção e velocidade torna-se importante para evitar colisões.

Para trabalhar com bipeds em um sistema Crowd:

1. Crie o sistema, inclua um objeto Crowd e delegates associados a comportamentos (behaviors).

2. Crie um Motion Flow com clips de diferentes movimentos, direções, velocidades e transições.
3. Crie um Shared Motion Flow para associar os movimentos incluídos no Motion Flow aos diversos bipeds da animação.

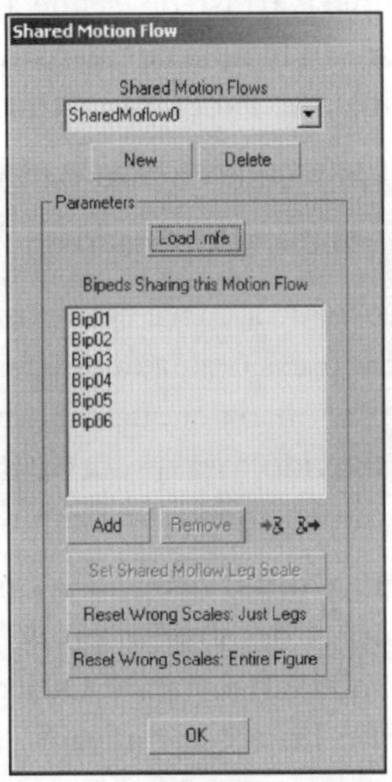

Após esses passos podemos associar os bipeds aos delegates criados, possibilitando a utilização de comportamentos, tais como mover-se em direção a um objeto e evitar a colisão com outros. Durante o processo, o 3ds Max procura o melhor caminho para cada biped de maneira que sejam satisfeitas as condições criadas com os delegates e os comportamentos associados a eles.

Para associar bipeds aos delegates, utilize o seguinte procedimento:

1. Clique no objeto Crowd e ative a pasta Modify.
2. Na roll-out Setup clique no botão  Bipeds/Delegates Associations.
3. Na janela Associate Bipeds with Delegates, clique no botão Add da área Bipeds e selecione os bipeds que serão utilizados.
4. Na mesma janela, clique no botão Add da área Delegates e selecione os delegates a serem utilizados.

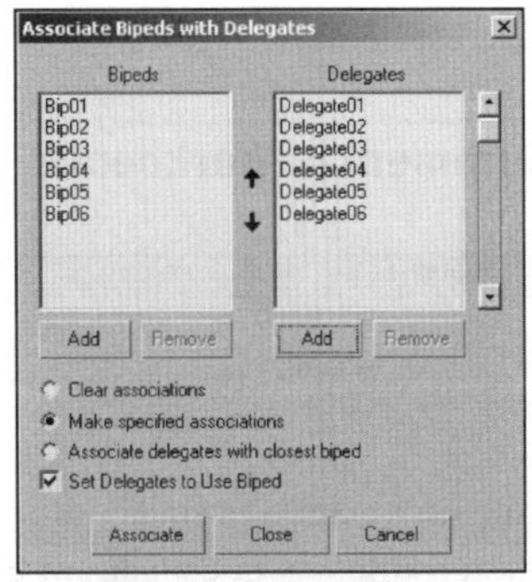

5. Clique no botão Associate.
6. Clique em Solve para criar a simulação.

Editores de Animação

Workbench

O Workbench otimiza os efeitos de animação realizados nos bipeds e os corrige, quando necessário. Ele fornece várias opções para visualização e manipulação de curvas, assim como filtros, utilizados para efetuar operações especificamente referentes aos bipeds.

Com o Workbench é possível verificar as curvas a fim de encontrar eventuais condições de erros e também usar os filtros para otimizar os movimentos de um track sem que eles causem problemas.

Visualização da Janela Animation Workbench

Para visualizar a janela Animation Workbench, acompanhe o procedimento seguinte:

1. Selecione um biped.
2. Ative a pasta Motion.

3. Acesse a roll-out Biped Apps.
4. Clique no botão Workbench.

A janela Animation Workbench oferece várias opções, e as principais são estudadas a seguir.

Barra de Ferramentas Workbench

A barra de ferramentas Workbench apresenta as seguintes opções:

- **Tab:** exibe ou oculta a pasta Workbench Tab, que apresenta ferramentas que analisam e corrigem erros de forma automática.
- **Controllers:** exibe ou oculta uma listagem em formato hierárquico que corresponde à mesma listagem verificada no Track View padrão.
- **Curve Type:** determina as curvas que serão exibidas para o objeto selecionado. Entre os tipos que podem ser definidos, temos as curvas que representam uma posição - Pos Curve, Pos Speed, Pos Accel e Pos Jerk - e curvas que representam uma rotação - Quat Curve, Rot Speed, Rot Accel e Rot Jerk. Há também curvas que representam posições e rotações aleatórias - Noise.

O Workbench permite que as curvas de posição sejam exibidas com relação ao World, ao Biped Root ou a qualquer objeto presente na cena. Essas curvas podem ser exibidas por qualquer parte do corpo de um biped. As únicas exceções são:

- **Turn track:** exibe apenas curvas angulares.
- **Tracks horizontal e vertical:** exibem apenas as curvas posicionais.
- **World:** utilizado para que as curvas sejam apresentadas de forma relativa ao World.
- **Biped Root:** empregado para que as curvas sejam exibidas de forma relativa ao objeto biped raiz.
- **Node:** mostra as curvas de forma relativa ao objeto selecionado. Para isso é preciso realizar a seguinte conduta:
  - Ative o botão que apresenta uma seta.
  - Clique no objeto na viewport.
  - O botão exibe o nome do objeto selecionado.
- **X, Y e Z:** selecionam as curvas referentes ao objeto selecionado que o Workbench exibirá.
- **180 limit:** determina que a Quat Curve seja exibida de forma coberta entre 180 e -180 graus (por padrão está desativado).
- **Draw While Moving:** determina que o Workbench mantenha as curvas atualizadas no decorrer da movimentação das chaves (por padrão está desativado). Como esse botão está desativado, até soltar o botão do mouse, as curvas aparecem como linhas otimizadas.
- **Show Layered Edit:** disponibiliza uma ferramenta gráfica para configurar um conjunto de chaves de uma curva que se encontra em uma determinada extensão. Veja como definir essa extensão:
  - Clique em um dos handles quadrados para destacá-lo.
  - Arraste-o selecionando.

Conforme o handle é arrastado, segue a curva. Também podemos arrastar um handle circular a fim de configurar um offset em camadas. Para tanto é preciso:

1. Clicar em um handle circular para destacá-lo.
2. Arrastar o handle selecionado.

O handle apenas segue a curva conforme é arrastado se a tecla Esc não for pressionada durante o processo. Caso essa tecla seja pressionada enquanto o handle é arrastado, ele pode ser movido fora da curva, fazendo com que as chaves sejam dimensionadas na extensão.

- **Enable SubAnims:** determina que o Workbench exiba as curvas de posição ou de rotação com as curvas do subanim das partes selecionadas. É preciso que esse botão seja ativado. No entanto, ele está desativado por padrão.

Nota: Subanims são controladores de listagem que oferecem outros controles de animação às partes de um biped.

Guia de Seleção

Saiba como acessar a pasta Select:

1. Selecione parte de um biped.
2. Ative a pasta Motion.
3. Acesse a roll-out Biped Apps.
4. Acesse o Workbench, em seguida a pasta Select.

Essa pasta oferece diversas opções de seleção, cujas funções estão descritas na tabela seguinte:

Opções	Descrição
Campo Selection	Insere o nome da parte do biped a ser localizada. Caso esse nome seja encontrado, é exibido em destaque na lista Selection, portanto esse campo é importante quando não conseguimos encontrar um nome na lista. Também é possível localizar vários objetos de uma só vez. Basta utilizar pontos de interrogação e asteriscos como caracteres curinga.
Lista Selection	Exibe as partes de todos os bipeds da cena. É possível selecionar conjuntos de partes de bipeds utilizando as teclas Shift, Alt e Ctrl.
All	Seleciona cada uma das entradas da lista.
None	Permite excluir quaisquer seleções realizadas.
Invert	Seleciona os itens da lista que não estão em destaque.
Display	Mostra a listagem a fim de verificar a hierarquia do biped (por padrão está desativada).
Select	Permite que a seleção de uma parte do biped reflita na seleção de todos os seus filhos. É preciso que ela esteja ativada. No entanto, essa opção está desativada por padrão.
Lista de seleção nomeada	Pode ser criada na cena. Quando isso ocorre, a seleção nomeada é disponibilizada.
Select From Scene/ Viewport	Quando ativada, permite selecionar as partes de um biped diretamente da viewport em vez da lista. Com isso, as curvas são exibidas no Workbench Curve View, importante quando não conhecemos o nome atribuído à parte que será selecionada.

Para que as curvas referentes às partes de um biped sejam exibidas no Workbench, é preciso realizar um dos seguintes procedimentos:

1. Abra a pasta Select.
2. Ative a opção Select From Scene.
3. Na viewport clique em qualquer objeto biped.

Ou, ainda:

1. Acesse a barra de ferramentas Workbench.
2. Ative Controllers.
3. Selecione, a partir da lista hierárquica, a track da parte do biped cuja curva deve ser visualizada.

Além desses procedimentos, também há outro descrito a seguir:

1. Abra a pasta Select.
2. A partir da lista Selection, clique no nome da parte desejada.

Os bipeds e seus componentes são selecionados pelas opções da pasta Select. Ao selecionar partes de um biped, podemos manipular suas tracks de animação de duas formas:

- por meio das curvas que são apresentadas no Workbench;
- pelos painéis Analyze, Fix e Filter.

Os painéis mencionados não apenas identificam os erros, mas também consertam-nos automaticamente.

A configuração dos objetos cujas curvas devem ser exibidas é feita pela lista drop-down de seleção. A partir da janela Controller, é possível mudar as curvas que devem ser exibidas. Abra a janela Controller e selecione as curvas para exibi-las. Clique no botão Tab da barra de ferramentas Workbench. Desta forma, a pasta Tab fica oculta, oferecendo mais espaço para trabalhar com as curvas.

Nota: Para que a pasta Tab volte a ser exibida, clique novamente no botão Tab.

Descoberta de Erros ao Analisar Curvas

Após a seleção da curva vem sua análise, pois com ela é possível detectar erros. São quatro os detectores utilizados para essa finalidade:

- Knee Extension.
- Knee Wobble.
- Noise.
- Spike.

De acordo com os parâmetros desses detectores são identificados possíveis erros. Para realizar tal análise, clique no botão Analyse. Caso não haja erros, configure tais parâmetros e clique novamente nesse botão.

Caso seja detectado um erro, considere os seguintes aspectos:

- A lista Analyze Results exibe o nome da parte do biped na qual o erro foi identificado.
- Os erros também são exibidos como linhas verticais na cor marrom no Curve View.

- A quantidade de erros detectados também é exibida nas situações em que mais de um erro é identificado.
- As ferramentas oferecidas pela pasta Fix são utilizadas para corrigir as chaves quando erros são detectados.
- Após identificar as chaves com problemas, realize os ajustes necessários manualmente a partir do quadro de diálogo de propriedades. Para acessar esse quadro, a partir do Curve View, clique com o botão direito do mouse na chave.

Após a análise em busca de erros a partir do botão Analyze, os botões Load ou Save podem ser usados para carregar ou salvar os resultados obtidos. Além disso, o botão Clear exclui os resultados obtidos na última análise.

Redução de Erros

A pasta Fix fornece ferramentas que processam as curvas e reduzem a ocorrência de erros. Essa redução é determinada pelo fixer utilizado e seus parâmetros. Embora a reparação dos erros seja feita de diversas formas, ela normalmente ocorre pela exclusão da chave ou pela alteração de seus valores e de sua posição.

As opções oferecidas pela pasta Fix para realizar os reparos são Clicking Fix Selected e Fix All. O reparo também pode ser realizado manualmente. Basta selecionar a chave desejada na curva e movê-la por meio dos botões de chaves de Track View, os quais estão duplicados no Workbench. Entre eles destacam-se:

- Slide.
- Scale.
- Move.

Outra opção oferecida pela pasta Fix, a Show Layered Edit, permite alcançar uma extensão de chaves em camadas. Basta ativá-la e a edição pode ser estendida para afetar as chaves ao seu redor.

Filtros

A pasta Filter é acessada da seguinte forma:

1. Selecione parte de um biped.
2. Ative a pasta Motion.
3. Acesse a roll-out Biped Apps.
4. Acesse o Workbench e a pasta Filters.

A pasta oferece diversas opções de filtragem, cujas funções estão descritas na tabela seguinte:

Opções	Descrição
Parts to Filter	Estabelece a atuação do filtro no objeto exibido ou em toda a seleção de objetos. Ela oferece duas opções distintas: Display Curve Paint, a qual determina a atuação do filtro apenas nas curvas selecionadas do objeto; e Selected Parts, a qual determina a atuação do filtro apenas na seleção ativa.
Time to Filter	Define se toda a animação do biped será filtrada (Entire Animation), se apenas o segmento de tempo ativo será filtrado (Active Time Segment) ou se uma extensão personalizada de frames será filtrada (From/To).
Lista de filtros	Seleciona o tipo de filtro que será utilizado. Os filtros disponibilizados são Rot, Pos, Burring, Smoothing, Adv Rot Smoothing, Boosting, Sub Anims, Key Reducer, Knee Wobble e Knee Extension.
Width	Determina a largura do kernel do filtro em frames.
Damping	Especifica o valor Damping, o qual define a eficácia do filtro.

Filtros são operações realizadas em diversas partes de um biped. A função desempenhada por um filtro é semelhante à de um fixer, entretanto não é necessário realizar uma análise para utilizar o filtro.

Observemos o procedimento seguinte, que descreve os passos necessários para filtrar uma track:

1. Selecione as partes do biped a serem filtradas.
2. Selecione a extensão de tempo da filtragem.
3. Defina o tipo de filtro a ser aplicado.
4. Clique na opção Filter.

O efeito obtido com esse procedimento pode ser verificado no gráfico presente em Curve View.

Motion Mixer

O Motion Mixer possui uma função semelhante à de um Audio Mixer, pois combina arquivos de movimento para os efeitos de animação de um biped. Esses arquivos, cuja extensão é .BIP, são denominados clips. Com o Motion Mixer esses clips podem ser combinados e mesclados em um único clip.

Ao colocar esses clips em tracks, o Motion Mixer realiza diversas atividades, como a fusão ou a transição entre movimentos, aplicação da animação de partes de um biped em um clip, uso de diferentes velocidades de movimento em intervalos, entre outras.

Os movimentos são importados para o Motion Mixer e inicialmente combinados apenas a um determinado biped da cena. Essa combinação de movimentos pode ser salva como um arquivo .MIX e atribuída a outros bipeds da cena. A roll-out Biped ativa a opção Mixer Mode. Com isso, verifica-se a movimentação do biped na cena.

Visualização da Janela Motion Mixer

Para visualizar a janela Motion Mixer, siga as etapas:

1. Selecione o biped desejado.
2. Ative a pasta Motion.
3. Acesse a roll-out Biped Apps.
4. Clique no botão Mixer.

As principais opções oferecidas pela janela Motion Mixer estão descritas a seguir.

Barra de Menu

A figura demonstra os cinco menus da parte superior da janela Motion Mixer: Bipeds, Trackgroups, Tracks, Clips e Transitions. Vejamos a descrição desses menus e as opções que oferecem.

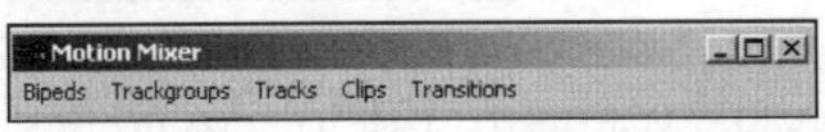

Menu Bipeds

Disponibiliza comandos que permitem ativar ou desativar o Mixer Mode, carregar os arquivos .MIX e salvá-los, bem como configurar as cores da track e ajustar seus parâmetros. As ferramentas disponibilizadas por esse menu gerenciam o biped selecionado.

Nota: O menu Biped pode ser acessado ao clicar com o botão direito do mouse no nome de um biped. Para que isso seja possível, é necessário que esse biped já tenha sido adicionado ao Motion Mixer.

As opções oferecidas pelo menu Biped são as seguintes:

- **Add Trackgroup:** inclui uma área de tracks na parte superior da combinação de bipeds selecionada.
- **Balance Parameters:** abre o quadro de diálogo Balance Parameters, a partir do qual é possível ajustar os valores que influenciam os efeitos correspondentes à compensação do equilíbrio atribuídos à espinha e à pélvis de um biped, nas situações em que o movimento aplicado à parte superior do biped é diferente do aplicado à parte inferior.

Para determinar os valores mencionados, o quadro de diálogo Balance Parameters oferece as seguintes opções:

Opções	Descrição
Lateral Ratio	O valor-padrão para essa opção é 0.5, pois o valor 0.0 faz com que a pélvis do biped tenha apenas movimentos para frente e para trás. Já o valor 1.0 faz com que esse movimento seja realizado apenas lateralmente.
Propagation	O valor atribuído a essa opção determina o grau de rotação dos links da espinha para que ela siga a rotação da pélvis. O valor-padrão é 0.0, o qual determina que a rotação da espinha do biped será independente de qualquer movimento da parte inferior. Já o valor 1.0 estabelece que os links da espinha sigam o movimento da parte inferior do biped. Apenas o link mais alto da espinha não seguirá tal movimento para não afetar a rotação do braço. Esse movimento é seguido gradualmente, ou seja, o link mais baixo da espinha é totalmente rotacionado, mas os posteriores terão um grau de rotação cada vez menor. Qualquer valor maior que 0.0 deve ser empregado quando o movimento da parte superior do biped curva-se sobre grande parte do biped durante a maior parte da animação.

Nota: Para que o valor atribuído à opção Propagation seja capaz de afetar o grau de rotação da espinha, é preciso que haja efeitos de animação da espinha na parte inferior do biped.

- **Compute Mixdown:** realiza um mixdown no biped determinado, exibindo uma track Mixdown na parte inferior da combinação de bipeds.
- **Copy Mixdown to Biped:** faz uma cópia da track Mixdown para o biped.
- **Delete:** exclui do Mixer os bipeds que foram selecionados.
- **Delete Mixdown:** exclui o mixdown dos bipeds selecionados.
- **Effect Biped:** quando ativada, desativa o modo Mixer.
- **Effect Mixdown:** quando ativada, também ativa o track Mixdown. Para que essa opção seja disponibilizada, é preciso que o mixdown tenha sido processado.
- **Effect Raw Mix:** quando ativada, faz com que o modo Mixer também seja. Apenas uma entre as opções Effect Biped, Effect Mixdown e Effect Raw Mix pode ser selecionada por vez.

- **Load Mix File:** disponibiliza um quadro de diálogo a partir do qual podemos selecionar o arquivo MIX a ser carregado no Mixer.
- **Save Mix File:** disponibiliza um quadro de diálogo no qual podemos salvar em um arquivo MIX a combinação atual de bipeds.
- **Track Color:** disponibiliza a janela Color Selector, a partir da qual é possível determinar ou alterar a cor do clip.

Menu Trackgroups

Os comandos disponibilizados por esse menu podem ser acessados apenas se um trackgroup for selecionado. As opções presentes no menu Trackgroups são utilizadas para administrar os bipeds de um mixer. Um trackgroup é atribuído a cada biped adicionado ao Motion Mixer.

Nota: Abra o menu Trackgroups e clique com o botão direito do mouse na etiqueta trackgroup.

As opções oferecidas por esse menu são descritas a seguir:

- **Add Layer Track:** inclui na parte superior dos trackgroups selecionados um track Layer, o qual aloca os clips cuja combinação será realizada sem que haja transições.
- **Add Trackgroup Above:** inclui novos trackgroups acima daqueles que se encontram selecionados.
- **Add Trackgroup Below:** inclui novos trackgroups abaixo dos que estão selecionados.
- **Add Transition Track:** inclui na parte superior dos trackgroups selecionados um track Transition, o qual aloca os clips cuja combinação será realizada com transições.
- **Delete:** exclui do Motion Mixer os trackgroups selecionados.
- **Delete All Clips:** exclui não apenas de todos os clips, mas de todas as transições os trackgroups selecionados.
- **Filter:** essa opção disponibiliza o quadro de diálogo Trackgroup Filter, o qual oferece opções que personalizam as partes de um biped incluídas na combinação trackgroup. Essa opção está disponível apenas quando um único trackgroup está selecionado.

Menu Track

Para que os comandos oferecidos por esse menu sejam disponibilizados, é preciso que esteja selecionada uma ou mais tracks em Mixer. Clique com o botão direito do mouse em uma track e acesse esse menu.

A seguir, a descrição das opções oferecidas pelo menu Track:

- **Add Layer Track Above:** inclui uma nova track Layer acima das tracks selecionadas.
- **Add Layer Track Below:** inclui uma nova track Layer abaixo das tracks selecionadas.
- **Add Transition Track Above:** inclui uma nova track Transition acima das tracks selecionadas.
- **Add Transition Track Below:** inclui uma nova track Layer abaixo das tracks selecionadas.
- **Convert to Layer Track:** converte em tracks Layer as tracks Transition selecionadas.
- **Convert to Transition Tracks:** converte em tracks Transition as tracks Layers selecionadas.
- **Delete:** exclui as tracks selecionadas.
- **Delete All Clips:** exclui os clips que se encontram na track selecionada.
- **Import Motion Flow:** importa para determinada track as transições e os clips de um script motion flow.
- **New Clips:** abre um novo quadro a partir do qual temos duas opções: From Files e From Reservoir. Quando esta última opção é escolhida, o quadro de diálogo Reservoir Files é aberto, possibilitando a seleção dos arquivos BIP listados no Reservoir.

  Quando selecionamos From Files, abre-se um quadro de diálogo em que podemos escolher arquivos BIP, os quais se referem aos arquivos que serão adicionados a uma determinada track. Caso o arquivo BIP selecionado esteja desatualizado, um alerta é disparado, solicitando que seja novamente salvo.
- **Optimize All Transitions:** otimiza as transições da track.

Menu Clips

Disponível quando há um clip selecionado ou quando clicamos com o botão direito do mouse em um clip presente em Mixer.

Há comandos do menu Clips que não estão disponíveis quando diversos clips estão selecionados. Vejamos a descrição dessas opções:

- **Add Time Warp:** adiciona um time warp aos clips selecionados. Com ele é possível realizar alterações na velocidade apresentada pelos clips.
- **Collapse:** salva em um arquivo BIP uma versão colapsada de um clip.
- **Copy to Biped:** insere a animação do clip no estado-base de um determinado biped. Apenas

quando um único clip está selecionado essa opção é disponibilizada.

- **Delete:** exclui de uma track os clips selecionados.
- **Load Source:** oferece três opções a serem escolhidas. A opção From File exibe um quadro de diálogo a partir do qual selecionamos um arquivo BIP para substituir os clips selecionados. Já a opção From Reservoir apresenta um quadro de diálogo em que selecionamos do Reservoir um clip para substituir os selecionados. Com a opção From Biped é possível escolher um biped cuja animação será copiada para os clips selecionados.
- **Remove Time Warp:** realiza duas funções: exclui o time warp adicionado aos clips e a habilidade de adicionar o time warp a um clip.
- **Remove Trim/Scale:** exclui dos clips selecionados o trim/scale.
- **Tile Range:** oferece uma cobertura ao clip selecionado por toda a extensão do segmento de tempo ativo. Com isso, determinada quantidade de clips é duplicada, a qual é estabelecida de acordo com o número de frames presente nesse segmento de tempo ativo e com o tamanho do clip.
- **Tile View:** oferece uma cobertura ao clip selecionado por toda a extensão do Motion Mixer, duplicando uma determinada quantidade de clips, que é estabelecida conforme o número de frames exibido pelo Motion Mixer e de acordo com o tamanho do clip.

Menu Transitions

Oferece as seguintes opções:

- **Convert To Loopable Clip:** utiliza a transição entre dois clips que sejam clones para criar um clip que apresente um loop. Esse clip substitui não apenas os dois clips, mas a transição existente entre eles.
- **Edit:** realiza a abertura de um quadro de diálogo bastante semelhante ao Editor Transition, o Mixer Transition Editor.
- **Optimize:** utiliza algoritmos de otimização para melhorar as Transitions selecionadas.

Barra de Ferramentas

Para acessar a barra de ferramentas do Motion Mixer, é preciso realizar o procedimento descrito a seguir:

1. Selecione o biped desejado.
2. Ative a pasta Motion.
3. Abra a roll-out Biped Apps e acesse Mixer.

O Motion Mixer combina clips de movimento. Quanto à sua barra de ferramentas, oferece opções para inserir bipeds de um mixer e excluí-los, realizar alterações em clips, entre outras tarefas, descritas a seguir com as opções presentes na barra em questão:

- **Add Bipeds:** abre o quadro de diálogo Bipeds, que oferece uma listagem com todos os bipeds de uma cena. A partir dessa listagem é possível selecionar os bipeds a serem carregados no Motion Mixer.
- **Delete:** exclui o biped do Motion Mixer.
- **Draggable Tracks:** permite a movimentação de tracks no sentido vertical junto com os clips. Um clone do track original é criado no momento em que o track é movido, ao mesmo tempo em que a tecla Shift é pressionada.
- **Editable Time Warps:** adiciona um time warp aos clips de forma interativa.
- **Frame:** exibe sob o cursor um valor correspondente à quantidade de frames. Isso acontece no decorrer de uma tradução interativa.
- **Horizontal:** bloqueia os movimentos horizontais dos nós weight. É disponibilizada apenas quando o botão Weighting está ativado, seja em um trackgroup ou na barra de ferramentas de Motion Mixer.
- **Horizontal Vertical:** permite que os nós weight tenham livre movimentação, tanto no sentido horizontal quanto no vertical. É disponibilizada apenas quando o botão Weighting está ativado, seja em um trackgroup ou na barra de ferramentas de Motion Mixer.
- **Lock Transitions:** pode ser ativada ou desativada. Quando ativada, altera um clip sem afetar o tamanho da transição. Se desativada, que é seu padrão, quaisquer alterações no clip ou em seu tamanho afetam o tamanho apresentado pela transição.
- **Move Clips:** seleciona e movimenta trackgroups e bipeds sem afetar os clips e as transições. Além disso, Move Clips também movimenta clips em sentido vertical de um track de biped para outro e clips em sentido horizontal de forma independente dentro de um único track.

- **Offset:** grava o valor referente à quantidade de frames deslocados. Assim que a tradução é finalizada, o valor dessa opção retorna a zero (0).
- **Pan:** navega pelo Motion Mixer nos sentidos horizontal e vertical.
- **Preferences:** abre um quadro de diálogo no qual é possível alterar as configurações referentes à exibição, seja de um clip, de um frame ou de uma transição.
- **Reservoir:** abre o quadro de diálogo Reservoir, que atua como uma área na qual os clips são listados.
- **Select:** realiza a seleção de clips, tracks, bipeds e trackgroups.
- **Set Range:** faz com que os horários de início e término do segmento ativo sejam correspondentes às extensões da combinação de clips.
- **Snap Clips:** reúne os clips presentes em uma mesma track. Com isso, o frame final de um clip será o frame inicial do clip seguinte. Quando essa opção está ativada e os edges de transição são arrastados, atraem os edges do clip.
- **Snap Frames:** configura o Motion Mixer para que todos os ajustes determinados sejam atribuídos a frames únicos.
- **Slide Clips:** movimenta clips em sentido vertical de um track, de um biped para outro, e clips em sentido horizontal de forma independente em um único track. A movimentação de um clip para a esquerda afeta aqueles que se encontram à esquerda desse clip, assim como para a direita afeta os clips à direita.
- **Trim Clips:** corta partes de um clip de forma interativa, exibindo-as na cor cinza no Motion Mixer.
- **Vertical:** bloqueia os movimentos verticais dos nós weight. É disponibilizada apenas quando o botão Weighting está ativado, seja em um trackgroup ou na barra de ferramentas de Motion Mixer.
- **Weight Mode:** trabalha com curvas weight, utilizadas para combinar efeitos smooth entre tracks.
- **Zoom:** reduz ou amplia a combinação apenas no sentido horizontal.
- **Zoom Extents:** reduz ou amplia a combinação para que seja adaptada ao Motion Mixer atual.
- **Zoom Region:** utilize o zoom sobre uma determinada parte do track. Basta usar a seleção de região para clicar na parte desejada.

Importação de Arquivos BIP

Os arquivos BIP referem-se aos clips de movimento. Para que possamos usatais clips no Motion Mixer, é necessário salvá-los como arquivos BIP. Embora o Character Studio ofereça vários arquivos BIP, também é possível criá-los.

A importação desse arquivo pode ser realizada de quatro formas. O arquivo pode ser escolhido tanto do Reservoir quanto da pasta em que está alocado, ou é possível realizar a importação de um script motion flow ou de um movimento pertencente a outro biped da cena.

Para importar o arquivo BIP de forma adequada, é preciso atentar a algumas observações:

- Para visualizar os movimentos de um biped na viewport, é preciso que a opção Mixer Mode, presente na roll-out Biped, esteja ativada.
- Clique na opção Set Range para configurar a exibição de Mixer e estender os clips, pois é possível que o segmento ativo não seja exibido por inteiro da primeira vez que o Motion Mixer for aberto.

Uma cor única e aleatória é atribuída a todos os arquivos BIP importados para um único biped, pois facilita o trabalho nas situações em que usamos diversos bipeds.

Inserção de Tracks com o Motion Mixer

Assim que o Mixer é aberto, um trackgroup, uma track de clip e outra de equilíbrio são atribuídos automaticamente ao biped selecionado. A track de equilíbrio determina o equilíbrio que deve existir entre os clips na track Layer e na track Transition. Não é possível inserir clips nessa track de equilíbrio.

O processo de combinação requer que os clips de movimento sejam adicionados às tracks de clips.

As etapas seguintes ensinam como inserir um biped no Motion Mixer:

1. Abra a barra de ferramentas Motion Mixer.
2. Clique em Add Biped.
3. No quadro de diálogo Bipeds, selecione os bipeds a serem adicionados.
4. Clique no botão OK.

Os clips podem ser inseridos em uma track Layer ou Transition. A primeira refere-se a diversos movimentos entre os quais não é preciso haver transições. Essa track é criada quando o Mixer é aberto. Já a track Transition possui espaço para duas linhas de clips. Com ela é possível colocar um arquivo de movimento na camada superior, outro na inferior e uma transição onde ambos são sobrepostos.

Para adicionar uma track Layer ou Transition a um trackgroup, clique com o botão direito do mouse na track desejada e, em seguida, escolha a opção adequada para adicioná-la. Esse procedimento também é válido para converter a track de um tipo em outro.

Motion Capture

Motion Capture é a habilidade de capturar os dados referentes aos movimentos corporais realizados por uma pessoa. Embora não se realize pelo Character Studio, ele aceita os dados de Motion Capture em diversos formatos.

Os dados podem ser importados para um biped, mas normalmente necessitam de alguns ajustes para que se adaptem de maneira adequada ao biped ou à animação.

É possível realizar a filtragem dos dados de Motion Capture importados para que utilizem apoios na cena e menos keyframes. A filtragem cria movimentos de pegadas.

Os arquivos de Motion Capture contêm um arquivo marker à parte, que associa a postura do biped aos movimentos corporais realizados por uma pessoa.

Roll-Out Motion Capture

Para visualizar a roll-out Motion Capture, acompanhe os passos:

1. Selecione o biped desejado.
2. Ative a pasta Motion.
3. Clique no sinal de adição (+) para visualizar as opções oferecidas pela roll-out Motion Capture.

A principal opção dessa roll-out é estudada a seguir.

Botão Load Motion Capture File

Extrai as pegadas de dados brutos de Motion Capture e reduz a chave. Com ele selecionamos um arquivo a ser carregado, que pode ser BIP, BVH ou CSM.

O quadro de diálogo Load File determina uma configuração importante apenas aos arquivos BIP. Trata-se da opção Set lowest starting foot height to Z = 0, cuja finalidade é determinar a altura mínima do pé em Z = 0. Por padrão, está habilitada.

Selecionado o arquivo, o quadro de diálogo Motion Capture Conversion Parameters é aberto, no qual devem ser selecionados os parâmetros referentes à filtragem.

Anotações

Capítulo 13

Reactor

Introdução

O Que É Dinâmica

Estuda a física dos movimentos, quer dizer, as causas da variação do estado de movimento. O uso da dinâmica em uma cena 3D ajuda a conseguir, entre outros, os seguintes resultados:

- Animação e geometria fisicamente realistas, modificações e deformações rígidas por forças, comportamentos, interações e colisões.

Este capítulo explica algumas formas em que é possível aplicar a dinâmica para as diferentes cenas no 3ds Max usando o Reactor.

O Que É Reactor

Reactor é um motor físico muito potente desenvolvido pelo Havok, que traz um plug-in nativo no 3ds Max para a criação de cenas com simulações de sistemas dinâmicos e físicos.

Imagine que na cena há um lago sobre o qual começa a chover. Com o Reactor podemos controlar as interações que se produzirão na superfície da água do lago quando as gotas começarem a golpeá-la e a gerar ondas em cada impacto. Igualmente, para simular as dobras de uma bandeira como causa do vento, esse plug-in disponibiliza o controle necessário para que a simulação se adapte aos requisitos físicos e os objetos se comportem de acordo com eles. Além disso, dispomos de uma janela em tempo real para ver a animação e modificar os objetos da cena.

Diante da grande potencialização e complexidade das ações que realiza o Reactor, é fácil usá-lo desde que se compreenda sua filosofia de trabalho. Basicamente, criada uma cena com seus objetos, definimos com o Reactor as características físicas que cada objeto terá. Determinamos se serão fixos ou não, se contêm ou são contidos, e as ações de modificadores físicos que vão atuar na cena.

Os modificadores físicos são muito variados. Há o modificador Cloth para tecidos, água para simular as interações dos objetos sobre esse elemento, vento, cordas, motores, molas, inclusive um carro de brinquedo que define, em um só passo, toda a simulação física do movimento dos veículos.

Diferenças entre Havok 1 e Havok 3

O Havok 1 provê uma gama mais larga de funcionalidades, mas o Havok 3 é mais rápido e preciso. Se sua simulação requer apenas corpos rígidos, você geralmente vai obter melhores resultados com o Havok 3.

Rigid Body Properties

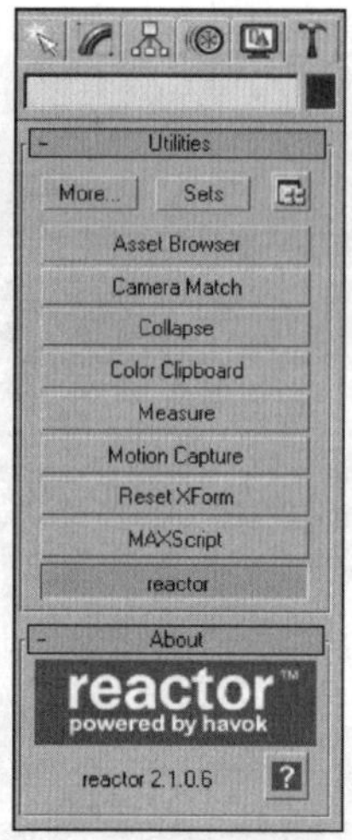

Interface

Opções habilitadas com o Havok 3 somente para corpos rígidos:

- **Shell:** raio extra do shell ao redor de formas convexas que o Reactor usa como forma da superfície para detectar a colisão. A simulação tenta assegurar que a distância entre o shell (concha) e outros objetos é sempre maior que zero.

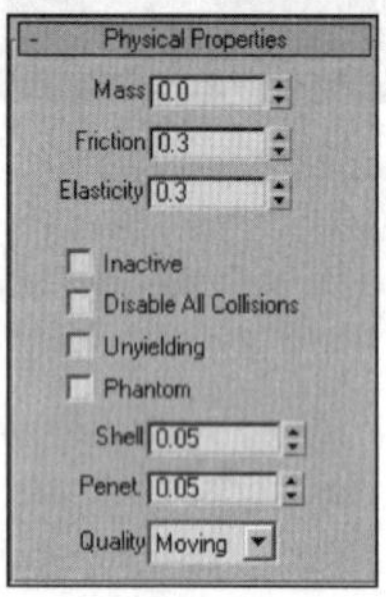

- **Penet (Penetration):** o valor de penetração entre os objetos que o Reactor aceita é o padrão 0.05.
- **Quality:** fixa colocações individuais aos objetos com base no nível desejado de interação. Default = Moving.

As opções disponíveis em Quality são:

- **Debris:** baixa importância; usado para adicionar qualidade visual.
- **Moving:** objetos regulares como mobília.
- **Critical:** essencial, pois nunca permite penetração entre os objetos.
- **Bullet:** movimentos rápidos como projéteis.

Como Acessar o Reactor

Para acessar o Reactor:

1. Ative a pasta Utilities.
2. Clique no botão Reactor.

Nota: Podemos simplesmente utilizar a barra do Reactor.

Caso a barra do reactor não esteja visível, acompanhe:

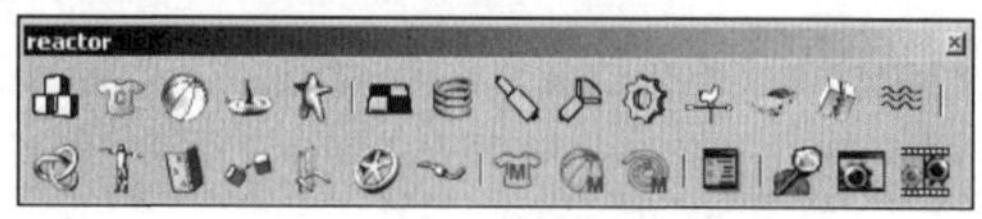

1. Clique com o botão direito do mouse em uma área vazia do Main tool. A área pode ser o traço que divide uma área de botões da outra.
2. Clique na opção reactor, como mostra a figura.

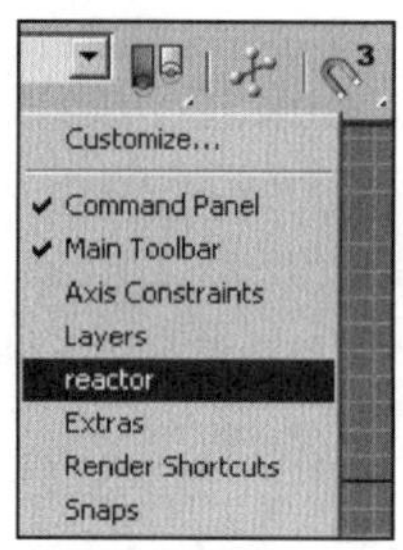

Roll-Outs Utilities

As principais funções de Reactor podem ser acessadas pelas seguintes roll-outs: Preview and Animation, World, Collisions, Display, Utilities e Properties.

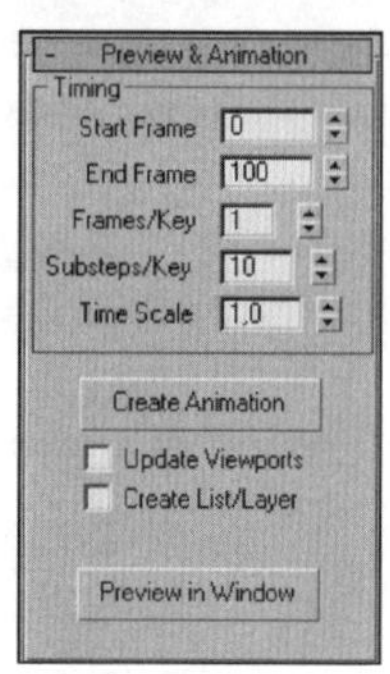

Visualização da Animação (Roll-Out Preview and Animation)

As opções dessa roll-out permitem visualizar uma prévia da simulação e executá-la de acordo com configurações específicas de tempo, como veremos a seguir.

Opções	Descrição
Start Frame	Define o frame inicial para iniciarmos uma simulação dentro da animação.
End Frame	Determina o frame final da simulação produzida pelo Reactor.
Frames/Key	Indica o número de frames que determina o intervalo entre um keyframe e outro. Quanto maior esse valor, menor a precisão da animação.
Substeps/Key	Define a quantidade de substeps da simulação produzida pelo Reactor por keyframe. Valores mais altos tornam a simulação mais precisa.
Time Scale	Permite tornar a animação mais lenta (valores abaixo de 1) ou mais rápida (acima de 1).
Create Animation	Permite que a simulação do Reactor seja executada a partir do frame inicial até o frame final.
Update Viewports	Assim que a animação é criada, essa opção permite que o cenário seja atualizado nas viewports.
Create List/Layer	Uma vez marcada, o quadro de verificação permite que os corpos rígidos utilizem um controlador List nas tracks relacionadas ao seu posicionamento e sua rotação.
Preview Animation	Permite que uma prévia da simulação seja acompanhada pelo Preview Window.

Configuração dos Parâmetros Gerais de Simulação (Roll-Out World)

Os parâmetros dessa roll-out permitem criar muitas propriedades físicas do mundo real, como a ação da gravidade, o efeito da colisão entre objetos e outros fatores.

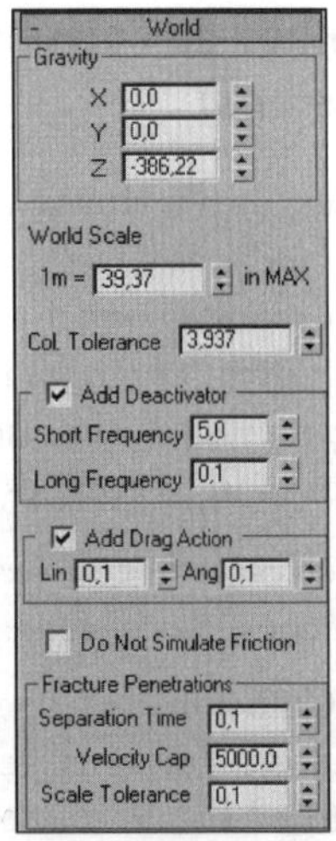

Opções	Descrição
Gravity	Trata-se de um valor que simula a ação da gravidade sobre a aceleração dos objetos no cenário. Caso esse valor não esteja compatível com o World Scale, será emitido um alerta. Podemos simplesmente ignorá-lo se a animação estiver correta.
World Scale	Define um valor que deve ser equivalente a um metro do mundo real, o que afeta o comportamento dos objetos durante a simulação.
Collision Tolerance	Se a proximidade entre dois objetos é maior do que o limite definido pelo valor de Collision Tolerance (que em geral não deve ultrapassar 1/40 th), eles devem colidir.
Add Deactivator	Inclui um desativador, cuja função é interromper a simulação dos objetos que não estão sendo animados.
Deactivator Short/ Long Frequency	Define a distância mínima percorrida pelo objeto entre dois passos na simulação, para que ela não seja interrompida. Em geral, a distância definida em Long Frequency é maior do que o valor de Short Frequency.
Add Drag Action	Essa opção faz com que as velocidades linear e angular dos corpos rígidos sejam influenciadas por uma resistência constante, o que antecipa a parada desses objetos. É possível até mesmo interromper o movimento de corpos rígidos influenciados pelas constraints.
Do Not Simulate Friction	Ignora todos os valores relacionados à fricção, fazendo com que os objetos deslizem facilmente.
Fracture Penetrations	Configura a simulação realizada entre objetos Fracture.

Edição de Detalhes de Colisão (Roll-Out Collisions)

Quando produzimos uma animação, nem sempre é necessário considerar todas as colisões que acontecem entre os objetos. Por exemplo, pequenos choques entre objetos interligados podem ser ignorados. Desta forma, é possível agilizar o processo de simulação, pois o Reactor não precisa verificar todas as colisões ocorridas.

Para desativar a detecção de colisões, acesse a roll-out Collisions, cujas opções são conferidas a seguir:

- **Área Store Collisions:** as opções dessa área armazenam dados sobre uma determinada colisão, como duração e local do incidente, bem como os objetos envolvidos e a velocidade de cada um deles no momento do choque.

Opções	Descrição
Do not store	Não permite que as informações sobre colisões sejam arquivadas.
Store Once	As informações da colisão serão armazenadas apenas na próxima vez que a animação for criada.
Always Store	As informações da colisão serão sempre arquivadas.
View	É possível visualizar os dados armazenados pelo quadro de diálogo Stored Collisions.
Clear	Todos os dados armazenados sobre colisões serão apagados.

- **Área Filter Before Storing:** as opções dessa área filtram as informações sobre colisões antes de arquivá-las.

Opções	Descrição
Objects (quadro de verificação)	É preciso clicar nesse quadro antes de selecionar os objetos com o botão Objects.
Objects (botão)	Abre o quadro de diálogo Filter Bodies in Collisions, no qual devemos selecionar pares de objetos envolvidos nas colisões que serão arquivadas.
Velocity	Armazena somente as colisões cuja velocidade possua o mesmo valor configurado por meio do spinner, encontrado ao lado da palavra Velocity.

- **Área Global Collisions**

Opções	Descrição
Define Collision Pairs	Abre o quadro de diálogo Define Collisions para ativar ou não a detecção de colisão entre pares específicos de objetos.
Selected Pair: Enable	Habilita rapidamente a detecção da colisão entre objetos específicos, desde que a colisão não esteja desabilitada para cada um dos envolvidos.
Selected Pair: Disable	Desabilita rapidamente a detecção da colisão entre objetos específicos, desde que a colisão não esteja habilitada para cada um dos envolvidos.

Configuração da Visualização da Simulação (Roll-Out Display)

Com essa roll-out é possível configurar a aparência da janela para visualizar uma prévia da simulação.

- **Camera:** define uma câmera para a visualização inicial da simulação. Pressione esse botão e selecione uma opção de câmera pelas viewports; caso contrário, o 3ds Max adota os padrões da viewport atual.
- **Camera Clipping Planes:** uma vez definida, a câmera será utilizada para gerar clipping planes; caso contrário, esses planos serão criados a partir de valores-padrão. Se os clipping planes não são capazes de exibir o cenário inteiro, basta desativar a opção Use Defaults e configurar os valores de Near Plane e Far Plane por conta própria:
  - **Near Plane:** quando não pretender usar os valores-padrão, configure o valor do plano mais próximo.
  - **Far Plane:** quando não pretender usar os valores-padrão, configure o valor do plano mais distante.
- **Lights:** nesse quadro de listagem é possível escolher as luzes que serão utilizadas no cenário, bem como combiná-las para criar o efeito desejado. Caso não exista nenhuma opção nessa lista, será aplicada a luz do flash da câmera. Com o botão Pick é possível escolher uma luz exibida no cenário. Para adicionar uma opção de luz à lista, pressione Add. Para removê-la, aperte Delete após selecioná-la.

- **Texture Quality:** configura o tamanho das texturas utilizadas para a exibição da simulação com base na quantidade de pixels.
- **Mouse Spring:** quando os objetos são selecionados com o botão direito do mouse na janela de preview, essa opção configura os springs.
- **Stiffness:** esse parâmetro indica o nível de rigidez de um spring, e o valor-padrão é 30.
- **Damping:** trata-se de um valor que determina o nível de amortecimento de um spring.
- **Rest Length:** trata-se do comprimento do spring em posição de descanso.
- **DirectX:** permite que o sistema DirectX seja utilizado para a renderização do preview em vez do OpenGL.

Análise e Otimização da Simulação (Roll-Out Utilities)

A simulação pode ser analisada e otimizada por diversos utilitários oferecidos pelo Reactor. Em primeiro lugar, para evitar quaisquer problemas na simulação, verifique detalhes físicos, como o valor da gravidade.

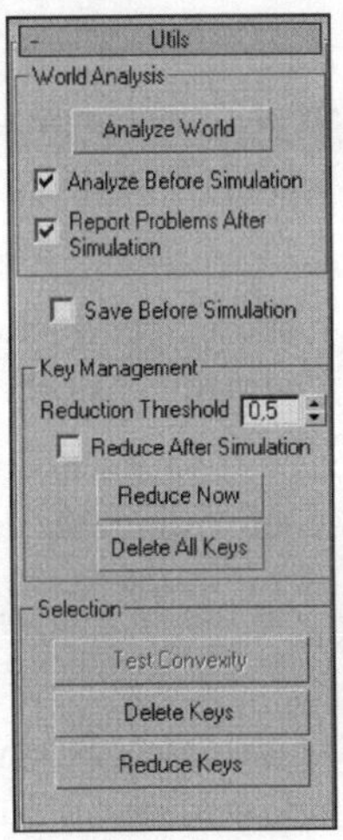

- **Área World Analysis**

Opções	Descrição
Analyze World	Os erros detectados durante a criação da simulação serão informados em um quadro de diálogo. Se houver alguma falha nos testes, a simulação não será completada. Após os testes iniciais para verificação de erros, será feita a análise de situações físicas que podem prejudicar a simulação. Para continuar a simulação, pressione Continue; caso contrário, escolha Cancel.
Analyze Before Simulation	Deve ser marcada para ativar Analyze World antes que a simulação seja executada.
Report Problems After Simulation	Esse quadro de verificação permite que os problemas detectados sejam descritos em um relatório.
Save Before Simulation	Só permite a execução da simulação se o cenário for salvo antes.

- **Área Key Management:** essa opção só pode ser aplicada em corpos rígidos e é utilizada para reduzir o tamanho do arquivo de simulação, já que permite remover keyframes desnecessários.

Opções	Descrição
Reduction Threshold	Define se haverá ou não uma significativa redução de keyframes, dependendo da qualidade desejada para a simulação.
Reduce After Simulation	A cada nova execução da simulação, há uma redução de keyframes.
Reduce Now	Todos os corpos rígidos da simulação têm seus keyframes reduzidos.
Delete All Keys	Todos os corpos rígidos da simulação têm seus keyframes apagados.
Reduce Keyframes	Apenas os objetos selecionados atualmente na viewport têm seus keyframes reduzidos.
Delete Keyframes	Apenas os objetos selecionados atualmente na viewport têm seus keyframes apagados.

- **Test Convexity:** trata-se de um teste que avalia se um objeto atualmente selecionado na viewport é côncavo ou convexo, antes que a geometria seja definida para a simulação.

Barra de Ferramentas

A seguir, estudaremos as opções disponíveis na barra de ferramentas do Reactor:

- **Rigid Body Collection** **:** os corpos rígidos podem utilizar o objeto helper Rigid Body Collection como um contêiner. É possível incluir novos corpos rígidos nessa coleção, desde que ela já tenha sido adicionada ao cenário.

Também é possível escolher um método matemático para definição do comportamento dos corpos rígidos de uma determinada coleção.

O 3ds Max oferece três opções para acessar o Rigid Body Collection:

1. Na pasta Create selecione Helpers e entre as opções do Reactor escolha RB Collection.
2. Na barra de menus, selecione Reactor. Em Create Object, escolha Rigid Body Collection.
3. Na barra de ferramentas do Reactor, pressione Create Rigid Body Collection.

As coleções são analisadas assim que a simulação é executada. Após isso os corpos rígidos disponíveis nas coleções finalmente serão incluídos no cenário.

- **Cloth Collection** : outro objeto que age como um contêiner é o Cloth Collection, no qual podemos incluir objetos com o modificador Cloth, desde que a coleção já tenha sido adicionada ao cenário.

O 3ds Max oferece três opções de acesso ao Cloth Collection:

1. Na pasta Create escolha Helpers e em Reactor selecione CL Collection.
2. Na barra de menus escolha Reactor e em Create Object selecione Cloth Collection.
3. Na barra de ferramentas do Reactor pressione o botão Create Cloth Collection.

As coleções são analisadas assim que a simulação é executada. Após isso, os objetos modificados com Cloth disponíveis nessas coleções finalmente serão incluídos no cenário.

- **Soft Body Collection** 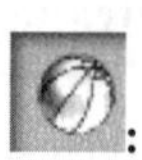: contêiner no qual podemos incluir objetos soft, desde que essa coleção já tenha sido adicionada ao cenário.

Para acessar essa coleção temos as seguintes opções:

1. Na pasta Create escolha Helpers e em Reactor clique em SBCollection.
2. Na barra de menus escolha Reactor e em Create Object selecione Soft Body Collection.
3. Na barra de ferramentas do Reactor pressione o botão Create Soft Body Collection.

Assim que a simulação é executada, é feita a análise das coleções. Após isso os objetos soft encontrados nas coleções finalmente serão incluídos no cenário.

- **Rope Collection** : ferramentas rope também podem ser adicionadas a um cenário de simulação, desde que Rope Collection já tenha sido adicionada. Essa coleção age como um objeto contêiner quando utilizamos ropes.

Para acessar a coleção, verifique as seguintes opções:

1. Na pasta Create escolha Helpers e em Reactor selecione RPCollection.
2. Na barra de menus selecione Reactor e em Create Object clique em Rope Collection.
3. Na barra de ferramentas do Reactor pressione o botão Create Rope Collection.

Assim que a simulação é executada, realiza-se a análise das coleções. Caso elas estejam realmente ativadas, seus ropes finalmente serão incluídos no cenário.

- **Deforming Mesh Collection** : é possível incluir meshs do tipo deforming em um contêiner Deforming Mesh Collection, desde que a coleção já tenha sido adicionada ao cenário.

Para acessar essa coleção temos as seguintes opções:

1. Na pasta Create escolha Helpers e Reactor. Em seguida selecione DMCollection.
2. Na barra de menus selecione Reactor e Create Object. Escolha Deforming Mesh Collection.
3. Na barra de ferramentas do Reactor pressione o botão Create Deforming Mesh Collection.

A análise dessa coleção é feita assim que executamos a simulação. Caso Deforming Mesh Collection esteja realmente ativada, os mesh da coleção finalmente serão incluídos no cenário.

- **Planes** 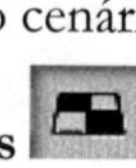: o Reactor utiliza um plano diferente do adotado como padrão no 3ds Max. Trata-se de um corpo rígido aplicado como um plano fixo e infinito em uma simulação.

Esse plano possui diversas características comuns aos outros corpos rígidos. É possível, por exemplo, que ele faça parte de um corpo rígido composto, assim como acontece com os demais. No entanto, as propriedades Mass e Unyielding não podem ser configuradas, já que esse tipo de plano é fixo.

Como cada plano do Reactor é unidirecional, é preciso usar dois planos para trabalhar com direções opostas. Para descobrir o sentido do plano, basta verificar a seta exibida no ícone.

É possível acessar o plano do Reactor de três formas:

1. Na pasta Create escolha Helpers e Reactor, em seguida selecione Plane.
2. Na barra de menus escolha Reactor e em Create Object selecione Plane.
3. Na barra de ferramentas do Reactor pressione o botão Create Plane.

- **Spring** : pode ser ligado a dois corpos rígidos ou a um corpo rígido e um ponto no espaço com o objetivo de manter sua extensão original (ou seja, quando eles estão em posição de descanso).

Um spring configurado para dois corpos rígidos só será válido se estiver realmente ligado a ambos. Isso também vale para springs que lidam com apenas um corpo rígido. Quando é considerado inválido, esse elemento passa a ser exibido em vermelho nas viewports.

Para utilizar um spring, siga um dos passos:

1. Na pasta Create escolha Helpers e em Reactor selecione Spring.
2. Na barra de menus escolha Reactor e em Create Object selecione Spring.
3. Na barra de ferramentas do Reactor pressione o botão Create Spring.

Quando aproximamos os pontos de ligação entre os objetos e o spring, é possível realizar uma compressão. Para aplicar uma extensão, será necessário afastá-los. Desta forma podemos criar o efeito desejado a partir desse princípio utilizado pelo Reactor.

Por padrão, os springs são adicionados à simulação, por isso não é necessário acrescentá-los quando trabalhamos com o Reactor.

- **Linear Dashpot (amortecimento linear)** : é utilizado para limitar ou especificar o movimento de dois corpos rígidos em conjunto ou de um único corpo rígido com base em determinada posição no espaço. Essa ferramenta age como um spring na posição zero de descanso e com alto nível de amortecimento.

Para utilizar um linear dashpot, siga um destes passos:

1. Na pasta Create escolha Helpers e em Reactor selecione Linear Dashpot.
2. Na barra de menus selecione Reactor e em Create Object clique em Linear Dashpot.
3. Na barra de ferramentas do Reactor pressione o botão Create Linear Dashpot.

Antes de aplicar essa ferramenta, especifique um ponto do espaço local de cada objeto em que será feita a ligação com o linear dashpot.

Para combinar as posições dos corpos ligados aolinear dashpot, o próprio dashpot exerce um impulso sobre tais elementos. Essa ação, no entanto, não prejudica a rotação dos corpos ao redor dos pontos de ligação.

Um linear dashpot para dois corpos rígidos só será válido caso ambos estejam conectados a ele. Isso também vale para dashpots que lidam com apenas um corpo rígido. A cor vermelha nas viewports indica que aquele dashpot é inválido.

- **Angular Dashpot** : tanto a orientação relativa de dois corpos rígidos como a orientação absoluta de um só corpo podem ser limitadas pelo angular dashpot. Assim que indicamos determinado valor para a rotação dos objetos, o angular dashpot exerce um impulso angular para que essa configuração não seja alterada.

Para utilizar o angular dashpot, escolha uma das opções:

1. Na pasta Create escolha Helpers e em Reactor selecione Angular Dashpot.
2. Entre as opções da barra de menus escolha Reactor e em Create Object selecione Angular Dashpot.
3. Na barra de ferramentas do Reactor pressione o botão Create Angular Dashpot.

Duas áreas de eixos estão disponíveis no angular dashpot como subobjetos. Quando trabalhamos com dois corpos rígidos, ambos são utilizados como referência para rotações offset. Já no caso de um único corpo rígido, um subobjeto é destinado a rotações offset, enquanto o outro serve como base para rotações globais.

Por padrão, os dashpots válidos já são adicionados à simulação. São considerados válidos os dashpots ativos ligados a um número apropriado de corpos rígidos. Os inativos são representados pela cor vermelha nas viewports.

- **Motor** : um corpo rígido e não fixo pode ser alterado por uma força giratória aplicada pelo helper Motor. Com um impulso angular essa força é capaz de atingir a velocidade configurada pelo usuário.

Apenas os motores considerados válidos são adicionados à simulação. Para que um motor seja validado, suas propriedades devem ser aplicadas a algum corpo rígido válido encontrado no cenário; caso contrário, ele aparece em vermelho nas viewports.

Para utilizar o motor temos as seguintes opções de acesso:

1. Na pasta Create escolha Helpers e em Reactor selecione Motor.
2. Na barra de menus selecione Reactor e em Create Object escolha Motor.
3. Na barra de ferramentas do Reactor pressione o botão Create Motor.

- **Wind** : os cenários do Reactor podem ganhar efeitos de vento, como o balançar de um tecido com a passagem de uma brisa, graças ao helper Wind. O Reactor ajusta diversas características desse efeito, como a velocidade, por exemplo. É possível até mesmo proteger os objetos da ação do vento.

Para acessar esse helper temos três opções:

1. Na pasta Create escolha Helpers e em Reactor selecione Wind.
2. Na barra de menus escolha Reactor e em Create Object selecione Wind.
3. Na barra de ferramentas Reactor pressione o botão Create Wind.

A direção do vento é indicada pela seta do ícone. Para alterá-la, basta animar a orientação desse ícone.

- **Toy Car** 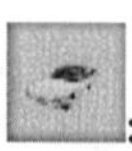: simula um carro simples sem a necessidade de configurar cada constraint separadamente. Podemos, por exemplo, selecionar as rodas do carro e indicar se elas serão comandadas com a ajuda do Reactor. No entanto, a simulação só será possível se o carro possui um corpo rígido que representa o chassi e outro relacionado às rodas. Caso não atenda a esse requisito, o Toy Car aparece nas viewports com a cor vermelha.

Para acessar esse helper há três opções:

1. Na pasta Create clique em Helpers e em Reactor. Depois selecione Toy Car.
2. Na barra de menus escolha Reactor e em Create Object selecione Toy Car.
3. Na barra de ferramentas do Reactor pressione o botão Create Toy Car.

- **Fracture** : podemos criar o efeito de um corpo rígido que sofre um impacto e é quebrado em vários pedaços. Uma vez reunidos, esses pedaços formam novamente o objeto.

Dependendo da intensidade do choque, um corpo rígido integrado a um Fracture pode desligar-se dele. Ele passa a comportar-se de forma independente e pode até mesmo colidir com outros objetos integrados ao mesmo Fracture.

Um recurso denominado Connectivity permite a análise de diversas ligações entre corpos rígidos em um gráfico. É possível verificar quais corpos não estão ligados ao helper Fracture para deslocá-los livremente, quando desejado. Também é possível usar um só Fracture para criar milhares de pequenos objetos com base nessa análise.

A cada novo impacto ocorrido na simulação é feita uma atualização desse gráfico. Desta forma, podemos verificar se a distância entre dois corpos conectados é menor do que o limite necessário para a ocorrência de uma colisão.

O Reactor utiliza uma técnica de detecção de colisão mais aprimorada, chamada cálculo avançado de penetração (penetration depth calculation). Com esse cálculo podemos avaliar a performance dos corpos rígidos de um helper Fracture quando colidem com outros corpos.

Graças a essa técnica, também é possível tornar uma colisão mais estável, principalmente quando o rompimento de poucos pedaços já ocasiona uma explosão do corpo inteiro. Assim é possível criar um efeito mais realista na simulação do choque entre objetos.

Para acessar o Fracture, verifique as seguintes opções:

1. Na pasta Create selecione Helpers e em Reactor clique na opção Fracture.
2. Na barra de menus escolha Reactor e em Create Object selecione Fracture.
3. Na barra de ferramentas do Reactor pressione o botão Create Fracture.

- **Water** : cria o efeito de uma superfície líquida com base em uma série de configurações, como densidade, viscosidade e outras.

Para que esse space warp seja exibido na animação já renderizada, devemos relacioná-lo a um plano ou qualquer outra geometria, mesmo que uma prévia seja visualizada na janela Preview.

Para usar o space warp na animação, temos as seguintes opções de acesso:

1. Na pasta Create escolha Space Warps e em Reactor selecione Water.

2. Na barra de menus escolha Reactor e em Create Object selecione Water.
3. Na barra de ferramentas do Reactor pressione o botão Create Water.

- **Constraint Solver** 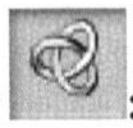: as constraints que fazem parte de uma coleção de corpos rígidos também devem usar um contêiner, que neste caso chama-se Constraint Solver.

Todas as constraints ligadas a uma coleção de corpos rígidos devem ser adicionadas a esse contêiner para que possam ser incluídas em uma simulação. Além disso, os corpos rígidos associados a essas constraints devem fazer parte de uma coleção de corpos que esteja relacionada a esse solver.

Um Constraint Solver somente será válido se estiver relacionado a uma coleção igualmente válida. Caso esse contêiner seja exibido na cor vermelha nas viewports, significa que não pode ser utilizado na simulação.

Para desabilitar todas as constraints de uma coleção, basta desativar o Solver. Também podemos desabilitá-las de acordo com um valor limite configurado pelo próprio Solver. Para acessar esse contêiner temos as seguintes opções:

1. Na pasta Create selecione Helpers e Reactor. Escolha Constraint Solver.
2. Na barra de menus selecione Reactor e em Create Object escolha Constraint Solver.
3. Na barra de ferramentas do Reactor pressione o botão Create Constraint Solver.

- **Rag Doll Constraint** 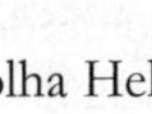: o movimento realizado pelas juntas do corpo humano pode ser recriado com a ajuda das constraints Rag Doll. É possível especificar valores limite para restringir a animação de cada uma das juntas do personagem.

Para utilizar essas constraints, contamos com as seguintes opções de acesso:

1. Na pasta Create escolha Helpers e em Reactor selecione Rag Doll.
2. Na barra de menus selecione Reactor e em Create Object clique em Rag Doll Constraint.
3. Na barra de ferramentas do Reactor pressione o botão Create Rag Doll Constraint.

Ao utilizar as constraints Rag Doll, é preciso determinar o corpo rígido definido como pai e os filhos, pois o movimento de um deles afeta o outro. Por exemplo, o relacionamento dos pulsos com as mãos ou das pernas com os joelhos e assim por diante.

- **Hinge Constraint** : o movimento de dois corpos rígidos ligados a uma dobradiça pode ser criado com a ajuda da constraint Hinge. Quando a utilizamos, cada um dos corpos terá o seu próprio eixo local. Desta forma, tanto as posições como as direções de ambos serão combinadas, para que se forme um eixo ao seu redor. Também podemos usar um eixo no espaço global quando os dois corpos estiverem juntos.

Há três opções para acessar essas constraints:

1. Na pasta Create escolha Helpers e em Reactor selecione Hinge.
2. Na barra de menus escolha Reactor e em Create Object selecione Hinge.
3. Na barra de ferramentas do Reactor pressione o botão Create Hinge.

A rotação dos corpos pode ser restringida para que possamos simular movimentos limitados, como a abertura de uma porta. Para isso, use como referência um eixo perpendicular aos eixos de cada um dos corpos.

Para que seja válida, uma constraint Hinge deve fazer parte de um Constraint Solver e estar associada a uma quantidade certa de corpos rígidos. As constraints inválidas aparecem nas viewports com a coloração vermelha.

- **Constraint Point-to-Point** : liga um objeto a um ponto no espaço global ou a outro objeto. Essa constraint faz com que os objetos sempre compartilhem o mesmo ponto, que é definido com base no espaço local de cada um dos objetos envolvidos. Point-to-Point aplica uma força sobre tais objetos para que haja uma combinação perfeita.

Para acessar essas constraints temos as seguintes opções:

1. Na pasta Create escolha Helpers e em Reactor selecione Point-to-Point.
2. Na barra de menus clique em Reactor e em Create Object selecione Point-to-Point Constraint.
3. Na barra de ferramentas do Reactor pressione o botão Create Point-to-Point.

A constraint Point-to-Point pode ser dividida em dois tipos:

- **Limited point-to-point:** define o nível de rotação do objeto filho em relação ao pai.
- **Stiff springs:** define uma distância específica entre os pontos locais de cada um dos objetos para mantê-los separados.

- **Constraint Prismatic** : utiliza um único eixo para deslocar dois corpos rígidos ou apenas um corpo no espaço. Para acessá-la temos as seguintes opções:

1. Na pasta Create selecione Helpers e em Reactor escolha Prismatic.
2. Na barra de menus escolha Reactor e em Create Object selecione Prismatic Constraint.
3. Na barra de ferramentas do Reactor pressione o botão Create Prismatic Constraint.

Para que essa constraint seja utilizada em uma simulação, deve ser incluída em uma Constraint Solver válida e associada a uma quantidade adequada de corpos rígidos. Caso a Prismatic não possa ser utilizada, aparece em vermelho nas viewports.

- **Constraint Car-Wheel** : permite que uma roda seja ligada a outro objeto ou posicionada ao longo do espaço global da animação. Para cada roda é definido um eixo local ao redor do qual ela gira livremente. Esse movimento também pode ser restringido de acordo com as configurações realizadas pelo usuário.

Neste caso também temos um relacionamento entre constraint pai e filho. O chassi representa o pai e a roda, o filho. Para acessar essa constraint temos as seguintes opções:

1. Na pasta Create selecione Helpers e em Reactor escolha Car Wheel.
2. Na barra de menus escolha Reactor e em Create Object selecione Car Wheel Constraint.
3. Na barra de ferramentas do Reactor pressione o botão Create Car Wheel Constraint.

A roda gira durante a simulação se os parâmetros spin não estiverem configurados com valor zero. Além disso, é possível ajustar valores referentes à velocidade desejada e ao impulso necessário.

Para usar essa constraint em uma simulação, ela deve ser adicionada a uma Constraint Solver válida e associada a uma determinada quantidade de corpos rígidos. Se a constraint aparece em vermelho nas viewports, não pode ser aplicada na animação.

- **Constraint Point-to-Path** : permite que um corpo rígido filho percorra livremente o caminho do pai ou que um só corpo realize seu movimento ao longo de um caminho no espaço global.

Para utilizar essa constraint escolha um dos passos seguintes:

1. Na pasta Create selecione Helpers e em Reactor selecione Point-Path.
2. Na barra de menus escolha Reactor e em Create Object clique em Point-Path Constraint.
3. Na barra de ferramentas do Reactor pressione o botão Create Point-Path Constraint.

Nota: Na maioria das vezes, não é preciso escolher o corpo rígido pai, exceto se o caminho desse corpo seguir o movimento de outro objeto.

Para usar essa constraint em uma simulação, ela deve ser adicionada a uma Constraint Solver válida e associada a uma determinada quantidade de corpos rígidos. Se a constraint aparece em vermelho nas viewports, não pode ser aplicada na animação.

- **Cloth Modifier** : converte qualquer tipo de geometria em um mesh deformável para criar efeitos similares a tecidos, como cortinas e bandeiras. Também é possível ajustar suas propriedades, incluindo até mesmo a formação de vincos no objeto.

Para acessar esse modificador escolha uma destas opções:

1. Na barra de menus escolha Reactor e em Apply Modifier clique em Cloth Modifier.
2. Na barra de ferramentas do Reactor pressione o botão Apply Cloth Modifier.

Nota: O objeto modificado pelo Cloth Modifier deve ser adicionado a uma Cloth Collection.

- **Soft Body Modifier** : cria objetos curvados e até mesmo amassados. É preciso transformar um corpo rígido em um mesh 3D triangular fechado. O uso desse modificador somente será viável se o corpo soft for incluído na coleção Soft Body.

Temos à disposição dois corpos soft:

- Corpos cujos meshs podem ser deformados diretamente.
- Corpos FFD (Free Form Deformation) cujos meshs são envolvidos por um lattice.

Para incluir um modificador desse tipo temos as seguintes opções:

1. Na barra de menus escolha Reactor e em Apply Modifier selecione Soft Body Modifier.

2. Na barra de ferramentas do Reactor pressione o botão Apply Soft Body Modifier.

- **Rope Modifier** : simula objetos como cordas, tranças de cabelo ou correntes. Para isso, um objeto spline é convertido em uma cadeia unidimensional formada por vértices.

Para utilizar esse modificador temos as seguintes opções:

1. Na barra de menus escolha Reactor e em Apply Modifier selecione Rope Modifier.
2. Na barra de ferramentas do Reactor pressione o botão Apply Rope Modifier.

Um objeto modificado com a ajuda de Rope só pode participar de uma simulação se for acrescentado a uma Rope Collection.

- **Property Editor** : com a roll-out Rigid Body Properties ou o quadro de diálogo de propriedades é possível configurar diversos detalhes para um corpo rígido, como propriedades físicas, geometria, além de outras informações.

Para ajustar essas propriedades pressione o botão Open Property Editor na barra de ferramentas do Reactor. Também podemos escolher Properties na opção Reactor da pasta Utility ou selecionar Open Property Editor entre as opções de Reactor, encontrado na barra de menu.

- **Analyze World** : sua função é a mesma do botão Analyze World, encontrado na roll-out Utilities.

- **Preview Animation** : executa a simulação e manipula os objetos de cada cenário em tempo real. A posição dos objetos no preview também serve como referência para a atualização da animação no 3ds Max.

Para acessar essa janela, escolha uma das seguintes opções:

1. Na pasta Utility selecione Reactor e em Preview and Animation pressione o botão Preview Animation.
2. Na barra de menus selecione Reactor e em seguida Preview Animation.
3. Na barra de ferramentas do Reactor pressione o botão Preview Animation.

Criação de uma Simulação para Corpos Rígidos

Para criar uma simulação com corpos rígidos é necessário:

- criar uma coleção de corpos rígidos.
- definir as propriedades físicas para cada objeto.
- criar a simulação.

Criação de uma Coleção de Corpos Rígidos

O primeiro passo para criar a simulação com corpos rígidos e suas propriedades físicas e dinâmicas é defini-los em uma coleção. Utilize o seguinte procedimento:

1. Crie um cenário com os objetos que farão parte da coleção.

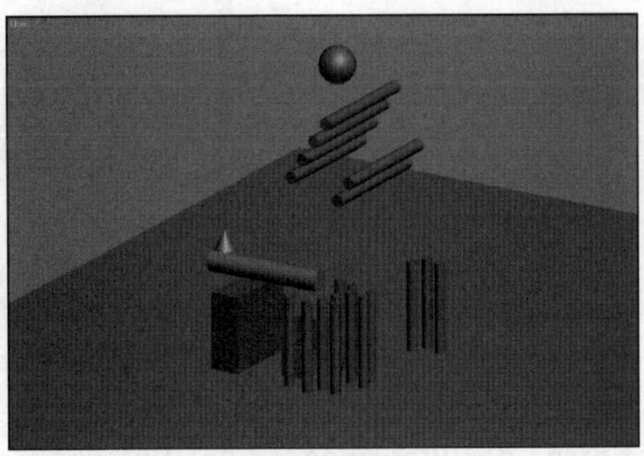

2. Clique no botão Rigid Body Collection na barra de ferramentas do Reactor. Em seguida, em uma viewport surge o símbolo da coleção.

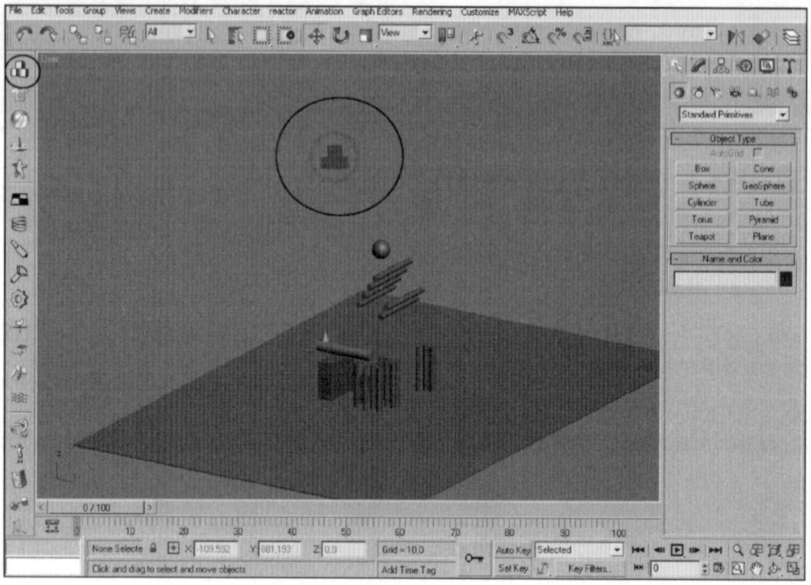

3. Na roll-out RB Collection Properties clique no botão Add e selecione os objetos que farão parte da coleção.

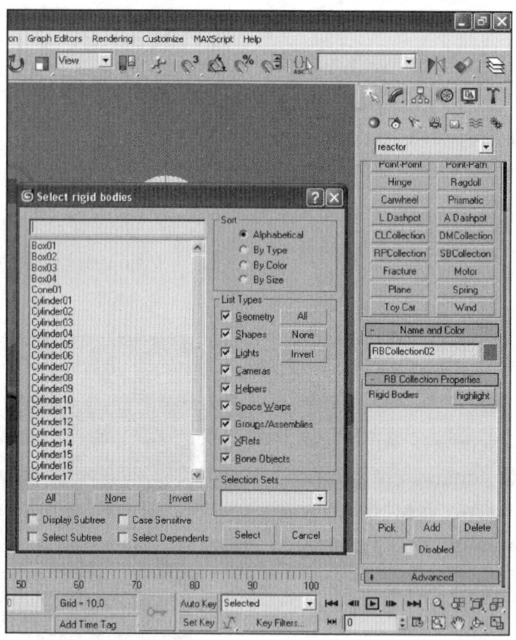

Definição das Propriedades dos Objetos

Depois de incluir os objetos em uma coleção, determine suas propriedades físicas e dinâmicas. Utilize o seguinte procedimento:

1. Ative a pasta Utilities.
2. Clique em um dos objetos e indique propriedades como massa, elasticidade e fricção, e a geometria utilizada para a simulação na roll-out Properties.

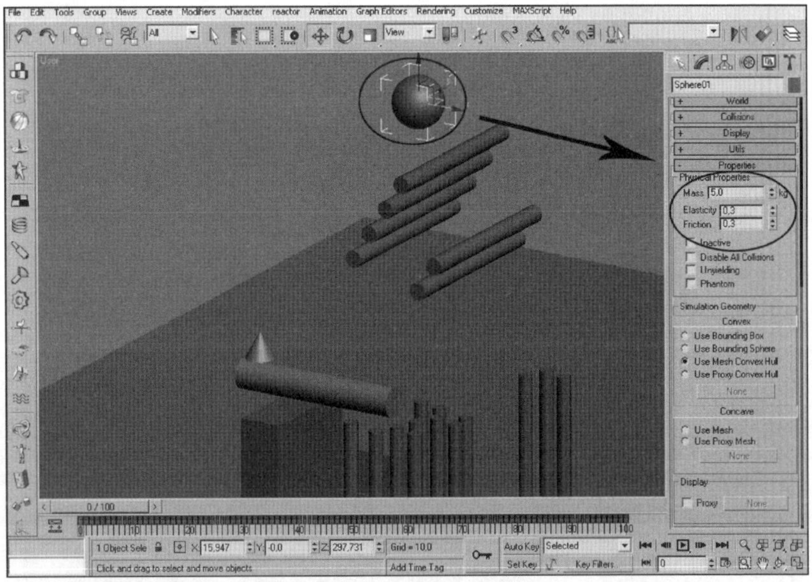

3. Repita o procedimento em cada um dos objetos.

Nota: Não aplique massa kg ao chão (box) para que ele não receba gravidade.

Criação da Simulação

Para criar a simulação com os corpos rígidos de uma coleção, clique no botão Create Animation da roll-out Preview & Animation do Reactor, em seguida visualize a animação com Play.

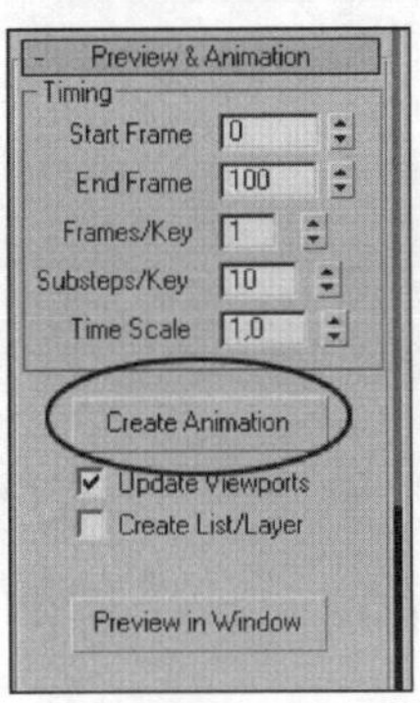

Criação de uma Simulação para Corpos Flexíveis

Corpos flexíveis têm sua forma alterada de acordo com suas propriedades físicas e com as forças aplicadas a eles em uma simulação do Reactor.

O processo de criação dessa simulação é semelhante ao anterior, porém é preciso considerar os seguintes passos:

1. Crie os objetos que vão compor a cena.
2. Aplique a caixa que é (chamfer box) um modificador Reactor SoftBody localizada na pasta Modify.

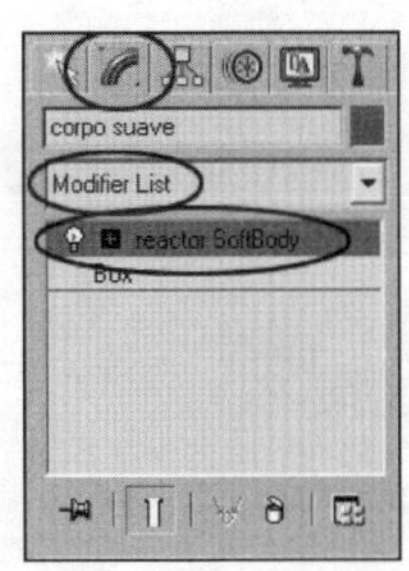

3. Clique em Soft Body Collection e na viewport.

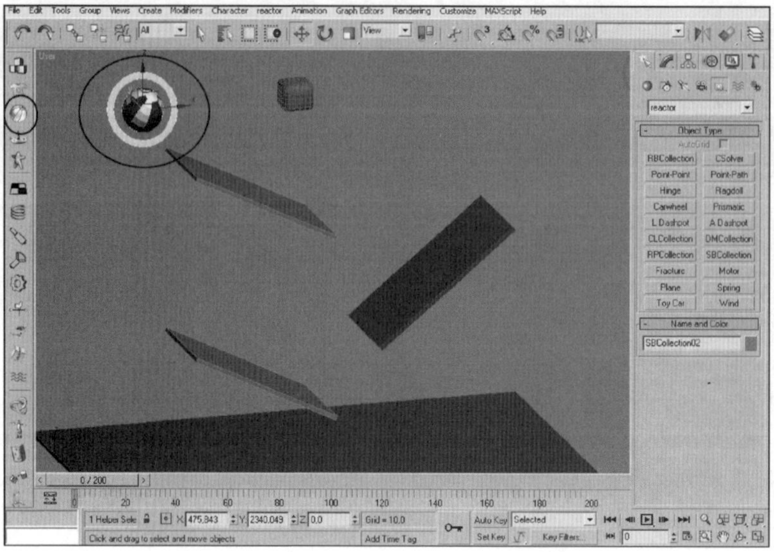

4. Com o objeto Soft Body Collection selecionado clique no botão Pick localizado na roll-out Properties e escolha o chamfer Box, figura a.

5. Clique em Rigid Body Collection e na viewport, figura b.

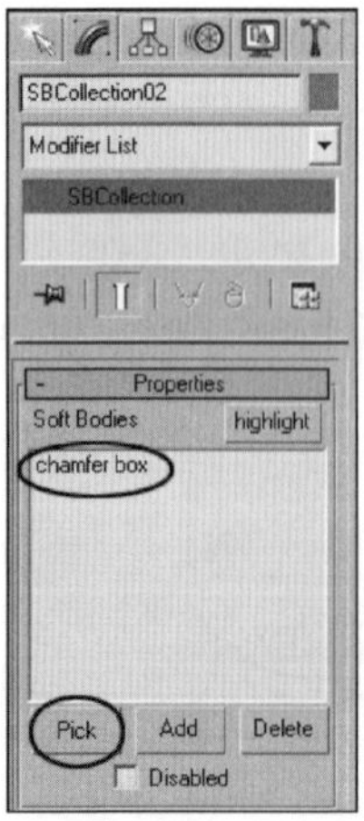

Figura a

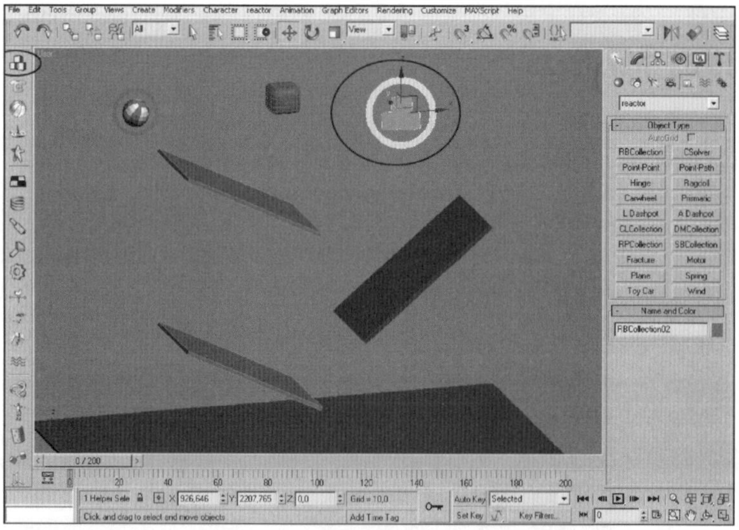

Figura b

6. Com o objeto Rigid Body Collection selecionado clique no botão Add localizado na roll-out RB Collection Properties e escolha todos os objetos da cena, exceto o chamfer box, pois ele não pode ser um rigid body.

Nota: Para visualizar o resultado, acesse Command Panel, escolha Utilities com o botão Reactor ativo e clique em Create Animation, localizado na roll-out Preview & Animation.

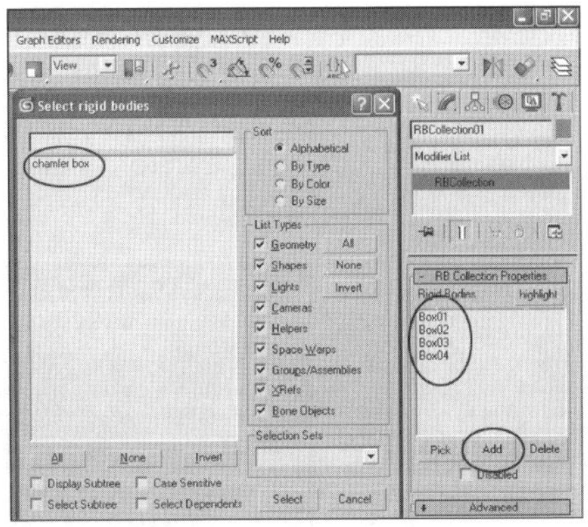

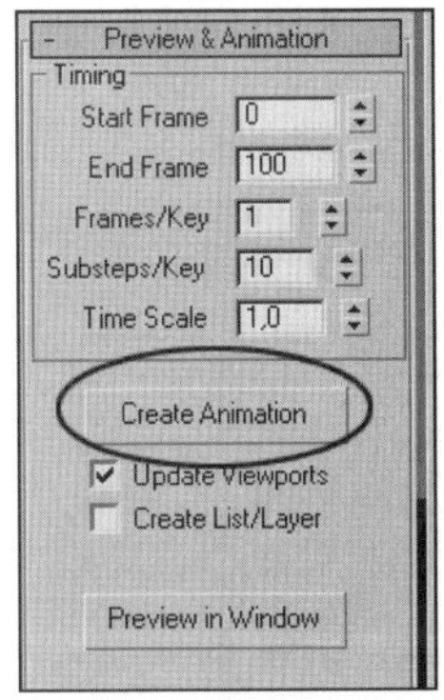

Criação de uma Simulação para Tecidos

A criação de uma simulação para tecidos envolve os seguintes passos:

1. Crie os objetos da animação.

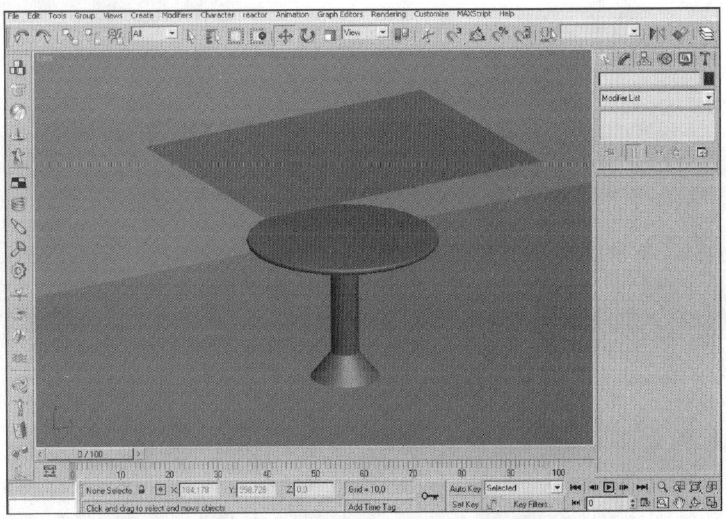

2. Selecione o plane, vá até a pasta Modify e no Modifier List aplique o modificador reactorcloth. Altere as propriedades da massa para 1.5 kg.

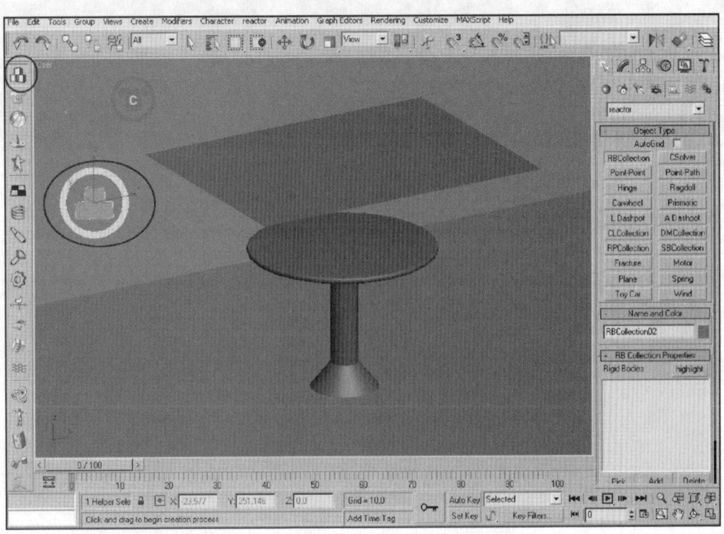

3. Clique em Rigid Body Collection, em seguida na viewport.

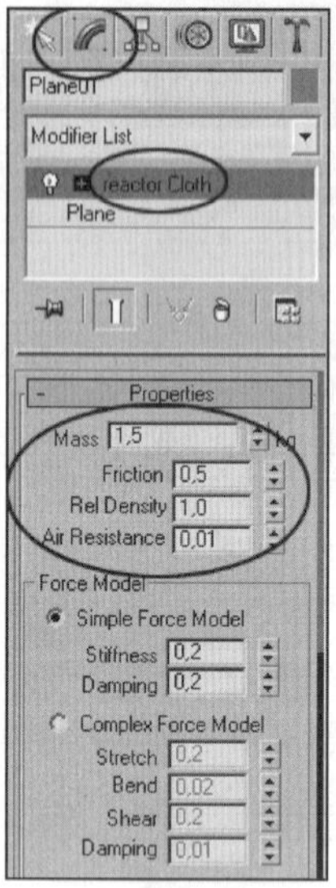

4. Com o objeto Rigid Body Collection selecionado clique no botão Add localizado na roll-out RB Collection Properties e escolha todos os objetos da cena, exceto o Plane, pois ele não pode ser um rigid body.

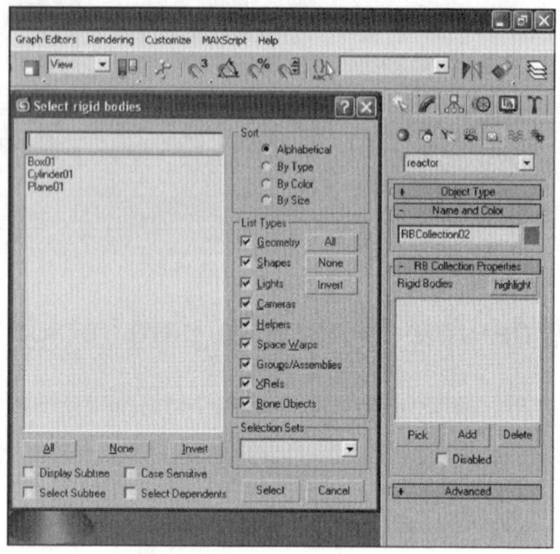

Nota: Para visualizar o resultado, escolha Utilities com o botão Reactor ativo e clique em Create Animation, localizado na roll-out Preview & Animation. Após o término do processamento de criação da animação, clique em Play.

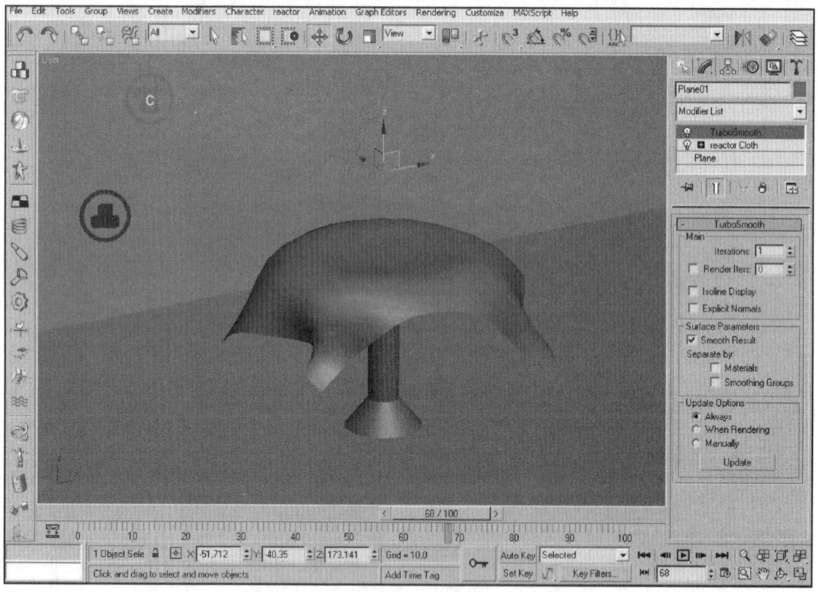

Criação de Simulações para Cordas

Com shapes é possível criar simulações com cordas ou fios na animação, acompanhando o seguinte procedimento:

1. Crie os objetos da animação.

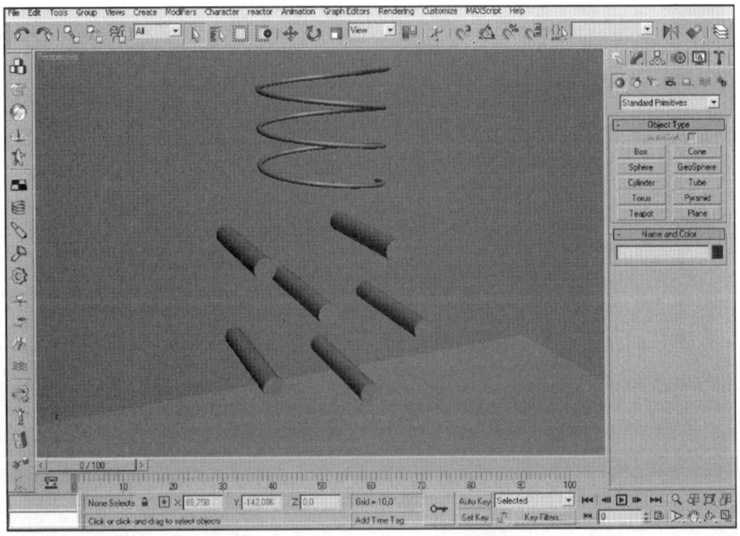

2. Aplique o Reactor Rope ao objeto que será analisado como corda na simulação. Para este caso foi usada uma Helix com espessura, figura c.
3. Defina as propriedades do objeto Rope na roll-out Properties.
4. Crie uma coleção de objetos Rope com o botão Rope Collection, figura d.

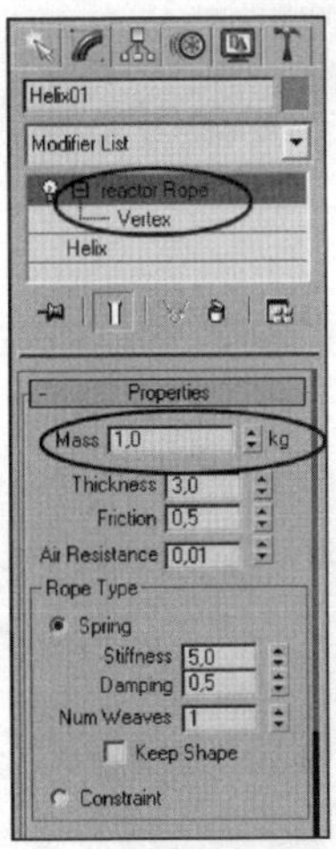

Figura c

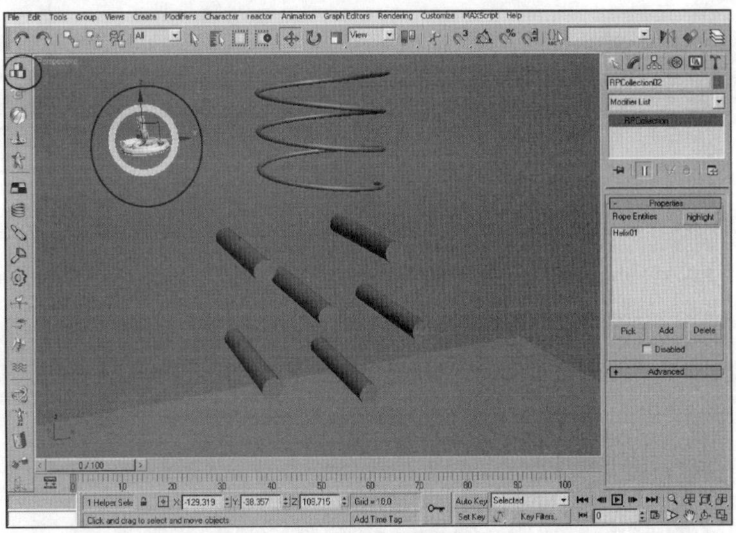

Figura d

5. Com o objeto Rope Collection selecionado clique em Pick, na roll-out Properties, e escolha o objeto que representa a corda.

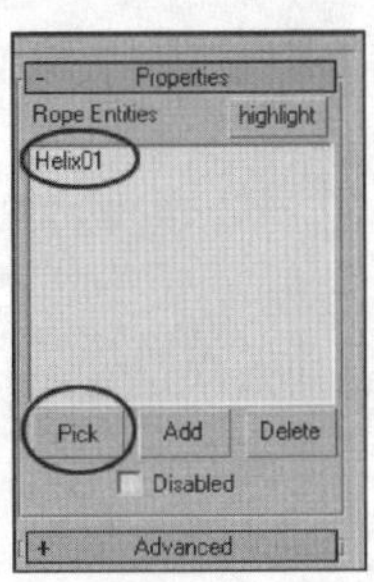

6. Crie uma coleção de objetos Rigid Body com o botão Rigid Body Collection.

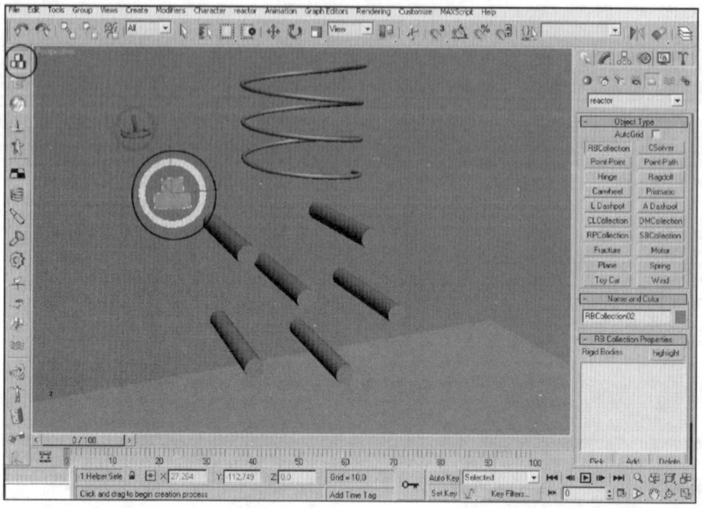

7. Com o objeto Rigid Body Collection selecionado clique em Add na roll-out RB Collection Properties e escolha os cilindros e o box.

8. Assim que o processamento de criação da animação for finalizado, clique em Preview Window.

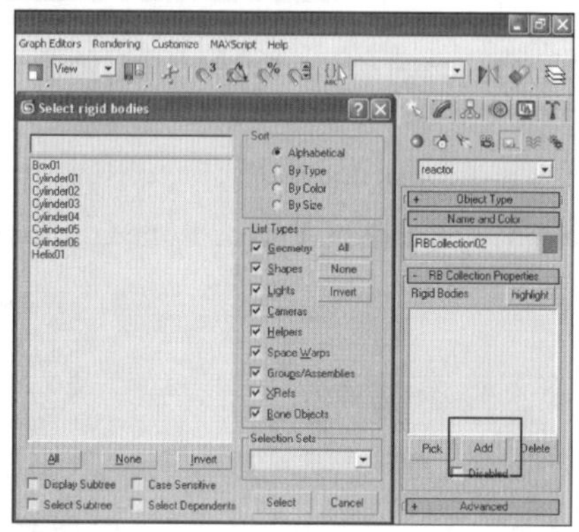

Nota: Para visualizar o resultado, vá até Command Panel, escolha Utilities com o botão Reactor ativo e clique em Create Animation, localizado na roll-out Preview & Animation.

Criação de Simulações para Líquidos

Para criar uma simulação que envolve um objeto líquido, observe o seguinte procedimento:

1. Crie os objetos do cenário, figura e.
2. Selecione a caixa e altere sua propriedade para um Concave Use Mesh no quadro Reactor Properties, figura f.

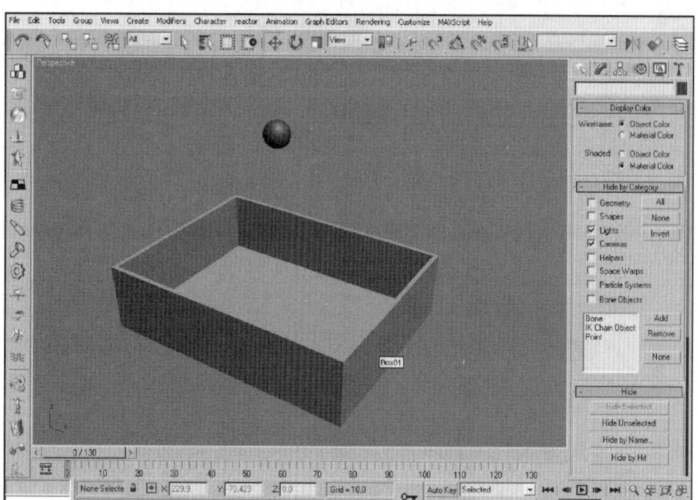

Figura e

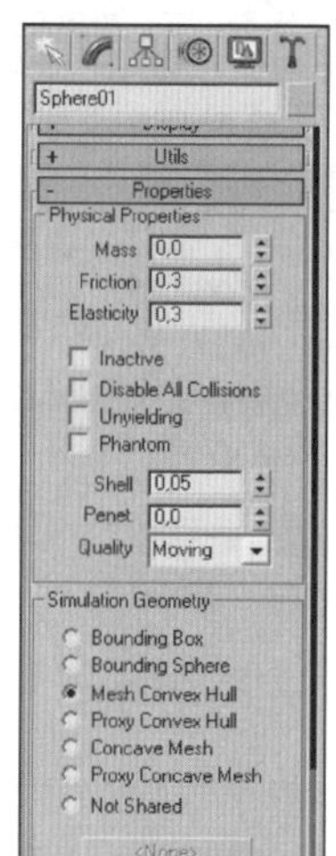

Figura f

3. Crie uma coleção de objetos Rigid Body com o botão Rigid Body Collection.

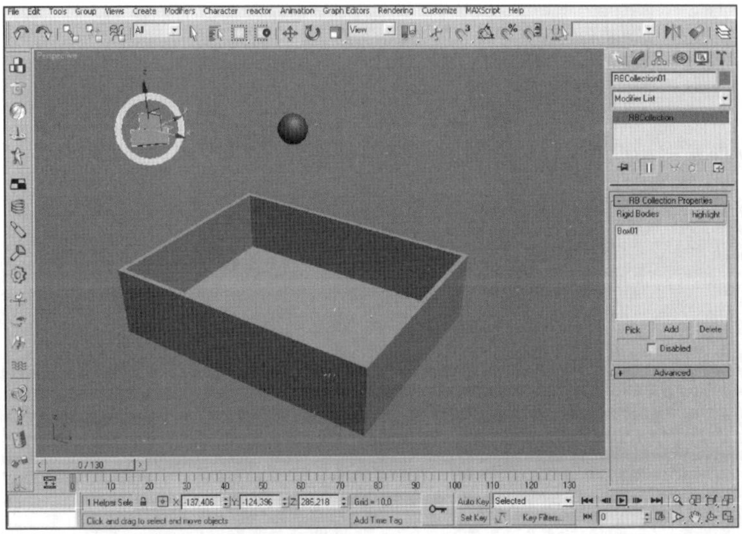

Figura g

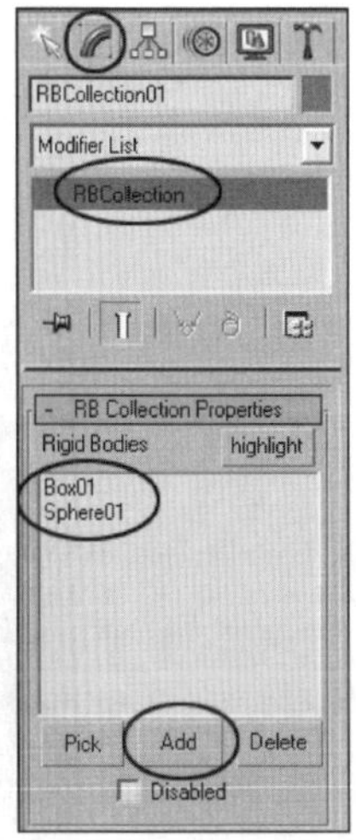

Figura h

4. Com o objeto Rigid Body Collection selecionado clique em Add na roll-out RB Collection Properties e escolha os cilindros e o box.
5. Selecione a esfera e no quadro de propriedade do Reactor aplique uma massa de 25 kg.

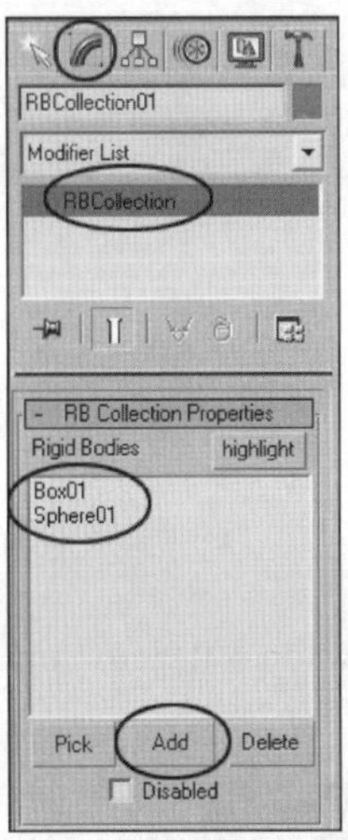

Figura i

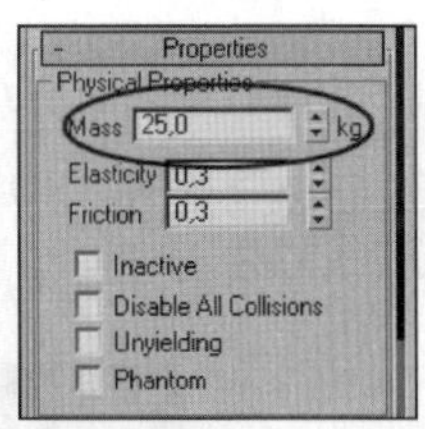

Figura j

6. Na barra de ferramentas do Reactor clique em Create water e crie um water dentro do box, conforme a figura seguinte.

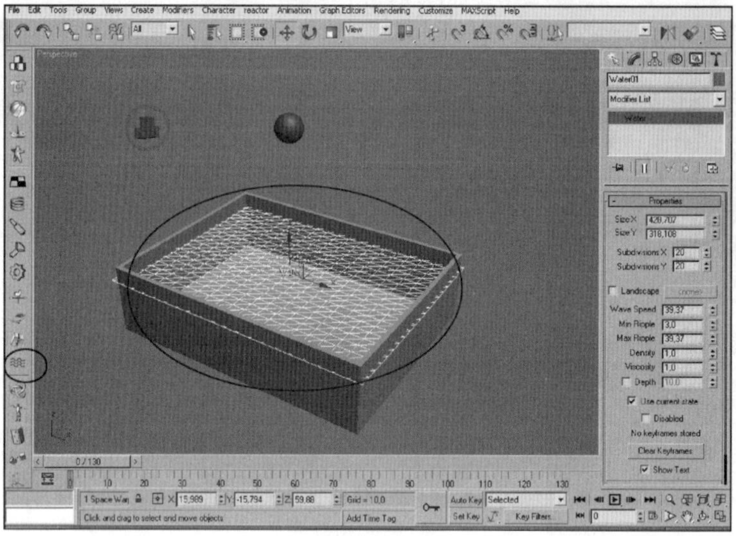

7. Selecione o water, vá até a pasta Modify e altere os parâmetros.

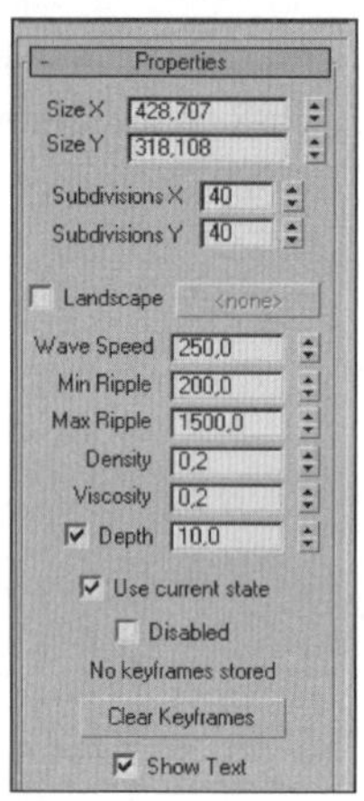

8. Para visualizar o resultado, vá até Command Panel, escolha Utilities com o botão Reactor ativo e clique em Create Animation, localizado na roll-out Preview & Animation.

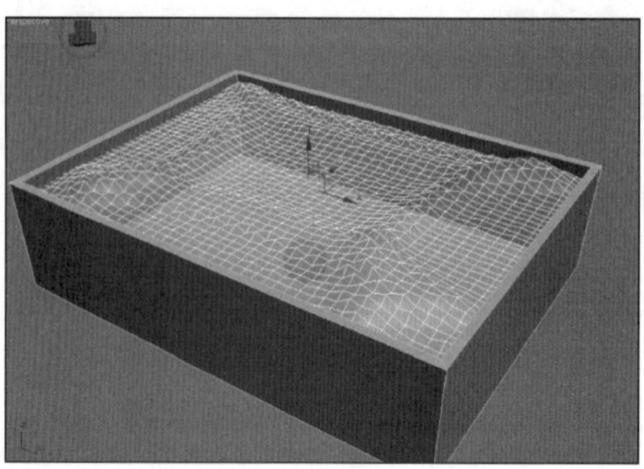

Capítulo 14

Hair/Fur e Cloth

Conceitos Básicos

Em razão da grande dificuldade de controlar milhares de cabelos que podem ter variada textura, Hair and Fur apóia-se em guias que dão forma aos cabelos.

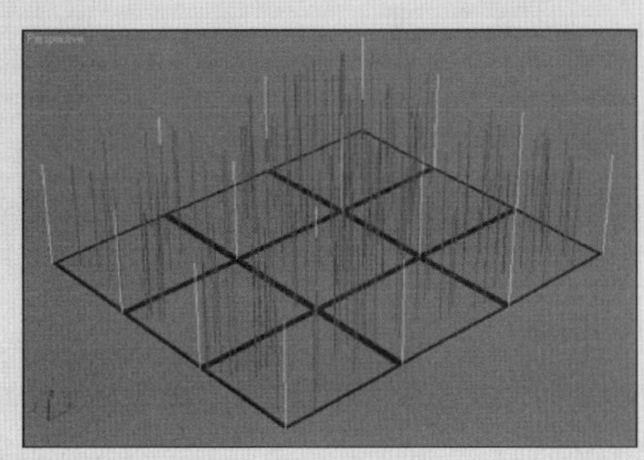

As guias (amarelo) estão situadas em cada vértice do objeto emissor. Os cabelos (vermelho) são interpolados entre as guias.

Em vez de "pentear" milhares de cabelos, tão-somente é preciso pentear as guias que dão forma aos cabelos interpolados.

Considere que há dois controles de distorção (Kink e Frizz) que só afetam os cabelos, não as guias.

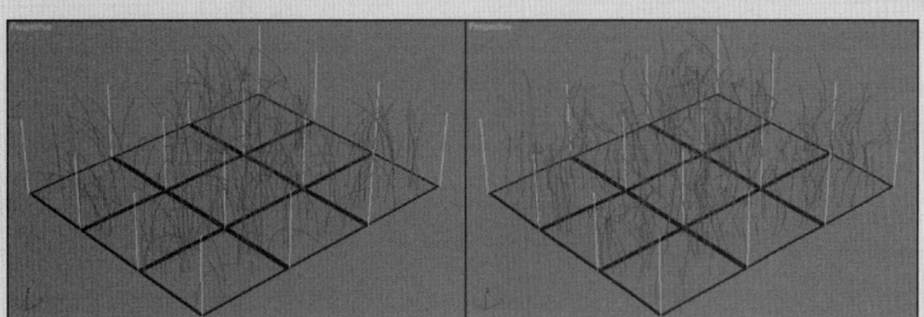

Esquerda: Frizz Tip = 90 Direita: Kink Tip = 20.

Hair and Fur admite dois objetos emissores de cabelo: linhas e polígonos. Os polígonos espalham o cabelo por toda a superfície de suas faces retangulares. As linhas emitem o cabelo colocado entre elas (são necessárias ao menos duas linhas).

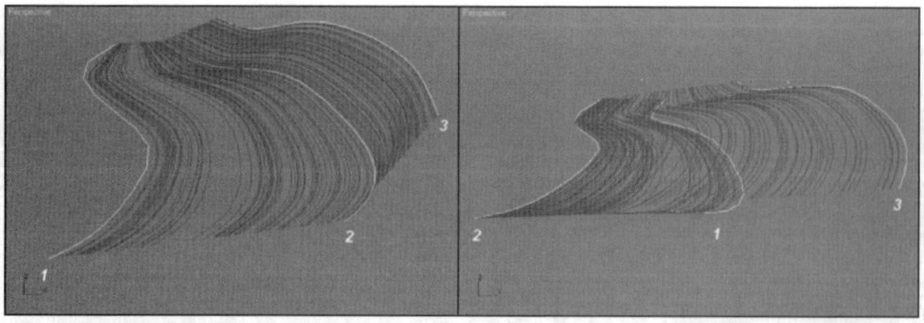

Criamos três splines e logo as associamos para posteriormente aplicar o modificador Hair and Fur. É importante que a ordem, ao associar as linhas, seja a correta, pois o resultado depende disso.

Hair and Fur tem seu próprio motor de simulações dinâmicas, que permite escolher entre dois métodos de cálculo de colisão: Sphere e Surface. Sphere envolve o objeto de colisão em uma esfera invisível que realmente colide com o cabelo. Surface utiliza a própria superfície do objeto de colisão para calcular a simulação.

Logicamente, Surface é mais preciso que Sphere, porém mais trabalhoso de calcular. Os cálculos dinâmicos aplicam-se às guias, não aos cabelos.

Modificadas as guias, elas fazem com que se alterem os cabelos colocados entre elas.

Quanto à luz, Hair and Fur só projeta sombras usando luzes Spot (foco), o que certamente é uma limitação importante (como outras estudadas mais adiante).

Modificador Hair and Fur

Ao aplicar o modificador a um objeto formado por splines, tenha especial cuidado para que cada spline seja colocada na ordem seqüencial correta, pois é a ordem que Hair and Fur seguirá para colocar as guias.

É importante que o primeiro vértice de cada spline corresponda à raiz do cabelo.

Em troca, se aplicarmos o modificador a um objeto de malha, o cabelo crescerá por toda a superfície do objeto, a não ser que especifiquemos as zonas concretas pela área Selection.

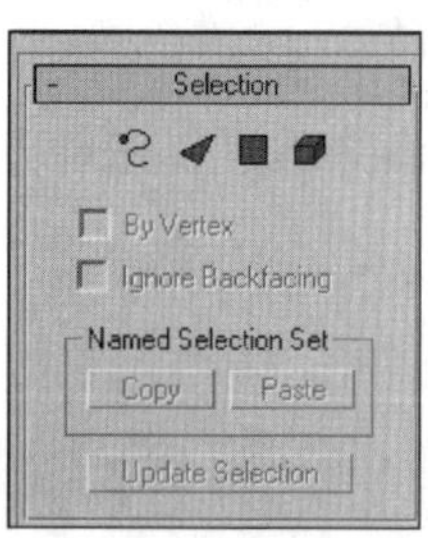

Nessa área podemos selecionar as faces do objeto nas quais queremos que cresça o cabelo.

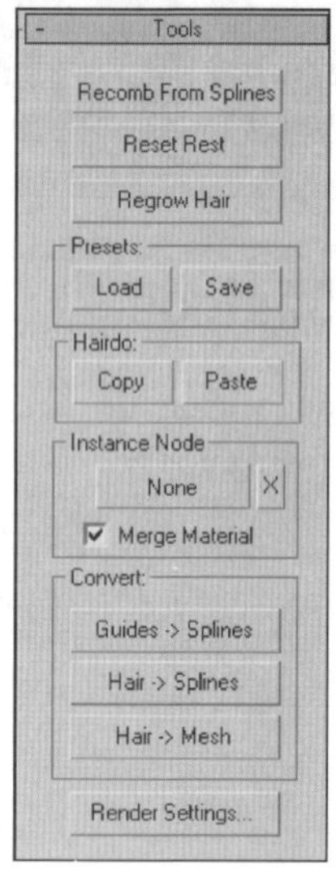

- **Guide:** seleção do subobjeto da guia com possibilidade de edição.
- **Face:** seleção de faces (triângulos).
- **Polygon:** seleção de polígonos.
- **Element:** seleção de elementos.
- **By Vertex:** se estiver ativo, ao selecionar um vértice, são selecionados todos os subobjetos que compartilham esse vértice.
- **Ignore Backfacing:** quando ativo, não se pode selecionar as faces ocultas (aquelas cujas normais apontam para dentro do monitor).
- **Copy:** copia o conjunto de seleção ativo.

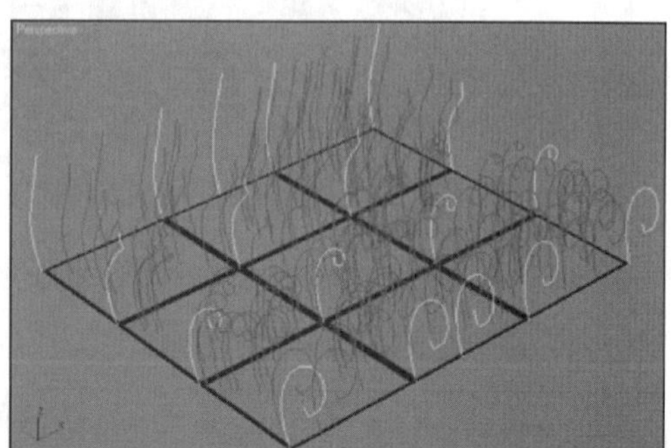

- **Paste:** cola o conjunto de seleção ativo.
- **Update selection:** recalcula a superfície emissora de cabelo ao trocar a seleção de subobjetos.

Os cabelos (vermelho) e as guias (amarelo) modificam-se para seguir a forma das splines (branco).

- **Reset Rest:** se modificarmos a malha do objeto emissor (retrocedendo no catálogo de modificadores), redistribui os cabelos para conseguir uma uniformidade nos polígonos modificados.

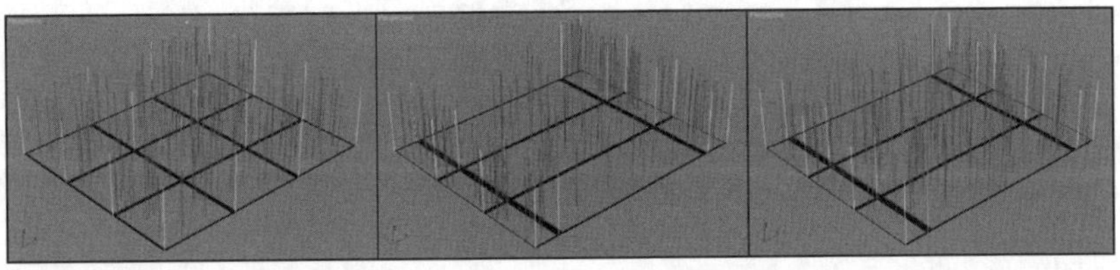

  - **Esquerda:** distribuição do cabelo antes de modificar a malha.
  - **Centro:** distribuição do cabelo depois de modificar a malha.
  - **Direita:** depois de clicar em Reset Rest, a distribuição de cabelo volta a ser uniforme.
- **Regrow Hair:** elimina qualquer penteado feito no cabelo, devolvendo a forma original.
- **Presets:** criado e ajustado o cabelo, permite guardá-lo (Save) e carregá-lo (Load) para usos posteriores.

  Não se guarda o penteado, a não ser os parâmetros do cabelo (grossura, longitude, cor, forma etc.).
- **Hairdo:** copia penteados de um objeto a outro.
- **Instance Node:** seleciona um objeto como modelo para cada cabelo. Se modelamos uma rosa e a selecionamos como Instance Node, cada cabelo seria um decalque dessa rosa, e obteríamos um campo de rosas.

  Observe alguns detalhes:
  - Se o objeto usado como Instance está animado, a animação não se calca. Só se calca o objeto com sua posição no primeiro frame da animação.
  - Para que os objetos fiquem corretamente calcados sobre a superfície emissora, é conveniente que o ponto de pivô esteja devidamente colocado na base (raiz) do objeto.
  - Ao distribuir os decalques sobre a superfície, eles se deformam para adaptar-se à forma da superfície de distribuição. Assim, é importante que tenham subdivisões suficientes para que a deformação seja correta.
- **Merge Material:** ativado, calca o material do objeto Instance Node nos decalques (cabelos). Se desativado, os decalques terão o material do objeto emissor.
- **Guides → Splines:** converte as guias em splines. As guias originais permanecem intactas.
- **Hair → Splines:** converte os cabelos em splines. Os cabelos originais permanecem intactos.
- **Hair → Mesh:** converte os cabelos em malha. Os cabelos originais permanecem intactos.
- **Render settings:** abre a janela de efeitos e acrescenta um efeito Hair and Fur render effect (explicado mais adiante), se já não estiver acrescentado.

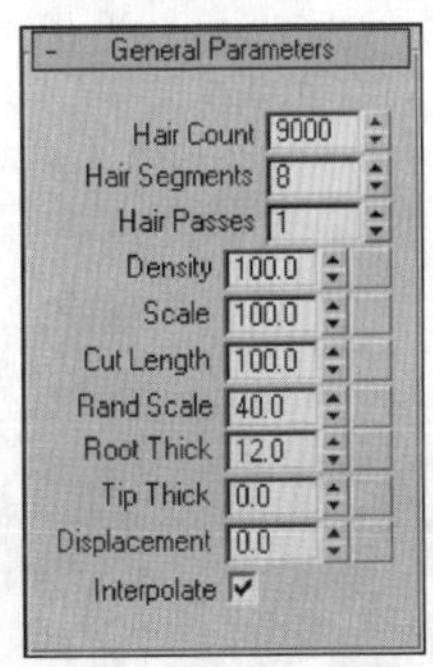

- **Hair Count:** número total de cabelos gerados (máximo: 999.999).

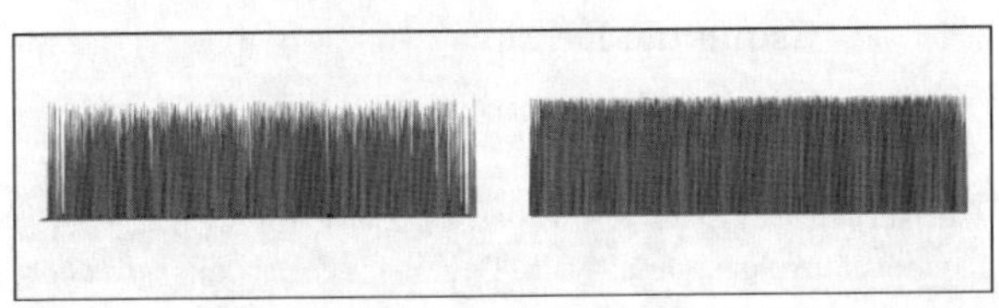

  - **Esquerda:** Hair Count = 1000.
  - **Direita:** Hair Count = 9000.

- **Hair Segments:** o número de segmentos por cabelo (fila de 1 a 150).

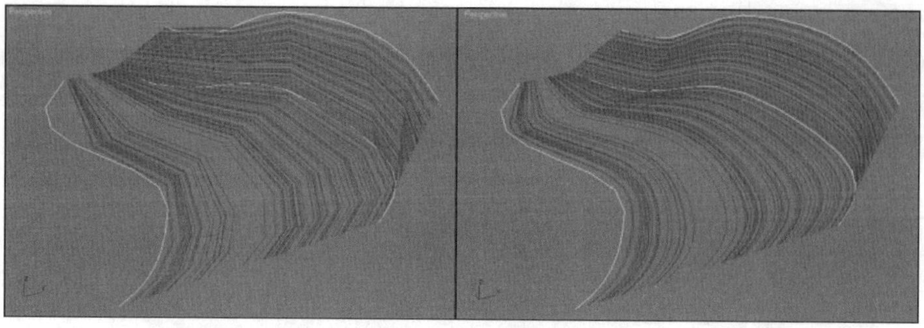

- **Esquerda:** Hair Segments = 5.
- **Direita:** Hair Segments = 60.

- **Hair Passes:** ajusta o número de passadas de transparência. Quanto maior o valor, mais transparente é o cabelo (fila de 1 a 20).

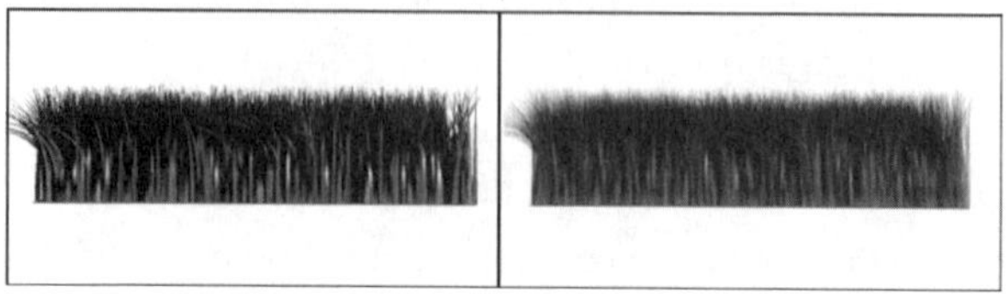

- **Esquerda:** Hair Passes = 1.
- **Direita:** Hair Passes = 4.

- **Density:** porcentagem da densidade do cabelo. Quanto mais baixo é o valor, menor é a densidade. Pode-se usar um mapa em escalas de cinza para controlar a densidade (zona branca = densidade 100%, zona negra = densidade 0%).

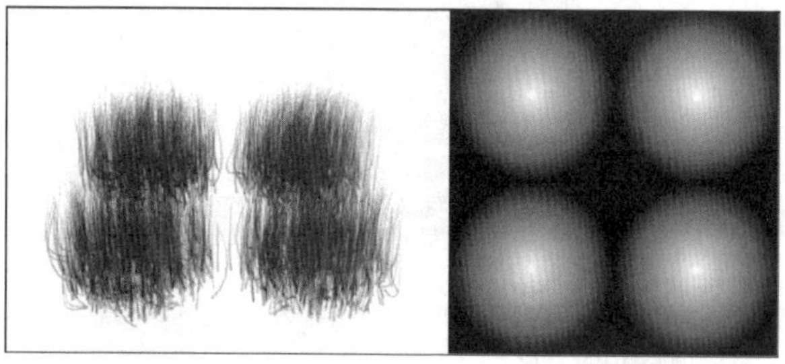

- **Esquerda:** Density = 100 + mapa.
- **Direita:** Bitmap aplicado ao Density.

Conselho: Para maior eficácia, caso não use um mapa de densidade, controle o número total de cabelos com o valor do Hair Count que reduz o valor do Density. Desta maneira, evitamos que se calculem cabelos que logo não se vêem no render.

Por exemplo, se Hair Count = 9000 e Density = 50%, no render só serão vistos 4.500 fios de cabelo, mas o processador terá calculado os 9.000 fios de cabelo e logo terá descartado 4.500.

É melhor pôr Hair Count = 4500 e Density = 100% para obter o mesmo resultado, otimizando o tempo de render.

- **Scale:** porcentagem para controlar a escala do cabelo. Pode-se usar um mapa em escalas de cinza para controlar a escala (zona branca = escala 100%, zona negra = escala 0%).

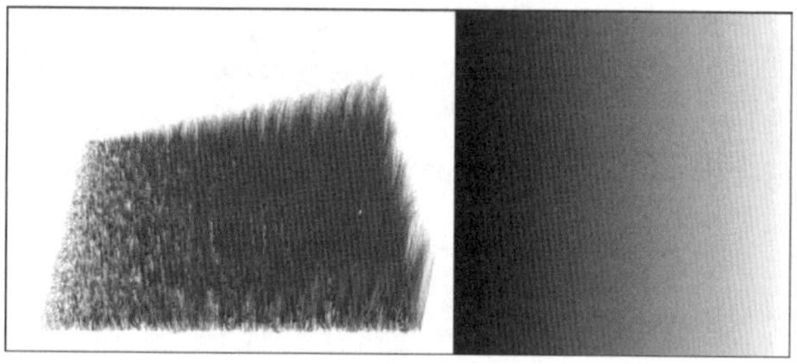

- **Esquerda:** Scale = 100 + mapa.
- **Direita:** dégradé linear aplicado ao Scale.

- **Cut Length:** longitude total do cabelo. Esse parâmetro é ideal para animar o crescimento do cabelo (como o de um homem-lobo, por exemplo).
- **Rand Scale:** acrescenta aleatoriedade à escala do cabelo.

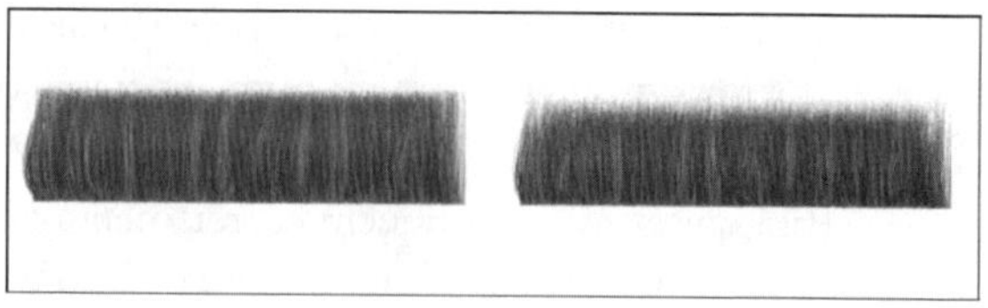

- **Esquerda:** Rand Scale = 0.
- **Direita:** Rand Scale = 50.

- **Root Thick:** grossura do cabelo na raiz.
- **Tip Thick:** grossura do cabelo na ponta.

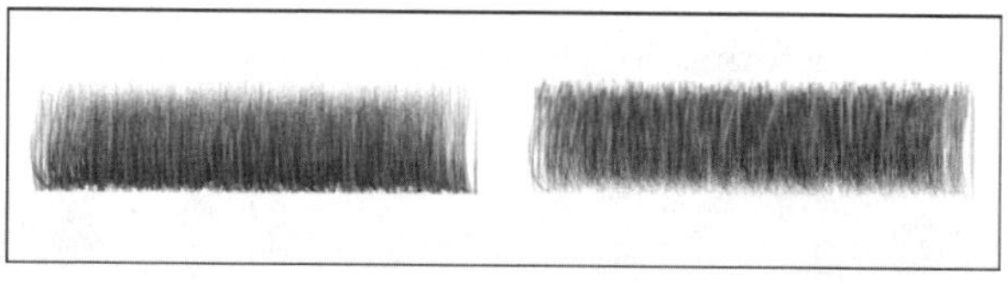

- **Esquerda:** Root Thick = 10, Tip Thick = 0.
- **Direita:** Root Thick = 0, Tip Thick = 10.

- **Displacement:** distância entre a raiz do cabelo e o objeto emissor (fila de –999.999 a 999.999).

  É útil para animar a queda do cabelo, por exemplo.

- **Interpolate:** quando está ativo, o cabelo é interpolado e distribui-se por igual entre as guias. Quando não está ativo, gera-se um só cabelo por cada face (triângulo) do objeto emissor até chegar ao limite imposto no Hair Count. Por default está ativo.

  Esses valores afetam o material do Buffer-rendered hair. O geometry-rendered hair (cabelo convertido em malha) herda o material do objeto emissor.

  Pode-se aplicar um mapa de escala de cinzas a qualquer valor, marcando no quadro cinza da direita do parâmetro. Esse mapa atua como multiplicador do valor base (branco = 1 e preto = 0).

- **Occluded Amb:** controla o Bias das contribuições ambiental/difusa da iluminação do modelo. Um valor de 0 renderiza o cabelo com uma iluminação plana. Um valor de 100 faz com que seja totalmente iluminado pelas fontes de luz da cena.
  - **Esquerda:** Occluded Amb = 0.
  - **Direita:** Occluded Amb = 100.
  - **Ambas:** Color = branca, Self Shadow = 50.

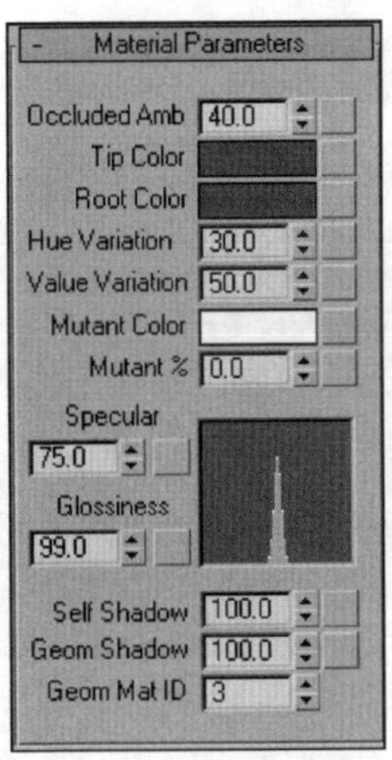

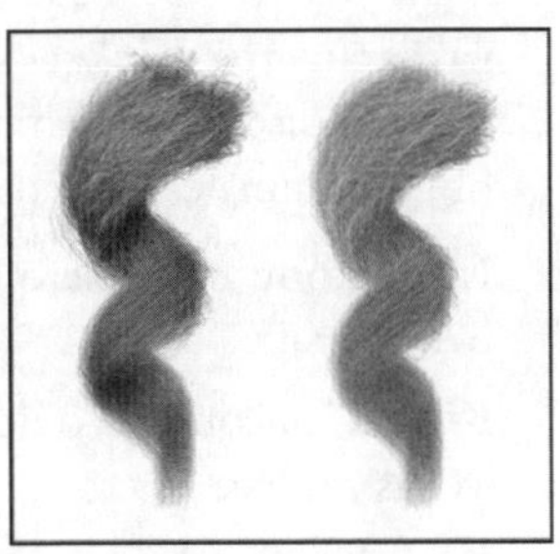

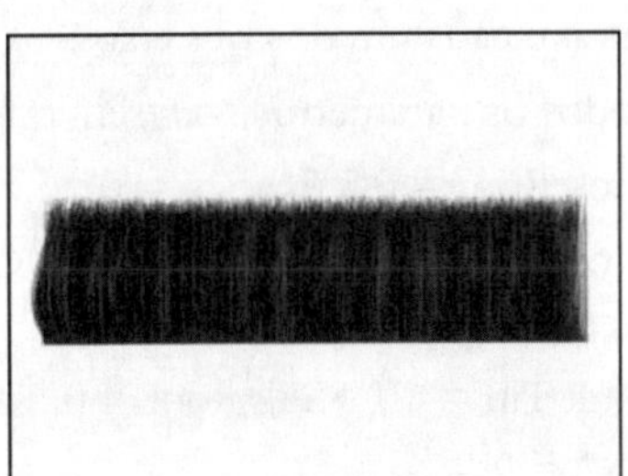

- **Tip Color:** a cor do cabelo nas pontas.

  Tip Color = vermelha.

- **Root Color:** a cor do cabelo nas raízes.

  Root Color = azul.

  Hue Variation = 0.

  Pode-se usar um mapa de cor para colorir o cabelo. As coordenadas de mapeamento serão as do objeto emissor.

  Se usarmos um mapa de cor, a cor base deve ser branca, porque a cor do mapa atua como multiplicador da base, por isso é possível obter resultados não desejados.

  Por exemplo, se a Tip Color é amarela e colocamos um mapa de cor azul, o cabelo será preto, porque ao multiplicar esses valores RGB, o resultado é zero (anula-se ao outro). Por este motivo, quando usarmos um mapa de cor para colorir o cabelo, é conveniente que a cor base seja branca.

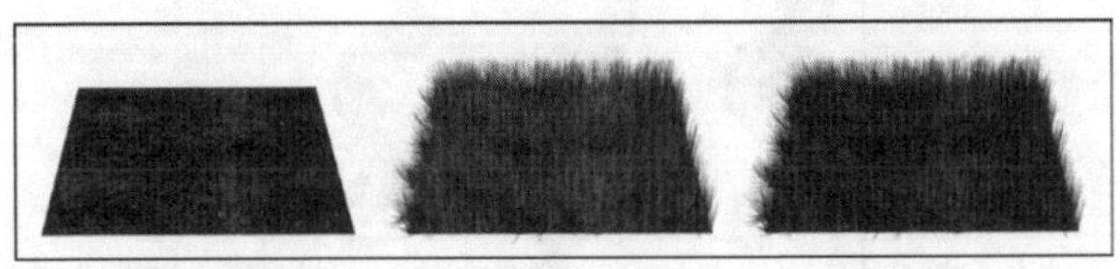

  - **Esquerda:** o mapa usado para colorir o cabelo.
  - **Centro:** o mapa aplicado a Tip Color e Root Color faz com que o cabelo tenha a cor do mapa.
  - **Direita:** trocando a cor base de Tip Color e Root Color para laranja, acrescenta-se uma tintura laranja à imagem.

- **Foge Variation:** valor que altera a cor do cabelo.
- **Value Variation:** valor que altera o brilho do cabelo.

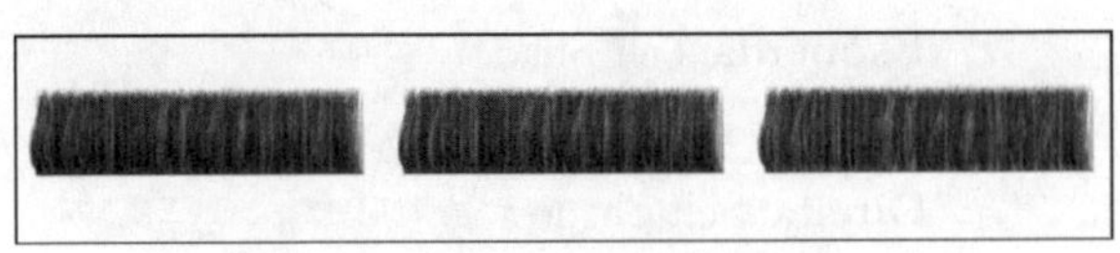

  - **Esquerda:** Hue/Value Variation = 0.
  - **Centro:** Avalie Variation = 100.
  - **Direita:** Foge Variation = 100.

- **Mutant Cor:** cor dos cabelos "mutantes" que são selecionados aleatoriamente e, apoiando-se no valor do Mutant %, recebem essa cor.
- **Mutant %:** a porcentagem de cabelos que recebe a cor mutante.

Pode ser útil para simular cabelo. Além disso, se animamos o valor do Mutant %, podemos simular o envelhecimento acelerado de um personagem.

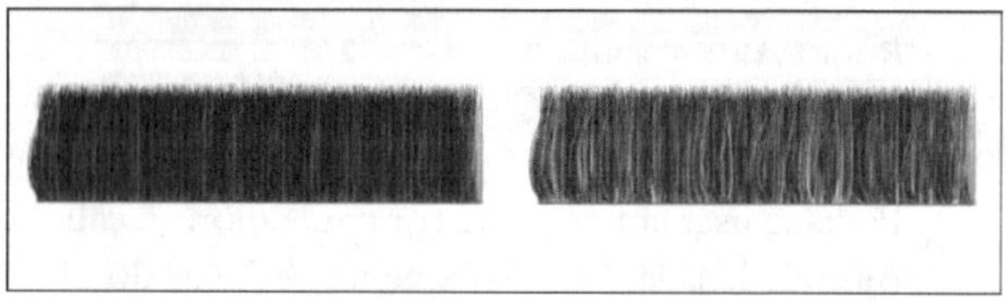

- Esquerda: Mutant % = 0.
- Direita: Mutant % = 30.
- Ambos: Color = marrom, Mutant Color = branca.

- **Specular:** o brilho dos ressaltes especulares do cabelo.
- **Glossiness:** o tamanho dos ressaltes especulares do cabelo.

- **Esquerda:** Specular = 0, Glossiness = 0.
- **Centro:** Specular = 100, Glossiness = 75.
- **Direita:** Specular = 100, Glossiness = 0,1.

- **Self Shadow:** controla a quantidade de sombra que projeta um cabelo sobre outro no mesmo modificador Hair and Fur.

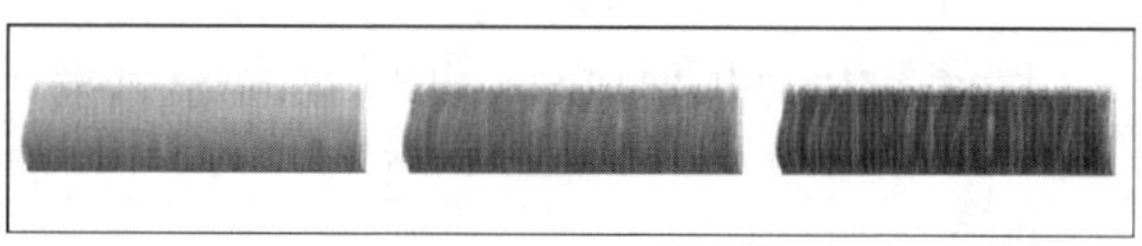

- **Esquerda:** Self Shadow = 0.
- **Centro:** Self Shadow = 50.
- **Direita:** Self Shadow = 100.

- **Geom Shadow:** quantidade de sombra que o cabelo recebe da geometria que a rodeia na cena.
- **Geom Mat ID:** especifica a identificação de material atribuída ao geometry-rendered hair (cabelo convertido em malha).

O parâmetro Frizz gera um ruído na base e outro na ponta do cabelo para curvá-lo e assim "despenteá-lo" para dar um aspecto mais ou menos caótico.

- **Frizz Root:** controla o deslocamento Frizz do cabelo na raiz.
- **Frizz Tip:** controla o deslocamento Frizz do cabelo nas pontas.
- **Frizz X/Y/Z Freq:** controla a freqüência do efeito Frizz em cada um dos três eixos.
- **Frizz Anim:** especifica a amplitude da animação da onda do cabelo.
- **Anim Speed:** esse multiplicador controla a velocidade do movimento. Esse valor se multiplica pelos componentes Frizz X/Y/Z Animation Dir para determinar o offset por frame do movimento.
- **Frizz X/Y/Z Animation Dir:** ajusta o vetor de direção do Frizz Anim.
  - Frizz Root/Tip = 0.
  - Frizz Root = 50, Frizz X/Y/Z Freq = 14.
  - Frizz Root = 150, Frizz X/Y/Z Freq = 60.
  - Frizz Tip = 30, Frizz X/Y/Z Freq = 14.
  - Frizz Root = 50, Frizz Root = 100, Frizz X/Y/Z Freq = 60.

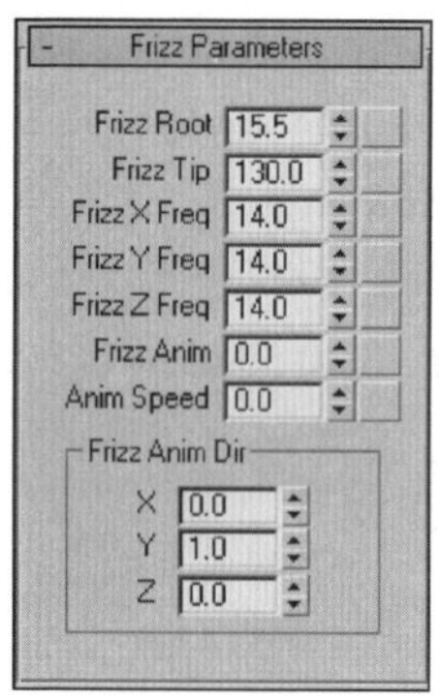

O parâmetro Kink é similar ao Frizz, porém o ruído (noise) o gera em toda a longitude do cabelo, obtendo uma espécie de cabelo encaracolado.

- **Kink Root:** controla o deslocamento Kink do cabelo na raiz.
- **Kink Tip:** controla o deslocamento Kink do cabelo nas pontas.
- **Kink X/Y/Z Freq:** controla a freqüência do efeito Kink em cada um dos três eixos.
  - Todos os parâmetros = 0 (sem o Kink).
  - Kink Root = 0,5 (o resto = 0).
  - Kink Tip = 10, Kink Root = 0, Kink X/Y/Z Freq = 4.
  - Kink Tip = 10, Kink Root = 0, Kink X/Y/Z Freq = 50.

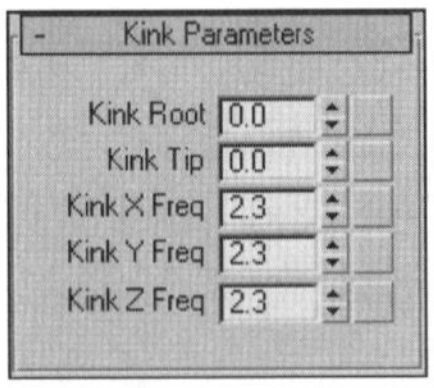

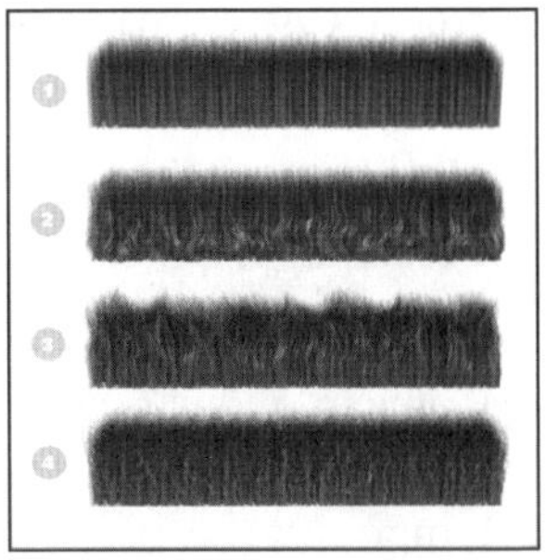

Multi Strand é útil para criar mechas de cabelo. Funciona da seguinte maneira:

Para cada cabelo que se renderiza normalmente, Multi Strand cria cabelos adicionais disseminados ao redor do cabelo original. Os controles Splay fazem com que esses cabelos estejam mais ou menos disseminados tanto na ponta como na raiz do cabelo original.

- **Count:** é o número de cabelos adicionais ao redor do original.
- **Root Splay:** controla a distribuição dos cabelos adicionais na raiz do original. Quanto maior esse valor, mais separados ficam os cabelos do original na raiz.
- **Tip Splay:** controla a distribuição dos cabelos adicionais na ponta do original. Quanto maior esse valor, mais separados se tornam os cabelos do original na ponta.
- **Randomize:** torna aleatório o tamanho de cada cabelo da mecha, para que ela não seja tão uniforme.
  - Multi Strand Count = 0, Hair Count = 500.
  - Multi Strand Count = 10, Root Splay = 0.1, Tip Splay = 0.1, Hair Count = 500.
  - Multi Strand Count = 10, Root Splay = 0.4, Tip Splay = 0.1, Hair Count = 500.
  - Multi Strand Count = 10, Root Splay = 0.0, Tip Splay = 1.0, Hair Count = 500.

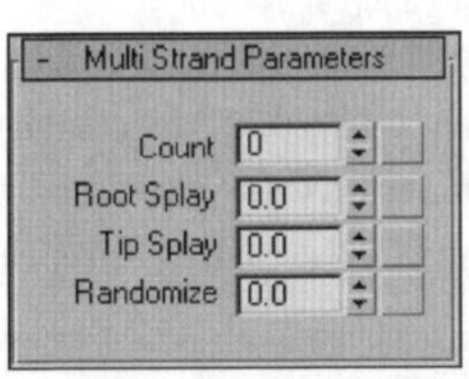

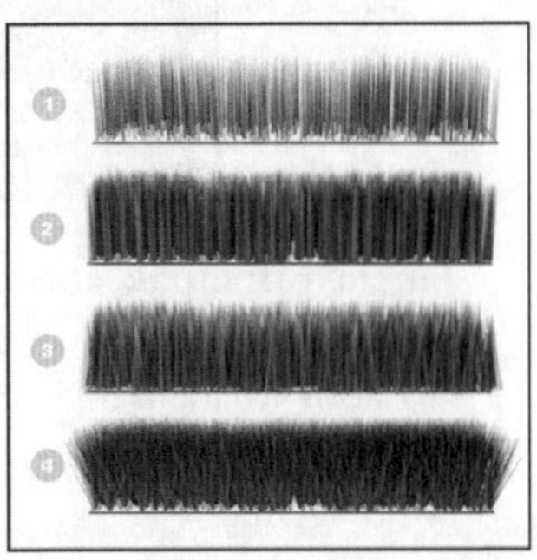

- **None:** não se simula a dinâmica do cabelo.

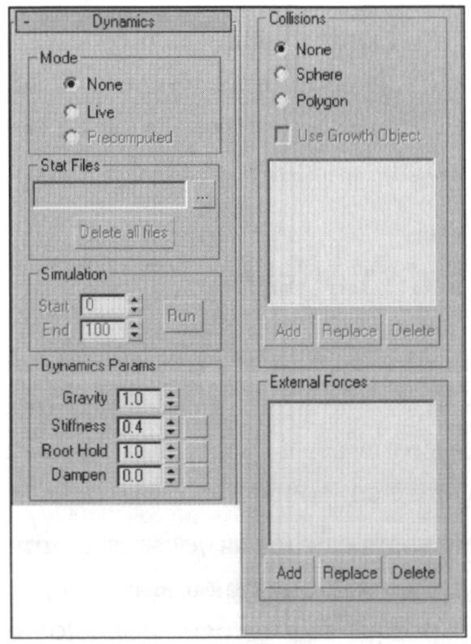

- **Live:** a dinâmica do cabelo se simula de forma interativa nas viewports, mas não se criam keyframes nem Stat Files para a animação.
- **Precomputed:** cria Stat Files para renderizar a animação dinâmica do cabelo.

  Só está disponível ao introduzir nome e direção do Stat Files.
- **Stat Files:** grava e reproduz uma animação dinâmica do cabelo.

  Clicando no botão com três pontos, especificamos a direção e o nome do arquivo em que se criará Stat Files.

  Hair acrescenta um número de quatro dígitos e a extensão .stat ao nome colocado (por exemplo, teste_pelo001.stat).
- **Delete all files:** apaga os Stat Files criados.
- **Start:** o primeiro quadro (frame) a considerar no cálculo da dinâmica do cabelo.
- **End:** o último quadro (frame) a considerar no cálculo da dinâmica do cabelo.
- **Gravity:** especifica uma força que move o cabelo verticalmente no espaço universal. Para simular que não há gravidade, esse valor deve ser 0 (fila de –999 a 999).
- **Stiffness:** controla a magnitude do efeito de dinâmica. Com valor de 1 a dinâmica não tem efeito (fila de 0 a 1).
- **Root Hold:** similar ao Stiffness, mas afeta o cabelo apenas na raiz (fila de 0 a 1). Por default o valor é 1, porque normalmente as raízes não se movem durante a animação.

- **Dampen:** a dinâmica faz com que o cabelo leve velocidade ao próximo frame. Incrementando o valor do Dampen, diminuímos essa velocidade. Um valor alto do Dampen significa que a dinâmica será menos ativa (o cabelo pode inclusive parecer que flutua).

Métodos de Colisão

- **None:** não se consideram as colisões durante a simulação, fazendo com que o cabelo atravesse tanto seu objeto emissor como outros objetos com os quais entre em contato.
- **Sphere:** para calcular as colisões, emprega uma esfera que envolve os objetos. Esse método é mais rápido porque requer menos cálculo, mas o resultado é menos preciso. É útil quando o cabelo precisa ser visto a certa distância.
- **Polygon:** considera cada polígono do objeto de colisão para calcular a dinâmica. É o método mais lento, todavia o mais preciso.
- **Use Growth Object:** quando está ativo, o cabelo colide com seu objeto emissor (malha).
- **Collisions:** com os botões Add, Replace e Delete acrescentamos, substituímos e apagamos os objetos da cena que devem colidir com o cabelo.
- **External Forces:** nessa lista estão os efeitos especiais (Space Warps) que afetarão o cabelo durante a simulação. Por exemplo, podemos acrescentar um efeito de vento (Wind) para que o cabelo ondule na brisa.

  O sistema de dinâmica do Hair and Fur já tem uma força de gravidade, por isso não é necessário acrescentar nenhuma.

  Com os botões Add, Replace e Delete acrescentamos, substituímos e apagamos os efeitos da cena que devem afetar o cabelo.

- **Display Guides:** oculta ou mostra as guias.

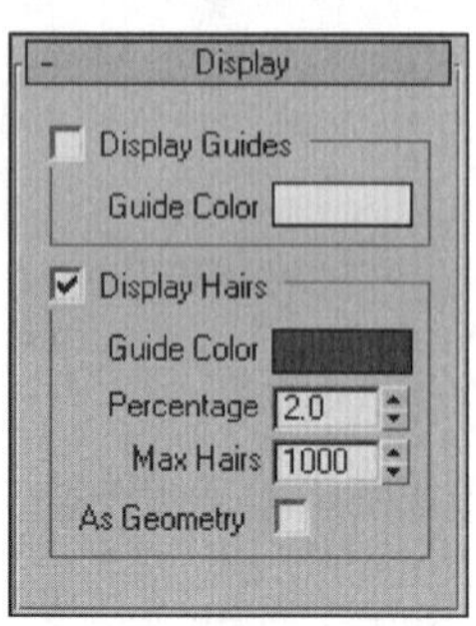

- **Guide Cor:** cor das guias.
- **Display Hairs:** oculta ou mostra os cabelos.
- **Hair Cor:** cor do cabelo.
- **Percentage:** porcentagem do total dos cabelos que serão mostrados nas viewports.

  Convém reduzir esse valor para melhorar o rendimento se empregarmos a dinâmica em tempo real (Live).

- **Max Hairs:** o número máximo de cabelos que se mostram nas viewports, apesar do Porcentage.
- **As Geometry:** quando está ativo, mostra os cabelos nas viewports como a geometria do render, em vez das linhas por default.

Style Hair

Área e controladores específicos para criar o penteado ideal para o personagem.

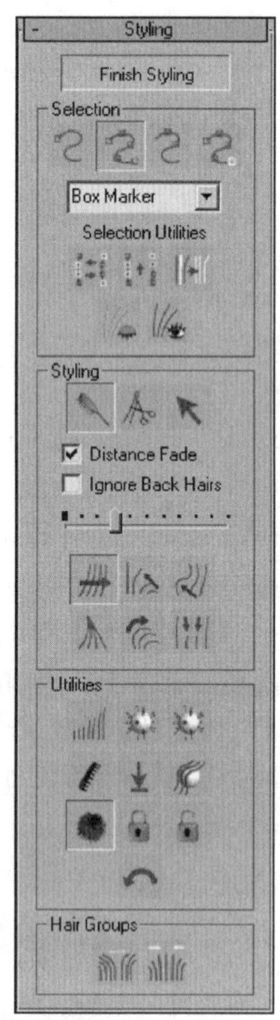

- **Janela principal:** atua como um visor do Max. Nele vemos o objeto emissor e as guias do cabelo. Ao abrir a janela Style Hair, todas as guias estão selecionadas, por isso existem esses quadrinhos de cor magenta.

Métodos de Seleção

Cada guia tem 15 segmentos e 14 vértices (há um vértice adicional na raiz que não se pode selecionar). Para que uma ferramenta afete a guia, ao menos um de seus vértices deve ser selecionado.

Não é possível selecionar pelo clique; é preciso arrastar. Os vértices selecionados são de cor magenta e as guias selecionadas têm vários tons amarelo-esverdeados. As guias não selecionadas são vermelho-escuras.

Há vários modos de seleção. Podemos selecionar só o vértice final da guia ou todos os vértices. Dependendo da seleção, há diferentes resultados.

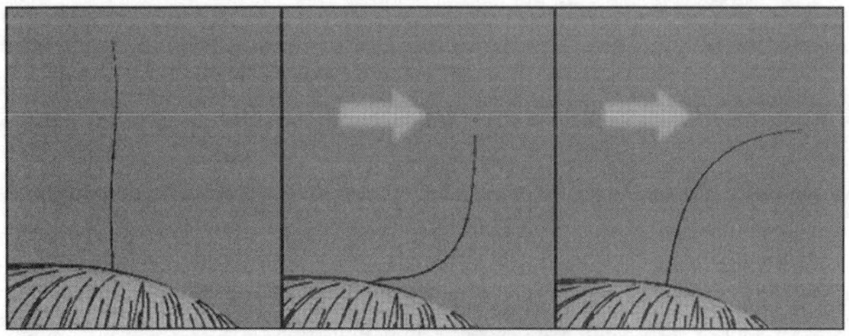

- **Esquerda:** guia antes de pentear.
- **Centro:** usando Translate no modo de seleção Whole Strand.
- **Direita:** usando Translate no modo de seleção Hair Ends.

Barra de Ferramentas

- **Select by Hair Ends:** seleciona o último vértice de cada guia.
- **Select Whole Guide:** ao selecionar qualquer vértice da guia, selecionam-se todos os outros.
- **Select Guide Vértices:** é possível selecionar qualquer vértice da guia.
- **Select Guide by Root:** só se pode selecionar o vértice da raiz, que seleciona os outros vértices da guia.
- **Brush Mode:** nesse modo, ao arrastar o mouse, selecionamos só os vértices da área do pincel circular.

Ferramentas

Para usar essas ferramentas é necessário estar no Brush ou Drag Mode.

- **Translate:** move os vértices selecionados na direção em que se arrasta o mouse.
- **Stand:** levanta o cabelo a uma direção perpendicular à superfície.

  - **Esquerda:** guia antes de pentear com o Stand.
  - **Centro:** guia durante o penteado com o Stand.
  - **Direita:** guia após pentear com o Stand.

- **Puff Roots:** levanta o cabelo a uma direção perpendicular à superfície (de maneira similar ao Stand), com mais incidência na raiz do que na ponta.

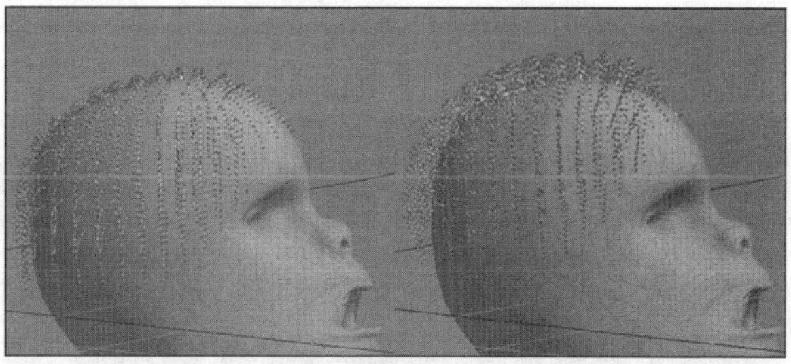

  - **Esquerda:** guia antes do Puff Roots.
  - **Direita:** guia depois do Puff Roots.

- **Clump:** força as guias a se aproximarem (arrastando o mouse para a esquerda) ou se afastarem (arrastando à direita).

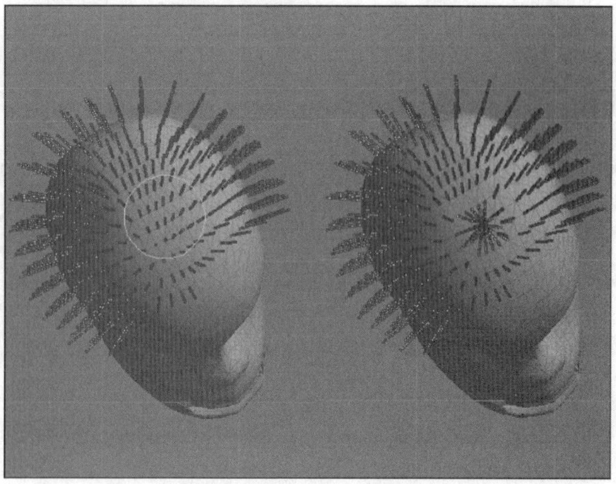

  - **Esquerda:** guia antes de aplicar Clump.
  - **Direita:** guia depois de aplicar Clump.

- **Rotate:** rotaciona ou forma redemoinhos nas guias.

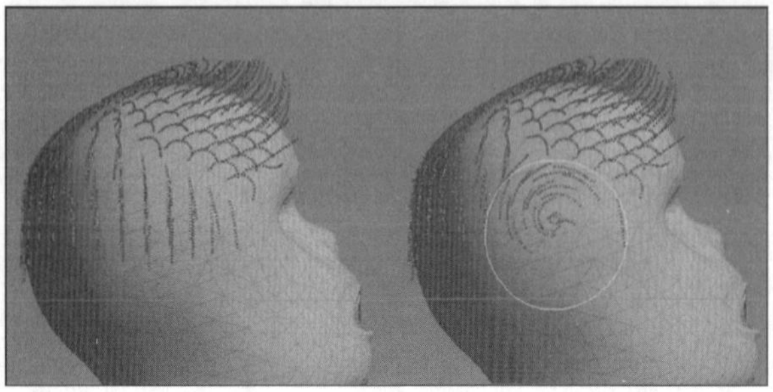

- **Esquerda:** guia antes de aplicar Rotate.
- **Direita:** guia depois de aplicar Rotate.

- **Scale:** escala a longitude das guias, alargando-as (arrastando para a direita) ou encolhendo-as (arrastando à esquerda).

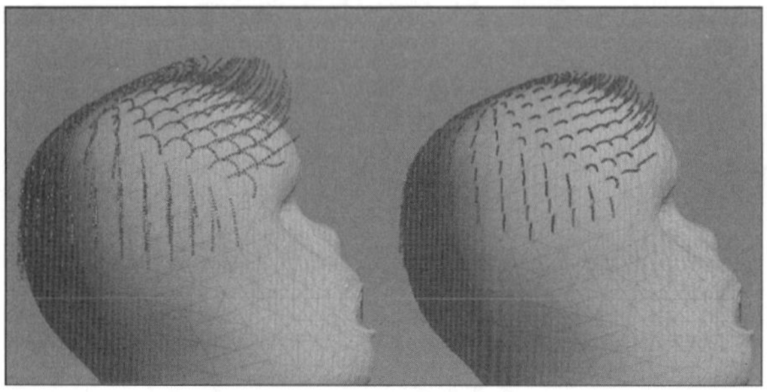

- **Esquerda:** guia com sua longitude original.
- **Direita:** guia após escalar para cortá-las.

- **Invert Selection:** inverte a seleção de vértices.
- **Hide Selection:** oculta as guias selecionadas.
- **Unhide All:** mostra as guias ocultas.

Funções de Edição

- **Toggle Collisions:** se calcular uma dinâmica para o cabelo e há objetos de colisão na cena, ativa/desativa as colisões.
- **Pop Zero/Pop Selected:** se escalar algumas guias, reduzindo-as até desaparecerem, podemos usar Pop Zero para devolver o tamanho e posição originais.
- **Pop Selected:** faz o mesmo, mas não necessita que haja guias escaladas a zero.
- **Lock Selected:** bloqueia os vértices selecionados com relação à orientação e distância da superfície mais próxima. Os vértices bloqueados podem ser selecionados, mas não movidos.
- **Unlock:** desbloqueia os vértices bloqueados.
- **Atenuete Length:** escala as guias selecionadas de acordo com a área da superfície dos polígonos do objeto emissor.

  Isso é útil, por exemplo, para os animais, que têm pêlo mais curto nas zonas com polígonos menores. Por exemplo, normalmente os polígonos da face do animal são menores que os do lombo, por isso Atenuete Length faz com que o pêlo seja mais curto na face e mais comprido no lombo.

- **Cut Hair:** corta as guias como se fossem usadas tesouras.

  Cut Hair não elimina vértices, mas escala guias. Para restaurar guias cortadas usamos Pop Zero ou Pop Selected.

- **Recomb:** penteia as guias paralelas à superfície, mantendo a direção delas.
- **Undo:** desfaz a última ação.

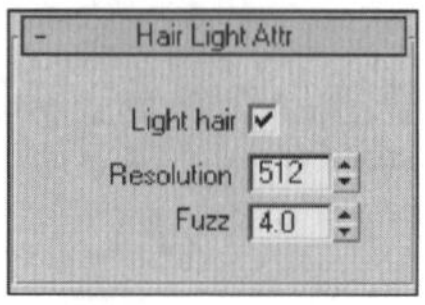

- **Light Hair:** se estiver ativo, o foco ilumina e projeta sombras no cabelo.
- **Resolution:** especificamos o tamanho (em pixels) do mapa de sombra gerado pelo foco.
- **Fuzz:** ajusta a suavidade ou a saliência das bordas das sombras.

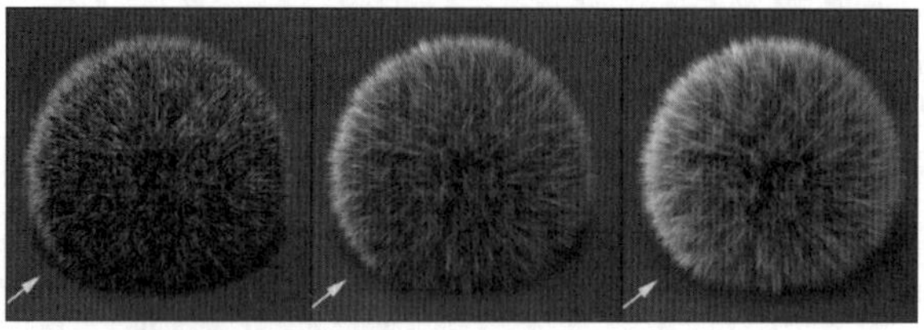

- **Esquerda:** Fuzz = 0.
- **Centro:** Fuzz = 5.
- **Direita:** Fuzz = 10.

Efeito Hair and Fur Render

Para que o cabelo seja renderizado, é necessário acrescentar à cena um efeito Hair and Fur Render, embora seja acrescentado automaticamente quando aplicamos um modificador Hair and Fur a qualquer objeto da cena.

Nota: Segundo o manual do programa, o efeito Hair and Fur Render só funciona com os renderizadores Scanline e Mental Ray (a não ser que convertamos o cabelo em malha). No entanto, testou-se com o Vray e funciona corretamente.

Ainda assim, ao renderizar com Mental Ray, é preciso ativar a janela do Render → Processing painel → Render Elements group → Render Final Image.

Essa janela encontra-se no menu Rendering → Effects → Add... → Hair and Fur.

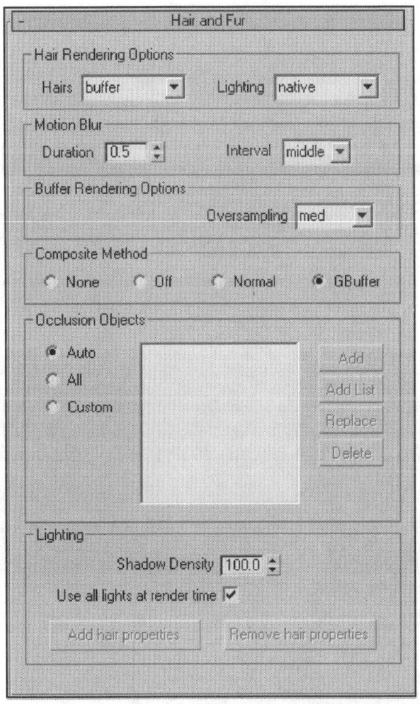

- **Hairs:** especifica o método empregado para renderizar o cabelo:
  - **Buffer:** pêlo procedural gerado pelo Hair and Fur no render apoiado nos parâmetros do modificador. Dispõe de opções para composição de imagem.
  - **Geometry:** converte o cabelo em geometria no momento do render. Não dispõe de opções para composição de imagem.
  - **MR prim:** o cabelo é criado por um procedural shader de Mental Ray que gera primitivas de curvas de Mental Ray diretamente no seu motor de render.
- **Lighting**
  - **Native:** usa os cálculos padrão de 3ds Max para o Falloff da luz.
  - **Emulation:** faz um cálculo interno mais simples para o Falloff da luz. É menos preciso, porém mais rápido no render.
- **Motion Blur:** para que o cabelo tenha blur, o objeto emissor deve ativar o Blur.
- **Duration:** o número de frames que o Motion Blur calcula para cada cena.
- **Interval:** o ponto em que a foto do cabelo é capturada, desfocada. Por default está no Middle, gerando desfoque no princípio e no final da duração.
- **Oversampling:** controla o nível de antialiasing do Hair Buffer Render.
- **Composite Method:** escolhe o método pelo qual o cabelo combina com o resto da cena.
  - **None:** renderiza só o cabelo, com oclusão. A imagem resultante está pronta para compor.
  - **Off:** renderiza as sombras do cabelo, mas não o cabelo.
  - **Normal:** faz um render padrão e compõe o cabelo (com oclusão) com o resto da cena na janela de render. Em virtude da oclusão, o cabelo não aparece através de objetos transparentes.
  - **GBuffer:** o cabelo aparece através dos objetos transparentes, mas não os suporta com refração.
- **Oclusion Objects:** especifica que objetos da cena ocultam o cabelo (os objetos que estão diante do cabelo, entre este e a câmera). Por default todos os objetos ocultam o cabelo.
  - **Auto:** todos os objetos renderizáveis da cena ocultam o cabelo.
  - **All:** todos os objetos renderizáveis e não renderizáveis da cena ocultam o cabelo.
  - **Custom:** especifica os objetos que ocultam o cabelo e os que não ocultam.
- **Shadow Density:** controla a escuridão relativa das sombras. Quanto mais alto esse valor, mais escuras são as sombras. Com um valor = 0 as sombras não se renderizam.
- **Use all lights at render time:** se estiver ativo (por default está), faz com que todas as luzes Spot da cena iluminem e projetem sombras do cabelo.
- **Add Hair Propierties:** acrescenta a área Hair Light Attr às luzes selecionadas. Quando Use all lights at render time está desativado, apenas as luzes com a área Hair Light Attr acrescentada iluminam o cabelo.

Esse botão só está disponível quando há ao menos uma luz selecionada.

- **Remove Hair Propierties:** elimina a área Hair Light Attr das luzes selecionadas.

  Esse botão só está disponível quando há ao menos uma luz selecionada.

Exercício Prático - Hair

Adição de Cabelo ao Boy

Neste exercício coloque cabelo e barba no personagem Boy.

1. Abra o arquivo boy.Max.
2. Vá para a lista Modify e escolha Hair and Fur em Worls Space Modifier.

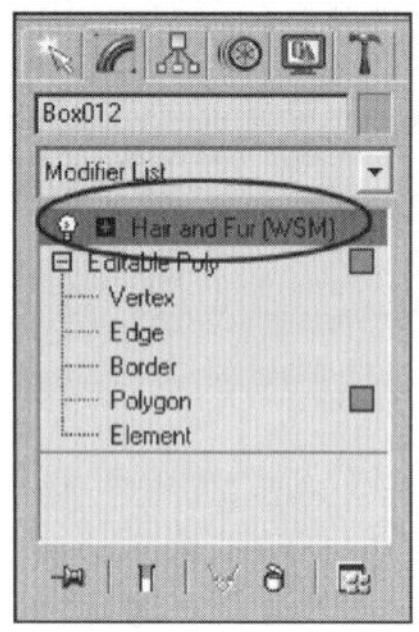

3. Selecione os polígonos em que deseja que o cabelo e a barba cresçam. Ative a opção Polygon e selecione as áreas conforme a figura. Clique no botão Update Selection.

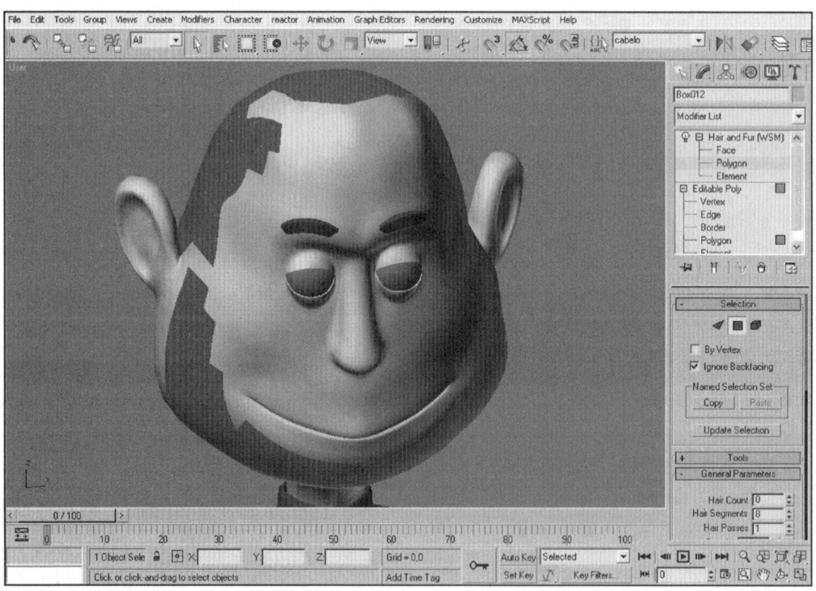

4. Selecione a vista de Perspectiva.
5. Clique no  Quick Render para ver o resultado.

Ajuste dos Parâmetros do Cabelo

Vamos aprender a trabalhar com alguns parâmetros do cabelo.

Continue do exercício anterior.

1. Feche a janela de renderização e selecione o objeto cabelo.
2. Vá à pasta Modify.
3. Movimente a roll-out General Parameters e reduza o Hair Count para aproximadamente 250 e o Cut Lenght para aproximadamente 35.

   Reduzindo o Hair Count, você aumenta a velocidade de renderização enquanto estiliza.

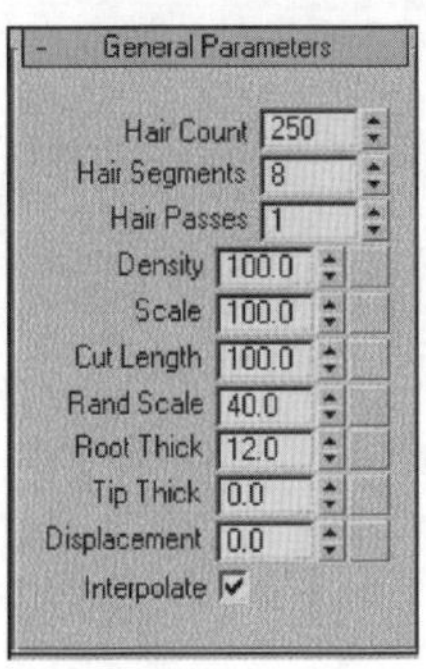

4. Desça para o Display e assegure-se de que a porcentagem de cabelo mostrado está próxima de 25.

   É possível visualizar cabelos individualmente na viewport, mas estão meio curvados.

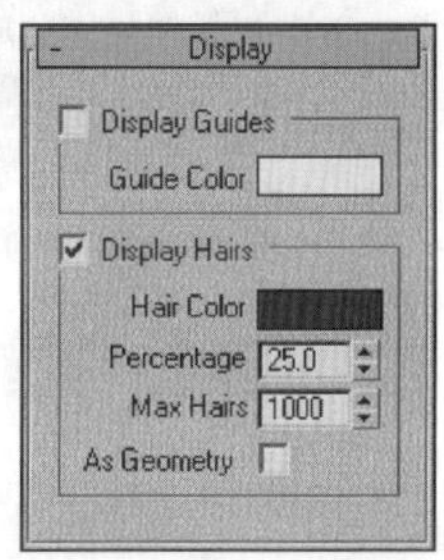

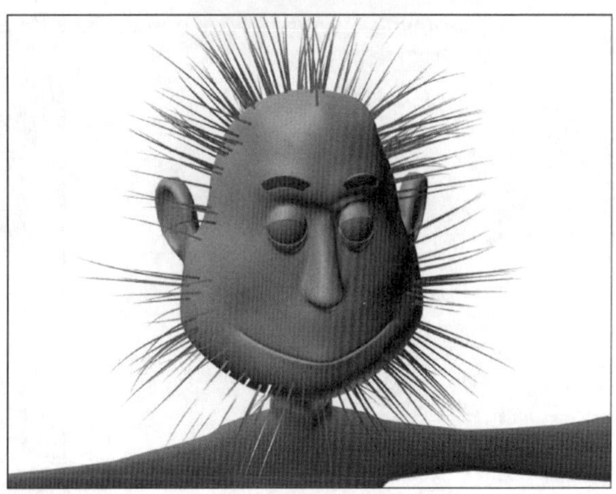

5. Vá até a roll-out Frizz Parameters e diminua o valor de Frizz Root e Frizz Tip para 0.

   Agora o cabelo ficou liso, mais fácil de manipular e estilizar.

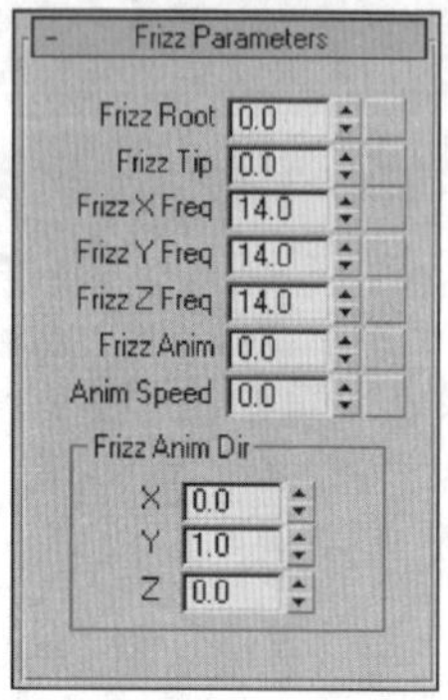

6. Clique no botão Style Hair.

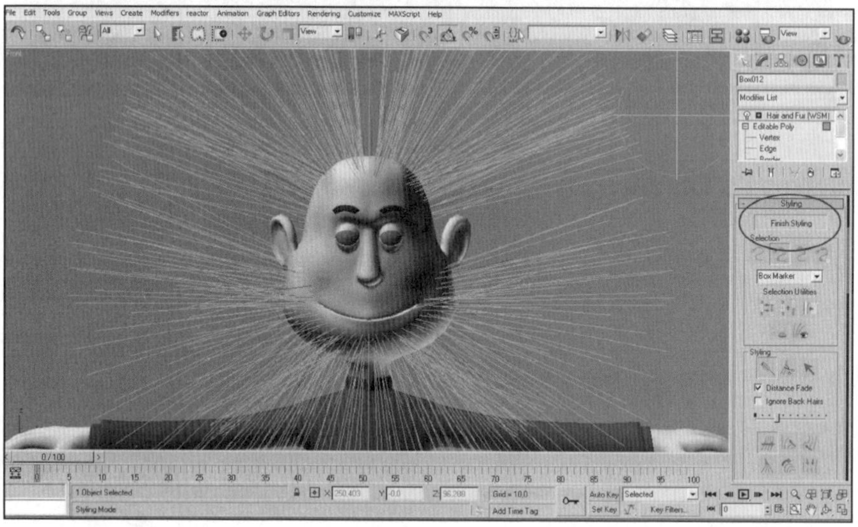

7. No quadro Style Hair ative as seguintes opções:
   - No submenu Selection ative o botão Select Whole Guide.
   - No submenu Styling ative os botões Hair Brush e Transate.

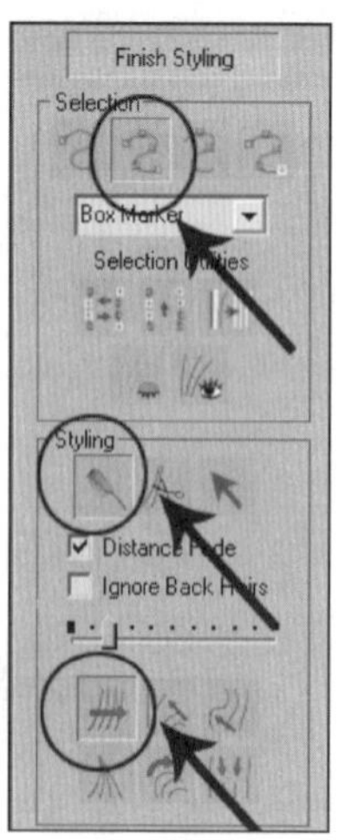

8. Altere o penteado do personagem com o Brush Hair.

9. Clique no botão Finishing Style.
10. Dê um clique em Render e veja o resultado.

Adição de Volume

Neste exercício dê um pouco mais de realismo ao cabelo.

Continue do exercício anterior.

1. Aumente o Hair Count para aproximadamente 350.

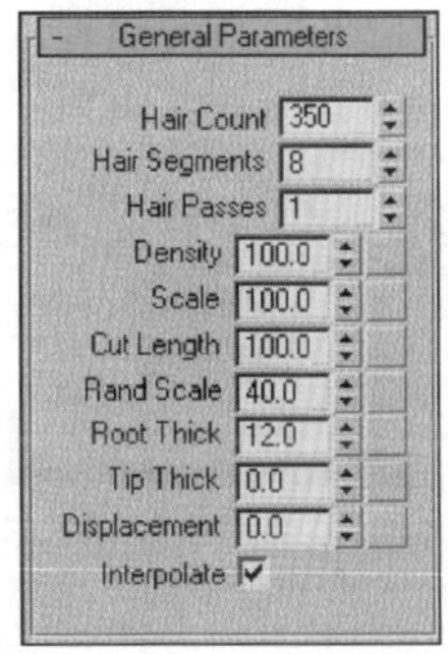

2. Para aumentar o número de fios de cabelo, você pode ajustar o Hair Count ou então o Multi Strand Parameters.

   Vá para o Multi Strand Parameters e coloque o contador em 25.

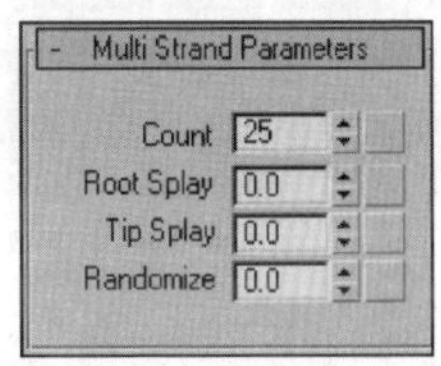

   Isso adiciona 25 fios a cada cabelo que já esteja no Hair Count.

3. Para distinguir o cabelo selecionado com o Multi Strand Parameters, adicione Root Display e Tip Display. Esses parâmetros espalham os Multi Strands a partir dos cabelos originais.
4. Ajuste o Root Display em 0,15. As raízes espalham-se consideravelmente.
5. Ajuste o Tip Display em 0,05. As pontas também se espalham mais.

6. Faça uma rápida renderização.

Perceba que há muito mais cabelo cobrindo o objeto, porém não parece muito bom.

7. Para melhorar o visual, ajuste o tamanho e a força do brilho do cabelo. Vá até General Parameters e ajuste a grossura da raiz. A grossura do cabelo o faz parecer mais uma superfície plana do que cabelo. Coloque o valor do Root Thick para aproximadamente 8.

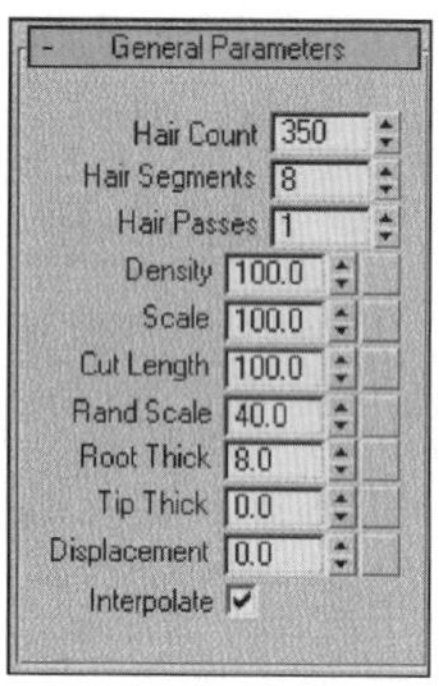

8. Melhore o cabelo, aumentando o Hair Passes para 2. Isso torna o cabelo mais fino e volumoso.

9. Clique no Quick Render para ver o resultado.

10. Surge um cabelo bem melhor que começa a parecer mais realista.

11. A seguir adicione uma luz Spot.

    Ligue o Shadow On na opção Shadow Maps para o Spotlight.

12. Renderize a cena.

Renderização do Cabelo

Aprenda a renderizar e a fazer o cabelo parecer mais limpo e natural.

Continue do exercício anterior.

1. Selecione o objeto cabelo no quadro Tools e clique no botão Render Settings.

2. Mudando alguns parâmetros, você pode aumentar o tempo de renderização, porém o resultado será muito mais estético. Os parâmetros para melhorar a qualidade da renderização incluem Hair Count, Hair Passes, Root Thickness e Oversampling. Atualmente, o Oversampling está ajustado em Middle; ajuste-o para Draft.

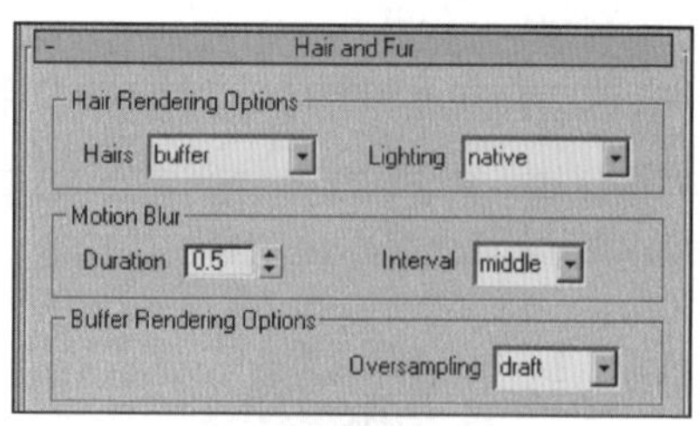

3. Ajuste o Oversampling para High.

4. Surge um resultado muito melhor.

Dica: Deixe-o em Draft ou Low enquanto trabalha. Quando estiver terminando e para a renderização final, mude para High ou Maximum, se necessário.

5. Em breve você fará a última renderização. Ajuste o modo para High e feche a janela.

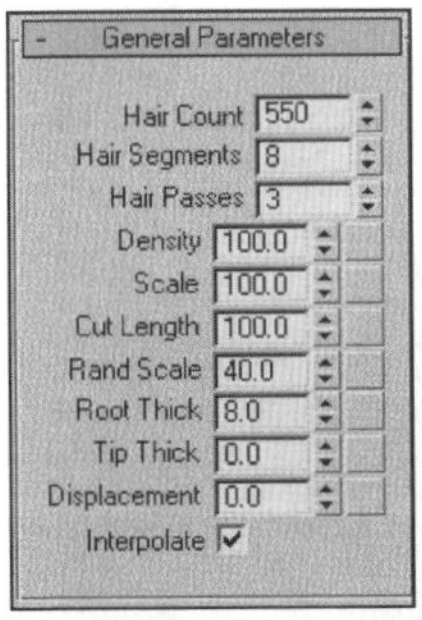

6. Nos parâmetros gerais você ajustou o Hair Passes para 2 enquanto estilizava o cabelo. Agora ajuste para 3.
7. Altere o Root Thick para 6.
8. Você pode aumentar o Hair Count para 500.
9. Faça uma renderização. Como pode ver, o resultado é detalhado e o cabelo parece muito real. Talvez tenha notado que a renderização demorou mais, mas esse resultado é ótimo para o Close-up.

10. Finalmente, modifique um pouco a cor do cabelo. Vá para Material Parameters.
11. No momento, a cor selecionada para a barba é marrom. Você pode mudar a cor do preto para o branco, a fim de situar o personagem Boy. Mude a cor da raiz para branco também.
12. Aumente o valor do Occluded Ambient um pouco, aproximadamente 70, para deixá-lo mais claro.
13. Os valores ajustados em Hue Variation e Value Variation estão bons para o cabelo.
14. Faça uma rápida renderização para ver a mudança da cor.
15. O resultado é uma bela barba branca.

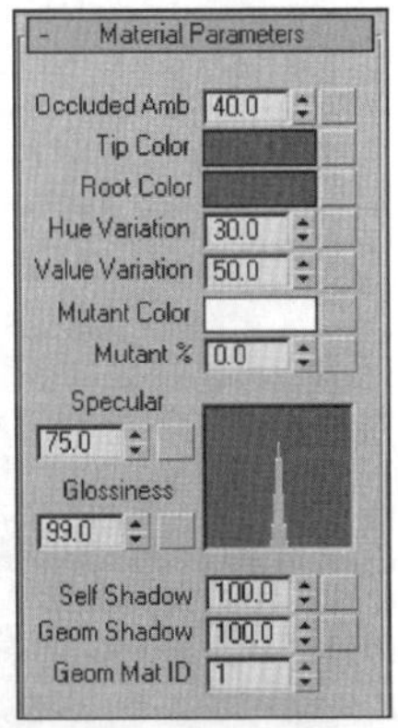

16. Talvez ainda precise ajustar alguns parâmetros de renderização. Por exemplo, para fazer um Close-up no Boy, com a face em um frame inteiro, e depois uma imagem mais distante, aumente as configurações do Close.
17. Salve o arquivo.

Exercício Prático - Cloth

Criação de um Chapéu Padrão

1. Abra o arquivo boy_cloth.max.
2. O chapéu está selecionado.
3. Na roll-out Selection, clique em Vertex.

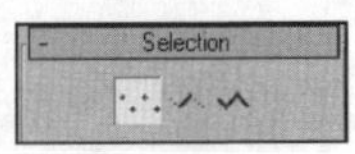

4. Selecione todos os vértices.
5. Na roll-out Geometry, clique no botão Break para quebrar (separar) os vértices.

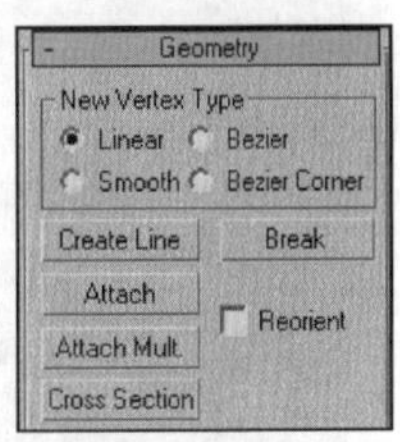

Todos os segmentos estão separados inteiramente e podem ser costurados juntos no Garment Maker.

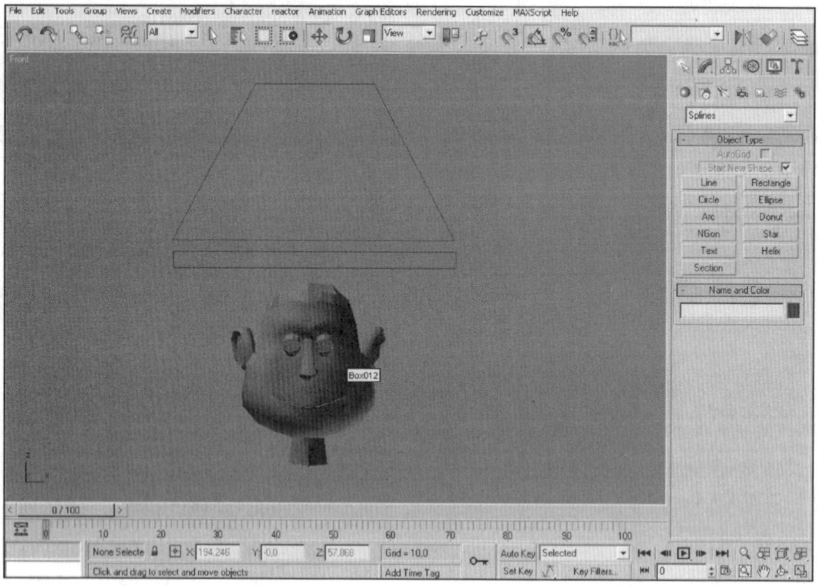

6. Carregue o Modifier List e clique no modificador Garment Maker acima do Editable Spline.

7. Selecione Garment Maker → Panels.

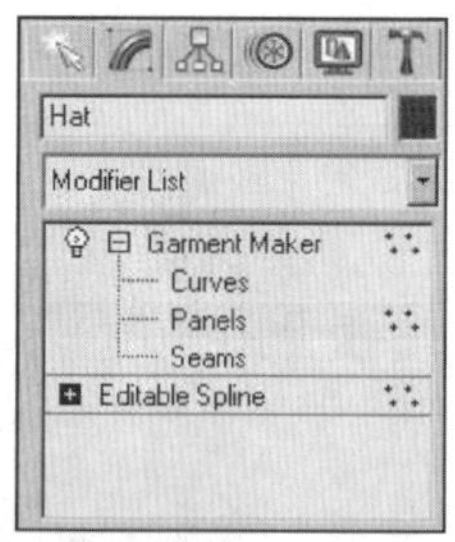

8. Pressione Ctrl e selecione ambos os painéis. Mova-os, posicionando-os à direita na viewport Front sobre a testa do personagem.

9. Coloque o chapéu na cabeça do personagem na viewport Left.
10. Pressione a tecla da direita do mouse e selecione Rotate.
11. Rotacione o painel (chapéu), inclinando-o para trás.

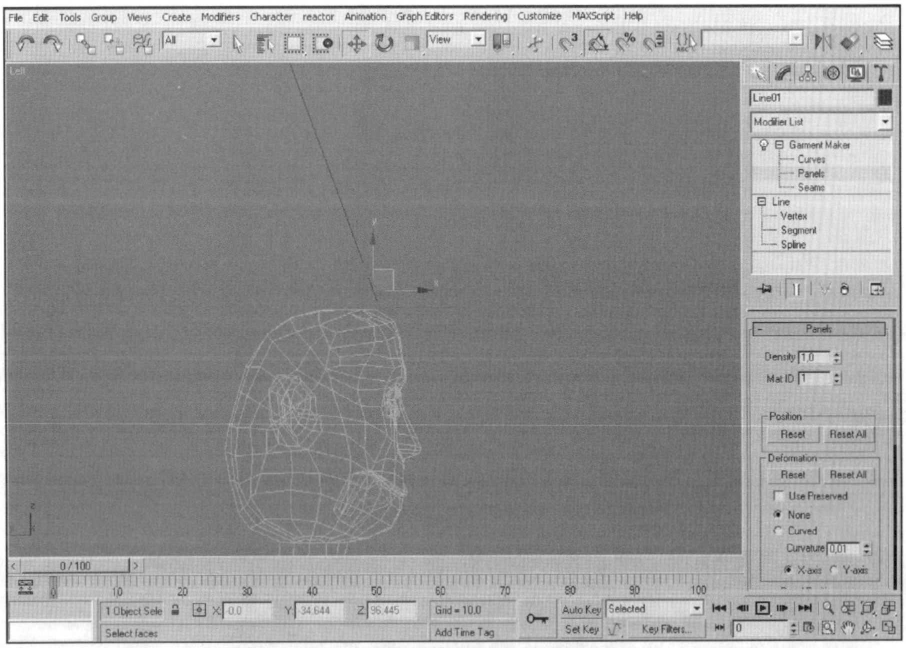

12. Mova o painel (chapéu) sobre a cabeça do personagem, ajustando-o.
13. Ative a opção Curved e configure Curvature = –0,74 aproximadamente.

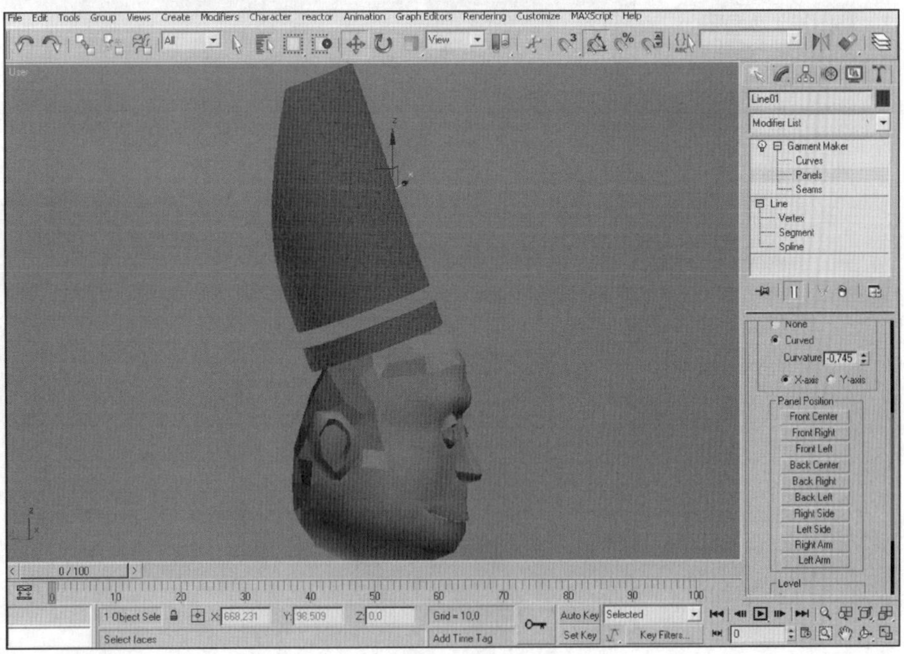

Adição de Costuras com Garment Maker

Continuação do exercício anterior.

1. Selecione o chapéu.
2. Ative (selecione) Garment Maker → Seams.

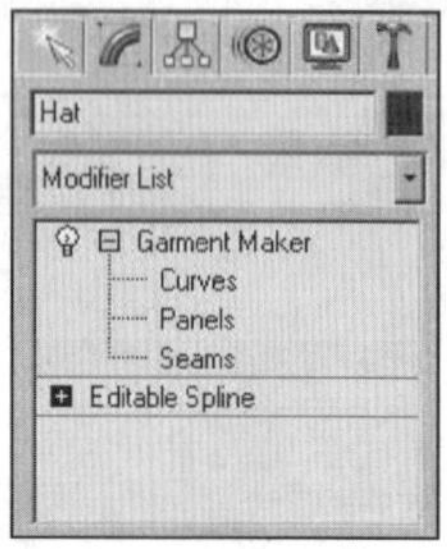

3. Costure (una) a parte de trás do chapéu. Selecione a parte grande inferior do chapéu e o topo da parte pequena que está separada. Pressione Ctrl entre as seleções.

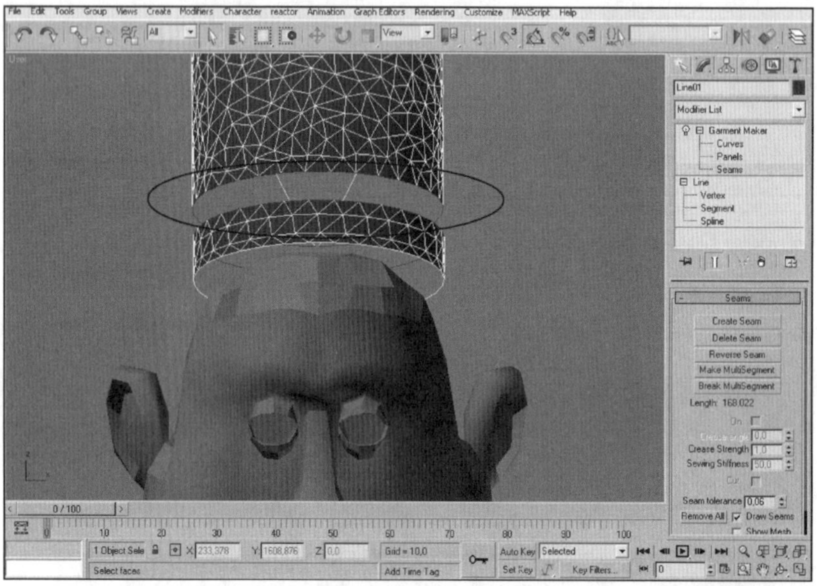

4. Clique em Create Seam.

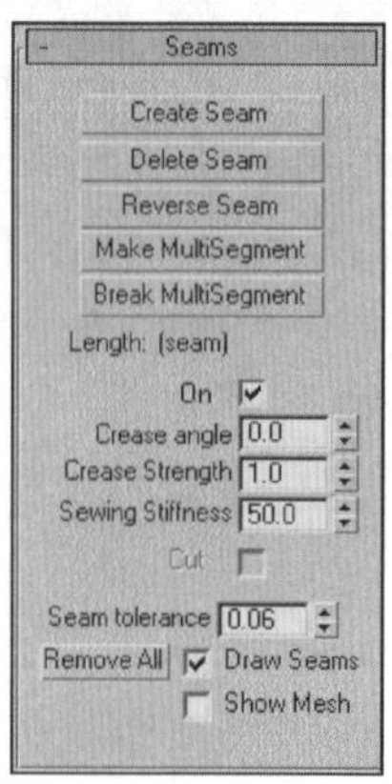

Uma costura é criada entre as duas extremidades.

Dica: Algumas vezes, quando tentar unir a costura, pode aparecer a mensagem de erro "Seam Line topology is wrong". Para evitar isso, crie costuras entre dois objetos que não estejam conectados, depois crie as costuras interiores.

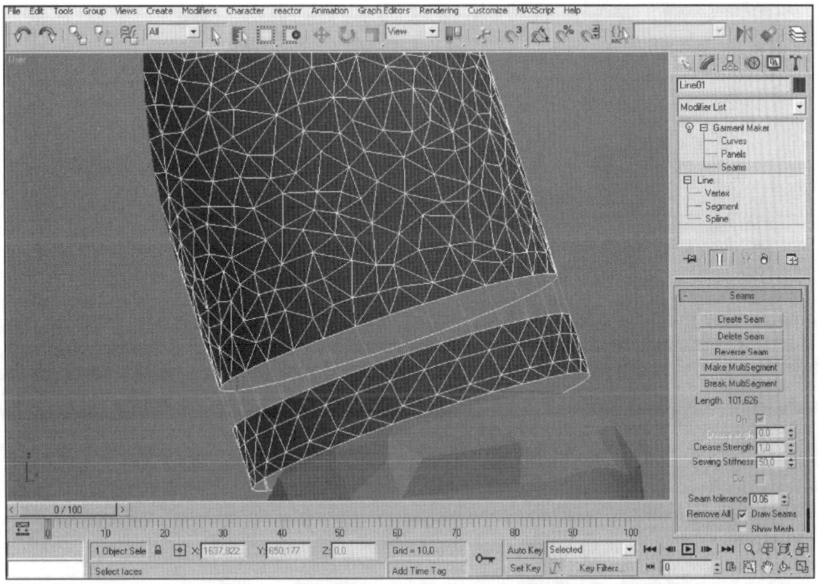

5. Selecione as duas extremidades da parte de trás do chapéu e clique em Create Seam.

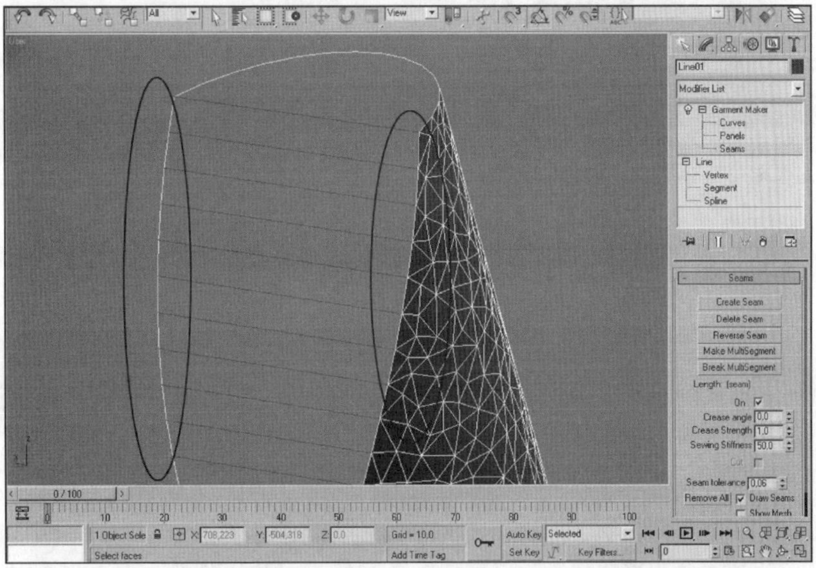

6. Selecione as extremidades no topo do chapéu e clique em Create Seam para obter um ponto apertado no topo.

Dica: Às vezes, quando se cria uma costura, pode-se ter uma Reverse Seam (costura inversa). Para arrumá-la, apenas clique em Reverse Seam (costura inversa).

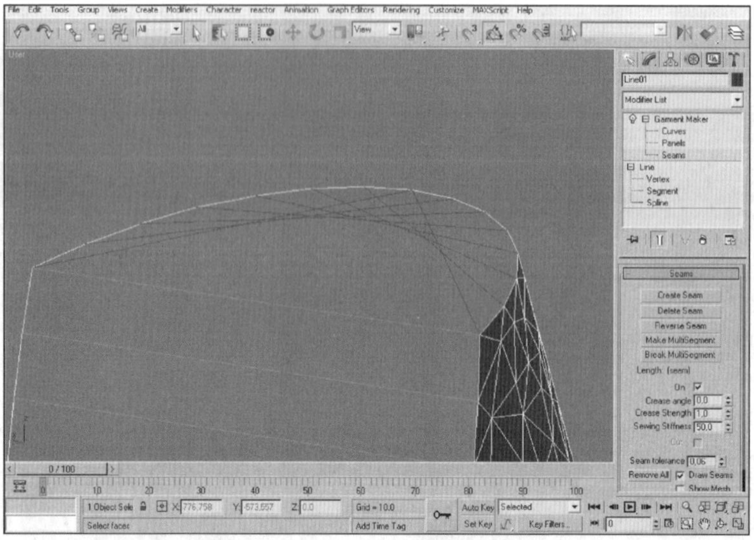

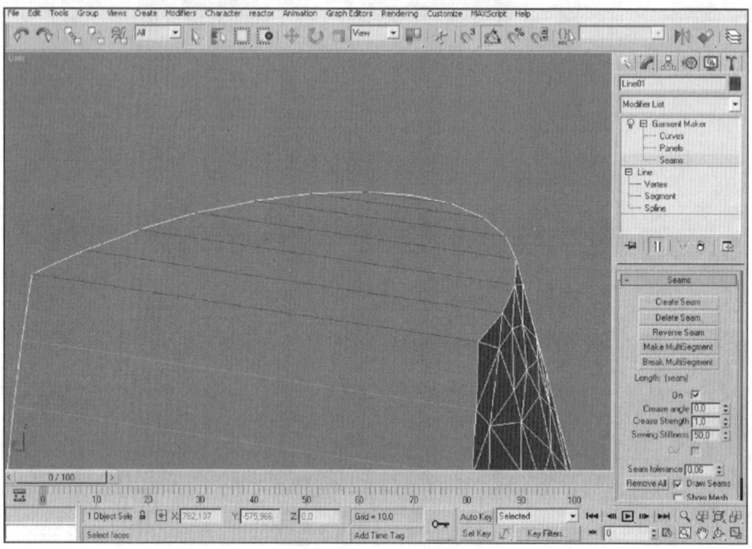

7. Há uma pequena faixa na parte de baixo que é preciso juntar. Selecione a costura de cada lado e clique em Create Seam.

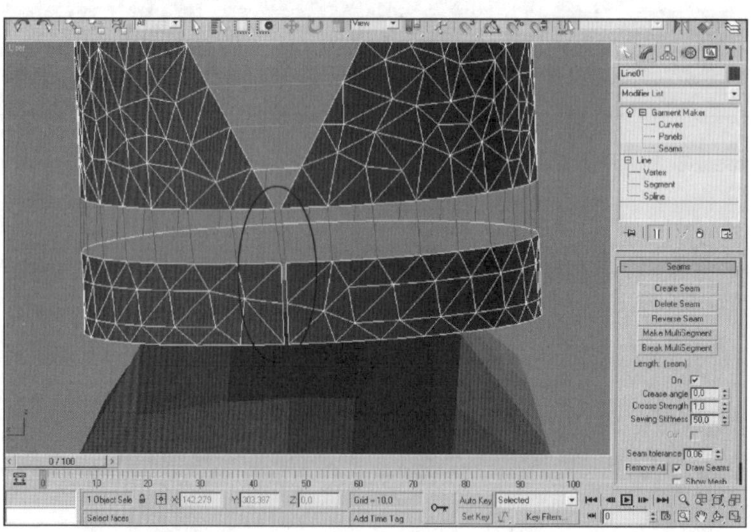

Todas as costuras estão prontas para puxar o Garment junto.

No próximo exercício adicione modificadores de tecido e simule o chapéu ajeitando-se à cabeça.

Adição de Tecido com o Modificador Cloth

Continue do exercício anterior.

1. Certifique-se de que o objeto chapéu esteja selecionado.
2. Em Modifier List clique em Cloth.

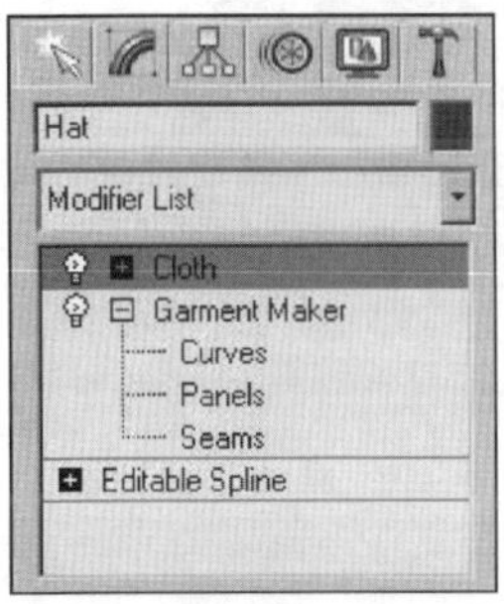

Quando selecionar o modificador Cloth, precisa preparar o objeto tecido, a colisão do objeto e como ele vai reagir.

3. Clique em Object Properties.

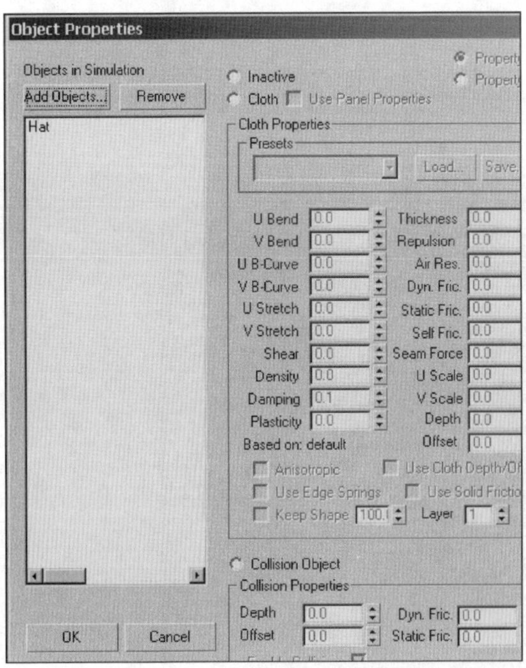

O chapéu está listado porque já aplicou o modificador Cloth a ele.

4. Clique no chapéu da lista e habilite o Cloth.

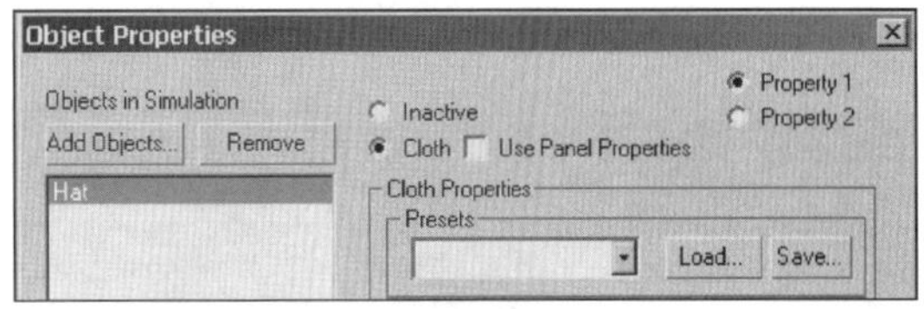

Desta forma, avisa-se o módulo Cloth que o objeto é um tecido e precisa ter propriedades de tecido. Para teste, as propriedades-padrão são boas, porém há uma lista de Presets que você pode usar.

5. Abaixo de Cloth Properties abra a lista Presets e escolha Burlap. Adicione o objeto de colisão, que será o personagem.
6. Clique em Add Objects e selecione o Boy.
7. Selecione esse objeto Boy da lista e habilite a opção Collision Object.

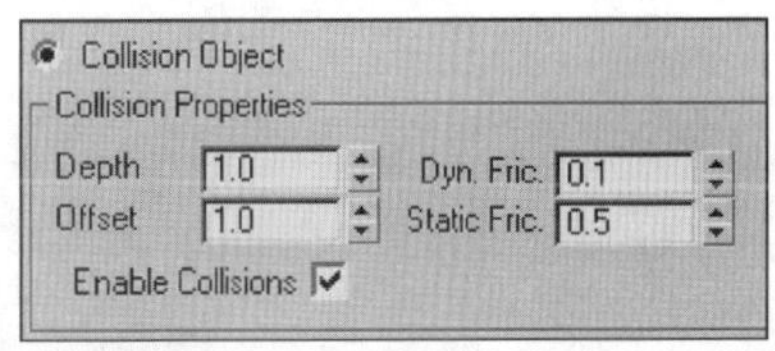

8. Ajuste Depth e Offset para 0,2. Isso determina quão perto o tecido pode chegar do objeto de colisão, e se for dentro do objeto, indica quanto ele tenta empurrar para fora.
9. Clique em OK.

Agora você já sabe como realizar o tecido e o objeto de colisão.

Simulação - Colocação do Chapéu no Boy

Neste exercício você vai colocar o chapéu com as costuras e ajeitá-lo na cabeça do Boy.

Este é um processo com duas fases. Primeiramente, com a opção Using Sewing Springs simule o chapéu caindo e coloque as costuras juntas. Então simule na posição e cubra a cabeça do personagem.

Quando o chapéu estiver posicionado na cabeça do personagem, arrume alguns grupos para segurá-lo. Assim, quando a cabeça do personagem se mover, o chapéu manter-se-á preso a ela.

Continue do exercício anterior ou abra o arquivo.

1. Clique no botão Maximize Viewport Toggle e selecione a viewport Left.

2. Abaixo do modificador Cloth, selecione o subobjeto Group.

3. Escolha a ferramenta 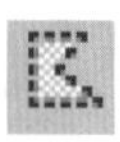 Fence Selection.
4. Selecione a faixa.

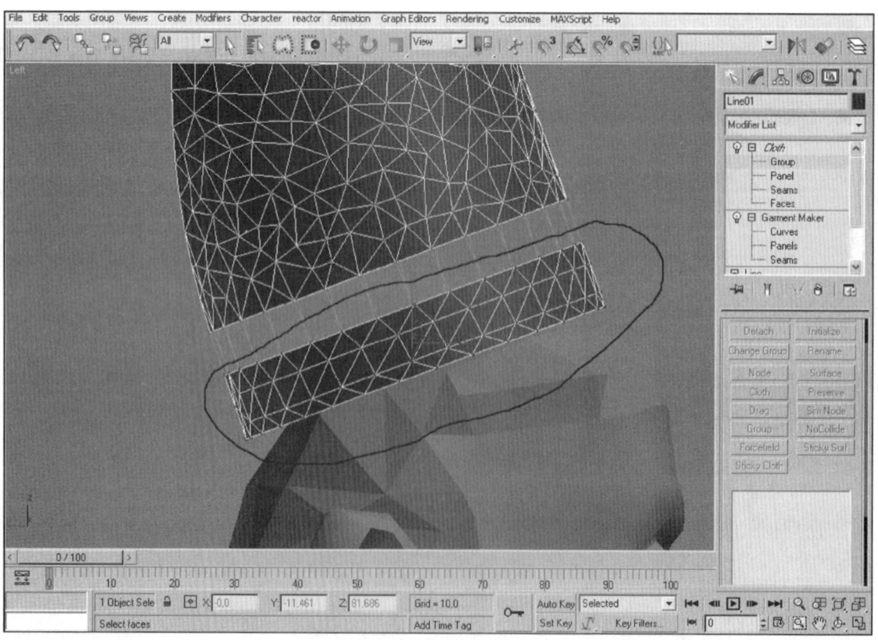

5. Clique no botão Make Group.

6. Nomeie esse grupo como Borda e clique em OK.

   O grupo Borda aparece na lista e não está determinado. Assim que o chapéu cobrir a cabeça do personagem, designe-o para a superfície, mas só após a simulação.

7. Saia do modo Sub-object clicando em Cloth no Modifier Stack.

8. Clique em Simulate Local para começar a simulação. Novamente use as imagens seguintes como guia.

9. Certifique-se de que o objeto chapéu está selecionado.

10. Na aba Modify, vá aos parâmetros de simulação. Perceba que Use Sewing Springs e Gravity estão habilitados.

11. Suba e habilite Simulate Local para começar a simulação, e esteja preparado para encerrá-la. Quando o chapéu cair um pouco e parecer que o Use Sewing Springs o deixa junto, clique em Simulate Local novamente para interromper a simulação.

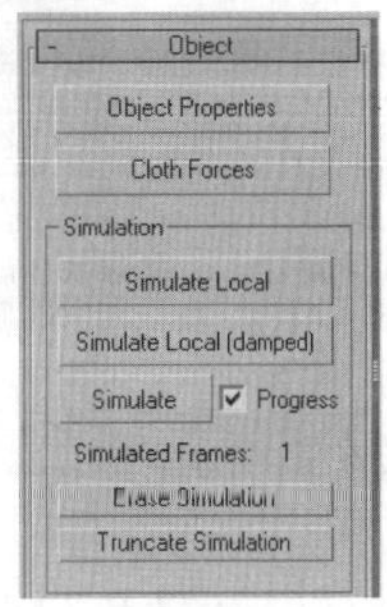

12. Use a seguinte imagem para verificar quando desabilitar o Simulate Local.

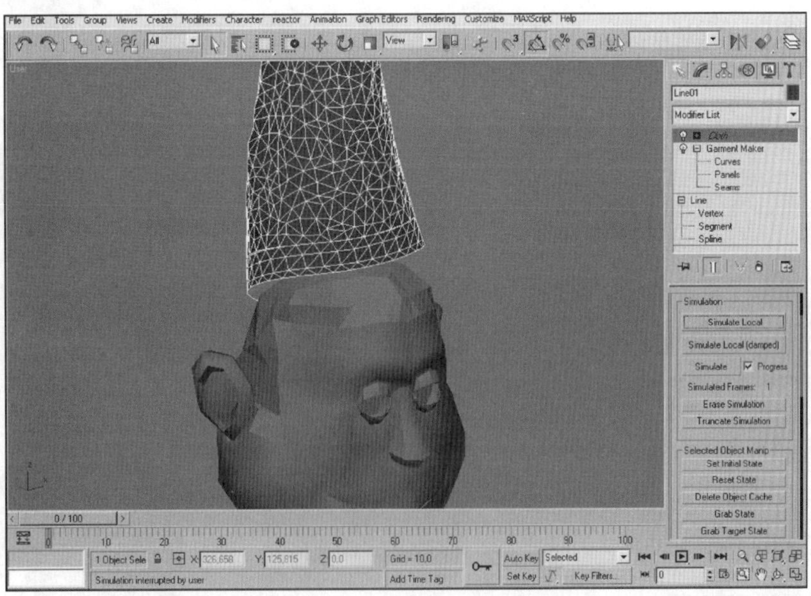

13. Desabilite o Use Sewing Springs.
14. Clique em Simulate Local novamente. Esteja pronto para clicar de novo e pará-lo.

Conforme o chapéu cai na cabeça do personagem, ele começa a ajeitar-se ao redor da cabeça.

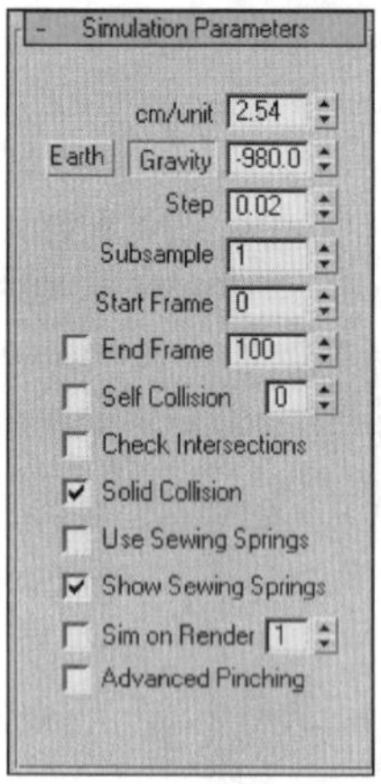

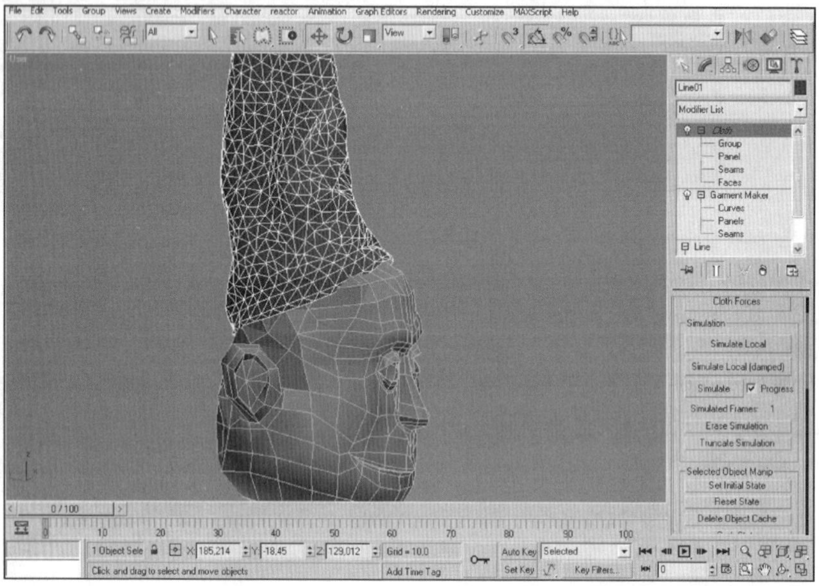

15. Quando o chapéu estiver posicionado ao seu gosto, clique em Simulate Local para interromper a simulação.

Como pode ver, o chapéu parece estar bem colocado na cabeça do personagem.

Posicionamento do Chapéu na Cabeça do Boy

Neste exercício você aprende a assentar o chapéu na cabeça do Boy.

1. Continue do exercício anterior.
2. Certifique-se de que o chapéu está selecionado.
3. Vá para o Sub-Object Group.

Na lista, o grupo Borda não está determinado.

4. Selecione Borda e em Group escolha Surface.

5. Selecione a superfície do Boy clicando na face.
6. Em Group Parameters, no Contraint Parameters, habilite o Soft e ajuste o Offset para 0,8. Isso mantém a faixa perto da cabeça.

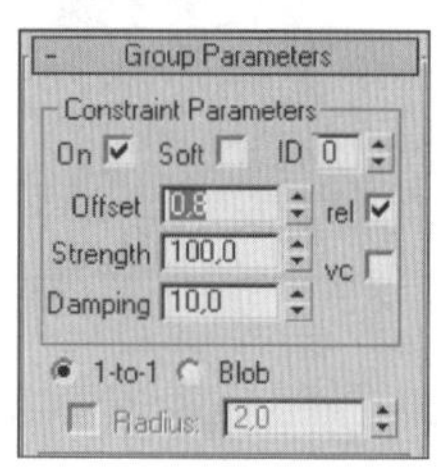

7. Saia do modo Sub-Object clicando em Cloth no Modifier Stack.
8. Clique em Simulate Local. A faixa cai na cabeça do personagem e começa a formar uma borda. Clique em Simulate Local para encerrar a simulação.

   Perceba que alguns polys estão penetrando o topo da cabeça. Está tudo bem, pois no final serão subdivididos e ficarão menores, sem aparecer. Com o grupo preparado você pode animar o personagem e ver como o chapéu fica.

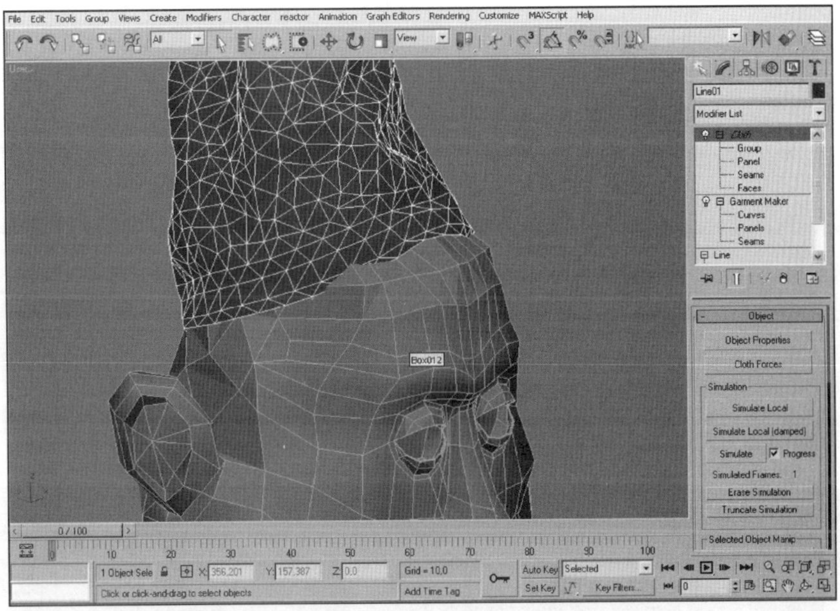

Melhoria do Efeito Geral

Continue do exercício anterior.

Com o chapéu simulado na cabeça, talvez queira suavizar o personagem.

1. Selecione o personagem e o chapéu e no Modifier List carregue Turbo Smooth. Veja claramente onde o chapéu vai ficar na cabeça do personagem.

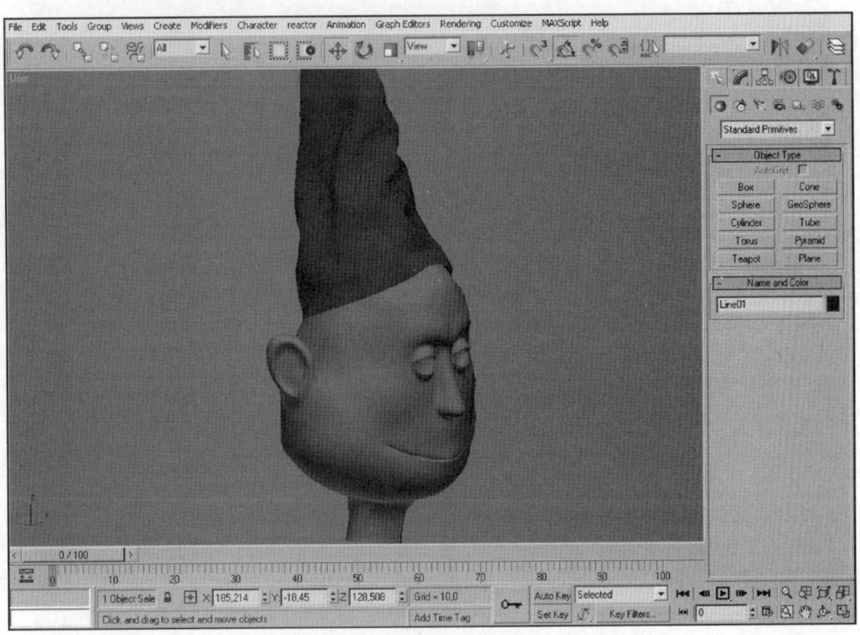

2. Em seguida, apenas com o chapéu selecionado, adicione o modificador Noise.
3. No Modifier List, carregue o Noise.
4. Arrume Scale para 20.
5. Ative a opção Fractal.
6. Determine o valor do Strength para 3 em todas as direções (X, Y, Z).

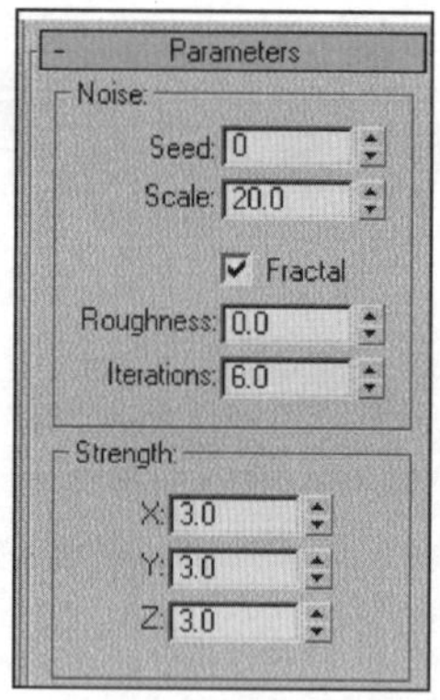

7. Pressione o botão Quick Render.

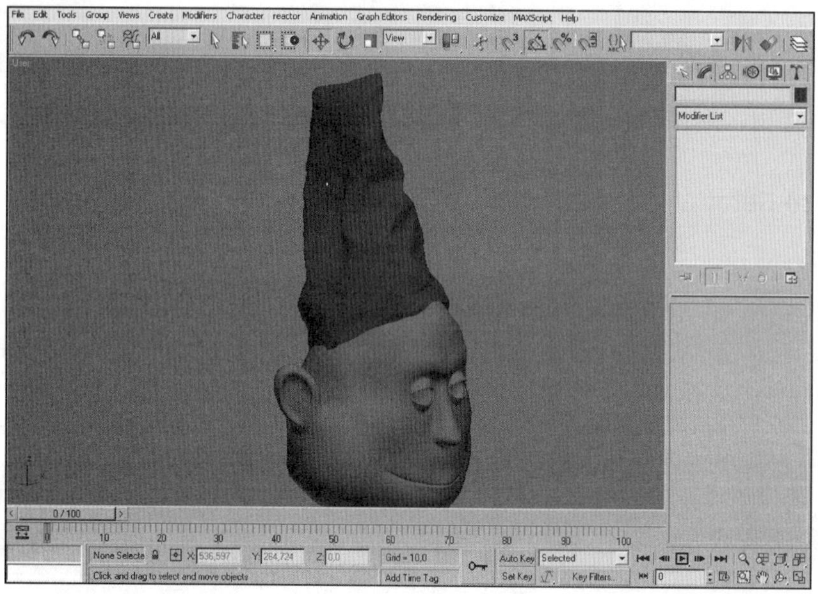

Há algumas rugas para melhorar a aparência.

8. Clique no botão  Material Editor ou digite M. Aplique um material ao chapéu, que agora está completo.

Bibliografia

BONNEY, S.; Team, N. R. **Inside 3ds Max 7**. USA: New Riders Press, 2003.

BROOKER, D. **Essential CG Lighting Techniques with 3ds Max. Paperback**. USA: Focal Press, 2006.

CUSSON, R.; CARDOSO, J. **Realistic Architectural Visualization with 3ds Max and Mental Ray**. USA: Focal Press, 2007.

DERAKHSHANI, D.; MUNN, R. L.; MCFARLAND, J. **Introducing 3ds Max 9:** *3D for Beginners*. USA: Paperback, 2007.

DUTTON, M.; DORAN, R. **Autodesk 3ds Max 8 Revealed**. USA: Course, 2005.

MURDOCK, K. L. **3D Studio MAX R3 Bible**. IDG Books, 1999.

______. **3ds Max 9 Bible**. USA: Wiley, 2007.

______. **3ds Max 8 Bible**. USA: Wiley, 2006.

NEUHAHN, C.; Book , C. **Professional Short Films with Autodesk 3ds Max (Graphics Series)**. USA: Charles River Media, 2005.

PETE. **Deconstructing the Elements with 3ds Max**. 2. ed. Create natural fire, earth, air and water without. USA: Focal Press, 2006.

SMITH, B. L. **Foundation 3ds Max 8 Architectural Visualization**. USA: Friends of ED, 2006.

STEED, P. **Modeling A Character in 3DS Max**. 2. ed. (Wordware Game Developer's Library). USA: Wordware Publishing, 2005.

STEEN, J. V. D. **Rendering with mental ray & 3ds Max**. USA: Focal Press, 2007.

Introducing 3ds Max 9: *3D for Beginners* by Dariush Derakhshani, Randi Lorene Munn, and Jon McFarland (Publisher: Sybex (April 9, 2007).

Realistic Architectural Visualization with 3ds Max and mental ray by Roger Cusson; Jamie Cardoso. Publisher: Focal Press; 1st edition (April 15, 2007).

Rendering with mental ray & 3ds Max by Joep van der Steen. Publisher: Focal Press; 1 edition (April 3, 2007).

Essential CG Lighting Techniques with 3ds Max, Third Edition (Autodesk Media and Entertainment Techniques) by Darren Brooker. Publisher: Focal Press; 3 edition (November 10, 2008).

How to Cheat in 3ds Max 2009: *Get Spectacular Results Fast (How to Cheat in)* by Michele Bousquet. Publisher: Focal Press; Pap/Cdr edition (May 16, 2008).

3ds Max Modeling for Games: *Insider's Guide to Game Character, Vehicle and Environment Modeling* by Andrew Gahan. Publisher: Focal Press (August 15, 2008).

Poly-Modeling with 3ds Max: *Thinking Outside of the Box* by Todd Daniele. Publisher: Focal Press (October 3, 2008).

Virtual Vixens: *3D Character Modeling and Scene Placement* by Arndt von Koenigsmarc. Publisher: Focal Press (August 3, 2007).

Sites Consultados

artofgaming.net/tutorialz/mutatutorial.html
poisoncg.com/tutorials/tutorials.html
www.3d4all.org
www.3dquakers.com
www.alexpaiva.com
www.antropus.com
www.aquelescaras.com
www.awn.com
www.biriba.net
www.cbsp.com.br
www.consequencia.com
www.gw.com.br
www.leosantos.com
www.loganarts.hpg.com.br
www.max3d.pl/art-other/video-tutorial.php
www.seagullsfly.art.br
www.sergioyamasaki.com
www.simplymax.com
www.square-enix-usa.com
www.vetorzero.com.br

HDRI

www.the123d.com/tutorial/general/hdri.html
www.3dm-mc.com/tutorials/mr/
www.xenomorphic.co.uk/doc_hdri.htm

Farol do carro

www.3dcar-gallery.com/tutorial/less02.htm - Alexander Timashev

Telhado

deep.sitenest.net/tutorials/roof/

Rodas

deep.sitenest.net/tutorials/wheels/
sio.midco.net/mmonhoia/tutorials/wheel/modeling10.html
sio.midco.net/mmonhoia/tutorials/wheel/setup.html
www.3dkingdom.org/
www.3dkingdom.org/modules.php?op=modload&name=News&file=article&sid=483
www.newtutorials.com/3dsmax-tutorials.htm
www.3dm-mc.com/tutorials/ferrari/index2.php
http://www.suurland.com/

Texturização

www.wdadesign.com/links/CGA/SF/tut.html
www.3dtotal.com/team/tutorials/fabricio/fabricio1.asp
www.3dtotal.com/team/Tutorials/marcusb/window.asp
www.juansiquier.com/goodies/tutoriales/shop/index.htm
www.3dtotal.com/team/Tutorials/vaults/vaults_01.asp
www.3dtotal.com/team/Tutorials/defreitas/defreitas_1.asp
home.wanadoo.nl/r.j.o/skyraider/tut_texturemapping.htm

Modelagem de pessoas

cal.jmu.edu/ratner/tutorials/1/
www.cgnetworks.com/story_custom.php?story_id=1643&page=1
http://mr2k.3dvf.net/tutorials/max/tutorials_joan.htm
artur.bluemoon.ee/cg/?dir=tutorials%2Fhand_texturing
www.ricoholmes.com/OtherStuff/RedDiary/Diary_Frameset.htm
www.vocanson.com/tm/C/C2_secrets/3dsmax/jack/Jack1.htm
www.starlitestudios.net/Facial_tut.htm

Iluminação e arquitetura

www.cgarchitect.com/resources/tutorials/smoke3d/tutorial10.asp
www.cgarchitect.com/resources/tutorials/smoke3d/tutorial8.asp

Imagens de referências (blueprints)

usuarios.lycos.es/mrval/GCE.HTM
www.3dfinlay.net/gallery/
www.3dfinlay.net/gallery/blueprints
www.suurland.com/

Vídeos

http://pyer.3dvf.net/movies_pets1.html
http://www.gametrailers.com/gt_vault/t_onimusha3_gi.html
http://www.colossart.com/theauction/theauctionhome.htm
http://www.idm-lefilm.com/EN/indexEN.htm

Marcas Registradas

Windows e Access são marcas registradas da Microsoft Corporation.

AutoCAD é marca registrada da Autodesk Inc.

3ds Max 2009 é marca registrada da Autodesk Corporation.

Photoshop é marca registrada da Adobe System.

Poser é marca registrada da Curious Labs.

Flash é marca registrada da Macromedia Inc.

Os demais nomes registrados, marcas registradas ou direitos de uso citados neste livro pertencem aos respectivos proprietários.

Índice Remissivo

H

I

J

K

L

M

N

O

P

Q

R

S

T

U

V

W

Z

Autodesk Revit Architecture 2011 - Conceitos e Aplicações

Autora: Claudia Campos Lima • Código: 2809 • 368 páginas • Formato: 17,5 x 24,5 cm

O livro traz aprendizado das principais ferramentas do Revit Architecture para criação de paredes, pisos, forros, pilares, vigas, janelas e portas, telhados, terrenos, escadas e corrimão, geração de vistas, bem como a visualização do trabalho em 3D e a montagem de folhas de impressão.

Introduz o conceito de BIM (Building Information Modeling), ou seja, Modelagem da Informação da Construção, fundamento principal do software, de maneira a propiciar ao usuário o ingresso nessa nova forma de projetar e manipular as ferramentas de desenho e dados simultaneamente de modo paramétrico. Fornece exercícios e exemplos práticos das etapas de um projeto.

Foi desenvolvido na versão inglês do Autodesk Revit Architecture 2011.

É indicado tanto a estudantes como arquitetos e projetistas de arquitetura, engenharia civil e demais profissionais da área.

CATIA V5R20 - Modelagem, Montagem e Detalhamento - 2D e 3D - Para Windows

Autora: Michele David da Cruz • Código: 1949 • 240 páginas • Formato: 17,5 x 24,5 cm

Com experiência em treinamentos e elaboração de projetos e produtos com softwares 3D paramétricos, a autora apresenta nesta obra os principais recursos deste programa com uma estrutura didática, diversas ilustrações e explicações passo a passo.

Aborda modelagem 3D de sólidos, fórmulas e variáveis, montagem dos componentes com análise de interferência, criação de catálogos de peças com a planilha Excel 2007 e detalhamento 2D paramétrico dos modelos e conjuntos criados.

Design Gráfico e Integração com Autodesk 3ds Max 2010 e Adobe Photoshop CS4 Extended - Aprenda os recursos fundamentais de forma prática e visual

Autora: Janaína Cesar de Oliveira Baldacci • Código: 2601 • 416 páginas • Formato: 17,5 x 24,5 cm

Ótima fonte de consulta àqueles que desejam aprender os recursos fundamentais do Photoshop CS4 Extended (em português para Windows) e do 3ds Max 2010 de forma didática, prática e visual. Apresenta dicas de design gráfico, fotomontagens, efeitos, integração gráfica, truques avançados e fundamentos teóricos que servem para a vida toda. Com a explicação dos comandos e dos exercícios cuidadosamente planejados, o leitor pode consolidar o aprendizado de maneira eficaz num menor espaço de tempo.

Aborda dois projetos exemplo que reforçam o conteúdo apresentado e fornece outros recursos de modelagem do 3ds Max 2010, suporte 3D do Photoshop CS4 Extended e aplicação prática de alguns conceitos de design gráfico.

AutoCAD 2010 - Modelagem 3D e Renderização

Autor: Adriano de Oliveira • Código: 2571 • 304 páginas • Formato: 17,5 x 24,5 cm

Conceitos de modelagem, trabalho com Free Form, gerenciamento de vistas e aplicação de estilos visuais fazem parte desta obra, que se aprofunda no processo de criação de imagens realistas, uso de texturas para criar vegetações em 3D e configuração do sistema de localização geográfica utilizando posição do Google para fazer estudos de iluminação solar. Ideal tanto para estudantes como profissionais da área.

Ensina a utilizar os comandos e recursos de maneira objetiva, clara e dinâmica, pois o tema é apresentado de forma sequencial e didática, facilitando o aprendizado. Os exercícios práticos auxiliam na fixação do conteúdo.

Autodesk Inventor 2010 - Prototipagem Digital - Versões Suíte e Professional

Autora: Michele David da Cruz • Código: 2564 • 368 páginas • Formato: 17,5 x 24,5 cm

A autora, mestre em Engenharia de Processos com experiência em treinamentos e desenvolvimento de projetos e produtos, ensina neste livro os comandos e recursos do software com uma metodologia prática, explicações e exemplos passo a passo.

Destaca as principais ferramentas, caixas de diálogo, campos e menus de opções, além de dicas para realizar projetos com rapidez, praticidade e eficiência.

Aborda recursos avançados como modelagem em superfícies, técnica Skeleton, tecnologia adaptativa, simulação de movimentos mecânicos e gravação de vídeos, análise de interferência, criação de catálogos de peças com a planilha Excel, biblioteca de componentes normalizados, cabeamento, tubulações e as ferramentas Design Accelerator e Dynamic Simulation.

Diagramação com InDesign CS4

Autor: João Fidalgo • Código: 2519 • 288 páginas • Formato: 17,5 x 24,5 cm

Este novo livro é uma evolução dos conceitos e diretrizes da obra anterior, Diagramação com InDesign CS3. Na versão CS4 os comandos estão em português e apresenta os equivalentes em inglês.

Aborda a construção de páginas pela diagramação modular, interface gráfica, preenchimento, cores, dégradé, etapas para criação das primeiras páginas no InDesign, customização, edição de textos, imagens e transparências, além da montagem de uma página de revista e de jornal.

Explica o recurso de páginas mestres, numeração automática, bibliotecas, as fases para montagem de um livro simples, prismagem de imagens, arquivos de modelos, estilos de formatação de textos, tabela de cores, confirmação/preflight, fechamento de arquivo, PPD, anatomia da arte-final, inclinações de retículas, arquivos em PostScript e PDF.

Crie Projetos Gráficos com Adobe Photoshop CS4, CorelDraw X4 e Adobe InDesign CS4 - em Português

Autores: Ricardo Minoru Horie e Ana Cristina P. Oliveira • Código: 2533 • 240 páginas • Formato: 17,5 x 24,5 cm

Um guia indispensável aos estudantes que desejam desenvolver criações e projetos gráficos com as ferramentas dos principais aplicativos do mercado.

Estruturado didaticamente, permite um estudo progressivo das fases de produção gráfica, uso das cores RGB, Lab e CMYK e impressão por vários processos industriais (offset, digital, flexografia etc.).

Tratamento de imagens com Photoshop CS4, descrição das funções específicas para realizar fusões, retoques, recortes e equilíbrio de cores (tratamento) em imagens bitmap são temas abordados.

Explica a criação de desenhos e ilustrações vetoriais com CorelDRAW X4, a arte da paginação e a arte-finalização para desenvolvimento de diferentes peças gráficas com InDesign CS4.

O conteúdo é complementado com exemplos e exercícios de fixação.

AutoCAD 2010 - Utilizando Totalmente

Autores: Roquemar Baldam e Lourenço Costa - Colaborador: Adriano de Oliveira • Código: 2410 • 520 páginas • Formato: 20,5 x 27,5 cm

As inovações de cada versão somadas aos diversos recursos já existentes tornam o AutoCAD um dos programas mais poderosos e usados no desenvolvimento de documentação de projetos e ideias.

Com a finalidade de levar aos estudantes e profissionais a versatilidade das ferramentas desse software, o livro explora com eficácia o programa. Estruturado de forma didática, facilita o aprendizado pela abordagem clara e direta dos comandos.

Apresenta desde comandos 2D e customização até modelagem 3D e o novo conceito Free-form, recurso que concede muita liberdade na criação de formas complexas em 3D e ferramentas avançadas de parametrização e restrição de objetos. Destaca as novidades e melhorias da interface, controle de hachuras, trabalho com arquivos PDF, plotagem 3D e muito mais.

3ds Max 2009 - Modelagem, Render, Efeitos e Animação
Autor: Fábio Calciolari • Código: 2243 • 512 páginas • 20,5 x 27,5 cm
3ds Max 9 - Prático e Ilustrado
Autores: João C. da Silva e Fábio Calciolari • Código: 1659 • 560 páginas • 20,5 x 27,5 cm
Adobe Photoshop CS4 - Técnicas Avançadas e Finalização
Autor: João Fidalgo • Código: 2342 • 224 páginas • 17 x 24 cm
Adobe Illustrator CS4 - O Design em Suas Mãos
Autor: Gustavo Del Vechio • Código: 2304 • 296 páginas • 17,5 x 24,5 cm
Arte-Finalização - Preparação e Fechamento de Arquivos PDF
Autor: Ricardo Minoru Horie • Código: 2199 • 304 páginas • 17 x 24 cm
Autodesk Inventor 10 - Teoria e Prática - Versões Series e Professional
Autora: Michele David da Cruz • Código: 0646 • 392 páginas • 17,5 x 24,5 cm
Autodesk Inventor 11 - Guia prático para projetos mecânicos 3D
Autora: Michele David da Cruz • Código: 1421 • 424 páginas • 17,5 x 24,5 cm
Autodesk Inventor 2009 - Prototipagem Digital - Versões Suíte e Professional
Autora: Michele David da Cruz • Código: 2267 • 424 páginas • 17,5 x 24,5 cm
AutoCAD 2009 - Utilizando Totalmente
Autores: Roquemar Baldam e Lourenço Costa, Adriano de Oliveira (Colaborador)
Código: 2045 • 480 páginas • 20,5 x 27,5 cm
AutoCAD 2009 - Um Novo Conceito de Modelagem 3D e Renderização
Autora: Adriano de Oliveira • Código: 2014 • 304 páginas • 17,5 x 24,5 cm
AutoCAD 2007 - Modelagem 3D e Renderização em Alto Nível
Autor: Adriano de Oliveira • Código: 1162 • 280 páginas • 17 x 24 cm
AutoCAD 2007 - Utilizando Totalmente
Autores: Roquemar Baldam e Lourenço Costa • Código: 1550 • 464 páginas • 20,5 x 27,5 cm
AutoCAD 2006 - Utilizando Totalmente
Autores: Roquemar Baldam e Lourenço Costa • Código: 0751 • 432 páginas • 20,5 x 27,5 cm
COSMOS (COSMOSWorks, COSMOSMotion, COSMOSFlowWorks) - Plataforma CAE do SolidWorks
Autor: Eng. Arivelto Bustamante Fialho • Código: 2144 • 352 páginas • 20,5 x 27,5 cm
CorelDRAW X3 - Ilustrações Profissionais
Autor: William Pereira Alves • Código: 1598 • 384 páginas • 17,5 x 24,5 cm

Diagramação com InDesign CS3
Autor: João Carlos de Carvalho Fidalgo • Código: 1581 • 296 páginas • 17,5 x 24,5 cm
Estudo Dirigido de 3ds Max 9
Autor: Adriano de Oliveira • Código: 1567 • 320 páginas • 17 x 24 cm
Estudo Dirigido de 3ds Max 2009
Autor: Adriano de Oliveira • Código: 2175 • 288 páginas • 17 x 24 cm
Estudo Dirigido de AutoCAD 2009
Autora: Claudia Campos Netto Alves de Lima • Código: 2038 • 352 páginas • 17 x 24 cm
Estudo Dirigido de AutoCAD 2010
Autora: Claudia Campos Lima • Código: 2427 • 336 páginas • 17,5 x 24,5 cm
Estudo Dirigido de Adobe Photoshop CS4 em português - Para Windows
Autora: Lane Primo • Código: 2298 • 272 páginas • 17 x 24 cm
Estudo Dirigido de Adobe Photoshop CS3 em português
Autora: Lane Primo • Código: 1888 • 304 páginas • 17 x 24 cm
Estudo Dirigido de CorelDRAW X3 em português
Autora: Lane Primo • Código: 1308 • 256 páginas • 17 x 24 cm
Estudo Dirigido de CorelDRAW X4 em português
Autora: Lane Primo • Código: 2083 • 264 páginas • 17 x 24 cm
Estudo Dirigido de Photoshop 7.0 em português
Autora: Lane Primo • Código: 9549 • 192 páginas • 17 x 24 cm
MicroStation V8 XM Edition - Fundamentos e Prática
Autor: Carlos Galeano • Código: 1963 • 416 páginas • 17,5 x 24,5 cm
Modelagem Automotiva e de Produtos com Rhinoceros 3.0 e 3ds max 8
Autor: Adriano de Oliveira • Código: 0956 • 336 páginas • 17 x 24 cm
Pro/ENGINEER Wildfire 3.0 - Teoria e Prática no Desenvolvimento de Produtos Industriais Plataforma para Projetos CAD/CAE/CAM
Autor: Eng. Arivelto Bustamante Fialho • Código: 1146 • 592 páginas • 20,5 x 27,5 cm
São Paulo Vista do Alto
Autores: Irineu Idoeta, Ivan V. Idoeta e Jorge P. Cintra • Código: 0468 • 96 páginas • 31 x 32 cm
Simulink 7.2 - Guia Prático
Autora: Élia Yathie Matsumoto • Código: 2151 • 216 páginas • 17 x 24 cm
SolidWorks 2007 - Projeto e Desenvolvimento
Autor: Cássio Bocchese • Código: 1918 • 288 páginas • 20,5 x 27,5 cm

CADASTRO PARA MALA DIRETA

Ao preencher este formulário e enviá-lo à Editora Érica por fax (11) 2097-4060 ou pelo correio, você receberá informações periódicas sobre os nossos lançamentos.

Nota: *É indispensável preencher todos os campos para validar o cadastro.*

Dobre/Cole

Dobre/Cole

Dobre/Cole

Desejo cadastrar-me para receber informações sobre os lançamentos

Livro: 3ds Max 2009 - Modelagem, Render, Efeitos e Animação

Autor(es): Fabio Calciolari Aguiar **Código:** 2243

Nome:

Endereço para correspondência:

Bairro:

Cidade:

Estado: **CEP:** -

Telefone: 0 X X -

Fax: 0 X X -

E-mail:

CPF ou CNPJ

RG ou I.E.

Onde este livro foi comprado?

( ) Internet ( ) Livraria ( ) Outro ____________________

Onde você tomou conhecimento do livro?

( ) Anúncio ( ) Escola ( ) Mala Direta ( ) Catálogo ( ) Internet

( ) Revista ( ) Outro ____________________

Dobre/Cole

PRT/SPM-4707/94
UP AC ÁGUA RASA
DR/SÃO PAULO

CARTÃO-RESPOSTA
NÃO É NECESSÁRIO SELAR

o selo será pago por
EDITORA ÉRICA LTDA.

03331-970 SÃO PAULO - SP

Dobre/Cole

Dobre/Cole

Dobre/Cole